ADRIAN SCHIFFNER

Die Strafbarkeit des Hawala-Bankings nach deutschem Recht

Beiträge zum Wirtschaftsstrafrecht

Herausgegeben von

Nikolaus Bosch und Nina Nestler

Band 13

Die Strafbarkeit des Hawala-Bankings nach deutschem Recht

Eine Auseinandersetzung
mit dem Deliktscharakter des § 63 Abs. 1 Nr. 4 ZAG
sowie dessen wechselwirkender Funktion
als Bezugstat des § 129 Abs. 1 StGB

Von

Adrian Schiffner

Duncker & Humblot · Berlin

Die Rechts- und Wirtschaftswissenschaftliche Fakultät der Universität Bayreuth hat diese Arbeit im Jahre 2025 als Dissertation angenommen.

Bibliografische Information der Deutschen Nationalbibliothek

Die Deutsche Nationalbibliothek verzeichnet diese Publikation in der Deutschen Nationalbibliografie; detaillierte bibliografische Daten sind im Internet über https://dnb.d-nb.de abrufbar.

Satz: 3w+p GmbH, Rimpar
Druck: Beltz Grafische Betriebe, Bad Langensalza

ISSN 2700-189X (Print) / 2700-1903 (Online)
ISBN 978-3-428-19784-2 (Print)
ISBN 978-3-428-59784-0 (E-Book)

Gedruckt auf alterungsbeständigem (säurefreiem) Papier
entsprechend ISO 9706 ♾

Verlagsanschrift: Duncker & Humblot GmbH, Carl-Heinrich-Becker-Weg 9,
12165 Berlin, Germany | E-Mail: info@duncker-humblot.de
Internet: https://www.duncker-humblot.de

Meinen Eltern

Vorwort

Die vorliegende Arbeit wurde im August 2025 von der Rechts- und Wirtschaftswissenschaftlichen Fakultät der Universität Bayreuth als Dissertation angenommen und entstand während meiner Zeit als Wissenschaftlicher Mitarbeiter am Lehrstuhl für Straf- und Strafprozessrecht, Wirtschaftsstrafrecht und internationales Strafrecht (Lehrstuhl für Strafrecht III) von *Professor Dr. Nina Nestler.* Die mündliche Doktorprüfung fand am 30. September 2025 statt. Rechtsprechung und Literatur konnten bis zum Abgabezeitpunkt im September 2024 berücksichtigt werden.

Mein besonderer und herzlicher Dank gebührt an erster Stelle meiner akademischen Lehrerin, Frau *Professor Dr. Nina Nestler.* Sie war es, die mich bereits früh in meiner juristischen Laufbahn für das Strafrecht und das wissenschaftliche Arbeiten begeisterte und mir damit den Weg zur vorliegenden Abhandlung ebnete. Die Erstellung dieser Arbeit hat sie nicht nur mit hilfreichen Ratschlägen und einem höchst wertvollen Diskurs gefördert, sondern mir auch fortwährend das hierfür nötige Vertrauen entgegengebracht.

Herrn *Professor Dr. Nikolaus Bosch* möchte ich für die Erstellung des Zweitgutachtens sowie die wertvollen Hinweise und hilfreichen Anmerkungen meinen herzlichen Dank aussprechen. Ebenfalls möchte ich mich bei Herrn *Professor Dr. Thomas Spitzlei* für die Übernahme des Prüfungsvorsitzes bedanken.

Besonderer Dank gilt auch meiner Kollegin *Dr. Theresa Bächer*, meinen Kollegen *Dr. Philipp Prochota, Dr. Gregor Vechtel,* unserer Sekretärin, Frau *Katja Helmrich* sowie meiner zivilrechtlichen Kollegin und Büronachbarin Frau *Dr. Felicitas Betz.* Durch das stets humorvolle Miteinander haben sie eine fortwährend angenehme Arbeitsatmosphäre geschaffen und dadurch erheblich das Dissertationsprojekt nicht nur bisweilen juristisch gefördert.

Zudem möchte ich mich bei all denjenigen bedanken, die mich während der Zeit meiner Promotion unterstützt haben und ohne die die Anfertigung dieser Arbeit nicht möglich gewesen wäre. Dies sind allen voran meine ehemaligen Kollegen Herr Rechtsanwalt *Albert Kochs* und Herr Rechtsanwalt *Dr. Stefan Lehner*, die mir für fachliche Gespräche stets bereitstanden und mich mit Ihrem juristischen Scharfsinn an wesentlichen Weichenstellungen meiner Arbeit begleiteten sowie Herr *Karl Vincent Ebert* und Frau *Nora Quadflieg*, die mich mit Korrektur und Anregungen in der finalen Phase unterstützten.

Meinen größten Dank schulde ich meinen Eltern *Dieter* und *Petra Schiffner* sowie meiner lieben Lebensgefährtin *Kim Hanna Hirmer* für Ihre immerwährende und bedingungslose Unterstützung. Durch Ihren Rückhalt haben sie die Umsetzung der Promotion ermöglicht. Ihnen ist daher die vorliegende Abhandlung gewidmet.

Bayreuth, im November 2025 *Adrian Schiffner*

Inhaltsverzeichnis

Teil 1

Einleitung 21

A. Anlass der Untersuchung 21

B. Gang der Untersuchung 28

Teil 2

Zur Einordnung des Hawala-Bankings 31

A. Das Phänomen „Hawala“ 32

I. Das System Hawala im historischen und kulturellen Kontext 33

1. Der Begriff Hawala 33

2. Hawala als Rechtstradition und Rechtsinstitut 35

II. Das System Hawala in seiner neuzeitlichen Prägung 40

1. Hawala als Rechtsinstitut in ihrer neuzeitlichen Prägung 40

2. Hawala als Zahlungsverkehrsdienst 42

a) Der Funktionsablauf 43

b) Die Bezugspunkte des Hawala-Systems im Einzelnen 50

aa) Die Struktur der Zwei-Töpfe 50

bb) Die Akteure und deren Regularien 56

(1) Die Mannigfaltigkeit der Akteure 56

(2) Die selbstständige Regulierung 60

cc) Der Ertrag der Hawaladare 63

dd) Die Buchführung der Hawaladare 65

c) Kategorisierung des Typus als Zahlungsverkehrsdienst 69

aa) Kategorisierung als alternatives Überweisungssystem 70

bb) Kategorisierung als informelles System 72

cc) Kategorisierung als Untergrund-Bankwesen 75

B. Hawala im Lichte anderer alternativer Überweisungssysteme 78

C. Begriffsbestimmende Konkretisierung 82

Teil 3

Zur aufsichtsrechtlichen Einordnung des Hawala-Bankings 84

A. Prolegomena zur straf- und aufsichtsrechtlichen Relevanz des ZAG im Rahmen der Hawala 84

I. Die Entwicklungsgeschichte des Finanztransfergeschäfts – ein Überblick 85

II. Die Regelungsregime des Finanztransfergeschäfts und deren Relevanz – eine Einordnung 86

B. Eine aufsichtsrechtliche Betrachtung der Hawala nach dem ZAG 88

I. Hawala als Zahlungsdienst im Sinne des § 1 Abs. 1 S. 2 Nr. 6 ZAG 88

1. Zahlerfinanztransfer nach § 1 Abs. 1 S. 2 Nr. 6 Alt. 1 ZAG 89

a) (Un-)Mittelbarkeit des Hawala Zahlerfinanztransfers 93

aa) Die Hawala-Akteure im Lichte des ZAG 94

(1) Die Kunden als Zahlungsdienstnutzer 95

(2) Die Hawaladare als Zahlungsdienstleister in Form des Zahlungsinstituts 97

(a) Der Unternehmensbegriff des § 1 Abs. 1 S. 1 Nr. 1 ZAG 99

(aa) Der vermeintliche Unternehmenswille 100

(bb) Der Adressat des Unternehmensbegriffs 102

(cc) Die Hawaladare als Unternehmen nach § 1 Abs. 1 S. 1 Nr. 1 ZAG 106

(b) Die Bagatellschwelle des § 1 Abs. 1 S. 1 Nr. 1 ZAG 110

(aa) Die Gewerbsmäßigkeit beim Hawala-Banking 112

(bb) Der in kaufmännischer Weise eingerichtete Hawala-Geschäftsbetrieb 116

(c) Das Erbringen von Zahlungsdiensten nach § 1 Abs. 1 S. 1 Nr. 1 ZAG 117

(aa) Finalcharakter und zeitliche Dimension des aufsichtsrechtlichen Erbringens 117

(bb) (Gewerbe-)Rechtlicher Charakter des Erbringens 125

(cc) Faktischer Charakter des Erbringens 127

(dd) Überblick und Anwendung des aufsichtsrechtlichen Erbringens auf die Hawala 128

(d) Zwischenergebnis 130

bb) Entgegennahme beim Finanztransfergeschäft 130

cc) (Un-)Mittelbarkeit der Übermittlung 132

b) Das Transfergut beim Hawala Finanztransfergeschäft 137

aa) Der Geldbetrag des Zahlers 138

bb) Entsprechender Betrag 140

cc) Berücksichtigung des Clearingverfahrens 141

c) „Nur" zur Übermittlung 142

2. Ausnahmen der Zahlungsdienste nach § 2 Abs. 1 ZAG 147
a) § 2 Abs. 1 Nr. 3 ZAG 147
b) § 2 Abs. 1 Nr. 5 ZAG 148
c) § 2 Abs. 1 Nr. 7 ZAG 148
3. Zwischenergebnis 149
II. Die fehlende Erlaubnis nach § 10 Abs. 1 S. 1 ZAG 149
1. Erforderlichkeit der Erlaubnis 150
a) Der aufsichtsrechtliche Präventionscharakter des § 10 Abs. 1 S. 1 ZAG ... 150
b) Die Hawaladare als potenzielle Erlaubnisträger 151
aa) Erlaubnispflichtigkeit 152
(1) Der Wille zum Erbringen von Zahlungsdiensten nach § 10 Abs. 1 S. 1 ZAG 152
(a) Die Wortlautinterpretation 153
(b) Die historischen und teleologischen Aspekte 156
(c) Der Normkontext und die Systematik 160
(d) Zwischenergebnis und weiterführende Anmerkungen 161
(2) Personeller Geltungsbereich des § 10 Abs. 1 S. 1 ZAG 163
(3) Gewerbsmäßig oder im Umfang eines kaufmännischen Gewerbebetriebs nach § 10 Abs. 1 S. 1 ZAG 165
(4) Inländisches Erbringen von Zahlungsdiensten 166
(5) Kein Nebendienstleistungsprivileg 172
bb) Erlaubnisfähigkeit 175
2. Handeln ohne Erlaubnis 176
a) Verwaltungsakzessorietät 177
b) Schutzwirkung anderer Erlaubnisse oder Genehmigungen 177
c) Versagung der Erlaubnis nach § 12 ZAG 178
3. (Un-)Vereinbarkeit der Hawala mit einer Erlaubnis 178
a) (Un-)Vereinbarkeit mit dem Informationsauftrag 179
b) (Un-)Vereinbarkeit mit der vorausgesetzten Rechtsform 182
c) (Un-)Vereinbarkeit mit den vorausgesetzten Kontrollmechanismen 183
d) Zusammenfassende Betrachtung und weiterführende Ansätze 185
aa) Das Problem der Integration von Hawala 185
bb) Ansätze im Umgang mit der Hawala 187
4. Zwischenergebnis 191

Teil 4

Zur strafrechtlichen Einordnung des Hawala-Bankings 192

A. Die originäre Strafbarkeit der Hawala nach dem ZAG 192
I. Die objektiven Voraussetzungen des § 63 Abs. 1 Nr. 4 ZAG 193
1. Der taugliche Täter des § 63 Abs. 1 Nr. 4 ZAG 194
a) Sonderdeliktscharakter des § 63 Abs. 1 Nr. 4 ZAG 199
aa) Sonderdeliktsstatus durch Zahlungsinstitutseigenschaft des § 1 Abs. 1 S. 1 Nr. 1 ZAG 203
(1) Sonderdeliktsstatus kraft ausdrücklicher Statusbezeichnung 204
(2) Sonderdeliktsstatus kraft Sachzusammenhangs 204
(a) Aus dem Normkontext und der Systematik ergebend 205
(b) Aus historischen und teleologischen Erwägungen 208
(3) Zwischenergebnis und weiterführende Anmerkungen 212
bb) Sonderdeliktsstatus durch Tätigkeits-/Funktionsbeschreibung des Erbringens 214
(1) Die zu erbringenden Zahlungsdienste 215
(a) Die Zahlungsdienste des Aufsichts- und des Zahlungsverkehrsrechts 216
(b) Der Umfang der Zahlungsdienste 218
(2) Der die Zahlungsdienste Erbringende 220
(a) Der Geschäftsherr als rechtlich Erbringender 220
(b) Die Stellung als tatsächlich Erbringender 222
(c) Zwischenergebnis und personelle Eingrenzung 223
(3) Das Erbringen eines Zahlungsdienstes im Strafrecht 224
(a) Die Verwaltungsakzessorietät des § 63 Abs. 1 Nr. 4 ZAG 225
(b) Die Verletzung der Erlaubnis(-einholungs-)pflicht als eigentliches Unrecht der Tat 233
(c) Die Nähebeziehung des Erbringenden zum Schutzgut 244
(d) Abschließende Einordnung des strafrechtlichen Erbringens als Funktionsbeschreibung 246
cc) Stellungnahme und Charakterisierung des § 63 Abs. 1 Nr. 4 ZAG als kein Sonderdelikt 251
b) Organisationsdeliktscharakter des § 63 Abs. 1 Nr. 4 ZAG 252
aa) Dogma der Regelungstechnik der Organisationsdelikte 253
bb) Kritische Würdigung der Regelungstechnik der Organisationsdelikte 255
cc) Einreihung des § 63 Abs. 1 Nr. 4 ZAG in die Regelungstechnik der Organisationsdelikte 256
2. Die Potenziellen Beteiligten des Hawala-Bankings 259
a) Der Täterkreis des Hawala-Bankings nach § 63 Abs. 1 Nr. 4 ZAG 260
aa) Anwendbarkeit des § 25 StGB auf Organisationsdelikte 260

bb) Die erbringenden Täter des § 63 Abs. 1 Nr. 4 ZAG ... 261
(1) Die Tathandlung des Erbringens nach § 63 Abs. 1 Nr. 4 ZAG ... 261
(a) Funktional-sozialer Ansatz der Tathandlung ... 263
(b) Finalcharakter und zeitliche Dimension der Tathandlung ... 265
(c) Faktischer Charakter der Tathandlung ... 269
(d) Zwischenergebnis ... 270
(2) Eine Einordnung der (mit-)erbringenden Täter des Hawala-Bankings (nach § 25 Abs. 2 StGB) ... 270
(a) Prolegomena zur Abgrenzung von Täterschaft und Teilnahme im Kontext des § 63 Abs. 1 Nr. 4 ZAG ... 271
(b) Die (mit-)erbringenden Täter bei der Einzeltransaktion ... 275
(c) Die (mit-)erbringenden Täter im Hawala-Netzwerk ... 275
b) Der Teilnehmerkreis des Hawala-Bankings nach § 63 Abs. 1 Nr. 4 ZAG ... 295
aa) Anwendbarkeit der §§ 26, 27 StGB auf Organisationsdelikte ... 295
bb) Eine Einordnung der Teilnehmer beim Hawala-Banking ... 296
(1) Die Mitakteure des Hawala-Netzwerkes als strafbare Teilnehmer nach § 27 StGB ... 296
(2) Die Zahlungsdienstekunden als strafbare Teilnehmer nach § 27 StGB ... 297
3. Zwischenergebnis ... 300
II. Die subjektiven Voraussetzungen des § 63 Abs. 1 Nr. 4 ZAG ... 301
1. Die Subjektiven Anforderungen des § 63 Abs. 1 Nr. 4 ZAG beim Hawala-Banking ... 302
2. Die Irrtümer im Bereich des Hawala-Bankings unter § 63 Abs. 1 Nr. 4 ZAG 305
a) Die Auswirkung des Irrtums über das Erlaubt-Sein bei § 63 Abs. 1 Nr. 4 ZAG im Vorsatz oder im Unrechtsbewusstsein ... 306
aa) Die Irrtumsbestimmung anhand des Verbotscharakters ... 307
bb) Die Irrtumsbestimmung anhand des Blankettcharakters ... 314
cc) Zwischenergebnis ... 319
b) Die Berücksichtigung kultureller Wertvorstellungen der Hawaladare und deren Unrechtsbewusstsein ... 320
c) Die (Un-)Vermeidbarkeit des Irrtums bei Berücksichtigung kultureller Wertvorstellungen der Hawaladare ... 322
B. Die originäre Strafbarkeit der Hawala nach dem StGB ... 325
I. Die objektiven Voraussetzungen des § 129 Abs. 1 StGB ... 326
1. Die Vereinigungsstruktur des Hawala-Netzwerkes nach § 129 Abs. 2 StGB ... 326
a) Das personelle Element des Hawala-Netzwerkes ... 327
b) Das organisatorische Element des Hawala-Netzwerkes ... 329
c) Das zeitliche Element des Hawala-Netzwerkes ... 337
d) Das interessenbezogene Element des Hawala-Netzwerkes ... 341
e) Zwischenergebnis und weiterführende Anmerkungen ... 349

2. Der gerichtete Zweck oder die Tätigkeit des Hawala-Netzwerkes ... 352
a) Die relevanten Straftaten und deren Gewicht beim Hawala-Banking ... 353
aa) Die tatbestandliche Einschränkung des § 129 StGB anhand des Deliktscharakters der Bezugstat ... 354
bb) Die tatbestandliche Einschränkung des § 129 StGB anhand dessen Schutzzwecks ... 359
b) Die Gerichtetheit des Zwecks oder der Tätigkeit des Hawala-Bankings auf die Begehung von Straftaten ... 365
3. Die Tathandlung(en) der Hawala-Akteure im Rahmen des § 129 Abs. 1 StGB 368
a) Das Gründen einer kriminellen Vereinigung im Rahmen des Hawala-Bankings ... 370
b) Das mitgliedschaftliche Beteiligen an einer kriminellen Vereinigung beim Hawala-Banking ... 372
c) Das Unterstützen der kriminellen Vereinigung im Rahmen des Hawala-Bankings durch die Zahlungsdienstekunden ... 379
II. Die Subjektiven Voraussetzungen des § 129 Abs. 1 StGB ... 384
III. Die Strafschärfung beim Hawala-Banking nach § 129 Abs. 5 StGB ... 386
1. Die Hawaladare als Rädelsführer nach § 129 Abs. 5 S. 2 StGB beim Hawala-Banking ... 386
a) Eine Einordnung der Hawaladare als Rädelsführer nach § 129 Abs. 5 S. 2 StGB ... 387
b) Eine Gegenüberstellung der funktional-sozialen Tatherrschaft des § 63 Abs. 1 Nr. 4 ZAG mit der Stellung als Rädelsführer nach § 129 Abs. 5 S. 2 StGB ... 390
2. Die Qualifikation bei Zweckgerichtetheit auf besonders schwere Straftaten nach § 129 Abs. 5 S. 3 StGB ... 391
C. Die Kollision mit Auslandssachverhalten im Rahmen des Hawala-Bankings ... 393
I. Der Anwendungsbereich des deutschen Strafrechts ... 395
II. Die betroffenen Anknüpfungspunkte im Rahmen des Hawala-Bankings im Überblick ... 398
1. Die Anknüpfungspunkte nach den Geltungsbereichsnormen der §§ 5, 6 StGB 399
2. Die personellen Anknüpfungspunkte nach § 7 StGB und § 129b Abs. 1 S. 2 Var. 2, 3 StGB ... 400
3. Die territorialen Anknüpfungspunkte nach §§ 3, 9 StGB und § 129b Abs. 1 S. 2 Var. 1 StGB ... 402
a) Das Anknüpfen an den Gebietsgrundsatz im Sinne des § 3 StGB ... 403
aa) Das Inland im Sinne des § 3 StGB ... 403
bb) Die Tat im Sinne der §§ 3, 9 StGB ... 403
cc) Der Begehungsort im Sinne des § 9 StGB ... 404
(1) Der Handlungsort des Täters gemäß § 9 Abs. 1 StGB ... 404
(2) Der Erfolgsort des Täters gemäß § 9 Abs. 1 StGB ... 405
(3) Der Begehungsort des Teilnehmers gemäß § 9 Abs. 2 StGB ... 407

b) Das Anknüpfen an den Begehungsort nach § 129b Abs. 1 S. 2 Var. 1 StGB 408
aa) Das Verhältnis des § 129b Abs. 1 S. 2 StGB zu den §§ 3 ff. StGB 408
bb) Die Bestimmung einer ausländischen Vereinigung nach § 129b Abs. 1 S. 1 StGB 413
III. Eine tatbestandsspezifische Einordnung der territorialen Anknüpfungspunkte beim länderübergreifenden Hawala-Banking 415
1. Der Ort der Tat des § 63 Abs. 1 Nr. 4 ZAG beim länderübergreifenden Hawala-Banking 416
a) Der Handlungsort des § 9 Abs. 1 StGB bei funktional-sozialer Tatherrschaft am Beispiel des Hawala-Bankings 417
b) Die Begehungsorte des § 9 Abs. 2 StGB bei Teilnehmern am Beispiel des Hawala-Bankings 420
2. Der Ort der Tat des § 129 StGB beim länderübergreifenden Hawala-Banking 420
a) Der Schwerpunkt der Hawala-Organisationsstruktur im In- oder Ausland 421
b) Die ausgeübte Tätigkeit im räumlichen Geltungsbereich nach § 129b Abs. 1 S. 2 Var. 1 StGB am Beispiel des Hawala-Bankings 426

Teil 5

Die Wechselbeziehung von § 129 StGB und § 63 Abs. 1 Nr. 4 ZAG 429

A. Ein kooperatives Bekämpfen des Hawala-Bankings durch die originären Straftatbestände 429

B. Eine Analyse der tatbestandlichen (Dis-)Harmonie der originären Straftatbestände 431
I. Ein Rezess mit den Tatbestandsstrukturen und deren Deliktscharakter(e) 431
1. Die Schutzgüter der originären Straftatbestände – (k)ein abschließendes Erfassen des Unrechtsgehalts des Hawala-Bankings 432
2. Der organisatorische Charakter der Delikte und die Teilaktigkeit deren Tathandlungen – (k)eine tatbestandliche Identität 435
3. Die abstrakte Gefahr durch die jeweiligen Tathandlungen – (k)eine doppelte Vorverlagerung der Strafbarkeit 437
4. Die Fehlvorstellungen der Akteure über die rechtliche Zulässigkeit ihrer Geschäfte – (k)ein Gleichlauf der Rechtsfolgen 439
II. Die Parallelität der Täterschafts- und Teilnahmekonstellationen der originären Delikte 439
1. Die Täter und Teilnehmer der originären Delikte – (k)eine unterschiedliche Einordnung anhand der Deliktscharaktere 440
2. Der nicht ganz so neutrale Zahlungsdienstekunde – (k)ein gleichlaufender Ausschluss der Strafbarkeit 441
III. Die Mannigfaltigkeit der pauschalierenden Handlungsbeschreibung und deren Auswirkung auf länderübergreifende Sachverhalte 444

Teil 6

Schlussbetrachtung 447

A. Analyse der Ergebnisse 447

B. Abschließende Bewertung und Ausblick 463

Literaturverzeichnis 467

Stichwortverzeichnis 491

Abkürzungsverzeichnis

a. A.	andere Ansicht
ABl.	Amtsblatt
Abs.	Absatz
a. F.	alte Fassung
AG	Amtsgericht
Alt.	Alternative
AO	Abgabenordnung
ApoG	Gesetz über das Apothekenwesen
ApothG	Gesetz über das Apothekenwesen a. F.
Art.	Artikel
AWG	Außenwirtschaftsgesetz
AWV	Außenwirtschaftsverordnung
B	Buchführer
BAFA	Bundesamt für Wirtschaft und Ausfuhrkontrolle
BaFin	Bundesanstalt für Finanzdienstleistungsaufsicht
BAKred	Bundesaufsichtsamt für das Kreditwesen
BayObLG	Bayerisches Oberstes Landesgericht
BB	Betriebs-Berater (Zeitschrift)
BBF	Bundesamt zur Bekämpfung von Finanzkriminalität
BeckRS	Beck Rechtsprechung
Begr.	Begründer
BfV	Bundesamt für Verfassungsschutz
BGB	Bürgerliches Gesetzbuch
BGBl.	Bundesgesetzblatt
BGH	Bundesgerichtshof
BGHSt	Entscheidungen des Bundesgerichtshofs in Strafsachen
BKA	Bundeskriminalamt
BKR	Zeitschrift für Bank- und Kapitalmarktrecht (Zeitschrift)
BMF	Bundesministerium der Finanzen
BMI	Bundesministerium des Innern und für Heimat
BMZ	Bundesministerium für wirtschaftliche Zusammenarbeit und Entwicklung
BR-Drs.	Bundesratsdrucksache
BT-Drs.	Bundestagsdrucksache
BtMG	Betäubungsmittelgesetz
BVerfG	Bundesverfassungsgericht
BVerfGE	Entscheidungen des Bundesverfassungsgerichts
BVerwG	Bundesverwaltungsgericht
CB	Compliance Berater (Zeitschrift)
CRR	Capital Requirements Regulation
DBB	Deutsche Bundesbank
DMG	Deutsche Morgenländische Gesellschaft

dpa	Deutsche Presse-Agentur
DStR	Deutsches Steuerrecht (Zeitschrift)
DVBl	Deutsches Verwaltungsblatt (Zeitschrift)
E	Einsammler
EBA	European Banking Authority
EG	Europäische Gemeinschaft
E-GeldR I	Erste E-Geld-Richtlinie
EGStGB	Einführungsgesetz zum Strafgesetzbuch
engl.	englisch
EP	Empfänger
et al.	und andere
EU	Europäische Union
EuGH	Europäischer Gerichtshof
EUV	Vertrag über die Europäische Union
EuZW	Europäische Zeitschrift für Wirtschaftsrecht (Zeitschrift)
EZ	Einzahler
f.	folgende/r
FATF	Financial Action Task Force
ff.	folgende
FIU	Financial Intelligence Unit
Fn.	Fußnote
FS	Festschrift
GA	Goltdammer's Archiv für Strafrecht (Zeitschrift)
GewA	Gewerbe Archiv (Zeitschrift)
GewO	Gewerbeordnung
GG	Grundgesetz für die Bundesrepublik Deutschland
GIZ	Deutsche Gesellschaft für Internationale Zusammenarbeit
GmbH	Gesellschaft mit beschränkter Haftung
GmbHG	Gesetz betreffend die Gesellschaften mit beschränkter Haftung
GSZ	Zeitschrift für das Gesamte Sicherheitsrecht (Zeitschrift)
HGB	Handelsgesetzbuch
hib	Heute im Bundestag (Parlamentsnachrichten)
HOSSPs	Hawalas and other similar service providers
HRRS	Höchstrichterliche Rechtsprechung im Strafrecht (Zeitschrift)
Hrsg.	Herausgeber
HWB EuP	Handwörterbuch des Europäischen Privatrechts
i. e. S.	im engeren Sinne
InvG	Investmentgesetz
i. V. m.	in Verbindung mit
IVTS	Informal Value Transfer Systems
JA	Juristische Arbeitsblätter (Zeitschrift)
JBE	Journal of Business Ethics (Zeitschrift)
JR	Juristische Rundschau (Zeitschrift)
Jura	Juristische Ausbildung (Zeitschrift)
jurisPR	Juris PraxisReport
JuS	Juristische Schulung (Zeitschrift)
JZ	Juristenzeitung (Zeitschrift)
KAGB	Kapitalanlagegesetzbuch

Kap.	Kapitel
KfZ	Kraftfahrzeug
KG	Kammergericht
KJ	Kritische Justiz (Zeitschrift)
KriPoZ	Kriminalpolitische Zeitschrift (Zeitschrift)
KWG	Kreditwesengesetz
LG	Landgericht
lit.	Buchstabe
LKA	Landeskriminalamt
LT-Drs.	Landtagsdrucksache
MDR	Monatsschrift für Deutsches Recht (Zeitschrift)
MMR	Zeitschrift für IT-Recht und Recht der Digitalisierung (Zeitschrift)
MVTS	Money or Value Transfer Services
n. F.	neue Fassung
NGO	Non-Governmental Organization
NJW	Neue Juristische Wochenschrift (Zeitschrift)
NJW-RR	Neue Juristische Wochenschrift Rechtsprechungsreport (Zeitschrift)
Nr.	Nummer/n
NRC	Norwegian Refugee Council
NStZ	Neue Zeitschrift für Strafrecht (Zeitschrift)
NStZ-RR	Neue Zeitschrift für Strafrecht Rechtsprechungs-Report (Zeitschrift)
NVwZ-RR	Neue Zeitschrift für Verwaltungsrecht Rechtsprechungs-Report (Zeitschrift)
NWB	Steuer- und Wirtschaftsrecht (Zeitschrift)
NZG	Neue Zeitschrift für Gesellschaftsrecht (Zeitschrift)
NZV	Neue Zeitschrift für Verkehrsrecht (Zeitschrift)
NZWiSt	Neue Zeitschrift für Wirtschafts-, Steuer- und Unternehmensstrafrecht (Zeitschrift)
OECD	Organisation für wirtschaftliche Zusammenarbeit und Entwicklung
oHG	offene Handelsgesellschaft
OK	Organisierte Kriminalität
OLG	Oberlandesgericht
OVG	Oberverwaltungsgericht
OWiG	Gesetz über Ordnungswidrigkeiten
PostG	Postgesetz
PSD I	Richtlinie 2007/64/EG des Europäischen Parlaments und des Rates vom 13.11.2007 über Zahlungsdienste im Binnenmarkt, zur Änderung der Richtlinien 97/7/EG, 2002/65/EG, 2005/60/EG und 2006/48/EG sowie zur Aufhebung der Richtlinie 97/5/EG, ABl. EU Nr. L 319 2007, S. 1
PStR	Praxis Steuerstrafrecht (Zeitschrift)
RabelsZ	Rabels Zeitschrift für ausländisches und internationales Privatrecht (Zeitschrift)
RdZ	Recht der Zahlungsdienste (Zeitschrift)
RG	Reichsgericht
RGSt	Entscheidungen des Reichsgerichts in Strafsachen
Rn.	Randnummer/n
Rz.	Randziffer/n
S.	Seite/n
StGB	Strafgesetzbuch
StPO	Strafprozessordnung

Urt.	Urteil
Var.	Variante/n
VAG	Versicherungsaufsichtsgesetz
VersR	Versicherungsrecht (Zeitschrift)
VG	Verwaltungsgericht
VGH	Verwaltungsgerichtshof
vgl.	vergleiche
VO	Verordnung
Vor.	Vorbemerkung/en
VuR	Verbraucher und Recht (Zeitschrift)
WDDB	Wissenschaftliche Dienste des Deutschen Bundestages
wistra	Zeitschrift für Wirtschafts- und Steuerstrafrecht (Zeitschrift)
WiVerw	Wirtschaft und Verwaltung (Zeitschrift)
WM	Zeitschrift für Wirtschafts- und Bankrecht (Zeitschrift)
WuB	Entscheidungsanmerkungen zum Wirtschafts- und Bankrecht (Zeitschrift)
ZAG	Zahlungsdiensteaufsichtsgesetz
ZAGanzV	Verordnung über die Anzeigen und die Vorlage von Unterlagen nach dem Zahlungsdiensteaufsichtsgesetz
ZBB/JBB	Zeitschrift für Bankrecht und Bankwirtschaft/Journal of Banking Law and Banking (Zeitschrift)
ZDRL I	Richtlinie 2007/64/EG des Europäischen Parlaments und des Rates vom 13.11.2007 über Zahlungsdienste im Binnenmarkt, zur Änderung der Richtlinien 97/7/EG, 2002/65/EG, 2005/60/EG und 2006/48/EG sowie zur Aufhebung der Richtlinie 97/5/EG, ABl. EU Nr. L 319 2007, S. 1
ZDRL II	Richtlinie (EU) 2015/2366 des Europäischen Parlaments und des Rates vom 25.11.2015 über Zahlungsdienste im Binnenmarkt, zur Änderung der Richtlinien 2002/65/EG, 2009/110/EG und 2013/36/EU und der Verordnung (EU) Nr. 1093/2010 sowie zur Aufhebung der Richtlinie 2007/64/EG, ABl. EU Nr. L 337 2015, S. 35, ABl. EU Nr. L 169 2016, S. 18
ZDUG	Zahlungsdiensteumsetzungsgesetz
ZeOS	Zentral- und Ansprechstelle für die Verfolgung Organisierter Straftaten in Nordrhein-Westfalen
ZfS	Zentralstelle für Sanktionsdurchsetzung
ZIP	Zeitschrift für Wirtschaftsrecht (Zeitschrift)
ZIS	Zeitschrift für Internationale Strafrechtsdogmatik (Zeitschrift)
ZKA	Zollkriminalamt
ZStW	Zeitschrift für die gesamte Strafrechtswissenschaft (Zeitschrift)
ZVglRWiss	Zeitschrift für Vergleichende Rechtswissenschaft (Zeitschrift)
ZWH	Zeitschrift für Wirtschaftsstrafrecht und Haftung im Unternehmen (Zeitschrift)

Teil 1

Einleitung

A. Anlass der Untersuchung

Das jahrhundertealte Hawala-System gerät wiederholt unter Geldwäscheverdacht und wird mit Terrorismusfinanzierung in Verbindung gebracht. Ein System, das sich kaum von modernen Auslandsüberweisungssystemen wie MoneyGram oder Western Union unterscheidet und seine Wurzeln in der frühmittelalterlichen Handelsgesellschaft des Vorderen und Mittleren Orients hat.[1] Hawala oder auch ḥawāla[2] von حوالة [3] stammt aus dem Arabischen und lässt sich mit Zahlungsanweisung oder Schuldüberweisung übersetzen.[4] Bezeichnet wird damit eine Dienstleistung, bei der Geld an einen vom Auftraggeber bestimmten Empfänger gegen Entgelt weitergeleitet wird.[5] Diese Transfergeschäfte basieren üblicherweise auf einer gewachsenen Vertrauensbasis[6] ohne ordnungsgemäße Belege oder Buchführungsaufzeichnungen.[7] Aufgrund dessen sollen sie den informellen Finanztransfersystemen zugeordnet werden können.[8] Nach Schätzungen der an der Ersten Nationalen Risikoanalyse beteiligten Sicherheitsbehörden werden über solche informellen Systeme jährlich weltweit circa 200 Milliarden US-Dollar

[1] *Schramm/Taube*, Ordnungsprinzipien der supranationalen Transaktionssicherung im islamischen hawala-Finanzsystem, S. 4.

[2] Zur Transliteration der arabischen Schrift siehe *DMG*, Die Transliteration der arabischen Schrift.

[3] Arabischer Schriftzug so in und übernommen von *Müller*, Hawala An Informal Payment System and Its Use to Finance Terrorism, S. 24; *Jost/Sandhu*, The Hawala Alternative Remittance System and its Role in Money Laundering, S. 15.

[4] Vgl. *Bälz*, Ḥawāla, money transfer, in: Encyclopaedia of Islam, THREE; *Schramm/Taube*, Ordnungsprinzipien der supranationalen Transaktionssicherung im islamischen hawala-Finanzsystem, S. 7; *Spies*, ZVglRWiss 1973, 17 (17).

[5] *Schneider*, EuZW 2005, 513 (513).

[6] *WDDB*, Hawala-Banking, WD 4 – 3000 – 154/19, S. 4; *Bälz*, Ḥawāla, money transfer, in: Encyclopaedia of Islam, THREE; *Findeisen*, WM 2000, 2125 (2127).

[7] *Bälz*, Ḥawāla, money transfer, in: Encyclopaedia of Islam, THREE; *Schramm/Taube*, Ordnungsprinzipien der supranationalen Transaktionssicherung im islamischen hawala-Finanzsystem, S. 9.

[8] So zum Beispiel die Antwort der Bundesregierung auf die Anfrage der Abgeordneten der Fraktion der FDP BT-Drs. 19/16621, S. 1, die Hawala als informelles, auf Vertrauen basierendes Geldtransfersystem versteht; zur Einordnung von Hawala als formeller oder informeller Geldtransfer siehe noch Teil 2 A. II. 2. c) bb).

transferiert.[9] Nach Angaben der Weltbank sollen die Transfers im Jahr 2021 bereits bei 781 Milliarden US-Dollar gelegen haben,[10] knapp jeder siebte Mensch auf der Welt sendet oder empfängt über diese Geldtransfers Gelder[11]. Dieses Transfervolumen ist vor allem auf die Vorteile der Hawala zurückzuführen, da das Hawala-Banking als besonders kostengünstig, schnell, verlässlich und anonym gilt.[12] Darüber hinaus stellt es für viele Migranten die einzige Möglichkeit dar, ihre Familien in ihren Heimatländern zu unterstützen, gerade weil dort häufig kein funktionierendes Bankensystem existiert.[13]

Durch die Anschläge vom 11. September 2001 und die daraus resultierende Aufarbeitung der Finanzierung des Terrorismus entstand jedoch Aufmerksamkeit hinsichtlich der Missbrauchsmöglichkeiten solcher Geldtransfers.[14] So kam das Geld für die Bombenanschläge auf die US-Botschaften in Kenia und Tansania 1998 nachweislich über eine Hawala-Stelle von Kuwait und Jemen nach Nairobi.[15] Ohne jegliche Papierspur ist dieses System von Intransparenz und faktischer Spurlosigkeit gekennzeichnet, was sich auch Kriminelle zunutze machen,[16] auch heute noch, was aktuelle Fälle verdeutlichen: So hat ein Netzwerk vornehmlich aus Nordrhein-Westfalen mehr als 200 Millionen Euro illegal in die Türkei geschleust.[17] Ferner gelang der Staatsanwaltschaft Hof und der Kriminalpolizei mit

---

[9] *BMF*, Erste Nationale Risikoanalyse 2018/2019, S. 47; bereits zuvor *BMF*, Monatsbericht 10/2004, S. 78 unter Verweis auf den Ausschuss des Sicherheitsrates der Vereinten Nationen zur Umsetzung VN-Resolution 1267 von 1999.

[10] *BMZ*, Geldtransfers in Entwicklungsländer erleichtern vom 17.02.2023, abrufbar unter: https://www.bmz.de/de/themen/migration/geldtransfers-erleichtern-22052 unter Verweis auf die Weltbank.

[11] *BMZ*, Geldtransfers in Entwicklungsländer erleichtern vom 17.02.2023, abrufbar unter: https://www.bmz.de/de/themen/migration/geldtransfers-erleichtern-22052.

[12] Hierzu ausführlich *Findeisen*, WM 2000, 2125 (2129).

[13] *Teichmann/Falker*, CB 2020, 30 (30).

[14] *Taheri*, BKR 2020, 133 (134); *Sharma*, Historical Traces of Hundi, Sociocultural Understanding, and Criminal Abuses of Hawala, S. 99, 105; vgl. *Schramm/Taube*, Ordnungsprinzipien der supranationalen Transaktionssicherung im islamischen hawala-Finanzsystem, S. 4.

[15] *Teichmann/Falker*, CB 2020, 30 (32) unter Verweis auf *Borst/Contolia/Heinrich/Treser*, Focus-Online, 2001, Nr. 42: https://www.focus.de/finanzen/news/hawala-bares-vertrauen_aid_192091.html.

[16] *Hartmann*, KJ 2007, 2 (6); vgl. *BMF*, Monatsbericht 10/2004, S. 82; vgl. auch *Wahlers*, Die rechtliche und ökonomische Struktur von Zahlungssystemen inner- und außerhalb des Bankensystems, S. 5.

[17] Siehe aus der Tagespresse etwa Rheinische Post *Schwerdtfeger*, „Hawala"-Banking in Deutschland, Ermittler sichern 212 Millionen Euro in Razzien vom 21.11.2019, abrufbar unter: https://rp-online.de/nrw/panorama/hawala-banking-ermittler-sichern-212-millionen-euro-bei-razzien_aid-47319059; siehe bereits zuvor Deutschlandfunk *Sturmberg*, Hawala-Netzwerke, Razzia gegen illegale Geldtransfers vom 20.11.2019, abrufbar unter: https://www.deutschlandfunk.de/hawala-netzwerke-razzia-gegen-illegale-geldtransfers.3669.de.html?dram:article_id=463869; *Hell/Steinhäuser/Mascolo*, Großrazzia gegen Hawala-Ban-

Zentralaufgaben in Bayreuth ein Schlag gegen ein Hawala-System, bei dem Millionenbeträge überwiegend nach Afrika transferiert wurden.[18] Auch die Rechtsprechung[19] musste sich in letzter Zeit häufiger mit Hawala-Netzwerken und deren Strafbarkeit auseinandersetzen, bei denen ebenfalls Millionenbeträge illegal in das Ausland transferiert wurden. Aufgrund weltweiter politischer Konflikte gewinnt das Hawala-System an Bedeutung.[20]

Gerade die Häufigkeit und hohen Summen dieser Fälle sorgen nicht nur medial und in der Rechtsprechung, sondern auch politisch für Aufmerksamkeit. Dies zeigen die kontinuierlichen Anfragen hinsichtlich der Hawala seitens Abgeordneter des Bundestages an die Bundesregierung.[21] Neben den Fragen zum

---

king vom 19.11.2019, abrufbar unter: https://www.tagesschau.de/investigativ/ndr-wdr/grossrazzia-hawala-101.html.

[18] *Dankbar*, Verbotenes Hawala-Banking, Millionenbeträge schwarz nach Ostafrika vom 06.02.2020, abrufbar unter: https://www.kurier.de/inhalt.verbotenes-hawala-banking-kriminalpolizei-nimmt-mehrere-taeter-bei-grossrazzia-fest.3e399147-f650-451e-b4ef-9f3973685ff1.html; siehe auch gemeinsame Pressemitteilung des Polizeipräsidiums Oberfranken und der Staatsanwaltschaft Hof vom 06.02.2020, abrufbar unter: https://www.justiz.bayern.de/gerichte-und-behoerden/staatsanwaltschaft/hof/presse/2020/6.php.

[19] Siehe dazu BGH 28.06.2023 – 3 StR 108/23, BGH, BeckRS 2023, 18792 und BGH 01.06.2023 – 3 StR 414/22, BGH, BeckRS 2023, 17742; BGH 28.06.2022 – 3 StR 403/20, BGH, BeckRS 2022, 20799; BGH 02.06.2021 – 3 StR 61/21, BGH, ZIP 2021, 1853; LG Köln 23.05.2022 – 109 KLs 5/21, LG Köln, abrufbar unter: https://www.justiz.nrw.de/nrwe/lgs/koeln/lg_koeln/j2022/109_KLs_5_21_Urteil_20220523.html; LG Düsseldorf 23.11.2021 – 014 KLs 2/21, LG Düsseldorf, abrufbar unter: http://www.justiz.nrw.de/nrwe/lgs/duesseldorf/lg_duesseldorf/j2021/014_KLs_2_21_Urteil_20211123.html, LG Düsseldorf, BeckRS 2021, 55636; LG Mannheim 17.11.2020 – 22 KLs 540 Js 6574/20, LG Mannheim, BeckRS 2020, 50512.

[20] So *Schützenberg*, PStR 2023, 223 (223); beispielsweise soll auch die Hamas über solche Systeme finanziert werden, *Metzger*, Reiche Terroristen: So kommt Hamas an Geld vom 23.10.2023, abrufbar unter: https://www.zdf.de/nachrichten/politik/ausland/hamas-finanzen-geld-gazastreifen-israel-100.html; auch die deutsche Nothilfe für Afghanistan greift auf diese Systeme zurück *Gebauer/Lehberger*, Deutsche Nothilfe für Afghanistan fließt über illegales Hawala-Netzwerk vom 31.05.2024, abrufbar unter: https://www.spiegel.de/politik/deutschland/afghanistan-deutsche-nothilfe-fuer-das-land-fliesst-ueber-illegales-hawala-netzwerk-a-1a7bcaf1-0623-4e73-b4e3-e58848dbe255.

[21] BT-Drs. 20/11829 siehe auch die darauffolgende Antwort der Bundesregierung BT-Drs. 20/12069; BT-Drs. 19/16156; siehe auch die darauffolgende Antwort der Bundesregierung BT-Drs. 19/16621; bereits davor schon die Anfragen BT-Drs. 19/16101 zur Nutzung des Hawala-Systems durch organisierte Kriminalität und terroristische Gruppierungen mit der Antwort BT-Drs. 19/16763; BT-Drs. 19/11056 Frage Nr. 19 zum Zusammenhang von Clankriminalität und Hawala mit der Antwort BT-Drs. 19/11764 und BT-Drs. 19/4904 Frage 15 zum Zusammenhang der Finanzierung oppositioneller Strukturen in Syrien durch Hawala mit der Antwort BT-Drs. 19/5733; siehe ferner Anfragen an die bayerische Staatsregierung Drs. 18/3669 Frage 4, an die sächsische Staatsregierung Drs. 6/15601, an die Baden-Württembergische Staatsregierung Drs. 16/4426 und Drs. 16/2319 an das Abgeordnetenhaus Berlin Drs. 18/11279; siehe zudem die Auseinandersetzung des Wissenschaftlichen Dienstes des Bundestages mit dem Sachstand „Hawala-Banking“, Strafrechtliche Regelungen, WD 7 – 3000 – 188/19 und dem Sachstand Hawala-Banking, Funktionsweise und

deutschland- und weltweiten Geldtransfer über Hawala-Systeme sind besonders Verstöße gegen das Zahlungsdiensteaufsichtsgesetz oder auch Kenntnisse über Geldwäsche beziehungsweise Terrorismusfinanzierung von Interesse.[22] Denn auch die Fälle in der Rechtsprechung zeigen Konflikte des Systems mit dem Zahlungsdiensteaufsichtsgesetz[23], die Bildung einer kriminellen Vereinigung nach § 129 StGB,[24] aber auch Geldwäscheaktivitäten[25], Terrorismusfinanzierung[26], Steuerhinterziehung[27] und Verstöße gegen das AWG[28]. In einem aktuellen Fall in Nordrhein-Westfalen kam es beispielsweise ebenfalls zu Verstößen gegen das Zahlungsdiensteaufsichtsgesetz. Es wird 27 Beschuldigten im Alter von 23 bis 61 Jahren vorgeworfen, ein System des Hawala-Bankings installiert und

---

aufsichtsrechtliche Bestimmungen, WD 4 – 3000 – 154/19; ferner auch *Parlamentsnachrichten Deutscher Bundestag*, Überwachung des illegalen Hawala-Bankings, hib 178/2023 vom 13.03.2023, abrufbar unter: https://www.bundestag.de/presse/hib/kurzmeldungen-937706; *Parlamentsnachrichten Deutscher Bundestag*, Hawala-Finanzsystem illegal, hib 156/2020 vom 10.02.2020, abrufbar unter: https://www.bundestag.de/presse/hib/681842-681842.

[22] Siehe BT-Drs. 20/11829 mit den Antworten BT-Drs. 20/12069; BT-Drs. 19/16156 Fragen 1 und 4 mit den Antworten BT-Drs. 19/16621.

[23] BGH 28.06.2022 – 3 StR 403/20, BGH, BeckRS 2022, 20799, Rn. 5; BGH 02.06.2021 – 3 StR 61/21, BGH, ZIP 2021, 1853 (1855 f.); LG Köln 23.05.2022 – 109 KLs 5/21, LG Köln, abrufbar unter: https://www.justiz.nrw.de/nrwe/lgs/koeln/lg_koeln/j2022/109_KLs_5_21_Urteil_20220523.html, Rn. 75; LG Düsseldorf 23.11.2021 – 014 KLs 2/21, LG Düsseldorf, abrufbar unter: http://www.justiz.nrw.de/nrwe/lgs/duesseldorf/lg_duesseldorf/j2021/014_KLs_2_21_Urteil_20211123.html, Rn. 591 ff., LG Düsseldorf, BeckRS 2021, 55636, Rn. 119 ff.; LG Mannheim 17.11.2020 – 22 KLs 540 Js 6574/20, LG Mannheim, BeckRS 2020, 50512, Rn. 8 ff., 107 ff.

[24] BGH 28.06.2023 – 3 StR 108/23, BGH, BeckRS 2023, 18792 und BGH 01.06.2023 – 3 StR 414/22, BGH, BeckRS 2023, 17742; BGH 28.06.2022 – 3 StR 403/20, BGH, BeckRS 2022, 20799, Rn. 8 ff.; BGH 02.06.2021 – 3 StR 61/21, BGH, ZIP 2021, 1853 (1855); LG Köln 23.05.2022 – 109 KLs 5/21, LG Köln, abrufbar unter: https://www.justiz.nrw.de/nrwe/lgs/koeln/lg_koeln/j2022/109_KLs_5_21_Urteil_20220523.html, passim; LG Düsseldorf 23.11.2021 – 014 KLs 2/21, LG Düsseldorf, abrufbar unter: http://www.justiz.nrw.de/nrwe/lgs/duesseldorf/lg_duesseldorf/j2021/014_KLs_2_21_Urteil_20211123.html, Rn. 667 ff., LG Düsseldorf, BeckRS 2021, 55636, Rn. 177 ff.; LG Mannheim 17.11.2020 – 22 KLs 540 Js 6574/20, LG Mannheim, BeckRS 2020, 50512, Rn. 129 ff.

[25] Essen 06.02.2015 – 56 KLs 1/15, LG Essen, abrufbar unter: https://www.justiz.nrw/nrwe/lgs/essen/lg_essen/j2015/56_KLs_1_15_Urteil_20150206.html.

[26] BGH 09.01.2020 – AK 61/19, BGH, BeckRS 2020, 468; OLG Stuttgart 08.10.2021 – 6–36 OJs 51/18, OLG Stuttgart, BeckRS 2021, 50785.

[27] So wird die Steuerhinterziehung zumindest vom *WDDB*, Hawala-Banking, WD 7 – 3000 – 188/19, S. 5 f. bei den in Betracht zu ziehenden strafrechtlichen Regelungen mit aufgeführt.

[28] BGH 29.07.2021 – 3 StR 156/20, BGH, NStZ 2022, 423 (424 ff.); BGH 09.01.2020 – AK 61/19, BGH, BeckRS 2020, 468; BGH 23.08.2006 – 5 StR 105/06, BGH, NStZ 2007, 644; BGH 11.09.2002 – 1 StR 73/02, BGH, NStZ-RR 2003, 55; OLG Stuttgart 08.10.2021 – 6–36 OJs 51/18, OLG Stuttgart, BeckRS 2021, 50785.

betrieben zu haben.[29] Welches Ausmaß ein solches Hawala-System annehmen kann, lässt der von der neu eingerichteten Task-Force NRW – bestehend aus Polizei, Steuerfahndung und Justiz – vorgenommene Aufwand nur vermuten: Unter deren Leitung und dem Einsatz von 850 Polizei- und Vollzugsbeamtinnen und -beamten sowie elf Staatsanwältinnen und Staatsanwälten der Staatsanwaltschaft Düsseldorf wurden 62 Durchsuchungsbeschlüsse in Nordrhein-Westfalen, Hessen, Hamburg, Berlin, Baden-Württemberg sowie in den Niederlanden vollstreckt.[30]

Nicht nur die Rechtsprechung verdeutlicht die Anfälligkeit der Hawala für Straftaten, denn auch allgemein wird davon ausgegangen, dass sich solche Überweisungssysteme besonders für Geldwäsche und Terrorismusfinanzierung eignen. Tatsächlich zählt die BaFin im BaFinJournal Finanztransfergeschäfte, insbesondere auch Hawala-Banking, zu den sechs Risikofeldern im Finanzsektor und Nicht-Finanzsektor, die besonders anfällig für Geldwäsche und Terrorismusfinanzierung sind.[31] Dementsprechend wurde von der BaFin das Hawala-Banking 2020 auch als Aufsichtsschwerpunkt benannt.[32] Dabei richtet die BaFin „ihren Fokus bei der Bekämpfung unerlaubter Geschäfte und der Geldwäscheprävention stärker auf diese Transfersysteme."[33] Ebenfalls nennt das BKA das Hawala-Banking im Bundeslagebild 2022 als typische Art der Geldwäschehandlung in OK[34]-Verfahren.[35] International wird dies von vielen Ländern ähnlich betrachtet. Laut einem Bericht der Financial Action Task Force on Money Laundering (FATF)[36]

---

[29] Pressemittelung des LKA NRW und der Staatsanwaltschaft Düsseldorf vom 19.11. 2019, abrufbar unter: https://lka.polizei.nrw/presse/schlag-gegen-international-agierende-kriminelle-vereinigung.

[30] So die Pressemittelung des LKA NRW und der Staatsanwaltschaft Düsseldorf vom 19.11.2019, abrufbar unter: https://lka.polizei.nrw/presse/schlag-gegen-international-agierende-kriminelle-vereinigung.

[31] *BaFin*, 6x Vorsicht vom 21.10.2019, abrufbar unter: https://www.bafin.de/SharedDocs/Veroeffentlichungen/DE/Fachartikel/2019/fa_191021_NRA.html; ferner zum Einsatz informeller Finanztransfersysteme im Bereich des islamistischen Terrorismus siehe *BMF*, Erste Nationale Risikoanalyse 2018/2019, S. 47 f.

[32] *BaFin*, Aufsichtsschwerpunkte 2020, S. 19. Die Aufsichtsschwerpunkte leiten sich aus den strategischen Zielen der BaFin ab und prägen die Aufsichts- und Prüfungsplanung – hier insbesondere für das Jahr 2020.

[33] *Lendermann/Münzer/Ploetz/Schröder*, BaFin Hawala: Banking in der Schattenwelt vom 26.03.2024, abrufbar unter: https://www.bafin.de/DE/Aufsicht/Geldwaeschepraevention/Hawala_Banking/HawalaBanking_artikel.html.

[34] OK meint hierbei die Organisierte Kriminalität.

[35] Siehe die Tabelle in *BKA*, Bundeslagebild 2022, S. 18.

[36] Die FATF ist ein internationales Gremium zur Bekämpfung der Geldwäsche und Terrorismusfinanzierung und hat ihren Sitz bei der OECD in Paris. Hauptziel der FATF ist die Entwicklung und Förderung von Grundsätzen zur Bekämpfung der Geldwäsche und der Terrorismusfinanzierung. Hierzu werden verschiedene Standards gesetzt und deren Umsetzung in den Mitgliedsstaaten regelmäßig überprüft.

stufen 81 % der befragten Länder HOSSPs[37] als anfällig für Terrorismusfinanzierung ein und sogar 86 % der befragten Länder verbinden damit ein davon ausgehendes Geldwäscherisiko.[38] Auch die FATF selbst spricht in ihren Reporten über Geldwäsche- und Terrorismusfinanzierungstypologien in den Jahren 1999–2000 und 2004–2005 davon, dass solche Überweisungssysteme eine wichtige Unterstützungsfunktion für Geldwäsche leisten.[39] Die Risiken durch MVTS[40] wie die Hawala wurde im Länderbericht für Deutschland im Jahr 2022 von der FATF noch einmal betont.[41]

Es existieren bereits viele populärwissenschaftliche, historische, politikwissenschaftliche und volkswirtschaftliche Schriften[42] sowie eine grundlegende juristische Forschung, die sich mit dem Phänomen des Hawala-Finanzsystems unter Berücksichtigung kriminologischer und kriminalpolitischer Fragestellungen unter Einbeziehung historischer Ursachen sowie aktueller rechtlicher und gesellschaftlicher Entwicklungen beschäftigt.[43] Es ist jedoch bemerkenswert, dass noch keine grundlegende und vollumfängliche strafrechtliche Bewertung nach deutschem Recht stattgefunden hat, gerade im Hinblick darauf, dass das System medial, politisch oder auch von sonstigen offiziellen Stellen immer wieder mit bestimmten Delikten in Verbindung gebracht und auf seine Anfälligkeit für Straftaten reduziert wird. Zwar kommen beim Hawala-Banking verschiedenste Deliktsbereiche aus dem Wirtschafts-, Bank-, Steuer- und Staatsschutzstrafrecht in Betracht, dennoch verdient vorrangig die Strafbarkeit des Systems an sich den Fokus, mithin dessen originäre Strafbarkeit. Denn Delikte wie die der Terrorismusfinanzierung, der Geldwäsche oder Verstöße gegen das AWG sind nicht der Strafbarkeit des Systems immanent, sondern kohärieren meist „nur“ mit diesem System. Dabei greift ein krimineller Kundenstamm auf das System zurück und wäscht seine Gelder oder finanziert den Terrorismus über diese Systeme, womit das Missbrauchspotenzial von den Systemen ausgeht. Gegenstand dieser Arbeit ist die Strafbarkeit der Akteure des Systems.

---

[37] Hawalas and other similiar providers, abgekürzt nach *FATF*, Report 2013/10 on the role of HOSSPs.

[38] Siehe dazu die Abbildungen 2.1 und 2.2 in *FATF*, Report 2013/10 on the role of HOSSPs, S. 28.

[39] *FATF*, Report on Money Laundering Typologies 2004–2005, S. 3; *FATF*, Report on Money Laundering Typologies 1999–2000, S. 7.

[40] Money or value transfer service, abgekürzt nach *FATF*, Anti-money laundering and counter-terrorist financing measures, Germany, S. 70.

[41] *FATF*, Anti-money laundering and counter-terrorist financing measures, Germany, S. 5, 14.

[42] *Warius*, Das Hawala-Finanzsystem in Deutschland – ein Fall für die Bekämpfung von Geldwäsche und Terrorismus, S. 28, unter Verweis auf die einschlägigen Schriften.

[43] Dazu umfassend *Warius*, Das Hawala-Finanzsystem in Deutschland – ein Fall für die Bekämpfung von Geldwäsche und Terrorismus, passim.

Im Fokus steht dabei die Strafbarkeit nach dem Zahlungsdiensteaufsichtsgesetz (§ 63 Abs. 1 Nr. 4 ZAG) und die Bildung einer kriminellen Vereinigung nach § 129 StGB, was den Kern der Untersuchung bilden soll. Dabei gibt es zwar bereits eine Einordnung der Literatur[44] und der Rechtsprechung[45] im Hinblick auf die Strafbarkeit des Hawala-Bankings, es fehlt jedoch eine tiefergehende Betrachtung, wie sich dieses System in die Struktur des Zahlungsdiensteaufsichtsgesetzes aus aufsichtsrechtlicher und strafrechtlicher Perspektive einfügt. Demnach gilt es diese Ansichten einer kritischen Würdigung zu unterziehen. Außerdem geht das System regelmäßig mit umfangreichen Mehrpersonenverhältnissen sowie Auslandsbezügen einher, die ebenfalls strafrechtlich Berücksichtigung finden müssen. Entscheidend ist dabei auch der Deliktscharakter des § 63 Abs. 1 Nr. 4 ZAG, der parallel zu § 54 Abs. 1 Nr. 2 KWG umstritten, jedoch für die Strafbarkeit der relevanten Täter beim Hawala-Banking ausschlaggebend ist und bisher noch keiner umfassenden Untersuchung unterzogen wurde. Dabei weist das Verhältnis zwischen Aufsichts- und Strafrecht des Zahlungsdiensteaufsichtgesetzes ein Spannungsverhältnis auf, das es auszuloten und einzuordnen gilt. § 129 StGB wurde nach der Gesetzesreform[46] der organisierten Kriminalität geöffnet, sodass auch hier die Frage im Raum steht, ob das Hawala-Banking, das nach dem Bundeslagebild den OK-Verfahren zugeordnet wird[47], unter § 129 StGB subsumiert werden kann. Aufgrund der Relevanz einer Bezugstat bei § 129 StGB, ist zwangläufig der Zweck oder die Tätigkeit der kriminellen Vereinigung beim Hawala-Banking auf das Erbringen von Zahlungsdiensten nach § 63 Abs. 1 Nr. 4 ZAG gerichtet. Damit ist die Wechselbeziehung der beiden Delikte für das Hawala-Banking von entscheidender Relevanz und bietet ebenso Konfliktpotenzial, sollten die Normen nicht miteinander harmonieren. Auch dergestalt ist noch keine tiefergehende Auseinandersetzung mit den jeweiligen Spezifika der Normen und deren etwaiger Kongruenz erfolgt, was ebenfalls einen Untersuchungsgegenstand dieser Arbeit bildet.

---

[44] *Terlau*, in: Casper/Terlau-ZAG, § 63 Rn. 13; *Weiß*, in: Schäfer/Omlor/Mimberg-ZAG, § 63 Rn. 53; *Danwerth*, BKR 2021, 721 (723 f.); *Eggers/van Cleve*, NZWiSt 2020, 426 (426 f.); *Taheri*, BKR 2020, 133 (134 f.); *Weiß*, wistra 2021, 448 (450 f.).

[45] Als strafbar nach § 63 Abs. 1 Nr. 4 und § 129 StGB einordnet BGH 28.06.2022 – 3 StR 403/20, BGH, BeckRS 2022, 20799, Rn. 5, 8 ff.; BGH 02.06.2021 – 3 StR 61/21, BGH, ZIP 2021, 1853 (1855 f.); LG Köln 23.05.2022 – 109 KLs 5/21, LG Köln, abrufbar unter: https://www.justiz.nrw.de/nrwe/lgs/koeln/lg_koeln/j2022/109_KLs_5_21_Urteil_20220523.html, Rn. 75; LG Düsseldorf 23.11.2021 – 014 KLs 2/21, LG Düsseldorf, abrufbar unter: http://www.justiz.nrw.de/nrwe/lgs/duesseldorf/lg_duesseldorf/j2021/014_KLs_2_21_Urteil_20211123.html, Rn. 591 ff., 667 ff., LG Düsseldorf, BeckRS 2021, 55636, Rn. 119 ff., 177 ff.; LG Mannheim 17.11.2020 – 22 KLs 540 Js 6574/20, LG Mannheim, BeckRS 2020, 50512, Rn. 8 ff., 107 ff., 129 ff.

[46] Zum 54. Gesetz zur Änderung des Strafgesetzbuches vom 17.07.2017 – Gesetz zur Umsetzung des Rahmenbeschlusses 2008/841/JI des Rates vom 24.10.2008 zur Bekämpfung der organisierten Kriminalität, siehe BGBl. I 2017, S. 2440.

[47] Siehe die Tabelle in *BKA*, Bundeslagebild 2022, S. 18.

In Bezug auf die durchgehende Aktualität und der mangelnden umfänglichen strafrechtlichen Bewertung soll sich damit auseinandergesetzt werden, inwiefern das Hawala-Banking originär strafbar ist, welche strafrechtlichen Risiken damit einhergehen und es seitens des Gesetzgebers Änderungsbedarf de lege ferenda gibt.

B. Gang der Untersuchung

Da die Strafbarkeit des Hawala-Bankings untersucht werden soll, bildet das Phänomen einen zentralen Gegenstand der Untersuchung. Die umfassende Aufarbeitung des Systems, soll Grundlage für die folgende aufsichtsrechtlich- und vor allem strafrechtliche Analyse sein. Daher widmet sich Teil 2 dem Phänomen „Hawala" in seinem historischen und kulturellen Kontext sowie im Hinblick auf seine neuzeitliche Prägung.

Teil 3 setzt sich mit der aufsichtsrechtlichen Einordnung des Hawala-Systems auseinander, da sich die wesentliche Strafbarkeit des Systems aus dem ZAG ergibt und § 63 Abs. 1 Nr. 4 ZAG als Blankettstrafnorm ausgestaltet ist. Fokus verdient hierbei die Einordnung des Hawala-Bankings als Zahlungsdienst nach § 1 Abs. 1 S. 2 Nr. 6 ZAG und die Erlaubnispflicht der Hawaladare nach § 10 Abs. 1 S. 1 ZAG. Aufgrund der akzessorischen Ausgestaltung des Zahlungsdiensterechts lässt sich das Strafrecht nicht ohne das Aufsichtsrecht abschließend betrachten. Erst das Zusammenspiel bildet den vollständigen Sachverhalt ab und lässt eine vollumfängliche strafrechtliche Bewertung des Phänomens zu. Auch hier sollen weitere Grundlagen für die strafrechtliche Bewertung geschaffen und im Nachgang unter dem Blickwinkel des Strafrechts reflektiert werden. Außerdem gilt es zu erörtern, wieso das Hawala-Banking systemimmanent mit dem aufsichtsrechtlichem Erlaubnisverfahren unvereinbar ist und daran anschließend Ansätze im Umgang mit der Hawala aufgezeigt werden.

Teil 4 nimmt sodann die strafrechtliche Perspektive ein, indem die originäre Strafbarkeit erörtert wird. Dabei gilt es zunächst den Tatbestand des § 63 Abs. 1 Nr. 4 ZAG zu begutachten. Die bereits angesprochene akzessorische Ausgestaltung des Zahlungsdiensterechts bildet hier einen wesentlichen Untersuchungsgegenstand, denn für eine abschließende strafrechtliche Bewertung nach dem ZAG gilt es den Deliktscharakter des § 63 Abs. 1 Nr. 4 ZAG zu bestimmen. Dieser hängt insbesondere davon ab, ob das Aufsichtsrecht einen bestimmten Status vorgibt und mit welcher Strenge die Akzessorietät zu handhaben ist. Nur dann ist ein begrenzter Personenkreis strafbar, was im Hinblick auf die umfangreichen Netzwerkstrukturen des Hawala-Bankings einen wesentlichen Unterschied machen kann. Ebenso hängt dies unmittelbar mit der Einordnung der Tathandlung des Erbringens zusammen, denn durch den pauschalierenden Charakter ist diese auf den ersten Blick wertungsoffen und trägt ihren Teil zur Bestimmung des Deliktscharakters bei, erschwert diese aber auch. Ausgehend davon kann die strafrechtliche Verantwortung bestimmt werden, um im Anschluss die potenziellen Beteiligten des Hawala-Bankings herauszuarbeiten. Anhand einschlägiger Fälle aus der Praxis, gilt es die Rechtsprechung zu reflektieren und einer eigenständigen Bewertung zu unterziehen. Daran gemessen zeigen sich bestimmte Muster, die den Hawaladaren und Netzwerken eigen sind. Ziel ist es dabei eben nicht jegliche denkbaren Situationen zu erfassen, sondern diese Muster hervorzuheben und einer strafrechtlichen Bewertung zugänglich zu machen. Da dem Hawala-Banking auch kulturelle Wertvorstellungen zugrunde liegen und dadurch das Unrechtsbewusstsein betroffen sein kann, sollen auch etwaige Fehlvorstellungen einer Betrachtung unterzogen werden. Aufgrund des Verbots- und Blankettcharakters des § 63 Abs. 1 Nr. 4 ZAG ist die Einordnung der Irrtümer nicht offenkundig. Zudem wurden die Fehlvorstellungen der Hawaladare in Rechtsprechung und Literatur bisher nicht abschließend geklärt, womit die Irrtumsbestimmung hinsichtlich der Erlaubnispflichtigkeit Beachtung verdient.

In Teil 4 soll ebenfalls die originäre Strafbarkeit von Hawala-Netzwerken nach § 129 Abs. 1 StGB untersucht werden. Gerade im Hinblick auf die Gesetzesänderung des § 129 StGB ist der nun kodifizierte Vereinigungsbegriff nach § 129 Abs. 2 StGB nicht abschließend geklärt. Hierzu gibt es zumindest Ansätze der Rechtsprechung, insbesondere auch in Hawala-Verfahren, die eine Handhabung ermöglichen. Auch dies gilt es zu hinterfragen und eine strafrechtliche Bewertung von Hawala-Netzwerken zu implementieren. Bereits an dieser Stelle soll die Kompatibilität der relevanten Strafnormen des § 63 Abs. 1 Nr. 4 ZAG und des § 129 Abs. 1 StGB überprüft und in Teil 5 wiederholt sowie vertieft werden. Letztlich bildet § 63 Abs. 1 Nr. 4 ZAG die Bezugstat des § 129 Abs. 1 StGB, wobei durch die in Teil 4 vorgenommene Bestimmung des Deliktscharakters des § 63 Abs. 1 Nr. 4 ZAG zwischen den Delikten Interferenzen entstehen können.

Bevor es zur Untersuchung dieser Wechselbeziehung kommt, sind aufgrund der länderübergreifenden Sachverhalte auch strafanwendungsrechtliche Aspekte zu betrachten. Insbesondere verdient die Tathandlung des Erbringens Berücksichtigung bei der Einordnung des Handlungsortes im Sinne des § 9 Abs. 1 StGB. Denn auch hier kommt es wieder entscheidend darauf an, wie der Deliktscharakter samt dessen Tathandlung ausgestaltet ist. Gerade pauschalierende Handlungsbeschreibungen lassen sich nicht gleichläufig zu denen im Strafgesetzbuch typischen Einzelhandlungen betrachten. § 129 Abs. 1 StGB weist mit § 129b Abs. 1 StGB eine strafanwendungsrechtliche Spezialnorm auf, sofern eine ausländische Vereinigung vorliegt. Damit soll hier zum einen darauf eingegangen werden, wann es sich bei einem Hawala-Netzwerk um eine ausländische Vereinigung handelt und zum anderen, inwiefern sich § 129b Abs. 1 StGB in das Regelungsregime der §§ 3 ff. StGB einordnen lässt. Nur dann lässt sich abschließend sagen, wann Hawala-Netzwerke im räumlichen Geltungsbereich des deutschen Strafrechts agieren.

In Teil 5 wird die bereits erwähnte Wechselbeziehung von § 63 Abs. 1 Nr. 4 und § 129 StGB analysiert. Nur bei einer etwaigen Harmonie zwischen den beiden Tatbeständen, kann § 63 Abs. 1 Nr. 4 ZAG als Bezugstat dienen und die Hawaladare nach beiden Delikten strafrechtlich sanktioniert werden. Dabei sollen insbesondere deren Schutzzwecke, deren Deliktscharakter(e) und die Mannigfaltigkeit der pauschalierenden Handlungsbeschreibungen einer Analyse unterzogen werden.

Abschließend, in Teil 6, findet sich eine Schlussbetrachtung mit einer Zusammenfassung der Untersuchungsergebnisse sowie einer Bewertung und Ausblick. Damit sollen Antworten auf die in Teil 1 A. aufgestellten Fragen gegeben werden. Im Hinblick auf die Aktualität des Hawala-Bankings wird zudem ein Ausblick für die zukünftige Rolle des Strafrechts in Hawala-Sachverhalten aufgezeigt.

Teil 2

Zur Einordnung des Hawala-Bankings

Zur Einführung in die Thematik muss zunächst das Hawala-Banking als Zahlungsverfahren eingeordnet werden, um eine anschließende aufsichtsrechtliche und strafrechtliche Bewertung in Teil 3 und Teil 4 vornehmen zu können. Nur bei einer vollumfassenden Aufarbeitung des Systems samt der relevanten Parameter kann eine sorgfältige strafrechtliche Bewertung gewährleistet werden. Dabei gilt es freilich herauszufinden, ob sich Hawala überhaupt systematisieren lässt. Beispielsweise geht die Bundesregierung davon aus, dass es sich hierbei um „keine festumrissene Methode des Geldtransfers" handelt und diese auch nicht gesetzlich definiert ist.[1] Daraus wird ferner geschlussfolgert, dass diese Methode den informellen Geldtransfersystemen zugeordnet werden kann.[2] Teil 2 wird sich zum Ziel setzen, einen festen Umriss abzuzeichnen, der für die strafrechtliche Bewertung herangezogen werden kann. Vor dieser Untersuchung ist darauf hinzuweisen, dass eine gesetzliche Definition der Hawala unbestritten im deutschen Recht nicht existiert und damit einer strafrechtlichen Bewertung nicht zugrunde gelegt werden kann. Ein Rückgriff auf die Definition der Finanztransfergeschäfte nach § 1 S. 2 Nr. 6 ZAG schafft keine Abhilfe. Zwar soll das Hawala-Banking unter die Finanztransfergeschäfte subsumiert werden können.[3] Dennoch fallen weitergehend vielfältige Tätigkeiten unter den Bereich des Buchgeldtransfers,[4] sodass diese Definition universell und gerade nicht allein auf Hawala begrenzt, angewendet werden darf. Deshalb muss dieses Phänomen zunächst anhand der Regeln der Scharia und mit Hilfe historischer, religiöser, kultureller sowie auch anderer wissenschaftlicher Arbeiten aus der Politik, Jurisprudenz und Volkswirtschaft genauer umschrieben, und sodann sogar entsprechend definiert werden.

---

[1] So in der Antwort der Bundesregierung auf die Anfrage der Abgeordneten der Fraktion der FDP BT-Drs. 19/16621, S. 1.

[2] BT-Drs. 19/16621, S 1.

[3] So beispielsweise *WDDB*, Hawala-Banking, WD 7 – 3000 – 188/19, S. 4; *BaFin*, Merkblatt – Hinweise zum Zahlungsdiensteaufsichtsgesetz vom 05.07.2024, abrufbar unter: https://www.bafin.de/SharedDocs/Veroeffentlichungen/DE/Merkblatt/mb_111222_zag.html, B. V. Finanztransfergeschäft (§ 1 Abs. 1 Satz 2 Nr. 6 ZAG); ausführlich dazu noch in Teil 3 B. I.

[4] *BaFin*, Merkblatt – Hinweise zum Zahlungsdiensteaufsichtsgesetz vom 05.07.2024, abrufbar unter: https://www.bafin.de/SharedDocs/Veroeffentlichungen/DE/Merkblatt/mb_111222_zag.html, B. V. Finanztransfergeschäft (§ 1 Abs. 1 Satz 2 Nr. 6 ZAG); *Danwerth*, in: Casper/Terlau-ZAG, § 1 Rn. 105, 133 ff.; vgl. auch *Heucke*, in: Luz/Neus/Schaber/Schneider/et al.-ZAG, § 1 Rn. 31 f.; ferner zur hinreichenden Unbestimmtheit der Legaldefinition des Finanztransfergeschäfts *Danwerth*, Das Finanztransfergeschäft als Zahlungsdienst, S. 4 ff.

Zudem haben sich weltweit – vor allem im amerikanischen[5], indischen, pakistanischen[6] oder chinesisch-ostasiatischen[7] Raum – vielerlei Formen von Überweisungssystemen entwickelt, die gewisse Parallelen aber auch Unterschiede zu dem System der Hawala aufweisen. Dabei werden diese Systeme – neben vielen weiteren Bezeichnungen – als „alternative Überweisungssysteme“, „Schattenbanksysteme“ oder auch „Untergrund-Banking“ betitelt.[8] Auch international, sprechen zum Beispiel internationale Währungsfonds, die Weltbank oder die FATF von „Alternative Remittance Services“, „Parallel Banking“ oder vom „Underground-Banking“.[9] Gerade weil diese Begrifflichkeiten gewisse Gemeinsamkeiten aufweisen und sie nur schwer zu fassen sind, werden sie konturenlos verwendet; das Hawala-Banking muss teilweise gar als (vermeintliches) Synonym herhalten.[10] Zur deutlicheren Einordnung müssen daher die Erkenntnisse des erarbeiteten Sachverhalts den parallelen Systemen gegenübergestellt respektive voneinander abgegrenzt werden.

A. Das Phänomen „Hawala“

Das Phänomen Hawala wird immer wieder neben vielen weiteren Begriffen[11] als Hawala-Banking[12] oder auch Hawala-(Finanz-)System[13] bezeichnet. Dies sind Be-

[5] So beispielhaft der sogenannte Schwarzmarkt-Peso-Tausch (engl. black market peso exchange); siehe ferner dazu Teil 2 B.

[6] Exemplarisch sei hier auf das sogenannte Hundi verwiesen; ferner dazu Teil 2 B.

[7] So zum Beispiel das Fei-ch’ein, Chit oder Chop-System; weitere Beispiele in: *Passas*, Informal Value Transfer Systems and Criminal Organizations, S. 11 f. oder *Passas*, Informal Value Transfer Systems, Terrorism and Money Laundering, S. 25 f.; ferner dazu Teil 2 B.

[8] *Warius*, Das Hawala-Finanzsystem in Deutschland – ein Fall für die Bekämpfung von Geldwäsche und Terrorismus, S. 34 f.; *Findeisen*, WM 2000, 2125 (2125 f.); außerdem *BMF*, Monatsbericht 10/2004, passim; *Passas*, Informal Value Transfer Systems and Criminal Organizations, wobei hier auch auf die englische Übersetzung „Underground-Banking“ zurückgegriffen wird.

[9] *BMF*, Monatsbericht 10/2004, S. 78; *FATF*, Report on Money Laundering Typologies 1999–2000, S. 4; so auch *Passas*, Informal Value Transfer Systems, Terrorism and Money Laundering, S. 11 oder *Findeisen*, WM 2000, 2125 (2126).

[10] *Passas*, Informal Value Transfer Systems and Criminal Organizations, S. 11; so auch *Warius*, Das Hawala-Finanzsystem in Deutschland – ein Fall für die Bekämpfung von Geldwäsche und Terrorismus, S. 34 oder *BMF*, Monatsbericht 10/2004, S. 79.

[11] Zu den Begriffsverwendungen siehe Teil 2 A. II. 2. c).

[12] So beispielsweise die Terminologie in *WDDB*, Hawala-Banking, WD 7 – 3000 – 188/19; *WDDB*, Hawala-Banking, WD 4 – 3000 – 154/19; *BMF*, Erste Nationale Risikoanalyse 2018/2019; *Teichmann/Falker*, CB 2020, 30.

[13] So die Terminologie in *Warius*, Das Hawala-Finanzsystem in Deutschland – ein Fall für die Bekämpfung von Geldwäsche und Terrorismus; *Schramm/Taube*, Ordnungsprinzipien der supranationalen Transaktionssicherung im islamischen hawala-Finanzsystem; beispielsweise auch auf Englisch als Money Transfer System, in: *Bälz*, Ḥawāla, money transfer, in: Ency-

grifflichkeiten, die dieses Phänomen paraphrasieren und daher synonym verwendet werden können. Um das Phänomen besser zu umreißen, muss es in seinem historischen und neuzeitlichen Kontext betrachtet werden.

I. Das System Hawala im historischen und kulturellen Kontext

Das Hawala-System wird heutzutage als ein von dem regulierten Bankensystem losgelöstes Finanztransfersystem betrachtet,[14] das in seinem Umfang den staatlich regulierten Systemen Konkurrenz macht.[15] Aufgrund seiner Vorteile ist es nicht nur für Kriminelle attraktiv, sondern konnte weltweit auch bei redlichen Bürgern Anklang finden.[16] Historisch war dies jedoch nicht immer so. Hawala hat sich über die Jahrhunderte verändert und musste sich den zeitlichen Rahmenbedingungen anpassen. Von einem „bloßen Behelf“ für mangelnde Zahlungsmittel und unzureichend regulierten Bankensystemen nahm es seinen Platz als weltweit verbreitetes System ein, das einen Geldtransfer in abgelegenste Regionen dieser Welt erlaubt.

1. Der Begriff Hawala

Das Wort ḥawāla stammt aus dem Arabischen und soll – grammatisch betrachtet – das Verbalnomen des Zeitwortes ḥāla sein, das die Veränderung im aktiven wie passiven Sinne umfasst und zwar die Veränderung eines Zustandes, in welchem sich eine Person oder Sache befindet, beziehungsweise das Übergehen aus einem Zustand in einen anderen,[17] im Sinne eines Wechsels.[18] Laut Grasshoff sollte man sich diese ursprüngliche Bedeutung gegenwärtig halten, wenn das Wort als juristischer Terminus erfasst werden soll, dem Ganzen jedoch kein allzu großes Gewicht beimessen.[19] Dementsprechend legt dieser seinen Fokus auf den spezifisch der Rechtssprache angehörenden Ausdruck und führt dazu aus, dass die Hawala von

---

clopaedia of Islam, THREE; *Müller*, Hawala An Informal Payment System and Its Use to Finance Terrorism.

[14] *BMF*, Monatsbericht 10/2004, S. 78 f.; vgl. auch *Bälz*, Ḥawāla, money transfer, in: Encyclopaedia of Islam, THREE, 2. Finance and credit instrument; *Razavy/Haggerty*, Hawala Under Scrutiny: Documentation, Surveillance and Trust, S. 140.

[15] *BMF*, Monatsbericht 10/2004, S. 79; ähnlich *Houssein*, Somalia: The experience of hawala receiving countries, S. 88 oder auch *Findeisen*, WM 2000, 2125 (2126).

[16] Vgl. hierzu *Razavy*, Hawala: An underground haven for terrorists or social phenomenon?, S. 292.

[17] *Grasshoff*, Das Wechselrecht der Araber, S. 37; unter Verweis auf Grasshoff auch *Remde*, Lettera di cambio und Suftadja, S. 68.

[18] *Remde*, Lettera di cambio und Suftadja, S. 68.

[19] *Grasshoff*, Das Wechselrecht der Araber, S. 37.

den damaligen Juristen verschieden definiert wurde.[20] So zitiert er beispielsweise einen damaligen Rechtsgelehrten, der die „ḥawāla als einen Vertrag, welcher die Übertragung einer Schuld aus der Verpflichtung eines Menschen in die eines anderen zum Gegenstande hat“[21] umschreibt. Auch Remde spricht – unter Verweis auf andere Rechtsgelehrte – davon, dass „ḥawāla juristisch (shar'an) als Übertragung der Schuld aus der dhimma[22] dessen, der die ḥawāla vornimmt (muhil), in die dhimma dessen, zu dessen Lasten sie vorgenommen wird (muḥtāl 'alay-hi)“[23], definiert werden kann. Damit wird also die Schuld „von dem ursprünglichen Schuldner, der die ḥawāla vornimmt (muhil), auf den neuen Schuldner, zu dessen Lasten ('alā) die ḥawāla vorgenommen wird (muḥtāl 'alay-hi), übertragen, sodass der muhil von seiner Schuld frei wird“[24]. In seiner Ursprungsform konnte dies beispielsweise wie folgt aussehen:[25] Person B schuldet Person C Geld. Wiederum A schuldet B Geld. Mit Hilfe der Hawala konnte nun B seine Forderung, die gegenüber A besteht, auf C übertragen, sodass B indes von seiner Schuld frei wurde. A wird also neuer Schuldner von C und B scheidet aus der Kette aus.

Im Ergebnis geht es also bei dem ursprünglichen Abhandeln der Hawala um das Übertragen einer Schuld, sodass man Hawala in etwa mit Schuldübertragung, Schuldüberweisung oder auch Schuldbefreiung übersetzen kann.[26] Wie aufgezeigt hängt dieses Begriffsverständnis jedoch eng mit dessen ursprünglicher Ausprägung und Funktionsweise zusammen und darf deshalb nur funktional gesehen werden.[27] Neben diesem Rechtsgeschäft wurden die dafür verwendeten Anweisungsurkunden

---

[20] *Grasshoff*, Das Wechselrecht der Araber, S. 38; vgl. auch *Remde*, Lettera di cambio und Suftadja, S. 69 ff.

[21] *Grasshoff*, Das Wechselrecht der Araber, S. 38.

[22] Dhimma (es findet sich auch die Schreibweise ḏimma) ist die Eigenschaft, Schuldner zu sein, wie sie der Person des Schuldners im islamischen Recht anhaftet, ausführlich zum Begriff *Wichard*, Zwischen Markt und Moschee, S. 137 ff.

[23] *Remde*, Lettera di cambio und Suftadja, S. 69, wobei sich hierbei an der Umschrift von *Remde* orientiert wurde. Siehe dazu die Umschrift für die arabischen Buchstaben auf S. I; gleichkommend der ägyptische Richter und Rechtsgelehrte *Muḥammad Qadri*, in: *Bälz*, Ḥawāla, money transfer, in: Encyclopaedia of Islam, THREE, 1. Transfer of a debt; zur sprachlichen Bezeichnung der drei Personen der Hawala und den verschiedenen Ausdrücken der damaligen Juristen siehe *Grasshoff*, Das Wechselrecht der Araber, S. 46 f.

[24] *Remde*, Lettera di cambio und Suftadja, S. 70.

[25] Angelehnt an die Beispiele von *Warius*, Das Hawala-Finanzsystem in Deutschland – ein Fall für die Bekämpfung von Geldwäsche und Terrorismus, S. 98 und *Schramm/Taube*, Ordnungsprinzipien der supranationalen Transaktionssicherung im islamischen hawala-Finanzsystem, S. 7.

[26] *Bälz*, Ḥawāla, money transfer, in: Encyclopaedia of Islam, THREE, 1. Transfer of a debt; *Spies*, ZVglRWiss 1973, 17 (17); vgl. auch *Ecke*, Islamic Banking, S. 47; *Schramm/Taube*, Ordnungsprinzipien der supranationalen Transaktionssicherung im islamischen hawala-Finanzsystem, S. 7 oder auch *Grasshoff*, Das Wechselrecht der Araber, S. 38.

[27] *Warius*, Das Hawala-Finanzsystem in Deutschland – ein Fall für die Bekämpfung von Geldwäsche und Terrorismus, S. 97.

desgleichen als Hawala bezeichnet.[28] In effectu soll die Bezeichnung des heutigen Avalkredits auch auf Hawala zurückgehen,[29] sodass dessen Etymologie vereinzelnd auch als Indiz für das Vorliegen einer Rezeption gesehen wird.[30] Es gilt von diesem funktionalen Begriffsverständnis ausgehend, die Entwicklung des Funktionsablaufs genauer zu erörtern.

2. Hawala als Rechtstradition und Rechtsinstitut

Es ist zwar nicht möglich die Entwicklung und die genauen Wurzeln der Hawala vollends zu bestimmen,[31] jedoch gibt es vereinzelte Werke, die sich tiefergehend mit den Ursprüngen auseinandergesetzt haben und diese in summa einordnen konnten.[32] Grundsätzlich wird davon ausgegangen, dass die Entstehung dieses Systems auf die frühmittelalterliche Handelsgesellschaft des Vorderen und Mittleren Orients zurückgeht, das heißt eine Zeit, in der formale Ordnungssysteme nur spärlich vorhanden waren und die dem Tätigen komplexer Geschäftstransaktionen nur eingeschränkt gerecht werden konnte.[33] Lediglich die Wertvorstellungen des Koran und der Scharia[34] wurden als allgemeingültiges moralisches Gebot anerkannt.[35] So stellte die Hawala eine Ausnahme von dem im islamischen Recht gel-

[28] *Remde*, Lettera di cambio und Suftadja, S. 65; vgl. auch *Grasshoff*, Das Wechselrecht der Araber, S. 56 ff., wobei die schriftliche Fixierung keine notwendige Voraussetzung für die Hawala gewesen sein soll, da sie dem allgemein anerkannten Prinzip der Formfreiheit des islamischen Rechts widerspräche.

[29] Aus „alḥawāla“ soll der Ausdruck „Aval“ entstanden sein, dazu *Grasshoff*, Das Wechselrecht der Araber, S. 70 f.; zu den beiden Lagern siehe *Remde*, Lettera di cambio und Suftadja, S. 127, insbesondere Fn. 74.

[30] So *Grasshoff*, Das Wechselrecht der Araber, S. 65 ff., der hier jedoch nur von Vermutungen ausgeht; dem kritisch gegenüberstehend *Remde*, Lettera di cambio und Suftadja, S. 4 f., 127.

[31] *Martin*, Hundi/Hawala: The Problem of Definition, S. 912.

[32] Beispielsweise *Bälz*, Ḥawāla, money transfer, in: Encyclopaedia of Islam, THREE; *Dietrich*, Ḥawāla, in: Encyclopaedia of Islam, Second Edition; *Inalcik*, Ḥawāla, in: Encyclopaedia of Islam, Second Edition; *Grasshoff*, Das Wechselrecht der Araber; *Remde*, Lettera di cambio und Suftadja; *Martin*, Hundi/Hawala: The Problem of Definition; *Thompson*, An Introduction to the Concept and Origins of Hawala; *Schramm/Taube*, Ordnungsprinzipien der supranationalen Transaktionssicherung im islamischen hawala-Finanzsystem.

[33] *Schramm/Taube*, Ordnungsprinzipien der supranationalen Transaktionssicherung im islamischen hawala-Finanzsystem, S. 4.

[34] Der Begriff Scharia ist arabisch und bedeutet in etwa der „gebahnte Weg“. Er erscheint im Koran Sure 45, Vers 18 und betrifft die religiöse Praxis sowie die Regelung menschlicher Beziehungen und ist sowohl auf das Diesseits wie auf das Jenseits ausgerichtet. Die vergleichsweise wenigen rechtlichen Vorschriften stellen nur einen kleinen Teil dar. Der Oberbegriff für beide Bereiche ist Scharia. Zum Begriffsverständnis der Scharia siehe *Rohe*, Das Islamische Recht, S. 9 f. oder auch *Ashrafnia*, Scharia-konforme Finanzinstrumente, S. 3 ff.

[35] *Schramm/Taube*, Ordnungsprinzipien der supranationalen Transaktionssicherung im islamischen hawala-Finanzsystem, S. 5; so auch *Warius*, Das Hawala-Finanzsystem in Deutschland – ein Fall für die Bekämpfung von Geldwäsche und Terrorismus, S. 100.

tenden und auf den Propheten Mohammed zurückgehenden Grundsatz „Keine Forderung gegen eine Forderung“ dar.[36] Sie ließ sich deshalb entsprechend mit uṣūl al-fiqh, also den vier Wurzeln des Rechts (dem Koran, der Überlieferung des Propheten (ḥadiṯ), dem Analogieschluss (qiyās) und dem Consensus (iğmāᵉ)) vereinbaren.[37] Auch wenn die Hawala aus dem Arabischen stammt und sich an die Regeln des Islam hält, kann sie trotzdem nicht dem Islamic Banking zugeordnet werden.[38] Gefestigt von moralischer und religiöser Verpflichtung etablierte sich das System von einer bloßen Tradition zu einem leistungsstarken Rechtsinstitut.

Die Hawala als Rechtsinstitut soll bereits der Zeit des Abu Ḥanifa (699–767 n. Chr.) entstammen und von dort aus ihren Weg zu einem ausgebildeten Wechselrecht angetreten haben.[39] Eine erstmalige systematische Darstellung von Hawala als Rechtsinstitut lässt sich jedoch erst auf den hanafitischen Rechtsgelehrten Abū Bakr b. Masᵉūd al-Kāsāni zurückführen, der das damalige islamische Recht in seinem Handbuch Badā'iᵉ aṣ-ṣanā'iᵉ fi tartib aš-šarā'iᵉ methodisch behandelte und dessen Werk 1327/1328 in sieben Bänden niedergeschrieben wurde.[40]

Nach al-Kāsāni belaufen sich die Essentialia der Überweisung wie folgt auf ein Angebot und eine Annahme der Vertragsparteien: Der Delegant (der übertragende, ursprüngliche Gläubiger beziehungsweise muhil) gibt ein Angebot ab, das durch den Delegaten (Schuldner der Forderung beziehungsweise muḥtāl 'alay-hi) und den Delegatar (neuer Gläubiger beziehungsweise muḥtāl) zusammen angenommen werden muss.[41] Hierneben wird zur Wirksamkeit des Rechtsgeschäfts die Volljährigkeit der Vertragsparteien, der Vollbesitz der Verstandskräfte, die freie Willensbildung sowie

[36] *Spies*, ZVglRWiss 1973, 17 (41).

[37] Angelehnt an *Warius*, Das Hawala-Finanzsystem in Deutschland – ein Fall für die Bekämpfung von Geldwäsche und Terrorismus, S. 99; zur uṣūl al-fiqh siehe *Schacht*, An Introduction to Islamic Law, S. 114 f. oder *Spies*, ZVglRWiss 1973, 17 (43) insbesondere Fn. 59; zu den vier Wurzeln ausführlich *Muschol*, Islamic Banking, S. 13 ff. und *Amereller*, Hintergründe des „Islamic Banking“, S. 20 f.; eine kurze, aber dennoch vollumfängliche Darstellung der wesentlichen Grundzüge des islamischen Rechts im Allgemeinen findet sich in *Yassari*, Islamisches Recht, in: HWB EuP; eine ausführliche Darstellung des islamischen Rechts findet sich in *Rohe*, Das Islamische Recht.

[38] *Warius*, Das Hawala-Finanzsystem in Deutschland – ein Fall für die Bekämpfung von Geldwäsche und Terrorismus, S. 98.

[39] *Grasshoff*, Das Wechselrecht der Araber, S. 61 f.

[40] *Spies*, ZVglRWiss 1973, 17 (18); so auch *Müller*, Hawala An Informal Payment System and Its Use to Finance Terrorism, S. 24 und *Schramm/Taube*, Ordnungsprinzipien der supranationalen Transaktionssicherung im islamischen hawala-Finanzsystem, S. 7; unter Verweis auf *Schramm/Taube* auch *Thompson*, An Introduction to the Concept and Origins of Hawala, S. 95.

[41] *Spies*, ZVglRWiss 1973, 17 (19) unter Verweis auf *al-Kāsāni*; so auch wiedergegeben in *Warius*, Das Hawala-Finanzsystem in Deutschland – ein Fall für die Bekämpfung von Geldwäsche und Terrorismus, S. 99 f.

die Anwesenheit der Vertragsparteien verlangt.[42] Essentialia, die modern anmuten und auch dem deutschen Zivilrecht nicht fremd sind. Die Voraussetzungen beziehen sich gleichermaßen auf den Deleganten, den Delegatar und den Delegaten, wobei weitere Voraussetzungen im Hinblick auf die jeweilige Person hinzukommen und divergieren können.[43] Die Voraussetzungen, die sich auf den Gegenstand der Überweisung beziehen, sind nach al-Kāsāni zum einen eine Schuld und zum anderen die Verbindlichkeit dieser Schuld.[44] Bei den Vertragsparametern und den Rechtsfolgen gibt es jedoch einige Unterschiede unter und auch innerhalb der verschiedenen Rechtsschulen und Rechtsgelehrten.[45] Einigkeit besteht zumindest größtenteils dahingehend, dass mit dem Zustandekommen der Hawala der Delegant (muhil) von seiner Schuld gegenüber dem Delegatar (muḥtāl) befreit wird,[46] was einen Rekurs auf das funktionale Begriffsverständnis erlaubt. Ob darüber hinaus auch der Delegat (neuer Schuldner beziehungsweise muḥtāl ʻalay-hi) seinerseits Schuldner des Deleganten (alter Schuldner beziehungsweise muhil) sein muss und ob damit dem Aspekt der Schuldübernahme, der Aspekt der Forderungsabtretung hinzutritt, so unterscheiden sich die Ansichten der Rechtsschulen.[47] Ferner hängt damit unmittelbar zusammen, ob bei der Form der Hawala zwischen der ḥawāla muqayyada (gebundene ḥawāla) und der ḥawāla muṭlaqa (ungebundene, freie ḥawāla) unterschieden wird, denn im Gegensatz zu Letzterer, wird bei Ersterer der neue Schuldner (muḥtāl ʻalay-hi) vom alten Schuldner (muhil) angewiesen, die Zahlung an den muḥtāl aufgrund dessen vorzunehmen, was er – der neue Schuldner beziehungsweise muḥtāl ʻalay-hi – ihm – dem alten Schuld-

[42] *Spies*, ZVglRWiss 1973, 17 (20 ff.) unter Verweis auf *al-Kāsāni*; so auch wiedergegeben in *Warius*, Das Hawala-Finanzsystem in Deutschland – ein Fall für die Bekämpfung von Geldwäsche und Terrorismus, S. 99.

[43] Eine detaillierte Darstellung sämtlicher Voraussetzungen findet sich in *Spies*, ZVglRWiss 1973, 17 (20 ff.) unter Verweis auf *al-Kāsāni*; ebenfalls zu den Voraussetzungen siehe *Grasshoff*, Das Wechselrecht der Araber, S. 40 ff.

[44] *Spies*, ZVglRWiss 1973, 17 (23) unter Verweis auf *al-Kāsāni.*

[45] Vgl. *Remde*, Lettera di cambio und Suftadja, S. 70 ff.; so auch *Spies*, ZVglRWiss 1973, 17 (27), zur Behandlung der Hawala von anderen damaligen Rechtsgelehrten siehe in *Spies*: *Muḥammad aš-Šaibāni* (34 ff.), *Ḥafid Ibn Rušd* (41 ff.), *ᵉAbdalwahhāb b. Aḥmad aš-Šaᵉrāni* (45 ff.); *Grasshoff*, Das Wechselrecht der Araber, S. 38 ff. orientiert sich dagegen an *Muḥammad ḳadri bâšâ*, wobei er bei wichtigen Streitpunkten in der Lehre der Hawala auf andere damalige Juristen eingeht; eine Auflistung wichtiger Bedingungen der Hawala findet sich zudem auch in *Saleem*, Islamic commercial law, S. 140.

[46] *Remde*, Lettera di cambio und Suftadja, S. 74; auch *Grasshoff*, Das Wechselrecht der Araber, S. 44, 47; vgl. *Spies*, ZVglRWiss 1973, 17 (26), unter Verweis auf *Zufar*, der von keinem Freiwerden des Deleganten ausgeht, sondern vom Bestehenbleiben einer Schuld, ähnlich einer Bürgschaft.

[47] Eine ausführliche Darstellung zu den Divergenzen der Rechtsschulen der Malikiten, Shafiʼiten, Hanbaliten und der Hanafiten findet sich in *Remde*, Lettera di cambio und Suftadja, S. 70 f. (wobei *Remde* die Hanafiten doppelt nennt, er aber offensichtlich die Hanbaliten meint, was aus Fn. 24 auf den Seiten 66 ff. hervorgeht); zu den einzelnen Rechtsschulen allgemein siehe *Muschol*, Islamic Banking, S. 22 ff.; zur allgemeinen Abgrenzung zwischen den sunnitischen und schiitischen Rechtsschulen siehe *Rohe*, Das Islamische Recht, S. 15.

ner beziehungsweise muhil – schuldet, mithin gebunden.[48] Summa summarum führt die Unterteilung der Hawala in muqayyada und muṭlaqa auch zu anderen Rechtsfolgen, wie dem Vorliegen oder Nichtvorliegen eines Rückgriffsrechts oder einem Freiwerden oder Nichtfreiwerden der Verbindlichkeit des muḥtāl ʻalay-hi.[49] Gerade dies verdeutlicht, zu welch einem komplexen und umfangreichen Vertragsgeflecht sich die Hawala bereits zur damaliger Zeit entwickelt hatte. Mit diesem technischen und durchdachten, einer Transaktionsabwicklung dienenden Institut konnten zudem Kosten der Vertragsparteien reduziert werden.[50] Zu damaliger Zeit stagnierten oftmals ökonomische Transaktionen durch einen anhaltenden Mangel an Zahlungsmitteln, da gültige Zahlungsmittel wie Münzsilber nur unzureichend bereitgestellt wurden und nicht ubiquitär zugänglich waren.[51] Hinzu kam, dass allenfalls kleinere stammesrechtlich geprägte Gebiete in Koexistenz lebten und über diesen Radius hinausgehende Transaktionen mit einer konstitutionellen Unsicherheit behaftet waren.[52]

Aufgrund dessen kam es zu weiteren neuen institutionellen Lösungen indem auf ein weiteres Institut – die Suftadja[53] – zurückgegriffen wurde und diese in Kombination,[54] respektive als besonderer Unterfall der Hawala,[55] den Verlauf der Hawala entscheidend prägte. Kurz gesagt ist die Suftadja „ein Darlehn (qard), dessen Restitution an einem anderen Orte erfolgt, so daß der Darlehnsgeber von der Sicherheit

[48] So zumindest die Hanafiten, die zwar eine Existenz einer Forderung zwischen muhil und muḥtāl ʻalay-hi nicht für erforderlich, aber für möglich halten, in: *Remde*, Lettera di cambio und Suftadja, S. 72 unter Verweis auf einschlägige Literatur; so auch *Grasshoff*, Das Wechselrecht der Araber, S. 55 f.; ferner zu den Formen der ḥawāla muqayyada und ḥawāla muṭlaqa siehe *Saleem*, Islamic commercial law, S. 141.

[49] Darauf eingehend *Remde*, Lettera di cambio und Suftadja, S. 75 f., wobei dies nur für die Hanafiten gilt. Die Rechtsfolgen der ḥawāla muqayyada gelten in den übrigen Rechtsschulen naturgemäß für jeden Fall der Hawala; so auch *Grasshoff*, Das Wechselrecht der Araber, S. 45 f.

[50] *Schramm/Taube*, Ordnungsprinzipien der supranationalen Transaktionssicherung im islamischen hawala-Finanzsystem, S. 7.

[51] *Schramm/Taube*, Ordnungsprinzipien der supranationalen Transaktionssicherung im islamischen hawala-Finanzsystem, S. 5 unter Verweis auf *Labib*, Capitalism in Medieval Islam, S. 89 ff.; ähnlich *Udovitch*, Reflections on the Institutions of Credits and Banking in the Medieval Islamic Near East, S. 5.

[52] *Schramm/Taube*, Ordnungsprinzipien der supranationalen Transaktionssicherung im islamischen hawala-Finanzsystem, S. 5 unter Verweis auf *Schmidt-Trenz*, Außenhandel und Territorialität des Rechts, S. 235; so auch *Warius*, Das Hawala-Finanzsystem in Deutschland – ein Fall für die Bekämpfung von Geldwäsche und Terrorismus, S. 100.

[53] Es findet sich auch die Schreibweise suftaḏja bei *Remde*, Lettera di cambio und Suftadja oder suftaǧa bei *Grasshoff*, Das Wechselrecht der Araber, S. 16, wobei das Wort aus dem persischen suft oder saft entstanden sein soll und lediglich arabisiert wurde; ferner zur Herkunft der Suftadja *Ashtor*, Banking Instruments Between the Muslim East and the Christian West, S. 558.

[54] Ähnlich *Grasshoff*, Das Wechselrecht der Araber, S. 55.

[55] *Remde*, Lettera di cambio und Suftadja, S. 89.

des Weges profitiert.“[56] Das heißt, mit einer Suftadja konnten Transportrisiken gemieden werden, in dem der Darlehensnehmer zur Ausführung dieser Operation dem Darlehensgeber gegen Hingabe eines Darlehens eine Urkunde – die gleichnamig Suftadja hieß – ausstellte, mit deren Präsentation am Erfüllungsort die Auszahlung verlangt werden konnte.[57] Die Auszahlung erfolgte also durch eine dritte Person, die als Geschäftsfreund (ṣadiq), Mandatar (wakil) oder Vertreter (nâ'ib) beschrieben und im Auftrag und Interesse des Darlehensnehmers tätig wird.[58] Im Ergebnis stellt diese Dreipersonenkonstellation der Suftadja ein Hawala-Rechtsverhältnis dar: Der Darlehensgeber ist der muḥtāl, der ursprüngliche Schuldner beziehungsweise Darlehensnehmer der muhil und der Dritte beziehungsweise neue Schuldner der muḥtāl 'alay-hi, der – wenn man Malikiten, S̲h̲afi'iten und Hanbaliten aber auch den Hanafiten für den Fall der ḥawāla muqayyada folgt – wiederum Schuldner des muhil ist.[59] Die Besonderheit der Situation einer Suftadja besteht gerade darin, dass die Hawala zur Auszahlung an einem anderen Ort begründet wird; die bloße Hawala soll normalerweise ein bereits bestehendes Schuldverhältnis nur verlagern.[60] Außerdem wird das Hawala-Rechtsverhältnis bei der Suftadja ohne Anwesenheit des muḥtāl 'alay-hi respektive des Dritten begründet.[61] Ungeachtet der kleinen Unterschiede verwundert es nicht, dass damalige Rechtsgelehrte die Suftadja im Kapitel der Hawala abhandelten und sich deren Formen damit gegenseitig bedingten.[62] Streng genommen stellt die Suftadja insofern lediglich einen besonderen Fall der Hawala dar[63] und weist damit viel nähere Bezüge zur modernen Ausprägung der Hawala auf.[64] So konnten die muslimischen Kaufleute des Mittelalters modern anmutende Bankgeschäfte weit über die eigenen Grenzen hinaus vollziehen.[65] Gerade dies bildet die Basis des Hawala-Verfahrens – wenn auch nicht immer mit gleicher

---

[56] *Remde*, Lettera di cambio und Suftadja, S. 80; dazu ausführlich *Grasshoff*, Das Wechselrecht der Araber, S. 16 ff.; zu der Akzeptanz und den Restriktionen der Suftadja innerhalb der verschiedenen Rechtsschulen siehe *Ashtor*, Banking Instruments Between the Muslim East and the Christian West, S. 568 ff.

[57] *Remde*, Lettera di cambio und Suftadja, S. 80 f. unter Verweis auf *at-Tasûli*, vol. II, S. 288.

[58] *Remde*, Lettera di cambio und Suftadja, S. 81 unter Verweis auf die Zitation von *Grasshoff* und *at-Tasûli*, vol. II, S. 288.

[59] Vgl. *Remde*, Lettera di cambio und Suftadja, S. 82.

[60] Vgl. *Schacht*, An Introduction to Islamic Law, S. 149; unter Verweis auf *Schacht* auch *Remde*, Lettera di cambio und Suftadja, S. 83.

[61] *Grasshoff*, Das Wechselrecht der Araber, S. 64.

[62] So zum Beispiel *Muḥammad*, in: Grasshoff, Das Wechselrecht der Araber, S. 55, 62.

[63] *Remde*, Lettera di cambio und Suftadja, S. 89; ebenso *Ashtor*, Banking Instruments Between the Muslim East and the Christian West, S. 556.

[64] *El-Gamal*, Islamic Finance, S. 206; unter Verweis auf *El-Gamal* auch *Redín/Calderón/Ferrero*, JBE 2014, 327 (334 f.); ähnlich *Thompson*, An Introduction to the Concept and Origins of Hawala, S. 96.

[65] *Schacht*, An Introduction to Islamic Law, S. 78.

Intention – bis in die heutige Zeit und soll hier als Anknüpfungspunkt für die neuzeitliche Prägung des Hawala-Systems dienen.

II. Das System Hawala in seiner neuzeitlichen Prägung

Hawala hat sich über die Jahrhunderte weiterentwickelt und sich den Gegebenheiten der heutigen Zeit angepasst. Dennoch konnte es seinen Status als bedeutsames Rechtsinstitut bis heute aufrechterhalten, sodass es sich auch weiterhin in verschiedenen Rechtsquellen des arabischen Raums wiederfindet.[66] Basis für die Langlebigkeit des Systems bilden neben dessen Effizienz auch heute noch gewisse Moralvorstellungen und Aspekte des islamischen Rechts, wobei auch westliche Rechtssysteme einen Einfluss ausgeübt haben sollen.[67] Unter Rekurs auf das Verständnis für seine historischen Komponenten, muss die Hawala in seiner neuzeitlichen Prägung betrachtet werden. Dabei bietet es sich an, zwischen seiner Eigenschaft als Rechtsinstitut neuzeitlicher Prägung und der Eigenschaft als Zahlungsverkehrsdienst zu differenzieren.

1. Hawala als Rechtsinstitut in ihrer neuzeitlichen Prägung

Die Hawala bildete über die Jahrhunderte die Grundlage für die Finanzsysteme vieler islamischer Regionen wie denen der Abbasiden, Seldschuken oder auch Osmanen.[68] Beispielsweise versuchten die Osmanen, das religiös geprägte Recht des Islams, mithin auch die Hawala, in ihrem osmanischen Zivilgesetzbuch – der sogenannten Mecelle[69] – zu kodifizieren und als staatliches Gesetz zu erlassen.[70] So findet sich in dessen Art. 673 eine Legaldefinition der Hawala: „Hawala bedeutet [auch hier] die Übertragung einer Schuld von einem Schuldner auf einen anderen".[71] Eine Definition, die bereits Jahrhunderte zuvor diesem Rechtsinstitut zu-

---

[66] *Bälz*, Ḥawāla, money transfer, in: Encyclopaedia of Islam, THREE, 3. Assignment of claims and obligations; *Krüger*, FS Spellenberg, S. 608 ff., der auf verschiedene Gesetzbücher der arabisch geprägten Staaten verweist; *Schacht*, An Introduction to Islamic Law, S. 106.

[67] *Bälz*, Ḥawāla, money transfer, in: Encyclopaedia of Islam, THREE, 3. Assignment of claims and obligations; im Ergebnis auch *Krüger*, FS Spellenberg, S. 605 ff.

[68] *Razavy*, Hawala: An underground haven for terrorists or social phenomenon?, S. 282.

[69] Es findet sich auch die Schreibweise Mejelle, wobei der vollständige Titel des Werkes Mecelle-i aḥkām-i ʿadliyye lautet; ferner zur Mecelle *Schacht*, An Introduction to Islamic Law, S. 92.

[70] *Schacht*, An Introduction to Islamic Law, S. 92; siehe dazu *Bälz*, Ḥawāla, money transfer, in: Encyclopaedia of Islam, THREE, 1. Transfer of a debt, der auf das osmanische Zivilgesetzbuch Mecelle von 1876 mit dessen Art. 673–700 über die ḥawāla verweist, wobei sich dabei am hanafitischen Recht orientiert wurde.

[71] So in *Krüger*, FS Spellenberg, S. 607, der in Fn. 13 ergänzend die Legaldefinition in ihrer noch nicht übersetzten Fassung „Havale, deyni bir zimmetden diğer zimmette nakletmekdir" nennt.

grunde gelegt wurde. Trotz des entlehnten europäischen Gewands einer Kodifikation, hielten die Osmanen an diesem Konstrukt grundsätzlich fest. Auch nach dem Zusammenbruch des Osmanischen Reichs blieb die Mecelle in den Nachfolgestaaten bis zur Mandatszeit beziehungsweise bis zum Erlass neuer Gesetze, weiter erhalten;[72] es kamen jedoch Bestrebungen auf, das europäische Recht zu rezipieren, anstatt das islamische zu kompilieren.[73] Trotzdem konnte sich die Hawala bis in die Neuzeit behaupten und findet sich auch heute noch in verschiedenen Rechtsordnungen der arabischen Welt und damit auch in deren modernen arabischen Gesetzbüchern wieder.[74] Eines der bekanntesten modernen arabischen Gesetzbücher stellt das ägyptische Zivilgesetzbuch dar, in dem ebenfalls die Grundsätze der Hawala niedergeschrieben sind.[75] Die dortigen Regeln wurden identisch, manchmal auch nur teilweise, in vielen anderen arabischen Ländern übertragen,[76] sodass Krüger sogar von einem ägyptischen Rechtskreis[77] spricht. Die Besonderheit liegt darin, dass das deutsche und insbesondere französische Recht einen starken Einfluss auf das Recht des ägyptischen Rechtskreises ausgeübt haben sollen.[78] Es wurde dabei das Ziel gesetzt, eine Synthese von islamischem Recht und den rezipierten Bestimmungen des europäischen Rechts zu schaffen.[79] Aufgrund dessen flossen die bis 1949 in Ägypten geltenden Gesetze und die Rechtsprechung der ägyptischen Gerichte, die Regeln des islamischen Rechts sowie eine Reihe von Vorschriften europäischer Gesetzbücher ein.[80] Auch die Hawala findet sich hier wieder, die

[72] *Yassari*, Ausstrahlung des europäischen Privatrechts auf islamische Länder, in: HWB EuP, a) Die osmanischen Kodifikationen; ähnlich *Schacht*, An Introduction to Islamic Law, S. 93 unter Nennung vereinzelter Staaten.

[73] *Yassari*, Ausstrahlung des europäischen Privatrechts auf islamische Länder, in: HWB EuP, b) Die Kodifikationen in Ägypten; ähnlich *Schacht*, An Introduction to Islamic Law, S. 92.

[74] *Bälz*, Ḥawāla, money transfer, in: Encyclopaedia of Islam, THREE, 3. Assignment of claims and obligations.

[75] *Bälz*, Ḥawāla, money transfer, in: Encyclopaedia of Islam, THREE, 3. Assignment of claims and obligations.

[76] Vgl. *Bälz*, Ḥawāla, money transfer, in: Encyclopaedia of Islam, THREE, 3. Assignment of claims and obligations; *Krüger*, FS Spellenberg, S. 607 ff.; ähnlich auch *Rohe*, Das Islamische Recht, S. 72; *Yassari*, Ausstrahlung des europäischen Privatrechts auf islamische Länder, in: HWB EuP, 4. Die Kodifikationen nach dem Zweiten Weltkrieg oder auch *Schacht*, An Introduction to Islamic Law, S. 103.

[77] Zum Begriff des ägyptischen Rechtskreises zuerst *Krüger*, Überblick über das Privatrecht der Staaten des ägyptischen Rechtskreises, S. 98 ff., wobei dieser Begriff in der Literatur Anklang finden konnte, siehe dazu die Nachweise in *Krüger*, FS Spellenberg, S. 610 Fn. 25 und zu dem ägyptischen Modell und dem ägyptischen Rechtskreis in seinen verschiedenen Varianten die S. 608 ff.

[78] *Bälz*, Ḥawāla, money transfer, in: Encyclopaedia of Islam, THREE, 3. Assignment of claims and obligations; *Krüger*, FS Spellenberg, S. 608.

[79] *Yassari*, Ausstrahlung des europäischen Privatrechts auf islamische Länder, in: HWB EuP, 4. Die Kodifikationen nach dem Zweiten Weltkrieg.

[80] *Yassari*, Ausstrahlung des europäischen Privatrechts auf islamische Länder, in: HWB EuP, 4. Die Kodifikationen nach dem Zweiten Weltkrieg.

grundsätzlich unverändert mit aufgenommen wurde. Diese umschreibt zum einen die Schuldübertragung (ḥawālat al-dain) und zum anderen die Forderungsabtretung (ḥawālat al-haqq), wobei Letztere je nach Rechtsschule grundsätzlich nach islamischem Recht mitkonstruiert werden kann.[81] Interessant erscheint dabei jedoch, dass die Schuldübertragung, die ihren Ursprung im islamischen Recht hat, grundsätzlich und trotz des Einflusses des europäischen Rechts im ägyptischen Zivilrecht und damit in den umschriebenen Kodifikationen beibehalten wurde.[82] Lediglich die ḥawālat al-haqq – sofern man sie als Zession im Sinne des BGB und nicht nur als bloße Erfüllungsübernahme oder Zahlungsanweisung betrachtet – beruht im Wesentlichen auf französischem Recht.[83] Gerade hier wird eine Synthese des Rechts besonders deutlich, um die beiden Arten der Übertragung von Obligationen im Gesetz vollständig regeln zu können.[84]

Im Ergebnis scheint es hier dennoch bemerkenswert, dass die Hawala – vor allem in den arabischen Ländern – weiterhin als Rechtsinstitut vorhanden ist und dass sie je nach dem, durch das islamische Recht oder sogar – geprägt durch französisches Recht – als zum Teil säkularisiertes Rechtsinstitut die Zeiten überdauern konnte. Gerade dies macht eine allgemeine Stigmatisierung als kriminelles Zahlungssystem schwierig. Ausgehend davon gilt es hier im Übrigen zu untersuchen, wie sich die Hawala als Zahlungsverkehrsdienst weltweit – und damit auch in Deutschland – etablieren konnte, welche Besonderheiten dem System innewohnen und inwiefern dies als alternatives und informelles Untergrundsystem betrachtet werden kann und darf.

2. Hawala als Zahlungsverkehrsdienst

Mit den stetig steigenden überregionalen Verflechtungen in allen Bereichen des Handels etablierte sich die Hawala zunehmend als überregionales Zahlungs- und Verrechnungsinstrument, sodass sich im Laufe der Zeit ein komplexes Vertrags-

[81] Zu den Unterschieden der ḥawālat al-dain und der ḥawālat al-haqq siehe *Saleem*, Islamic commercial law, S. 141; zu der Abtretung einer Forderung im islamischen Recht siehe *Remde*, Lettera di cambio und Suftadja, S. 76 f.

[82] *Schacht*, An Introduction to Islamic Law, S. 106, der neben der Schuldübertragung (Ḥawāla) auch weitere Institutionen des islamischen Rechts nennt, wie zum Beispiel das Vorkaufsrecht (shuf'a) oder das Widerrufsrecht (khiyār al-sharṭ); so zumindest im Ergebnis *Krüger*, FS Spellenberg, S. 608 oder auch *Bälz*, Ḥawāla, money transfer, in: Encyclopaedia of Islam, THREE, 3. Assignment of claims and obligations, wobei dieser unter Verweis auf al-*Sanhūrī*, eine etwaige Orientierung des ägyptischen Gesetzgebers am deutschen Bürgerlichen Gesetzbuch zwar nennt, diese jedoch anzweifelt.

[83] So zumindest *Krüger*, FS Spellenberg, S. 608; zu den einhergehenden Problemen des damaligen bargeldlosen Zahlungsverkehrs, insbesondere der Forderungsabtretung, siehe *Wichard*, Zwischen Markt und Moschee, S. 175 ff.

[84] *Krüger*, FS Spellenberg, S. 607.

geflecht zur Überweisung von Geldbeträgen entwickeln konnte.[85] Mit zunehmender Globalisierung und Migrationsbewegung breiteten sich die Hawala-Netzwerke schließlich weltweit aus, wenn auch mit Anpassungen aufgrund geänderter Ausgangsbedingungen.[86] Aus dem einst vornehmlich kaufmännischen Instrument wurde ein allgemein zugänglicher Zahlungsverkehrsdienst, der Parallelen zu Zahlungsdiensten wie MoneyGram oder Western Union zeigt.[87] Dabei handelt es sich jedoch nicht unbedingt um das bereits beschriebene kodifizierte Rechtsinstitut, auch wenn dessen Regelungen dem freilich zugrunde gelegt werden können. Man könnte Hawala vielmehr als ein Überweisungssystem oder einen Zahlungsdienst umschreiben, dem entsprechende Grundsätze – seien sie moralisch oder religiös bedingt – zugrunde liegen. Bälz differenziert beispielsweise zutreffend zwischen der Hawala als „Assignment of claims and obligations“ und der Hawala als „Informal remittance System“, wobei Letztere dem modernen Finanzjargon entsprechen soll.[88] Im modernen Standardarabisch wiederum soll „Hawala“ zum Beispiel als „transfer“ übersetzt werden können,[89] was in etwa dem ursprünglichen Wortstamm, mithin einer Übertragung beziehungsweise Überweisung, immer noch entspricht. Aufgrund dieser sowohl religiösen als auch kulturellen, mithin historischen Gepflogenheiten einerseits sowie einer Assimilation an die modernen Gegebenheiten andererseits verwundert es nicht, dass heutzutage verschiedene Begrifflichkeiten beziehungsweise Umschreibungen aufzufinden sind, die alle mit der Hawala in Verbindung gebracht werden können. Entsprechend obliegt es dieser Arbeit, unter Zugrundelegung der historischen Komponenten, mit Blick auf ihre Prägung als neuzeitliches arabisches Rechtsinstitut und der Ausgestaltung als neuzeitlicher Zahlungsverkehrsdienst, eine umfassende Umschreibung zu finden.

a) Der Funktionsablauf

Der Funktionsablauf des Hawala-Bankings weist zumindest dem Grunde nach immer noch die damalige Grundstruktur des historischen Rechtsinstituts der Hawala auf. Es besteht eine unverkennbare Parallele. Dennoch sind dem heutigen Hawala-Banking gewisse Eigenheiten immanent, was freilich auch den modernen Rahmenbedingungen geschuldet ist. Der moderne Funktionsablauf des Hawala-Bankings wirkt im Grundsatz simpel. Blickt man jedoch auf Fälle wie den des

[85] *Warius*, Das Hawala-Finanzsystem in Deutschland – ein Fall für die Bekämpfung von Geldwäsche und Terrorismus, S. 101.

[86] *Warius*, Das Hawala-Finanzsystem in Deutschland – ein Fall für die Bekämpfung von Geldwäsche und Terrorismus, S. 101.

[87] Vgl. die gemeinsame Auflistung der praktischen Anwendungsfälle des Finanztransfergeschäfts in *Danwerth*, in: Casper/Terlau-ZAG, § 1 Rn. 133 ff.

[88] *Bälz*, Ḥawāla, money transfer, in: Encyclopaedia of Islam, THREE.

[89] So zumindest *Martin*, Hundi/Hawala: The Problem of Definition, S. 912.

sogenannten Bosporus-Verfahrens[90], den der Task-Force NRW[91] oder denen der aktuellen Rechtsprechung[92], scheint eine Simplifizierung im Hinblick auf deren ausgeklügelte Netzwerkstrukturen und den dahinterstehenden kriminellen Syndikaten (Gruppierungen[93]) inadäquat. Trotz alledem funktionieren Hawala-Systeme auch ohne Unternehmensstruktur oder bestimmte Berufsgruppen und sind auch nicht an Liquidität oder gewisse Zugangsberechtigungen gebunden, was das Prozedere zumindest in seiner Grundstruktur übersichtlich gestaltet.[94] Der Ablauf des modernen Systems zeigt sich demnach wie folgt:[95]

Dem Grunde nach bedarf es für einen Transfer mittels Hawala-Bankings (Einzeltransaktion) einer Vierpersonenkonstellation[96], bestehend aus zwei Hawaladaren sowie einem Einzahler und einem Empfänger. Kurz gesagt möchte der Einzahler über eine – meist weite – Distanz dem Empfänger Geld zukommen lassen, indem diese sich der beiden Hawaladare bedienen.[97] Dieser Transfer über weite Strecken

---

[90] LG Frankfurt am Main 03.04.1998 – 5/12 Kls (A 1/97), zusammengefasst in *Warius*, Das Hawala-Finanzsystem in Deutschland – ein Fall für die Bekämpfung von Geldwäsche und Terrorismus, S. 105 ff.

[91] So der Pressemittelung des LKA NRW und der Staatsanwaltschaft Düsseldorf vom 19.11.2019 zu entnehmen, abrufbar unter: https://lka.polizei.nrw/presse/schlag-gegen-international-agierende-kriminelle-vereinigung.

[92] BGH 28.06.2023 – 3 StR 108/23, BGH, BeckRS 2023, 18792; BGH 01.06.2023 – 3 StR 414/22, BGH, BeckRS 2023, 17742; BGH 28.06.2022 – 3 StR 403/20, BGH, BeckRS 2022, 20799; BGH 02.06.2021 – 3 StR 61/21, BGH, ZIP 2021, 1853; LG Köln 23.05.2022 – 109 KLs 5/21, LG Köln, abrufbar unter: https://www.justiz.nrw.de/nrwe/lgs/koeln/lg_koeln/j2022/109_KLs_5_21_Urteil_20220523.html; LG Düsseldorf 23.11.2021 – 014 KLs 2/21, LG Düsseldorf, abrufbar unter: http://www.justiz.nrw.de/nrwe/lgs/duesseldorf/lg_duesseldorf/j2021/014_KLs_2_21_Urteil_20211123.html, LG Düsseldorf, BeckRS 2021, 55636; LG Mannheim 17.11.2020 – 22 KLs 540 Js 6574/20, LG Mannheim, BeckRS 2020, 50512.

[93] Siehe dazu Abbildung 3: Struktur der Gruppierung um Hawaladar 1 im Kontext eines umfangreichen Hawala-Netzwerkes, bei denen eigenständige Einsammler und Buchhalter als Gruppierung rund um den Hawaladar 1 agieren.

[94] *Taheri*, BKR 2020, 133 (134).

[95] Beim Ablauf des modernen Systems wurde sich an *Warius*, Das Hawala-Finanzsystem in Deutschland – ein Fall für die Bekämpfung von Geldwäsche und Terrorismus, S. 102 ff. oder auch *Taheri*, BKR 2020, 133 (134 ff.) und *WDDB*, Hawala-Banking, WD 4 – 3000 – 154/19, S. 4 f. unter Bezugnahme auf deren Quellen orientiert; zur zivilrechtlichen Einordnung des Funktionsablaufs siehe ferner *Wahlers*, Die rechtliche und ökonomische Struktur von Zahlungssystemen inner- und außerhalb des Bankensystems, S. 128 ff.

[96] Eine Vierpersonenkonstellation bildet die Basis, wobei in der Praxis meist weitere Hawaladare, ein Groß-Hawaladar als Rädelsführer des Netzwerkes oder Hilfspersonen wie Einsammler, Buchhalter, Boten und anderweitige Akteure beim Clearing involviert sind und beispielsweise als Gruppierung rund um Hawaladar 1 zuarbeiten oder sogar weltweite Verflechtungen bestehen; siehe Abbildung 3: Struktur der Gruppierung um Hawaladar 1 im Kontext eines umfangreichen Hawala-Netzwerkes.

[97] Dies spiegelt eine sogenannte Einzeltransaktion wider. Siehe dazu Abbildung 2: Informationsfluss und Einzeltransaktionen im Hawala-Banking.

erinnert an den Grundgedanken der Suftadja als besonderer Form der ursprünglichen Hawala.[98]

Im Ausgang wendet sich also der Einzahler (im Folgenden Einzahler) am Auftraggeberort an einen Hawaladar (im Folgenden Hawaladar 1). Aufmerksam wird der Einzahler auf den Hawaladar 1 durch gängige Medien wie Zeitungen oder das Internet, wobei diese häufig in der Heimatsprache von Immigranten erscheinen und auch nur von diesen gelesen werden.[99] Meist handelt es sich um Unternehmer, die ein Import-Export-Unternehmen, ein Lebensmittelgeschäft, ein Reisebüro, einen Juwelier oder Restaurant betreiben.[100] Andere leiten dies etwas professioneller und hochspezialisiert, mithin vergleichbar zu handelsüblichen Banken oder Wechselstuben.[101] In summa haben diese Orte jedoch gemein, dass sie als Begegnungsstätten fungieren, an denen eine Geldübergabe stattfinden kann.[102] Beispielsweise könnte ein solches Treffen auf einer Parkbank[103] oder im Wohnzimmer[104] des Hawaladar 1 stattfinden.

In den aktuellen Fällen aus der Rechtsprechung bedienten sich die Hawaladare sogenannter „Einsammler“[105], die die Gelder für sie in ganz Deutschland einsammelten und dem Geldpool des Hawaladars zuführten und eigenständigen Buchhal-

[98] Zur Suftadja als besonderer Form der Hawala siehe bereits Teil 2 A. I. 2.; siehe zudem den Fall des OLG Düsseldorf 24. 10. 2022 – 1 Ws 131/22, OLG Düsseldorf, NZWiSt 2023, 69 (69 f.), bei dem vergleichbar zur Ursprungsform der Suftadja auch Gelder im außereuropäischen Ausland auf ein Geschäftskonto eingezahlt wurden und in Deutschland wiederum an den jeweiligen Einzahler, sobald er einreiste, in bar ausgezahlt wurden, sodass dieser dort Lastkraftwägen kaufen konnten. Nach dem Grundgedanken der Suftadja profitiert der Kunde auch hier buchstäblich „von der Sicherheit des Weges“.

[99] *Findeisen*, WM 2000, 2125 (2127).

[100] Vgl. BT-Drs. 20/12069, S. 3 bei dem die Bundesregierung Fälle der BaFin mit „Privatpersonen“, „KfZ-Handel“, „Reisebüro“, „Restaurant“, „Handy-Laden“, „Edelmetallhandel“, „Goldhandel“, „Speditionsbetrieb“ und „Einzelhandel“ nennt; *WDDB*, Hawala-Banking, WD 4 – 3000 – 154/19, S. 4; *Schneider*, EuZW 2005, 513 (513); *Passas*, Informal Value Transfer Systems, Terrorism and Money Laundering, S. 56; *Jost/Sandhu*, The Hawala Alternative Remittance System and its Role in Money Laundering, S. 14; siehe auch den Fall des LG Köln 23. 05. 2022 – 109 KLs 5/21, LG Köln, abrufbar unter: https://www.justiz.nrw.de/nrwe/lgs/koeln/lg_koeln/j2022/109_KLs_5_21_Urteil_20220523.html, Rn. 53, wobei auch explizit Firmen zur Abwicklung gegründet wurden, Rn. 100.

[101] Vgl. *Schneider*, EuZW 2005, 513 (513).

[102] *Taheri*, BKR 2020, 133 (135).

[103] *Schramm/Taube*, Ordnungsprinzipien der supranationalen Transaktionssicherung im islamischen hawala-Finanzsystem, S. 10.

[104] *Taheri*, BKR 2020, 133 (135).

[105] BGH 28. 06. 2022 – 3 StR 403/20, BGH, BeckRS 2022, 20799, Rn. 4 ff., 17; BGH 02. 06. 2021 – 3 StR 61/21, BGH, ZIP 2021, 1853 (1854); LG Köln 23. 05. 2022 – 109 KLs 5/21, LG Köln, abrufbar unter: https://www.justiz.nrw.de/nrwe/lgs/koeln/lg_koeln/j2022/109_KLs_5_21_Urteil_20220523.html, Rn. 55, wobei hier auch von Kunden selbst gewisse Kuriere, mithin „Einsammler“ beauftragt wurden.

tern[106], die jede Geldbewegung aufzeichneten. Dieses „Team“, das an einem Einzahlungs- und Auszahlungsstandort, rund um einen Hawaladar agiert, soll im Folgenden als Hawala-Gruppierung umschrieben werden, die im jeweiligen Hawala-Netzwerk integriert sein kann.[107] In umfangreichen Netzwerken findet damit eine größere Aufgabenteilung statt, sodass sich in diesen Konstellationen auch die Einzahler an Einsammler wenden können, die entweder die Gelder direkt beim Kunden oder bei den Einzahlstellen abholen[108] oder als eine Art „Schalter-Service-Mitarbeiter“ die Gelder in den Einzahlstellen entgegennehmen[109]. Von diesem Transferangebot erfährt der Einzahler womöglich aufgrund eines Inserats oder durch Mund-zu-Mund-Propaganda und wählt demnach den Hawaladar 1 aus.[110] Treffen sich die beiden nun am besagten Ort, teilt der Einzahler dem Hawaladar 1 den beabsichtigten Auszahlungsort, den Auszahlungszeitpunkt und vor allem die Höhe des zu transferierenden Betrags mit. Dabei kann das Geld an jeglichen Ort weltweit transferiert werden, sofern ein weiterer Hawaladar (im Folgenden Hawaladar 2) am gewünschten Ort ansässig ist; eine Bindung an ein etwaiges Bankensystem oder gar urbane Gegebenheiten ist dagegen vollkommen irrelevant. Die Ansässigkeit des Hawaladar 2 und ein Kommunikationsmittel wie zum Beispiel ein Mobiltelefon reichen aus. Es kann dabei vorkommen, dass der Hawaladar 1 an verschiedenen Standorten einen Partner (Hawaladar 2) hat, mithin verschiedene Auszahlungsorte anbieten kann und somit global agierende Netzwerke vorliegen (im Folgenden Hawala-Netzwerk). Das heißt im Ergebnis, dass sich auch weltweit Personen an

---

[106] BGH 28.06.2022 – 3 StR 403/20, BGH, BeckRS 2022, 20799, Rn. 4 f., 14; BGH 02.06.2021 – 3 StR 61/21, BGH, ZIP 2021, 1853 (1854); LG Köln 23.05.2022 – 109 KLs 5/21, LG Köln, abrufbar unter: https://www.justiz.nrw.de/nrwe/lgs/koeln/lg_koeln/j2022/109_KLs_5_21_Urteil_20220523.html, Rn. 34, 95, 103.

[107] Siehe dazu Abbildung 3: Struktur der Gruppierung um Hawaladar 1 im Kontext eines umfangreichen Hawala-Netzwerkes.

[108] BGH 28.06.2022 – 3 StR 403/20, BGH, BeckRS 2022, 20799, Rn. 4 [„Zudem betätigte er sich als ‚Einsammler‘, indem er Bargeld, das von den ‚Hawala-Kunden‘ an mit der Entgegennahme im Auftrag der Organisation betraute Personen übergeben worden war, bei diesen Einzahlstellen abholte“]; BGH 02.06.2021 – 3 StR 61/21, BGH, ZIP 2021, 1853 (1854) [„Er holte an einer Vielzahl von Einzahlstellen Gelder von Hawala-Kunden ab und leitete sie innerhalb des Netzwerks weiter“]; LG Köln 23.05.2022 – 109 KLs 5/21, LG Köln, abrufbar unter: https://www.justiz.nrw.de/nrwe/lgs/koeln/lg_koeln/j2022/109_KLs_5_21_Urteil_20220523.html, Rn. 55 [„Auch holten Mitglieder der Organisation manchmal Geldbeträge in den Niederlanden oder Belgien zum Zwecke von Hawala-Zahlungsdiensten selbst ab“].

[109] BGH 28.06.2022 – 3 StR 403/20, BGH, BeckRS 2022, 20799, Rn. 4 [„mit der Entgegennahme im Auftrag der Organisation betraute Personen übergeben worden war“]; LG Düsseldorf 23.11.2021 – 014 KLs 2/21, LG Düsseldorf, abrufbar unter: http://www.justiz.nrw.de/nrwe/lgs/duesseldorf/lg_duesseldorf/j2021/014_KLs_2_21_Urteil_20211123.html, Rn. 53, LG Düsseldorf, BeckRS 2021, 55636, Rn. 34 [„Der jeweilige Geldtransferkunde erschien – in der Regel unangekündigt – in der gewünschten Einzahlstelle. Der an der Einzahlstelle tätige Mitarbeiter nahm telefonisch oder per Chat Kontakt zu dem Angeklagten L1 auf, um seine Erlaubnis zur Annahme des Geldes einzuholen“].

[110] *Warius*, Das Hawala-Finanzsystem in Deutschland – ein Fall für die Bekämpfung von Geldwäsche und Terrorismus, S. 102.

diesem Hawala-Netzwerk beteiligen und dadurch mehr als zwei Töpfe untereinander an einem Austausch teilnehmen können, sodass internationale Vernetzungen entstehen.[111] Der Hawaladar 2 erinnert dabei wiederum an den damaligen ṣadiq, wakil oder nâ'ib bei der Suftadja.[112] Im Anschluss übergibt der Einzahler dem Hawaladar 1, meist in bar, den zu transferierenden Betrag, zuzüglich einer Provision in Höhe von circa 0,5 – 5 % des eigentlichen Betrages,[113] und erhält im Gegenzug einen Code, exemplarisch eine Kennziffer, ein Kennwort oder auch einen beliebigen Koranvers.[114] Daten zur Person – sowohl des Einzahlers als auch des Empfängers (im Folgenden Empfänger) – oder jeglicher bürokratischer Aufwand entfallen dagegen. Den Code teilt danach der Hawaladar 1 seinem Partner, mithin Hawaladar 2, am Auszahlungsort telefonisch, per SMS oder mit Hilfe anderer Kommunikationsmittel mit.[115] Parallel dazu teilt der Einzahler dem Empfänger diesen Code mit, sodass dieser unter Nennung des Codes vom Hawaladar 2 den Betrag – meist in der jeweiligen Landeswährung – ausgezahlt bekommt. Häufig können dem übermittelten Code auch verschlüsselte Informationen zum Hawaladar 2 entnommen werden, sodass dessen Kontaktdaten nicht genannt werden müssen. All dies kann in kürzester Zeit, sogar binnen 24 Stunden ablaufen.[116] Wurden tatsächlich Notizen seitens des Hawaladar 1 oder des Halwaladar 2 angefertigt, so können diese nach einer Übermittlung schlicht zerstört oder gelöscht werden. Damit können – sofern überhaupt entstanden – jegliche Datenspuren auf ein Minimum reduziert werden.

Die Besonderheit an diesem Verfahren ist, dass es sich aber nicht um einen Transfer im eigentlichen Sinne handelt. Vielmehr zahlt der Hawaladar 2 den Betrag aus eigenen Mitteln und erhält damit gegenüber dem Hawaladar 1 eine offene Forderung. Im Ergebnis kommt es zu keinem Geldfluss, was an die Ursprungsform der Suftadja[117] erinnert. Entsprechend wurde im sogenannten Bosporus-Verfahren[118], das Hawala-System als „System der Zwei-Töpfe“ bezeichnet. Damit es je-

---

[111] LG Mannheim 17.11.2020 – 22 KLs 540 Js 6574/20, LG Mannheim, BeckRS 2020, 50512.

[112] Dazu ausführlich Teil 2 A. I. 2.

[113] *WDDB*, Hawala-Banking, WD 4 – 3000 – 154/19, S. 4; die Angaben zur Provision schwanken jedoch etwas, sodass auf die weiteren Ausführungen in Teil 2 A. II. 2. b) cc) verwiesen werden kann.

[114] Vgl. *Warius*, Das Hawala-Finanzsystem in Deutschland – ein Fall für die Bekämpfung von Geldwäsche und Terrorismus, S. 103; *Schramm/Taube*, Ordnungsprinzipien der supranationalen Transaktionssicherung im islamischen hawala-Finanzsystem, S. 8.

[115] In einem aktuellen Fall nutzte das ganze Netzwerk beispielsweise den Informationsdienst WhatsApp, indem WhatsApp Gruppen als „Informationspool“ fungierten, BGH 02.06. 2021 – 3 StR 61/21, BGH, ZIP 2021, 1853 (1854).

[116] *BMF*, Monatsbericht 10/2004, S. 82; *Schramm/Taube*, Ordnungsprinzipien der supranationalen Transaktionssicherung im islamischen hawala-Finanzsystem, S. 9.

[117] Zur Suftadja als besondere Form der Hawala siehe bereits Teil 2 A. I. 2.

[118] LG Frankfurt am Main 03.04.1998 – 5/12 Kls (A 1/97), zusammengefasst in *Warius*, Das Hawala-Finanzsystem in Deutschland – ein Fall für die Bekämpfung von Geldwäsche und Terrorismus, S. 105 ff.

doch wieder zu einem Ausgleich der Forderung kommt, also zum Ausgleich dieser „zwei Töpfe“, laufen Transfergeschäfte – zumindest meistens – auch in die andere Richtung ab. Hierbei wird gelegentlich von einem „reverse Hawala“ gesprochen.[119]

Vereinzelt finden solche Ausgleichstransfergeschäfte nicht statt. Dies mag verschiedene Gründe haben: Neben außergewöhnlich hohen einmaligen Zahlungsanweisungen[120] nutzen vor allem in westlich geprägten Ländern wie Deutschland, Migranten oder Gastarbeiter dieses System, um Gelder in ihre Heimatländer zu transferieren.[121] Diese Unterstützungstätigkeiten fließen insofern meist nur in eine Richtung. Schließlich können Gelder mit diesem System unauffällig über die Grenze geschafft werden, wohinter auch eine kriminelle Energie stecken kann; auch dann ist ein Rückfluss nicht intendiert.

Damit es in solchen Fällen dennoch zu einem Ausgleich kommen kann, wird auf ein sogenanntes Clearingverfahren zurückgegriffen, das dem Netting[122] gleicht.[123]

---

[119] *Schneider*, EuZW 2005, 513 (513); wobei sich diese Umschreibung auch bereits in *Müller*, Hawala An Informal Payment System and Its Use to Finance Terrorism, S. 26 wiederfindet; das LG Düsseldorf spricht in einem Urteil beispielsweise auch von „Rückwärtsgeschäften“, LG Düsseldorf 23.11.2021 – 014 KLs 2/21, LG Düsseldorf, abrufbar unter: http://www.justiz.nrw.de/nrwe/lgs/duesseldorf/lg_duesseldorf/j2021/014_KLs_2_21_Urteil_20211123.html, Rn. 607, 616, 669, LG Düsseldorf, BeckRS 2021, 55636, Rn. 123, 126; siehe ferner dazu Abbildung 1: Grundschema des Hawala-Finanzsystems („System der Zwei-Töpfe“).

[120] *Schramm/Taube*, Ordnungsprinzipien der supranationalen Transaktionssicherung im islamischen hawala-Finanzsystem, S. 9.

[121] *BMF*, Monatsbericht 10/2004, S. 78; vgl. auch *Schramm/Taube*, Ordnungsprinzipien der supranationalen Transaktionssicherung im islamischen hawala-Finanzsystem, S. 9, insbesondere Fn. 17; so beispielsweise auch im aktuellen Fall des BGH 02.06.2021 – 3 StR 61/21, BGH, ZIP 2021, 1853 (1853 ff.), in dem Gelder in erster Linie von Deutschland in die Türkei flossen; siehe auch den Fall des LG Köln 23.05.2022 – 109 KLs 5/21, LG Köln, abrufbar unter: https://www.justiz.nrw.de/nrwe/lgs/koeln/lg_koeln/j2022/109_KLs_5_21_Urteil_20220523.html, Rn. 57, bei dem „Geldtransfers aus der Türkei bzw. dem Ausland nach Deutschland […] mangels entsprechender Nachfrage jedoch nicht statt[fanden], so dass es im Ausland auch keinen Einzahler-Kundenstamm gab. Aufgrund des daraus resultierenden Liquiditätsgefälles gehörte es auch zu den wesentlichen Aufgaben der Mitglieder der Vereinigung, für den Ausgleich der beiden ‚Zahlungstöpfe‘ in Deutschland (‚Einzahlungstopf‘) und in der Türkei (‚Auszahlungstopf‘) zu sorgen und dadurch die Liquidität für weitere Auszahlungen aufrechtzuerhalten“; oder im Fall des LG Düsseldorf 23.11.2021 – 014 KLs 2/21, LG Düsseldorf, abrufbar unter: http://www.justiz.nrw.de/nrwe/lgs/duesseldorf/lg_duesseldorf/j2021/014_KLs_2_21_Urteil_20211123.html, Rn. 73, LG Düsseldorf, BeckRS 2021, 55636, Rn. 46, indem zum Ausgleich des Liquiditätsgefälles der Geschäfte von der Türkei nach Deutschland die Angeklagten sogar keine Provision verlangten. So sollte ein Anreiz zu Einzahlungen in den türkischen Topf geschaffen werden.

[122] Netting stammt aus der anglo-amerikanischen Rechtssprache und kann aufrechnen (englisch set-off) oder saldieren bedeuten, *Reiner/Scholl*, in: Ellenberger/Bunte, Bankrechts-Handbuch, § 94 Rn. 186 unter Verweis auf weiterführende Literatur und ausführliche Nachweise.

[123] So beispielsweise in *BMF*, Monatsbericht 10/2004, S. 80; *Wahlers*, Die rechtliche und ökonomische Struktur von Zahlungssystemen inner- und außerhalb des Bankensystems, S. 109, 120; *Warius*, Das Hawala-Finanzsystem in Deutschland – ein Fall für die Bekämpfung von Geldwäsche und Terrorismus, S. 103, 107 ff.

In umfangreichen Netzwerken kann dafür sogar ein eigenständiger Logistikbereich vorgesehen sein, der mit den eingezahlten Geldern beispielsweise Edelmetalle ankauft und diese unter Verwendung gefälschter Papiere in das Ausland transferiert, um den dortigen „Topf“ wieder aufzufüllen.[124]

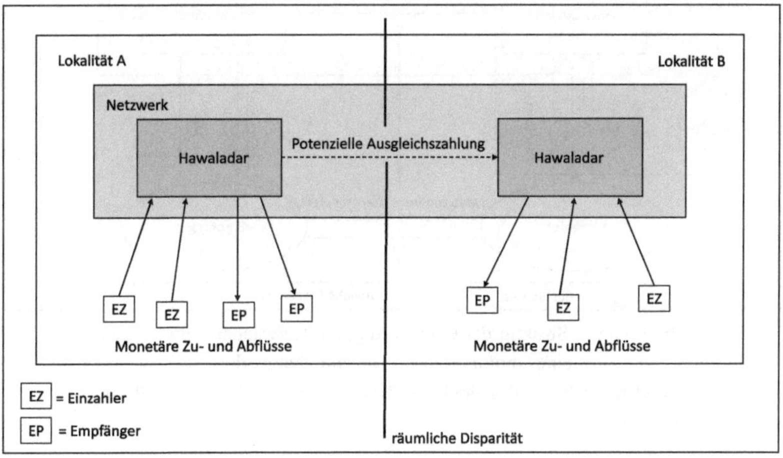

Abbildung 1: Grundschema des Hawala-Finanzsystems („System der Zwei-Töpfe“)

Quelle: Abbildung angelehnt an *Schramm/Taube*, Ordnungsprinzipien der supranationalen Transaktionssicherung im islamischen hawala-Finanzsystem, S. 8.

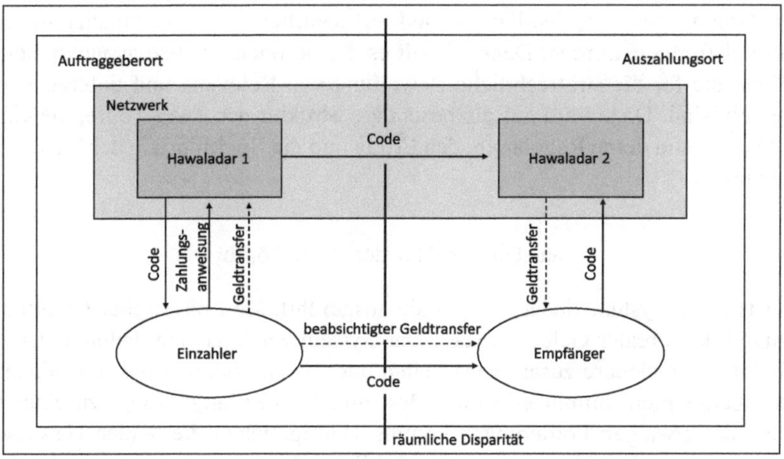

Abbildung 2: Informationsfluss und Einzeltransaktionen im Hawala-Banking

Quelle: Abbildung angelehnt an *Schramm/Taube*, Ordnungsprinzipien der supranationalen Transaktionssicherung im islamischen hawala-Finanzsystem, S. 22.

---

[124] So im Fall des LG Köln 23.05.2022 – 109 KLs 5/21, LG Köln, abrufbar unter: https://www.justiz.nrw.de/nrwe/lgs/koeln/lg_koeln/j2022/109_KLs_5_21_Urteil_20220523.html, Rn. 57 ff., 73 ff.

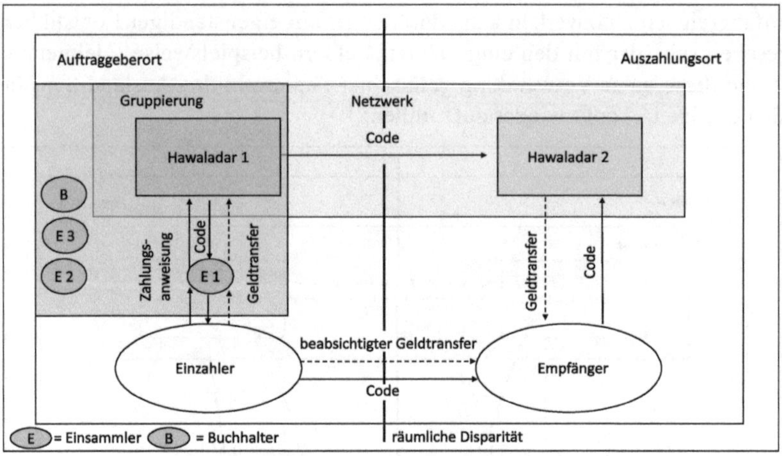

Abbildung 3: Struktur der Gruppierung um Hawaladar 1 im Kontext eines umfangreichen Hawala-Netzwerkes

Quelle: Abbildung angelehnt an Sachverhalt des BGH, Beschluss vom 02.06.2021 – 3 StR 61/21 (Vorinstanz LG Mannheim).

b) Die Bezugspunkte des Hawala-Systems im Einzelnen

Mit dem dargestellten Funktionsablauf kann die Verfahrensweise – zumindest in deren Grundzügen – nachvollzogen und auf sämtliche Hawala Finanztransfergeschäfte übertragen werden. Dennoch gilt es die besonderen Bezugspunkte hervorzuheben, die für die strafrechtliche Bewertung von Relevanz und tiefergehend zu behandeln sind. Dazu wird auf die besondere Struktur der Zwei-Töpfe, die einzelnen Akteure und deren Regularien, den Ertrag und die Buchführung der Hawaladare eingegangen.

aa) Die Struktur der Zwei-Töpfe

Im Hawala-System findet wie gerade ausgeführt, kein physischer Geldtransfer und damit kein realer Geldfluss statt. Das System zeichnet sich dadurch aus, dass die beiden Hawaladare zusammenarbeiten und die Auszahlung des jeweiligen anderen übernehmen, mithin es – zumindest mittel- oder langfristig – zu einer Saldierung der etwaigen Forderungen kommt. Häufig stehen die beiden Hawaladare oder ein ganzes Konglomerat von tatsächlich oder scheinbar, in verschiedenen Unternehmen tätigen Hawaladaren, miteinander in langfristigen Geschäftsbeziehungen (Import/Export), bei denen auch sonst Transaktionen notwendig sind und gegenseitige Forderungen in Ausgleich gebracht werden.[125] Liegen Zahlungsspitzen

[125] *BMF*, Monatsbericht 10/2004, S. 79; so zuvor schon *Findeisen*, WM 2000, 2125 (2127).

vor, das heißt, es kommt zu den besagten hohen einmaligen Zahlungsanweisungen oder zu strukturellen Besonderheiten, wird auf ein Clearingverfahren zurückgegriffen, sodass es dennoch zu einem Ausgleich der Saldi kommen kann.[126] Der Vorgang gleicht damit dem Netting von Forderungen im Zahlungsverkehr der Banken, bei dem Zahlungsmittler in periodischen Abständen einen Zahlungsausgleich vornehmen, wobei, je nachdem ob zwei oder mehrere Zahlungsmittler beteiligt sind, sowohl bilaterale als auch multilaterale Formen des Nettings in Betracht kommen.[127]

Vereinbaren die Hawaladare 1 und 2, dass sie die gegenseitigen Forderungen und Schulden verrechnen, liegen bilaterale Verträge entweder in Form eines sogenannten Zahlungs- oder eines Novations-Nettings vor.[128] Beim Zahlungs-Netting, auch abwicklungstechnische Verrechnung („settlement netting“) genannt, bezieht sich die Verrechnungsabrede nur auf Zahlungen oder Leistungen aus Einzelgeschäften zwischen zwei Vertragspartnern.[129] Im Ergebnis handelt es sich dabei um einen Aufrechnungsvertrag im Sinne des § 387 BGB, bei dem eine Saldierung durch eine verbindliche Aufrechnung der Forderungen bewirkt wird; bei Kaufleuten kann dies aber auch als Vereinbarung eines Staffelkontokorrents nach § 355 HGB angesehen werden.[130] Beim Novations-Netting vereinbaren die Hawaladare hingegen, dass sämtliche gegenseitigen Forderungen an einem bestimmten Fälligkeitstag automatisch saldiert werden.[131] Entsprechend werden die Forderungen aus einer oder mehreren Transaktionen verrechnet, sodass die Geschäfte, die in ihren wirtschaftlichen Einzelheiten völlig übereinstimmen, aufgehoben werden; Geschäfte, die nur teilweise übereinstimmen, werden durch ein drittes Geschäft, nämlich das

---

[126] *Schramm/Taube*, Ordnungsprinzipien der supranationalen Transaktionssicherung im islamischen hawala-Finanzsystem, S. 9; siehe auch den Fall des LG Köln 23.05.2022 – 109 KLs 5/21, LG Köln, abrufbar unter: https://www.justiz.nrw.de/nrwe/lgs/koeln/lg_koeln/j2022/109_KLs_5_21_Urteil_20220523.html, Rn. 57, bei dem „Geldtransfers aus der Türkei bzw. dem Ausland nach Deutschland […] mangels entsprechender Nachfrage jedoch nicht statt[fanden], so dass es im Ausland auch keinen Einzahler-Kundenstamm gab. Aufgrund des daraus resultierenden Liquiditätsgefälles gehörte es auch zu den wesentlichen Aufgaben der Mitglieder der Vereinigung, für den Ausgleich der beiden ‚Zahlungstöpfe‘ in Deutschland (‚Einzahlungstopf‘) und in der Türkei (‚Auszahlungstopf‘) zu sorgen und dadurch die Liquidität für weitere Auszahlungen aufrechtzuerhalten“.

[127] *Wahlers*, Die rechtliche und ökonomische Struktur von Zahlungssystemen inner- und außerhalb des Bankensystems, S. 109.

[128] *Wahlers*, Die rechtliche und ökonomische Struktur von Zahlungssystemen inner- und außerhalb des Bankensystems, S. 109 unter Verweis auf einschlägige Literatur zu den Nettingsystemen im Allgemeinen und im Besonderen, siehe dazu insbesondere Fn. 108.

[129] *Reiner/Scholl*, in: Ellenberger/Bunte, Bankrechts-Handbuch, § 94 Rn. 191.

[130] *Wahlers*, Die rechtliche und ökonomische Struktur von Zahlungssystemen inner- und außerhalb des Bankensystems, S. 109 f. mit tiefergehenden Ausführungen, insbesondere zum Staffelkontokorrent.

[131] *Wahlers*, Die rechtliche und ökonomische Struktur von Zahlungssystemen inner- und außerhalb des Bankensystems, S. 110 unter Verweis auf *Berger*, Der Aufrechnungsvertrag, S. 30.

nach der Saldierung Übriggebliebene, ersetzt,[132] mithin also eine neue Forderung begründet (Novation).[133]

Aufgrund der Liefer- und Leistungsverflechtung zwischen mehr als nur zwei Hawala-Intermediären scheint vor allem auch eine multilaterale Form des Netting denkbar.[134] Dabei soll das Verfahren der Skontration, einer besonderen Form des Kontokorrents genutzt werden.[135] Hierbei kommt es zu einer allseitigen Vereinbarung der Hawaladare, dass gegenseitige Forderungen und Schulden, die zwischen mehr als zwei Personen bestehen, verrechnet werden, sodass ein Kapitalfluss vermieden wird und die Tilgung der Schuld mit nur geringer oder gar keiner Zahlung erfolgt;[136] dies geht mit dem historischen Ursprungsgedanken der Hawala konform.[137] Wesentliche Voraussetzung ist allein, dass sich sämtliche Hawaladare als ebenbürtig solvent betrachten, sodass es für den Einzelnen irrelevant ist, durch wen die Forderungen bezahlt und die Schulden getilgt werden.[138] Folglich stellt dies einen Skontrationsverband dar, bei dem es nicht erforderlich ist, dass die Hawaladare einen Ring oder eine Kette bilden, denn die Teilnehmer müssen nicht unbedingt zugleich Gläubiger und Schuldner eines anderen Teilnehmers sein.[139] Als schuldrechtliche Grundlage dieses Verbands dient der Abrechnungsvertrag.[140] Dabei vereinbaren die Hawaladare ein antizipiertes Erfüllungssurrogat, „wonach die aus der Abrechnung entstehenden Salden als abstraktes Schuldversprechen der einzelnen Teilnehmer gegenüber dem Korrespondenz-Hawaladar im Zeitpunkt des Abrechnungstermins bestehen und im Rahmen der gewählten Ausgleichsmodalität getilgt werden."[141] Zum isolierten Ausgleich kommt es am Ende der Verrechnungsperiode nur hinsichtlich des Spitzenbetrags (Clearingverfahren).[142]

---

[132] *Reiner/Scholl*, in: Ellenberger/Bunte, Bankrechts-Handbuch, § 94 Rn. 191.

[133] *Ebenroth/Benzler*, ZVglWiss 1996, 335 (351).

[134] *Warius*, Das Hawala-Finanzsystem in Deutschland – ein Fall für die Bekämpfung von Geldwäsche und Terrorismus, S. 108.

[135] *Wahlers*, Die rechtliche und ökonomische Struktur von Zahlungssystemen inner- und außerhalb des Bankensystems, S. 110.

[136] *Wahlers*, Die rechtliche und ökonomische Struktur von Zahlungssystemen inner- und außerhalb des Bankensystems, S. 110 f. unter Verweis auf *Berger*, Der Aufrechnungsvertrag, S. 357.

[137] Zum Ursprungsgedanken der Hawala siehe bereits Teil 2 A. I. 2.

[138] *Wahlers*, Die rechtliche und ökonomische Struktur von Zahlungssystemen inner- und außerhalb des Bankensystems, S. 111.

[139] *Wahlers*, Die rechtliche und ökonomische Struktur von Zahlungssystemen inner- und außerhalb des Bankensystems, S. 111 mit weiteren Nachweisen.

[140] *Wahlers*, Die rechtliche und ökonomische Struktur von Zahlungssystemen inner- und außerhalb des Bankensystems, S. 111 mit weiterführenden Hinweisen zu dessen zivilrechtlicher Ausgestaltung.

[141] *Wahlers*, Die rechtliche und ökonomische Struktur von Zahlungssystemen inner- und außerhalb des Bankensystems, S. 112.

[142] Vgl. *Wahlers*, Die rechtliche und ökonomische Struktur von Zahlungssystemen inner- und außerhalb des Bankensystems, S. 112.

Wird nicht auf Formen des Nettings zurückgegriffen, besteht die Möglichkeit, dass sich die Hawaladare gegenseitig Kredite gewähren.[143] Diese Situation kann man mit der eines Krediteröffnungsvertages[144] vergleichen, der als Rahmenvertrag die gegenseitige Verpflichtung der Hawaladare zur Kreditgewährung enthält, sofern einer der beiden die Vertragsdurchführung durch Abruf überhaupt herbeiführt.[145] Damit kommt ein Kreditvertrag nur bei Abruf zwischen den Zahlungsmittlern zustande und wird nicht sofort valutiert.[146] Mit der Teilnahme am Hawala-System bekunden die Hawaladare zudem wohl stillschweigend die Vereinbarung über die Krediteröffnungsverträge und verpflichten sich damit ebenfalls, eine entsprechende Darlehensvaluta bereitzuhalten, um über diese bei Abruf verfügen zu können.[147] Die Auszahlung kann dann an einen Dritten, mithin den Gläubiger des Auftraggebers des Zahlungsvorgangs erfolgen.[148] Eine Verzinsung des Kredits findet in Anlehnung an den Grundsatz des islamischen Finanzwesen, des sogenannten Ribā-Verbots[149], grundsätzlich nicht statt.[150]

Bleiben nach der gängigen Handhabung des Nettings dennoch Zahlungsspitzen übrig, wird wie ausgeführt auf ein Clearingverfahren zurückgegriffen, wobei sich verschiedene Praktiken etabliert haben: Eine gängige Methode beinhaltet den Rückgriff auf das konventionelle Bankensystem, indem sich die Hawaladare Verrechnungskonten zunutze machen.[151] Dabei poolen die Hawaladare Zahlungen, beispielsweise auf Girokonten, um zu gegebener Zeit ein Clearingverfahren durchzuführen.[152] Dafür bedarf es eines funktionierenden Bankensystems, auf das

---

[143] *Wahlers*, Die rechtliche und ökonomische Struktur von Zahlungssystemen inner- und außerhalb des Bankensystems, S. 112.

[144] Umfassend zum Krediteröffungsvertrag im Hawala-Verfahren siehe *Wahlers*, Die rechtliche und ökonomische Struktur von Zahlungssystemen inner- und außerhalb des Bankensystems, S. 112 ff.; zum Krediteröffnungsvertag im Allgemeinen siehe *Pamp*, in: Ellenberger/Bunte, Bankrechts-Handbuch, § 52 Rn. 1.

[145] *Pamp*, in: Ellenberger/Bunte, Bankrechts-Handbuch, § 52 Rn. 1.

[146] *Pamp*, in: Ellenberger/Bunte, Bankrechts-Handbuch, § 52 Rn. 1.

[147] *Wahlers*, Die rechtliche und ökonomische Struktur von Zahlungssystemen inner- und außerhalb des Bankensystems, S. 113 f. mit weitergehenden Ausführungen, ob es sich dabei um eine geduldete Überziehung oder einen Kontokorrentkredit handelt.

[148] *Wahlers*, Die rechtliche und ökonomische Struktur von Zahlungssystemen inner- und außerhalb des Bankensystems, S. 114.

[149] Zum Ribā-Verbot im Allgemeinen siehe *Muschol*, Islamic Banking, S. 26 ff. und *Amereller*, Hintergründe des „Islamic Banking“, S. 44 ff.

[150] *Wahlers*, Die rechtliche und ökonomische Struktur von Zahlungssystemen inner- und außerhalb des Bankensystems, S. 115.

[151] *WDDB*, Hawala-Banking, WD 4 – 3000 – 154/19, S. 5; *Passas*, Informal Value Transfer Systems and Criminal Organizations, S. 15; ähnlich auch im Fall des OLG Düsseldorf 24. 10. 2022 – 1 Ws 131/22, OLG Düsseldorf, NZWiSt 2023, 69 (69), bei „dem Bargeld über die Konten sog. ‚Drittfirmen‘ in Deutschland Rechnungen von Unternehmen aus aller Welt für Warenlieferungen in den Nahen Osten beglichen wurden“.

[152] *Wahlers*, Die rechtliche und ökonomische Struktur von Zahlungssystemen inner- und außerhalb des Bankensystems, S. 116; so bereits zuvor auch *Schramm/Taube*, Ordnungsprin-

zurückgegriffen werden kann.[153] Allerdings können dem Nutzen von Verrechnungskonten bestehende Devisenrestriktionen, das heißt die Banken können entweder keine oder nur beschränkt Fremdwährungskonten halten, entgegenstehen.[154] Des Weiteren gibt es die Möglichkeit, dass Hawaladare multilateral abrechnen, indem sie Bankkonten in Drittländern mit einem freien Devisenmarkt unterhalten;[155] zum Teil sind sie darauf sogar angewiesen.[156] Auch wenn das Hawala-Banking grundsätzlich ohne das konventionelle Bankensystem funktioniert, greifen Hawaladare nicht nur zum Verrechnen der Salden, sondern auch zum Abwickeln ihrer konventionellen geschäftlichen Tätigkeiten darauf zurück.[157] Daneben können herkömmliche Kontokorrentkonten dazu dienen, nicht bar getätigte Kundenzahlungen zu empfangen, wobei es dadurch zur Vermischung der geschäftlichen Gelder und des Hawala Geldes kommen kann.[158] Außenstehenden bleibt diese unkonventionelle Nutzung des Bankensystems häufig jedoch verborgen; selbst die Banken bemerken diese „Bank in der Bank" nicht, da die Konten auf Namen von Privatpersonen oder unverdächtigen Einzelhandelsbetrieben lauten.[159]

Daneben werden weitere Möglichkeiten in Betracht gezogen, um etwaige Salden auszugleichen. Beispielsweise greifen Hawaladare auf Geldkuriere[160] oder auf Lieferungen von Waren zurück.[161] So soll beispielsweise Geld mit Hilfe von Linienbussen in den Kosovo transportiert worden sein.[162] Auch in einem aktuellen

---

zipien der supranationalen Transaktionssicherung im islamischen hawala-Finanzsystem, S. 10 oder auch *Passas*, Informal Value Transfer Systems and Criminal Organizations, S. 15.

[153] *Warius*, Das Hawala-Finanzsystem in Deutschland – ein Fall für die Bekämpfung von Geldwäsche und Terrorismus, S. 109.

[154] *Warius*, Das Hawala-Finanzsystem in Deutschland – ein Fall für die Bekämpfung von Geldwäsche und Terrorismus, S. 109.

[155] *Warius*, Das Hawala-Finanzsystem in Deutschland – ein Fall für die Bekämpfung von Geldwäsche und Terrorismus, S. 109.

[156] *Findeisen*, WM 2000, 2125 (2132).

[157] *Passas*, Informal Value Transfer Systems and Criminal Organizations, S. 15.

[158] *Passas*, Informal Value Transfer Systems and Criminal Organizations, S. 15.

[159] *Schramm/Taube*, Ordnungsprinzipien der supranationalen Transaktionssicherung im islamischen hawala-Finanzsystem, S. 10.

[160] Neben Bargeld überbringen die Kuriere auch Juwelen, Gold oder Kunstgegenstände, *Schramm/Taube*, Ordnungsprinzipien der supranationalen Transaktionssicherung im islamischen hawala-Finanzsystem, S. 9, Fn. 17, oder auch *Findeisen*, WM 2000, 2125 (2126), Fn. 17, die Gegenstände werden aber auch geschmuggelt *Müller*, Hawala An Informal Payment System and Its Use to Finance Terrorism, S. 26; so auch umfangreich ausgestaltet im aktuellen Fall des LG Köln 23.05.2022 – 109 KLs 5/21, LG Köln, abrufbar unter: https://www.justiz.nrw.de/nrwe/lgs/koeln/lg_koeln/j2022/109_KLs_5_21_Urteil_20220523.html, Rn. 88, 91 f., 94, 96, wobei Bargeld oder auch Altgold transportiert wurde.

[161] *WDDB*, Hawala-Banking, WD 4 – 3000 – 154/19, S. 5; *Passas*, Informal Value Transfer Systems and Criminal Organizations, S. 15.

[162] *Danwerth*, in: Casper/Terlau-ZAG, § 1 Rn. 130 unter Verweis auf BT-Drs. 16/11613, S. 35; vgl. auch VG Frankfurt am Main 04.06.2009 – 1 K 4151/08.F, VG Frankfurt am Main,

Strafverfahren wird davon ausgegangen, dass mit dem eingezahlten Geld in Deutschland, Gold und Lastkraftwagen gekauft, in die Zielländer gebracht und dort wieder verkauft wurden.[163] Im Fall des LG Köln[164] wurde mit dem eingezahlten Bargeld der Kunden beispielweise Altgold angekauft und dieses mittels fingierter Rechnungen und Lieferscheine unter Vorspiegelung eines legalen Kaufgeschäfts in die Türkei transferiert. Dort wurde das Altgold weiterverkauft und mit dem Erlös der Auszahlungstopf wieder aufgefüllt. Dafür war sogar ein eigener Logistikbereich zuständig. Teilweise werden fingierte Handelsgeschäfte vorgenommen, die den Schein eines realen Handelsgeschäfts wahren, sodass es leichter fällt, illegale und legale Geldströme zu vermischen.[165] Ferner kommen falsche Rechnungen (Über- oder Unterfakturierung) bei tatsächlich geführten Exportgeschäften zur Anwendung[166] oder es wird auf internationale Investitionen wie Aktien, Obligationen oder Immobilien oder auch Abrechnungen über Großhändler zurückgegriffen.[167] Der Großhändler kauft, verkauft und konsolidiert Forderungen und Schulden von Hawala-Intermediären in verschiedene Länder, ohne selbst als Hawaladar tätig zu werden.[168]

Insgesamt ist hier anzuerkennen, dass das zunächst simpel wirkende System der Zwei-Töpfe ein durchaus komplexes Konglomerat an Beteiligten und Vertragsverflechtungen bereithält und damit eine dem formellen Bankensystem fast ebenbürtige Struktur aufweist.

BeckRS 2009, 141770; *Tiemann*, in: Ellenberger/Findeisen/Nobbe/Böger-Kommentar zum Zahlungsverkehrsrecht, § 1 ZAG Rn. 381; *Findeisen*, WM 2000, 2125 (2131).

163 *Baumholt*, Verdacht auf Terrorfinanzierung: Zehn Verdächtige nach NRW-Razzia in U-Haft vom 06. 10. 2021, abrufbar unter: https://www1.wdr.de/nachrichten/rheinland/razzia-hawala-geldwaesche-nrw-100.html.

164 LG Köln 23. 05. 2022 – 109 KLs 5/21, LG Köln, abrufbar unter: https://www.justiz.nrw.de/nrwe/lgs/koeln/lg_koeln/j2022/109_KLs_5_21_Urteil_20220523.html, Rn. 51 ff.

165 *Wahlers*, Die rechtliche und ökonomische Struktur von Zahlungssystemen inner- und außerhalb des Bankensystems, S. 116; *Müller*, Hawala An Informal Payment System and Its Use to Finance Terrorism, S. 26; *Findeisen*, WM 2000, 2125 (2127); so auch im aktuellen Fall des LG Köln 23. 05. 2022 – 109 KLs 5/21, LG Köln, abrufbar unter: https://www.justiz.nrw.de/nrwe/lgs/koeln/lg_koeln/j2022/109_KLs_5_21_Urteil_20220523.html, Rn. 103, indem fingierte Einfuhrrechnungen angefertigt wurden.

166 *Findeisen*, WM 2000, 2125 (2127); so auch im aktuellen Fall des LG Köln 23. 05. 2022 – 109 KLs 5/21, LG Köln, abrufbar unter: https://www.justiz.nrw.de/nrwe/lgs/koeln/lg_koeln/j2022/109_KLs_5_21_Urteil_20220523.html, Rn. 95, so wurde eine Papierlage geschaffen, „um Edelmetall- oder Bargeldtransporte gegenüber Behörden, insbesondere der Zoll- und Finanzverwaltung, nach der zuvor dargestellten Funktionsweise zu legitimieren und zu plausibilisieren. Hierzu gehörte das Anfertigen von fingierten Einfuhrrechnungen“.

167 *Warius*, Das Hawala-Finanzsystem in Deutschland – ein Fall für die Bekämpfung von Geldwäsche und Terrorismus, S. 110; die Bundesregierung nennt auch den Rückgriff auf „Kryptowerte“, BT-Drs. 20/12069, S. 2.

168 *Warius*, Das Hawala-Finanzsystem in Deutschland – ein Fall für die Bekämpfung von Geldwäsche und Terrorismus, S. 110; *Müller*, Hawala An Informal Payment System and Its Use to Finance Terrorism, S. 26.

bb) Die Akteure und deren Regularien

Wichtig, wenn nicht sogar essenziell für den Funktionsablauf und damit insbesondere für das System der Zwei-Töpfe sind die einzelnen Akteure und deren eigene Regularien. Diese bilden das Fundament für ein funktionierendes und effektives Hawala-System.

(1) Die Mannigfaltigkeit der Akteure

Die Akteure des Systems sind regelmäßig Migranten, die – wie der historische Ursprung des Systems vermuten lässt[169] – vornehmlich aus arabisch geprägten Ländern stammen.[170] Taheri spricht deshalb von einer „Renaissance innerhalb der Migrantencommunities in [den] Industrienationen".[171] Gerade für deren Heimatüberweisungen bietet sich das System der Zwei-Töpfe an, was verschiedene Gründe haben mag: Im Zuge der Konfrontation mit fremden Wirtschafts- und Rechtssystemen greifen sie lieber auf altbewährte, vertrauensbasierte Transaktionsmodelle innerhalb ihrer ursprünglichen Ethnie zurück.[172] Dabei können Hawaladare und deren Kunden (Einzahler und Empfänger) auch aus den gleichen Ursprungsgebieten stammen oder aus demselben sozialen Umfeld, sodass allein aufgrund der gleichen Herkunft, das Vertrauen in die Nutzung von Hawala weiter bestärkt wird.[173] Gerade die Komplexität und Fremdheit des westlichen Wirtschaftskreislaufs sorgen dafür, dass auf Transaktionssysteme zurückgegriffen wird, die keine sprachlichen, kulturellen oder rechtlichen Barrieren aufweisen.[174] Zudem ist diese Form des Geldtransfers in vielen Heimatstaaten immer noch gebräuchlich, was der historische Werdegang des Hawala-Bankings[175] und die bestehende Verankerung in verschiedenen Rechtssystemen des ägyptischen Rechtskreises[176] zeigen. Hinzu kommt ein ungeklärter Residenz- beziehungsweise Arbeitsstatus im Sendeland.[177] Auch die Beziehungen der einzelnen Hawaladare untereinander können so gestaltet sein, dass

---

[169] Zum historischen Ursprung des Systems siehe Teil 2 A. I.

[170] Vgl. dazu *Taheri*, BKR 2020, 133 (134); *Bälz*, Ḥawāla, money transfer, in: Encyclopaedia of Islam, THREE, 4. Informal remittance system; *Wahlers*, Die rechtliche und ökonomische Struktur von Zahlungssystemen inner- und außerhalb des Bankensystems, S. 102 oder auch *Findeisen*, WM 2000, 2125 (2126, 2128).

[171] *Taheri*, BKR 2020, 133 (134); wiederholend in *Taheri/Yildiz*, BKR 2023, 721 (722).

[172] *Taheri*, BKR 2020, 133 (134); ähnlich *Findeisen*, WM 2000, 2125 (2127); siehe auch zu den Herkunftsregionen der Dienstleister die Antwort der Bundesregierung BT-Drs. 20/12069, S. 5.

[173] Vgl. *Wahlers*, Die rechtliche und ökonomische Struktur von Zahlungssystemen inner- und außerhalb des Bankensystems, S. 118.

[174] *Taheri*, BKR 2020, 133 (134); ähnlich *Schramm/Taube*, Ordnungsprinzipien der supranationalen Transaktionssicherung im islamischen hawala-Finanzsystem, S. 11 oder vgl. auch *Passas*, Informal Value Transfer Systems and Criminal Organizations, S. 27.

[175] Zum historischen Ursprung siehe Teil 2 A. I.

[176] Zum ägyptischen Rechtskreis siehe Teil 2 A. II. 1.

[177] *Morazán/Krone*, Geld in Bewegung, in: Südwind, S. 9.

sie auf familiären Bindungen beruhen oder bereits anderweitige wirtschaftliche Beziehungen gegeben sind.[178] Die Hawaladare stellen nicht nur respektable Geschäftsmänner dar, sondern sind auch häufig Mitglieder einer Gesellschaft.[179] Ihre Kunden stehen diesem sozialen Umfeld oft nah[180] und profitieren von den außergewöhnlich niedrigen Kosten des Transfers.[181]

Wie bereits beschrieben sind in den Heimatländern häufig funktionierende klassische Bankensysteme nicht existent. Zum Beispiel mangelt es Somalia an einer Staatsbank, sodass Heimatüberweisungen größtenteils nur im Wege des Hawala-Bankings erfolgen können.[182] Selbst wenn aber größere Geschäftsbanken vorhanden sind, weisen Länder wie Vietnam, Kolumbien, Indien oder Afghanistan zumindest kein breitflächiges Zweigstellennetz auf und gelten dessen ungeachtet als „unbanked countries“.[183] Damit stellen sich Heimatüberweisungen über formelle Wege vor allem in ländliche Gebiete des Empfängerlandes als schwierig bis unmöglich dar (sogenanntes „last mile problem“).[184] Hinzu kommt, dass strenge Bankregulierungen dafür sorgen, dass Kleinstbeträge kaum erfolgreich überwiesen werden können[185] und die Gebühren für solche Überweisungen als zu exzessiv empfunden werden.[186] Von Europa aus, mithin auch Deutschland, werden von Migranten Überweisungen in den Iran, den Nordirak, die Türkei sowie nach Indien, Pakistan, Sri Lanka, Russland, Vietnam, Somalia, Albanien und in den Kosovo getätigt.[187]

---

178 *Findeisen*, WM 2000, 2125 (2127).

179 *Wahlers*, Die rechtliche und ökonomische Struktur von Zahlungssystemen inner- und außerhalb des Bankensystems, S. 118.

180 *Wahlers*, Die rechtliche und ökonomische Struktur von Zahlungssystemen inner- und außerhalb des Bankensystems, S. 118.

181 *Wahlers*, Die rechtliche und ökonomische Struktur von Zahlungssystemen inner- und außerhalb des Bankensystems, S. 120.

182 *Teichmann/Falker*, CB 2020, 30 (30).

183 *Schneider*, EuZW 2005, 513 (513); vgl. auch *WDDB*, Hawala-Banking, WD 4 – 3000 – 154/19, S. 5 oder *Findeisen*, WM 2000, 2125 (2128).

184 *Morazán/Krone*, Geld in Bewegung, in: Südwind, S. 9 f.; siehe dazu beispielsweise den Fall des LG Essen 06.02.2015 – 56 KLs 1/15, LG Essen, abrufbar unter: https://www.justiz.nrw/nrwe/lgs/essen/lg_essen/j2015/56_KLs_1_15_Urteil_20150206.html, Rn. 321 [„er kaufe Baumaschinen für den J und ‚mache Hawala‘, weil das irakische Bankensystem nicht gut funktioniere“].

185 *Morazán/Krone*, Geld in Bewegung, in: Südwind, S. 9.

186 *Schramm/Taube*, Ordnungsprinzipien der supranationalen Transaktionssicherung im islamischen hawala-Finanzsystem, S. 11; vgl. auch *Passas*, Informal Value Transfer Systems and Criminal Organizations, S. 27, 29 mit weiteren Ausführungen zu den Gründen.

187 *BMF*, Monatsbericht 10/2004, S. 79; wiedergebend *WDDB*, Hawala-Banking, WD 4 – 3000 – 154/19, S. 5; *Morazán/Krone*, Geld in Bewegung, in: Südwind, S. 10; *Wahlers*, Die rechtliche und ökonomische Struktur von Zahlungssystemen inner- und außerhalb des Bankensystems, S. 102.

Eine Pauschalisierung der Akteure wäre hier jedoch verfehlt, da die Auftraggeber, die Zahlungen ins Ausland transferieren wollen, nicht nur auf einen bestimmten Kundenkreis reduziert werden können. Selbst Non-governmental Organizations (NGOs)[188] oder namenhafte deutsche Industriefirmen[189] griffen in der Vergangenheit auf dieses System zurück, um den Kaufpreis gelieferter Exportgüter schnell und ohne Kursverlust zu erhalten, gerade bei Ländern, die einer Devisenbewirtschaftung unterliegen.[190] Deutlich wurde dies in Afghanistan nach dem Truppenabzug der westlichen Länder und der erneuten Machtergreifung der Taliban, denn die dortige Beschränkung der Übermittlung von Geldern nach und innerhalb von Afghanistan zwingt selbst internationale Organisationen, die im Land humanitäre Hilfe leisten wollen, auf Hawala-Systeme zurückzugreifen.[191] Selbst Partnerorganisationen des Auswärtigen Amts sollen im Rahmen von Ernährungsprojekten 2023 knapp 1,9 Millionen Euro und 2024 weitere 1,17 Millionen Euro über das formlose Zahlungssystem nach Afghanistan geschickt und dabei 245.000 Euro an Hawala-Gebühren bezahlt haben.[192]

Bei den Empfängerstellen handelt es sich vielfach um Finanzdienstleister mit Sitz im Ausland.[193] Zum Beispiel fungieren Unternehmen in den Golfstaaten, London und Singapur als Intermediäre und Clearingstellen für das Hawala-Banking in den Iran, nach Pakistan, Afghanistan, Sri Lanka oder Somalia.[194]

---

[188] *Müller*, Hawala An Informal Payment System and Its Use to Finance Terrorism, S. 30.

[189] *Teichmann/Falker*, CB 2020, 30 (30) die beispielsweise Siemens nennen, unter Verweis auf *Borst/Contolia/Heinrich/Treser*, Focus-Online, 2001, Nr. 42: https://www.focus.de/finanzen/news/hawala-bares-vertrauen_aid_192091.html.

[190] *Findeisen*, WM 2000, 2125 (2127).

[191] *NRC*, Life and Death: NGO access to financial services in Afghanistan, S. 6 ff.; darauf ebenfalls verweisend OVG Hamburg 23.02.2022 – 1 Bf 282/20.A, BeckRS 2022, 5629, Rn. 36; ferner dazu *Zapf*, Welternährung 2022, Die notleidende Bevölkerung ist Geisel der Politik.

[192] *Gebauer/Lehberger*, Deutsche Nothilfe für Afghanistan fließt über illegales Hawala-Netzwerk vom 31.05.2024, abrufbar unter: https://www.spiegel.de/politik/deutschland/afghanistan-deutsche-nothilfe-fuer-das-land-fliesst-ueber-illegales-hawala-netzwerk-a-1a7bcaf1-0623-4e73-b4e3-e58848dbe255; siehe dazu auch die politische Resonanz BT-Drs. 20/11829 „Transferierung staatlicher Mittel aus Deutschland mittels des unter anderem in Verbindung mit Geldwäsche und Terrorimusfinanzierung stehenden Hawala-Bankings", im Speziellen mit den Fragen 9, 13 und 14 zu diesen Transfers. Siehe dazu ferner die Antwort der Bundesregierung BT-Drs. 20/12069, S. 4 [„Transaktionen, die dem Hawala-Banking zuzurechnen sind, werden von der Bundesregierung weder getätigt noch beauftragt. In besonderen Einzelfällen, in denen es zur Rettung von Menschenleben oder zur Durchführung von besonders wichtigen Hilfsprojekten mangels verlässlicher Bankensysteme keine alternativen Möglichkeiten für Geldtransfers gibt, wird von einzelnen Ressorts zugelassen, dass geförderte Zuwendungsempfänger und Durchführungsorganisationen nach Abwägung aller Risiken als ultima ratio ein Hawala-System nutzen"].

[193] *Findeisen*, WM 2000, 2125 (2133).

[194] *Findeisen*, WM 2000, 2125 (2133).

Neben diesen – zumindest beabsichtigten – legitimen Zwecken bietet sich das System ebenfalls für Kriminelle an, die sich dessen Vorteile zunutze machen wollen. So greifen terroristische Vereinigungen oder kriminelle Organisationen wie Clans darauf zurück, um Finanztransfers zu verschleiern.[195] Daher stehen alternative Finanzmethoden wie das Hawala-Banking in einem besonderen Fokus des Bundesministeriums des Innern und für Heimat[196] sowie des Bundesamts für Verfassungsschutz.[197] Denn die Systeme werden auch verdächtigt, dazu beizutragen, dass beispielsweise Dschihadisten-Milizen im Syrienkrieg oder Kämpfer der Hamas oder Hisbollah finanziell von Clans aus Deutschland unterstützt werden können.[198] Gerade die nur spärliche Überprüfung der Kunden (Einzahler und Empfänger), die rudimentäre Aufzeichnung von Kundeninformationen und Transaktionen sowie das Nichteinhalten etwaiger Meldepflichten bei verdächtigen Transaktionen, sorgen für Missbrauchspotenzial bei Kriminellen.[199] Dies bietet einen Nährboden für Steuerhinterziehung, den Kauf von illegalen Gütern wie Drogen oder Waffen, Menschen- und Organhandel, die Finanzierung von Terroranschlägen und vor allem für Geldwäsche.[200] Nach Feststellungen des Bundesaufsichtsamt für das Kreditwesen (BAKred) sollen 1999 sogar von über 200 Unternehmen in Deutschland Gelder über solche Systeme in den Kosovo transferiert worden sein, die auch der Finanzierung von Waffenkäufen dienten.[201] Dabei bauten Kosovo-Albaner (ebenso wie Warlords in Somalia oder Afghanistan), oftmals in Verbindung mit irregulären bewaffneten Banden, die wie die kosovoalbanische UCK als mafioses Wirtschaftsunternehmen der umsichgreifenden Plünderungsökonomie fungierten, mit Erfolg ein eigenes Schattenbanknetz mit Sendestelle im Ausland auf, um finanzielle Ressourcen für die Finanzierung von Bürgerkriegskonflikten zu erschließen.[202] Auch in

---

[195] *WDDB*, Hawala-Banking, WD 4 – 3000 – 154/19, S. 4; *BMF*, Monatsbericht 10/2004, S. 82.

[196] *BMI*, Verfassungsschutzbericht 2021, S. 42.

[197] *BfV*, Islamismus und islamistischer Terrorismus, abrufbar unter: https://www.verfassungsschutz.de/DE/verfassungsschutz/der-bericht/vsb-islamismus-und-islamistischer-terrorismus/vsb-islamismus-und-islamistischer-terrorismus_node.html#doc1198890bodyText3, Bekämpfung der Terrorismusfinanzierung.

[198] *Bartosz*, Unterstützung für Hamas und Hisbollah vom 10.10.2023, abrufbar unter: https://www.tagesspiegel.de/internationales/unterstutzung-fur-hamas-und-hisbollah-wie-gelangt-illegales-geld-aus-deutschland-zu-den-islamisten-10598236.html.

[199] *Passas*, Informal Value Transfer Systems and Criminal Organizations, S. 27; *Passas*, Informal Value Transfer Systems, Terrorism and Money Laundering, S. 47 f.; vgl. auch *BMF*, Monatsbericht 10/2004, S. 81.

[200] *Passas*, Informal Value Transfer Systems and Criminal Organizations, S. 37 ff. mit umfangreichen Ausführungen dazu; ähnlich *Bälz*, Ḥawāla, money transfer, in: Encyclopaedia of Islam, THREE, 4. Informal remittance system oder *BMF*, Monatsbericht 10/2004, S. 81, 83 f.

[201] *Findeisen*, WM 2000, 2125 (2128) unter Verweis auf ein Schreiben des BAKred vom 24.02.1999 an den Zentralen Kreditausschuss (Z 5-C 665).

[202] *Findeisen*, WM 2000, 2125 (2128) unter Verweis auf einschlägige Literatur.

aktuellen Fällen[203] musste sich die Rechtsprechung mit Hawala-Systemen und deren Akteuren auseinandersetzen: Hier zeigen sich umfangreiche Netzwerkstrukturen[204] bei denen wie bereits erläutert (Groß-)[205]Hawaladare, Einzahler, Buchführer aber auch Mitarbeiter der Clearing-Logistik involviert sind und die das Einholen einer Erlaubnis bewusst meiden. Deren Zusammenschluss lässt sich auch als kriminelle Vereinigung einordnen[206] und dient meist der potenzierten Gewinnmaximierung. Dabei wurden auch kriminelle Kunden, die beispielsweise Drogengelder waschen wollen[207], bedient. Im Ergebnis kann der Kreis der Akteure also sehr vielseitig sein, auch wenn sich eine Tendenz erkennen lässt.

(2) Die selbstständige Regulierung

Gemein haben die Akteure, dass sie sich gegenseitig vertrauen und das System allein von diesem Vertrauen getragen wird: Zum einen müssen die Kunden (Einzahler und Empfänger) den Hawaladaren vertrauen, zum anderen müssen sich die Hawaladare untereinander vertrauen.[208] Die Kunden bauen auf einen reibungslosen Transfer ihrer Gelder und auf eine anonyme Abwicklung. Die Hawaladare vertrauen darauf, dass genügend Kapitalreserven vorhanden sind und es langfristig wieder zum Ausgleich der Gelder kommt.[209] Damit verwundert es nicht, dass Ha-

---

[203] BGH 28.06.2023 – 3 StR 108/23, BGH, BeckRS 2023, 18792 und BGH 01.06.2023 – 3 StR 414/22, BGH, BeckRS 2023, 17742; BGH 28.06.2022 – 3 StR 403/20, BGH, BeckRS 2022, 20799; BGH 02.06.2021 – 3 StR 61/21, BGH, ZIP 2021, 1853; LG Köln 23.05.2022 – 109 KLs 5/21, LG Köln, abrufbar unter: https://www.justiz.nrw.de/nrwe/lgs/koeln/lg_koeln/j2022/109_KLs_5_21_Urteil_20220523.html; LG Düsseldorf 23.11.2021 – 014 KLs 2/21, LG Düsseldorf, abrufbar unter: http://www.justiz.nrw.de/nrwe/lgs/duesseldorf/lg_duesseldorf/j2021/014_KLs_2_21_Urteil_20211123.html, LG Düsseldorf, BeckRS 2021, 55636; LG Mannheim 17.11.2020 – 22 KLs 540 Js 6574/20, LG Mannheim, BeckRS 2020, 50512.

[204] Zur Organisation der Akteure in Netzwerken im Allgemeinen siehe *Sinn*, Wirtschaftsmacht Organisierte Kriminalität, S. 71 ff.

[205] Mit der Bezeichnung Groß-Hawaladar lässt sich der führende Kopf eines Netzwerkes umschreiben; so auch die Bezeichnung in BGH 16.04.2024 – 3 StR 1/24, BGH, juris Rn. 2, 4.

[206] Zur Einordnung als kriminelle Vereinigung siehe noch Teil 4 B. I. 1.

[207] Siehe dazu LG Köln 23.05.2022 – 109 KLs 5/21, LG Köln, abrufbar unter: https://www.justiz.nrw.de/nrwe/lgs/koeln/lg_koeln/j2022/109_KLs_5_21_Urteil_20220523.html, Rn. 181 [„Zum Vorwurf der Geldwäsche hat sich der Angeklagte D im Rahmen der Hauptverhandlung dahingehend eingelassen, dass er sich anfangs keine Gedanken um die Herkunft der Gelder und des Goldes gemacht habe. Er sei sich aber schnell sicher gewesen, dass die Gelder aus illegalen Geschäften, wahrscheinlich Drogengeschäften, stammten. […] In einer Aldi-Tüte im Kofferraum hätten sie dann insgesamt 800.000 EUR Bargeld vorgefunden, alles in 10 EUR- und 20 EUR-Scheinen. Da sei ihm klar geworden, dass es sich um Drogengeld handeln müsse"].

[208] Ähnlich *Warius*, Das Hawala-Finanzsystem in Deutschland – ein Fall für die Bekämpfung von Geldwäsche und Terrorismus, S. 111.

[209] Vgl. *Wahlers*, Die rechtliche und ökonomische Struktur von Zahlungssystemen inner- und außerhalb des Bankensystems, S. 113; zum Ausgleich der Gelder siehe Teil 2 A. II. 2. b) aa).

wala in Hindi beispielsweise auch die Bedeutung „Vertrauen“ trägt.[210] Staatliche Kontrolle gibt es dagegen gerade nicht, womit sich das System selbstständig reguliert und kontrolliert.[211] Das herrschende Vertrauen und die gemeinsame Identifikation werden durch gemeinsame Codes, eine gemeinsame Sprache und Religion bestärkt.[212] Daraus resultieren zugleich Regularien, denen sich die Teilnehmer des Hawala-Systems unterwerfen. Schramm/Taube verstehen die Systeme insoweit als homogene Clubs, deren Mitglieder in einem institutionell derangierten Umfeld die Durchsetzbarkeit disponibler Eigentumsrechte garantiert wird.[213] So gibt es selbst in den staatlich losgelösten Systemen eigene Sanktionsmöglichkeiten, um ein regelkonformes Verhalten herzustellen. Halten sich die Teilnehmer nicht an die inhärenten Regularien, drohen ihnen Konventionalstrafen oder im schlimmsten Fall der Ausschluss aus der Gruppe.[214] Damit müssen die Parteien bei Missbrauch nicht nur finanzielle Einbußen, sondern auch eine gesellschaftliche Ächtung befürchten.[215] Beispielsweise verliert der Hawaladar 1 seine Geschäftsgrundlage und seine gesellschaftliche Stellung, sobald er sich das zu transferierende Geld aneignet, ohne eine Auszahlung am Auszahlungsort zu veranlassen.[216] Durch den hohen Aufwand an Investitionen, die an die Club-Mitgliedschaft gebunden sind, dokumentieren mit deren Tätigung alle Beteiligten eine glaubwürdige Selbstbindung.[217] Aus dem zweckrationalen Verhalten der einzelnen Akteure resultiert damit eine Vertrauenswürdigkeit gegenüber dem System und seinen Mitgliedern.[218]

---

[210] *Martin*, Hundi/Hawala: The Problem of Definition, S. 912, bei der sich die Schreibweise Havala wiederfindet und sich deren Etymologie auf das Arabische zurückführen lässt; *Jost/Sandhu*, The Hawala Alternative Remittance System and its Role in Money Laundering, S. 15, wobei selbst in Hindi die ursprüngliche Bedeutung beibehalten wurde (zur Ursprungsbedeutung siehe Teil 2 A. I. 1.), es jedoch an Bedeutungen zugewann.

[211] *Wahlers*, Die rechtliche und ökonomische Struktur von Zahlungssystemen inner- und außerhalb des Bankensystems, S. 118.

[212] *Wahlers*, Die rechtliche und ökonomische Struktur von Zahlungssystemen inner- und außerhalb des Bankensystems, S. 118; vgl. *Schramm/Taube*, Ordnungsprinzipien der supranationalen Transaktionssicherung im islamischen hawala-Finanzsystem, S. 17.

[213] *Schramm/Taube*, Ordnungsprinzipien der supranationalen Transaktionssicherung im islamischen hawala-Finanzsystem, S. 15; *Schramm/Taube*, The Institutional Foundations of AL Qaida’s Global Financial System, S. 11. Wobei hierbei offenbleibt, inwieweit „disponible Eigentumsrechte“ in diesem Kontext zu verstehen sind.

[214] *Schramm/Taube*, Ordnungsprinzipien der supranationalen Transaktionssicherung im islamischen hawala-Finanzsystem, S. 16.

[215] *Wahlers*, Die rechtliche und ökonomische Struktur von Zahlungssystemen inner- und außerhalb des Bankensystems, S. 118.

[216] Beispiel orientiert sich an *Warius*, Das Hawala-Finanzsystem in Deutschland – ein Fall für die Bekämpfung von Geldwäsche und Terrorismus, S. 112.

[217] *Schramm/Taube*, Ordnungsprinzipien der supranationalen Transaktionssicherung im islamischen hawala-Finanzsystem, S. 27.

[218] *Schramm/Taube*, Ordnungsprinzipien der supranationalen Transaktionssicherung im islamischen hawala-Finanzsystem, S. 28.

Aufgrund des arabischen und vor allem islamischen Ursprungs des Systems[219] orientieren sich viele Hawala-Systeme wie bereits beschrieben auch heute noch am islamischen Recht.[220] Deswegen sind es häufig die Regeln der Scharia[221], denen eine regelnde Funktion zukommt,[222] sofern sich die Akteure den Regeln freiwillig unterwerfen und diese anerkennen. Gerade weil einzelne Transaktionspartner diese Regeln als verbindlich ansehen, kann eine weitergehende Bindungswirkung und größere Rechtssicherheit erzielt werden, als es staatliche Regularien und Sanktionen zu leisten imstande sind; denn dort sind nicht nur juristische, sondern auch moralische Komponenten verankert.[223] Insbesondere extremistische Gruppen wie Al Qaida sowie die Taliban können durch ihre Glaubensbekenntnisse und Ideologien eine tiefgehende Bindungswirkung hervorrufen.[224] Im Ergebnis stellt die Scharia mit deren Bindungswirkung für die Teilnehmer eine „supranationale Rechtsordnung" dar, die – zumindest wenn sie von den einzelnen Wirtschaftssubjekten anerkannt wird – auch einen universellen Gültigkeitsanspruch erlangt.[225] Mit der Teilnahme am Hawala-System werden die verankerten Vertragsbedingungen konkludent Vertragsinhalt der bilateralen und multilateralen Geschäftsverhältnisse[226] zwischen den einzelnen Hawaladaren.[227] Häufig mangelt es jedoch an einer Quittierung der Geldforderungen,[228] sodass zumindest beim heutigen Hawala-Banking nicht in jedweder Hinsicht von einer Konformität mit der Scharia ausgegangen werden kann.[229] Denn nach der Scharia sind Zahlungssysteme unter Einschaltung eines

---

[219] Zum historischen Ursprung und den Einfluss des islamischen Rechts siehe Teil 2 A. I. 2.

[220] *Warius*, Das Hawala-Finanzsystem in Deutschland – ein Fall für die Bekämpfung von Geldwäsche und Terrorismus, S. 113; mit dem Begriff islamisches Recht wird gemeinhin das religiöse Recht im Islam bezeichnet. Das islamische Recht leitet sich von den Rechtsquellen des Islam ab, sodass es kein einheitliches islamisches Recht im eigentlichen Sinne gibt. Vielmehr wird dieses in verschiedene Rechtsschulen unterteilt, die sich an unterschiedlichen Orten und zu unterschiedlichen Zeiten entwickelt haben, *Yassari*, Islamisches Recht, in: HWB EuP, 1. Begriff; eine ausführliche Darstellung des islamischen Rechts findet sich zudem in *Rohe*, Das Islamische Recht, passim.

[221] Zum Begriffsverständnis der Scharia siehe *Rohe*, Das Islamische Recht, S. 9 f.

[222] *Warius*, Das Hawala-Finanzsystem in Deutschland – ein Fall für die Bekämpfung von Geldwäsche und Terrorismus, S. 113.

[223] *Warius*, Das Hawala-Finanzsystem in Deutschland – ein Fall für die Bekämpfung von Geldwäsche und Terrorismus, S. 115.

[224] *Schramm/Taube*, Ordnungsprinzipien der supranationalen Transaktionssicherung im islamischen hawala-Finanzsystem, S. 18.

[225] *Schramm/Taube*, Ordnungsprinzipien der supranationalen Transaktionssicherung im islamischen hawala-Finanzsystem, S. 18.

[226] Zu den bilateralen und multilateralen Geschäftsverhältnissen siehe bereits Teil 2 A. II. 2. b) aa).

[227] *Wahlers*, Die rechtliche und ökonomische Struktur von Zahlungssystemen inner- und außerhalb des Bankensystems, S. 119.

[228] *BMF*, Monatsbericht 10/2004, S. 80.

[229] So zumindest *Warius*, Das Hawala-Finanzsystem in Deutschland – ein Fall für die Bekämpfung von Geldwäsche und Terrorismus, S. 71 f., 115.

Geldagenten nur zulässig, wenn die Geldforderungen quittiert werden.[230] Auch wenn die Glaubensgemeinschaft der Muslime weltweit vertreten ist und ihre Regeln als konkurrierendes Rechtssystem angesehen werden können, gibt es keine supranationale Judikative oder Exekutive, die die Scharia umsetzen kann.[231] Ferner wird von den Hawaladaren nicht auf Regelungen des deutschen Zivil- und Zivilprozessrechts zurückgegriffen, um regelkonformes Verhalten zu veranlassen beziehungsweise die einzelnen Abläufe zu regeln.[232] Damit lässt sich zusammenfassend sagen, dass die Hawala-Systeme nicht unbedingt einem einheitlichem Regelwerk folgen, sondern diese an moralischen, islamischen und sich selbstkontrollierenden Regularien orientieren, mithin ihre eigenen Regeln und Sanktionen festlegen, was von gegenseitigem Vertrauen abhängig ist und getragen wird.

cc) Der Ertrag der Hawaladare

Der Ertrag der Hawaladare kann verschieden ausgestaltet sein. Dabei gilt es zwischen der Unternehmenstätigkeit und dem eigentlichen Geschäft mit dem Geldtransfer zu differenzieren, auch wenn die Hawaladare häufig das in Empfang genommene Transfergeld mit den Geldern ihres Hauptgeschäfts mischen:[233] Mit dem Anbieten eines Hawala-Systems – im Zweifel sogar kostenlos – kann der Hawaladar Kunden für sein Hauptgeschäft[234], beispielsweise ein Reisebüro oder Warenhandel, werben.[235] Somit können die Hawaladare auch indirekt Gelder generieren.

Direkte Gelder erwirtschaften Hawaladare mit dem Hawala-Banking, indem sie Provisionen oder Pauschalbeträge erheben.[236] Die Angaben der Provision des Hawaladar 1 schwanken jedoch, sodass sich Werte von 0,25 % bis 1,25 %[237] aber auch von 0,5 % bis 5,0 %[238] finden lassen, wovon der Hawaladar 2 in der Regel wie-

---

[230] *Warius*, Das Hawala-Finanzsystem in Deutschland – ein Fall für die Bekämpfung von Geldwäsche und Terrorismus, S. 115 unter Verweis auf *Gassner*, Die Bank 2003, 732 (735).

[231] *Schramm/Taube*, Ordnungsprinzipien der supranationalen Transaktionssicherung im islamischen hawala-Finanzsystem, S. 18 f.

[232] Zur Einordnung der Hawala-Systeme nach deutschem Zivilrecht siehe *Wahlers*, Die rechtliche und ökonomische Struktur von Zahlungssystemen inner- und außerhalb des Bankensystems, S. 128 ff.

[233] *Passas*, Informal Value Transfer Systems and Criminal Organizations, S. 15; ähnlich *Findeisen*, WM 2000, 2125 (2127), der sogar vom Vermischen von legalen und illegalen Geldströmen spricht.

[234] Zu den verschiedenen unternehmerischen Tätigkeitsbereichen siehe bereits Teil 2 A. II. 2. a).

[235] *Passas*, Informal Value Transfer Systems, Terrorism and Money Laundering, S. 56.

[236] *Passas*, Informal Value Transfer Systems, Terrorism and Money Laundering, S. 56.

[237] *Passas*, Informal Value Transfer Systems and Criminal Organizations, S. 14.

[238] *WDDB*, Hawala-Banking, WD 4 – 3000 – 154/19, S. 4; *BMF*, Erste Nationale Risikoanalyse 2018/2019, S. 47; ferner wurde beispielsweise im Fall des LG Düsseldorf 23.11. 2021 – 014 KLs 2/21, LG Düsseldorf, abrufbar unter: http://www.justiz.nrw.de/nrwe/lgs/duesseldorf/lg_duesseldorf/j2021/014_KLs_2_21_Urteil_20211123.html, Rn. 57, LG Düsseldorf,

derum 50 % erhält.[239] Im Ergebnis kann dies gleichwohl als Richtlinie dienen, da der Provisionswert stark davon abhängig ist, wohin die Überweisung getätigt werden soll, um welche Person es sich bei dem Kunden handelt, ob zeitliche Komponenten eine Rolle spielen und ob ein gewisses Risiko für den Hawaladar mit dem Geschäft einhergeht.[240] Beispielsweise können bei weit entfernten Ländern, bei Ländern mit einer gering ausgeprägten Infrastruktur oder auch solchen, die mit einem Embargo oder Finanzsanktionen belegt sind, höhere Provisionen anfallen.[241] Einzahler, die im engen Kreis des Hawaladars stehen oder größere oder regelmäßige Beträge überweisen, erhalten bessere Konditionen als andere Kunden.[242] Besonders schnelle Überweisungen werden höher bepreist,[243] sodass die Vorgehensweise gegenüber handelsüblichen Banken gleichläuft. Besonders risikobehaftete Transfers stellen Überweisungen dar, die einen illegalen Hintergrund aufweisen und damit auch ein hohes Risiko für den Hawaladar selbst bergen; jedoch muss der Hawaladar zunächst einmal den kriminellen Hintergrund erkennen,[244] sofern das Geschäftskonzept nicht in erster Linie an Kriminelle gerichtet ist. Dabei werden sogar Provisionen in Höhe von 20 % bis 25 % verlangt.[245] Daneben spielt bei der Berechnung der Provision eine Rolle, mit welcher Währung die Auszahlung erfolgen soll, ob der Hawaladar in Vorleistung tritt und der Einzahler das zu transferierende Geld nicht direkt bei Auftragserteilung überreicht.[246] Bei der bilateralen Abrechnung über das Bankensystem werden zusätzlich Umrechnungs- und Bankspesen bei den Transaktionskosten berücksichtigt.[247] Durchweg ist die Gewinnspanne für einzelne

BeckRS 2021, 55636, Rn. 36 eine Provision zwischen 1 % und 1,5 % veranschlagt; im Fall des LG Mannheim 17.11.2020 – 22 KLs 540 Js 6574/20, LG Mannheim, BeckRS 2020, 50512, Rn. 36 wurde sogar eine Provision zwischen 3,5 % und 7 % veranschlagt.

[239] *Wahlers*, Die rechtliche und ökonomische Struktur von Zahlungssystemen inner- und außerhalb des Bankensystems, S. 116 unter Verweis auf einschlägige Quellen.

[240] Daneben stiegen auch die Preise nach den Anschlägen vom 11. September 2001, da es zu höheren Unkosten der Hawaladare kam, dazu ausführlich *Passas*, Informal Value Transfer Systems, Terrorism and Money Laundering, S. 59.

[241] *Passas*, Informal Value Transfer Systems, Terrorism and Money Laundering, S. 58.

[242] *Passas*, Informal Value Transfer Systems, Terrorism and Money Laundering, S. 58.

[243] *Passas*, Informal Value Transfer Systems, Terrorism and Money Laundering, S. 58.

[244] *Passas*, Informal Value Transfer Systems, Terrorism and Money Laundering, S. 58.

[245] *Passas*, Informal Value Transfer Systems, Terrorism and Money Laundering, S. 58 f.; zuvor findet sich in *Passas*, Informal Value Transfer Systems and Criminal Organizations, S. 14 unter Verweis auf einschlägige Quellen auch die Angabe von 15 % bis 20 %, was vermutlich mit dem steigenden Risiko der Hawaladare aufgrund der Anschläge vom 11. September 2001 zusammenhängt. Etwaige Ausführungen dazu finden sich in *Passas*, Informal Value Transfer Systems, Terrorism and Money Laundering, S. 59.

[246] *Passas*, Informal Value Transfer Systems, Terrorism and Money Laundering, S. 58.

[247] *Warius*, Das Hawala-Finanzsystem in Deutschland – ein Fall für die Bekämpfung von Geldwäsche und Terrorismus, S. 109 unter Verweis auf einschlägige Literatur.

Transfers eher gering, sodass ein finanzieller Nutzen erst bei größeren Überweisungsmengen oder risikobehafteten Geschäften gesehen werden kann.[248]

Neben der Provision und den Pauschalbeträgen verdienen Hawaladare am häufigsten am Transfer, indem sie Wechselkursunterschiede ausnutzen beziehungsweise Währungskurse manipulieren.[249] Der Gewinn liegt dabei in der Differenz zwischen dem mit dem Kunden vereinbarten Wechselkurs und dem auf den internationalen (Schwarz-)märkten gehandelten Kurs.[250] Vereinzelt werden auch mit den bei den Hawaladaren eingezahlten Geldern Kredite gewährt, solange diese nicht für ausstehende Auszahlungen oder zur Verrechnung benötigt werden.[251]

Von dem verdienten Geld erhalten die anderen Hawaladare (Hawaladar 2 und gegebenenfalls andere eingeschaltete Zwischenstellen) grundsätzlich auch einen bestimmten Prozentsatz, beispielsweise 50 %.[252] Bei sehr umfangreichen Netzwerken mit vielen involvierten Akteuren (beispielsweise Einsammler, Buchführer oder Akteure des Clearing-Logistikbereichs), die lediglich den Hawaladaren zuarbeiten, erhalten diese von den vereinnahmten Provisionen wiederum eine (monatliche) Entlohnung.[253]

dd) Die Buchführung der Hawaladare

Aufgrund der umfangreichen Ausgestaltung der Hawala-Netzwerke zwischen den verschiedenen Hawaladaren und der damit einhergehenden zwingenden Ausgleichmöglichkeiten in Form von bilateralem und multilateralem Netting[254] bedarf es einer Art Buchführung, um den Überblick über die getätigten Transfers zu behalten. Dabei geht es vor allem um etwaige Ausgleichszahlungen, das heißt inwiefern die ausstehenden Transferbeträge ausgeglichen wurden oder noch auszugleichen sind; Inhalt ist darüber hinaus, ob es eines Clearingverfahrens[255] bedarf und wenn ja, in welcher Höhe dieses vorgenommen werden muss. Grundsätzlich führen die Hawaladare dabei getrennte Bücher, für jeden kooperierenden Hawaladar ein

[248] Vgl. *Warius*, Das Hawala-Finanzsystem in Deutschland – ein Fall für die Bekämpfung von Geldwäsche und Terrorismus, S. 116.

[249] *Passas*, Informal Value Transfer Systems, Terrorism and Money Laundering, S. 56, 62.

[250] *Warius*, Das Hawala-Finanzsystem in Deutschland – ein Fall für die Bekämpfung von Geldwäsche und Terrorismus, S. 117 unter Verweis (zumindest in Fn. 80) auf *Passas*, Informal Value Transfer Systems, Terrorism and Money Laundering, S. 56.

[251] *Passas*, Informal Value Transfer Systems, Terrorism and Money Laundering, S. 56.

[252] *Warius*, Das Hawala-Finanzsystem in Deutschland – ein Fall für die Bekämpfung von Geldwäsche und Terrorismus, S. 117 unter Verweis auf einschlägige Literatur.

[253] Siehe dazu BGH 02.06.2021 – 3 StR 61/21, BGH, ZIP 2021, 1853 (1854) [„Er erhielt eine monatliche Vergütung zwischen 700 € und 1.500 €“]; LG Köln 23.05.2022 – 109 KLs 5/21, LG Köln, abrufbar unter: https://www.justiz.nrw.de/nrwe/lgs/koeln/lg_koeln/j2022/109_KLs_5_21_Urteil_20220523.html, Rn. 92, 96, 106, 177, 209, 230, 307, 641, 676.

[254] Zu den Parallelen des bilateralem und mulitlateralem Netting siehe Teil 2 A. II. 2. b) aa).

[255] Zum Clearingverfahren siehe Teil 2 A. II. 2. b) aa).

eigenständiges.[256] In umfangreichen Hawala-Netzwerken gibt es auch eigenständig involvierte „Buchhalter", die jede Geldbewegung mitverfolgen.[257]

Diese Art der Buchführung wird grundsätzlich einfach gehalten und orientiert sich nicht oder zumindest nur zum Teil an westlichen Modellen. Den Hawaladaren geht es nämlich nicht darum, den gesetzlich fixierten Informationsanforderungen von Behörden nachzukommen, sondern nur etwaige Geschäftsvorgänge für sich selbst belegen und überschauen zu können. Das ist bereits daran zu erkennen, dass die Aufzeichnungen nur so lange aufbewahrt werden, bis die Transaktionen oder Ausgleichszahlungen vorgenommen wurden.[258] Damit verwundert es auch nicht, dass beispielsweise handelsrechtliche und steuerrechtliche Buchführungspflichten sowie allgemeine Grundsätze ordnungsgemäßer Buchführung kaum bis gar nicht eingehalten werden.[259] Häufig handelt es sich um handschriftliche tabellarische Aufzeichnungen, die in einem Notizbuch niedergeschrieben werden.[260] Vereinzelt nutzen Hawaladare in westlich geprägten Ländern aber auch Computer, um dort ihre Notizen aufzubewahren.[261] In einem Fall des LG Mannheim[262] vom 17.11.

---

[256] *Passas*, Informal Value Transfer Systems, Terrorism and Money Laundering, S. 62.

[257] So in einem aktuellen Fall, bei dem spezielle „Buchhalter" jegliche Geldbewegungen überwachten, BGH 02.06.2021 – 3 StR 61/21, BGH, ZIP 2021, 1853 (1854); dazu auch bereits vorinstanzlich und umfangreicher das LG Mannheim 17.11.2020 – 22 KLs 540 Js 6574/20, LG Mannheim, BeckRS 2020, 50512, Rn. 36 [„Um bei den Hawala-Transfers den Überblick zu behalten und nachhalten zu können, in welchem Umfang der Ausgleich zwischen den unterschiedlichen ‚Hawala-Töpfen' vorzunehmen war, agierten im Netzwerk zudem ‚Buchhalter', die jede Geldbewegung innerhalb des Netzwerkes mitverfolgten und nachhielten, welcher Geldbetrag zu einem bestimmten Zeitpunkt unter Berücksichtigung sämtlicher Zu- und Abflüsse rechnerisch in einem ‚Topf' vorhanden sein sollte.", „Als Buchhalter agierten dabei insbesondere ‚S.A.' und ‚F.', der für die Buchhaltung von Seiten des Büro S.-O. verantwortlich war, daneben auch ‚S.' und weitere."]; siehe auch Abbildung 3: Struktur der Gruppierung um Hawaladar 1 im Kontext eines umfangreichen Hawala-Netzwerkes.

[258] *Passas*, Informal Value Transfer Systems, Terrorism and Money Laundering, S. 62; so beispielsweise auch im Fall des LG Düsseldorf 23.11.2021 – 014 KLs 2/21, LG Düsseldorf, abrufbar unter: http://www.justiz.nrw.de/nrwe/lgs/duesseldorf/lg_duesseldorf/j2021/014_KLs_2_21_Urteil_20211123.html, Rn. 32, LG Düsseldorf, BeckRS 2021, 55636, Rn. 20, indem die „Positionen […] jedoch nicht lückenlos erfasst und auch nicht dauerhaft fixiert, sondern regelmäßig gelöscht" wurden.

[259] *Findeisen*, WM 2000, 2125 (2127); so auch in *BMF*, Monatsbericht 10/2004, S. 80.

[260] *Wahlers*, Die rechtliche und ökonomische Struktur von Zahlungssystemen inner- und außerhalb des Bankensystems, S. 117; so beispielsweise im Fall des LG Düsseldorf 23.11.2021 – 014 KLs 2/21, LG Düsseldorf, abrufbar unter: http://www.justiz.nrw.de/nrwe/lgs/duesseldorf/lg_duesseldorf/j2021/014_KLs_2_21_Urteil_20211123.html, Rn. 32, LG Düsseldorf, BeckRS 2021, 55636, Rn. 20.

[261] *Passas*, Informal Value Transfer Systems, Terrorism and Money Laundering, S. 62; so beispielsweise im Fall des LG Düsseldorf 23.11.2021 – 014 KLs 2/21, LG Düsseldorf, abrufbar unter: http://www.justiz.nrw.de/nrwe/lgs/duesseldorf/lg_duesseldorf/j2021/014_KLs_2_21_Urteil_20211123.html, Rn. 32, LG Düsseldorf, BeckRS 2021, 55636, Rn. 20, indem „[d]er Angeklagte L1 […] darüber hinaus diverse Excel-Tabellen, die Aufstellungen jeweils aktueller Ein- und Auszahlungen beinhalteten", führte.

2020 bediente man sich beispielsweise auch einer sogenannten WhatsApp „Chat-Gruppe, in die Buchhalter wie eine Art Kontoauszüge aufgebaute Übersichten einstellten, in denen detailliert entgegengenommene bzw. ausgehändigte Geldbeträge sowie aktuelle Guthabenbestände dargestellt waren“. Sofern eine Buchführung vorhanden ist, nutzen Hawaladare auch eine gewisse Chiffrierung und Codierung, die für Außenstehende nicht immer nachvollzogen werden kann.[263] Beispiele einer Buchführung eines Hawaladars finden sich bei Warius[264], Passas[265], Müller[266] oder auch in den Entscheidungsgründen eines Urteils des LG Mannheim[267] vom 17. 11. 2020 sowie eines Urteils des LG Düsseldorf[268] vom 23. 11. 2021.

Datum der Transaktion	Name des Halwaladars (Gläubiger)	Betrag der Transaktion	Wechselkurs zum Beispiel Dollar/Rupie	Wert der Transaktion in USD	Zahlungs-form
16/6/98	Vinod	100.000	37.6	2659.57	F-1202
16/6/98	Ashish	250.000	39.25	6369.42	F-1203
16/6/98	Nitin Bhai	350.000	42.3	8274.23	B-8146
17/6/98	DK	50.000	38.75	1290.32	F-1204
17/6/98	Suresh Kumar	300.000	39.25	7643.31	B-8147
17/6/98	Anil	200.000	40.1	4987.53	S-5428
17/6/98	Vinod	150.000	39.75	3773.58	F-1205
18/6/98	Manoj	300.000	41.25	7272.72	B-8148
18/6/98	Vinod Bhai	350.000	42.2	8293.83	L-2160
18/6/98	Ganesh Trading	200.000	38	5263.15	५२त
19/6/98	Suresh Kumar	175.000	39.5	4430.37	B-8149

Quelle: *Warius*, Das Hawala-Finanzsystem in Deutschland – ein Fall für die Bekämpfung von Geldwäsche und Terrorismus, S. 118 unter Zugrundelegung der Tabelle von *Jost/Sandhu*, The Hawala Alternative Remittance System and its Role in Money Laundering, S. 18.

[262] Siehe dazu LG Mannheim 17. 11. 2020 – 22 KLs 540 Js 6574/20, LG Mannheim, BeckRS 2020, 50512, Rn. 50; siehe ferner den umfangreichen Chatverlauf im Fall des LG Köln 23. 05. 2022 – 109 KLs 5/21, LG Köln, abrufbar unter: https://www.justiz.nrw.de/nrwe/lgs/koeln/lg_koeln/j2022/109_KLs_5_21_Urteil_20220523.html, Rn. 253 ff.

[263] *Findeisen*, WM 2000, 2125 (2127).

[264] *Warius*, Das Hawala-Finanzsystem in Deutschland – ein Fall für die Bekämpfung von Geldwäsche und Terrorismus, S. 118 unter Zugrundelegung der Tabelle von *Jost/Sandhu*, The Hawala Alternative Remittance System and its Role in Money Laundering, S. 18, die anhand verschiedener Aufzeichnungen eine Beispieltabelle erstellt haben, um eine repräsentative Buchführung wiedergeben zu können. Dabei wurden die einzelnen Akteure und Daten fiktiv gewählt.

[265] *Passas*, Informal Value Transfer Systems, Terrorism and Money Laundering, S. 62.

[266] *Müller*, Hawala An Informal Payment System and Its Use to Finance Terrorism, S. 29, der aus verschiedenen in der Literatur beobachteten Formen der Buchführung eine Tabelle zusammengefasst hat.

[267] LG Mannheim 17. 11. 2020 – 22 KLs 540 Js 6574/20, LG Mannheim, BeckRS 2020, 50512, Rn. 61.

[268] LG Düsseldorf 23. 11. 2021 – 014 KLs 2/21, LG Düsseldorf, abrufbar unter: http://www.justiz.nrw.de/nrwe/lgs/duesseldorf/lg_duesseldorf/j2021/014_KLs_2_21_Urteil_20211123.html, Rn. 88 ff., LG Düsseldorf, BeckRS 2021, 55636, Rn. 57 ff.

Mit der vorliegenden Tabelle behält der Hawaladar den Überblick, wie viel Geld wem geschuldet wird.[269] Die erste Spalte zeigt das Datum des jeweiligen Transfers. Anschließend wird in der zweiten Spalte der jeweilige andere Hawaladar (Gläubiger) genannt, dem ein Betrag geschuldet wird. Dabei werden häufig Abkürzungen, Teilstücke des Namens oder auch Codes verwendet, wie zum Beispiel der Name DK. Auch daran ist die dem Hawala-Banking innewohnende Anonymität zu erkennen. Allein die Hawaladare können den jeweiligen Gläubiger identifizieren, zusätzliche Daten über die Auftraggeber bleiben aus. In der dritten Spalte wird der jeweilige Betrag genannt, der geschuldet wird. Daraus ergibt sich eine Tendenz, auch Transferbeträge in 100er-Schritten anzunehmen, sodass beispielsweise der Betrag 150.000 in Form von 1.5 angegeben wird.[270] Darauf folgend wird in der vierten Spalte der jeweilige Wechselkurs angegeben, wie zum Beispiel der momentane Kurs von Rupien in Dollar. Daneben steht der Wert der Transaktion in US-Dollar. In der letzten Spalte wird aufgezeigt, in welcher Art und Weise die Zahlung erfolgt ist. Zum Beispiel repräsentiert F-1202 die jeweilige Bank und die entsprechende Zahlart. Dabei stehen die verschiedenen Buchstaben, wie das F oder auch das B, für verschiedene Banken; die jeweilige Ziffer steht für eine Schecknummer oder Bezahlung per Banküberweisung. Indessen können auch Wörter in Arabisch oder Hindi vermerkt werden, wie die Notizen zur Zahlungsform des Gläubigers „Ganesh Trading" zeigen und was mit 52 t übersetzt werden kann. Dies steht für 52 tolas[271] Gold, die möglicherweise an einen lokalen Goldschmied oder Juwelier bezahlt wurden anstatt einer getätigten Überweisung. In einem Fall des LG Düsseldorf[272] vom 23.11.2021 wurden zur Verschleierung der Tätigkeit sogar beim fernmündlichen und nachrichtlichen Austausch statt der Einheit „Euro" die Einheit

[269] Bei der vorliegenden Erklärung der Tabelle wurde sich an *Jost/Sandhu*, The Hawala Alternative Remittance System and its Role in Money Laundering, S. 18 orientiert und die wesentlichen Erklärungen übernommen.

[270] *Warius*, Das Hawala-Finanzsystem in Deutschland – ein Fall für die Bekämpfung von Geldwäsche und Terrorismus, S. 118 unter Zugrundelegung der Beschreibung von *Jost/Sandhu*, The Hawala Alternative Remittance System and its Role in Money Laundering, S. 18.

[271] Die Tola ist eine gebräuchliche Maßeinheit der Edelmetall- und Schmuckbranche in Indien, Pakistan und am Persischen Golf und hat ein Gewicht von circa 11,7 Gramm, was dem Gewicht einer Silberrupie entspricht, so *Jost/Sandhu*, The Hawala Alternative Remittance System and its Role in Money Laundering, S. 23.

[272] LG Düsseldorf 23.11.2021 – 014 KLs 2/21, LG Düsseldorf, abrufbar unter: http://www.justiz.nrw.de/nrwe/lgs/duesseldorf/lg_duesseldorf/j2021/014_KLs_2_21_Urteil_20211123.html, Rn. 31 f., 53, LG Düsseldorf, BeckRS 2021, 55636, Rn. 19 f.; siehe auch LG Köln 23.05.2022 – 109 KLs 5/21, LG Köln, abrufbar unter: https://www.justiz.nrw.de/nrwe/lgs/koeln/lg_koeln/j2022/109_KLs_5_21_Urteil_20220523.html, Rn. 334, bei dem per WhatsApp und per Telegram Chat kommuniziert wurde und sich die Angeklagten mit erfundenen Namen registrierten wie „Charlie Charles", „Stella Sagitta" oder „Cili". Ebenfalls wurden hier der Begriff „Ware" verwendet, bei dem die Kammer von einem Synonym für Gold oder Geld ausgeht, Rn. 409 oder auch der Begriff „Eisen", der ebenfalls als Synonym für Gold genutzt wurde sowie der Begriff „Papier" der als Synonym für Geld diente, Rn. 423. Es finden sich aber weitere Synonyme, die regelmäßig genutzt wurden, wie „800 Kataloge", „90 Kilometer", „Anvertrautes" oder auch „Gemüse", Rn. 534.

„Gramm“ oder Dezimalzahlen ohne Angabe einer Einheit verwendet. Der zu transferierende Betrag wurde weiter als „Anvertrautes“ bezeichnet. Ferner wurden die Akteure in den genutzten Mobiltelefonen nicht mit ihren Klarnamen, sondern mit Akronymen und sonstigen Abkürzungen eingespeichert. Die übrige Buchführung oder Dokumentation der Überweisungen fand lediglich in einem reduzierten, formlosen Rahmen statt, indem diese beispielsweise in einem Notizbuch unter Nennung der erfolgten Ein- und Auszahlungen handschriftlich festgehalten wurden.

c) Kategorisierung des Typus als Zahlungsverkehrsdienst

Grundsätzlich bietet es sich an, das Hawala-System als Zahlungsverkehrsdienst zu bezeichnen, da diese Benennung im Grundsatz wertneutral ist. Der Zahlungsverkehr umschreibt die Übertragung aller baren und unbaren Zahlungsmittel zwischen Wirtschaftssubjekten innerhalb einer Volkswirtschaft (nationaler Zahlungsverkehr) oder zwischen Volkswirtschaften (Auslandszahlungsverkehr),[273] mithin den rein abstrakten Ablauf im Hawala-Verfahren. Trotzdem finden sich – auch auf internationaler Ebene – weitere Begriffsbestimmungen. Dabei wird Hawala als Finanz(transfer)system[274], alternatives Überweisungssystem[275], informelles System[276] oder Schattenbankensystem[277] umschrieben oder dem Underground-Banking[278], Unregulated-Banking[279], Alternative-Banking[280], Quasi-Banking[281], Parallel-Ban-

[273] *Hellenkamp*, Bankwirtschaft, S. 151.

[274] *WDDB*, Hawala-Banking, WD 4 – 3000 – 154/19, S. 4, die von einem „informellen Finanztransfersystem“ sprechen.

[275] Vertiefend *Warius*, Das Hawala-Finanzsystem in Deutschland – ein Fall für die Bekämpfung von Geldwäsche und Terrorismus, S. 34, 38 ff.

[276] *WDDB*, Hawala-Banking, WD 4 – 3000 – 154/19, S. 4; *Gassner/Wackerbeck*, Islamic finance, S. 88 f.; auch in Englisch *Passas*, Informal Value Transfer Systems and Criminal Organizations, S. 9; *Müller*, Hawala An Informal Payment System and Its Use to Finance Terrorism, der von einem „Informal Payment System“ spricht oder *El Qorchi/Maimbo/Wilson*, Informal Funds Transfer Systems, S. 6, die von „informal funds transfer systems“ sprechen.

[277] So zum Beispiel *Findeisen*, WM 2000, 2125 (2126); ebenfalls LG Mannheim 17.11. 2020 – 22 KLs 540 Js 6574/20, LG Mannheim, BeckRS 2020, 50512, Rn. 24, das von „Schattenbankwesen“ oder auch das LG Düsseldorf 23.11.2021 – 014 KLs 2/21, LG Düsseldorf, abrufbar unter: http://www.justiz.nrw.de/nrwe/lgs/duesseldorf/lg_duesseldorf/j2021/014_KLs_2_21_Urteil_20211123.html, Rn. 648, LG Düsseldorf, BeckRS 2021, 55636, Rn. 160, 169, das von einem „Schattenfinanzwesen“ spricht; ebenso das LG Köln 23.05. 2022 – 109 KLs 5/21, LG Köln, abrufbar unter: https://www.justiz.nrw.de/nrwe/lgs/koeln/lg_koeln/j2022/109_KLs_5_21_Urteil_20220523.html, Rn. 641.

[278] *BMF*, Monatsbericht 10/2004, S. 77 ff.; *Passas*, Informal Value Transfer Systems and Criminal Organizations, S. 9.

[279] So in *Warius*, Das Hawala-Finanzsystem in Deutschland – ein Fall für die Bekämpfung von Geldwäsche und Terrorismus, S. 34; *Passas*, Informal Value Transfer Systems and Criminal Organizations, S. 9; aber auch *Buencamino/Gorbunov*, Informal Money Transfer Systems, S. 1, die von „unregulated Systems“ sprechen.

king[282], den Informal Value Transfer Systems (IVTS)[283] sowie Alternative Remittance Services (oder auch Systems)[284] zugeordnet. Grundsätzlich wird bereits mit diesen Termini eine gewisse Aussage über solche Systeme und damit auch über das Hawala-System getroffen, was eine weitere Konkretisierung für die Begriffsbestimmung zulässt, jedoch auch den Blick auf diese Systeme verfälschen kann. Indes soll untersucht werden, inwiefern die genannten Begriffe überhaupt mit dem Hawala-Banking vereinbar sind und welche Schlüsse argumentum e contrario daraus für das Hawala-Banking gezogen werden können.

aa) Kategorisierung als alternatives Überweisungssystem

Wie aufgezeigt wird das Hawala-Banking auch als Alternatives Überweisungssystem, Alternative-Banking, Quasi-Banking, Parallel-Banking oder Alternative Remittance System betitelt. Mit den vorliegenden Begriffen soll eine Alternative zu den herkömmlichen Überweisungssystemen suggeriert werden. Historisch betrachtet erscheint dies jedoch nicht passend.[285] Hawala-Systeme – zumindest in ihrer Ursprungsform[286] – existierten bereits in der frühmittelalterlichen Handelsgesellschaft des Vorderen und Mittleren Orients.[287] Vergleichbare Abrechnungsverfahren, bei denen nur noch der jeweilige Saldo ausgeglichen werden musste, traten in Europa erst Mitte des 18. Jahrhunderts auf.[288] Geht man also von einer historischen Betrachtung aus, so scheint es aufgrund der damaligen mangelnden Existenz verschiedener Überweisungssysteme schwierig, überhaupt von alternativen Überweisungssystemen zu sprechen. In der heutigen globalisierten und vernetzten Welt haben sich jedoch verschiedene Systeme etabliert, die auch weltweit zum Einsatz kommen. Inwiefern Alternativen bestehen, hängt aber unmittelbar damit zusammen, was überhaupt unter dem Begriff „alternativ" verstanden wird. Fasst man

---

[280] *Buencamino/Gorbunov*, Informal Money Transfer Systems, S. 1, die von „alternatives to banking systems" sprechen; *Passas*, Informal Value Transfer Systems and Criminal Organizations, S. 9.

[281] Vertiefend *Passas*, Informal Value Transfer Systems and Criminal Organizations, S. 9.

[282] Vertiefend *Passas*, Informal Value Transfer Systems and Criminal Organizations, S. 9.

[283] *Passas*, Informal Value Transfer Systems, Terrorism and Money Laundering; *Passas*, Informal Value Transfer Systems and Criminal Organizations.

[284] *FATF*, Report on Money Laundering Typologies 2004–2005; *FATF*, Report on Money Laundering Typologies 1999–2000; *Jost/Sandhu*, The Hawala Alternative Remittance System and its Role in Money Laundering.

[285] Ähnlich *Warius*, Das Hawala-Finanzsystem in Deutschland – ein Fall für die Bekämpfung von Geldwäsche und Terrorismus, S. 38 unter Verweis auf *BMF*, Monatsbericht 10/2004, S. 78.

[286] Zur Ursprungsform der Hawala-Systeme siehe bereits Teil 2 A. I. 2.

[287] *Schramm/Taube*, Ordnungsprinzipien der supranationalen Transaktionssicherung im islamischen hawala-Finanzsystem, S. 4.

[288] Vgl. *Warius*, Das Hawala-Finanzsystem in Deutschland – ein Fall für die Bekämpfung von Geldwäsche und Terrorismus, S. 39 unter Verweis auf einschlägige Literatur.

diesen eng und versteht allein die Möglichkeit einer Entscheidung zwischen zwei sich ausschließenden Handlungsmöglichkeiten oder Dingen, im Sinne einer Entweder-oder-Entscheidung darunter, so mag diese Bezeichnung bei Gegenüberstellung einer etwaigen Informalität gegenüber formalen Überweisungssystemen passen.[289] Versteht man jedoch darunter, dass eine Möglichkeit neben mehreren vorhandenen Möglichkeiten besteht, so stellt die Hawala neben beliebigen anderen Transfersystemen eine weitere Möglichkeit dar, Gelder zu transferieren. Dass diese Alternative auch regelmäßig genutzt wird und gegenüber anderen Transfersystemen eine echte Konkurrenz darstellt,[290] demonstrieren Transfervolumen, die vergleichbare Ausmaße annehmen. Weltweite Transfers über solche Systeme sollen jährlich ein Volumen von 200 Milliarden US-Dollar erreichen.[291] Dies betrifft den Stand des Jahres 1999, denn nach Angaben der Weltbank wurden 2021 bereits rund 781 Milliarden US-Dollar überwiesen,[292] fast jeder siebte Mensch auf der Welt sendet oder empfängt über diese Geldtransfers Gelder[293]. Zwischen den islamisch geprägten Ländern Iran, Pakistan, Afghanistan und den Ländern der arabischen Halbinsel kam es zu Transfers in Höhe von 30 Milliarden US-Dollar über Hawala-Systeme.[294] Zwar kann auch unabhängig vom Transfervolumen von einer Alternative gesprochen werden. Auch wenn dieses System in der westlichen Welt weniger verbreitet ist als in seinen Ursprungsländern, verdeutlicht dieses Transfervolumen, dass das Hawala-Banking im Vergleich zu anderen Überweisungssystemen wortwörtlich eine „echte Alternative“ darstellt.[295] Im Ergebnis sind beide Verständnisse des Begriffs der Alternative dem Hawala-Banking zuordenbar, sodass man von einem Alternativen System sprechen kann.

---

289 Zur Einteilung von formellen und informellen Überweisungssystemen und der Einordnung des Hawala-Systems siehe unten Teil 2 A. II. 2. c) bb).

290 Vgl. *Warius*, Das Hawala-Finanzsystem in Deutschland – ein Fall für die Bekämpfung von Geldwäsche und Terrorismus, S. 40; siehe dazu auch LG Düsseldorf 23.11.2021 – 014 KLs 2/21, LG Düsseldorf, abrufbar unter: http://www.justiz.nrw.de/nrwe/lgs/duesseldorf/lg_duesseldorf/j2021/014_KLs_2_21_Urteil_20211123.html, Rn. 109, 117, 151, 634, 640 LG Düsseldorf, BeckRS 2021, 55636, Rn. 70, 76, 100, 149, 154, das schildert, dass das von den Tätern genutzte System im türkischen Kulturkreis üblich ist.

291 *BMF*, Erste Nationale Risikoanalyse 2018/2019, S. 47; bereits zuvor *BMF*, Monatsbericht 10/2004, S. 78 unter Verweis auf den Ausschuss des Sicherheitsrates der Vereinten Nationen zur Umsetzung VN-Resolution 1267 von 1999.

292 *BMZ*, Geldtransfers in Entwicklungsländer erleichtern vom 17. 02. 2023, abrufbar unter: https://www.bmz.de/de/themen/migration/geldtransfers-erleichtern-22052 unter Verweis auf die Weltbank.

293 *BMZ*, Geldtransfers in Entwicklungsländer erleichtern vom 17. 02. 2023, abrufbar unter: https://www.bmz.de/de/themen/migration/geldtransfers-erleichtern-22052.

294 *Schramm/Taube*, The Institutional Foundations of AL Qaida's Global Financial System, S. 7 unter Verweis auf *Streitz*, Im Untergrund verirrt, vom 05. 11. 2001, abrufbar unter: https://www.spiegel.de/wirtschaft/us-geldwaeschefahnder-im-untergrund-verirrt-a-166161.html.

295 So *Warius*, Das Hawala-Finanzsystem in Deutschland – ein Fall für die Bekämpfung von Geldwäsche und Terrorismus, S. 40, 250 unter Verweis auf *Reimer/Wilhelm*, BKR 2008, 234 (241).

Der zweite ausschlaggebende Begriff, zumindest beim Großteil der verwendeten und aufgezeigten Umschreibungen für die Hawala, ist das Überweisen. Bei einer Überweisung handelt es sich um ein Zahlungsinstrument, mit dem Kontoinhaber über ein Kreditinstrument einen Geldbetrag (Buchgeld) zulasten ihres Kontos und zugunsten eines anderen Kontos übertragen können.[296] Im Rahmen des Hawala-Bankings unterhalten die Kunden (Einzahler und Empfänger) jedoch keine Konten, sondern tätigen allein Barzahlungen gegenüber dem jeweiligen Hawaladar.[297] Allein beim Ausgleich der jeweiligen Saldi, mithin beim Clearingverfahren[298], greifen die Hawaladare selbst auf Girokonten zurück. Eine Umschreibung als Überweisung im bankenrechtlichen Sinne, wie sie gerade im Bankensektor üblich ist, scheint demnach unpassend. Wird jedoch der Akt der Überweisung hervorgehoben, mithin die Werteübertragung, und der anschließende Ausgleich der Hawaladare untereinander mit dem Vorgehen beim Netting verglichen[299], so sind Parallelen erkennbar, die eine Umschreibung als Überweisung zulassen und von dessen Begriffsverständnis umfasst sind;[300] bankrechtliche Formalitäten müssen bei dieser Betrachtung jedoch außen vor bleiben. Dem steht auch nicht das historische Begriffsverständnis entgegen, denn dieses umschreibt die Hawala gerade selbst als (Schuld-) Überweisung.[301] Infolgedessen kann die Aussage getroffen werden, dass es sich bei der Hawala um ein Überweisungssystem handelt, dass alternativ genutzt wird.

bb) Kategorisierung als informelles System

Zudem finden sich Umschreibungen als informelles System, Informal Value Transfer System (IVTS) oder Unregulated-Banking. Das BMF charakterisiert informelle Systeme wie die Hawala als „Dienste, die üblicherweise außerhalb des herkömmlichen Finanzsektors tätig sind und die Wert- oder Geldtransfers über weite Entfernungen ermöglichen."[302] Bei den Dienstleistern handelt es sich damit gerade nicht um (lizenzierte) Kreditinstitute, die Gelder für einen Auftraggeber transferieren.[303] Insoweit kommt zum Ausdruck, dass die Hawala dem regulierten Bankensystem grundsätzlich fremd ist, es sich sogar um ein illegales Transfersystem handelt. Unter informell oder auch unreguliert kann also verstanden werden,

---

[296] *Hellenkamp*, Bankwirtschaft, S. 155; vgl. auch die Legaldefinition des § 1 Abs. 22 ZAG.

[297] Vgl. *Warius*, Das Hawala-Finanzsystem in Deutschland – ein Fall für die Bekämpfung von Geldwäsche und Terrorismus, S. 40.

[298] Zum Clearingverfahren siehe bereits Teil 2 A. II. 2. b) aa).

[299] Zum Netting siehe bereits Teil 2 A. II. 2. b) aa).

[300] Vgl. auch *Walz/Ahmedi*, in: Ellenberger/Findeisen/Nobbe/Böger-Kommentar zum Zahlungsverkehrsrecht, § 675 f. BGB Rn. 32.

[301] Zum historischen Begriffsverständnis siehe bereits Teil 2 A. I. 1.

[302] *BMF*, Erste Nationale Risikoanalyse 2018/2019, S. 47; wiedergebend *WDDB*, Hawala-Banking, WD 4 – 3000 – 154/19, S. 4.

[303] *BMF*, Monatsbericht 10/2004, S. 78.

dass der Transfer der Gelder ohne staatlich festgeschriebene Regeln abläuft; dies darf nicht mit den eigenen zugrunde gelegten Regeln der Hawaladare oder denen des islamischen Rechts gleichgesetzt werden. Aufgrund länderspezifischer Regularien ist zudem stets eine individuelle Betrachtung nötig. Beispielsweise ist das Hawala-Banking in vielen Ländern, selbst in islamisch geprägten wie Indien, Pakistan oder dem Iran per Gesetz verboten oder ohne Lizenzierung oder Registrierung verboten und damit illegal.[304] Häufig dient dies dazu, den staatlichen Anspruch auf eine makroökonomische Kontrolle und Steuerung der Volkswirtschaft durchsetzen zu können.[305] Dass Informalität jedoch nicht immer gleich mit einer Illegalität gleichgesetzt werden darf, versteht sich von selbst, auch wenn diese häufig zusammenfallen dürften. Interessant für den weiteren Verlauf der Untersuchung und für die weitere Titulierung als informelles System[306] soll die deutsche Rechtslage sein. Dabei ist fraglich, ob Hawala formell betrieben werden kann und wenn nicht, ob daraus immer eine Illegalität resultiert. Wird den Aussagen der *wissenschaftlichen Dienste des deutschen Bundestags* gefolgt, so „gehört [das Hawala-Banking] zu den informellen Finanztransfersystemen“[307] und ist „grundsätzlich verboten“[308]. Auch in den *Parlamentsnachrichten des deutschen Bundestags* („heute im Bundestag“) wird Hawala sogar als grundlegend illegal deklariert.[309] Es wird hier auf eine Antwort der Bundesregierung verwiesen, die unter Hawala nur informelle, auf Vertrauen basierende Geldtransfersysteme versteht, die in Deutschland gerade nicht als Finanztransferdienstleister zugelassen sind.[310] Will man diesen Aussagen Glauben schenken, müssen zunächst die einschlägigen Normen des ZAG betrachtet werden, um von einer Formalität oder Informalität aus-

[304] *Schramm/Taube*, Ordnungsprinzipien der supranationalen Transaktionssicherung im islamischen hawala-Finanzsystem, S. 10; *Jost/Sandhu*, The Hawala Alternative Remittance System and its Role in Money Laundering, S. 11; eine weitergehende Darstellung der Regularien anderer Länder, würde über den Rahmen dieser Arbeit hinausgehen und ist für den weiteren Verlauf der Arbeit nicht entscheidend.

[305] *Schramm/Taube*, Ordnungsprinzipien der supranationalen Transaktionssicherung im islamischen hawala-Finanzsystem, S. 10; ferner zu Staaten, in denen das Finanztransfergeschäft einer Erlaubnis- oder Registrierungspflicht unterliegt, siehe *Reimer*, Rechtsfragen zum Finanztransfergeschäft, S. 220 f.

[306] Zur Vorstellung verschiedener Geldtransferakteure und -systeme siehe *Warius*, Das Hawala-Finanzsystem in Deutschland – ein Fall für die Bekämpfung von Geldwäsche und Terrorismus, S. 52 ff., zu den formellen Geldtransferakteuren S. 53 ff., zu den halbformellen Geldtransferakteuren S. 72 ff., zu den informellen Geldtransferakteuren S. 75 ff.

[307] *WDDB*, Hawala-Banking, WD 4 – 3000 – 154/19, S. 4.

[308] *WDDB*, Hawala-Banking, WD 7 – 3000 – 188/19, S. 4.

[309] Vgl. *Parlamentsnachrichten Deutscher Bundestag*, Hawala-Finanzsystem illegal, hib 156/2020 vom 10.02.2020, abrufbar unter: https://www.bundestag.de/presse/hib/681842-681842.

[310] *Parlamentsnachrichten Deutscher Bundestag*, Hawala-Finanzsystem illegal, hib 156/2020 vom 10.02.2020, abrufbar unter: https://www.bundestag.de/presse/hib/681842-681842 unter Verweis auf die Antwort der Bundesregierung auf die Anfrage der Abgeordneten der Fraktion der FDP BT-Drs. 19/16621, S 1.

gehen zu können.[311] Denn trotz der aufsichtsrechtlichen Relevanz islamischer Finanzierungsgeschäfte sind die Wahl des islamischen Rechts oder die Prinzipien der Scharia hierfür unbeachtlich[312] und der Fokus allein auf das ZAG zu richten. Die im Raum stehende Formalität hängt mit einer Erlaubnis nach § 10 Abs. 1 S. 1 ZAG zusammen, die den Hawaladar vor einer Strafbarkeit bewahren kann.

Kurz gesagt macht sich nach § 63 Abs. 1 Nr. 4 ZAG strafbar, wer ohne Erlaubnis nach § 10 Abs. 1 S. 1 ZAG oder ohne Registrierung nach § 34 Abs. 1 S. 1 ZAG Zahlungsdienste erbringt. Unter Zahlungsdienste (§ 1 S. 2 ZAG) fallen auch Finanztransfergeschäfte nach § 1 Abs. 1 S. 2 Nr. 6 ZAG: Dies sind Dienste, bei denen ohne Einrichtung eines Zahlungskontos auf den Namen des Zahlers oder des Zahlungsempfängers ein Geldbetrag des Zahlers nur zur Übermittlung eines entsprechenden Betrags an einen Zahlungsempfänger oder an einen anderen, im Namen des Zahlungsempfängers handelnden Zahlungsdienstleister entgegengenommen wird oder bei dem der Geldbetrag im Namen des Zahlungsempfängers entgegengenommen und diesem verfügbar gemacht wird (Finanztransfergeschäft). Wie der Anbieter den zu transferierenden Geldbetrag letztlich erhält, zum Beispiel durch Überweisung, Lastschrift, Kartenzahlung, E-Geld oder alternative Bezahlungsverfahren einschließlich Diensten zur Annahme von Barzahlungen, spielt von Gesetzes wegen grundsätzlich keine Rolle.[313] Dabei ist auch unerheblich, ob der Dienstleister das Geschäft durch einen tatsächlichen Geldfluss oder durch Verrechnung ausführt, zum Beispiel über ein System der Zwei-Töpfe („Hawala").[314] Wendet man sich dem reinen Funktionsablauf des Hawala-Systems[315] zu, ist dieser generell als Finanztransfergeschäft einzuordnen und läuft – bei Vorliegen einer Erlaubnis nach § 10 Abs. 1 S. 1 ZAG – formell ab. Grundsätzlich wäre dies damit auch nicht nach § 63 Abs. 1 Nr. 4 ZAG strafbar und es könnte regelrecht von einem „formellen" oder „legalen Hawala-Banking" gesprochen werden. Allerdings würden dann die Besonderheiten und die generelle Praxis des Hawala-Systems verkannt und dieses ausschließlich auf seinen Funktionsablauf reduziert. Eine fortlaufende Beaufsichtigung durch die BaFin sowie verschiedene Verpflichtungen, wie Buchführungspflichten und die Dokumentation sämtlicher Korrespondenzen, widersprechen aber tatsächlich der Natur der Hawala.[316] Gesetzlich fixierten Informationsanforderun-

---

[311] Eine ausführliche Darstellung der aufsichtsrechtlichen Regularien findet sich in Teil 3 B. und zur Strafbarkeit nach dem ZAG in Teil 4 A.

[312] *Ashrafnia*, Scharia-konforme Finanzinstrumente, S. 46 insbesondere zur Anwendbarkeit rechtlicher Bestimmungen des Islam in Deutschland.

[313] Vgl. BT-Drs. 18/11495, S. 107.

[314] *BaFin*, Merkblatt – Hinweise zum Zahlungsdiensteaufsichtsgesetz vom 05.07.2024, abrufbar unter: https://www.bafin.de/SharedDocs/Veroeffentlichungen/DE/Merkblatt/mb_111222_zag.html, B. V. Finanztransfergeschäft (§ 1 Abs. 1 Satz 2 Nr. 6 ZAG).

[315] Zum Funktionsablauf des Hawala-Systems siehe bereits Teil 2 A. II. 2. a).

[316] *Morazán/Krone*, Geld in Bewegung, in: Südwind, S. 11; ferner dazu *Nestler/Schiffner*, NStZ 2022, 35 (38); ähnlich auch *Türmer*, GSZ 2021, 265 (268) und die Antwort der Bundesregierung auf die Anfrage der Abgeordneten der Fraktion der FDP BT-Drs. 19/16621, S 1;

gen von Behörden wird nicht nachgekommen[317] und die Akteure der Systeme regulieren sich stattdessen, durch eigens aufgestellte Regeln, die von moralischen Wertvorstellungen getragen werden, selbst.[318] Bliebe dies außer Betracht, wäre dies nicht mehr mit der Hawala im eigentlichen Sinne vereinbar. Die vom Gesetzgeber geschaffenen Regularien erfassen damit Finanztransfergeschäfte und damit auch Funktionsabläufe wie die des Hawala-Bankings; die eigentlichen Charakteristika der Hawala werden dabei nicht berücksichtigt, sodass nicht mehr von Hawala im eigentlichen Sinne gesprochen werden kann. Anderenfalls müssten jegliche Geldtransfers über Money Remittance Agencies[319] wie Western Union oder auch Money Gram unter das Hawala-Banking gefasst werden, denn diese unterscheiden sich – genauso wie das Hawala-Banking – vom klassischen Überweisungsverkehr der Banken in erster Linie nur dadurch, dass sie gerade nicht kontengebunden ablaufen und alle einen ähnlichen Funktionsablauf aufweisen.[320]

Setzt man also die Regularien des ZAG in Kontext zu dem der Arbeit zugrunde liegenden Verständnis der Hawala, kann von einem informellen System gesprochen werden, sowohl auf internationaler als auch nationaler Ebene. Darüber hinaus kann die Aussage getätigt werden, dass Hawala letztlich in Deutschland verboten ist.

cc) Kategorisierung als Untergrund-Bankwesen

Des Weiteren wird das Hawala-Banking dem Untergrund-Bankwesen, Underground-Banking oder Schattenbankwesen zugewiesen. Daraus folgt nicht unbedingt, dass das System für sich genommen illegal ist, wie die Informalität teilweise nahelegt. Vielmehr suggeriert dies eine kriminelle Nutzung des Systems in einer Art Parallelwelt. Damit soll dem Hawala-System ein Missbrauchspotenzial zugeschrieben werden, von dem die Kunden als Nutznießer der illegalen Tätigkeiten profitieren. Vereinfacht gesagt handelt es sich um ein verborgenes System von – nicht unbedingt – Kriminellen, für Kriminelle.

---

darauf ebenfalls eingehend *Nakhasi*, Western Unionizing the Hawala?, S. 483 ff., der darüber hinaus auch die sechs wichtigsten Bedenken der Hawala-Kunden bei der Wahl eines Geldüberweisungssystems schildert, die ebenfalls einem regulierten Hawala-System nach dem ZAG widersprechen würden; ferner zur Unvereinbarkeit von Hawala mit der Erlaubnis nach § 10 Abs. 1 S. 1 ZAG siehe Teil 3 B. II. 3.

[317] Zur Buchführung der Hawaladare siehe bereits Teil 2 A. II. 2. b) dd).

[318] Zu den Akteuren und deren Regularien siehe bereits Teil 2 A. II. 2. b) bb).

[319] Zu den Money Remittance Agencies und deren Einteilung als formelle Geldtransferakteure ausführlich *Warius*, Das Hawala-Finanzsystem in Deutschland – ein Fall für die Bekämpfung von Geldwäsche und Terrorismus, S. 59 ff.

[320] *Warius*, Das Hawala-Finanzsystem in Deutschland – ein Fall für die Bekämpfung von Geldwäsche und Terrorismus, S. 60; vgl. auch die gemeinsame Auflistung von Hawala und den sogenannten money remittance agencies in *Danwerth*, in: Casper/Terlau-ZAG, § 1 Rn. 133.

Pauschalisierungen sind hier jedoch fehl am Platz. Größtenteils wird Hawala für legitime Zwecke[321] genutzt,[322] sodass die genannten Bezeichnungen nur für eine negative Konnotation sorgen.[323] Den Großteil der Nutzer bilden nicht Kriminelle, sondern Kunden, die die Schnelligkeit und die niedrigen Kosten der Auslandsüberweisung gegenüber Geschäftsbanken bevorzugen, sodass die Bezeichnungen mit Bedacht verwendet werden sollten. Auch findet das Werben für Hawala-Systeme nicht immer im Verborgenen statt, sondern wird in einigen Ländern, trotz Illegalität, relativ offen getätigt, wie beispielsweise in Indien oder Pakistan.[324] Hierzu wird auf Straßenmärkten[325], über Inserate in regionalen Zeitungen[326] oder das Internet[327] geworben, häufig in Fremdsprachen oder es werden euphemistische Formulierungen wie „sweet rupee deals" verwendet,[328] sodass eine Identifikation als Hawaladienst nicht immer leichtfällt. Trotz dieser vereinzelten offensiven Werbung kann aber gesagt werden, dass im Großteil der Länder, in denen die Hawala reguliert oder sogar verboten ist, ein offenes Betreiben des Dienstes nicht wirklich geschieht und die Akteure im Verborgenen agieren müssen.[329] Zum Beispiel liegen der Bundesregierung keine belastbaren Informationen über den Umfang der Nutzung derartiger Systeme in Deutschland vor,[330] was hierzulande für ein Agieren im Untergrund sprechen kann. Auch in einem aktuellen Fall vom 02.06. 2021 verwies der BGH[331] darauf, dass das Geschäftsmodell eines Hawala-Netz-

---

[321] Zu den Nutznießern und deren Zwecken siehe bereits Teil 2 A. II. 2. b) bb) (1).

[322] *WDDB*, Hawala-Banking, WD 4 – 3000 – 154/19, S. 4.

[323] So *Wahlers*, Die rechtliche und ökonomische Struktur von Zahlungssystemen inner- und außerhalb des Bankensystems, S. 104 auch unter Verweis auf *Warius*, Das Hawala-Finanzsystem in Deutschland – ein Fall für die Bekämpfung von Geldwäsche und Terrorismus, S. 82, wobei sich diese Aussage von *Warius* auf S. 43 finden lässt mit weitergehenden Ausführungen.

[324] *Warius*, Das Hawala-Finanzsystem in Deutschland – ein Fall für die Bekämpfung von Geldwäsche und Terrorismus, S. 35.

[325] *Passas*, Informal Value Transfer Systems and Criminal Organizations, S. 9.

[326] *Jost/Sandhu*, The Hawala Alternative Remittance System and its Role in Money Laundering, S. 11; *Passas*, Informal Value Transfer Systems and Criminal Organizations, S. 9.

[327] *Jost/Sandhu*, The Hawala Alternative Remittance System and its Role in Money Laundering, S. 11.

[328] *Jost/Sandhu*, The Hawala Alternative Remittance System and its Role in Money Laundering, S. 11.

[329] Vgl. *Passas*, Informal Value Transfer Systems and Criminal Organizations, S. 9.

[330] Siehe dazu die Antwort der Bundesregierung auf die Anfrage der Abgeordneten der Fraktion der FDP BT-Drs. 19/16621, S. 2.

[331] BGH 02.06.2021 – 3 StR 61/21, BGH, ZIP 2021, 1853 (1855); so auch umschrieben in aktuelleren Entscheidungen des BGH 28.06.2022 – 3 StR 403/20, BGH, BeckRS 2022, 20799, Rn. 14; LG Köln 23.05.2022 – 109 KLs 5/21, LG Köln, abrufbar unter: https://www.justiz.nrw.de/nrwe/lgs/koeln/lg_koeln/j2022/109_KLs_5_21_Urteil_20220523.html, Rn. 641; LG Düsseldorf 23.11.2021 – 014 KLs 2/21, LG Düsseldorf, abrufbar unter: http://www.justiz.

werkes auf die „Schaffung eines Schattenfinanzwesens“ hinauslief, um sich „jeglicher Form staatlicher Kontrolle und insbesondere der Finanzaufsicht zu entziehen“. So zeigt ferner ein Fall des LG Köln[332] vom 23.05.2022, dass das Hawala-System „aufgrund der zugesicherten Anonymität dabei auch zum Transfer von Vermögenswerten genutzt [wurde], die aus schwerwiegenden Straftaten etwa im Rahmen organisierter Kriminalität herrührten.“ Legt man dies zugrunde und berücksichtigt auch das der Hawala immanente Missbrauchspotenzial, erlaubt es sich, die oben getätigte Aussage zu präzisieren. Damit lässt sich vereinfacht sagen, dass es sich bei Hawala um ein im Grundsatz verborgenes System von – nicht unbedingt – Kriminellen, auch für Kriminelle handelt.

Zudem wird bei Hawala von „Banking“ oder „Bankwesen“ gesprochen, was zu falschen Rückschlüssen führen kann.[333] Banken sind grundsätzlich Unternehmen, die geld- und kreditbezogene Dienstleistungen anbieten.[334] Eine allgemeingültige Definition gibt es jedoch nicht, da die Rahmenbedingungen der Betätigungsfelder von Banken einem fortwährenden dynamischen Änderungsprozess unterliegen.[335] Dem Grunde nach bedürfte es dementsprechend einer fachspezifischen Abgrenzung, sodass auf einzelwirtschaftliche, volkswirtschaftliche, juristische oder ökonomische Sichtweisen zurückgegriffen werden müsste.[336] Diese Abgrenzung würde jedoch den Rahmen dieser Arbeit übersteigen. Deswegen bietet es sich an, auf § 1 Abs. 1 KWG, der Kreditinstitute und Bankgeschäfte einordnet, zurückzugreifen, was eine Orientierung für die Einordnung bieten kann. Wirft man hierzu einen Blick in die Norm, ist jedoch festzustellen, dass typische Bankenleistungen wie etwa Geldanlageleistungen, Finanzierungsleistungen oder Vermögensverwaltungsleistungen im Rahmen der Hawala nicht erbracht werden[337] und allein die bargeldlose und meistens grenzüberschreitende Kapitalbewegung im Vordergrund steht.[338] Dies spricht also gerade gegen eine Einordnung in das herkömmliche Bankwesen. Auch kann das Hawala-Banking nicht mit dem Islamic Banking verbunden oder gleich-

---

nrw.de/nrwe/lgs/duesseldorf/lg_duesseldorf/j2021/014_KLs_2_21_Urteil_20211123.html, Rn. 648, 657, LG Düsseldorf, BeckRS 2021, 55636, Rn. 160, 169.

[332] LG Köln 23.05.2022 – 109 KLs 5/21, LG Köln, abrufbar unter: https://www.justiz.nrw.de/nrwe/lgs/koeln/lg_koeln/j2022/109_KLs_5_21_Urteil_20220523.html, Rn. 51, siehe auch Rn. 54 [„Die übergebenen Bargeldbeträge stammten teilweise aus Straftaten wie etwa aus dem unerlaubten Handel mit Betäubungsmitteln, aus ‚schwarz‘ im Wege der Steuerhinterziehung erwirtschafteten Gewinnen oder aus banden- und gewerbsmäßig begangenen Betrugsdelikten“], dazu weiter auch in Rn. 181 ff.

[333] *Wahlers*, Die rechtliche und ökonomische Struktur von Zahlungssystemen inner- und außerhalb des Bankensystems, S. 104.

[334] *Hellenkamp*, Bankwirtschaft, S. 4.

[335] *Hellenkamp*, Bankwirtschaft, S. 4.

[336] *Hellenkamp*, Bankwirtschaft, S. 4.

[337] *Wahlers*, Die rechtliche und ökonomische Struktur von Zahlungssystemen inner- und außerhalb des Bankensystems, S. 104.

[338] *Warius*, Das Hawala-Finanzsystem in Deutschland – ein Fall für die Bekämpfung von Geldwäsche und Terrorismus, S. 37.

gesetzt werden, da es einen bloßen Service darstellt und gerade kein Bestandteil des Islamic Banking ist.[339] Denn die Akteure unterwerfen sich keinem Urteil eines Scharia-Boards und beachten auch nicht die Prinzipien des islam-konformen Finanzwesens.[340]

Ungeachtet dieser Unterschiede finden sich dennoch gewisse Parallelen zum herkömmlichen Bankwesen, was eine Bezeichnung als Bankgeschäft beziehungsweise „Banking" zulässt. Zum einen werden auch beim klassischen Girogeschäft Zahlungsaufträge bar eingezahlt und grenzüberschreitend gegen Gebühr oder Provision ausgeführt, ohne dass ein realer Geldfluss stattfindet.[341] Dies verdeutlicht die Einordnung der Hawala als Finanztransfergeschäft nach § 1 Abs. 1 S. 2 Nr. 6 ZAG.[342] Zum anderen läuft das Ausgleichsverfahren der Hawaladare entsprechend dem des regulierten Bankwesens ab, sodass auch hier deutliche Parallelen bestehen.[343] Zudem bedienten sich historisch gesehen bereits damalige muslimische Kaufleute der Hawala, genauer der Suftadja, in ihrer Ursprungsform, um Bankgeschäfte zu tätigen,[344] auch wenn damals noch kein vergleichbares Bankwesen im heutigen Sinne vorhanden war.

Summa summarum lässt sich festhalten, dass Bezeichnungen wie „Underground-Banking" gerade im Hinblick auf eine kriminelle Nutzung treffend sind und verwendet werden können. Mit Rücksicht auf eine unerwünschte negative Konnotation sollte dies jedoch nur mit Bedacht geschehen.

B. Hawala im Lichte anderer alternativer Überweisungssysteme

Hawala wird des Öfteren als Synonym für sämtliche alternative Überweisungssysteme verwendet.[345] Trotz gewisser Parallelen dürfen diese Systeme nicht mit Hawala gleichgesetzt werden. Dazu zählen beispielsweise[346] das Hui k'uan[347]

---

[339] *Ecke*, Islamic Banking, S. 48.

[340] *Ecke*, Islamic Banking, S. 48 unter Verweis auf *Gassner/Wackerbeck*, Islamic finance, S. 89.

[341] *Warius*, Das Hawala-Finanzsystem in Deutschland – ein Fall für die Bekämpfung von Geldwäsche und Terrorismus, S. 38.

[342] Eine ausführliche Darstellung der Regularien und der Einordnung als Finanztransfergeschäft findet sich in Teil 3 B. I. 1.

[343] Zu den Parallelen des Nettings siehe bereits Teil 2 A. II. 2. b) aa).

[344] *Schacht*, An Introduction to Islamic Law, S. 78.

[345] *Wahlers*, Die rechtliche und ökonomische Struktur von Zahlungssystemen inner- und außerhalb des Bankensystems, S. 97 unter Verweis auf *Achtelik*, in: Herzog GWG, Geldwäscherechtlich bedeutsame Regelungen im ZAG Rn. 4.

[346] Bei der Aufzählung der verschiedenen Systeme wurde sich an *Wahlers*, Die rechtliche und ökonomische Struktur von Zahlungssystemen inner- und außerhalb des Bankensystems,

(China/Mandarin), Ch'iao Hui[348] (China/Mandarin), Nging sing kek[349] (China/Kantonesisch), Phoe Kuab (Thailand), Hui or hui kuan[350] (in Australien lebende Vietnamesen) oder das Stash house[351] (Südamerika). Neben diesen Systemen können weitere gängigere Modelle wie das pakistanische Hundi[352], der Schwarzmarkt-Peso-Tausch[353] (Lateinamerika) oder die chinesisch/ostasiatischen Systeme wie das Fei-ch'ein-System[354] (China), das Chit-System[355] (China) oder das Chop-System[356] (China) genannt werden.

Dem Grunde nach kennzeichnen die Systeme Übereinstimmungen, sodass es nicht verwundert, dass Hawala als Synonym verwendet wird. Vor allem die vertrauensbasierten Systeme wie das Chit-, Chop- und Hawala-System weisen deutliche Gemeinsamkeiten auf, indem sie die Auszahlung von einem nicht notwendi-

---

S. 97 f.; *Farooqi*, What is Hawala?, S. 86 und *Passas*, Informal Value Transfer Systems, Terrorism and Money Laundering, S. 25 f. orientiert.

[347] Meint das Überweisen von Geldbeträgen.

[348] Steht in etwa für „Auslandsüberweisung".

[349] Bedeutet in etwa „Geldbriefgeschäft".

[350] Hui or hui kuan bedeutet in etwa „Verband" oder „Verbindung".

[351] Wobei Stash house für „casa de cambio" steht und in etwa mit „Wechselstube" übersetzt werden kann.

[352] Hundi hat seine Wurzeln im Sanskrit (bezeichnet die verschiedenen Varietäten des Altindischen) und bedeutet in etwa „sammeln", wobei es auch mit „Wechsel" oder „Schuldschein" übersetzt werden kann; weitergehende Ausführungen dazu in *Warius*, Das Hawala-Finanzsystem in Deutschland – ein Fall für die Bekämpfung von Geldwäsche und Terrorismus, S. 75 ff. oder *Wahlers*, Die rechtliche und ökonomische Struktur von Zahlungssystemen inner- und außerhalb des Bankensystems, S. 101 f.

[353] Dazu ausführlich *Warius*, Das Hawala-Finanzsystem in Deutschland – ein Fall für die Bekämpfung von Geldwäsche und Terrorismus, S. 77 f. oder *Wahlers*, Die rechtliche und ökonomische Struktur von Zahlungssystemen inner- und außerhalb des Bankensystems, S. 98 f.; ebenfalls ausführlich auch *Passas*, Informal Value Transfer Systems and Criminal Organizations, S. 23 ff. unter Verweis auf einschlägige Interviews mit US-amerikanischen Beamten.

[354] Fei-ch'ein stammt aus dem Chinesischen und bedeutet in etwa „fliegendes Geld"; mit weitreichenden Ausführungen *Warius*, Das Hawala-Finanzsystem in Deutschland – ein Fall für die Bekämpfung von Geldwäsche und Terrorismus, S. 79 f.; *Wahlers*, Die rechtliche und ökonomische Struktur von Zahlungssystemen inner- und außerhalb des Bankensystems, S. 100 oder *Passas*, Informal Value Transfer Systems and Criminal Organizations, S. 16.

[355] Oder auch chiti banking genannt, bezieht sich auf den „chit", der als Quittung oder Forderungsnachweis bei Transaktionen verwendet wird; dazu ausführlich *Warius*, Das Hawala-Finanzsystem in Deutschland – ein Fall für die Bekämpfung von Geldwäsche und Terrorismus, S. 80 oder *Wahlers*, Die rechtliche und ökonomische Struktur von Zahlungssystemen inner- und außerhalb des Bankensystems, S. 100.

[356] Mit weiteren Ausführungen *Warius*, Das Hawala-Finanzsystem in Deutschland – ein Fall für die Bekämpfung von Geldwäsche und Terrorismus, S. 81 oder *Wahlers*, Die rechtliche und ökonomische Struktur von Zahlungssystemen inner- und außerhalb des Bankensystems, S. 101.

gerweise schriftlichen Berechtigungsnachweis abhängig machen.[357] Insgemein treffen auch auf diese Systeme eine gewisse Alternativität oder eine Informalität zu, sodass diese insoweit auf eine Ebene mit dem Hawala-Banking gesetzt werden können. Insbesondere kann dabei auf das Hundi-System verwiesen werden, das größtenteils mit dem Ablauf und den Eigenheiten der Hawala gleichläuft und sogar als synonymer Begriff Verwendung findet.[358] Während sich Hawala jedoch hauptsächlich in Nord-Afrika, im Nahen Osten, Süd-Asien oder nun auch vermehrt in den westlichen Ländern finden lässt, wird Hundi eher in Indien, Bangladesch und Pakistan betrieben.[359]

Trotz alledem gibt es markante Unterschiede: So unterscheiden sich diese Systeme insbesondere durch die Zielländer ihrer Zahlungsströme.[360] Die chinesisch/ostasiatischen Systeme tätigen größtenteils einseitige Transaktionen in Richtung China, wohingegen sich die Zahlungsströme im Hawala-System grundsätzlich ausgleichen.[361] Zudem unterscheiden sich die Transfersysteme auch hinsichtlich des kulturellen Hintergrunds der jeweiligen Nutzländer.[362] Im Gegensatz zu den anderen Systemen ist nämlich das Hawala-Banking auch heute noch mit den Regeln des Islam vertraut und baut auf die enge Verwurzelung der einzelnen Akteure untereinander, die sich vor allem auch auf deren gemeinsame Herkunft zurückführen lässt.

Auch die Methoden des Transfers unterscheiden sich.[363] So werden zum Beispiel beim Hawala-Banking statt Gutscheinen oder Metallmarken Pass- oder Codewörter

[357] *Wahlers*, Die rechtliche und ökonomische Struktur von Zahlungssystemen inner- und außerhalb des Bankensystems, S. 104; so bereits zuvor *Warius*, Das Hawala-Finanzsystem in Deutschland – ein Fall für die Bekämpfung von Geldwäsche und Terrorismus, S. 81.

[358] Vgl. *Wahlers*, Die rechtliche und ökonomische Struktur von Zahlungssystemen inner- und außerhalb des Bankensystems, S. 101; *Warius*, Das Hawala-Finanzsystem in Deutschland – ein Fall für die Bekämpfung von Geldwäsche und Terrorismus, S. 75 ff.; *Passas*, Informal Value Transfer Systems and Criminal Organizations, S. 13 ff.; dazu ausführlich *Jost/Sandhu*, The Hawala Alternative Remittance System and its Role in Money Laundering, S. 15; dazu differenzierend *Martin*, Hundi/Hawala: The Problem of Definition, passim.

[359] *Wahlers*, Die rechtliche und ökonomische Struktur von Zahlungssystemen inner- und außerhalb des Bankensystems, S. 101 unter Verweis auf *Müller*, Hawala An Informal Payment System and Its Use to Finance Terrorism, S. 24.

[360] *Wahlers*, Die rechtliche und ökonomische Struktur von Zahlungssystemen inner- und außerhalb des Bankensystems, S. 103 unter Verweis auf *Warius*, Das Hawala-Finanzsystem in Deutschland – ein Fall für die Bekämpfung von Geldwäsche und Terrorismus, S. 82.

[361] *Warius*, Das Hawala-Finanzsystem in Deutschland – ein Fall für die Bekämpfung von Geldwäsche und Terrorismus, S. 82.

[362] *Wahlers*, Die rechtliche und ökonomische Struktur von Zahlungssystemen inner- und außerhalb des Bankensystems, S. 103.

[363] *Wahlers*, Die rechtliche und ökonomische Struktur von Zahlungssystemen inner- und außerhalb des Bankensystems, S. 104.

verwendet, um eine Auszahlung beim Auszahler zu veranlassen.[364] Die chinesisch/ostasiatischen Systeme beruhen demgegenüber auf Gutscheinen oder Metallmarken,[365] die von den Auftraggebern an den Überweisungsagenten übergeben werden, der sie wiederum an den Zahlungsempfänger übersendet.[366] Der Empfänger kann dann den Gutschein bei einem Agenten einlösen, wofür er einen Geldbetrag erhält.[367] Einen weiteren Unterschied verdeutlicht die Methodik beim Schwarzmarkt-Peso-Tausch, der sich in Lateinamerika entwickelte und in erster Linie für den Schmuggel zwischen Nord- und Südamerika dient und eine Reaktion auf ausländische Devisen-Beschränkungen sowie das Versagen der dortigen Finanzsysteme bildet.[368] Dabei schmuggeln Drogenkartelle illegal Drogen in die USA, die dort gegen Bargeld verkauft werden.[369] Indessen bedienen sich die Auftraggeber eines Maklers, der zum Beispiel US-Dollar in einer Wechselstube kassiert.[370] Mit Hilfe eines Partnergeschäfts im Empfängerland wird das Geld für die Lieferanten in lokaler Währung verfügbar gemacht.[371] Damit leisten die Händler an den Makler Zahlungen in Pesos in Kolumbien und der Auftraggeber leistet im Gegenzug Dollar-Zahlungen an ihre Lieferanten in den USA.[372]

Werden dennoch sämtliche Systeme mit der Hawala gleichgesetzt, birgt dies die Gefahr, die nicht zu vernachlässigenden Unterschiede aus den Augen zu verlieren und sämtliche Methoden und Arbeitsweisen ungünstig zu vermengen, wodurch es zu einer undifferenzierten Betrachtung käme. Dementsprechend ist für die weitergehende Prüfung allein der Blick auf die dargestellten Funktionsweisen und Methoden des Hawala-Bankings zu richten und andere alternative Überweisungssysteme mit deren Funktionsabläufen und Eigenheiten sind dabei außen vor zu lassen.

---

[364] *Warius*, Das Hawala-Finanzsystem in Deutschland – ein Fall für die Bekämpfung von Geldwäsche und Terrorismus, S. 81 unter Verweis auf *Buencamino/Gorbunov*, Informal Money Transfer Systems, S. 4.

[365] *Wahlers*, Die rechtliche und ökonomische Struktur von Zahlungssystemen inner- und außerhalb des Bankensystems, S. 99 unter zweifelhaften Rekurs auf *FATF*, Report on Money Laundering Typologies 1999–2000, S. 6.

[366] *Wahlers*, Die rechtliche und ökonomische Struktur von Zahlungssystemen inner- und außerhalb des Bankensystems, S. 99.

[367] *Wahlers*, Die rechtliche und ökonomische Struktur von Zahlungssystemen inner- und außerhalb des Bankensystems, S. 99.

[368] *Warius*, Das Hawala-Finanzsystem in Deutschland – ein Fall für die Bekämpfung von Geldwäsche und Terrorismus, S. 78 unter zweifelhaften Rekurs auf *FATF*, Report on Money Laundering Typologies 1999–2000, S. 5.

[369] *Wahlers*, Die rechtliche und ökonomische Struktur von Zahlungssystemen inner- und außerhalb des Bankensystems, S. 99.

[370] *Passas*, Informal Value Transfer Systems and Criminal Organizations, S. 24.

[371] *Warius*, Das Hawala-Finanzsystem in Deutschland – ein Fall für die Bekämpfung von Geldwäsche und Terrorismus, S. 78.

[372] *Warius*, Das Hawala-Finanzsystem in Deutschland – ein Fall für die Bekämpfung von Geldwäsche und Terrorismus, S. 78.

C. Begriffsbestimmende Konkretisierung

Lässt man die gewonnen Erkenntnisse Revue passieren, so ergab sich keine universelle Definition für die Hawala. Dennoch zeichnen sich klare Konturen ab, die dem Phänomen Hawala innewohnen und Gegenstand der folgenden aufsichts- und strafrechtlichen Untersuchung werden soll. Demnach ist die Hawala ein aus dem Vorderen und Mittleren Orient entstammendes Phänomen, das sich im Einklang mit den Regeln des Islam zu einem leistungsstarken Rechtsinstitut entwickelte und so der dortigen frühmittelalterlichen Handelsgesellschaft den Handel trotz stagnierender Zahlungsmittel ermöglichte sowie in der besonderen Form der Suftadja zu einer Minimierung der Transportrisiken beitrug. Auch heute ist dieser Funktionsablauf der Hawala im Grundsatz immanent, wenn auch häufig eine andere Intention hinter der heutigen Nutzung steht. Denn die Hawala konnte sich als Zahlungsverkehrsdienst durchsetzen, der kostengünstig, schnell, verlässlich und unkompliziert funktioniert und vor allem keine Papierspuren hinterlässt.[373] Dabei werden Geldbeträge von einer Lokalität an eine andere mittels sogenannter Hawaladare transferiert. Die Hawaladare agieren als Dienstleister, die Zahlungen von Kunden gegen Provision entgegennehmen und am gewünschten Auszahlungsort durch Nennen eines Codes aushändigen. Ein wirklicher Geldfluss findet dabei jedoch nicht statt, sodass die Gelder in einen separaten Topf ein- und am Auszahlungsort aus einem separaten Topf wieder ausgezahlt werden (System der Zwei-Töpfe). Da die Transfers meist in beide Richtungen ablaufen, werden die überschüssigen Salden miteinander verrechnet, sodass es nur bei Zahlungsspitzen zu einem Ausgleich mittels physischen Geldtransfers oder anderer Methoden kommt (Clearingverfahren). All dies basiert auf gegenseitigem Vertrauen und dem Setzen eigener Regularien – generell angelehnt an das islamische Recht – der Hawaladare untereinander. Diese Eigenheiten sind in erster Linie dem Hawala-Banking immanent, sodass dieses nicht mit anderen Überweisungssystemen gleichgesetzt werden darf; es stellt allerdings gegenüber anderen Systemen und dem klassischen Bankgewerbe eine nicht zu unterschätzende Alternative dar. Auch geht mit diesen Eigenheiten einher, dass das Finanztransfergeschäft beim Einhalten jeglicher Dokumentationspflichten seinen Charakter als Hawala verliert, sodass es stets als informelles System betrachtet werden muss. Wird die Nutzung des Systems allein auf den kriminellen Sektor reduziert, eignet sich auch die Bezeichnung als ein im Untergrund stattfindendes bankähnliches Gewerbe.

Zusammengefasst lässt sich Hawala also als historisch gewachsener, von Vertrauen getragener, alternativer und informeller Zahlungsverkehrsdienst umschreiben, bei dem Dienstleister Zahlungen von Kunden gegen Provision entgegennehmen und diese am gewünschten Auszahlungsort durch Nennen eines Codes ohne physischen Transfer und ohne jegliche Papierspur aushändigen, wobei lediglich die

---

[373] *Findeisen*, WM 2000, 2125 (2129) mit weitergehenden Ausführungen.

gegenseitigen Forderungen verrechnet und etwaige Zahlungsspitzen nur ausnahmsweise physisch transferiert werden müssen.

Gerade Fälle aus der Rechtsprechung[374] zeugen von Informalität und der Einordnung als Schattenfinanzwesen. Im weiteren Verlauf der Arbeit werden diese Fälle bei der aufsichts- und strafrechtlichen Bewertung insbesondere im Fokus stehen.

---

[374] BGH 28.06.2023 – 3 StR 108/23, BGH, BeckRS 2023, 18792 und BGH 01.06.2023 – 3 StR 414/22, BGH, BeckRS 2023, 17742; BGH 28.06.2022 – 3 StR 403/20, BGH, BeckRS 2022, 20799; BGH 02.06.2021 – 3 StR 61/21, BGH, ZIP 2021, 1853; LG Köln 23.05.2022 – 109 KLs 5/21, LG Köln, abrufbar unter: https://www.justiz.nrw.de/nrwe/lgs/koeln/lg_koeln/j2022/109_KLs_5_21_Urteil_20220523.html; LG Düsseldorf 23.11.2021 – 014 KLs 2/21, LG Düsseldorf, abrufbar unter: http://www.justiz.nrw.de/nrwe/lgs/duesseldorf/lg_duesseldorf/j2021/014_KLs_2_21_Urteil_20211123.html, LG Düsseldorf, BeckRS 2021, 55636; LG Mannheim 17.11.2020 – 22 KLs 540 Js 6574/20, LG Mannheim, BeckRS 2020, 50512.

Teil 3

Zur aufsichtsrechtlichen Einordnung des Hawala-Bankings

Für den weiteren Verlauf der Arbeit, muss das Hawala-Banking dem jeweiligen Regelungsregime und damit den relevanten Aufsichts- und Strafnormen zugeführt werden. Fokus verdienen in diesem Teil der Arbeit die aufsichtsrechtlichen Bezugspunkte, die aufgrund des Blankettcharakters des § 63 Abs. 1 Nr. 4 ZAG unmittelbar mit der strafrechtlichen Einordnung zusammenhängen, sodass eine strafrechtliche nicht ohne eine aufsichtsrechtliche Betrachtung erfolgen kann. Im Folgenden gilt es daher das einschlägige Regelungsregime zu bestimmen und das Hawala-Banking unter das jeweilige aufsichtsrechtliche Regelungsregime einzuordnen. Dazu soll die Relevanz des Zahlungsdiensteaufsichtsgesetz für das Phänomen Hawala bestimmt und das Hawala-Banking einer aufsichtsrechtlichen Bewertung unterzogen werden.

A. Prolegomena zur straf- und aufsichtsrechtlichen Relevanz des ZAG im Rahmen der Hawala

Im Hinblick auf die Kategorisierung als informelles System und der stattfindenden Tätigkeiten im Untergrund, muss das Hawala-Banking aufsichts- und strafrechtlich eingeordnet werden. Auch wenn Hawala für legitime Zwecke verwendet wird, so bietet das System dennoch ein Missbrauchspotenzial und ist aufgrund seiner Eigenheiten nicht mit den vom Gesetzgeber vorgesehenen Regularien kompatibel, sodass ein genereller Verstoß gegen Aufsichtspflichten und eine generelle Strafbarkeit im Raum stehen. Dementsprechend wird in Teil 3 zunächst die Frage zu beantworten sein, welchem Reglungsregime und damit unter welche Aufsichtsnormen das Hawala-Banking unter zugrunde legen des in Teil 2 erörterten Verständnisses, eingeordnet werden kann.

Gegenstand der Arbeit ist die Frage nach der originären Strafbarkeit von Hawala-Systemen. Wie bereits in Teil 2[1] angesprochen kann man davon ausgehen, dass Hawala-Systeme im eigentlichen Sinne immer informell ablaufen, sodass stets eine Strafbarkeit nach § 63 Abs. 1 Nr. 4 ZAG in Betracht zu ziehen ist. Originär meint hier, dass das System an sich strafbar ist, also dass das Erbringen von Zah-

[1] Siehe dazu Teil 2 A. II. 2. c) bb).

lungsdiensten (Finanztransfergeschäfte nach § 1 Abs. 1 S. 2 Nr. 6 ZAG) durch die Hawaladare ohne eine Erlaubnis nach § 10 Abs. 1 S. 1 ZAG geschieht. Etwaig andere Straftaten, die von der Struktur Hawala profitieren und damit, als kohärierende Delikte angesehen werden, sollen nicht weiter thematisiert werden. Zur Einordnung einer originären Strafbarkeit, gilt es aber auch auf Strafnormen einzugehen, die unmittelbar mit dem Aufsichtsrecht verwoben sind. Daher soll zunächst untersucht werden, ob für das Hawala-Banking und dem Erbringen von Zahlungsdiensten allein § 63 Abs. 1 Nr. 4 ZAG und die damit einhergehenden aufsichtsrechtlichen Regularien des ZAG von Relevanz sind. Somit gilt es kurz auf die Entwicklungsgeschichte des Finanztransfergeschäfts einzugehen und das relevante Regelungsregime ausfindig zu machen.

I. Die Entwicklungsgeschichte des Finanztransfergeschäfts – ein Überblick

Das Hawala-Banking wird den Finanztransfergeschäften zugeordnet und ist ohne Erlaubnis strafbar. In seinem Ursprung wurde das Finanztransfergeschäft mit Wirkung zum 01.01.1998 im Zuge der 6. KWG-Novelle[2] in § 1 Abs. 1a Nr. 6 KWG a.F. eingeführt und bedurfte der schriftlichen Erlaubnis der Aufsichtsbehörde nach § 32 Abs. 1 S. 1 KWG,[3] sodass bereits damals eine originäre Strafbarkeit der Hawaladare nach § 54 Abs. 1 Nr. 2 KWG in Betracht kam.[4] Durch das Zahlediensteumsetzungsgesetz (ZDUG) von 2009[5] wurde der aufsichtsrechtliche Teil der Ersten Zahlungsdiensterichtlinie (ZDRL I) (2007/64/EG)[6] zum 31.10.2009 in nationales Recht umgesetzt.[7] Mit der Schaffung des Gesetzes über die Beaufsichtigung von Zahlungsdiensten (ZAG)[8] nahm der Gesetzgeber das Finanztransfergeschäft (§ 1 Abs. 1a Nr. 6 KWG a.F.) aus dem Katalog der erlaubnispflichtigen Bankgeschäfte und Finanzdienstleistungen des KWG heraus und unterwarf diese

[2] BGBl. I 1997, S. 2518.

[3] *Danwerth*, Das Finanztransfergeschäft als Zahlungsdienst, S. 26 f.

[4] Zur Einordnung des Betreibens von Finanztransfergeschäften nach § 54 KWG und somit nach der damaligen Rechtslage siehe bereits *Wahlers*, Die rechtliche und ökonomische Struktur von Zahlungssystemen inner- und außerhalb des Bankensystems, S. 148 ff.; *Warius*, Das Hawala-Finanzsystem in Deutschland – ein Fall für die Bekämpfung von Geldwäsche und Terrorismus, S. 120 ff.

[5] BGBl. I 2009, S. 1506.

[6] Richtlinie 2007/64/EG des Europäischen Parlaments und des Rates vom 13.11.2007 über Zahlungsdienste im Binnenmarkt, zur Änderung der Richtlinien 97/7/EG, 2002/65/EG, 2005/60/EG und 2006/48/EG sowie zur Aufhebung der Richtlinie 97/5/EG, ABl. EU Nr. L 319 2007, S. 1.

[7] *BaFin*, Merkblatt – Hinweise zum Zahlungsdiensteaufsichtsgesetz vom 05.07.2024, abrufbar unter: https://www.bafin.de/SharedDocs/Veroeffentlichungen/DE/Merkblatt/mb_111222_zag.html, A. Einführung.

[8] BGBl. I 2009, S. 1506.

Geschäfte als Zahlungsdienste dem neuen Regelungsregime des ZAG.[9] Eine Strafbarkeit der Hawaladare richtete sich somit fortan nach § 31 Abs. 1 Nr. 2, § 8 Abs. 1 S. 1, § 1 Abs. 2 Nr. 6 ZAG a.F.[10], welche mit dem Gesetz zur Umsetzung der Zweiten Zahlungsdiensterichtlinie (ZDRL II) ((EU) 2015/2366)[11] wiederum neugefasst wurde[12] und sich in seiner aktuellen Fassung aus den § 63 Abs. 1 Nr. 4, § 10 Abs. 1 S. 1, § 1 Abs. 1 S. 2 Nr. 6 ZAG ergibt.

II. Die Regelungsregime des Finanztransfergeschäfts und deren Relevanz – eine Einordnung

Interessant für den weiteren Verlauf der Arbeit scheinen hier zwei Umstände zu sein, die aus der Entwicklungsgeschichte des Finanztransfergeschäfts resultieren: Zum einen entspricht der § 63 ZAG weitestgehend dem § 31 ZAG a.F., bei dessen Ausarbeitung sich der Gesetzgeber wiederum an der Norm des § 54 KWG orientierte, womit auch die Rechtsprechung zu § 54 KWG im Rahmen der Auslegung des § 63 ZAG Berücksichtigung findet.[13] Gleichwohl müssen die Eigenheiten der Normen spezifisch betrachtet werden, sodass die jeweiligen Formulierungen und die jeweiligen Hintergründe weitgehend Beachtung finden.

Zum anderen scheint ein Rückgriff auf § 54 KWG heutzutage weitestgehend obsolet, sodass eine originäre Strafbarkeit des Hawala-Bankings allein aus dem ZAG resultieren kann. Dies macht wiederum ein Beschluss des BGH[14] vom 28.10. 2015 deutlich. Im besagten Fall betrieb einer der Angeklagten seit 2006 als Geschäftsführer und alleiniger Gesellschafter ein Reisebüro in Leipzig und bot ab 2008 nebenbei vietnamesischen Kunden aus Deutschland eine Plattform zum schattenwirtschaftlichen Transfer von Geldern nach Vietnam an. So summierten sich die Aufträge bis zum 20.01.2014 auf rund 800 Einzelaufträge, die eine Summe von circa 14 Millionen Euro umfassten und eine Provision von 140.000 Euro abwarfen. Das LG Leipzig[15] konstatierte, dass die Einzelakte des Bargeldtransfers als eine Tat im Sinne der Bewertungseinheit anzusehen waren, mithin die Verfolgungsverjäh-

---

[9] *BaFin*, Merkblatt – Hinweise zum Zahlungsdiensteaufsichtsgesetz vom 05.07.2024, abrufbar unter: https://www.bafin.de/SharedDocs/Veroeffentlichungen/DE/Merkblatt/mb_111222_zag.html, A. Einführung; BT-Drs. 16/11613, S. 35.

[10] BGBl. I 2009, S. 1506.

[11] Richtlinie (EU) 2015/2366 des Europäischen Parlaments und des Rates vom 25.11.2015 über Zahlungsdienste im Binnenmarkt, zur Änderung der Richtlinien 2002/65/EG, 2009/110/EG und 2013/36/EU und der Verordnung (EU) Nr. 1093/2010 sowie zur Aufhebung der Richtlinie 2007/64/EG, ABl. EU Nr. L 337 2015, S. 35, ABl. EU Nr. L 169 2016, S. 18.

[12] BGBl. I 2017, S. 2446.

[13] *Richter*, in: Luz/Neus/Schaber/Schneider/et al.-ZAG, § 63 Rn. 2 unter Verweis auf BT-Drs. 16/11613, S. 57.

[14] BGH 28.10.2015 – 5 StR 189/15, BGH, NStZ-RR 2016, 15 (16).

[15] LG Leipzig 15.12.2014 – 7 KLs 800 Js 65708/12.

rung aller unselbstständigen Teilakte erst mit der Beendigung der Geschäftstätigkeit des Angeklagten im Januar 2014 zu laufen begann. Damit war nach § 2 Abs. 1 StGB die seit dem 31.10.2009 gültige Strafbestimmung des § 31 ZAG a.F. und nicht mehr § 54 KWG anzuwenden. Das bedeutet, dass im Hinblick auf § 2 Abs. 1 StGB eine Anwendung des § 54 KWG auf Hawaladare immer ausbleibt, sofern diese Finanztransfergeschäfte nach dem 31.10.2009 weiter fortliefen. Weitergedacht gilt § 2 Abs. 1 StGB auch für Fälle, die nach dem 13.01.2018 fortliefen, sodass eine Strafbarkeit nicht mehr aus § 31 ZAG a.F., sondern nur noch aus § 63 ZAG folgen kann.[16] Für den Verlauf der Arbeit sind damit § 63 Abs. 1 Nr. 4 ZAG und die zugehörigen Aufsichtsnormen von Relevanz, sodass allein diese Aufsichtsnormen aus dem ZAG in Teil 3 einer Betrachtung unterzogen werden.

Eine Strafbarkeit nach dem KWG scheint auch nicht aus den Handhabungen der einzelnen Hawaladaren untereinander zu resultieren. Sie geben sich zwar beispielsweise gegenseitig Kredite,[17] die grundsätzlich Bankgeschäfte nach § 1 S. 2 Nr. 2 KWG darstellen und nach § 32 Abs. 1 S. 1 KWG erlaubnispflichtig sein können. Dabei mangelt es hier aber an einer Absicht der Gewinnerzielung,[18] also an einem gewerbsmäßigen Betreiben; den Hawaladaren kommt es vielmehr darauf an, mit den Geschäften die eigentlichen Finanztransfergeschäfte abzuwickeln, nicht jedoch Einnahmen durch eine zinslose Kreditvergabe zu erzielen.[19] Eine Gewerbsmäßigkeit der Zahlungsdienste, muss für jeden Zahlungsdienst grundsätzlich isoliert betrachtet werden,[20] sodass auch eine einschlägige Gewerbsmäßigkeit im Hinblick auf ein etwaiges Finanztransfergeschäft keine Berücksichtigung finden darf.[21] Bei der originären Strafbarkeit bleibt damit der Fokus allein auf dem ZAG,

---

[16] Der BGH beanstandete im selben Beschluss die Anwendung des § 31 Abs. 1 Nr. 2 ZAG, denn der Normadressat sei bei § 31 Abs. 1 Nr. 2 ZAG nur eine juristische, nicht aber eine natürliche Person. Dabei deutete er aber zusätzlich an, dass eine Strafbewehrung nach §§ 54 Abs. 1 Nr. 2, 32 Abs. 1 S. 1 KWG, die sich auch gegen natürliche Personen richtete auch für zurückliegende Tatzeiträume wegen § 2 Abs. 3 StGB entfallen ist. Daraus lässt sich schlussfolgern, dass die Eigenschaft des Normadressaten für Straffreiheit sorgt, sofern es sich um keine juristische Person handelt und damit das mildeste Gesetz im Sinne des § 2 Abs. 3 StGB darstellt. Prima facie muss man dann auch bei Fällen, die im Zeitraum vor den 13.01.2018 fallen, bei denen nur natürliche Personen involviert sind § 2 Abs. 3 StGB anwenden. Bei dieser Betrachtung sei angemerkt, dass eine Anwendung des § 31 ZAG a.F. wohl noch möglich erscheint. Inwiefern dies aus der Andeutung des BGH geschlussfolgert werden kann und in der Anwendung Bestand hat, soll aber nicht weiter zum Untersuchungsgegenstand gemacht werden; vgl. in diese Richtung gehend aber auch *Weiß*, in: Schäfer/Omlor/Mimberg-ZAG, § 63 Rn. 49.

[17] Teil 2 A. II. 2. b) aa).

[18] Zur Notwendigkeit einer Gewinnerzielungsabsicht siehe *Schwennicke*, in: Schwennicke/Auerbach-KWG, § 1 KWG Rn. 6 unter Verweis auf BT-Drs. 13/7142, S. 62.

[19] *Wahlers*, Die rechtliche und ökonomische Struktur von Zahlungssystemen inner- und außerhalb des Bankensystems, S. 152.

[20] *Eckhold*, in: Schäfer/Omlor/Mimberg-ZAG, § 10, 11 Rn. 53.

[21] Zur Gewerbsmäßigkeit eines Finanztransfergeschäfts Teil 3 B. I. 1. a) aa) (2) (b) (aa) und Teil 3 B. II. 1. b) aa) (3).

mithin der Strafnorm des § 63 Abs. 1 Nr. 4 ZAG und dem zugehörigen Aufsichtsrecht zu richten. Von Relevanz sind also für die weitere Untersuchung die Aufsichtsnormen des aktuellen ZAG.

B. Eine aufsichtsrechtliche Betrachtung der Hawala nach dem ZAG

Da sich das Hawala-Banking zwischen Strafrecht und Aufsichtsrecht bewegt und § 63 Abs. 1 Nr. 4 ZAG aufgrund seines Blankettcharakters unmittelbar mit dem Aufsichtsrecht verwoben ist, gilt es zunächst auf die aufsichtsrechtlichen Bezugsnormen einzugehen und diese abstrakt, wenn nötig bereits im Kontext des Strafrechts, zu betrachten. Dazu soll auf den relevanten Zahlungsdienst nach § 1 Abs. 1 S. 2 Nr. 6 ZAG und die nötige Erlaubnis nach § 10 Abs. 1 S. 1 ZAG eingegangen und einer Betrachtung zugeführt werden, denn § 63 Abs. 1 Nr. 4 ZAG verlangt das Erbringen eines Zahlungsdienstes ohne Erlaubnis.

I. Hawala als Zahlungsdienst im Sinne des § 1 Abs. 1 S. 2 Nr. 6 ZAG

Folgt man der Paragraphenkette der §§ 63 Abs. 1 Nr. 4, 10 Abs. 1 S. 1 ZAG sowie dem Wortlaut des § 63 Abs. 1 Nr. 4 ZAG, so bedarf es des Erbringens von Zahlungsdiensten. Die Hawala wird von Hawaladaren als Zahlungsverkehrsdienst[22] angeboten, der zum weltweiten Transfer von Geldern genutzt wird. Entsprechend seiner Eigenschaft als Überweisungssystem, bei dem es sich regelmäßig um eine Dreiecksbeziehung zwischen Zahler (Einzahler), Zahlungsempfänger (Empfänger) und Zahlungsdienstleister(n) (Hawaladar 1 und Hawaladar 2) handelt[23] und unter dem Aspekt, dass eine privatrechtlich begründete Dienstleistung eines an einem gegebenen Grundgeschäft nicht beteiligten Dritten (Hawaladar 1 und Hawaladar 2) getätigt wird, die dem Zahler helfen oder ihn erst in Stande setzen soll, Gelder von ihm auf den Zahlungsempfänger zu übertragen,[24] liegt es nahe, das System als Zahlungsdienst im Sinne des ZAG zu kategorisieren. § 1 Abs. 1 S. 2 ZAG enthält in Umsetzung von Art. 4 Nr. 3 der Zweiten Zahlungsdiensterichtlinie ((EU) 2015/

[22] Zur Einordnung von Hawala als Zahlungsverkehrsdienst im Allgemeinen siehe bereits Teil 2 A. II. 2.

[23] *BaFin*, Merkblatt – Hinweise zum Zahlungsdiensteaufsichtsgesetz vom 05.07.2024, abrufbar unter: https://www.bafin.de/SharedDocs/Veroeffentlichungen/DE/Merkblatt/mb_111222_zag.html, B. Zahlungsdienste (§ 1 Abs. 1 Satz 2 ZAG).

[24] *Findeisen*, in: Ellenberger/Findeisen/Nobbe/Böger-Kommentar zum Zahlungsverkehrsrecht, § 1 ZAG Rn. 170.

2366)[25] unter Bezug seines Verweises auf den zugehörigen Anhang I Nr. 1 – 8 einen aktualisierten Katalog der Zahlungsdienste. Auf das Hawala-Banking soll der Zahlungsdienst des § 1 Abs. 1 S. 2 Nr. 6 ZAG, das sogenannte Finanztransfergeschäft, zutreffen. Auch wenn eine Einordnung des Hawala-Bankings als Finanztransfergeschäft bereits durch höchstrichterliche Rechtsprechung[26] mehrmals erfolgte und auch in der Literatur[27] als solches deklariert wird, so lassen diese eine umfassende zahlungsdiensterechtliche Einordnung vermissen. Um eine strafrechtliche Bewertung nach § 63 ZAG zu gewährleisten und um dessen akzessorischen Charakter zu berücksichtigen, bedarf es zunächst einer tiefergehenden Betrachtung des Zahlungsdiensterechts.

1. Zahlerfinanztransfer nach § 1 Abs. 1 S. 2 Nr. 6 Alt. 1 ZAG

Finanztransfergeschäfte sind nach § 1 Abs. 1 S. 2 Nr. 6 Alt. 1 ZAG Dienste, bei denen ohne Einrichtung eines Zahlungskontos auf den Namen des Zahlers oder des Zahlungsempfängers ein Geldbetrag des Zahlers nur zur Übermittlung eines entsprechenden Betrags an einen Zahlungsempfänger oder an einen anderen, im Namen des Zahlungsempfängers handelnden Zahlungsdienstleister entgegengenommen wird oder bei dem der Geldbetrag im Namen des Zahlungsempfängers entgegengenommen und diesem verfügbar gemacht wird. Zur tatbestandlichen Einordnung des Hawala-Bankings als Finanztransfergeschäft ist hierbei entscheidend, dass die Hawaladare Dienste erbringen, die ohne Einrichtung eines Zahlungskontos auf den Namen des Zahlers oder des Zahlungsempfängers ablaufen. Dieser Dienst wird mit drei verschiedenen Vorgangsweisen in der Nr. 6 umschrieben und bedarf einer Einordung im Hinblick auf das festgelegte Begriffsverständnis der Hawala. Auch wenn der Wortlaut des Gesetzes, die Dienste als Finanztrans*fergeschäft* umschreibt, die Richtlinie (EU 2015/2366)[28] dagegen rein vom Fi-

[25] Richtlinie (EU) 2015/2366 des Europäischen Parlaments und des Rates vom 25. 11. 2015 über Zahlungsdienste im Binnenmarkt, zur Änderung der Richtlinien 2002/65/EG, 2009/110/EG und 2013/36/EU und der Verordnung (EU) Nr. 1093/2010 sowie zur Aufhebung der Richtlinie 2007/64/EG, ABl. EU Nr. L 337 2015, S. 57, 116.

[26] BGH 28. 06. 2022 – 3 StR 403/20, BGH, BeckRS 2022, 20799, Rn. 23; BGH 02. 06. 2021 – 3 StR 61/21, BGH, ZIP 2021, 1853 (1853 ff.); BGH 28. 10. 2015 – 5 StR 189/15, BGH, NStZ-RR 2016, 15 (15 f.); BGH 11. 09. 2002 – 1 StR 73/02, BGH, BeckRS 2002, 8381.

[27] *Danwerth*, in: Casper/Terlau-ZAG, § 1 Rn. 134; *Danwerth*, Das Finanztransfergeschäft als Zahlungsdienst, S. 233; *Danwerth*, BKR 2021, 721 (724) unter Verweis auf einschlägige Literatur; *Eggers/van Cleve*, NZWiSt 2020, 426 (427); *Taheri*, BKR 2020, 133 (135).

[28] Erwägungsgrund 9 der Richtlinie EU 2015/2366 des Europäischen Parlaments und des Rates vom 25. 11. 2015 über Zahlungsdienste im Binnenmarkt, zur Änderung der Richtlinien 2002/65/EG, 2009/110/EG und 2013/36/EU und der Verordnung (EU) Nr. 1093/2010 sowie zur Aufhebung der Richtlinie 2007/64/EG, ABl. EU Nr. L 337 2015, S. 36; inhaltsgleich bereits Erwägungsgrund 7 der Richtlinie 2007/64/EG des Europäischen Parlaments und des Rates vom 13. 11. 2007 über Zahlungsdienste im Binnenmarkt, zur Änderung der Richtlinien 97/7/EG, 2002/65/EG, 2005/60/EG und 2006/48/EG sowie zur Aufhebung der Richtlinie 97/5/EG, ABl. EU Nr. L 319 2007, S. 2.

nanztransfer und vom Zahlungsdienst spricht (Finanztransferdienst), damit aber die Formulierung des Geschäfts vermissen lässt, umschreiben beide Begriffe – der Finanztransferdienst und das Finanztransfergeschäft – gleichartig die Tätigkeit des Finanztransfers und unterscheiden sich dadurch im Inhalt nicht.[29]

Unter Zugrundelegung des oben erarbeiteten Begriffsverständnisses der Hawala sind grundsätzlich bei einer Einzeltransaktion vier Personen beteiligt, der Einzahler, der Empfänger und die beiden Hawaladare (Hawaladar 1 und Hawaladar 2).[30] Diese Einzeltransaktion muss dem Grunde nach, eine Übermittlung des § 1 Abs. 1 S. 2 Nr. 6 ZAG abbilden und den einzelnen Tatbestandsvarianten zugeordnet werden.

Wie dem Wortlaut der Norm und bereits der Regierungsbegründung[31] vom 13.03.2017 zu entnehmen ist, handelt es sich bei dem Tatbestand des Finanztransfers um Zahlungsdienste, die gerade nicht über ein Zahlungskonto (§ 1 Abs. 17 ZAG) ausgeführt werden. Keine Ausführung über ein Zahlungskonto, oder genauer gesagt „ohne Einrichtung eines Zahlungskontos", bedeutet hier, dass der das „Zahlungsgeschäft ausführende Zahlungsdienstleister [gerade nicht] ein Zahlungskonto für den Zahlungsdienstnutzer eingerichtet hat oder gegenwärtig führt und dieses [nicht] zur Abwicklung der Zahlung eingeschaltet wird"[32]. So spricht auch § 1 Abs. 18 ZAG davon, dass der Kontoführende Zahlungsdienstleister ein Zahlungsdienstleister ist, „der für einen Zahler ein Zahlungskonto bereitstellt und führt". Insbesondere bei Hawala-Netzwerken führen die Hawaladare sowohl für den Einzahler als auch für den Empfänger kein Konto, sodass immer wie vom Gesetz verlangt, eine Einrichtung eines Zahlungskontos zu verneinen sein wird.[33] Etwaige Konten, die die Hawaladare nutzen, um Zahlungsspitzen auszugleichen, bleiben außer Betracht. Denn der Wortlaut des § 1 Abs. 1 S. 2 Nr. 6 ZAG spricht explizit davon, dass Zahlungskonten nicht auf den Namen des Zahlers (Einzahler) oder des Zahlungsempfängers (Empfänger) eingerichtet sein dürfen. E contrario bedeutet dies aber nicht, dass bei der Ausführung jeglicher Finanztransfers keine Zahlungskonten, beispielsweise Sammelkonten für den Ausgleich innerhalb des Clearing-

---

[29] So klarsichtig *Danwerth*, Das Finanztransfergeschäft als Zahlungsdienst, S. 115 f., der sich tiefergehend mit dem Begriffsverständnis des Dienstes auseinandersetzt und dem hier gefolgt wird.

[30] Zur Einordnung des Funktionsablaufs des Hawala-Systems siehe bereits Teil 2 A. II. 2. a).

[31] BT-Drs. 18/11495, S. 107.

[32] So zu begrüßen *Danwerth*, Das Finanztransfergeschäft als Zahlungsdienst, S. 139, der sich auf den Seiten 117 ff. mit der Einordnung der Gesetzespassage tiefergehend beschäftigt; vgl. auch *Mimberg*, in: Schäfer/Omlor/Mimberg-ZAG, § 1 Rn. 132.

[33] Genau genommen würde das ZAG das Führen eines Kontos zumindest für den Empfänger zulassen, da die Legaldefinition des § 1 Abs. 18 ZAG nur vom Zahler spricht. Nichtsdestotrotz führen die Hawaladare beim Hawala-Banking regelmäßig sowohl für den Einzahler als auch für den Empfänger kein Konto und verwenden diese lediglich für die bereits geschilderten Ausgleichsmöglichkeiten untereinander.

verfahrens, beteiligt sein können.[34] Auch folgt daraus nicht, dass jegliche Beträge für den Transfer, in Bargeld eingezahlt werden müssen. Der Einzahler kann die Einzahlung in bar oder per Überweisung, per Scheck, electronic cash, Einzugsermächtigung oder dergleichen vornehmen.[35] In der Regel wird das Finanztransfergeschäft gleichwohl auf Bargeld beruhen, das der Zahler einem Zahlungsdienstleister übergibt, der den entsprechenden Betrag beispielsweise über ein Kommunikationsnetz, an einen Zahlungsempfänger oder an einen anderen, im Namen des Zahlungsempfängers handelnden Zahlungsdienstleister weiterleitet.[36] Somit fallen auch weiterhin Hawala Konstruktionen, bei denen ein Schuldner es übernimmt, den geschuldeten Betrag aufgrund einer Anweisung an einen Dritten zu bezahlen, unter den Tatbestand des Finanztransfergeschäfts, § 1 Abs. 1 S. 2 Nr. 6 ZAG.[37] Die fehlende Führung eines Zahlungskontos (von den Hawaladaren) für die Zahlungsdienstnutzer beim Bewirken des Zahlungsflusses,[38] ist ferner als Abgrenzungsmerkmal gegenüber den anderen Zahlungsdienstetatbeständen entscheidend. Denn der Tatbestand fungiert ferner als Auffangtatbestand für Dienstleistungen, die in der auftragsgemäßen Übermittlung von Geldern bestehen.[39] Erfasst wird vom Finanztransfergeschäft also jeder Zahlungsvorgang, bei dem zwischen dem Zahlungsdienstleister und dem Zahlungsdienstnutzer keine kontenmäßige Beziehung be-

[34] So auch *Tiemann*, in: Ellenberger/Findeisen/Nobbe/Böger-Kommentar zum Zahlungsverkehrsrecht, § 1 ZAG Rn. 379.

[35] BT-Drs. 18/11495, S. 107; so wohl beispielhaft in einem aktuellen Fall des OLG Düsseldorf 24.10.2022 – 1 Ws 131/22, OLG Düsseldorf, NZWiSt 2023, 69 (69 f.), bei dem Überweisungen auf ein Geschäftskonto der TWW vorgenommen wurde und die Auszahlung des Geldes wiederum in bar in Deutschland stattfand.

[36] So bereits Erwägungsgrund 9 der Richtlinie EU 2015/2366 des Europäischen Parlaments und des Rates vom 25.11.2015 über Zahlungsdienste im Binnenmarkt, zur Änderung der Richtlinien 2002/65/EG, 2009/110/EG und 2013/36/EU und der Verordnung (EU) Nr. 1093/2010 sowie zur Aufhebung der Richtlinie 2007/64/EG, ABl. EU Nr. L 337 2015, S. 36; so auch in BT-Drs. 18/11495, S. 106 f.; inhaltsgleich bereits Erwägungsgrund 7 der Richtlinie 2007/64/EG des Europäischen Parlaments und des Rates vom 13.11.2007 über Zahlungsdienste im Binnenmarkt, zur Änderung der Richtlinien 97/7/EG, 2002/65/EG, 2005/60/EG und 2006/48/EG sowie zur Aufhebung der Richtlinie 97/5/EG, ABl. EU Nr. L 319 2007, S. 2; so auch in BT-Drs. 16/11613, S. 35.

[37] *Tiemann*, in: Ellenberger/Findeisen/Nobbe/Böger-Kommentar zum Zahlungsverkehrsrecht, § 1 ZAG Rn. 381.

[38] *Tiemann*, in: Ellenberger/Findeisen/Nobbe/Böger-Kommentar zum Zahlungsverkehrsrecht, § 1 ZAG Rn. 386.

[39] *Heucke*, in: Luz/Neus/Schaber/Schneider/et al.-ZAG, § 1 Rn. 29 unter Rekurs auf *Tiemann*, in: Ellenberger/Findeisen/Nobbe/Böger-Kommentar zum Zahlungsverkehrsrecht, § 1 ZAG Rn. 386; ferner für die Funktion als Auffangtatbestand *BaFin*, Merkblatt – Hinweise zum Zahlungsdiensteaufsichtsgesetz vom 05.07.2024, abrufbar unter: https://www.bafin.de/SharedDocs/Veroeffentlichungen/DE/Merkblatt/mb_111222_zag.html, B. V. Finanztransfergeschäft (§ 1 Abs. 1 Satz 2 Nr. 6 ZAG); *Danwerth*, in: Casper/Terlau-ZAG, § 1 Rn. 105; *Mimberg*, in: Schäfer/Omlor/Mimberg-ZAG, § 1 Rn. 119; ausführlich zum Verhältnis des Finanztransfergeschäfts zu den übrigen Zahlungsdiensten siehe *Danwerth*, Das Finanztransfergeschäft als Zahlungsdienst, S. 92 ff.; a. A. *Foerster*, in: BeckOGK-BGB, Stand 01.11.2023, § 675c Rn. 236.

gründet wird.[40] Ausgehend davon zeigt sich, dass Hawala-Systeme immer eine auftragsgemäße Übermittlung von Geldern umfassen, die jedoch nicht kontengebunden abläuft, sodass im Vergleich zu den anderen Nummern des § 1 Abs. 1 S. 2 ZAG, dem Grunde nach immer das Finanztransfergeschäft nach Nr. 6 als einschlägiger Tatbestand in Betracht kommt.[41]

Daneben differenziert § 1 Abs. 1 S. 2 ZAG dahingehend, dass der Finanzdienstleister (Hawaladar) auf der Seite des Zahlers (Einzahler) oder des Zahlungsempfängers (Empfänger) aktiv werden muss. Bereits aus der Regierungsbegründung vom 13.03.2017 geht hervor, dass ein Finanztransferdienstleister auf der Seite des Zahlers (1. Tatbestandsalternative), des Zahlungsempfängers (2. Tatbestandsalternative), oder auch auf beiden Seiten tätig sein kann.[42] Perspektivisch wird hier in zwei Tatbestandsalternativen unterschieden, was damit zusammenhängt von wem die Initiative des Transfers ausgeht. Dementsprechend differenziert Danwerth zutreffend zwischen einem Zahlerfinanztransfer und einem Zahlungsempfängerfinanztransfer,[43] was die unterschiedlichen Impulse für den Ablauf eines möglichen Transfers widerspiegelt. Gerade der Zahlerfinanztransfer kann jedoch eine Unmittelbarkeit oder Mittelbarkeit aufweisen, sodass danach weiter differenziert werden muss, ob der vom Zahler an den Zahlungsdienstleister übergebene Geldbetrag unmittelbar an den Zahlungsempfänger (Fall 1) oder an einen anderen, im Namen des Zahlungsempfängers Handelnden übermittelt wird (Fall 2).[44] Es bietet sich an, an der bereits im Gesetzesentwurf[45] der Bundesregierung vom 13.03.2017 vorgenommenen Einteilung in zwei Tatbestandsalternativen zu orientieren und die erste Tatbestandsalternative noch einmal in einen unmittelbaren und mittelbaren Zah-

---

[40] BT-Drs. 18/11495, S. 107.

[41] Nimmt man wie *Danwerth*, Das Finanztransfergeschäft als Zahlungsdienst, S. 97 ff. eine Einzelaktsbetrachtung des Deckungs-, Zuwendungs- und Interbankenverhältnis vor, so können die Einzelakte des Zahlungsvorgangs, namentlich das Deckungs- und Zuwendungsverhältnis, auch für sich genommen jeweils einen Zahlungsdienst begründen. Dabei spricht *Danwerth* vom „Zahlungsdienst im Zahlungsdienst“, da ein Zahlungsvorgang grundsätzlich mehrere Zahlungsdienste verwirklichen kann. Prinzipiell scheint auch eine solche Konstellation beim Hawala-Banking nicht ganz ausgeschlossen. Aufgrund der Vielschichtigkeit des Ablaufs im Deckungs- oder Zuwendungsverhältnisses und dem Umstand, dass der überwiegende Teil der Ein- und Auszahlung in bar geschehen wird, soll dies im Laufe der Arbeit jedoch nicht weiter vertieft werden.

[42] BT-Drs. 18/11495, S. 107.

[43] *Danwerth*, Das Finanztransfergeschäft als Zahlungsdienst, S. 105 ff; wiederholend in *Danwerth*, in: Casper/Terlau-ZAG, § 1 Rn. 112, 124 ff.

[44] Die Begriffe des unmittelbaren und des mittelbaren Zahlerfinanztransfers sind *Danwerth*, Das Finanztransfergeschäft als Zahlungsdienst, S. 106 ff. entlehnt, der weitergehend eine Unterscheidung der beiden Begriffe vornimmt; siehe auch KG 09.08.2021 – 4 Ws 60–21 – 161 AR 137/21, KG, BeckRS 2021, 24301, das von einer „Untervariante des Zahlertransfergeschäfts“ spricht.

[45] BT-Drs. 18/11495, S. 107.

lerfinanztransfer zu untergliedern.[46] Semantisch betrachtet, scheint aufgrund der unterschiedlichen Initiative des Zahlungsdienstnutzers und damit der spiegelbildlichen Fassung des Gesetzestextes eine Einteilung in zwei Alternativen angebracht; ob der Zahlerfinanztransfer darüber hinaus unmittelbar oder mittelbar abläuft, ist für die Impulsrichtung nicht entscheidend, sodass der Einsatz einer weiteren Person, die für den Empfänger den Geldbetrag entgegennimmt, nur eine weitere Fallvariation des Zahlerfinanztransfers darstellt.

Subsumiert man die dargestellte Ausarbeitung des § 1 Abs. 1 S. 2 Nr. 6 ZAG unter den in Teil 2 erarbeiteten Begriff der Hawala, so stellt sich die Frage, welche der Alternativen des § 1 Abs. 1 S. 2 Nr. 6 ZAG relevant werden. Im Rahmen des Hawala-Bankings geht normalerweise ein Transfer von Seiten des Einzahlers aus, der einen Hawaladar 1 für einen gewünschten Transfer kontaktiert.[47] Dieser tritt darauf an den am Zielort ansässigen Hawaladar 2 heran, der wiederum dem Empfänger den jeweiligen Betrag auszahlt. Damit setzt grundsätzlich der Einzahler den Impuls für den Ablauf eines Transfers, auch wenn sich Einzahler und Empfänger zuvor bereits über den Transfer einig sind. Dies gilt entsprechend, wenn es zu einem sogenannten „reverse Hawala", also einem Transfer in die andere Richtung, kommt. Relevant wird damit für das Hawala-Banking die Alternative 1 des § 1 Abs. 1 S. 2 Nr. 6 ZAG, mithin der Zahlerfinanztransfer.

a) (Un-)Mittelbarkeit des Hawala Zahlerfinanztransfers

Weiter ist zu erwägen, ob das Hawala-Banking dem 1. Fall oder dem 2. Fall der 1. Alternative zugeordnet werden kann, also ob der Zahlerfinanztransfer unmittelbar oder mittelbar abläuft. Entscheidend dafür ist die Personenkonstellation und die Transferabwicklung der Hawala, unter Bezugnahme der Regeln des ZAG. Nebstdem bedarf es vereinzelt eines Rückgriffs auf das Zahlungsdienste- und Zahlungsverkehrsrecht des BGB (§§ 675c ff. BGB), da die Normen des ZAG über § 675c

[46] Eine Einteilung in zwei Tatbestandsalternativen findet sich überwiegend, wie etwa bei BT-Drs. 18/11495, S. 107; *BaFin*, Merkblatt – Hinweise zum Zahlungsdiensteaufsichtsgesetz vom 05.07.2024, abrufbar unter: https://www.bafin.de/SharedDocs/Veroeffentlichungen/DE/Merkblatt/mb_111222_zag.html, B. V. Finanztransfergeschäft (§ 1 Abs. 1 Satz 2 Nr. 6 ZAG); *Casper*, in: MüKo-BGB, § 675c Rn. 13; *Heucke*, in: Luz/Neus/Schaber/Schneider/et al.-ZAG, § 1 Rn. 31; *Mimberg*, in: Schäfer/Omlor/Mimberg-ZAG, § 1 Rn. 126; *Tiemann*, in: Ellenberger/Findeisen/Nobbe/Böger-Kommentar zum Zahlungsverkehrsrecht, § 1 ZAG Rn. 390; *Hingst/Lösing*, Zahlungsdiensteaufsichtsrecht, § 6 Rn. 87 ff.; *Winheller/Auffenberg*, DStR 2015, 589 (590); a. A. *Danwerth*, Das Finanztransfergeschäft als Zahlungsdienst, S. 105 ff., der von drei Tatbestandsvarianten spricht; *Danwerth*, ZBB/JBB 2017, 14 (18); zum Zwecke der Kommentierung nimmt *Danwerth*, in: Casper/Terlau-ZAG, § 1 Rn. 112 dennoch eine Einteilung in zwei Tatbestandsalternativen vor; ebenfalls *Dörner/Schenkel*, Die Erlaubnis zur Erbringung von Zahlungsdiensten, S. 17 f., die von drei Tatbestandsalternativen ausgehen.

[47] So auch *Danwerth*, BKR 2021, 721 (724).

Abs. 3 BGB eine zivilrechtliche Prägung erhalten.[48] Gerade das Zusammenspiel zwischen Aufsichts- und Zivilrecht geht auf „eine wechselseitige Abstimmung mit gegenseitig substituierender und auffüllender Wirkung zurück“[49] und sorgt dafür, dass sich beide Regelungskomplexe gegenseitig auffangen.[50] Anhand einer aufsichtsrechtlichen Bewertung der zivilrechtlichen Verhältnisse, kann somit bestimmt werden, ob der Hawala Sachverhalt unter den 1. Fall oder 2. Fall des § 1 Abs. 1 S. 2 Nr. 6 Alt. 1 ZAG fällt.[51] Interessant ist daran auch, dass das Aufsichts- und somit auch das Zivilrecht – zumindest mittelbar – Einfluss auf die Strafbarkeit nehmen können. Dies hängt damit zusammen, dass die Strafbarkeit nach § 63 ZAG von einem Erlaubnisvorbehalt nach § 10 Abs. 1 S. 1 ZAG, mithin vom Aufsichtsrecht abhängt, sonach die Strafvorschriften des ZAG verwaltungsakzessorisch konzipiert sind.[52] Folglich kann das Aufsichts- aber auch das Zahlungsdienste- und Zahlungsverkehrsrecht des BGB für das Verständnis des § 63 ZAG erheblich sein. Von diesem Standpunkt ausgehend gilt es eine Einzeltransaktion als mittelbaren oder unmittelbaren Zahlerfinanztransfer einzuordnen. Dazu werden die einzelnen Akteure des Zahlerfinanztransfers, die Entgegenahme des Zahlungsdienstleisters sowie die Unmittel- oder Mittelbarkeit der Übermittlung betrachtet und einer Einzeltransaktion des Hawala-Bankings zugeteilt.

aa) Die Hawala-Akteure im Lichte des ZAG

Für eine Einzeltransaktion werden grundsätzlich vier Personen, der Einzahler, der Empfänger und die beiden Hawaladare, benötigt. Gemäß des § 1 Abs. 1 S. 2 Nr. 6 ZAG bedarf es für einen Zahlerfinanztransfer auch mindestens drei oder vier Parteien. In Betracht als Parteien kommen der Zahlungsdienstleister, der Zahler, der Zahlungsempfänger (1. Fall), sowie ein dritter, im Namen des Zahlungsempfängers handelnder Zahlungsdienstleister (2. Fall). Angelehnt an das ZAG wird hier die Einteilung der Akteure zwischen Zahlungsdienstnutzer und Zahlungsdienstleister vorgenommen und den Hawala-Akteuren zugeteilt.

---

[48] *Danwerth*, Das Finanztransfergeschäft als Zahlungsdienst, S. 22 mit Verweis unter anderen auf *Forsthoff*, Lehrbuch des Verwaltungsrecht I, S. 168 ff.; § 675c Abs. 3 BGB: „Die Begriffsbestimmungen des Kreditwesengesetzes und des Zahlungsdiensteaufsichtsgesetzes sind anzuwenden“.

[49] *Danwerth*, Das Finanztransfergeschäft als Zahlungsdienst, S. 22; der insbesondere darauf verweist, dass das Zusammenspiel mithin auch auf die einheitlichen Vorgaben der Zahlungsdiensterichtline, die eine Trennung in öffentlich-rechtliche und zivilrechtliche Vorschriften nicht kennt, zurückzuführen ist und sich die Teilrechtsbereiche auf Grundlage einer richtlinienkonformen Betrachtung gegenseitig stützen und ergänzen.

[50] *Danwerth*, Das Finanztransfergeschäft als Zahlungsdienst, S. 22 mit Verweis unter anderen auf *Grundmann/Renner*, JZ 2013, 379 (389).

[51] Vgl. *Weiß*, in: Schäfer/Omlor/Mimberg-ZAG, § 63 Rn. 38.

[52] *Richter*, in: Luz/Neus/Schaber/Schneider/et al.-ZAG, § 63 Rn. 1; siehe zur verwaltungsakzessorischen Ausgestaltung noch Teil 3 B. II. 2. a) sowie Teil 4 A. I. 1. a) bb) (3) (a).

(1) Die Kunden als Zahlungsdienstnutzer

Nach § 675f Abs. 1 BGB sind Zahlungsdienstnutzer, Personen die einen Zahlungsdienst als Zahler, Zahlungsempfänger oder in beiden Eigenschaften in Anspruch nehmen. Die Norm spricht von einem sogenannten Zahler und Zahlungsempfänger, die auf einen Zahlungsdienst, wie den des Finanztransfergeschäfts nach § 1 Abs. 1 S. 2 Nr. 6 ZAG zurückgreifen. Zahler und Zahlungsempfänger entsprechen den hier zugrunde gelegten Akteuren des Hawala-Bankings, mithin dem Einzahler und dem Empfänger.[53] In Umsetzung[54] der Begriffsbestimmungen von Art. 4 Nr. 8 und 9 der Zweiten Zahlungsdiensterichtlinie ((EU) 2015/2366)[55] finden sich die Begriffe des Zahlers und Zahlungsempfängers legaldefiniert im ZAG.

Nach der Legaldefinition des § 1 Abs. 15 ZAG ist der Zahler „eine natürliche Person oder juristische Person, die Inhaber eines Zahlungskontos [(§ 1 Abs. 17 ZAG)] ist und die Ausführung eines Zahlungsauftrags von diesem Zahlungskonto gestattet oder, falls kein Zahlungskonto vorhanden ist, eine natürliche oder juristische Person, die den Zahlungsauftrag erteilt". Einzahler des Hawala-Finanzsystems werden meist natürliche Personen sein, da häufig Migranten aber vereinzelt auch Kriminelle von dem System Gebrauch machen.[56] Genauso wickeln aber auch Unternehmen oder NGOs Zahlungen über die Hawala ab, sodass – je nach dem, in welcher Rechtsform diese ausgestaltet sind – juristische Personen ebenfalls als Zahler im Sinne des ZAG in Betracht kommen.[57] Ferner erteilen diese, wie dies bei der Hawala typisch und dem Finanztransfergeschäft immanent ist, ohne die Einrichtung eines Zahlungskontos (bei den Hawaladaren) Zahlungsaufträge. Der Zahlungsauftrag ist in § 675f Abs. 4 S. 2 BGB legaldefiniert und meint jeden „Auftrag, den ein Zahler seinem Zahlungsdienstleister zur Ausführung eines Zahlungsvorgangs entweder unmittelbar oder mittelbar über einen Zahlungsauslösedienstleister oder den Zahlungsempfänger erteilt".[58] Der Zahlungsauftrag bildet

---

[53] Zur Mannigfaltigkeit der Akteure siehe bereits Teil 2 A. II. 2. b) bb) (1).

[54] BGBl. I 2017, S. 2446.

[55] Richtlinie (EU) 2015/2366 des Europäischen Parlaments und des Rates vom 25.11.2015 über Zahlungsdienste im Binnenmarkt, zur Änderung der Richtlinien 2002/65/EG, 2009/110/EG und 2013/36/EU und der Verordnung (EU) Nr. 1093/2010 sowie zur Aufhebung der Richtlinie 2007/64/EG, ABl. EU Nr. L 337 2015, S. 57.

[56] Zur Mannigfaltigkeit der Akteure siehe bereits Teil 2 A. II. 2. b) bb) (1).

[57] Zur Mannigfaltigkeit der Akteure siehe bereits Teil 2 A. II. 2. b) bb) (1); der Begriff der juristischen Person ist hier nicht streng zivil- oder gesellschaftsrechtlich auszulegen, insbesondere Personengesellschaften oder andere Personenmehrheiten kommen hierbei auch als Zahler in Betracht, *Mimberg*, in: Schäfer/Omlor/Mimberg-ZAG, § 1 Rn. 344 unter Verweis auf einschlägige Literatur.

[58] *Danwerth* kritisiert die deutsche Umsetzung (§ 675f Abs. 3 S. 2 BGB a.F.) der Zahlungsdiensterichtlinie und sieht diese als richtlinienwidrig an. Diese soll einen Zahlungsauftrag des Zahlungsempfängers ausschließen, sodass sie im Widerspruch zur Zahlungsdiensterichtlinie (2007/64/EG) steht, die wiederum in ihrem Art. 4 Nr. 16 (heute in der Zweiten Zahlungsdiensterichtlinie ((EU) 2015/2366) in Art. 4 Nr. 13) einen Zahlungsauftrag als „einen Auftrag [beschreibt], den ein Zahler oder Zahlungsempfänger seinem Zahlungsdienstleister

einen Sonderfall der auftragsrechtlichen Weisung im Sinne des § 665 BGB, deren Grundlage der zugrunde liegende Zahlungsdienstevertrag darstellt.[59] Hierbei weist der Zahler den Zahlungsdienstleister an, einen Zahlungsvorgang[60] in die Wege zu leiten, somit einen Geldbetrag an den Zahlungsempfänger zu übermitteln, § 1 Abs. 15a ZAG, § 675f Abs. 4 S. 1 BGB.

Der Zahlungsempfänger ist nach § 1 Abs. 16 ZAG jede „natürliche oder juristische Person, die den Geldbetrag, der Gegenstand eines Zahlungsvorgangs ist, als Empfänger erhalten soll". Parallel zum Zahler, kann der Empfänger einer Hawala Einzeltransaktion als natürliche oder juristische Person auftreten,[61] wobei auch hier meist eine natürliche Person in Betracht kommen wird. Daneben steht auch beim Begriff des Zahlungsempfängers, der Zahlungsvorgang im Mittelpunkt, indem der Zahlungsempfänger den Gegenstand eines Zahlungsvorgangs erhalten soll. Ausgehend davon, ist für die Eigenschaft als Zahlungsempfänger die Person entscheidend, die der Zahler intendiert zu begünstigen, nicht die Person die den Geldbetrag tatsächlich entgegennimmt.[62] Dennoch wird hierbei ein Geldfluss vorausgesetzt, eine alleinige Intention des Zahlers, eine Person begünstigen zu wollen, reicht nicht aus, da der Empfänger den Geldbetrag auf der Grundlage eines Zahlungsvorgangs erhalten soll.[63] Beim Hawala-Banking intendiert der Einzahler den Empfänger zu begünstigen, indem er diesem einen Geldbetrag über das System der Hawala zukommen lässt. Im Ergebnis bewegt der Einzahler den Hawaladar 1 dazu einen Geldbetrag zu übermitteln, mithin einen Zahlungsvorgang (§ 1 Abs. 15a ZAG, § 675f Abs. 4 S. 1 BGB) auszuführen.

Nach Maßgabe des Dargestellten scheint ein Konsens zwischen den im ZAG genannten Begriffen des Zahlers und Zahlungsempfängers sowie den Akteuren des Hawala-Bankings (Einzahler und Empfänger) zu bestehen, sodass diese als Zah-

---

zur Ausführung eines Zahlungsvorgangs erteilt". Dazu ausführlich *Danwerth*, Das Finanztransfergeschäft als Zahlungsdienst, S. 149 ff.

[59] *Casper*, in: MüKo-BGB, § 675f Rn. 52; *Schmalenbach*, in: BeckOK-BGB, § 675f Rn. 70.

[60] „Zahlungsvorgang ist jede Bereitstellung, Übermittlung oder Abhebung eines Geldbetrags, unabhängig von der zugrunde liegenden Rechtsbeziehung zwischen Zahler und Zahlungsempfänger" und findet sich in § 1 Abs. 15a ZAG sowie in § 675f Abs. 4 S. 1 BGB legaldefiniert. Dies geht auf die Legaldefinition des Art. 4 Nr. 5 der Zweiten Zahlungsdiensterichtlinie (so bereits in Art. 4 Nr. 5 der Ersten Zahlungsdiensterichtlinie) zurück, die den Zahlungsvorgang als „die bzw. der vom Zahler, im Namen des Zahlers oder vom Zahlungsempfänger ausgelöste(n) Bereitstellung, Transfer oder Abhebung eines Geldbetrags, unabhängig von etwaigen zugrunde liegenden Verpflichtungen im Verhältnis zwischen Zahler und Zahlungsempfänger" umschreibt.

[61] Auch hier ist die Formulierung der natürlichen und juristischen Person nicht streng im Sinne der deutschen zivil- beziehungsweise gesellschaftsrechtlichen Dogmatik zu deuten, *Mimberg*, in: Schäfer/Omlor/Mimberg-ZAG, § 1 Rn. 351.

[62] *Danwerth*, Das Finanztransfergeschäft als Zahlungsdienst, S. 155; zustimmend *Mimberg*, in: Schäfer/Omlor/Mimberg-ZAG, § 1 Rn. 352.

[63] *Danwerth*, Das Finanztransfergeschäft als Zahlungsdienst, S. 155.

lungsdienstnutzer einen Zahlungsdienst (Zahlerfinanztransfer) in Anspruch nehmen, § 675f Abs. 1 BGB.

Zusätzlich sei hier noch angemerkt, dass aus § 675f Abs. 1 BGB („in beiden Eigenschaften") zudem folgt, dass der Zahler und Zahlungsempfänger personenidentisch sein können.[64] Eine Vorgehensweise die an die Ursprungsform der Suftadja erinnert, indem der Einzahler das Geld an einem anderen Ort wieder ausgezahlt bekam und so „von der Sicherheit des Weges profitierte".[65] Blickt man auf den modernen Funktionsablauf, so scheint diese Ausgestaltung zwar nicht ganz ausgeschlossen, im Ergebnis jedoch eher fernliegend.

(2) Die Hawaladare als Zahlungsdienstleister in Form des Zahlungsinstituts

Entscheidender für die Bestimmung der Unmittelbarkeit oder Mittelbarkeit des Zahlerfinanztransfers im Rahmen der Hawala, ist die Rolle der Hawaladare als Erbringende des Zahlungsdienstes. Eine explizite Nennung des Zahlungsdienstleisters lässt sich dem § 1 Abs. 1 S. 2 Nr. 6 ZAG zwar nicht entnehmen, dies ergibt sich jedoch bereits aus dem Merkmal „Dienste", was suggeriert, dass Dienste von einer zwischengeschalteten Person erbracht werden.[66] Ferner wird dies aus dem Zusammenspiel der Merkmale der „Entgegennahme" und „Übermittlung" gezogen, da nur eine andere Person als der Zahlungsempfänger eine Übermittlung veranlassen und auch nur eine andere Person als der Zahler eine Entgegennahme verwirklichen kann.[67] Eine Begriffsbestimmung der Zahlungsdienstleister findet sich in § 1 Abs. 1 S. 1 ZAG, wobei im Falle der Hawala die Nr. 1, also die Ausgestaltung als Zahlungsinstitut in Betracht kommt und eine Einordnung als privilegierte Zahlungsdienstleister[68] nach dem § 1 Abs. 1 S. 1 Nr. 2 bis Nr. 5 abwegig ist.

Blickt man auf den Erlaubnisvorbehalt nach § 10 Abs. 1 S. 1 ZAG, wird in personeller Hinsicht grundsätzlich jedermann erfasst, der Zahlungsdienste erbringen will, was aus der Umschreibung „Wer […]" folgt. Eine grundlegende tatbestandliche Beschränkung auf Zahlungsinstitute nach § 1 Abs. 1 S. 1 Nr. 1 ZAG, wie es in der Vorgängernorm des § 8 Abs. 1 S. 1 ZAG a.F. noch vorgesehen war („Wer […] *als Zahlungsinstitut*[69] erbringen will"), ist dem § 10 Abs. 1 S. 1 ZAG also nicht mehr zu entnehmen. „Statt an den ‚Institutsbegriff' wird in der Vorschrift nunmehr an den Begriff ‚Antragsteller' angeknüpft, der sowohl natürliche Personen als auch

[64] *Mimberg*, in: Schäfer/Omlor/Mimberg-ZAG, § 1 Rn. 354; darauf weiter eingehend *Danwerth*, Das Finanztransfergeschäft als Zahlungsdienst, S. 156; dazu ferner auch *Taheri/Yildiz*, BKR 2023, 721 (722 f.).

[65] Zur Suftadja als besondere Form der Hawala siehe bereits Teil 2 A. I. 2.

[66] *Danwerth*, Das Finanztransfergeschäft als Zahlungsdienst, S. 215.

[67] *Danwerth*, Das Finanztransfergeschäft als Zahlungsdienst, S. 215.

[68] Der Begriff ist den Gesetzesmaterialien zu entnehmen, siehe BT-Drs. 18/11495, S. 102; aber auch *Casper*, in: Casper/Terlau-ZAG, § 1 Rn. 8 oder *Mimberg*, in: Schäfer/Omlor/Mimberg-ZAG, § 1 Rn. 9.

[69] Hervorhebung durch den Verfasser.

juristische Personen und Personenvereinigung [etc.] umfasst".[70] Da sich dem § 1 Abs. 1 S. 2 Nr. 6 ZAG keine explizite Nennung des Zahlungsdienstleisters entnehmen lässt, sich aus dem Merkmal „Dienste" jedoch zumindest herauslesen lässt, dass diese Dienste von einer zwischengeschalteten Person erbracht werden und § 10 Abs. 1 S. 1 ZAG nicht mehr explizit an § 1 Abs. 1 S. 1 Nr. 1 ZAG anknüpft, ist eine Stellung als Unternehmen im Rahmen des § 10 Abs. 1 S. 1 ZAG und § 63 Abs. 1 Nr. 4 ZAG nicht mehr zwingend. Dieser Aspekt soll aber im Rahmen der Erlaubnispflicht und vor allem im Kontext der Strafnorm noch einmal einer tiefergehenden Untersuchung unterzogen werden und lässt bereits an dieser Stelle einen bestehenden Diskussionsbedarf erkennen. Unabhängig von der Frage, an was die §§ 63 Abs. 1 Nr. 4, 10 Abs. 1 S. 1 ZAG letztendlich für deren Erlaubnispflichtigkeit und Strafbarkeit anknüpfen, stellt sich dennoch die Frage nach der Einordnung der Hawaladare als Zahlungsinstitut(e), denn der Begriff des § 1 Abs. 1 S. 1 Nr. 1 ZAG lässt eine Einordnung der Hawaladare als Zahlungsinstut zu, was aus der Perspektive der aufsichtsrechtlichen Erlaubnispflicht und des Strafrechts im Nachgang eines Rückblicks bedarf.[71]

Nach der Legaldefinition des § 1 Abs. 1 S. 1 Nr. 1 ZAG sind Zahlungsinstitute „Unternehmen, die gewerbsmäßig oder in einem Umfang, der einen in kaufmännischer Weise eingerichteten Geschäftsbetrieb erfordert, Zahlungsdienste erbringen, ohne Zahlungsdienstleister im Sinne der Nummern 2 bis 5 zu sein (Zahlungsinstitute)". Obgleich der Legaldefinition, legt § 1 Abs. 1 S. 1 ZAG den persönlichen Anwendungsbereich der Zahlungsdienste-Beaufsichtigung durch das ZAG fest und setzt damit Art. 1 Abs. 1 § 1 Abs. 1 S. 1 der Zweiten Zahlungsdiensterichtlinie um.[72]

---

[70] So im Gesetzesentwurf der Bundesregierung zur Umsetzung der Zweiten Zahlungsdiensterichtlinie BT-Drs. 18/11495, S. 121; den Bedarf einer besonderen Rechtsform ebenfalls verneinend *Eckhold*, in: Schäfer/Omlor/Mimberg-ZAG, § 10, 11 Rn. 26; *Walter*, in: Casper/Terlau-ZAG, § 10 Rn. 16; *Heucke*, in: Luz/Neus/Schaber/Schneider/et al.-ZAG, § 10 Rn. 10; sinngemäß sollen alle rechtsfähigen Gesellschaften und damit auch Personenhandelsgesellschaften darunter gefasst werden können, BT-Drs. 827/08, S. 77, 80 f.; die BaFin zählt natürliche Personen, Personengesellschaften oder sonstige Personenmehrheiten, juristische Personen oder körperschaftliche Strukturen ohne Rechtsfähigkeit unter Verweis auf BT-Drs. 18/11495, S. 121 kategorisch auf, *BaFin*, Merkblatt – Hinweise zum Zahlungsdiensteaufsichtsgesetz vom 05.07.2024, abrufbar unter: https://www.bafin.de/SharedDocs/Veroeffentlichungen/DE/Merkblatt/mb_111222_zag.html, F. I. Erlaubnispflicht für Zahlungsinstitute (§ 10 Abs. 1 Satz 1 ZAG); zur Kritik einer Anknüpfung an den Begriff des „Antragstellers" siehe *Eckhold*, in: Schäfer/Omlor/Mimberg-ZAG, § 10, 11 Rn. 8, Fn. 22.

[71] Kommt es also bei der Einordnung des Deliktscharakters des § 63 Abs. 1 Nr. 4 ZAG zum Ergebnis eines Sonderdelikts, das an die Eigenschaft des Zahlungsinstituts explizit anknüpft, kann es denklogisch auch nur zu einer Strafbarkeit kommen, sofern sich die Hawaladare als Zahlungsinstitut einordnen lassen. Ausgehend der Erlaubnispflicht und der Strafnorm des § 63 Abs. 1 Nr. 4 ZAG wird diese Frage von Relevanz und bedarf im Nachgang eines Rückblicks, womit dies einer individuellen Betrachtung unterzogen werden muss.

[72] *Mimberg*, in: Schäfer/Omlor/Mimberg-ZAG, § 1 Rn. 10 unter Verweis auf *Casper*, in: Casper/Terlau-ZAG, § 1 Rn. 6.

Als Zahlungsdienstleister kommen hier der Hawaladar 1 sowie der Hawaladar 2 in Betracht. Ausgehend von der Definition müssen diese als Zahlungsinstitut tätig werden, mithin als Unternehmen Zahlungsdienste erbringen. Bei einer Einzeltransaktion[73] nimmt der Hawaladar 1 Gelder des Einzahlers, inklusive der Provision an und gibt diesem im Gegenzug einen Code, den dieser wiederum dem Empfänger mitteilt. Der Hawaladar 1 kontaktiert daraufhin den Hawaladar 2 und weist diesen, unter Nennung des Codes, unmittelbar an, den entsprechenden Betrag dem Empfänger, sofern dieser den richtigen Code nennt, auszuzahlen. Auch dieser erhält einen Teil der Provision. Fraglich für die Einordnung als Zahlungsinstitut ist, ob die Hawaladare eine Eigenschaft als Unternehmen im Sinne des § 1 Abs. 1 S. 1 Nr. 1 ZAG aufweisen. Zudem müssen diese gewerbsmäßig oder in einem Umfang, der in einen in kaufmännischer Weise eingerichteten Geschäftsbetrieb erfordert, Zahlungsdienste erbringen. Außerdem müssen beide oder einer der beiden Hawaladare Zahlungsdienste im Sinne des § 1 Abs. 1 S. 1 Nr. 1 ZAG erbringen.

(a) Der Unternehmensbegriff des § 1 Abs. 1 S. 1 Nr. 1 ZAG

Der Unternehmensbegriff des ZAG ist weder im ZAG selbst noch in der Zweiten Zahlungsdiensterichtlinie ((EU) 2015/2366)[74] legaldefiniert und bedarf damit einer eigenständigen Auslegung. Ein Blick in die Gesetzesmaterialien[75] macht jedoch deutlich, dass der Unternehmensbegriff identisch zu dem des Gesetzes über das Kreditwesen ist, dem wiederum das Gesetz des ZAG als Spezialgesetz in seiner Grundlogik folgt.[76] Demnach wird hier auf ein Urteil des BVerwG[77] vom 13.12. 2011 zu § 44c Abs. 1 S. 1 KWG verwiesen, bei dem das BVerwG ein Unternehmen im aufsichtsrechtlichen Sinne als „jede[n] Akteur, der Zahlungsdienste erbringt", umschreibt. Daraus folgt, dass der aufsichtsrechtliche Unternehmensbegriff des § 1 Abs. 1 S. 1 Nr. 1 ZAG sehr weit zu verstehen ist und damit rein funktional betrachtet werden kann.[78] Auch die Stellung des Zahlungsinstituts (§ 1 Abs. 1 S. 1 Nr. 1 ZAG) als Auffangtatbestand[79] gegenüber den übrigen Arten der Zahlungs-

---

[73] Zum Funktionsablauf siehe Teil 2 A. II. 2. a).

[74] Richtlinie (EU) 2015/2366 des Europäischen Parlaments und des Rates vom 25.11.2015 über Zahlungsdienste im Binnenmarkt, zur Änderung der Richtlinien 2002/65/EG, 2009/110/ EG und 2013/36/EU und der Verordnung (EU) Nr. 1093/2010 sowie zur Aufhebung der Richtlinie 2007/64/EG, ABl. EU Nr. L 337 2015, S. 35.

[75] BT-Drs. 18/11495, S. 103.

[76] BT-Drs. 18/11495, S. 103.

[77] BVerwG 13.12.2011 – 8 C 24.10, BVerwG, ZIP 2012, 830 (831).

[78] BT-Drs. 18/11495, S. 103; dem folgend *Casper*, in: Casper/Terlau-ZAG, § 1 Rn. 9; *Findeisen*, in: Ellenberger/Findeisen/Nobbe/Böger-Kommentar zum Zahlungsverkehrsrecht, § 1 ZAG Rn. 101 f.; *Mimberg*, in: Schäfer/Omlor/Mimberg-ZAG, § 1 Rn. 16; ferner *Danwerth*, Das Finanztransfergeschäft als Zahlungsdienst, S. 40.

[79] So auch *Casper*, in: Casper/Terlau-ZAG, § 1 Rn. 9; *Findeisen*, in: Ellenberger/Findeisen/Nobbe/Böger-Kommentar zum Zahlungsverkehrsrecht, § 1 ZAG Rn. 100; *Mimberg*, in: Schäfer/Omlor/Mimberg-ZAG, § 1 Rn. 15; mit der Umsetzung der Zweiten Zahlungsdiensterichtlinie Richtlinie ((EU) 2015/2366), BT-Drs. 18/11495, S. 102 ist der Gesetzgeber von

dienstleister (§ 1 Abs. 1 S. 1 Nrn. 2 – 5 ZAG) zeugt von einem extensiven Anwendungsbereich, der sich auf die einzelnen Merkmale des § 1 Abs. 1 S. 1 Nr. 1 ZAG durchschlagen muss. Gleichwohl einschränkend kann man unter dem Begriff des Unternehmens zumindest eine „organisatorisch- wirtschaftliche Einheit“[80] verstehen, bei der eine jeweilige Leitperson zumindest organisatorisch und selbstständig handelt.[81] Dementsprechend scheinen Personen, die der Leitperson lediglich zuarbeiten, beispielsweise in der Stellung als Arbeitnehmer, nicht unter den Begriff zu fallen.[82] Ebenfalls weist die Formulierung der Nr. 1 eine Konkretisierung auf, denn das „Erbringen von Zahlungsdiensten“ im Sinne des § 1 Abs. 1 Nr. 1 ZAG muss in Zusammenhang mit dem Begriff des „Unternehmens“ gesetzt werden und kann demnach auch nur im Rahmen einer Kontextualisierung der beiden Formulierungen verstanden werden. Als Unternehmen im Sinne der Nr. 1 gilt nämlich nur diejenige Person (oder Personenmehrheit), die die Zahlungsdienste auch erbringt. Auf das Erbringen von Zahlungsdiensten wird sogleich noch gesondert eingegangen werden.[83] Legt man jedenfalls dieses Begriffsverständnis zugrunde, so zeichnen sich gewisse Kriterien ab, mit denen eine genauere Bestimmung der Unternehmenseigenschaft möglich ist. Demnach ist ein Unternehmen jeder Akteur, der zumindest organisatorisch und selbstständig Zahlungsdienste erbringt.

(aa) Der vermeintliche Unternehmenswille

Daraus folgt schlussendlich, dass die Bestimmung als Unternehmen allein anhand objektiver Kriterien erfolgen muss, nicht jedoch anhand des subjektiven Wil-

---

der vorherigen Stellung des Zahlungsinstituts im § 1 Abs. 1 Nr. 5 ZAG abgerückt und hat dieses nun „aus Gründen der Rechtsklarheit“ nach der „Betroffenheit“ an erster Stelle in § 1 Abs. 1 S. 1 Nr. 1 ZAG eingereiht. Entgegen vermeintlich systematischen Gesichtspunkten wird dem Zahlungsinstitut trotz alledem die Stellung als Auffangtatbestand weiterhin zuteil, dazu ferner *Mimberg*, in: Schäfer/Omlor/Mimberg-ZAG, § 1 Rn. 15; a. A. *Foerster*, in: BeckOGK-BGB, Stand 01. 11. 2023, § 675c Rn. 236.

[80] *Findeisen*, in: Ellenberger/Findeisen/Nobbe/Böger-Kommentar zum Zahlungsverkehrsrecht, § 1 ZAG Rn. 101; *Schwennicke*, in: Schwennicke/Auerbach-KWG, § 1 ZAG Rn. 6; so bereits BGH 16. 01. 2018 – VI ZR 474/16, BGH, NJW 2018, 1602 (1603) unter Verweis auf einschlägige Literatur; OLG Düsseldorf 01. 09. 2020 – 24 U 137/18, OLG Düsseldorf, BKR 2021, 232 (233).

[81] *Mimberg*, in: Schäfer/Omlor/Mimberg-ZAG, § 1 Rn. 17; vgl. *Findeisen*, in: Ellenberger/Findeisen/Nobbe/Böger-Kommentar zum Zahlungsverkehrsrecht, § 1 ZAG Rn. 101; *Schwennicke*, in: Schwennicke/Auerbach-KWG, § 1 ZAG Rn. 6; *Löffler*, Die Straftatbestände des Zahlungsdiensteaufsichtsgesetzes, S. 156 für § 1 Abs. 1 Nr. 5 ZAG a. F.; Parallel dazu für den Unternehmensbegriff im KWG *Schwennicke*, in: Schwennicke/Auerbach-KWG, § 1 KWG Rn. 4 mit weiteren Nachweisen.

[82] *Mimberg*, in: Schäfer/Omlor/Mimberg-ZAG, § 1 Rn. 17.

[83] Teil 3 B. I. 1. a) aa) (2) (c).

lens der jeweiligen Person.[84] Anders wohl der BGH[85] in Zivilsachen in einem Urteil vom 18.01.2018, bei dem die Beklagte Gelder von ihrer angeblich im Ausland ansässigen Arbeitgeberin auf ihrem Bankkonto in Empfang nehmen, über diese Gelder Buch führen und diese abzüglich einer Provision in Höhe von 10 % mittels eines Transferdienstes an ihre Arbeitgeberin weiterleiten sollte. Unabhängig von den in Betracht kommenden zivilrechtlichen Erstattungsansprüchen, wurde die Frage aufgeworfen, ob die Beklagte die Eigenschaft eines Zahlungsinstituts, insbesondere eines Unternehmens aufwies. Dabei verwies der BGH auf § 8 Abs. 1 S. 1 ZAG a.F. (§ 10 Abs. 1 S. 1 ZAG n.F.), der von seinem Wortlaut anders ausgestaltet sei als der in § 32 KWG ausgestaltete und zuvor relevante Erlaubnisvorbehalt.[86] So konstatierte er, dass „nach der letztgenannten Vorschrift die Erforderlichkeit einer Erlaubnis nur davon abhängt, dass im Inland Bankgeschäfte oder Finanzdienstleistungen gewerbsmäßig oder in einem Umfang erbracht werden, der einen in kaufmännischer Weise eingerichteten Geschäftsbetrieb erfordert", hingegen § 8 Abs. 1 S. 1 ZAG a.F. „das Entstehen der Erlaubnispflicht an die weitergehende Anforderungen, dass nur solche Zahlungsdienste erlaubnispflichtig sind, die als ‚Zahlungsinstitut' erbracht werden sollten", anknüpfte. Damit setzt der BGH zunächst den Erlaubnisvorbehalt des § 8 Abs. 1 S. 1 ZAG a.F. (§ 10 Abs. 1 S. 1 ZAG n.F.) in Kontext zum Unternehmensbegriff des § 1 Abs. 1 S. 1 Nr. 1 ZAG; er legt hier die Erlaubnispflichtigkeit zugrunde. Dies verwundert nicht, da fraglich war, ob ein Rückforderungsanspruch aus § 823 Abs. 2 BGB in Betracht kommt und ob § 8 Abs. 1 S. 1 ZAG a.F. den dazu nötigen Schutzgesetzcharakter aufweist. Unter Verweis auf eine mangelnde Eigenschaft als Zahlungsinstitut, insbesondere darauf, dass die Täterin nicht „als Unternehmen" handeln wollte, lehnte der BGH dies ab. Dabei lädt der BGH den Unternehmensbegriff der Legaldefinition des Zahlungsinstituts – unter Rekurs auf den Erlaubnisvorbehalt – mit einer subjektiven Komponente auf und knüpft dies methodisch an den Begriff des „Zahlungsinstituts" im Rahmen des § 8 Abs. 1 S. 1 ZAG a.F. Für die Eigenschaft als Zahlungsinstitut und damit als Unternehmen im Sinne des § 1 Abs. 1 S. 1 Nr. 1 ZAG ist ein subjektiver Wille jedoch irrelevant; für das „Stadium" der Erlaubnispflichtigkeit gemäß § 8 Abs. 1 S. 1 ZAG a.F. kam es zwar auf die Institutseigenschaft, mithin auch auf die objektive Eigenschaft als Unternehmen noch an, dagegen jedoch nicht auf einen streng subjektiven „Unternehmenswillen".[87] Entscheidend ist aber, dass mit dem Passus „erbringen will" des § 10 Abs. 1 S. 1 ZAG eine objektiv-zeitliche Vorverlagerung der Erlaubnispflichtigkeit ver-

---

[84] So auch *Casper*, in: Casper/Terlau-ZAG, § 1 Rn. 9; *Mimberg*, in: Schäfer/Omlor/Mimberg-ZAG, § 1 Rn. 17; wohl auch *Findeisen*, in: Ellenberger/Findeisen/Nobbe/Böger-Kommentar zum Zahlungsverkehrsrecht, § 1 ZAG Rn. 105.

[85] BGH 16.01.2018 – VI ZR 474/16, BGH, NJW 2018, 1602 (1602).

[86] Zum Werdegang des Finanztransfergeschäfts siehe bereits Teil 3 A. I.

[87] Zur Auslegung des Willens zum Erbringen von Zahlungsdiensten im Sinne des § 10 Abs. 1 S. 1 ZAG, was auch auf die Regelung des § 8 Abs. 1 S. 1 ZAG a.F. übertragen werden kann siehe noch Teil 3 B. II. 1. b) aa) (1).

deutlicht werden soll, worauf noch im Detail eingegangen wird.[88] Dieser subjektive Einschlag liegt zwar auch dem Wortlaut des § 32 KWG sowie dem neugefassten § 10 Abs. 1 S. 1 ZAG zugrunde, dennoch mangelt es dem § 10 Abs. 1 S. 1 ZAG nun an einer ausdrücklichen Inbezugnahme des „Zahlungsinstituts“, wie es bei § 8 Abs. 1 S. 1 ZAG a.F. noch der Fall war. Allein deswegen kann bereits mangels expliziten Bezuges des § 10 Abs. 1 S. 1 ZAG auf § 1 Abs. 1 S. 1 Nr. 1 ZAG dem Unternehmensbegriff des § 1 Abs. 1 S. 1 Nr. 1 ZAG kein subjektiver Unternehmenswille beigemessen beziehungsweise abverlangt werden. Mit Hinweis des VI. Zivilsenats auf den Beschluss des BGH[89] in Strafsachen vom 28.10.2015 macht der BGH jedoch deutlich, dass er im vorliegenden Fall einen Verstoß gegen das strafrechtliche Analogieverbot des Art. 103 Abs. 2 GG vermeiden wollte.[90] Bezogen auf die zugrunde gelegten objektiven Voraussetzungen des Unternehmensbegriffs, konnte in diesem Fall aber eine organisatorische Stellung der Beklagten bereits abgelehnt und damit die Stellung als Zahlungsinstitut verneint werden. Im Ergebnis bedarf es für § 1 Abs. 1 S. 1 Nr. 1 ZAG keines Unternehmenswillens.

(bb) Der Adressat des Unternehmensbegriffs

Im besagten Beschluss des BGH[91] in Strafsachen vom 28.10.2015 wurde dem Unternehmensbegriff ferner zugesprochen, dass er nur juristische Personen als Normadressaten erfasst, nicht jedoch natürliche Personen. Hierbei orientierte sich der BGH an Art. 4 Nr. 4, Art. 10 Abs. 1 S. 2 der ZDRL I a.F.[92], indem er darauf verwies, dass entsprechend dieser Normen, „nach […] [denen] eine Zulassung für die gemeinschaftsweite Erbringung und Ausführung von Zahlungsdiensten lediglich juristischen Personen erteilt werden sollte, […] der Gesetzgeber als Normadressaten ausschließlich Unternehmen an[sah], die der Kategorie der Zahlungsinstitute zuzuordnen sind, unabhängig davon, ob ihm eine Erlaubnis nach § 8 Abs. 1 [S. 1] ZAG [a.F.] erteilt worden ist oder nicht“[93]. „Bei diesen Unternehmen muss es sich um juristische Personen oder Personenhandelsgesellschaften handeln“[94]. Ferner verweist der BGH auf die Ausführungen zu § 8 ZAG-E des Regie-

---

[88] Zur Erlaubnispflichtigkeit siehe noch Teil 3 B. II. 1. b) aa).

[89] BGH 28.10.2015 – 5 StR 189/15, BGH, NStZ-RR 2016, 15 (16).

[90] So auch *Findeisen*, in: Ellenberger/Findeisen/Nobbe/Böger-Kommentar zum Zahlungsverkehrsrecht, § 1 ZAG Rn. 105 sowie BGH 16.01.2018 – VI ZR 474/16, BGH, NJW 2018, 1602 (1603), der dies selbst andeutet.

[91] BGH 28.10.2015 – 5 StR 189/15, BGH, NStZ-RR 2016, 15 (16).

[92] Richtlinie 2007/64/EG des Europäischen Parlaments und des Rates vom 13.11.2007 über Zahlungsdienste im Binnenmarkt, zur Änderung der Richtlinien 97/7/EG, 2002/65/EG, 2005/60/EG und 2006/48/EG sowie zur Aufhebung der Richtlinie 97/5/EG, ABl. EU Nr. L 319/1 2007, S. 11, 15.

[93] BGH 28.10.2015 – 5 StR 189/15, BGH, NStZ-RR 2016, 15 (16) unter Verweis auf BT-Drs. 16/11613, S. 32.

[94] BGH 28.10.2015 – 5 StR 189/15, BGH, NStZ-RR 2016, 15 (16) unter Verweis auf BT-Drs. 16/11613, S. 46.

rungsentwurfs zum Zahlungsdiensteumsetzungsgesetz[95], der davon spricht, dass es sich „[b]ei diesen Unternehmen [...] um juristische Personen oder Personengesellschaften handeln" muss und dass dieser wiederum in dessen Satz 2 Bezug zu Art. 4 Nr. 4, Art. 10 Abs. 1 S. 2 der ZDRL I a.F.[96] nimmt. Auch diesem Verständnis wird ein Zusammenspiel aus der Erlaubnisnorm und der Legaldefinition des Zahlungsinstituts zugrunde gelegt. Mit dem Gesetz zur Umsetzung der Zweiten Zahlungsdiensterichtlinie (ZDRL II) ((EU) 2015/2366)[97] und der hiesigen Neufassung des ZAG[98], wird diese Frage jedoch als erledigt angesehen, da gegenüber der früheren Gesetzesfassung der Einschub „als Zahlungsinstitut" entfallen ist.[99] Bereits zum Zeitpunkt der damaligen geltenden Fassung war diese Sichtweise nicht überzeugend, dem BGH in seiner Argumentation mithin zu widersprechen. Auch hier galt es mit Blick auf die Vorgängernormen des KWG und der daraus resultierenden Strafbarkeit eine Parallele zu ziehen, denn § 1 Abs. 1 Nr. 5 ZAG a.F. (§ 1 Abs. 1 S. 1 Nr. 1 ZAG n.F.) war § 1 Abs. 1 S. 1 KWG und § 1 Abs. 1a S. 1 KWG nachgebildet, die Definitionen für Kredit- beziehungsweise Finanzdienstleistungsinstitute enthalten.[100] Auch hier soll der Unternehmensbegriff in § 1 KWG natürliche Personen eingeschlossen haben.[101] Entscheidender ist jedoch, dass der BGH unzutreffender Weise den formellen Institutsbegriff heranzog, der jedoch nicht mit dem materiellen Institutsbegriff des § 1 Abs. 1 Nr. 5 ZAG a.F. (§ 1 Abs. 1 S. 1 Nr. 1 ZAG) gleichgesetzt werden darf.[102] Bei der Betrachtung des Art. 10 Abs. 1 S. 2 der ZDRL I a.F.[103] wurde dessen Satz 1 außer Acht gelassen, der besagte: „Die Mitgliedstaaten schreiben vor, dass andere Unternehmen als Unternehmen im Sinne von Artikel 1 Absatz 1 Buchstaben a bis c, e und f sowie unter den Ausnahmetatbestand nach Artikel 26 fallende natürliche oder juristische Personen, die Zahlungsdienste erbringen wollen, vor dem Beginn der Erbringung von Zahlungs-

[95] BT-Drs. 16/11613, S. 46.

[96] Richtlinie 2007/64/EG des Europäischen Parlaments und des Rates vom 13.11.2007 über Zahlungsdienste im Binnenmarkt, zur Änderung der Richtlinien 97/7/EG, 2002/65/EG, 2005/60/EG und 2006/48/EG sowie zur Aufhebung der Richtlinie 97/5/EG, ABl. EU Nr. L 319/1 2007, S. 11, 15.

[97] Richtlinie (EU) 2015/2366 des Europäischen Parlaments und des Rates vom 25.11.2015 über Zahlungsdienste im Binnenmarkt, zur Änderung der Richtlinien 2002/65/EG, 2009/110/EG und 2013/36/EU und der Verordnung (EU) Nr. 1093/2010 sowie zur Aufhebung der Richtlinie 2007/64/EG, ABl. EU Nr. L 337 2015, S. 35, ABl. EU Nr. L 169 2016, S. 18.

[98] BGBl. I 2017, S. 2446, insbesondere § 10 Abs. 1 S. 1 ZAG auf S. 2455.

[99] *Richter*, in: Luz/Neus/Schaber/Schneider/et al.-ZAG, § 63 Rn. 17; auch *Mimberg*, in: Schäfer/Omlor/Mimberg-ZAG, § 1 Rn. 18.

[100] *Weiß*, wistra 2016, 160 (160).

[101] *Weiß*, wistra 2016, 160 (160).

[102] *Weiß*, wistra 2016, 160 (161); *Weiß*, WM 2016, 1774 (1775).

[103] Richtlinie 2007/64/EG des Europäischen Parlaments und des Rates vom 13.11.2007 über Zahlungsdienste im Binnenmarkt, zur Änderung der Richtlinien 97/7/EG, 2002/65/EG, 2005/60/EG und 2006/48/EG sowie zur Aufhebung der Richtlinie 97/5/EG, ABl. EU Nr. L 319/1 2007, S. 15.

diensten die Zulassung als Zahlungsinstitut erwirken müssen." Aus dem Zusammenspiel der beiden Sätze ergibt sich, dass sowohl natürliche als auch juristische Personen Zahlungsdienste erbringen können und auch eine Erlaubnis diesbezüglich benötigen, diese aber wiederum nach Satz 2 allein juristischen Personen erteilt werden darf.[104] Damit stellt der BGH auf den formellen Institutsbegriff ab, nicht aber auf den eigentlich relevanten materiellen Institutsbegriff. Dadurch würde schließlich auch § 10 Abs. 1 S. 1 ZAG zumindest partiell leerlaufen, da sämtliche Konstellationen die nach § 12 Nr. 1 ZAG nicht erlaubnisfähig sind, nicht erfasst werden könnten.[105] Ein Verweis auf die geschilderten Ausführungen zu § 8 ZAG-E des Regierungsentwurfs[106] vermag kein anderes Ergebnis hervorzubringen, da auch dieser wiederum allein auf den formellen Institutsbegriff abstellt, was dessen anschließender Verweis im nächsten Satz auf Art. 4 Nr. 4, Art. 10 Abs. 1 S. 2 der ZDRL I a. F.[107] belegt. Überträgt man also zum einen den ursprünglichen Begriff des Unternehmens des KWG und legt zum anderen richtlinienkonform den materiellen Institutsbegriff zugrunde,[108] so fallen auch natürliche Personen unter den Begriff des Unternehmens, sodass auch zum Zeitpunkt der Altfassung zwischen der „Erlaubnisfähigkeit" und der „Erlaubnispflichtigkeit" unterschieden werden musste.

In Folge des Beschlusses des BGH reagierte die BaFin auf zahlreiche Nachfragen mit einer Stellungnahme[109], um Klarheit für den Adressatenkreis herbeizuführen. Nach deren Rechtsauffassung ist „jedes Unternehmen gleich welcher Rechtsform – ob natürliche Person, Personengesellschaft oder sonstige Personenmehrheit, juristische Person oder körperschaftliche Struktur ohne Rechtsfähigkeit –" Zahlungsinstitut. Dabei verwies die BaFin auf Art. 29 der ZDRL I a. F.[110], der wie folgt lautete: „Die Mitgliedstaaten untersagen natürlichen oder juristischen Personen, die weder Zahlungsdienstleister noch ausdrücklich vom Anwendungsbereich der Richtlinie ausgenommen sind, die im Anhang aufgeführten Zahlungsdienste zu erbringen." Weiter wird die Regierungsbegründung zum deutschen Zahlungsdien-

---

[104] *Weiß*, wistra 2016, 160 (161); heute ist dies in § 12 Nr. 1 ZAG verankert.

[105] *Löffler*, Die Straftatbestände des Zahlungsdiensteaufsichtsgesetzes, S. 157.

[106] BT-Drs. 16/11613, S. 46.

[107] Richtlinie 2007/64/EG des Europäischen Parlaments und des Rates vom 13. 11. 2007 über Zahlungsdienste im Binnenmarkt, zur Änderung der Richtlinien 97/7/EG, 2002/65/EG, 2005/60/EG und 2006/48/EG sowie zur Aufhebung der Richtlinie 97/5/EG, ABl. EU Nr. L 319/1 2007, S. 11.

[108] Zur vollständigen Harmonisierung siehe Art. 107 ZDRL II sowie zuvor Art. 86 ZDRL I.

[109] *BaFin*, Strafnorm für Zahlungsdienste: Stellungnahme der BaFin zu BGH-Beschluss vom 17. 02. 2016, abrufbar unter: https://www.bafin.de/SharedDocs/Veroeffentlichungen/DE/Meldung/2016/meldung_160217_zahlungsdienste_bgh.html.

[110] Richtlinie 2007/64/EG des Europäischen Parlaments und des Rates vom 13. 11. 2007 über Zahlungsdienste im Binnenmarkt, zur Änderung der Richtlinien 97/7/EG, 2002/65/EG, 2005/60/EG und 2006/48/EG sowie zur Aufhebung der Richtlinie 97/5/EG, ABl. EU Nr. L 319/1 2007, S. 21.

steumsetzungsgesetz von 2009 aufgeführt, die davon spricht, dass „[d]ie Regelung [...] parallel zu § 32 Abs. 1 KWG [ergeht]" und dass „damit [...] Artikel 29 der Zahlungsdiensterichtlinie umgesetzt [wird]." Zwar führt die BaFin mit ihrer Stellungnahme ferner aus, dass die Entscheidung des BGH in Strafsachen allein für das Strafrecht gilt und keine Auswirkungen auf die gefahrenabwehrrechtliche Einordnung eines Geschäfts als Zahlungsdienst nach dem ZAG, insbesondere die Reichweite des Erlaubnisvorbehalts des § 8 Abs. 1 S. 1 ZAG a.F. sowie deren Eingriffsrechte nach §§ 4, 5 ZAG a.F. hat, dennoch macht sie auch deutlich, dass der Erlaubnisvorbehalt (Erlaubnispflichtigkeit) nicht mit der Erlaubnisfähigkeit verwechselt werden darf.[111]

Besagtes griff auch der Gesetzgeber auf, indem er in seinem Gesetzesentwurf zur Umsetzung der Zweiten Zahlungsdiensterichtlinie[112] klarstellte, dass die Erlaubnisfähigkeit für die Qualifikation als Zahlungsinstitut und damit als Unternehmen unerheblich ist und ferner auch natürliche Personen Adressaten der Pflichten nach der Zweiten Zahlungsdiensterichtlinie und dementsprechend nach diesem Gesetz sind. Dabei verweist der Gesetzgeber auf Art. 11 Abs. 1 der ZDRL II[113], der in seinem Wortlaut dem Art. 10 Abs. 1 S. 2 der ZDRL I a.F.[114] gleicht, hier aber die beiden Sätze systematisch vollständig betrachtet und damit ebenfalls zwischen der Erlaubnisfähigkeit und der Erlaubnispflichtigkeit differenziert, ergo unter den Unternehmensbegriff auch natürliche Personen fasst. Ferner wird wie bereits zuvor von der BaFin auf Art. 37 Abs. 1 der ZDRL II (Art. 29 der ZDRL I) zurückgegriffen, unter selbiger Begründung.

Damit lässt sich festhalten, dass es beim Unternehmensbegriff des § 1 Abs. 1 S. 1 Nr. 1 ZAG nicht darauf ankommt, ob es sich um eine natürliche oder juristische Person oder anderweitige Personenmehrheit handelt.[115] Insofern ist es für den Zahlungsdienstleister irrelevant, welche Rechtsform er annimmt, ob ihm beispiels-

---

[111] *BaFin*, Strafnorm für Zahlungsdienste: Stellungnahme der BaFin zu BGH-Beschluss vom 17.02.2016, abrufbar unter: https://www.bafin.de/SharedDocs/Veroeffentlichungen/DE/Meldung/2016/meldung_160217_zahlungsdienste_bgh.html; ferner *BaFin*, Merkblatt – Hinweise zum Zahlungsdiensteaufsichtsgesetz vom 05.07.2024, abrufbar unter: https://www.bafin.de/SharedDocs/Veroeffentlichungen/DE/Merkblatt/mb_111222_zag.html, F. I. Erlaubnispflicht für Zahlungsinstitute (§ 10 Abs. 1 Satz 1 ZAG).

[112] BT-Drs. 18/11495, S. 103.

[113] Richtlinie (EU) 2015/2366 des Europäischen Parlaments und des Rates vom 25.11.2015 über Zahlungsdienste im Binnenmarkt, zur Änderung der Richtlinien 2002/65/EG, 2009/110/EG und 2013/36/EU und der Verordnung (EU) Nr. 1093/2010 sowie zur Aufhebung der Richtlinie 2007/64/EG, ABl. EU Nr. L 337 2015, S. 66.

[114] Richtlinie 2007/64/EG des Europäischen Parlaments und des Rates vom 13.11.2007 über Zahlungsdienste im Binnenmarkt, zur Änderung der Richtlinien 97/7/EG, 2002/65/EG, 2005/60/EG und 2006/48/EG sowie zur Aufhebung der Richtlinie 97/5/EG, ABl. EU Nr. L 319/1 2007, S. 15.

[115] *Findeisen*, in: Ellenberger/Findeisen/Nobbe/Böger-Kommentar zum Zahlungsverkehrsrecht, § 1 ZAG Rn. 102; auch bereits BT-Drs. 18/11495, S. 121.

weise die Eigenschaft einer juristischen Person, Personenhandelsgesellschaft[116] oder eines Kaufmannes zugrunde liegt.[117] Ferner gilt dies auch für jede körperschaftliche Struktur ohne Rechtsfähigkeit.[118] Dies konnte bereits zum Zeitpunkt der alten Gesetzeslage des ZAG entnommen werden; die Diskussion, um das Erfassen natürlicher Personen, hat sich wohl mit der neuen Gesetzeslage des ZAG ohnehin erübrigt. Dies wird durch einen jüngeren Beschluss des BGH[119] vom 02.06.2021 bekräftigt, indem der BGH unter Verweis auf den Gesetzesentwurf zur Umsetzung der Zweiten Zahlungsdiensterichtlinie[120] davon spricht, dass der Täter „als natürliche Person tauglicher Normadressat" sei.

Resümierend ist der Unternehmensbegriff im aufsichtsrechtlichen Sinne des § 1 Abs. 1 S. 1 Nr. 1 ZAG weitreichend zu verstehen und damit etwas anders als der Unternehmensbegriff im strafrechtlichen und bußgeldrechtlichen Sinne zu betrachten, bei dem aufgrund der zwingenden Bestimmtheit der Norm ein „klar konturierter Unternehmensbegriff" vorliegen muss.[121] Demnach ist ein Unternehmen im aufsichtsrechtlichen Sinne des § 1 Abs. 1 S. 1 Nr. 1 ZAG jede natürliche Person oder Personenvereinigung, gleich ob beispielsweise juristische Person oder Personengesellschaft, die zumindest organisatorisch und selbstständig Zahlungsdienste erbringt.

(cc) Die Hawaladare als Unternehmen nach § 1 Abs. 1 S. 1 Nr. 1 ZAG

Bezogen auf die Hawaladare gilt es nun festzustellen, ob diese selbstständig und organisatorisch agieren, mithin, ob diesen die Eigenschaft als Unternehmen im aufsichtsrechtlichen Sinne zuteilwird. Der Hawaladar 1 agiert bei einer Einzeltransaktion selbstständig und organisatorisch, indem er das Transfergeschäft anleitet und für eine Ein- und Auszahlung sorgt, mithin die entscheidende Leitperson darstellt. Er ist Anlaufstelle und Vertrauensperson gegenüber den Kunden, mithin deren Vertragspartner. Er weist bei einer Einzeltransaktion den Hawaladar 2 an, der

---

[116] Zur Divergenz der ZDRL I (gilt auch für ZDRL II) und der Regierungsbegründung (BT-Drs. 16/11613) und damit der endgültigen Fassung des Gesetzes im Hinblick auf die Ausgestaltung des Zahlungsinstituts als juristische Person oder Personenhandelsgesellschaft, siehe *Danwerth*, Das Finanztransfergeschäft als Zahlungsdienst, S. 169.

[117] *Casper*, in: Casper/Terlau-ZAG, § 1 Rn. 9; *Mimberg*, in: Schäfer/Omlor/Mimberg-ZAG, § 1 Rn. 18.

[118] BT-Drs. 18/11495, S. 121; *BaFin*, Merkblatt – Hinweise zum Zahlungsdiensteaufsichtsgesetz vom 05.07.2024, abrufbar unter: https://www.bafin.de/SharedDocs/Veroeffentlichungen/DE/Merkblatt/mb_111222_zag.html, F. I. Erlaubnispflicht für Zahlungsinstitute (§ 10 Abs. 1 Satz 1 ZAG).

[119] BGH 02.06.2021 – 3 StR 61/21, BGH, ZIP 2021, 1853 (1855).

[120] BT-Drs. 18/11495, S. 121, 144.

[121] *Findeisen*, in: Ellenberger/Findeisen/Nobbe/Böger-Kommentar zum Zahlungsverkehrsrecht, § 1 ZAG Rn. 101 unter Verweis auf BGH 16.01.2018 – VI ZR 474/16, BGH, NJW 2018, 1602 (1603); inwieweit der strafrechtliche Unternehmensbegriff nun aber zu verstehen ist und dieser pauschal enger zu fassen ist als derjenige des Aufsichtsrecht, kann an dieser Stelle jedoch nicht abschließend geklärt werden.

die Auszahlung übernimmt und ihm damit zuarbeitet. Auch gilt dies für den Hawaladar 2, wenn es zu einem sogenannten „reverse Hawala" kommt, er im Grunde, die Rolle des Hawaladar 1 einnimmt und damit eine aus seinem Kreis stammende Transaktion vornimmt.

Trotz alledem sind beide Hawaladare Teil eines Hawala-Netzwerkes, das für sich genommen als homogener Club[122] verstanden wird und auch eine Art wirtschaftliche Einheit, wenn nicht sogar eine informelle Organisation bildet, sodass auch dieses im Hinblick auf den Unternehmensbegriff untersucht werden muss. Denn auch hier lässt sich mit Blick auf die Weite des Unternehmensbegriffs, diesen zusammen betrachtet eine organisatorische Struktur beimessen, da das Netzwerk institutionell von den Hawaladaren abhängig ist. Es lebt von den Transaktionen der unterschiedlich angesiedelten Hawaladare, die erst mit ihrer „Struktur der zwei Töpfe" und den damit verbundenen Ausgleichsmechanismen ein Hawala-Netzwerk einrichten und gestalten können. Daran gemessen, kann dem Hawala-Netzwerk an sich auch eine Unternehmensstruktur zugesagt werden. Neben der Organisationsstruktur kommt dem Hawala-Netzwerk im Normalfall auch eine Selbstständigkeit zu. Die beiden Hawaladare arbeiten dem dahinterstehenden Netzwerk zu und im Namen des Netzwerkes. Dem (Groß-)Hawaladar oder den Hawaladaren (als eine Art „Führungsspitze" des Netzwerkes) kann dabei auch ein Direktionsrecht zustehen, wenn andere Akteure, etwa Einsammler, Buchführer und Akteure des Logistikbereichs, ihnen wie „Arbeitnehmer" zuarbeiten.[123] Die Gelder fließen in den Topf des Netzwerkes, woraus die Akteure ihre Entlohnung erhalten. Dies wird man gerade bei Hawala-Netzwerken auffinden, die auf die Bildung eines Schattenfinanzwesens abzielen und als kriminelles Syndikat eine Geschäftsstruktur entwickelt haben. Diesen scheint eine Selbstständigkeit immanent zu sein, wenn auch hier aufgrund der schattenfinanzwirtschaftlichen Ausgestaltung eine Art „krimineller Konzern" erwächst der auf moralischen, islamischen und sich selbstkontrollierenden Regularien basiert. Diese Strukturen weisen meist auch die in der Rechtsprechung[124] behandelten Hawala-Netzwerke auf und verdienen daher – vor allem in der strafrechtlichen Einordnung – einen besonderen Fokus.

Es besteht dabei aber auch die Möglichkeit, dass die Grundlage des Netzwerkes eine Art „Gentlemen's Agreement" bildet, das keine rechtliche Vereinbarung er-

---

[122] Zum Begriff *Schramm/Taube*, Ordnungsprinzipien der supranationalen Transaktionssicherung im islamischen hawala-Finanzsystem, S. 15.

[123] *Sinn*, Wirtschaftsmacht Organisierte Kriminalität, S. 71 ff.

[124] BGH 28.06.2023 – 3 StR 108/23, BGH, BeckRS 2023, 18792 und BGH 01.06.2023 – 3 StR 414/22, BGH, BeckRS 2023, 17742; BGH 28.06.2022 – 3 StR 403/20, BGH, BeckRS 2022, 20799; BGH 02.06.2021 – 3 StR 61/21, BGH, ZIP 2021, 1853 (1854); LG Köln 23.05.2022 – 109 KLs 5/21, LG Köln, abrufbar unter: https://www.justiz.nrw.de/nrwe/lgs/koeln/lg_koeln/j2022/109_KLs_5_21_Urteil_20220523.html; LG Düsseldorf 23.11.2021 – 014 KLs 2/21, LG Düsseldorf, abrufbar unter: http://www.justiz.nrw.de/nrwe/lgs/duesseldorf/lg_duesseldorf/j2021/014_KLs_2_21_Urteil_20211123.html, LG Düsseldorf, BeckRS 2021, 55636; LG Mannheim 17.11.2020 – 22 KLs 540 Js 6574/20, LG Mannheim, BeckRS 2020, 50512.

blicken lässt, respektive ebenfalls auf moralischen, islamischen und sich selbstkontrollierenden Regularien basiert. Hierbei stehen die einzelnen Hawaladare und somit auch der Hawaladar 1 und der Hawaladar 2 jedoch eigenständig für sich und bilden Vertragspartner mit Blick auf die jeweiligen Einzeltransaktionen, sodass sie sich die erwirtschafteten Provisionen ihrem eigenen Vermögen zugeben, nicht aber dem dahinterstehenden Netzwerk einen Dienst erweisen. In diesen Fällen lassen sich die beiden Hawaladare für sich auch als Unternehmen im Sinne des § 1 Abs. 1 S. 1. Nr. 1 ZAG einordnen, was im Schattenfinanzwesen jedoch nicht die Regel darstellen sollte.

Interessant ist auch, dass das jeweilige Geschäft eines Hawaladars als Plattform für „schattenwirtschaftliche Transfers" von Geldern angesehen werden kann, mithin als Gesellschaft, die lediglich den Hintergrund der Geldtransfergeschäfte bildet oder auch als Gesellschaft, in deren Abläufe das Hawala-Banking organisatorisch eingebunden wird. Dies macht der BGH[125] in seinem Beschluss vom 28.10.2015 ferner deutlich, indem er die Einschätzung des LG Leipzig bemängelt und die aufgezeigten möglichen Sichtweisen schildert. Die Plattform oder auch die dahinterstehende Gesellschaft kann nämlich selbst als juristische Person oder Personenhandelsgesellschaft ausgestaltet sein. So hatte das im Beschluss relevante Reisebüro, das als Hawala Plattform diente, beispielsweise die Form einer GmbH. In einem neueren Beschluss des BGH[126] vom 02.06.2021 betrieb der Hawaladar ein Juweliergeschäft in Köln und ein anderer Betreiber ein Büro in Istanbul. Wiederum in einem weiteren Fall des LG Düsseldorf[127] vom 23.11.2021 waren zwar ebenfalls juristische Personen oder Personenhandelsgesellschaften, die als Juweliergeschäfte oder Großhandel für Edelmetalle ausgestaltet waren, grundsätzlich einbezogen, hierbei erfolgte jedoch der „eigentliche Zahlungsdienst in Gestalt der Entgegennahme und des Verfügbarmachens von Bargeld […] durch die Angeklagten als natürliche Personen und nicht als Handlung im Namen einer juristischen Person oder Personenhandelsgesellschaft." Auch im Fall des LG Köln[128] vom 23.05.2022 waren gegründete und betriebene (Schein-)Firmen integriert. Dabei kommt es darauf an, inwiefern die Hawala-Tätigkeit in das jeweilige Geschäft integriert ist. Meist werden diese nur als Vorwand gegründet und dienen lediglich als Anlaufstelle für

[125] BGH 28.10.2015 – 5 StR 189/15, BGH, NStZ-RR 2016, 15 (16); grundsätzlich zustimmend *Venn*, ZWH 2016, 205 (207) der jedoch die gewählten Kriterien des BGH kritisiert und diese im Hinblick auf § 14 Abs. 1 Nr. 1 StGB als zu „schwach konturiert" empfindet, was hier jedoch nicht weiter vertieft werden soll; ebenfalls andeutend *Weiß*, wistra 2016, 160 (161).

[126] BGH 02.06.2021 – 3 StR 61/21, BGH, ZIP 2021, 1853 (1854).

[127] LG Düsseldorf 23.11.2021 – 014 KLs 2/21, LG Düsseldorf, abrufbar unter: http://www.justiz.nrw.de/nrwe/lgs/duesseldorf/lg_duesseldorf/j2021/014_KLs_2_21_Urteil_20211123.html, Rn. 627, LG Düsseldorf, BeckRS 2021, 55636, Rn. 144.

[128] LG Köln 23.05.2022 – 109 KLs 5/21, LG Köln, abrufbar unter: https://www.justiz.nrw.de/nrwe/lgs/koeln/lg_koeln/j2022/109_KLs_5_21_Urteil_20220523.html, Rn. 60.

Ein- und Auszahlungen oder als Deckmantel für das Clearingverfahren. Dies gilt es immer anhand des jeweiligen Einzelfalls zu bestimmen.

Im Fall des BGH[129] vom 02.06.2021 vereinigten sich um den Hawaladar in Köln jedoch weitere Akteure, die als Einsammler[130] und Buchhalter[131] tätig wurden und diesem zuarbeiteten, was als Hawala-Gruppierung umschrieben werden und ebenfalls dem Unternehmensbegriff unterfallen kann. Damit kann eine Hawala-Gruppierung eine gewisse Eigenständigkeit aufweisen, dennoch aber in das Hawala-Netzwerk integriert sein. Aufgrund der Weite des Unternehmensbegriffs könnte man von einem Unternehmen im Unternehmen sprechen. Wertend betrachtet kam diesen weiteren integrierten Personen damit eine Tätigkeit zu, die im Hinblick auf den Transfer zwar wesentlich und gegebenenfalls auch organisatorisch eingebunden, im Hinblick auf deren Arbeitsbeitrag nicht aber selbstständig war. Diese nahmen vergleichbar die Rolle eines Arbeitnehmers ein und arbeiteten dem Betreiber des Juweliergeschäfts lediglich zu, indem sie für den Hawaladar die Gelder einsammelten und einem Geldpool zuführten oder die Geldbewegungen mitverfolgten. Sie agierten weisungsgebunden und fremdbestimmt und erhielten eine Vergütung, die in einer persönlichen Abhängigkeit verpflichtete.[132] Damit werden zwei weitere Erkenntnisse für den Unternehmensbegriff im Hinblick auf das Hawala-Banking deutlich: Zum einen sind Personen, die dem eigentlichen Hawaladar zuarbeiten – unabhängig der strafrechtlichen Einordnung[133] – bereits nicht als Unternehmen im Sinne des § 1 Abs. 1 S. 1 Nr. 1 ZAG einzuordnen, da es ihnen meist an der Selbstständigkeit mangeln wird. Zum anderen macht dies deutlich, dass auch der Hawaladar 1 unabhängig des eigentlichen Hawala-Netzwerkes eine Hawala-Gruppierung[134] zu bilden vermag, die ihrerseits wiederum unter den Unternehmensbegriff fallen *kann*. Bei dieser Konstellation, mag jedoch das Hawala-Netzwerk an Selbstständigkeit verlieren und lediglich auf dem bereits angesprochenen „Gentlemen's Agreement" basieren. Dazu gilt es immer die einzelnen Strukturen der Netzwerke zu begutachten und einer Einzelfallbetrachtung zu unterziehen, inwiefern die Gruppierung losgelöst von dem Netzwerk agiert und dieser damit eine Selbstständigkeit zukommt.

Jedenfalls strukturell scheinen das Netzwerk oder je nach dem die Gruppierung eine Organisation und Selbstständigkeit aufzuweisen und – je nach Ausgestaltung

---

[129] BGH 02.06.2021 – 3 StR 61/21, BGH, ZIP 2021, 1853 (1854).

[130] Siehe zum Einsammler bereits Teil 2 A. II. 2. a).

[131] Siehe zum Buchhalter bereits Teil 2 A. II. 2. a).

[132] Damit kann hier eine gewisse Parallele zum Arbeitnehmer im Arbeitsrecht gezogen werden, wenn auch nicht direkt übertragbar. Zur Abgrenzung der selbstständigen Tätigkeit siehe beispielsweise *Spinner*, in: MüKo-BGB, § 611a Rn. 91 ff.

[133] Auf den tauglichen Täter nach § 63 Abs. 1 Nr. 4 ZAG wird noch an späterer Stelle eingegangen Teil 4 A. I. 1. sowie insbesondere auf die potenziellen Beteiligten beim Hawala-Banking Teil 4 A. I. 2.

[134] Zur Hawala-Gruppierung siehe Abbildung 3: Struktur der Gruppierung um Hawaladar 1 im Kontext eines umfangreichen Hawala-Netzwerkes.

des Einzelfalls – beispielsweise einer oHG oder einem nichteingetragenen Verein zu gleichen[135]. Nichtsdestotrotz würde eine Einordnung als oHG oder gar nichteingetragener Verein womöglich bereits am Gesellschaftsvertrag beziehungsweise an der Vereinssatzung scheitern, da dem Grunde nach mit dem Netzwerk oder der Gruppierung ein gesetzeswidriger Zweck, und zwar das Erbringen von Zahlungsdiensten ohne Erlaubnis verfolgt werden würde,[136] sodass höchstens eine fehlerhafte Gesellschaft oder ein fehlerhafter Verein im Raum stehen könnte, wenn nicht auch hier das gesetzliche Verbot des § 63 Abs. 1 Nr. 4 Alt. 1 ZAG der Anwendung der Grundsätze über die fehlerhafte Gesellschaft im Wege steht.[137] Ungeachtet einer tiefergehenden gesellschaftsrechtlichen Auseinandersetzung können je nach Ausgestaltung das Hawala-Netzwerk, die Hawala-Gruppierung oder auch für sich alleinstehend der Hawaladar 1 und der Hawaladar 2 als aufsichtsrechtliches Unternehmen im Sinne des § 1 Abs. 1 S. 1 Nr. 1 ZAG eingeordnet werden.

(b) Die Bagatellschwelle des § 1 Abs. 1 S. 1 Nr. 1 ZAG

Die Eigenschaft als Zahlungsinstitut beansprucht ferner, dass das Unternehmen Zahlungsdienste gewerbsmäßig oder in einem Umfang betreibt, der einen in kaufmännischer Weise eingerichteten Geschäftsbetrieb erfordert, § 1 Abs. 1 S. 1 Nr. 1 ZAG. Die Merkmale decken sich mit denen des § 10 Abs. 1 S. 1 ZAG,[138] sodass hier Parallelen gezogen werden können. Zwar findet sich zu den Merkmalen keine Legaldefinition, jedoch erlaubt es eines systematischen Rückgriffs auf die Regierungsbegründung[139] zu § 2 Abs. 1 ZAG sowie auf das KWG.[140] Damit gilt es

---

135 Vgl. *Weiß*, wistra 2021, 448 (450).

136 So zumindest *Weiß*, wistra 2021, 448 (450); zur Charakteristik des Hawala-Bankings und der damit verbundenen Einordnung als generell informelles System, siehe Teil 2 A. II. 2. c) bb).

137 Die Grundsätze der fehlerhaften Gesellschaft unter Verweis auf BGH 20.03.1986 – II ZR 75/85, BGHZ 97, 243 (250); ablehnend *Weiß*, wistra 2021, 448 (450); allgemein zur Ablehnung der Anwendbarkeit der Grundsätze der fehlerhaften Gesellschaft aufgrund der Gesetzes- oder Sittenwidrigkeit des Gesellschaftszwecks siehe *Miras*, in: Münchener Handbuch des Gesellschaftsrechts, § 123 Rn. 121 ff.

138 *Eckhold*, in: Schäfer/Omlor/Mimberg-ZAG, § 10, 11 Rn. 50; *Mimberg*, in: Schäfer/Omlor/Mimberg-ZAG, § 1 Rn. 20; vgl. *Walz*, in: Ellenberger/Findeisen/Nobbe/Böger-Kommentar zum Zahlungsverkehrsrecht, § 10 ZAG Rn. 7.

139 BT-Drs. 16/11613, S. 41, wobei sich hier allein eine Definition der Gewerbsmäßigkeit wiederfindet.

140 So ausführlich und zustimmungswürdig *Danwerth*, Das Finanztransfergeschäft als Zahlungsdienst, S. 40 ff.; ferner *Walter*, in: Casper/Terlau-ZAG, § 10 Rn. 15 der unter Verweis auf BR-Drs. 827/08, S. 77 f. explizit darauf hinweist, dass die Begriffe wie die des § 1 Abs. 1 S. 1 KWG auszulegen sind; ferner *Löffler*, Die Straftatbestände des Zahlungsdiensteaufsichtsgesetzes, S. 160 f. der darauf verweist, dass der deutsche Gesetzgeber sich bei der Schwelle für die Erlaubnispflicht in § 8 Abs. 1 ZAG a.F. an den Formulierungen in § 1 Abs. 1 S. 1, Abs. 1a S. 1 KWG orientierte und dieser eine Parallelität zu § 1 KWG sieht, mithin eine gleiche Bedeutung intendiert war; ebenfalls unter Verweis auf BT-Drs. 16/11613, S. 46 zu § 8 ZAG a.F. OVG Münster 19.11.2015 – 4 B 710/15, OVG Münster, NVwZ-RR 2016, 376 (378).

die Gewerbsmäßigkeit auch aufsichtsrechtlich zu bestimmen, nicht im strafrechtlichen Sinne.[141] Demnach setzt Gewerbsmäßigkeit voraus, dass das Unternehmen seine Tätigkeit mit der Absicht der Gewinnerzielung auf eine gewisse Dauer anlegt.[142] Ein Umfang, der einen in kaufmännischer Weise eingerichteten Geschäftsbetrieb erfordert meint hingegen, dass der Geschäftsbetrieb des Unternehmens in kaufmännischer Weise einzurichten ist, sodass unter Betrachtung kaufmännischer betriebswirtschaftlicher Gesichtspunkte, die Durchführung der betriebenen Geschäfte ordnungsgemäß ablaufen kann.[143] Zur kaufmännischen Einrichtung gehören alle Einrichtungen, die das Unternehmen zur Erzielung von Ordnung und Übersicht im Interesse des Schutzes aller beteiligten Personen herausgebildet hat, wie beispielsweise die kaufmännische Buchführung, Korrespondenzakten oder die Kassenführung.[144] Anhaltspunkte bieten auch die Anzahl der Einzelgeschäfte, die dabei umgesetzten Beträge sowie der mit der Abwicklung dieser Geschäfte verbundene Aufwand.[145] Maßgeblich ist hierbei nach der zahlungsdienstewirtschaftlichen Verkehrsauffassung, ob die Einrichtung eines kaufmännisch eingerichteten Geschäftsbetriebs objektiv erforderlich ist, nicht aber das tatsächliche Bestehen oder Nichtbestehen dieser Einrichtungen.[146] Ein Konkurrenzverhältnis der beiden Tatbe-

---

[141] *Weiß*, in: Schäfer/Omlor/Mimberg-ZAG, § 63 Rn. 46; *Altenhain*, in: Momsen/Grützner Wirtschafts- und Steuerstrafrecht, § 20 Rn. 17; *Löffler*, Die Straftatbestände des Zahlungsdiensteaufsichtsgesetzes, S. 161, 190 f. unter Verweis auf einschlägige Literatur; unter Verweis auf die Literatur ebenfalls BGH 28.02.2023 – 2 StR 371/22, BGH, NStZ 2024, 100 (102), BGH, BeckRS 2023, 15358; zu § 54 KWG bereits BGH 11.09.2002 – 1 StR 73/02, BGH, NStZ-RR 2003, 55 (67).

[142] *Mimberg*, in: Schäfer/Omlor/Mimberg-ZAG, § 1 Rn. 20; *Eckhold*, in: Schäfer/Omlor/Mimberg-ZAG, § 10, 11 Rn. 53; *Schwennicke*, in: Schwennicke/Auerbach-KWG, § 1 ZAG Rn. 8; *Schwennicke*, in: Schwennicke/Auerbach-KWG, § 10 ZAG Rn. 10; *Walter*, in: Casper/Terlau-ZAG, § 10 Rn. 15; *Altenhain*, in: Momsen/Grützner Wirtschafts- und Steuerstrafrecht, § 20 Rn. 17; *Hingst/Lösing*, Zahlungsdiensteaufsichtsrecht, § 6 Rn. 15; *Löffler*, Die Straftatbestände des Zahlungsdiensteaufsichtsgesetzes, S. 161, 190 f.; *Eggers/van Cleve*, NZWiSt 2020, 426 (427); *BaFin*, Merkblatt – Hinweise zum Zahlungsdiensteaufsichtsgesetz vom 05.07.2024, abrufbar unter: https://www.bafin.de/SharedDocs/Veroeffentlichungen/DE/Merkblatt/mb_111222_zag.html, F. I. Erlaubnispflicht für Zahlungsinstitute (§ 10 Abs. 1 Satz 1 ZAG); Im Handelsrecht zeigt sich eine Tendenz, dass bei der Gewerbsmäßigkeit auf eine Entgeltlichkeit abgestellt wird, nicht auf eine Gewinnerzielungsabsicht und dies auch vereinzelt für das ZAG in Erwägung gezogen wird, so zumindest *Eckhold*, in: Schäfer/Omlor/Mimberg-ZAG, § 10, 11 Rn. 54.

[143] *Eckhold*, in: Schäfer/Omlor/Mimberg-ZAG, § 10, 11 Rn. 58; OVG Münster 19.11.2015 – 4 B 710/15, OVG Münster, NVwZ-RR 2016, 376 (378) unter Verweis auf die Rechtsprechung des BVerwG 25.06.1980 – BVerwG 1 C 13.74, BVerwG, BeckRS 1980, 03436.

[144] *Eckhold*, in: Schäfer/Omlor/Mimberg-ZAG, § 10, 11 Rn. 58; vgl. *Danwerth*, Das Finanztransfergeschäft als Zahlungsdienst, S. 44 f.; *Löffler*, Die Straftatbestände des Zahlungsdiensteaufsichtsgesetzes, S. 163.

[145] *Weiß*, in: Schäfer/Omlor/Mimberg-ZAG, § 63 Rn. 47.

[146] *Eckhold*, in: Schäfer/Omlor/Mimberg-ZAG, § 10, 11 Rn. 58; *BaFin*, Merkblatt – Hinweise zum Zahlungsdiensteaufsichtsgesetz vom 05.07.2024, abrufbar unter: https://www.bafin.de/SharedDocs/Veroeffentlichungen/DE/Merkblatt/mb_111222_zag.html, F. I. Erlaubnispflicht für Zahlungsinstitute (§ 10 Abs. 1 Satz 1 ZAG); *Altenhain*, in: Momsen/Grützner

standsvarianten besteht nicht, sodass die Erfüllung beider Tatbestandsvarianten, als auch eine etwaige Erfüllung beider Tatbestandsvarianten zur Einordnung als Zahlungsinstitut führen kann.[147] Mit Blick auf das Hawala-Banking muss schließlich das jeweilige Unternehmen entweder gewerbsmäßig oder als ein in kaufmännischer Weise eingerichteter Geschäftsbetrieb agieren.

(aa) Die Gewerbsmäßigkeit beim Hawala-Banking

Für die Gewerbsmäßigkeit bedarf es wie dargestellt zum einen eine Absicht der Gewinnerzielung und zum anderen eine gewisse Dauer. Die Absicht der Gewinnerzielung umfasst das Streben nach einem wirtschaftlichen Vorteil, der zu einem Überschuss über die Kosten der Tätigkeit führt.[148] Auf einen tatsächlichen Gewinn kommt es dagegen nicht an.[149]

Die Hawaladare erwarten durch die Transferleistung einen wirtschaftlichen Vorteil, indem sie den Kunden Provisionen abverlangen. Dabei verlangt der Hawaladar 1 normalerweise vom Einzahler eine Provision in Höhe von 0,25 % bis zu 5,0 %[150], wovon der Hawaladar 2 in der Regel wiederum 50 % erhält.[151] Im Hinblick auf diese durchaus niedrigen Provisionszahlungen stellt sich die Frage, ob die Gewerbsmäßigkeit des § 1 Abs. 1 S. 1 Nr. 1 ZAG (§ 10 Abs. 1 S. 1 ZAG) auch auf das Hawala-Banking zutrifft oder ob es lediglich einem Bagatellgewerbe gleicht, sodass eine Gewinnerzielungsabsicht eher fernliegend scheint. Denn selbst, wenn diese in erster Linie einen Juwelier oder auch ein Reisebüro betreiben,[152] so stellen

---

Wirtschafts- und Steuerstrafrecht, § 20 Rn. 18; vgl. *Löffler*, Die Straftatbestände des Zahlungsdiensteaufsichtsgesetzes, S. 163 f. der insbesondere auf die „zahlungswirtschaftliche Verkehrsauffassung“ eingeht und dessen Offenlassen durch die BaFin beanstandet.

[147] *Eckhold*, in: Schäfer/Omlor/Mimberg-ZAG, § 10, 11 Rn. 50 unter vergleichenden Verweis auf *BaFin*, Merkblatt – Hinweise zum Zahlungsdiensteaufsichtsgesetz vom 05. 07. 2024, abrufbar unter: https://www.bafin.de/SharedDocs/Veroeffentlichungen/DE/Merkblatt/mb_111222_zag.html, F. I. Erlaubnispflicht für Zahlungsinstitute (§ 10 Abs. 1 Satz 1 ZAG).

[148] *Walter*, in: Casper/Terlau-ZAG, § 10 Rn. 15; vgl. *Danwerth*, Das Finanztransfergeschäft als Zahlungsdienst, S. 42 f.; *Eckhold*, in: Schäfer/Omlor/Mimberg-ZAG, § 10, 11 Rn. 54, der ferner davon ausgeht, dass der beabsichtigte Überschuss über die eigenen Aufwendungen nicht nur geringfügig sein darf; a. A. *Findeisen*, in: Ellenberger/Findeisen/Nobbe/Böger-Kommentar zum Zahlungsverkehrsrecht, § 1 ZAG Rn. 114 der wohl nicht einmal ein kostendeckendes Leistungsäquivalent vom Zahlungsdienstnutzer verlangt.

[149] *Eckhold*, in: Schäfer/Omlor/Mimberg-ZAG, § 10, 11 Rn. 54 unter Verweis auf *Eisenmenger*, in: Landmann/Rohmer-GewO, § 1 GewO Rn. 23; *Schwennicke*, in: Schwennicke/Auerbach-KWG, § 1 KWG Rn. 6; *Löffler*, Die Straftatbestände des Zahlungsdiensteaufsichtsgesetzes, S. 162.

[150] Zu den Provisionsangaben und deren Schwankungen siehe bereits Teil 2 A. II. 2. b) cc).

[151] *Wahlers*, Die rechtliche und ökonomische Struktur von Zahlungssystemen inner- und außerhalb des Bankensystems, S. 116 unter Verweis auf einschlägige Quellen.

[152] Hawaladare können damit auch indirekt Gelder generieren, indem sie durch das Hawala-Banking für ihre Haupttätigkeit werben, dazu bereits Teil 2 A. II. 2. b) cc). Die Stellung des Hawala-Bankings als bloße Nebentätigkeit, steht der Einordnung als Zahlungsdienst jedoch nicht entgegen, siehe dazu Teil 3 B. II. 1. b) aa) (5).

diese Dienstleistungen im Hinblick auf die Gewerbsmäßigkeit keine Bezugspunkte dar, sodass sie bei der Bestimmung der Gewerbsmäßigkeit eben keine Berücksichtigung finden dürfen.[153] Dies würde bereits dem Wortlaut des § 1 Abs. 1 Nr. 1 ZAG widersprechen, denn Zahlungsinstitute werden als Unternehmen definiert, „die gewerbsmäßig […] Zahlungsdienste erbringen", nicht jedoch auch andere Dienstleistungen.[154]

Auf die Frage, ob die geringen Provisionszahlungen zur Bestimmung der Gewerbsmäßigkeit ausreichen, lieferte der BGH[155] in einem Strafurteil vom 11.09. 2002 eine mögliche Antwort, allerdings mit Rücksicht auf die Vorgängernormen des KWG: Dem zugrunde liegenden Sachverhalt nach, verhalf ein in Deutschland lebender Iraker, den in Deutschland ansässigen Landsleuten dazu, ihre Verwandten in den kurdischen Schutzzonen im Norden des Iraks finanziell zu unterstützen, indem er ihnen mittels eines Hawala-Finanzsystems die gewünschten Beträge transferierte. Dabei nahm er von den jeweiligen Personen Bargeld entgegen, kontaktierte seinen im Irak lebenden Bruder und wies diesen an, die entsprechenden Beträge auszuzahlen, nachdem er eine Provision von 2,5 %–5 % einbehielt. So fanden im Zeitraum von Januar bis November des Jahres 2000 Geldtransfers mit einem Gesamtvolumen von 609.550 Deutsche Mark statt, wobei es zu 694 Einzelaufträgen mit Beträgen zwischen 100 Deutsche Mark und 13.700 Deutsche Mark kam.

---

[153] *Danwerth*, Das Finanztransfergeschäft als Zahlungsdienst, S. 46 ff.; ebenfalls *Altenhain*, in: Momsen/Grützner Wirtschafts- und Steuerstrafrecht, § 20 Rn. 17; *Eckhold*, in: Schäfer/Omlor/Mimberg-ZAG, § 10, 11 Rn. 54; *Weiß*, in: Schäfer/Omlor/Mimberg-ZAG, § 63 Rn. 46 unter vergleichenden Verweis auf BGH 11.06.2015 – 1 StR 368/14, BGH, ZWH 2015, 303 (309 f.); OVG Münster 19.11.2015 – 4 B 710/15, OVG Münster, NVwZ-RR 2016, 376 (378); a.A. LG Köln 29.09.2011 – 81 O 91/11, LG Köln, BKR 2012, 348 (350) das es genügen lässt, wenn die Zahlungsdienste die Gewinnerzielungsabsicht im Rahmen des Hauptgeschäfts fördern; dem folgend OLG Düsseldorf 01.09.2020 – 24 U 137/18, OLG Düsseldorf, BKR 2021, 232 (233); siehe ferner den aktuellen Hawala-Fall des OLG Düsseldorf 24.10.2022 – 1 Ws 131/22, OLG Düsseldorf, NZWiSt 2023, 69 (70), bei dem auf die Gesamtumstände abgestellt wurde und es deswegen auf der Hand liegen soll, „dass die Zahlungsdienste, mit denen außereuropäischen Kunden der TWW ein Erwerb später zu exportierender Fahrzeuge in Europa erleichtert werden sollte, ersichtlich der Kundenbindung sowie Auftragsakquise zu Gunsten der Spedition dienten und damit in ihrer Gesamtheit auf die dauerhafte Erzielung von Gewinnen angelegt sowie ausgerichtet waren." Für den „Geldtransfer als solchen [wurde jedoch] offenbar in keinem Fall eine Provision an die TWW oder and die Beschuldigten J. gezahlt." Auch hier wird auf eine reine Förderung des Hauptgeschäfts abgestellt, was es nach der hier favorisierten Ansicht aber abzulehnen gilt. Eine Diskussion um einen in kaufmännischer Weise eingerichteten Geschäftsbetrieb, wäre hier jedoch naheliegender.

[154] Dazu umfangreich und zustimmungswürdig *Danwerth*, Das Finanztransfergeschäft als Zahlungsdienst, S. 46 ff., der sich tiefgehend mit dem Wortlaut, der Systematik und das Telos des § 1 Abs. 1 Nr. 5 ZAG a.F. (§ 1 Abs. 1 S. 1 Nr. 1 ZAG n.F.) sowie des § 8 Abs. 1 ZAG a.F. (§ 10 Abs. 1 S. 1 ZAG n.F.) auseinandersetzt und ferner die Zahlungsdiensterichtlinie (ZDRL I) heranzieht; ebenso *Eckhold*, in: Schäfer/Omlor/Mimberg-ZAG, § 10, 11 Rn. 54 der ebenfalls auf den Wortlaut abstellt, gleichwohl für § 10 Abs. 1 S. 1 ZAG.

[155] BGH 11.09.2002 – 1 StR 73/02, BGH, NStZ-RR 2003, 55 (56).

Das LG Stuttgart verneinte noch ein gewerbsmäßiges Handeln beim Angeklagten, „weil er angesichts des auf ihn entfallenden geringen Provisionsanteils von 0,5 % nicht mit Gewinnerzielungsabsicht gehandelt habe, was gewerbsmäßiges Handeln für seine Person ausschließe“[156]. Der BGH revidierte dies, indem er darauf verwies, dass es darauf gerade nicht ankommt, ob ihm nur ein geringer Provisionsanteil von 0,5 % zufloss. Dabei führte er aus, dass die Strafbarkeit nach § 54 Abs. 1 Nr. 2 KWG nicht an die Gewerbsmäßigkeit des Bankgeschäftes anknüpft, sondern an das Handeln ohne Genehmigung. Eine Gewerbsmäßigkeit im Sinne des § 32 Abs. 1 S. 1 KWG erfordert, dass die Bankgeschäfte auf Dauer angelegt sind und mit Gewinnerzielungsabsicht verfolgt werden. Durch das Abstellen der Kammer auf den Umfang der tätereigenen Einnahmen, soll sie jedoch den gewerberechtlichen Charakter des Begriffes der Gewerbsmäßigkeit in §§ 1 Abs. 1, 32 Abs. 1 S. 1 KWG verkannt haben, mit dem nicht strafrechtlich tatbestandsmäßiges Verhalten normiert werden soll, sondern vielmehr, welche Vorgänge der Bankaufsicht unterliegen und einer Genehmigung bedürfen. Entscheidend ist dabei, dass für die Frage der Gewerbsmäßigkeit auf den Betrieb in seiner Gesamtheit abzustellen ist und nicht auf die Gewinnerzielungsabsicht des einzelnen Tatbeteiligten. Anhand des Tatzeitraums, der Vielzahl der in diesem Zeitraum durchgeführten Einzelaufträge und den verlangten Provisionen kann hinreichend belegt werden, dass ein Betrieb auf Dauer und Gewinnerzielung angelegt war.

Die Regelungstechnik des ZAG und die des KWG gleichen sich dem Grunde nach. Mit Blick auf die gleichlaufende Auslegung der Gewerbsmäßigkeit des ZAG wie der des KWG,[157] spricht vieles dafür, dass sich die Rechtsprechung auch auf die heutige Regelung übertragen lässt, sodass es nach wie vor überzeugender erscheint, die Erwartung eines wirtschaftlichen Vorteils an der Gesamtheit des Betriebs festzumachen, anstatt an einem geringen entfallenden Provisionsanteil.[158] Mit wertender Gesamtbetrachtung gelingt die Ermittlung der Absicht der Gewinnerzielung zuverlässiger. Trotz der zustimmungswürdigen Rechtsprechung des BGH, scheint im Hinblick auf den verfolgten Normzweck des ZAG, bei einer Annahme als Son-

---

[156] BGH 11.09.2002 – 1 StR 73/02, BGH, NStZ-RR 2003, 55 (55).

[157] So ausführlich und zustimmungswürdig *Danwerth*, Das Finanztransfergeschäft als Zahlungsdienst, S. 40 ff.; ferner *Walter*, in: Casper/Terlau-ZAG, § 10 Rn. 15, der unter Verweis auf BR-Drs. 827/08, S. 77 f. explizit darauf hinweist, dass die Begriffe wie die des § 1 Abs. 1 S. 1 KWG auszulegen sind; nach BT-Drs. 16/11613, S. 32 gehören zu den Zahlungsinstituten auch Finanzdienstleistungsinstitute im Sinne des § 1 Abs. 1 Nr. 1a ff., Abs. 1a ff. KWG a. F., was auch dafürspricht, dass die Tatbestandsmerkmale im Gleichlauf auszulegen sind.

[158] Zu § 8 Abs. 1 S. 1 ZAG a. F. auch *Löffler*, Die Straftatbestände des Zahlungsdiensteaufsichtsgesetzes, S. 191; zu § 54 KWG *Ambrosio*, in: Müller-Gugenberger Wirtschaftsstrafrecht, Kap. 66 Rz. 66.42; *Reichling*, in: MüKo-StGB, § 54 KWG Rn. 58; *Bock*, in: Graf/Jäger/Wittig, Wirtschafts- und Steuerstrafrecht, § 54 KWG Rn. 65 zu § 32 KWG; im Ergebnis wohl auch *Eckhold*, in: Schäfer/Omlor/Mimberg-ZAG, § 10, 11 Rn. 53, der in negativer Hinsicht gewerberechtliche Bagatelle als Ausschlusskriterium nennt, unter Verweis auf einschlägige Rechtsprechung und Literatur; vgl. außerdem *Altenhain*, in: Momsen/Grützner Wirtschafts- und Steuerstrafrecht, § 20 Rn. 17, der sogar keinen Gewinnanteil ausreichen lässt.

dergewerberecht, die Frage nach einer sonstigen starren Bagatellgrenze, etwas Zurückhaltung geboten.[159] Dabei gilt es stets eine Einzelfallbetrachtung vorzunehmen.

Im Rahmen des Hawala-Bankings werden grundsätzlich nur geringe Provisionen verlangt,[160] die jedoch durch eine Vielzahl von durchgeführten Einzelaufträgen sich in ihrer Gesamtheit zu beachtlichen Beträgen summieren, wenn man die Gesamtvolumina der transferierten Gelder betrachtet. So lag im geschilderten Fall ein Gesamtvolumen von 609.550 Deutsche Mark vor. Im BGH[161] Beschluss vom 28.10. 2015 nahm der Angeklagte beispielsweise in rund 800 Einzelaufträge seiner Kunden drei- bis sechsstellige Bargeldbeträge entgegen, die er nach Vietnam transferierte. Dabei transferierte er mindestens 14 Millionen Euro von 2008 bis zum 20.01. 2014, wobei er eine Provision von mindestens 140.000 Euro einnahm. Ferner werden in einem Urteil des LG Düsseldorf in einer Tabelle 541 Geldüberweisungen angeführt, die im Tatzeitraum vom 14.03.2018 bis zum 18.11.2019 vorgenommen wurden. Allein einer der Angeklagten soll dabei 531 Geldwertüberweisungen in Höhe von insgesamt 154.206.028 Euro durchgeführt haben, wobei er unter Annahme der geringstmöglichen Provision von 1 % eine Provision von 1.439.454,23 Euro erzielte.[162] Auch in einem aktuellen Beschluss des BGH[163] vom 02.06.2021 ging es um eine beachtliche Summe von 8.639.696 Euro in einem Zeitraum vom 23.09.2019 bis zum 11.05.2020, die der Angeklagte entgegennahm. Die genannten Transfervolumen sorgten trotz geringer Provisionshöhen für beachtliche wirtschaftliche Vorteile für die Hawaladare, sodass im Hinblick auf den jeweiligen „Hawala-Betrieb" (Hawala-Netzwerk) keineswegs ein Bagatellgewerbe vorlag. Auch kann man darin eine nachhaltige und planmäßige, nicht nur gelegentliche oder zufällige, auf vorübergehende Zeit ausgerichtete Tätigkeit erkennen,[164] sodass das Geschäft eine auf Dauer angelegte geschäftliche Betätigung darstellt. Denn Hawala-Banking lebt gerade von nachhaltigen Transfers, deren

---

[159] *Eckhold*, in: Schäfer/Omlor/Mimberg-ZAG, § 10, 11 Rn. 38, 57 der auch darauf verweist, dass sich bisher in der Praxis noch keine Richtwerte herausgebildet haben; *Walter*, in: Casper/Terlau-ZAG, § 10 Rn. 15 orientiert sich hingegen beispielsweise an die bisher bei anderen nach dem KWG erlaubnispflichtigen Geschäften von der BaFin angegebenen Bagatellgrenzen („beim Einlagengeschäft Einlagen von höchstens 12.500 Euro bei mehr als fünf Einlagen oder insgesamt höchstens 25 Einlagen", „beim Garantiegeschäft höchstens 500.000 Euro Gesamtgarantiesumme bei mindestens 21 Einzelgarantien oder insgesamt höchstens 100 Einzelgarantien") unter Verweis auf die einschlägigen Merkblätter der BaFin, wobei dieser von einem in kaufmännischer Weise eingerichteten *Gewerbe*betriebes spricht; ferner zu § 54 KWG *Bock*, in: Graf/Jäger/Wittig, Wirtschafts- und Steuerstrafrecht, § 54 KWG Rn. 69 f.

[160] Dazu ausführlich Teil 2 A. II. 2. b) cc).

[161] BGH 28.10.2015 – 5 StR 189/15, BGH, NStZ-RR 2016, 15 (15).

[162] LG Düsseldorf 23.11.2021 – 014 KLs 2/21, LG Düsseldorf, abrufbar unter: http://www.justiz.nrw.de/nrwe/lgs/duesseldorf/lg_duesseldorf/j2021/014_KLs_2_21_Urteil_20211123.html, Rn. 80 ff., LG Düsseldorf, BeckRS 2021, 55636, Rn. 51.

[163] BGH 02.06.2021 – 3 StR 61/21, BGH, ZIP 2021, 1853 (1853).

[164] Zur Definition der auf Dauer angelegten Beschäftigung *Eckhold*, in: Schäfer/Omlor/Mimberg-ZAG, § 10, 11 Rn. 55.

Überschüsse angesichts der immer wiederkehrenden gegenseitigen Übermittlungen von Geldern mittel- oder langfristig saldiert werden und erst dadurch der besondere innewohnende Charakter der Zwei-Töpfe geschaffen wird. Darin liegt auch die erkennbare Absicht der Wiederholung beziehungsweise der Fortsetzung der Zahlungsdienste, die für eine auf Dauer angelegte Beschäftigung ausreicht.[165] Im Ergebnis wird man regelmäßig davon ausgehen können, dass Hawala-Systeme gewerbsmäßig betrieben werden.[166]

(bb) Der in kaufmännischer Weise eingerichtete Hawala-Geschäftsbetrieb

Weiter bietet eine Hawala-Struktur Potenzial für einen Umfang, der einen in kaufmännischer Weise eingerichteten Geschäftsbetrieb erfordert.[167] Hawala-Systeme sind nur schwerlich ausführbar, ohne dass die wiederkehrenden Geldbewegungen festgehalten werden, was eine Art Buchführung[168] erforderlich macht. Insbesondere die Einbindung in ein Clearingsystem[169], erfordert eine Zuordnung und Abrechnung der einzelnen Stellen. Vereinzelt werden dafür sogar eigene Buchführer und Einsammler eingesetzt, um den Geldtransfers eine Struktur zu geben. Zudem bestehen Hawala-Netzwerke, die einen eigenständigen Logistikbereich[170] für das Clearingverfahren unterhalten. Auch die dargestellten Einzelgeschäfte samt deren umgesetzter Beträge, bieten Anlass zur Annahme, dass ein Umfang vorliegt, der einen in kaufmännischer Weise eingerichteten Geschäftsbetrieb erfordert. Aufgrund dessen ist nach zahlungsdienstewirtschaftlicher Verkehrsauffassung, die Einrichtung eines kaufmännisch eingerichteten Geschäftsbetriebs beim Hawala-Banking zumindest objektiv erforderlich.

---

[165] Vgl. *Eckhold*, in: Schäfer/Omlor/Mimberg-ZAG, § 10, 11 Rn. 55.

[166] *Wahlers*, Die rechtliche und ökonomische Struktur von Zahlungssystemen inner- und außerhalb des Bankensystems, S. 151; im Ergebnis auch *Eggers/van Cleve*, NZWiSt 2020, 426 (427) oder *Danwerth*, BKR 2021, 721 (723 f.); ferner BGH 02.06.2021 – 3 StR 61/21, BGH, ZIP 2021, 1853 (1855), der eine Gewerbsmäßigkeit und einen Umfang, der einen in kaufmännischer Weise eingerichteten Geschäftsbetrieb erfordert ohne weitergehende Ausführungen feststellt.

[167] Wohl auch *Altenhain*, in: Momsen/Grützner Wirtschafts- und Steuerstrafrecht, § 20 Rn. 18 der auf die einschlägigen Geschäfte verweist und dort ebenfalls auf das Hawala-Banking eingeht; a. A. *Löffler*, Die Straftatbestände des Zahlungsdiensteaufsichtsgesetzes, S. 164 der jedoch gleichermaßen zuvor, wesentliche Eigenschaften eines Hawala-Systems unter einen in kaufmännischer Weise eingerichteten Geschäftsbetrieb fasst, diese Eigenschaften dem Hawala-System jedoch überraschenderweise abspricht; dahinstehendlassend *Wahlers*, Die rechtliche und ökonomische Struktur von Zahlungssystemen inner- und außerhalb des Bankensystems, S. 151 und *Warius*, Das Hawala-Finanzsystem in Deutschland – ein Fall für die Bekämpfung von Geldwäsche und Terrorismus, S. 124.

[168] Zur Buchführung im Hawala-System siehe Teil 2 A. II. 2. b) dd).

[169] Zum Clearingverfahren siehe Teil 2 A. II. 2. b) aa).

[170] So im Fall des LG Köln 23.05.2022 – 109 KLs 5/21, LG Köln, abrufbar unter: https://www.justiz.nrw.de/nrwe/lgs/koeln/lg_koeln/j2022/109_KLs_5_21_Urteil_20220523.html, Rn. 57 ff., 73 ff.

Dies wird zwar stets einer Einzelfallbetrachtung bedürfen, wobei allein die Struktur des herkömmlichen Hawala-Verfahrens bereits die Annahme einer Gewerbsmäßigkeit und eines in kaufmännischer Weise eingerichteten Geschäftsbetriebs rechtfertigen dürfte.

(c) Das Erbringen von Zahlungsdiensten nach § 1 Abs. 1 S. 1 Nr. 1 ZAG

Die Unternehmen müssen qua Definition Zahlungsdienste erbringen. Welche Anforderungen an die Handlung des Erbringens nach § 1 Abs. 1 S. 1 Nr. 1 ZAG zu stellen sind, ist nicht direkt ersichtlich. Dabei lassen sich dem ZAG sowie den Gesetzesmaterialien keine Anhaltspunkte entnehmen.[171] Auch § 10 Abs. 1 S. 1 ZAG sowie § 63 Abs. 1 Nr. 4 ZAG sprechen vom Erbringen, lassen jedoch ebenfalls keine weiteren Schlüsse für eine Einordnung zu. Eine Parallele der beiden Normen kann auch hier nur mit Bedacht gezogen werden, da § 10 Abs. 1 S. 1 ZAG vom Willen zum Erbringen von Zahlungsdiensten spricht und nicht an die Stellung des Unternehmens anknüpft sowie § 63 Abs. 1 Nr. 4 ZAG als Strafnorm, eventuell einer anderen Auslegung bedarf. Ausgehend von der Erlaubnispflicht sowie der Strafnorm müssen deren jeweilige Eigenheiten im Nachhinein herausgearbeitet und zur Handlung des Zahlungsinstituts rekurriert werden, was einen entscheidenden Punkt bei der Bestimmung des Deliktscharakters einnehmen wird.[172]

(aa) Finalcharakter und zeitliche Dimension des aufsichtsrechtlichen Erbringens

Mit Blick auf die Erste Zahlungsdiensterichtlinie (ZDRL I) (2007/64/EG)[173] und Zweite Zahlungsdiensterichtlinie (ZDRL II) ((EU) 2015/2366)[174] sprechen deren jeweiliger Art. 4 Nr. 4[175] von einer „Erbringung und Ausführung“, womit angedeutet ist, dass eine Erbringung anders ausgelegt werden muss als eine Ausfüh-

---

[171] Ebenfalls *Findeisen*, in: Ellenberger/Findeisen/Nobbe/Böger-Kommentar zum Zahlungsverkehrsrecht, § 1 ZAG Rn. 116; *Löffler*, Die Straftatbestände des Zahlungsdiensteaufsichtsgesetzes, S. 158.

[172] Zum Erbringen im Sinne des § 10 Abs. 1 S. 1 ZAG siehe Teil 3 B. II. 1. b) aa) (1); zum Erbringen als Tathandlung im Sinne des § 63 Abs. 1 Nr. 4 ZAG siehe Teil 4 A. I. 2. a) bb) (1).

[173] Richtlinie 2007/64/EG des Europäischen Parlaments und des Rates vom 13.11.2007 über Zahlungsdienste im Binnenmarkt, zur Änderung der Richtlinien 97/7/EG, 2002/65/EG, 2005/60/EG und 2006/48/EG sowie zur Aufhebung der Richtlinie 97/5/EG, ABl. EU Nr. L 319 2007, S. 1.

[174] Richtlinie (EU) 2015/2366 des Europäischen Parlaments und des Rates vom 25.11. 2015 über Zahlungsdienste im Binnenmarkt, zur Änderung der Richtlinien 2002/65/EG, 2009/110/EG und 2013/36/EU und der Verordnung (EU) Nr. 1093/2010 sowie zur Aufhebung der Richtlinie 2007/64/EG, ABl. EU Nr. L 337 2015, S. 35, ABl. EU Nr. L 169 2016, S. 18.

[175] Art. 4 Nr. 4 ZDRL II: „Zahlungsinstitut“ eine juristische Person, der nach Artikel 11 eine Zulassung für die unionsweite Erbringung und Ausführung von Zahlungsdiensten erteilt wurde; Art. 4 Nr. 4 ZDRL I: „Zahlungsinstitut“ eine juristische Person, die nach Artikel 10 eine Zulassung für die gemeinschaftsweite Erbringung und Ausführung von Zahlungsdiensten erhalten hat.

rung.[176] Zieht man eine Parallele zur englischen Fassung, die von „provide and execute“[177] sowie zur französischen Fassung, die von „à fournir et à exécuter“[178] sprechen, mag das deutsche „Erbringen“ wohl eher im Sinne eines Bereitstellens des Dienstes zu verstehen sein, nicht der anschließenden Durchführung im Sinne der eigentlichen Leistungserbringung, was wohl der Ausführung zu attestieren ist[179]. Semantisch kann damit bei der Erbringung und bei der Ausführung zwischen dem eigentlichen Transferprozess, in dem der Dienstleister den Auftrag annimmt und wesentliche Schritte der Ausführung einleitet und dem erfolgreichen Abschluss des Transfers unterschieden werden.[180] Übertragen auf das Hawala-Banking, ist fraglich, ob der Hawaladar 1 bereits Zahlungsdienste erbringt, indem dieser nur gewisse Vorkehrungen trifft und den entsprechenden Geldbetrag des Einzahlers entgegennimmt, mithin den Dienst bereitstellt oder ob ein Erbringen erst vorliegt, wenn der Hawaladar 1 über den Hawaladar 2 dem Empfänger den jeweiligen Geldbetrag aushändigt. Damit gilt es die Anforderungen des Erbringens zu bestimmen und unter den Sachverhalt des Hawala-Bankings zu subsumieren.

Mit Blick auf den Wortlaut des § 1 Abs. 1 S. 1 Nr. 1 ZAG hat sich jedoch der Gesetzgeber allein für ein Erbringen, nicht für die Ausführung entschieden, sodass entsprechend der Auslegung der Richtlinie wohl die Annahme des Auftrags samt der Einleitung von Ausführungsschritten ausreichend, nicht jedoch der erfolgreiche Abschluss des Transfers erforderlich ist. Nichtsdestoweniger muss dem Wortlaut des Erbringens – stärker als seinem englischen oder französischen Pendant – auch eine gewisse Finalität zugestanden werden, sodass dem Wort Erbringen ein gewisser Ausführungscharakter beigemessen werden kann.[181] Demnach kann auch nicht ausgeschlossen werden, dass der Gesetzgeber dem Erbringen auch einen Ausführungscharakter beimessen wollte und sozusagen das Erbringen auch das Ausführen mit umfassen *muss*.

In einem strafrechtlichen Fall, bei dem EC-Cash-Terminals in Spielhallen aufgestellt wurden, äußerte sich beispielsweise der BGH[182] mit Beschluss vom 11.06. 2015 zum Erbringen von Zahlungsdiensten nach § 31 Abs. 1 Nr. 2 ZAG a.F. (§ 63

[176] *Löffler*, Die Straftatbestände des Zahlungsdiensteaufsichtsgesetzes, S. 158.

[177] Art. 4 Nr. 4 ZDRL II englische Fassung: ‚payment institution‘ means a legal person that has been granted authorisation in accordance with Article 11 to provide and execute payment services throughout the Union.

[178] Art. 4 Nr. 4 ZDRL II französische Fassung: „établissement de paiement“, une personne morale qui, conformément à l’article 11, a obtenu un agrément l’autorisant à fournir et à exécuter des services de paiement dans toute l’Union.

[179] Vgl. auch *Wahlers*, Die rechtliche und ökonomische Struktur von Zahlungssystemen inner- und außerhalb des Bankensystems, S. 29 die dem Wortlaut des „Ausführens“ im Ergebnis ebenfalls einen Erfolgscharakter attestiert, da der Wortlaut darauf hindeutet, dass der Dienstleister einen konkreten Erfolg im Sinne des § 631 BGB schuldet.

[180] Vgl. *Löffler*, Die Straftatbestände des Zahlungsdiensteaufsichtsgesetzes, S. 158.

[181] Vgl. *Richter*, in: Luz/Neus/Schaber/Schneider/et al.-ZAG, § 63 Rn. 9.

[182] BGH 11.06.2015 – 1 StR 368/14, BGH, ZWH 2015, 303 (305).

Abs. 1 Nr. 4 ZAG n.F.). Dabei sprach er beim Erbringen von der „Vereinbarung und Durchführung des Zahlungsdienstes". Um es auf den dargestellten Wortlaut der Richtlinie zu übertragen, spricht der BGH angelehnt an die Zahlungsdiensterichtlinien von einer „Erbringung und Ausführung". Dabei soll der „gesamte Geldkreislauf, der mit dem Angebot und der Auszahlung an den Kunden durch das EC-Cash-Terminal beginnt und mit dem Eingang der Gutschrift auf dem Konto der Verfallsbeteiligten endet", umfasst sein. Offenkundig muss dies im strafrechtlichen Kontext gesehen werden, sodass es im Zweifel zu einer etwas anderen Auslegung des § 31 Abs. 1 Nr. 2 ZAG a.F. (§ 63 Abs. 1 Nr. 4 ZAG n.F.) kommen kann.[183] Dennoch wird daran deutlich, dass man dem Wortlaut des Erbringens eine gewisse Finalität beimessen darf.

Diese Finalität spiegelt jedoch keinen vorausgesetzten Erfolg wider, im Sinne einer erfolgreichen Durchführung des Dienstes. Deutlich wird dies, wenn man § 1 Abs. 1 S. 1 Nr. 1 ZAG das Zahlungsverkehrsrecht, also die zivilrechtlichen Regeln des Zahlungsdienstevertrags gegenüberstellt. Ordnet man einen Zahlungsdienst nach § 1 Abs. 1 S. 2 ZAG als Zahlungsdienstevertrag gemäß § 675f Abs. 1 BGB ein, so variiert dessen Wortlaut, denn danach „wird der Zahlungsdienstleister verpflichtet, für die Person, die einen Zahlungsdienst als Zahler, Zahlungsempfänger oder in beiden Eigenschaften in Anspruch nimmt (Zahlungsdienstnutzer), einen Zahlungsvorgang auszuführen". Zivilrechtlich, genauer gesagt dem Zahlungsdienstevertrag selbst, hat also der Gesetzgeber der Ausführung den Vorrang eingeräumt, nicht jedoch dem Erbringen. Bei dem Zahlungsdienstevertrag soll es sich um einen Sondertyp des allgemeinen Geschäftsbesorgungsvertrags handeln,[184] dessen Ausgestaltung als Einzelzahlungsvertrag gemäß § 675f Abs. 1 BGB einen sowohl dienst- als auch werkvertraglichen Charakter aufweisen kann.[185] Danach ist ent-

[183] Zum Erbringen als Tathandlung im Sinne des § 63 Abs. 1 Nr. 4 ZAG siehe Teil 4 A. I. 2. a) bb) (1); in dem Beschluss ging es um eine Verfallsanordnung nach § 73 Abs. 1 StGB a.F. bei unerlaubtem Betrieb eines Zahlungsdienstes, wobei in erster Linie die Aussage getätigt wurde, dass „die Vereinbarung und Durchführung des Zahlungsdienstes strafrechtlich bemakelt [sind]", sodass diese Aussage vor allem mit Blick auf die Vermögensabschöpfung betrachtet werden muss.

[184] BT-Drs. 16/11643, S. 102; BGH 21.02.2019 – IX ZR 246/17, BGH NJW 2019, 1451 (1452); KG 09.08.2021 – 4 Ws 60–21 – 161 AR 137/21, KG, BeckRS 2021, 24301; *Casper*, in: MüKo-BGB, § 675f Rn. 7; *Schmalenbach*, in: BeckOK-BGB, § 675f Rn. 2; *Schulte-Nölke*, in: NK-BGB, § 675f BGB Rn. 1; *Grüneberg*, in: Grüneberg-BGB, § 675f BGB Rn. 1; *Graf von Westphalen*, in: Erman-BGB, § 675f BGB Rn. 2; *Schürmann*, Die zivilrechtliche Umsetzung der Zahlungsdiensterichtlinie – Finanzmarktkrise und Umsetzung der Verbraucherkreditrichtlinie, S. 22; *Rösler/Werner*, BKR 2009, 1 (7).

[185] *Graf von Westphalen*, in: Erman-BGB, § 675f BGB Rn. 2; auch *Casper*, in: MüKo-BGB, § 675f Rn. 7; zur Einordnung als mit vorwiegend dienstvertraglichem Charakter siehe *Graf von Westphalen*, in: Erman-BGB, § 675f BGB Rn. 2; *Grüneberg*, in: Grüneberg-BGB, § 675f BGB Rn. 1; zur Einordnung als mit vorwiegend werkvertraglichem Charakter siehe *Casper*, in: MüKo-BGB, § 675f Rn. 7; *Schulte-Nölke*, in: NK-BGB, § 675f BGB Rn. 2; *Rösler/Werner*, BKR 2009, 1 (7); wohl auch *Berger*, in: Jauernig-BGB, § 675f Rn. 9;

scheidend, ob der Zahlungsdienstleister im Rahmen eines auszuführenden Zahlungsvorgangs bestimmte Dienstleistungen oder darüber hinaus die Herbeiführung eines werkvertraglichen Erfolges schuldet.[186] Beim Hawala-Banking wird der Hawaladar 1 gemäß § 675f Abs. 1 BGB primär dazu verpflichtet, den Zahlungsvorgang auszuführen; er schuldet die Bereitstellung des Zahlungsbetrags beim Hawaladar 2 am Zielort der Zahlung.[187] Nach Wahlers liegt beim Finanztransfergeschäft der geschuldete Erfolg grundsätzlich in der Auszahlung des Geldbetrags an den Empfänger, wobei die Auszahlung von der Mitwirkung des Empfängers abhängig ist, der diese meist unter Nennung des Codes erst verlangen muss, sodass diese nicht als Leistungserfolg geschuldet sein kann, legt man den wirklichen Willen der Parteien zugrunde, §§ 157, 133 BGB.[188]

Je nach Zahlungsdienst wird dies wohl individuell bestimmt werden müssen[189] und soll nicht weiter zum Gegenstand dieser Arbeit gemacht werden. Entscheidend an der Wortwahl des § 675f Abs. 1 BGB ist jedoch, dass der Gesetzgeber dem Zahlungsdienstevertrag des Zahlungsverkehrsrechts, mithin dem Zahlungsdienstevertrag selbst, einen etwaigen Erfolgscharakter beimessen wollte. Dies kann je nach Ausgestaltung des Zahlungsdienstes relevant werden, sodass ihm eine Differenzierung zwischen dem Erbringen und der Ausführung präsent war und somit e contrario dem Erbringen nach § 1 Abs. 1 S. 1 Nr. 1 ZAG ein solcher Erfolgscharakter nicht zukommt. Mit Blick auf die Ziele der Zahlungsdiensterichtlinien scheint eine Aufbürdung des Risikos beim Zahlungsdienstleister stringent und legitim. Denn es sollen unter anderem die Rechte der Zahlungsdienstkunden, mithin der Verbraucherschutz gestärkt werden.[190] Dies wird gewährleistet, indem man dem Zahlungs-

---

Schmalenbach, in: BeckOK-BGB, § 675f Rn. 2 der zumindest eine Einordnung als vorwiegend dienstvertraglichen Charakter ablehnt.

186 *Graf von Westphalen*, in: Erman-BGB, § 675f BGB Rn. 2.

187 *Wahlers*, Die rechtliche und ökonomische Struktur von Zahlungssystemen inner- und außerhalb des Bankensystems, S. 138; dies zeigt auch § 675t Abs. 1 BGB, der davon spricht, dass der Zahlungsbetrag dem Zahlungsempfänger unverzüglich verfügbar zu machen ist; ferner spricht der Zahlungsvorgang des § 1 Abs. 15a ZAG, § 675f Abs. 4 S. 1 BGB von einer „Bereitstellung, Übermittlung oder Abhebung eines Geldbetrags", was dem Grunde nach auch den gesamten Zahlungsfluss impliziert.

188 *Wahlers*, Die rechtliche und ökonomische Struktur von Zahlungssystemen inner- und außerhalb des Bankensystems, S. 138; so auch *Reimer*, Rechtsfragen zum Finanztransfergeschäft, S. 73 bei Finanztransferunternehmen.

189 Vgl. *Casper*, in: MüKo-BGB, § 675f Rn. 7; *Graf von Westphalen*, in: Erman-BGB, § 675f BGB Rn. 2; im Ergebnis auch *Wahlers*, Die rechtliche und ökonomische Struktur von Zahlungssystemen inner- und außerhalb des Bankensystems, S. 29.

190 ZDRL II: Richtlinie (EU) 2015/2366 des Europäischen Parlaments und des Rates vom 25.11.2015 über Zahlungsdienste im Binnenmarkt, zur Änderung der Richtlinien 2002/65/EG, 2009/110/EG und 2013/36/EU und der Verordnung (EU) Nr. 1093/2010 sowie zur Aufhebung der Richtlinie 2007/64/EG, ABl. EU Nr. L 337 2015, S. 36f. insbesondere spiegelt sich das in den Gesetzesentwürfen wider, BT-Drs. 18/11495, S. 1, 78 und BR-Drs. 158/17, S. 1; ZDRL I: Richtlinie 2007/64/EG des Europäischen Parlaments und des Rates vom 13.11.2007 über Zahlungsdienste im Binnenmarkt, zur Änderung der Richtlinien 97/7/EG, 2002/65/

dienstleister zahlungsverkehrsrechtlich einen Leistungserfolg schulden sowie aufsichtsrechtlich zeitiger eine Zahlungsdienstetätigkeit vollziehen lässt und er damit baldig der Aufsicht unterworfen wird. Denn die Zahlungsdienstrichtlinie kennt gerade keine Trennung in öffentlich-rechtliche und zivilrechtliche Vorschriften.[191] So stützen und ergänzen sich die beiden Teilrechtsbereiche im nationalen Recht gegenseitig auf Grundlage einer ganzheitlichen, richtlinienkonformen Betrachtung.[192] Damit stellt das Erbringen die Geschäftsleistung also den eigentlichen Vollzug der Geschäftstätigkeit dar; die Ausführung ist die geschuldete Leistung des Prozesses selbst. Ausgeschlossen ist davon aber nicht, dass die Ausführung dennoch Teil des pauschalierenden Erbringungsprozesses ist, selbst wenn diese aufsichtsrechtlich nicht zwingend zur Voraussetzung gemacht wird. Ein pauschalierender Erbringungsprozess umschreibt nämlich eine Handlung, die sich aus mehreren Einzelhandlungen zusammensetzt. Dies ist die Besonderheit der gesamtheitlichen Handlung des Erbringens.

Die innewohnende Finalität des Erbringens meint also nicht das Schulden eines Leistungserfolges, vielmehr muss die Handlung des Zahlungsdienstleisters zumindest auf eine Leistungserfüllung gerichtet sein, wobei wiederum fraglich ist, welche Anforderungen daran zu stellen sind.

Eine Antwort darauf kann der Begriff des Betreibens liefern, der sich in den §§ 1 Abs. 1 S. 1, 32 Abs. 1 S. 1, 54 Abs. 1 Nr. 2 KWG wiederfindet und im ZAG, beispielsweise in den §§ 11 Abs. 1 S. 1, 63 Abs. 1 Nr. 5 ZAG, verankert ist. Vor dem Hintergrund, dass die Wortwahl des Betreibens und des Erbringens allein dem allgemeinen Sprachgebrauch geschuldet sein soll, da man Dienste eben erbringt und nicht betreibt und die beiden Begriffe damit in der Sache keine Unterschiede aufweisen sollen,[193] werden die Handlungen parallel behandelt,[194] mithin wird auch die

EG, 2005/60/EG und 2006/48/EG sowie zur Aufhebung der Richtlinie 97/5/EG, ABl. EU Nr. L 319 2007, S. 6 ff. insbesondere spricht der Gesetzgeber auch in seinem Gesetzesentwurf vom „konsequenten Gläubigerschutz", BT-Drs. 16/11613, S. 27; ferner OLG Düsseldorf 01.09.2020 – 24 U 137/18, OLG Düsseldorf, BKR 2021, 232 (233); allgemein dazu auch *Terlau*, in: Casper/Terlau-ZAG, Einleitung Rn. 12; *Danwerth*, Das Finanztransfergeschäft als Zahlungsdienst, S. 11 ff., insbesondere S. 16 f.

[191] *Danwerth*, Das Finanztransfergeschäft als Zahlungsdienst, S. 22; vgl. auch *Terlau*, in: Casper/Terlau-ZAG, Einleitung Rn. 3 unter Verweis auf BT-Drs. 18/11495, S. 79.

[192] *Danwerth*, Das Finanztransfergeschäft als Zahlungsdienst, S. 23 unter vergleichenden Verweis auf *Hoffmann-Riem*, DVBl 1994, 1381 (1386 f.); zur vollständigen Harmonisierung siehe Art. 107 ZDRL II sowie zuvor Art. 86 ZDRL I.

[193] *Eckhold*, in: Schäfer/Omlor/Mimberg-ZAG, § 10, 11 Rn. 32; *Pananis/Schäuble*, in: Leitner/Rosenau, Wirtschafts- und Steuerstrafrecht, § 54 KWG Rn. 44; *Reichling*, in: MüKo-StGB, § 54 KWG Rn. 57; *Weiß*, in: Schäfer/Omlor/Mimberg-ZAG, § 63 Rn. 40; in § 4 Nr. 4 PostG verwendet beispielsweise der Gesetzgeber die Begriffe des Erbringens und des Betreibens synonym, indem er den Begriff des geschäftsmäßigen Erbringens von Postdiensten als das nachhaltige Betreiben der Beförderung von Postsendungen definiert; auch der Duden spricht im Kontext eines Dienstleistenden von einer „männliche[n] Person, die eine Dienstleistung erbringt", Duden, Suchergebnis „Dienstleistender", abrufbar unter Duden Online-

Rechtsprechung zum Betreiben auf das Erbringen übertragen.[195] Zwar weisen beide einen unterschiedlichen Wortlaut auf, sodass das Erbringen von Diensten dem Wortlaut nach bereits finaler ausgerichtet ist als das Betreiben von Geschäften. Dennoch sind diese dem Gegenstand nach gleich. Im KWG werden zum Beispiel nach § 1 Abs. 1 S. 1 KWG Bankgeschäfte betrieben und nach § 1a S. 1 KWG Finanzdienstleistungen erbracht. Parallel dazu werden beide Tätigkeiten nach § 32 Abs. 1 S. 1 KWG unter den gleichen Erlaubnisvorbehalt gestellt; in der Sache geht es also um die jeweilige Tätigkeit des jeweiligen Instituts/Akteurs, sodass systematisch betrachtet, die beiden Begriffe gleich ausgelegt werden können. Im ZAG hat der Gesetzgeber dies ähnlich gehandhabt, sodass beispielsweise das Erbringen von Zahlungsdiensten eine Erlaubnis nach § 10 Abs. 1 S. 1 ZAG sowie das Betreiben von E-Geld-Geschäften eine Erlaubnis nach § 11 Abs. 1 S. 1 ZAG bedürfen, wobei der jeweilige Verstoß gegen den Erlaubnisvorbehalt zu einer Strafbarkeit nach § 63 Abs. 1 Nr. 4 oder Nr. 5 ZAG führt. Im zugehörigen Gesetzesentwurf der Bundesregierung hat der Gesetzgeber bei § 63 Abs. 1 Nr. 4 und Nr. 5 ZAG noch davon gesprochen, dass „das unerlaubte *Betreiben*[196] von Zahlungsdienste- und E-Geld Geschäften mit Freiheits- oder mit Geldstrafe“ bedroht ist,[197] was verdeutlicht, dass er bei den Begriffen in der Sache nicht differenziert und er dahingehend eine synonyme Verwendung vorsieht.[198] Zudem stellen die Normen des KWG auch Vorgängernormen des ZAG dar, sodass auch im historischen Kontext eine gleichlaufende Auslegung der Begriffe überzeugt.

Zu der Handlung des Betreibens äußerte sich auch das BVerwG[199] in einem Urteil vom 22.04.2009, in dem es eine umfangreiche Auslegung durchführte. Zum

---

wörterbuch: https://www.duden.de/rechtschreibung/Dienstleistender; a. A. *Richter*, in: Luz/Neus/Schaber/Schneider/et al.-ZAG, § 63 Rn. 8 f.

[194] So beispielsweise *Altenhain*, in: Momsen/Grützner Wirtschafts- und Steuerstrafrecht, § 20 Rn. 11; *Bock*, in: Graf/Jäger/Wittig, Wirtschafts- und Steuerstrafrecht, § 54 KWG Rn. 46; *Eckhold*, in: Schäfer/Omlor/Mimberg-ZAG, § 10, 11 Rn. 33; *Gerhardus-Feld*, in: Casper/Terlau-ZAG, § 7 Rn. 14 ff.; *Tiemann*, in: Schäfer/Omlor/Mimberg-ZAG, § 7 Rn. 37; *Reichling*, in: MüKo-StGB, § 54 KWG Rn. 57; *Weiß*, in: Schäfer/Omlor/Mimberg-ZAG, § 63 Rn. 40.

[195] *Altenhain*, in: Momsen/Grützner Wirtschafts- und Steuerstrafrecht, § 20 Rn. 11; *Eckhold*, in: Schäfer/Omlor/Mimberg-ZAG, § 10, 11 Rn. 34; *Gerhardus-Feld*, in: Casper/Terlau-ZAG, § 7 Rn. 15; *Richter*, in: Luz/Neus/Schaber/Schneider/et al.-ZAG, § 63 Rn. 8; *Walter*, in: Casper/Terlau-ZAG, § 10 Rn. 14; *Weiß*, in: Schäfer/Omlor/Mimberg-ZAG, § 63 Rn. 42 die allesamt auf die Rechtsprechung des BVerwG 22.04.2009 – 8 C 2/09, BVerwG, VersR 2010, 509 (510 ff.) verweisen.

[196] Hervorhebung durch den Verfasser.

[197] BT-Drs. 18/11495, S. 144.

[198] Auch die BaFin spricht in ihrem Merkblatt vom „Zahlungsdienste erbringen“ und davon, dass „Zahlungsdienste […] betrieben [werden]“ und verwendet den Begriff damit synonym, *BaFin*, Merkblatt – Hinweise zum Zahlungsdiensteaufsichtsgesetz vom 05.07.2024, abrufbar unter: https://www.bafin.de/SharedDocs/Veroeffentlichungen/DE/Merkblatt/mb_111222_zag.html, F. I. Erlaubnispflicht für Zahlungsinstitute (§ 10 Abs. 1 Satz 1 ZAG).

[199] BVerwG 22.04.2009 – 8 C 2/09, BVerwG, VersR 2010, 509 (511 ff.).

Betreiben eines Bankgeschäfts gehören „nicht allein der Abschluss und die Abwicklung […], sondern bereits die wesentlichen zum Vertragsschluss hinführenden Schritte. Damit kann die Verbreitung konkreter Aufforderungen, ein Vertragsangebot abzugeben, ebenso genügen wie eine Vorprüfung der daraufhin gestellten Anträge". Demnach soll das Betreiben bereits Vorbereitungshandlungen erfassen sowie „sonstige unternehmerisch-werbende Tätigkeiten" und so den Anwendungsbereich vorlagern. Entscheidend an dieser Rechtsprechung ist, dass der Begriff des Betreibens im Sinne des § 32 Abs. 1 S. 1 KWG ausgelegt wurde, wobei der Erlaubnisvorbehalt einen subjektivierten Wortlaut aufweist, indem die Norm von „betreiben […] will" spricht. Die Auslegung des BVerwG muss also im Kontext des Erlaubnisvorbehalts gesehen werden, denn das BVerwG setzt die Funktionsfähigkeit und die Integrität des deutschen Kredit- und Finanzmarkts und damit auch dessen Kundenschutz mit dem Erlaubnisvorbehalt in Verbindung und legt damit den Regelungszweck des § 32 Abs. 1 S. 1 KWG zugrunde. Somit soll „der Erlaubnisvorbehalt nach § 32 Abs. 1 KWG nicht erst beim Abschluss einzelner Rechtsgeschäfte an[setzen], sondern […] die gesamte Geschäftstätigkeit einschließlich der Vorbereitung des konkreten Vertragsabschlusses" erfassen. Übertragen auf das Erbringen im Sinne des § 1 Abs. 1 S. 1 Nr. 1 ZAG lässt der Wortlaut des Erbringens eine solche Einordnung grundsätzlich zu, denn das Erbringen umfasst eine pauschalierende Handlung, bei der auch vorgelagerte Teilakte vom Erbringensprozess umfasst sein können, sofern diese einen konkreten Geschäftsbezug aufweisen. Systematisch betrachtet, ist eine solche Auslegung aber nur im Kontext des Erlaubnisvorbehalts des § 10 Abs. 1 S. 1 ZAG stringent, denn auch § 10 Abs. 1 S. 1 ZAG spricht von „erbringen will". Ein systematischer Bezug kann aber zwischen § 1 Abs. 1 S. 1 Nr. 1 ZAG und § 10 Abs. 1 S. 1 ZAG nicht unmittelbar hergestellt werden, denn mit der Gesetzesänderung wollte der Gesetzgeber eine Bezugnahme des § 10 Abs. 1 S. 1 ZAG auf den Begriff des Zahlungsinstituts nach § 1 Abs. 1 S. 1 Nr. 1 ZAG vermeiden.[200] Zudem mangelt es an einem expliziten Verweis auf § 10 Abs. 1 S. 1 ZAG, wie es beispielsweise den § 7 Abs. 1 S. 1 ZAG, § 63 Abs. 1 Nr. 4 ZAG eigen ist. Der Wortlaut verlangt hier demnach eine Differenzierung.

Das heißt, bevor man einem Zahlungsdienstleister die Eigenschaft als (materielles) Zahlungsinstitut nach § 1 Abs. 1 S. 1 Nr. 1 ZAG zuweisen kann, greift die Erlaubnispflicht nach § 10 Abs. 1 S. 1 ZAG etwas früher. Dies wird deutlich, wenn man den Wortlaut des § 10 Abs. 1 S. 1 ZAG dem Wortlaut des § 1 Abs. 1 S. 1 Nr. 1 ZAG gegenüberstellt.

Auch aus Perspektive des gefahrenabwehrrechtlichen Postulats einer möglichst frühzeitigen Eindämmung unerlaubten Verhaltens, ermöglicht diese Handhabung des Erlaubnisvorbehalts ein effizientes Vorgehen der Aufsicht.[201] Die Möglichkeit

[200] BT-Drs. 18/11495, S. 121, 144.

[201] Vgl. *Tiemann*, in: Schäfer/Omlor/Mimberg-ZAG, § 7 Rn. 37; *Gerhardus-Feld*, in: Casper/Terlau-ZAG, § 7 Rn. 15.

der Aufsicht gegen unerlaubte Zahlungsdienste vorzugehen, ergibt sich im Zusammenspiel der §§ 10 Abs. 1 S. 1 ZAG, 7 Abs. 1 S. 1 ZAG,[202] nicht im Kontext des § 1 Abs. 1 S. 1 Nr. 1 ZAG. Für die Erlaubnispflichtigkeit ist die Stellung als Zahlungsinstitut irrelevant, sodass auch aus teleologischen Gesichtspunkten eine Vorverlagerung bei § 1 Abs. 1 S. 1 Nr. 1 ZAG nicht überzeugt; die Aufsicht kann nämlich einschreiten, auch wenn keine Stellung als Zahlungsinstitut vorliegt. Ferner kann auf Art. 11 Abs. 1 der ZDRL II[203] verwiesen werden, dessen Inhalt in § 10 Abs. 1 S. 1 ZAG umgesetzt wurde, da Art. 11 Abs. 1 davon spricht, dass „Personen, die Zahlungsdienste zu erbringen beabsichtigen, *vor dem Beginn der Erbringung*[204] von Zahlungsdiensten die Zulassung als Zahlungsinstitut[[205]] erlangen müssen". Vor dem Beginn der Erbringung meint hier also, dass ein Erbringen bereits eine tatsächliche Tätigkeit im Hinblick auf eigentliche Zahlungsdienstleistungen voraussetzt und bloße Vorbereitungshandlungen sowie werbende Tätigkeiten gerade nicht ausreichen.[206] Das eigentliche Beabsichtigen, oder um es in Worten des § 10 Abs. 1 S. 1 ZAG zu fassen, der eigentliche Wille Zahlungsdienste zu erbringen, schlägt sich in objektiven Vorbereitungshandlungen oder werbenden Tätigkeiten nieder, die einen Geschäftsbezug aufweisen, denn das Merkmal „erbringen will", stellt lediglich einen Hinweis auf die zeitliche Abfolge zwischen der Zulassung als Zahlungsinstitut und dem eigentlichen Erbringen des Zahlungsdienstes dar.[207] Umgekehrt heißt das jedoch auch, dass unter den Begriff des Erbringens im Sinne des § 1 Abs. 1 S. 1 Nr. 1 ZAG, keine Vorbereitungshandlungen oder werbende Tätigkeiten gefasst werden können, es vielmehr bereits einer tatsächlichen Tätigkeitsaufnahme für den Zahlungsdienstnutzer bedarf, da auch kein systematischer Bezugspunkt zum

---

[202] Die Überschrift des § 7 Abs. 1 S. 1 ZAG lautet „Einschreiten gegen unerlaubte Zahlungsdienste", nicht „Einschreiten gegen unerlaubte Zahlungsinstitute".

[203] Richtlinie (EU) 2015/2366 des Europäischen Parlaments und des Rates vom 25.11. 2015 über Zahlungsdienste im Binnenmarkt, zur Änderung der Richtlinien 2002/65/EG, 2009/110/EG und 2013/36/EU und der Verordnung (EU) Nr. 1093/2010 sowie zur Aufhebung der Richtlinie 2007/64/EG, ABl. EU Nr. L 337 2015, S. 57, 66. So bereits auch schon die erste Zahlungsdiensterichtlinie in Art. 10 Abs. 1 der ZDRL I.

[204] Hervorhebung durch den Verfasser.

[205] Aus Art. 4 Nr. 4 ZDRL II geht hervor, dass ein „‚Zahlungsinstitut' eine juristische Person [ist], der nach Artikel 11 [(umgesetzt in § 10 Abs. 1 S. 1 ZAG)] eine Zulassung für die unionsweite Erbringung und Ausführung von Zahlungsdiensten erteilt *wurde*". Damit geht die Richtlinie von einem Zahlungsinstitut aus, sobald eine Erlaubnis erteilt wurde. Im Zahlungsdiensteaufsichtsgesetz hängt die Stellung als Zahlungsinstitut aber nicht zwingend von der erteilten Erlaubnis ab.

[206] Vgl. *Reichling*, in: MüKo-StGB, § 54 KWG Rn. 60 oder *Bock*, in: Graf/Jäger/Wittig, Wirtschafts- und Steuerstrafrecht, § 54 KWG Rn. 11 für das Betreiben im Sinne des § 54 KWG.

[207] BGH 28.02.2023 – 2 StR 371/22, BGH, NStZ 2024, 100 (102), BGH, BeckRS 2023, 15358; *Mimberg*, RdZ 2022, 12 (14); vgl. auch *Walter*, in: Casper/Terlau-ZAG, § 10 Rn. 14; im Ergebnis wohl auch *Tiemann*, in: Schäfer/Omlor/Mimberg-ZAG, § 7 Rn. 37; *Hingst/Lösing*, Zahlungsdiensteaufsichtsrecht, § 6 Rn. 123; zum „erbringen will" im Sinne des § 10 Abs. 1 S. 1 ZAG samt dessen Auslegung der subjektiven Wortwahl siehe noch ausführlich Teil 3 B. II. 1. b) aa) (1).

Wortlaut des § 10 Abs. 1 S. 1 ZAG besteht. Dies kann sich im Abschluss des Rechtsgeschäftes und mit Beginn der Abwicklung eines Zahlungsdienstes zeigen, mithin mit der eigentlichen Geschäftsaufnahme. Einer tatsächlichen Ausführung des Zahlungsdienstes bedarf es hierfür aber – wie bereits geschildert – dennoch nicht.[208]

(bb) (Gewerbe-)Rechtlicher Charakter des Erbringens

Daher wird die Erbringung von Zahlungsdiensten eben auch umschrieben als eine „eigenverantwortliche Erbringung von Zahlungsdiensten mit Risikoübernahme".[209] Ebenfalls soll nach weiterer Umschreibung jemand Zahlungsdienste erbringen, wenn er „eine Tätigkeit entfaltet, die auf die wiederholte Ausführung von Zahlungsdiensten gerichtet ist"[210]. Auch in diesem Ansatz erstreckt sich die eigentliche Tätigkeit des Erbringens auf eine Aufnahme des Zahlungsdienstegeschäfts, was den eigentlichen Vollzug der Geschäftsleistung darstellt und den gewerberechtlichen Charakter aufzeigt.[211] Beispielsweise spricht auch § 10 Abs. 2 Nr. 14 ZAG davon, dass es sich um Unternehmen handeln kann, „die neben der Erbringung von Zahlungsdiensten *anderen Geschäftsaktivitäten*[212] nachgehen" können, was ebenfalls dafür spricht, dass man das Erbringen des Zahlungsdienstes als Geschäftsaktivität einordnen muss, als den Vollzug der Geschäftsleistung. Stellt man das beispielsweise der Agententätigkeit gegenüber, so erbringt der Zahlungsdienstleister im eigentlichen Sinne des § 1 Abs. 1 Nr. 1 ZAG die Zahlungsdienste, nicht jedoch der Agent nach § 1 Abs. 9 ZAG.[213] Deutlich wird dies, indem man § 25 Abs. 1 ZAG heranzieht, der die Inanspruchnahme von Agenten regelt. Dabei „[b]eabsichtigt ein Institut, Zahlungsdienste *über einen Agenten*[214] zu erbringen". Der Agent führt aber nach § 1 Abs. 9 S. 1 ZAG „als selbstständiger Gewerbetreibender im Namen des Instituts Zahlungsdienste aus[…]". Die Geschäftstätigkeit vollzieht damit der Zahlungsdienstleister selbst; die Leistung des Prozesses, mithin die Ausführung wird wiederum vom Agenten in offener Stellvertretung vollzogen,

---

[208] *Löffler*, Die Straftatbestände des Zahlungsdiensteaufsichtsgesetzes, S. 190.

[209] *Findeisen*, in: Ellenberger/Findeisen/Nobbe/Böger-Kommentar zum Zahlungsverkehrsrecht, § 1 ZAG Rn. 116 unter Verweis auf *Mielk*, WM 1997, 2200 (2201 f.) für das Betreiben von Bankgeschäften.

[210] So *Löffler*, Die Straftatbestände des Zahlungsdiensteaufsichtsgesetzes, S. 190.

[211] Vgl. auch BVerwG 22.04.2009 – 8 C 2/09, BVerwG, VersR 2010, 509 (511), das darauf verweist, dass der Begriff des Betreibens dem allgemeinen Gewerberecht entlehnt ist.

[212] Hervorhebung durch den Verfasser.

[213] *Findeisen*, in: Ellenberger/Findeisen/Nobbe/Böger-Kommentar zum Zahlungsverkehrsrecht, § 1 ZAG Rn. 116; ebenso im Kontext des § 63 ZAG *Weiß*, in: Schäfer/Omlor/Mimberg-ZAG, § 63 Rn. 48 unter Verweis auf *Terlau*, in: Casper/Terlau-ZAG, § 63 Rn. 14 und der Irreführung in § 25 Abs. 1 S. 3 ZAG; vgl. auch die Aussage des Gesetzgebers in BT-Drs. 16/11613, S. 37, der unter Verweis auf die Agenteneigenschaft davon spricht: „Wer im eigenen Namen auftritt, wird grundsätzlich (zivilrechtlich) selbst berechtigt und verpflichtet und erbringt daher selbst Zahlungsdienste".

[214] Hervorhebung durch den Verfasser.

§ 1 Abs. 9 S. 2 ZAG. Die für das Zustandekommen der Geschäfte wesentlichen Schritte verbleiben damit jedoch beim Zahlungsdienstleister, selbst wenn sie über einen Agenten gewissermaßen autark erfolgen, setzt man die Eigenschaft als Zahlungsdienstleister nach § 1 Abs. 1 S. 1 Nr. 1 ZAG in Kontext zur Agenteneigenschaft. Daher erstreckt sich der Begriff des Erbringens im Sinne des § 1 Abs. 1 Nr. 1 ZAG auch auf das rechtsgeschäftliche Handeln im eigenen Namen.[215]

In der Konsequenz und mit Blick auf die zivilrechtlichen Einschläge des ZAG findet sich auch die Aussage, dass derjenige Zahlungsdienste erbringt, gegen den die „Geschäfte berechtigend und verpflichtend wirken"[216]. Das Rechtsverhältnis zwischen dem Zahler und dem Zahlungsempfänger ist dabei ohne Belang.[217] Orientierung kann aber der Vertragsschluss bieten, mithin zwischen wem der Zahlungsdienstevertrag nach § 675f Abs. 1 BGB geschlossen wird, also insbesondere das Verhältnis zwischen dem Zahlungsdienstnutzer gegenüber dem Zahlungsdienstleister.[218] Davon ausgehend lässt sich grundsätzlich erkennen gegen wen die Dienste berechtigend und verpflichtend wirken sollen. Auch hier zeigt sich die enge Verzahnung des Aufsichts- und Zahlungsverkehrsrechts, das im Hinblick auf die Richtlinie[219] einer ganzheitlichen Betrachtung bedarf. Möchte man das Erbringen rein rechtlich interpretieren, so kann der Kreis der potenziellen Akteure zumindest auf diejenigen beschränkt werden, die im Sinne des § 1 Abs. 1 Nr. 1 ZAG rechtsgeschäftlich handeln. Im Bereich des Hawala-Bankings, in dem ein einzelner Hawaladar ohne umfassende Gruppierung oder Netzwerk rechtsgeschäftlich handelt, wird die potenzielle Person, die die Zahlungsdienste erbringt, allein der Hawaladar 1 als natürliche Person sein, denn dieser tritt als Vertragspartner des Einzahlers auf. Anders beispielsweise bei umfangreicheren Zahlungsdienstleistern wie einer GmbH, für die weitere Agenten tätig sind und bei der die GmbH als juristische Person Zahlungsdienste erbringt, mithin eigentlicher Zahlungsdienstleister nach § 1

[215] BVerwG 22.04.2009 – 8 C 2/09, BVerwG, VersR 2010, 509 (511), unter Bezugnahme des Begriffs des Betreibens.

[216] *Weiß*, in: Schäfer/Omlor/Mimberg-ZAG, § 63 Rn. 48 unter vergleichenden Verweis auf die zivilrechtliche Rechtsprechung BGH 12.12.2019 – IX ZR 77/19, BGH, NJW-RR 2020, 292 (294); BGH 15.05.2012 – VI ZR 166/11, BGH NJW 2012, 3177 (3179), indem der Betreiber des Bankgeschäfts im Sinne des § 54 Abs. 1 Nr. 2 KWG bestimmt wird; ferner *Weiß*, wistra 2021, 448 (450); vgl. auch BVerwG 22.04.2009 – 8 C 2/09, BVerwG, VersR 2010, 509 (511), wobei das BVerwG neben Abschluss und Abwicklung auch die wesentlichen zum Vertragsschluss hinführenden Schritte nennt; vgl. ferner *Altenhain*, in: Momsen/Grützner Wirtschafts- und Steuerstrafrecht, § 20 Rn. 10; *Findeisen*, in: Ellenberger/Findeisen/Nobbe/Böger-Kommentar zum Zahlungsverkehrsrecht, § 1 ZAG Rn. 116; *Richter*, in: Luz/Neus/Schaber/Schneider/et al.-ZAG, § 63 Rn. 8.

[217] BT-Drs. 18/11495, S. 104; BT-Drs. 16/11613, S. 32; *Findeisen*, in: Ellenberger/Findeisen/Nobbe/Böger-Kommentar zum Zahlungsverkehrsrecht, § 1 ZAG Rn. 116.

[218] *Weiß*, wistra 2021, 448 (450).

[219] Richtlinie (EU) 2015/2366 des Europäischen Parlaments und des Rates vom 25.11.2015 über Zahlungsdienste im Binnenmarkt, zur Änderung der Richtlinien 2002/65/EG, 2009/110/EG und 2013/36/EU und der Verordnung (EU) Nr. 1093/2010 sowie zur Aufhebung der Richtlinie 2007/64/EG, ABl. EU Nr. L 337 2015, S. 35.

Abs. 1 S. 1 Nr. 1 ZAG ist. Zieht man also die pauschalierende Handlung des Erbringens heran und macht diese allein am rechtsgeschäftlichen Bestandteil beziehungsweise Teilakt der Handlung fest, kann dies den Kreis der potenziell erbringenden Akteure einschränken und auf denjenigen reduzieren, der das Geschäft nicht nur tatsächlich durchführt oder nicht bloß technisch unterstützt, sondern – wie es die Zivilrechtsprechung[220] macht – im eigenen Namen handelt. Im Sinne des § 1 Abs. 1 S. 1 Nr. 1 ZAG scheint diese rechtsgeschäftliche Handhabung auch nachvollziehbar, da hier der Institutsbegriff zugrunde gelegt wird, es eben auf die Stellung als Unternehmen und damit letztendlich als Zahlungsdienstleister ankommt, der die Zahlungsdienste erbringt. Damit stellt das Unternehmen, sei es als natürliche Person, als juristische Person oder auch als Personengesellschaft ausgestaltet, den Zahlungsdienstleister dar, der die Zahlungsdienste erbringt; getreu dem Wortlaut des § 1 Abs. 1 S. 1 Nr. 1 ZAG ist die Stellung als Unternehmen mit der Handlung des Erbringens untrennbar miteinander verbunden. Aufsichtsrechtlich kann diese (zivil-)rechtliche Personifizierung einen Bezugspunkt für die Gefahrenabwehr bilden, mithin gegen wen sich die Aufsicht wenden muss. Wiederum strafrechtlich mag aber die Eingehung einer wirksamen Verbindlichkeit gegenüber dem Kunden keinen für sich genommen missbilligenden Vorgang nach § 63 Abs. 1 Nr. 4 ZAG darstellen.[221] Damit soll an dieser Stelle bereits eine Auseinandersetzung mit der Akzessorietät des § 63 Abs. 1 Nr. 4 ZAG und dessen Deliktscharakter angekündigt sein. Dies wird an späterer Stelle noch den Kern der strafrechtlichen Auseinandersetzung mit der Tathandlung des Erbringens bilden.[222]

(cc) Faktischer Charakter des Erbringens

Zuletzt wird man dem Tatbestandsmerkmal des Erbringens im Sinne des § 1 Abs. 1 S. 1 Nr. 1 ZAG auch noch zusprechen müssen, dass bereits der einmalige, nicht der mehrfache (Erbringens-)Vorgang für die Eigenschaft des Erbringens genügt.[223] Auch wenn der Wortlaut im Plural geschrieben ist, indem die Norm von „Zahlungsdienst*e*“ spricht, ist dies – zumindest bei § 1 Abs. 1 S. 1 Nr. 1 ZAG[224] – dem geschuldet, dass die Norm allgemein in der Mehrzahl formuliert wurde, indem sie in toto davon spricht, dass „Zahlungsdienstleister […] Unternehmen [sind],

[220] BGH 12. 12. 2019 – IX ZR 77/19, BGH, NJW-RR 2020, 292 (294); BGH 15. 05. 2012 – VI ZR 166/11, BGH NJW 2012, 3177 (3179), indem der Betreiber des Bankgeschäfts im Sinne des § 54 Abs. 1 Nr. 2 KWG bestimmt wird.

[221] *Eggers/van Cleve*, NZWiSt 2020, 426 (431).

[222] Dazu ausführlich Teil 4 A. I. 1. a) bb).

[223] *Altenhain*, in: Momsen/Grützner Wirtschafts- und Steuerstrafrecht, § 20 Rn. 11; *Weiß*, in: Schäfer/Omlor/Mimberg-ZAG, § 63 Rn. 41 mit Blick auf die Strafnorm des § 63 ZAG; a. A. *Richter*, in: Luz/Neus/Schaber/Schneider/et al.-ZAG, § 63 Rn. 7 jedoch im Kontext des § 63 ZAG; *Peglau*, wistra 2002, 293 (293) jedoch im Kontext des § 54 KWG.

[224] Zur Auslegung im Sinne des § 63 Abs. 1 Nr. 4 ZAG siehe noch Teil 4 A. I. 2. a) bb) (1) (c).

die[225] [...] Zahlungsdienste erbringen [...] (Zahlungsinstitut*e*[226])". Gegenteiliges kann auch nicht aus den Merkmalen der Gewerbsmäßigkeit oder dem in kaufmännischer Weise eingerichteten Gewerbebetrieb geschlossen werden.[227] Die Gewerbsmäßigkeit setzt zwar voraus, dass die Tätigkeit auf Gewinnerzielung und gewisse Dauer gerichtet sein muss. Genauso ist auch ein Umfang, der einen in kaufmännischer Weise eingerichteten Geschäftsbetrieb erfordert, auf eine Mehrzahl von Geschäften angelegt. Dennoch ist dies entweder anhand der subjektiven Sichtweise des Täters zu betrachten oder muss lediglich objektiv angelegt sein und bedarf keines tatsächlichen Vorliegens. Etwaige Nachweisschwierigkeiten bei der Bestimmung der Gewerbsmäßigkeit oder des kaufmännischen Geschäftsbetriebs, die anhand einer bestimmten Zahl an Vorgängen oder an einem bestimmten Volumen festgemacht werden, schließen demnach keine stringente Dogmatik aus. Damit setzt das Erbringen im Sinne des § 1 Abs. 1 S. 1 Nr. 1 ZAG ein mindestens einmaliges Tätigwerden voraus.

(dd) Überblick und Anwendung des aufsichtsrechtlichen Erbringens auf die Hawala

Legt man dieses Verständnis des Erbringens zugrunde, so ergeben sich drei wesentliche Komponenten für das Erbringen im Sinne des § 1 Abs. 1 S. 1 Nr. 1 ZAG. Zum einen weist es eine zeitliche Komponente auf, indem bereits mit Tätigkeitsbeginn ein Erbringen angenommen werden kann, die Handlung also noch nicht das Ausführungsstadium erreicht haben muss und damit kein Erfolg einzutreten hat. Zum anderen resultiert daraus eine (gewerbe-)rechtliche Komponente, indem die rechtsgeschäftliche Verpflichtung zwischen dem Zahlungsdienstnutzer und Zahlungsdienstleister, eine Orientierung der Verantwortung über die pauschalierende Handlung bietet. Danach wird derjenige bestimmt der rechtsverpflichtend und berechtigend tätig wird, mithin den Dienst im rechtlichen Sinne erbringt. Und zuletzt auch eine faktische Komponente, sodass bereits ein einmaliges Tätigwerden ausreicht.

Bezogen auf das Hawala-Banking muss also beurteilt werden, wer in dessen Rahmen Zahlungsdienste erbringt. So gilt es nun die erarbeiteten Komponenten unter den Sachverhalt des Hawala-Bankings zu subsumieren. Getreu dem Wortlaut des § 1 Abs. 1 S. 1 Nr. 1 ZAG erbringt das jeweilige Unternehmen Zahlungsdienste. Das heißt, davon ausgehend muss untersucht werden, welche der für die Hawala in Betracht kommenden Unternehmen,[228] auch rechtsverpflichtend gegenüber dem Zahlungsdienstnutzer, mithin dem Einzahler tätig werden. Orientierung kann dabei der Vertragsschluss nach § 675f Abs. 1 BGB bieten, wobei sich die Vertragsbeziehung nach den §§ 133, 157 BGB bestimmt, also nach dem objektiven Inhalt der Erklärung, mithin wie sich die Erklärung nach Treu und Glauben und mit

---

[225] Hervorhebung durch den Verfasser.

[226] Hervorhebung durch den Verfasser.

[227] So aber *Peglau*, wistra 2002, 293 (293).

[228] Zu den in Betracht kommenden Unternehmen siehe Teil 3 B. I. 1. a) aa) (2) (a) (cc).

Rücksicht auf die Verkehrssitte für einen objektiven Betrachter in der Lage des Erklärungsgegners darstellt.[229] Bei der Einzeltranskation des Hawala-Bankings wird der Hawaladar 1 als Vertragspartner auftreten, der seinen Hawala-Service gegenüber dem Einzahler anbietet und mit diesem einen Zahlungsdienstevertrag im Sinne des § 675f Abs. 1 BGB abschließt.[230] Dieser nimmt das Geld des Kunden entgegen und weist dem am Zielort ansässigen Hawaladar 2 als Korrespondenz-Hawaladar an, den jeweiligen Betrag auszuzahlen. Je nach Konstellation, kann auch die hinter dem Hawaladar 1 stehende Gesellschaft, in der die Abläufe des Hawala-Bankings organisatorisch eingebunden sind, als bürgerlich-rechtlich berechtigend und verpflichtend, mithin als Vertragspartner, auftreten. Anders ist dies gegenüber dem Hawaladar 2, der als Angewiesener den gewünschten Betrag an den Empfänger auszahlt, nicht jedoch als Vertragspartner im Sinne des § 675f Abs. 1 BGB gegenüber dem Einzahler auftritt.[231] Nach Treu und Glauben und mit Rücksicht auf die Verkehrssitte wird der Einzahler dabei allein mit dem Hawaladar 1 oder der dahinterstehenden Gesellschaft in Geschäftsbeziehung treten wollen.[232] Anders gilt dies nur, sofern ein sogenanntes „reverse Hawala" in Betracht zu ziehen ist, der Hawaladar 2 also die Rolle des Hawaldar 1 übernimmt und eine Einzeltranskation eines anderen Einzahlers in die andere Richtung abläuft. Sollte der Hawaladar 1 im Einzelfall auch Einsammler einsetzen, werden diese als bloße Vertreter oder Booten im zivilrechtlichen Sinne eingeordnet werden können und gerade nicht als eigentlicher Vertragspartner in Erscheinung treten.[233] Gesteht man jedoch dem Hawala-Netzwerk oder der Hawala-Gruppierung rund um den Hawaladar 1 eine Stellung als Personenvereinigung zu, kann dies auch auf diese zutreffen.[234]

Damit lassen sich also bei einer Einzeltransaktion der Hawaladar 1 und je nach Ausgestaltung, die hinter dem Hawaladar 1 stehende Gesellschaft, das Hawala-Netzwerk oder die Hawala-Gruppierung als Unternehmen einordnen, die bei Abschluss des Rechtsgeschäftes und mit Beginn der erstmaligen Abwicklung des

---

[229] *Weiß*, wistra 2021, 448 (450) unter vergleichenden Verweis auf BGH 01.01.2011 – II ZR 16/10, BGH, NJW 2011, 1666 (1667); ähnlich KG 09.08.2021 – 4 Ws 60–21 – 161 AR 137/21, KG, BeckRS 2021, 24301, Rn. 27.

[230] *Wahlers*, Die rechtliche und ökonomische Struktur von Zahlungssystemen inner- und außerhalb des Bankensystems, S. 129.

[231] Zur Rechtsnatur weitergehend *Wahlers*, Die rechtliche und ökonomische Struktur von Zahlungssystemen inner- und außerhalb des Bankensystems, S. 129 ff.; *Danwerth*, Das Finanztransfergeschäft als Zahlungsdienst, S. 24 f.

[232] Vgl. *Weiß*, wistra 2021, 448 (450); im Ergebnis wohl auch *Wahlers*, Die rechtliche und ökonomische Struktur von Zahlungssystemen inner- und außerhalb des Bankensystems, S. 137.

[233] Vgl. *Weiß*, wistra 2021, 448 (450).

[234] Macht man das Erbringen allein am rechtlichen Charakter fest, muss das Personengeflecht oder der- oder diejenigen im Personengeflecht rechtsverpflichtend tätig werden können. Bei Hawala-Netzwerken wird dies aber meist schon bereits am Gesellschaftsvertrag scheitern, sodass es den- oder diejenigen in der Personenvereinigung ausfindig zu machen gilt, die als Vertragspartner auftreten, siehe dazu bereits Teil 3 B. 1. a) aa) (2) (a) (cc).

Zahlungsdienstes im Sinne des § 1 Abs. 1 S. 1 Nr. 1 ZAG Zahlungsdienste erbringen.

(d) Zwischenergebnis

Zusammenfassend lässt sich also bei einer Einzeltranskation der Hawaladar 1, die hinter dem Hawaladar 1 stehende Gesellschaft, dem Hawala-Netzwerk oder der etwaigen Hawala-Gruppierung, sofern man diesen eine Stellung als Personenvereinigung zugesteht, als Unternehmen einordnen, die gewerbsmäßig oder in einem Umfang, der einen in kaufmännischer Weise eingerichteten Geschäftsbetrieb erfordert, Zahlungsdienste erbringen, ohne Zahlungsdienstleister im Sinne der Nummern 2 bis 5 zu sein. Damit kommt diesen die Stellung als Zahlungsdienstleister im Sinne des § 1 Abs. 1 S. 1 Nr. 1 ZAG, ergo als Zahlungsinstitut zu und sie fungieren damit als Zahlungsdienstleister eines Zahlerfinanztransfers nach § 1 Abs. 1 S. 2 Nr. 6 ZAG.

bb) Entgegennahme beim Finanztransfergeschäft

Voraussetzung des (un)mittelbaren Zahlerfinanztransfers ist, dass der Zahlungsdienste Erbringende einen Geldbetrag des Zahlers zur Übermittlung entgegennimmt. Die Entgegennahme ist rein tatsächlich zu verstehen, sodass es allein darauf ankommt, dass der Zahlungsdienstleister des Zahlers faktisch auf den Geldbetrag des Zahlers zugreifen kann.[235] Dafür bedarf es keiner zeitlichen Dauer, sodass bereits ausreicht, wenn die bewusste Zugriffsmöglichkeit des Zahlungsdienstleisters auf einen Geldbetrag des Zahlers jedenfalls für eine juristische Sekunde besteht.[236] Auch kommt es nicht auf eine bestimmte Form der Entgegenahme an, wofür der Gesetzesentwurf der Bundesregierung spricht, nach dem das Einbringen des Geldbetrages bereits, „sei es in bar oder sei es per Überweisung, Scheck, electronic cash, Einzugsermächtigung und dergleichen" erfolgen kann.[237]

[235] So überzeugend *Danwerth*, Das Finanztransfergeschäft als Zahlungsdienst, S. 186 ff., der eine umfassende Auslegung der Entgegennahme vornimmt; *Danwerth*, in: Casper/Terlau-ZAG, § 1 Rn. 121; darauf verweisend BGH 28.02.2023 – 2 StR 371/22, BGH, NStZ 2024, 100 (101), BGH, BeckRS 2023, 15358; LG Mannheim 17.11.2020 – 22 KLs 540 Js 6574/20, LG Mannheim, BeckRS 2020, 50512, Rn. 112.

[236] *Danwerth*, Das Finanztransfergeschäft als Zahlungsdienst, S. 191; *Danwerth*, in: Casper/Terlau-ZAG, § 1 Rn. 121; darauf verweisend LG Mannheim 17.11.2020 – 22 KLs 540 Js 6574/20, LG Mannheim, BeckRS 2020, 50512, Rn. 112.

[237] BT-Drs. 18/11495, S. 107; zuvor bereits BT-Drs. 16/11613, S. 35; dem anschließend BGH 28.02.2023 – 2 StR 371/22, BGH, NStZ 2024, 100 (101), BGH, BeckRS 2023, 15358; *BaFin*, Merkblatt – Hinweise zum Zahlungsdiensteaufsichtsgesetz vom 05.07.2024, abrufbar unter: https://www.bafin.de/SharedDocs/Veroeffentlichungen/DE/Merkblatt/mb_111222_zag.html, B. V. Finanztransfergeschäft (§ 1 Abs. 1 Satz 2 Nr. 6 ZAG); *Danwerth*, in: Casper/Terlau-ZAG, § 1 Rn. 121; *Mimberg*, in: Schäfer/Omlor/Mimberg-ZAG, § 1 Rn. 134; *Danwerth*, Das Finanztransfergeschäft als Zahlungsdienst, S. 190; siehe dazu beispielhaft den Hawala-Fall des OLG Düsseldorf 24.10.2022 – 1 Ws 131/22, OLG Düsseldorf, NZWiSt 2023, 69 (69 f.), in dem Gelder auf ein Geschäftskonto überwiesen wurden.

Zuständig für die Entgegennahme ist die übermittelnde Person, also der Zahlungsdienstleister des Zahlers, was sich beim Zahlerfinanztransfer aus dem Zusammenspiel der Entgegennahme und der Übermittlung ergibt, denn bei einer direkten Übermittlung über den Zahler, wäre die korrespondierende Entgegennahme überflüssig.[238] Eine gegenteilige Betrachtung ergibt sich auch nicht beim mittelbaren Zahlerfinanztransfer, in dessen Rahmen ein zweiter Zahlungsdienstleister tätig wird, denn die Entgegennahme des zweiten Zahlungsdienstleisters würde eine Übermittlung sonst ebenfalls überflüssig machen.[239] Ausgehend von der Einordnung der Hawala-Akteure als Zahlungsdienstleister und Zahler, ermöglicht dies eine Zuordnung des Entgegennehmenden sowie des Gebenden. Der Einzahler einer Einzeltransaktion ist mit dem Zahler im Sinne des § 1 Abs. 1 S. 2 Nr. 6 ZAG gleichzusetzen, der einen Geldbetrag seinem Zahlungsdienstleister übergibt. Zahlungsdienstleister ist hier neben den anderen möglichen Ausgestaltungen von Zahlungsdienstleistern[240] in erster Linie der Hawaladar 1. Dieser nimmt den zu übermittelnden Geldbetrag des Zahlers entgegen, meist in Form von Bargeld. Dadurch wird eine faktische Zugriffsmöglichkeit geschaffen, die jedenfalls kurzfristig besteht. Eine direkte Übermittlung des Geldes findet beim Hawala-Banking typischerweise nicht statt, da der Hawaladar 2 den Geldbetrag aus eigenen Mittel dem Empfänger auszahlt und der jeweilige entgegengenommene Geldbetrag des Einzahlers beim Hawaladar 1 verbleibt oder erst beim Clearingverfahren transportiert wird, sodass von einer bewussten Zugriffsmöglichkeit des Hawaladar 1 auszugehen ist.

Nutzt der Zahlungsdienstleister Einsammler, die die Gelder für den Zahlungsdienstleister entgegennehmen, ist fraglich, inwiefern dies einer Entgegennahme im Sinne des § 1 Abs. 1 S. 2 Nr. 6 ZAG gleichkommt. Spricht man dem Einsammler die Eigenschaft als Zahlungsdienstleister ab, so kann dieser konsequenterweise auch nicht der eigentlich Zuständigen für die Entgegennahme und anschließende Übermittlung im Sinne des § 1 Abs. 1 S. 2 Nr. 6 ZAG sein. Da die Entgegennahme rein tatsächlich zu verstehen ist und es auch nicht auf eine bestimmte Form der Entgegennahme ankommt, darf jedoch eine Entgegennahme auch dahingehend weit ausgelegt werden, dass eine für den Zahlungsdienstleister eingesetzte Person, die die Gelder einsammelt und dem Zahlungsdienstleister faktisch zuführt, zwar keine Gelder im eigentlichen Sinne entgegennimmt, der Einsammler jedoch dem eigentlichen Zahlungsdienstleister eine bewusste Zugriffsmöglichkeit einrichtet und der Zahlungsdienstleister anschließend die Übermittlung einleiten kann, in summa der Zahlungsdienstleister vom Zahler – durch den Einsammler – den Geldbetrag ent-

---

[238] *Danwerth*, Das Finanztransfergeschäft als Zahlungsdienst, S. 191.

[239] *Danwerth*, Das Finanztransfergeschäft als Zahlungsdienst, S. 191.

[240] Gemeint ist damit die hinter dem Hawaladar 1 stehende Gesellschaft, das Hawala-Netzwerk oder die Hawala-Gruppierung an denen ebenfalls die Entgegennahme vollzogen werden kann, denn diesen wird durch die jeweils eingesetzten Personen die Entgegennahme zugerechnet, da die Entgegennahme schließlich rein tatsächlicher Natur ist.

gegennimmt.[241] Ansonsten wäre auch beispielsweise eine Entgegennahme per Überweisung nicht möglich, bei der das zwischengeschaltete Kreditinstitut des Zahlungsdienstleisters die Überweisung für den Zahlungsdienstleister rein tatsächlich in Empfang nimmt. Damit liegt beim Hawala-Banking seitens des Hawaladar 1 eine Entgegennahme vor, die auch durch eingesetzte Einsammler ermöglicht werden kann und dem Hawaladar 1 dadurch eine Übermittlungsmöglichkeit geschaffen wird.

cc) (Un-)Mittelbarkeit der Übermittlung

Mit Einordnung der Akteure des Hawala-Bankings sowie der Entgegennahme durch den Hawaladar 1 gilt es ferner, die Art der Übermittlung zu kategorisieren. Dabei kann die Übermittlung beim Zahlerfinanztransfer entweder unmittelbar oder mittelbar ablaufen. Entscheidend ist zum einen die Art und Weise, also wie eine Übermittlung auszulegen ist und zum anderen ob diese beim Hawala-Banking an einen Zahlungsempfänger (Fall 1) oder an einen anderen, im Namen des Zahlungsempfängers handelnden Zahlungsdienstleister (Fall 2) erfolgt.

Semantisch bildet die Übermittlung das Gegenstück der Entgegennahme. Außerdem erfolgt die Entgegennahme, der Systematik des § 1 Abs. 1 S. 2 Nr. 6 ZAG nach, nur mit Blick auf die Übermittlung.[242] Demnach findet die Entgegennahme mit der Zwecksetzung statt, einen entsprechenden Betrag an den Zahlungsempfänger oder dessen Zahlungsdienstleister, zu übermitteln.[243] Daraus folgt zum einen, dass der Übermittlung gleich der Entgegennahme, ein tatsächlicher Charakter zu attestieren ist und somit die Art und Weise der Übermittlung vielseitig sein kann.[244] Beispielsweise kann dies über Telefon oder ein anderes Telekommunikationsnetz,[245] wie Fax, E-Mail oder auch SMS stattfinden,[246] die den typischen Kommu-

---

[241] Ein Vergleich lässt sich zum zivilrechtlichen Besitzdiener nach § 855 BGB ziehen und dessen Rechtsgedanken in das Aufsichtsrecht übertragen.

[242] Vgl. *Danwerth*, Das Finanztransfergeschäft als Zahlungsdienst, S. 193; *Danwerth*, in: Casper/Terlau-ZAG, § 1 Rn. 125.

[243] *Mimberg*, in: Schäfer/Omlor/Mimberg-ZAG, § 1 Rn. 137.

[244] *Danwerth*, Das Finanztransfergeschäft als Zahlungsdienst, S. 193, 197; außerdem lässt sich anmerken, dass der Gesetzgeber beim Finanztransfergeschäft, eben nicht auf die Begriffe des „Erbringens" oder der „Ausführung" zurückgegriffen hat, sodass auch dahingehend eine andere Auslegung angedacht wurde.

[245] BT-Drs. 18/11495, S. 106; *BaFin*, Merkblatt – Hinweise zum Zahlungsdiensteaufsichtsgesetz vom 05.07.2024, abrufbar unter: https://www.bafin.de/SharedDocs/Veroeffentlichungen/DE/Merkblatt/mb_111222_zag.html, B. V. Finanztransfergeschäft (§ 1 Abs. 1 Satz 2 Nr. 6 ZAG); siehe dazu außerdem Erwägungsgrund 9 der Richtlinie (EU) 2015/2366 des Europäischen Parlaments und des Rates vom 25.11.2015 über Zahlungsdienste im Binnenmarkt, zur Änderung der Richtlinien 2002/65/EG, 2009/110/EG und 2013/36/EU und der Verordnung (EU) Nr. 1093/2010 sowie zur Aufhebung der Richtlinie 2007/64/EG, ABl. EU Nr. L 337 2015, S. 36 der davon spricht, dass „der [Zahlungsdienstleister] den entsprechenden Betrag beispielsweise über ein Kommunikationsnetz […] weiterleitet".

nikationsmitteln des Hawala-Bankings auch entsprechen dürften.[247] Zum anderen, dass der Zahlungsdienstleister nicht den gesamten Zahlungsfluss vom Zahler zum Zahlungsempfänger tatsächlich in seiner Gesamtheit bewirken muss.[248] Es reicht hierfür jedoch nicht aus, dass der Zahlungsdienstleister die Übermittlung nur anstößt, er muss vielmehr den Geldbetrag tatsächlich entgegennehmen und tatsächlich übermitteln.[249] Danwerth spricht hierbei zutreffend davon, dass der Zahlungsdienstleister derart an der Übermittlung beteiligt sein muss, dass seine Dienstleistung nicht hinweggedacht werden kann, ohne dass die Zugriffsmöglichkeit des Zahlungsempfängers im Sinne einer conditio-sine-qua-non entfiele.[250]

Bei der Einzeltransaktion nimmt der Hawaladar 1 den Geldbetrag des Einzahlers entgegen und weist darauf hin den Hawaladar 2 an, dem Empfänger den beabsichtigten Betrag auszuzahlen. Ausgehend davon sind im Normalfall bei einer Einzeltransaktion vier Personen involviert, sodass allein anhand der Personenzahl bereits eine mittelbare Übermittlung, mithin ein mittelbarer Zahlerfinanztransfer naheliegt. Fraglich ist dabei jedoch, in welcher Beziehung der andere Zahlungsdienstleister zum eigentlich übermittelnden Zahlungsdienstleister oder zum Zahlungsempfänger stehen muss, da § 1 Abs. 1 S. 2 Nr. 6 ZAG davon spricht, dass beim mittelbaren Zahlerfinanztransfer der Geldbetrag durch den „im Namen des Zahlungsempfängers handelnden Zahlungsdienstleister entgegengenommen wird". Mit Blick auf das ausgearbeitete Verständnis des Hawala-Bankings mag man den Hawaladar 2 aufgrund des Hawala-Netzwerkes dem Hawaladar 1 respektive dem eigentlichen Netzwerk zuordnen können, da diese kooperativ unter dem Dach des Netzwerkes zusammenarbeiten und der Hawaladar 2 in diesem Kontext zur Auszahlung veranlasst wird. Anders als im herkömmlichen Bankensektor, wird man den Hawaladaren eine besondere Bindung zugestehen müssen, sodass dieses Netzwerk schließlich auch als homogener Club verstanden wird.[251] Dabei agieren die Hawaladare im

---

[246] *Danwerth,* Das Finanztransfergeschäft als Zahlungsdienst, S. 197 unter vergleichenden Verweis auf *Knops/Wahlers*, BKR 2013, 240 (passim).

[247] Zum Funktionsablauf des Hawala-Bankings siehe Teil 2 A. II. 2. a).

[248] *Mimberg,* in: Schäfer/Omlor/Mimberg-ZAG, § 1 Rn. 137 unter Verweis auf *BaFin*, Merkblatt – Hinweise zum Zahlungsdiensteaufsichtsgesetz vom 05.07.2024, abrufbar unter: https://www.bafin.de/SharedDocs/Veroeffentlichungen/DE/Merkblatt/mb_111222_zag.html, B. V. Finanztransfergeschäft (§ 1 Abs. 1 Satz 2 Nr. 6 ZAG) wiederum unter Bezugnahme auf BT-Drs. 18/11495, S. 107; ferner *Danwerth,* in: Casper/Terlau-ZAG, § 1 Rn. 122; *Findeisen,* in: Ellenberger/Findeisen/Nobbe/Böger-Kommentar zum Zahlungsverkehrsrecht, § 1 ZAG Rn. 384.

[249] *Danwerth,* Das Finanztransfergeschäft als Zahlungsdienst, S. 197 unter Verweis auf *BaFin,* Merkblatt – Hinweise zum Zahlungsdiensteaufsichtsgesetz vom 05.07.2024, abrufbar unter: https://www.bafin.de/SharedDocs/Veroeffentlichungen/DE/Merkblatt/mb_111222_zag.html, B. II. Zahlungsgeschäft (§ 1 Abs. 1 Satz 2 Nr. 3 ZAG).

[250] *Danwerth,* Das Finanztransfergeschäft als Zahlungsdienst, S. 197 unter vergleichenden Verweis auf *BaFin,* Merkblatt – Hinweise zum Zahlungsdiensteaufsichtsgesetz vom 05.07.2024, abrufbar unter: https://www.bafin.de/SharedDocs/Veroeffentlichungen/DE/Merkblatt/mb_111222_zag.html, B. II. Zahlungsgeschäft (§ 1 Abs. 1 Satz 2 Nr. 3 ZAG).

[251] Zur Einordnung als homogenen Club bereits Teil 2 A. II. 2. b) bb) (2).

Rahmen des Netzwerkes und nehmen jeweilig verschiedene Geldtransfers vor, wenn nicht sogar eigens dafür eingesetzte „Mitarbeiter“ dies für die eigentlichen Hawaladare erledigen[252].

Anders mag dies nur beurteilt werden können, sofern die beiden Hawaladare als eigenständig für sich stehen,[253] sodass der Hawaladar 2 nicht nur als verlängerter Arm in den Diensten des Hawaladar 1 respektive des Netzwerkes tätig wird. In diesen Konstellationen arbeiten die Hawaladare für sich und treten nicht selten auch anderweitig miteinander in Geschäftsbeziehung, ähnlich der ursprünglichen Suftadja, bei der die Auszahlung auch durch einen Geschäftsfreund (ṣadiq), Mandatar (wakil) oder Vertreter (nâ‘ib) erfolgte.[254] Ebendeshalb scheint eine Einordnung allein anhand der Personenzahl nicht ergiebig zu sein.

Indes ist für die Einordnung des Hawala-Bankings als (un-)mittelbarer Finanztransfer, die Beziehung zwischen dem Zahlungsempfänger und dessen Zahlungsdienstleister beim besagten mittelbaren Finanztransfergeschäft entscheidend. Auch wenn die Norm davon spricht, dass „im Namen“ des Zahlungsempfängers gehandelt wird, so darf dies nicht mit den Regeln der Stellvertretung gemäß § 164 Abs. 1 BGB gleichgesetzt werden.[255] Der Zahlungsdienstleister des Zahlungsempfängers, bestimmt nicht selbst nach seinem Willen den Inhalt des Rechtsgeschäfts, sodass er nicht selbst der rechtsgeschäftlich Handlende sein kann.[256] Aus der Formulierung resultiert jedoch, dass der Zahlungsdienstleister zumindest kenntlich machen muss, dass er offenkundig, für den Zahlungsempfänger handelt.[257] Dies soll typischerweise aus den Umständen der Zahlungsabwicklung deutlich werden.[258] Beim Hawala-Banking wird dies bereits daraus ersichtlich, dass der Hawaladar 2 im Einklang mit dem Hawaladar 1, eine Auszahlung des gewünschten Betrags nur an die verifizierte Person vornimmt, die sich anhand des festgelegten Codes ausweisen kann. Dass der Hawaladar 1 aufgrund der Angaben des Einzahlers bereits vor dem Hawaladar 2 über die personenbezogenen Daten des Empfängers oder den Umstand, dass sich eine Person mit einem Code ausweisen wird, informiert ist, ist für die Offenkundigkeit unschädlich.

Weiter spricht § 1 Abs. 1 S. 2 Nr. 6 ZAG vom *anderen* „Zahlungsdienstleister“. Der in § 1 Abs. 1 S. 2 Nr. 6 ZAG niedergeschriebene *andere* Zahlungsdienstleister umschreibt gerade den im Namen des Zahlungsempfänger handelnden Zahlungs-

[252] Siehe beispielsweise LG Mannheim 17.11.2020 – 22 KLs 540 Js 6574/20, LG Mannheim, BeckRS 2020, 50512, Rn. 5 [„sog. ‚Einzahlstellen‘“].

[253] Zur Einordnung der Hawaladare und des Hawala-Netzwerkes als Unternehmen im Sinne des § 1 Abs. 1 S. 1 Nr. 1 ZAG siehe bereits Teil 3 B. I. 1. a) aa) (2) (a) (cc).

[254] Zur Historie der Hawala, insbesondere in der Form als Suftadja siehe Teil 2 A. I. 2.

[255] *Danwerth*, Das Finanztransfergeschäft als Zahlungsdienst, S. 213 ff.

[256] Zustimmungswürdig *Danwerth*, Das Finanztransfergeschäft als Zahlungsdienst, S. 213 unter Verweis auf einschlägige Literatur.

[257] *Danwerth*, Das Finanztransfergeschäft als Zahlungsdienst, S. 215.

[258] *Danwerth*, Das Finanztransfergeschäft als Zahlungsdienst, S. 215.

dienstleister, nicht jedoch den eigentlich übermittelnden Zahlungsdienstleister; er steht damit im Lager des Zahlungsempfängers nicht im Lager des Zahlers.[259] Hier wird auf den Begriff des Zahlungsdienstleisters zurückgegriffen, sodass diesem eine Eigenschaft im Sinne des § 1 Abs. 1 S. 1 ZAG zuteilwerden kann. Dieser kann beispielsweise ebenfalls als Zahlungsinstitut im Sinne des § 1 Abs. 1 S. 1 Nr. 1 ZAG tätig sein, wenn auch dessen Stellung als Zahlungsdienstleister nicht mit dem vorliegenden Zahlungsdienst, mithin dem Finanztransfergeschäft unmittelbar korreliert. Eine Eigenschaft des Hawaladar 2 als erbringender Zahlungsdienstleister mag im Hinblick auf die in Betracht kommende Einzeltransaktion nicht der Fall sein. Da er jedoch als Hawaladar tätig ist und ebenfalls Zahlungsdienste erbringt, beispielsweise in Form eines „reverse Hawala", kann ihm zumindest im Allgemeinen die Eigenschaft als Zahlungsdienstleister zugesprochen werden, sofern er für sich agiert und nicht dem Konglomerat untergeordnet ist.

Anders ist dies zu beurteilen, sofern der Hawaladar 2 nicht im Dienste des Zahlungsempfängers tätig wird und dieser lediglich die gewünschten Geldbeträge auszahlt, ohne eigene (Rück-)Transfers vorzunehmen. Dabei könnte man den Hawaladar 2 sinnbildlich als bloßen „Geldautomaten" oder „Boten" verstehen, der allein als verlängerter Arm des Hawaladar 1 respektive des Netzwerkes tätig wird und gewissermaßen in dessen Lager steht. Mag man diese für das Schattenfinanzwesen typische Konstellation vor Augen haben, die sich vor allem in den von der Rechtsprechung behandelten Fällen widerspiegelt, so wird man zum Ergebnis eines unmittelbaren Zahlerfinanztransfers (Fall 1) kommen müssen, unabhängig davon, ob der Hawaladar 2 die eigentliche Auszahlung übernimmt. Diese Auszahlung muss allein dem Hawaladar 1 respektive dem Netzwerk zugerechnet werden, als würde der Hawaladar 1 respektive das Netzwerk autonom handeln und der Hawaladar 2 nicht im Lager des Zahlungsempfängers stehen.

Damit lässt sich das Hawala-Banking als mittelbarer Zahlerfinanztransfer (Fall 2) einordnen,[260] sofern der Hawaladar 1 einen Geldbetrag entgegennimmt und diesen an einen anderen, im Namen des Zahlungsempfängers handelnden Zahlungsdienstleister, mithin dem Hawaladar 2 übermittelt und diese kein kooperatives Verhältnis in Form einer Einheit pflegen, wie es den Hawala-Netzwerken im Schattenfinanzwesen aber eigen ist. Besteht dagegen aber ein kooperatives Verhältnis und arbeiten diese unter dem Dach des Netzwerkes als Einheit, so lässt sich das Hawala-Banking als unmittelbarer Zahlerfinanztransfer (Fall 1) einordnen,[261] denn dann agiert das Netzwerk als Zahlungsdienstleister und der Auszahlende Hawaladar ist dem Empfängerlager nicht zuzurechnen.

---

[259] *Danwerth*, Das Finanztransfergeschäft als Zahlungsdienst, S. 215.

[260] So *Danwerth*, BKR 2021, 721 (724); im Ergebnis wohl auch *Tiemann*, in: Ellenberger/Findeisen/Nobbe/Böger-Kommentar zum Zahlungsverkehrsrecht, § 1 ZAG Rn. 437.

[261] So *Mimberg*, in: Schäfer/Omlor/Mimberg-ZAG, § 1 Rn. 141 unter Querverweis auf Fn. 138 f.

Auf eine bestimmte Form der Übermittlung kommt es nicht an. Auch wenn das eingezahlte Geld beim Hawaladar 1 verbleibt und dieser lediglich via Telekommunikationsmittel, den Hawaladar 2 zur Auszahlung mit seinem Geld bewegt, so ist allein das wirtschaftliche Ergebnis maßgebend.[262] Demzufolge wird seitens der Hawaladare auch im Wege der bloßen Verrechnung, der Geldfluss ausgeführt, was dem System der Zwei-Töpfe immanent ist und der Anwendung des Finanztransfergeschäfts nicht entgegensteht.[263]

Abschließend lässt sich dazu noch anmerken, dass die Übermittlung den gesamten Zahlungsfluss vom Auftrag des Einzahlers bis zur Auszahlung beim Empfänger umfasst, sodass die Übermittlung beim (un)mittelbaren Zahlerfinanztransfer mit der Auszahlung des Hawaladar 2 an den Empfänger ihren Abschluss findet.[264] Dafür spricht bereits § 675t Abs. 1 S. 1, 3 BGB, indem der Zahlungdienstleister des Zahlungsempfängers verpflichtet ist, den Zahlungsbetrag unverzüglich verfügbar zu machen.[265] Zudem ist das wirtschaftliche Ergebnis für das Finanztransfergeschäft entscheidend.[266] Auch wenn der Begriff des „wirtschaftlichen Ergebnisses" unpräzise zu sein scheint, kann dieser zumindest dahingehend verstanden werden, dass das wirtschaftliche Ergebnis eines Finanztransfergeschäfts in der Auszahlung des Betrags an den Empfänger besteht, mithin der Betrag des Einzahlers über die beiden Hawaladare beim Empfänger ankommt. Dazu kann auch eine vergleichende Gesamtschau zu dem Zahlungsvorgang (§ 1 Abs. 15a ZAG, § 675f Abs. 4 BGB) gezogen werden. Denn der Zahlungsvorgang umfasst dem Grunde nach den gesamten Zahlungsfluss zwischen Zahler und Zahlungsempfänger und ist zumindest für die Zahlungsdienste prägend, wenn er auch nicht mit dem Zahlungsdienst gleichgesetzt werden darf.[267]

---

[262] *BaFin*, Merkblatt – Hinweise zum Zahlungsdiensteaufsichtsgesetz vom 05.07.2024, abrufbar unter: https://www.bafin.de/SharedDocs/Veroeffentlichungen/DE/Merkblatt/mb_111222_zag.html, B. V. Finanztransfergeschäft (§ 1 Abs. 1 Satz 2 Nr. 6 ZAG); darauf verweisend *Tiemann*, in: Ellenberger/Findeisen/Nobbe/Böger-Kommentar zum Zahlungsverkehrsrecht, § 1 ZAG Rn. 439; *Danwerth*, BKR 2021, 721 (724).

[263] *BaFin*, Merkblatt – Hinweise zum Zahlungsdiensteaufsichtsgesetz vom 05.07.2024, abrufbar unter: https://www.bafin.de/SharedDocs/Veroeffentlichungen/DE/Merkblatt/mb_111222_zag.html, B. V. Finanztransfergeschäft (§ 1 Abs. 1 Satz 2 Nr. 6 ZAG); *Danwerth*, in: Casper/Terlau-ZAG, § 1 Rn. 125.

[264] *Danwerth*, Das Finanztransfergeschäft als Zahlungsdienst, S. 107.

[265] *Danwerth*, Das Finanztransfergeschäft als Zahlungsdienst, S. 107.

[266] Den Begriff des „wirtschaftlichen Ergebnisses" prägend *BaFin*, Merkblatt – Hinweise zum Zahlungsdiensteaufsichtsgesetz vom 05.07.2024, abrufbar unter: https://www.bafin.de/SharedDocs/Veroeffentlichungen/DE/Merkblatt/mb_111222_zag.html, B. V. Finanztransfergeschäft (§ 1 Abs. 1 Satz 2 Nr. 6 ZAG); so auch LG Mannheim 17.11.2020 – 22 KLs 540 Js 6574/20, LG Mannheim, BeckRS 2020, 50512, Rn. 4.

[267] *Danwerth*, Das Finanztransfergeschäft als Zahlungsdienst, S. 101 unter Verweis auf *Walz*, in: Ellenberger/Findeisen/Nobbe-Kommentar zum Zahlungsverkehrsrecht, 2. Auflage, § 675f BGB Rn. 8 und weiteren Ausführungen, dass dies trotz alledem nicht mir der Einzelaktsbetrachtung im Rahmen der Zahlungsdienste im Widerspruch steht; so auch in der Neuauflage *Walz/Ahmedi*, in: Ellenberger/Findeisen/Nobbe/Böger-Kommentar zum Zahlungs-

Zusammenfassend ist also das Hawala-Banking – je nach Ausgestaltung – als unmittelbarer oder mittelbarer Zahlerfinanztransfer einzuordnen. Denn entweder agieren die Einzahlstelle und Auszahlstelle unter dem Dach des Hawala-Netzwerkes, sodass der auszahlende Hawaladar 2 nicht dem Empfängerlager zugerechnet werden kann und damit ein unmittelbarer Zahlerfinanztransfer (Fall 1) vorliegt oder der Hawaladar 1 übermittelt mittelbar über den Hawaladar 2 einen Geldbetrag des Einzahlers an den Empfänger, indem der Hawaladar 2 als Zahlungsdienstleister des Empfängers, dem Empfänger den Geldbetrag auszahlt, was einen mittelbaren Zahlerfinanztransfer (Fall 2) begründet.

b) Das Transfergut beim Hawala Finanztransfergeschäft

Beim Hawala-Banking gibt der Einzahler dem Hawaladar 1 meist Bargeld, mit dem Auftrag, dieses an den Empfänger zu übermitteln. Daraufhin beauftragt der Hawaladar 1 den Hawaladar 2, dem Empfänger den gewünschten Betrag auszuzahlen, behält sich dabei jedoch eine Provision vor. Die jeweiligen gegenseitige Ansprüche der Hawaladare werden mit gegenläufigen Transfers aufgerechnet und etwaige Zahlungsspitzen durch ein Clearingverfahren ausgeglichen.

Der Zahlerfinanztransfer des § 1 Abs. 1 S. 2 Nr. 6 Alt. 1 ZAG setzt wiederum voraus, dass vom Zahlungsdienstleister ein Geldbetrag des Zahlers zur Übermittlung eines entsprechenden Betrags entgegengenommen wird.

Das Transfergut des Hawala-Bankings muss dem des Finanztransfergeschäfts entsprechen, um einer Einordnung als Finanztransfergeschäft zu genügen. Für das Hawala-Banking ist fraglich, ob der Geldbetrag des Zahlers auch Bargeldzahlungen umfasst. Ferner muss geklärt werden, wie es sich auswirkt, dass der Zahlerfinanztransfer vom Transfer des entsprechenden Betrags spricht, es jedoch beim Hawala-Banking gerade an einem tatsächlichen Geldfluss mangelt und etwaige Provisionen oder eine Umrechnung in die jeweilige Landeswährung, die zu transferierende Geldbetragshöhe mindern. Im Hinblick auf das Clearingverfahren bedarf es der Prüfung, ob dieses beim Finanztransfer Berücksichtigung finden darf. Summa summarum soll die Vereinbarkeit des gängigen Transferguts beim Hawala-Banking, mit dem des Finanztransfergeschäfts in Gänze überprüft werden.

---

verkehrsrecht, § 675f BGB Rn. 10 zu finden; vgl. zudem Erwägungsgrund 86 der Richtlinie (EU) 2015/2366 des Europäischen Parlaments und des Rates vom 25.11.2015 über Zahlungsdienste im Binnenmarkt, zur Änderung der Richtlinien 2002/65/EG, 2009/110/EG und 2013/36/EU und der Verordnung (EU) Nr. 1093/2010 sowie zur Aufhebung der Richtlinie 2007/64/EG, ABl. EU Nr. L 337 2015, S. 49.

aa) Der Geldbetrag des Zahlers

§ 1 Abs. 1 S. 2 Nr. 6 Alt. 1 ZAG spricht zunächst vom „Geldbetrag", der jedoch keine Legaldefinition im ZAG erfahren hat. Nach Art. 4 Nr. 25 ZDRL II[268] sind davon gleichwohl „Banknoten und Münzen, Giralgeld oder E-Geld im Sinne des Artikels 2 Nummer 2 der Richtlinie 2009/110/EG[269]" umfasst. Das beim Hawala-Banking typisch verwendete Bargeld ist als Tauschmittel stets einsetzbar,[270] worunter Banknoten und Münzen gefasst werden können. Damit lässt sich das verwendete Bargeld als Geldbetrag im Sinne des § 1 Abs. 1 S. 2 Nr. 6 Alt. 1 ZAG einordnen.[271] Auf die jeweilige Währung kommt es für die Einordnung als Geldbetrag nicht an.[272] Die Definition der Richtlinie lässt jedoch erkennen, dass nicht nur Bargeld erfasst werden kann, so werden auch Giralgeld oder E-Geld genannt. Auch der Gesetzesentwurf der Bundesregierung der Ersten Zahlungsdiensterichtlinie spricht bereits im Allgemeinen von der „Übermittlung von gesetzlichen Zahlungsmitteln" und nennt dabei auch „Bargeld, Buchgeld oder andere[s], sich letztendlich aber auch von Bargeld oder Buchgeld [abgeleitetes] elektronische[s] Geld".[273] Dies macht die Bundesregierung im Gesetzesentwurf zur Zweiten Zahlungsdiensterichtlinie ebenfalls deutlich, wenn auch indirekt, indem sie davon spricht, dass es keine Rolle spielt, „[w]ie der Zahlungdienstnutzer den Geldbetrag letztlich einbringt, sei es in bar oder sei es per Überweisung, Scheck, electronic cash, Ein-

---

[268] Richtlinie (EU) 2015/2366 des Europäischen Parlaments und des Rates vom 25.11. 2015 über Zahlungsdienste im Binnenmarkt, zur Änderung der Richtlinien 2002/65/EG, 2009/110/EG und 2013/36/EU und der Verordnung (EU) Nr. 1093/2010 sowie zur Aufhebung der Richtlinie 2007/64/EG, ABl. EU Nr. L 337 2015, S. 58; so bereits zuvor schon in Art. 4 Nr. 15 ZDRL I: Richtlinie 2007/64/EG des Europäischen Parlaments und des Rates vom 13.11.2007 über Zahlungsdienste im Binnenmarkt, zur Änderung der Richtlinien 97/7/EG, 2002/65/EG, 2005/60/EG und 2006/48/EG sowie zur Aufhebung der Richtlinie 97/5/EG, ABl. EU Nr. L 319 2007, S. 11; darauf ebenfalls verweisend *Mimberg*, in: Schäfer/Omlor/Mimberg-ZAG, § 1 Rn. 127.

[269] Richtlinie 2009/110/EG des europäischen Parlaments und des Rates vom 16.09.2009 über die Aufnahme, Ausübung und Beaufsichtigung der Tätigkeit von E-Geld-Instituten, zur Änderung der Richtlinien 2005/60/EG und 2006/48/EG sowie zur Aufhebung der Richtlinie 200/46/EG, Abl. EU Nr. L 267 2009, S. 11.

[270] *Grundmann*, in: MüKo-BGB, § 245 Rn. 5.

[271] Ebenfalls *Danwerth*, in: Casper/Terlau-ZAG, § 1 Rn. 120; *Mimberg*, in: Schäfer/Omlor/Mimberg-ZAG, § 1 Rn. 127 f.; *Danwerth*, Das Finanztransfergeschäft als Zahlungsdienst, S. 181; *Dörner/Schenkel*, Die Erlaubnis zur Erbringung von Zahlungsdiensten, S. 19; *Hingst/Lösing*, Zahlungsdiensteaufsichtsrecht, § 6 Rn. 86.

[272] *Danwerth*, Das Finanztransfergeschäft als Zahlungsdienst, S. 185 f. auch unter Verweis auf Art. 2 Abs. 2 ZDRL I; vgl. dazu ebenfalls Erwägungsgrund 82 der Richtlinie (EU) 2015/2366 des Europäischen Parlaments und des Rates vom 25.11.2015 über Zahlungsdienste im Binnenmarkt, zur Änderung der Richtlinien 2002/65/EG, 2009/110/EG und 2013/36/EU und der Verordnung (EU) Nr. 1093/2010 sowie zur Aufhebung der Richtlinie 2007/64/EG, ABl. EU Nr. L 337 2015, S. 49 sowie Art. 2 Abs. 2 ZDRL II.

[273] BT-Drs. 16/11613, S. 32.

zugsermächtigung und dergleichen, oder ob eine Aufrechnung erfolgt".[274] Gerade dies impliziert, dass der Passus „Geldbetrag" sehr weit verstanden werden darf, es sich jedoch zumindest um anerkannte Wertträger, mithin Geld im eigentlichen Sinne[275] oder geldähnliche Forderungsrechte handeln muss.[276] Dies bietet selbst der bargeldaffinen Hawala die Möglichkeit auch auf moderne Zahlungsmethoden zurückzugreifen, was jedoch kehrseitig auch die Nachverfolgbarkeit erhöht, da etwaige Transfers an den Hawaladar 1 einfacher nachvollzogen werden können und so das eigentliche Ziel der Anonymität schwindet.

Ferner spricht § 1 Abs. 1 S. 2 Nr. 6 Alt. 1 ZAG vom „Geldbetrag *des Zahlers*[277]", was mit der Entgegennahme des Zahlungsdienstleisters korreliert. Das bedeutet, dass der Hawaladar 1 (oder über einen Einsammler) den Geldbetrag des Einzahlers entgegennehmen muss. Diese Formulierung dient allein der Zuordnung, dass der zu übermittelnde Betrag von Seiten des Einzahlers ausgeht und ist rein faktisch wie die Entgegennahme zu verstehen, die keine rechtswirksame Verfügung voraussetzt[278]. Beim Verwenden von Bargeld, was typisch für das Hawala-Banking ist, kommt es für § 1 Abs. 1 S. 2 Nr. 6 ZAG auch nicht auf die Eigentumsverhältnisse des Zahlers (§ 903 S. 1 BGB) an den Banknoten oder Münzen und damit auch nicht auf eine Eigentumsübertragung nach den §§ 929 ff. BGB an den Hawaladar 1 an.[279] Eine solch festumrissene normative Handhabung, gerade unter dem Gesichtspunkt, dass das Finanztransfergeschäft als Auffangtatbestand dient, überzeugt nicht und lässt sich auch nicht dem Wortlaut des § 1 Abs. 1 S. 2 Nr. 6 ZAG entnehmen. In praxi würde die Eigentümerstellung des Zahlers darüber entscheiden, ob ein Finanztransfergeschäft vorliegt und damit, ob der Zahlungsdienstleister eine Erlaubnis nach § 10 Abs. 1 S. 1 ZAG bedarf, mithin die Zahlungsdienstetätigkeit dem Aufsichtsregime entzogen. Dies kann in, wenn auch nur begrenzten Fällen, wie denen des Hawala-Bankings entscheidend sein, die ebenfalls der Geldwäsche dienen. Auch wenn ein gutgläubiger Erwerb an abhanden gekommenem Geld (§ 935 Abs. 2 BGB) möglich ist, so mag beispielsweise der Einzahler, wenn er Geldscheine nach § 242 StGB gestohlen hat, nicht als Eigentümer im Sinne des § 903

[274] BT-Drs. 18/11495, S. 107.

[275] Vgl. hierzu BGH, NJW 1984, 1311 (passim).

[276] Dazu sei weitergehend auf *Grundmann*, in: MüKo-BGB, § 245 Rn. 1 ff. verwiesen, der vollumfänglich auf das Geld und das System des Geldrechts eingeht; weitergehend zum Begriffsverständnis des „Geldbetrag[s]" im Sinne des Finanztransfergeschäfts siehe *Danwerth*, Das Finanztransfergeschäft als Zahlungsdienst, S. 181 ff., der sich insbesondere mit der Verwendung moderner Finanzinstrumente, wie der Klassifizierung von Bitcoins als Geldbetrag, beschäftigt; ferner zur Verwendung von „Kryptowährung" *Mimberg*, in: Schäfer/Omlor/Mimberg-ZAG, § 1 Rn. 128 sowie *Danwerth*, in: Casper/Terlau-ZAG, § 1 Rn. 120 jeweils unter Verweis auf einschlägige Literatur.

[277] Hervorhebung durch den Verfasser.

[278] Zur Einordnung der Entgegennahme siehe Teil 3 B. I. 1. a) bb).

[279] So aber *Danwerth*, Das Finanztransfergeschäft als Zahlungsdienst, S. 186 unter Verweis auf BGH, NJW 2010, 3578 (3579); BGH, NJW 1990, 1913 (1913); *Omlor*, Geldprivatrecht, S. 144; *Pikart*, WM 1980, 510 (513).

S. 1 BGB gelten. Anders, wenn es zuvor zu einer Vermischung der Scheine nach §§ 948 Abs. 1, 947 Abs. 2 BGB kam oder der Zahler gar Buchgeld verwendet, es auf die Eigentumsverhältnisse mangels Sachqualität nicht ankommt und stattdessen andere Übertragungsformen in Betracht kommen[280]. Durch diese normative Aufladung der Begriffe „des Zahlers", wird die Einordnung des Finanztransfergeschäfts zur Disposition des Einzahlers gestellt, damit von dem Verhältnis zwischen Einzahler und Zahlungsdienstleister abhängig gemacht und letztendlich von Zufälligkeiten bestimmt. Aus zivilrechtlicher Perspektive ist dieses Ergebnis zwar folgerichtig; aufsichtsrechtlich dürfen im Rahmen des Finanztransfergeschäfts, die Begriffe „des Zahlers" aber nicht streng formalistisch betrachtet werden und können zumindest an den zivilrechtlichen Abläufen eine Orientierung finden.

bb) Entsprechender Betrag

Weiter spricht der Zahlerfinanztransfer von der Übermittlung eines „entsprechenden Betrags". „Entsprechend" lässt sich wortlauttechnisch nicht als derselbe Geldbetrag verstehen, sodass es keiner Identität bedarf. Dagegen spricht auch die Vielseitigkeit der Übermittlungswege, die sich nicht auf den Transfer desselben Geldbetrags beschränken sowie, dass im Bargeldbereich beispielweise die Regelung des § 2 Abs. 1 Nr. 3 ZAG greift und damit der rein gewerbsmäßige Transport von Banknoten und Münzen nicht unter die Finanztransfergeschäfte fällt. Streng nach dem Wortlaut lässt sich „entsprechend" aber zumindest dahingehend verstehen, dass der entgegengenommene Geldbetrag und der zu übermittelnde Geldbetrag sich der Höhe nach gleichen müssen.[281] Legt man den Wortlaut allerdings derart eng aus, würden etwaige Provisionen, Entgelte oder dergleichen für eine Reduzierung der Geldbetragshöhe sorgen und damit zu einem Ausschluss des Finanztransfergeschäfts führen.[282] Das heißt, dass ein Zahlungsdienstleister, der einen Betrag entgegennimmt und diesen nach Abzug einer Provision übermittelt, nicht mehr vom Finanztransfergeschäft erfasst werden könnte; ein Zahlungdsdienstleister, der im Nachhinein eine separate oder gar keine Rechnungsposition erhebt, jedoch schon.[283] Danwerth merkt hierbei zutreffend an, dass ein „Dienstleister […] trotz gewerblicher Tätigkeit dem scharfen Schwert des Aufsichtsrechtsregimes der Zahlungsdienste [entkäme]", was zu einem unsachgerechten Ergebnis führen würde.[284]

Diese Einordnung ist entscheidend für die Fälle des Hawala-Bankings, da die Hawaladare meist Provisionen in Höhe von 0,5 % bis 5,0 % des Zahlungsbetrags

---

[280] Darauf eingehend *Danwerth*, Das Finanztransfergeschäft als Zahlungsdienst, S. 186.

[281] *Danwerth*, Das Finanztransfergeschäft als Zahlungsdienst, S. 197.

[282] *Danwerth*, Das Finanztransfergeschäft als Zahlungsdienst, S. 197.

[283] So die Alternativüberlegung von *Danwerth*, Das Finanztransfergeschäft als Zahlungsdienst, S. 198.

[284] *Danwerth*, Das Finanztransfergeschäft als Zahlungsdienst, S. 198 unter weitergehenden Ausführungen.

einbehalten und die Transfers über die Grenzen hinweg stattfinden, mithin auch oftmals eine Umrechnung in die Landeswährung des Empfängerstaates vorgenommen wird.[285] Insoweit kann es hier also nur auf die wirtschaftliche Gesamtbetrachtung ankommen, nicht auf den tatsächlich in Empfang genommenen Geldbetrag.[286] Damit wird im Zusammenspiel mit dem Wortlaut des „Geldbetrag[s] des Zahlers" und des „entsprechenden Betrags", lediglich der Abwicklungsvorgang des Zahlerfinanztransfergeschäfts vorgegeben, der suggeriert, dass der Zahlerfinanztransfer vom Zahler ausgeht.[287] Es folgt daraus jedoch nicht, dass die Übermittlung stets der Entgegennahme nachfolgen muss, mithin kann auch der Zahlungsdienstleister erst nach der Übermittlung, den jeweiligen Geldbetrag des Zahlers entgegennehmen, sodass jegliche Missbrauchsgefahren ausgeräumt werden.[288]

Im Ergebnis ist auch beim Hawala-Banking, trotz der Provision und der etwaigen Umrechnung in die jeweilige Landeswährung von einem „entsprechenden Betrag" auszugehen, selbst wenn der Hawaladar 1 noch vor der Entgegennahme des Geldbetrags mit der Übermittlung beginnen sollte, was jedoch eher untypisch für das Hawala-Banking ist.

cc) Berücksichtigung des Clearingverfahrens

Beim Hawala-Banking kann es zu einem Clearingverfahren kommen, sofern die beiden Hawaladare keinen exakten Ausgleich durch die gegenseitigen Transfers erzielen können und es dadurch zu Zahlungsspitzen kommt.[289] Dabei wird auf das reguläre Bankensystem, beispielsweise durch Nutzung eigener Girokonten und mit

---

[285] *WDDB*, Hawala-Banking, WD 4 – 3000 – 154/19, S. 4; die Angaben zur Provision schwanken jedoch etwas, so dass auf die weiteren Ausführungen zu den Provisionen aber auch zum Wechsel der Währung in Teil 2 A. II. 2. b) cc) verwiesen werden kann.

[286] *Danwerth*, in: Casper/Terlau-ZAG, § 1 Rn. 127; *Mimberg*, in: Schäfer/Omlor/Mimberg-ZAG, § 1 Rn. 140; *Tiemann*, in: Ellenberger/Findeisen/Nobbe/Böger-Kommentar zum Zahlungsverkehrsrecht, § 1 ZAG Rn. 391 f.; *Danwerth*, Das Finanztransfergeschäft als Zahlungsdienst, S. 200; *Danwerth*, BKR 2021, 721 (724).

[287] Vgl. *Danwerth*, Das Finanztransfergeschäft als Zahlungsdienst, S. 199 auch unter Verweis auf *BaFin*, Merkblatt – Hinweise zum Zahlungsdiensteaufsichtsgesetz vom 05.07.2024, abrufbar unter: https://www.bafin.de/SharedDocs/Veroeffentlichungen/DE/Merkblatt/mb_111222_zag.html, B. V. Finanztransfergeschäft (§ 1 Abs. 1 Satz 2 Nr. 6 ZAG); *Dörner/Schenkel*, Die Erlaubnis zur Erbringung von Zahlungsdiensten, S. 60; *Hingst/Lösing*, Zahlungsdiensteaufsichtsrecht, § 6 Rn. 88; wiederholend *Danwerth*, BKR 2021, 721 (724).

[288] Dazu ausführlich und sich mit dem andernfalls bestehenden Missbrauchspotenzial auseinandersetzend *Danwerth*, Das Finanztransfergeschäft als Zahlungsdienst, S. 199 f.; ferner *BaFin*, Merkblatt – Hinweise zum Zahlungsdiensteaufsichtsgesetz vom 05.07.2024, abrufbar unter: https://www.bafin.de/SharedDocs/Veroeffentlichungen/DE/Merkblatt/mb_111222_zag.html, B. V. Finanztransfergeschäft (§ 1 Abs. 1 Satz 2 Nr. 6 ZAG); *Tiemann*, in: Ellenberger/Findeisen/Nobbe/Böger-Kommentar zum Zahlungsverkehrsrecht, § 1 ZAG Rn. 392; kritisch aber differenzierend *Mimberg*, in: Schäfer/Omlor/Mimberg-ZAG, § 1 Rn. 136.

[289] Zu dem Clearingverfahren und dessen Handhabung siehe bereits Teil 2 A. II. 2. b) aa).

Hilfe von Überweisungen, aber auch auf Geldkuriere, Lieferungen von Waren, fingierte Handelsgeschäfte sowie falsche Rechnungen (Über- oder Unterfakturierung) zurückgegriffen. Die verschiedenen Clearingmethoden, können jedoch nicht dem eigentlichen Transfergut des Finanztransfergeschäfts zugeordnet werden, auch wenn es hier beispielsweise in Form von Geldkurieren zu einem realen Geldtransfer kommt.[290] Dieser Geldtransfer, mithin das Clearingverfahren im Allgemeinen, muss von der eigentlichen Übermittlung im Rahmen des Finanztransfergeschäfts abgegrenzt und darf damit nur separat betrachtet werden.[291] Trotz einer separaten Betrachtung verdeutlicht § 2 Abs. 1 Nr. 7 ZAG, dass die Durchführung des Clearingverfahrens kein zusätzlicher Zahlungsdienst ist[292] und somit auch dahingehend keine Berücksichtigung findet. Das Clearingverfahren ist somit für die eigentliche Übermittlung des Finanztransfergeschäfts nicht entscheidend und stellt damit kein eigentliches Transfergut für das Hawala-Banking dar.

c) „Nur" zur Übermittlung

Das Finanztransfergeschäft weist in seiner ersten Alternative den Passus „*nur*[293] zur Übermittlung" auf, sodass sich die Frage stellt, ob die Entgegennahme aus anderen, nicht zahlungsspezifischen Gründen ein Zahlerfinanztransfergeschäft ausschließt. Nach Ansicht der BaFin erklärt sich das Wort „nur" als bloßer Hinweis für den Auffangcharakter des Finanztransfergeschäfts.[294] Diese Auslegung scheint bereits deswegen schwierig, da im Sinne des § 1 Abs. 1 S. 2 Nr. 6 ZAG dem Wort „nur" allein die Funktion als Adverb zukommen kann,[295] das dem Satzteil „zur Übermittlung" zugeordnet ist.[296] Daraus folgt, dass ein Finanztransfergeschäft nur dann vorliegt, sofern die Entgegennahme des Geldes nur zu Übermittlungszwecken

---

[290] Zum Unterschied des Clearingverfahrens und des Bargeldtransports im Sinne § 2 Abs. 1 Nr. 3 ZAG siehe Teil 3 B. I. 2. a).

[291] *Danwerth*, in: Casper/Terlau-ZAG, § 1 Rn. 130.

[292] Für eine vergleichbare Regelung wie die des § 1 Abs. 1 S. 2 Nr. 9 KWG a. F. wurde kein Bedürfnis mehr gesehen, *Findeisen*, in: Ellenberger/Findeisen/Nobbe/Böger-Kommentar zum Zahlungsverkehrsrecht, § 1 ZAG Rn. 178 unter Verweis auf BT-Drs. 16/12487, S. 5; ferner sei hier jedoch auf § 54 Abs. 1a KWG verwiesen.

[293] Hervorhebung durch den Verfasser.

[294] *BaFin*, Merkblatt – Hinweise zum Zahlungsdiensteaufsichtsgesetz vom 05. 07. 2024, abrufbar unter: https://www.bafin.de/SharedDocs/Veroeffentlichungen/DE/Merkblatt/mb_111222_zag.html, B. V. Finanztransfergeschäft (§ 1 Abs. 1 Satz 2 Nr. 6 ZAG); vgl. auch *Tiemann*, in: Ellenberger/Findeisen/Nobbe/Böger-Kommentar zum Zahlungsverkehrsrecht, § 1 ZAG Rn. 401 f. der darin ein Abgrenzungsmerkmal zu den anderen Tatbeständen sieht.

[295] Duden, Suchergebnis „nur", abrufbar unter Duden Onlinewörterbuch: https://www.duden.de/rechtschreibung/nur_blosz_aber_ausnahmslos.

[296] So bereits zum Wort „ausschließlich" im Sinne des § 1 Abs. 2 Nr. 6 ZAG a. F. VG Frankfurt am Main 12. 11. 2014 – 7 K 1239/14.F, VG Frankfurt am Main, BeckRS 2015, 45686, Rn. 41 und *Danwerth*, Das Finanztransfergeschäft als Zahlungsdienst, S. 201.

an Dritte erfolgt, nicht jedoch aus anderen Gründen.[297] Auch wenn mit der weitreichenden Ansicht der BaFin jegliche Umgehungsversuche vermieden werden können, da ansonsten der § 1 Abs. 1 S. 2 Nr. 6 ZAG der vertraglichen Disposition der Beteiligten unterläge, scheint eine außertatbestandliche Reduktion nötig, die sich ausgehend von dieser formalen Position kaum begründen lässt.[298] In der Tat spricht die deutsche Sprachfassung in ihrem Art. 4 Nr. 22 ZDRL II von „nur" statt wie in der alten Sprachfassung in ihrem Art. 3 Nr. 13 ZDRL I von „ausschließlich", was jedoch nichts an der Funktion als tatbestandliche Ausklammerung ändert,[299] denn im Gegensatz zur deutschen blieben beispielsweise die englische, spanische sowie französische Sprachfassung unverändert, sodass sich deren Wortlaut in der ZDRL I und ZDRL II gleichen.[300] Letztendlich sprechen diese von „for the sole purpose of transferring", „con el único fin de transferir" sowie „à la seule fin de transférer", sodass die Richtlinienvorgabe augenscheinlich mit dem Merkmal „nur" nicht den Auffangcharakter des Tatbestandes, vielmehr die tatbestandliche Ausklammerung solcher Fälle hervorheben wollte.[301] Mithin hat sich bereits zu dem Wort „ausschließlich" des gleichlaufenden Passus „*ausschließlich*[302] zur Übermittlung" der Vorgängernorm des § 1 Abs. 2 Nr. 6 ZAG a.F. die Ansicht entwickelt, dass es sich um eine tatbestandliche Ausklammerung handelt und diese weiterhin auf das Wort „nur" übertragen wird.[303] Aufgrund des Wortlauts und der nötigen

[297] Zum Wort „ausschließlich" im Sinne des § 1 Abs. 2 Nr. 6 ZAG a.F. VG Frankfurt am Main 12.11.2014 – 7 K 1239/14.F, VG Frankfurt am Main, BeckRS 2015, 45686, Rn. 41.

[298] *Mimberg*, in: Schäfer/Omlor/Mimberg-ZAG, § 1 Rn. 145; vgl. auch *Foerster*, in: BeckOGK-BGB, Stand 01.11.2023, § 675c Rn. 239.

[299] So aber wohl *BaFin*, Merkblatt – Hinweise zum Zahlungsdiensteaufsichtsgesetz vom 05.07.2024, abrufbar unter: https://www.bafin.de/SharedDocs/Veroeffentlichungen/DE/Merkblatt/mb_111222_zag.html, B. V. Finanztransfergeschäft (§ 1 Abs. 1 Satz 2 Nr. 6 ZAG).

[300] *Foerster*, in: BeckOGK-BGB, Stand 01.11.2023, § 675c Rn. 239; darauf verweisend auch *Mimberg*, in: Schäfer/Omlor/Mimberg-ZAG, § 1 Rn. 143.

[301] *Danwerth*, in: Casper/Terlau-ZAG, § 1 Rn. 128; *Mimberg*, in: Schäfer/Omlor/Mimberg-ZAG, § 1 Rn. 143; auch *Foerster*, in: BeckOGK-BGB, Stand 01.11.2023, § 675c Rn. 239 der darüber hinaus jedoch dem Finanztransfergeschäft allgemein keinen Auffangcharakter beimisst; ferner auf die Literatur verweisend, dies aber offenstehenlassend BGH 28.02.2023 – 2 StR 371/22, BGH, NStZ 2024, 100 (102), BGH, BeckRS 2023, 15358; zur vollständigen Harmonisierung siehe Art. 107 ZDRL II sowie zuvor Art. 86 ZDRL I.

[302] Hervorhebung durch den Verfasser.

[303] Zu § 1 Abs. 2 Nr. 6 ZAG „ausschließlich": VG Frankfurt am Main 12.11.2014 – 7 K 1239/14.F, VG Frankfurt am Main, BeckRS 2015, 45686, Rn. 41; instruktiv *Danwerth*, Das Finanztransfergeschäft als Zahlungsdienst, S. 201 ff.; *Dörner/Schenkel*, Die Erlaubnis zur Erbringung von Zahlungsdiensten, S. 19; *Hingst/Lösing*, Zahlungsdiensteaufsichtsrecht, § 6 Rn. 94; zu § 1 Abs. 1 S. 2 Nr. 6 ZAG „nur": *Casper*, in: MüKo-BGB, § 675c Rn. 15; *Danwerth*, in: Casper/Terlau-ZAG, § 1 Rn. 128; *Foerster*, in: BeckOGK-BGB, Stand 01.11.2023, § 675c Rn. 238 ff.; *Mimberg*, in: Schäfer/Omlor/Mimberg-ZAG, § 1 Rn. 142 ff.; *Schwennicke*, in: Schwennicke/Auerbach-KWG, § 1 ZAG Rn. 57 ff.; a.A. *BaFin*, Merkblatt – Hinweise zum Zahlungsdiensteaufsichtsgesetz vom 05.07.2024, abrufbar unter: https://www.bafin.de/SharedDocs/Veroeffentlichungen/DE/Merkblatt/mb_111222_zag.html, B. V. Finanztransfer-

Reduktion ist dies bereits aus dogmatischen Gesichtspunkten zustimmungswürdig. Entscheidend ist dabei jedoch, wie sich die verschiedenen Übermittlungszwecke abgrenzen lassen und inwieweit der Charakter des Finanztransfergeschäfts als Auffangtatbestand damit wirklich konterkariert wird.

In der Literatur finden sich verschiedene Ansätze, inwiefern der Zweck zur Übermittlung zu anderen übermittlungsfremden Zwecken abgegrenzt werden kann. Nach Hingst/Lösing[304] und Foerster[305] soll die Entgegennahme von Geldbeträgen aus anderen Gründen als der Übermittlung vorliegen, wenn das Unternehmen an der *Wertschöpfung* beteiligt ist. Wann die Mitwirkungshandlung des Dienstleisters den nötigen Wertschöpfungsgrad erreicht hat, soll dagegen wenig geklärt sein.[306]

Danwerth[307] nimmt hingegen eine Einzel- oder Gesamtbetrachtung der Entgegennahme vor, um von übermittlungsfremden Zwecken abzugrenzen: Dem Grunde nach gilt es hierbei eine Einzelbetrachtung vorzunehmen. Dabei wird die Vergütung des Zahlungsdienstleisters (im Rahmen des Deckungsverhältnisses), die neben die Zahlungsabwicklung tritt und somit eigentlich von der Entgegennahme des Geldbetrags umfasst ist, separat betrachtet, sodass der zur Zahlungsabwicklung entgegengenommene Geldbetrag auch „nur zur Übermittlung" entgegengenommen wird und in concreto ein Finanztransfergeschäft begründet. Der „zur Vergütung" entgegengenommene Betrag bleibt damit außen vor. Bedingen sich jedoch Grundgeschäft und die Zahlungsabwicklung derart, dass diese untrennbar miteinander verbunden sind, so sei ausnahmsweise eine Gesamtbetrachtung angezeigt. Werden dabei übermittlungsfremde Zwecke verfolgt, so liegt keine Entgegennahme „nur" zur Übermittlung vor. Bestehen Teile des Geldbetrags darin, die Übermittlung erst zu ermöglichen oder deren Durchführung sicherzustellen, erreichen jedoch nicht den Empfänger, sondern dienen der Erfüllung von Verbindlichkeiten aus dem Zahlungsdienstevertrag, steht dies der Annahme des Finanztransfergeschäfts jedoch nicht entgegen.[308]

---

geschäft (§ 1 Abs. 1 Satz 2 Nr. 6 ZAG); *Tiemann*, in: Ellenberger/Findeisen/Nobbe/Böger-Kommentar zum Zahlungsverkehrsrecht, § 1 ZAG Rn. 394 ff.

[304] *Hingst/Lösing*, Zahlungsdiensteaufsichtsrecht, § 6 Rn. 94; dem anschließend und darauf verweisend *Schwennicke*, in: Schwennicke/Auerbach-KWG, § 1 ZAG Rn. 57.

[305] *Foerster*, in: BeckOGK-BGB, Stand 01.11.2023, § 675c Rn. 240.

[306] So zumindest *Mimberg*, in: Schäfer/Omlor/Mimberg-ZAG, § 1 Rn. 144.

[307] *Danwerth*, Das Finanztransfergeschäft als Zahlungsdienst, S. 208 ff.; wiederholend *Danwerth*, in: Casper/Terlau-ZAG, § 1 Rn. 128; dem anschließend *Casper*, in: MüKo-BGB, § 675c Rn. 15; *Mimberg*, in: Schäfer/Omlor/Mimberg-ZAG, § 1 Rn. 145.

[308] *Mimberg*, in: Schäfer/Omlor/Mimberg-ZAG, § 1 Rn. 145 weist hierbei jedoch zusätzlich darauf hin, dass man „dies nicht allein als Frage der ‚bedingungsmäßigen Verknüpfung' von Grundgeschäft und Zahlungsabwicklung begreifen könne, sondern auch unter Wertungsgeschichtspunkten [sic!] zu beurteilen habe[...]." Trotz alledem muss man hier der Ansicht von *Danwerth* bereits einen Wertungsspielraum zugestehen, da eine bedingungsgemäße Verknüpfung nicht im Sinne einer conditio-sine-qua-non verstanden werden kann. Dies wird deutlich, indem Danwerth darauf verweist, dass das Grundgeschäft und die Zahlungsdienstleistung *derart untrennbar miteinander verbunden* sein müssen, dass sich beide gegenseitig

Für die Ansicht von Danwerth spricht, dass diese den Wortlaut des § 1 Abs. 1 S. 2 Nr. 6 ZAG beachtet und mit Hilfe der Einzelbetrachtung die tatbestandliche Ausklammerung konsequent umsetzt. Denn mit der Einzelbetrachtung hängt das Finanztransfergeschäft nicht von der Disposition der Beteiligten ab. Vielmehr wird eine Einzelbetrachtung des Grundgeschäfts und der Zahlungsdienstleistung vorgenommen und bewertet, ob diese derart miteinander verbunden sind, dass sich beide gegenseitig bedingen. Eine Einflussnahme der Beteiligten scheint jedoch pauschal nicht möglich. Liegt eine derartige Verbindung vor, auch wenn diese ausgehend von der jeweiligen Vertragskonstellation von den Beteiligten gewählt wurde, stellt sich eher die Frage, ob es noch legitim erscheint, dies dem Finanztransfergeschäft zuzuordnen und der Aufsicht zu unterwerfen. Ebenfalls ermöglicht die Einzelbetrachtung eine solch weitreichende Handhabung, dass ein Großteil der Fälle erfasst werden kann und damit der Auffangcharakter des Finanztransfergeschäfts nicht konterkariert wird. Denn einem Auffangtatbestand muss nicht die Funktion einer Generalklausel innewohnen. Letztlich fügt sich die Einzelbetrachtung auch in die Vorgaben des Gesetzesentwurfes der Bundesregierung ein, denn „[f]ür den Tatbestand ist es nicht maßgeblich, ob über die reine Übermittlung des Geldbetrags hinaus von den an der Zahlungsabwicklung Beteiligten auch weitere Zwecke verfolgt werden.“[309] Maßgeblich ist dabei allein der Zweck der Übermittlung. Andere Zwecke werden eben nach der Einzelbetrachtung außen vor gelassen und sind somit nicht für den Tatbestand maßgebend.

In der Konsequenz können damit auch gerade Geldtransfers wie die der Hawala stringent erfasst werden, auch wenn regelmäßig mehrere Zwecke gleichzeitig verfolgt werden.[310] Denn die Hawaladare nehmen ebenfalls eine Vergütung entgegen,

---

bedingen. Eine derartige Untrennbarkeit scheint eben auch unter Wertungsgesichtspunkten bestimmbar.

[309] BT-Drs. 18/11495, S. 107; in der Literatur wird darin eher der bloße Hinweis für den Auffangcharakter des Finanztransfergeschäfts gesehen und damit im Meinungsbereich der BaFin verortet, vgl. *Danwerth*, in: Casper/Terlau-ZAG, § 1 Rn. 128; *Mimberg*, in: Schäfer/Omlor/Mimberg-ZAG, § 1 Rn. 142; *Tiemann*, in: Ellenberger/Findeisen/Nobbe/Böger-Kommentar zum Zahlungsverkehrsrecht, § 1 ZAG Rn. 401; Der darauffolgende Satz in BT-Drs. 18/11495, S. 107: „Auch Zusatzdienstleistungen schließen den Tatbestand daher nicht aus“, bezieht sich vielmehr auf das Nebendienstleistungsprivileg und muss von der tatbestandlichen Ausklammerung grundsätzlich differenziert werden, siehe dazu Teil 3 B. II. 1. b) aa) (5).

[310] A. A. *Tiemann*, in: Ellenberger/Findeisen/Nobbe/Böger-Kommentar zum Zahlungsverkehrsrecht, § 1 ZAG Rn. 402 der ferner darauf verweist, dass dies einer wirksamen Prävention von Geldwäsche und Terrorismusfinazierung zuwiderläuft. Dieser Präventionsgedanke darf jedoch nicht zu restriktiv angewendet werden, wenn mit der Übertragung des § 1 Abs. 1a Nr. 6 KWG in das ZAG, das Finanztransfergeschäft nun weiter ausgelegt werden soll und eine schutzzweckorientierte, enge Auslegung deswegen nicht mehr geboten sei, BT-Drs. 16/11613, S. 35. Auch in der BT-Drs. 18/11495, S. 186 wird diesem Gedanken weiter folgend vielmehr die Stärkung und Weiterentwicklung des Europäischen Binnenmarkts in den Vordergrund gestellt, sodass die Geldwäscheprävention nicht mehr ausschließlich im Vordergrund steht; ferner dazu *BaFin*, Merkblatt – Hinweise zum Zahlungsdiensteaufsichtsgesetz vom 05.07. 2024, abrufbar unter: https://www.bafin.de/SharedDocs/Veroeffentlichungen/DE/Merkblatt/

indem sie eine Provision verlangen. Mit der Einzelbetrachtung gilt es jedoch den Blick auf das Geld zu richten, das zur Zahlungsabwicklung entgegengenommen wird, sodass allein hierin eine Entgegennahme nur zur Übermittlung zu sehen ist. Die Provision bleibt dabei außer Betracht. Dies ändert auch daran nichts, dass die Gelder zum Anlass der Geldwäsche oder der Terrorismusfinanzierung transferiert werden, denn in diesen Fällen verlangen die Hawaladare häufig nur höhere Provisionen.[311] Auch hier gilt es mit der Einzelbetrachtung die höhere Provisionszahlung von dem zur Zahlungsabwicklung entgegengenommenen Geld zu differenzieren, sodass dennoch Letzteres dem § 1 Abs. 1 S. 2 Nr. 6 ZAG entspricht, Ersteres hingegen nicht über das Finanztransfergeschäft entscheidet. Welchen Anlass der Einzahler dabei hat, die Gelder transferieren zu lassen – selbst wenn der Hawaladar von diesem weiß – kann hier keinen Unterschied machen, denn der Einzahler wird regelmäßig irgendeinen Anlass haben, weshalb er die Gelder transferiert haben möchte. Beispielsweise nutzen auch Migranten oder Gastarbeiter diese Systeme, um ihre Familienangehörige im Heimatland finanziell zu unterstützen. Diese Anlässe, die von Seiten des Einzahlers ausgehen, sind für die Entgegennahme unbedeutend, da das Finanztransfergeschäft ansonsten allein vom Anlass des Einzahlers abhängen würde; der Zweck bleibt hier dennoch „nur" die Übermittlung.

Zu hinterfragen bleibt jedoch inwiefern beim Hawala-Banking Zwecke zu berücksichtigen sind, die darauf abzielen, dass der Hawaladar 1 den Geldbetrag entgegennimmt, auch um einen Ausgleich seiner Forderung gegenüber dem Hawaladar 2 herbeizuführen, was dem System der Zwei-Töpfe immanent ist.[312] Ob das jeweilige Interbankenverhältnis der Hawaladare dabei Berücksichtigung finden darf scheint bereits deshalb schwierig, da dieses nicht das Grundgeschäft zur Zahlungsabwicklung bildet und sich diese nicht gegenseitig bedingen. Dem Grunde nach müsste es hierbei um Dienstleistungen des Zahlungsdienstleisters gehen, die der Zahler in Anspruch nimmt und die derart miteinander verbunden sind, dass die jeweilige Dienstleistung mit der Zahlungsabwicklung steht und fällt. Gegenüber dem Zahler wird beim Hawala-Banking jedoch allein die Zahlungsabwicklung angeboten, das jeweilige Abrechnungsverfahren im Interbankenverhältnis wird nicht zum Gegenstand gemacht. Das Abrechnungsverfahren kann vielfältig ablaufen und im Zweifel bei etwaigen Zahlungsspitzen auch anderweitig, ohne den entgegengenommenen Geldbetrag zu einem Ausgleich kommen.[313] Dieses gilt es eben nicht im Rahmen des Finanztransfers zu berücksichtigen, sondern vielmehr zu selektieren.

---

mb_111222_zag.html, B. V. Finanztransfergeschäft (§ 1 Abs. 1 Satz 2 Nr. 6 ZAG); *Löffler*, Die Straftatbestände des Zahlungsdiensteaufsichtsgesetzes, S. 108 f.; *Hingst/Lösing*, Zahlungsdiensteaufsichtsrecht, § 6 Rn. 108; *Grieser/Diehl*, BB 2020, 1935 (1936) mit weiterführender Literatur; *Bauerfeind*, WM 2018, 456 (458).

[311] Siehe dazu bereits Teil 2 A. II. 2. b) cc).

[312] Zum System der Zwei-Töpfe siehe bereits Teil 2 A. II. 2. b) aa).

[313] Zum Ausgleich der jeweiligen Beträge sowie zum Clearingverfahren siehe Teil 2 A. II. 2. b) aa).

2. Ausnahmen der Zahlungsdienste nach § 2 Abs. 1 ZAG

In § 2 Abs. 1 ZAG wurde die Vorgabe des Art. 3 ZDRL II umgesetzt, der bestimmte Zahlungsvorgänge und Aktivitäten generell vom Anwendungsbereich der Richtlinie ausschließt. Damit gelten die in § 2 Abs. 1 ZAG genannten Ausnahmen gerade nicht als erlaubnispflichtige Zahlungsdienste. Im Hinblick auf das Hawala-Banking bedarf es einer Würdigung der Nr. 3, Nr. 5 sowie der Nr. 7, um festzustellen, ob es überhaupt einer Erlaubnis bedarf.

a) § 2 Abs. 1 Nr. 3 ZAG

Insbesondere beim Hawala-Banking kann es zu Bargeldtransporten kommen, indem Kuriere Geldkoffer von einem Hawaladar zum anderen Hawaladar transportieren. Im Regierungsentwurf wurde als Beispiel auf ein im Linienverkehr eingesetztes Busunternehmen verwiesen, das Barbeträge zwischen Deutschland und dem Kosovo transportierte, um diese am Zielort verfügbar zu machen.[314] In einem aktuellen Fall des LG Köln[315] vom 23.05.2022 gab es beispielsweise auch keinen „Einzahler-Kundenstamm" im Ausland, sodass aufgrund des daraus resultierenden Liquiditätsgefälles es zur wesentlichen Aufgabe der Mitglieder gehörte, den Ausgleich der beiden „Zahlungstöpfe" in Deutschland („Einzahlungstopf") und in der Türkei („Auszahlungstopf") wieder herzustellen. Dies wurde dadurch bewerkstelligt, dass Edelmetall, in der Regel Altgold, teilweise auch Silber, in die Türkei unter Vorspiegelung eines legalen Kaufgeschäfts mittels fingierter Rechnungen und Lieferscheine ausgeführt wurde. Entscheidend ist dabei jedoch, ob dies im Rahmen des Clearingverfahrens stattfindet, also ob durch den Bargeldtransport etwaige Zahlungsspitzen ausgeglichen werden. Das heißt, dass es im Rahmen des Hawala-Bankings entscheidend ist, ob der Transfer des Geldes einen rein physischen Bargeldtransport darstellt, der nach § 2 Abs. 1 Nr. 3 ZAG ausgenommen ist oder ob ein Finanztransfergeschäft nach § 1 Abs. 1 S. 2 Nr. 6 ZAG vorliegt.[316] Dabei kommt es darauf an, ob das eingezahlte Geld wirklich transportiert wird und auch physisch wieder am Empfängerort ausgezahlt wird oder ob der Dienstleister dazu verpflichtet ist einen entsprechenden Gegenwert an den Empfänger auszuzahlen.[317] Findeisen merkt hier zutreffend an, dass der maßgebliche Unterschied darin besteht, dass beim

[314] BT-Drs. 16/11613, S. 35; kritisch gegenüber der Stellung als gewerbliches Geldtransportunternehmen eines Fernbusunternehmens *Tiemann*, in: Ellenberger/Findeisen/Nobbe/Böger-Kommentar zum Zahlungsverkehrsrecht, § 1 ZAG Rn. 393.

[315] LG Köln 23.05.2022 – 109 KLs 5/21, LG Köln, abrufbar unter: https://www.justiz.nrw.de/nrwe/lgs/koeln/lg_koeln/j2022/109_KLs_5_21_Urteil_20220523.html, Rn. 57.

[316] *Danwerth*, in: Casper/Terlau-ZAG, § 1 Rn. 136; ferner *Tiemann*, in: Ellenberger/Findeisen/Nobbe/Böger-Kommentar zum Zahlungsverkehrsrecht, § 1 ZAG Rn. 393; *Findeisen*, WM 2000, 2125 (2131).

[317] *Danwerth*, in: Casper/Terlau-ZAG, § 1 Rn. 136.

Geldkurier die reine Transportleistung beziehungsweise Botentätigkeit geschuldet wird, nicht aber die Besorgung von Zahlungsaufträgen.[318]

Beim Hawala-Banking kommt es nicht zum physischen Transport des Geldes, bei dem das eingezahlte Geld wieder am Empfängerort dem Empfänger ausgezahlt wird. Vielmehr findet die eigentliche Übermittlung durch Telefon oder anderweitige Telekommunikationsnetze statt; die etwaigen Geldkuriere werden allein von den beiden Hawaladaren im Rahmen des Clearingverfahrens eingesetzt, sodass die entstandenen Zahlungsspitzen im Interbankenverhältnis ausgeglichen werden. Dementsprechend muss entscheidend darauf geachtet werden, inwiefern es sich bei etwaigen physischen Geldtransfers, um einen bloßen Ausgleich im Rahmen des Clearingverfahrens handelt oder ob es wirklich zu einem gewerbsmäßigen Transport von Banknoten und Münzen samt Entgegennahme und Übergabe gekommen ist. Ersteres wird der Hawala zuteil; Letzteres steht nicht im Zusammenhang mit dem Konstrukt Hawala und bleibt davon ausgenommen, sodass standartmäßig nicht die Ausnahmeregelung des § 2 Abs. 1 Nr. 3 ZAG greifen dürfte. Erfüllen jedoch etwaige Einsammler die Voraussetzungen des § 2 Abs. 1 Nr. 3 ZAG muss an eine Ausnahme zumindest hinsichtlich deren Tätigkeit gedacht werden.[319]

b) § 2 Abs. 1 Nr. 5 ZAG

Ebenfalls ist es für das Hawala-Banking typisch, dass die Auszahlung des Geldbetrags in der jeweiligen Landeswährung des Empfängerorts stattfindet, sodass an ein Geldwechselgeschäft nach § 2 Abs. 1 Nr. 5 ZAG zu denken ist. Dafür bedarf es jedoch Geldwechselgeschäften, die bar abgewickelt werden und keinen Zahlungsvorgang begründen,[320] was beim Hawala-Banking nicht der Fall ist, ihm liegt ein Zahlungsvorgang zugrunde.

c) § 2 Abs. 1 Nr. 7 ZAG

§ 2 Abs. 1 Nr. 7 ZAG beschränkt sich ferner allein auf den Abrechnungsverkehr der Zahlungsdienstleister untereinander,[321] sodass dies allein Auswirkungen auf das Interbankenverhältnis haben kann und nichts an der Eigenschaft des Hawala-Bankings als Zahlungsdienst ändert, mithin es zu keiner Ausnahme kommt. Zudem bedarf es hierfür des Handelns von Zahlungsdienstleistern, die über eine Erlaubnis

[318] *Findeisen*, WM 2000, 2125 (2131).

[319] Vgl. *Weiß*, wistra 2021, 448 (450).

[320] *Mimberg*, in: Schäfer/Omlor/Mimberg-ZAG, § 2 Rn. 42; grundsätzlich wird die Regelung auch als bloße Klarstellung angesehen, so bereits BT-Drs. 16/11613, S. 38; bei vermeintlichen Sortengeschäften sei auf §§ 1 Abs. 1a S. 2 Nr. 7, 32 Abs. 1 S. 1 KWG verwiesen.

[321] *Mimberg*, in: Schäfer/Omlor/Mimberg-ZAG, § 2 Rn. 70 f.

nach § 10 Abs. 1 S. 1 ZAG verfügen,[322] was im Falle des Hawala-Bankings nicht der Fall sein wird.[323]

3. Zwischenergebnis

Die Transaktionen des Hawala-Bankings stellen je nach deren Ausgestaltung einen unmittel- oder mittelbaren Zahlerfinanztransfer im Sinne des § 1 Abs. 1 S. 2 Nr. 6 Alt. 1 Fall 1, 2 ZAG dar. Dabei können die Kunden des Hawala-Bankings, mithin der Einzahler und der Empfänger als Zahler (§ 1 Abs. 15 ZAG) und Zahlungsempfänger (§ 1 Abs. 16 ZAG) im Sinne des ZAG eingeordnet werden. Ferner agieren die beiden Hawaladare, die hinter dem Hawaladar 1 stehende Gesellschaft, das Hawala-Netzwerk oder auch die Hawala-Gruppierung, mag man eine Stellung als Personenvereinigung zugestehen, als Zahlungsdienstleister. Hierbei wird der Geldbetrag entgegengenommen und durch eine (un-)mittelbare Übermittlung des Geldbetrags vom Einzahler an den Empfänger transferiert. Der übermittelte Geldbetrag kann vielseitig übermittelt werden und kann extensiv verstanden werden, es muss sich jedoch zumindest um einen anerkannten Wertträger, mithin Geld im eigentlichen Sinne handeln, was beim Transfer von Bargeld und damit im Rahmen der Hawala immer der Fall sein dürfte. Auch wenn die Hawaladare etwaige Provisionen verlangen und Umrechnungen in die jeweiligen Landeswährungen stattfinden, so kann weiterhin von einem „entsprechenden Betrag“ ausgegangen werden. Ausnahmen nach § 2 Abs. 1 ZAG, insbesondere der Bargeldtransport nach § 2 Abs. 1 Nr. 3 ZAG greifen beim Hawala-Banking ebenfalls nicht, sodass es bei einer Einordnung als Finanztransfergeschäft bleibt.

II. Die fehlende Erlaubnis nach § 10 Abs. 1 S. 1 ZAG

Die Zahlungsdienste müssen gemäß § 63 Abs. 1 Nr. 4 ZAG ohne Erlaubnis nach § 10 Abs. 1 S. 1 ZAG erbracht werden, sodass es entscheidend darauf ankommt, ob eine Erlaubnis vorliegt oder nicht. Laut der Ersten Nationalen Risikoanalyse soll das Finanztransfergeschäft in Deutschland von wenigen größeren ausländischen Zahlungsinstituten dominiert werden, wobei diese regelmäßig über ihre Vertriebshelfer („Agenten“) vertreten sind.[324] Genauer sollen in Deutschland acht der insgesamt 35 Zahlungsinstitute das Finanztransfergeschäft betreiben.[325] Blickt man aber aktuell in das Zahlungsinstituts- und E-Geld-Instituts-Register nach §§ 43,

[322] *Mimberg*, in: Schäfer/Omlor/Mimberg-ZAG, § 2 Rn. 71.

[323] Zur Einordnung des Hawala-Bankings als informelles System siehe Teil 2 A. II. 2. c) bb).

[324] *BMF*, Erste Nationale Risikoanalyse 2018/2019, S. 89.

[325] *BMF*, Erste Nationale Risikoanalyse 2018/2019, S. 89 unter Verweis auf die Bundesanstalt für Finanzdienstleistungsaufsicht, interne Erhebung, Stand 30.06.2018.

44 ZAG[326] so hat sich die Anzahl der Erlaubnisse für Finanztransfergeschäfte nach § 1 Abs. 1 S. 2 Nr. 6 ZAG gesteigert, sodass sich insgesamt 75 Erlaubniserteilungen finden lassen.[327] Geht man von der grundsätzlichen Informalität der Hawala aus,[328] so werden sich keine Hawaladare im eigentlichen Sinne darunter befinden.[329] Nichtsdestotrotz bewahrt die Erlaubnis vor einer Strafbarkeit, sodass diese im Ergebnis erforderlich bleibt und ein Handeln ohne Erlaubnis zur Strafbarkeit führt. Aus dem negativ formulierten Tatbestand des § 63 Abs. 1 Nr. 4 ZAG folgt, dass es zum einen einer Erlaubnispflichtigkeit nach § 10 Abs. 1 S. 1 ZAG für die Strafbarkeit bedarf und zum anderen, dass keine Erlaubnis eingeholt wurde.[330] Aufgrund der stetigen Informalität gilt es ferner auf die Unvereinbarkeit des Hawala-Bankings mit der Erlaubnispflicht einzugehen und die möglichen Ursachen unter Bezug des Erlaubnisverfahrens konkret zu nennen.

1. Erforderlichkeit der Erlaubnis

Um einer Strafbarkeit nach § 63 Abs. 1 Nr. 4 ZAG entgegenzuwirken, bedarf es der Erteilung einer Erlaubnis. Die Erlaubnispflichtigkeit ergibt sich aus § 10 Abs. 1 S. 1 ZAG, sodass derjenige, der im Inland gewerbsmäßig oder in einem Umfang, der einen in kaufmännischer Weise eingerichteten Geschäftsbetrieb erfordert, Zahlungsdienste erbringen will, ohne Zahlungsdienstleister im Sinne des § 1 Abs. 1 S. 1 Nummer 2 bis 5 zu sein, einer schriftlichen Erlaubnis der Bundesanstalt bedarf. Somit müssen die Voraussetzungen des § 10 Abs. 1 S. 1 ZAG vorliegen, um überhaupt von der Erlaubnispflichtigkeit des Hawala-Bankings ausgehen zu können.

a) Der aufsichtsrechtliche Präventionscharakter des § 10 Abs. 1 S. 1 ZAG

Grundsätzlich soll § 10 Abs. 1 S. 1 ZAG durch einen Präventionscharakter geprägt sein, denn entsprechend der Gesetzesbegründung handelt es sich um ein sogenanntes präventives Verbot mit Erlaubnisvorbehalt.[331] Das bedeutet, dass das

---

[326] *BaFin*, Zahlungsinstituts- und E-Geld-Instituts-Register nach §§ 43, 44 ZAG, Stand 04.08.2024, abrufbar unter: https://portal.mvp.bafin.de/database/ZahlInstInfo/start.do.

[327] *BaFin*, Zahlungsinstituts- und E-Geld-Instituts-Register nach §§ 43, 44 ZAG, Stand 04.08.2024, abrufbar unter: https://portal.mvp.bafin.de/database/ZahlInstInfo/start.do, wobei zehn der davon erteilten Erlaubnisse bereits endeten.

[328] Zur Informalität von Hawala siehe bereits Teil 2 A. II. 2. c) bb).

[329] Vgl. auch die Antwort von *Ryglewski* des BMF, VII A 5 – WK 7031/18/10018:015, 2019/1133986, S. 1 zur kleinen Anfrage der FDP Fraktion BT-Drs. 19/16156, S. 1, indem darauf verwiesen wird, dass „[d]ie Tätigkeit zugelassener Finanztransferdienstleister […] daher nach dem bestehenden Verständnis nicht zu Hawala- oder vergleichbaren Systemen zu rechnen" ist.

[330] *Richter*, in: Luz/Neus/Schaber/Schneider/et al.-ZAG, § 63 Rn. 10.

[331] BT-Drs. 17/3023, S. 55 zumindest für die Vorgängernorm des § 8 Abs. 1 S. 1 ZAG a.F., das aber auch für § 10 Abs. 1 S. 1 ZAG gilt; dazu LG Mannheim 17.11.2020 – 22 KLs 540 Js 6574/20, LG Mannheim, BeckRS 2020, 50512, Rn. 122; *Eckhold*, in: Schäfer/Omlor/

Erbringen von Zahlungsdiensten, insbesondere das Finanztransfergeschäft nach § 1 Abs. 1 S. 2 Nr. 6 ZAG, grundsätzlich verboten ist, bis dies von der zuständigen Verwaltungsbehörde in einem Erlaubnisverfahren überprüft und zugelassen worden ist.[332] Das Erbringen von Zahlungsdiensten soll nicht unterdrückt, sondern vielmehr einer geordneten Kontrolle zugeführt und deren Sicherstellung gewährleistet werden, indem die Zulassungsvoraussetzungen des Gesetzgebers erfüllt werden müssen.[333] Damit soll ausgedrückt werden, dass es sich nämlich um ein grundsätzlich „an sich vollkommen legales und sozial sogar erwünschtes Verhalten [handelt], das lediglich aus Präventionsgründen staatlicher Kontrolle unterworfen wird."[334] Inwiefern diese aufsichtsrechtliche Verhaltenseinordnung auch strafrechtlich stringent ist und im Hinblick auf den Schutzzweck des § 63 Abs. 1 Nr. 4 ZAG und dessen Irrtumslehre, beziehungsweise dessen Einordnung als Bezugstat des § 129 StGB überzeugt, wird an späterer Stelle noch einmal aufgegriffen werden.[335] Die europarechtliche Pflicht zur Einführung eines Verbots des Erbringens folgt aus Art. 37 Abs. 1 ZDRL II und spiegelt sich im Wortlaut des § 10 Abs. 1 S. 1 ZAG wider („Wer […] erbringen will […]").[336]

b) Die Hawaladare als potenzielle Erlaubnisträger

Im Bereich des Hawala-Bankings stellt sich die Frage, welche Akteure als potenzielle Erlaubnisträger in Betracht kommen. Dabei gilt es zu differenzieren, inwiefern die Hawaladare, die dahinterstehende Gesellschaft, das Hawala-Netzwerk oder auch die Hawala-Gruppierung, nach § 10 Abs. 1 S. 1 ZAG erlaubnispflichtig sind und ob die Hawala-Akteure überhaupt eine Erlaubnis erhalten können (Er-

---

Mimberg-ZAG, § 10, 11 Rn. 24; *Richter*, in: Luz/Neus/Schaber/Schneider/et al.-ZAG, § 63 Rn. 11; *Terlau*, in: Casper/Terlau-ZAG, § 63 Rn. 10; *Tiemann*, in: Schäfer/Omlor/Mimberg-ZAG, § 7 Rn. 2; *Walter*, in: Casper/Terlau-ZAG, § 10 Rn. 4; *Janßen*, VuR 2018, 54 (54); *Müller/Starre*, BKR 2013, 149 (152); a. A. die von einem repressiven Verbot mit Erlaubnisvorbehalt ausgeht *Reschke/Ernst*, in: Ellenberger/Findeisen/Nobbe/Böger-Kommentar zum Zahlungsverkehrsrecht, § 7 ZAG Rn. 2 zu § 10 ZAG; *Danwerth*, Das Finanztransfergeschäft als Zahlungsdienst, S. 37, zu § 8 ZAG a. F. unter vergleichenden Verweis auf einschlägige Rechtsprechung und Literatur ebenfalls zur alten Rechtslage des § 8 ZAG a. F.

332 *Eckhold*, in: Schäfer/Omlor/Mimberg-ZAG, § 10, 11 Rn. 24 unter Verweis auf einschlägige Literatur.

333 *Eckhold*, in: Schäfer/Omlor/Mimberg-ZAG, § 10, 11 Rn. 24; *Richter*, in: Luz/Neus/Schaber/Schneider/et al.-ZAG, § 63 Rn. 11; *Nestler/Schiffner*, NStZ 2022, 35 (39).

334 *Nestler/Schiffner*, NStZ 2022, 35 (39), jedoch bereits unter kritischem Hinweis, dass es befremdlich anmutet, wenn die Umgehung des Erlaubnisvorbehalts auch eine Strafbarkeit nach § 129 StGB begründet.

335 Siehe auch BGH BGH 28. 02. 2023 – 2 StR 371/22, BGH, NStZ 2024, 101 (103), BGH, BeckRS 2023, 15358, der selbst hervorhebt, dass es sich hier um ein – aufsichtsrechtliche[s] – präventive[s] Verbot mit Erlaubnisvorbehalt handelt, was wohl die rein *aufsichtsrechtliche* Einordnung hervorhebt.

336 So *Eckhold*, in: Schäfer/Omlor/Mimberg-ZAG, § 10, 11 Rn. 24; im Wortlaut spricht Art. 37 ZDRL II selbst nur von einem „Verbot" des Erbringens.

laubnisfähigkeit). Insbesondere muss darauf geachtet werden, inwieweit Parallelen zum Zahlungsinstitut nach § 1 Abs. 1 S. 1 Nr. 1 ZAG mit dessen ähnlichem Wortlaut gezogen werden können und wie sich die Wortlautänderung des § 10 Abs. 1 S. 1 ZAG, mithin die Entnahme des Zahlungsinstituts, auf die Erlaubnispflichtigkeit auswirkt. Dies soll auch einen Ansatz für die spätere Einordnung der Täter und Teilnehmer des Hawala-Bankings im Rahmen des § 63 Abs. 1 Nr. 4 ZAG bieten und dort erneut umfangreich reflektiert werden.

aa) Erlaubnispflichtigkeit

§ 10 Abs. 1 S. 1 ZAG ordnet die Erlaubnispflichtigkeit an. Hiervon gilt es die Erlaubnisfähigkeit abzugrenzen. Die Pflicht zur Erlaubnis reicht weiter als die Fähigkeit zur Erlaubnis, denn § 12 Nr. 1 ZAG macht den Antragsteller von der Stellung als juristische Person oder Personenhandelsgesellschaft abhängig.[337] Für die Strafbarkeit nach § 63 Abs. 1 Nr. 4 ZAG ist nämlich allein die Erlaubnispflichtigkeit entscheidend; die Erlaubnisfähigkeit ist unerheblich. Damit können die jeweiligen Personen dem Erlaubnisvorbehalt unterfallen und sich strafbar machen, unabhängig davon, ob sie auch eine Erlaubnis erhalten können.

Aufgabe ist es also einzuordnen, inwiefern eine Erlaubnispflichtigkeit der Hawala-Akteure nach § 10 Abs. 1 S. 1 ZAG besteht. Die Erlaubnispflicht entsteht sofern alle in § 10 Abs. 1 S. 1 ZAG genannten Tatbestandsvoraussetzungen vorliegen. Im Folgenden werden der Wille zum Erbringen von Zahlungsdiensten nach § 10 Abs. 1 S. 1 ZAG, der personelle Geltungsbereich des § 10 Abs. 1 S. 1 ZAG, die Gewerbsmäßigkeit oder der Umfang eines kaufmännischen Gewerbebetriebs, das inländische Erbringen von Zahlungsdiensten sowie die Frage nach einem Nebendienstleistungsprivileg untersucht.

(1) Der Wille zum Erbringen von Zahlungsdiensten nach § 10 Abs. 1 S. 1 ZAG

Zentrales Merkmal des § 10 Abs. 1 S. 1 ZAG ist der Wille zum Erbringen von Zahlungsdiensten. Der Gesetzeswortlaut spricht von „Wer […] Zahlungsdienste erbringen will“. Dabei ist fraglich, wie die subjektive Formulierung („erbringen *will*“) einzuordnen ist. Eine abschließende einheitliche Einordnung scheint noch nicht gefunden zu sein. Dies wird deutlich, wenn man die Rechtsprechung und Literatur dazu vergleicht.[338] Losgelöst davon, lässt sich zumindest vorab differen-

---

[337] BT-Drs. 18/11495, S. 121; *Eckhold*, in: Schäfer/Omlor/Mimberg-ZAG, § 10, 11 Rn. 28; *BaFin*, Merkblatt – Hinweise zum Zahlungsdiensteaufsichtsgesetz vom 05.07.2024, abrufbar unter: https://www.bafin.de/SharedDocs/Veroeffentlichungen/DE/Merkblatt/mb_111222_zag.html, F. I. Erlaubnispflicht für Zahlungsinstitute (§ 10 Abs. 1 Satz 1 ZAG).

[338] Zur Rechtsprechung und Literatur siehe die folgende Auslegung des Wortlauts, der Systematik, des Telos und der Historie; das Problem umfangreich diskutierend *Mimberg*, RdZ 2022, 12 (passim) und wiederum aufgreifend BGH 28.02.2023 – 2 StR 371/22, BGH, NStZ 2024, 100 (102 f.), BGH, BeckRS 2023, 15358; *Mansdörfer/Oğlakcıoğlu*, RdZ 2024, 106 (112).

zieren, dass das Merkmal „Wer […] Zahlungsdienste erbringen will" entweder als streng subjektives Merkmal, das die Absicht voraussetzt, den Dienst ordnungsgemäß zu erfüllen oder als objektiv-zeitliche Komponente der Antragspflicht ausgelegt werden kann. Dies wird im Folgenden unter Rekurs auf die gängigen Auslegungsmethoden,[339] mithin nach grammatischen, historischen, teleologischen und systematischen Erwägungen betrachtet und mit weiterführenden Anmerkungen reflektiert werden.

(a) Die Wortlautinterpretation

Eine streng subjektive Auslegung des Wortlauts des § 10 Abs. 1 S. 1 ZAG legte das KG[340] zugrunde, als es in einem Beschluss vom 09.08.2021 einen erlaubnispflichtigen Zahlungsdienst ablehnte. Dabei ging es um eine Zuständigkeitsfrage zwischen dem LG Berlin und der Staatsanwaltschaft mit Blick auf § 74c Abs. 1 S. 1 Nr. 2 GVG. Sofern der betroffene Angeklagte eines Vergehens des vorsätzlichen Erbringens von Zahlungsdiensten ohne Erlaubnis nach den §§ 63 Abs. 1 Nr. 4, 10 Abs. 1 S. 1 ZAG verdächtig gewesen wäre, hätte das Hauptverfahren statt vor der allgemeinen großen Strafkammer richtigerweise vor der Wirtschaftsstrafkammer eröffnet werden müssen.[341] So formuliert das KG im amtlichen Leitsatz Ziffer 2.: „Wer gegenüber den Zahlern nur zum Schein als Zahlungsdienstleister auftritt, tatsächlich aber als Beteiligter an einem Betrug zum Nachteil der Zahler den beauftragten Zahlungsdienst nicht erbringen will, betreibt kein erlaubnispflichtiges Finanztransfergeschäft."[342] Dies schlussfolgert das KG wohl aus dem Wortlaut des § 10 Abs. 1 S. 1 ZAG, der im Kern lautet: „Wer […] Zahlungsdienste erbringen will […] bedarf der schriftlichen Erlaubnis der Bundesanstalt."

Mimberg führt hierzu unter Verweis auf die These des Kammergerichts richtigerweise an, dass die Formulierung in der Tat einen Umkehrschluss nahelegt, denn „[w]er keine Zahlungsdienste erbringen, sondern die Zahlungsbeträge seiner Kunden von vornherein lediglich selbst einstreichen will, scheint […] zumindest bei oberflächlicher Betrachtung tatsächlich keiner Erlaubnis der BaFin zu bedürfen."[343]

---

[339] Die Auslegung im Besonderen wurde hier angelehnt an die wohl einzig tiefergehende Auseinandersetzung von *Mimberg*, RdZ 2022, 12 (passim); dies ebenfalls heranziehend BGH 28.02.2023 – 2 StR 371/22, BGH, NStZ 2024, 100 (102 f.), BGH, BeckRS 2023, 15358; zur Auslegung im Allgemeinen *Möllers*, Juristische Methodenlehre, S. 125 ff.; *Rüthers/Fischer/Birk*, Rechtstheorie, S. 430 ff.; *Zippelius*, Juristische Methodenlehre, S. 35 ff.; *Staake*, Jura 2011, 177 (passim); *Zimmermann*, RabelsZ 2019, 241 (256 ff.).

[340] KG 09.08.2021 – 4 Ws 60–21 – 161 AR 137/21, KG, BeckRS 2021, 24301, Rn. 17; Mit Tendenz zu einer streng subjektiven Auslegung wohl auch BGH 16.01.2018 – VI ZR 474/16, BGH, NJW 2018, 1602 (1603) bereits zu § 8 Abs. 1 S. 1 ZAG a.F.

[341] *Mimberg*, RdZ 2022, 12 (12) unter Zugrundelegung des Beschlusses des KG, insbesondere KG 09.08.2021 – 4 Ws 60–21 – 161 AR 137/21, KG, BeckRS 2021, 24301, Rn. 15 ff.

[342] KG 09.08.2021 – 4 Ws 60–21 – 161 AR 137/21, KG, BeckRS 2021, 24301, insbesondere weiterführend in Rn. 32; darauf verweisend *Mimberg*, RdZ 2022, 12 (12).

[343] *Mimberg*, RdZ 2022, 12 (14).

Entscheidend für diese Schlussfolgerung ist die Formulierung „erbringen *will*[344]“, was eine Form des unregelmäßigen Verbs „wollen“ darstellt und wohl im allgemeinen Sprachgebrauch als „die Absicht, den Wunsch, den Willen haben, etwas Bestimmtes zu tun“[345] umschrieben wird; damit kann es als die Absicht, den Wunsch, den Willen haben, Zahlungsdienste zu erbringen, ausgelegt werden. Auch im strafrechtlichen Fachgebrauch beschreibt die Absicht ein zielgerichtetes Wollen, da das voluntative Vorsatzelement im Vordergrund steht,[346] was letztendlich die stärkste Vorsatzform und damit die subjektive Perspektive des Täters repräsentiert. Genauso wird im Zivilrecht der Vorsatz, insbesondere im Deliktsrecht als „Wissen und Wollen der Tatbestandsverwirklichung“ umschrieben,[347] sodass auch hier dem Wollen etwas streng Subjektives anhaftet. Dahingehend ausgelegt scheint es prima facie auf die subjektive Perspektive des potenziell Erlaubnispflichtigen anzukommen; er muss das Erbringen der Zahlungsdienste *wollen.*

Blickt man jedoch in die Zweite Zahlungsdiensterichtlinie (ZDRL II) ((EU) 2015/2366)[348], so findet sich in deren zur Umsetzung gefassten Art. 11 Abs. 1, die Formulierung, dass „natürliche oder juristische Personen, die Zahlungsdienste zu erbringen beabsichtigen, vor dem Beginn der Erbringung von Zahlungsdiensten die Zulassung als Zahlungsinstitut erlangen müssen.“ Anders als § 10 Abs. 1 S. 1 ZAG spricht Art. 11 Abs. 1 ZDRL II also von „erbringen beabsichtigen“ nicht von „erbringen will“, sodass die sprachliche Umsetzung einer Evaluation unterzogen werden muss.[349] Doch auch wenn sich die Sprachfassungen nicht wörtlich gleichen, so kann auch dem Wortlaut „beabsichtigen“, ein voluntatives Element beigemessen werden, was ebenfalls zunächst für eine streng subjektive Auslegung spricht.[350] Trotzdem weist Art. 11 Abs. 1 ZDRL II in seinem Wortlaut einen entscheidenden Unterschied gegenüber § 10 Abs. 1 S. 1 ZAG auf: Denn Art. 11 Abs. 1 ZDRL II spricht ferner davon, dass die Antragspflichtigen, die „die Zahlungsdienste zu er-

---

[344] Hervorhebung durch den Verfasser.

[345] Duden, Suchergebnis „wollen“, abrufbar unter Duden Onlinewörterbuch: https://www.duden.de/rechtschreibung/wollen_moechten_wuenschen.

[346] Zu dolus directus 1. Grades BGH 18.07.1979 – 2 StR 114/79, BGHSt 29, 68 (73); *Gaede*, in: Matt/Renzikowski-StGB, § 15 Rn. 10; *Heger*, in: Lackner/Kühl/Heger-StGB, § 15 Rn. 20; *Kudlich*, in: BeckOK-StGB, § 15 Rn. 17; *Sternberg-Lieben/Schuster*, in: Schönke/Schröder-StGB, § 15 Rn. 66; *Rengier*, Strafrecht Allgemeiner Teil, § 14 Rn. 7.

[347] BGH 20.11.2012 – VI ZR 268/11, BGH, NJW-RR 2013, 550 (552); darauf verweisend *Wagner*, in: MüKo-BGB, § 823 Rn. 47.

[348] Richtlinie (EU) 2015/2366 des Europäischen Parlaments und des Rates vom 25.11.2015 über Zahlungsdienste im Binnenmarkt, zur Änderung der Richtlinien 2002/65/EG, 2009/110/EG und 2013/36/EU und der Verordnung (EU) Nr. 1093/2010 sowie zur Aufhebung der Richtlinie 2007/64/EG, ABl. EU Nr. L 337 2015, S. 35; ebenfalls auf die Richtlinie verweisend BGH 28.02.2023 – 2 StR 371/22, BGH, NStZ 2024, 100 (103), BGH, BeckRS 2023, 15358; *Mimberg*, RdZ 2022, 12 (14).

[349] Vgl. *Mimberg*, RdZ 2022, 12 (14).

[350] *Mimberg*, RdZ 2022, 12 (14).

bringen beabsichtigen, *vor dem Beginn der Erbringung*[351] von Zahlungsdiensten die Zulassung als Zahlungsinstitut erlangen müssen." Gerade mit dem Passus „vor dem Beginn der Erbringung" wird deutlich, dass die Beabsichtigung als zeitlicher Faktor verstanden werden kann, nicht als rein subjektive Komponente des Antragspflichtigen.[352] Damit suggeriert Art. 11 Abs. 1 ZDRL II, dass der Zahlungsdienstleister sich vorab eine Erlaubnis einholen muss, bevor er tatsächlich (objektiv) mit der Erbringung von Zahlungsdiensten beginnt.[353] So dienen die Begrifflichkeiten auch aus semantischer Perspektive zur Umschreibung eines zukünftigen Verhaltens, also dem tatsächlichen Vollziehen des Geschäfts, und können lediglich auf ein zeitliches Moment hinweisen. Im Rahmen von § 10 Abs. 1 S. 1 ZAG fehlt jedoch der Beisatz des Art. 11 Abs. 1 ZDRL II „vor dem Beginn der Erbringung", sodass der Gesetzgeber die Vorgaben der Richtlinie nicht identisch übernommen hat. Mimberg verweist hier berechtigterweise auf die Eigenheit des deutschen Rechts, indem die Formulierung des § 10 Abs. 1 S. 1 ZAG „im Zusammenspiel mit § 63 Abs. 1 Nr. 4 ZAG die dem deutschen Verwaltungsrecht vertraute Rechtsfigur des präventiven Verbots mit Erlaubnisvorbehalt abbildet."[354] Daher scheint es naheliegender den Passus „erbringen will" dahingehend zu verstehen, dass der Antragspflichtige den Entschluss aufweist, zukünftig eine Geschäftsaufnahme (objektiv) zu vollziehen, er jedoch keine Absicht haben muss, die Zahlungsdienste auch ordnungsgemäß zu erfüllen.[355] Diese mögliche Wortlautinterpretation bestätigen die Auslegung des BVerwG und der BaFin, auch wenn eine dahingehende Diskussion, über die Strenge der Subjektivität ausbleibt:

---

[351] Hervorhebung durch den Verfasser.

[352] *Mimberg*, RdZ 2022, 12 (14); ebenfalls BGH 28.02.2023 – 2 StR 371/22, BGH, NStZ 2024, 100 (103), BGH, BeckRS 2023, 15358.

[353] *Mimberg*, RdZ 2022, 12 (14); ebenfalls BGH 28.02.2023 – 2 StR 371/22, BGH, NStZ 2024, 100 (102), BGH, BeckRS 2023, 15358.

[354] *Mimberg*, RdZ 2022, 12 (14); ähnlich BGH 28.02.2023 – 2 StR 371/22, BGH, NStZ 2024, 100 (103), BGH, BeckRS 2023, 15358; zum Präventionscharakter des § 10 Abs. 1 S. 1 ZAG siehe bereits Teil 3 B. II. 1. a).

[355] *Mimberg*, RdZ 2022, 12 (14); *Eckhold*, in: Schäfer/Omlor/Mimberg-ZAG, § 10, 11 Rn. 33 f.; darauf ebenfalls verweisend BGH 28.02.2023 – 2 StR 371/22, BGH, NStZ 2024, 100 (103), BGH, BeckRS 2023, 15358; gleichwohl trotzdem, die etwas unentschieden von der „Absicht Zahlungsdienste zu erbringen" sprechen, dennoch aber auf Vorbereitungshandlungen abstellen und damit den zeitlichen Faktor berücksichtigen, im Ergebnis aber nicht wirklich hervorgeht, ob es auf eine strikte und ordnungsgemäße Erbringungsabsicht ankommt: *Heucke*, in: Luz/Neus/Schaber/Schneider/et al.-ZAG, § 10 Rn. 7; *Schwennicke*, in: Schwennicke/Auerbach-KWG, § 10 ZAG Rn. 5; *Walter*, in: Casper/Terlau-ZAG, § 10 Rn. 14; *Hingst/Lösing*, Zahlungsdiensteaufsichtsrecht, § 6 Rn. 123; siehe ferner, die sogar von der Absicht und der Aufnahme oder Fortsetzung eines Zahlungsdienstes sprechen: *Walz*, in: Ellenberger/Findeisen/Nobbe/Böger-Kommentar zum Zahlungsverkehrsrecht, § 10 ZAG Rn. 5 f.; a. A. KG 09.08.2021 – 4 Ws 60–21 – 161 AR 137/21, KG, BeckRS 2021, 24301, das entscheidend auf eine Erbringungsabsicht abstellt.

Das BVerwG[356], auf dessen Auslegung wiederum ein beachtlicher Teil der Literatur[357] zurückgreift, legt das „*betreiben*[358] […] will" im Sinne des § 32 Abs. 1 S. 1 KWG, der die Vorgängernorm des § 10 Abs. 1 S. 1 ZAG ist, dahingehend aus, dass dieser Begriff dem allgemeinen Gewerberecht entlehnt ist und sich dieser „über das rechtsgeschäftliche Handeln hinaus auf sonstige unternehmerisch-werbende Tätigkeiten" erstreckt. So soll der Erlaubnisvorbehalt „nicht erst beim Abschluss einzelner Rechtsgeschäfte an[setzen], sondern […] die gesamte Geschäftstätigkeit einschließlich der Vorbereitung des konkreten Vertragsabschlusses [erfassen]." Daraus ergibt sich eine tendenziell objektiv-zeitliche Auslegung, die dem gewerberechtlichen Begriffsverständnis entlehnt ist und für einen zeitlichen Faktor spricht.

Die BaFin[359] geht in ihrem Merkblatt vom 01.04.2005 noch etwas weiter und lässt bereits Werbemaßnahmen für die Erfüllung des § 32 Abs. 1 S. 1 KWG ausreichen, in denen konkrete Zahlungsdienste angeboten werden. Insofern ist davon auszugehen, dass ein „Unternehmen beabsichtigt, […] die […] aufgeführten Finanzdienstleistungen anzubieten."[360] Mithin legt auch die Verwaltungspraxis den Wortlaut des Erlaubnisvorbehalts (§ 32 Abs. 1 S. 1 KWG) dahingehend aus, dass es auf einen zeitlichen Faktor ankommt, was sich auf die vergleichbare Ausgestaltung des § 10 Abs. 1 S. 1 ZAG übertragen lässt.

(b) Die historischen und teleologischen Aspekte

Zu Fragen bleibt, welchen Sinn und Zweck § 10 Abs. 1 S. 1 ZAG verfolgt und inwieweit dies eine objektiv-zeitliche Auslegung bestätigen kann. § 10 Abs. 1 S. 1 ZAG soll ein präventives Verbot mit Erlaubnisvorbehalt umfassen, das gerade eine spezielle Form der finanzaufsichtsrechtlichen Gefahrenabwehr darstellt.[361] Es handelt sich dabei um eine gewerbepolizeiliche Vorschrift, bei der sich das in der

---

[356] BVerwG 22.04.2009 – 8 C 2/09, BVerwG, VersR 2010, 509 (511 ff.).

[357] *Eckhold*, in: Schäfer/Omlor/Mimberg-ZAG, § 10, 11 Rn. 34; *Heucke*, in: Luz/Neus/Schaber/Schneider/et al.-ZAG, § 10 Rn. 7; *Walter*, in: Casper/Terlau-ZAG, § 10 Rn. 14; *Hingst/Lösing*, Zahlungsdiensteaufsichtsrecht, § 6 Rn. 123; darauf verweisend im Bezug des § 63 ZAG *Weiß*, in: Schäfer/Omlor/Mimberg-ZAG, § 63 Rn. 42; auf die Literatur ebenfalls verweisend BGH 28.02.2023 – 2 StR 371/22, BGH, NStZ 2024, 100 (103), BGH, BeckRS 2023, 15358; gegen die Auslegung des BVerwG aber im Bezug auf das Erbringen im Sinne des § 63 Abs. 1 Nr. 4 ZAG *Richter*, in: Luz/Neus/Schaber/Schneider/et al.-ZAG, § 63 Rn. 8 f.

[358] Hervorhebung durch den Verfasser.

[359] *BaFin*, Merkblatt zur Erlaubnispflicht von grenzüberschreitend betriebenen Geschäften vom 11.03.2019, abrufbar unter: https://www.bafin.de/SharedDocs/Veroeffentlichungen/DE/Merkblatt/mb_050401_grenzueberschreitend.html, 1. Relevante Fallkonstellationen, die eine Erlaubnispflicht nach § 32 Abs. 1 KWG begründen.

[360] *BaFin*, Merkblatt zur Erlaubnispflicht von grenzüberschreitend betriebenen Geschäften vom 11.03.2019, abrufbar unter: https://www.bafin.de/SharedDocs/Veroeffentlichungen/DE/Merkblatt/mb_050401_grenzueberschreitend.html, 1. Relevante Fallkonstellationen, die eine Erlaubnispflicht nach § 32 Abs. 1 KWG begründen.

[361] *Eckhold*, in: Schäfer/Omlor/Mimberg-ZAG, § 10, 11 Rn. 21.

Erlaubnispflicht liegende Verbot nicht gegen die rechtliche Wirkung der erfassten Geschäfte richtet, sondern die öffentliche Ordnung schützen soll.[362] Bereits mit Blick auf die Erste Zahlungsdiensterichtlinie (ZDRL I) (2007/64/EG)[363] sollten Markteintrittsschwellen einen unregulierten Zahlungsverkehr verhindern. § 10 Abs. 1 S. 1 ZAG setzt den Gedanken des Schutzes der Integrität des Zahlungsverkehrs und der Sicherstellung seiner volkswirtschaftlich unverzichtbaren Funktionsfähigkeit fort.[364]

Gerade aus Perspektive des gefahrenabwehrrechtlichen Postulats einer möglichst frühzeitigen Eindämmung unerlaubten Verhaltens, ermöglicht diese Handhabung des Erlaubnisvorbehalts ein effizientes Vorgehen der Aufsicht.[365] Nur dann kann rechtzeitig eingegriffen werden. Legt man das „erbringen will" als in erster Linie zeitlichen Faktor aus, wird die Erlaubnispflichtigkeit des Antragstellers weiter vorverlagert, sodass ein frühzeitiges Eingreifen der Aufsicht ermöglicht wird. Nur so kann ein unregulierter Zahlungsverkehr rechtzeitig verhindert und damit ein effizienter Schutz gewährleistet werden.

Auch das BVerwG[366] wies in einem Urteil vom 22.04.2009 dem § 32 Abs. 1 S. 1 KWG, mithin der Vorgängernorm des § 10 Abs. 1 S. 1 ZAG, bereits den Zweck zu, dass der Erlaubnisvorbehalt dazu diene, „die Funktionsfähigkeit und die Integrität des deutschen Kredit- und Finanzmarkts und damit auch dessen Kunden zu schützen." Gerade deswegen soll auch der Erlaubnisvorbehalt des § 32 Abs. 1 S. 1 KWG nicht erst beim Abschluss einzelner Rechtsgeschäfte ansetzen, sondern die gesamte Geschäftstätigkeit umfassen, einschließlich der Vorbereitung des konkreten Vertragsschlusses. Dieser Gedanke wurde bereits im Gesetzesentwurf zum KWG von 1961[367] niedergelegt, in der die Erlaubnis noch in § 31 KWG a.F. geregelt war und der explizit davon spricht, dass „[d]ie Fassung „Wer … betreiben will" […] zum Ausdruck [bringt], daß die Erlaubnis vor Aufnahme des Geschäftsbetriebes vorliegen muß."

---

[362] *Eckhold*, in: Schäfer/Omlor/Mimberg-ZAG, § 10, 11 Rn. 21 unter exemplarischen Verweis aus Sicht des KWG auf BGH 19.04.2011 – XI ZR 256/10, BGH, NJW 2011, 3024 (3025), wiederum unter Verweis auf BGH 21.04.1972 – V ZR 52/70, BGH, NJW 1972, 1463 (1463 f.) mit weiteren Nachweisen.

[363] Richtlinie 2007/64/EG des Europäischen Parlaments und des Rates vom 13.11.2007 über Zahlungsdienste im Binnenmarkt, zur Änderung der Richtlinien 97/7/EG, 2002/65/EG, 2005/60/EG und 2006/48/EG sowie zur Aufhebung der Richtlinie 97/5/EG, ABl. EU Nr. L 319 2007, S. 1.

[364] *Eckhold*, in: Schäfer/Omlor/Mimberg-ZAG, § 10, 11 Rn. 22 unter Verweis auf BT-Drs. 18/11495, S. 1, 78; BT-Drs. 16/11613, S. 27, 46 f.; BT-Drs. 17/3023, S. 44; BT-Drs. 13/7142, S. 63 (im Vorgriff auf die E-GeldRL I) in Verbindung mit dem Rückverweis in BT-Drs. 14/8017, S. 67 f. (zur vollständigen Umsetzung der E-GeldRL I), insbesondere mit Auseinandersetzung des Werdegangs von § 32 Abs. 1 KWG zu § 10 Abs. 1 S. 1 ZAG.

[365] Vgl. *Gerhardus-Feld*, in: Casper/Terlau-ZAG, § 7 Rn. 15; *Tiemann*, in: Schäfer/Omlor/Mimberg-ZAG, § 7 Rn. 37.

[366] BVerwG 22.04.2009 – 8 C 2/09, BVerwG, VersR 2010, 509 (511).

[367] BT-Drs. 3/1114, S. 39.

Blickt man also auf die Genese des ZAG und damit im Besonderen auf § 10 Abs. 1 S. 1 ZAG so wird deutlich, dass der Schutz der Integrität des Zahlungsverkehrs und die Sicherstellung seiner volkswirtschaftlich unverzichtbaren Funktionsfähigkeit im Vordergrund stehen. Damit einhergehen soll auch die Stärkung der Rechte der Zahlungsdienstkunden.[368]

Mit einer streng subjektiven Auslegung wird man dem Sinn und Zweck des § 10 Abs. 1 S. 1 ZAG jedoch weniger gerecht, denn ein Zahlungsdienstleister, der objektiv zwar Zahlungsdienste anbietet, diese aber subjektiv nicht erbringen will, bedarf keiner Erlaubnis nach § 10 Abs. 1 S. 1 ZAG. Mimberg kategorisiert, unter Zugrundelegung der Überlegungen des KG[369], dies passend als „(erlaubnisfreie) Schein-Zahlungsdienstleister" ein.[370] Dabei liegt faktisch ein Zahlungsdienst vor, der mangels Willens zum Erbringen – oder gar in betrügerischer Absicht handelnd – gerade nicht der Aufsicht unterworfen werden kann.[371] Mangelt es an der Kontrolle durch die Aufsicht, kann ein verlässlicher Kundenschutz nicht vollumfänglich gewährleistet werden, was im Ergebnis auch der Integrität des Zahlungs-

---

[368] ZDRL II: Richtlinie (EU) 2015/2366 des Europäischen Parlaments und des Rates vom 25.11.2015 über Zahlungsdienste im Binnenmarkt, zur Änderung der Richtlinien 2002/65/EG, 2009/110/EG und 2013/36/EU und der Verordnung (EU) Nr. 1093/2010 sowie zur Aufhebung der Richtlinie 2007/64/EG, ABl. EU Nr. L 337 2015, S. 36 f. insbesondere spiegelt sich das in den Gesetzesentwürfen wider, BT-Drs. 18/11495, S. 1, 78 und BR-Drs. 158/17, S. 1; ZDRL I: Richtlinie 2007/64/EG des Europäischen Parlaments und des Rates vom 13.11. 2007 über Zahlungsdienste im Binnenmarkt, zur Änderung der Richtlinien 97/7/EG, 2002/65/EG, 2005/60/EG und 2006/48/EG sowie zur Aufhebung der Richtlinie 97/5/EG, ABl. EU Nr. L 319 2007, S. 6 ff. insbesondere spricht der Gesetzgeber auch in seinem Gesetzesentwurf vom „konsequenten Gläubigerschutz", BT-Drs. 16/11613, S. 27; ferner OLG Düsseldorf 01.09.2020 – 24 U 137/18, OLG Düsseldorf, BKR 2021, 232 (233); allgemein dazu auch *Danwerth*, Das Finanztransfergeschäft als Zahlungsdienst, S. 11 ff., insbesondere S. 16 f.; *Casper/Terlau*, in: Casper/Terlau-ZAG, Einleitung Rn. 12; noch zu § 8 Abs. 1 ZAG a. F. siehe LG Köln 29.09.2011 – 81 O 91/11, LG Köln, BKR 2012, 348 (349) [„§ 8 Abs. 1 ZAG als öffentlich-rechtliche Erlaubnis dient jedenfalls auch dem Schutz der Verbraucher vor unzuverlässigen Zahlungsinstituten"].

[369] KG 09.08.2021 – 4 Ws 60–21 – 161 AR 137/21, KG, BeckRS 2021, 24301, Rn. 32, ferner betont im amtlichen Leitsatz Ziffer 2.: „Wer gegenüber den Zahlern nur zum Schein als Zahlungsdienstleister auftritt, tatsächlich aber als Beteiligter an einem Betrug zum Nachteil der Zahler den beauftragten Zahlungsdienst nicht erbringen will, betreibt kein erlaubnispflichtiges Finanztransfergeschäft."

[370] *Mimberg*, RdZ 2022, 12 (13), der dem „erlaubnisfreien Schein-Zahlungsdienstleister" eine Praxistauglichkeit abspricht und denjenigen Unternehmen, die Zahlungsdienste erbringen und dabei über die notwendige Erlaubnis verfügen („mit Erlaubnis agierenden Zahlungsdienstleister") und denjenigen Unternehmen, die in derselben Situation ohne die notwendige Erlaubnis handeln („unerlaubt handelnden Zahlungsdienstleister"), mithin die Zahlungsdienstleister die § 10 Abs. 1 S. 1 ZAG eigentlich erfassen möchte, gegenüberstellt, sodass er die Neuschöpfung des KG kritisiert; ähnlich ablehnend bei § 32 Abs. 1 S. 1 KWG *Altenhain*, in: Momsen/Grützner Wirtschafts- und Steuerstrafrecht, § 20 Rn. 15, der ebenfalls Unternehmen von § 32 Abs. 1 S. 1 KWG erfasst sehen will, die ausschließlich zu dem Zweck gegründet werden, um betrügerische Bankgeschäfte anzubieten.

[371] *Mimberg*, RdZ 2022, 12 (13).

verkehrs schadet, denn damit geht ein Vertrauensverlust in einen ordentlichen Zahlungsverkehr einher. Mit einer streng subjektiven Auslegung wird der Aufsicht in praxi ein Einschreiten erschwert, da die Feststellung des wirklichen Willens von Unwägbarkeiten bestimmt wird, was letztendlich die Nachverfolgbarkeit konterkariert und damit der Effizienz des gefahrabwehrrechtlichen Postulats zuwiderläuft. Somit mangelt es an dem für § 7 Abs. 1 ZAG nötigen Tatbestandsmerkmal der Erbringung von Zahlungsdiensten „ohne die nach § 10 Abs. 1 erforderliche Erlaubnis“[372].

Gerade in Fällen, in denen der Zahlungsdienstleister in betrügerischer Absicht handelt und damit Zahlungsdienste nicht streng subjektiv erbringen will,[373] wird der Zahlungsdienstnutzer im besonderen Maße gefährdet. Im Bewusstsein der Ersten Zahlungsdiensterichtlinie (ZDRL I) (2007/64/EG)[374] und der Zweiten Zahlungsdiensterichtlinie (ZDRL II) ((EU) 2015/2366)[375] liegt auch die Bekämpfung des Betruges im Zahlungsverkehr im Fokus, sodass auch aus richtlinienkonformen Gesichtspunkten dem § 10 Abs. 1 S. 1 ZAG ein solcher Schutzzweck und damit eben ein zeitlicher statt einem streng subjektiven Faktor zugemessen werden muss, um summa summarum einen bestmöglichen Schutz des Zahlungsdienstnutzers auch vor betrügerischen Handlungen zu gewährleisten.[376]

---

[372] *Mimberg*, RdZ 2022, 12 (13), der auf S. 15 dies im Kontext des § 7 Abs. 1 S. 1 ZAG sieht und vielmehr als systematisches Argument heranzieht, worauf jedoch auch noch im Rahmen des Normkontext und der Systematik eingegangen wird; darauf ebenfalls eingehend BGH 28.02.2023 – 2 StR 371/22, BGH, NStZ 2024, 100 (103), BGH, BeckRS 2023, 15358.

[373] So im Fall des KG 09.08.2021 – 4 Ws 60–21 – 161 AR 137/21, KG, BeckRS 2021, 24301; wohl auch im Fall des LG Essen 06.02.2020 – 27 KLs 29/19: Dabei bot der Angeklagte auf einem Fake-Account auf der Plattform Facebook einen vermeintlichen Hawala-Service an, auf dem potenzielle Kunden Gelder nach Syrien transferieren können. Über Nachrichten und Telefonate wurde mit einem Kunden eine Übergabe von Bargeldern vereinbart, die anschließend nach Syrien transferiert werden sollten. Bei der Übergabe kam es statt eines Transfers zu einem Raub, indem dem vermeintlichen Zahlungsdienstnutzer eine reizende Flüssigkeit in die Augen gesprüht und das Geld entwendet wurde. Auf das Regelungsregime des ZAG wurde dabei jedoch nicht eingegangen, wobei auch hier grundsätzlich diskussionswürdig wäre, ob im Anbieten und den getroffenen Vereinbarungen bereits ein „erbringen will“ von Zahlungsdiensten zu erblicken ist.

[374] Richtlinie 2007/64/EG des Europäischen Parlaments und des Rates vom 13.11.2007 über Zahlungsdienste im Binnenmarkt, zur Änderung der Richtlinien 97/7/EG, 2002/65/EG, 2005/60/EG und 2006/48/EG sowie zur Aufhebung der Richtlinie 97/5/EG, ABl. EU Nr. L 319 2007, S. 1, insbesondere Erwägungsgründe 1, 49.

[375] Richtlinie (EU) 2015/2366 des Europäischen Parlaments und des Rates vom 25.11.2015 über Zahlungsdienste im Binnenmarkt, zur Änderung der Richtlinien 2002/65/EG, 2009/110/EG und 2013/36/EU und der Verordnung (EU) Nr. 1093/2010 sowie zur Aufhebung der Richtlinie 2007/64/EG, ABl. EU Nr. L 337 2015, S. 35, insbesondere Erwägungsgründe 7, 33.

[376] *Mimberg*, RdZ 2022, 12 (15), der explizit auf die Erwägungsgründe der Zahlungsdiensterichtlinien eingeht und den Schutz der Zahlungsdienstnutzer vor Betrugsrisiken unter teleologischen Erwägungen hervorhebt; darauf ebenfalls unter Heranziehung der Erwägungsgründe 7, 33 sowie Art. 30 der ZDRL II eingehend BGH 28.02.2023 – 2 StR 371/22, BGH, NStZ 2024, 100 (102), BGH, BeckRS 2023, 15358; siehe auch *Taheri/Yildiz*, BKR 2023, 721 (722).

(c) Der Normkontext und die Systematik

Auch aus dem Normkontext und der Systematik können Argumente für eine objektiv-zeitliche Auslegung des § 10 Abs. 1 S. 1 ZAG gezogen werden. Stellt man beispielsweise die Norm des § 1 Abs. 1 S. 1 Nr. 1 ZAG gegenüber wird von „erbringen", nicht von „erbringen will" gesprochen. In § 7 Abs. 1 S. 1 ZAG lautet der Wortlaut dagegen „erbracht" und in § 63 Abs. 1 Nr. 4 ZAG „erbringt". Gemein haben die verschiedenen Regelungen, dass es um die Tätigkeit des Erbringens von Zahlungsdiensten geht. Im Gegensatz zu den anderen Normen weist jedoch § 10 Abs. 1 S. 1 ZAG den Beisatz „erbringen *will*[377]" auf, sodass es auf den ersten Blick eine abweichende Auslegung erlaubt. Beispielsweise wird man dem Wortlaut des § 1 Abs. 1 S. 1 Nr. 1 ZAG zusprechen können, dass keine Vorbereitungshandlungen oder werbenden Tätigkeiten, es vielmehr bereits einer tatsächlichen Tätigkeitsaufnahme für den Zahlungsdienstnutzer bedarf, was sich im Abschluss des Rechtsgeschäftes und mit Beginn der Abwicklung eines Zahlungsdienstes, mithin in der eigentlichen Geschäftsaufnahme niederschlagen muss.[378] Im Umkehrschluss knüpft das „erbringen will" zeitlich vor der ausführenden Tätigkeit an, sodass es noch nicht zur eigentlichen Geschäftsaufnahme gekommen sein muss.

Blickt man ferner auf andere präventive Verbote mit Erlaubnisvorbehalt[379], so finden sich ebenfalls subjektivierte Formulierungen, aus denen sich eine Erlaubnispflicht bereits vor Aufnahme der Geschäfte ergibt, wie beispielsweise in der aktuellen Fassung des § 32 Abs. 1 S. 1 KWG[380]. Womit eine subjektivierte Formulierung nicht untypisch ist, um diesen Regelungsmechanismus auszugestalten und die zeitliche Vorverlagerung zu verdeutlichen.

Das Ziel der Gefahrenabwehr wird auch bei Betrachtung des systematischen Zusammenhangs von § 7 Abs. 1 ZAG und § 10 Abs. 1 S. 1 ZAG deutlich, denn § 7 ZAG stellt eine spezielle gewerbepolizeiliche Vorschrift dar, die der Gefahrenabwehr im Finanzsektor dient und die zugehörige Eingriffsnorm darstellt.[381] Erst aus dem Zusammenspiel der Normen wird eine möglichst frühzeitige Eindämmung unerlaubten Verhaltens durch eine möglichst frühzeitige Ahndung und Eingriffsmöglichkeit der BaFin ermöglicht.[382] Damit muss bei § 7 Abs. 1 ZAG an die Erlaubnispflicht des § 10 Abs. 1 S. 1 ZAG und damit an die zeitliche Vorverlagerung

---

[377] Hervorhebung durch den Verfasser.

[378] Zur Auslegung des Erbringens im Sinne des § 1 Abs. 1 S. 1 ZAG siehe bereits Teil 3 B. I. 1. a) aa) (2) (c).

[379] Zur Eigenschaft des § 32 KWG als präventives Verbot mit Erlaubnisvorbehalt siehe beispielsweise *Schwennicke*, in: Schwennicke/Auerbach-KWG, § 32 KWG Rn. 2.

[380] *Fischer/Krolop*, in: Fischer/Schulte-Mattler-KWG/CRR, § 32 KWG Rn. 24; *Häberle*, in: Erbs/Kohlhaas-Strafrechtliche Nebengesetze, § 32 KWG Rn. 3.

[381] *Mimberg*, RdZ 2022, 12 (15).

[382] *Tiemann*, in: Schäfer/Omlor/Mimberg-ZAG, § 7 Rn. 37 mit Vergleich zu § 37 KWG, insbesondere auf *Schwennicke*, in: Schwennicke/Auerbach-KWG, § 37 KWG Rn. 4 mit weiteren Nachweisen aus Literatur und Rechtsprechung.

angeknüpft werden, sodass eine frühzeitige Eingriffsmöglichkeit der BaFin gewährleistet werden kann, unabhängig davon, ob der Wortlaut des § 7 Abs. 1 ZAG von „erbracht" spricht, knüpft § 7 Abs. 1 ZAG schließlich direkt an § 10 Abs. 1 S. 1 ZAG, mithin die Erlaubnispflichtigkeit an. Nur dann wird der Regelungskomplex dem gefahrenabwehrrechtlichen Postulat einer möglichst frühzeitigen Eindämmung ungeeigneter Personen oder unzulänglich fundierter Unternehmen und dem Schutz der Integrität des Zahlungsverkehrs und der Sicherstellung seiner volkswirtschaftlich unverzichtbaren Funktionsfähigkeit gerecht.[383] Dies wurde bereits im Gesetzesentwurf der Bundesregierung zur Vorgängernorm des § 7 ZAG, mithin dem § 4 ZAG a.F., angemerkt: „Die Statuierung eines gesetzlichen Erlaubnisvorbehalts wäre sinnlos, wenn die Bundesanstalt als zuständige Behörde nicht gleichzeitig mit den entsprechenden Eingriffskompetenzen ausgestattet würde, mit denen sie den Erlaubnisvorbehalt in der Praxis durchsetzen kann."[384] Auch geht dies aus der Überschrift des Unterabschnitt 2 hervor, unter der die §§ 7, 8 ZAG gefasst werden, da diese von der „Durchsetzung des Erlaubnisvorbehalts" spricht. Selbst § 7 Abs. 1 S. 4 ZAG weitet den Anwendungsbereich auf Unternehmen aus, die „in die Anbahnung, den Abschluss oder die Abwicklung dieser Geschäfte einbezogen" sind, worunter auch Werbemaßnahmen gefasst und durch die BaFin untersagt werden können,[385] was für diese Auslegung spricht. Für ein frühzeitiges Einschreiten der Aufsicht spricht ferner § 8 Abs. 1 ZAG, der bereits bei der „Anbahnung" unerlaubter Zahlungsdienste ansetzt.[386] Spricht man also dem „erbringen will" des § 10 Abs. 1 S. 1 ZAG einen objektiv-zeitlichen Charakter zu, so ermöglicht dies in Verbindung mit § 7 Abs. 1 ZAG einen frühzeitigen Zugriff, sodass ein verlässlicher Kundenschutz gewährleistet werden kann, was im Ergebnis die Integrität des Zahlungsverkehrs fördert. Würde man den Begriff hingegen rein subjektiv auslegen wie das KG[387], so käme es zu dem unbilligen Ergebnis, dass gerade in Fällen, in denen Zahlungsdienste angeboten werden und diese lediglich die Vermögensschädigung ihrer Kunden bezwecken, nicht in Betracht,[388] sodass kein Eingriff der Aufsicht nach § 7 Abs. 1 ZAG möglich wäre.

(d) Zwischenergebnis und weiterführende Anmerkungen

Fasst man die Wortlautinterpretation, die historischen und teleologischen, aber auch systematischen Erwägungen zusammen, so lässt sich abschließend sagen, dass dem „erbringen will" kein streng subjektiver Faktor zuteilwird, sondern vielmehr ein objektiv-zeitlicher Charakter nachgesagt werden muss, mithin sich das „er-

---

[383] Vgl. *Tiemann*, in: Schäfer/Omlor/Mimberg-ZAG, § 7 Rn. 37.

[384] BT-Drs. 16/11613, S. 43.

[385] *Tiemann*, in: Schäfer/Omlor/Mimberg-ZAG, § 7 Rn. 57 unter vergleichenden Verweis auf *Fischer/Krolop*, in: Fischer/Schulte-Mattler-KWG/CRR, § 37 KWG Rn. 7.

[386] *Eckhold*, in: Schäfer/Omlor/Mimberg-ZAG, § 10, 11 Rn. 24 unter Querverweis auf *Tiemann*, in: Schäfer/Omlor/Mimberg-ZAG, § 7 Rn. 37 f.

[387] KG 09.08.2021 – 4 Ws 60–21 – 161 AR 137/21, KG, BeckRS 2021, 24301, Rn. 32.

[388] *Mimberg*, RdZ 2022, 12 (15).

bringen will" in bereits vorgelagerten Handlungen manifestieren kann. Insbesondere folgt diese Auslegung aus dem gewerberechtlichen Begriffsverständnis und dem Schutzzweck der Norm zur Wahrung der Integrität des Zahlungsverkehrs sowie der Sicherstellung seiner volkswirtschaftlich unverzichtbaren Funktionsfähigkeit.

Hierbei sei zusätzlich – unter Rekurs auf die Rechtsprechung, Literatur und behördliche Praxis der BaFin – darauf eingegangen, ab wann das Stadium des Willens zum Erbringen erreicht ist, also, wie weit die Vorverlagerung reicht: Das BVerwG[389] nimmt erlaubnispflichtige Geschäfte nach § 10 Abs. 1 S. 1 ZAG an, wenn „bereits die wesentlichen zum Vertragsschluss hinführenden Schritte" vorliegen. Dabei kann beispielsweise „die Verbreitung konkreter Aufforderungen, ein Vertragsangebot abzugeben, ebenso genügen wie eine Vorprüfung der daraufhin gestellten Anträge." Ferner führt es aus, dass der „Erlaubnisvorbehalt [...] nicht erst beim Abschluss einzelner Rechtsgeschäfte an[setzt], sondern [...] die gesamte Geschäftstätigkeit einschließlich der Vorbereitung des konkreten Vertragsabschlusses [erfasst]." Inwieweit die „wesentlichen, zum Vertragsschluss führenden Schritte von den erlaubnisfreien Aktivitäten im Vorfeld [abgegrenzt werden müssen,] muss hier nicht abschließend geklärt werden." „Das Zustandekommen eines Vertrages wird jedenfalls maßgeblich durch eine angebotsgleich konkretisierte, die Antragsprüfung vorstrukturierende Aufforderung zur Abgabe von Angeboten bestimmt".

Die BaFin[390] verweist darauf, „ob mit bestimmten Werbemaßnahmen eine Erlaubnispflicht einhergeht, ist – unabhängig von der Art und Form der Verbreitung – die inhaltliche Ausgestaltung [entscheidend]." „Anzeigen, die lediglich allgemein werbenden Charakter haben", fallen hingegen nicht darunter.

Zieht man also die Sichtweisen des BVerwG und der BaFin heran, so lässt sich festhalten, dass eine Werbemaßnahme bereits ausreichen kann, diese in erster Linie jedoch bereits einen konkreten Geschäftsbezug, beispielsweise bereits einen rechtsgeschäftlichen Charakter aufweisen muss, sodass wesentliche zum Vertragsschluss hinführende Schritte unternommen wurden. Darin kommt wiederum der (gewerbe-)rechtliche Charakter des Erbringens zum Vorschein,[391] der durch den Beisatz „will" schlichtweg vorgelagert werden muss und dem in Summe zugestimmt werden kann. Hingst/Lösing umschreiben dies beispielsweise mit dem zivilrechtlichen Konstrukt der *invitatio ad offerendum*, sofern beim Anbieten bereits

---

[389] BVerwG 22.04.2009 – 8 C 2/09, BVerwG, VersR 2010, 509 (510 f.).

[390] *BaFin*, Merkblatt zur Erlaubnispflicht von grenzüberschreitend betriebenen Geschäften vom 11.03.2019, abrufbar unter: https://www.bafin.de/SharedDocs/Veroeffentlichungen/DE/Merkblatt/mb_050401_grenzueberschreitend.html, 1. Relevante Fallkonstellationen, die eine Erlaubnispflicht nach § 32 Abs. 1 KWG begründen.

[391] Zum (gewerbe-)rechtlichen Charakter des Erbringens bereits Teil 3 B. I. 1. a) aa) (2) (c) (bb).

das Verfahren des Vertragsschlusses, der Vertragsgegenstand und die AGB geregelt sind.[392]

(2) Personeller Geltungsbereich des § 10 Abs. 1 S. 1 ZAG

Der Erlaubnisvorbehalt nach § 10 Abs. 1 S. 1 ZAG erfasst in personeller Hinsicht grundsätzlich jedermann, der Zahlungsdienste erbringen will, was aus der Bezeichnung „Wer […]" folgt. Eine Begrenzung des personellen Geltungsbereichs findet sich obgleich in § 10 Abs. 1 S. 1 ZAG wieder, indem die Zahlungsdienstleister im Sinne des § 1 Abs. 1 S. 1 Nrn. 2 – 5 ZAG eine Ausnahme oder Privilegierung erfahren, da diese bereits einer Aufsicht unterzogen wurden oder keiner Aufsicht bedürfen.[393] Eine grundlegende tatbestandliche Beschränkung auf Zahlungsinstitute nach § 1 Abs. 1 S. 1 Nr. 1 ZAG, wie es in der Vorgängernorm des § 8 Abs. 1 S. 1 ZAG a.F. noch vorgesehen war („Wer […] *als Zahlungsinstitut*[394] erbringen will"), ist dem § 10 Abs. 1 S. 1 ZAG nicht mehr zu entnehmen. „Statt an den ‚Institutsbegriff' wird in der Vorschrift nunmehr an den Begriff ‚Antragsteller' angeknüpft, der sowohl natürliche Personen als auch juristische Personen und Personenvereinigung [etc.] umfasst",[395] selbst wenn dies nach zutreffender Sichtweise bereits den Unternehmensbegriff der damaligen Rechtslage umfasste.[396] Darunter sollen alle Subjekte fallen, die im Geschäftsverkehr unter eigenem Namen auftreten und berechtigt oder verpflichtet werden können, also diejenigen, die die unter Erlaubnisvorbehalt stehende Tätigkeit auf eigene Rechnung und unter eigener Verantwortlichkeit mit Risikoübernahme ausüben.[397] Bei dieser Betrachtung räumt man

[392] *Hingst/Lösing*, Zahlungsdiensteaufsichtsrecht, § 6 Rn. 123; ebenfalls *Walter*, in: Casper/Terlau-ZAG, § 10 Rn. 14.

[393] Instruktiv *Eckhold*, in: Schäfer/Omlor/Mimberg-ZAG, § 10, 11 Rn. 29.

[394] Hervorhebung durch den Verfasser.

[395] So im Gesetzesentwurf der Bundesregierung zur Umsetzung der Zweiten Zahlungsdiensterichtlinie BT-Drs. 18/11495, S. 121; den Bedarf einer besonderen Rechtsform ebenfalls verneinend *Eckhold*, in: Schäfer/Omlor/Mimberg-ZAG, § 10, 11 Rn. 26; *Walter*, in: Casper/Terlau-ZAG, § 10 Rn. 16; *Heucke*, in: Luz/Neus/Schaber/Schneider/et al.-ZAG, § 10 Rn. 10; sinngemäß sollen alle rechtsfähigen Gesellschaften und damit auch Personenhandelsgesellschaften darunter gefasst werden können, BT-Drs. 827/08, S. 77, 80 f.; Die BaFin zählt natürliche Personen, Personengesellschaften oder sonstige Personenmehrheiten, juristische Personen oder körperschaftliche Strukturen ohne Rechtsfähigkeit unter Verweis auf BT-Drs. 18/11495, S. 121 kategorisch auf, *BaFin*, Merkblatt – Hinweise zum Zahlungsdiensteaufsichtsgesetz vom 05.07.2024, abrufbar unter: https://www.bafin.de/SharedDocs/Veroeffentlichungen/DE/Merkblatt/mb_111222_zag.html, F. I. Erlaubnispflicht für Zahlungsinstitute (§ 10 Abs. 1 Satz 1 ZAG); zur Kritik einer Anknüpfung an den Begriff des „Antragstellers" siehe *Eckhold*, in: Schäfer/Omlor/Mimberg-ZAG, § 10, 11 Rn. 8, Fn. 22; siehe auch zum § 32 Abs. 1 S. 1 KWG VG Frankfurt am Main 21.02.2008 – 1 E 5085/06, VG Frankfurt am Main, BeckRS 2008, 35389, Rn. 29.

[396] Dazu ausführlich bereits in Teil 3 B. I. 1. a) aa) (2) (a) (bb).

[397] *Eckhold*, in: Schäfer/Omlor/Mimberg-ZAG, § 10, 11 Rn. 26; zur Handlung des Erbringens und insbesondere dessen (gewerbe-)rechtlichen Charakter siehe bereits Teil 3 B. I. 1. a) aa) (2) (c) (bb).

der (gewerbe-)rechtlichen Komponente der pauschalierenden Handlung den ausschlaggebenden Anknüpfungspunkt für die jeweilige Verantwortlichkeit ein und macht daran den oder die erbringenden Akteure fest. Angesichts dessen, werden die Hawaladare, die hinter ihnen stehende Gesellschaft, das Netzwerk oder dessen Gruppierung, unabhängig von deren Stellung als natürliche Person, juristische Person oder auch Personenvereinigung unter den Erlaubnisvorbehalt fallen, sofern diese Zahlungsdienste erbringen wollen. Damit resultiert die Erlaubnispflicht nicht mehr aus der Stellung als Zahlungsinstitut, schließlich kann jedermann davon betroffen sein, es folgt vielmehr aus der Tätigkeit, mithin der Geschäftsaufnahme selbst. Dabei ist es unerheblich, wenn es faktisch auf eine Stellung als Zahlungsinstitut nach § 1 Abs. 1 S. 1 Nr. 1 ZAG hinauslaufen sollte.[398] Es kommt somit in erster Linie darauf an, wer die Zahlungsdienste erbringen will, solange diesem nicht die Zahlungsdienstleistereigenschaft im Sinne des § 1 Abs. 1 S. 1 Nr. 2 bis 5 ZAG zuteilwird. Aufsichtsrechtlich muss damit nicht mehr an die Unternehmensstellung, sondern vielmehr an das Konglomerat selbst oder an die im Konglomerat agierenden Akteure angeknüpft werden, je nachdem, ob dem Konglomerat eine Stellung als Personenvereinigung zukommt.

Losgelöst von der aufsichtsrechtlichen Betrachtung, zeichnet sich bereits hier eine Erschwernis für die strafrechtliche Einordung der Täterstellung im Rahmen des § 63 Abs. 1 Nr. 4 ZAG ab. Vereinzelt wird nämlich weiterhin von der „Erlaubnispflicht für Zahlungsinstitute (§ 10 Abs. 1 Satz 1 ZAG)“ gesprochen,[399] auch wenn nach Gesetzesbegründung und Änderung des Wortlauts nicht mehr darauf zurückgegriffen werden darf und was sich an späterer Stelle noch zeigen wird. Andererseits wird, wie oben bereits ausgeführt, vom „Antragssteller“ als Erlaubnispflichti-

[398] Ebenso *Weiß*, wistra 2021, 448 (451), der sogar davon ausgeht, dass es sich zwangsläufig um ein Zahlungsinstitut handeln wird; beispielsweise spricht auch die BaFin noch von „wer […] als Zahlungsinstitut erbringen will“, selbst im Kontext des § 10 Abs. 1 S. 1 ZAG n. F.; anders jedoch wenn man die Rechtsprechung des BGH 28. 10. 2015 – 5 StR 189/15, BGH, NStZ-RR 2016, 15 (16) weiterhin zugrunde legt, denn so kann der Unternehmensbegriff des § 1 Abs. 1 S. 1 Nr. 1 ZAG nur juristische Personen oder Personenhandelsgesellschaften umfassen, wodurch natürliche Personen keine Zahlungsinstitutseigenschaft aufweisen können und – bei neuer Rechtslage des § 10 Abs. 1 S. 1 ZAG n. F. – damit trotz mangelnder Stellung als Zahlungsdienstleister nach § 1 Abs. 1 S. 1 Nr. 1 ZAG vom Erlaubnisvorbehalt nach § 10 Abs. 1 S. 1 ZAG mangels tatbestandlicher Beschränkung erfasst werden. Die Arbeit spricht sich jedoch gegen die Ansicht der Rechtsprechung aus, dazu bereits Teil 3 B. I. 1. a) aa) (2) (a) (bb); siehe ferner auch *Lendermann*, Hawala-Banking Fachtagung Bekämpfung von Geldwäsche und Terrorismusfinanzierung vom 08. 12. 2022, abrufbar unter: https://www.bafin.de/SharedDocs/Downloads/DE/Veranstaltung/dl_221208_GW_Vortrag_Lendermann.html, S. 8, die als Adressaten/Verpflichtete neben den Betreiber der unerlaubten Geschäfte aber auch „Dritte, die in die Anbahnung, den Abschluss oder die Abwicklung der unerlaubten Geschäfte einbezogen sind“ mit aufführt.

[399] So *BaFin*, Merkblatt – Hinweise zum Zahlungsdiensteaufsichtsgesetz vom 05. 07. 2024, abrufbar unter: https://www.bafin.de/SharedDocs/Veroeffentlichungen/DE/Merkblatt/mb_111222_zag.html, F. I. Erlaubnispflicht für Zahlungsinstitute (§ 10 Abs. 1 Satz 1 ZAG).

gem gesprochen, wobei an die Tätigkeit des Erbringens anzuknüpfen ist.[400] Eine Einschränkung des agierenden Personenkreises wird unter Rekurs auf das Zahlungsverkehrsrecht erreicht, indem an die (gewerbe-)rechtlichen Komponente der pauschalierenden Handlung angeknüpft wird. Mit der Umschreibung als „Antragsteller" soll eine Personifizierung vorgenommen werden, die unter Rekurs auf das Zahlungsverkehrsrecht einen Verantwortlichen aus der pauschalierenden Tätigkeit herausnimmt; damit lässt sich aufsichtsrechtlich die „Unternehmensstellung" durch die „Antragstellerstellung" ersetzen. Aufsichtsrechtlich mag dies überzeugen und auf keine Entscheidungskritik stoßen. Strafrechtlich stellt sich damit bereits an diesem Punkt die Frage, ob weiterhin an dem Status als Unternehmen im Sinne des § 1 Abs. 1 S. 1 Nr. 1 ZAG festgehalten werden muss oder ob im Gleichlauf an die geschilderte Literatur die zahlungsverkehrsrechtliche Einordnung eine Tätigkeits- oder Funktionsbeschreibung vorgibt, die einen bestimmten Status innerhalb der pauschalierenden (Tat-)Handlung festmacht oder ob vielmehr das Strafrecht selbst eine Verantwortungszuweisung innerhalb der Tätigkeitsbeschreibung vornehmen muss. Dies wird den Kern der strafrechtlichen Untersuchung in Teil 4 bilden und hat eine entscheidende Auswirkung auf die Täterstellung.[401]

(3) Gewerbsmäßig oder im Umfang eines kaufmännischen Gewerbebetriebs nach § 10 Abs. 1 S. 1 ZAG

Obgleich sich der Wortlaut des § 10 Abs. 1 S. 1 ZAG nicht vollends mit dem des § 1 Abs. 1 S. 1 Nr. 1 ZAG deckt, so kommt es dem Grunde nach zu einer identischen Auslegung der Begrifflichkeiten der Gewerbsmäßigkeit und des einen in kaufmännischer Weise eingerichteten Geschäftsbetriebs, sodass auf die diesseitigen Ausführungen verwiesen werden kann.[402] Angemerkt sei hierbei jedoch, dass mit Blick auf den Passus „erbringen will" und der damit einhergehenden Vorverlagerung der Handlung des Erbringens, eine Einordnung als gewerbsmäßig oder als in kaufmännischer Weise eingerichteter Gewerbebetrieb – insbesondere beim Hawala-Banking mit dessen Intransparenz – zumindest in den zeitlich vorgelagerten Fällen schwieriger erscheint. Schließlich wird die Absicht der Gewinnerzielung sowie kaufmännische, betriebswirtschaftliche Gesichtspunkte, die eine ordnungsgemäße Durchführung der betriebenen Geschäfte ermöglichen, in praxi anhand konkreter Tatsachen bestimmt. Im Ergebnis mag das Hawala-Banking gleichwohl unter die Begrifflichkeiten der Gewerbsmäßigkeit und des in kaufmännischer Weise eingerichteten Gewerbebetriebs des § 10 Abs. 1 S. 1 ZAG gefasst werden können, wie die obigen Ausführungen bereits aufzeigten.

---

[400] Demnach ist auch der Kritik am Begriff des „Antragstellers" zuzustimmen, denn es kommt auf die Tätigkeit, nicht an das Antragstellen an, so zustimmungswürdig *Eckhold*, in: Schäfer/Omlor/Mimberg-ZAG, § 10, 11 Rn. 8, Fn. 22.

[401] Siehe dazu Teil 4 A. I. 1.

[402] Siehe zur Auslegung der Begrifflichkeiten bereits Teil 3 B. I. 1. a) aa) (2) (b); für eine gleichlaufende Auslegung ebenfalls *Eckhold*, in: Schäfer/Omlor/Mimberg-ZAG, § 10, 11 Rn. 50.

(4) Inländisches Erbringen von Zahlungsdiensten

Zur Erlaubnispflichtigkeit gehört nach § 10 Abs. 1 S. 1 ZAG im Übrigen, dass die Zahlungsdienste „im Inland" erbracht werden. Gerade bei Hawala-Transfers bei denen die Transfers von Deutschland aus in das Ausland, aber auch vom Ausland nach Deutschland („reverse Hawala") stattfinden, kommt es zu länderübergreifenden Sachverhalten, die einer Einordnung bedürfen.[403] Mit „Inland" wird das Hoheitsgebiet der Bundesrepublik Deutschland innerhalb seiner völkerrechtlich definierten Grenzen umschrieben.[404] Gemeint ist damit das Staatsgebiet, in dem die Bundesrepublik Deutschland ihre Rechtsetzungs- und Rechtsdurchsetzungskompetenz beansprucht.[405] Sohin sind die Fälle, in denen die Hawaladare im oder vom Staatsgebiet der Bundesrepublik aus agieren, mithin von dort aus Zahlungsdienste erbringen, relativ unproblematisch erfasst;[406] sie fallen unter den Erlaubnisvorbehalt des § 10 Abs. 1 S. 1 ZAG. Auf die Nationalität kommt es dabei nicht an, sodass auch Ausländer oder im Ausland ansässige Unternehmen davon erfasst sind;[407] entscheidend ist die räumliche Betätigung der Geschäftstätigkeit.[408] Damit werden beispielsweise auch Hawaladare ohne deutsche Staatsbürgerschaft erfasst, die in Deutschland Hawala-Dienste anbieten,[409] aber auch ausländische Hawaladare im Ausland, sofern diese eine räumliche Betätigung im deutschen Inland ausüben, wobei letzteres nicht unstreitig ist und einer näheren Einordnung bedarf.

Maßgebend ist dabei, was der Begriff des Inlands umfasst. Orientierung bietet hierfür die Vorgängernormen des § 8 Abs. 1 S. 1 ZAG a. F. und des § 32 KWG, denn die Begriffsbestimmung des § 10 Abs. 1 S. 1 ZAG kann an den Gesetzesent-

---

[403] Zum Funktionsablauf des Hawala-Bankings siehe bereits Teil 2 A. II. 2. a).

[404] *Eckhold*, in: Schäfer/Omlor/Mimberg-ZAG, § 10, 11 Rn. 43.

[405] Vgl. *Eckhold*, in: Schäfer/Omlor/Mimberg-ZAG, § 10, 11 Rn. 43; im Ergebnis auch *Walter*, in: Casper/Terlau-ZAG, § 10 Rn. 9.

[406] *Eckhold*, in: Schäfer/Omlor/Mimberg-ZAG, § 10, 11 Rn. 44; auch vom Inland tätige Zahlungsinstitute, bei denen Zahlungen auch grenzüberschreitend innerhalb der EU oder in Drittländer durchgeführt werden fallen unter den Erlaubnisvorbehalt, BT-Drs. 16/11613, S. 46.

[407] *Eckhold*, in: Schäfer/Omlor/Mimberg-ZAG, § 10, 11 Rn. 44, anders, wenn die ausländische Herkunft eine Beaufsichtigung beeinträchtigt, § 12 Nr. 7b, c, Nr. 8.

[408] Zustimmungswürdig *Eckhold*, in: Schäfer/Omlor/Mimberg-ZAG, § 10, 11 Rn. 46, der unter argumentativen Verweis auf § 39 ZAG und auf das Merkblatt der BaFin eine unstreitige inländische Tätigkeit darin sieht, sofern im Inland ein *Sitz* oder einer *Zweigniederlassung im handelsrechtlichen Sinne* oder eine andere *Zweigstelle* in der Bundesrepublik errichtet wurde, von denen aus Zahlungsdienste erbracht werden, *BaFin*, Merkblatt zur Erlaubnispflicht von grenzüberschreitend betriebenen Geschäften vom 11. 03. 2019, abrufbar unter: https://www.bafin.de/SharedDocs/Veroeffentlichungen/DE/Merkblatt/mb_050401_grenzueberschreitend.html, Präzisierung der Verwaltungspraxis zu § 32 Abs. 1 S. 1 KWG; ebenfalls *Heucke*, in: Luz/Neus/Schaber/Schneider/et al.-ZAG, § 10 Rn. 6; *Walz*, in: Ellenberger/Findeisen/Nobbe/Böger-Kommentar zum Zahlungsverkehrsrecht, § 10 ZAG Rn. 8; *Walter*, in: Casper/Terlau-ZAG, § 10 Rn. 9; so bereits auch ausdrücklich für § 8 ZAG a. F. BT-Drs. 16/11613, S. 46; BR-Drs. 827/08, S. 77 f.; *Hingst/Lösing*, Zahlungsdiensteaufsichtsrecht, § 6 Rn. 2.

[409] Zu den einzelnen Akteuren siehe bereits Teil 2 A. II. 2. b) bb) (1).

wurf zu § 8 Abs. 1 S. 1 ZAG a.F. angelehnt werden, der wiederum Bezug zur Vorgängernorm des § 32 KWG nimmt, womit ein Rückgriff auf dessen Verwaltungspraxis und Rechtsprechung, mithin die Auslegung des § 32 KWG legitim erscheint, sofern dem keine sachlichen Gründe entgegenstehen.[410] Dieser historisch-systematische Gedankensprung kann eine Antwort auf die Frage geben, in welchen Fällen Geschäftstätigkeiten in erster Linie aus dem Ausland heraus, aber trotzdem im Inland erbracht werden, sodass eine Erlaubnis nach § 10 Abs. 1 S. 1 ZAG nötig wird. Laut Gesetzesentwurf soll vom Tätigwerden im Inland umfasst werden, nicht nur „wer hier seinen Sitz hat oder hier eine Zweigniederlassung im handelsrechtlichen Sinne oder eine andere Zweigstelle errichtet und von dieser aus Zahlungsdienste im In- oder Ausland anbietet", sondern auch „wer Zahlungsdienste über im Inland errichtete Konten abwickelt" oder ohne jegliche „physische[...] Präsenz im Inland seine Dienste zielgerichtet an den inländischen Markt richtet." Auch das BVerwG[411] urteilte zu § 32 Abs. 1 S. 1 KWG, dass es bereits ausreicht, wenn ein im Ausland Ansässiger „sich zielgerichtet an den Markt im Inland wende, um dort ansässigen Unternehmen oder Personen wiederholt und gewerbsmäßig [G]eschäfte anzubieten." Damit wird ein marktbezogener Grundsatz zugrunde gelegt, bei dem auch ohne Sitz im Inland oder Errichtung einer anderen physischen Präsenz, der Zahlungsdienstleister im Inland tätig wird; es reicht hierfür das zielgerichtete Wenden an den inländischen Markt in Form von wesentlichen zum Vertragsschluss hinführenden Schritten aus.[412] Dafür genügt, dass zurechenbare wesentliche Teilakte der Erbringung des Zahlungsdienstes im Inland getätigt werden, was auch der

[410] BT-Drs. 16/11613, S. 46; darauf ebenfalls verweisend *Eckhold*, in: Schäfer/Omlor/Mimberg-ZAG, § 10, 11 Rn. 46, 48; ferner BR-Drs. 827/08, S. 77 f.; *Danwerth*, Das Finanztransfergeschäft als Zahlungsdienst, S. 50.

[411] BVerwG 22.04.2009 – 8 C 2/09, BVerwG, VersR 2010, 509 (510); damit wurde grundsätzlich auch die mittlerweile gefestigte Verwaltungspraxis der BaFin nach anfänglichen Zweifeln deren europarechtlichen Zulässigkeit bestätigt, *BaFin*, Merkblatt zur Erlaubnispflicht von grenzüberschreitend betriebenen Geschäften vom 11.03.2019, abrufbar unter: https://www.bafin.de/SharedDocs/Veroeffentlichungen/DE/Merkblatt/mb_050401_grenzueber schreitend.html, Präzisierung der Verwaltungspraxis zu § 32 Abs. 1 S. 1 KWG.

[412] So der zustimmungswürdige marktbezogene/vertriebsbezogene Ansatz: *Eckhold*, in: Schäfer/Omlor/Mimberg-ZAG, § 10, 11 Rn. 47 f.; *Walter*, in: Casper/Terlau-ZAG, § 10 Rn. 9 ff.; *Walz*, in: Ellenberger/Findeisen/Nobbe/Böger-Kommentar zum Zahlungsverkehrsrecht, § 10 ZAG Rn. 8; so bereits auch für § 8 ZAG a.F. BT-Drs. 16/11613, S. 46; BR-Drs. 827/08, S. 77 f.; *Danwerth*, Das Finanztransfergeschäft als Zahlungsdienst, S. 50 f.; *Dörner/Schenkel*, Die Erlaubnis zur Erbringung von Zahlungsdiensten, S. 50 f.; *Hingst/Lösing*, Zahlungsdiensteaufsichtsrecht, § 6 Rn. 2 f.; im Rahmen des ursprünglichen § 32 KWG wegweisend *BaFin*, Merkblatt zur Erlaubnispflicht von grenzüberschreitend betriebenen Geschäften vom 11.03.2019, abrufbar unter: https://www.bafin.de/SharedDocs/Veroeffentlichun gen/DE/Merkblatt/mb_050401_grenzueberschreitend.html, Präzisierung der Verwaltungspraxis zu § 32 Abs. 1 S. 1 KWG; BVerwG 22.04.2009 – 8 C 2/09, BVerwG, VersR 2010, 509 (512); pro institutsbezogener Ansicht und umfangreich zu § 32 KWG und den zu übertragenden Meinungsstreit *Schwennicke*, in: Schwennicke/Auerbach-KWG, § 32 KWG Rn. 7 ff. mit Hinweisen zur einschlägigen Literatur und Rechtsprechung; für eine rein institutsbezogene Auslegung des § 10 Abs. 1 S. 1 ZAG wohl *Heucke*, in: Luz/Neus/Schaber/Schneider/et al.-ZAG, § 10 Rn. 6.

Wortlaut des § 12 Nr. 8 ZAG suggeriert, indem dieser von „[...] zumindest einen Teil seiner Zahlungsdienste im Inland erbringt" spricht; selbst wenn der Teilakt nicht als erlaubnispflichtiges Geschäft qualifiziert werden kann.[413]

Damit gilt es einzuordnen, ob ein Hawaladar, der in erster Linie von ausländischem Boden aus Zahlungsdienste erbringt, auch im Inland im Sinne des § 10 Abs. 1 S. 1 ZAG erbringt und daher unter den Erlaubnisvorbehalt fällt. Diskussionswürdig scheint die Situation des „reverse Hawala" zu sein. Dabei werden Gelder nach Deutschland „zurück" transferiert und somit eine geschäftliche Betätigung von ausländischem Boden aus getätigt. Fraglich ist dabei, ob dies bereits ein marktbezogenes Verhalten darstellt, er sich damit zielgerichtet an den inländischen Markt richtet oder dies sogar über den inländischen Hawaladar, der die eigentliche Auszahlung vornimmt, eine räumliche Betätigung der Geschäftstätigkeit beschreibt.

Betrachtet man die Hawaladare, also den Hawaladar im Ausland und den Hawaladar im Inland als eigenständige Akteure beziehungsweise als eigenständige Unternehmen, die innerhalb des Netzwerkes als für sich genommene Geschäftspartner auftreten, gilt es den Inlandsbezug beim im Ausland befindlichen Hawaladar zu hinterfragen. Eine Einordnung des inländisch befindlichen Hawaladars, der beim „reverse Hawala" die Auszahlung des Betrags vornimmt, kann nicht als Zweigniederlassung im handelsrechtlichen Sinne noch als Sitz des Unternehmens rund um den ausländischen Hawaladar eingeordnet werden, von denen Zahlungsdienste erbracht werden.[414] Eine physische Präsenz im Inland bei dem im Ausland befindlichen Hawaladar kann deswegen nur schwerlich angenommen werden.[415] Die beiden Hawaladare bilden sinngemäß keinen einheitlichen Geschäftsbetrieb,

---

[413] So *Eckhold*, in: Schäfer/Omlor/Mimberg-ZAG, § 10, 11 Rn. 48 unter vergleichenden Verweis auf BVerwG 22.04.2009 – 8 C 2/09, BVerwG, VersR 2010, 509 (512); ferner zur Teilaktstheorie *Vahldiek*, in: Fischer/Schulte-Mattler-KWG/CRR, § 53 KWG Rn. 23 ff.

[414] Anders, wenn man den inländischen Hawaladar als „fiktive Zweigstelle" einordnet, was früher anerkannt, jedoch einer Kritik ausgesetzt war und wohl heute, soweit ersichtlich, nicht mehr herrschend vertreten wird, *Vahldiek*, in: Fischer/Schulte-Mattler-KWG/CRR, § 53 KWG Rn. 23 ff., 25; zur Kritik ferner BVerwG 22.04.2009 – 8 C 2/09, BVerwG, VersR 2010, 509 (512); daran festhaltend wohl *Schwennicke*, in: Schwennicke/Auerbach-KWG, § 32 KWG Rn. 9 unter Verweis auf einschlägige Literatur.

[415] Andernfalls besteht die Möglichkeit, dass hier § 42 Abs. 1 S. 1 ZAG greift, nach dem die inländische Zweigstelle als Institut im Sinne des ZAG gilt, sofern diese von einem Unternehmen mit Sitz außerhalb der Europäischen Union oder des Europäischen Wirtschaftsraums unterhalten wird. Handelt es sich beispielsweise um ein Institut, das seinen Sitz in einem anderen Mitgliedstaat oder einem anderen Vertragsstaat des Abkommens über den Europäischen Wirtschaftsraum hat, darf dieses auch ohne Erlaubnis durch die Bundesanstalt über eine Zweigniederlassung oder im Wege des grenzüberschreitenden Dienstleistungsverkehrs oder über Agenten im Inland Zahlungsdienste erbringen, sofern das Unternehmen von den zuständigen Behörden des anderen Staates zugelassen oder registriert worden ist, die Geschäfte durch die Zulassung oder Registrierung abgedeckt sind und das Unternehmen oder die Agenten entsprechend beaufsichtigt werden, § 39 Abs. 1 ZAG (sogenannter Europäischer Pass). Zum Missbrauch des Europäischen Passes, prägnant *Terlau*, in: Casper/Terlau-ZAG, § 63 Rn. 14 unter Verweis auf einschlägige Rechtsprechung.

sodass der Hawaladar im Ausland nicht dem Unternehmen im Inland zuzuordnen ist.[416] Wiederum das Erbringen setzt eine Tätigkeitsaufnahme voraus, ein Erfolg wird dabei aber nicht geschuldet.[417] Geht man von dem Mindestmaß der Tätigkeit aus, also dass jemand „im Inland […] erbringen will", so findet die Geschäftstätigkeit des ausländischen Hawaladars im Ausland statt, sodass die dafür entscheidende physische Vornahme der Tätigkeit allein im Ausland liegt. Zudem wendet sich der Hawaladar im Ausland streng genommen nur gezielt an den ausländischen Markt, indem er den dortigen Kunden Transferdienste anbietet und vollzieht. Ob die Auszahlung des Geldbetrags im Inland ebenfalls als wesentlicher Teilakt betrachtet werden kann, so gibt das Urteil des BVerwG keine vollumfängliche Antwort, bezieht sich dessen Inhalt doch auf wesentliche zum Vertragsschluss hinführende Schritte, die im Inland vorgenommen werden müssen, sei es über im Inland tätige Dritte oder mittels Telekommunikationsmitteln. Insoweit scheint die Auszahlung für das Merkmal Erbringen nicht als *wesentlicher* Teilakt betrachtet werden zu können, denn hierbei steht das gezielte Wenden an den inländischen Markt nicht im Vordergrund.[418] Dies lässt sich beispielsweise mit Fällen vergleichen, in denen ein inländischer Zahlungsdienstnutzer sich aus eigener Initiative heraus an einen ausländischen Zahlungsdienstleister wendet, ohne dass sich der Zahlungsdienstleister bereits zuvor mit seinen Dienstleistungen gezielt an den deutschen Markt gerichtet hat,[419] unabhängig davon, ob der Vollzug der eigentlichen Leistung sodann im Inland geschieht. Bei dieser Betrachtung wird jedoch der Fokus allein daraufgelegt, welches Mindestmaß für die Erfüllung des Erbringens als Tätigkeit vorliegen muss, der Prozess selbst, mithin die Auszahlung, bleibt unberücksichtigt. In der Tat behält sich beispielsweise die BaFin angesichts der Mannigfaltigkeit der vertraglichen und tatsächlichen Ausgestaltungen eine jeweilige Einzelfallprüfung vor, in der im

[416] Vgl. zur Eigenschaft von Zweigniederlassungen *Krafka*, in: MüKo-HGB, § 13 Rn. 11 ff., insbesondere Rn. 16 unter Verweis auf einschlägige Literatur; ferner zur Einordnung einer Zweigstelle *Vahldiek*, in: Fischer/Schulte-Mattler-KWG/CRR, § 53 KWG Rn. 11 ff., insbesondere Rn. 33, bei dem eine Zweigstelle nur vorliegt, wenn die im Inland lokalisierte physische Präsenz rechtlich gesehen als Teil des Gesamtunternehmens ist. Sind diese rechtlich selbstständige Unternehmen, so gelten diese nicht als Zweigstellen.

[417] Zum Finalcharakter und der zeitlichen Dimension des Erbringens siehe Teil 3 B. I. 1. a) aa) (2) (c) (aa) sowie Teil 4 A. I. 2. a) bb) (1) (b).

[418] Wohl a. A. aber im Ergebnis zustimmungswürdig *Warius*, Das Hawala-Finanzsystem in Deutschland – ein Fall für die Bekämpfung von Geldwäsche und Terrorismus, S. 121.

[419] *Eckhold*, in: Schäfer/Omlor/Mimberg-ZAG, § 10, 11 Rn. 49; *Walter*, in: Casper/Terlau-ZAG, § 10 Rn. 13; *Walz*, in: Ellenberger/Findeisen/Nobbe/Böger-Kommentar zum Zahlungsverkehrsrecht, § 10 ZAG Rn. 8; dies soll unter die passive Dienstleistungsfreiheit fallen, *Eckhold*, in: Schäfer/Omlor/Mimberg-ZAG, § 10, 11 Rn. 49 unter Verweis auf die einschlägige EuGH-Rechtsprechung; so auch die Verwaltungspraxis, *BaFin*, Merkblatt zur Erlaubnispflicht von grenzüberschreitend betriebenen Geschäften vom 11.03.2019, abrufbar unter: https://www.bafin.de/SharedDocs/Veroeffentlichungen/DE/Merkblatt/mb_050401_grenzueber schreitend.html, Präzisierung der Verwaltungspraxis zu § 32 Abs. 1 S. 1 KWG.

Rahmen einer Gesamtbetrachtung die Frage der Erlaubnispflicht beurteilt wird.[420] Zieht man den Charakter des Erbringens als pauschalierende Handlung heran, ist die Auszahlung dennoch Teil des Prozesses. Erfasst sollen schließlich auch zurechenbare wesentliche Teilakte der Erbringung sein, selbst wenn der Teilakt selbst nicht als erlaubnispflichtiges Geschäft qualifiziert werden kann.[421] Zudem basiert das Hawala-Banking auf dem Prinzip der Zwei-Töpfe, womit sich der inländische Hawaladar als Sende- beziehungsweise Empfängerstelle einordnen lässt und damit eine streng separierte und formalisierte Betrachtung der beiden Hawaladare in praxi nicht der Realität entsprechen wird.

Dahingehend verbietet sich auch eine schematische Betrachtung, um der Dynamik der Systeme gerecht zu werden, sodass man die tatsächliche Ausgestaltung immer einer Einzelfallbetrachtung unterziehen muss. Blickt man auf die Fälle der Rechtsprechung[422], bei denen ganze Hawala-Netzwerke vorliegen und die jeweiligen Akteure einem einheitlichen Geschäftsbetrieb unterfallen, lässt sich eine physische Präsenz im Inland offensichtlich erblicken. Dies geht beispielsweise aus den Ausführungen des LG Düsseldorf[423] in einem Fall vom 23.11.2021 hervor, in dem das Hawala-Netzwerk einer einheitlichen Betrachtung unterzogen wurde und sowohl die in- als auch ausländischen Transfers an dem in Deutschland befindlichen Topf festgemacht wurden, somit auch die „Rückwärtsgeschäfte" als inländisch im Sinne des § 10 Abs. 1 S. 1 ZAG betrachtet werden konnten. Letztlich ist hier die Ausgestaltung des Netzwerkes entscheidend.[424] Legt man zudem den marktbezogenen Ansatz zu Grunde, so müssen wesentliche Teilakte vorliegen, die die Erlaubnispflicht auslösen, beispielsweise unternehmerisch-werbende Tätigkeiten, die

---

[420] *BaFin*, Merkblatt zur Erlaubnispflicht von grenzüberschreitend betriebenen Geschäften vom 11.03.2019, abrufbar unter: https://www.bafin.de/SharedDocs/Veroeffentlichungen/DE/Merkblatt/mb_050401_grenzueberschreitend.html, Präzisierung der Verwaltungspraxis zu § 32 Abs. 1 S. 1 KWG.

[421] So *Eckhold*, in: Schäfer/Omlor/Mimberg-ZAG, § 10, 11 Rn. 48 unter vergleichenden Verweis auf BVerwG 22.04.2009 – 8 C 2/09, BVerwG, VersR 2010, 509 (512).

[422] BGH 28.06.2022 – 3 StR 403/20, BGH, BeckRS 2022, 20799; BGH 02.06.2021 – 3 StR 61/21, BGH, ZIP 2021, 1853; LG Köln 23.05.2022 – 109 KLs 5/21, LG Köln, abrufbar unter: https://www.justiz.nrw.de/nrwe/lgs/koeln/lg_koeln/j2022/109_KLs_5_21_Urteil_20220523.html; LG Düsseldorf 23.11.2021 – 014 KLs 2/21, LG Düsseldorf, abrufbar unter: http://www.justiz.nrw.de/nrwe/lgs/duesseldorf/lg_duesseldorf/j2021/014_KLs_2_21_Urteil_20211123.html, LG Düsseldorf, BeckRS 2021, 5563; LG Mannheim 17.11.2020 – 22 KLs 540 Js 6574/20, LG Mannheim, BeckRS 2020, 50512.

[423] LG Düsseldorf 23.11.2021 – 014 KLs 2/21, LG Düsseldorf, abrufbar unter: http://www.justiz.nrw.de/nrwe/lgs/duesseldorf/lg_duesseldorf/j2021/014_KLs_2_21_Urteil_20211123.html, Rn. 614 ff., LG Düsseldorf, BeckRS 2021, 55636, Rn. 135 ff.

[424] Zur umfassenden Kasuistik der Abgrenzung von wesentlichen zu unwesentlichen Teilakten siehe *Vahldiek*, in: Fischer/Schulte-Mattler-KWG/CRR, § 53 KWG Rn. 24 ff. mit weiterführender Literatur; ferner das LG Mannheim 17.11.2020 – 22 KLs 540 Js 6574/20, LG Mannheim, BeckRS 2020, 50512, Rn. 145, das wiederum vom „Schwerpunkt der Organisationsstruktur in Gestalt der eingebundenen inländischen Einzahlstellen" spricht und damit ein inländisches Erbringen von Zahlungsdiensten bejaht.

auf die Vorbereitung und das Zustandekommen konkreter Finanzdienstleistungen gerichtet sind, selbst wenn der Teilakt nicht selbst als erlaubnispflichtiges Geschäft zu qualifizieren wäre[425]. Stringent nach der Ansicht des BVerwG sind zurechenbare Teilakte des Erbringens im Inland erforderlich und ausreichend, die sich in wesentlichen zum Vertragsschluss hinführenden Schritten widerspiegeln. Blickt man auf die Ausgestaltung als Hawala-Netzwerk, wird man selbst bei einem im Ausland ansässigen Netzwerk eine unternehmerisch-werbende Tätigkeit im Inland annehmen können, da sich diese an den inländischen Markt richtet und wesentliche Teilakte im Inland vollziehen. Dazu schreibt das LG Düsseldorf[426] selbst, dass die Zahlungsdienste „gezielt an den inländischen Markt gerichtet [waren], indem die Durchführung von Geldtransfers von oder nach Deutschland angeboten wurde.“ Die zugehörigen zum Vertragsschluss führenden Schritte mit dem im Ausland befindlichen Einzahler finden dabei nämlich auch im Inland statt. Deutlich wird dies auch im Fall des BGH[427] vom 28.06.2022, bei dem dieser im Rahmen des § 129b Abs. 1 S. 1 StGB explizit von einer ausländischen Vereinigung ausging, somit der Schwerpunkt des Konglomerats im Ausland lag. Die Transfers wurden jedoch in erster Linie von Deutschland in die Türkei vorgenommen, um in Deutschland lebenden Syrern die Möglichkeit zu bieten, ihren Landsleuten in Syrien Geld zukommen zu lassen. Trotz des im Ausland ansässigen Netzwerkes wurde sich gezielt an den deutschen Transfermarkt gerichtet, sodass die Transfers auch vornehmlich von Deutschland in das Ausland erfolgten. Im Fall des LG Köln[428] vom 23.05.2022 richteten sich die Zahlungsdienstleistungen „nahezu ausschließlich an Kundschaft aus Deutschland bzw. den Niederlanden und Belgien, die Gelder ins Ausland, in erster Linie in die Türkei, transferieren wollte.“ Damit wurde auch zielgerichtet der Kundenstamm in Deutschland bedient. Nur durch ein umfangreiches Clearingverfahren, konnte das Netzwerk agieren, da es zu keinerlei Rückwärtsgeschäften kam.

Nimmt man Rekurs auf das Merkblatt über die Verwaltungspraxis zu § 32 Abs. 1 S. 1 KWG der BaFin[429] so wird diese Einordnung bestätigt. Auch hier wird mit Blick auf den marktbezogenen Ansatz ein zielgerichtetes Wenden an den inländischen Markt verlangt. Ferner präzisiert und vermerkt die BaFin unter anderen relevanten Fallkonstellationen auch das Finanztransfergeschäft, was für das Hawala-Banking von Relevanz ist. Dabei wird auf ausländische Unternehmen abgestellt, die

[425] BVerwG 22.04.2009 – 8 C 2/09, BVerwG, VersR 2010, 509 (512).

[426] LG Düsseldorf 23.11.2021 – 014 KLs 2/21, LG Düsseldorf, abrufbar unter: http://www.justiz.nrw.de/nrwe/lgs/duesseldorf/lg_duesseldorf/j2021/014_KLs_2_21_Urteil_20211123.html, Rn. 616, LG Düsseldorf, BeckRS 2021, 55636, Rn. 137.

[427] BGH 28.06.2022 – 3 StR 403/20, BGH, BeckRS 2022, 20799, Rn. 18 ff.

[428] LG Köln 23.05.2022 – 109 KLs 5/21, LG Köln, abrufbar unter: https://www.justiz.nrw.de/nrwe/lgs/koeln/lg_koeln/j2022/109_KLs_5_21_Urteil_20220523.html, Rn. 57.

[429] *BaFin*, Merkblatt zur Erlaubnispflicht von grenzüberschreitend betriebenen Geschäften vom 11.03.2019, abrufbar unter: https://www.bafin.de/SharedDocs/Veroeffentlichungen/DE/Merkblatt/mb_050401_grenzueberschreitend.html, 1. Relevante Fallkonstellationen, die eine Erlaubnispflicht nach § 32 Abs. 1 KWG begründen.

das Finanztransfergeschäft erbringen und dabei Konten bei inländischen Kreditinstituten errichten, um über diese Konten das Finanztransfergeschäft mit inländischen Kunden abzuwickeln. Als entscheidend wird deklariert, „dass den inländischen Auftraggebern und Endbegünstigten durch die Nutzung des inländischen Kontos die Möglichkeit geboten wird, Zahlungsaufträge für das Finanztransfergeschäft zu erteilen bzw. solche zu empfangen.“[430] Unwesentlich soll für die Beteiligten dabei sein, „ob die Verfügungen über das Konto vom Inland oder vom Ausland aus erfolgen.“ Ein Konto bei Kreditinstituten wird bei den involvierten Hawaladaren im Inland vermutlich seltener zum Einsatz kommen, um das Entdeckungsrisiko zu minimieren. Trotzdem wird mit dem im Inland befindlichen Zahlungstopf eine Art „personifiziertes Konto“ durch den inländischen Hawaladar geschaffen. In den Hawala-Netzwerken können auch inländische Juweliere, Büros, Devisenbüros oder auch weitere Unternehmen involviert sein,[431] die letztlich als Ein- und Auszahlstellen fungieren und über die der eigentliche Finanztransfer vollzogen wird.

Zusammenfassend ist der Inlandsbegriff des § 10 Abs. 1 S. 1 ZAG beim Hawala-Banking und dabei gerade bei den Hawala-Netzwerken einschlägig. Um der Dynamik der Systeme jedoch gerecht zu werden, muss die tatsächliche Ausgestaltung der Netzwerke immer einer Einzelfallbetrachtung unter Berücksichtigung der Gesamtumstände unterzogen werden.

(5) Kein Nebendienstleistungsprivileg

Neben der bereits aufgeführten tatbestandlichen Ausklammerung[432] muss für das Hawala-Banking auch ein etwaiges Nebendienstleistungsprivileg diskutiert werden, da die Hawaladare oftmals ihren Transferservice nur nebenbei zu ihrem herkömmlichen Betrieb (zum Beispiel Reisebüro oder Juwelier) anbieten und somit auch als „hybride Unternehmen“ auftreten können.[433] Mit einem Nebendienstleis-

[430] *BaFin*, Merkblatt zur Erlaubnispflicht von grenzüberschreitend betriebenen Geschäften vom 11.03.2019, abrufbar unter: https://www.bafin.de/SharedDocs/Veroeffentlichungen/DE/Merkblatt/mb_050401_grenzueberschreitend.html, 1. Relevante Fallkonstellationen, die eine Erlaubnispflicht nach § 32 Abs. 1 KWG begründen; ferner BT-Drs. 16/11613, S. 46; *Eckhold*, in: Schäfer/Omlor/Mimberg-ZAG, § 10, 11 Rn. 48; *Heucke*, in: Luz/Neus/Schaber/Schneider/et al.-ZAG, § 10 Rn. 6; *Walter*, in: Casper/Terlau-ZAG, § 10 Rn. 12; dazu kritisch *Walz*, in: Ellenberger/Findeisen/Nobbe/Böger-Kommentar zum Zahlungsverkehrsrecht, § 10 ZAG Rn. 8, auch unter Verweis auf einen mangelnden Hinweis in der Gesetzesbegründung zum aktuellen Rechtsstand, wobei in der aktuellen Gesetzesbegründung explizit auf § 8 ZAG a.F. verwiesen wird, BT-Drs. 18/11495, S. 121.

[431] So beispielsweise im Urteil des LG Düsseldorf 23.11.2021 – 014 KLs 2/21, LG Düsseldorf, abrufbar unter: http://www.justiz.nrw.de/nrwe/lgs/duesseldorf/lg_duesseldorf/j2021/014_KLs_2_21_Urteil_20211123.html, Rn. 1 ff., LG Düsseldorf, BeckRS 2021, 55636, Rn. 1 ff.

[432] Zur tatbestandlichen Ausklammerung durch das Wort „nur“ im Rahmen des § 1 Abs. 1 S. 2 Nr. 6 ZAG siehe bereits Teil 3 B. I. 1. c).

[433] Zum Funktionsablauf siehe bereits Teil 2 A. II. 2. a).

tungsprivileg würden diese nicht unter den Erlaubnisvorbehalt nach § 10 Abs. 1 S. 1 ZAG fallen, sodass eine Strafbarkeit nach § 63 Abs. 1 Nr. 4 ZAG nicht bestünde. Der Ansatz eines Nebendienstleistungsprivileg wird vereinzelt aus Satz 1 und 2 des Erwägungsgrundes 6 der ZDRL I[434] geschlussfolgert[435]: „Bestimmte Bereiche sollten jedoch aus diesem rechtlichen Rahmen ausgeklammert werden. Damit sollte seine Anwendung auf Zahlungsdienstleister beschränkt werden, deren *Haupttätigkeit*[436] darin besteht, für Zahlungsdienstnutzer Zahlungsdienste zu erbringen." Eine vergleichbare Aussage ist dem Wortlaut des § 10 Abs. 1 S. 1 ZAG jedoch nicht zu entnehmen,[437] sodass wiederum vereinzelt eine richtlininenkonforme Auslegung[438] oder Rechtsfortbildung[439] Anwendung findet.[440] Eine solche Unterscheidung zwischen neben- und hauptberuflicher Tätigkeit gibt es jedoch im Gewerberecht nicht.[441] Zudem wird beanstandet, dass keine rechtssicheren Kriterien[442] zur Abgrenzung von Haupt- und Nebentätigkeit bestehen.[443] Daher konnte sich

---

[434] Richtlinie 2007/64/EG des Europäischen Parlaments und des Rates vom 13.11.2007 über Zahlungsdienste im Binnenmarkt, zur Änderung der Richtlinien 97/7/EG, 2002/65/EG, 2005/60/EG und 2006/48/EG sowie zur Aufhebung der Richtlinie 97/5/EG, ABl. EU Nr. L 319/1 2007, S. 2.

[435] EuGH 22.03.2018 – C-568/16, EuGH, BeckRS 2018, 3519, Rn. 31 f.; AG Nürtlingen 11.03.2015 – 16 Ds 151 Js 103354/12, AG Nürtlingen, juris Rn. 52; *Dörner/Schenkel*, Die Erlaubnis zur Erbringung von Zahlungsdiensten, S. 52 ff., insbesondere S. 53; *Beckmann/Buchsteiner*, DVBl 2016, 675 (675); *Heinze/Safferling*, wistra 2015, 81 (83); *Beckmann/Peitsch*, WiVerw 2014, 203 (210); *Feiter*, NWB 2010, 2466 (2467 f.); *Ruppert*, DStR 2010, 2053 (2054).

[436] Hervorhebung durch den Verfasser.

[437] *Eckhold*, in: Schäfer/Omlor/Mimberg-ZAG, § 10, 11 Rn. 37; *Walter*, in: Casper/Terlau-ZAG, § 10 Rn. 5; *Danwerth*, Das Finanztransfergeschäft als Zahlungsdienst, S. 204; auch aber anders *Dörner/Schenkel*, Die Erlaubnis zur Erbringung von Zahlungsdiensten, S. 52, insbesondere S. 53 die dies aber gerade als Anlass für eine richtlinienkonforme Rechtsfortbildung sehen.

[438] AG Nürtlingen 11.03.2015 – 16 Ds 151 Js 103354/12, AG Nürtlingen, juris Rn. 52 ff.; *Beckmann/Buchsteiner*, DVBl 2016, 675 (675); *Beckmann/Peitsch*, WiVerw 2014, 203 (209 f.); zur vollständigen Harmonisierung siehe Art. 107 ZDRL II sowie zuvor Art. 86 ZDRL I.

[439] *Dörner/Schenkel*, Die Erlaubnis zur Erbringung von Zahlungsdiensten, S. 52.

[440] Dies aber instruktiv widerlegend *Danwerth*, Das Finanztransfergeschäft als Zahlungsdienst, S. 204 ff.; ebenfalls widerlegend *Janßen*, Die Zahlungsdiensterichtlinie (PSD I) und ihre aufsichtsrechtliche Umsetzung im Vereinigten Königreich und Deutschland, S. 425 ff.; *Weiß*, WM 2016, 1774 (1776); ferner *Tiemann*, in: Ellenberger/Findeisen/Nobbe/Böger-Kommentar zum Zahlungsverkehrsrecht, § 1 ZAG Rn. 399, der explizit darauf verweist, dass der Erwägungsgrund 6 in der ZDRL II nicht übernommen wurde.

[441] *Eckhold*, in: Schäfer/Omlor/Mimberg-ZAG, § 10, 11 Rn. 37 unter vergleichenden Verweis auf gewerberechtliche Literatur.

[442] Beachtliche Ansätze für die Abgrenzung von Haupt- zu Nebentätigkeiten: Zu § 10 Abs. 1 S. 1 ZAG *Janßen*, Die Zahlungsdiensterichtlinie (PSD I) und ihre aufsichtsrechtliche Umsetzung im Vereinigten Königreich und Deutschland, S. 389 f., 424 ff.; *Grieser/Diehl*, BB 2020, 1935 (1938 f.), die einen mehrstufigen Test vorschlagen, indem der Geschäftsumfang des Finanztransfergeschäfts mit dem der Haupttätigkeit verglichen und in Relation gesetzt

die Anwendung eines Nebendienstleistungsprivilegs auch nicht in der aufsichtlichen Praxis der BaFin[444] oder der Rechtsprechung[445] durchsetzen.[446] Auch der Gesetzgeber[447] sowie der Großteil der Literatur[448] lehnen richtigerweise ein Nebentätigkeitsprivileg ab. Wirft man zudem einen Blick in Erwägungsgrund 9 der ZDRL II und Erwägungsgrund 7 der ZDRL I, wird darauf verwiesen, dass in eini-

wird (Schwellenwert) und dieser anhand weiterer objektiver Bewertungskriterien korrigiert werden kann. Im Ergebnis wird dies auf eine Bewertung ähnlich wie im Rahmen der Gewerbsmäßigkeit und des in kaufmännischer Weise eingerichteten Gewerbebetriebs hinauslaufen, wobei hier zusätzlich die Tätigkeiten in Relation gesetzt werden. Die Berechnung eines Durchschnittswertes im Zeitraum von drei Jahren scheint dabei jedoch unpraktikabel, setzt § 10 Abs. 1 S. 1 ZAG doch die Einholung einer Erlaubnis noch vor Tätigkeitsaufnahme voraus. Bei einer individuellen Bewertung des Finanztransfergeschäfts als gewerbsmäßig oder als kaufmännischer Gewerbebetrieb anhand der individuellen zahlungsdienstewirtschaftlichen Verkehrsauffassung scheint der Schutz des Zahlungsdienstnutzers bereits gewährleistet werden zu können ohne auf einen Schwellenwert samt individuellem Korrektiv zurückgreifen zu müssen; zu § 8 Abs. 1 S. 1 ZAG bereits *Dörner/Schenkel*, Die Erlaubnis zur Erbringung von Zahlungsdiensten, S. 54 f., die eine Abgrenzung anhand einer „Annextätigkeit" festmachen wollen, wobei auch hier Kriterien für eine stichfeste Abgrenzung von Annex- zur Haupttätigkeit offenbleiben.

443 *Danwerth*, Das Finanztransfergeschäft als Zahlungsdienst, S. 205 f.; *Bauerfeind*, WM 2018, 456 (458).

444 *BaFin*, Merkblatt – Hinweise zum Zahlungsdiensteaufsichtsgesetz vom 05. 07. 2024, abrufbar unter: https://www.bafin.de/SharedDocs/Veroeffentlichungen/DE/Merkblatt/mb_111222_zag.html, B. Zahlungsdienste (§ 1 Abs. 1 Satz 2 ZAG), mit Ausnahme im Bereich der freien Berufe, wie Rechtsanwälte, Notare und Steuerberater, sofern diese berufstypische Tätigkeiten, die in den Berufsordnungen festgelegt sind, zum Gelder transferieren vornehmen.

445 BGH 11. 06. 2015 – 1 StR 368/14, BGH, ZWH 2015, 303 (309); LG Köln 29. 09. 2011 – 81 O 91/11, LG Köln, MMR 2011, 815 (816); vgl. auch VGH Kassel 23. 09. 2020 – 6 A 1931/15, VGH Kassel, BeckRS 2020, 28042, Rn. 50; OLG Düsseldorf 01. 09. 2020 – 24 U 137/19, OLG Düsseldorf, BeckRS 2020, 22013, Rn. 32; a. A. nur erstinstanzliches Urteil AG Nürtlingen 11. 03. 2015 – 16 Ds 151 Js 103354/12, AG Nürtlingen, juris Rn. 52.

446 *Eckhold*, in: Schäfer/Omlor/Mimberg-ZAG, § 10, 11 Rn. 37; *Walter*, in: Casper/Terlau-ZAG, § 10 Rn. 5.

447 BT-Drs. 11613, S. 37 unter Heranziehung der Richtlinie, S. 46 mit Verweis darauf, dass Tätigkeiten, die ‚als Hilfs- oder Nebentätigkeiten' erbracht werden dürfen von der Erlaubnis gemäß § 8 Abs. 1 ZAG a. F. erfasst sind; ferner BT-Drs. 11495, S. 104, indem darauf verwiesen wird, dass Erwägungsgrund 6 in der Neufassung der Richtlinie gestrichen wurde.

448 *Eckhold*, in: Schäfer/Omlor/Mimberg-ZAG, § 10, 11 Rn. 37; *Findeisen*, in: Ellenberger/Findeisen/Nobbe/Böger-Kommentar zum Zahlungsverkehrsrecht, § 1 ZAG Rn. 171; *Mimberg*, in: Schäfer/Omlor/Mimberg-ZAG, § 1 Rn. 21; *Tiemann*, in: Ellenberger/Findeisen/Nobbe/Böger-Kommentar zum Zahlungsverkehrsrecht, § 1 ZAG Rn. 399; *Walter*, in: Casper/Terlau-ZAG, § 10 Rn. 5; instruktiv *Danwerth*, Das Finanztransfergeschäft als Zahlungsdienst, S. 204 ff.; *Bauerfeind*, WM 2018, 456 (458, 460); *Mimberg*, BKR 2021, 185 (187 f.); *Ultsch*, WuB 2012, 593 (596); *Weiß*, WM 2016, 1774 (1776); insbesondere auch mit Blick auf Steuerberater *Linner/Frey*, DStR 2010, 1153 (1154); a. A. *Dörner/Schenkel*, Die Erlaubnis zur Erbringung von Zahlungsdiensten, S. 51 ff.; *Beckmann/Buchsteiner*, DVBl 2016, 675 (675 ff.); tendenziell wohl auch a. A. *Heinze/Safferling*, wistra 2015, 81 (83); *Winheller/Auffenberg*, DStR 2015, 589 (595); zumindest bei Steuerberatern jedoch im Rahmen des Finanztransfergeschäfts nach § 1 Abs. 2 Nr. 6 ZAG a. F. *Ruppert*, DStR 2010, 2053 (2054).

gen Mitgliedstaaten Supermärkte, Groß- und Einzelhändler ihren Kunden eine entsprechende Dienstleistung für die Bezahlung von Rechnungen von Versorgungsunternehmen und anderen regelmäßigen Haushaltsrechnungen anbieten und derartige Bezahldienste ebenfalls als Finanztransfer behandelt werden sollten.[449]

Beim Hawala-Banking werden oftmals neben der eigentlichen Tätigkeit des Hawaladars, als beispielsweise Juwelier oder Reisebüroinhaber, die Finanztransferdienste nicht nur als Anhängsel der Haupttätigkeit betrachtet; die Transferdienste bilden meist eine von der Haupttätigkeit losgelöste Tätigkeit. Möchte man darin eine bloße Nebentätigkeit erblicken, so ist diese – sofern sie die Voraussetzungen des § 10 Abs. 1 S. 1 ZAG erfüllt – erlaubnispflichtig, ein Privileg kommt den Hawaladaren nach zugrunde gelegter Ansicht nicht zugute.

bb) Erlaubnisfähigkeit

Jeder Verbotsadressat kann einen Antrag auf Erlaubnis stellen, jedoch ist nicht jeder Adressat auch als Träger einer Erlaubnis nach § 10 Abs. 1 S. 1 ZAG zugelassen; er ist nicht erlaubnisfähig.[450] Das bedeutet, dass jeder Hawaladar der als Verbotsadressat in Betracht kommt einen Antrag auf Erlaubnis stellen kann, nicht jeder Hawaladar aber auch als Träger einer Erlaubnis zugelassen wird. Gleiches gilt für die hinter ihm stehende Gesellschaft, das Netzwerk oder auch die Gruppierung.

Als eigentliche Erlaubnisträger kommen lediglich juristische Personen oder Personenhandelsgesellschaften in Betracht.[451] Auch wenn Art. 4 Nr. 4 und Art. 11 Abs. 1 S. 2 ZDRL II der deutschen Fassung, allein von „juristische(n) Person(en)“[452] sprechen, so kann man dem englischen Leittext entnehmen, dass dieser

---

[449] So bereits Erwägungsgrund 9 der Richtlinie EU 2015/2366 des Europäischen Parlaments und des Rates vom 25.11.2015 über Zahlungsdienste im Binnenmarkt, zur Änderung der Richtlinien 2002/65/EG, 2009/110/EG und 2013/36/EU und der Verordnung (EU) Nr. 1093/2010 sowie zur Aufhebung der Richtlinie 2007/64/EG, ABl. EU Nr. L 337 2015, S. 36; so auch in BT-Drs. 18/11495, S. 106; inhaltsgleich bereits Erwägungsgrund 7 der Richtlinie 2007/64/EG des Europäischen Parlaments und des Rates vom 13.11.2007 über Zahlungsdienste im Binnenmarkt, zur Änderung der Richtlinien 97/7/EG, 2002/65/EG, 2005/60/EG und 2006/48/EG sowie zur Aufhebung der Richtlinie 97/5/EG, ABl. EU Nr. L 319 2007, S. 2; so auch in BT-Drs. 16/11613, S. 35.

[450] *Eckhold*, in: Schäfer/Omlor/Mimberg-ZAG, § 10, 11 Rn. 120.

[451] *Eckhold*, in: Schäfer/Omlor/Mimberg-ZAG, § 10, 11 Rn. 72 ff.; *Walter*, in: Casper/Terlau-ZAG, § 10 Rn. 16; *Schwennicke*, in: Schwennicke/Auerbach-KWG, § 10 ZAG Rn. 12; *Hingst/Lösing*, Zahlungsdiensteaufsichtsrecht, § 9 Rn. 23; a. A. wohl *Heucke*, in: Luz/Neus/Schaber/Schneider/et al.-ZAG, § 10 Rn. 10, die auch im Kontext der Erlaubnis*träger* natürliche Personen nennt, der zugehörige Binnenverweis jedoch fraglich auf die Erlaubnispflichtigkeit eingeht.

[452] Richtlinie (EU) 2015/2366 des Europäischen Parlaments und des Rates vom 25.11.2015 über Zahlungsdienste im Binnenmarkt, zur Änderung der Richtlinien 2002/65/EG, 2009/110/EG und 2013/36/EU und der Verordnung (EU) Nr. 1093/2010 sowie zur Aufhebung der Richtlinie 2007/64/EG, ABl. EU Nr. L 337 2015, S. 57, 66.

von „legal person"[453] spricht, was nach Auffassung des Gesetzgebers[454] sinngemäß übersetzt alle rechtsfähigen Gesellschaften umfasst.[455] Dies wird auch mit Blick auf § 12 Nr. 1 ZAG deutlich, der eine Erlaubnis zur Erbringung von Zahlungsdiensten versagt, sofern „der Antragsteller keine juristische Person oder Personenhandelsgesellschaft ist".[456] Damit ist also nur eine juristische Person oder Personenhandelsgesellschaft als erlaubnisfähig anzuerkennen, sodass der potenzielle Kreis der Erlaubnispflichtigen weiter reicht. Sohin müssen die Hawaladare, die hinter ihnen stehende Gesellschaft, das Netzwerk oder auch die Gruppierung, die Form einer juristischen Person oder einer Personenhandelsgesellschaft aufweisen, um eine Erlaubnis nach § 10 Abs. 1 S. 1 ZAG überhaupt erhalten zu können, was jedoch aufgrund mangelnden Gesellschaftsvertrags[457] bereits schwierig erscheinen dürfte. Im Normalfall werden die Hawaladare als natürliche Personen auftreten oder das Konstrukt keine Rechtspersönlichkeit aufweisen, sodass diese nicht erlaubnisfähig sind und nicht als potenzielle Erlaubnisträger in Betracht kommen. Im Ergebnis bedeutet dies, dass die Hawaladare trotz mangelnder Erlaubnisfähigkeit erlaubnispflichtig bleiben und damit ohne Erlaubnis handeln, was zu strafrechtlichen Konsequenzen führt.

2. Handeln ohne Erlaubnis

Bedarf es einer Erlaubnis nach § 10 Abs. 1 S. 1 ZAG, so muss der Delinquent ohne die erforderliche Erlaubnis handeln, damit eine Strafbarkeit nach § 63 Abs. 1 Nr. 4 ZAG in Betracht kommt. Daher soll im Folgenden die Wechselwirkung zwischen Erlaubnis und Strafbarkeit nach § 63 Abs. 1 Nr. 4 ZAG dargestellt werden und inwiefern sich andere Erlaubnisse oder Genehmigungen anderer Tätigkeiten darauf auswirken. Damit hängt zumindest mittelbar die Frage zusammen, ob das Hawala-Banking überhaupt erlaubnisfähig ist und ob nicht vielmehr bereits eine etwaige Versagung der Erlaubnis durch § 12 ZAG immer im Raum stehen muss.

---

[453] Directive (EU) 2015/2366 of the European Parliament and of the Council of 25. 11. 2015 on payment services in the internal market, amending Directives 2002/65/EG, 2009/110/EG and 2013/36/EU and Regulation (EU) No 1093/2010, and repealing Directive 2007/64/EG, OJ. EU No L 337 2015, p. 57, 66.

[454] BT-Drs. 16/11613, S. 47, in der wörtlich darauf verwiesen wird, dass der „verwendete Begriff ‚legal person' nicht wörtlich, sondern vielmehr sinngemäß zu übersetzen" ist; auf § 9 ZAG a. F. und damit auf deren Ausführungen verweisend BT-Drs. 18/11495, S. 122; ferner BR-Drs. 827/08, S. 80 f., in der ebenfalls explizit auf Personenhandelsgesellschaften wie die oHG, die KG und die GmbH & Co. KG verwiesen wird.

[455] In der Literatur ebenfalls darauf verweisend *Eckhold*, in: Schäfer/Omlor/Mimberg-ZAG, § 10, 11 Rn. 74; *Schwennicke*, in: Schwennicke/Auerbach-KWG, § 10 ZAG Rn. 13; *Walter*, in: Casper/Terlau-ZAG, § 10 Rn. 16.

[456] Vgl. *Eckhold*, in: Schäfer/Omlor/Mimberg-ZAG, § 10, 11 Rn. 72, 76 und *Eckhold*, in: Schäfer/Omlor/Mimberg-ZAG, § 12 Rn. 19.

[457] Zum unwirksamen Gesellschaftsvertrag bei Hawala-Netzwerken siehe bereits Teil 3 B. I. 1. a) aa) (2) (a) (cc).

a) Verwaltungsakzessorietät

Es ist strafrechtlich unbeachtlich, ob die Erlaubnis nicht erteilt ist, weil sie nicht beantragt oder versagt wurde (§ 12 ZAG) oder ob sie entzogen ist, da sie erloschen ist (§ 13 Abs. 1 ZAG) oder aufgehoben (§ 13 Abs. 1 ZAG) wurde;[458] eine Erlaubnis darf im Zeitpunkt der Tathandlung nicht vorliegen. Es kommt allein auf die formelle Rechtswidrigkeit an, ob die Geschäftsaufnahme erlaubnisfähig wäre, ist hingegen irrelevant.[459] Im Falle des Hawala-Bankings wird dies regelmäßig der Fall sein, dass die nötige Erlaubnis bereits gar nicht beantragt wird. Denn die Hawaladare – selbst wenn man ihnen keine kriminelle Energie unterstellt – möchten schließlich in der Anonymität agieren.[460] § 63 Abs. 1 Nr. 4 ZAG ist akzessorisch zu § 10 Abs. 1 S. 1 ZAG.[461] Liegt also keine Erlaubnis nach § 10 Abs. 1 S. 1 ZAG aus besagten Gründen vor, steht eine Strafbarkeit nach § 63 Abs. 1 Nr. 4 ZAG der Hawala-Akteure im Raum.[462] Inwiefern das Strafrecht zum Aufsichtsrecht hinsichtlich der Tathandlung des Erbringens akzessorisch ist, soll in Teil 4 unter Auslegung der Tathandlung vertieft werden.

b) Schutzwirkung anderer Erlaubnisse oder Genehmigungen

Betreibt der Erlaubnispflichtige bereits ein anderweitiges Gewerbe,[463] beispielsweise ein Reisebüro und hat hierfür die nötigen gewerberechtlichen Anzeige- (beispielsweise § 14 GewO) und Erlaubnispflichten eingeholt beziehungsweise die besondere behördliche Überwachung beachtet (beispielsweise § 38 GewO), so umfasst dies nicht auch die Erlaubnis zum Betreiben eines Finanztransfergeschäfts nach § 10 Abs. 1 S. 1 ZAG.[464] Genauso ersetzt eine Erlaubnis nach § 10 Abs. 1

[458] *Altenhain*, in: Momsen/Grützner Wirtschafts- und Steuerstrafrecht, § 20 Rn. 20; *Richter*, in: Luz/Neus/Schaber/Schneider/et al.-ZAG, § 63 Rn. 12; *Löffler*, Die Straftatbestände des Zahlungsdiensteaufsichtsgesetzes, S. 192 f. für § 31 Abs. 1 Nr. 2 ZAG a. F.

[459] *Richter*, in: Luz/Neus/Schaber/Schneider/et al.-ZAG, § 63 Rn. 13.

[460] Zur Unvereinbarkeit des Hawala-Bankings mit dem Erlaubnisvorbehalt siehe Teil 3 B. II. 3.

[461] *Löffler*, Die Straftatbestände des Zahlungsdiensteaufsichtsgesetzes, S. 192 f. für § 31 Abs. 1 Nr. 2 ZAG a. F.

[462] Handelt der Täter ohne Erlaubnis soll dies jedoch nicht für die Nichtigkeit des Rechtsgeschäfts nach § 134 BGB sorgen, richtet sich das Verbot schließlich gegen den Erlaubnispflichtigen, nicht gegen den Kunden, LG Frankfurt am Main 19.11.2020 – 2/24 O 99/19, LG Frankfurt am Main, BeckRS 2020, 32499, Rn. 18; *Eckhold*, in: Schäfer/Omlor/Mimberg-ZAG, § 10, 11 Rn. 272; *Heucke*, in: Luz/Neus/Schaber/Schneider/et al.-ZAG, § 10 Rn. 61; *Walter*, in: Casper/Terlau-ZAG, § 10 Rn. 94.

[463] Vergleiche dazu den Funktionsablauf des Hawala-Bankings in Teil 2 A. II. 2. a).

[464] Vgl. *Walz*, in: Ellenberger/Findeisen/Nobbe/Böger-Kommentar zum Zahlungsverkehrsrecht, § 10 ZAG Rn. 13.

S. 1 ZAG nicht die Erlaubnisse und Genehmigungen, die nach anderen Gesetzen erforderlich sind.[465]

c) Versagung der Erlaubnis nach § 12 ZAG

Während § 10 Abs. 1 S. ZAG positiv die Voraussetzungen der Erlaubnis aufstellt, listet § 12 ZAG kehrseitig Negativgründe auf, bei deren Vorliegen eine Erlaubnis zu versagen ist.[466] Dahingehend steht den Hawaladaren ein subjektives Recht auf Erlaubniserteilung zu,[467] das jedoch nach § 12 ZAG versagt werden kann. Die Versagungsgründe des § 12 ZAG dienen schlichtweg als Beurteilungsmaßstab, dem ein Erlaubnisantrag genügen muss.[468] Der BaFin steht damit kein Ermessen zu,[469] wohl aber ein gewisser behördlicher Beurteilungsspielraum mit Blick auf die zahlreichen unbestimmten Rechtsbegriffe des § 12 ZAG.[470]

Dabei wird man beispielsweise den Hawaladaren in erster Linie die Stellung als natürliche Personen zuordnen müssen, sodass es sich bereits nach § 12 Nr. 1 ZAG um eine unzulässige Rechtsform handelt, denn schließlich wird eine Stellung als juristische Person oder Personenhandelsgesellschaft des Antragstellers vorausgesetzt. In diesen Fällen wird das Hawala-Banking zwangsläufig ohne Erlaubnis betrieben, da eine Erlaubnis nicht erteilt werden kann, die jeweiligen Akteure unabhängig von der Erlaubnisfähigkeit erlaubnispflichtig bleiben und damit eine Strafbarkeit in Betracht kommt. Daneben bestehen weitere Eigenheiten des Hawala-Bankings, die für eine Versagung der Erlaubnis sorgen und gerade gegen eine Vereinbarkeit mit dem Erlaubnisvorbehalt sprechen, auf die es separat – ausgehend von den Charakteristika des Hawala-Bankings – im nächsten Schritt einzugehen gilt.

3. (Un-)Vereinbarkeit der Hawala mit einer Erlaubnis

Aufgrund der Eigenheiten des Hawala-Bankings scheint eine Vereinbarkeit des Systems mit einem Erlaubnisvorbehalt bereits aus tatsächlichen Gründen nicht möglich. So lassen sich Aussagen finden, die „[d]ie Tätigkeit zugelassener Fi-

[465] *Walz*, in: Ellenberger/Findeisen/Nobbe/Böger-Kommentar zum Zahlungsverkehrsrecht, § 10 ZAG Rn. 16.

[466] *Eckhold*, in: Schäfer/Omlor/Mimberg-ZAG, § 12 Rn. 13.

[467] *Eckhold*, in: Schäfer/Omlor/Mimberg-ZAG, § 12 Rn. 1, 14.

[468] *Eckhold*, in: Schäfer/Omlor/Mimberg-ZAG, § 12 Rn. 14.

[469] BT-Drs. 18/11495, S. 122 f.; *Eckhold*, in: Schäfer/Omlor/Mimberg-ZAG, § 12 Rn. 15; *Rieg*, in: Ellenberger/Findeisen/Nobbe/Böger-Kommentar zum Zahlungsverkehrsrecht, § 12 ZAG Rn. 1; *Schwennicke*, in: Schwennicke/Auerbach-KWG, § 12 ZAG Rn. 2; *Walter*, in: Casper/Terlau-ZAG, § 12 Rn. 1.

[470] *Eckhold*, in: Schäfer/Omlor/Mimberg-ZAG, § 12 Rn. 15; *Rieg*, in: Ellenberger/Findeisen/Nobbe/Böger-Kommentar zum Zahlungsverkehrsrecht, § 12 ZAG Rn. 1; *Walter*, in: Casper/Terlau-ZAG, § 12 Rn. 1.

nanztransferdienstleister […] nach dem bestehenden Verständnis nicht zu Hawala- oder Hawala vergleichbaren Systemen zu rechnen,“[471] oder auch, dass dieser „Regelung die generelle Praxis im Hawala-System entgegen[steht]“[472]. Gleichermaßen wird gefordert, das Hawala-System nicht weiter zu diffamieren, sondern es vielmehr, in das legale Wirtschaftsleben zu integrieren.[473] Dabei werden auch konkrete Empfehlungen an die Bundesregierung gerichtet, „inwieweit sie eine Integration bankenexterner Systeme wie […] [der] Hawala durch eine Anpassung der Regulierungen erleichtern kann.“[474] Entscheidend ist daran eben, dass wie bereits dargestellt, das Hawala-Banking unter den Erlaubnisvorbehalt nach § 10 Abs. 1 S. 1 ZAG fällt und damit auch eine Strafbarkeit nach § 63 Abs. 1 Nr. 4 ZAG in Betracht kommt. Blickt man auf die dargestellten Aussagen sowie die erfolgte Kategorisierung des Typus als Zahlungsverkehrsdienst[475], so wird deutlich, dass zum einen die Hawala nicht mit den Regeln des Erlaubnisvorbehalts kompatibel ist und zum anderen, dass eine solche Kompatibilität aber aus Gründen der Minimierung der Finanzierung von Terror und Geldwäsche[476] sowie zur Vereinfachung von Heimatüberweisung[477] wünschenswert wäre. Eine abschließende Lösung des Problems kann hier zwar nicht angeboten,[478] jedoch aufgezeigt werden, warum gerade die Hawala nicht mit dem Erlaubnisvorbehalt des § 10 Abs. 1 S. 1 ZAG vereinbar ist sowie dazu weitergehende Ansätze im Umgang mit der Hawala eingebracht werden.

a) (Un-)Vereinbarkeit mit dem Informationsauftrag

Die Hawala lebt insbesondere von ihrer Anonymität, was einen wesentlichen Bestandteil des Geschäfts darstellt.[479] Es findet nur eine spärliche Überprüfung der Kunden (Einzahler und Empfänger) sowie die rudimentäre Aufzeichnung von Kundeninformationen und der Transaktionen statt. Auch die Hawaladare selbst können unter Pseudonymen auftreten, um jegliche Anonymität zu wahren. So trat

[471] So die Antwort von *Ryglewski* des BMF, VII A 5 – WK 7031/18/10018:015, 2019/1133986, S. 1 zur kleinen Anfrage der FDP Fraktion BT-Drs. 19/16156, S. 1.

[472] *Morazán/Krone*, Geld in Bewegung, in: Südwind, S. 11.

[473] *Wahlers*, Die rechtliche und ökonomische Struktur von Zahlungssystemen inner- und außerhalb des Bankensystems, S. 269; darauf ebenfalls verweisend *Morazán/Krone*, Geld in Bewegung, in: Südwind, S. 12.

[474] *Morazán/Krone*, Geld in Bewegung, in: Südwind, S. 36.

[475] Zur Kategorisierung siehe Teil 2 A. II. 2. c).

[476] *Wahlers*, Die rechtliche und ökonomische Struktur von Zahlungssystemen inner- und außerhalb des Bankensystems, S. 269; *Morazán/Krone*, Geld in Bewegung, in: Südwind, S. 12.

[477] *Morazán/Krone*, Geld in Bewegung, in: Südwind, S. 12.

[478] Vgl. dazu beispielhaft im Allgemeinen *Wahlers*, Die rechtliche und ökonomische Struktur von Zahlungssystemen inner- und außerhalb des Bankensystems, S. 247 ff.

[479] Siehe dazu bereits den Funktionsablauf Teil 2 A. II. 2. a) und die Buchführung der Hawaladare Teil 2 A. II. 2. b) dd).

beispielsweise ein Hawaladar in einem Fall vom 17.11.2020 des LG Mannheim[480] mit dem Pseudonym „der Türke“ auf. In einem anderen Urteil des LG Düsseldorf[481] vom 23.11.2021 war ebenfalls fester Bestandteil des Geschäftskonzepts, „sich gezielt jeglicher Form staatlicher Aufsicht zu entziehen und die Identität der Mitglieder des Geschäftssystems und der Kunden zu verschleiern, um diesen zügige und heimliche Geldwertüberweisungen zu ermöglichen.“ Dazu wurden auch systematisch „die Kontakte in den von den Angeklagten genutzten Mobiltelefonen nicht mit ihren Klarnamen, sondern mit Akronymen und sonstigen Abkürzungen eingespeichert.“ Im Fall des LG Köln[482] vom 23.05.2022 kommunizierten die Angeklagten per WhatsApp und Telegram und registrierten sich dabei unter Fantasienamen wie „Charlie Charles“ und „Cili“. Weitergehend wird auch der Geldtransfer anonymisiert, indem Koranverse oder anderen Codes[483] verwendet werden, um auch dadurch die Anonymität der Kunden zu wahren. Eine Zuordnung und die gewünschte Auszahlung finden allein durch die Nennung der Codes statt. Diese Anonymität schlägt sich auch in der „Buchführung“ der Hawala-Akteure nieder, da diese einfach gehalten wird. Dabei fand beispielsweise im Fall des LG Düsseldorf[484] eine „Buchführung oder sonstige Dokumentation der Überweisungen […] nur in einem reduzierten, formlosen Rahmen statt.“ Nach erfolgreicher Transaktion oder Ausgleichszahlung werden die Aufzeichnungen vernichtet. Selbst das im Clearingverfahren verwendete Gold wird beispielswiese als „Eisen“ oder das zu transferierende Bargeld als „Papier“ bezeichnet.[485]

---

[480] LG Mannheim 17.11.2020 – 22 KLs 540 Js 6574/20, LG Mannheim, BeckRS 2020, 50512, Rn. 5; siehe dazu außerdem nachfolgend BGH 02.06.2021 – 3 StR 61/21, BGH, ZIP 2021, 1853 (1853 ff.), der jedoch nicht auf die Verwendung von Pseudonymen weiter eingeht.

[481] LG Düsseldorf 23.11.2021 – 014 KLs 2/21, LG Düsseldorf, abrufbar unter: http://www.justiz.nrw.de/nrwe/lgs/duesseldorf/lg_duesseldorf/j2021/014_KLs_2_21_Urteil_20211123.html, Rn. 31 f., LG Düsseldorf, BeckRS 2021, 55636, Rn. 19 f.; so aber auch im Fall des BGH 28.06.2022 – 3 StR 403/20, BGH, BeckRS 2022, 20799, Rn. 3, indem das „Netzwerk […] unter anderem in Deutschland jeglicher Form staatlicher Aufsicht zu entziehen“; oder des LG Mannheim 17.11.2020 – 22 KLs 540 Js 6574/20, LG Mannheim, BeckRS 2020, 50512, Rn. 27, indem auch hier fester Bestandteil des Geschäftskonzepts es war, „sich auch in Deutschland gezielt jeglicher Form staatlicher Aufsicht und damit auch der Finanzaufsicht zu entziehen, weswegen es innerhalb des Netzwerkes auch keinerlei Bestrebungen gab, für das in Deutschland angebotene Hawala-Banking eine Genehmigung seitens der BaFin zu erwirken“.

[482] LG Köln 23.05.2022 – 109 KLs 5/21, LG Köln, abrufbar unter: https://www.justiz.nrw.de/nrwe/lgs/koeln/lg_koeln/j2022/109_KLs_5_21_Urteil_20220523.html, Rn. 334.

[483] Es findet sich beispielsweise der Code „Zara“ zu Kontaktanbahnungen von Hawala-Geschäften im Fall des LG Köln 23.05.2022 – 109 KLs 5/21, LG Köln, abrufbar unter: https://www.justiz.nrw.de/nrwe/lgs/koeln/lg_koeln/j2022/109_KLs_5_21_Urteil_20220523.html, Rn. 425.

[484] LG Düsseldorf 23.11.2021 – 014 KLs 2/21, LG Düsseldorf, abrufbar unter: http://www.justiz.nrw.de/nrwe/lgs/duesseldorf/lg_duesseldorf/j2021/014_KLs_2_21_Urteil_20211123.html, Rn. 32, LG Düsseldorf, BeckRS 2021, 55636, Rn. 20.

[485] So im Fall des LG Köln 23.05.2022 – 109 KLs 5/21, LG Köln, abrufbar unter: https://www.justiz.nrw.de/nrwe/lgs/koeln/lg_koeln/j2022/109_KLs_5_21_Urteil_20220523.html, Rn. 423.

Dieser Wunsch nach Anonymität widerstrebt jedoch dem Zweck des Erlaubnisverfahrens und widerspricht der Fähigkeit eine Erlaubnis zu erhalten; die Erlaubnispflichtigkeit bleibt aber bestehen. Damit sollte beachtet werden, dass der Antragsteller und damit künftige Erlaubnisträger, Angaben zu seiner Person macht, § 10 Abs. 2 S. 1 Nr. 16, 17 ZAG.[486] Ebenfalls soll der Antragsteller sein Geschäftsmodell der BaFin offenlegen, unter beispielsweise Beschreibung der Art der beabsichtigten Zahlungsdienste, unter Angabe aller Beteiligten Parteien, ein Diagramm der Geldflüsse und viele weitere Angaben, § 10 Abs. 2 S. 1 Nr. 1 ZAG, § 2 Abs. 3 ZAGAnzV.[487] Auch der organisatorische Aufbau sollte dargelegt werden, insbesondere mit einem detaillierten Organigramm, in dem jeder Geschäftsbereich, jede Abteilung oder ähnliche strukturelle Untergliederung aufgeführt ist, einschließlich der Namen der verantwortlichen Personen, § 10 Abs. 2 S. 1 Nr. 12, S. 2 ZAG § 2 Abs. 14 ZAGAnzV.[488] Ferner bedarf es auch einer Angabe zu den Geschäftsleitern und sonstigen verantwortlichen Personen, § 10 Abs. 2 S. 1 Nr. 14, S. 4 ZAG, § 5 ZAG, § 2 Abs. 16 ZAGAnzV.[489] Soweit erforderlich besteht für die

[486] Siehe dazu *EBA*, Leitlinien zur Zulassung und Eintragung gemäß PSD2 vom 08. 11. 2017, abrufbar unter: https://www.eba.europa.eu/sites/default/documents/files/documents/10180/2015792/13adb068-7e69-40c5-a8b7-69a7d374e536/Guidelines%20on%20Authorisations%20of%20Payment%20Institutions%20%28EBA-GL-2017-09%29_DE.pdf?retry=1, Einheit 4.1, Leitlinie 2; darauf ebenfalls verweisend *BaFin/DBB*, Anlage – Tabellarische Übersicht – Antrag auf Erteilung einer Erlaubnis zum Erbringen von Zahlungsdiensten gemäß § 10 ZAG (Zahlungsinstitut), abrufbar unter: https://www.bafin.de/SharedDocs/Downloads/DE/Leitfaden/BA/Tabellarische_Uebersicht_Erlaubnisantrag_ZAG.pdf?__blob=publicationFile&v=3; *Walz*, in: Ellenberger/Findeisen/Nobbe/Böger-Kommentar zum Zahlungsverkehrsrecht, § 10 ZAG Rn. 25.

[487] Siehe dazu *EBA*, Leitlinien zur Zulassung und Eintragung gemäß PSD2 vom 08. 11. 2017, abrufbar unter: https://www.eba.europa.eu/sites/default/documents/files/documents/10180/2015792/13adb068-7e69-40c5-a8b7-69a7d374e536/Guidelines%20on%20Authorisations%20of%20Payment%20Institutions%20%28EBA-GL-2017-09%29_DE.pdf?retry=1, Einheit 4.1, Leitlinie 3; darauf ebenfalls verweisend *BaFin/DBB*, Anlage – Tabellarische Übersicht – Antrag auf Erteilung einer Erlaubnis zum Erbringen von Zahlungsdiensten gemäß § 10 ZAG (Zahlungsinstitut), abrufbar unter: https://www.bafin.de/SharedDocs/Downloads/DE/Leitfaden/BA/Tabellarische_Uebersicht_Erlaubnisantrag_ZAG.pdf?__blob=publicationFile&v=3; *Walz*, in: Ellenberger/Findeisen/Nobbe/Böger-Kommentar zum Zahlungsverkehrsrecht, § 10 ZAG Rn. 26.

[488] Siehe dazu *EBA*, Leitlinien zur Zulassung und Eintragung gemäß PSD2 vom 08. 11. 2017, abrufbar unter: https://www.eba.europa.eu/sites/default/documents/files/documents/10180/2015792/13adb068-7e69-40c5-a8b7-69a7d374e536/Guidelines%20on%20Authorisations%20of%20Payment%20Institutions%20%28EBA-GL-2017-09%29_DE.pdf?retry=1, Einheit 4.1, Leitlinie 5; darauf ebenfalls verweisend *BaFin/DBB*, Anlage – Tabellarische Übersicht – Antrag auf Erteilung einer Erlaubnis zum Erbringen von Zahlungsdiensten gemäß § 10 ZAG (Zahlungsinstitut), abrufbar unter: https://www.bafin.de/SharedDocs/Downloads/DE/Leitfaden/BA/Tabellarische_Uebersicht_Erlaubnisantrag_ZAG.pdf?__blob=publicationFile&v=3; *Walz*, in: Ellenberger/Findeisen/Nobbe/Böger-Kommentar zum Zahlungsverkehrsrecht, § 10 ZAG Rn. 37.

[489] Siehe dazu *EBA*, Leitlinien zur Zulassung und Eintragung gemäß PSD2 vom 08. 11. 2017, abrufbar unter: https://www.eba.europa.eu/sites/default/documents/files/documents/10180/2015792/13adb068-7e69-40c5-a8b7-69a7d374e536/Guidelines%20on%20Authorisations%20of%20Payment%20Institutions%20%28EBA-GL-2017-09%29_DE.pdf?retry=1, Einheit 4.1, Leitlinie 16; darauf ebenfalls verweisend *BaFin/DBB*, Anlage – Tabellarische Übersicht – Antrag auf Erteilung einer Erlaubnis zum Erbringen von Zahlungsdiensten gemäß

BaFin des Weiteren die Möglichkeit, weitere Auskünfte und die Vorlage weiterer Unterlagen zu verlangen, § 10 Abs. 2 S. 6 ZAG.[490]

Stellt man dies gegenüber, so wird deutlich, dass zum einen die Anonymität ein wesentlicher Bestandteil des Hawala-Bankings ist und zum anderen die aufgeworfenen Leitlinien diesem gerade entgegenstehen. Werden aber entgegen § 10 Abs. 2 ZAG keine ausreichenden Angaben getätigt oder enthält der Antrag nicht hinreichend Unterlagen, sodass die eingereichten Angaben und Unterlagen keine positive Gesamtbewertung zulassen, ist die Erlaubnis zur Erbringung von Zahlungsdiensten zu versagen, § 12 Nr. 2 ZAG. Mit den Niederschriften geht es den Hawaladaren aber gerade nicht darum, den gesetzlich fixierten Informationsanforderungen von Behörden nachzukommen, sondern nur etwaige Geschäftsvorgänge für sich selbst belegen zu können und diese selbst zu überschauen. Allein aus diesen Gründen wird eine Erlaubnis versagt, geschweige denn eine Erlaubnis gerade nicht beantragt werden (können).

b) (Un-)Vereinbarkeit mit der vorausgesetzten Rechtsform

Üblicherweise werden die Hawaladare auch nicht in der vorausgesetzten Rechtsform, gemäß § 12 Nr. 1 ZAG als juristische Person oder Personenhandelsgesellschaft[491], ihre Dienste erbringen, vielmehr als natürliche Person auftreten. So wurde beispielsweise noch zur alten Rechtslage in einem Fall des BGH[492] vom 28. 10. 2015 eine Strafbarkeit aufgrund der Stellung als natürliche Person abgelehnt.

---

§ 10 ZAG (Zahlungsinstitut), abrufbar unter: https://www.bafin.de/SharedDocs/Downloads/DE/Leitfaden/BA/Tabellarische_Uebersicht_Erlaubnisantrag_ZAG.pdf?__blob=publicationFile&v=3; *Walz*, in: Ellenberger/Findeisen/Nobbe/Böger-Kommentar zum Zahlungsverkehrsrecht, § 10 ZAG Rn. 37.

[490] Siehe dazu *EBA*, Leitlinien zur Zulassung und Eintragung gemäß PSD2 vom 08. 11. 2017, abrufbar unter: https://www.eba.europa.eu/sites/default/documents/files/documents/10180/2015792/13adb068-7e69-40c5-a8b7-69a7d374e536/Guidelines%20on%20Authorisations%20of%20Payment%20Institutions%20%28EBA-GL-2017-09%29_DE.pdf?retry=1, Einheit 4.1, Leitlinie 1.4; darauf ebenfalls verweisend *BaFin/DBB*, Anlage – Tabellarische Übersicht – Antrag auf Erteilung einer Erlaubnis zum Erbringen von Zahlungsdiensten gemäß § 10 ZAG (Zahlungsinstitut), abrufbar unter: https://www.bafin.de/SharedDocs/Downloads/DE/Leitfaden/BA/Tabellarische_Uebersicht_Erlaubnisantrag_ZAG.pdf?__blob=publicationFile&v=3; *Walz*, in: Ellenberger/Findeisen/Nobbe/Böger-Kommentar zum Zahlungsverkehrsrecht, § 10 ZAG Rn. 38.

[491] Die Einbeziehung von Personenhandelsgesellschaften rechtfertigt der Gesetzgeber trotz Art. 4 Nr. 2 ZDRL II, der sich in der deutschen Sprachfassung nur auf juristische Personen bezieht, mit einem Hinweis auf die englische Sprachfassung, die von „legal person" spricht, was sinngemäß zu übersetzen sei, *Eckhold*, in: Schäfer/Omlor/Mimberg-ZAG, §§ 10, 11 Rn. 74.

[492] BGH 28. 10. 2015 – 5 StR 189/15, BGH, NStZ-RR 2016, 15 (16); zur Ablehnung der Ansicht des BGH siehe bereits die Ausführungen zum Unternehmensbegriff des § 1 Abs. 1 S. 1 Nr. 1 ZAG in Teil 3 B. I. 1. a) aa) (2) (a) (bb).

Auch in einem aktuellen Fall des LG Düsseldorf vom 23.11.2021[493] wurden die Angeklagten als natürliche Personen eingeordnet; hier jedoch gerade unter Heranziehung der neuen Rechtslage als strafbar deklariert. Dementsprechend ordnete der BGH in einem Fall vom 02.06.2021[494] bereits zuvor ebenfalls die Akteure als natürliche Personen ein, die sich auch nach § 63 Abs. 1 Nr. 4 ZAG strafbar gemacht haben sollen. Auch dies steht einer Erlaubnisfähigkeit nach § 10 Abs. 1 S. 1 ZAG entgegen und zeugt von einer Unvereinbarkeit des Hawala-Bankings mit dem Erlaubnisverfahren.

c) (Un-)Vereinbarkeit mit den vorausgesetzten Kontrollmechanismen

Beim Hawala-Banking werden keine internen Kontrollverfahren installiert, insbesondere zur Prävention des Transfers inkriminierter Gelder. So hat beispielsweise ein Angeklagter im Fall des LG Mannheim[495] vom 17.11.2020 „auch erkannt, dass das profitorientierte Geschäftsmodell des Netzwerkes systematisch darauf abzielte, jegliche staatliche Aufsicht zu unterlaufen und damit, zumal die Transaktionen mit Bargeldern angestoßen wurden, gerade dazu geschaffen war, etwa auch Kunden anzuziehen, die Gelder zu illegalen Zwecken in das außereuropäische Ausland, insbesondere nach Syrien, transferieren wollten.“ Daran erkennt man, dass die Hawaladare nicht unbedingt allein kriminelle Syndikate bedienen möchten, ihnen jedoch bewusst ist, dass mangels jeglicher Kontrollmechanismen, es Kriminelle verleitet, unerkannt Gelder zu transferieren; sie legen es gerade mangels Verhinderungsversuchen darauf an, eine kriminelle Kundschaft anzuziehen. Gerade deswegen sollten jedoch interne Kontrollmechanismen eingeführt und eine Bewertung der Risiken hinsichtlich Geldwäsche und Terrorismusfinanzierung im Zusammenhang mit der Geschäftstätigkeit, einschließlich der Risiken in Verbindung mit dem Kundenstamm erfolgen, § 10 Abs. 2 S. 1 Nr. 11, § 27 Abs. 1 Nr. 5 ZAG, §§ 4 bis 7 GWG.[496] Aus finanzieller Profitabilität werden gleichwohl konkrete Kontrollme-

---

[493] LG Düsseldorf 23.11.2021 – 014 KLs 2/21, LG Düsseldorf, abrufbar unter: http://www.justiz.nrw.de/nrwe/lgs/duesseldorf/lg_duesseldorf/j2021/014_KLs_2_21_Urteil_20211123.html, Rn. 630, LG Düsseldorf, BeckRS 2021, 55636, Rn. 146.

[494] BGH 02.06.2021 – 3 StR 61/21, BGH, ZIP 2021, 1853 (1855); so bereits die Vorinstanz LG Mannheim 17.11.2020 – 22 KLs 540 Js 6574/20, LG Mannheim, BeckRS 2020, 50512, Rn. 120.

[495] LG Mannheim 17.11.2020 – 22 KLs 540 Js 6574/20, LG Mannheim, BeckRS 2020, 50512, Rn. 47; vgl. ferner BGH 02.06.2021 – 3 StR 61/21, BGH, ZIP 2021, 1853 (1854).

[496] Siehe dazu *EBA*, Leitlinien zur Zulassung und Eintragung gemäß PSD2 vom 08.11.2017, abrufbar unter: https://www.eba.europa.eu/sites/default/documents/files/documents/10180/2015792/13adb068-7e69-40c5-a8b7-69a7d374e536/Guidelines%20on%20Authorisations%20of%20Payment%20Institutions%20%28EBA-GL-2017-09%29_DE.pdf?retry=1, Einheit 4.1, Leitlinie 14; darauf ebenfalls verweisend *BaFin/DBB*, Anlage – Tabellarische Übersicht – Antrag auf Erteilung einer Erlaubnis zum Erbringen von Zahlungsdiensten gemäß § 10 ZAG (Zahlungsinstitut), abrufbar unter: https://www.bafin.de/SharedDocs/Downloads/DE/Leitfaden/BA/Tabellarische_Uebersicht_Erlaubnisantrag_ZAG.pdf?__blob=publicationFile&v=3; *Walz*, in: Ellenberger/Findeisen/Nobbe/Böger-Kommentar zum Zahlungsverkehrsrecht, § 10 ZAG Rn. 37.

chanismen gemieden.[497] Daher werden auch jegliche Papierspuren (sogenannte Paper Trails) verdeckt, indem die Notizen anonymisiert und nach erfolgreichem Transfer vernichtet werden.[498] Etwaige Kontrollmechanismen sind rein interner Natur, indem von faktischen Vorgesetzten[499], die eine übergeordnete Rolle[500] einnehmen, übergeordnete Entscheidungen[501] getroffen werden. Diese spiegeln sich jedoch allein darin wider, dass beispielsweise faktische Mitarbeiter sich erst telefonisch oder per Chat die Erlaubnis des Vorgesetzten einholen müssen.[502] Im Ganzen widersetzen sich aber die Hawaladare den Vorgaben des ZAG und orientieren sich vielmehr selbst an moralischen, islamischen und sich selbstkontrollierenden Regularien, mithin ihren eigenen Regeln, was von einem gegenseitigen Vertrauen geprägt ist.[503] Dieses Vertrauen wird von den Kunden und von ihnen vorausgesetzt, aber auch untereinander entgegengebracht. Dabei wird der Schutz der Zahlungsdienstnutzer nicht durch spezielle Sicherheitskontroll- und Risikominderungsmaßnahmen (§ 10 Abs. 2 S. 1 Nr. 10, S. 3 ZAG, § 2 Abs. 12 ZAGAnzV)[504] gewährleistet, sondern allein von gegenseitigem Vertrauen abhängig gemacht. Zusammenfassend kann man auch hier wieder einen Widerspruch zu den eigens gesetzten Reglungsmechanismen erkennen, sodass dies eine Versagung der Erlaubnis gemäß §§ 12 Nrn. 2, 6 ZAG nach sich ziehen wird und man auch in dieser Weise eine Unvereinbarkeit annehmen muss.

---

[497] So auch im Fall des LG Mannheim 17.11.2020 – 22 KLs 540 Js 6574/20, LG Mannheim, BeckRS 2020, 50512, Rn. 48.

[498] LG Mannheim 17.11.2020 – 22 KLs 540 Js 6574/20, LG Mannheim, BeckRS 2020, 50512, Rn. 24.

[499] So in LG Düsseldorf 23.11.2021 – 014 KLs 2/21, LG Düsseldorf, abrufbar unter: http://www.justiz.nrw.de/nrwe/lgs/duesseldorf/lg_duesseldorf/j2021/014_KLs_2_21_Urteil_20211123.html, Rn. 599, 661, LG Düsseldorf, BeckRS 2021, 55636, Rn. 125, 173.

[500] LG Mannheim 17.11.2020 – 22 KLs 540 Js 6574/20, LG Mannheim, BeckRS 2020, 50512, Rn. 5, 31.

[501] BGH 02.06.2021 – 3 StR 61/21, BGH, ZIP 2021, 1853 (1854 f.).

[502] LG Düsseldorf 23.11.2021 – 014 KLs 2/21, LG Düsseldorf, abrufbar unter: http://www.justiz.nrw.de/nrwe/lgs/duesseldorf/lg_duesseldorf/j2021/014_KLs_2_21_Urteil_20211123.html, Rn. 57, LG Düsseldorf, BeckRS 2021, 55636, Rn. 36.

[503] Zu den eigenständigen Regularien siehe bereits Teil 2 A. II. 2. b) bb) (2).

[504] Siehe dazu *EBA*, Leitlinien zur Zulassung und Eintragung gemäß PSD2 vom 08.11.2017, abrufbar unter: https://www.eba.europa.eu/sites/default/documents/files/documents/10180/2015792/13adb068-7e69-40c5-a8b7-69a7d374e536/Guidelines%20on%20Authorisations%20of%20Payment%20Institutions%20%28EBA-GL-2017-09%29_DE.pdf?retry=1, Einheit 4.1, Leitlinie 13; darauf ebenfalls verweisend *BaFin*/*DBB*, Anlage – Tabellarische Übersicht – Antrag auf Erteilung einer Erlaubnis zum Erbringen von Zahlungsdiensten gemäß § 10 ZAG (Zahlungsinstitut), abrufbar unter: https://www.bafin.de/SharedDocs/Downloads/DE/Leitfaden/BA/Tabellarische_Uebersicht_Erlaubnisantrag_ZAG.pdf?__blob=publicationFile&v=3; *Walz*, in: Ellenberger/Findeisen/Nobbe/Böger-Kommentar zum Zahlungsverkehrsrecht, § 10 ZAG Rn. 36.

d) Zusammenfassende Betrachtung und weiterführende Ansätze

Wie dargestellt weist das herkömmliche Hawala-Banking systemimmanente Eigenheiten auf. So geht mit der Hawala eine Anonymität, eine mangelnde Rechtsform sowie nur eigenständige Kontrollmechanismen einher, die sich nicht mit den Anforderungen an eine Erlaubnis nach § 10 Abs. 1, 2 S. 1 vereinbaren lassen. Legt man also den erarbeiteten Begriff des Hawala-Bankings zugrunde, so scheint dies mit einer Erlaubnis nicht kompatibel sein zu können. Damit wird noch einmal mehr die Frage aufgeworfen, wie mit dem Hawala-Banking umzugehen ist.

aa) Das Problem der Integration von Hawala

Trotz alledem gibt es Bestrebungen, die eine bessere Integration des Hawala-Bankings anregen wollen.[505] Schätzt man die aufgezählten Eigenheiten jedoch als festgefahrene Charakteristika ein, so lässt sich eine solche Integration im eigentlichen Sinne jedoch nicht schaffen. Das mag in erster Linie daran liegen, dass gerade diese Eigenschaften von einem bestimmten Kundenstamm[506] gefragt sind und die Hawaladare dies aus finanziellen Gründen auch bedienen möchten („Angebot und Nachfrage"). Gerade die Anonymität und die mangelnden Kontrollmechanismen sind von Kriminellen gefragt, die zum Geldwaschen oder zur Terrorismusfinanzierung auf diese Systeme explizit zurückgreifen und die Hawaladare es wiederum aufgrund eines finanziellen Profits auch darauf anlegen, Kriminelle als Kundschaft anzuziehen. Dies mag jedoch nicht für den Großteil der Hawaladare gelten, denn einen namenhaften Anteil der Kunden stellen beispielsweise Migranten dar, die aus verschiedensten Gründen[507] auf das Hawala-Banking zurückgreifen, dies aber auch mit dessen Eigenheiten zusammenhängt. So wird hier insbesondere ein kostengünstiger Transfer, mit im Vergleich zu handelsüblichen legalen Finanztransfersystemen niedrigen Provisionen angeboten. Dies ist darauf zurückzuführen, dass mangels Erlaubnisverfahren und mangels Einrichtung etwaiger Kontrollmechanismen, die Hawaladare ihren Service kostengünstiger anbieten können und damit günstiger als ein legal agierender Service sind.[508] Diese mangelnde Kontrolle und Anonymität finden aber auch Anklang, um jegliche Konsequenzen vermeiden zu können, die Migranten bei Heimtransfers wohl befürchten müssen. Zudem ist der Rückgriff auf vertraute Transfersysteme, die allein auf moralischen, islamischen

---

[505] *Wahlers*, Die rechtliche und ökonomische Struktur von Zahlungssystemen inner- und außerhalb des Bankensystems, S. 248 ff.; *Warius*, Das Hawala-Finanzsystem in Deutschland – ein Fall für die Bekämpfung von Geldwäsche und Terrorismus, S. 391 ff.; ferner auch die schriftliche Anfrage LT-Drs. Bayern 18/2094, S. 3, 7, die in ihrem Punkt 8. nach dem „Umgang mit dem Hawala-Geldtransfer-Prinzip in Bayern" fragt.

[506] Zu den Akteuren des Hawala-Systems siehe bereits Teil 2 A. II. 2. b) bb) (1).

[507] Vollumfänglich zu den Gründen siehe bereits Teil 2 A. II. 2. b) bb) (1).

[508] Umfangreich dazu *Wahlers*, Die rechtliche und ökonomische Struktur von Zahlungssystemen inner- und außerhalb des Bankensystems, S. 227 ff., 245; ferner *Findeisen*, WM 2000, 2125 (2129).

und sich selbstkontrollierenden Regularien basieren, oftmals unkomplizierter als das herkömmliche Bankensystem.[509] Aber auch Non-governmental Organizations oder deutsche Industriefirmen profitieren von dessen Schnelligkeit, Flexibilität aber auch Krisensicherheit ohne großartigen Kursverlust.[510]

Insgemein lässt sich also festhalten, dass die Eigenheiten des Hawala-Bankings – sowohl in illegalen als auch in legalen Kreisen – gefragt sind und auch deswegen ein solcher Service angeboten wird. Dies zeigt auch der Fall des LG Düsseldorf[511] vom 23.11.2021, in dem es dem Angeklagten gerade auf den Betrieb dieses Systems ankam, „um den Kunden eine günstige, von staatlicher Aufsicht freigestellte und preisgünstige Möglichkeit zu verschaffen Geldbeträge zwischen den Zahlstellen zu überweisen." Denn „[d]urch das Devisenbüro erfuhr er, dass eine große Nachfrage nach schnellen und günstigen Geldwertüberweisungen aus Deutschland in die Türkei bestand."[512] Auch im Fall des BGH[513] vom 28.06.2022 sollten „in Deutschland lebende Syrer in die Lage versetzt werden, Landsleuten in Syrien Geld zukommen zu lassen, was zur Tatzeit wegen der dortigen Situation mittels regulärer Finanztransferdienstleister nicht oder nur zu sehr hohen Kosten möglich war." Einen solch schnellen und günstigen Geldtransfer und ein solch entgegengebrachtes Vertrauen wird nur ein Hawaladar leisten können, hat dieser schließlich keinen kosten- und zeitintensiveren Verwaltungsaufwand. Eine vollumfängliche Integration der Hawala wird schwierig bis unmöglich bleiben,[514] denn deren Eigenheiten sind mit der Erlaubnisfähigkeit nicht kompatibel, werden aber gerade vom Kundenstamm gewünscht und von den Hawaladaren gezielt bedient. Damit überwiegen die Vorteile des Hawala-Bankings sowohl für die Hawaladare als auch für die Kunden. Bei einer vollwertigen Integration müsste man sämtliche Offenbarungspflichten aufweichen oder gar aufheben, was mit Blick auf die Bekämpfung der Terrorismusfinanzierung und der Geldwäsche eher kontraproduktiv erscheint (Stichwort: „Follow the money"[515]). Somit zeigt der Gedanke einer voll-

---

[509] *Findeisen*, WM 2000, 2125 (2129).

[510] Dazu bereits in Teil 2 A. II. 2. b) bb) (1).

[511] LG Düsseldorf 23.11.2021 – 014 KLs 2/21, LG Düsseldorf, abrufbar unter: http://www.justiz.nrw.de/nrwe/lgs/duesseldorf/lg_duesseldorf/j2021/014_KLs_2_21_Urteil_20211123.html, Rn. 77, 661, LG Düsseldorf, BeckRS 2021, 55636, Rn. 48.

[512] LG Düsseldorf 23.11.2021 – 014 KLs 2/21, LG Düsseldorf, abrufbar unter: http://www.justiz.nrw.de/nrwe/lgs/duesseldorf/lg_duesseldorf/j2021/014_KLs_2_21_Urteil_20211123.html, Rn. 36, 661, LG Düsseldorf, BeckRS 2021, 55636, Rn. 22.

[513] BGH 28.06.2022 – 3 StR 403/20, BGH, BeckRS 2022, 20799, Rn. 3.

[514] A.A., aber mit einem anderen Verständnis der Integration, im Ergebnis jedoch gleich *Wahlers*, Die rechtliche und ökonomische Struktur von Zahlungssystemen inner- und außerhalb des Bankensystems, S. 241 ff.

[515] So beispielsweise auch das Pressestatement vom Bundesminister für Finanzen *Lindner*, vom 24.08.2022 zu „Finanzkriminalität schlagkräftig bekämpfen", abgedruckt und abrufbar unter: https://www.bundesfinanzministerium.de/Content/DE/Standardartikel/Video-Textfassungen/2022/textfassung-2022-08-24-finanzkriminalitaet-bekaempfen.html; so bereits zuvor *FATF*, Anti-money laundering and counter-terrorist financing measures, Germany, S. 74.

wertigen Integration, eine offensichtliche Divergenz auf, zwischen dem Konzept einer Registrierung und Lizenzierung und den innewohnenden Eigenschaften der Hawala. Dazu kommt, dass mit Blick auf die Historie der Hawala, die sich über die Jahrhunderte etabliert hat, eine Anpassung an das westliche Bankensystem sich nur schwer umsetzen lässt,[516] denn dies würde eine Aufgabe der originären Prinzipien des Systems bedeuten.

bb) Ansätze im Umgang mit der Hawala

Im Ergebnis gibt es daher nur zwei Ansätze, um mit Hawala-Systemen umzugehen, wenn auch in Kombination: Als erste Möglichkeit bedarf es Alternativen, die die Vorteile des Hawala-Bankings leisten können, ohne die vorhandenen Kontrollmechanismen einbüßen zu müssen. Gerade Charakteristika, wie die Anonymität, die mangelnden Kontrollmechanismen samt geringem Verwaltungsaufwand, sorgen für schnelle und günstige Geldwertüberweisungen. Nur mit einem alternativen System, das ebenbürtig schnelle und günstige Transfers anbietet, wird man eine tatsächliche Alternative schaffen können, auf die der Kundenstamm vorzugsweise zurückgreift. Zumindest kann damit für einen Teil des Kundenstamms eine legale Alternative angeboten werden, reduziert sich dessen Wunsch nach einer schnellen und günstigen Transfermethode. Nur mit einer tatsächlichen Konkurrenz gegenüber den illegalen günstigen Dienstleistern, werden sich legale gegenüber illegalen Dienstleistern durchsetzen können.[517] Wahlers verweist auf eine vereinfachte Form der Registrierung, was den Verwaltungsaufwand reduzieren und die Finanzdienstleister trotzdem bestimmten Mindestanforderungen unterstellen würde.[518] Damit könnte man den Anbietern den Weg in die Legalität eröffnen und dennoch die Informationen erlangen, die für eine Überwachung benötigt werden.[519]

---

[516] Vgl. *Razavy*, Hawala: An underground haven for terrorists or social phenomenon?, S. 291.

[517] Vgl. *Wahlers*, Die rechtliche und ökonomische Struktur von Zahlungssystemen inner- und außerhalb des Bankensystems, S. 249; *Taheri*, BKR 2020, 133 (136).

[518] *Wahlers*, Die rechtliche und ökonomische Struktur von Zahlungssystemen inner- und außerhalb des Bankensystems, S. 248 unter vergleichenden Verweis auf Erwägungsgrund 15 der Richtlinie 2007/64/EG des Europäischen Parlaments und des Rates vom 13.11.2007 über Zahlungsdienste im Binnenmarkt, zur Änderung der Richtlinien 97/7/EG, 2002/65/EG, 2005/60/EG und 2006/48/EG sowie zur Aufhebung der Richtlinie 97/5/EG, ABl. EU Nr. L 319 2007, S. 3 sowie den Hinweis auf die Gründe der Sonderempfehlung VI der FATF; siehe jetzt dazu Erwägungsgrund 47 der Richtlinie (EU) 2015/2366 des Europäischen Parlaments und des Rates vom 25.11.2015 über Zahlungsdienste im Binnenmarkt, zur Änderung der Richtlinien 2002/65/EG, 2009/110/EG und 2013/36/EU und der Verordnung (EU) Nr. 1093/2010 sowie zur Aufhebung der Richtlinie 2007/64/EG, ABl. EU Nr. L 337 2015, S. 42; vgl. ferner *Reimer*, Rechtsfragen zum Finanztransfergeschäft, S. 221 [„(‚*bank the unbanked*‘)“].

[519] *Wahlers*, Die rechtliche und ökonomische Struktur von Zahlungssystemen inner- und außerhalb des Bankensystems, S. 249.

Aber auch aus tatsächlichen Gründen, müssen vergleichbare legale Systeme attraktiver gegenüber den illegalen Hawala-Systemen gestaltet werden. So greifen insbesondere Migranten auf Hawala-Systeme zurück, da sie zum einen dieser Transfermethode mehr Vertrauen entgegenbringen als westlichen Modellen und zum anderen auch eine mögliche Angst vor Konsequenzen besteht, sollte ihr Zahlungsfluss in das Heimatland auffallen. Gerade hier spielt die Anonymität der Systeme eine große Rolle, die der herkömmliche Bankensektor nicht zu leisten vermag. Einen Ansatz im Umgang bietet hier zum Beispiel das öffentlichkeitswirksame Anbieten von legalen Finanztransfersystemen. Durch Vergleichsplattformen wie beispielsweise „geldtransfair.de“[520] können die Preise verschiedener Finanzdienstleister verglichen werden. Dadurch kann sich zum einen ein Überblick über verschiedene Dienstleister verschafft und zum anderen die Wettbewerbsfähigkeit unter den Dienstleistern gesteigert werden, was auch zu günstigeren Angeboten führen dürfte. Zertifizierte Plattformen schaffen damit mehr Transparenz[521] und damit auch Vertrauen. Mit einem offensiveren Werben und der Reduzierung sprachlicher Barrieren, kann dies auch die Attraktivität legaler Systeme gegenüber der Hawala steigern und aufgrund der steigenden Konkurrenz die Hawala-Systeme entbehrlicher machen.

Zunächst müssten also legale alternative Finanztransfersysteme gestärkt werden, um den Hawala-Systemen die Stirn zu bieten. Sämtliche Vorteile der Hawala werden damit aber nicht bedient werden können, wie beispielsweise eine absolute Anonymität, sodass nicht jeglicher Kundenstamm auf legale Systeme zurückgreifen wird und damit die Hawaladare weiterhin potenzielle Einzahler und Empfänger – gerade aus dem kriminellen Sektor – bedienen möchten. Die Unvereinbarkeit des Hawala-Bankings mit dem Erlaubnisvorbehalt aufgrund deren Eigenheiten zeigt aber auch, dass eine vollumfängliche Anpassung des Rechts im Hinblick auf die Hawala-Systeme nicht geschehen wird. Es muss ein rechtlicher Standard eingehalten werden, der den Schutz der Integrität des Zahlungsverkehrs und die Sicherstellung seiner volkswirtschaftlich unverzichtbaren Funktionsfähigkeit ermöglicht.[522]

Deswegen bleibt als zweiter Ansatz nur die effektive Bekämpfung solcher Systeme übrig, wollen sich diese doch dem staatlichen Kontrollanspruch entziehen. Gerade hier liegt jedoch das Problem einer effektiven Bekämpfung, denn es lassen

---

[520] Geldtransfair.de ist eine von elf Preisvergleichs-Webseiten für Geldtransfers von Migranten weltweit, die von der Weltbank für Preistransparenz und Benutzerfreundlichkeit ausgezeichnet wurde und vom Programm Migration für Entwicklung der Deutschen Gesellschaft für Internationale Zusammenarbeit (GIZ) GmbH im Auftrag des Bundesministeriums für wirtschaftliche Zusammenarbeit und Entwicklung (BMZ) betrieben wird, abrufbar unter: https://www.geldtransfair.de/compare/AFG/150/show.

[521] So auch selbst ausgewiesen von Geldtransfair.de, abrufbar unter: https://www.geldtransfair.de/compare/AFG/150/show; darauf ebenfalls verweisend *Morazán/Krone*, Geld in Bewegung, in: Südwind, S. 24 ff.

[522] *Eckhold*, in: Schäfer/Omlor/Mimberg-ZAG, § 12 Rn. 13.

sich Hawala-Netzwerke mangels Informationsflusses, was mit der Einfachheit des Transferprozesses zusammenhängt, nur schwer entdecken und verfolgen.[523] Dabei lag der Ursprung eines Verfahrens und zugrundeliegenden umfangreichen Ermittlungen des Zollfahndungsamtes Essen und des Finanzamts für Steuerstrafsachen und Steuerfahndung in Bonn („SoKo Lupus") sowie das durch das LKA NRW geführte Ermittlungsverfahren („EK Para") in den vertraulich behandelten Informationen einer anonym gebliebenen Quelle.[524] Des Weiteren konnte erst gegen ein Netzwerk ermittelt werden, als Beamte zufällig einen Turnbeutel mit 300.000 Euro in einem von der Fahrbahn abgekommenen Auto entdeckten.[525] Dabei konnte das kriminelle Netzwerk, das mehrere Millionen Euro am legalen Bankensystem vorbei in andere Staaten transferierte, durch eine neu eingerichtete Task-Force NRW, bestehend aus Polizei, Steuerfahndung und Justiz, erfolgreich aufgespürt werden. Hierzu waren insgesamt über 850 Polizei- und Vollzugsbeamtinnen und -beamte sowie 11 Staatsanwältinnen und Staatsanwälte der Staatsanwaltschaft Düsseldorf im Einsatz.[526] Dies zeigt zwar zum einen, dass ein Entdecken der Systeme nur schwer gelingen kann, dass jedoch zum anderen, mit einer Bündelung der Ermittlungsbehörden eine umfassende Aufarbeitung solcher Systeme durchaus ermöglicht wird; auch wenn dabei die Gefahr einer Kompetenzvermischung bestehen kann. Auch die auf die Empfehlungen der FATF[527] erfolgten Eckpunkte des Bundesfinanzministers zeigen die hohe Priorität eines entschlossenen Vorgehens gegen die Finanzkriminalität.[528] So sollen zukünftig die Kernkompetenzen unter einem Dach gebündelt werden, in Form eines Bundesamts zur Bekämpfung von Finanzkriminalität (BBF), in dem wiederum die Financial Intelligence Unit (FIU) und die Zentralstelle für Sanktionsdurchsetzung (ZfS) integriert werden.[529] Ferner werden hoch qualifizierte Finanzermittlerinnen und Finanzermittler speziell dafür ausgebildet und die Digitalisierung und Vernetzung von Registern vorangetrieben.[530]

---

[523] Vgl. auch *Wendt*, Kriminalistik 2022, 451 (456).

[524] So im Urteil des LG Köln 23.05.2022 – 109 KLs 5/21, LG Köln, abrufbar unter: https://www.justiz.nrw.de/nrwe/lgs/koeln/lg_koeln/j2022/109_KLs_5_21_Urteil_20220523.html, Rn. 136.

[525] *dpa*, Zeit Online, Großrazzia gegen Geldwäsche, Gewalt und Terror vom 06.10.2021, abrufbar unter: https://www.zeit.de/news/2021-10/06/grossrazzia-gegen-geldwaesche.

[526] Pressemittelung des LKA NRW und der Staatsanwaltschaft Düsseldorf vom 19.11.2019, abrufbar unter: https://lka.polizei.nrw/presse/schlag-gegen-international-agierende-kriminelle-vereinigung.

[527] *FATF*, Anti-money laundering and counter-terrorist financing measures, Germany, passim.

[528] *BMF*, Voller Einsatz gegen Finanzkriminalität vom 11.10.2023, abrufbar unter: https://www.bundesfinanzministerium.de/Content/DE/Standardartikel/Themen/Schlaglichter/Geldwaesche-bekaempfen/voller-einsatz-gegen-finanzkriminalitaet.html.

[529] *BMF*, Voller Einsatz gegen Finanzkriminalität vom 11.10.2023, abrufbar unter: https://www.bundesfinanzministerium.de/Content/DE/Standardartikel/Themen/Schlaglichter/Geldwaesche-bekaempfen/voller-einsatz-gegen-finanzkriminalitaet.html.

[530] *BMF*, Voller Einsatz gegen Finanzkriminalität vom 11.10.2023, abrufbar unter: https://www.bundesfinanzministerium.de/Content/DE/Standardartikel/Themen/Schlaglichter/Geldwae

Auch dies bildet einen wichtigen Schritt zur effektiveren Bekämpfung von Hawala-Systemen, denn damit werden eben die Kompetenzen gebündelt, die zentralen Akteure vernetzt und von einer Bundesbehörde ausgehend gesteuert,[531] denn eine kleinteilige Behördenstruktur, mit überschneidenden Zuständigkeiten kann der Geldwäscheproblematik oder Terrorismusfinanzierung nicht Herr werden.[532] Anzusetzen gilt es beim Hawala-Banking gerade dort, wo das Hawala-Netzwerk auffallen kann. Aufgrund der doch meist einseitigen Transfers von Deutschland in das Ausland, müssen die ausländischen Töpfe wieder aufgefüllt werden, sodass ein physischer Transfer von beispielsweise Geld oder auch Edelmetallen stattfindet.[533] Hierzu wird zur Einhaltung der Zollformalitäten bei der Edelmetallausfuhr auch zum Beispiel eine wahrheitswidrige Papierlage über einen Ankauf von Altgold erstellt.[534] Im Rahmen der Ermittlungen sollte der Fokus auch darauf gelegt werden, um die Möglichkeit der Entdeckung zu erhöhen. Neben der Bündelung von Ermittlungsbehörden und dem Ansetzen an den „Schwachstellen" des Hawala-Bankings bedarf es eines dogmatischen Fundaments für die materiell strafrechtliche Bewertung der Hawala-Netzwerke, was die Kernaufgabe dieser Arbeit darstellt und sogleich folgt.

Abschließend lässt sich also sagen, dass zwei Möglichkeiten im Umgang mit der Hawala in Betracht kommen, zum einen die Stärkung alternativer Finanztransferdienstleistungen, sodass zumindest ein gewisser Teil der Kunden verstärkt auf le-

---

sche-bekaempfen/voller-einsatz-gegen-finanzkriminalitaet.html; gerade mit Blick auf Hawala wird von *Wendt*, Kriminalistik 2022, 451 (456) angemerkt, dass „ein Großteil der kriminalpolizeilichen Sachbearbeiter weder die Funktionsweise kennen noch über die Strafbarkeit dieses Finanztransaktionssystems Kenntnis haben." Gerade deswegen sollte „in diesem Zusammenhang […] die Sensibilisierung von (kriminalpolizeilichen Ermittlungsbeamten bezüglich der Existenz und der Funktionsweise dieses Geldtransaktions-Systems" vorangetrieben werden, (457).

[531] *BMF*, Voller Einsatz gegen Finanzkriminalität vom 11. 10. 2023, abrufbar unter: https://www.bundesfinanzministerium.de/Content/DE/Standardartikel/Themen/Schlaglichter/Geldwaesche-bekaempfen/voller-einsatz-gegen-finanzkriminalitaet.html; *Wendt*, Kriminalistik 2022, 451 (457) schlägt zudem eine Meldung der (Hawala-)Geldtransaktionen an den Focal Point „Sustrans" von Europol sowie an das für den oder die Beschuldigten zuständige Finanzamt gemäß § 116 AO vor; siehe auch die Antwort auf Frage 6 der Bundesregierung BT-Drs. 20/12069, S. 4, die durch das Einrichten des BBF ebenfalls davon ausgeht, dass dadurch „der Verfolgungsdruck auf illegale Finanztransfergeschäfte wie das Hawala-Banking erheblich steigen wird".

[532] Vgl. das Pressestatement vom Bundesminister für Finanzen *Lindner* vom 24. 08. 2022 zu „Finanzkriminalität schlagkräftig bekämpfen", abgedruckt und abrufbar unter: https://www.bundesfinanzministerium.de/Content/DE/Standardartikel/Video-Textfassungen/2022/textfassung-2022-08-24-finanzkriminalitaet-bekaempfen.html.

[533] Siehe dazu beispielhaft das umfangreiche und ausgeklügelte Clearingverfahren des LG Köln 23. 05. 2022 – 109 KLs 5/21, LG Köln, abrufbar unter: https://www.justiz.nrw.de/nrwe/lgs/koeln/lg_koeln/j2022/109_KLs_5_21_Urteil_20220523.html, Rn. 57 ff.

[534] So im Fall des LG Köln 23. 05. 2022 – 109 KLs 5/21, LG Köln, abrufbar unter: https://www.justiz.nrw.de/nrwe/lgs/koeln/lg_koeln/j2022/109_KLs_5_21_Urteil_20220523.html, Rn. 61.

gale Dienstleister zurückgreift, was letztendlich zur Austrocknung von Hawala-Systemen führt, und zum anderen eine effektivere Bekämpfung der Hawala-Systeme, die gerade keine „Legalisierung“ anstreben, indem man gezielt auf die Bündelung von Ermittlungsbehörden setzt. Zu vergegenwärtigen ist dabei jedoch, dass eine radikale Bekämpfung der Systeme ohne jeglichen Ansatz für Alternativen, immer die Gefahr zum weiteren Abstieg in die Anonymität in sich birgt,[535] mithin nur ein simultanes Vorgehen zu Erfolgen führen kann.

4. Zwischenergebnis

Zusammenfassend lässt sich also sagen, dass die Sachverhalte des Hawala-Bankings eine Erlaubnis nach § 10 Abs. 1 S. 1 ZAG erforderlich machen, mithin die Hawaladare, die hinter ihnen stehende Gesellschaft, das Netzwerk oder auch die Gruppierung, unabhängig von deren Stellung als natürliche Person, juristische Person oder auch Personenvereinigung erlaubnispflichtig, nicht aber erlaubnisfähig sind. Denn diese erbringen mit ihrem Service gewerbsmäßig oder in einem Umfang, der einen in kaufmännischer Weise eingerichteten Geschäftsbetrieb erfordert, Zahlungsdienste. Dabei kommt es insbesondere nicht darauf an, ob die Dienstleister die Absicht verfolgen, den Dienst ordnungsgemäß zu erfüllen, mithin es sich bei der Formulierung „erbringen will“, um ein streng subjektives Merkmal handelt. Vielmehr kommt dem Begriff ein objektiv-zeitlicher Charakter zu, sodass sich das „erbringen will“ in bereits vorgelagerten Handlungen manifestieren kann und eine Erlaubnispflichtigkeit schon bei gewissen Vorbereitungshandlungen eintritt, sofern diese einen konkreten Geschäftsbezug aufweisen. Mit Blick auf die systemimmanenten Eigenschaften des Hawala-Bankings werden die Akteure grundsätzlich nicht erlaubnisfähig sein. Dies liegt in erster Linie daran, dass die Erlangung einer Erlaubnis mit einem Informationsauftrag, einer bestimmten Rechtsform und aufsichtsrechtlichen Kontrollmechanismen verbunden ist, das Hawala-Banking diese aber gerade nicht zu leisten vermag, da es ansonsten an Anonymität, monetärer Attraktivität oder allgemein an Präsenz einbüßen und damit seinen Kundenstamm reduzieren würde. Mit Blick auf § 10 Abs. 1 S. 1 ZAG lässt sich weiterhin die Aussage treffen, dass zumindest der reine Funktionsablauf des Hawala-Bankings ein legales und sozial erwünschtes Verhalten darstellt, das einer staatlichen Kontrolle unterzogen werden muss, dass jedoch gerade im Falle des Hawala-Bankings Eigenheiten hinzutreten, die dieser Kontrolle nicht standhalten werden, sodass dieses Verhalten der Integrität des Zahlungsverkehrs schadet, was grundsätzlich missbilligenswert ist. Dies zeigt letztendlich, dass die Hawala immer erlaubnispflichtig, nie jedoch erlaubnisfähig sein wird und damit generell ein Handeln ohne Erlaubnis nach § 10 Abs. 1 S. 1 ZAG im Raum steht, was zu einer Strafbarkeit nach § 63 Abs. 1 Nr. 4 ZAG führen kann.

---

[535] Vgl. *Razavy*, Hawala: An underground haven for terrorists or social phenomenon?, S. 292; ähnlich das *BMF*, Monatsbericht 10/2004, S. 84 f., das auch von einem „Maßnahmebündel“ spricht.

Teil 4

Zur strafrechtlichen Einordnung des Hawala-Bankings

In Teil 4 gilt es das Hawala-Banking strafrechtlich einzuordnen, wobei sich die Einordnung auf die originäre Strafbarkeit beschränken soll. Wie bereits in Teil 3 angesprochen meint originäre Strafbarkeit, dass die Strafbarkeit des Systems an sich beleuchtet werden soll, also das Erbringen von Zahlungsdiensten, eingebettet in die Netzwerkstruktur des Hawala-Systems. Nicht behandelt werden Begleittaten, die mit solchen Systemen einhergehen können. Demnach soll zunächst die Strafbarkeit nach § 63 Abs. 1 Nr. 4 ZAG beleuchtet werden. Darauf aufbauend soll das Hawala-Netzwerk als kriminelle Vereinigung nach § 129 Abs. 2 StGB eingeordnet und damit die Strafbarkeit nach § 129 Abs. 1 StGB erörtert werden. Aufgrund länderübergreifender Sachverhalte gilt es zuletzt auf strafanwendungsrechtliche Aspekte der beiden Strafnormen noch einzugehen und die Eigenheiten herauszuarbeiten.

A. Die originäre Strafbarkeit der Hawala nach dem ZAG

Mit dem Herausarbeiten des ZAG als relevantem Regelungsregime, hat sich bereits der Prüfungsmaßstab auf das ZAG, genauer auf die §§ 63 Abs. 1 Nr. 4, 10 Abs. 1 S. 1 ZAG verdichtet. § 63 ZAG ist dem Nebenstrafrecht zuzuordnen. Zuletzt haben sich in der Rechtsprechungspraxis Fälle von Hawala-Netzwerken, bei denen praxisbezogen auch immer eine Strafbarkeit nach dem ZAG im Raum steht, gehäuft.[1] Die Norm des § 63 Abs. 1 Nr. 4 ZAG ist – wie im Nebenstrafrecht üblich – als Blanketttatbestand[2] ausgestaltet, sodass neben der eigentlichen Strafnorm auch die sie ausfüllenden aufsichtsrechtlichen Vorschriften – sofern nötig – dem strafrechtlichen Blickwinkel ausgesetzt werden müssen. Aufgrund des Zusammentref-

[1] BGH 28.06.2022 – 3 StR 403/20, BGH, BeckRS 2022, 20799, Rn. 22 ff.; BGH 02.06.2021 – 3 StR 61/21, BGH, ZIP 2021, 1853 (1855 f.); LG Köln 23.05.2022 – 109 KLs 5/21, LG Köln, abrufbar unter: https://www.justiz.nrw.de/nrwe/lgs/koeln/lg_koeln/j2022/109_KLs_5_21_Urteil_20220523.html, Rn. 50 ff.; LG Düsseldorf 23.11.2021 – 014 KLs 2/21, LG Düsseldorf, abrufbar unter: http://www.justiz.nrw.de/nrwe/lgs/duesseldorf/lg_duesseldorf/j2021/014_KLs_2_21_Urteil_20211123.html, Rn. 591, LG Düsseldorf, BeckRS 2021, 55636, Rn. 119 ff.; LG Mannheim 17.11.2020 – 22 KLs 540 Js 6574/20, LG Mannheim, BeckRS 2020, 50512, Rn. 107 ff.

[2] *Richter*, in: Luz/Neus/Schaber/Schneider/et al.-ZAG, § 63 Rn. 1; zu § 54 Abs. 1 Nr. 2 KWG auch *Brand*, NJW 2018, 3467 (3470); *Schröder*, JZ 2018, 255 (255).

fens der verschiedenen Rechtsgebiete, mithin des Zahlungsverkehrs-, des Aufsichts- und letztlich des Strafrechts ist die Auslegung der Strafnorm komplex.

Zur strafrechtlichen Einordnung unter den Tatbestand des ZAG, müssen die einzelnen Merkmale aus dogmatischer Sicht und unter Zugrundelegung etwaiger Rechtsprechung betrachtet werden, um deren Konturen herauszuarbeiten. Besonderen Fokus im Rahmen der Untersuchung verdient die Einordnung des Deliktscharakters des § 63 Abs. 1 Nr. 4 ZAG.

I. Die objektiven Voraussetzungen des § 63 Abs. 1 Nr. 4 ZAG

Zur Verwirklichung des Tatbestandes bedarf es in objektiver Hinsicht des Erbringens eines Zahlungsdienstes, ohne die erforderliche Erlaubnis nach § 10 Abs. 1 S. 1 ZAG. Augenmerk verdienen hier allein die für das Hawala-Banking entscheidenden Merkmale. Insbesondere wird dazu auf den Deliktscharakter des § 63 Abs. 1 Nr. 4 ZAG eingegangen, um den relevanten Täterkreis und die Anforderungen an die Tathandlung bestimmen zu können. Dies muss anhand der erörterten aufsichtsrechtlichen Bestimmungen reflektiert und einer strafrechtlichen Einordnung zugeführt werden.

Nach § 63 Abs. 1 Nr. 4 ZAG macht sich nämlich strafbar, „wer ohne Erlaubnis nach § 10 Absatz 1 Satz 1 […] Zahlungsdienste erbringt“. Damit wird wiederum an § 10 Abs. 1 S. 1 ZAG angeknüpft, der eine Erlaubnis für das Erbringen von Zahlungsdiensten vorsieht. Danach ist erlaubnispflichtig, „[w]er im Inland gewerbsmäßig oder in einem Umfang, der einen in kaufmännischer Weise eingerichteten Geschäftsbetrieb erfordert, Zahlungsdienste erbringen will, ohne Zahlungsdienstleister im Sinne des § 1 Absatz 1 Satz 1 Nummer 2 bis 5 zu sein“. Somit knüpft die Strafnorm des § 63 Abs. 1 Nr. 4 ZAG an die Erlaubnispflichtigkeit des § 10 Abs. 1 S. 1 ZAG an, mithin an den Begriff des Antragstellers[3]. Legt man dies zugrunde, so kann mit Blick auf § 10 Abs. 1 S. 1 ZAG und den obigen Ausführungen[4] davon ausgegangen werden, dass beim Hawala-Banking grundsätzlich die Hawaladare, die hinter ihnen stehende Gesellschaft, das Netzwerk oder die Gruppierung, ungeachtet deren Stellung als natürliche Person, juristische Person oder auch Personenvereinigung unter den Erlaubnisvorbehalt fallen und damit eine potenzielle Strafbarkeit derer im Raum steht. Dahingehend gilt es jedoch zu klären, ob die potenziell Antragspflichtigen überhaupt als taugliche Täter des § 63 Abs. 1 Nr. 4 ZAG in Betracht kommen und sich damit täterschaftlich strafbar machen können. Ferner muss geklärt werden, inwiefern die jeweiligen Hawala-Akteure als potenzielle Beteiligte in Betracht kommen.

[3] So BT-Drs. 18/11495, S. 121.

[4] Dazu bereits in Teil 3 B. II. 1. b) aa) (2).

1. Der taugliche Täter des § 63 Abs. 1 Nr. 4 ZAG

Die Strafdrohung nach § 63 Abs. 1 Nr. 4 ZAG richtet sich zunächst gegen jedermann, denn legt man dessen Wortlaut zugrunde, spricht dieser davon, dass bestraft wird, „*wer*[5] ohne Erlaubnis nach § 10 Absatz 1 Satz 1 […] Zahlungsdienste erbringt". Aufgrund des verankerten Erlaubnisvorbehalts muss dies jedoch im Kontext der Erlaubnis nach § 10 Abs. 1 S. 1 ZAG betrachtet werden, der die Strafnorm ausfüllt und im Grundsatz an den Antragspflichtigen anknüpft. Aber auch § 10 Abs. 1 S. 1 ZAG spricht davon, dass erlaubnispflichtig ist, „*wer*[6] […] Zahlungsdienste erbringen will". Damit lässt der Wortlaut der Norm auf den ersten Blick ebenfalls keinen weiteren Schluss auf einen potenziellen Kreis von Antragspflichtigen zu. Mit Blick auf die Vorgängernorm des § 8 Abs. 1 S. 1 ZAG a. F., an die die Strafnorm des § 31 Abs. 1 Nr. 2 ZAG a. F. anknüpfte, war dies noch anders, denn hierbei wurde explizit die Stellung als Zahlungsinstitut vorausgesetzt. Damit war erlaubnispflichtig, „wer […] Zahlungsdienste *als Zahlungsinstitut*[7] erbringen will". Potenziell Antragspflichtige und damit potenzielle Täter konnten allein Zahlungsinstitute nach § 1 Abs. 1 Nr. 5 ZAG a. F. (§ 1 Abs. 1 S. 1 Nr. 1 ZAG n. F.), mithin lediglich Unternehmer, sein. So wurde dem § 31 Abs. 1 Nr. 2 ZAG a. F. aufgrund des geschilderten Täterkreises der Charakter als Sonderdelikt nachgesagt,[8] was § 63 Abs. 1 Nr. 4 ZAG in Verbindung mit § 10 Abs. 1 S. 1 ZAG jedoch wie bereits aufgezeigt nicht mehr deckungsgleich zu leisten vermag. Trotz alledem findet sich eine divergierende Auslegung des Deliktscharakters, wenn man die Rechtsprechung aber auch die Ansichten innerhalb der Literatur, im Besonderen auch zur Ursprungsnorm des § 54 KWG, die parallel zur Auslegung herangezogen wird, vergleicht: So wird bei § 63 Abs. 1 Nr. 4 ZAG von einem Allgemein-[9] oder

---

[5] Hervorhebung durch den Verfasser.

[6] Hervorhebung durch den Verfasser.

[7] Hervorhebung durch den Verfasser.

[8] BGH 28.10.2015 – 5 StR 189/15, BGH, NStZ-RR 2016, 15 (16); *Löffler*, Die Straftatbestände des Zahlungsdiensteaufsichtsgesetzes, S. 188 ff.; wohl auch *Hingst/Lösing*, Zahlungsdiensteaufsichtsrecht, § 16 Rn. 64, die unter Verweis auf § 14 Abs. 1, 2 StGB allein auf die handelnden Leitungspersonen von ZAG-Instituten als Adressaten der Strafandrohung abstellen; a. A. wohl *Wegner*, in: Schork/Groß, Bankstrafrecht, § 6 Rn. 784.

[9] *Allgayer*, in: Ellenberger/Bunte, Bankrechts-Handbuch, § 11 Rn. 821; *Richter*, in: Luz/Neus/Schaber/Schneider/et al.-ZAG, § 63 Rn. 8; in Abgrenzung zu § 339 Abs. 1 KAGB wohl auch *Richter*, in: Assmann/Wallach/Zetzsche, Kapitalanlagegesetzbuch, § 339 Rn. 31 ff.; so wohl auch BGH 28.06.2022 – 3 StR 403/20, BGH, BeckRS 2022, 20799, Rn. 26, der jedoch im Kontext juristischer Personen vergleichend auf die Zivilrechtsprechung verweist, die § 14 StGB heranzieht; BGH 02.06.2021 – 3 StR 61/21, BGH, ZIP 2021, 1853 (1855); ebenso LG Mannheim 17.11.2020 – 22 KLs 540 Js 6574/20, LG Mannheim, BeckRS 2020, 50512, Rn. 12; LG Düsseldorf 23.11.2021 – 014 KLs 2/21, LG Düsseldorf, abrufbar unter: http://www.justiz.nrw.de/nrwe/lgs/duesseldorf/lg_duesseldorf/j2021/014_KLs_2_21_Urteil_20211123.html, Rn. 630, LG Düsseldorf, BeckRS 2021, 55636, Rn. 146; wohl auch LG Köln 23.05.2022 – 109 KLs 5/21, LG Köln, abrufbar unter: https://www.justiz.nrw.de/nrwe/lgs/koeln/lg_koeln/j2022/109_KLs_5_21_Urteil_20220523.html, Rn. 632, wobei auch hier ohne Auseinandersetzung auf § 14 Abs. 2 Nr. 2, Abs. 3 StGB verwiesen wird; ferner wohl zu § 63

auch einem Sonderdelikt[10] ausgegangen,[11] was erhebliche Unterschiede für den potenziellen Täterkreis und damit für die potenziellen Täter des Hawala-Bankings aber auch für die potenziellen Beteiligten bedeutet. Dabei deutet Weiß richtigerweise die kriminalpolitische Misere an, dass die Einordnung als Allgemeindelikt, die Anwendung des § 14 StGB versperrt und damit in einigen Fällen eine Strafbarkeit ausgeschlossen zu sein scheint; gleichzeitig gibt Weiß aber zu, dass mangels Vorliegens der besonderen persönlichen Eigenschaft vor Tatbegehung, ein Unterschied zu anderen Sonderdelikten besteht.[12] Der BGH[13] geht in einem Beschluss

---

Abs. 1 Nr. 4 ZAG *Mansdörfer/Oğlakcıoğlu*, RdZ 2024, 106 (112); zum parallelen Straftatbestand des § 54 KWG als kein Sonderdelikt aber trotzdem mit Rückgriff auf § 14 StGB siehe: *Bock*, in: Graf/Jäger/Wittig, Wirtschafts- und Steuerstrafrecht, § 54 KWG Rn. 88 f.; *Gercke/Stirner*, in: Park, Kapitalmarktstrafrecht, § 54 KWG Rn. 11 ff. [„grundsätzlich jedermann"]; *Pananis/Schäuble*, in: Leitner/Rosenau, Wirtschafts- und Steuerstrafrecht, § 54 KWG Rn. 64; *Reichling*, in: MüKo-StGB, § 54 KWG Rn. 84, 88; *Schröder*, in: Schröder, Handbuch Kapitalmarktstrafrecht, Kap. 9 B. Rn. 151 [„grundsätzlich jedermann"]; *Theile*, in: Esser/Rübenstahl/Saliger/Tsambikakis, Wirtschaftsstrafrecht, § 54 KWG Rn. 4, 28 f. [„grundsätzlich ein Allgemeindelikt"]; *Trüg*, in: Achenbach/Ransiek/Rönnau Handbuch Wirtschaftsstrafrecht, 12. Teil Kap. 3 Rn. 97 f. [„verlangt keine besondere Täterqualifikation"]; *Nestler*, Bank- und Kapitalmarktstrafrecht, S. 322 Rn. 780 jedoch nur mit Vergleich, kein expliziter Rückgriff auf § 14 Abs. 1 StGB; *Wegner*, in: Schork/Groß, Bankstrafrecht, § 6 Rn. 657; zum parallelen Straftatbestand des § 339 KAGB siehe *Zeidler*, in: Weitnauer/Boxberger/Anders, Kapitalanlagegesetzbuch, § 339 Rn. 8 f., der es als Allgemeindelikt in der Form eines Organisationsdelikt kategorisiert.

[10] *Altenhain*, in: Momsen/Grützner Wirtschafts- und Steuerstrafrecht, § 20 Rn. 10; *Weiß*, in: Schäfer/Omlor/Mimberg-ZAG, § 63 Rn. 12; *Weiß*, wistra 2021, 448 (451); zur alten Rechtslage der §§ 31 Abs. 1 Nr. 2 ZAG, 8 Abs. 1 S. 1 ZAG a.F. und dessen Stellung als Sonderdelikt noch BGH 28.10.2015 – 5 StR 189/15, BGH, NStZ-RR 2016, 15 (16); *Löffler*, Die Straftatbestände des Zahlungsdiensteaufsichtsgesetzes, S. 188 ff.; ausdrücklich zum Sonderdeliktsstatus des § 54 KWG *Altenhain*, in: Momsen/Grützner Wirtschafts- und Steuerstrafrecht, § 20 Rn. 10; zum parallelen Straftatbestand des § 54 KWG und die darauf angewendete Norm des § 14 StGB siehe BGH 12.12.2019 – IX ZR 77/19, BGH, NJW-RR 2020, 292 (294); BGH 15.05.2012 – VI ZR 166/11, BGH NJW 2012, 3177 (3179); BGH 21.04.2005 – III ZR 238/03, BGH, NJW 2005, 2703 (2704); OLG Frankfurt am Main 14.10.2016 – 10 U 64/16, OLG Frankfurt am Main, NJW-RR 2017, 547 (548); *Häberle*, in: Erbs/Kohlhaas-Strafrechtliche Nebengesetze, § 54 KWG Rn. 2; *Lindemann*, in: Fischer/Schulte-Mattler-KWG/CRR, § 54 KWG Rn. 23.

[11] Überblicksartig zum Diskussionsstand im Bereich des § 54 Abs. 1 Nr. 2 KWG, des § 63 Abs. 1 Nr. 4, 5 ZAG, des § 331 Abs. 1 Nr. 1 VAG und zu § 339 Abs. 1 KAGB, vor allem unter einer Abgrenzung der Tatbestände zu § 339 Abs. 1 KAGB, siehe *Richter*, in: Assmann/Wallach/Zetzsche, Kapitalanlagegesetzbuch, § 339 Rn. 29 ff.

[12] *Weiß*, in: Schäfer/Omlor/Mimberg-ZAG, § 63 Rn. 12; Kritik zur Anwendung des § 14 auf § 54 KWG und § 63 ZAG trotz der Einordnung als Allgemeindelikt findet sich ebenfalls in *Altenhain*, in: Momsen/Grützner Wirtschafts- und Steuerstrafrecht, § 20 Rn. 10, Fn. 15 sowie im Kontext des § 339 KAGB aber ebenfalls mit Bezug zu § 54 KWG in *Alten*, in: FK-KAGB, § 339 Rn. 47, Fn. 125.

[13] BGH 02.06.2021 – 3 StR 61/21, BGH, ZIP 2021, 1853 (1855); ebenfalls das LG Düsseldorf 23.11.2021 – 014 KLs 2/21, LG Düsseldorf, abrufbar unter: http://www.justiz.nrw.de/nrwe/lgs/duesseldorf/lg_duesseldorf/j2021/014_KLs_2_21_Urteil_20211123.html, Rn. 603, 608, LG Düsseldorf, BeckRS 2021, 55636, Rn. 128, 132.

vom 02. 06. 2021 davon aus, dass der Angeklagte „entsprechende Dienste gemeinschaftlich mit anderen Tätern (§ 25 Abs. 2 StGB) [erbrachte]“; die Vorinstanz[14] ferner, dass der Angeklagte „in seiner Tätigkeit als Einsammler entsprechend der Tätigkeit des gesamten Netzwerkes im Inland Finanztransfergeschäfte [erbrachte]“. Implizit scheint die Rechtsprechung die Beteiligungslehre zugrunde zu legen und die Tatbeiträge wechselseitig nach § 25 Abs. 2 StGB zuzurechnen, verzichtet jedoch auf eine tiefergehende Einordnung der Deliktsstruktur und der Tathandlung des Erbringens. Die Parallelnorm des § 54 KWG weist eine ähnliche Regelungsstruktur, wie die des § 63 ZAG auf. Vereinzelt wird in der Literatur dem § 54 KWG der Charakter als Sonderdelikt abgesprochen, im Gleichlauf aber auf in Betracht kommende juristische Personen dennoch § 14 StGB angewendet.[15] Dabei griff auch der BGH[16] in einem Beschluss vom 28. 06. 2022 die entgegengebrachte Kritik von Weiß[17] auf und legte, parallel zur geschilderten Literatur des § 54 KWG, den § 63 Abs. 1 Nr. 4 ZAG dahingehend aus, dass die „Tatbestandsfassung des § 63 Abs. 1 Nr. 4 ZAG, die auf das Erbringen von Zahlungsdiensten abstellt, […] der Einordnung der Angeklagten als Mittäter nicht entgegen[steht].“ „Denn im Hinblick auf die informelle Struktur des HawalaBanking [sic!], dessen Funktionieren abhängig ist vom konzertierten Zusammenwirken aller Beteiligten und das nicht durch eine juristische Person betrieben wird […], können sämtliche Mitwirkenden nach Maßgabe der allgemeinen Kriterien zur Abgrenzung von Täterschaft und Teilnahme Zahlungsdienste im Sinne des § 63 Abs. 1 Nr. 4 ZAG täterschaftlich erbringen.“ Mit Ablehnen der Eigenschaft als juristische Person stellt der BGH auf die allge-

---

[14] LG Mannheim 17. 11. 2020 – 22 KLs 540 Js 6574/20, LG Mannheim, BeckRS 2020, 50512, Rn. 113.

[15] *Bock*, in: Graf/Jäger/Wittig, Wirtschafts- und Steuerstrafrecht, § 54 KWG Rn. 88 f.; *Gercke/Stirner*, in: Park, Kapitalmarktstrafrecht, § 54 KWG Rn. 11 ff.; *Pananis/Schäuble*, in: Leitner/Rosenau, Wirtschafts- und Steuerstrafrecht, § 54 KWG Rn. 64; *Reichling*, in: MüKo-StGB, § 54 KWG Rn. 84, 88; *Theile*, in: Esser/Rübenstahl/Saliger/Tsambikakis, Wirtschaftsstrafrecht, § 54 KWG Rn. 4, 28 f.; *Wegner*, in: Schork/Groß, Bankstrafrecht, § 6 Rn. 657; dies kritisierend *Altenhain*, in: Momsen/Grützner Wirtschafts- und Steuerstrafrecht, § 20 Rn. 10, insbesondere Fn. 15; ebenfalls im Kontext des § 54 KWG kritisierend *Alten*, in: FK-KAGB, § 339 Rn. 47, insbesondere Fn. 125; ferner zum Umweltstrafrecht *Gebhard*, Unternehmensangehörige und Straftaten gegen die Umwelt, S. 42 ff., mit Darstellung verschiedener Ansatzpunkte der Literatur und Rechtsprechung zur Anwendung des § 14 StGB auf Allgemeindelikte, jedoch insbesondere mit darauf ausgerichteter Kritik, S. 68 ff.; dazu auch *Bruns*, GA 1982, 1 (15), der im Kontext des „Veranstalter, Hersteller, Verbreiter, Gewerbetreibenden, Unternehmer, Herausgeber, Inverkehrbringer, Gründer, Halter usw.“ von „Handlungsbeschreibungen“ spricht, die jedoch als „Sonderdelikte i. w. S. bezeichnet [werden], um den § 14 auf sie anwenden zu können“.

[16] BGH 28. 06. 2022 – 3 StR 403/20, BGH, BeckRS 2022, 20799, Rn. 26.

[17] *Weiß*, wistra 2021, 448 (450 f.), der in § 63 Abs. 1 Nr. 4 ZAG ein Sonderdelikt sieht und das Erbringen rein rechtlich auslegt, sodass nur der „Erbringer“ des Zahlungsdienstes als Täter in Betracht kommt, und er die „knappe Sachverhaltsdarstellung in der Entscheidung des BGH […] [, die] keine abschließende Bewertung zu[lässt]“, kritisiert. Die Rechtsfrage, ob der „Angeklagte selbst einen Zahlungsdienst ‚erbracht‘ hat, wie es § 63 Abs. 1 Nr. 4 ZAG voraussetzt“, wird laut *Weiß* aber verschwiegen.

meinen Kriterien zur Abgrenzung von Täterschaft und Teilnahme ab; er verweist aber im Gleichlauf auf ein zivilrechtliches Teilurteil des BGH[18] vom 12. 12. 2019, in dem die Geschäfte berechtigend und verpflichtend für eine juristische Person wirkten, sodass es sich bei dieser zivilrechtlich, um den Betreiber der Geschäfte handelt und sich die strafrechtliche Verantwortlichkeit wiederum aus § 14 Abs. 1 Nr. 1 StGB ergibt, mithin es den Geschäftsführer nach § 35 Abs. 1 GmbHG trifft. Auch hier legt also der BGH – ohne explizite Einordnung des Deliktscharakters – eine wechselseitige Zurechnung der Tatbeiträge nach § 25 Abs. 2 StGB zugrunde. Diesmal verweist er jedoch darauf, dass „ansonsten“, also sofern es sich um eine juristische Person handelt, es einer Anwendung des § 14 StGB bedarf. Es erweckt den Eindruck, dass der BGH, ähnlich der geschilderten Literatur, beim Hawala-Banking die Beteiligungslehre anwendet und von einem Allgemeindelikt ausgeht,[19] im Fall einer juristischen Person jedoch auf § 14 StGB abstellt und gezwungenermaßen eine Merkmalsüberwälzung vornimmt,[20] was typischerweise den Sonderde-

[18] BGH 12. 12. 2019 – IX ZR 77/19, BGH, NJW-RR 2020, 292 (294), insbesondere Rn. 35.

[19] Interpretiert man dies dahingehend, dass der BGH jedem der Akteure das nötige Sondermerkmal zuweist und damit eigentlich von einem Sonderdelikt ausgeht, so wird jedem der Akteure im Netzwerk ein Status zuteil. Damit würde das Vollziehen jeglicher Einzelhandlung der pauschalierenden Handlungsbeschreibung ausreichen, um Zahlungsdienste zu erbringen. Denn jeder der Akteure würde in die Pflichtenstellung geraten, einen Status erhalten und sich nach § 63 Abs. 1 Nr. 4 ZAG strafbar machen. Geht man jedoch aufsichtsrechtlich beim Erbringen von einem rechtsgeschäftlichen Geschehen aus und verortet den Vollzug des Erbringens beim bürgerlich-rechtlich Verpflichtenden, kann auch nur dieser erlaubnispflichtig sein und sich – möchte man es am „Status des Erlaubnispflichtigen“ festmachen – täterschaftlich strafbar machen. Macht also der BGH den Status allein an der Stellung des Erlaubnispflichtigen fest, bleibt dennoch die Frage offen, wieso bei juristischen Personen das Erbringen von Zahlungsdiensten als rechtgeschäftliches Geschehen interpretiert wird und bei einer informellen Struktur auf ein tatsächliches Geschehen abgestellt wird, denn dahingehend zeigt sich eine Divergenz bei der Einordnung des „Erlaubnispflichtigen“, womit die genannte Kritik von *Weiß* auch bei dieser Betrachtung berechtigt bleibt.

[20] Dies gilt wohl für den 3. Strafsenat des BGH: BGH 28. 06. 2022 – 3 StR 403/20, BGH, BeckRS 2022, 20799, Rn. 26; BGH 02. 06. 2021 – 3 StR 61/21, BGH, ZIP 2021, 1853 (1855); anders wohl ein aktueller Beschluss des 2. Strafsenats des BGH, der sich zwar nicht im Bereich des Hawala-Bankings abspielt, bei dem jedoch ebenfalls eine Strafbarkeit nach § 63 Abs. 1 Nr. 4 ZAG in Betracht kam, BGH 28. 02. 2023 – 2 StR 371/22, BGH, NStZ 2024, 100 (101), BGH, BeckRS 2023, 15358: Dabei geht der BGH zwar auch nicht weiter auf den Deliktscharakter und die Tätigkeit des Erbringens ein, er merkt jedoch ergänzend an, dass der „Angeklagte als alleiniger Geschäftsführer der P. GmbH […] Zahlungsdienste ohne Erlaubnis gemäß § 63 Abs. 1 Nr. 4 Alt. 1 ZAG erbracht“ hat. Im Gleichlauf aber spricht er davon, dass die „erlaubnispflichtigen Zahlungsdienste […] die P. GmbH im Sinne des § 63 Abs. 1 Nr. 4 Alt. 1 ZAG ‚ohne Erlaubnis erbracht‘“ hat. Ohne weitergehende Vertiefung spricht der 2. Strafsenat also davon, dass sowohl der Geschäftsführer als auch die P. GmbH die Zahlungsdienste erbringen, dies jedoch ohne jeglichen Rückgriff auf § 14 Abs. 1 Nr. 1 StGB. Es erweckt den Eindruck, dass nach Ansicht des 2. Strafsenats die Tathandlung des Erbringens sowohl durch eine juristische als auch eine natürliche Person begangen werden kann. Eine konsequente Handhabung erfolgt hier jedoch ebenfalls nicht, vielmehr hält sich der 2. Strafsenat des BGH bedeckt.

likten vorbehalten ist.[21] Diese setzen als Täter Personen mit einer bestimmten Subjektqualität voraus.[22] Vereinfacht dargestellt führt dies dazu, dass im Fall einer juristischen Person, beispielsweise einer GmbH, die die Zahlungsdienste erbringt, mit § 14 Abs. 1 Nr. 1 StGB eine Überwälzung vorgenommen wird, sodass eine Strafbarkeit des Geschäftsführers (§ 35 Abs. 1 GmbHG) in Betracht kommt. An den eigentlichen Akt des Erbringens (Handlungsherrschaft), beispielsweise durch einen Angestellten der GmbH, wird dabei wohl wiederum nicht angeknüpft. Anders im Fall des Hawala-Netzwerkes, dem der BGH eine Eigenschaft als juristische Person abspricht und der Annahme folgt, dass die Akteure gemeinsam täterschaftlich die Zahlungsdienste erbringen, der eigentliche Erbringungsakt also wechselseitig von den Akteuren vorgenommen wird, § 25 Abs. 2 StGB.

Diese Janusköpfigkeit der Strafnorm mag aus kriminalpolitischer Perspektive zum Ausbleiben von etwaigen Zurechnungsschwierigkeiten sinnvoll erscheinen, mit Blick auf herkömmliche Deliktstypen samt deren Zurechnungsansätzen eher der Meidung einer Konfrontation mit der eigentlichen Deliktsstruktur geschuldet sein.[23]

---

[21] Vgl. *Altenhain*, in: Momsen/Grützner Wirtschafts- und Steuerstrafrecht, § 20 Rn. 10, insbesondere Fn. 15; *Radtke*, in: MüKo-StGB, § 14 Rn. 35; ebenfalls im Kontext des § 54 KWG kritisierend *Alten*, in: FK-KAGB, § 339 Rn. 47, insbesondere Fn. 125; ebenfalls im Kontext des § 339 KAGB kritisierend *Richter*, in: Assmann/Wallach/Zetzsche, Kapitalanlagegesetzbuch, § 339 Rn. 30; *Langer*, Die Sonderstraftat, S. 357; *Martin*, Sonderdelikte im Umweltstrafrecht, S. 88; *Schröder*, Die personelle Reichweite öffentlich-rechtlicher Genehmigungen und ihre Folgen für das Umweltstrafrecht, S. 170; weitergehend *Gebhard*, Unternehmensangehörige und Straftaten gegen die Umwelt, S. 42 ff., mit Darstellung verschiedener Ansatzpunkte der Literatur und Rechtsprechung zur Anwendung des § 14 StGB auf Allgemeindelikte, jedoch insbesondere mit darauf ausgerichteter Kritik, S. 68 ff.; vgl. auch *Ceffinato*, Legitimation und Grenzen der strafrechtlichen Vertreterhaftung nach § 14 StGB, S. 344, der bei der Anwendung des § 14 StGB auf Gemeindelikte, die im Subjektkreis beschränkt sind einen Verstoß gegen den Wortlaut und damit gegen Art. 103 Abs. 2 GG sieht; ähnlich im Kontext der §§ 325, 327 StGB als *„‚kombinatorische' Auslegung des Betreiberbegriffs in der Literatur"* deklarierend und kritisierend *Witteck*, Der Betreiber im Umweltstrafrecht, S. 185 ff.; a. A. wohl die ältere Rechtsprechung zum Umweltstrafrecht, die § 14 StGB teilweise auch bei Allgemeindelikten herangezogen hat, so *Saliger/Lienert*, in: Satzger/Schluckebier/Werner-StGB, Vor. §§ 324 ff. Rn. 43 der auf einschlägige Rechtsprechung und weiterführende Literatur verweist aber diese Herangehensweise ebenfalls kritisiert; unter Heranziehung weiterer Rechtsprechung darauf ebenfalls eingehend *Martin*, Sonderdelikte im Umweltstrafrecht, S. 88 ff. und *Kuhlen*, WiVerw 1991, 181 (241); ebenfalls die Rechtsprechung kritisierend *Bosch*, Organisationsverschulden in Unternehmen, S. 246, Fn. 792 unten, da die Rechtsprechung § 14 StGB auf § 324 StGB trotz Stellung als Gemeindelikt anwendet.

[22] *Rengier*, Strafrecht Allgemeiner Teil, § 10 Rn. 25; *Tiedemann*, Wirtschaftsstrafrecht, § 1 Rn. 79; *Wittig*, Wirtschaftsstrafrecht, § 6 Rn. 1.

[23] Eine janusköpfige Betrachtung des Deliktscharakters gibt es beispielsweise im Umweltstrafrecht im Falle des § 326 Abs. 1, 2 StGB, dem die Deliktsform des gleichzeitigen Herrschafts- wie Pflichtdelikt nachgesagt wird: *Heger*, in: Lackner/Kühl/Heger-StGB, § 326 Rn. 14; *Heine/Schittenhelm*, in: Schönke/Schröder-StGB, § 326 Rn. 21; *Witteck*, in: BeckOK-StGB, § 326 Rn. 48; *Witteck*, Der Betreiber im Umweltstrafrecht, S. 206, der von der „Figur des ‚janusköpfigen' Delikts" spricht und dies auch für § 325 StGB fruchtbar macht; *Schittenhelm*, GA 1983, 310 (322) [„janusköpfig"]; vgl. auch BGH 02. 03. 1994 – 2 StR 620/93,

Aufgrund des wiederkehrenden Phänomens der Hawala, ist dieser Streit zuweilen nicht nur von akademischer Relevanz. Eine Antwort auf diese Problematik, kann jedoch nicht in erster Linie aus kriminalpolitischen Zielen heraus erfolgen, sondern bedarf einer näheren Untersuchung und eines strafrechtsdogmatischen Fundaments.

Möchte man eine Bestimmung des Täter- sowie des Beteiligtenkreises beim Hawala-Banking vornehmen, so bedarf es zunächst einer Einordnung des Deliktscharakters des § 63 Abs. 1 Nr. 4 ZAG. Gerade mit der Entnahme des Begriffs des Zahlungsinstituts im Rahmen der Novellierung des § 10 Abs. 1 S. 1 ZAG (§ 8 Abs. 1 S. 1 ZAG a.F.) ist Anlass zur Untersuchung geboten, ob dem § 63 Abs. 1 Nr. 4 ZAG – nachfolgend zu § 31 Abs. 1 Nr. 2 ZAG a.F. – noch ein Charakter als Sonderdelikt zugewiesen werden kann. Als Ansatzpunkte dienen hierfür die Stellung als Zahlungsinstitut sowie die Tätigkeits-/Funktionsbeschreibung des Erbringens. Je nach Ausgestaltung scheint es nicht ausgeschlossen, dass gewisse Zurechnungsdefizite auftreten, die es ebenfalls herauszuarbeiten und zu erörtern gilt. Dabei sollen trotzdem die vorgestellten Lösungsansätze, die im Rahmen der Parallelnorm des § 54 KWG bestehen, und die auch der BGH zugrunde legt, auf deren dogmatische Stringenz und – sofern möglich und nötig – auf deren Übertragbarkeit auf § 63 Abs. 1 Nr. 4 ZAG hin überprüft werden.

a) Sonderdeliktscharakter des § 63 Abs. 1 Nr. 4 ZAG

Zu untersuchen gilt es zunächst, ob dem § 63 Abs. 1 Nr. 4 ZAG der Charakter als Sonderdelikt zugewiesen werden kann. Im Gegensatz zu sogenannten Allgemeindelikten, die von jedermann begangen werden können,[24] ist bei sogenannten Sonderdelikten der Kreis möglicher Täter begrenzt.[25] Das bedeutet, dass die jeweilige Strafnorm eine bestimmte Qualifikation des Täters voraussetzt, sodass Täter des Delikts allein derjenige sein kann, der die vom Tatbestand vorausgesetzte Eigen-

---

BGHSt 40, 84 (87); *Schall*, in: SK-StGB, § 326 Rn. 10; a.A. *Ventura-Heinrich*, in: Momsen/Grützner Wirtschafts- und Steuerstrafrecht, § 41 Rn. 63 [Allgemeindelikt].

[24] *von Heintschel-Heinegg*, in: BeckOK-StGB, Deliktstypen und ihre spezifischen Eigenheiten Rn. 1; *Hilgendorf/Valerius*, Strafrecht Allgemeiner Teil, § 1 Rn. 54; *Jescheck/Weigend*, Lehrbuch des Strafrechts AT, S. 266; *Rengier*, Strafrecht Allgemeiner Teil, § 10 Rn. 24; *Nestler/Lehner*, Jura 2017, 403 (403).

[25] Soweit besteht auch ein Mindestkonsens über den Mindestinhalt einer Definition BGH 16.12.2004 – 1 StR 420/03, BGHSt 49, 381 (386); BGH 10.05.2000 – 3 StR 101/00, BGHSt 46, 62 (64); BGH 06.05.1960 – 2 StR 65/60, BGHSt 14, 208 (281 f.); *Heger*, in: Lackner/Kühl/Heger-StGB, § 14 Rn. 1; *Krause*, Sonderdelikte im Wirtschaftsstrafrecht, S. 36 f., die darin auch den „Begriff des ‚Sonderdelikts im formellen Sinne'" sieht und die weitere Einschränkung des Kreises anhand des „Wesen[s] des Sonderdelikts" bestimmt, unter Heranziehung differenzierender Ansätze der Literatur; *Langer*, Die Sonderstraftat, S. 208 ff., der dies als „Vorbegriff" betitelt; *Martin*, Sonderdelikte im Umweltstrafrecht, S. 19; *Jescheck/Weigend*, Lehrbuch des Strafrechts AT, S. 266; *Wittig*, Wirtschaftsstrafrecht, § 6 Rn. 1; *Grunst*, NStZ 1998, 548 (549).

schaft aufweist (sogenannter Intraneus).[26] Dabei wird zwischen sogenannten echten Sonderdelikten, deren geforderte Subjektsqualität eine strafbegründende Wirkung hat und sogenannten unechten Sonderdelikten, deren Grunddelikt an jedermann gerichtet ist, die Sondereigenschaft aber strafschärfend wirkt, differenziert.[27] Weist eine Person nicht die vom Tatbestand vorausgesetzte Eigenschaft auf (sogenannter Extraneus), bleibt nur Raum für eine Anstiftung (§ 26 StGB) oder Beihilfe (§ 27 StGB).[28] Je nachdem lässt sich nach § 14 StGB auch eine Überwälzung der Sondereigenschaft vornehmen.[29] Dabei wird keine Zurechnung von Tatverhalten erzielt, sondern vielmehr daran angesetzt, besondere persönliche Merkmale[30] zu-

[26] *Hilgendorf/Valerius*, Strafrecht Allgemeiner Teil, § 1 Rn. 55; *Roxin/Greco*, Strafrecht Allgemeiner Teil I, § 10 Rn. 129; *Tiedemann*, Wirtschaftsstrafrecht, § 1 Rn. 79; *Wittig*, Wirtschaftsstrafrecht, § 6 Rn. 1; siehe auch *Ceffinato*, Legitimation und Grenzen der strafrechtlichen Vertreterhaftung nach § 14 StGB, S. 123, der darin die heute geläufigste Definition des Sonderdelikts sieht, wobei er aufmerksam macht, dass die Begriffsdefinition des Sonderdelikts umstritten ist, (S. 127) zumindest aber ein Minimalkonsens dahingehend besteht, dass diese Delikte ein Sonderunrecht vertypen; ferner *Krause*, Sonderdelikte im Wirtschaftsstrafrecht, S. 36 ff., die ebenfalls das Erfordernis einer besonderen „Eigenschaft“ unter Verweis auf einschlägige Literatur und Rechtsprechung hervorhebt, überdies auch als „Heute herrschende Ansicht“ deklariert.

[27] *Hilgendorf/Valerius*, Strafrecht Allgemeiner Teil, § 1 Rn. 55; *Jescheck/Weigend*, Lehrbuch des Strafrechts AT, S. 226; *Rengier*, Strafrecht Allgemeiner Teil, § 10 Rn. 26; *Roxin/Greco*, Strafrecht Allgemeiner Teil I, § 10 Rn. 130; *Nestler/Lehner*, Jura 2017, 403 (404).

[28] *Martin*, Sonderdelikte im Umweltstrafrecht, S. 19; *Rengier*, Strafrecht Allgemeiner Teil, § 10 Rn. 27.

[29] *Bosch*, in: Satzger/Schluckebier/Werner-StGB, § 14 Rn. 1; *Perron/Eisele*, in: Schönke/Schröder-StGB, § 14 Rn. 1; *Schall*, FS Schöch, S. 620; *Lehner*, Die strafrechtliche Verantwortlichkeit des Ausfuhrverantwortlichen, S. 144; *Martin*, Sonderdelikte im Umweltstrafrecht, S. 19 f.; *Schröder*, Die personelle Reichweite öffentlich-rechtlicher Genehmigungen und ihre Folgen für das Umweltstrafrecht, S. 172; *Schroth*, Unternehmen als Normadressaten und Sanktionssubjekte, S. 28 [„Abwälzung der Verantwortlichkeit“]; *Schünemann*, Unternehmenskriminalität und Strafrecht, S. 131 ff. [„Spezialfall der Zurechnung besonderer persönlicher Merkmale“]; *Tiedemann*, Wirtschaftsstrafrecht, § 3 Rn. 189; *Bruns*, GA 1982, 1 (13) [„zurechnen“]; kritisch zur „Merkmalsüberwälzung“ *Rogall*, in: KK-OWiG, § 9 Rn. 11, der die Vorstellung einer „Merkmalsüberwälzung“ als „irrig“ bezeichnet; dem widersprechend *Ceffinato*, Legitimation und Grenzen der strafrechtlichen Vertreterhaftung nach § 14 StGB, S. 104 in Fn. 278; zur Wirkweise des § 14 StGB siehe ebenfalls *Ceffinato*, Legitimation und Grenzen der strafrechtlichen Vertreterhaftung nach § 14 StGB, S. 101 ff. mit Hinweisen auf die dogmatischen Ansätze der Ausgestaltung und den zugehörigen Verweisen auf die einschlägige Literatur; ferner *Hoyer*, in: SK-StGB, § 14 Rn. 22, der für die Erklärung der Anwendbarkeit des § 14 StGB zwischen den Erklärungsansätzen der Erfüllungsfiktion und Inhaltssubstitution differenziert und dabei auf die jeweiligen Vertreter verweist, selbst aber zum Ergebnis kommt, dass es unerheblich bleibt, ob eine Anwendung über eine Erfüllungsfiktion oder eine Inhaltssubstitution erfolgt; kritisch zur Einordnung als „Strafausdehnungsgrund“ oder „Tatbestandserweiterung“ *Radtke*, in: MüKo-StGB, § 14 Rn. 1; wiederum zur dogmatischen Legitimation des § 14 StGB siehe *Radtke*, in: MüKo-StGB, § 14 Rn. 11 ff.; *Hoyer*, in: SK-StGB, § 14 Rn. 7 ff.; *Merz*, in: Graf/Jäger/Wittig, Wirtschafts- und Steuerstrafrecht, § 14 StGB Rn. 8 ff.

[30] Die Begriffe der besonderen persönlichen Merkmale des § 14 Abs. 1 StGB und des § 28 StGB sind nicht identisch, auch wenn § 28 StGB explizit auf § 14 StGB verweist, dazu

zurechnen, um Strafbarkeitslücken zu schließen.[31] Indes ist der Verantwortungsbereich auf einen bestimmten Personenkreis begrenzt,[32] von dem ausgehend eine Merkmalsüberwälzung stattfinden kann. Dessen Stellung als Sonderpflichtiger ist von der Übernahme bestimmter Pflichtstellungen gekennzeichnet.[33] Sohin wird bei besonderen (außerstrafrechtlichen) Pflichtenstellungen auch zugleich von Pflichtdelikten[34] gesprochen.[35] Hierbei kann sich die besondere Verantwortung, aus einer spezifischen Schutzpflicht gegenüber dem geschützten Rechtsgut, einer besonderen Treuepflicht gegenüber dem Rechtsgutsträger, oder aus einer besonderen (gesetzlichen) Zuständigkeit für bestimmte Gefahrenquellen und der daraus resultierenden

---

umfassend *Nestler/Lehner*, Jura 2017, 403 (408 ff.); ferner *Bosch*, in: Satzger/Schluckebier/Werner-StGB, § 14 Rn. 4; *Brodowski*, in: Leitner/Rosenau, Wirtschafts- und Steuerstrafrecht, § 14 StGB Rn. 7; *Merz*, in: Graf/Jäger/Wittig, Wirtschafts- und Steuerstrafrecht, § 14 StGB Rn. 7; *Perron/Eisele*, in: Schönke/Schröder-StGB, § 14 Rn. 8; *Radtke*, in: MüKo-StGB, § 14 Rn. 54; *Roxin*, Strafrecht Allgemeiner Teil II, § 27 Rn. 97; *Bruns*, GA 1982, 1 (14); differenzierend *Schünemann*, in: LK-StGB, § 14 Rn. 33 ff. [„Beschränkung auf persönliche Verhältnisse"]; *Ceffinato*, Legitimation und Grenzen der strafrechtlichen Vertreterhaftung nach § 14 StGB, S. 337 ff., 386 f. [„rechtsinhaltliche Identität der besonderen persönlichen Merkmale i. S. v. § 14 und § 28 StGB"].

[31] *Ceffinato*, Legitimation und Grenzen der strafrechtlichen Vertreterhaftung nach § 14 StGB, S. 46, insbesondere Fn. 4; *Wittig*, Wirtschaftsstrafrecht, § 6 Rn. 77; *Kuhlen*, wistra 2016, 465 (465).

[32] *Kuhlen*, wistra 2016, 465 (466).

[33] *Martin*, Sonderdelikte im Umweltstrafrecht, S. 21.

[34] Zurückgehend auf *Roxin*, Täterschaft und Tatherrschaft, S. 392 ff. (ursprünglich in der Erstauflage von 1963); *Roxin*, FS Schünemann, S. 509 ff.; *Roxin*, Strafrecht Allgemeiner Teil II, § 25 Rn. 267 ff.; dazu ferner *Witteck*, Der Betreiber im Umweltstrafrecht, S. 91, insbesondere mit Ausführungen zur „Aufnahme der Lehre von den Pflichtdelikten in der Wissenschaft" (S. 104 ff.) und der „Weiterentwicklungen und Modifizierungen" (S. 143 ff.); zur Frage, ob mit der betreffenden Subjektsqualität auch bereits die täterschaftliche Verantwortlichkeit zu bejahen ist oder es zusätzlich einer Tatherrschaft bedarf, siehe insbesondere die Literatur in *Rotsch*, ZIS 2014, 579 (588), Fn. 139, mit Verweis auf die verschiedenen Ansichten.

[35] *Kaspar*, in: Leitner/Rosenau, Wirtschafts- und Steuerstrafrecht, § 25 StGB Rn. 18; ebenfalls gleichsetzend: *Merz*, in: Graf/Jäger/Wittig, Wirtschafts- und Steuerstrafrecht, § 14 StGB Rn. 17 [„(sog. Sonder- oder Pflichtdelikte)"]; *Puppe*, in: NK-StGB, § 29 Rn. 32 ff.; *Rogall*, in: KK-OWiG, § 30 Rn. 91 [„Sonderdelikte (sog. ‚Pflichtdelikte')"]; *Tag*, in: NK-StGB, § 266a Rn. 18 [„Sonder- und Pflichtdelikt"]; *Langer*, Die Sonderstraftat, S. 220 [„Definition der Pflichtdelikte zu den Begriffsbestimmungen des Sonderverbrechens rechnen"]; *Wittig*, Wirtschaftsstrafrecht, § 6 Rn. 2; *Roxin/Greco*, Strafrecht Allgemeiner Teil I, § 10 Rn. 129 [„besser von ‚Pflichtdelikten' spricht"]; *Rotsch*, ZIS 2014, 579 (588), Fn. 139; als Unterkategorie deklarierend: *Heine/Weißer*, in: Schönke/Schröder-StGB, Vor. §§ 25 ff. Rn. 83 [„eigentliche Sonderdelikte"]; *Kudlich*, in: BeckOK-StGB, § 25 Rn. 9 [„gewisse Nähe"]; *Walter*, in: LK-StGB, Vor. §§ 13 ff. Rn. 60 [„jene Sonderdelikte"]; *Gebhard*, Unternehmensangehörige und Straftaten gegen die Umwelt, S. 79, Fn. 28 [„Sonderdelikte in der Kategorie der Pflichtdelikte enthalten sind"]; *Cortes Rosa*, ZStW 1978, 413 (425) [„Sonderstraftaten"]; *Nestler/Lehner*, Jura 2017, 403 (405) [„stellen […] Unterkategorie dar"]; eine weitergehende Kategorisierung der Sonder- oder Pflichtdelikte würde im Hinblick auf die angezeigte Forschungsfrage zu weit führen.

Abwehrpflicht gegenüber bestimmten Rechtsgütern ergeben.[36] Für die folgende Einteilung des Tatbestandes als Sonder- beziehungsweise Pflichtdelikt oder Allgemeindelikt ergeben sich daraus aber keine Unterschiede.

Zur Abgrenzung des Charakters als Sonder- beziehungsweise Pflichtdelikt oder Allgemeindelikt bedarf es einer Auslegung des § 63 Abs. 1 Nr. 4 ZAG.[37] Denn die Beschränkung des Täterkreises kann sich nur aus dem jeweiligen Tatbestand selbst ergeben.[38] Eine Umgrenzung des Täterkreises findet sich vereinzelt als Bezeichnung eines bestimmten Status wieder,[39] der sich auch aus dem jeweiligen Sachzusammenhang ergeben kann.[40] Ferner scheint diskutabel, ob sich eine Umgrenzung des Täterkreises auf tatbestandlich näher umschriebene Tätigkeiten oder auch Funktionen zurückführen lässt,[41] aus denen sich – teilweise durch eine Subjektivierung der Tathandlung – ein Status beziehungsweise eine Pflicht ableiten lässt.[42]

Im Folgenden wird § 63 Abs. 1 Nr. 4 ZAG auf dessen Stellung als Sonderdelikt untersucht, um zu ermitteln, ob es sich um ein Sonderdelikt handelt. Dazu wird die

---

[36] *Heine/Weißer*, in: Schönke/Schröder-StGB, Vor. §§ 25 ff. Rn. 83; vgl. auch *Merz*, in: Graf/Jäger/Wittig, Wirtschafts- und Steuerstrafrecht, § 14 StGB Rn. 21 [„Rechtspositionen anknüpfen"] oder *Witteck*, Der Betreiber im Umweltstrafrecht, S. 164.

[37] *Perron/Eisele*, in: Schönke/Schröder-StGB, § 14 Rn. 5; *Radtke*, in: MüKo-StGB, § 14 Rn. 35; Parallel dazu *Schall*, FS Schöch, S. 623 in Anlehnung an die Delikte aus dem Umweltstrafrecht, unter Verweis auf einschlägige Literatur, die sich ebenfalls für eine notwenige Auslegung ausspricht.

[38] *Krause*, Sonderdelikte im Wirtschaftsstrafrecht, S. 38 als Quintessenz verschiedener aus der Literatur stammender Definitionen.

[39] *Merz*, in: Graf/Jäger/Wittig, Wirtschafts- und Steuerstrafrecht, § 14 StGB Rn. 21; *Perron/Eisele*, in: Schönke/Schröder-StGB, § 14 Rn. 5; *Radtke*, in: MüKo-StGB, § 14 Rn. 36; *Rogall*, in: KK-OWiG, § 9 Rn. 36; *Schünemann*, in: LK-StGB, § 14 Rn. 43; *Schall*, FS Schöch, S. 623; vgl. *Bosch*, in: Satzger/Schluckebier/Werner-StGB, § 14 Rn. 5 [„Abgrenzung einer bestimmten Rolle"]; *Martin*, Sonderdelikte im Umweltstrafrecht, S. 24; *Roxin*, Strafrecht Allgemeiner Teil II, § 27 Rn. 107; *Nestler/Lehner*, Jura 2017, 403 (404).

[40] *Radtke*, in: MüKo-StGB, § 14 Rn. 36; *Rogall*, in: KK-OWiG, § 9 Rn. 37; *Merz*, in: Graf/Jäger/Wittig, Wirtschafts- und Steuerstrafrecht, § 14 StGB Rn. 21; *Nestler/Lehner*, Jura 2017, 403 (404) [„der Sache nach"].

[41] *Radtke*, in: MüKo-StGB, § 14 Rn. 37 ff., der darin grundsätzlich Allgemeindelikte sieht; *Böse*, in: NK-StGB, § 14 Rn. 10, der darin „methodische Bedenken" sieht; darauf ebenfalls verweisend *Schünemann*, in: LK-StGB, § 14 Rn. 24; *Merz*, in: Graf/Jäger/Wittig, Wirtschafts- und Steuerstrafrecht, § 14 StGB Rn. 21, der dies als „kraft Sachzusammenhangs" deklariert; *Ceffinato*, Legitimation und Grenzen der strafrechtlichen Vertreterhaftung nach § 14 StGB, S. 57, insbesondere Fn. 54, der darin allein ein Verhaltensmerkmal erkennt; *Martin*, Sonderdelikte im Umweltstrafrecht, S. 24 f., die dies unter den Topos „kraft Sachzusammenhangs" fasst, was Fn. 24 nahelegt; darauf verweisend *Schall*, FS Schöch, S. 623.

[42] Differenzierend *Martin*, Sonderdelikte im Umweltstrafrecht, S. 24 f.; ablehnend *Ceffinato*, Legitimation und Grenzen der strafrechtlichen Vertreterhaftung nach § 14 StGB, S. 57, insbesondere Fn. 54, der verschiedene Tathandlungen aufzeigt, die einen potenziellen Betriebsbezug aufweisen, diesen jedoch nicht ein den Status beschreibendes Merkmal zumisst, sondern von einem Verhaltensmerkmal ausgeht; dazu ferner *Radtke*, in: MüKo-StGB, § 14 Rn. 37 ff.

Überlegung getätigt, ob dem § 63 Abs. 1 Nr. 4 ZAG ein bestimmter Status oder eine Tätigkeits- oder Funktionsbeschreibung zuteilwird, die für eine Beschränkung des Täterkreises sorgt.

aa) Sonderdeliktsstatus durch Zahlungsinstitutseigenschaft des § 1 Abs. 1 S. 1 Nr. 1 ZAG

Die Vorgängerstrafnorm des § 31 Abs. 1 Nr. 2 ZAG a.F. mit deren Ausfüllungsnorm des § 8 Abs. 1 S. 1 ZAG a.F. knüpfte an die Zahlungsinstitutseigenschaft nach § 1 Abs. 1 Nr. 5 ZAG a.F. und damit an eine Unternehmenseigenschaft an. Dort kann man ohne eine vertiefte Auseinandersetzung, den Vertretern eines Sonderdeliktscharakters zustimmen. Weiterhin wird als Statusbezeichnung auch die Stellung als „Unternehmen" herangezogen,[43] dem eine organisatorische und selbstständige Betätigung und damit eine eigenständige Bedeutung zukommt.[44] Dabei knüpft §§ 31 Abs. 1 Nr. 2, 8 Abs. 1 S. 1 ZAG a.F. nicht nur an ein Verhalten, sondern vielmehr an eine bestimmte Täterqualität an. Hat der Täter die Unternehmenseigenschaft inne und ist damit Träger des persönlichen Merkmals, ist dieser potenziell erlaubnispflichtig.[45] Zahlungsinstitute stellen nach § 1 Abs. 1 S. 1 Nr. 1 ZAG auch in der aktuellen Fassung Unternehmen dar, die Zahlungsdienste erbringen. So spricht auch die BaFin[46] im Kontext der aktuellen Erlaubnispflicht nach § 10 Abs. 1 S. 1 ZAG davon, dass es der „schriftlichen Erlaubnis der Bundesanstalt [bedarf, sofern man] Zahlungsdienste *als Zahlungsinstitut*[47] erbringen will", was an die ursprüngliche Regelungstechnik erinnert. Ausgehend davon gilt es zu untersuchen, ob an den noch vorherrschenden Status des Zahlungsinstituts und damit an den Status als Unternehmen angeknüpft werden kann oder sogar angeknüpft werden muss, um eine Sonderdeliktseigenschaft des § 63 Abs. 1 Nr. 4 ZAG zu begründen.

---

[43] So *Radtke*, in: MüKo-StGB, § 14 Rn. 36; *Valerius*, in: Graf-OWiG, § 9 OWiG Rn. 1; ausführlich *Schroth*, Unternehmen als Normadressaten und Sanktionssubjekte, S. 34 ff., der dem Unternehmensbegriff eine wirtschaftsbezogene Organisation und Tätigkeitsweise der Rechtsträger zuweist, die sich von der allgemeinen privat-individuellen Tätigkeit des jedermann abgrenzen lässt und es sich bei Tatbeständen, deren Verhaltensbefehle an Unternehmen gerichtet sind, um Sondernormen handelt, weil der Normadressatenkreis durch spezifische subjektsbezogene Merkmale eingeschränkt ist.

[44] *Löffler*, Die Straftatbestände des Zahlungsdiensteaufsichtsgesetzes, S. 189.

[45] *Löffler*, Die Straftatbestände des Zahlungsdiensteaufsichtsgesetzes, S. 189 f.

[46] *BaFin*, Merkblatt – Hinweise zum Zahlungsdiensteaufsichtsgesetz vom 05.07.2024, abrufbar unter: https://www.bafin.de/SharedDocs/Veroeffentlichungen/DE/Merkblatt/mb_111222_zag.html, F. I. Erlaubnispflicht für Zahlungsinstitute (§ 10 Abs. 1 Satz 1 ZAG).

[47] Hervorhebung durch den Verfasser.

(1) Sonderdeliktsstatus kraft ausdrücklicher Statusbezeichnung

§§ 63 Abs. 1 Nr. 4, 10 Abs. 1 S. 1 ZAG knüpft im Gegensatz zur alten Fassung nicht mehr ausdrücklich an die Zahlungsinstitutseigenschaft nach § 1 Abs. 1 S. 1 Nr. 1 ZAG an. So spricht § 63 Abs. 1 Nr. 4 ZAG davon, dass bestraft wird, „*wer*[48] ohne Erlaubnis nach § 10 Abs. 1 S. 1 ZAG […] Zahlungsdienste erbringt“. Wiederum § 10 Abs. 1 S. 1 ZAG nennt in seinem Wortlaut, dass es einer Erlaubnis bedarf „*Wer*[49] […] Zahlungsdienste erbringen will“. Die Strafnorm des § 63 Abs. 1 Nr. 4 ZAG knüpft damit an die Erlaubnispflicht des § 10 Abs. 1 S. 1 ZAG an, die allein eine Erlaubnispflichtigkeit für Personen vorsieht, die Zahlungsdienste erbringen wollen, ungeachtet eines eigentlichen Status, wie ihn § 8 Abs. 1 S. 1 ZAG a.F. noch im Wortlaut ausdrücklich („als Zahlungsinstitut [und damit als Unternehmen] erbringen will“) mit aufnahm und an den unmittelbar angeknüpft werden musste. Damit lässt sich die aktuelle Fassung, unter grammatischen Gesichtspunkten, dahingehend lesen, dass bestraft wird „wer Zahlungsdienste ohne Erlaubnis, die letztlich an jeden gerichtet ist, der Zahlungsdienste erbringen will, erbringt“, mithin als Tatsubjekt „jedermann“ (quivis ex populo) in Betracht kommt. Knüpft die Strafnorm – auch wenn sie als Blankett ausgestaltet ist und sich die Strafbarkeit des Verhaltens erst aus der Zusammenschau von Blankettstraftatbestand und blankettausfüllender Norm ergibt[50] – nicht ausdrücklich an einen Status an, lässt sich zur Erfüllung des Tatbestandes keine bestimmte Eigenschaft ausdrücklich zuordnen, sodass zunächst von einem „Jedermannsdelikt“ ausgegangen werden kann.[51]

(2) Sonderdeliktsstatus kraft Sachzusammenhangs

Die Zahlungsinstitutseigenschaft und damit die Unternehmerstellung in § 10 Abs. 1 S. 1 ZAG ist, wie dargestellt, nicht mehr ausdrückliches Normadressatenmerkmal. Die Unternehmenseigenschaft kann jedoch auch als konkludentes Normadressatenmerkmal ausgestaltet sein,[52] sodass der Antragspflichtige im Sinne des § 10 Abs. 1 S. 1 ZAG immer noch den Status als Unternehmen innehaben muss. So könnte sich aus der Struktur des Tatbestandes eine Umgrenzung des Täterkreises kraft Sachzusammenhangs ergeben,[53] die sich auf die Stellung als Zahlungsinstitut im Sinne des § 1 Abs. 1 S. 1 ZAG und damit als Unternehmen beschränkt. Dazu werden der Normkontext und die Systematik sowie historische und teleologische Aspekte herangezogen, um die Strafnorm auf deren Sonderdeliktsstatus kraft Sachzusammenhangs zu untersuchen.

[48] Hervorhebung durch den Verfasser.

[49] Hervorhebung durch den Verfasser.

[50] *Wittig*, Wirtschaftsstrafrecht, § 6 Rn. 19.

[51] *von Heintschel-Heinegg*, in: BeckOK-StGB, Deliktstypen und ihre spezifischen Eigenheiten Rn. 1; *Walter*, in: LK-StGB, Vor. §§ 13 ff. Rn. 58.

[52] *Schroth*, Unternehmen als Normadressaten und Sanktionssubjekte, S. 37.

[53] *Radtke*, in: MüKo-StGB, § 14 Rn. 36; *Rogall*, in: KK-OWiG, § 9 Rn. 37 f., mit Umschreibung als Sonderdelikte kraft Sachzusammenhangs.

(a) Aus dem Normkontext und der Systematik ergebend

§§ 63 Abs. 1 Nr. 4, 10 Abs. 1 S. 1 ZAG sprechen davon, dass „Zahlungsdienste" ohne Erlaubnis erbracht werden müssen, um von einer Strafbarkeit ausgehen zu können. Führt man also den Regelungsstrang fort, so wird zwangsläufig einer der Zahlungsdienste einschlägig sein, die in § 1 Abs. 1 S. 2 ZAG aufgelistet sind, insbesondere das Finanztransfergeschäft nach § 1 Abs. 1 S. 2 Nr. 6 ZAG. Dieses stellt normalerweise die Dienste eines Zahlungsdienstleisters dar,[54] sodass die Eigenschaft eines Zahlungsdienstleisters nach § 1 Abs. 1 S. 1 ZAG in Betracht kommt, vornehmlich das Zahlungsinstitut (Nr. 1). Dies legt auch § 10 Abs. 1 S. 1 ZAG nahe, der die privilegierten Zahlungsdienstleister[55] (§ 1 Abs. 1 S. 1 Nr. 2 bis 5 ZAG) von der Antragspflicht ausnimmt, was im Umkehrschluss dem Zahlungsinstitut nach § 1 Abs. 1 S. 1 Nr. 1 ZAG einen Anwendungsbereich einräumt.[56] Gerade darin sieht Weiß[57] keine Abweichung zur alten Rechtslage, denn „ein nicht unter § 1 Abs. 1 Satz 1 Nr. 2 bis 5 ZAG [...] fallendes Unternehmen, [...] ist zwangsläufig Zahlungsinstitut", was nach dessen Ansicht dazu führt, dass es „keinen nach § 10 Abs. 1 Satz 1 ZAG Erlaubnispflichtigen [gibt], der nicht zugleich vom materiellen Institutsbegriff des § 1 Abs. 1 Satz 1 Nr. 1 ZAG [...] erfasst wird." Dies natürlich unter der Prämisse, dass man entgegen dem Beschluss des BGH[58] vom 28.10.2015 auch dem Unternehmensbegriff die Eigenschaft als natürliche Person zugesteht.[59] So wird de facto immer die Stellung als Zahlungsinstitut erforderlich sein,[60] was jedoch keineswegs einer zwingenden Normkompilierung geschuldet sein muss, es de jure vielmehr auf dessen Charakter als Auffangtatbestand[61] und die gleichlaufenden Voraussetzungen des § 10 Abs. 1 S. 1 ZAG – bis auf die Stellung als Unternehmen – zurückzuführen ist. Zudem geht diese Art der

[54] Zu den Voraussetzungen des Zahlungsdienstleisters im Sinne des § 1 Abs. 1 S. 1 Nr. 1 ZAG siehe bereits Teil 3 B. I. 1. a) aa) (2).

[55] So schon die Bezeichnung in BT-Drs. 18/11495, S. 102.

[56] *Weiß*, wistra 2021, 448 (451).

[57] *Weiß*, wistra 2021, 448 (451).

[58] BGH 28.10.2015 – 5 StR 189/15, BGH, NStZ-RR 2016, 15 (16).

[59] Siehe dazu bereits Teil 3 B. I. 1. a) aa) (2) (a) (bb).

[60] Vgl. auch *Mimberg*, in: Schäfer/Omlor/Mimberg-ZAG, § 1 Rn. 9, der davon spricht, dass „die Erlaubnispflichtigkeit der Erbringung von Zahlungsdiensten praktisch auf [...] Zahlungsinstitute beschränkt" ist.

[61] Für eine Einordnung des § 1 Abs. 1 S. 1 Nr. 1 ZAG als Auffangtatbestand *Casper*, in: Casper/Terlau-ZAG, § 1 Rn. 9; *Findeisen*, in: Ellenberger/Findeisen/Nobbe/Böger-Kommentar zum Zahlungsverkehrsrecht, § 1 ZAG Rn. 100; *Mimberg*, in: Schäfer/Omlor/Mimberg-ZAG, § 1 Rn. 15; mit der Umsetzung der Zweiten Zahlungsdiensterichtlinie Richtlinie ((EU) 2015/2366), BT-Drs. 18/11495, S. 102 ist der Gesetzgeber von der vorherigen Stellung des Zahlungsinstituts im § 1 Abs. 1 Nr. 5 ZAG abgerückt und hat dieses nun „aus Gründen der Rechtsklarheit" nach der „Betroffenheit" an erster Stelle in § 1 Abs. 1 S. 1 Nr. 1 ZAG eingereiht. Entgegen vermeintlich systematischen Gesichtspunkten wird dem Zahlungsinstitut trotz alledem die Stellung als Auffangtatbestand weiterhin zuteil, dazu ferner *Mimberg*, in: Schäfer/Omlor/Mimberg-ZAG, § 1 Rn. 15; a.A. *Foerster*, in: BeckOGK-BGB, Stand 01.11.2023, § 675c Rn. 236.

Wortwahl wohl auf den Wortlaut des Art. 11 Abs. 1 S. 1 ZDRL II[62] zurück, auf dem § 10 Abs. 1 S. 1 ZAG basiert und der ebenfalls eine negative Formulierung verwendet, mithin „andere Unternehmen als Unternehmen im Sinne des Artikels 1 Absatz 1 Buchstaben a, b, c, e und f“ vor dem Beginn der Erbringung von Zahlungsdiensten eine Erlaubnis erlangen müssen. Maßgeblich kann dies also nicht für die Einordnung eines Status kraft Sachzusammenhangs sein.

Ein Vergleich zu den anderen in § 63 ZAG gelisteten Tatbeständen erzeugt ein ähnliches Bild, da dies keine überzeugende und abschließende Einordnung zulässt. So werden zwar § 63 Abs. 1 Nr. 1 bis 3 ZAG als Sonderdelikte eingeordnet, da diese unmittelbar an der Eigenschaft als Institut (§ 1 Abs. 3 ZAG) festhalten und auch § 63 Abs. 1 Nr. 6 ZAG wohl auf die Eigenschaft als Zahlungsauslösedienstleister (§ 1 Abs. 1 S. 1 Nr. 1, S. 2 Nr. 7, Abs. 33 ZAG) setzt oder § 63 Abs. 2 Nr. 1 und 2 ZAG an den Geschäftsleiter eines Instituts (§ 1 Abs. 8 ZAG) oder an einem E-Geld-Institut (§ 1 Abs. 2 S. 1 Nr. 1 ZAG) ansetzen.[63] Dies mag den Eindruck erwecken, dass auch § 63 Abs. 1 Nr. 4 ZAG an die Eigenschaft des Zahlungsinstituts explizit anknüpfen muss; mangels der Fortführung eines ausdrücklichen Verweises auf das Zahlungsinstitut in der aktuellen Fassung, im Gegensatz zu den anderen gelisteten Strafbarkeiten und deren Vorgängernormen,[64] spricht dies aber gerade gegen ein Heranziehen der Zahlungsinstitutseigenschaft kraft Sachzusammenhangs.

Blickt man ferner in die §§ 54 Abs. 1 Nr. 2, 32 Abs. 1 S. 1 KWG, die als Parallelnormen zu betrachten sind,[65] so ergibt sich für §§ 63 Abs. 1 Nr. 4, 10 Abs. 1 S. 1 ZAG keine weitreichendere Erkenntnis. Auch § 32 Abs. 1 S. 1 KWG knüpft nicht unmittelbar an die Eigenschaft als Finanzdienstleistungsinstitut, mithin an die Eigenschaft als Unternehmen an (§ 1 Abs. 1a S. 1 KWG). Damit müsste man auch hier aus dem Zusammenhang die Sonderdeliktseigenschaft lesen, indem man auf die Unternehmenseigenschaft im Sinne des § 1 Abs. 1a S. 1 KWG zumindest kraft Sachzusammenhangs zurückgreift. Doch auch im KWG gibt es keine einheitliche

[62] Richtlinie (EU) 2015/2366 des Europäischen Parlaments und des Rates vom 25.11.2015 über Zahlungsdienste im Binnenmarkt, zur Änderung der Richtlinien 2002/65/EG, 2009/110/EG und 2013/36/EU und der Verordnung (EU) Nr. 1093/2010 sowie zur Aufhebung der Richtlinie 2007/64/EG, ABl. EU Nr. L 337 2015, S. 66.

[63] Siehe dazu die Tabelle in *Weiß*, in: Schäfer/Omlor/Mimberg-ZAG, § 63 Rn. 11; ferner *Richter*, in: Luz/Neus/Schaber/Schneider/et al.-ZAG, § 63 Rn. 25, 32, der zumindest § 63 Abs. 1 Nr. 1 bis 3, Abs. 2 Nr. 1 ZAG explizit als Sonderdelikte betitelt; ebenso *Mansdörfer/Oğlakcıoğlu*, RdZ 2024, 106 (112), die § 63 Abs. 1 Nr. 1 bis 3 ZAG an die Institutseigenschaft anknüpfen sehen.

[64] Zu der Einordnung des § 31 ZAG a.F. als Sonderdelikt siehe *Löffler*, Die Straftatbestände des Zahlungsdiensteaufsichtsgesetzes, S. 174 [§ 31 Abs. 1 Var. 1 ZAG a.F.], S. 184 [§ 31 Abs. 1 Var. 2 ZAG a.F.], S. 188 ff. [§ 31 Abs. 1 Nr. 2 ZAG a.F.], S. 202 [§ 31 Abs. 1 Nr. 3 ZAG a.F.], S. 213 f. [§ 31 Abs. 1 Nr. 4 ZAG a.F.].

[65] So nennt *Altenhain*, in: Momsen/Grützner Wirtschafts- und Steuerstrafrecht, § 20 Rn. 10 beispielsweise auch § 54 Abs. 1 Nr. 2, 1a, 1b KWG, § 63 Abs. 1 Nr. 4, 5 ZAG im Gleichlauf und deklariert diese auch Parallel als Sonderdelikte.

Betrachtungsweise bezüglich des Deliktscharakters des § 54 KWG.[66] So wird beispielsweise die Eigenschaft auch nicht explizit an der Unternehmerstellung festgemacht, sondern vielmehr darauf abgestellt, dass Täter ist, „der das Geschäft betreibt oder die Dienstleistung erbringt, also der Geschäftsherr."[67] Damit lässt sich dessen parallele Regelungstechnik auch keiner Übertragung auf § 63 Abs. 1 Nr. 4 ZAG zugänglich machen, die auch hier für eine zwingende Institutseigenschaft sprechen könnte. Dies veranschaulicht vielmehr die Inkonvenienz dieser Regelungspraxis.

Neben einer strafrechtlichen Sanktionierung von unerlaubten Zahlungsdiensten durch § 63 Abs. 1 Nr. 4 ZAG, wird durch das aufsichtsrechtliche Pendant des § 7 Abs. 1 S. 1 ZAG der Bundesanstalt ermöglicht, die sofortige Einstellung des Geschäftsbetriebs und die unverzügliche Abwicklung dieser Geschäfte gegenüber dem Unternehmen sowie gegenüber seinen Gesellschaftern und den Mitgliedern seiner Organe anzuordnen.[68] So hat § 7 Abs. 1 S. 1, 2 ZAG wohl grundsätzlich den Betreiber des Unternehmens, als polizeilichen Störer im Visier.[69] Daraus könnte man schlussfolgern, dass es bei unerlaubten Zahlungsdiensten im Allgemeinen und in erster Linie um ein Vorgehen gegen das Unternehmen selbst gehen muss, sodass auch § 10 Abs. 1 S. 1 ZAG allein das Unternehmen als Antragspflichtigen im Visier hat, mithin das Zahlungsinstitut nach § 1 Abs. 1 S. 1 Nr. 1 ZAG mit dessen Unternehmensbegriff weiterhin für die Erlaubnispflicht entscheidend sein muss. Insofern käme bei unerlaubten Zahlungsdiensten sowohl aufsichtsrechtlich als auch strafrechtlich das Unternehmen als gleicher Adressatenkreis in Betracht. Doch auch dies berechtigt nicht zur Annahme eines Status kraft Sachzusammenhangs, ist es schließlich so, dass die BaFin die Erlaubnispflicht unabhängig von möglichen Strafverfahren auch im Verwaltungsweg durchsetzen kann[70]. Dahingehend scheint es nicht ausgeschlossen, dass ein anderer Maßstab zugrunde gelegt werden muss, der sich auch in einem unterschiedlichen Adressatenkreis niederschlägt. So ist beispielsweise anders als im Strafverfahren für ein Einschreiten der BaFin kein

---

[66] Als kein Sonderdelikt einordnend: *Bock*, in: Graf/Jäger/Wittig, Wirtschafts- und Steuerstrafrecht, § 54 KWG Rn. 88; *Pananis/Schäuble*, in: Leitner/Rosenau, Wirtschafts- und Steuerstrafrecht, § 54 KWG Rn. 64; *Reichling*, in: MüKo-StGB, § 54 KWG Rn. 84; *Wegner*, in: Schork/Groß, Bankstrafrecht, § 6 Rn. 657; ausdrücklich zum Sonderdeliktsstatus des § 54 KWG: *Altenhain*, in: Momsen/Grützner Wirtschafts- und Steuerstrafrecht, § 20 Rn. 10; zum parallelen Straftatbestand des § 54 KWG und die darauf angewendete Norm des § 14 StGB siehe BGH 12.12.2019 – IX ZR 77/19, BGH, NJW-RR 2020, 292 (294); BGH 15.05.2012 – VI ZR 166/11, BGH NJW 2012, 3177 (3179); *Häberle*, in: Erbs/Kohlhaas-Strafrechtliche Nebengesetze, § 54 KWG Rn. 2; *Lindemann*, in: Fischer/Schulte-Mattler-KWG/CRR, § 54 KWG Rn. 23.

[67] *Altenhain*, in: Momsen/Grützner Wirtschafts- und Steuerstrafrecht, § 20 Rn. 10.

[68] Zu den Adressaten der Untersagungsverfügung siehe auch *Gerhardus-Feld*, in: Casper/Terlau-ZAG, § 7 Rn. 28 f.

[69] So *Reschke/Ernst*, in: Ellenberger/Findeisen/Nobbe/Böger-Kommentar zum Zahlungsverkehrsrecht, § 7 ZAG Rn. 17; darauf ebenfalls verweisend *Tiemann*, in: Schäfer/Omlor/Mimberg-ZAG, § 7 Rn. 50.

[70] *Gerhardus-Feld*, in: Casper/Terlau-ZAG, § 7 Rn. 6; *Heucke*, in: Luz/Neus/Schaber/Schneider/et al.-ZAG, § 7 Rn. 1; *Tiemann*, in: Schäfer/Omlor/Mimberg-ZAG, § 7 Rn. 2.

schuldhaftes Handeln erforderlich.[71] Entscheidend ist aber, dass § 7 Abs. 1 S. 1 ZAG anders als § 63 Abs. 1 Nr. 4 ZAG explizit das Unternehmen als Adressaten benennt, sodass es keines weiteren Verweises in § 10 Abs. 1 S. 1 ZAG bedarf. Damit lässt sich im Umkehrschluss in die Strafnorm hineinlesen, dass gerade nicht nur Unternehmen erfasst werden sollen, anders als § 7 Abs. 1 S. 1 ZAG, der seinen Adressatenkreis explizit nennt.

Zusammenfassend lässt sich also anhand des Normkontexts und der Systematik nicht abschließend beurteilen, ob eine Tatbestandsstruktur des § 63 Abs. 1 Nr. 4 ZAG vorliegt, die eine Umgrenzung des Täterkreises zulässt. So scheint sich die Ungewissheit aus dem historischen Wandel der Normstruktur, mithin der bewussten Entnahme des Begriffs des Zahlungsinstituts, zu ergeben, sodass dieser Wandel als Totschlagargument wohl jeglichen systematischen Schlussfolgerungen entgegensteht. Demnach bedarf es gerade einer tiefergehenden Auseinandersetzung mit dem Normwandel, anhand historischer und teleologischer Erwägungen.

(b) Aus historischen und teleologischen Erwägungen

Vor Inkrafttreten des ZAG wurde das Finanztransfergeschäft (§ 1 Abs. 1a Nr. 6 KWG a.F.) noch vom KWG umfasst, sodass eine Strafbarkeit nach § 54 KWG in Betracht kam. Auch zur damaligen Fassung des § 32 Abs. 1 S. 1 KWG a.F. war erlaubnispflichtig, „wer […] Bankgeschäfte betreiben oder Finanzdienstleistungen erbringen will". So richtete sich zur damaligen Rechtslage der Erlaubnistatbestand an *jedermann*[72], der Bankgeschäfte betreiben oder Finanzdienstleistungen erbringen will.[73] Mit Einführung des Zahlungsdiensteaufsichtsge-

---

[71] *Gerhardus-Feld*, in: Casper/Terlau-ZAG, § 7 Rn. 6; *Heucke*, in: Luz/Neus/Schaber/Schneider/et al.-ZAG, § 7 Rn. 1; *Tiemann*, in: Schäfer/Omlor/Mimberg-ZAG, § 7 Rn. 3.

[72] Hervorhebung durch den Verfasser.

[73] Dazu ausführlich VGH Kassel 12.12.2007 – 6 TG 1743/07, VGH Kassel, NJW-RR 2008, 1011 (1012 f.); darauf verweisend *Wahlers*, Die rechtliche und ökonomische Struktur von Zahlungssystemen inner- und außerhalb des Bankensystems, S. 148 f.; anders war dies jedoch noch in der Ursprungsform des KWG von 1961. Dabei wurde im Gesetzesentwurf explizit in § 31 Abs. 1 KWG (so auch übernommen in § 32 Abs. 1 KWG a.F., BGBl. I 1961, S. 881) auf Bankgeschäfte in dem in § 1 Abs. 1 KWG (so auch übernommen in § 1 Abs. 1 KWG a.F., BGBl. I 1961, S. 881) bezeichneten Umfang verwiesen, der wiederum explizit auf Unternehmen abstellte, BT-Drs. 3/1114, S. 4, 12. Aufgrund dessen wurde § 53 KWG (so auch übernommen in § 57 KWG a.F., BGBl. I 1961, S. 881) eingefügt, der unmittelbar auf denjenigen abstellt, „der als Mitglied des zur gesetzlichen Vertretung berufenen Organs einer juristischen Person oder sonst als Vertreter eines anderen handelt." In Ergänzung zu § 53 KWG sollte der Begriff des „Vertreter" sinnvoll ausgelegt werden mit Verweis auf Literatur zur faktischen Betrachtungsweise, BT-Drs. 3/1114, S. 44. Wiederum im Gesetzesentwurf E 1962 zu § 14 StGB wurden diese Sondervorschriften im Nebenstrafrecht, mithin auch zum KWG, aufgegriffen, die Strafbarkeitslücken schließen und die nun von § 14 StGB vereinfacht und vereinheitlicht werden sollten, BT-Drs. 4/650, S. 127. Interessant ist daran, dass der Gesetzgeber im Ursprung des KWG von einem unmittelbaren Verweis auf das Unternehmen ausging, mithin wohl von einem Sonderdelikt (ähnlich der alten Fassung des ZAG), er nunmehr aber im KWG die Tathandlung selbst mehr in den Vordergrund rückt und

setz wurde jedoch nicht nur das Finanztransfergeschäft vom KWG in das ZAG überführt, sondern auch der Erlaubnistatbestand des § 8 Abs. 1 S. 1 ZAG a.F. im Unterschied zu § 32 Abs. 1 S. 1 KWG dahingehend geändert, dass die Erlaubnispflicht an die Stellung „als Zahlungsinstitut" und damit an die Stellung als Unternehmen gebunden wurde, mithin allein Betreiber der Unternehmen erlaubnispflichtig waren.[74] Gesetzgeberische Motive für diese Kopplung an die Zahlungsinstitutseigenschaft des § 8 Abs. 1 S. 1 ZAG a.F. und die dadurch verursachte Änderung der Regelungstechnik sind nicht ersichtlich.[75] Im Gegensatz zur alten Rechtslage des § 8 Abs. 1 S. 1 ZAG a.F. wurde in der aktuellen Fassung des § 10 Abs. 1 S. 1 ZAG wiederum „der Wortlaut geändert, der Einschub ‚als Zahlungsinstitut' ist [wieder] entfallen."[76] Dazu schweigt der Gesetzesentwurf der Bundesregierung jedoch nicht, sondern er schildert zum einen explizit, dass nicht mehr an dem „Institutsbegriff", sondern an den Begriff des „Antragstellers" angeknüpft werden soll, und zum anderen soll damit klargestellt werden, dass mit dem Anknüpfen an den „Antragsteller" nun „sowohl natürliche Personen als auch juristische Personen und Personenvereinigungen umfasst [sind]."[77] „Auf den Wortlaut von § 1 Absatz 1 Nummer 1 [ZAG] kommt es für die Strafbarkeit nicht mehr an."[78] So nennt er ferner zu § 63 ZAG (Strafvorschriften), dass sich die Strafdrohung gegen „jedermann [richtet], der ein solches Geschäft ohne erforderliche Erlaubnis […] betreibt."[79] Ansatzpunkt für die strafrechtliche Bewehrung ist der Erlaubnisvorbehalt nach § 10 ZAG, der an die Person des Antragstellers anknüpft.[80] Auch hier wird darauf verwiesen, dass davon „natürliche Personen als auch juristische Personen und Personenvereinigungen, unabhängig davon ob diesen Personen eine Erlaubnis erteilt werden kann (Erlaubnisfähigkeit)", umfasst sind.[81] In diesem Zusammenhang wird noch einmal deutlich gemacht, dass es auf den Wortlaut von § 1 Abs. 1 Nr. 1 ZAG für die Strafbarkeit nicht ankommt.[82]

---

vereinzelt eine Abkehr davon nimmt. Zudem basierten die ursprünglichen Sondervorschriften wie § 57 KWG a.F. von 1961 gerade nicht auf einer Überwälzung von besonderen persönlichen Merkmalen, sondern fungierten wohl als reine Zurechnungsnormen. Dies lässt der unterschiedliche Wortlaut der Normen erkennen, da zumindest in § 57 KWG a.F. die besonderen persönlichen Merkmale keine Erwähnung finden. So mag dieser fortwährende und proteushafte Wortlaut des KWG (ZAG, KAGB) für die unterschiedlichen Positionen innerhalb der Rechtsprechung und Literatur mit verantwortlich sein und das Festhalten am § 14 StGB, gleich welcher Deliktsart, zumindest greifbar machen.

[74] Vgl. *Löffler*, Die Straftatbestände des Zahlungsdiensteaufsichtsgesetzes, S. 189 f.

[75] *Löffler*, Die Straftatbestände des Zahlungsdiensteaufsichtsgesetzes, S. 189.

[76] BT-Drs. 18/11495, S. 121.

[77] BT-Drs. 18/11495, S. 121.

[78] BT-Drs. 18/11495, S. 121.

[79] BT-Drs. 18/11495, S. 144.

[80] BT-Drs. 18/11495, S. 144.

[81] BT-Drs. 18/11495, S. 144.

[82] BT-Drs. 18/11495, S. 144.

Die geschilderte Änderung der Regelungstechnik stellt wohl seitens des Gesetzgebers eine Reaktion auf den Beschluss des BGH[83] vom 28. 10. 2015 dar. So wurde von der Rechtsprechung zwar richtigweise an die Stellung als Unternehmen angeknüpft, schließlich setzte § 8 Abs. 1 S. 1 ZAG a.F. noch als Normadressaten das Zahlungsinstitut voraus. Fälschlicherweise wurden aber unter den Begriff des Unternehmens allein juristische Personen oder Personenhandelsgesellschaften, nicht auch natürliche Personen gefasst.[84] Mit der Entkopplung des § 10 Abs. 1 S. 1 ZAG vom Zahlungsinstitutsbegriffs und damit vom Unternehmensbegriff, ist es für die Rechtsprechung nicht mehr möglich die Erlaubnispflicht an der Eigenschaft als juristische Person oder Personenhandelsgesellschaft festzumachen. Damit wird man dem Gesetzgeber unterstellen können, dass er von der Erlaubnispflicht des § 10 Abs. 1 S. 1 ZAG nicht nur juristische Personen oder Personenhandelsgesellschaften, sondern darüber hinaus auch natürliche Personen erfasst sehen wollte. Nun lässt der Unternehmensbegriff aber auch eine Auslegung zu, die natürliche Personen umfasst; so hätte man ohne Entnahme des Unternehmensbegriffs auch natürliche Personen erfassen und dies bei Gesetzesänderung lediglich konkretisieren können. Dessen war sich der Gesetzgeber wohl durchaus bewusst, indem er im Gesetzesentwurf zu § 1 Abs. 1 S. 1 Nr. 1 ZAG postuliert, dass „Zahlungsinstitute […] unabhängig von ihrer Rechtsform den Vorschriften dieses Gesetztes unterworfen [sind] (materieller Institutsbegriff)."[85] Dabei soll es gerade nicht „[f]ür die Qualifikation als Zahlungsinstitut […] [darauf ankommen], ob dem betreffenden Unternehmen eine Erlaubnis erteilt oder die Registrierung vorgenommen werden kann, es also erlaubnis- oder registrierungsfähig ist."[86] So trägt der „Unternehmensbegriff […] dem Umstand Rechnung, dass das Erbringen unerlaubter Zahlungsdienste nicht voraussetzt, dass dies durch eine juristische Person oder Personenvereinigung erfolgt, auch wenn nur diese eine Erlaubnis nach diesem Gesetz [(§ 12 Nr. 1 ZAG)] erlangen können."[87] Um einer autonomen Auslegung des Unternehmensbegriffs, wie sie der BGH vornahm, wohl endgültig die Grundlage zu entziehen, wurde dem § 10 Abs. 1 S. 1 ZAG der Normadressat des Zahlungsinstituts dennoch entnommen. Konsequent zu Ende gedacht bedeutet dies nun, dass § 10 Abs. 1 S. 1 ZAG nicht mehr zwingendermaßen an den „materiellen Institutsbegriff" anknüpft, sondern weitreichender ist, mithin nicht nur Unternehmen als Verpflichtete in Betracht kommen. Das bedeutet zum einen, dass § 10 Abs. 1 S. 1 ZAG die Erlaubnispflichtigkeit, nicht aber die Erlaubnisfähigkeit samt dessen „formellen Institutsbegriff" statuiert, und zum anderen, dass die Erlaubnispflichtigkeit nicht nur Unternehmen, die unter den „materiellen Institutsbegriff" fallen, sondern auch weitreichenderen Akteuren, mithin den „Antragstellern" auferlegt wurde, selbst wenn diesen nicht der größte Anwendungsbereich zukommen dürfte.

---

[83] BGH 28. 10. 2015 – 5 StR 189/15, BGH, NStZ-RR 2016, 15 (16).

[84] Siehe dazu bereits ausführlich Teil 3 B. I. 1. a) aa) (2) (a) (bb).

[85] BT-Drs. 18/11495, S. 102.

[86] BT-Drs. 18/11495, S. 103.

[87] BT-Drs. 18/11495, S. 103 unter Verweis auf Art. 11 Abs. 1, 33, 37 ZDRL II.

Zusammenfassend macht also der Gesetzesentwurf der Bundesregierung deutlich, dass bei § 10 Abs. 1 S. 1 ZAG nicht mehr an den „Institutsbegriff", sondern an den Begriff des „Antragstellers" angeknüpft werden soll und es nicht mehr auf den Wortlaut des § 1 Abs. 1 S. 1 Nr. 1 ZAG ankommen darf.[88] Auch wenn man unter den Begriff des Unternehmens natürliche Personen fassen kann, ist der gesetzgeberische Wille zu beachten, der nicht nur Unternehmen als erlaubnispflichtig betrachtet, sondern dem § 10 Abs. 1 S. 1 ZAG einen weiteren Anwendungsbereich zugesteht, der sich auf jedermann bezieht, der gewerbsmäßig oder in einem Umfang, der in kaufmännischer Weise eingerichteten Geschäftsbetrieb erfordert, Zahlungsdienste erbringen will, ohne Zahlungsdienstleister im Sinne des § 1 Abs. 1 S. 1 Nr. 2 bis 5 ZAG zu sein. Damit verhindert das Erlaubnisverfahren, ein Eindringen sowohl unzulänglich fundierter Unternehmen als auch ungeeigneter Personen in das Zahlungsdienstegewerbe.[89] Bereits mit Blick auf die Erste Zahlungsdiensterichtlinie (ZDRL I) (2007/64/EG)[90] sollten Markteintrittsschwellen einen unregulierten Zahlungsverkehr verhindern, sodass auch § 10 Abs. 1 S. 1 ZAG dem Schutz der Integrität des Zahlungsverkehrs und der Sicherstellung seiner volkswirtschaftlich unverzichtbaren Funktionsfähigkeit dient.[91] Damit einher sollen auch die Rechte der Zahlungsdienstkunden, mithin die Rechte von Zahlungsdienstnutzern, gestärkt werden.[92] Ohne die Einbeziehung der Erbringung von Zahlungsdiensten außerhalb

---

[88] BT-Drs. 18/11495, S. 121; ähnlich zur Erlaubnispflichtigkeit im Rahmen des § 32 Abs. 1 S. 1 KWG wohl BVerwG 22.09.2004 – 6 C 29/03, BVerwG, NZG 2005, 265 (270) [„Die damit gegebene Erlaubnisbedürftigkeit entfällt nicht deshalb, weil der auf das Betreiben von Finanzportfolioverwaltung ausgerichtete Geschäftsbetrieb des Kl. nicht als Unternehmen i. S. von § 1 Ia 1 KWG anzusehen wäre."]; auf das Urteil des BVerwG ebenfalls verweisend *Zeidler*, in: Weitnauer/Boxberger/Anders, Kapitalanlagegesetzbuch, § 339 Rn. 3.

[89] So bereits BT-Drs. 3/1114, S. 26 zum KWG von 1961 in Bezug auf das Kreditgewerbe; darauf verweisend VGH Kassel 12.12.2007 – 6 TG 1743/07, VGH Kassel, NJW-RR 2008, 1011 (1012); VG Frankfurt am Main 21.02.2008 – 1 E 5085/06, VG Frankfurt am Main, BeckRS 2008, 35389, Rn. 29; im Kontext eines vorgelagerten Greifens der Erlaubnispflicht auch aktuell BGH 28.02.2023 – 2 StR 371/22, BGH, NStZ 2024, 100 (103), BGH, BeckRS 2023, 15358 [„ungeeignete Personen oder unzulänglich fundierte Unternehmen"].

[90] Richtlinie 2007/64/EG des Europäischen Parlaments und des Rates vom 13.11.2007 über Zahlungsdienste im Binnenmarkt, zur Änderung der Richtlinien 97/7/EG, 2002/65/EG, 2005/60/EG und 2006/48/EG sowie zur Aufhebung der Richtlinie 97/5/EG, ABl. EU Nr. L 319 2007, S. 1.

[91] *Eckhold*, in: Schäfer/Omlor/Mimberg-ZAG, § 10, 11 Rn. 22 unter Verweis auf BT-Drs. 18/11495, S. 1, 78; BT-Drs. 16/11613, S. 27, 46 f.; BT-Drs. 17/3023, S. 44; BT-Drs. 13/7142, S. 63 (im Vorgriff auf die E-GeldRL I) in Verbindung mit dem Rückverweis in BT-Drs. 14/8017, S. 67 f. (zur vollständigen Umsetzung der E-GeldRL I), insbesondere mit Auseinandersetzung des Werdegangs von § 32 Abs. 1 KWG zu § 10 Abs. 1 S. 1 ZAG.

[92] ZDRL II: Richtlinie (EU) 2015/2366 des Europäischen Parlaments und des Rates vom 25.11.2015 über Zahlungsdienste im Binnenmarkt, zur Änderung der Richtlinien 2002/65/EG, 2009/110/EG und 2013/36/EU und der Verordnung (EU) Nr. 1093/2010 sowie zur Aufhebung der Richtlinie 2007/64/EG, ABl. EU Nr. L 337 2015, S. 36 f., insbesondere spiegelt sich das in den Gesetzesentwürfen wider, BT-Drs. 18/11495, S. 1, 78 und BR-Drs. 158/17, S. 1; ZDRL I: Richtlinie 2007/64/EG des Europäischen Parlaments und des Rates vom 13.11.2007 über Zahlungsdienste im Binnenmarkt, zur Änderung der Richtlinien 97/7/EG, 2002/65/

von Unternehmen, kann der bezweckte Schutz nicht vollumfänglich erreicht werden.[93] Mit Blick auf Art. 11 Abs. 1 S. 1 ZDRL II[94], der in § 10 Abs. 1 S. 1 ZAG umgesetzt wurde, lässt sich dies wohl auch bestätigen, denn dieser spricht in dessen Abs. 1 S. 1 Hs. 1 davon, dass „andere Unternehmen als Unternehmen im Sinne des Artikels 1 Absatz 1 Buchstaben a, b, c, e und f" eine Erlaubnis erlangen müssen, aber auch in dessen Abs. 1 S. 1 Hs. 2 davon, dass „andere als die unter die Ausnahmen der Artikel 32 oder 33 fallende natürliche oder juristische Personen" ebenfalls eine Erlaubnis erlangen müssen. Damit sollen auch natürliche oder juristische Personen von der Erlaubnispflicht erfasst werden, denen gerade kein Unternehmensstatus zuteilwird; was mit der expliziten Aufnahme des Halbsatzes 2 und die Trennung der beiden Halbsätze durch die Konjunktion „sowie" im Umkehrschluss deutlich wird. Gerade aus diesen historischen und teleologischen Aspekten heraus, ist eine Umgrenzung des Täterkreises kraft Sachzusammenhangs nicht angezeigt.

(3) Zwischenergebnis und weiterführende Anmerkungen

Zusammenfassend lässt sich also für § 63 Abs. 1 Nr. 4 ZAG keine bestimmte Täterbeschreibung anhand eines bestimmten Status festmachen. So zeigt sich, dass sowohl ausdrücklich als auch kraft Sachzusammenhangs nicht mehr an die Stellung als Zahlungsinstitut und damit an die Stellung als Unternehmen angeknüpft werden kann. Aus systematischen Erwägungen heraus, lässt sich zwar schlussfolgern, dass es sich um ein Zahlungsinstitut handeln kann, es sich gerade aber insbesondere aus historischen und teleologischen Gründen, nicht um ein Zahlungsinstitut handeln muss. So lässt sich anführen, dass das Zahlungsdiensteaufsichtsgesetz den besonderen Geschäftsbetrieb von Zahlungsdiensten im Blick hat, die insbesondere auch den des Zahlungsinstituts umfassen. Darin lässt sich auch ein Fokus auf die primär unternehmerische Tätigkeit erblicken.[95] Das Erlaubnisverfahren verhindert aber gerade, ein Eindringen sowohl unzulänglich fundierter Unternehmen als auch ungeeigneter Personen in das Zahlungsdienstegewerbe, sodass die Erlaubnispflicht nicht nur Akteure trifft, die unter die Definition des Zahlungsinstituts – somit Un-

---

EG, 2005/60/EG und 2006/48/EG sowie zur Aufhebung der Richtlinie 97/5/EG, ABl. EU Nr. L 319 2007, S. 6 ff., insbesondere spricht der Gesetzgeber auch in seinem Gesetzesentwurf vom „konsequenten Gläubigerschutz", BT-Drs. 16/11613, S. 27; ferner OLG Düsseldorf 01.09.2020 – 24 U 137/18, OLG Düsseldorf, BKR 2021, 232 (233); allgemein dazu auch *Danwerth*, Das Finanztransfergeschäft als Zahlungsdienst, S. 11 ff., insbesondere S. 16 f.; auch *Terlau*, in: Casper/Terlau-ZAG, Einleitung Rn. 12.

[93] Vgl. für § 32 Abs. 1 S. 1 KWG VGH Kassel 12.12.2007 – 6 TG 1743/07, VGH Kassel, NJW-RR 2008, 1011 (1012).

[94] Richtlinie (EU) 2015/2366 des Europäischen Parlaments und des Rates vom 25.11.2015 über Zahlungsdienste im Binnenmarkt, zur Änderung der Richtlinien 2002/65/EG, 2009/110/EG und 2013/36/EU und der Verordnung (EU) Nr. 1093/2010 sowie zur Aufhebung der Richtlinie 2007/64/EG, ABl. EU Nr. L 337 2015, S. 66.

[95] So die Rüge des Antragstellers für § 32 Abs. 1 S. 1 KWG in VGH Kassel 12.12.2007 – 6 TG 1743/07, VGH Kassel, NJW-RR 2008, 1011 (1012).

ternehmen – fallen, sondern auch Nichtunternehmen. Mit der Änderung des Wortlauts des Erlaubnisvorbehalts und damit der Entnahme des Terminus „als Zahlungsinstitut", ist ein Anknüpfen an den Status des Zahlungsinstituts und damit des Unternehmens, im Rahmen des § 10 Abs. 1 S. 1 ZAG und sohin im Rahmen des § 63 Abs. 1 Nr. 4 ZAG nicht mehr möglich.

Möchte man diesen Sinneswandel weiter nachvollziehen, so lohnt sich ein Vergleich der Richtlinien mit der deutschen Umsetzung im ZAG. Blickt man nämlich in Art. 10 Abs. 1 S. 1 ZDRL I und in Art. 11 Abs. 1 S. 1 ZDRL II so geht aus den Richtlinien der gleiche Wortlaut hervor, insbesondere der negativ formulierte Ausschluss der „andere[n] Unternehmen als Unternehmen im Sinne des Artikels 1 Absatz 1 Buchstaben a, b, c, e und f" sowie die Umschreibung „als Zahlungsinstitut". Formulierungen, die dem ZAG nicht fremd sind und die der Gesetzgeber verschieden übernommen hat. So hat sich der Gesetzgeber im § 8 Abs. 1 S. 1 ZAG a.F. noch an letzterer Umschreibung orientiert, mithin die Umschreibung „als Zahlungsinstitut" aufgenommen. Betrachtet man die Definitionen des Zahlungsinstituts der beiden Richtlinien genauer, so wird deutlich, dass Art. 4 Nr. 4 ZDRL I und Art. 4 Nr. 4 ZDRL II bei Zahlungsinstituten davon sprechen, dass man eine „Zulassung [...] erhalten hat" oder eine „Zulassung [...] erteilt wurde", um dem Begriff des Zahlungsinstituts gerecht zu werden. Damit sprechen die Richtlinien erst von einem Zahlungsinstitut, sofern eine Zulassung erteilt wurde, mithin im Perfekt. Der deutsche Gesetzgeber hat die Regelungstechnik des ZAG aber an die des KWG angepasst,[96] sodass die Definition des Zahlungsinstituts unabhängig der Zulassung, die Einordnung als Zahlungsinstitut ermöglicht. Allein deswegen musste im § 8 Abs. 1 S. 1 ZAG a.F. – anders wohl als in der Richtlinie –, die Formulierung „als Zahlungsinstitut", dahingehend ausgelegt werden, dass zwar zum einen nur ein materieller Institutsbegriff entscheidend ist, nicht ein formeller Institutsbegriff, dass aber zum anderen auch nur an diesen materiellen Institutsbegriff angeknüpft werden konnte, sodass auch nur materielle Institute erlaubnispflichtig waren. Legt man Besagtes zu Art. 10 Abs. 1 S. 1 ZDRL I und Art. 11 Abs. 1 S. 1 ZDRL II zugrunde, so wird deutlich, dass diese zum einen auch Nichtunternehmen einer Erlaubnispflicht unterziehen wollten und zum anderen, dass dies aufgrund des unterschiedlichen Verständnisses von dem Terminus „als Zahlungsinstitut", auch nicht zu einem Anknüpfen an das Zahlungsinstitut und damit an den Status eines Unternehmens führt. Möchte man dies weiter interpretieren, so wird man dem Gesetzgeber im Hinblick auf § 8 Abs. 1 S. 1 ZAG unterstellen können, dass er sich an dem Wortlaut des Art. 10 Abs. 1 S. 1 ZDRL I orientiert hat, sich der damit einhergehenden Konsequenzen – insbesondere für das Strafrecht – jedoch nicht bewusst war; was die Wortlautänderung des § 10 Abs. 1 S. 1 ZAG und der ausdrückliche Verweis im Gesetzesentwurf, der ein Heranziehen des § 1 Abs. 1 S. 1 Nr. 1 ZAG nunmehr ablehnt, wohl verdeutlichen. Der aktuelle § 10 Abs. 1

[96] *Terlau*, in: Casper/Terlau-ZAG, Einleitung Rn. 2; *Mimberg*, in: Schäfer/Omlor/Mimberg-ZAG, § 1 Rn. 1.

S. 1 ZAG orientiert sich damit allein an dem negativ formulierten Ausschluss der Art. 10 Abs. 1 S. 1 ZDRL I und Art. 11 Abs. 1 S. 1 ZDRL II, sodass dieser auch offen für Nichtunternehmen ist.

Diese Gesetzesänderung hat vor allem Auswirkungen für die Strafvorschrift des § 63 Abs. 1 Nr. 4 ZAG, denn die entfallene Verknüpfung des Status wirkt sich auf den Deliktscharakter und die Zurechnungsmöglichkeit von Täterschaft oder Teilnahme und damit auch auf die Strafbarkeit der Hawala-Akteure aus. Mit der Entnahme des Zahlungsinstituts und damit der Entbindung des Status, rückt die Tätigkeit des Erbringens von Zahlungsdiensten mehr in den Fokus. Über die Erlaubnispflichtigkeit entscheidet, sofern die sonstigen Voraussetzungen des § 10 Abs. 1 S. 1 ZAG auch erfüllt sind, in erster Linie die Tätigkeit des Erbringens selbst. So gilt es im nächsten Schritt zu untersuchen, inwiefern sich aus der tatbestandlich näher umschriebenen Tätigkeit eine Umgrenzung des Täterkreises ergeben kann.[97]

bb) Sonderdeliktsstatus durch Tätigkeits-/Funktionsbeschreibung des Erbringens

Neben der ausdrücklichen oder aus dem Sachzusammenhang ergebenden Statusbezeichnung kann sich eine Umgrenzung des Täterkreises aus einer tatbestandlich näher umschriebenen Tätigkeit beziehungsweise der damit einhergehenden Funktion ergeben.[98] So hat sich bereits gezeigt, dass es bei den §§ 63 Abs. 1 Nr. 4, 10 Abs. 1 S. 1 ZAG entscheidend auf die Tätigkeit des Erbringens selbst ankommt und diese nicht mehr an den Status des Zahlungsinstituts im Sinne des § 1 Abs. 1 S. 1 Nr. 1 ZAG gekoppelt ist. Hervorzuheben gilt es dabei aber, ob mit der Tätigkeit des Erbringens, gewisse Pflichten einhergehen können, die wiederum für eine bestimmte Pflichtenposition beim Täter sorgen und ihn dadurch aus der Gruppe anderer möglicher Täter herausheben, sodass dieser stärker für die Unversehrtheit des in dem Tatbestand geschützten Rechtsgutes strafrechtlich zur Verantwortung gezogen werden muss.[99] Dazu bedarf es jedoch einer bestimmten Position, in der er einen besonders starken Einfluss auf dieses Gut nehmen kann. Anders mag dies nur sein, wenn diese Tätigkeits- oder Funktionsbeschreibung eine bloße Handlungsbe-

---

[97] Vgl. dazu *Radtke*, in: MüKo-StGB, § 14 Rn. 37.

[98] *Radtke*, in: MüKo-StGB, § 14 Rn. 37, wobei auch hier von Sonderdelikten kraft Sachzusammenhangs gesprochen werden kann; darauf ebenfalls verweisend und eher als „kraft Sachzusammenhangs“ deklarierend *Martin*, Sonderdelikte im Umweltstrafrecht, S. 25, Fn. 24; angemerkt sei hierzu jedoch, dass die Arbeit angesichts der Besonderheit des Tatbestandes des § 63 Abs. 1 Nr. 4 ZAG mit Blick auf dessen historischen Wandel, eine andere Herangehensweise favorisiert, dies jedoch dem Topos „kraft Sachzusammenhangs“ nicht verschlossen sein soll; ferner dazu *Hoyer*, in: SK-StGB, § 14 Rn. 33 [„Es stehen sich hier also eine auf den Rechtsstatus bezogene formelle und eine auf die materielle Funktionsausübung bezogene faktische Betrachtungsweise gegenüber“] unter vergleichenden Verweis; *Perron/Eisele*, in: Schönke/Schröder-StGB, § 14 Rn. 5; *Schünemann*, in: LK-StGB, § 14 Rn. 21.

[99] Vgl. *Martin*, Sonderdelikte im Umweltstrafrecht, S. 23, die darin eine Grundvoraussetzung für das Vorliegen eines Sonderdelikts sieht.

schreibung darstellt, aus der gerade keine bestimmte Position des Täters folgt, die strafrechtliche Verantwortlichkeit vielmehr an den tatsächlichen Einfluss auf die Tätigkeit gekoppelt ist, was grundsätzlich für jedermann möglich ist.[100] Damit ist die Frage aufgeworfen wen das Merkmal „wer ohne Erlaubnis nach § 10 Abs. 1 S. 1 ZAG [...] Zahlungsdienste erbringt" meint, also ob die erbringende Person eine bestimmte Position innehat oder ob jedermann diese Tätigkeit ausführen kann.[101] Dafür sei abstrakt auf die wesentlichen Voraussetzungen, die der Gesetzestext nennt, eingegangen, indem zunächst der Blick auf die Zahlungsdienste gerichtet wird, die erbracht werden sollen, sodann auf denjenigen der die Zahlungsdienste erbringt oder diejenigen die die Zahlungsdienste erbringen, und zuletzt – unter Heranziehung und Kontextualisierung der zuvor gewonnenen Erkenntnisse – das Erbringen von Zahlungsdiensten im Strafrecht selbst einer Betrachtung unterzogen werden. Nur so kann ein individuelles Ergebnis für §§ 63 Abs. 1 Nr. 4, 10 Abs. 1 S. 1 ZAG erzielt werden, das einer Pauschalisierung von Tätigkeitsbeschreibungen entgegensteht.

(1) Die zu erbringenden Zahlungsdienste

Die zu erbringenden Zahlungsdienste werden in § 1 Abs. 1 S. 2 ZAG legaldefiniert und müssen nach § 10 Abs. 1 S. 1 ZAG gewerbsmäßig oder in einem Umfang, der einen in kaufmännischer Weise eingerichteten Geschäftsbetrieb erfordert, erbracht werden, um eine Erlaubnispflicht zu begründen. So soll zunächst aus den Diensten selbst und deren Umfang, der Schluss gezogen werden, ob diesen eine Betriebsstruktur innewohnt, die für eine besondere Tätigkeits- oder Funktionsbeschreibung hinsichtlich des Erbringens spricht und damit der Kreis potenzieller Täter konkretisiert werden muss. Denn es stellt sich gerade bei größeren gewerblichen Betrieben die Frage, wer die eigentlichen Dienste erbringt, sodass dem Erbringen eine divergierende Auslegung im Hinblick auf den Personenkreis zugesagt werden kann.

---

[100] *Martin*, Sonderdelikte im Umweltstrafrecht, S. 24 unter Verweis auf einschlägige Literatur.

[101] Ähnliche Probleme ergeben sich im Kernstrafrecht, wie „Veranstalten" bei § 287 StGB, „Betreiben" bei §§ 327, 328 StGB oder im Nebenstrafrecht, wie „Ausführen" bei § 18 AWG, „Handeltreiben" bei § 29 Abs. 1 Nr. 1 BtMG, „Inverkehrbringen" bei § 96 ArzneimittelG, „Betreiben" bei § 339 Abs. 1 Nr. 1 KAGB instruktiv dazu *Radtke*, in: MüKo-StGB, § 14 Rn. 37 ff.; *Schünemann*, in: LK-StGB, § 14 Rn. 43 ff.; ferner *Bosch*, Organisationsverschulden in Unternehmen, S. 244 ff.; *Lehner*, Die strafrechtliche Verantwortlichkeit des Ausfuhrverantwortlichen, S. 108 ff.; *Martin*, Sonderdelikte im Umweltstrafrecht, passim; *Witteck*, Der Betreiber im Umweltstrafrecht, passim; einen umfangreichen Überblick über die Meinungsstände der Deliktscharaktere der Umweltstraftaten, findet sich in *Rengier*, FS Kohlmann, S. 225 ff.; eine tiefergehende Auseinandersetzung mit dem „Erbringen" bei § 63 Abs. 1 Nr. 4 ZAG oder dem „Betreiben" bei § 54 Abs. 1 Nr. 2 KWG ist in der wissenschaftlichen Literatur bisher noch nicht erfolgt und gibt Anlass dazu dies zu vertiefen.

(a) Die Zahlungsdienste des Aufsichts- und des Zahlungsverkehrsrechts

§ 10 Abs. 1 S. 1 ZAG knüpft an das Erbringen von Zahlungsdiensten an, die wiederum im Katalog des § 1 Abs. 1 S. 2 Nrn. 1 – 8 ZAG aufgeführt werden, unter Beachtung der Bereichsausnahmen nach § 2 Abs. 1 ZAG. So werden das Einzahlungsgeschäft (Nr. 1), das Auszahlungsgeschäft (Nr. 2), das Zahlungsgeschäft (Nr. 3), das Zahlungsgeschäft mit Kreditgewährung (Nr. 4), das Akquisitionsgeschäft (Nr. 5), das Finanztransfergeschäft (Nr. 6), die Zahlungsauslösedienste (Nr. 7) und die Kontoinformationsdienste (Nr. 8) genannt. Die im Kern aufsichtsrechtlichen Regelungen im Zahlungsdiensteaufsichtsgesetz haben über § 675c Abs. 3 BGB ebenfalls eine zentrale Bedeutung für das in den §§ 675c – 676c BGB geregelte materielle Zahlungsverkehrsrecht.[102] Damit lässt sich zunächst einmal festhalten, dass dem Begriff des Zahlungsdienstes sowohl im Aufsichts- als auch im Zahlungsverkehrsrecht grundsätzlich eine gleiche Definition zuteilwird. Eine eigenständige strafrechtliche Definition von Zahlungsdiensten ist hingegen nicht existent, sodass sich im Rahmen der §§ 63 Abs. 1 Nr. 4, 10 Abs. 1 S. 1 ZAG am Begriff des § 1 Abs. 1 S. 2 ZAG orientiert werden muss. § 1 Abs. 1 S. 2 ZAG zielt grundsätzlich darauf ab, „auch privatrechtlich begründete Dienstleistungen eines an einem gegebenen Grundgeschäft nicht beteiligten Dritten zu erfassen, die dem Zahler helfen oder ihn erst imstande setzen sollen, Bar-, elektronisches oder Buchgeld von ihm auf den Zahlungsempfänger zu übertragen."[103] Somit tritt der Dienstleister in einem für Zahlungsdienste typischen sogenannten Zahlungsdreieck[104] dem Zahler und dem Zahlungsempfänger als an deren Grundgeschäft unbeteiligter Dritter gegenüber und nimmt den Platz als neutraler Intermediär ein.[105] Aus der privatrechtlich begründeten Dienstleistung eines neutralen Intermediär folgt jedoch nicht zwangsläufig eine Betriebsstruktur, die der eines umfangreichen Betriebes gleichen muss,[106] handelt es sich vielmehr um ein immaterielles Wirtschaftsgut durch das Ausüben einer Tätigkeit. So kann der Intermediär eine natürliche Einzelperson sein oder auch eine juristische Person, unter der mehrere Akteure vereint als Unternehmen agieren, was unterschiedliche Strukturen und damit auch unterschiedliche potenzielle Erbringende offenbaren kann, auch wenn diese Prognose von Zahlungsdienst zu Zahlungsdienst unterschiedlich ausfallen mag. „Be-

---

[102] *Mimberg*, in: Schäfer/Omlor/Mimberg-ZAG, § 1 Rn. 40; *Casper*, in: Casper/Terlau-ZAG, § 1 Rn. 25.

[103] BT-Drs. 18/11495, S. 104; so bereits zuvor BT-Drs. 16/11613, S. 32; darauf ebenfalls verweisend *Mimberg*, in: Schäfer/Omlor/Mimberg-ZAG, § 1 Rn. 43.

[104] *Mimberg*, in: Schäfer/Omlor/Mimberg-ZAG, § 1 Rn. 43 unter Verweis auf BT-Drs. 18/11495, S. 104.

[105] *Mimberg*, in: Schäfer/Omlor/Mimberg-ZAG, § 1 Rn. 43; auch *Casper*, in: Casper/Terlau-ZAG, § 1 Rn. 27.

[106] Anders wohl bei den sogenannten Betreiberdelikten im Umweltstrafrecht §§ 325 ff. StGB, da hier die Tathandlungsmerkmale zwingend einen Betriebsbezug aufweisen, mithin ein bestehender Betrieb einer Anlage vorausgesetzt wird, so *Ceffinato*, Legitimation und Grenzen der strafrechtlichen Vertreterhaftung nach § 14 StGB, S. 370, 62, Rn. 75.

absichtigt ist letztlich […] Dienstleistungen eines Dritten zu erfassen, die die Ausführung einer Zahlung zwischen zwei Parteien, dem Zahler und dem Zahlungsempfänger, unterstützen."[107] Erfasst sind davon also normierte Dienstleistungen irgendeines Dritten, mit dessen Hilfe Zahlungen zwischen zwei Parteien unterstützt werden, gleich welcher Betriebsstruktur diesem immanent ist. Damit zielt das „Erbringen" schon seinem Wortlaut nach auf „Zahlungsdienst*e*" ab, sodass diesem eine pauschalierende Handlungsbeschreibung nachgesagt werden kann, die auf Dauer angelegt ist und wiederum aus vielen einzelnen Tätigkeiten – ausgehend etwaig unterschiedlicher Akteure – bestehen kann, aber nicht notwendigerweise bestehen muss.[108] Aus der Formulierung im Plural lässt sich auch die Tendenz einer bloßen Umschreibung einer Tätigkeit erkennen, anders als beispielsweise der Wortlaut des § 339 Abs. 1 Nr. 1, 2 KAGB, bei dem die Formulierung im Singular „Geschäft" eher einen generalisierenden Blick auf die Tätigkeit einer Kapitalverwaltungsgesellschaft erkennen lässt.[109] § 339 Abs. 1 KAGB umfasst ebenfalls die Tätigkeit des Betreibens und basiert in seinem Ursprung wie § 63 ZAG auf § 54 KWG,[110] sodass auch hier Parallelen gezogen werden können. So bezieht sich beispielsweise § 339 Abs. 1 Nr. 1 KAGB auf die Ausfüllungsnorm des § 20 Abs. 1 S. 1 KAGB, der auf den Geschäftsbetrieb abstellt, anders als § 10 Abs. 1 S. 1 ZAG der allein wie § 63 Abs. 1 Nr. 4 ZAG die Tätigkeit des Erbringens unter Erlaubnis stellt. Mit § 20 Abs. 1 S. 1 KAGB macht der Gesetzgeber deutlich, inwiefern eine Erlaubnispflicht auszugestalten ist, um auf einen vorgelagerten Geschäftsbetrieb zu rekurrieren;[111] dem folgt die Regelungsstruktur des § 10 Abs. 1 S. 1 ZAG nicht. Folgt man dem Regelungskomplex des ZAG, so handelt es sich hier aber um Dienstleistungen, die grundsätzlich die Stellung als Zahlungsdienstleister voraussetzen. Wie bereits be-

---

[107] BT-Drs. 16/11613, S. 32.

[108] So BGH 18.07.2018 – 2 StR 416/16, BGH, NJW 2018, 3467 (3469), der den Begriff des „Betreibens" im Kontext des §§ 54, 32 KWG auslegt und ferner davon spricht, dass damit „eine Mehrheit natürlicher Einzelhandlungen zu einer einmaligen Verwirklichung des Tatbestandes zusammengefasst [werden]"; darauf ebenfalls verweisend BGH 31.05.2023 – 3 StR 25/23, BGH, BeckRS 2023, 17041, Rn. 4.

[109] So *Alten*, in: FK-KAGB, § 339 Rn. 48, der darin auch einen wesentlichen Unterschied zu § 54 Abs. 1 Nr. 2 KWG erkennt; ebenfalls *Richter*, in: Assmann/Wallach/Zetzsche, Kapitalanlagegesetzbuch, § 339 Rn. 32 f., der dies als wesentlichen Unterschied zum Wortlaut des § 54 Abs. 1 Nr. 2 KWG, § 63 Abs. 1 Nr. 4, 5 ZAG und § 331 Abs. 1 Nr. 1 VAG sieht; a. A. *Zeidler*, in: Weitnauer/Boxberger/Anders, Kapitalanlagegesetzbuch, § 339 Rn. 8 f., der die Strafnorm des § 339 Abs. 1 KAGB als Allgemeindelikt in der Form eines Organisationsdelikts kategorisiert.

[110] Vgl. zur historischen Entwicklung des § 339 KAGB: *Richter*, in: Assmann/Wallach/Zetzsche, Kapitalanlagegesetzbuch, § 339 Rn. 5 ff., wobei § 339 KAGB auf § 143a InvG a. F. basiert, der wiederum auf § 54 KWG basiert.

[111] Besonders deutlich wird dies beispielsweise bei § 23 ApoG hervorgehoben, bei der die Strafnorm an sich bereits davon spricht, dass jemand „ohne die erforderliche Erlaubnis oder Genehmigung eine Apotheke, Krankenhausapotheke oder Zweigapotheke betreibt", mithin die Norm explizit auf den Geschäftsbetrieb in Form einer Apotheke, Krankenhausapotheke oder Zweigapotheke abstellt. Die Tätigkeit des Betreibens steht nicht im Vordergrund und wird im Rahmen des bestehenden Geschäftsbetriebs vollzogen.

legt darf bei § 10 Abs. 1 S. 1 ZAG – bei der strafrechtlichen Bewertung – aber nicht mehr an das Zahlungsinstitut nach § 1 Abs. 1 S. 1 Nr. 1 ZAG angeknüpft werden, selbst wenn die Zahlungsdienste nach § 1 Abs. 1 S. 2 ZAG und damit auch § 1 Abs. 1 S. 2 Nr. 6 ZAG ihrer Stringenz nach wiederum einen Zahlungsdienstleister zumindest mittelbar bedingen[112]. Diese Inkonsistenz lässt sich aus der Perspektive der Erlaubnispflicht des § 10 Abs. 1 S. 1 ZAG dahingehend auffassen, dass der Erlaubnispflichtige zwar kein Unternehmen sein muss, dass die Ausübung von Zahlungsdiensten aber dennoch eine gewisse Verantwortungsposition voraussetzt, indem für diese Dienste Verantwortung übernommen wird. Dies gilt aber unabhängig davon, ob diese Verantwortung einer natürlichen Einzelperson oder einem Konglomerat an Akteuren, die beispielsweise als Gesellschaftskonstrukt auftreten, zuteilwird. Diese Verantwortung mag aus streng zahlungsverkehrsrechtlichen Gesichtspunkten wohl auf eine rechtliche Verpflichtung hindeuten, aufsichtsrechtlich wohl aber auch eine faktische Verpflichtung zulassen, die aus der Tätigkeit selbst folgt. Summa summarum geht es also bei den Zahlungsdiensten um ein immaterielles Wirtschaftsgut eines neutralen Intermediär, der zwangsläufig keine Betriebs- oder Unternehmensstruktur vorweisen muss.

(b) Der Umfang der Zahlungsdienste

Ferner müssen nach § 10 Abs. 1 S. 1 ZAG die Zahlungsdienste gewerbsmäßig oder in einem Umfang, der einen in kaufmännischer Weise eingerichteten Geschäftsbetrieb erfordert, erbracht werden.[113] Das bedeutet, dass es einer Absicht der Gewinnerzielung bedarf, die auf eine gewisse Dauer angelegt ist[114] oder eines Geschäftsbetriebs, der in kaufmännischer Weise einzurichten ist, sodass unter Betrachtung kaufmännischer betriebswirtschaftlicher Gesichtspunkte, die Durchfüh-

---

[112] Siehe zum Zahlungsinstitut nach § 1 Abs. 1 S. 1 Nr. 1 ZAG bereits Teil 3 B. I. 1. a) aa) (2).

[113] Zur Gewerbsmäßigkeit und zum Umfang, eines in kaufmännischer Weise eingerichteten Geschäftsbetriebs siehe bereits ausführlich Teil 3 B. I. 1. a) aa) (2) (b) und Teil 3 B. II. 1. b) aa) (3).

[114] *BaFin*, Merkblatt – Hinweise zum Zahlungsdiensteaufsichtsgesetz vom 05.07.2024, abrufbar unter: https://www.bafin.de/SharedDocs/Veroeffentlichungen/DE/Merkblatt/mb_111222_zag.html, F. I. Erlaubnispflicht für Zahlungsinstitute (§ 10 Abs. 1 Satz 1 ZAG); *Altenhain*, in: Momsen/Grützner Wirtschafts- und Steuerstrafrecht, § 20 Rn. 17; *Eckhold*, in: Schäfer/Omlor/Mimberg-ZAG, § 10, 11 Rn. 53; *Mimberg*, in: Schäfer/Omlor/Mimberg-ZAG, § 1 Rn. 20; *Schwennicke*, in: Schwennicke/Auerbach-KWG, § 1 ZAG Rn. 8; *Schwennicke*, in: Schwennicke/Auerbach-KWG, § 10 ZAG Rn. 10; *Walter*, in: Casper/Terlau-ZAG, § 10 Rn. 15; *Hingst/Lösing*, Zahlungsdiensteaufsichtsrecht, § 6 Rn. 15; *Löffler*, Die Straftatbestände des Zahlungsdiensteaufsichtsgesetzes, S. 161, 190 f.; *Eggers/van Cleve*, NZWiSt 2020, 426 (427); im Handelsrecht zeigt sich eine Tendenz, dass bei der Gewerbsmäßigkeit auf eine Entgeltlichkeit abgestellt wird, nicht auf eine Gewinnerzielungsabsicht und dies auch vereinzelt für das ZAG in Erwägung gezogen wird, so zumindest *Eckhold*, in: Schäfer/Omlor/Mimberg-ZAG, § 10, 11 Rn. 54.

rung der betriebenen Geschäfte ordnungsgemäß ablaufen kann.[115] Damit widerfährt den Zahlungsdiensten zumindest dahingehend eine Konkretisierung, dass gewisse Bagatellgewerbe ausgeschlossen sein sollen. Dies spricht gerade dafür, dass § 10 Abs. 1 S. 1 ZAG in erster Linie „größere" gewerbliche Betriebe in Betracht zieht, die eben Einrichtungen aufweisen, die ein Kaufmannsgewerbe mit sich bringt. Dafür reicht jedoch aus, dass nach zahlungsdienstewirtschaftlicher Verkehrsauffassung die Einrichtung eines kaufmännisch eingerichteten Geschäftsbetriebs objektiv erforderlich ist.[116] Auch die Absicht der Gewinnerzielung setzt nur eine Erwartungshaltung hinsichtlich eines wirtschaftlichen Vorteils voraus, der zu einem Überschuss über die Kosten der Tätigkeit führt.[117] Auf einen tatsächlichen Gewinn kommt es dagegen nicht an.[118] Damit lässt sich zumindest § 10 Abs. 1 S. 1 ZAG dahingehend auslegen, dass zwar der Dienstleisterstamm mit Blick auf die Dienstleistung selbst und auch deren Umfang vielseitig sein kann und nicht pauschal eine größere Betriebsstruktur vorliegen muss, die Norm jedoch an Betriebsstrukturen eines gewissen Maßes appelliert, was wiederum den Kreis potenzieller Akteure, die die Zahlungsdienste erbringen können, erweitert, je nach dem, wie das Erbringen ausgelegt wird. Dies spiegelt sich zwangsläufig in einer betrieblichen – gerade keinem Bagatellgewerbe gleichenden – *Tätigkeit* wider, setzt damit aber nicht zwangsläufig auch ein festgeschriebenes Unternehmen als Akteur voraus. Zudem knüpft die Strafbarkeit nicht in erster Linie an den vorausgesetzten Umfang, sondern an das Handeln ohne Erlaubnis an.[119] Die Gewerbsmäßigkeit gilt es dabei zudem allein aufsichtsrechtlich zu bestimmen.[120]

---

[115] *Eckhold*, in: Schäfer/Omlor/Mimberg-ZAG, § 10, 11 Rn. 58; auch OVG Münster 19.11.2015 – 4 B 710/15, OVG Münster, NVwZ-RR 2016, 376 (378) unter Verweis auf die Rechtsprechung des BVerwG 25.06.1980 – BVerwG 1 C 13.74, BVerwG, BeckRS 1980, 03436.

[116] *BaFin*, Merkblatt – Hinweise zum Zahlungsdiensteaufsichtsgesetz vom 05.07.2024, abrufbar unter: https://www.bafin.de/SharedDocs/Veroeffentlichungen/DE/Merkblatt/mb_111222_zag.html, F. I. Erlaubnispflicht für Zahlungsinstitute (§ 10 Abs. 1 Satz 1 ZAG); *Altenhain*, in: Momsen/Grützner Wirtschafts- und Steuerstrafrecht, § 20 Rn. 18; *Eckhold*, in: Schäfer/Omlor/Mimberg-ZAG, § 10, 11 Rn. 58; vgl. *Löffler*, Die Straftatbestände des Zahlungsdiensteaufsichtsgesetzes, S. 163 f. der insbesondere auf die „zahlungswirtschaftliche Verkehrsauffassung" eingeht und dessen Offenlassen durch die BaFin beanstandet.

[117] *Walter*, in: Casper/Terlau-ZAG, § 10 Rn. 15; vgl. *Danwerth*, Das Finanztransfergeschäft als Zahlungsdienst, S. 42 f.; ähnlich *Eckhold*, in: Schäfer/Omlor/Mimberg-ZAG, § 10, 11 Rn. 54, der ferner davon ausgeht, dass der beabsichtigte Überschuss über die eigenen Aufwendungen nicht nur geringfügig sein darf; a. A. *Findeisen*, in: Ellenberger/Findeisen/Nobbe/Böger-Kommentar zum Zahlungsverkehrsrecht, § 1 ZAG Rn. 114 der wohl nicht einmal ein kostendeckendes Leistungsäquivalent vom Zahlungsdienstnutzer verlangt.

[118] *Eckhold*, in: Schäfer/Omlor/Mimberg-ZAG, § 10, 11 Rn. 54 unter vergleichenden Verweis auf *Eisenmenger*, in: Landmann/Rohmer-GewO, § 1 GewO Rn. 23; auch *Schwennicke*, in: Schwennicke/Auerbach-KWG, § 1 KWG Rn. 6; *Löffler*, Die Straftatbestände des Zahlungsdiensteaufsichtsgesetzes, S. 162.

[119] So BGH 11.09.2002 – 1 StR 73/02, BGH, NStZ-RR 2003, 55 (67) zu § 54 KWG.

[120] *Altenhain*, in: Momsen/Grützner Wirtschafts- und Steuerstrafrecht, § 20 Rn. 17; *Weiß*, in: Schäfer/Omlor/Mimberg-ZAG, § 63 Rn. 46; *Löffler*, Die Straftatbestände des Zahlungs-

(2) Der die Zahlungsdienste Erbringende

Nachdem die Zahlungsdienste und deren nötiger Umfang betrachtet wurden, soll auf die potenziell erbringenden Akteure eingegangen werden. So mag der Ausschluss von Bagatellgewerben für eine Gewerbestruktur sprechen, in der mehrere Akteure agieren, beispielsweise ein Unternehmen an sich, der Unternehmensinhaber oder auch involvierte Arbeitnehmer, die als Nichtunternehmer auftreten. Gerade mit der tatsächlichen Geschäftsaufnahme, indem es zum Abschluss des Rechtsgeschäftes und dem Beginn der Abwicklung eines Zahlungsdienstes kommt,[121] können bei umfangreichen Gewerbestrukturen sämtliche Akteure – wenn auch in unterschiedlicher Ausführung – an diesem Prozess des Erbringens beteiligt sein, sodass dieser einer näheren Untersuchung bedarf.

(a) Der Geschäftsherr als rechtlich Erbringender

Geht man von einer Betriebsstruktur aus, die keinem Bagatellgewerbe gleicht, so lässt sich das Erbringen dahingehend auslegen, dass man allein den Geschäftsherrn dieses Gewerbes als erbringende Person identifizieren kann.[122] Bei einem einzelkaufmännischen Unternehmen ist der Geschäftsinhaber der Geschäftsherr, bei einer juristischen Person oder rechtsfähigen Personengesellschaft ist diese selbst der Geschäftsherr.[123] Dies folgt dem Ansatz, dass nicht das einzelne Geschäft, sondern

---

diensteaufsichtsgesetzes, S. 161, 190 f. unter Verweis auf einschlägige Literatur; unter Verweis auf die Literatur ebenfalls BGH 28.02.2023 – 2 StR 371/22, BGH, NStZ 2024, 100 (102), BGH, BeckRS 2023, 15358; zu § 54 KWG bereits BGH 11.09.2002 – 1 StR 73/02, BGH, NStZ-RR 2003, 55 (67).

[121] Siehe dazu bereits Teil 3 B. I. 1. a) aa) (2) (c) (aa).

[122] *Altenhain*, in: Momsen/Grützner Wirtschafts- und Steuerstrafrecht, § 20 Rn. 10; *Häberle*, in: Erbs/Kohlhaas-Strafrechtliche Nebengesetze, § 54 KWG Rn. 2; vgl. auch beispielsweise *Schünemann*, in: LK-StGB, § 14 Rn. 44, der in einem Delikt, dass ein „*gewerbsmäßiges Inverkehrbringen* verlangt", ein Unternehmerdelikt sieht, mit dem regelmäßig ein Handeln als Gewerbetreibender vorausgesetzt wird, sodass es zur Anwendung des § 14 StGB kommt. Das „schlichte Inverkehrbringen" soll eher für ein Gemeindelikt sprechen. Übertragen auf §§ 63 Abs. 1 Nr. 4, 10 Abs. 1 S. 1 ZAG spricht die Strafnorm auch vom bloßen „erbringen", als Blankettnorm wird diese jedoch anhand der Ausfüllungsnorm des § 10 Abs. 1 S. 1 ZAG bestimmt, sodass auch hier das „gewerbsmäßige Erbringen" im Fokus liegt und damit der Gewerbetreibende entscheidend sein könnte. Anders ist aber bei § 10 Abs. 1 S. 1 ZAG die Gewerbsmäßigkeit nicht im strafrechtlichen Sinne auszulegen; vgl. zur Notwendigkeit der Gewerbsmäßigkeit oder der Einrichtung eines in kaufmännischer Weise eingerichteten Gewerbebetriebs im Kontext des § 63 ZAG, *Weiß*, in: Schäfer/Omlor/Mimberg-ZAG, § 63 Rn. 45; vgl. ferner die frühere Heranziehung der sogenannten Geschäftsherrentheorie im Rahmen des AWG und der AWV durch das BAFA sowie das Schrifttum, was zumindest zum Ziehen einer Parallele einlädt. Diese legt ein formelles Ausführerverständnis zugrunde, indem auf den Geschäftsherrn abgestellt wird. Dazu ausführlich unter Verweis auf einschlägige Literatur *Lehner*, Die strafrechtliche Verantwortlichkeit des Ausfuhrverantwortlichen, S. 161 f.

[123] So *Altenhain*, in: Momsen/Grützner Wirtschafts- und Steuerstrafrecht, § 20 Rn. 10; ferner *Schwennicke*, in: Schwennicke/Auerbach-KWG, § 54 KWG Rn. 14.

vielmehr die nicht erlaubte Geschäftstätigkeit als Ganzes kriminalisiert werde.[124] Damit würden „einfache" Angestellte gerade nicht in den Pflichtenkreis des § 10 Abs. 1 S. 1 ZAG gelangen, da diese eine untergeordnete Rolle spielen und damit selbst keine Dienste erbringen können.[125] Dafür könnte wohl auch ein Vergleich zur Agententätigkeit sprechen, § 1 Abs. 9 ZAG. Bei der Inanspruchnahme eines Agenten nach § 25 Abs. 1 ZAG „[b]eabsichtigt ein Institut, Zahlungsdienste *über einen Agenten*[126] zu erbringen"[127]. Der Agent führt aber nach § 1 Abs. 9 S. 1 ZAG „als selbstständiger Gewerbetreibender im Namen des Instituts Zahlungsdienste aus[...]". Damit vollzieht der Zahlungsdienstleister die Geschäftstätigkeit selbst; die Leistung des Prozesses, mithin die Ausführung wird wiederum vom Agenten in offener Stellvertretung vollzogen, § 1 Abs. 9 S. 2 ZAG. Auch der Gesetzgeber[128] spricht beispielsweise davon, „[w]er als rechtlich selbstständige natürliche oder juristische Person Zahlungsdienste in offener Stellvertretung für ein Zahlungsinstitut, [...] Zahlungsdienste erbringt, erbringt selbst keine Zahlungsdienste im Sinne dieses Gesetztes. Er ist ggf. jedoch als Agent einzustufen". „Wer [also] im eigenen Namen auftritt, wird grundsätzlich (zivilrechtlich) selbst berechtigt und verpflichtet und erbringt daher selbst Zahlungsdienste."[129] Dies macht ferner auch § 7 Abs. 1 S. 4 ZAG deutlich, indem hier die Befugnisse der Aufsicht auf einen erweiterten Adressatenkreis ausgedehnt werden, was wohl nötig ist, da dieser erweiterte

[124] So *Altenhain*, in: Momsen/Grützner Wirtschafts- und Steuerstrafrecht, § 20 Rn. 10; vgl. auch *Alten*, in: FK-KAGB, § 339 Rn. 18, der beim „Betreiben" von KVG-Geschäften im Sinne des § 339 KAGB auch ein faktisches Auslegen als schlichtes „Ausüben" oder „Verrichten" ablehnt und auf die Geschäftstätigkeit abstellt mit der Konsequenz, dass die Leitungsposition, eine übergeordnete Verantwortlichkeit innehat.

[125] Vgl. für § 54 KWG im Hinblick auf das Betreiben von Geschäften *Häberle*, in: Erbs/Kohlhaas-Strafrechtliche Nebengesetze, § 54 KWG Rn. 2.

[126] Hervorhebung durch den Verfasser.

[127] Doch auch hier wird die Agententätigkeit der Instituts eigenschaft im Wortlaut des § 25 Abs. 1 S. 1 ZAG gegenübergestellt. Das bedeutet, dass § 25 Abs. 1 S. 1 ZAG grundsätzlich die Stellung als Institut voraussetzt. Hierbei beabsichtigt das *bestehende* Institut, Zahlungsdienste über einen Agenten zu erbringen. So lässt sich darin wiederum die zwingende Stellung als Zahlungsinstitut hineinlesen. Andererseits kann die Handlung von der Instituts eigenschaft separiert werden, denn die Handlung des Erbringens führt auch erst zur Stellung als Zahlungsinstitut, das wiederum im Nachgang Zahlungsdienste über einen Agenten erbringt.

[128] BT-Drs. 16/11613, S. 33.

[129] BT-Drs. 16/11613, S. 37; BT-Drs. 18/11495, S. 108 [„Die Vorschrift entspricht dem bisherigen § 1 Absatz 7"]; ebenfalls zur Umschreibung als berechtigend und verpflichtend: *Weiß*, in: Schäfer/Omlor/Mimberg-ZAG, § 63 Rn. 48 unter vergleichenden Verweis auf die zivilrechtliche Rechtsprechung BGH 12.12.2019 – IX ZR 77/19, BGH, NJW-RR 2020, 292 (294); BGH 15.05.2012 – VI ZR 166/11, BGH NJW 2012, 3177 (3179), indem der Betreiber des Bankgeschäfts im Sinne des § 54 Abs. 1 Nr. 2 KWG bestimmt wird; ferner *Weiß*, wistra 2021, 448 (450); vgl. auch BVerwG 22.04.2009 – 8 C 2/09, BVerwG, VersR 2010, 509 (511), wobei das BVerwG neben Abschluss und Abwicklung auch die wesentlichen zum Vertragsschluss hinführenden Schritte nennt; vgl. ferner *Altenhain*, in: Momsen/Grützner Wirtschafts- und Steuerstrafrecht, § 20 Rn. 10; *Findeisen*, in: Ellenberger/Findeisen/Nobbe/Böger-Kommentar zum Zahlungsverkehrsrecht, § 1 ZAG Rn. 116; *Richter*, in: Luz/Neus/Schaber/Schneider/et al.-ZAG, § 63 Rn. 8.

Adressatenkreis nicht im eigentlichen die Zahlungsdienste erbringt. Aus diesen Überlegungen folgt zunächst einmal, dass es möglich erscheint den Erbringenden auf die Stellung des Geschäftsherrn zu reduzieren, da dieser berechtigt und verpflichtend tätig wird und aufgrund seiner rechtlichen und tatsächlichen Entscheidungsgewalt[130] die Zahlungsdienste erbringt. Damit würde man dem Erbringen einen rechtsgeschäftlichen Charakter beimessen, der zu einer Reduzierung des Personenkreises führt. Die tatsächliche Ausführung beispielsweise eines Arbeitnehmers oder eines Agenten, der sogar als selbstständiger Gewerbetreibender tätig ist, wäre nach diesem Verständnis nicht ausschlaggebend. Entscheidend wäre hiernach also der Geschäftsherr, der berechtigt und verpflichtend tätig wird und damit im eigentlichen Sinne erbringt.

(b) Die Stellung als tatsächlich Erbringender

Der Wortlaut des Erbringens lässt jedoch auch eine Auslegung dahingehend zu, dass es nicht um die Geschäftsherren geht, sondern vielmehr um denjenigen Akteur, der tatsächlich die Ausführungshandlung der Zahlungsdienste übernimmt. Dies wird man zwangsläufig dem Geschäftsherrn absprechen können, sofern dieser nicht als natürliche Person auftritt und gleichzeitig berechtigend und verpflichtend sowie tatsächlich tätig wird. Die Umschreibung „tatsächlich“ meint hier, dass man dem Erbringen eine Auslegung dahingehend zukommen lässt, dass der Begriff auf den Prozess des Dienstleistens selbst ausgerichtet ist, indem das Geschäft tatsächlich und technisch durchgeführt wird, mithin im natürlichen Sinne. Mit Bezug auf Betriebsstrukturen kann man dies eben dem „einfachen“ Angestellten zugestehen, der den Prozess des Geschäftes durch Handlungsakt in die Wege leitet, beispielsweise beim Finanztransfergeschäft Gelder entgegennimmt und diese übermittelt. Zumindest im Kontext des § 25 Abs. 1 S. 3 ZAG darf „[d]er *Agent*[131] […] erst nach Eintragung in das Zahlungsinstituts-Register *mit der Erbringung von Zahlungsdiensten*[132] beginnen.“ Auch diese Normpassage lässt zumindest eine Interpretation als tatsächliche Handlung zu, da der Agent schließlich nicht berechtigend verpflichtend und damit rechtsgeschäftlich tätig wird, sondern dies vielmehr in offener Stellvertretung vollzieht, § 1 Abs. 9 S. 2 ZAG. Einer solchen Auslegung des Erbringenden ist die Norm auch gerade deswegen zugänglich, weil § 10 Abs. 1 S. 1 ZAG mangels Verweises auf das Zahlungsinstitut, nicht mehr die Stellung als Unternehmen voraussetzt und damit auch der Angestellte, der gerade keine organisatorisch-wirtschaftliche Einheit bildet, erfasst wird.[133]

---

[130] *Martin*, Sonderdelikte im Umweltstrafrecht, S. 36 im Kontext des rechtlichen Betreibers im Sinne der §§ 327, 329 StGB mit weiterführender Literatur.

[131] Hervorhebung durch den Verfasser.

[132] Hervorhebung durch den Verfasser.

[133] Zum Begriff des Unternehmens siehe bereits ausführlich Teil 3 B. I. 1. a) aa) (2) (a).

(c) Zwischenergebnis und personelle Eingrenzung

Zusammenfassend lässt sich also sagen, dass von § 10 Abs. 1 S. 1 ZAG Bagatellgewerbe ausgeschlossen sind und damit grundsätzlich eine betriebliche Tätigkeit in Betracht kommt, die mehrere Akteure erfassen kann. Ausgehend davon hat sich gezeigt, dass der Wortlaut des Erbringens eine unterschiedliche Auslegung zulässt, sodass sich der personelle Anwendungsbereich sowohl auf potenzielle Geschäftsherren als auch auf tatsächlich Handelnde Akteure, wie Arbeitnehmer, erstrecken lässt. Dies hängt unmittelbar damit zusammen, wie das Erbringen ausgelegt wird, mithin, ob man diesem eine rein rechtliche oder eine rein tatsächliche Komponente beimisst. Gerade die enge Verflochtenheit des Aufsichtsrechts und des Zahlungsverkehrsrechts sprechen mit Blick auf die Erlaubnispflicht nach § 10 Abs. 1 S. ZAG für eine rechtsgeschäftliche Einordnung, die eine Beschränkung auf den Geschäftsherrn billigt, sodass derjenige erbringt, der berechtigend und verpflichtend tätig wird, unabhängig von dessen Rechtsform[134]. Er ist es, der die Tätigkeit auf eigene Rechnung und unter eigener Verantwortlichkeit mit Risikoübernahme ausübt.[135] So zeigt auch § 25 Abs. 1 S. 1, 3 ZAG, dass das Erbringen eine rechtliche und tatsächliche Komponente im Gesetz bekommen hat. Dennoch hebt der Gesetzgeber hervor, dass derjenige im eigentlichen Sinne Zahlungsdienste erbringt, der im eigenen Namen auftritt und daher (zivilrechtlich) selbst berechtigt und verpflichtet wird; andere, die in offener Stellvertretung agieren, erbringen damit nicht, selbst wenn diese tatsächlich das Geschäft durchführen.[136] Indiziell kann dabei auch auf die Erlaubnisfähigkeit verwiesen werden, da § 12 Nr. 1 ZAG gerade eine Erlaubnis versagt, sofern „der Antragsteller keine juristische Person oder Personenhandelsgesellschaft ist". So geht man bei der Erlaubnisfähigkeit auch von den po-

[134] BT-Drs. 18/11495, S. 121 nennt dabei exemplarisch: „natürliche Person, Personengesellschaft oder sonstige Personenmehrheit, juristische Person oder körperschaftliche Struktur ohne Rechtsfähigkeit"; ebenfalls *BaFin*, Merkblatt – Hinweise zum Zahlungsdiensteaufsichtsgesetz vom 05.07.2024, abrufbar unter: https://www.bafin.de/SharedDocs/Veroeffentlichungen/DE/Merkblatt/mb_111222_zag.html, F. I. Erlaubnispflicht für Zahlungsinstitute (§ 10 Abs. 1 Satz 1 ZAG); ferner *Eckhold*, in: Schäfer/Omlor/Mimberg-ZAG, § 10, 11 Rn. 26; *Heucke*, in: Luz/Neus/Schaber/Schneider/et al.-ZAG, § 10 Rn. 10, die dies jedoch contra legem § 12 Nr. 1 ZAG unter den „Träger der Erlaubnis" fasst und unklar von „körperliche Strukturen" spricht; identisch zur Erlaubnispflicht nach § 32 KWG siehe BVerwG 24.02. 2010 – 8 C 10/09, BVerwG, NZG 2011, 114 (114), das auch „keine besondere Rechtsform des Betreibers oder Dienstleisters voraussetzt".

[135] *Findeisen*, in: Ellenberger/Findeisen/Nobbe/Böger-Kommentar zum Zahlungsverkehrsrecht, § 1 ZAG Rn. 116 unter Verweis auf *Mielk*, WM 1997, 2200 (2201 f.) für das Betreiben von Bankgeschäften; darauf ebenfalls verweisend *Eckhold*, in: Schäfer/Omlor/Mimberg-ZAG, § 10, 11 Rn. 26.

[136] Dies kann aber auch für eine funktional-soziale Tatherrschaft sprechen, da die pauschalierende Handlungsbeschreibung des Erbringens mehrere Einzelhandlungen voraussetzt, mithin aber der Agent mit seiner Einzelhandlung in diesem Sinne keine funktional-soziale Tatherrschaft innehat, ihm fehlt schließlich die nach der innerbetrieblichen Organisation zuständige Position und Funktion. Auch dies kann der Aussage des Gesetzgebers wohl beigemessen werden. Dazu aber unten mehr.

tenziellen Geschäftsherren aus, mithin von der juristischen Person oder der Personenhandelsgesellschaft an sich, nicht vom tatsächlich handelnden Akteur. Nur diese können also auch eine Erlaubnis erhalten. Dies mag einen Anhaltspunkt darstellen, der suggeriert, dass § 10 Abs. 1 S. 1 ZAG mit dessen Erlaubnispflicht – zumindest bei juristischen Personen und Personenhandelsgesellschaften – an den potenziellen Geschäftsherren selbst gerichtet ist und dieser augenscheinlich erbringt. Damit kommt jeder Geschäftsherr, gleich welcher Rechtsform, als rechtlich Erbringender in Betracht. Dies mag vor allem die zahlungsverkehrsrechtliche Ausgangslage wiedergeben, die der aufsichtsrechtlichen Perspektive eine Orientierung vorgibt und die weitergehend einer strafrechtlichen Perspektive unterzogen werden muss. Je nach Art und Umfang des in Bezug genommenen Handlungsobjekts mag die Handlung auch eine mehr oder weniger von der realen Vornahme der Tätigkeit losgelöste Bestimmung der Täterschaft zulassen.[137] Die Kernaussage dahinter ist jedoch, dass dies in erster Linie gegen eine physisch-reale Steuerungsmacht spricht und der Tathandlung vielmehr eine Verantwortungszuweisung immanent ist. Gerade hier erscheint jedoch fraglich, inwiefern der Tathandlung des § 63 Abs. 1 Nr. 4 ZAG diese Verantwortungszuweisung zuteilwird und diese rein zivilrechtlich betrachtet werden darf. Dies gilt es nun umso mehr aus dem Blickwinkel des Strafrechts zu betrachten.

(3) Das Erbringen eines Zahlungsdienstes im Strafrecht

Damit ist zumindest zivilrechtlich der Geschäftsherr der die Zahlungsdienste Erbringende, der berechtigend und verpflichtend tätig wird und damit gegenüber dem Zahlungsdienstekunden als Vertragspartner auftritt,[138] was aus aufsichtsrecht-

[137] So im Kontext anderer Handlungsumschreibungen im Nebenstrafrecht *Bosch*, Organisationsverschulden in Unternehmen, S. 246; darauf ebenfalls verweisend *Ceffinato*, Legitimation und Grenzen der strafrechtlichen Vertreterhaftung nach § 14 StGB, S. 373.

[138] Gerade die zivilrechtliche Rechtsprechung deklariert im Rahmen der §§ 54, 32 KWG die juristische Person als diejenige, gegen die die Geschäfte berechtigend und verpflichtend wirken, sodass diese zivilrechtlich der Betreiber der Geschäfte ist, siehe dazu: BGH 12.12. 2019 – IX ZR 77/19, BGH, NJW-RR 2020, 292 (294); BGH 15.05.2012 – VI ZR 166/11, BGH NJW 2012, 3177 (3179); BGH 21.04.2005 – III ZR 238/03, BGH, NJW 2005, 2703 (2704); OLG Frankfurt am Main 14.10.2016 – 10 U 64/16, OLG Frankfurt am Main, NJW-RR 2017, 547 (548). Dabei geht es in erster Linie um den Schutzgesetzcharakter des § 32 Abs. 1 S. 1 KWG im Sinne des § 823 Abs. 2 BGB, womit die Liquidität in erster Linie bei der juristischen Person liegen dürfte und durch die Anwendung des § 14 Abs. 1 Nr. 1 StGB wohl auch der Geschäftsführer mit der GmbH gesamtschuldnerisch haftet, § 840 BGB. Zivilrechtlich betrachtet wird man sohin wohl auch zu einem billigen Ergebnis kommen. Deutlich wird daran aber auch, dass vor allem der BGH betont, dass diese „*zivilrechtlich* der Betreiber der Geschäfte" ist, was auch der Gesetzgeber in den Gesetzesentwürfen zum ZAG hervorhebt (BT-Drs. 16/11613, S. 37 [„wird grundsätzlich (zivilrechtlich) selbst berechtigt und verpflichtet"]; BT-Drs. 18/11495, S. 108 [„Die Vorschrift entspricht dem bisherigen § 1 Absatz 7"]). Möchte man dies interpretieren, so gilt dies wohl in erster Linie für das Zivilrecht, eine Festlegung für das Strafrecht, wer „Betreiber" oder „Erbringer" ist, soll dadurch aber nicht zwingendermaßen erfolgen.

licher Perspektive einen Bezugspunkt für den Verantwortungsbereich des die (Gewerbe-)Tätigkeit Ausübenden gibt. Die Kernaussage hinter diesem rein rechtlichem Verständnis ist für das Strafrecht jedoch, dass dies in erster Linie gegen eine physisch-reale Handlungsherrschaft spricht und der Handlung vielmehr eine gewisse Verantwortungszuweisung immanent ist, die letztendlich auch zur Erlaubniseinholung verpflichtet. Gerade hier erscheint jedoch fraglich, inwiefern der Tathandlung diese Verantwortungszuweisung zuteilwird und diese unter Heranziehung des Aufsichtsrechts rein zivilrechtlich betrachtet werden darf oder sogar muss. Ebendas gilt es nun aus dem Blickwinkel des Strafrechts zu betrachten und in Zusammenhang zu setzen. Perspektivisch kann man bei einer aus dieser resultierenden Verantwortungszuweisung eine Pflichtenstellung festmachen, die einen vorgeformten Täterkreis umschreibt, was für ein Sonderdelikt sprechen würde. Anders kann diese Verantwortungszuweisung aber auch gerade für eine funktional-soziale Tatherrschaft sprechen, deren Täterschaftsbestimmung nach sozialen oder normativ bestimmten Verantwortungsbereichen bestimmt wird[139] und auf Schünemann zurückgehend als sogenannte Organisationsdelikte[140] umschrieben werden. Besagtes soll daran festgemacht werden, inwiefern § 63 Abs. 1 Nr. 4 ZAG verwaltungsakzessorisch ausgestaltet ist, ob dem § 63 Abs. 1 Nr. 4 ZAG allein die Aufgabe zuteil wird das Erlaubnisverfahren zu schützen und ab wann die Rechtsgüter des § 63 Abs. 1 Nr. 4 ZAG eigentlich tangiert werden. Damit kann abschließend beurteilt werden, ob eine Tätigkeits- oder Funktionsbeschreibung vorliegt. Hierbei kommt es entscheidend auf die strafrechtliche Perspektive an, die in Kontext der vorgefundenen zahlungsverkehrsrechtlichen und aufsichtsrechtlichen Ergebnisse gesetzt werden muss.

(a) Die Verwaltungsakzessorietät des § 63 Abs. 1 Nr. 4 ZAG

§ 63 Abs. 1 Nr. 4 ZAG greift auf die im Nebenstrafrecht gebräuchliche Technik eines Blankettatbestandes zurück, bei dem die strafrechtliche Norm durch verwal-

---

[139] Siehe zur Funktional-sozialen oder normativen Täterschaft *Bosch*, Organisationsverschulden in Unternehmen, S. 244 ff, insbesondere S. 245; siehe dazu ebenfalls *Bosch*, Jura 2022, 429 (433), der dazu ausführt, dass bei den „für eine funktionale Betrachtung angeführten Tatbeständen […] die Verantwortung für bestimmte Prozesse Tatbestandsmerkmal [ist] und damit Teil des tatbestandlich vertypten Unrechts“.

[140] *Schünemann*, in: LK-StGB, § 14 Rn. 21 ff., 31; *Schünemann/Greco*, in: LK-StGB, Vor. §§ 25 Rn. 17; *Schünemann/Greco*, in: LK-StGB, § 25 Rn. 210; auf die Kennzeichnung als Organisationsdelikt nach *Schünemann* ebenfalls verweisend *Bosch*, Organisationsverschulden in Unternehmen, S. 245, Rn. 788 oder auch *Ceffinato*, Legitimation und Grenzen der strafrechtlichen Vertreterhaftung nach § 14 StGB, S. 366, Fn. 239; ferner auf den Begriff des Organisationsdelikts zurückgreifend *Radtke*, in: MüKo-StGB, § 14 Rn. 40; *Schild/Kretschmer*, in: NK-StGB, § 25 Rn. 19; *Schröder/Bergmann*, in: Matt/Renzikowski-StGB, § 14 Rn. 14 ff.; *Lehner*, Die strafrechtliche Verantwortlichkeit des Ausfuhrverantwortlichen, S. 150 ff.; *Morozinis*, Dogmatik der Organisationsdelikte, S. 536 ff. [„Organisationsdelikte (i. e. S.)“]; die von der Rechtsprechung entwickelten Rechtsfigur des uneigentlichen Organisationsdelikts darf damit nicht verwechselt werden, *Schünemann/Greco*, in: LK-StGB, Vor. §§ 25 Rn. 17.

tungsrechtliche Normen ausgefüllt wird.[141] Damit kann das Verwaltungsrecht dem Strafrecht, im Sinne einer Akzessorietät, Vorgaben machen, die im Kontext des Strafrechts Berücksichtigung finden (müssen). So lässt sich zum einen aufgrund der Ausgestaltung des § 63 Abs. 1 Nr. 4 ein Verweis auf das Aufsichtsrecht des § 10 Abs. 1 S. 1 ZAG erkennen, womit die Strafbarkeit von dem Vorliegen einer Erlaubnis abhängt, mithin einer Entscheidung der Verwaltung (sog. Verwaltungsaktsakzessorietät).[142] Dahingehend liegt eine Verwaltungs(akts)akzessorietät zugrunde, mithin ist die Strafbarkeit vom Nichtvorliegen der Erlaubnis abhängig. Wiederum § 10 Abs. 1 S. 1 ZAG stellt auf das Erbringen von Zahlungsdiensten ab, die in § 1 Abs. 1 S. 2 ZAG normiert sind, mithin gilt es verwaltungsrechtliche Vorschriften heranzuziehen (sog. Verwaltungsrechtsakzessorietät).[143] Aber selbst der Begriff des Erbringens ist dem § 10 Abs. 1 S. 1 ZAG oder dem des § 1 Abs. 1 S. 1 Nr. 1 ZAG grundsätzlich nicht fremd (sog. begriffliche Akzessorietät).[144] Der Erbringensbegriff ist im Zahlungsdiensteaufsichtsgesetz zwar nicht legaldefiniert, mag aber auch das rechtsgeschäftliche Handeln im eigenen Namen umfassen.[145] Dieser Begriff „ist [damit] dem allgemeinen Gewerberecht entlehnt" und soll „sich über das rechtsgeschäftliche Handeln hinaus auch auf sonstige unternehmerisch-werbende Tätigkeiten [erstrecken], um eine effiziente Gewerbeaufsicht zu gewährleisten".[146] Der Erlaubnisvorbehalt setzt „nicht erst beim Abschluss einzelner Rechtsgeschäfte an, sondern erfasst die gesamte Geschäftstätigkeit einschließlich der Vorbereitung des konkreten Vertragsabschlusses."[147] Quintessenz dessen ist jedoch, dass ein rechtsgeschäftliches Handeln im Vordergrund steht, an dem angelehnt, die unternehmerische Tätigkeit festgemacht wird. Dies mag auch wieder an der engen Verzahnung des Aufsichts- und Zahlungsverkehrsrechts liegen, das im

[141] BT-Drs. 18/11495, S. 144 [„Die Vorschrift ist […] an die heute übliche Regelungstechnik im Nebenstrafrecht angepasst"]; *Mansdörfer/Oğlakcıoğlu*, RdZ 2024, 106 (108).

[142] *Martin*, Sonderdelikte im Umweltstrafrecht, S. 45 im Kontext des Umweltstrafrechts und unter Verweis auf *Otto*, Jura 1991, 308 (309 ff.); *Perschke*, wistra 1996, 161 (162).

[143] *Martin*, Sonderdelikte im Umweltstrafrecht, S. 45 im Kontext des Umweltstrafrechts und unter Verweis auf *Otto*, Jura 1991, 308 (309 ff.); *Perschke*, wistra 1996, 161 (162).

[144] *Martin*, Sonderdelikte im Umweltstrafrecht, S. 45 im Kontext des Umweltstrafrechts und unter Verweis auf *Otto*, Jura 1991, 308 (309 ff.); *Perschke*, wistra 1996, 161 (162); ferner dazu *Ceffinato*, Legitimation und Grenzen der strafrechtlichen Vertreterhaftung nach § 14 StGB, S. 61, Fn. 74, der richtigerweise eine „unverkennbare Wechselwirkung" zwischen begrifflicher und rechtlicher Akzessorietät sieht, „so dass eine klare Einteilung nicht immer möglich sein wird".

[145] BVerwG 22.04.2009 – 8 C 2/09, BVerwG, VersR 2010, 509 (511), unter Bezugnahme des Begriffs des Betreibens.

[146] BVerwG 22.04.2009 – 8 C 2/09, BVerwG, VersR 2010, 509 (511), unter Bezugnahme des Begriffs des Betreibens, jedoch im Kontext der subjektiven Variante „betreiben will", sohin übertragbar auf § 10 Abs. 1 S. 1 ZAG im Sinne eines „erbringen will".

[147] BVerwG 22.04.2009 – 8 C 2/09, BVerwG, VersR 2010, 509 (511), unter Bezugnahme des Begriffs des Betreibens.

Hinblick auf die Richtlinie[148] einer ganzheitlichen Betrachtung bedarf.[149] Wie bereits dargestellt findet sich in der Konsequenz und mit Blick auf die zivilrechtliche Verflochtenheit des ZAG eben auch die Aussage, dass derjenige Zahlungsdienste erbringt, gegen den die „Geschäfte berechtigend und verpflichtend wirken“[150]. Sohin wird man das Erbringen von Zahlungsdiensten im Aufsichtsrecht dahingehend verstehen müssen, dass eine Geschäftsaufnahme gemeint ist, in Form eines Abschlusses des Rechtsgeschäftes und dem Beginn der Abwicklung eines Zahlungsdienstes. Weiter meint das Erbringen aber nicht nur das einmalige Durchführen eines Zahlungsdienstes, sondern es hat sich auch gezeigt, dass das „Erbringen“ schon seinem Wortlaut nach auf „Zahlungsdienst*e*“ abzielt, sodass diesem auch eine pauschalierende Handlungsbeschreibung nachgesagt werden kann, die auf Dauer angelegt ist und wiederum aus vielen einzelnen Tätigkeiten besteht. Damit kann man ferner dem Erbringen zuweisen, dass das Erbringen von Zahlungsdiensten im Aufsichtsrecht nicht auf ein einmaliges rechtsgeschäftliches Handeln im eigenen Namen abstellt und damit ein einmaliges „berechtigendes und verpflichtendes Wirken“ meint, sondern, dass es den Prozess mehrmaligen rechtsgeschäftlichen Tätigwerdens umschreibt, das wiederum mit dem erstmaligen Rechtsgeschäft beginnt. Dies bildet zumindest den auslösenden Akt. Trotzdem kann das aufsichtsrechtliche Vorgehen nicht vollkommen losgelöst von den zahlungsverkehrsrechtlichen Komponenten ausgelegt werden, sodass dieses auch im Aufsichtsrecht einen Bezugspunkt schafft, der dem aufsichtsrechtlichen Erbringen eine Orientierung gibt.[151] Darin wird auch in der Literatur[152] die formale Position gesehen, die dem

[148] Richtlinie (EU) 2015/2366 des Europäischen Parlaments und des Rates vom 25.11.2015 über Zahlungsdienste im Binnenmarkt, zur Änderung der Richtlinien 2002/65/EG, 2009/110/EG und 2013/36/EU und der Verordnung (EU) Nr. 1093/2010 sowie zur Aufhebung der Richtlinie 2007/64/EG, ABl. EU Nr. L 337 2015, S. 35.

[149] Beispielsweise wird im Kontext der KAGB-Bestimmungen auch von einer „Doppelnorm, ergo privates *und* öffentliches Recht“ gesprochen, was so viel bedeutet wie, „dass die Vorschrift sowohl dem öffentlichen wie dem Privatrecht zuzurechnen ist, also neben den öffentlich-rechtlichen Pflichten der BaFin und der Aufsichtsunterworfenen auch den Inhalt der Anlagebeziehung bestimmt“, so *Zetzsche*, in: Assmann/Wallach/Zetzsche, Kapitalanlagegesetzbuch, Einleitung KAGB Rn. 130. Dies wird sich auch im Einzelnen auf das ZAG übertragen lassen, dass auch zahlungsverkehrsrechtliche und aufsichtsrechtliche Komponenten vereint und dem ZAG damit ebenfalls „Doppelnormen“ zuteilwerden.

[150] *Weiß*, in: Schäfer/Omlor/Mimberg-ZAG, § 63 Rn. 48 unter vergleichenden Verweis auf die zivilrechtliche Rechtsprechung BGH 12.12.2019 – IX ZR 77/19, BGH, NJW-RR 2020, 292 (294); BGH 15.05.2012 – VI ZR 166/11, BGH NJW 2012, 3177 (3179), indem der Betreiber des Bankgeschäfts im Sinne des § 54 Abs. 1 Nr. 2 KWG bestimmt wird; ferner *Weiß*, wistra 2021, 448 (450); vgl. auch BVerwG 22.04.2009 – 8 C 2/09, BVerwG, VersR 2010, 509 (511), wobei das BVerwG neben Abschluss und Abwicklung auch die wesentlichen zum Vertragsschluss hinführenden Schritte nennt; vgl. ferner *Altenhain*, in: Momsen/Grützner Wirtschafts- und Steuerstrafrecht, § 20 Rn. 10; *Findeisen*, in: Ellenberger/Findeisen/Nobbe/Böger-Kommentar zum Zahlungsverkehrsrecht, § 1 ZAG Rn. 116; *Richter*, in: Luz/Neus/Schaber/Schneider/et al.-ZAG, § 63 Rn. 8.

[151] Dazu bereits in Teil 3 B. I. 1. a) aa) (2) (c) (bb).

Geschäftsherrn zuteilwird, da er es ist, der rechtsgeschäftlich auftritt und damit berechtigend und verpflichtend tätig wird. Dahingehend könnte man im Strafrecht förmlich von einer verwaltungs- und zivilrechtlichen Akzessorietät sprechen, da sich das Aufsichtsrecht am Zahlungsverkehrsrecht orientiert und ersteres wiederum dem Strafrecht Vorgaben macht. Dies unter der Prämisse, dass dem Aufsichtsrecht zwingendermaßen eine zahlungsverkehrsrechtliche Komponente beiwohnt und das Strafrecht mit Blick auf den Erbringensbegriff streng akzessorisch zum Aufsichtsrecht steht. Die Auslegung des Aufsichtsrechts, dass nur der Geschäftsherr verpflichtet wird und damit im eigentlichen Sinne Zahlungsdienste erbringt, kann als Indiz gewertet werden, lässt jedoch keine abschließende Wertung zu, welche Person im strafrechtlichen Sinne der Sanktionsdrohung unterfallen soll. Möchte man aber eine Kongruenz der Teilrechtsordnungen schaffen, kann man das Strafrecht dem Aufsichtsrecht gleichtun und einer zivilrechtlichen Denkweise unterziehen, mithin den Täter anhand des Vertragsschlusses festmachen[153] oder diesen als denjenigen umschreiben, der die Zahlungsdienste in eigenem Namen führt, also derjenige, der nach außen das rechtliche und wirtschaftliche Risiko aus den für das Gewerbe abgeschlossenen Rechtsgeschäften trägt[154]. Dafür spricht, dass das Strafrecht im Zahlungsdiensteaufsichtskomplex eine sekundäre Rolle einnimmt, die eine methodische Stütze in der Regelungstechnik des Nebenstrafrechts bildet.[155] So kann ein Verhalten, das im Aufsichtsrecht nicht unter die Erlaubnispflicht nach § 10 Abs. 1 S. 1 ZAG fällt, nicht einfach sanktioniert werden.[156] Auch zur Wahrung der Einheitlichkeit der Rechtsordnung, erscheint eine gleichlaufende Auslegung der Begrifflichkeiten geboten.[157] Beispielsweise spricht der BGH[158] mit strafrechtlichem

---

[152] *Altenhain*, in: Momsen/Grützner Wirtschafts- und Steuerstrafrecht, § 20 Rn. 10; *Weiß*, in: Schäfer/Omlor/Mimberg-ZAG, § 63 Rn. 12 f., 48.

[153] So ausdrücklich *Weiß*, wistra 2021, 448 (450); dazu bereits umfassend Teil 3 B. I. 1. a) aa) (2) (c) (bb).

[154] So BGH 25.04.2002 – 4 StR 152/01, BGH, NJW 2002, 2724 (2725) im Kontext des § 23 ApothG a.F.

[155] *Witteck*, Der Betreiber im Umweltstrafrecht, S. 167 f., jedoch im Kontext des Umweltstrafrechts und dies hinterfragend; vgl. positiv dazu die Quellen und Argumente in *Heghmanns*, Grundzüge einer Dogmatik der Straftatbestände zum Schutz von Verwaltungsrecht oder Verwaltungshandeln, S. 113 f., der dessen Überzeugungskraft jedoch kritisiert und unter Heranziehung weiterer Literatur differenziert (S. 114 ff.).

[156] Vgl. *Frisch*, Verwaltungsakzessorietät und Tatbestandsverständnis im Umweltstrafrecht, S. 8; ferner *Schröder*, Die personelle Reichweite öffentlich-rechtlicher Genehmigungen und ihre Folgen für das Umweltstrafrecht, S. 156 unter Verweis auf einschlägige Literatur.

[157] Vgl. dazu die Quellen in *Heghmanns*, Grundzüge einer Dogmatik der Straftatbestände zum Schutz von Verwaltungsrecht oder Verwaltungshandeln, S. 110, Fn. 291, der dies als „gängiger Argumentationstopos bezeichnet" aber widerlegt (S. 110 ff.); ferner widerlegend *Witteck*, Der Betreiber im Umweltstrafrecht, S. 168, jedoch im Kontext des Betreiberbegriffs im Umweltstrafrecht; siehe weitergehend *Günther*, Strafrechtswidrigkeit und Strafunrechtsausschluß, S. 89, der dabei sogar von einer „handlichen Allzweckwaffe in juristischer Begründungsnot" spricht.

Beschluss vom 11.06.2015 auch von einer „Vereinbarung und Durchführung“, wobei die Vereinbarung bereits als Synonym zum Erbringen entlarvt wurde,[159] diese wohl aber auch einen Rechtscharakter preisgeben kann im Sinne eines Konsens, eines Einvernehmens oder einer Abmachung.

Dem lässt sich dennoch entgegenbringen, dass selbst dem Aufsichts- oder dem Zahlungsverkehrsrecht keine festgeschriebene Legaldefinition vorliegt, das Aufsichtsrecht sich gar nur am Zahlungsverkehrsrecht orientiert, was gerade gegen eine determinierende Wirkung für das Strafrecht sprechen könnte. Auch die BaFin[160] führt beispielsweise unter direkten Verweis auf den Gesetzgeber[161] aus, dass „sonstige Personenmehrheiten […] oder körperschaftliche Strukturen ohne Rechtsfähigkeit“ unter die Erlaubnispflicht des § 10 Abs. 1 S. 1 ZAG fallen. Damit wird selbst mit einer in das Aufsichtsrecht übertragenen streng zivilrechtlichen Betrachtungsweise, eine Berechtigung oder Verpflichtung hiesig nur schwer greifbar sein; somit reiht sich eine streng zivilrechtliche Betrachtung wohl nicht konsequent in das Aufsichtsrecht (der BaFin) ein und bietet eine bloße Orientierung. Diese Divergenz wird auch deutlich, wenn man Personenhandelsgesellschaften in den Fokus nimmt. Denn diese schulden zivilrechtlich die Leistung, werden jedoch nicht als selbstständige Gewerbetreibende angesehen.[162] Trotz zunehmender Anerkennung der Gewerberechtsfähigkeit von Personenhandelsgesellschaften, folgt die Rechtsprechung diesem Ansatz nämlich bislang nicht;[163] es wird hier vielmehr bei

---

158 BGH 11.06.2015 – 1 StR 368/14, BGH, ZWH 2015, 303 (305), so zumindest noch zum Erbringen von Zahlungsdiensten nach § 31 Abs. 1 Nr. 2 ZAG a.F. (§ 63 Abs. 1 Nr. 4 ZAG n.F.), wobei hier noch an den Zahlungsinstitutsbegriff angeknüpft werden musste.

159 Dazu bereits in Teil 3 B. I. 1. a) aa) (2) (c) (aa).

160 *BaFin,* Merkblatt – Hinweise zum Zahlungsdiensteaufsichtsgesetz vom 05.07.2024, abrufbar unter: https://www.bafin.de/SharedDocs/Veroeffentlichungen/DE/Merkblatt/mb_1112 22_zag.html, F. I. Erlaubnispflicht für Zahlungsinstitute (§ 10 Abs. 1 Satz 1 ZAG); anders wohl *Eckhold,* in: Schäfer/Omlor/Mimberg-ZAG, § 10, 11 Rn. 26, der alle Subjekte erfasst sieht, „die zumindest teilrechtsfähig sind und daher im Geschäftsverkehr unter eigenem Namen auftreten und berechtigt und verpflichtet werden können“; siehe ferner *Lendermann,* Hawala-Banking Fachtagung Bekämpfung von Geldwäsche und Terrorismusfinanzierung vom 08.12.2022, abrufbar unter: https://www.bafin.de/SharedDocs/Downloads/DE/Veranstal tung/dl_221208_GW_Vortrag_Lendermann.html, S. 8, die im Verwaltungsverfahren zur Gefahrenabwehr als Adressaten/Verpflichtete den „Betreiber der unerlaubten Geschäfte und Dritte, die in die Anbahnung, den Abschluss oder die Abwicklung der unerlaubten Geschäfte einbezogen sind“, zählt, wobei dies unter die Regelungsstruktur des § 7 Abs. 1 S. 4 ZAG fallen dürfte und die Möglichkeit zum Einschreiten durch die Aufsicht wiedergibt.

161 BT-Drs. 18/11495, S. 121.

162 *Quinke,* in: Münchener Handbuch des Gesellschaftsrechts, § 80 Rn. 3 unter Verweis auf einschlägige Rechtsprechung und der darin noch die h.M. sieht, dies in Rn. 6 jedoch entkräftet.

163 *Eckhold,* in: Schäfer/Omlor/Mimberg-ZAG, § 10, 11 Rn. 75 und *Quinke,* in: Münchener Handbuch des Gesellschaftsrechts, § 80 Rn. 3, 6 unter Verweis auf einschlägige Rechtsprechung und dem Hinweis, dass eine Änderung durch das MoPeG als unwahrscheinlich anzusehen ist; VGH München 05.08.2004 – 22 ZB 04.1853, VGH München, GewA 2004, 479 (479f.); OVG Lüneburg 31.07.2008 – 7 LA 53/08, OVG Lüneburg, NVwZ-RR 2009,

den Trägern der Erlaubnis auf die Gesellschafter in ihrer gesamthänderischen Bindung, soweit ihnen die Geschäftsführung obliegt, abgestellt[164]. Obgleich die Rechtsprechung im Sondergewerberecht den Begriff des Gewerbetreibenden aufgrund einschlägiger Regelungen auch auf Personenhandelsgesellschaften erstrecken lässt,[165] so wird daran zumindest deutlich, dass sich das Aufsichtsrecht nicht immer uneingeschränkt am Zivilrecht orientiert, auch wenn dies zunächst für die Stellung als Erlaubnisträger gilt. Weiter gedacht mag diese „bloße Orientierung" im Aufsichtsrecht auch für eine heterogene Betrachtungsweise des Strafrechts sprechen, denn es kann bei einer strafrechtlichen Auslegung nicht darauf hinauslaufen, dass sich zwangsläufig immer an den in der Verwaltungsrechtswissenschaft und -rechtsprechung entwickelten Auslegungsmethoden orientiert werden muss.[166] Hierbei wird eben ein Maßstab des formellen wie materiellen Verwaltungsrechts herangezogen, sodass bei der Prüfung eines normwidrigen Verhaltens auch ein anderer Maßstab zugrunde gelegt werden muss.[167] Dabei gilt traditionell im Strafrecht die juristische Person auch nicht als tauglicher Normadressat, anders als die Adressaten von Verwaltungsakten.[168] Denn das im Aufsichtsrecht institutionell erbrachte Handeln im eigenen Namen, auf eigene Rechnung und in dessen Verantwortung, ist nicht gleichlaufend zu dem im Strafrecht alleinverantwortlich handelnden und ungebunden agierenden Individuums.[169] So gesteht das ZAG beispielsweise der Bundesanstalt auch zu, dass diese gegenüber dem Unternehmen, seinen Gesellschaftern, den Mitgliedern seiner Organe (§ 7 Abs. 1 S. 1 ZAG) sowie auch gegenüber dem Unternehmen, das in die Anbahnung, den Abschluss oder die Abwicklung dieser

103 (103 f.); VG Neustadt an der Weinstaße 02.11.2012 – 4 L 862/12.NW, VG Neustadt an der Weinstaße, GewA 2013, 83 (83 f.).

[164] BVerwG 16.12.1992 – 1 B 162/92, BVerwG, NJW 1993, 1346 (1346 f.); VGH München 05.08.2004 – 22 ZB 04.1853, VGH München, GewA 2004, 479 (479 f.); OVG Lüneburg 31.07.2008 – 7 LA 53/08, OVG Lüneburg, NVwZ-RR 2009, 103 (103 f.); VG Neustadt an der Weinstaße 02.11.2012 – 4 L 862/12.NW, VG Neustadt an der Weinstaße, GewA 2013, 83 (83 f.); *Eckhold*, in: Schäfer/Omlor/Mimberg-ZAG, § 10, 11 Rn. 75; *Quinke*, in: Münchener Handbuch des Gesellschaftsrechts, § 80 Rn. 3.

[165] *Eckhold*, in: Schäfer/Omlor/Mimberg-ZAG, § 10, 11 Rn. 75 unter vergleichenden Verweis auf einschlägige Rechtsprechung, wobei *Eckhold* auch gerade in § 12 Nr. 1 ZAG eine solche abweichende Regelung sieht, da im Umkehrschluss, derjenige, der eine Erlaubnis beantragen kann, auch über eine hinreichende Rechtspersönlichkeit verfügen muss, mithin auch Personenhandelsgesellschaften.

[166] *Heghmanns*, Grundzüge einer Dogmatik der Straftatbestände zum Schutz von Verwaltungsrecht oder Verwaltungshandeln, S. 132; siehe zum ZAG auch *Mansdörfer/Oğlakcıoğlu*, RdZ 2024, 106 (109 f.).

[167] Vgl. *Heghmanns*, Grundzüge einer Dogmatik der Straftatbestände zum Schutz von Verwaltungsrecht oder Verwaltungshandeln, S. 132; siehe auch *Mansdörfer/Oğlakcıoğlu*, RdZ 2024, 106 (109) [„sollte man auch vor dem Hintergrund der anders gearteten Eingriffsqualität einer ausnahmslosen Gleichschaltung kritisch gegenüberstehen"].

[168] *Witteck*, Der Betreiber im Umweltstrafrecht, S. 170.

[169] *Witteck*, Der Betreiber im Umweltstrafrecht, S. 170 im Kontext des Umweltstrafrechts und unter Bezug zu weiterführender Literatur.

Geschäfte einbezogen ist, ferner gegenüber seinen Gesellschaftern und den Mitgliedern seiner Organe (§ 7 Abs. 1 S. 4 ZAG) Maßnahmen ergreifen kann; die individuelle Verantwortung bleibt dabei aber außen vor.[170] Und solange der Gesetzgeber hier keine evidente Begriffseinheit[171] schafft und dies damit nicht ausdrücklich festschreibt, lässt sich selbst bei einer divergierenden Auslegung kein Verstoß gegen die von Art. 103 Abs. 2 GG gesetzte Grenze erkennen.[172]

Berücksichtigung müssen auch die unterschiedlichen Stoßrichtungen des Aufsichts- und des Strafrechts finden, die sich als präventiv sowie repressiv charakterisieren lassen und allein deswegen im Grundsatz eine unterschiedliche Zielrichtung verfolgen.[173] Doch dabei sei Zurückhaltung geboten, denn auch hier wird man ein gemeinsames Ziel erkennen können: Überschneidungen bei der Schutzrichtung[174], nämlich den Schutz der Integrität des Zahlungsverkehrs und der Sicherstellung seiner volkswirtschaftlich unverzichtbaren Funktionsfähigkeit[175] sowie der Verhinderung von Straftaten wie der Geldwäsche[176]. Überdies sollen auch die Rechte der

---

[170] Blickt man auf ein „illegales Unternehmen" das einen gesetzeswidrigen Zweck verfolgt, sodass – je nach Ausgestaltung – es bereits am Gesellschaftsvertrag mangelt, lassen sich keine Gesellschafter oder Mitglieder seiner Organe im Eigentlichen festmachen. Gegen wen die Bundesanstalt hier einschreiten muss, ob gegen das Konglomerat oder vermeintliche „Quasi-Gesellschafter", kann nur losgelöst von einer streng zivilrechtlichen Betrachtung gefunden werden, sodass auch hier das Aufsichtsrecht gewissermaßen im Widerspruch zum Zahlungsverkehrsrecht steht. Beim Einschreiten der BaFin gegen unerlaubte Finanztransfergeschäfte wird nämlich gegen den „Betreiber der unerlaubten Geschäfte und Dritte, die in die Anbahnung, den Abschluss oder die Abwicklung der unerlaubten Geschäfte einbezogen sind", vorgegangen, was eine Loslösung von einer streng zivilrechtlichen Betrachtung suggeriert und eine gewisse Flexibilität des Aufsichtsrecht preisgibt, so zumindest die Einteilung der Adressaten/Verpflichteten nach *Lendermann*, Hawala-Banking Fachtagung Bekämpfung von Geldwäsche und Terrorismusfinanzierung vom 08. 12. 2022, abrufbar unter: https://www.bafin.de/SharedDocs/Downloads/DE/Veranstaltung/dl_221208_GW_Vortrag_Lendermann.html, S. 8.

[171] Dazu *Witteck*, Der Betreiber im Umweltstrafrecht, S. 168, Fn. 852, der hier beispielsweise auf die ausdrückliche Festschreibung im Hinblick auf den Anlagenbegriff des § 327 Abs. 2 Nr. 1 StGB verweist; vgl. auch *Lehner*, Die strafrechtliche Verantwortlichkeit des Ausfuhrverantwortlichen, S. 112 ff. zur Einordnung der „Ausfuhr" und „Verbringung" nach dem AWG, der AWV und dem KWKG im Hinblick auf die Tathandlung der Ausfuhrdelikte.

[172] Vgl. *Witteck*, Der Betreiber im Umweltstrafrecht, S. 168 unter Verweis auf weiterführende Literatur.

[173] Vgl. *Winkelbauer*, FS Lenckner, S. 649 f.; *Witteck*, Der Betreiber im Umweltstrafrecht, S. 169.

[174] Vgl. *Martin*, Sonderdelikte im Umweltstrafrecht, S. 46 im Kontext des Umweltstrafrechts.

[175] *Eckhold*, in: Schäfer/Omlor/Mimberg-ZAG, § 10, 11 Rn. 22 unter Verweis auf BT-Drs. 18/11495, S. 1, 78; BT-Drs. 16/11613, S. 27, 46 f.; BT-Drs. 17/3023, S. 44; BT-Drs. 13/7142, S. 63 (im Vorgriff auf die E-GeldRL I) in Verbindung mit dem Rückverweis in BT-Drs. 14/8017, S. 67 f. (zur vollständigen Umsetzung der E-GeldRL I), insbesondere mit Auseinandersetzung des Werdegangs von § 32 Abs. 1 KWG zu § 10 Abs. 1 S. 1 ZAG.

[176] Vgl. *BaFin*, Merkblatt – Hinweise zum Zahlungsdiensteaufsichtsgesetz vom 05.07. 2024, abrufbar unter: https://www.bafin.de/SharedDocs/Veroeffentlichungen/DE/Merkblatt/

Zahlungsdienstkunden, mithin die Rechte von Zahlungsdienstnutzern gestärkt werden.[177] Das entscheidende daran ist jedoch, ob dieser Schutz mit der identischen Auslegung des Erbringens auch gewährleistet werden kann oder ob dies nicht vielmehr zu einer dysfunktionalen Wirkungsweise führt, die die Strafnorm förmlich in ein Korsett zwingt, das dem eigentlichen Regelungszweck nicht mehr gerecht werden kann.[178] Damit kann auch bei Prävention und Repression ein paralleles Ziel zugrunde liegen. Die Prävention und Repression kann sich aber in einer unterschiedlichen Umsetzung des eigentlichen Ziels niederschlagen, sodass eine unter-

---

mb_111222_zag.html, B. V. Finanztransfergeschäft (§ 1 Abs. 1 Satz 2 Nr. 6 ZAG) [Neben dem Grund der Geldwäscheprävention hat das Finanztransfergeschäft durch das Zahlungsdiensteumsetzungsgesetz von 2009 „eine weitere Bedeutung bekommen“]. Die BaFin verweist dabei ferner auf BT-Drs. 13/7142, S. 66: „Die Nichtbeaufsichtigung der Geldtransferdienstleistungen ist nicht mehr zeitgemäß. Sie leistet der unerlaubten Ausübung von Bankgeschäften und der Wäsche von Drogengeldern Vorschub. Unternehmen, die gewerbsmäßig Zahlungsaufträge für andere im bargeldlosen Zahlungsverkehr besorgen (Finanztransferdienstleister), unterliegen in Deutschland bisher keiner besonderen Aufsicht und sind Teil des Schattenbankensystems, das sich in letzter Zeit nicht mehr auf die unerlaubte Hereinnahme von Einlagen beschränkt, sondern im internationalen Maßstab verstärkt auch zu Geldwäscheaktivitäten genutzt wird.“ So wird man auch weiterhin vor allem im Rahmen von Finanztransfergeschäften neben dem Schutz der Integrität des Zahlungsverkehrs und der Sicherstellung seiner volkswirtschaftlich unverzichtbaren Funktionsfähigkeit, das Verhindern von Schattenbankensystemen samt deren illegalen Machenschaften erblicken müssen, da dies trotz der Übertragung in das ZAG, wenn auch nicht mehr als Hauptgegenstand, weiterhin von Relevanz ist; vgl. ferner LG Düsseldorf 23.11.2021 – 014 KLs 2/21, LG Düsseldorf, abrufbar unter: http://www.justiz.nrw.de/nrwe/lgs/duesseldorf/lg_duesseldorf/j2021/014_KLs_2_21_Urteil_20211123.html, Rn. 639, LG Düsseldorf, BeckRS 2021, 55636, Rn. 153; *Taheri*, BKR 2020, 133 (135).

[177] ZDRL II: Richtlinie (EU) 2015/2366 des Europäischen Parlaments und des Rates vom 25.11.2015 über Zahlungsdienste im Binnenmarkt, zur Änderung der Richtlinien 2002/65/EG, 2009/110/EG und 2013/36/EU und der Verordnung (EU) Nr. 1093/2010 sowie zur Aufhebung der Richtlinie 2007/64/EG, ABl. EU Nr. L 337 2015, S. 36 f. insbesondere spiegelt sich das in den Gesetzesentwürfen wider, BT-Drs. 18/11495, S. 1, 78 und BR-Drs. 158/17, S. 1; ZDRL I: Richtlinie 2007/64/EG des Europäischen Parlaments und des Rates vom 13.11.2007 über Zahlungsdienste im Binnenmarkt, zur Änderung der Richtlinien 97/7/EG, 2002/65/EG, 2005/60/EG und 2006/48/EG sowie zur Aufhebung der Richtlinie 97/5/EG, ABl. EU Nr. L 319 2007, S. 6 ff. insbesondere spricht der Gesetzgeber auch in seinem Gesetzesentwurf vom „konsequenten Gläubigerschutz“, BT-Drs. 16/11613, S. 27; ferner OLG Düsseldorf 01.09.2020 – 24 U 137/18, OLG Düsseldorf, BKR 2021, 232 (233); allgemein dazu auch *Danwerth*, Das Finanztransfergeschäft als Zahlungsdienst, S. 11 ff., insbesondere S. 16 f.; *Terlau*, in: Casper/Terlau-ZAG, Einleitung Rn. 12; zu § 8 Abs. 1 ZAG a.F. noch LG Köln 29.09.2011 – 81 O 91/11, LG Köln, BKR 2012, 348 (349) [„§ 8 Abs. 1 ZAG als öffentlich-rechtliche Erlaubnis dient jedenfalls auch dem Schutz der Verbraucher vor unzuverlässigen Zahlungsinstituten“].

[178] Vgl. *Witteck*, Der Betreiber im Umweltstrafrecht, S. 168 f., im Kontext des Umweltstrafrechts und unter Verweis auf weiterführende Literatur; vgl. ferner *Heghmanns*, Grundzüge einer Dogmatik der Straftatbestände zum Schutz von Verwaltungsrecht oder Verwaltungshandeln, S. 130, der hier beispielsweise zum Ergebnis kommt, dass „die strafrechtliche Verhaltensnorm […] nur in eine Richtung eine Limitierung [erfährt], sie ist im übrigen aber zum Zwecke des Rechtsgüterschutzes und nach konkreten Strafwürdigkeitsbedürfnissen […] im Rahmen zulässiger Auslegung frei von verwaltungsrechtlichen Vorgaben zu formulieren“.

schiedliche Methodik, möchte diese auch in einem unterschiedlichen Begriffsverständnis zum Tragen kommen, von Nöten ist. Denn die Eigengesetzlichkeit des Strafrechts steht für ein alleinverantwortliches Handeln des Individuums,[179] was im ZAG, das zahlungsverkehrs-, aufsichts- und strafrechtliche Komponenten vereint und sowohl Individuen als auch Gesellschaften anspricht, zu einer Disharmonie führen kann, nicht jedoch muss. Letztlich kann die Einheit der Rechtsordnung auch in einem funktionalen Sinne verstanden werden, denn diese kann sich auch im Sinne einer Einheit der Funktionen widerspiegeln, „sofern sich das Ergebnis der Auslegung in einen in sich stimmigen Zusammenhang entsprechend der Funktionen und Schutzzwecke der jeweiligen Vorschriften bringen lässt".[180] Zwingende Grenze bildet für die strafrechtliche Autonomie aber die sogenannte Mengenlehre[181], denn die autonome Betrachtung kann nicht so weit reichen, dass das Verhalten strafrechtlich sanktionierbar, nach übrigem Recht aber als rechtmäßig zu bewerten ist.[182] Damit darf ein erlaubtes Erbringen von Zahlungsdiensten nicht zur Strafbarkeit nach § 63 Abs. 1 Nr. 4 ZAG führen.

Zusammenfassend lässt sich also feststellen, dass bei einer strengen Begriffsakzessorietät, die Handlung des Erbringens an das zivilrechtliche Verhältnis anknüpft werden kann, dass aber das Strafrecht auch weitergehend für eine autonome Auslegung offen ist, insbesondere wenn der Wortlaut dies zulässt und der Schutzzweck dies erfordert. Somit gilt es weiter zu konkretisieren, inwiefern dieses Rechtsverhältnis als tatbestandlich geforderte Täterqualität verstanden werden kann und wenn nicht, ob es umso mehr gilt, von einem streng akzessorischen Begriffsverständnis abzuweichen, da eine kongruente Auslegung dem eigentlichen Schutzzweck des ZAG widersprechen könnte und es erforderlich wird durch eine autonome Auslegung eine Harmonie des Aufsichts- und des Strafrechts zu schaffen; wenn auch diese Harmonie nicht in einem identischen Begriffsverständnis zu sehen ist.

(b) Die Verletzung der Erlaubnis(-einholungs-)pflicht als eigentliches Unrecht der Tat

Eine bestimmte Pflichtenstellung folgt aus dem Strafrecht isoliert betrachtet zunächst nicht. Strafbar macht sich nach § 63 Abs. 1 Nr. 4 ZAG, wer ohne Erlaubnis Zahlungsdienste erbringt. Daraus folgt, dass eine Handlungsbeschreibung zugrunde liegt, die ohne eine Erlaubnis nach § 10 Abs. 1 S. 1 ZAG nicht erbracht werden darf. In die Pflicht zur Einholung einer Erlaubnis gerät jeder, der diese Tätigkeit vollzieht. Maßgeblich ist daran, ob aus der Stellung als Erlaubnisinhaber

---

[179] Vgl. *Witteck*, Der Betreiber im Umweltstrafrecht, S. 169 f.

[180] So *Schulze-Bühler*, Die Zivilrechtsakzessorietät im Urheberstrafrecht und ihre Grenzen, S. 128 mit weiterführender Literatur.

[181] Zur Mengenlehre siehe zusammenfassend und unter Verweisen auf einschlägige Quellen *Schulze-Bühler*, Die Zivilrechtsakzessorietät im Urheberstrafrecht und ihre Grenzen, S. 134 ff.

[182] *Schulze-Bühler*, Die Zivilrechtsakzessorietät im Urheberstrafrecht und ihre Grenzen, S. 136.

oder aus der Erlaubnis(einholungs)pflicht des § 10 Abs. 1 S. 1 ZAG, mithin aus dem Aufsichtsrecht, eine bestimmte Pflichtenstellung folgt, die den Kreis möglicher Täter des § 63 Abs. 1 Nr. 4 ZAG begrenzt. Diese Begrenzung kann dem Tatbestand zuteilwerden, sofern die Tätigkeit des Erbringens anhand einhergehender öffentlich-rechtlicher Pflichten konkretisiert wird[183]. Die Erlaubnis des § 10 Abs. 1 S. 1 ZAG ist personengebunden und knüpft an persönliche Eigenschaften des Erlaubnisträgers, wie dessen Zuverlässigkeit, besondere Fähigkeiten und Kenntnisse, aber auch an dessen ordnungsgemäße innere Organisation.[184] Die aus der Erlaubnis erwachsenden Rechte und Pflichten sind nur an den Erlaubnisträger gebunden (sogenannte Personalkonzession).[185] Daraus folgt eine Konkretisierung auf den Erlaubnisträger, dem allein Rechte und vor allem Pflichten zuteilwerden, was prima facie einen potenziell begrenzten Täterkreis hervorhebt. Dies wird jedoch dem formellen Erlaubnisträger zuteil, an den das ZAG eigene Anforderungen (§§ 10 Abs. 2, 12 ZAG) und Pflichten (§§ 25 Abs. 2, 26 Abs. 1 S. 3, 27 ZAG) stellt. Die Frage der Erlaubnispflichtigkeit ist wiederum vorgelagert und lässt keine weitere Konkretisierung, bis auf die erbringende Tätigkeit im Sinne des § 10 Abs. 1 S. 1 ZAG zu. Auch hier zeigt sich, dass zwischen der Erlaubnispflicht und der Erlaubnisfähigkeit differenziert werden muss. Nicht jeder Erlaubnispflichtige, kann zugleich auch die Stellung als Erlaubnisträger erhalten, sodass nur letzterem, diese hervorgehobenen Pflichten zuteilwerden, ersterem zunächst nur die Pflicht erwächst eine Erlaubnis einzuholen. Die Erlaubnis ist ein begünstigender Verwaltungsakt, der den Anspruch des Einzelnen auf Ausübung der erwünschten Tätigkeit legitimiert.[186] Somit knüpft aber die Strafnorm des § 63 Abs. 1 Nr. 4 ZAG nicht an die Rechtsträgerstellung an, aus der sich eine Konkretisierung für den Täterkreis ergeben könnte, vielmehr wird bereits vorgelagert an die Erlaubnispflichtigkeit angeknüpft. Diese wiederum schließt jedoch nicht an bestimmte Eigenschaften oder Organisationspflichten an, sondern allein an die Tätigkeit des Erbringens, ohne dass dadurch der Stamm potenzieller Akteure eingeschränkt wird. Es zeigt sich, dass die Pflichtigkeit von der Handlung des Erbringens bestimmt wird, nicht andersherum, also die Tätigkeit in einer Pflichtenstellung ausgeübt wird, die für eine Funktionsbeschreibung sprechen könnte.

---

[183] *Radtke*, in: MüKo-StGB, § 14 Rn. 38 unter Verweis auf *Heine/Schittenhelm*, in: Schönke/Schröder-StGB, Vor. §§ 324 ff. Rn. 25 im Kontext des Umweltstrafrechts.

[184] *Eckhold*, in: Schäfer/Omlor/Mimberg-ZAG, § 10, 11 Rn. 71; siehe dazu auch Art. 11 Abs. 4 ZDRL II [„wozu eine klare Organisationsstruktur mit genau abgegrenzten, transparenten und kohärenten Verantwortungsbereichen, wirksame Verfahren zur Ermittlung, Steuerung, Überwachung und Meldung der Risiken, denen es ausgesetzt ist oder ausgesetzt sein könnte, sowie angemessene interne Kontrollmechanismen, einschließlich solider Verwaltungs- und Rechnungslegungsverfahren, zählen"].

[185] *Eckhold*, in: Schäfer/Omlor/Mimberg-ZAG, § 10, 11 Rn. 71.

[186] *Witteck*, Der Betreiber im Umweltstrafrecht, S. 177 unter Verweis auf *Rengier*, ZStW 1989, 874 (875); vgl. ferner *Ceffinato*, Legitimation und Grenzen der strafrechtlichen Vertreterhaftung nach § 14 StGB, S. 57, Fn. 54.

In Frage steht aber, ob für § 63 Abs. 1 Nr. 4 ZAG der Verstoß gegen die Erlaubnis(einholungs)pflicht, das alleinige Verwirklichen des Unrechts darstellt, folglich, ob § 63 Abs. 1 Nr. 4 ZAG allein das aufsichtsrechtliche Erlaubnisverfahren schützen will und damit allein der in die Pflicht Genommene das strafrechtliche Unrecht des § 63 Abs. 1 Nr. 4 ZAG im Sinne eines „bloßen Verwaltungsungehorsams" verwirklichen kann. Das bedeutet, dass § 10 Abs. 1 S. 1 ZAG *„potentielle* Adressaten eines Verwaltungsaktes"[187] in die Pflicht nimmt eine Erlaubnis einzuholen und damit auch nur diese das Unrecht des § 63 Abs. 1 Nr. 4 ZAG verwirklichen können, wenn diese gerade keine Erlaubnis einholen. Allein durch die Umgehung jeglicher Kontrollmöglichkeiten besteht bereits eine erhebliche Gefahr für die von § 63 Abs. 1 Nr. 4 ZAG geschützten Interessen.[188] Jedenfalls repräsentiert § 63 Abs. 1 Nr. 4 ZAG eine uneinheitliche Schutzrichtung[189], die die geschützten Interessen vielseitig erscheinen lassen, sodass diese Strafnorm förmlich als Generalist im Zahlungsdiensteaufsichtsrecht auftritt. Im Kern dient das Zahlungsdiensteaufsichtsgesetz, Markteintrittsschwellen eines unregulierten Zahlungsverkehrs zu verhindern,[190] sodass der Schutz der Integrität des Zahlungsverkehrs und der Sicherstellung seiner volkswirtschaftlich unverzichtbaren Funktionsfähigkeit gewährleistet wird.[191] Überdies sollen auch die Rechte der Zahlungsdienstkunden, mithin die Rechte von Zahlungsdienstnutzern, gestärkt werden.[192] Im Kontext des

---

[187] *Kuhlen*, WiVerw 1991, 181 (237).

[188] *Nestler/Schiffner*, NStZ 2022, 35 (39).

[189] *Nestler/Schiffner*, NStZ 2022, 35 (39).

[190] So bereits die Erste Zahlungsdiensterichtlinie (ZDRL I): Richtlinie 2007/64/EG des Europäischen Parlaments und des Rates vom 13. 11. 2007 über Zahlungsdienste im Binnenmarkt, zur Änderung der Richtlinien 97/7/EG, 2002/65/EG, 2005/60/EG und 2006/48/EG sowie zur Aufhebung der Richtlinie 97/5/EG, ABl. EU Nr. L 319 2007, S. 1; vgl. auch *Allgayer*, in: Ellenberger/Bunte, Bankrechts-Handbuch, § 11 Rn. 819.

[191] *Eckhold*, in: Schäfer/Omlor/Mimberg-ZAG, § 10, 11 Rn. 22 unter Verweis auf BT-Drs. 18/11495, S. 1, 78; BT-Drs. 16/11613, S. 27, 46 f.; BT-Drs. 17/3023, S. 44; BT-Drs. 13/7142, S. 63 (im Vorgriff auf die E-GeldRL I) in Verbindung mit dem Rückverweis in BT-Drs. 14/8017, S. 67 f. (zur vollständigen Umsetzung der E-GeldRL I), insbesondere mit Auseinandersetzung des Werdegangs von § 32 Abs. 1 KWG zu § 10 Abs. 1 S. 1 ZAG; ferner *Allgayer*, in: Ellenberger/Bunte, Bankrechts-Handbuch, § 11 Rn. 819; *Findeisen*, in: Ellenberger/Findeisen/Nobbe/Böger-Kommentar zum Zahlungsverkehrsrecht, § 1 ZAG Rn. 108, der hier den Zahlungsverkehr überspitzt als „Blutkreislauf im Finanzsystem" bezeichnet; *Bittmann*, NZWiSt 2021, 133 (140); siehe auch BGH 08. 03. 2023 – 1 StR 281/22, BGH, NZWiSt 2023, 317 (320) und BGH 17. 04. 2007 – 5 StR 446/06, BGH, NStZ 2007, 647 (647) zu § 54 KWG, an dem sich § 63 ZAG orientiert; siehe ferner BR-Drs. 9/21, S. 1 zur allgemeinen Stärkung der Finanzmarktintegrität, auch unter Bezug des ZAG; weitergehend auch BT-Drs. 18/6744, S. 67 f. zum KAGB unter Anhebung des Strafrahmens auf das Niveau der verwandten Tatbestände des KWG, ZAG, VAG, um den Schutzzweck, die Integrität des Finanzsystems zu wahren.

[192] ZDRL II: Richtlinie (EU) 2015/2366 des Europäischen Parlaments und des Rates vom 25. 11. 2015 über Zahlungsdienste im Binnenmarkt, zur Änderung der Richtlinien 2002/65/EG, 2009/110/EG und 2013/36/EU und der Verordnung (EU) Nr. 1093/2010 sowie zur Aufhebung der Richtlinie 2007/64/EG, ABl. EU Nr. L 337 2015, S. 36 f. insbesondere spiegelt

Finanztransfergeschäfts und dessen historischen Ursprungs geht dies im Speziellen mit der Bekämpfung von Schattenbankensystemen, mithin der Verhinderung von Straftaten wie beispielsweise der Geldwäsche einher.[193] Die uneinheitliche Schutzrichtung lädt jedoch zur weiteren Konkretisierung ein, sodass anhand der Schutz-

---

sich das in den Gesetzesentwürfen wider, BT-Drs. 18/11495, S. 1, 78 und BR-Drs. 158/17, S. 1; ZDRL I: Richtlinie 2007/64/EG des Europäischen Parlaments und des Rates vom 13. 11. 2007 über Zahlungsdienste im Binnenmarkt, zur Änderung der Richtlinien 97/7/EG, 2002/65/EG, 2005/60/EG und 2006/48/EG sowie zur Aufhebung der Richtlinie 97/5/EG, ABl. EU Nr. L 319 2007, S. 6 ff.; insbesondere spricht der Gesetzgeber auch in seinem Gesetzesentwurf vom „konsequenten Gläubigerschutz", BT-Drs. 16/11613, S. 27; ferner BGH 28. 02. 2023 – 2 StR 371/22, BGH, NStZ 2024, 100 (102), BGH, BeckRS 2023, 15358; OLG Hamburg 03. 11. 2023 – 13 U 149/22, OLG Hamburg, BeckRS 2023, 40650, Rn. 24 [„Es genügt, dass die Norm auch das Interesse der einzelnen schützen soll, mag sie auch in erster Linie das Interesse der Allgemeinheit im Auge haben"]; OLG Düsseldorf 01. 09. 2020 – 24 U 137/18, OLG Düsseldorf, BKR 2021, 232 (233); allgemein dazu auch *Danwerth*, Das Finanztransfergeschäft als Zahlungsdienst, S. 11 ff., insbesondere S. 16 f.; *Taheri/Yildiz*, BKR 2023, 721 (722 f.) unter Verweis auf § 24 Abs. 4 ZAG; ferner *Allgayer*, in: Ellenberger/Bunte, Bankrechts-Handbuch, § 11 Rn. 819; *Terlau*, in: Casper/Terlau-ZAG, Einleitung Rn. 12; *Bittmann*, NZWiSt 2021, 133 (140); vgl. auch BGH 28. 06. 2022 – 3 StR 403/20, BGH, BeckRS 2022, 20799, Rn. 16, der im Kontext des § 129 StGB auch darauf verweist, dass das Hawala-Banking den grundlegenden Prinzipien des Verbraucherschutzes widerstreitet.

[193] Vgl. *BaFin*, Merkblatt – Hinweise zum Zahlungsdiensteaufsichtsgesetz vom 05. 07. 2024, abrufbar unter: https://www.bafin.de/SharedDocs/Veroeffentlichungen/DE/Merkblatt/mb_111222_zag.html, B. V. Finanztransfergeschäft (§ 1 Abs. 1 Satz 2 Nr. 6 ZAG) [Neben dem Grund der Geldwäscheprävention hat das Finanztransfergeschäft durch das Zahlungsdiensteumsetzungsgesetz von 2009 „eine weitere Bedeutung bekommen"]. Die BaFin verweist dabei ferner auf BT-Drs. 13/7142, S. 66: „Die Nichtbeaufsichtigung der Geldtransferdienstleistungen ist nicht mehr zeitgemäß. Sie leistet der unerlaubten Ausübung von Bankgeschäften und der Wäsche von Drogengeldern Vorschub. Unternehmen, die gewerbsmäßig Zahlungsaufträge für andere im bargeldlosen Zahlungsverkehr besorgen (Finanztransferdienstleister), unterliegen in Deutschland bisher keiner besonderen Aufsicht und sind Teil des Schattenbankensystems, das sich in letzter Zeit nicht mehr auf die unerlaubte Hereinnahme von Einlagen beschränkt, sondern im internationalen Maßstab verstärkt auch zu Geldwäscheaktivitäten genutzt wird." So wird man auch weiterhin vor allem im Rahmen von Finanztransfergeschäften im Kontext des § 63 Abs. 1 Nr. 4 ZAG neben dem Schutz der Integrität des Zahlungsverkehrs und der Sicherstellung seiner volkswirtschaftlich unverzichtbaren Funktionsfähigkeit, das Verhindern von Schattenbankensystemen samt deren illegalen Machenschaften erblicken müssen, da dies trotz der Übertragung in das ZAG, wenn auch nicht mehr als Hauptgegenstand, weiterhin von Relevanz ist; vgl. ferner LG Düsseldorf 23. 11. 2021 – 014 KLs 2/21, LG Düsseldorf, abrufbar unter: http://www.justiz.nrw.de/nrwe/lgs/duesseldorf/lg_duesseldorf/j2021/014_KLs_2_21_Urteil_20211123.html, Rn. 639, LG Düsseldorf, BeckRS 2021, 55636, Rn. 153; *Taheri*, BKR 2020, 133 (135); siehe dazu auch *Danwerth*, Das Finanztransfergeschäft als Zahlungsdienst, S. 30 f., der darauf eingeht, ob zwischen dem KWG und ZAG im Kontext des Finanztransfergeschäfts divergierende Schutzzwecke herrschen. Blickt man aber auf die Überführung des Finanztransfergeschäfts vom KWG in das ZAG, ist das Ziel der Bekämpfung von Schattenbankensystemen und der Geldwäsche der Strafnorm des § 63 Abs. 1 Nr. 4 ZAG weiterhin immanent. Hieran lässt sich erkennen, dass die Strafnorm des § 63 Abs. 1 Nr. 4 ZAG über den bloßen Wunsch, die Harmonisierung des europäischen Binnenmarktes voranzutreiben, hinausgeht.

güter die Verwirklichung des Unrechtsgehalts des § 63 Abs. 1 Nr. 4 ZAG näher bestimmt werden muss.

Beim Erbringen von Zahlungsdiensten soll es sich eigentlich um ein sozial erwünschtes Verhalten handeln, das unter einem Erlaubnisvorbehalt steht.[194] Hierbei soll gerade der Zahlungsverkehr florieren, gleichwohl unter der Kontrolle der Bundesanstalt, die die Aufsicht über die Zahlungsdienstleister ausübt. Damit soll § 63 Abs. 1 Nr. 4 ZAG gerade einen unregulierten Zahlungsverkehr verhindern, was zunächst für den Schutz der Funktionsfähigkeit des Erlaubnisverfahrens spricht und nur dem Erlaubnispflichtigen die Unrechtsverwirklichung zuteilwerden lässt. Darüber hinaus sollen aber auch komplexe Rechtsgüter wie die Integrität des Zahlungsverkehrs und die Sicherstellung seiner volkswirtschaftlich unverzichtbaren Funktionsfähigkeit im Fokus stehen, sodass der Schutz des Erlaubnisverfahrens als bloßer Reflex Beachtung finden kann.[195] Dies erklärt wohl auch die Ausgestaltung als Strafnorm und nicht nur als bloße Ordnungswidrigkeit, wird damit gerade auch ein gesteigerter Unrechtsgehalt erklärt, der eine strafrechtliche Sanktion notwendig

---

[194] Als präventives Verbot mit Erlaubnisvorbehalt einordnend: BT-Drs. 17/3023, S. 55 zumindest für die Vorgängernorm des § 8 Abs. 1 S. 1 ZAG a. F., das aber auch für § 10 Abs. 1 S. 1 ZAG gilt; dazu LG Mannheim 17.11.2020 – 22 KLs 540 Js 6574/20, LG Mannheim, BeckRS 2020, 50512, Rn. 122; *Eckhold*, in: Schäfer/Omlor/Mimberg-ZAG, § 10, 11 Rn. 24; *Richter*, in: Luz/Neus/Schaber/Schneider/et al.-ZAG, § 63 Rn. 11; *Terlau*, in: Casper/Terlau-ZAG, § 63 Rn. 10; *Tiemann*, in: Schäfer/Omlor/Mimberg-ZAG, § 7 Rn. 2; *Walter*, in: Casper/Terlau-ZAG, § 10 Rn. 4; *Janßen*, VuR 2018, 54 (54); *Müller/Starre*, BKR 2013, 149 (152); a. A. die von einem repressiven Verbot mit Erlaubnisvorbehalt ausgeht *Reschke/Ernst*, in: Ellenberger/Findeisen/Nobbe/Böger-Kommentar zum Zahlungsverkehrsrecht, § 7 ZAG Rn. 2 zu § 10 ZAG; *Danwerth*, Das Finanztransfergeschäft als Zahlungsdienst, S. 37, zu § 8 ZAG a. F. unter vergleichenden Verweis auf einschlägige Rechtsprechung und Literatur ebenfalls zur alten Rechtslage des § 8 ZAG a. F.

[195] Dazu sei auf BR-Drs. 482/10, S. 110, 93 verwiesen, indem der Gesetzgeber „mit der im Jahr 2011 erfolgten Anhebung des Höchststrafmaßes […] ausdrücklich den Anlegerschutz erwähnt und ausgeführt [hat], dass der Schutzzweck der Aufsichtsgesetze (gemeint: KWG, VAG, ZAG) sei, die Integrität des Finanzsystems zu wahren und (zumindest institutionell) dem Anlegerschutz Geltung zu verschaffen“, darauf verweisend *Häberle*, in: Erbs/Kohlhaas-Strafrechtliche Nebengesetze, § 54 KWG Rn. 1; ferner sei auf BT-Drs. 13/7142, S. 97 verwiesen, indem noch unter § 54 KWG a. F. der Gesetzgeber darauf verweist, dass „[d]ie Einbeziehung unerlaubter Finanzdienstleistungen in den Straftatbestand […] erforderlich [ist], um das Vertrauen in die Seriösität [sic!] der [sic!] Finanzdienstleistungssektors zu stärken“; siehe auch OLG Hamburg 03.11.2023 – 13 U 149/22, OLG Hamburg, BeckRS 2023, 40650, Rn. 24 [„Es genügt, dass die Norm auch das Interesse der einzelnen schützen soll, mag sie auch in erster Linie das Interesse der Allgemeinheit im Auge haben“]; vgl. zu den Ausfuhrdelikten *Lehner*, Die strafrechtliche Verantwortlichkeit des Ausfuhrverantwortlichen, S. 148, der den Ausfuhrdelikten einen Schutzreflex nachsagt, indem diese auch die Funktionsfähigkeit des formellen Ausfuhrgenehmigungsverfahren schützen, vielmehr jedoch komplexe Schutzgüter absichern möchten; vgl. im Allgemeinen gegen die Einordnung von Erlaubnisvorbehalten als reiner Schutzmechanismus des Verwaltungsgehorsams *Wolf*, Error facti et error iuris, S. 210; siehe ferner zur Volkswirtschaftlichen Bedeutung des Zahlungsverkehrs *DBB*, Monatsbericht 3/2009, S. 52 f.

werden lässt.[196] Ferner sollen die Zahlungsdienstekunden geschützt und weiter das Untergrundbankwesen im Zahlungsverkehr nicht sesshaft werden. Ähnlich der Vorgängernorm des § 54 KWG[197] und den Betrugsderivaten[198], neigt der Gesetzgeber auch bei § 63 Abs. 1 Nr. 4 ZAG dazu, überindividuelle Kollektivinteressen zu schützen, mithin den Zahlungsverkehr an sich. Zusätzlich geht aber auch der Schutz von Individualinteressen einher, indem der Schutz des Zahlungsdienstekunden in den Vordergrund rückt. Die Schwierigkeit eines solch konturenlosen Rechtsgutes, wie der Integrität des Zahlungsverkehrs, liegt darin, überhaupt zu begreifen, wie dieses Rechtsgut tangiert werden kann. Reichling spricht im Kontext der Parallelnorm des § 54 KWG beispielsweise auch davon, dass das Vertrauen in die Kapitalmärkte und das Kreditwesen ein „politischer Begriff [ist], der kaum justiziabel sein dürfte."[199] Ob eine empirische Untersuchung einen verlorenen Vertrauensverlust in den Zahlungsverkehr messen kann, lässt sich wohl nur schwierig beweisen,[200] soll hier aber auch nicht weiter zum Gegenstand der Arbeit gemacht werden. Zumindest wird ein mangelnder Rückgriff auf Zahlungsdienstleistungen einen Vertrauensverlust bekunden, ausgelöst durch eine mangelnde Seriosität des Finanzdienstleistungssektors,[201] was in Summe zu einem Verlust dessen Integrität

[196] Ob eine Ausgestaltung als Strafnorm oder Ordnungswidrigkeit geboten ist, bleibt letztendlich eine Entscheidung des Gesetzgebers und ist verfassungsrechtlich nur eingeschränkt überprüfbar, vgl. BVerfG 21.06.1977 – 2 BvR 70, 361/75, BVerfG, NJW 1977, 1629 (1629 f.).

[197] *Bock*, in: Graf/Jäger/Wittig, Wirtschafts- und Steuerstrafrecht, Vor. § 54 KWG Rn. 3, § 54 KWG Rn. 3 mit jeweils weiterführender Literatur; *Trüg*, in: Achenbach/Ransiek/Rönnau Handbuch Wirtschaftsstrafrecht, 12. Teil Kap. 3 Rn. 2; zum Streit, ob auch Individualschutz damit einhergeht siehe *Nestler*, Bank- und Kapitalmarktstrafrecht, S. 320 Rn. 775 mit einschlägiger Rechtsprechung und Literatur.

[198] Dazu sei beispielsweise – wenn auch nicht ganz unstreitig in der Literatur – verwiesen auf § 264 StGB, der die Institution der Subvention aber auch das Vermögen schützen soll (dazu *Perron*, in: Schönke/Schröder-StGB, § 264 Rn. 4 f. mit weiterführender Literatur), § 265b StGB, der das Funktionieren des Kreditwesens aber auch die Kreditgeber schützen soll (dazu *Momsen/Laudien*, in: BeckOK-StGB, § 265b Rn. 3 mit weiterführender Literatur), § 265c StGB, der die Integrität des Sports aber auch das Vermögen der Sportwettanbieter und der anderen Wettteilnehmer schützen soll (dazu *Schreiner*, in: MüKo-StGB, § 265c Rn. 1 ff. mit weiterführender Literatur) oder § 298 StGB, der den Wettbewerb als Institution des Wirtschaftslebens aber auch das Individualvermögen schützen soll (dazu *Momsen/Laudien*, in: BeckOK-StGB, § 298 Rn. 7 mit weiterführender Literatur).

[199] *Reichling*, in: MüKo-StGB, § 54 KWG Rn. 11, der dies ferner „auf der Grundlage eines nicht messbaren Vertrauensbestands oder -verlustes [als] verfassungsrechtlich bedenklich" betrachtet.

[200] *Reichling*, in: MüKo-StGB, § 54 KWG Rn. 11; zum ähnlichen Diskussionsstand im Kontext des § 265b StGB siehe *Kasiske*, in: MüKo-StGB, § 265b Rn. 2.

[201] BT-Drs. 13/7142, S. 97 unter Bezugnahme des § 54 KWG a. F.; auch bereits im Gesetzesentwurf zum KWG von 1961 in der Begründung zu finden, BT-Drs. 3/1114, S. 19 f.; ferner zum Vertrauensschutz BGH 17.04.2007 – 5 StR 446/06, BGH, NStZ 2007, 647 (647) noch zu § 54 KWG [„will gewährleisten, dass im Kreditgewerbe Verhältnisse herrschen, die das Vertrauen der Bevölkerung verdienen"], an dem sich § 63 ZAG orientiert; vgl. im Allgemeinen auch zur Funktionsfähigkeit des deutschen Finanzmarktes BR-Drs. 9/21, S. 1;

führen kann. Dies geschieht wohl erst, wenn ein umfangreiches Ausmaß erreicht wurde, das durch ein fortdauerndes unseriöses Verhalten entsteht. Gerade Untergrundbanken, die mit ihren Zahlungsdienstleistungen zum Geldwaschen oder anderen Straftaten einladen, tragen zur mangelnden Seriosität bei, indem inkriminierte Vermögenswerte in das Ausland transferiert werden und man als vermeintlich legal operierender Kunde zu einem Teil des Schattenbankensystems und finanziellen Unterstützer oder gar Opfer dessen wird. Denn Zahlungsdienstekunden geraten auch an vermeintliche Zahlungsdienstleister, die mit dem Transfer von Geldern werben und vielmehr unter diesem Vorwand Gelder rauben.[202] Gerade Fälle wie die des Hawala-Bankings erfreuen sich medialer Präsenz[203], die spektakuläre Transfervolumen aufweisen, mit jeglicher Kriminalität in Verbindung gebracht werden und zum Empören einladen[204]. Doch einen wirklichen Vertrauensverlust, der der

ebenfalls im Kontext des KWG: BVerwG 22.09.2004 – 6 C 29/03, BVerwG, NZG 2005, 265 (271) [„Interesse an der Stabilität des Finanzplatzes Deutschland durch Schaffung von Rahmenbedingungen, die das Vertrauen in die Sicherheit des Finanzmarktes stärken"]; im Kontext des § 265b StGB wird diskutiert, ob eine Beeinträchtigung der Funktionsfähigkeit nur aufgrund von Kumulationseffekten, in Form von massenhaftem Auftreten entsprechender Vorfälle aufkommen kann, so *Kasiske*, in: MüKo-StGB, § 265b Rn. 2 mit weiterführender Literatur.

[202] So im Fall des LG Essen 06.02.2020 – 27 KLs 29/19: Dabei bot der Angeklagte auf einem Fake-Account auf der Plattform Facebook einen vermeintlichen Hawala-Service an, auf dem potenzielle Kunden Gelder nach Syrien transferieren können. Über Nachrichten und Telefonate wurde mit einem Kunden eine Übergabe von Bargeldern vereinbart, die anschließend nach Syrien transferiert werden sollten. Bei der Übergabe kam es statt eines Transfers zu einem Raub, indem dem vermeintlichen Zahlungsdienstnutzer eine reizende Flüssigkeit in die Augen gesprüht und das Geld entwendet wurde.

[203] Siehe aus der Tagespresse etwa *dpa*, Süddeutsche Zeitung, Hawala-Banker zu viereinhalb Jahren Haft verurteilt vom 29.03.2023, abrufbar unter: https://www.sueddeutsche.de/panorama/prozesse-duesseldorf-hawala-banker-zu-viereinhalb-jahren-haft-verurteilt-dpa.urn-newsml-dpa-com-20090101-230329-99-137388; in Welt Online *Kensche*, Dieses Netzwerk ermöglicht Terroristen Geldwäsche in Europa vom 27.01.2023, abrufbar unter: https://www.welt.de/politik/ausland/plus243443631/Hawala-Methode-Dieses-Netzwerk-ermoeglicht-Terroristen-Geldwaesche-in-Europa.html; *Dankbar*, Verbotenes Hawala-Banking, Millionenbeträge schwarz nach Ostafrika vom 06.02.2020, abrufbar unter: https://www.kurier.de/inhalt.verbotenes-hawala-banking-kriminalpolizei-nimmt-mehrere-taeter-bei-grossrazzia-fest.3e399147-f650-451e-b4ef-9f3973685ff1.html; aus der Rheinischen Post *Schwerdtfeger*, „Hawala"-Banking in Deutschland, Ermittler sichern 212 Millionen Euro in Razzien vom 21.11.2019, abrufbar unter: https://rp-online.de/nrw/panorama/hawala-banking-ermittler-sichern-212-millionen-euro-bei-razzien_aid-47319059; siehe bereits zuvor Deutschlandfunk *Sturmberg*, Hawala-Netzwerke, Razzia gegen illegale Geldtransfers vom 20.11.2019, abrufbar unter: https://www.deutschlandfunk.de/hawala-netzwerke-razzia-gegen-illegale-geldtransfers.3669.de.html?dram:article_id=463869; *Hell/Steinhäuser/Mascolo*, Großrazzia gegen Hawala-Banking vom 19.11.2019, abrufbar unter: https://www.tagesschau.de/investigativ/ndr-wdr/grossrazzia-hawala-101.html.

[204] Siehe dazu das durchwährende Interesse innerhalb der Politik samt deren Kontextualisierung des Hawala-Bankings mit Straftaten: BT-Drs. 20/5695 und die darauffolgende Antwort der Bundesregierung; BT-Drs. 20/5881; BT-Drs. 19/16156; siehe auch die darauffolgende Antwort der Bundesregierung BT-Drs. 19/16621; bereits davor schon die Anfragen BT-

Integrität des Zahlungsverkehrs zusetzt, wird wohl nur vorliegen, sofern die Zahlungsdienstekunden nicht mehr zwischen seriösen und unseriösen Anbietern differenzieren können und diese förmlich in eine Falle tappen. Denn illegalen Anbietern mangelt es an Regelungsmechanismen, die einen Kundenschutz gebieten, auf den gleichwohl die Kunden vertrauen. Ferner dienen Normen wie die des ZAG „auch der Stabilisierung von Vertrauenserwartungen und der Vorhersehbarkeit staatlicher Interventionsmechanismen."[205] Insofern scheint weiter hinterfragt werden zu können, inwiefern das Vertrauen in den Zahlungsverkehr bereits dadurch schwindet, wenn Akteure bewusst illegale Anbieter aufgrund deren Vorteilen[206] oder sogar deren eigener Regularien[207] aufsuchen, die den Anbietern ein größeres Vertrauen verschaffen können als legale Anbieter.[208] Allerdings wird man in Bezug auf den Zahlungsverkehr als Topos nicht zwischen zwei hermetisch abgeriegelten Bereichen eines seriösen und unseriösen Anbieterstammes streng differenzieren können. Vielmehr können diese verschwimmen und treten in Konkurrenz, sodass wohl letztlich bei einer Überhand ungeeigneter Zahlungsdienstleister, kein umfassender Kundenschutz mehr geboten werden kann und sich ein mangelnder Rückgriff der Kunden auf Zahlungsdienste ergeben wird, was einem makellosen Zahlungsverkehr, der sogar überspitzt als „Blutkreislauf im Finanzsystem"[209] umschrieben wird,

---

Drs. 19/16101 zur Nutzung des Hawala-Systems durch organisierte Kriminalität und terroristische Gruppierungen mit der Antwort BT-Drs. 19/16763; BT-Drs. 19/11056 Frage Nr. 19 zum Zusammenhang von Clankriminalität und Hawala mit der Antwort BT-Drs. 19/11764 und BT-Drs. 19/4904 Frage 15 zum Zusammenhang der Finanzierung oppositioneller Strukturen in Syrien durch Hawala mit der Antwort BT-Drs. 19/5733; siehe auch ferner Anfragen an die bayerische Staatsregierung Drs. 18/3669 Frage 4, an die sächsische Staatsregierung Drs. 6/15601, an die Baden-Württembergische Staatsregierung Drs. 16/4426 und Drs. 16/2319 an das Abgeordnetenhaus Berlin Drs. 18/11279; oder auch die Auseinandersetzung des wissenschaftlichen Dienstes des Bundestages mit dem Sachstand „Hawala-Banking", Strafrechtliche Regelungen, WD 7 – 3000 – 188/19 und dem Sachstand Hawala-Banking, Funktionsweise und aufsichtsrechtliche Bestimmungen, WD 4 – 3000 – 154/19; ferner auch *Parlamentsnachrichten Deutscher Bundestag*, Überwachung des illegalen Hawala-Bankings, hib 178/2023 vom 13.03.2023, abrufbar unter: https://www.bundestag.de/presse/hib/kurzmeldungen-937706; *Parlamentsnachrichten Deutscher Bundestag*, Hawala-Finanzsystem illegal, hib 156/2020 vom 10.02.2020, abrufbar unter: https://www.bundestag.de/presse/hib/681842-681842.

[205] *Sinn*, Wirtschaftsmacht Organisierte Kriminalität, S. 80 [„Die Marktteilnehmer können auf legalen Märkten darauf vertrauen, dass die rechtlichen Rahmenbedingungen eingehalten werden. Andererseits können sie bei Nichteinhaltung der rechtlichen Rahmenbedingungen auf die Durchsetzbarkeit ihrer Ansprüche oder auf weitere Sanktionsmechanismen bis hin zu strafrechtlichen Interventionen vertrauen."].

[206] Zu den Vorteilen siehe auch Teil 2 A. II. 2. b) bb) (1).

[207] Zu den Regularien beim Hawala-Banking siehe bereits Teil 2 A. II. 2. b) bb) (2).

[208] Siehe allgemein zur Rolle des Vertrauens bei legalen Märkten aber auch im Rahmen illegaler Märkte *Sinn*, Wirtschaftsmacht Organisierte Kriminalität, S. 66 f.

[209] So *Findeisen*, in: Ellenberger/Findeisen/Nobbe/Böger-Kommentar zum Zahlungsverkehrsrecht, § 1 ZAG Rn. 108; siehe ferner zur Volkswirtschaftlichen Bedeutung des Zahlungsverkehrs *DBB*, Monatsbericht 3/2009, S. 52 f.; weitergehend *Sinn*, Wirtschaftsmacht Organisierte Kriminalität, S. 81, der die Auswirkungen illegaler Märkte in Form organisierter

schadet.[210] Dabei zeigt auch der Fall des LG Düsseldorf[211], dass es in den streng vertrauensbasierten Hawala-Systemen zu finanziellen Zusammenbrüchen kommen kann, weswegen Dienstleister nicht mehr in der Lage sind Auszahlungen gegenüber ihren Kunden vorzunehmen und dadurch ein hinreichender Kundenschutz nicht mehr gewährleistet werden konnte. Letztlich mag auch ein unbedarfter Kunde, der sich an zwielichtige Adressen wendet, nicht weniger schutzbedürftiger sein als jemand, der bewusst Anbieter im Untergrund aufsucht.[212] Dies überzeugt, sofern man dem Kundenschutz einen gewichtigen Stellenwert einräumen möchte. Anhand des Schutzzwecks wird deutlich, dass trotz des Erlaubnisvorbehalts durch § 63 Abs. 1 Nr. 4 ZAG nicht nur das Verwaltungsverfahren abgesichert werden soll, denn dessen Schutzzweck geht darüber hinaus.[213] Aus Perspektive des § 63 Abs. 1 Nr. 4 ZAG lässt sich darin auch eine potenzielle Sozialschädlichkeit erkennen.[214]

Erblickt man darin also die Verletzung der Rechtsgüter und somit die Verwirklichung des Unrechtsgehalts des § 63 Abs. 1 Nr. 4 ZAG, so kann eine Verletzung dieser Schutzgüter nicht nur vom Erlaubnispflichtigen ausgehen, möchte man eben aus der Perspektive des § 63 Abs. 1 Nr. 4 ZAG parallel zu § 10 Abs. 1 S. 1 ZAG Verletzungen von Unternehmen, Nichtunternehmen, rechtsfähigen und nichtrechtsfähigen Personenmehrheiten oder natürlichen Personen erfassen.[215] Anders als bei einer beispielsweisen Ausfuhr wird man hier zwar nicht sagen können, dass auch ein eingeweihter Spediteur, der einen Grenztransfer herbeiführt oder ein Dieb, der die gestohlene gelistete Ware in das Ausland schafft, eine Verletzung des

Kriminalität so weit einstuft, dass „[d]ie Folgen illegalen Handels […] so nachhaltig sein [können], dass die Finanzkraft des Staates, die Innovationskraft der Wirtschaft, Arbeitsplätze, die Reputation der Unternehmen, das Produktvertrauen, die Wirtschaftsleistung sowie das Vertrauen der Bürger in die bestehenden Regulierungsprozesse und nicht zuletzt auch die Gesundheit und der Wohlstand gefährdet sind."

210 Ähnlich *Sinn*, Wirtschaftsmacht Organisierte Kriminalität, S. 80.

211 LG Düsseldorf 23.11.2021 – 014 KLs 2/21, LG Düsseldorf, abrufbar unter: http://www.justiz.nrw.de/nrwe/lgs/duesseldorf/lg_duesseldorf/j2021/014_KLs_2_21_Urteil_20211123.html, Rn. 45, LG Düsseldorf, BeckRS 2021, 55636, Rn. 29.

212 *Lindemann*, in: Fischer/Schulte-Mattler-KWG/CRR, § 54 KWG Rn. 3 unter vergleichenden Verweis auf *Gercke/Stirner*, in: Park, Kapitalmarktstrafrecht, § 54 KWG Rn. 6.

213 Im Kontext des § 54 KWG ebenfalls *Trüg*, in: Achenbach/Ransiek/Rönnau Handbuch Wirtschaftsstrafrecht, 12. Teil Kap. 3 Rn. 2 [„Unterwirft man § 54 KWG einer Gesamtschau, so schützt die Vorschrift nicht mehr nur die staatliche Aufsicht über das Kreditwesen, sondern die Funktionsfähigkeit des Kredit- und Finanzmarktes"].

214 Eine Einordnung als präventives und repressives Verbot anhand der Sozialschädlichkeit des Verhaltens ist nicht immer stringent, was sich auch noch einmal im Rahmen der Irrtumsbehandlung zeigen wird, Teil 4 A. II. 2. a) aa).

215 So *BaFin*, Merkblatt – Hinweise zum Zahlungsdiensteaufsichtsgesetz vom 05.07.2024, abrufbar unter: https://www.bafin.de/SharedDocs/Veroeffentlichungen/DE/Merkblatt/mb_111222_zag.html, F. I. Erlaubnispflicht für Zahlungsinstitute (§ 10 Abs. 1 Satz 1 ZAG) unter Verweis auf BT-Drs. 18/11495, S. 121.

Rechtsguts herbeiführen kann.[216] Verglichen damit, geht es bei § 63 Abs. 1 Nr. 4 ZAG um Dienstleistungen, bei denen insbesondere auch das Finanztransfergeschäft keinen physischen Transfer verlangt. Dennoch handelt es sich um eine Handlungsbeschreibung, die auf Dauer angelegt ist und wiederum aus vielen einzelnen Tätigkeiten bestehen kann und in die mehrere Akteure involviert sind. Im Unternehmenskonstrukt, das einer Rechtsform zugänglich ist, beispielsweise einer GmbH, werden Angestellte oder auch Agenten tätig sein, die Zahlungsdienste beziehungsweise Teilakte faktisch und damit im natürlichen Sinne erbringen. Sie stellen Dritte dar, die in die Anbahnung, den Abschluss oder die Abwicklung der Dienstleistungen einbezogen sind[217]. Auch können jene, wenn sie hinsichtlich der fehlenden Erlaubnis eingeweiht sind, die Schutzgüter des § 63 Abs. 1 Nr. 4 ZAG tangieren, führen diese gerade Vertragsschlüsse herbei und transferieren die – etwaig inkriminierten – Gelder von einem Ort zum anderen oder Vollziehen das Clearingverfahren. Damit gefährden sie die geschützten Güter in gleicher Weise, wie der formell Erlaubnispflichtige. Etwaige Verantwortungszuweisungen innerhalb des Personengeflechts sollen zunächst nicht einbezogen werden, selbst wenn man aus rechtstatsächlichen Gesichtspunkten die Verantwortung häufig bei der Führungsebene finden dürfte[218]. Eindringlicher ist dies, wenn man auf Systeme wie die des Hawala-Bankings blickt. Unabhängig davon, ob diese allein dem kriminellen Milieu einen Nährboden für das Geldwaschen schaffen möchten, sind sie darauf ausgelegt ohne Erlaubnis Zahlungsdienste zu erbringen. Gerade dadurch wird man diesen keinen rechtmäßigen Gesellschaftsvertrag zugestehen können, sodass sich deren Zusammenschluss wohl auf eine bloße „Vereinigung“ beschränken muss. Hier agieren die Akteure in einem Konstrukt, das wohl einer oHG oder einem Verein gleicht. Deren Regularien werden jedoch eigens aufgestellt, sodass sich hier die Verantwortlichkeit anders verteilen lässt als in herkömmlichen Gesellschaftskonstrukten. Das arbeitsteilige Vorgehen zeugt von einem Plädoyer gegen die Legalität und macht deutlich, dass sich diese Systeme dem Regelungsregime des ZAG nicht unterordnen wollen. Im Kontext dessen könnte man überspitzt davon sprechen, dass das System an sich, bereits der Integrität des Zahlungsverkehrs den Kampf ansagt.[219] Hierin wird deutlich, dass das potenzierte Vorgehen der Mitglieder anders zu beurteilen ist als in herkömmlichen Unternehmens- und Organisati-

---

[216] So im Kontext der Ausfuhr *Lehner*, Die strafrechtliche Verantwortlichkeit des Ausfuhrverantwortlichen, S. 148 mit weiteren Nachweisen.

[217] Vgl. dazu *Lendermann*, Hawala-Banking Fachtagung Bekämpfung von Geldwäsche und Terrorismusfinanzierung vom 08. 12. 2022, abrufbar unter: https://www.bafin.de/SharedDocs/Downloads/DE/Veranstaltung/dl_221208_GW_Vortrag_Lendermann.html, S. 8, die im Verwaltungsverfahren darin die Adressaten/Verpflichteten sieht.

[218] Vgl. *Bock*, in: Graf/Jäger/Wittig, Wirtschafts- und Steuerstrafrecht, § 54 KWG Rn. 88.

[219] Siehe auch *Mansdörfer/Oğlakcıoğlu*, RdZ 2024, 106 (106) [„So ist zu sehen, dass jenseits des Hellfelds auch zahlreiche ‚Dienstleister‘ existieren, die generell illegale Finanzgeschäfte an der staatlichen Aufsicht vorbei anbieten und somit den Hauptzweck des ZAG unterminimieren (man denke an das Hawala-Phänomen […])“].

onsstrukturen. Denn der Gedanke einer „top down“-Betrachtung[220] oder auch einer Allzuständigkeit der Geschäftsleitung[221], wird hier nicht greifen, weil vielmehr eigens festgelegte Hierarchiestrukturen existieren. Hier kann man von einem Sozialdefizit des Einzelnen eher abrücken und vielmehr von einer „kriminellen Verbandsattitüde“ sprechen, die ein gleichförmiges rechtsgüterschädigendes Verhalten aller Mitglieder im Blick hat.[222] Gerade in Fällen wie denen des LG Düsseldorf[223] vom 23.11.2021 oder des LG Köln[224] vom 23.05.2022 wird dies deutlich, da die Netzwerke ein beachtliches Ausmaß annehmen und als Paradebeispiele einer „kriminelle Verbandsattitüde“ herhalten können. Bei diesem arbeitsteiligen Vorgehen der einzelnen Akteure, mag ohne Rücksicht auf die Intensität der Tatbeteiligung, die Strafbarkeit des Einzelnen als Täter unberücksichtigt bleiben und dahingehend der Anwendungsbereich dieser Normen eingeschränkt werden, was auch der strafrechtlichen Verantwortung für die entstandene Rechtsgutsverletzung nicht entspricht.[225] Damit kann auch eine Stellung als „Erbringer“ beziehungsweise die damit einhergehende Erlaubnispflicht nicht einfach auf die Mitakteure nach § 14 StGB „überwälzt“ werden.[226] Die potenzierte Gefahr des Systems muss anderweitig auf eine individuelle Verantwortung der einzelnen Mitglieder aufgeschlüsselt werden. Löst man sich also von herkömmlichen Gesellschaftsstrukturen, ist es hier – zumindest instinktiv[227] – zugänglicher, dass mehrere Akteure innerhalb des Systems mit ihren Beiträgen den Unrechtsgehalt des § 63 Abs. 1 Nr. 4 ZAG begründen.[228] Die Verletzung der Schutzgüter setzt damit keine „Erbringerstellung“ voraus.

---

[220] Siehe dazu *Bosch*, Organisationsverschulden in Unternehmen, S. 363 ff. mit weiteren Nachweisen.

[221] Siehe dazu *Bosch*, Organisationsverschulden in Unternehmen, S. 372 ff. mit weiteren Nachweisen.

[222] So *Witteck*, Der Betreiber im Umweltstrafrecht, S. 213 im Kontext von Wirtschaftsunternehmen unter Verweis auf *Schünemann*, Unternehmenskriminalität und Strafrecht, S. 18 ff.

[223] LG Düsseldorf 23.11.2021 – 014 KLs 2/21, LG Düsseldorf, abrufbar unter: http://www.justiz.nrw.de/nrwe/lgs/duesseldorf/lg_duesseldorf/j2021/014_KLs_2_21_Urteil_20211123.html, Rn. 1 ff., LG Düsseldorf, BeckRS 2021, 55636, Rn. 1 ff.

[224] LG Köln 23.05.2022 – 109 KLs 5/21, LG Köln, abrufbar unter: https://www.justiz.nrw.de/nrwe/lgs/koeln/lg_koeln/j2022/109_KLs_5_21_Urteil_20220523.html, Rn. 50 ff.

[225] Vgl. *Witteck*, Der Betreiber im Umweltstrafrecht, S. 171 im Kontext des Betreiberbegriffs und der die maßgebliche Einrichtung bedienende Arbeitnehmer.

[226] Siehe dazu beispielsweise die Einordnung von *Weiß*, wistra 2021, 448 (450 f.).

[227] Gemeint ist damit aber nicht, dass aus kriminalpolitischer Intention heraus jegliche Akteure im Netzwerk dem Generalverdacht des § 63 Abs. 1 Nr. 4 ZAG ausgesetzt sein dürfen und pauschal eine Täterstellung innehaben. Die Zuweisung der individuellen Verantwortung soll noch an späterer Stelle ausführlich erfolgen.

[228] Dahingehend lässt sich wohl auch die Herangehensweise der Rechtsprechung verstehen, BGH 02.06.2021 – 3 StR 61/21, BGH, ZIP 2021, 1853 (1855); ebenso LG Mannheim 17.11.2020 – 22 KLs 540 Js 6574/20, LG Mannheim, BeckRS 2020, 50512, Rn. 120 ff.; LG Düsseldorf 23.11.2021 – 014 KLs 2/21, LG Düsseldorf, abrufbar unter: http://www.justiz.

Legt man nun die geschützten Rechtsgüter des § 63 Abs. 1 Nr. 4 ZAG wie geschildert zugrunde so hat der Gesetzgeber eine förmliche „Allzweckwaffe"[229] geschaffen, mit der ein regulierter Zahlungsverkehr gewährleistet, jedoch auch gesamthaft die Integrität des Zahlungsverkehrs geschützt werden soll. Auch wenn die Richtlinien wohl einen regulierten Zahlungsverkehr und den Kundenschutz im Blick haben, so hat der Gesetzgeber das Finanztransfergeschäft aus dem KWG in das ZAG überführt, samt dem Ursprungsgedanken der Bekämpfung von Schattenbankensystemen in Form einer Geldwäscheprävention. Dies erlaubt die Aussage, dass dieser weitreichende Schutzzweck des § 63 Abs. 1 Nr. 4 ZAG nicht allein vom Erlaubnispflichtigen verletzt werden kann, sondern weiter reichen muss.

Zusammenfassend bedeutet dies, dass die Verletzung der Erlaubnis(einholungs)pflicht nicht die alleinige Verwirklichung des Unrechts darstellt, sondern dass das Unrecht von § 63 Abs. 1 Nr. 4 ZAG weiter reicht. Daraus folgt auch kein spezifischer Täterbezug, durch den zur Geltung kommt, dass ausschließlich ein Täter das Unrecht verwirklichen kann, was gegen ein besonderes persönliches Merkmal und gegen eine rein verwaltungsrechtliche Verantwortung spricht. Abstreiten lässt sich dabei jedoch nicht, dass ein gegenseitiger Reflex zwischen Aufsichts- und Strafrecht bei im Grundsatz akzessorisch ausgestalteten Strafnormen immer mitschwingt.

(c) Die Nähebeziehung des Erbringenden zum Schutzgut

Möchte man hinter dem Erbringen eine Funktionsbeschreibung erkennen, so müsste dadurch, wie es typischerweise den Sonderdelikten immanent ist, ein bereits vorgeformter Lebensbereich einer strafrechtlichen Verantwortungszuweisung abgesteckt werden.[230] Das bedeutet, dass der Täterkreis bereits tatbestandlich feststeht, indem der Täter bereits vorab in einer spezifischen Nähebeziehung zum geschützten Rechtsgut steht, weil er eine spezifische Position innehaben muss oder er typi-

nrw.de/nrwe/lgs/duesseldorf/lg_duesseldorf/j2021/014_KLs_2_21_Urteil_20211123.html, Rn. 630, LG Düsseldorf, BeckRS 2021, 55636, Rn. 146.

229 Vgl. im Kontext des § 54 KWG *Reichling*, in: MüKo-StGB, § 54 KWG Rn. 10, der hier auch von einer „Allzweckwaffe" spricht und darin ein kontinuierliches Ausufern erkennt; geht man bei § 63 Abs. 1 Nr. 4 ZAG von einem Sonderdelikt aus und macht dies stringent am zivilrechtlichen Verhältnis fest, sodass beispielsweise ein Angestellter (kein Agent) ohne Bewusstsein des Gesellschaftskonstrukts, mithin deren Gesellschafter oder dergleichen, agiert, indem er Zahlungsdienste in offener Stellvertretung anbietet und kommt es aufgrund eines möglichen Rechtsscheins dennoch zum Vertragsschluss, so wird das Gesellschaftskonstrukt Vertragspartner. Trotz möglicher Überwälzung nach § 14 StGB wird es den Gesellschaftern am Vorsatz fehlen, sodass es wiederum an einer Haupttat mangelt. Daraus folgt, dass auch eine vermeintliche Teilnahme des Angestellten mangels Akzessorietät ausscheidet. Hierbei bleibt das Unrecht ungesühnt, möchte man dabei sogar von einer „Strafbarkeitslücke" sprechen.

230 *Roxin*, Kriminalpolitik und Strafrechtssystem, S. 17 f.

scherweise eine Gefahr für das Rechtsgut darstellt.[231] Erbringt nun der Täter Zahlungsdienste ohne Erlaubnis, macht sich dieser nach § 63 Abs. 1 Nr. 4 ZAG strafbar. Das heißt, dass erst die Vornahme der Tathandlung des Erbringens für eine Nähebeziehung zum geschützten Rechtsgut sorgt; es steht nicht von vornherein ein Täter bereits tatbestandlich fest, der in einer spezifischen Nähebeziehung zum geschützten Rechtsgut steht, indem er typischerweise eine Gefahr für das Rechtsgut darstellt. Jeder der Zahlungsdienste erbringt, rückt in die Stellung als Erlaubnispflichtiger und rückt damit weiter in die Stellung als potenzieller Täter des § 63 Abs. 1 Nr. 4 ZAG. Erst mit dem Erbringen von Zahlungsdiensten kommt es zur Gefährdung der Schutzgüter, sofern im Zeitpunkt der Handlung keine Erlaubnis vorliegt. Bei der Vornahme der Tathandlung steht kein vorgeformter Täterkreis fest, dessen Verantwortungszuweisung wiederum durch eine vorgelagerte Handlung, die selbst gerade nicht durch das ZAG pönalisiert wird, vorgeformt wurde.[232] Damit wird erst ein Rechtsgutsbezug hergestellt, sofern es zur Tathandlung kommt, was der Situation eines Allgemeindelikts entspricht.[233]

Fraglich ist jedoch dabei, ob bereits aus der Erlaubnispflichtigkeit eine bestimmte Beziehung zum Rechtsgut geschaffen wird. Das Aufsichtsrecht stellt einen durchnormierten außerstrafrechtlichen Bereich dar auf den das Strafrecht rekurriert.[234] Mit einem vorgelagerten außerstrafrechtlichen Bereich, besteht die Möglichkeit, dass ein Rechtsgutsbezug bereits im Vorfeld hergestellt wird, sodass eine Zeitspanne vorliegt, die die Tathandlung in den Hintergrund rücken lässt. Vergleicht man dies aber beispielsweise mit der Situation des Betreibens von Anlagen im Sinne des § 325 StGB (§ 325 StGB: „Wer beim Betrieb…") so fällt auf, dass im Unterschied zu dieser umweltstrafrechtlichen Norm, das ZAG keinen bereits zuvor bestehenden „Zahlungsdienstleisterbetrieb" zwingendermaßen voraussetzt.[235] Dieser entsteht oder kann zumindest erst mit der Aufnahme der Handlung entstehen. Auch die Erlaubnispflicht ist zunächst grundsätzlich an Jedermann, der die Tätigkeit ausführt, nicht zwingendermaßen an eine Unternehmens- oder Betriebsstruktur gerichtet. Dafür spricht auch die Neufassung des § 10 Abs. 1 S. 1 ZAG, der im Gegensatz zu § 8 Abs. 1 S. 1 ZAG a.F., keine Institutseigenschaft mehr erfordert. Gerade darin kommt der gesetzgeberische Wille zum Vorschein, der keine Unter-

---

[231] *Ceffinato*, Legitimation und Grenzen der strafrechtlichen Vertreterhaftung nach § 14 StGB, S. 57.

[232] *Ceffinato*, Legitimation und Grenzen der strafrechtlichen Vertreterhaftung nach § 14 StGB, S. 56, der hierbei auch von einem „Zeitfaktor" spricht und in Fn. 54 im Kontext des § 54 KWG („Geschäfte betreiben") die Tathandlung als „Verhaltensmerkmal" deklariert, „welches bloß in versubjektivierter Form auftritt".

[233] *Ceffinato*, Legitimation und Grenzen der strafrechtlichen Vertreterhaftung nach § 14 StGB, S. 57; ebenso *Radtke*, in: MüKo-StGB, § 14 Rn. 39.

[234] *Ceffinato*, Legitimation und Grenzen der strafrechtlichen Vertreterhaftung nach § 14 StGB, S. 62, Fn. 75 im Kontext des Betreibens einer Anlage, §§ 325, 327 StGB.

[235] Vgl. dazu die Ausführungen zu §§ 325, 327 StGB in *Ceffinato*, Legitimation und Grenzen der strafrechtlichen Vertreterhaftung nach § 14 StGB, S. 62, Fn. 75, S. 370 f.

nehmensstruktur mehr voraussetzt, vielmehr die Vornahme der Tathandlung im Vordergrund steht und erst zu diesem Zeitpunkt eine Nähe zum Rechtsgut hergestellt wird. Auch bei zivilrechtlicher Betrachtung, im Rahmen derer man die Position anhand eines Vertragsschlusses nach dem Zahlungsverkehrsrecht festmacht, zeichnet sich keine vorgelagerte Handlung ab, die den potenziellen Kreis im Sinne eines Vertragspartners begrenzt. Vielmehr fällt dies mit dem Beginn der eigentlichen Geschäftstätigkeit zusammen, sodass auch der Vertragsschluss gerade nicht zu einem vorgelagerten Rechtsgutsbezug führt.

(d) Abschließende Einordnung des strafrechtlichen Erbringens als Funktionsbeschreibung

Fasst man die Ergebnisse zusammen, so mag eine unbestreitbare Einordnung des Deliktscharakters wohl eher einer „Quadratur des Kreises" gleichen. Die Schwierigkeit bei der Einordnung zeigt sich insbesondere durch die Mehrdeutigkeit der Tathandlung, denn die Tätigkeit des Erbringens lädt zu verschiedener Interpretation im Hinblick auf den Deliktscharakter ein. Dies hängt damit zusammen, dass die Strafnorm zum einen an das Aufsichtsrecht anknüpft und zum anderen das ZAG einem zahlungsverkehrsrechtlichen Einfluss ausgesetzt ist, denn schließlich wird im Sinne der Richtlinien nicht streng zwischen Zivilrecht und öffentlichem Recht differenziert.[236] Anhand dieser Trias der Rechtsgebiete, zeigt sich, dass das ZAG eine besondere Gewerbetätigkeit im Blick hat, die bestimmte Zahlungsdienstleistungen beinhaltet und der oder die jeweiligen Akteure bei Nichteinholung einer Erlaubnis, sanktioniert werden sollen. Insgemein erweisen sich die jeweilige Verantwortungszuweisung und die Zurechnungsmechanismen der Rechtsgebiete als zum Teil indifferent, sodass es dadurch zwar größtenteils im Zahlungsverkehrsrecht und im Aufsichtsrecht zu Überschneidungen kommt, denn der Gewerbetreibende wird auch der Vertragspartner sein. Das Strafrecht muss nun aber regelrecht an „zwei Fronten kämpfen", denn es soll sich in das Aufsichtsrecht einreihen, das wiederum wünschenswerterweise, parallel zum Zahlungsverkehrsrecht laufen soll.[237] Dies hängt schlichtweg auch damit zusammen, dass man ein ZAG vorfindet, dass in seinem Ursprung und im Rahmen der Richtlinie einen Duktus aufweist, der an die Eigenschaft als Zahlungsinstitut angelehnt war und vereinzelt noch ist. Durch die Geset-

[236] Beispielsweise wird im Kontext der KAGB-Bestimmungen auch von einer „Doppelnorm, ergo privates *und* öffentliches Recht" gesprochen, was so viel bedeutet wie, „dass die Vorschrift sowohl dem öffentlichen wie dem Privatrecht zuzurechnen ist, also neben den öffentlich-rechtlichen Pflichten der BaFin und der Aufsichtsunterworfenen auch den Inhalt der Anlagebeziehung bestimmt", so *Zetzsche*, in: Assmann/Wallach/Zetzsche, Kapitalanlagegesetzbuch, Einleitung KAGB Rn. 130. Dies wird sich auch auf das ZAG übertragen lassen, mit Bezug auf die Strafnorm könnte man hierbei aber auch regelrecht von einer „Tripelnorm" sprechen, ergo privates und öffentliches Recht *sowie* Strafrecht.

[237] Siehe dazu auch die passende Umschreibung von *Mansdörfer/Oğlakcıoğlu*, RdZ 2024, 106 (107) [„Das Strafrecht präsentiert sich insofern als ‚Stimme aus dem Off', die (mindestens) als ‚leises Flüstern' zu vernehmen ist"].

zesänderung aber gerade nicht mehr an das Zahlungsinstitut angeknüpft werden darf, was eine weitergehende Auslegung erlaubt oder sogar nötig macht.[238]

Die Entnahme des Status als Zahlungsinstitut hinterlässt hinsichtlich der Strafnorm ein Vakuum, das die Frage nach Einordnung der Tathandlung aufwirft, mithin ob daraus nun zwingendermaßen eine Funktionsbeschreibung, die den Täterkreis im Sinne eines Sonderdelikts konkretisiert, folgen muss. Stellt man die erarbeiteten Parameter gegenüber, zeigt sich, dass das Zahlungsverkehrsrecht das Erbringen am Vertragsschluss festmacht, denn über § 675c Abs. 3 BGB finden die Begriffsbestimmungen des Zahlungsdiensteaufsichtsgesetzes ebenfalls Anwendung im Zivilrecht. Damit kommt es entscheidend auf den Vertragspartner an. Das Aufsichtsrecht orientiert sich daran, indem auf den Geschäftsherrn abgestellt wird, der wiederum als Erbringer in Betracht kommt. Dazu greift es jedoch auch auf weitergehende Personenmehrheiten zurück, die keine Rechtsfähigkeit aufweisen, sodass wohl auch einzelne Akteure in dieser Gruppierung als Erlaubnispflichtige zwangsläufig auftreten müssen. Diese Flexibilität bei der Auslegung führt im Aufsichtsrecht wohl zu einer Divergenz des Personenkreises, je nachdem, wie die Personenmehrheit gesellschaftsrechtlich ausgestaltet ist. Dies hängt auch damit zusammen, dass das ZAG buchstäblich als „Allzweckwaffe" auftritt, indem es zum einen am Wirtschaftsverkehr teilnehmende Unternehmenskonstrukte im Blick hat und es zum anderen ein davon losgelöstes Untergrundbankwesen bekämpfen möchte. Leidtragender ist dabei das Strafrecht, dass aufgrund seiner divergierenden Zurechnungsmechanismen je nach Auslegung des Deliktscharakters aus dogmatischen Gesichtspunkten gerade keine allzu große Flexibilität aufweisen darf.[239] Will man hier

[238] So steht im Gesetzesentwurf BT-Drs. 18/11495, S. 144, dass „[d]er Ansatzpunkt für die strafrechtliche Bewehrung […] die Vorschriften über den Erlaubnis- und Registrierungsvorbehalt (§§ 10, 11, 34)" sind. Diese Vorschriften knüpfen an die Person des Antragstellers an. Davon umfasst sind sowohl natürliche Personen als auch juristische Personen und Personenvereinigungen, unabhängig ob diesen Personen eine Erlaubnis erteilt werden kann (Erlaubnisfähigkeit). Auf den Wortlaut von § 1 Absatz 1 Nummer 1 kommt es für die Strafbarkeit nicht an." Bedacht wurde dabei vom Gesetzgeber aber wohl nicht, dass mangels Verweises auf § 1 Abs. 1 S. 1 Nr. 1 ZAG, der § 63 Abs. 1 Nr. 4 ZAG nicht mehr im Gleichlauf an den „Antragsteller" der §§ 10, 11, 34 ZAG anknüpfen kann, sofern es allein auf die Tätigkeit des Erbringens ankommt. Bestehen bleibt die funktional-soziale Tätigkeit, die jedoch einen „Mittelweg" aufzeigen kann. Möchte der Gesetzgeber zukünftig wieder einen Gleichlauf der Rechtsgebiete, so muss der Verweis auf das Zahlungsinstitut im Rahmen des § 10 Abs. 1 S. 1 ZAG wieder beigefügt werden. Ein Hinweis, dass der (aufsichtsrechtliche) Begriff des Unternehmens auch natürliche Personen erfasst, beugt ebenso unerwünschte Ergebnisse vor.

[239] So zumindest, wenn man einen Rückgriff auf § 14 StGB oder § 25 StGB je nach Konstellation ablehnt; anders wohl die Rechtsprechung und Literatur, die je nach Konstellation auf § 14 StGB oder § 25 StGB zurückgreifen, BGH 28.06.2022 – 3 StR 403/20, BGH, BeckRS 2022, 20799, Rn. 26; in der Literatur als kein Sonderdelikt deklarierend aber trotzdem mit Rückgriff auf § 14 StGB: *Bock*, in: Graf/Jäger/Wittig, Wirtschafts- und Steuerstrafrecht, § 54 KWG Rn. 88; *Gercke/Stirner*, in: Park, Kapitalmarktstrafrecht, § 54 KWG Rn. 11 ff. [„grundsätzlich jederman"]; *Pananis/Schäuble*, in: Leitner/Rosenau, Wirtschafts- und Steuerstrafrecht, § 54 KWG Rn. 64; *Reichling*, in: MüKo-StGB, § 54 KWG Rn. 84, 88; *Theile*, in: Esser/Rübenstahl/Saliger/Tsambikakis, Wirtschaftsstraf-

einen strengen Gleichlauf der Rechtsgebiete, so muss man eine streng aufsichtsrechtliche und zahlungsverkehrsrechtliche Akzessorietät des Strafrechts zugrunde legen, die sich streng am Vertragspartner als eigentlich berechtigt und verpflichtend Tätigen orientieren. Nur dann gehen die Zurechnungssysteme der Trias Hand in Hand. Eine solche Einordnung lässt sich jedoch nur begründen, sofern das Aufsichtsrecht streng nach dem Zahlungsverkehrsrecht ausgelegt werden muss, das Aufsichtsrecht an sich einen vorgefertigten Bereich absteckt, der Betriebs- oder Unternehmensstrukturen aufweist auf die die Strafnorm rekurriert, sodass zwangsläufig aus der Tätigkeit des Erbringens eine bestimmte Pflichtenposition des Täters folgt, die zu einer stärkeren Verantwortung für die Unversehrtheit des im Tatbestand geschützten Rechtsguts führt; der Täter also bereits vorab in einer spezifischen Nähebeziehung zum Rechtsgut steht.

Das Aufsichtsrecht hat wohl in erster Linie den Geschäftsherrn im Blick und weist diesem die Verantwortung zur Einholung der Pflicht zu. Dennoch setzt dies zwangsläufig keinen vorgefertigten Unternehmensbetrieb voraus, sondern allein eine Tätigkeit, die zwar Bagatellgewerbe außen vor lässt, die eine Betriebsstruktur aber mit Aufnahme der Tätigkeit auch entstehen lassen kann, sodass insbesondere unzulänglich fundierte Unternehmen aber auch ungeeignete Personen die gerade nicht nur ein Bagatellgewerbe aufziehen wollen, davon außen vor bleiben müssen. Wenngleich häufig bereits Unternehmensstrukturen vorliegen dürften. Dies macht die Entnahme des Begriffs des Zahlungsinstituts auch noch einmal deutlich, wird doch die Tätigkeit für legal erklärt, nicht das Unternehmen an sich[240]. Ferner hebt dies der Erlaubnisvorbehalt auch hervor, indem auf das „erbringen will" abgestellt wird, mithin er darauf angelegt ist, dass zwar Bagatellgewerbe außen vor bleiben sollen, dass umfangreichere Gewerbe aber noch nicht bestehen müssen, sondern diese durch das Ausführen der Handlung auch erst entstehen können. Zudem wird das geschützte Rechtsgut auch erst mit Aufnahme der Tätigkeit gefährdet, sodass eine stärkere Verantwortung des Täters vor Tätigkeitsaufnahme nicht besteht. Diese entsteht erst mit Aufnahme der Tätigkeit, was typischerweise den Allgemeindelikten vorbehalten ist. So kann man dies auch dahingehend umschreiben, dass das Erbringen für keine bestimmte Pflichtenposition beim Täter sorgt, die ihn aus der Gruppe möglicher Täter heraushebt, indem er stärker für die Unversehrtheit des in dem Tatbestand geschützten Rechtsgut strafrechtlich zur Verantwortung gezogen wird. Vielmehr kann jedermann die Tätigkeit des Erbringens ausführen und damit jedermann in die Position geraten und damit alle diejenigen auch strafrechtlich in die Verantwortung gezogen werden. Dabei zielt auch der umfangreiche Rechtsgü-

---

recht, § 54 KWG Rn. 4, 28 f. [„grundsätzlich ein Allgemeindelikt"]; *Wegner*, in: Schork/Groß, Bankstrafrecht, § 6 Rn. 657.

[240] So zeigt wohl auch die „einfache" Registrierungspflicht von Agenten, dass es hierbei nicht auf die Legalisierung des Unternehmens oder des Betriebs an sich ankommt, sondern allein die Tätigkeit im Vordergrund steht, indem auch erst nach „Eintragung in das Zahlungsinstituts-Register mit der Erbringung von Zahlungsdiensten" begonnen werden darf, § 25 Abs. 1 S. 3 ZAG.

terschutz nicht allein darauf ab, das Erlaubnisverfahren zu schützen, es stehen vielmehr überindividuelle und individuelle Rechtsgüter im Vordergrund. Eine Unrechtsverwirklichung allein durch den Erlaubnis(einholungs)pflichtigen ist damit unfruchtbar, was gegen die Einordnung als *besonderes* persönliches Merkmal spricht. Damit wird durch den Tatbestand eben kein vertyptes Unrecht gekennzeichnet, mit dem das Delikt einen spezifischen Täterbezug herstellen kann, denn dieses Unrecht kann nicht nur ausschließlich von einem Täter verwirklicht werden.

Zusammenfassend lässt sich also sagen, dass sich keine gesetzliche Beschränkung des Täterkreises erkennen lässt, sich die Norm nicht nur an einen bestimmten Personenkreis richtet und auch das Rechtsgut nicht allein durch einen bestimmten Personenkreis verletzt werden kann.[241] In Summe ist § 63 Abs. 1 Nr. 4 ZAG nicht als Sonderdelikt einzuordnen, denn das Erbringen von Zahlungsdiensten lässt sich im Strafrecht als Handlungsbeschreibung, nicht jedoch als bestimmte Tätigkeits- oder Funktionsbeschreibung, mit der eine besondere Täterstellung im Sinne einer formalen Sonderstellung einhergeht, einordnen.

Daraus folgt auch, dass diese Trias der Rechtsgebiete nicht Hand in Hand geht, liegt es eben so, dass das Zahlungsverkehrsrecht in erster Linie das Verhältnis zwischen Privaten untereinander, mithin inter partes regeln möchte, das Strafrecht traditionell dem Rechtsgüterschutz verpflichtet ist[242]. Das Aufsichtsrecht orientiert sich an den Zurechnungsmechanismen des Zahlungsverkehrsrechts, gibt jedoch seinerseits dem Strafrecht keinen vorgelagerten Pflichtenkreis vor, der für einen besonderen Täterkreis sorgt. Aufgrund dessen setzt § 63 Abs. 1 Nr. 4 ZAG keine Sonderstellung des Täters voraus, sodass die Zurechnungsmechanismen der Rechtsgebiete divergieren und im Strafrecht das Erbringen nicht streng akzessorisch ausgelegt werden kann. Der Gesetzgeber unterschreibt dies in seinem Gesetzesentwurf, indem er mit Blick auf die Strafnorm des § 63 ZAG vorgibt, dass es auf den Wortlaut des § 1 Abs. 1 S. 1 Nr. 1 ZAG nicht mehr ankommt,[243] er damit streng genommen den vermeintlichen Regelungsmechanismus des Aufsichtsrechts für das Strafrecht explizit ablehnt. Daran gemessen zeigt sich dennoch für das Erbringen eine gewisse Verantwortungszuweisung, die darauf basiert, dass dem Erbringen eine pauschalierende Handlungsbeschreibung zugeschrieben werden kann, die auf Dauer angelegt ist und wiederum aus vielen einzelnen Tätigkeiten besteht. Es erfordert mithin eine Verantwortungszuweisung in diesem Ensemble. Mit der Altfassung war das eindeutig, da das Zahlungsinstitut bereits vorgelagert dem Rechtsgut nahestand, mit Ausführung der Tathandlung auch nur dieses die strafrechtliche Verantwortlichkeit trug. Nun wird jedoch aus der Tathandlung selbst, die

---

[241] Anhand dieser Kriterien macht *Langer* eine Abgrenzung von Gemein- zu Sonderverbrechen fest und dient hier noch einmal zur Konkretisierung, *Langer*, Die Sonderstraftat, S. 223.

[242] Vgl. *Ceffinato*, Legitimation und Grenzen der strafrechtlichen Vertreterhaftung nach § 14 StGB, S. 59 mit weiteren vergleichenden Nachweisen.

[243] BT-Drs. 18/11495, S. 144.

strafrechtliche Verantwortlichkeit bestimmt, wenn auch nicht durch Hervorhebung einer bestimmten Funktionsbeschreibung im Sinne eines Status.[244] Wie sich gezeigt hat, spricht eine Auslegung des Erbringens gerade im Hinblick auf seine Eigenschaft als pauschalierende Handlungsbeschreibung auch gegen eine Einordnung als Handlung im natürlichen Sinne, mithin gegen eine Einordnung als herkömmliche Tathandlung. Vielmehr kann aber eine Täterschaftsbestimmung auch nach sozialen oder normativen Verantwortungsbereichen erfolgen.[245] So kann nicht nur derjenige Täter sein, in dessen Händen der Geschehensablauf im Sinne einer physisch-realen Steuerungsmacht gelegen hat, sondern auch derjenige der für die innerbetriebliche Organisation aufgrund seiner Position und Funktion zuständig ist.[246]

Das bedeutet nun aber nicht, dass das Erbringen als Funktionsbeschreibung im Sinne eines Status eingeordnet wird. Das Erbringen kann man vielmehr dahingehend als Tätigkeits- oder Funktionsbeschreibung deklarieren, indem die strafrechtliche Verantwortlichkeit an dem tatsächlichen Einfluss auf die Tätigkeit festgemacht wird, was mit der Organisation der pauschalierenden Handlungsbeschreibung einhergeht.[247] So orientiert sich eben das Aufsichtsrecht an den zahlungsverkehrsrechtlichen Zurechnungsmechanismen, das Strafrecht baut dagegen auf einen sozialen oder normativen Verantwortungsbereich, sodass dem strafrechtlichen Erbringen zwar auch eine Verantwortungszuweisung nachgesagt werden kann, diese aber nicht auf (zahlungsverkehrs-)rechtlichen Grundsätzen basiert. Möchte man darin eine Divergenz bei der Auslegung des Erbringens erkennen, so steht eben die Tathandlung nicht streng akzessorisch zum aufsichtsrechtlichen Erbringen. Zur Meidung jeglicher Divergenz bei der Auslegung kann die Tathandlung aber auch nicht einfach in ein Tätermerkmal umgeformt werden, indem das Erbringen einer bloßen Versubstantivierung unterzogen wird, es bleibt eine Handlungsbeschreibung mit sozialen oder normativem Verantwortungsbereich.[248]

---

[244] Siehe dazu auch *Bosch*, Jura 2022, 429 (433), der bei Tatbeständen mit funktionaler Betrachtung anführt, dass bei diesen Tatbeständen eben die Verantwortung für bestimmte Prozesse Tatbestandsmerkmal ist und damit Teil des tatbestandlich vertypten Unrechts.

[245] *Bosch*, Organisationsverschulden in Unternehmen, S. 245.

[246] *Bosch*, Organisationsverschulden in Unternehmen, S. 245; ebenfalls die Tathandlung des parallelen Straftatbestands des § 339 KAGB einordnend *Zeidler*, in: Weitnauer/Boxberger/Anders, Kapitalanlagegesetzbuch, § 339 Rn. 8 f. [„Als Täter kommen hier nur Personen in Betracht, die in einem faktischen Sinne die Entscheidungsmacht über die Geschäftsabläufe innehaben"].

[247] *Schünemann*, in: LK-StGB, § 14 Rn. 31; darauf ebenfalls verweisend *Lehner*, Die strafrechtliche Verantwortlichkeit des Ausfuhrverantwortlichen, S. 151; siehe auch *Bosch*, Jura 2022, 429 (433).

[248] Vgl. dazu auch *Böse/Bülte*, in: NK-StGB, § 14 Rn. 10, die darauf hinweisen, dass einer Umdeutung von Handlungsmerkmalen in Tätermerkmalen methodische Bedenken entgegenstehen; darauf verweisend *Schünemann*, in: LK-StGB, § 14 Rn. 24; ferner *Ceffinato*, Legitimation und Grenzen der strafrechtlichen Vertreterhaftung nach § 14 StGB, S. 57 Fn. 54, S. 366.

cc) Stellungnahme und Charakterisierung des § 63 Abs. 1 Nr. 4 ZAG als kein Sonderdelikt

Es hat sich gezeigt, dass § 63 Abs. 1 Nr. 4 ZAG über § 10 Abs. 1 S. 1 ZAG nicht mehr an den Begriff des Zahlungsinstituts nach § 1 Abs. 1 S. 1 Nr. 1 ZAG gekoppelt ist, sodass die Strafnorm nicht mehr vom Status des Zahlungsinstituts, mithin von einer Unternehmenseigenschaft abhängig ist. Diese Verknüpfung kann auch nicht kraft Sachzusammenhangs hergestellt werden. So mag zwar aus systematischen Erwägungen heraus die Schlussfolgerung zutreffen, dass es sich um ein Zahlungsinstitut handeln kann, es sich aber gerade aus historischen und teleologischen Gründen, nicht um ein Zahlungsinstitut handeln muss. Damit hat das Zahlungsdiensteaufsichtsgesetz zwar den besonderen Geschäftsbetrieb von Zahlungsdiensten im Blick, was insbesondere auch Zahlungsinstitute umfasst und sich darin auch der Fokus auf die primär unternehmerische Tätigkeit erblicken lässt. Dennoch soll durch das Erlaubnisverfahren gerade das Eindringen von unzulänglich fundierten Unternehmen als auch ungeeigneten Personen in das Zahlungsdienstegewerbe verhindert werden, sodass sämtliche Akteure von der Erlaubnispflicht erfasst werden, mithin auch Nichtunternehmen. Ein Sonderdeliktscharakter kann also damit nicht mehr am Status des Zahlungsinstituts festgemacht werden.

Es hat sich ferner gezeigt, dass mangels Anknüpfens an den Status als Zahlungsinstitut nunmehr die Tätigkeit des Erbringens im Vordergrund steht, die ebenfalls Raum zur Interpretation zulässt. Dabei hat sich gezeigt, dass die Tätigkeit des Erbringens auch nicht für eine Stellung als Sonderdelikt spricht. Mit Blick auf das Aufsichtsrecht wird zwar der Geschäftsherr als der Erbringende eingeordnet werden können, was damit zusammenhängt, dass sich das Aufsichtsrecht an zahlungsverkehrsrechtlichen Zurechnungsmechanismen orientiert, mithin es um ein Zahlungsdienstegewerbe geht, das Zahlungs*dienstleistungen* anbietet. Dennoch gibt das Aufsichtsrecht seinerseits dem Strafrecht keinen vorgelagerten Pflichtenkreis vor, der einen besonderen Täterkreis begründet. Auch die durch § 63 Abs. 1 Nr. 4 ZAG geschützten Rechtsgüter beziehen sich nicht allein auf den Schutz des Erlaubnisverfahrens, sondern reichen weiter und können nicht allein durch einen bestimmten Personenkreis verletzt werden. Damit lässt sich im Erbringen kein besonderes persönliches Merkmal erkennen, das für einen bestimmten Status spricht, der einen bestimmten Täterkreis hervorhebt. So kommt dem Erbringen eine gewisse pauschalierende Handlungsbeschreibung zu, die für eine gewisse Verantwortungszuweisung sorgt. Diese liegt jedoch nicht in einem bestimmten Status, der eine bestimmte Pflichtenposition beim Täter veranlasst und ihn dadurch aus der Gruppe anderer möglicher Täter heraushebt, sodass er stärker für die Unversehrtheit des in dem Tatbestand geschützten Rechtsguts strafrechtlich zur Verantwortung gezogen werden kann. Vielmehr umschreibt das Erbringen eine bestimmte Handlung, die die Täterschaftsbestimmung nach sozialen oder normativen Verantwortungsbereichen richtet. Dies darf jedoch nicht als Funktionsbeschreibung im Sinne eines Status verstanden werden, sondern muss vielmehr als Tätigkeits- oder Funktionsbeschreibung dahingehend Betrachtung finden, dass die strafrechtliche Verantwortlichkeit am tatsächlichen Einfluss auf die Tätigkeit festgemacht wird, die eben mit der Organisation der pauschalierenden Handlungsbeschreibung einhergeht. Genauso spricht dies gegen eine Handlung im natürlichen Sinne, in der eine physisch-reale Steuerungsmacht zum Tragen kommt. Summa summarum lässt sich also bei § 63 Abs. 1 Nr. 4 ZAG ein bestimmter Täterkreis nicht anhand eines bestimmten Status ausdrücklich oder kraft Sachzusammenhangs festmachen. Auch die Tathandlung des Erbringens stellt keine Funktionsbeschreibung dar, die für einen bestimmten Täterkreis sorgt. Damit ist § 63 Abs. 1 Nr. 4 ZAG nicht als Sonderdelikt einzuordnen.

b) Organisationsdeliktscharakter des § 63 Abs. 1 Nr. 4 ZAG

Diese Täterschaftsbestimmung nach sozialen oder normativen Verantwortungsbereichen wird nach Schünemann als sogenanntes Organisationsdelikt[249] bezeichnet und soll zunächst abstrakt dargestellt und einer kritischen Würdigung unterzogen werden, bevor dessen Anwendung auf § 63 Abs. 1 Nr. 4 ZAG diskutiert wird. Weil sich in der Literatur die Bezeichnung als „Organisationsdelikt" durchgesetzt hat, soll auch im Folgenden von diesem Begriff Gebrauch gemacht werden. Zur Klarstellung bleibt es aber bei einem Allgemeindelikt, das lediglich ein stark normatives, funktional-soziales Täterschaftsverständis beschreibt.[250] Gemeint sind mit dem Terminus „Organisationsdelikte" im Kontext des § 63 Abs. 1 Nr. 4 nur die Orga-

[249] *Schünemann*, in: LK-StGB, § 14 Rn. 21 ff., 31; *Schünemann/Greco*, in: LK-StGB, Vor. §§ 25 Rn. 17; *Schünemann/Greco*, in: LK-StGB, § 25 Rn. 210; auf die Kennzeichnung als Organisationsdelikt nach *Schünemann* ebenfalls verweisend *Bosch*, Organisationsverschulden in Unternehmen, S. 245, Rn. 788 oder auch *Ceffinato*, Legitimation und Grenzen der strafrechtlichen Vertreterhaftung nach § 14 StGB, S. 366, Fn. 239; *Schnürer*, Das Gesamtgeschäft beim Handeltreiben mit Betäubungsmitteln, S. 146 f., 154 ff., der aber selbst von einer „Organisationsmacht" beim Handeltreiben nach § 29 BtMG spricht; ferner auf den Begriff des Organisationsdelikts zurückgreifend *Radtke*, in: MüKo-StGB, § 14 Rn. 40; *Schild/Kretschmer*, in: NK-StGB, § 25 Rn. 19; *Schröder/Bergmann*, in: Matt/Renzikowski-StGB, § 14 Rn. 14 ff.; *Lehner*, Die strafrechtliche Verantwortlichkeit des Ausfuhrverantwortlichen, S. 150 ff.; *Morozinis*, Dogmatik der Organisationsdelikte, S. 536 ff. [„Organisationsdelikte (i. e. S.)"]; ähnlich *Saliger/Lienert*, in: Satzger/Schluckebier/Werner-StGB, Vor. §§ 324 ff. Rn. 48 [„Organisationsherrschaft"]; die von der Rechtsprechung entwickelten Rechtsfigur des uneigentlichen Organisationsdelikts darf damit nicht verwechselt werden, *Schünemann/Greco*, in: LK-StGB, Vor. §§ 25 Rn. 17; *Schünemann*, in: LK-StGB, § 14 Rn. 31, Fn. 79; den Begriff der Organisationsdelikte trotzdem auch als ungenau kritisierend, *Bosch*, Organisationsverschulden in Unternehmen, S. 379, Fn. 1205. Der zustimmungswürdig hervorhebt, dass „die soziale Verantwortlichkeit und Entscheidungsmacht und nicht die Organisation selbst über die Täterstellung entscheidet"; darauf ebenfalls verweisend *Ceffinato*, Legitimation und Grenzen der strafrechtlichen Vertreterhaftung nach § 14 StGB, S. 373, Fn. 268.

[250] Sohin scheint es sinnvoller von einer „funktional-sozialen" oder „normativen Täterschaft" zu sprechen, wie *Bosch*, Organisationsverschulden in Unternehmen, S. 244 ff. oder von einer „Betriebsherrschaft", wie *Morozinis*, Dogmatik der Organisationsdelikte, S. 604; ein Konflikt der Begrifflichkeiten wird sich noch im Rahmen des § 129 StGB zeigen, den es anhand dieser Klarstellung aufzuweichen gilt.

nisationsdelikte im engeren Sinne, mithin Allgemeindelikte, die ein stark normatives, funktional-soziales Täterschaftsverhältnis beschreiben.

aa) Dogma der Regelungstechnik der Organisationsdelikte

Nach Schünemann ist für die sogenannten Organisationsdelikte charakteristisch, dass sie nicht eine einzelne Handlung umschreiben, wie man sie im Rahmen klassischer Einzelaktsdelikte vorfindet, sondern sie ein „Ensemble betrieblicher Abläufe thematisieren“.[251] Damit verwirklicht der Täter den Tatbestand, indem er diese Tätigkeit insgesamt beherrscht, was sich regelmäßig aus seiner Position innerhalb der betrieblichen Hierarchie ergibt.[252] So wird die strafrechtliche Verantwortlichkeit an den tatsächlichen Einfluss auf die Tätigkeit der Organisation und nicht wie bei den Sonderdelikten an einen formalen Status gekoppelt.[253] Mit den Organisationsdelikten wird keine eigenständige Täterlehre begründet, sondern der partielle Anschluss des Gesetzgebers an ein stark normativiertes, funktional-soziales Täterschaftsverständnis beschrieben.[254] Dabei hält der Täter das Geschehen nicht physisch-real mit eigener Steuerungsmacht in den Händen, sondern Täter ist, wer für die innerbetriebliche Organisation aufgrund seiner Position und Funktion zuständig ist und damit abstrakt über betriebsbezogene Risiken gebieten kann.[255] Die funktional-soziale Täterlehre geht damit im Grundsatz von der Tatherrschaftslehre aus, hebt jedoch deren normatives Element deutlicher heraus.[256] So wird die Normativierung durch eine Verknüpfung der Tathandlung mit einer bestimmten sozialen Stellung erreicht.[257] Als Beispiele werden Verhaltensumschreibungen wie das „Herstellen“ (§ 22a Abs. 1 Nr. 1 KWKG), das „Inverkehrbringen“ (§ 96 AMG), das „Veranstalten“ (§§ 284, 287 StGB) oder das „Handeltreiben“ (§ 29 Abs. 1 S. 1

---

[251] *Schünemann*, in: LK-StGB, § 14 Rn. 31; darauf ebenfalls umfassend eingehend *Lehner*, Die strafrechtliche Verantwortlichkeit des Ausfuhrverantwortlichen, S. 150 ff.; *Morozinis*, Dogmatik der Organisationsdelikte, S. 536 ff.; ferner darauf eingehend *Schröder/Bergmann*, in: Matt/Renzikowski-StGB, § 14 Rn. 14; *Schild/Kretschmer*, in: NK-StGB, § 25 Rn. 19.

[252] *Schünemann*, in: LK-StGB, § 14 Rn. 31; vgl. auch *Bosch*, Jura 2022, 429 (433).

[253] *Schünemann*, in: LK-StGB, § 14 Rn. 31.

[254] *Lehner*, Die strafrechtliche Verantwortlichkeit des Ausfuhrverantwortlichen, S. 151 unter Verweis auf *Morozinis*, Dogmatik der Organisationsdelikte, S. 536 sowie weitergehend auf *Bosch*, Organisationsverschulden in Unternehmen, S. 244 ff.

[255] *Lehner*, Die strafrechtliche Verantwortlichkeit des Ausfuhrverantwortlichen, S. 151 unter Verweis auf einschlägige Literatur; siehe ferner umfassend zur „betrieblichen Tätigkeit“ *Morozinis*, Dogmatik der Organisationsdelikte, S. 573 ff., der diese auch als *„Betriebsherrschaft“* umschreibt, S. 604.

[256] *Lehner*, Die strafrechtliche Verantwortlichkeit des Ausfuhrverantwortlichen, S. 151 unter Verweis auf *Bosch*, Organisationsverschulden in Unternehmen, S. 245.

[257] *Lehner*, Die strafrechtliche Verantwortlichkeit des Ausfuhrverantwortlichen, S. 151 unter Verweis auf *Schünemann*, in: LK-StGB, § 14 Rn. 21 und *Bosch*, Organisationsverschulden in Unternehmen, S. 245.

Nr. 1 BtMG) genannt.[258] Auch dem „Betreiben" im Sinne des § 54 KWG, dem eine Stellung als Vorgängernorm des § 63 ZAG zuteilwird, wird vereinzelt eine solche Verhaltensumschreibung nachgesagt, die einen potenziellen Betriebsbezug aufweist.[259] Die Handlungsbeschreibungen beziehen sich nicht in erster Linie auf die in tatsächlicher Weise vorgenommene Handlung, sondern ermöglichen es, die für die Tätigkeit maßgeblichen Organisations- und Leitungsmaßnahmen als tatbestandlich anzusehen.[260] Damit wird erreicht, dass sich die strafrechtliche Verantwortlichkeit nicht nur auf die Akteure auf Ausführungsebene konzentriert, sondern auch diejenigen betroffen sind, die als Hintermänner den beherrschenden Einfluss auf die Gesamtorganisation ausüben.[261] Zusammenfassend hebt Lehner zwei treffende Kriterien hervor, die Schünemann durch die Lehre von den Organisationsdelikten herausgearbeitet hat:[262] Zum einen beschreiben diese Delikte ein ganzes Handlungsensemble, keine Einzelhandlung. Zum anderen „lässt sich dieses Handlungs-

---

[258] Beispiele aus *Lehner*, Die strafrechtliche Verantwortlichkeit des Ausfuhrverantwortlichen, S. 151; siehe ferner zu Beispielen *Böse*/*Bülte*, in: NK-StGB, § 14 Rn. 10; *Perron*/Eisele, in: Schönke/Schröder-StGB, § 14 Rn. 5; *Radtke*, in: MüKo-StGB, § 14 Rn. 40; *Schünemann*, in: LK-StGB, § 14 Rn. 22 f.; *Ceffinato*, Legitimation und Grenzen der strafrechtlichen Vertreterhaftung nach § 14 StGB, S. 57, Fn. 54; *Bosch*, Organisationsverschulden in Unternehmen, S. 246; *Morozinis*, Dogmatik der Organisationsdelikte, S. 544 ff.; *Schnürer*, Das Gesamtgeschäft beim Handeltreiben mit Betäubungsmitteln, S. 154 ff.; *Bosch*, Jura 2022, 429 (432).

[259] *Ceffinato*, Legitimation und Grenzen der strafrechtlichen Vertreterhaftung nach § 14 StGB, S. 57, Fn. 54; den parallelen Straftatbestand des § 339 KAGB als Allgemeindelikt in der Form eines Organisationsdelikts ebenfalls kategorisierend *Zeidler*, in: Weitnauer/Boxberger/Anders, Kapitalanlagegesetzbuch, § 339 Rn. 8 f.; interessant ist dabei auch die Einordnung von *Altenhain*, in: Momsen/Grützner Wirtschafts- und Steuerstrafrecht, § 20 Rn. 10, Fn. 20, der bei § 54 Abs. 1 Nr. 2 KWG und § 63 Abs. 1 Nr. 4 ZAG explizit von Sonderdelikten ausgeht, aber davon spricht, dass „auch (und gerade) derjenige [Bankgeschäfte betreibt], der sie nicht selbst abschließt, aber im Rahmen einer unternehmerischen Organisation mit ihren regelhaften Abläufen seine Angestellte zum Abschluss und zur Abwicklung solcher Geschäfte anhält." Dabei verweist er vergleichend auf die Voraussetzungen einer sog. Organisationsherrschaft, lehnt diese aber im Ergebnis ab, da es diese hier gerade nicht bedarf. Dies lässt sich mit der hier zugrunde gelegten Ansicht begründen, indem man die Tathandlungen des „Betreibens" oder „Erbringens" als Tätigkeiten einordnet, die von einer funktional-sozialen Täterbestimmung ausgehen. *Altenhain* schreibt dazu aber selbst, dass es „keiner Zurechnung der Handlungen der Angestellten über die Figur der mittelbaren Täterschaft [bedarf], weil tatbestandsmäßig nicht nur die unmittelbar für die Erbringung der Geschäfte oder Dienstleistungen erforderlichen Handlungen sind, sondern alle Handlungen, die auf konkrete Geschäfte oder Dienstleistungen hinführen." Dahingehend betrachtet spricht dies aber grundsätzlich für ein Ensemble betrieblicher Abläufe, was zwar nicht der sog. Organisationsherrschaft zuteilwird, sondern gerade den Organisationsdelikten.

[260] *Bosch*, Organisationsverschulden in Unternehmen, S. 245; *Bosch*, Jura 2022, 429 (432); darauf ebenfalls verweisend *Lehner*, Die strafrechtliche Verantwortlichkeit des Ausfuhrverantwortlichen, S. 152.

[261] *Lehner*, Die strafrechtliche Verantwortlichkeit des Ausfuhrverantwortlichen, S. 152 unter vergleichenden Verweis auf *Schünemann*, in: LK-StGB, § 14 Rn. 31; ferner *Schild*/*Kretschmer*, in: NK-StGB, § 25 Rn. 19.

[262] *Lehner*, Die strafrechtliche Verantwortlichkeit des Ausfuhrverantwortlichen, S. 153.

ensemble im Wege der Auslegung organisationsspezifisch mit einer besonderen Täterstellung verknüpfen, sodass je nach funktional-sozialer Rolle des Täters bereits die Verwirklichung von Einzelelementen des Handlungsbündels für die Gesamtverwirklichung des Organisationsdelikts ausreichen kann." Es wird also eine funktional-soziale statt einer materiellen Tatherrschaft vorausgesetzt.

bb) Kritische Würdigung der Regelungstechnik der Organisationsdelikte

Die Regelungstechnik der Organisationsdelikte ist jedoch der Kritik ausgesetzt, dass diese vom „handfesten" Kriterium der realen Tatherrschaft losgelöst ist.[263] Zudem wird angebracht, sie sei in erster Linie von kriminalpolitischen Erwägungen geleitet wird.[264] Dem kann entgegengebracht werden, dass für diesen Zurechnungsmechanismus bei abstrahierten Verhaltensbeschreibungen, die zugleich eine Verknüpfung zwischen Tathandlung und Täterposition herstellen, einen gesetzlichen Anknüpfungspunkt ausmachen.[265] Auch § 14 Abs. 2 StGB zeigt beispielsweise vertatbestandlichte Kriterien der Eigenverantwortlichkeit und der innerbetrieblichen Gesamtzuständigkeit auf, die für einen Organisationsbereich hinreichend genaue Abgrenzungskriterien bieten.[266] So ist es eben auch der Gesetzgeber selbst, der in Bereichen des Umwelt- und Nebenstrafrechts dazu übergegangen ist, Tathandlungen mit einer bestimmten sozialen Stellung zu verknüpfen, die einer rollenspezifischen Interpretation zugänglich ist.[267] Damit darf nicht die Regelungstechnik der Organisationsdelikte als Plädoyer für ein funktional-soziales Tatherrschaftsverständnis verstanden werden, sondern dies dient vielmehr allein der Beschreibung einer besonderen Regelungstechnik des Gesetzgebers.[268] Er ist es auch,

---

[263] Auf die Kritik eingehend *Lehner*, Die strafrechtliche Verantwortlichkeit des Ausfuhrverantwortlichen, S. 152; umfangreich *Morozinis*, Dogmatik der Organisationsdelikte, S. 560 ff.; *Schnürer*, Das Gesamtgeschäft beim Handeltreiben mit Betäubungsmitteln, S. 151 f.; insbesondere die Regelungstechnik der Organisationsdelikte kritisierend *Martin*, Sonderdelikte im Umweltstrafrecht, S. 49 ff.; *Rotsch*, Individuelle Haftung in Großunternehmen, S. 131 ff.; *Schlösser*, Soziale Tatherrschaft, S. 120 ff.; *Witteck*, Der Betreiber im Umweltstrafrecht, S. 183 ff.; *Rotsch*, wistra 1999, 321 (326); dazu Bedenken äußernd *Heine*, Die strafrechtliche Verantwortlichkeit von Unternehmen, S. 158 f.

[264] *Martin*, Sonderdelikte im Umweltstrafrecht, S. 50; *Witteck*, Der Betreiber im Umweltstrafrecht, S. 185.

[265] *Lehner*, Die strafrechtliche Verantwortlichkeit des Ausfuhrverantwortlichen, S. 152.

[266] *Ceffinato*, Legitimation und Grenzen der strafrechtlichen Vertreterhaftung nach § 14 StGB, S. 373.

[267] *Ceffinato*, Legitimation und Grenzen der strafrechtlichen Vertreterhaftung nach § 14 StGB, S. 373; so bereits zuvor auch *Bosch*, Organisationsverschulden in Unternehmen, S. 245; ebenfalls *Schünemann/Greco*, in: LK-StGB, Vor. §§ 25 Rn. 16; vgl. auch *Bosch*, Jura 2022, 429 (432).

[268] *Lehner*, Die strafrechtliche Verantwortlichkeit des Ausfuhrverantwortlichen, S. 153 unter Verweis auf *Morozinis*, Dogmatik der Organisationsdelikte, S. 562 f. sowie auf *Schild/Kretschmer*, in: NK-StGB, § 25 Rn. 19.

der als Adressat des Bestimmtheitsgebots gilt.[269] Eine tiefergehende Befassung, inwiefern das Bestimmtheitsgebot dabei eingehalten wurde, kann an dieser Stelle nicht erfolgen.[270] Zumindest sei auf § 29 Abs. 1 Nr. 1 BtMG verwiesen, dessen Verfassungsmäßigkeit im Hinblick auf das Bestimmtheitsgebot des Art. 103 Abs. 2 GG ausdrücklich durch das BVerfG[271] festgestellt wurde und man damit eine pauschale Unbestimmtheit solcher Verhaltensumschreibungen im Grundsatz ablehnen kann.[272]

cc) Einreihung des § 63 Abs. 1 Nr. 4 ZAG in die Regelungstechnik der Organisationsdelikte

Wie sich herausgestellt hat, lässt sich die Tathandlung des Erbringens als funktional-soziale Tatherrschaft einordnen, die dem § 63 Abs. 1 Nr. 4 ZAG den Charakter als Organisationsdelikt gibt.[273] Dazu sollen im Folgenden kurze Ausführungen erfolgen, die eine Einreihung des § 63 Abs. 1 Nr. 4 ZAG in das Dogma der Organisationsdelikte aufzeigen. So stellt das Erbringen von Zahlungsdiensten eine pauschalierende Handlungsbeschreibung, das auf Zahlungsdienste abzielt und damit eine auf Dauer angelegte Handlung dar, die aus vielen einzelnen Tätigkeiten bestehen kann.[274] Damit sollen Zahlungsdienste im Sinne der § 1 Abs. 1 S. 2 Nr. 1 bis Nr. 8 ZAG erbracht werden, die jeweils für sich bereits eigene Handlungen umfassen. So meint das Erbringen von Zahlungsdiensten im Kontext des hier relevanten Finanztransfergeschäfts (§ 1 Abs. 1 S. 2 Nr. 6 ZAG) auch die pauschalierende Handlungsbeschreibung von Entgegennahmen und Übermittlungen oder Verfügbarmachungen von Geldbeträgen.[275] Davon betroffen sind auch deren Vereinbarung, Anweisung, Koordination aber auch die Durchführung des Zahlungs-

[269] *Morozinis*, Dogmatik der Organisationsdelikte, S. 565 unter Verweis auf einschlägige Literatur und Rechtsprechung und unter Kritik an den Einwänden *Schlössers.*

[270] Dabei sei verwiesen auf die Ausführungen von *Morozinis*, Dogmatik der Organisationsdelikte, S. 565 f., 571 ff.; ferner zum Bestimmtheitsgebot im Rahmen des ZAG siehe *Mansdörfer/Oğlakcıoğlu*, RdZ 2024, 106 (109 ff.).

[271] BVerfG 24. 10. 1999 – 2 BvR 1906/99, zitiert in BGH, NStZ-RR 2004, 183 (184).

[272] So *Morozinis*, Dogmatik der Organisationsdelikte, S. 566 unter Verweis auf weiterführende Literatur und Rechtsprechung sowie weitere Normen mit Verhaltensbeschreibungen.

[273] Den parallelen Straftatbestand des § 339 KAGB als Allgemeindelikt in der Form eines Organisationsdelikt ebenfalls kategorisierend *Zeidler*, in: Weitnauer/Boxberger/Anders, Kapitalanlagegesetzbuch, § 339 Rn. 8 f.

[274] So für das „Betreiben" im Sinne der §§ 54, 32 KWG BGH 18. 07. 2018 – 2 StR 416/16, BGH, NJW 2018, 3467 (3469); darauf verweisend BGH 31. 05. 2023 – 3 StR 25/23, BGH, BeckRS 2023, 17041, Rn. 4 und BGH 02. 06. 2021 – 3 StR 61/21, BGH, ZIP 2021, 1853 (1856); dies wiederum bestätigend BGH 28. 06. 2022 – 3 StR 403/20, BGH, BeckRS 2022, 20799, Rn. 28.

[275] Zu den einzelnen Handlungen bereits Teil 3 B. I. 1. a) bb) sowie Teil 3 B. I. 1. a) cc).

dienstes.[276] Dieses Ensemble an Einzelhandlungen ist der Tathandlung des Erbringens immanent. Im Rahmen des Hawala-Bankings werden auch Gelder eingesammelt und innerhalb des Systems weitergeleitet,[277] Einzelhandlungen, die die Entgegennahme ermöglichen und zum wesentlichen Bestandteil derer werden. Vorausgesetzt wird von der Tätigkeit des Erbringens jedoch nicht zwingend ein Erfolg; die Tätigkeit an sich ist für die Tatbestandsverwirklichung entscheidend. § 63 Abs. 1 Nr. 4 ZAG ist darauf angelegt, der besonderen Gefährlichkeit der organisatorischen Tätigkeit vorzubeugen, was ebenfalls vornehmlich den Organisationsdelikten eigen ist.[278] Andernfalls kann sich auch eine gesellschaftliche Akzeptanz einschleichen, sodass die Norm ihre verhaltenssteuernde Wirkung verliert.[279] Zudem richtet sich die pauschalierende Tätigkeit nicht nur auf eine einmalige Durchführung des Ensembles, sondern umschreibt vielmehr auch ein mehrmaliges, ein zum Teil längeren Zeitraum umfassendes Geschehen, was nach der Konkurrenzlehre im Sinne einer tatbestandlichen Handlungseinheit umschrieben wird.[280] Auch dies kann man dem Erbringen zuschreiben, was Konsens ist und nun auch höchstrichterlich bestätigt wurde.[281] So lassen sich eben die mehrmaligen „Über-

---

[276] BGH 11.06.2015 – 1 StR 368/14, BGH, ZWH 2015, 303 (305) [„Vereinbarung und Durchführung des Zahlungsdienstes"]; vgl. aber auch BVerwG 22.04.2009 – 8 C 2/09, BVerwG, VersR 2010, 509 (510 f.), unter Bezugnahme des Begriffs des Betreibens, hierbei jedoch im Kontext des § 32 Abs. 1 S. 1 KWG, der aufgrund seines Wortlauts auch Vorbereitungshandlungen miteinschließt.

[277] BGH 28.06.2022 – 3 StR 403/20, BGH, BeckRS 2022, 20799, Rn. 26, 28; BGH 02.06.2021 – 3 StR 61/21, BGH, ZIP 2021, 1853 (1855); LG Mannheim 17.11.2020 – 22 KLs 540 Js 6574/20, LG Mannheim, BeckRS 2020, 50512, Rn. 108 ff.

[278] So *Morozinis*, Dogmatik der Organisationsdelikte, S. 572 unter Verweis auf einschlägige Literatur, S. 586 [„Organisationsdelikte fast immer abstrakte Gefährdungsdelikte sind"].

[279] *Sinn*, Wirtschaftsmacht Organisierte Kriminalität, S. 81 unter Verweis auf weiterführende Literatur.

[280] So den Organisationsdelikten im Allgemeinen zuordnend *Morozinis*, Dogmatik der Organisationsdelikte, S. 575 unter Verweis auf einschlägige Literatur.

[281] BGH 28.06.2022 – 3 StR 403/20, BGH, BeckRS 2022, 20799, Rn. 28; BGH 02.06.2021 – 3 StR 61/21, BGH, ZIP 2021, 1853 (1855 f.); LG Köln 23.05.2022 – 109 KLs 5/21, LG Köln, abrufbar unter: https://www.justiz.nrw.de/nrwe/lgs/koeln/lg_koeln/j2022/109_KLs_5_21_Urteil_20220523.html, Rn. 634; LG Düsseldorf 23.11.2021 – 014 KLs 2/21, LG Düsseldorf, abrufbar unter: http://www.justiz.nrw.de/nrwe/lgs/duesseldorf/lg_duesseldorf/j2021/014_KLs_2_21_Urteil_20211123.html, Rn. 693, LG Düsseldorf, BeckRS 2021, 55636, Rn. 197; LG Mannheim 17.11.2020 – 22 KLs 540 Js 6574/20, LG Mannheim, BeckRS 2020, 50512; Rn. 154 f.; *Weiß*, in: Schäfer/Omlor/Mimberg-ZAG, § 63 Rn. 92; im Kontext der Vermögensabschöpfung angedeutet BGH 21.02.2023 – 3 StR 278/22, BGH, NStZ-RR, 179 (180) [„sämtliche Aktivitäten des Hawala-Banking[s] als tatbestandliche Handlungseinheit"]; zu § 54 KWG bereits BGH 08.03.2023 – 1 StR 281/22, BGH, NZWiSt 2023, 317 (319) (Einlagengeschäft); BGH 09.04.2019 – 1 StR 673/18, BGH, NStZ 2020, 169 (169 f.) (Einlagengeschäft); BGH 18.07.2018 – 2 StR 416/16, BGH, NJW 2018, 3467 (3469) (Kreditgeschäft); *Häberle*, in: Erbs/Kohlhaas-Strafrechtliche Nebengesetze, § 54 KWG Rn. 19; *Pananis/Schäuble*, in: Leitner/Rosenau, Wirtschafts- und Steuerstrafrecht, § 54 KWG Rn. 68 [„stehen als einheitliches Organisationsdelikt in rechtlicher Handlungseinheit"]; *Reichling*, in:

mittlungen", die wiederum Handlungen des Finanztransfergeschäfts, mithin den Zahlungsdienst darstellen, als einmalige Verwirklichung des Tatbestandes einordnen.[282] Damit kann man dem Erbringen auch beimessen, dass das Ensemble in einer Person vorgenommen werden kann, diese Verträge schließt, Gelder entgegennimmt und die Übermittlung einleitet. Dem Erbringen kann aber auch zuerkannt werden, dass ein ganzes Unternehmen dahintersteht, in dem Arbeitnehmer und Agenten die wesentlichen Schritte vollführen. Genauso können ganze Netzwerke entstehen, in denen einzelne Hawaladare jeweils für sich agieren und miteinander verbunden sind. Je nach Art und Umfang des in Bezug genommenen Handlungsobjekts ist damit auch eine mehr oder weniger von der realen Vornahme der Tätigkeit losgelöste Bestimmung der Täterschaft möglich.[283] Damit lässt sich das Erbringen im Wege der Auslegung organisationsspezifisch mit einer besonderen Täterstellung verknüpfen, sodass je nach funktional-sozialer Rolle bereits die Verwirklichung von Einzelelementen des Handlungsbündels für die Gesamtverwirklichung des Organisationsdelikts ausreichen kann.[284]

Auch wenn der BGH in den geschilderten Fällen, ähnlich der Literatur die Beteiligungslehre anwendet und im Fall einer juristischen Person wohl auf § 14 StGB abstellt,[285] so mag sich bei einer genaueren Betrachtung dessen Ausführungen, auch ein funktional-sozialer Ansatz erkennen lassen. Beispielsweise geht der BGH[286] in seinem Beschluss vom 02.06.2021 bei einem Mittäter davon aus, dass dieser „durch die Weiterleitung der Gelder für das Geschäftsmodell zentrale Aufgaben [erbrachte], war durch die Einbindung in eine Chatgruppe an der näheren Organisation beteiligt sowie in der Lage, nach eigenem Belieben einzelne Fahrten durch-

---

MüKo-StGB, § 54 KWG Rn. 91; *Trüg*, in: Achenbach/Ransiek/Rönnau Handbuch Wirtschaftsstrafrecht, 12. Teil Kap. 3 Rn. 100.

[282] Vgl. BGH 28.06.2022 – 3 StR 403/20, BGH, BeckRS 2022, 20799, Rn. 28; so bereits zu § 54 KWG BGH 18.07.2018 – 2 StR 416/16, BGH, NJW 2018, 3467 (3469).

[283] So *Bosch*, Organisationsverschulden in Unternehmen, S. 246; darauf ebenfalls verweisend *Ceffinato*, Legitimation und Grenzen der strafrechtlichen Vertreterhaftung nach § 14 StGB, S. 373; vergleiche dazu ferner *Morozinis*, Dogmatik der Organisationsdelikte, S. 599 [„Die Tatbestände der Organisationsdelikte sind […] darauf angelegt, sowohl den Groß- als auch den Mittel- und den Kleinunternehmer zu erfassen, oder sowohl den Drogenbaron, als auch den Kleindealer"] unter ausdrücklichen Verweis auf *Schünemann*, in: LK-StGB, § 14 Rn. 31.

[284] Siehe dazu bereits zu den wesentlichen Kriterien der Lehre von den Organisationsdelikten Teil 4 A. I. 1. b) aa).

[285] Siehe dazu die Ausführungen in Teil 4 A. I. 1.

[286] BGH 02.06.2021 – 3 StR 61/21, BGH, ZIP 2021, 1853 (1855); ähnlich wohl bereits zuvor auch das LG Düsseldorf 23.11.2021 – 014 KLs 2/21, LG Düsseldorf, abrufbar unter: http://www.justiz.nrw.de/nrwe/lgs/duesseldorf/lg_duesseldorf/j2021/014_KLs_2_21_Urteil_20211123.html, Rn. 602 ff., LG Düsseldorf, BeckRS 2021, 55636, Rn. 127 ff. [„Die Ein- und Auszahlungen sind zwar nicht bei ihm persönlich erfolgt, sondern bei den als Zahlstellen genutzten Unternehmen. Gleichwohl konnte er auf die Beträge faktisch zugreifen, denn ihm allein stand die Entscheidungsgewalt zur Durchführung der Transaktionen zu. Die als Zahlstellen genutzten Unternehmen unterstanden auch seiner faktischen Leitung"].

zuführen oder abzulehnen, und war damit wesentlicher Teil des Hawala-Systems." Weiter „tritt hinzu, dass der Angeklagte die Zahlungsdienste nicht jeweils insgesamt eigenständig, sondern als Teil der Gesamtorganisation erbrachte. Danach ist für die Tatbestandsverwirklichung nicht allein auf sein individuelles Verhalten, sondern auf die Tätigkeit insgesamt abzustellen." Dahingehend lassen die Ausführungen des BGH eine Deutung zu, die das Erbringen als pauschalierende Handlungsbeschreibung einordnet und im Kontext des Hawala-Netzwerkes ein Weiterleiten der Gelder bereits eine Verwirklichung von Einzelelementen des Handlungsbündels darstellt.[287] Damit wird im Wege der Auslegung das Handlungsensemble organisationsspezifisch mit einer besonderen Täterstellung verknüpft. Die Ausführungen des BGH sollen jedoch an anderer Stelle noch reflektiert sowie der Sachverhalt einer eigenständigen Einordnung unterzogen werden.[288] Interessant erscheint daran jedoch, dass der BGH gewisse Tendenzen erkennen lässt, die für eine funktional-soziale Tatherrschaft sprechen. Damit reiht sich dies in gewissem Maße in andere Entscheidungen zu anderen Bereichen mit ein, bei denen der BGH ebenfalls eine solche Tendenz erkennen lässt.[289] Trotz der Meidung der Bestimmung des Deliktscharakters und der divergierenden Auslegung im Hinblick auf § 25 StGB und § 14 StGB, fügt sich die geschilderte Auslegung des BGH zumindest dahingehend in die hier zugrunde gelegte Kategorisierung des § 63 Abs. 1 Nr. 4 ZAG als Organisationsdelikt ein.

2. Die Potenziellen Beteiligten des Hawala-Bankings

Anhand der dargelegten Einordnung des § 63 Abs. 1 Nr. 4 ZAG soll nun eine Einteilung des Täter- und des Teilnehmerkreises beim Hawala-Banking erfolgen. Dies soll im Besonderen anhand der Einzeltransaktion, der Hawala-Gruppierung und dem Hawala-Netzwerk dargestellt werden. Dabei soll insbesondere auch ein Schwerpunkt auf die geschilderte Rechtsprechung gelegt werden, um die bereits

---

[287] Siehe dazu auch BGH 31.05.2023 – 3 StR 25/23, BGH, BeckRS 2023, 17041, Rn. 4, der im Kontext des § 54 KWG auch von einer pauschalierenden Handlungsbeschreibung spricht und dabei auf den Beschluss des BGH vom 02.06.2021 explizit verweist. Hierbei wird jedoch die pauschalierende Handlungsbeschreibung immer im Kontext der konkurrenzrechtlichen Bewertung herangezogen, nicht bei der Tathandlung selbst.

[288] Siehe dazu noch Teil 4 A. I. 2. a) bb) (2).

[289] Dazu instruktiv die Aufarbeitung von *Lehner*, Die strafrechtliche Verantwortlichkeit des Ausfuhrverantwortlichen, S. 155 ff.; ferner *Morozinis*, Dogmatik der Organisationsdelikte, S. 544 ff., der selbst Organisationsdelikte im StGB einteilt und dabei auf einschlägige Rechtsprechung des BGH verweist sowie S. 577 ff., bei denen er die normativen Grundsätze des BGH im Rahmen der „unechten Organisationsdelikte" hervorhebt und der Meinung ist, dass man „sich demzufolge mit der Verschiebung der Thematik in die Konkurrenzlehre nicht begnügen" darf; siehe außerdem im Rahmen des § 54 KWG bei dem ebenfalls zumindest auf Konkurrenzebene von einer pauschalierenden Handlungsbeschreibung ausgegangen wird, BGH 31.05.2023 – 3 StR 25/23, BGH, BeckRS 2023, 17041, Rn. 4; BGH 18.07.2018 – 2 StR 416/16, BGH, NJW 2018, 3467 (3469); ferner auch *Bosch*, Jura 2022, 429 (432 ff.).

geäußerte Kritik,[290] aber auch die bereits befürworteten Aspekte zu reflektieren und intensivieren. Hierzu wird immer wieder Bezug zur jeweiligen Rechtsprechung genommen.

a) Der Täterkreis des Hawala-Bankings nach § 63 Abs. 1 Nr. 4 ZAG

Da der Täterkreis nicht anhand eines Status festgemacht werden kann und es vielmehr auf die eigentlich vollzogene Tathandlung ankommt, bestimmt sich der Täterkreis des Hawala-Bankings nach § 63 Abs. 1 Nr. 4 ZAG danach, wer die Zahlungsdienste erbringt. Um den Täterkreis beim Hawala-Banking aber bestimmen zu können, muss vorab noch geklärt werden, inwiefern § 25 StGB im Rahmen von Organisationsdelikten angewendet werden darf und wer in concreto die Tathandlung des Erbringens vollzieht, indem abstrakt die (strafrechtliche) *Tathandlung* des Erbringens bestimmt und diese konkret auf das Hawala-Banking angewendet wird.

aa) Anwendbarkeit des § 25 StGB auf Organisationsdelikte

Wie bereits dargestellt ist nach der hier zugrunde gelegten Ansicht ein Rückgriff auf § 14 StGB mangels vorliegenden Status nicht möglich, da keine besonderen persönlichen Merkmale tatbestandlich vorausgesetzt werden, mithin dem § 63 Abs. 1 Nr. 4 ZAG die Eigenschaft als Sonderdelikt abgesprochen wurde. Dahingehend wird hier auch eine janusköpfige Handhabung, also die Anwendung des § 14 StGB auf ein Allgemeindelikt abgelehnt.[291] Zur Bestimmung der Täterschaft muss aber zunächst die Frage aufgeworfen werden, ob ein Rückgriff auf § 25 StGB erfolgen darf, selbst wenn die besondere Ausgestaltung eines Organisationsdelikts vorliegt. So nennen Schünemann/Greco[292] beispielsweise, dass es sich beim Organisationsdelikt „um eine Erscheinung des Besonderen Teils handelt und bei der der Gesetzgeber die Täterschaft in Form einer lex specialis zu § 25 nicht an bestimmte einzelne Handlungen, sondern an ein Ensemble von betrieblichen Abläufen knüpft“. „Täter ist hier nur, wer die Gesamtorganisation leitet, während dessen Mitarbeiter auch dann nur Gehilfen sind, wenn sie einzelne unerlässliche Beiträge im Ausfüh-

---

[290] Zur Kritik siehe bereits Teil 4 A. I. 1.

[291] Vgl. dazu auch *Schünemann*, in: LK-StGB, § 14 Rn. 31 [„Für eine Heranziehung des § 14 besteht bei diesem Konzept weder Raum noch Bedürfnis, weil die Täterschaft unmittelbar aus der Herrschaft über die Organisation folgt und deshalb die formelle Tatbestandsmäßigkeit dem materiellen Unrecht optimal korrespondiert“].

[292] *Schünemann/Greco*, in: LK-StGB, § 25 Rn. 210; darauf ebenfalls verweisend *Lehner*, Die strafrechtliche Verantwortlichkeit des Ausfuhrverantwortlichen, S. 152 f.; *Morozinis*, Dogmatik der Organisationsdelikte, S. 601, der die Betrachtung des Tatbestandes als lex specialis im Hinblick auf § 25 Abs. 1 Alt. 1 StGB sieht und dies lediglich in dem Sinne, dass die allgemeine Regelung über die unmittelbare Täterschaft als lex generalis verdrängt wird.

rungsstadium leisten." Morozinis[293] stellt jedoch klar, dass sich die Organisationsdelikte in einem Punkt gerade nicht gegenüber herkömmlichen Allgemeindelikten, die als Einzelaktsdelikte ausgestaltet sind, unterscheiden, und zwar, dass Täter ist, wer den objektiven und subjektiven Tatbestand selbst erfüllt. Demnach besteht kein Spannungsverhältnis zwischen § 25 StGB und den einzelnen Tatbeständen der Organisationsdelikte, die eine Heranziehung des Grundsatzes „lex specialis derogat legi generali" erfordert. Aufgrund der unterschiedlichen Tatbestandsstruktur bzw. dessen Tatbestandsfassung verwundert es auch nicht, dass die unmittelbare Täterschaft des Organisationsdelikts ein anderes Täterkriterium zugrunde legt als das des Einzelaktsdelikts. Im Grunde handelt es sich damit um ein Allgemeindelikt, bei dem es auf die Vornahme der Ausführungshandlung ankommt[294]. Die Vornahme wird jedoch nicht über seine körperlichen Aktivitäten ausgeübt und damit über die Herrschaft über den Körper vermittelt (Handlungsherrschaft), sondern vielmehr über eine Lenkungs- und Plantätigkeit beziehungsweise über eine Verbindungsfunktion, die der Täter ausübt und durch die er den verschiedenen im Tatbestand vorausgesetzten fremden Einzelhandlungen erst einen gemeinsamen Sinn gibt.[295] Ein Rückgriff auf § 25 Abs. 1 Alt. 2 StGB sowie auf § 25 Abs. 2 StGB wird dadurch nicht versperrt,[296] sondern diese fügen sich ebenfalls in die besondere Regelungstechnik der Organisationsdelikte ein, selbst wenn diese eine funktional-soziale Tatherrschaft über einen komplexen Geschehensablauf voraussetzen.[297]

bb) Die erbringenden Täter des § 63 Abs. 1 Nr. 4 ZAG

Darauf aufbauend soll nun geklärt werden, wer im Rahmen des Hawala-Bankings als Täter in Betracht kommt. Dazu soll unter Heranziehung der bereits erarbeiteten Erkenntnisse zunächst abstrakt die Tathandlung eingeordnet und diese sodann konkret den jeweiligen Akteuren des Hawala-Bankings zugeordnet werden.

(1) Die Tathandlung des Erbringens nach § 63 Abs. 1 Nr. 4 ZAG

Nach dem Wortlaut des § 63 Abs. 1 Nr. 4 ZAG macht sich strafbar, „wer ohne Erlaubnis nach § 10 Absatz 1 Satz 1 […] Zahlungsdienste erbringt". Damit wird als Tathandlung das Erbringen von Zahlungsdiensten vorausgesetzt. Mit Blick auf eine Einordnung des Erbringens im Sinne des § 1 Abs. 1 S. 1 Nr. 1 ZAG und § 10 Abs. 1

---

293 *Morozinis*, Dogmatik der Organisationsdelikte, S. 602 ff.

294 Vgl. *Morozinis*, Dogmatik der Organisationsdelikte, S. 602 wiederum unter vergleichenden Verweis auf *Schlösser*, Soziale Tatherrschaft, S. 98.

295 *Morozinis*, Dogmatik der Organisationsdelikte, S. 602, der es hier treffend findet von einer „Betriebsherrschaft" zu sprechen, S. 604; ähnlich *Schnürer*, Das Gesamtgeschäft beim Handeltreiben mit Betäubungsmitteln, S. 160 [„Verbindungsleistung"].

296 *Morozinis*, Dogmatik der Organisationsdelikte, S. 605.

297 Dies deutet trotzdem auch *Schünemann* an, indem er „ausnahmsweise" die Regeln der mittelbaren Täterschaft bei einem Betriebsexternen durch Benutzung eines Betriebsangehörigen als vorsatzloses Werkzeug anwendet, *Schünemann*, in: LK-StGB, § 14 Rn. 31.

S. 1 ZAG konnte bereits herausgearbeitet werden, dass das Erbringen bestimmte Charakteristika aufweist, die eine Einordnung der Handlung ermöglichen. Zudem konnte aufgezeigt werden, dass sich das Erbringen im Strafrecht nicht stringent an der aufsichtsrechtlichen Auslegung orientiert, da sich das Aufsichtsrecht teilweise bei der Verantwortungszuweisung an zahlungsverkehrsrechtlichen Zurechnungsmechanismen orientiert, das Strafrecht jedoch eine funktional-soziale Tatherrschaft zugrunde legt. Dementsprechend bedarf es einer eigenen strafrechtlichen Betrachtung des Erbringens als Tathandlung im Sinne des § 63 Abs. 1 Nr. 4 ZAG. Bei der Bestimmung des Deliktscharakters hat sich auch gezeigt, dass die Tathandlung zum Teil als rechtliches Geschehen[298] oder als tatsächliches (besser pauschalierendes) Verhalten[299] umschrieben wird, im Grunde aber ein funktional-sozialer Ansatz zugrunde gelegt werden muss, den es im Kontext der rechtlichen und tatsächlichen Komponenten genauer zu erläutern gilt. Zudem wird dem Erbringen ein Erfolgsmoment[300] beigemessen oder eine bloße Tätigkeit[301] zugestanden, sodass dahingehend auch die Einteilung des Delikts in ein Erfolgs-[302] oder Tätigkeitsdelikt[303] erfolgt, was einer weiteren Überprüfung unterzogen werden muss. Mit den bereits angesprochenen Charakteristika ist auch dessen faktischer Charakter verbunden, was die Frage aufwirft, ob die Tathandlung ein mehrfaches Tätigwerden[304] verlangt.

---

[298] *Weiß*, in: Schäfer/Omlor/Mimberg-ZAG, § 63 Rn. 48 unter vergleichenden Verweis auf die zivilrechtliche Rechtsprechung BGH 12.12.2019 – IX ZR 77/19, BGH, NJW-RR 2020, 292 (294); BGH 15.05.2012 – VI ZR 166/11, BGH NJW 2012, 3177 (3179), indem der Betreiber des Bankgeschäfts im Sinne des § 54 Abs. 1 Nr. 2 KWG bestimmt wird; ferner *Weiß*, wistra 2021, 448 (450); vgl. auch BVerwG 22.04.2009 – 8 C 2/09, BVerwG, VersR 2010, 509 (511), wobei das BVerwG neben Abschluss und Abwicklung auch die wesentlichen zum Vertragsschluss hinführenden Schritte nennt; vgl. ferner *Altenhain*, in: Momsen/Grützner Wirtschafts- und Steuerstrafrecht, § 20 Rn. 10; *Findeisen*, in: Ellenberger/Findeisen/Nobbe/Böger-Kommentar zum Zahlungsverkehrsrecht, § 1 ZAG Rn. 116; *Richter*, in: Luz/Neus/Schaber/Schneider/et al.-ZAG, § 63 Rn. 8.

[299] So wohl, jedoch auch mit funktional-sozialen Ansatz BGH 02.06.2021 – 3 StR 61/21, BGH, ZIP 2021, 1853 (1855); LG Mannheim 17.11.2020 – 22 KLs 540 Js 6574/20, LG Mannheim, BeckRS 2020, 50512, Rn. 128; LG Düsseldorf 23.11.2021 – 014 KLs 2/21, LG Düsseldorf, abrufbar unter: http://www.justiz.nrw.de/nrwe/lgs/duesseldorf/lg_duesseldorf/j2021/014_KLs_2_21_Urteil_20211123.html, Rn. 614 ff., LG Düsseldorf, BeckRS 2021, 55636, Rn. 135 ff.

[300] *Richter*, in: Luz/Neus/Schaber/Schneider/et al.-ZAG, § 63 Rn. 9.

[301] *Weiß*, in: Schäfer/Omlor/Mimberg-ZAG, § 63 Rn. 89; *Knierim*, in: Wabnitz/Janovsky/Schmitt Handbuch Wirtschafts- und Steuerstrafrecht, Kap. 10 Rn. 253.

[302] *Richter*, in: Luz/Neus/Schaber/Schneider/et al.-ZAG, § 63 Rn. 9.

[303] *Knierim*, in: Wabnitz/Janovsky/Schmitt Handbuch Wirtschafts- und Steuerstrafrecht, Kap. 10 Rn. 253; für die Ausgestaltung als abstraktes Gefährdungsdelikt *Weiß*, in: Schäfer/Omlor/Mimberg-ZAG, § 63 Rn. 88.

[304] Zur Notwendigkeit des mehrfachen Tätigwerdens im Rahmen des § 63 ZAG siehe *Richter*, in: Luz/Neus/Schaber/Schneider/et al.-ZAG, § 63 Rn. 7; a. A. *Weiß*, in: Schäfer/Omlor/Mimberg-ZAG, § 63 Rn. 41; *Altenhain*, in: Momsen/Grützner Wirtschafts- und Steuerstrafrecht, § 20 Rn. 11; zur Notwendigkeit des mehrfachen Tätigwerdens im Rahmen des § 54 KWG siehe *Peglau*, wistra 2002, 293 (293); a. A. *Altenhain*, in: Momsen/Grützner Wirtschafts- und Steuerstrafrecht, § 20 Rn. 11.

Hier sollen die Ergebnisse des Erbringensbegriffs des § 1 Abs. 1 S. 1 Nr. 1 ZAG und des § 10 Abs. 1 S. 1 ZAG aus Perspektive des Strafrechts reflektiert und einer strafrechtlichen Einordnung unterzogen werden. Daran gemessen wird die Tathandlung des § 63 Abs. 1 Nr. 4 ZAG und damit die Tathandlung des Hawala-Bankings bestimmt.

(a) Funktional-sozialer Ansatz der Tathandlung

Das Erbringen von Zahlungsdiensten stellt eine pauschalierende Handlungsbeschreibung, die auf Zahlungsdienste abzielt und damit eine auf Dauer angelegte Handlung ist, dar, die aus vielen einzelnen Tätigkeiten bestehen kann.[305] Im Kontext des hier relevanten Finanztransfergeschäfts (§ 1 Abs. 1 S. 2 Nr. 6 ZAG) umfasst die pauschalierende Handlungsbeschreibung Entgegennahmen und Übermittlungen oder Verfügbarmachungen von Geldbeträgen.[306] Das Ensemble umfasst auch die Vereinbarung, Anweisung, Koordination sowie die eigentliche Durchführung des Zahlungsdienstes.[307] Im Rahmen des Hawala-Bankings werden beispielsweise auch Gelder eingesammelt und innerhalb des Systems weitergeleitet,[308] Einzelhandlungen, die zum Beispiel die Entgegennahme ermöglichen und zum wesentlichen Bestandteil derer werden. Der Täter muss jedoch nicht sämtliche Stadien durchlaufen, es reicht die Feststellung von Einzelhandlungen innerhalb dieses „Kreislaufs".[309] Damit sind nicht nur tatsächliche Handlungen, sondern auch rechtsgeschäftliche,

---

[305] So für das „Betreiben" im Sinne der §§ 54, 32 KWG BGH 18. 07. 2018 – 2 StR 416/16, BGH, NJW 2018, 3467 (3469); darauf verweisend BGH 02. 06. 2021 – 3 StR 61/21, BGH, ZIP 2021, 1853 (1856); dies wiederum bestätigend BGH 28. 06. 2022 – 3 StR 403/20, BGH, BeckRS 2022, 20799, Rn. 28.

[306] Vgl. auch LG Düsseldorf 23. 11. 2021 – 014 KLs 2/21, LG Düsseldorf, abrufbar unter: http://www.justiz.nrw.de/nrwe/lgs/duesseldorf/lg_duesseldorf/j2021/014_KLs_2_21_Urteil_20211123.html, Rn. 595, LG Düsseldorf, BeckRS 2021, 55636, Rn. 122, das bei der Tathandlung explizit von dem „Entgegennehmen[...] zum Zweck der Übermittlung" spricht und ferner davon, dass die „Entgegennahme des Bargeldes [...] dem Angeklagten L1 gemäß § 25 Abs. 2 StGB zuzurechnen" ist; ausführlich zu den einzelnen Handlungen bereits Teil 3 B. I. 1. a) bb) und Teil 3 B. I. 1. a) cc).

[307] BGH 11. 06. 2015 – 1 StR 368/14, BGH, ZWH 2015, 303 (305) [„Vereinbarung und Durchführung des Zahlungsdienstes"]; ferner wohl *Bock*, in: Graf/Jäger/Wittig, Wirtschafts- und Steuerstrafrecht, § 54 KWG Rn. 11 zu § 54 KWG; *Reichling*, in: MüKo-StGB, § 54 KWG Rn. 58 zu § 54 KWG; *Nestler*, Bank- und Kapitalmarktstrafrecht, S. 323 Rn. 782; vgl. aber auch BVerwG 22. 04. 2009 – 8 C 2/09, BVerwG, VersR 2010, 509 (510 f.), unter Bezugnahme des Begriffs des Betreibens; ähnlich, im Ergebnis aber anders *Altenhain*, in: Momsen/Grützner Wirtschafts- und Steuerstrafrecht, § 20 Rn. 11, der jedoch dabei das „Handeln im eigenen Namen" hervorhebt und für eine rechtliche Stellung argumentiert, mithin darin ein Sonderdelikt sieht.

[308] BGH 28. 06. 2022 – 3 StR 403/20, BGH, BeckRS 2022, 20799, Rn. 26, 28; BGH 02. 06. 2021 – 3 StR 61/21, BGH, ZIP 2021, 1853 (1855); LG Mannheim 17. 11. 2020 – 22 KLs 540 Js 6574/20, LG Mannheim, BeckRS 2020, 50512, Rn. 108 ff.

[309] So *Oğlakcıoğlu*, in: MüKo-StGB, § 29 BtMG Rn. 226 im Kontext des „Handeltreiben" im Sinne des § 29 BtMG.

mithin der Abschluss eines schuldrechtlichen Vertrages umfasst.[310] Der funktional-soziale Ansatz beschreibt hierbei, dass sich die Tathandlung des Erbringens aber nicht auf jegliche Akteure erstreckt, die die Einzelhandlungen innerhalb dieses Ensembles vollziehen. Entscheidend kommt es darauf an, dass der Handelnde eine Lenkungs- und Plantätigkeit beziehungsweise eine Verbindungsfunktion ausübt, die den verschiedenen im Tatbestand vorausgesetzten fremden Einzelhandlungen erst einen gemeinsamen Sinn gibt.[311] So führt dieser „allein oder mit anderen über diese Abläufe die Entscheidungsmacht".[312] Damit ist die betrieblichen Tätigkeit des Erbringens auf all diejenigen anzuwenden, die diese Tätigkeit insgesamt beherrschen, was sich regelmäßig aus ihrer Position innerhalb der betrieblichen Hierarchie ergibt[313]. Dabei wird die „strafrechtliche Verantwortlichkeit an den tatsächlichen Einfluss auf die Tätigkeit der Organisation [gekoppelt], ohne (wie die Sonderdelikte) am formalen Status zu haften, ohne aber auch (wie eine auf die Einzelakte in der vordersten Linie konzentrierte faktische Betrachtungsweise) den beherrschenden Einfluss der Hintermänner auf das betriebliche Geschehen als weiteren Brennpunkt des komplexen organisatorischen Ablaufs auszublenden und dadurch die Täterschaft vornehmlich auf den unteren, für die Gesamtabläufe marginalen Rängen der betrieblichen Hierarchie zu lozieren."[314] Dahingehend können auch solche Leistungstätigkeiten erfasst werden, die zwar nicht unmittelbar Geschäftsabschlüsse erfassen, durch die aber Mitarbeiter im Rahmen einer unternehmerischen Organisation mit regelhaften Abläufen zum Abschluss und zur Abwicklung derartiger Geschäfte angehalten werden.[315] Die Begriffsdefinitionen der Tathandlungen der Organisationsdelikte umschreibt Morozinis gleichwohl dahingehend, dass diese „weder im Sinne eines ‚quantitativen Begriffs' more mathematico metrisiert noch im Sinne eines klassifikatorischen Begriffes definiert werden [können], um somit eine ‚axiomatische Gewissheit' zu erreichen."[316] Es verwundert daher

[310] So *Oğlakcıoğlu*, in: MüKo-StGB, § 29 BtMG Rn. 226 im Kontext des „Handeltreiben" im Sinne des § 29 BtMG.

[311] *Morozinis*, Dogmatik der Organisationsdelikte, S. 602; *Schünemann*, in: LK-StGB, § 14 Rn. 31; *Schnürer*, Das Gesamtgeschäft beim Handeltreiben mit Betäubungsmitteln, S. 160 f.; ähnlich bereits *Bosch*, Organisationsverschulden in Unternehmen, S. 245.

[312] *Schünemann*, in: LK-StGB, § 14 Rn. 31 ferner umschrieben als [„beherrschender Einfluss"]; darauf ebenfalls verweisend *Morozinis*, Dogmatik der Organisationsdelikte, S. 574, 600; zustimmend *Bosch*, Organisationsverschulden in Unternehmen, S. 245, Fn. 788; zum parallelen Straftatbestand des § 339 KAGB siehe *Zeidler*, in: Weitnauer/Boxberger/Anders, Kapitalanlagegesetzbuch, § 339 Rn. 9.

[313] *Schünemann*, in: LK-StGB, § 14 Rn. 31; darauf ebenfalls verweisend *Morozinis*, Dogmatik der Organisationsdelikte, S. 600; vgl. ferner im Kontext des Umweltstrafrechts *Saliger/Lienert*, in: Satzger/Schluckebier/Werner-StGB, Vor. §§ 324 ff. Rn. 48.

[314] *Morozinis*, Dogmatik der Organisationsdelikte, S. 600 f.; vgl. ferner *Bosch*, Organisationsverschulden in Unternehmen, S. 379, Fn. 1205, der gerade die soziale Verantwortlichkeit für ein Verhalten hervorhebt.

[315] *Richter*, in: Luz/Neus/Schaber/Schneider/et al.-ZAG, § 63 Rn. 8 unter vergleichenden Verweis auf *Altenhain*, in: Momsen/Grützner Wirtschafts- und Steuerstrafrecht, § 20 Rn. 11.

[316] *Morozinis*, Dogmatik der Organisationsdelikte, S. 595.

nicht, dass sich abstrakte Definitionen finden lassen, die das Erbringen als „jede Tätigkeit [umschreiben], die darauf gerichtet ist, die verbotenen [Zahlungsdienste] mit Wiederholungsabsicht auszuführen“[317] oder als „Tätigkeit [...], die auf die wiederholte Ausführung von Zahlungsdiensten gerichtet ist“[318]. Genauso spricht der BGH[319] mit Beschluss vom 11.06.2015 lediglich von der „Vereinbarung und Durchführung des Zahlungsdienstes“. Damit umschreiben diese Definitionen, genau das von Morozinis geschilderte Problem, dass ein Ensemble Einzelhandlungen umfasst, die sich schwierig in eine allumfassende, aber präzise Definition gießen lassen. Die Abstraktheit der Tathandlung wird jedoch anhand der jeweiligen Einzelhandlungen konkretisiert und mit der Verknüpfung einer sozialen Stellung einer rollenspezifischen Interpretation zugänglich gemacht[320], die sich pars pro toto in der Lenkungs- und Plantätigkeit niederschlägt. Die strafrechtliche Verantwortlichkeit ergibt sich aus dem tatsächlichen Einfluss auf die Tätigkeit der Organisation, indem die Tätigkeit durch die jeweiligen (relevanten) Einzelhandlungen konturiert und der Ausübende durch die Entscheidungsmacht im Ensemble fixiert wird. Die Verantwortung für diesen Prozess ist Tatbestandsmerkmal und damit Teil des tatbestandlich vertypten Unrechts.[321] Damit kann den abstrakten Definitionen ein Zuspruch erteilt werden und die eigentliche Ausführung der Tathandlung anhand der jeweiligen Entscheidungsmacht festgemacht werden.[322] Der funktional-soziale Ansatz wird am Sachverhalt des Hawala-Bankings noch angewendet und konkretisiert.

(b) Finalcharakter und zeitliche Dimension der Tathandlung

Wie bereits im Rahmen des § 1 Abs. 1 S. 1 Nr. 1 ZAG umfangreich dargelegt,[323] ist dem Erbringensbegriff zwar ein Finalcharakter immanent, der auf eine Ausführung des Zahlungsdienstes gerichtet ist, dennoch wird eine Ausführung zum

---

[317] *Bock*, in: Graf/Jäger/Wittig, Wirtschafts- und Steuerstrafrecht, § 54 KWG Rn. 11 zum Betreiben des § 54 KWG; ebenso *Reichling*, in: MüKo-StGB, § 54 KWG Rn. 57 zu § 54 KWG; *Trüg*, in: Achenbach/Ransiek/Rönnau Handbuch Wirtschaftsstrafrecht, 12. Teil Kap. 3 Rn. 5; *Schröder*, in: Schröder, Handbuch Kapitalmarktstrafrecht, Kap. 9 B. Rn. 15; *Nestler*, Bank- und Kapitalmarktstrafrecht, S. 323 Rn. 782.

[318] So *Löffler*, Die Straftatbestände des Zahlungsdiensteaufsichtsgesetzes, S. 190.

[319] BGH 11.06.2015 – 1 StR 368/14, BGH, ZWH 2015, 303 (305).

[320] Vgl. *Bosch*, Organisationsverschulden in Unternehmen, S. 245.

[321] So im Allgemeinen zu den für eine funktionale Betrachtung angeführten Tatbeständen *Bosch*, Jura 2022, 429 (433).

[322] Es zeichnet sich hier eben ein sozialer und normativer Verantwortungsbereich ab, der die Tathandlung bestimmt. So lässt sich der schuldrechtliche Vertragsschluss zwar *auch* als wesentlichen Einzelhandlung des Erbringens im Strafrecht *mit* einordnen. Anders als in der bereits aufsichts- und zahlungsverkehrsrechtlichen Einordung, nimmt dieser aber nicht beziehungsweise nicht wegweisend die alleinige und ausschlaggebende Zuweisung der Verantwortung ein.

[323] Zum Finalcharakter und zur zeitlichen Dimension des Erbringensbegriffs des § 1 Abs. 1 S. 1 Nr. 1 ZAG siehe bereits Teil 3 B. I. 1. a) aa) (2) (c) (aa).

Vollenden des Erbringens vorausgesetzt. Das bedeutet für die strafrechtliche Einordnung der Tathandlung, dass allein die Tätigkeit für die Tatbestandsverwirklichung entscheidend ist, nicht zwingend auch ein Erfolg.[324] Damit lässt sich § 63 Abs. 1 Nr. 4 ZAG als reines Tätigkeitsdelikt einordnen in der Form eines abstrakten Gefährdungsdelikts.[325] Dies deckt sich auch mit der bereits erfolgten Einordnung als Organisationsdelikt im engeren Sinne, denn § 63 Abs. 1 Nr. 4 ZAG ist darauf angelegt, der besonderen Gefährlichkeit der organisatorischen Tätigkeit vorzubeugen. Zudem reicht es bei Organisationsdelikten aus, dass der Täter Einzelhandlungen innerhalb dieses „Kreislaufs" vollzieht, diese aber nicht zwingend in der Durchführung beziehungsweise Ausführung liegen müssen.

Im Anschluss an das Ablehnen eines zwingenden tatbestandlichen Erfolges stellt sich jedoch die Frage, ab welchem Zeitpunkt überhaupt von einem „Erbringen" gesprochen werden kann. Eine pauschale Aussage lässt sich allgemein für § 63 ZAG nicht treffen, kommt es in erster Linie auch auf die konkrete Dienstleistung an.[326] Im Rahmen der § 1 Abs. 1 S. 1 Nr. 1 ZAG und § 10 Abs. 1 S. 1 ZAG wurde bereits umfangreich die Handlung des „Erbringens" und deren subjektivierte Form diskutiert.[327] Dabei wurde bereits zu den möglichen Auslegungsmöglichkeiten, nämlich ob Vorbereitungshandlungen mitumfasst sind oder nicht, Stellung bezogen. Gerade mangels niedergeschriebener Versuchsstrafbarkeit wirkt sich die unterschiedliche Einordnung, ab wann der Täter unmittelbar zur Tat ansetzt, im Strafrecht entscheidend aus. Denn in diesem Zeitpunkt kommt es bereits zur Vollendung der Tathandlung, sodass damit entschieden wird, ob es überhaupt zu einer Strafbarkeit des Täters kommt oder nicht. Damit wird einerseits ein Erbringen bereits im Zeitpunkt von Vorbereitungshandlungen oder werbenden Tätigkeiten anerkannt,[328] andererseits soll es dafür bereits eines Vollzugs der Geschäftstätigkeit

---

[324] Siehe dazu auch die genannten Argumente in Teil 3 B. I. 1. a) aa) (2) (c) (aa).

[325] *Weiß*, in: Schäfer/Omlor/Mimberg-ZAG, § 63 Rn. 89; zu § 54 KWG und dem vergleichbaren „Betreiben": *Bock*, in: Graf/Jäger/Wittig, Wirtschafts- und Steuerstrafrecht, § 54 KWG Rn. 1; a. A. *Richter*, in: Luz/Neus/Schaber/Schneider/et al.-ZAG, § 63 Rn. 9.

[326] *Trüg*, in: Achenbach/Ransiek/Rönnau Handbuch Wirtschaftsstrafrecht, 12. Teil Kap. 3 Rn. 5; *Schröder*, in: Schröder, Handbuch Kapitalmarktstrafrecht, Kap. 9 B. Rn. 15; *Nestler*, Bank- und Kapitalmarktstrafrecht, S. 322 Rn. 783.

[327] Siehe zu § 1 Abs. 1 S. 1 Nr. 1 ZAG bereits umfangreich in Teil 3 B. I. 1. a) aa) (2) (c) und zu § 10 Abs. 1 S. 1 ZAG bereits umfangreich in Teil 3 B. II. 1. b) aa) (1).

[328] *Altenhain*, in: Momsen/Grützner Wirtschafts- und Steuerstrafrecht, § 20 Rn. 11; *Ambrosio*, in: Müller-Gugenberger Wirtschaftsstrafrecht, Kap. 66 Rz. 66.41; *Weiß*, in: Schäfer/Omlor/Mimberg-ZAG, § 63 Rn. 42 [„beginnend mit der Anbahnung der Vereinbarung", „Werbung, Planung, Einrichtung"]; zu § 54 KWG und dem Pendant des Betreibens: BGH 18.07.2018 – 2 StR 416/16, BGH, NJW 2018, 3467 (3469) [„Dies gilt sowohl für jedes einzelne Darlehensgeschäft, das mit seiner Anbahnung beginnt, die Darlehensauskehrung beinhaltet und schließlich mit der ratenweisen Rückzahlung des Darlehens bis hin zur vollständigen Rückführung endet"]; *Altenhain*, in: Momsen/Grützner Wirtschafts- und Steuerstrafrecht, § 20 Rn. 11.

bedürfen.[329] Auch im jeweiligen Zeitpunkt gibt es keine klare Linie, die besagt, welche Vorbereitungshandlungen vorliegen müssen oder ab wann der eigentliche Vollzug der Geschäftstätigkeit angenommen werden kann. Als Hauptargument wird für einen nötigen Vollzug der Geschäftstätigkeit das drohende Unterlaufen der Straflosigkeit des Versuchs eingebracht.[330] Dies wird richtigerweise als eine petitio principii abgetan, da der Versuch gerade deshalb straflos sein kann, weil das vollendete Delikt so weit reicht.[331] Bei § 63 Abs. 1 Nr. 4 ZAG handelt es sich schließlich um ein abstraktes Gefährdungsdelikt,[332] bei denen sich die Abstraktheit der Gefahr bereits in dem Vollziehen von Vorbereitungshandlungen zeigt.

Setzt man hierbei aber die subjektivierte Form des „erbringen will" im Sinne des § 10 Abs. 1 S. 1 ZAG in Kontext, hat sich gezeigt, dass diese einen Hinweis auf die zeitliche Abfolge meint und gerade keinen Hinweis auf einen streng subjektiven Faktor darstellt, der einen „Willen zum Erbringen" verlangt.[333] Dies kann dem Begriff des „Erbringens" zunächst nicht einfach nachgesagt werden, weist dessen Wortlaut zunächst auf eine andere Auslegung hin. Dabei kommt aber die Tathandlung des Erbringens in Betracht, die jedoch im Kontext des § 10 Abs. 1 S. 1 ZAG beurteilt werden muss,[334] denn § 63 Abs. 1 Nr. 4 ZAG setzt gerade voraus, dass bestraft wird, „wer ohne Erlaubnis nach § 10 Absatz 1 Satz 1 […] Zahlungsdienste erbringt". Aufgrund des Verweises lässt sich dies systematisch dahingehend auslegen,[335] dass die Tathandlung bereits Vorbereitungshandlungen oder werbende Tä-

[329] *Richter*, in: Luz/Neus/Schaber/Schneider/et al.-ZAG, § 63 Rn. 9; *Mansdörfer/Oğlakcıoğlu*, RdZ 2024, 106 (112); zu § 31 Abs. 1 Nr. 2 a. F.: *Löffler*, Die Straftatbestände des Zahlungsdiensteaufsichtsgesetzes, S. 190; zu § 54 KWG und dem Pendant des Betreibens: *Bock*, in: Graf/Jäger/Wittig, Wirtschafts- und Steuerstrafrecht, § 54 KWG Rn. 11; *Pananis/Schäuble*, in: Leitner/Rosenau, Wirtschafts- und Steuerstrafrecht, § 54 KWG Rn. 23; *Reichling*, in: MüKo-StGB, § 54 KWG Rn. 60; *Trüg*, in: Achenbach/Ransiek/Rönnau Handbuch Wirtschaftsstrafrecht, 12. Teil Kap. 3 Rn. 5; *Nestler*, Bank- und Kapitalmarktstrafrecht, S. 322 Rn. 783.

[330] Zu § 54 KWG und dem Pendant des Betreibens: *Bock*, in: Graf/Jäger/Wittig, Wirtschafts- und Steuerstrafrecht, § 54 KWG Rn. 11; *Pananis/Schäuble*, in: Leitner/Rosenau, Wirtschafts- und Steuerstrafrecht, § 54 KWG Rn. 23; *Reichling*, in: MüKo-StGB, § 54 KWG Rn. 60; *Trüg*, in: Achenbach/Ransiek/Rönnau Handbuch Wirtschaftsstrafrecht, 12. Teil Kap. 3 Rn. 5; *Nestler*, Bank- und Kapitalmarktstrafrecht, S. 322 Rn. 783.

[331] So *Altenhain*, in: Momsen/Grützner Wirtschafts- und Steuerstrafrecht, § 20 Rn. 11; ähnlich *Löffler*, Die Straftatbestände des Zahlungsdiensteaufsichtsgesetzes, S. 159.

[332] *Weiß*, in: Schäfer/Omlor/Mimberg-ZAG, § 63 Rn. 89.

[333] Siehe dazu umfassend die Aufarbeitung in Teil 3 B. II. 1. b) aa) (1).

[334] Vgl. zu § 54 KWG und § 32 KWG *Schröder*, in: Schröder, Handbuch Kapitalmarktstrafrecht, Kap. 9 B. Rn. 15.

[335] Vgl. zum Verhältnis des § 54 KWG und § 32 KWG *Schröder*, in: Schröder, Handbuch Kapitalmarktstrafrecht, Kap. 9 B. Rn. 15; siehe auch *Löffler*, Die Straftatbestände des Zahlungsdiensteaufsichtsgesetzes, S. 158 f., der ebenfalls aufgrund des § 8 Abs. 1 S. 1 ZAG a. F. und dessen Handlung („erbringen will") einen systematischen Bezug zur Tathandlung des „Erbringens" im Sinne des § 31 Abs. 1 Nr. 2 ZAG a. F. herstellt und damit die Handlung des Erbringens extensiv auslegt.

tigkeiten umfasst, sofern diese einen *konkreten*[336] Geschäftsbezug aufweisen. Gerade bei pauschalierenden Handlungsbeschreibungen, die eine aus mehreren Teilakten bestehende Tathandlung beschreiben, lässt sich der Beginn der Handlung auch bereits auf die vorgelagerten Teilakte beziehen, sofern sie einen konkreten Geschäftsbezug aufzeigen. Denn diese Handlung ist eben pauschalierend ausgestaltet und fasst die Teilakte zu einer Tathandlung zusammen, statt dies an einem einzelnen physischen Vollzug der Tathandlung in Form eines Einzelakts festzumachen. Auch dahingehend ist die Tathandlung offen für diese Auslegung, was § 10 Abs. 1 S. 1 ZAG konkretisiert durch das Beiwort „will".[337] Denn das Ensemble besteht aus Einzelhandlungen, die sich in der Vereinbarung, Anweisung, Koordination aber auch in der Durchführung des Zahlungsdienstes widerspiegeln können,[338] mithin aber auch bereits in Vorbereitungshandlungen oder werbenden Tätigkeiten, die bereits einen konkreten Geschäftsbezug umfassen. Aufgrund der pauschalierenden Ausgestaltung des Erbringens ist dadurch auch nicht die Wortlautgrenze überschritten. Denn der Begriff des Erbringens umschreibt den Erbringensprozess. Ab wann, genauer aber welchem Teilakt, der Prozess beginnt, ist – wie die obigen Ausführungen zum funktional-sozialen Ansatz der Tathandlung zeigen – grundsätzlich offen und der Natur der Tathandlung von Organisationsdelikten im engeren Sinne geschuldet. Entscheidend ist ausschließlich, dass bereits ein *konkreter* Geschäftsbezug besteht. Zudem mag auch auf die historischen und teleologischen sowie die im Normkontext des § 7 Abs. 1 S. 1 ZAG eingebrachten Erwägungen[339] verwiesen werden können. Denn nur so wird ein rechtzeitiges Eingreifen ermöglicht, um einen effizienten Schutz der Rechtsgüter zu gewährleisten. Dabei findet auch der jeweilige Zahlungsdienst Berücksichtigung, sodass beispielsweise im Kontext des Finanztransfergeschäfts nach § 1 Abs. 1 S. 2 Nr. 6 ZAG, derjenige erlaubnispflichtig und strafbar ist, der konkret das Finanztransfergeschäft veranlasst, beispielswiese mit Vorbereitungshandlungen konkret auf die Entgegennahme von Geldern hinwirkt; es bedarf keiner Übermittlung.

---

[336] Siehe dazu ähnlich *Oğlakcıoğlu*, in: MüKo-StGB, § 29 BtMG Rn. 220 unter Verweis auf eine Entscheidung des Großen Senats des BGH 26.10.2005 – GSSt 1/05, BGH, NStZ 2006, 171 (171), der im Kontext des „Handeltreiben" im Sinne des § 29 BtMG auch auf Vorbereitungshandlungen eingeht und hervorhebt, dass eine Einordnung bisher nur kasuistisch erfolgt ist, jedoch wesentliches Abgrenzungskriterium wiederum ist, dass in Fällen der Vorbereitung es darauf ankommt, ob eine Konkretisierung der in Aussicht genommenen Tat vorliegt.

[337] Ebenso, jedoch zur alten Fassung des ZAG *Löffler*, Die Straftatbestände des Zahlungsdiensteaufsichtsgesetzes, S. 158 f.

[338] BGH 11.06.2015 – 1 StR 368/14, BGH, ZWH 2015, 303 (305) [„Vereinbarung und Durchführung des Zahlungsdienstes"]; vgl. aber auch BVerwG 22.04.2009 – 8 C 2/09, BVerwG, VersR 2010, 509 (510 f.), unter Bezugnahme des Begriffs des Betreibens, der aufgrund seines Wortlauts auch Vorbereitungshandlungen miteinschließt.

[339] Siehe dazu die historischen und teleologischen Erwägungen in Teil 3 B. II. 1. b) aa) (1) (b) sowie die systematischen Erwägungen in Teil 3 B. II. 1. b) aa) (1) (c).

Eine tatsächliche Ausführung des Zahlungsdienstes bedarf es also nicht,[340] ausreichend sind bereits Vorbereitungshandlungen. Um einer Ausuferung entgegenzuwirken, müssen die Vorbereitungshandlungen aber bereits den geschilderten *konkreten* Geschäftsbezug aufweisen, erst dann besteht die abstrakte Gefahr, die § 63 Abs. 1 Nr. 4 ZAG erfassen und sanktionieren möchte.

(c) Faktischer Charakter der Tathandlung

Ebenfalls ist umstritten, ob die Tathandlung des Erbringens ein wiederholtes Begehen voraussetzt,[341] spricht § 63 Abs. 1 Nr. 4 ZAG schließlich davon, dass „bestraft wird, wer [...] Zahlungsdienst*e*[342] erbringt". Anders als bei § 1 Abs. 1 S. 1 Nr. 1 ZAG ist § 63 Abs. 1 Nr. 4 ZAG zwar im Allgemeinen nicht in der Mehrzahl formuliert, indem sie wie § 1 Abs. 1 S. 1 Nr. 1 ZAG eben nicht davon spricht, dass „Zahlungsdienstleister [...] Unternehmen [sind], *die* [...] Zahlungsdienste erbringen [...] (Zahlungsinstitut*e*)". Dennoch hat sich aus den obigen Ausführungen ergeben, dass es sich bei der Tathandlung um eine pauschalierende Handlungsbeschreibung handelt, die auf Zahlungsdienste abzielt und damit eine auf Dauer angelegte Handlung verlangt, die aus vielen einzelnen Tätigkeiten bestehen kann. So ist die Tätigkeit zwar nicht nur auf eine einmalige Durchführung des Ensembles festgelegt, sondern umschreibt vielmehr auch ein mehrmaliges, ein zum Teil längere Zeiträume umfassendes Geschehen, was nach der Konkurrenzlehre im Sinne einer tatbestandlichen Handlungseinheit umschrieben wird. Gerade dafür reicht aber bereits das einmalige Begehen aus.[343] Denn das Vollziehen der Einzelhandlungen in dem Ensemble ist dafür entscheidend, nicht das mehrmalige Vollziehen jeglicher Einzelhandlungen, sodass das Ensemble wiederum mehrmalig vollzogen werden muss. Daraus folgt, dass zur Verwirklichung der Tathandlung ein einmaliges Vornehmen bereits ausreicht, dass die Tathandlung aber erst endet, sofern jegliche „Übermittlungen", die wiederum Handlungen des Finanztransfergeschäfts, mithin den Zahlungsdienst, darstellen, eingestellt werden. Denn diese lassen sich in Summe als einmalige Verwirklichung des Tatbestandes einordnen,[344] unabhängig davon, wie viele „Übermittlungen" stattgefunden haben. Allein dies suggeriert das Zusammenspiel des Wortes „Zahlungsdienst*e*" mit der Tathandlung der pauschalierenden Handlungsbeschreibung des Wortes „erbringt". Damit setzt das Erbringen im Sinne des § 63 Abs. 1 Nr. 4 ZAG ein mindestens einmaliges Tätigwerden voraus.

---

[340] *Löffler*, Die Straftatbestände des Zahlungsdiensteaufsichtsgesetzes, S. 190.

[341] *Richter*, in: Luz/Neus/Schaber/Schneider/et al.-ZAG, § 63 Rn. 7; im Kontext des § 54 KWG: *Peglau*, wistra 2002, 293 (293); a. A. *Altenhain*, in: Momsen/Grützner Wirtschafts- und Steuerstrafrecht, § 20 Rn. 11; *Weiß*, in: Schäfer/Omlor/Mimberg-ZAG, § 63 Rn. 41.

[342] Hervorhebung durch den Verfasser.

[343] Auch *Mansdörfer/Oğlakcıoğlu*, RdZ 2024, 106 (112).

[344] Vgl. BGH 28.06.2022 – 3 StR 403/20, BGH, BeckRS 2022, 20799, Rn. 28; so bereits zu § 54 KWG BGH 18.07.2018 – 2 StR 416/16, BGH, NJW 2018, 3467 (3469).

(d) Zwischenergebnis

Zusammenfassend lässt sich also das Erbringen von Zahlungsdiensten als eine pauschalierende Handlungsbeschreibung einordnen, die auf Zahlungsdienste abzielt und eine auf Dauer angelegte Handlung verlangt, die aus vielen einzelnen Tätigkeiten bestehen kann. So muss die Handlung im Kontext des hier relevanten Finanztransfergeschäfts betrachtet werden, sodass davon Entgegennahmen und Übermittlungen oder Verfügbarmachungen von Geldbeträgen umfasst sind. Auch umfasst das Ensemble die schuldrechtliche Vereinbarung, Anweisung, Koordination sowie die eigentliche Durchführung des Zahlungsdienstes. Die Tathandlung des Erbringens erstreckt sich dabei jedoch nicht auf jegliche Akteure, die Einzelhandlungen innerhalb des Ensembles vollziehen. Es kommt entscheidend darauf an, dass der Handelnde eine Lenkungs- und Plantätigkeit beziehungsweise eine Verbindungsfunktion ausübt, die den verschiedenen im Tatbestand vorausgesetzten fremden Einzelhandlungen erst einen gemeinsamen Sinn gibt. So liegt die Vornahme der betrieblichen Tätigkeit bei dem- oder denjenigen, die diese Tätigkeit insgesamt beherrschen. Zur Verwirklichung reicht aus, dass die Tätigkeit aufgenommen wurde, es muss kein Erfolg im Sinne eines erfolgreich absolvierten Geschäfts eintreten. Zumindest muss es jedoch zu werbenden Tätigkeiten oder Vorbereitungshandlungen gekommen sein, die einen konkreten Geschäftsbezug aufweisen. Ferner sei angemerkt, dass sich nur strafbar macht, wer die Zahlungsdienste gewerbsmäßig oder in einem Umfang, der einen in kaufmännischer Weise eingerichteten Geschäftsbetrieb erfordert, oder gar ausschließlich im Inland erbringt. Auch wenn dies dem Wortlaut des § 63 Abs. 1 Nr. 4 ZAG nicht zu entnehmen ist, so geht dies auf die akzessorische Ausgestaltung und dessen Blankettcharakter zurück, da nur ein Verhalten abgestraft werden darf, das überhaupt eine Erlaubnis erfordert.[345] Diese Voraussetzungen gilt es jedoch aufsichtsrechtlich zu betrachten, sodass auf die obigen Ausführungen verwiesen werden kann.[346]

(2) Eine Einordnung der (mit-)erbringenden Täter des Hawala-Bankings (nach § 25 Abs. 2 StGB)

Ausgehend von der Einordnung des Deliktscharakters und der Tathandlung gilt es nun diejenigen Täter des Hawala-Bankings zu bestimmen, die die Zahlungsdienste im eigentlichen Sinne erbringen. So sollen zunächst einleitende Worte gefunden werden, die der Abgrenzung von Täterschaft und Teilnahme im Kontext des § 63 Abs. 1 Nr. 4 ZAG dienen. Daran gemessen, sollen die (mit-)erbringenden Täter bei der Einzeltransaktion sowie die (mit-)erbringenden Täter im Hawala-Netzwerk eingeordnet werden.

---

[345] *Weiß*, in: Schäfer/Omlor/Mimberg-ZAG, § 63 Rn. 37, der dem Tatbestand anlastet, dass dieser seinem Wortlaut nach zu weit geraten ist; ähnlich *Richter*, in: Luz/Neus/Schaber/Schneider/et al.-ZAG, § 63 Rn. 11.

[346] Siehe zur Bagatellschwelle bereits umfangreich Teil 3 B. I. 1. a) aa) (2) (b) sowie Teil 3 B. II. 1. b) aa) (3).

(a) Prolegomena zur Abgrenzung von Täterschaft und Teilnahme im Kontext des § 63 Abs. 1 Nr. 4 ZAG

Mit der Einordnung als Organisationsdelikt und der Anwendbarkeit des § 25 StGB wird hier, wie im überwiegenden Schrifttum[347], die sogenannte Tatherrschaftslehre zugrunde gelegt. Diese stellt insgesamt auf die materiell-objektive Tatherrschaft[348] der Beteiligten ab, sodass danach Täter ist, wer das Tatgeschehen objektiv beherrscht, indem er es „in Händen hält", als „Zentralgestalt" auftritt und somit über das „Ob" und „Wie" der Tat bestimmen kann.[349] Teilnehmer sind hingegen lediglich als „Randfiguren" des Geschehens einzuordnen.[350] Subjektiv genügt dabei die Kenntnis der die eigene Tatherrschaft begründenden Umstände.[351] Wie geschildert, kommt es bei § 63 Abs. 1 Nr. 4 ZAG als Organisationsdelikt aber nicht auf die Vornahme einer körperlichen Aktivität an, sodass gerade nicht von einer Handlungsherrschaft auszugehen ist, sondern vielmehr auf die Lenkungs- und Plantätigkeit beziehungsweise auf die Verbindungsfunktion, die der Täter ausübt und mit der er den verschiedenen im Tatbestand vorausgesetzten Einzelhandlungen einen gemeinsamen Sinn gibt. Er handelt im Sinne einer funktional-sozialen Tatherrschaft und tritt allein dadurch als „Zentralgestalt" auf.[352] Dies bildet den Ausgangspunkt für die Bestimmung des oder der erbringenden Akteure. Bei unterge-

---

[347] *Heine/Weißer*, in: Schönke/Schröder-StGB, Vor. §§ 25 ff. Rn. 57; *Hoyer*, in: SK-StGB, § 25 Rn. 10; *Joecks/Scheinfeld*, in: MüKo-StGB, § 25 Rn. 10; *Murmann*, in: Satzger/Schluckebier/Werner-StGB, Vor. §§ 25 ff. Rn. 7; *Schünemann/Greco*, in: LK-StGB, § 25 Rn. 9, 13 mit umfangreicher Darstellung der Literatur; *Lehner*, Die strafrechtliche Verantwortlichkeit des Ausfuhrverantwortlichen, S. 110; *Hilgendorf/Valerius*, Strafrecht Allgemeiner Teil, § 9 Rn. 10; *Jescheck/Weigend*, Lehrbuch des Strafrechts AT, S. 652; *Rengier*, Strafrecht Allgemeiner Teil, § 41 Rn. 10 ff.; *Roxin*, Strafrecht Allgemeiner Teil II, § 25 Rn. 27; *Wessels/Beulke/Satzger*, Strafrecht Allgemeiner Teil, § 16 Rn. 810.

[348] Allgemein zu den materiell-objektiven Theorien siehe *Heine/Weißer*, in: Schönke/Schröder-StGB, Vor. §§ 25 ff. Rn. 56; ferner *Roxin*, Strafrecht Allgemeiner Teil II, § 25 Rn. 29 ff.

[349] *Heine/Weißer*, in: Schönke/Schröder-StGB, Vor. §§ 25 ff. Rn. 57; *Hoyer*, in: SK-StGB, § 25 Rn. 10; *Joecks/Scheinfeld*, in: MüKo-StGB, § 25 Rn. 13; *Murmann*, in: Satzger/Schluckebier/Werner-StGB, Vor. §§ 25 ff. Rn. 7; *Schünemann/Greco*, in: LK-StGB, § 25 Rn. 9; *Lehner*, Die strafrechtliche Verantwortlichkeit des Ausfuhrverantwortlichen, S. 110; *Hilgendorf/Valerius*, Strafrecht Allgemeiner Teil, § 9 Rn. 10 f.; *Rengier*, Strafrecht Allgemeiner Teil, § 41 Rn. 11; *Roxin*, Strafrecht Allgemeiner Teil II, § 25 Rn. 27; *Wessels/Beulke/Satzger*, Strafrecht Allgemeiner Teil, § 16 Rn. 810.

[350] *Schünemann/Greco*, in: LK-StGB, § 25 Rn. 9; *Lehner*, Die strafrechtliche Verantwortlichkeit des Ausfuhrverantwortlichen, S. 110; *Hilgendorf/Valerius*, Strafrecht Allgemeiner Teil, § 9 Rn. 11; *Rengier*, Strafrecht Allgemeiner Teil, § 41 Rn. 11; *Wessels/Beulke/Satzger*, Strafrecht Allgemeiner Teil, § 16 Rn. 810.

[351] *Hoyer*, in: SK-StGB, § 25 Rn. 10; *Schünemann/Greco*, in: LK-StGB, § 25 Rn. 10; *Lehner*, Die strafrechtliche Verantwortlichkeit des Ausfuhrverantwortlichen, S. 110; *Rengier*, Strafrecht Allgemeiner Teil, § 41 Rn. 11.

[352] *Morozinis*, Dogmatik der Organisationsdelikte, S. 604 spricht in diesem Kontext auch von einer „*Betriebsherrschaft*".

ordneten Tätigkeiten kann es aber eben zu einer nötigen Abgrenzung kommen,[353] was im Folgenden thematisiert wird.

Wiederum die Rechtsprechung wendet keine rein subjektive Herleitung mehr an,[354] sondern geht von einer wertenden Betrachtung aller von der Vorstellung des Beteiligten umfassten Umstände aus.[355] Demnach werden nicht nur subjektive Kriterien, wie der Wille zur Tatherrschaft[356] oder das Interesse am Taterfolg[357],

---

[353] Vgl. dazu die Klarstellung des Großen Senats im Kontext des „Handeltreibens" des § 29 BtMG, das wohl ebenfalls eine Tathandlung mit potenziellen Betriebsbezug darstellt, BGH 26.10.2005 – GSSt 1/05, BGH NStZ 2006, 171 (172), der in seiner Entscheidung klarstellt, dass eine Tathandlung nicht nur allein anhand der weit gefassten Definition zu beurteilen ist, sondern vielmehr sei bei untergeordneten Tätigkeiten zusätzlich die Abgrenzung zwischen Täterschaft und Beihilfe nach den allgemeinen Regeln vorzunehmen, darauf eingehend *Oğlakcıoğlu*, in: MüKo-StGB, § 29 BtMG Rn. 220; so wohl grundsätzlich auch die Handhabung der Rechtsprechung im Kontext des Erbringens beim Hawala-Banking, BGH 28.06.2022 – 3 StR 403/20, BGH, BeckRS 2022, 20799, Rn. 26, der jedoch im Kontext juristischer Personen vergleichend auf die Zivilrechtsprechung verweist, die § 14 StGB heranzieht; BGH 02.06.2021 – 3 StR 61/21, BGH, ZIP 2021, 1853 (1855); ebenso zumindest angedeutet LG Mannheim 17.11.2020 – 22 KLs 540 Js 6574/20, LG Mannheim, BeckRS 2020, 50512, Rn. 117; LG Düsseldorf 23.11.2021 – 014 KLs 2/21, LG Düsseldorf, abrufbar unter: http://www.justiz.nrw.de/nrwe/lgs/duesseldorf/lg_duesseldorf/j2021/014_KLs_2_21_Urteil_20211123.html, Rn. 599 ff., LG Düsseldorf, BeckRS 2021, 55636, Rn. 125 ff.

[354] So ursprünglich RG 07.01.1881 – 1 StR 3349/80, RGSt 3, 181 (182); wohl zuletzt noch im Ansatz vertreten von BGH 19.10.1962 – 9 StE 4/62, BGH, NJW 1963, 355 (356).

[355] Im Speziellen beim Hawala-Banking: BGH 28.06.2022 – 3 StR 403/20, BGH, BeckRS 2022, 20799, Rn. 25; LG Köln 23.05.2022 – 109 KLs 5/21, LG Köln, abrufbar unter: https://www.justiz.nrw.de/nrwe/lgs/koeln/lg_koeln/j2022/109_KLs_5_21_Urteil_20220523.html, Rn. 631; LG Düsseldorf 23.11.2021 – 014 KLs 2/21, LG Düsseldorf, abrufbar unter: http://www.justiz.nrw.de/nrwe/lgs/duesseldorf/lg_duesseldorf/j2021/014_KLs_2_21_Urteil_20211123.html, Rn. 604, LG Düsseldorf, BeckRS 2021, 55636, Rn. 129; in anderen Fällen bereits zuvor: BGH 28.04.2020 – 3 StR 85/20, BGH, BeckRS 2020, 10990, Rn. 4; BGH 19.11.2019 – 4 StR 449/19, BGH, NStZ 2020, 600 (600); BGH 06.08.2019 – 3 StR 189/19, BGH, NStZ 2020, 22 (22); BGH 28.11.2017 – 3 StR 266/17, BGH, NStZ 2018, 650 (650); BGH 15.01.1991 – 5 StR 492/90, BGHSt 37, 289 (291); BGH 10.03.1961 – 4 StR 30/61, BGHSt 16, 12 (13); BGH 03.02.1960 – 4 StR 437/59, BGHSt 14, 124 (129); BGH 10.01.1956 – 5 StR 529/55, BGHSt 8, 393 (396); BGH 10.01.1956 – 5 StR 399/55, BGHSt 8, 390 (391); BGH 08.07.1954 – 4 StR 350/54, BGHSt 6, 248 (249); dazu auch *Murmann*, in: Satzger/Schluckebier/Werner-StGB, Vor. §§ 25 ff. Rn. 9 ff.; *Lehner*, Die strafrechtliche Verantwortlichkeit des Ausfuhrverantwortlichen, S. 110 f.; *Hilgendorf/Valerius*, Strafrecht Allgemeiner Teil, § 9 Rn. 13; *Rengier*, Strafrecht Allgemeiner Teil, § 41 Rn. 8; *Roxin*, Strafrecht Allgemeiner Teil II, § 25 Rn. 22 ff.; *Wessels/Beulke/Satzger*, Strafrecht Allgemeiner Teil, § 16 Rn. 811.

[356] BGH 28.06.2022 – 3 StR 403/20, BGH, BeckRS 2022, 20799, Rn. 25; BGH 02.06.2021 – 3 StR 61/21, BGH, ZIP 2021, 1853 (1855); BGH 28.04.2020 – 3 StR 85/20, BGH, BeckRS 2020, 10990, Rn. 4; BGH 19.11.2019 – 4 StR 449/19, BGH, NStZ 2020, 600 (600); BGH 06.08.2019 – 3 StR 189/19, BGH, NStZ 2020, 22 (22); BGH 28.11.2017 – 3 StR 266/17, BGH, NStZ 2018, 650 (650); BGH 15.01.1991 – 5 StR 492/90, BGHSt 37, 289 (291); LG Köln 23.05.2022 – 109 KLs 5/21, LG Köln, abrufbar unter: https://www.justiz.nrw.de/nrwe/lgs/koeln/lg_koeln/j2022/109_KLs_5_21_Urteil_20220523.html, Rn. 631; LG Düsseldorf 23.11.2021 – 014 KLs 2/21, LG Düsseldorf, abrufbar unter: http://www.justiz.

sondern gerade auch objektive Anhaltspunkte als Anzeichen für die innere Willensrichtung des Beteiligten herangezogen.[358] Darunter werden die tatsächliche Beherrschung des tatbestandlichen Geschehens[359], der Umfang der Tatbeteiligung[360] oder die Bedeutung des Tatbeitrags für das Gesamtgeschehen[361] gefasst.

---

nrw.de/nrwe/lgs/duesseldorf/lg_duesseldorf/j2021/014_KLs_2_21_Urteil_20211123.html, Rn. 604, LG Düsseldorf, BeckRS 2021, 55636, Rn. 129; dazu auch *Rengier*, Strafrecht Allgemeiner Teil, § 41 Rn. 8.

[357] BGH 28.06.2022 – 3 StR 403/20, BGH, BeckRS 2022, 20799, Rn. 25; BGH 02.06.2021 – 3 StR 61/21, BGH, ZIP 2021, 1853 (1855); BGH 28.04.2020 – 3 StR 85/20, BGH, BeckRS 2020, 10990, Rn. 4; BGH 19.11.2019 – 4 StR 449/19, BGH, NStZ 2020, 600 (600); BGH 06.08.2019 – 3 StR 189/19, BGH, NStZ 2020, 22 (22); BGH 28.11.2017 – 3 StR 266/17, BGH, NStZ 2018, 650 (650); BGH 15.01.1991 – 5 StR 492/90, BGHSt 37, 289 (291); BGH 10.03.1961 – 4 StR 30/61, BGHSt 16, 12 (13); BGH 03.02.1960 – 4 StR 437/59, BGHSt 14, 124 (129); LG Köln 23.05.2022 – 109 KLs 5/21, LG Köln, abrufbar unter: https://www.justiz.nrw.de/nrwe/lgs/koeln/lg_koeln/j2022/109_KLs_5_21_Urteil_20220523.html, Rn. 631; LG Düsseldorf 23.11.2021 – 014 KLs 2/21, LG Düsseldorf, abrufbar unter: http://www.justiz.nrw.de/nrwe/lgs/duesseldorf/lg_duesseldorf/j2021/014_KLs_2_21_Urteil_20211123.html, Rn. 604, LG Düsseldorf, BeckRS 2021, 55636, Rn. 129; dazu auch *Rengier*, Strafrecht Allgemeiner Teil, § 41 Rn. 8.

[358] BGH 28.04.2020 – 3 StR 85/20, BGH, BeckRS 2020, 10990, Rn. 4; BGH 19.11.2019 – 4 StR 449/19, BGH, NStZ 2020, 600 (600); BGH 06.08.2019 – 3 StR 189/19, BGH, NStZ 2020, 22 (22); BGH 28.11.2017 – 3 StR 266/17, BGH, NStZ 2018, 650 (650); BGH 15.01.1991 – 5 StR 492/90, BGHSt 37, 289 (291); BGH 10.03.1961 – 4 StR 30/61, BGHSt 16, 12 (13); BGH 03.02.1960 – 4 StR 437/59, BGHSt 14, 124 (129); BGH 10.01.1956 – 5 StR 529/55, BGHSt 8, 393 (396); BGH 06.03.1951 – 1 StR 75/50, BGH, NJW 1951, 410 (410); dazu auch *Rengier*, Strafrecht Allgemeiner Teil, § 41 Rn. 8.

[359] BGH 28.04.2020 – 3 StR 85/20, BGH, BeckRS 2020, 10990, Rn. 4; BGH 19.11.2019 – 4 StR 449/19, BGH, NStZ 2020, 600 (600); BGH 06.08.2019 – 3 StR 189/19, BGH, NStZ 2020, 22 (22); BGH 28.11.2017 – 3 StR 266/17, BGH, NStZ 2018, 650 (650); BGH 15.01.1991 – 5 StR 492/90, BGHSt 37, 289 (291); BGH 03.02.1960 – 4 StR 437/59, BGHSt 14, 124 (129); BGH 10.01.1956 – 5 StR 529/55, BGHSt 8, 393 (396); dazu auch *Rengier*, Strafrecht Allgemeiner Teil, § 41 Rn. 8.

[360] BGH 28.06.2022 – 3 StR 403/20, BGH, BeckRS 2022, 20799, Rn. 25; BGH 28.04.2020 – 3 StR 85/20, BGH, BeckRS 2020, 10990, Rn. 4; BGH 19.11.2019 – 4 StR 449/19, BGH, NStZ 2020, 600 (600); BGH 06.08.2019 – 3 StR 189/19, BGH, NStZ 2020, 22 (22); BGH 28.11.2017 – 3 StR 266/17, BGH, NStZ 2018, 650 (650); BGH 15.01.1991 – 5 StR 492/90, BGHSt 37, 289 (291); BGH 03.02.1960 – 4 StR 437/59, BGHSt 14, 124 (129); LG Köln 23.05.2022 – 109 KLs 5/21, LG Köln, abrufbar unter: https://www.justiz.nrw.de/nrwe/lgs/koeln/lg_koeln/j2022/109_KLs_5_21_Urteil_20220523.html, Rn. 631; LG Düsseldorf 23.11.2021 – 014 KLs 2/21, LG Düsseldorf, abrufbar unter: http://www.justiz.nrw.de/nrwe/lgs/duesseldorf/lg_duesseldorf/j2021/014_KLs_2_21_Urteil_20211123.html, Rn. 604, LG Düsseldorf, BeckRS 2021, 55636, Rn. 129.

[361] BGH 28.06.2022 – 3 StR 403/20, BGH, BeckRS 2022, 20799, Rn. 25; BGH 28.04.2020 – 3 StR 85/20, BGH, BeckRS 2020, 10990, Rn. 4; BGH 06.08.2019 – 3 StR 189/19, BGH, NStZ 2020, 22 (22); BGH 28.11.2017 – 3 StR 266/17, BGH, NStZ 2018, 650 (650); BGH 15.01.1991 – 5 StR 492/90, BGHSt 37, 289 (291); BGH 03.02.1960 – 4 StR 437/59, BGHSt 14, 124 (129); LG Köln 23.05.2022 – 109 KLs 5/21, LG Köln, abrufbar unter: https://www.justiz.nrw.de/nrwe/lgs/koeln/lg_koeln/j2022/109_KLs_5_21_Urteil_20220523.html, Rn. 631.

Diese wertende Betrachtung muss im Hinblick auf die relevante Rechtsprechung reflektiert werden.

Möchte man nun die zu Beginn der Bestimmung des Deliktscharakters aufgeworfene und kritisierte buchstäbliche Januskopfigkeit[362] des § 63 Abs. 1 Nr. 4 ZAG des BGH und der Literatur noch einmal aufwerfen und mit den erlangten Erkenntnissen reflektieren, so mag der Verweis des BGH[363] auf das zivilrechtliche Teilurteil[364] vom 12.12.2019, in dem die Geschäfte berechtigend und verpflichtend für eine juristische Person wirkten, sodass es sich bei dieser zivilrechtlich, um den Betreiber der Geschäfte handelt und sich die strafrechtliche Verantwortlichkeit wiederum aus § 14 Abs. 1 Nr. 1 StGB ergab, nicht überzeugen. Wie bereits ausgeführt, bedarf es gerade bei der Einordnung als Allgemeindelikt, respektive Organisationsdelikt keines Rückgriffs auf § 14 StGB beziehungsweise es verbietet es mangels vorliegender besonders persönlicher Merkmale sogar. So mag es in diesen Konstellationen allein von rechtstatsächlicher Relevanz sein, dass beispielsweise der Geschäftsführer oder der Vorstand, die Tatherrschaft innehaben, selten jedoch nur andere Personen.[365] Meist werden beim Hawala-Banking aber keine Rechtsformen wie die juristische Person oder die Personenhandelsgesellschaft vorliegen,[366] sodass dies keiner weiteren Vertiefung bedarf. Interessant und von Relevanz sind zum einen die Akteure bei einer klassischen Einzeltransaktion, zum anderen auch die geschilderten Gruppierungen und Netzwerke,[367] die durch hohe Transfervolumen auf sich aufmerksam machten.

---

[362] Siehe dazu umfangreich die Rechtsprechung aber auch die gleichlaufende Literatur in Teil 4 A. I. 1.

[363] BGH 28.06.2022 – 3 StR 403/20, BGH, BeckRS 2022, 20799, Rn. 26.

[364] BGH 12.12.2019 – IX ZR 77/19, BGH, NJW-RR 2020, 292 (294), insbesondere Rn. 35.

[365] *Bock*, in: Graf/Jäger/Wittig, Wirtschafts- und Steuerstrafrecht, § 54 KWG Rn. 88 für das Betreiben im Sinne des § 54 KWG; darauf ebenfalls verweisend BGH 02.06.2021 – 3 StR 61/21, BGH, ZIP 2021, 1853 (1855); ähnlich *Nestler*, Bank- und Kapitalmarktstrafrecht, S. 322 Rn. 780, die auf die faktischen Leiter eines Unternehmens abstellt und nur vergleichend auf § 14 Abs. 1 StGB verweist, der schließlich wiederum eine vom Gesetzgeber festgelegte Verantwortungszuweisung darstellt, die hier zumindest wertend Beachtung finden kann; siehe auch BGH 28.02.2023 – 2 StR 371/22, BGH, NStZ 2024, 100 (101), BGH, BeckRS 2023, 15358, bei dem der 2. Senat zum einen darauf abstellt, dass der alleinige „Geschäftsführer der P. GmbH vorsätzlich im Inland Zahlungsdienste ohne Erlaubnis gemäß § 63 Abs. 1 Nr. 4 Alt. 1 ZAG erbracht" hat, was bis dato mit der geschilderten Einordnung übereinstimmt und insofern eine Zustimmung erhält. Zum anderen aber ambivalent darauf abstellt, dass nun die „erlaubnispflichtigen Zahlungsdienste […] die P. GmbH im Sinne des § 63 Abs. 1 Nr. 4 Alt. 1 ZAG ‚ohne Erlaubnis erbracht'" hat.

[366] Dazu bereits in Teil 3 B. II. 3. b).

[367] Zur Einordnung der Hawala-Gruppierungen und Hawala-Netzwerke siehe Teil 2 A. II. 2. a).

(b) Die (mit-)erbringenden Täter bei der Einzeltransaktion

So mag bei einer Einzeltransaktion der Hawaladar 1 und der Hawaladar 2, da diesen je nach Ausgestaltung eine Lenkungs- und Plantätigkeit zuteilwird, für sich bei Hin- und Rücküberweisungen sämtliche vorausgesetzten Einzelhandlungen in einer Person verwirklichen, sodass jeder der beiden die funktional-soziale Tatherrschaft über den Prozess innehat, mithin jeder für sich Zahlungsdienste erbringt. Je nach Ausgestaltung des Verhältnisses der Hawaladare untereinander, ist eine wechselseitige Zurechnung nach § 25 Abs. 2 StGB in Betracht zu ziehen. Dies lässt sich annehmen, wenn beiden Hawaladaren, die zentrale Verwaltung und die Organisation ihres Transfersystems ebenbürtig obliegt.[368] Dahingehend lässt sich eine für die Mittäterschaft charakteristische horizontale Struktur erkennen, die es notwendig werden lässt, dass die einzelnen Beiträge gegenseitig zugerechnet werden.[369] Dem Einzahler oder dem Empfänger wiederum, mithin den Zahlungsdienstekunden, wird man aber keinerlei Tatherrschaft über das Geschehen zusprechen können, sodass eine Täterschaft der beiden ausscheidet.[370] Diese erbringen eben keine Zahlungsdienste, nehmen diese nicht einmal Einzelhandlungen des geschilderten Ensembles vor, die einer funktional-sozialen Bewertung unterzogen werden könnten. Dies verdeutlicht auch der Schutzzweck des § 63 Abs. 1 Nr. 4 ZAG, da gerade die Kunden und deren Individualinteressen, mithin der Einzahler und der Empfänger, als potenziell Geschädigte miterfasst werden und sich die Strafdrohung des § 63 Abs. 1 Nr. 4 ZAG in erster Linie gegen denjenigen richtet, der die Dienste erbringt, nicht aber gegen denjenigen der die Dienste nutzt.[371]

(c) Die (mit-)erbringenden Täter im Hawala-Netzwerk

Schwieriger sind die Konstellationen, in denen die Hawaladare eine Gruppierung und ganze Netzwerke um sich versammeln, mithin ein umfangreiches Personengeflecht entsteht, das mit einer unterschiedlichen Rollenverteilung zusammenhängt und dahinterstehende Geschäftsbetriebe als Plattformen für das Einsammeln und Auszahlen der Gelder sowie als Clearingstellen dienen. Dabei verbietet sich eine streng schematische Betrachtung, da sich in den jeweiligen Gruppierungen und Netzwerken Eigenheiten ergeben können. Diese folgen schließlich keinem einheitlichen Regelwerk, sondern vielmehr basiert deren Struktur auf moralischen, islamischen und sich selbstkontrollierenden Regularien, mithin werden eigene Regeln

[368] So *Morozinis*, Dogmatik der Organisationsdelikte, S. 606 im Kontext des § 29 BtMG und § 327 StGB.

[369] So *Morozinis*, Dogmatik der Organisationsdelikte, S. 606 im Kontext des § 29 BtMG und § 327 StGB.

[370] Vgl. auch *Altenhain*, in: Momsen/Grützner Wirtschafts- und Steuerstrafrecht, § 20 Rn. 10 unter Verweis auf LG Essen 07.05.1991 – 12 O 126/90, LG Essen, NJW-RR 1992, 303 (304) [„Strafbar macht sich lediglich das Kreditinstitut, nicht auch der Kunde“].

[371] OLG Düsseldorf 24.10.2022 – 1 Ws 131/22, OLG Düsseldorf, NZWiSt 2023, 69 (71); siehe dazu auch *Schünemann/Greco*, in: LK-StGB, Vor. §§ 26, 27 Rn. 27 [„*Theorie des straflosen Schutzsubjekts*“].

und Sanktionsmöglichkeiten festgelegt, die wiederum von gegenseitigem Vertrauen abhängig sind.[372] So können verschiedene Hawaladare eingegliedert sein, die als Geschäftspartner auftreten und die Struktur des Netzwerkes nutzen.[373] Es können Hawaladare eingegliedert sein, die in erster Linie das Netzwerk koordinieren beziehungsweise leiten.[374] Dabei gibt es auch Ausgestaltungen bei denen ein sogenannter Groß-Hawaladar[375] als Hauptorganisator an der Spitze des Netzwerkes steht und das Netzwerk koordiniert beziehungsweise leitet. Dazu kommen weitere Akteure, die am eigentlichen Transferprozess weniger gestaltend mitwirken, in erster

---

[372] Zu den Regularien siehe bereits Teil 2 A. II. 2. b) bb) (2); zur Einordnung der Akteure siehe Teil 2 A. II. 2. b) bb) (1).

[373] BGH 02.06.2021 – 3 StR 61/21, BGH, ZIP 2021, 1853 (1854) [„Inhaber eines Juweliergeschäfts in Köln und der Betreiber eines in Istanbul ansässigen Büros"]; so bereits vorinstanzlich LG Mannheim 17.11.2020 – 22 KLs 540 Js 6574/20, LG Mannheim, BeckRS 2020, 50512, Rn. 35 [„Integration weiterer türkischer Büros in das Netzwerk, mit denen sein Büro in Verbindung stand (‚M', ‚S', ‚A. N.' und ‚S'), sodass auch diese Büros auf die bereits geschaffenen Strukturen des Netzwerkes zugreifen konnten"].

[374] BGH 28.06.2022 – 3 StR 403/20, BGH, BeckRS 2022, 20799, Rn. 4 [„Leitung und Steuerung sämtlicher Aktivitäten oblag dem in der Türkei ansässigen Als., der […] mit mindestens zwei weiteren Personen die Hawala-Banking-Organisation anführte"]; BGH 02.06.2021 – 3 StR 61/21, BGH, ZIP 2021, 1853 (1854 f.) [„die beiden in Köln und Istanbul ansässigen zentralen Mitglieder die übergeordneten Entscheidungen trafen"]; so bereits vorinstanzlich LG Mannheim 17.11.2020 – 22 KLs 540 Js 6574/20, LG Mannheim, BeckRS 2020, 50512, Rn. 5, 34 [„Als eine zentrale Drehscheibe […] fungierte dabei ein in Köln geschäftsansässiger, als ‚der Türke' bezeichneter Juwelier"], [„Ebenfalls eine übergeordnete Rolle innerhalb des Netzwerkes spielte zudem der in Istanbul/Türkei geschäftsansässige ‚A. G.'"]; auch OLG Düsseldorf 24.10.2022 – 1 Ws 131/22, OLG Düsseldorf, NZWiSt 2023, 69 (69) [„A.-M. als einem der führenden Köpfe dieser Organisation"]; LG Köln 23.05.2022 – 109 KLs 5/21, LG Köln, abrufbar unter: https://www.justiz.nrw.de/nrwe/lgs/koeln/lg_koeln/j2022/109_KLs_5_21_Urteil_20220523.html, Rn. 75 [„Dem gesondert verfolgten U T5 oblag die Führung der Organisation"], [„Sein Partner war dabei sein langjähriger Freund, der gesondert verfolgte VZ"]; LG Düsseldorf 23.11.2021 – 014 KLs 2/21, LG Düsseldorf, abrufbar unter: http://www.justiz.nrw.de/nrwe/lgs/duesseldorf/lg_duesseldorf/j2021/014_KLs_2_21_Urteil_20211123.html, Rn. 38, 42, LG Düsseldorf, BeckRS 2021, 55636, Rn. 24, 27 [„der auch hier alle wesentlichen im Rahmen des Betriebes erforderlichen Entscheidungen traf"], [„Gemeinsam suchten sie nach Möglichkeiten, um Bargeld zu organisieren und die erforderlichen Liquiditätsvorräte anzulegen"]; dies kann aber auch durch einen „alleinstehenden Hawaladar" vollzogen werden, der beispielsweise auf seine im Ausland befindlichen Verwandten zurückgreift, dies aber ohne jegliche große Netzwerkstruktur, so im Fall des BGH 28.10.2015 – 5 StR 189/15, BGH, NStZ-RR 2016, 15 (15 f.).

[375] BGH 16.04.2024 – 3 StR 1/24, BGH, juris Rn. 2, 4; *BKA*, Großeinsatz von ZeOS NRW, ZKA und BKA gegen internationales Hawala-Netzwerk vom 30.05.2022, abrufbar unter: https://www.bka.de/DE/Presse/Listenseite_Pressemitteilungen/2022/Presse2022/220330_PM_HawalaNetzwerk.html; ähnlich wohl auch im Fall des LG Köln 23.05.2022 – 109 KLs 5/21, LG Köln, abrufbar unter: https://www.justiz.nrw.de/nrwe/lgs/koeln/lg_koeln/j2022/109_KLs_5_21_Urteil_20220523.html, Rn. 75 [„Dem gesondert verfolgten U T5 oblag die Führung der Organisation. Das Finanztransfersystem wurde durch ihn geschaffen und unterlag seiner Entscheidungsgewalt"], Rn. 290 [„die Firmengründungen von ihm in die Wege geleitet werden und er insoweit die Verantwortung trägt"], Rn. 292 [„Auch die Preisgestaltung im Rahmen der Hawala-Geldtransfers oblag dem T5"].

Linie zuarbeiten,[376] diesen aber auch zentrale Aufgaben und vereinzelt sogar gewisse Entscheidungskompetenzen zukommen können.[377] Ausgehend davon scheint eine allumfassende Einordnung wohl nur schwer zu gelingen, da sich – wie geschildert – die Strukturen unterscheiden, die Akteure sich bewusst ihrem Informationsauftrag entziehen, damit in der Anonymität agieren und sich dadurch deren individuelle Regelungsstrukturen kaum nachvollziehen lassen. Anhand der geschilderten Ausgestaltungen mit zugehörigen Fällen aus der Rechtsprechung zeigt sich jedoch ein Muster. Daran soll eine Einordnung – auch unter Betrachtung der Rechtsprechung – erfolgen, die ein Leitbild vorgibt.

[376] BGH 28.06.2022 – 3 StR 403/20, BGH, BeckRS 2022, 20799, Rn. 17 [„waren diese als ‚Einsammler' weisungsgebunden und in niederrangiger Funktion tätig"]; BGH 02.06.2021 – 3 StR 61/21, BGH, ZIP 2021, 1853 (1854) [„Die Zusammenführung der Geldbeträge in einem Topf übernahmen ‚Einsammler'"], [„‚Buchhalter' verfolgten jede Geldbewegung mit"]; so bereits vorinstanzlich LG Mannheim 17.11.2020 – 22 KLs 540 Js 6574/20, LG Mannheim, BeckRS 2020, 50512, Rn. 36 [„agierten im Netzwerk zudem ‚Buchhalter', die jede Geldbewegung innerhalb des Netzwerkes mitverfolgten"]; auch LG Köln 23.05.2022 – 109 KLs 5/21, LG Köln, abrufbar unter: https://www.justiz.nrw.de/nrwe/lgs/koeln/lg_koeln/j2022/109_KLs_5_21_Urteil_20220523.html, Rn. 95, [„wobei die Angeklagte Q […], sie in ihren Aufgaben unterstützte"], Rn. 103 [„Sie war innerhalb der Organisation dem Angeklagten D und der Angeklagten T gegenüber weisungsgebunden"], Rn. 109 [„erfüllte fortan seine Aufgaben im Auftrag und nach unmittelbarer Weisung des U T5"], Rn. 290 [„Darin zeigt sich die Weisungsbefugnis des T5 gegenüber dem Angeklagten D hinsichtlich durchzuführender Finanztransfergeschäfte"], Rn. 306 [„die Angeklagte Q, die nach seinem Empfinden ‚das kleinste Licht' gewesen sei, ihre Weisungen von der Angeklagten T als ihrer ‚Chefin' sowie vom Angeklagten D erhalten habe und die Angeklagte T dem Angeklagten D als ihrem ‚Chef' unterstellt gewesen sei"]; LG Düsseldorf 23.11.2021 – 014 KLs 2/21, LG Düsseldorf, abrufbar unter: http://www.justiz.nrw.de/nrwe/lgs/duesseldorf/lg_duesseldorf/j2021/014_KLs_2_21_Urteil_20211123.html, Rn. 53, LG Düsseldorf, BeckRS 2021, 55636, Rn. 34 [„Der an der Einzahlstelle tätige Mitarbeiter nahm telefonisch oder per Chat Kontakt zu dem Angeklagten L1 auf, um seine Erlaubnis zur Annahme des Geldes einzuholen"].

[377] BGH 28.06.2022 – 3 StR 403/20, BGH, BeckRS 2022, 20799, Rn. 26 [„Denn sie […] erbrachten durch das Einsammeln von Geldern […] sowie deren Zusammentragen und Übergabe an Kuriere […] zentrale Aufgaben"]; BGH 02.06.2021 – 3 StR 61/21, BGH, ZIP 2021, 1853 (1854) [„zentraler Einsammler"], [„war […] in der Lage, nach eigenem Belieben einzelne Fahrten durchzuführen oder abzulehnen"]; so bereits vorinstanzlich LG Mannheim 17.11.2020 – 22 KLs 540 Js 6574/20, LG Mannheim, BeckRS 2020, 50512, Rn. 5 [„Aufstieg zum Einsammler mit überregionalem Einzugsgebiert"], Rn. 116 [„dass er insoweit die Funktion einer zentralen Schnittstelle einnahm"]; auch LG Köln 23.05.2022 – 109 KLs 5/21, LG Köln, abrufbar unter: https://www.justiz.nrw.de/nrwe/lgs/koeln/lg_koeln/j2022/109_KLs_5_21_Urteil_20220523.html, Rn. 86 ff. [„maßgebliche und weitgehend selbstständige Rolle bei der Aufrechterhaltung des Hawala-Finanztransfersystems"], [„konnten sich Kunden […] unmittelbar an ihn als Vertrauensmann des T5 wenden"], [„führte damit faktisch auch selbst die Geschäfte der Firmen"], Rn. 103 [„handelte im Übrigen aber weitgehend selbstständig"]; LG Düsseldorf 23.11.2021 – 014 KLs 2/21, LG Düsseldorf, abrufbar unter: http://www.justiz.nrw.de/nrwe/lgs/duesseldorf/lg_duesseldorf/j2021/014_KLs_2_21_Urteil_20211123.html, Rn. 53, LG Düsseldorf, BeckRS 2021, 55636, Rn. 34 [„erteilte der Angeklagte L1 die generelle Erlaubnis, ihnen zuzuordnende Gelder anzunehmen"].

Ausgangslage der Rechtsprechung ist in den einschlägigen Hawala-Fällen im Grundsatz immer eine wertende Betrachtung[378], bei der jegliche Einzelhandlungen der Akteure im Netzwerk oder der Gruppierung an ihrer Bedeutung für das Netzwerk oder die Gruppierung gemessen werden. Dies unter Heranziehung der bereits geschilderten Anhaltspunkte, wie dem Grad des eigenen Interesses an der Tat, dem Umfang der Tatbeteiligung und auch der Tatherrschaft sowie dem Tatherrschaftswillen. Dabei bleibt jedoch zum Teil die Besonderheit der Tathandlung als betriebliche Tätigkeit außen vor. Umschreibt das Erbringen eben keine einzelne Handlung, wie man sie im Rahmen der klassischen Einzeldelikte vorfindet, sondern vielmehr ein „Ensemble betrieblicher Abläufe". Daran gemessen ist Täter, wer den im Tatbestand vorausgesetzten Einzelhandlungen einen gemeinsamen Sinn gibt und deren Verbindungsfunktion ausübt. Täter ist demnach derjenige, der die Tätigkeit insgesamt beherrscht, was sich regelmäßig aus seiner Position innerhalb der betrieblichen Hierarchie ergibt. Demnach wird Akteuren, denen die Leitung und Steuerung sämtlicher Aktivitäten obliegt, eine Tatherrschaft zuteilwerden.

Im Fall des BGH[379] vom 28.06.2022 oblag beispielsweise „die Leitung und Steuerung sämtlicher Aktivitäten […] dem in der Türkei ansässigen Als., der dort mit mindestens zwei weiteren Personen die Hawala-Banking-Organisation anführte." Auch im Fall des BGH[380] vom 02.06.2021 trafen „die beiden in Köln und Istanbul ansässigen zentralen Mitglieder die übergeordneten Entscheidungen". Im selben Fall wies bereits vorinstanzlich das LG Mannheim[381] dem in Köln geschäftsansässigen Juwelier eine Rolle als „zentrale Drehscheibe des Hawala-Systems" sowie dem A.G. „eine übergeordnete Rolle innerhalb des Netzwerks" zu. Aber auch in den Fällen des OLG Düsseldorf[382] vom 24.10.2022 werden Akteure im Netzwerk als „führende Köpfe dieser Organisation" deklariert sowie im Fall des LG Düsseldorf[383] vom 23.11.2021 diesen auch nachgesagt, dass diese „hier alle wesentlichen im Rahmen des Betriebes erforderlichen Entscheidungen" trafen, denn der L1 „konnte […] auf die Beträge faktisch zugreifen, denn ihm allein stand

378 Ausdrücklich: BGH 28.06.2022 – 3 StR 403/20, BGH, BeckRS 2022, 20799, Rn. 25; BGH 02.06.2021 – 3 StR 61/21, BGH, ZIP 2021, 1853 (1855); LG Köln 23.05.2022 – 109 KLs 5/21, LG Köln, abrufbar unter: https://www.justiz.nrw.de/nrwe/lgs/koeln/lg_koeln/j2022/109_KLs_5_21_Urteil_20220523.html, Rn. 631; LG Düsseldorf 23.11.2021 – 014 KLs 2/21, LG Düsseldorf, abrufbar unter: http://www.justiz.nrw.de/nrwe/lgs/duesseldorf/lg_duesseldorf/j2021/014_KLs_2_21_Urteil_20211123.html, Rn. 604, LG Düsseldorf, BeckRS 2021, 55636, Rn. 129; wohl implizierend: LG Mannheim 17.11.2020 – 22 KLs 540 Js 6574/20, LG Mannheim, BeckRS 2020, 50512, Rn. 110 ff.

379 BGH 28.06.2022 – 3 StR 403/20, BGH, BeckRS 2022, 20799, Rn. 4.

380 BGH 02.06.2021 – 3 StR 61/21, BGH, ZIP 2021, 1853 (1854 f.).

381 LG Mannheim 17.11.2020 – 22 KLs 540 Js 6574/20, LG Mannheim, BeckRS 2020, 50512, Rn. 5, 34.

382 OLG Düsseldorf 24.10.2022 – 1 Ws 131/22, OLG Düsseldorf, NZWiSt 2023, 69 (69).

383 LG Düsseldorf 23.11.2021 – 014 KLs 2/21, LG Düsseldorf, abrufbar unter: http://www.justiz.nrw.de/nrwe/lgs/duesseldorf/lg_duesseldorf/j2021/014_KLs_2_21_Urteil_20211123.html, Rn. 38, 42, LG Düsseldorf, BeckRS 2021, 55636, Rn. 24, 27.

die Entscheidungsgewalt zur Durchführung der Transaktionen zu. Die als Zahlstellen genutzten Unternehmen unterstanden auch seiner faktischen Leitung."[384] Parallel dazu „oblag [U T5] die Führung der Organisation" im Fall des LG Köln[385] vom 23.05.2022. Summa summarum haben die Akteure der unterschiedlichen Netzwerke also gemein, dass diesen zumindest eine beherrschende Funktion innerhalb des Systems beziehungsweise der Organisation zukommt. Dabei muss den Akteuren aber auch gerade eine beherrschende Funktion im Hinblick auf die dem Ensemble zugrunde liegenden betrieblichen Abläufen zukommen. Nur so wird dies einem Vollzug des Erbringens von Zahlungsdiensten gerecht. Hierbei müssen diese aber nicht jegliche Einzelhandlungen des Ensembles in einer Person vollziehen und damit auch nicht das Geschehen physisch-real mit eigener Steuerungsmacht in den Händen halten. Diese müssen vielmehr für die innerbetriebliche Organisation aufgrund ihrer Position und Funktion zuständig sein und damit über die betriebsbezogenen Risiken gebieten können. So kommen diesen im Ensemble wesentliche Funktionen zu, die beispielsweise eine „Abwicklung der Weiterleitung der Gelder zu den jeweiligen Empfängern"[386] umfasst oder auch, dass diese dafür „verantwortlich [sind], dass die Hawala-Transfers in die Türkei und ggf. weiter nach Syrien [...] umgesetzt bzw. abgebildet werden"[387]. „Für die spiegelbildliche Organisation der Logistik für die Auszahlung der Gelder an die Empfänger in der Türkei für die Weiterleitung nach Syrien war maßgeblich A.G. als Betreiber des Büro S.-O. zuständig",[388] was auch hier die wesentliche Funktion im Ablauf hervorhebt. Dabei kommen diesen in erster Linie die Aufgabe der Übermittlung, Koordination sowie die eigentliche Durchführung des Zahlungdienstes zu, mithin auch wesentliche Einzelhandlungen im Ensemble, die eine Verbindungsfunktion statuieren und diese erst dadurch den Einzelhandlungen im Netzwerk einen Sinn geben, indem sie darüber entscheiden. Ihnen kommt also ein Entscheidungsspielraum zu, der ihnen eine Entscheidungsmacht im Ensemble verleiht.[389] So soll etwa „einem der führenden Köpfe dieser Organisation [...] hierbei die Aufgabe zugekommen sein, die in den deutschen Zahlungsbüros bar abgegebenen Kundengelder einzusammeln und für den Ausgleich der Bargeldbestände in den türkischen oder syrischen Zahlungsbüros

[384] LG Düsseldorf 23.11.2021 – 014 KLs 2/21, LG Düsseldorf, abrufbar unter: http://www.justiz.nrw.de/nrwe/lgs/duesseldorf/lg_duesseldorf/j2021/014_KLs_2_21_Urteil_20211123.html, Rn. 602, LG Düsseldorf, BeckRS 2021, 55636, Rn. 127.

[385] LG Köln 23.05.2022 – 109 KLs 5/21, LG Köln, abrufbar unter: https://www.justiz.nrw.de/nrwe/lgs/koeln/lg_koeln/j2022/109_KLs_5_21_Urteil_20220523.html, Rn. 75.

[386] LG Mannheim 17.11.2020 – 22 KLs 540 Js 6574/20, LG Mannheim, BeckRS 2020, 50512, Rn. 5.

[387] LG Mannheim 17.11.2020 – 22 KLs 540 Js 6574/20, LG Mannheim, BeckRS 2020, 50512, Rn. 34.

[388] LG Mannheim 17.11.2020 – 22 KLs 540 Js 6574/20, LG Mannheim, BeckRS 2020, 50512, Rn. 35.

[389] *Morozinis*, Dogmatik der Organisationsdelikte, S. 606 unter vergleichenden Verweis auf BGH 07.08.2001 – 5 StR 259/01, BGHSt 47, 100 (103).

Sorge zu tragen."[390] Auch hier traf auf den A.-M. die Aufgaben der Entgegennahme, Übermittlung und Koordination, mithin die nötige Verbindungsfunktion zu, indem er über deren Ablauf entschied. Wiederum im Fall des LG Düsseldorf vom 23.11. 2021 standen als „weitere Ein- und Auszahlstelle [...] außerdem die von dem Angeklagten C1 genutzten Büroräumlichkeiten der Unternehmen ‚E4 Consulting' und ‚O1 GmbH' in O2 zur Verfügung. Dort wurden die Einzahlungen der von ihm kontaktierten und in der Folgezeit betreuten Kunden vorgenommen und von dem Angeklagten C1 entgegengenommen."[391] „In der Türkei wurden die Ein- und Auszahlungen über das Unternehmen ‚L4' in J1 koordiniert. Dieses Unternehmen unterstand der Leitung des Angeklagten L1 und dessen gesondert verfolgten Bruders M. L1, der die Geschäfte vor Ort durchführte. Nach einer Einzahlung in Deutschland wies der Angeklagte L1 den M. L1 an, einen der jeweiligen Einzahlung entsprechenden Betrag an ‚U2' auszukehren."[392] Gerade in diesem Fall wird deutlich, dass auch die zentrale Verwaltung und die Organisation des Transfersystems – zumindest zunächst[393] – den beiden Hawaladaren C1 und L1 ebenbürtig oblag und diesen eine für die Mittäterschaft charakteristische horizontale Struktur zukam, sodass beiden eine solch nötige Verbindungsfunktion der im Ensemble vorkommenden Einzelhandlungen zugesprochen werden kann. Wiederum im Fall des LG Köln vom 23.05.2022 lag die leitende Stellung bei U T5, denn „[d]as Finanztransfersystem wurde durch ihn geschaffen und unterlag seiner Entscheidungsgewalt. Er [...] hielt sich [...] regelmäßig in Deutschland auf, um die Geschäfte der Organisation zu koordinieren."[394] Zudem zeigt sich in Telefongesprächen „die Weisungsbefugnis des T5 gegenüber dem Angeklagten D hinsichtlich durchzuführender Fi-

390 OLG Düsseldorf 24.10.2022 – 1 Ws 131/22, OLG Düsseldorf, NZWiSt 2023, 69 (69).

391 LG Düsseldorf 23.11.2021 – 014 KLs 2/21, LG Düsseldorf, abrufbar unter: http://www.justiz.nrw.de/nrwe/lgs/duesseldorf/lg_duesseldorf/j2021/014_KLs_2_21_Urteil_20211123.html, Rn. 39, LG Düsseldorf, BeckRS 2021, 55636, Rn. 25.

392 LG Düsseldorf 23.11.2021 – 014 KLs 2/21, LG Düsseldorf, abrufbar unter: http://www.justiz.nrw.de/nrwe/lgs/duesseldorf/lg_duesseldorf/j2021/014_KLs_2_21_Urteil_20211123.html, Rn. 40, LG Düsseldorf, BeckRS 2021, 55636, Rn. 26. Dabei hatte der L1 gegenüber M. L1, aber auch gegenüber anderen zuständigen Mitarbeitern (Rn. 34), wie beispielsweise gegenüber dem I. H1 (Rn. 36) eine Weisungsbefugnis, sodass Annahmen von Geldern von der Erlaubnis des L1 abhingen und damit die Entgegennahme in erster Linie ihm zuteilwird.

393 C1 war aufgrund eines Zusammenbruchs des Devisenbüros „U2" und eines Raubes der Kundengelder nicht mehr in der Lage, seinen Beitrag zu den erforderlichen Liquiditätsreserven zu leisten, sodass es zu Spannungen zwischen C1 und L1 kam, in Folge dessen C1 seine Mitarbeit am Transfersystem beendete, LG Düsseldorf 23.11.2021 – 014 KLs 2/21, LG Düsseldorf, abrufbar unter: http://www.justiz.nrw.de/nrwe/lgs/duesseldorf/lg_duesseldorf/j2021/014_KLs_2_21_Urteil_20211123.html, Rn. 45 ff., LG Düsseldorf, BeckRS 2021, 55636, Rn. 31 ff.

394 LG Köln 23.05.2022 – 109 KLs 5/21, LG Köln, abrufbar unter: https://www.justiz.nrw.de/nrwe/lgs/koeln/lg_koeln/j2022/109_KLs_5_21_Urteil_20220523.html, Rn. 75.

nanztransfergeschäfte."[395] So „wies [er] unmittelbar danach die für die Auszahlung zuständige Stelle an, eine Barauszahlung in derselben Höhe abzüglich der zu zahlenden Provision an die von den Einzahlern benannten Empfängerperson vorzunehmen."[396] Auch hier trifft den U T5 die Leitung des Prozedere, indem dieser ebenfalls die Geschäfte koordiniert und die Geldtransfers anweist, mithin ebenfalls eine Verbindungsfunktion im Ensemble bildet. Dabei wird man ihm wohl sogar eine Stellung als sogenannter „Groß-Hawaladar" zugestehen können, der als Oberhaupt das Netzwerk gestaltet. So zeigt sich bei diesen Akteuren eine Stellung im Konglomerat, bei der diese eine beherrschende Funktion über die Einzelhandlungen des Ensembles ausüben können. Meist liegen diesen wie geschildert bestimmte Einzelhandlungen zugrunde, die diese das Geschehen insgesamt beherrschen lassen, sodass diesen eine funktional-soziale Tatherrschaft über das Geschehen nachgesagt werden kann. Demnach kommt es nicht allein darauf an, dass jegliche Führungsrolle automatisch zur Täterschaft führt. Vielmehr kommt es gerade darauf an, ob der jeweilige Akteur aufgrund seiner Stellung dem Ensemble eine Verbindungsfunktion gibt, indem er Entscheidungsmacht ausübt, sodass erst durch ihn das Ensemble einen Sinn ergibt. Nur dann erbringen diese unmittelbar oder in Mittäterschaft nach § 25 Abs. 2 StGB Zahlungsdienste.

Diskutabel sind vor allem die Akteure, die am eigentlichen Transferprozess weniger gestaltend mitwirken und in erster Linie zuarbeiten, vor allem wenn diesen trotzdem gewisse Entscheidungskompetenzen zukommen. So findet man sogenannte „Einsammler" vor, die lediglich Gelder zum Transferieren einsammeln und den jeweiligen Akteuren, die die Gelder übermitteln, übergeben. Im Fall des BGH vom 02.06.2021 holte beispielsweise der Angeklagte „Gelder bei Anlaufstellen ab, an denen Kunden sie eingezahlt hatten, und leitete sie innerhalb der Organisation weiter."[397] Bereits vorinstanzlich schildert dazu das LG Mannheim noch etwas umfassender, „[d]ass der Angeklagte in seiner Funktion als Einsammler die Bargelder, die Kunden zum Zwecke des Transfers per Hawala abgegeben hatte, zum Zwecke der Weiterleitung i.S.v. § 1 Abs. 1 Satz 2 Nr. 6 Var. 1 ZAG entgegennahm, ergibt weiter daraus, dass er zwar nicht mit den Kunden . [sic!] in direkten Kontakt trat, wohl aber diejenigen Stellen aufsuchte, bei de. nen [sic!] Kundengelder in bar abgegeben worden waren, die Bargelder dort an sich nahm und später das Geld anderen Stellen namentlich dem ‚Türken', zuführte, damit der weitere Transfer per Hawala an den Zahlungsempfänger durch die weiteren Akteure des Netzwerkes umgesetzt bzw. intern abgebildet werden konnte."[398] Auch im Fall des LG Düsseldorf vom 23.11.2021 wurden „[d]ie […] eingezahlten Geldbeträge […]

[395] LG Köln 23.05.2022 – 109 KLs 5/21, LG Köln, abrufbar unter: https://www.justiz.nrw.de/nrwe/lgs/koeln/lg_koeln/j2022/109_KLs_5_21_Urteil_20220523.html, Rn. 290.

[396] LG Köln 23.05.2022 – 109 KLs 5/21, LG Köln, abrufbar unter: https://www.justiz.nrw.de/nrwe/lgs/koeln/lg_koeln/j2022/109_KLs_5_21_Urteil_20220523.html, Rn. 56.

[397] BGH 02.06.2021 – 3 StR 61/21, BGH, ZIP 2021, 1853 (1855).

[398] LG Mannheim 17.11.2020 – 22 KLs 540 Js 6574/20, LG Mannheim, BeckRS 2020, 50512, Rn. 115.

regelmäßig von Kurieren abgeholt und zu dem Angeklagten L1 nach E2 transportiert.“[399]

Zudem haben die Netzwerke regelmäßig sogenannte „Buchhalter“, die in erster Linie die jeweiligen Transfers mitverfolgen, um bei Zahlungsspitzen einen Ausgleich zwischen den beiden Töpfen herstellen zu können. So wurden im Fall des LG Düsseldorf vom 23.11.2021, „[d]ie jeweils eingehenden Geldbeträge […] unter dem Einsatz von Kurieren [mithin also auch durch „Einsammler“] in einem türkischen Topf bei M. L1 und einem deutschen Topf bei dem Angeklagten L1 zusammengeführt. Dem lag eine Buchhaltung in Gestalt von regelmäßigen telefonischen und nachrichtlichen Abgleichen der Angeklagten L1 und C1, der internen Excel-Tabellen des Angeklagten L1, des von I. H1 geführten Notizbuchs und in Gestalt von Faxnachrichten, die in regelmäßigen Abständen von M. L1 an den Angeklagten L1 übersandt wurden, zugrunde.“[400] Im Fall des BGH vom 02.06.2021 verfolgten ebenfalls „‚Buchhalter‘ […] jede Geldbewegung mit.“[401] Dabei wurden „[d]ie jeweils eingehenden Geldbeträge […] ‚in einem Topf‘ zusammen geführt. Dem lag eine besondere Überwachung durch spezielle ‚Buchhalter‘ zugrunde.“[402] Auch finden sich weitere Mitwirkende, die in erster Linie für das Clearing-Verfahren zuständig sind, indem sich diese um entstehende Liquiditätsgefälle kümmern und beispielsweise in Form von Edelmetall- und Bargeldtransporten, die Möglichkeit zum Ausgleichen der beiden Töpfe aufrechterhalten. So sollte im Fall des LG Köln vom 23.05.2022 „[d]ie Angeklagte Q […] Firmen in eigenem Namen gründen und deren Geschäftsführung […] übernehmen und über diese Firmen die Edelmetallausfuhren abwickeln.“[403] „Die Angeklagte Q übernahm gelegentlich auch [selbst] Kuriertätigkeiten.“[404] „In vielen Fällen führte [aber auch] der Angeklagte E […]

[399] LG Düsseldorf 23.11.2021 – 014 KLs 2/21, LG Düsseldorf, abrufbar unter: http://www.justiz.nrw.de/nrwe/lgs/duesseldorf/lg_duesseldorf/j2021/014_KLs_2_21_Urteil_20211123.html, Rn. 43, LG Düsseldorf, BeckRS 2021, 55636, Rn. 28.

[400] LG Düsseldorf 23.11.2021 – 014 KLs 2/21, LG Düsseldorf, abrufbar unter: http://www.justiz.nrw.de/nrwe/lgs/duesseldorf/lg_duesseldorf/j2021/014_KLs_2_21_Urteil_20211123.html, Rn. 655, LG Düsseldorf, BeckRS 2021, 55636, Rn. 167.

[401] BGH 02.06.2021 – 3 StR 61/21, BGH, ZIP 2021, 1853 (1854).

[402] BGH 02.06.2021 – 3 StR 61/21, BGH, ZIP 2021, 1853 (1855); siehe dazu auch bereits vorinstanzlich und umfangreicher das LG Mannheim 17.11.2020 – 22 KLs 540 Js 6574/20, LG Mannheim, BeckRS 2020, 50512, Rn. 36 [„Um bei den Hawala-Transfers den Überblick zu behalten und nachhalten zu können, in welchem Umfang der Ausgleich zwischen den unterschiedlichen ‚Hawala-Töpfen‘ vorzunehmen war, agierten im Netzwerk zudem ‚Buchhalter‘, die jede Geldbewegung innerhalb des Netzwerkes mitverfolgten und nachhielten, welcher Geldbetrag zu einem bestimmten Zeitpunkt unter Berücksichtigung sämtlicher Zu- und Abflüsse rechnerisch in einem ‚Topf‘ vorhanden sein sollte.“, „Als Buchhalter agierten dabei insbesondere ‚S.A.‘ und ‚F.‘, der für die Buchhaltung von Seiten des Büro S.-O. verantwortlich war, daneben auch ‚S.‘ und weitere.“].

[403] LG Köln 23.05.2022 – 109 KLs 5/21, LG Köln, abrufbar unter: https://www.justiz.nrw.de/nrwe/lgs/koeln/lg_koeln/j2022/109_KLs_5_21_Urteil_20220523.html, Rn. 100.

[404] LG Köln 23.05.2022 – 109 KLs 5/21, LG Köln, abrufbar unter: https://www.justiz.nrw.de/nrwe/lgs/koeln/lg_koeln/j2022/109_KLs_5_21_Urteil_20220523.html, Rn. 105.

Bargeldkurierfahrten überwiegend innerhalb von Deutschland aus, […] wo er von U T5 erworbene Altgoldbestände abholte und bezahlte."[405] Dabei hat er „dort wiederum Gold entgegengenommen und […] ausgeführt"[406]. „In zahlreichen Fällen führte er [nämlich] selbst als Kurier auf dem Luftweg Goldexporte in die Türkei durch"[407]. Grundsätzlich seien „[d]er Angeklagte E und sein Bruder J1 E […] zweimal wöchentlich mit Goldlieferungen in die Türkei geflogen und dort sei dann der Gegenwert des Goldes zur Verfügung gestellt worden."[408] Ebenfalls wurden im Fall des LG Mannheim vom 17.11.2020 „Hawala-Transfers in die Türkei und ggf. weiter nach Syrien – sei es in Form des ‚Schmuggels' von Bargeld[…], sei es in Form der Übermittlung von Sachwerten (hier naheliegend Gold) – umgesetzt bzw. abgebildet"[409]. „In die logistische Abwicklung des Lufttransports von Bargeld in die Türkei war zudem der in Saarbrücken ansässige ‚Y.' eingebunden."[410] Als weiteres Beispiel sei auf den Fall des LG Düsseldorf vom 23.11.2021 verwiesen, bei dem ebenfalls „[d]er Ausgleich der Töpfe […] über den An- und Verkauf von Edelmetallen unter Einsatz von Kurieren und weiteren juristischen Personen"[411] erfolgte. Eine solche Clearing-Funktion kann aber auch dahingehend ausgestaltet sein, dass mit „Konten sog. ‚Drittfirmen' in Deutschland Rechnungen von Unternehmen aus aller Welt für Warenlieferungen in den Nahen Osten beglichen"[412] werden. Im Fall des OLG Düsseldorf vom 24.10.2022 wird „den beschuldigten Eheleuten J. […] vorgeworfen, in einer Vielzahl von Einzelfällen die in deutschen Zahlungsbüros eingenommenen Kundengelder entgegengenommen sowie hiermit zeitnah entsprechende Rechnungen beglichen und durch diese Maßnahmen des Liquiditätsausgleichs zum Fortbestand des Hawala-Systems beigetragen zu haben."[413]

Außerdem finden sich Involvierte, die eigenständig, wenn auch meist weisungsgebunden, Gelder annehmen und für deren Übermittlungen zuständig sind oder auch anderweitige organisatorische Aufgaben treffen. Zum Beispiel oblag im Fall des LG Köln vom 23.05.2022 dem „Angeklagten D […] die Abrechnung der

[405] LG Köln 23.05.2022 – 109 KLs 5/21, LG Köln, abrufbar unter: https://www.justiz.nrw.de/nrwe/lgs/koeln/lg_koeln/j2022/109_KLs_5_21_Urteil_20220523.html, Rn. 112.

[406] LG Köln 23.05.2022 – 109 KLs 5/21, LG Köln, abrufbar unter: https://www.justiz.nrw.de/nrwe/lgs/koeln/lg_koeln/j2022/109_KLs_5_21_Urteil_20220523.html, Rn. 405.

[407] LG Köln 23.05.2022 – 109 KLs 5/21, LG Köln, abrufbar unter: https://www.justiz.nrw.de/nrwe/lgs/koeln/lg_koeln/j2022/109_KLs_5_21_Urteil_20220523.html, Rn. 113.

[408] LG Köln 23.05.2022 – 109 KLs 5/21, LG Köln, abrufbar unter: https://www.justiz.nrw.de/nrwe/lgs/koeln/lg_koeln/j2022/109_KLs_5_21_Urteil_20220523.html, Rn. 473.

[409] LG Mannheim 17.11.2020 – 22 KLs 540 Js 6574/20, LG Mannheim, BeckRS 2020, 50512, Rn. 34.

[410] LG Mannheim 17.11.2020 – 22 KLs 540 Js 6574/20, LG Mannheim, BeckRS 2020, 50512, Rn. 34, siehe dazu auch Rn. 134.

[411] LG Düsseldorf 23.11.2021 – 014 KLs 2/21, LG Düsseldorf, abrufbar unter: http://www.justiz.nrw.de/nrwe/lgs/duesseldorf/lg_duesseldorf/j2021/014_KLs_2_21_Urteil_20211123.html, Rn. 652, LG Düsseldorf, BeckRS 2021, 55636, Rn. 164.

[412] OLG Düsseldorf 24.10.2022 – 1 Ws 131/22, OLG Düsseldorf, NZWiSt 2023, 69 (69).

[413] OLG Düsseldorf 24.10.2022 – 1 Ws 131/22, OLG Düsseldorf, NZWiSt 2023, 69 (69).

über den Logistikbereich der Organisation erbrachten Leistungen anhand der Altgoldmengen gegenüber U T5 und deren Auftraggebern. Ebenfalls erfolgt durch ihn die Entlohnung der Mitarbeiter des Logistikbereichs, namentlich der Angeklagten T und Q."[414] „Vereinzelt vermittelte der Angeklagte D auch selbst und unabhängig von U T5 Auszahlungen nach dem Hawala-Modell und ließ sich diese gesondert vergüten."[415] Im Fall des LG Düsseldorf vom 23.11.2021 nahm beispielsweise der „an der Einzahlstelle tätige Mitarbeiter [...] telefonisch oder per Chat Kontakt zu dem Angeklagten L1 auf, um seine Erlaubnis zur Annahme des Geldes einzuholen. Für bestimmte Großkunden, so für die Großkunden T1 und T2, erteilte der Angeklagte L1 die generelle Erlaubnis, ihnen zuzuordnende Gelder anzunehmen."[416] Wiederum im Fall des BGH vom 02.06.2021 „erbrachte [der Angeklagte] durch die Weiterleitung der Gelder für das Geschäftsmodell zentrale Aufgaben, war durch die Einbindung in die Chatgruppe an der näheren Organisation beteiligt sowie in der Lage, nach eigenem Belieben einzelne Fahrten durchzuführen oder abzulehnen, und war damit wesentlicher Teil des Hawala-Systems."[417]

Allen oben genannten Akteuren attestiert die Rechtsprechung – zumeist in Form von Mittäterschaft nach § 25 Abs. 2 StGB – ein Erbringen von Zahlungsdiensten.[418]

---

[414] LG Köln 23.05.2022 – 109 KLs 5/21, LG Köln, abrufbar unter: https://www.justiz.nrw.de/nrwe/lgs/koeln/lg_koeln/j2022/109_KLs_5_21_Urteil_20220523.html, Rn. 92.

[415] LG Köln 23.05.2022 – 109 KLs 5/21, LG Köln, abrufbar unter: https://www.justiz.nrw.de/nrwe/lgs/koeln/lg_koeln/j2022/109_KLs_5_21_Urteil_20220523.html, Rn. 93.

[416] LG Düsseldorf 23.11.2021 – 014 KLs 2/21, LG Düsseldorf, abrufbar unter: http://www.justiz.nrw.de/nrwe/lgs/duesseldorf/lg_duesseldorf/j2021/014_KLs_2_21_Urteil_20211123.html, Rn. 53, LG Düsseldorf, BeckRS 2021, 55636, Rn. 34.

[417] BGH 02.06.2021 – 3 StR 61/21, BGH, ZIP 2021, 1853 (1855).

[418] BGH 28.06.2022 – 3 StR 403/20, BGH, BeckRS 2022, 20799, Rn. 26 [„Danach waren die Angeklagten Mittäter. [...] Denn sie hatten gleichfalls – vornehmlich wegen ihrer Vergütung – ein erhebliches eigenes Interesse an den Zahlungsdiensten und erbrachten durch das Einsammeln von Geldern bei den Einzahlungsstellen an verschiedenen Orten in der Bundesrepublik sowie deren Zusammentragen und Übergabe an Kuriere für den Weitertransport in das Ausland für das Geschäftsmodell ganz zentrale Aufgaben"]; BGH 02.06.2021 – 3 StR 61/21, BGH, ZIP 2021, 1853 (1855) [„Danach war der Angeklagte Mittäter. Er hatte wegen seiner Vergütung ein eigenes Interesse an den Zahlungsdiensten, erbrachte durch die Weiterleitung der Gelder für das Geschäftsmodell zentrale Aufgaben, war durch die Einbindung in eine Chatgruppe an der näheren Organisation beteiligt sowie in der Lage, nach eigenem Belieben einzelne Fahrten durchzuführen oder abzulehnen, und war damit wesentlicher Teil des Hawala-Systems."]; LG Köln 23.05.2022 – 109 KLs 5/21, LG Köln, abrufbar unter: https://www.justiz.nrw.de/nrwe/lgs/koeln/lg_koeln/j2022/109_KLs_5_21_Urteil_20220523.html, Rn. 630 [„Die Angeklagten handelten hinsichtlich des vorsätzlichen unerlaubten Erbringens von Zahlungsdiensten insoweit alle mittäterschaftlich nach § 25 A. 2 StGB"]; LG Düsseldorf 23.11.2021 – 014 KLs 2/21, LG Düsseldorf, abrufbar unter: http://www.justiz.nrw.de/nrwe/lgs/duesseldorf/lg_duesseldorf/j2021/014_KLs_2_21_Urteil_20211123.html, Rn. 603, LG Düsseldorf, BeckRS 2021, 55636, Rn. 128 [„Überdies ist die Entgegennahme des Bargeldes durch die an den Zahlstellen tätigen Personen dem Angeklagten L1 gemäß § 25 Abs. 2 StGB zuzurechnen. Denn der Angeklagte L1 erbrachte die entsprechenden Zahlungsdienste gemeinschaftlich mit den an den Zahlstellen tätigen Personen"]; LG Mannheim 17.11.2020 – 22 KLs 540 Js 6574/20, LG Mannheim, BeckRS 2020, 50512, Rn. 110, 113 [„Bei der Tätigkeit

So wird mit Blick auf die Organisation beziehungsweise das Hawala-System ein einheitliches Erbringen von Zahlungsdiensten gesehen, wobei unter wertender Betrachtung allen Mitwirkenden eine (Mit-)Täterschaft hieran zugeschrieben wird.[419] Unter Voraussetzung, dass diese ein eigenes Interesse an der Tat haben, mit einem erheblichen Umfang an der Tat beteiligt sind, damit Tatherrschaft haben oder zumindest den Willen zur Tatherrschaft aufweisen.[420]

Die Besonderheit ist dabei, dass diese Akteure nur Einzelhandlungen des Handlungsensembles übernehmen und keine Leitungsfunktionen innehaben. Meist

---

des Angeklagten als Einsammler handelte es sich – entsprechendes gilt für die Tätigkeit des Netzwerkes insgesamt – um die Erbringung von Zahlungsdiensten"].

[419] BGH 28.06.2022 – 3 StR 403/20, BGH, BeckRS 2022, 20799, Rn. 24 [„Alle Angeklagten agierten hinsichtlich der Strafbarkeit wegen unerlaubten Erbringens von Zahlungsdiensten gemeinschaftlich mit anderen Tätern (§ 25 Abs. 2 StGB)"]; BGH 02.06.2021 – 3 StR 61/21, BGH, ZIP 2021, 1853 (1855) [„Der Angeklagte erbrachte entsprechende Dienste gemeinschaftlich mit anderen Tätern (§ 25 Abs. 2 StGB)."]; OLG Düsseldorf 24.10.2022 – 1 Ws 131/22, OLG Düsseldorf, NZWiSt 2023, 69 (69 f.), wobei hierbei nicht einmal differenziert wird, wer die Zahlungsdienste erbrachte und wie die einzelnen Akteure zueinander standen, denn zum einen gab es eine Hawala-Organisation um A.-M. und zum anderen die beiden Eheleute, wobei diese eine Spedition T. W. W. G., der H.-J. J. als Geschäftsführer und seine Ehefrau R. J. als Prokuristin, führten. Diese boten laut OLG Düsseldorf nämlich den Speditionskunden „einen weiteren Zahlungsdienst an", sodass diese zusammengeführt nur noch als Beschuldigte J. – ohne weitere Differenzierung – genannt wurden und einem einheitlichen Erbringen unterzogen wurden: [„Als Haupttat der Beschuldigten J. kommt im vorliegenden Fall (nur) ein Verstoß gegen § 63 Abs. 1 Nr. 4 ZAG in Betracht. Die bisherigen Ermittlungsergebnisse rechtfertigen den konkreten Verdacht, dass sich die Beschuldigten J. […] des unerlaubten Erbringens von Zahlungsdiensten strafbar gemacht haben"]; LG Köln 23.05.2022 – 109 KLs 5/21, LG Köln, abrufbar unter: https://www.justiz.nrw.de/nrwe/lgs/koeln/lg_koeln/j2022/109_KLs_5_21_Urteil_20220523.html, Rn. 632 [„Gemessen hieran [also an der zuvor in Rn. 631 geschilderten Abgrenzung von Mittäterschaft und Beihilfe] waren alle Angeklagten Mittäter"], [„Vielmehr stellt sich der jeweilige Tatbeitrag der Angeklagten als wesentlich und als Teil der Tätigkeit aller Mittäter bei der Durchführung der Finanztransfergeschäfte dar"]; LG Mannheim 17.11.2020 – 22 KLs 540 Js 6574/20, LG Mannheim, BeckRS 2020, 50512, Rn. 108 [„Der Angeklagte hat sich nach § 63 Abs. 1 Nr. 4 ZAG […] strafbar gemacht, indem er […] als Teil des Netzwerkes um den ‚Türken' und A. G. herum als Einsammler im Inland gewerbsmäßige Zahlungsdienste in Form von Finanztransfergeschäften erbrachte"].

[420] BGH 28.06.2022 – 3 StR 403/20, BGH, BeckRS 2022, 20799, Rn. 26 [„Denn sie hatten gleichfalls – vornehmlich wegen ihrer Vergütung – ein erhebliches eigenes Interesse an den Zahlungsdiensten und erbrachten durch das Einsammeln von Geldern bei den Einzahlungsstellen an verschiedenen Orten in der Bundesrepublik sowie deren Zusammentragen und Übergabe an Kuriere für den Weitertransport in das Ausland für das Geschäftsmodell ganz zentrale Aufgaben"]; BGH 02.06.2021 – 3 StR 61/21, BGH, ZIP 2021, 1853 (1855) [„Er hatte wegen seiner Vergütung ein eigenes Interesse an den Zahlungsdiensten, erbrachte durch die Weiterleitung der Gelder für das Geschäftsmodell zentrale Aufgaben"]; LG Köln 23.05.2022 – 109 KLs 5/21, LG Köln, abrufbar unter: https://www.justiz.nrw.de/nrwe/lgs/koeln/lg_koeln/j2022/109_KLs_5_21_Urteil_20220523.html, Rn. 632 [„Sie hatten wegen ihrer Vergütung ein eigenes Interesse an der Erbringung der Zahlungsdienste und erbrachtem im Rahmen ihrer Tätigkeit für den Logistikbereich der Organisation für die Durchführung der Zahlungsdienste unerlässliche Aufgaben"].

ist deren Handlungsspielraum auf deren Aufgabenbereich zugeschnitten, sodass ihnen zumindest auf ihren jeweiligen Tätigkeitsbereich beschränkt eine (Leitungs-) Funktion zukommt. Dahingehend lässt sich zwar der Aussage des BGH[421] vom 02.06.2021 insoweit zustimmen, dass sich „das auf verborgene[s] Zusammenwirken ausgerichtete Geschäftsmodell […] von einem Geschäftsbetrieb [unterscheidet], der durch Rückgriff auf gesellschaftsrechtliche Regelungsmöglichkeiten geprägt ist“. Dennoch hat sich gezeigt, dass es ähnlich einem regulären Wirtschaftsunternehmen zumindest gewisse hierarchische Abstufungen gibt, wenn auch diese nicht auf gesellschaftsrechtlichen Regelungsmöglichkeiten fußen. Zudem zeigen die Fälle aus der Rechtsprechung, dass häufig Gesellschaften in das Netzwerk eingegliedert werden und diese für das Hawala-Banking als Plattformen[422] oder Clearingstellen[423] dienen. So mag den Unternehmen teilweise eine gesellschaftsrechtli-

[421] BGH 02.06.2021 – 3 StR 61/21, BGH, ZIP 2021, 1853 (1855); darauf verweisend und wiederholend BGH 28.06.2022 – 3 StR 403/20, BGH, BeckRS 2022, 20799, Rn. 26 [„steht der Einordnung der Angeklagten als Mittäter nicht entgegen. Denn im Hinblick auf die informelle Struktur des HawalaBanking, dessen Funktionieren abhängig ist vom konzentrierten Zusammenwirken aller Beteiligten und das nicht durch eine juristische Person betrieben wird“].

[422] BGH 02.06.2021 – 3 StR 61/21, BGH, ZIP 2021, 1853 (1854) [„waren insbesondere der Inhaber eines Juweliergeschäfts in Köln und der Betreiber eines in Istanbul ansässigen Büros einbezogen“]; BGH 28.10.2015 – 5 StR 189/15, BGH, NStZ-RR 2016, 15 (15) [„Ab Anfang 2008 diente dem Angekl. der Betrieb der GmbH auch ‚als eigene Plattform zum schattenwirtschaftlichen Transfer von Geldern vietnamesischer Kunden aus Deutschland nach Vietnam, um sich durch anfallende Vergütungen für dieses, ‚Hawala-Banking‘ eine dauerhafte Einkommensquelle von erheblichem Umfang zu verschaffen.‘“]; LG Köln 23.05.2022 – 109 KLs 5/21, LG Köln, abrufbar unter: https://www.justiz.nrw.de/nrwe/lgs/koeln/lg_koeln/j2022/109_KLs_5_21_Urteil_20220523.html, Rn. 56 [„Diese für Auszahlungen in der Türkei zuständigen Stellen waren in der Regel sogenannte Change-Büros in der Türkei, wie etwa ein von der ‚O1‘ betriebenes Change-Büro in Istanbul“]; LG Düsseldorf 23.11.2021 – 014 KLs 2/21, LG Düsseldorf, abrufbar unter: http://www.justiz.nrw.de/nrwe/lgs/duesseldorf/lg_duesseldorf/j2021/014_KLs_2_21_Urteil_20211123.html, Rn. 39 ff., LG Düsseldorf, BeckRS 2021, 55636, Rn. 25 ff. [„Zunächst fungierten die Firmenräume des Juweliergeschäfts ‚B3‘ bzw. der in denselben Räumlichkeiten ansässigen Z1 GmbH in E2 als Ein- und Auszahlstelle in Deutschland. Geschäftsführer dieser Gesellschaft war der Angeklagte I. H1.“], [„Als weitere Ein- und Auszahlstelle standen außerdem die von dem Angeklagten C1 genutzten Büroräumlichkeiten der Unternehmen ‚E4 Consulting‘ und ‚O1 GmbH‘ in O2 zur Verfügung“], [„In der Türkei wurden die Ein- und Auszahlungen über das Unternehmen ‚L4‘ in J1 koordiniert. Dieses Unternehmen unterstand der Leitung des Angeklagten L1 und dessen gesondert verfolgten Bruders M. L1, der die Geschäfte vor Ort durchführte“], [„Hierzu brachte der Angeklagte L1 die Juweliergeschäfte der F1 GmbH in E2 und N1 ein“], [„Als weitere Zahlstellen standen Geschäftsräumlichkeiten in N1, C4, I1, T3, T4 und C5 zur Verfügung“].

[423] BGH 02.06.2021 – 3 StR 61/21, BGH, ZIP 2021, 1853 (1854) [„Der in Köln ansässige Juwelier war für den Transport von Bargeld oder Sachwerten in die Türkei und ggf. weiter nach Syrien verantwortlich“]; OLG Düsseldorf 24.10.2022 – 1 Ws 131/22, OLG Düsseldorf, NZWiSt 2023, 69 (69) [„Dies[, also der Ausgleich der Bargeldbestände,] geschah zum Teil in der Weise, dass mit dem Bargeld über Konten sog. ‚Drittfirmen‘ in Deutschland Rechnungen von Unternehmen aus aller Welt für Warenlieferungen in den Nahen Osten beglichen wurden“]; LG Köln 23.05.2022 – 109 KLs 5/21, LG Köln, abrufbar unter: https://www.justiz.nrw.de/nrwe/lgs/koeln/lg_koeln/j2022/109_KLs_5_21_Urteil_20220523.html, Rn. 57 [„Hierzu fi-

che Regelungsmöglichkeit zukommen, wenn auch häufig die Unternehmen eher einer faktischen Leitung unterstehen, die wiederum auf den sich selbst gegebenen Regelungsmechanismen des Netzwerkes (übergeordnet) fußen.[424] Verglichen mit regulären Gesellschaftsformen mangelt es bei Hawala-Netzwerken wohl auch in erster Linie am Gesellschaftsvertrag oder es steht den Voraussetzungen einer fehlerhaften Gesellschaft entgegen; zumindest die Struktur des Netzwerkes mag dem aber in Umfang und Logistik gleichstehen, sodass aus Wertungsgesichtspunkten der Vergleich der Rechtsprechung zu Wirtschaftsunternehmen bereits hinterfragt werden kann. Es hat sich zudem gezeigt, dass auch Hawala-Netzwerke unter den aufsichtsrechtlichen Begriff des Unternehmens subsumiert werden können, dass es sich hierbei um kein „reguläres Wirtschaftsunternehmen" handelt und es dadurch zu einer nahezu ganzheitlichen Strafbarkeit der Akteure kommt, mag eine dahinterstehende kriminalpolitische Intention nahelegen. Auch stellt die Tathandlung des Erbringens ein Handlungsensemble dar, das wiederum aus Einzelhandlungen besteht und das von denjenigen beherrscht wird, die die Lenkungs- und Plantätigkeit beziehungsweise Verbindungsfunktion ausüben, was nicht auf alle Akteure zutrifft. Diese beiden Grundannahmen treten in der Rechtsprechung nur zum Teil hervor. Erweckt die Einordnung der Rechtsprechung vielmehr den Eindruck, dass bei der

---

xierte U T5 wegen der schwankenden Goldpreise unmittelbar nach Annahme der zu transferierenden Gelder den Goldpreis telefonisch bei seinen Goldhändlern. Zu diesen gehörten zunächst diverse Juweliere unter anderem aus L und umliegenden Großstädten, die ihrerseits im Rahmen ihrer legalen Erwerbstätigkeit Altgoldankauf betrieben"], Rn. 60 [„Die Goldbaren wurden anschließend über verschiedene von der Organisation beherrschte und eigens zu diesem Zweck gegründete und betriebene Firmen an das Unternehmen ‚U1' […] durch Kuriere per Passagierflug und mittels verplombter Koffer im Handgepäck exportiert"], Rn. 94 [„Die Angeklagte T […] war maßgeblich an der Gründung der oben genannten Firmen der Organisation beteiligt und führte auch deren regelmäßig anfallenden Geschäfte. So gründete sie etwa die ‚Büroservice T UG' (kurz ‚T UG'), über die von Mitte 2017 bis Januar 2021 Edelmetallausfuhren abgewickelt wurden und deren eigetragenen Geschäftsführerin sie auch zunächst war"].

[424] LG Köln 23.05.2022 – 109 KLs 5/21, LG Köln, abrufbar unter: https://www.justiz.nrw.de/nrwe/lgs/koeln/lg_koeln/j2022/109_KLs_5_21_Urteil_20220523.html, Rn. 95 [„Die faktische Geschäftsführung oblag, wie auch bei den Firmen ‚W4' und ‚W3' der Angeklagten T und – insbesondere soweit er der Angeklagten im Einzelfall Weisungen erteilte – dem Angeklagten D. Diesem gegenüber war sie weisungsgebunden"] [„Die Angeklagte T bleib auch faktische Geschäftsführerin nach dem vorgeschobenen Verkauf der Unternehmergesellschaft an den tschechischen Strohmann B8 Q3"], Rn. 75 [„Dem gesondert verfolgten U T5 oblag [wiederum] die Führung der Organisation"]; LG Düsseldorf 23.11.2021 – 014 KLs 2/21, LG Düsseldorf, abrufbar unter: http://www.justiz.nrw.de/nrwe/lgs/duesseldorf/lg_duesseldorf/j2021/014_KLs_2_21_Urteil_20211123.html, Rn. 39, LG Düsseldorf, BeckRS 2021, 55636, Rn. 25 [„Das Unternehmen unterstand jedoch der faktischen Leitung durch den Angeklagten L1, der alle wesentlichen im Rahmen des Betriebes erforderlichen Entscheidungen traf, insbesondere über den Geschäftsgegenstand, die Einstellung von Angestellten, die Ausgestaltung ihrer Tätigkeit und die steuerlichen Belange des Unternehmens entschied"], Rn. 42, Rn. 27 [„Geschäftsführer der F1 GmbH war der Angeklagte M. H1. Das Unternehmen unterstand jedoch unter der faktischen Leitung und Inhaberschaft des Angeklagten L1, der auch hier alle wesentlichen im Rahmen des Betriebes erforderlichen Entscheidungen traf"].

Abgrenzung von Täterschaft und Teilnahme die Prämisse zugrunde gelegt wird, inwiefern der jeweilige Beitrag für das Netzwerk von Relevanz ist, nicht aber inwiefern der jeweilige Beitrag für das eigentliche Handlungsensemble entscheidend ist und ob dieser Beitrag überhaupt auch eine Lenkungs- und Plantätigkeit einnimmt. So wird hier das Netzwerk als kriminelle Vereinigung im Sinne des § 129 Abs. 2 StGB eingestuft[425] und die Handlungen der Vereinigung – zumindest mittäterschaftlich nach § 25 Abs. 2 StGB – auch dem § 63 Abs. 1 Nr. 4 ZAG zugeteilt. Es erweckt den Eindruck, dass der Organisationscharakter des § 129 StGB auf § 63 Abs. 1 Nr. 4 ZAG förmlich überstülpt wird, sodass jegliche Handlungen, die mit der Vereinigung einhergehen automatisch auch mittäterschaftlich im Zusammenhang mit dem Erbringen von Zahlungsdiensten stehen. So geht der BGH[426] im Fall vom 28.06.2022 beispielsweise auch davon aus, dass „sich die Beteiligungsakte der Angeklagten an der kriminellen Vereinigung in der als eine Tat im materiellrechtlichen Sinne einzuordnenden unerlaubten Erbringung von Zahlungsdiensten erschöpften". „Weitere Beteiligungsakte der Angeklagten, die nicht zugleich nach § 63 Abs. 1 Nr. 4 ZAG strafbar sind und damit geeignet wären, eine zusätzliche, isolierte Strafbarkeit wegen mitgliedschaftlicher Beteiligung an einer kriminellen Vereinigung zu begründen […], hat das Landgericht nicht festgestellt." Interessant ist daran aber, dass der BGH weiter ausführt, dass das Übernachten lassen – wie es das Landgericht aber noch zuvor annahm – keine Unterstützung einer kriminellen Vereinigung in einem weiteren Fall darstellte, da diese Handlung „einen Beitrag zum Einsammeln von Geldern leisten sollte und damit Teil der Aktivitäten des Hawala-Banking war, [und damit] von der einheitlichen Strafbarkeit wegen unerlaubten Erbringens von Zahlungsdiensten umfasst" sein soll. Deswegen ist nach Ansicht des BGH wohl selbst das Übernachten lassen vom (mittäterschaftlichen) Erbringen von Zahlungsdiensten mit umfasst. Auch im Fall des BGH[427] vom 02.06. 2021 sieht er beim Angeklagten durch das Einsammeln der Gelder eine Mittäterschaft, wobei er dies auch damit begründet, dass er ein „wesentlicher Teil des Hawala-Systems" war. Die Besonderheit des § 63 Abs. 1 Nr. 4 ZAG mit dessen funktional-sozialer Tatherrschaft über den betrieblichen Ablauf bleibt dabei unbeachtet, denn im bloßen Übernachten lassen oder Einsammeln zeigt sich kein Ausüben einer Entscheidungsmacht.

[425] So erstmalig BGH 02.06.2021 – 3 StR 61/21, BGH, ZIP 2021, 1853 (1854); bestätigend BGH 28.06.2022 – 3 StR 403/20, BGH, BeckRS 2022, 20799, Rn. 7; ebenfalls BGH 28.06.2023 – 3 StR 108/23, BGH, BeckRS 2023, 18792 und BGH 01.06.2023 – 3 StR 414/22, BGH, BeckRS 2023, 17742, bei denen die Rechtsmittel – mit Ausnahme einer Einziehungsentscheidung, die der Senat korrigiert hat – keinen Erfolg hatten, sodass damit erneut die rechtliche Qualifizierung eines Hawala-Netzwerkes als kriminelle Vereinigung nach § 129 Abs. 2 StGB bestätigt wurde; LG Köln 23.05.2022 – 109 KLs 5/21, LG Köln, abrufbar unter: https://www.justiz.nrw.de/nrwe/lgs/koeln/lg_koeln/j2022/109_KLs_5_21_Urteil_20220523.html, Rn. 638 f.; siehe dazu auch *Nestler/Schiffner*, NStZ 2022, 35 (38).

[426] BGH 28.06.2022 – 3 StR 403/20, BGH, BeckRS 2022, 20799, Rn. 29 f.

[427] BGH 02.06.2021 – 3 StR 61/21, BGH, ZIP 2021, 1853 (1855).

§ 63 Abs. 1 Nr. 4 ZAG bestraft die betriebliche Tätigkeit, nicht das „Hawala-System“ an sich. So ist das Handlungsensemble des Erbringens eben nicht allumfassend, sodass jegliche Einzelhandlungen, die von einem Hawala-Netzwerk ausgehen, nicht auch zwingend Teil des Handlungsensembles sein müssen. Das Handlungsensemble weist in erster Linie auf einen Ablauf hin, der die Vereinbarung, Entgegennahme, Anweisung, Übermittlung, Koordination aber auch die Durchführung des Zahlungsdienstes mit Auszahlung umfasst. Dies stellen Einzelhandlungen dar, die das Finanztransfergeschäft im Sinne des § 1 Abs. 1 S. 2 Nr. 6 ZAG bedienen. Es hat sich beispielsweise gezeigt, dass das Clearingverfahren kein Teil des eigentlichen Zahlungsdienstes bildet und auch selbst keinen eigenständigen Zahlungsdienst darstellt, was eben § 2 Abs. 1 Nr. 3 und Nr. 7 ZAG verdeutlichen.[428] So mag unter systematischen Gesichtspunkten, mithin unter Bezug zum konkreten Zahlungsdienst des Finanztransfergeschäfts und der geschilderten Ausnahmeregelungen, das Clearingverfahren eben auch nicht einfach als primärer Teil des Handlungsensembles gesehen werden können. Dieses dient allein dazu, das Ensemble, genauer gesagt das Hawala-Verfahren, aufrechtzuerhalten und ist der Sache nach nicht unbedingt zwingend. Auch das alleinige Einsammeln von Geldern und der zugehörige Transport zum jeweiligen Hawaladar hat sich als keine eigentliche Entgegennahme oder Übermittlung im Sinne des § 1 Abs. 1 S. 2 Nr. 6 ZAG erwiesen, wobei hier auch wieder – wenn auch wertend – auf § 2 Abs. 1 Nr. 3 ZAG verwiesen werden kann. Dies gilt wohl auch für die reine Buchhaltung der Transfers, die zum Überblicken der Töpfe und des damit einhergehenden Liquiditätsgefälles dient, sofern darin keine Koordination des Transfers gesehen werden kann. Diese bilden Einzelhandlungen „im weiteren Sinne“, denn zumindest der Wortlaut des Erbringens und deren Einordnung als betriebliche Tätigkeit lassen unter wertender Betrachtung eine Zugehörigkeit aber auch eine hierarchische Abstufung im Handlungsensemble zu. Diese Einzelhandlungen halten den Kern des Betriebsablaufs aufrecht. Morozinis[429] umschreibt das Ensemble der betrieblichen Abläufe, „bildlich gesprochen, als ein Schema von homozentrischen Kreisen, von denen jeder einzelne Kreis Einzelhandlungen der Untergebenen umfasst, sodass die betriebliche Tätigkeit umso weniger Einzelhandlungen umfasst, desto mehr man sich den [sic!] gemeinsamen Mittelpunkt annähert.“ „Allerdings übt jeder eine betriebliche Tätigkeit aus und hat eine Betriebsherrschaft inne, der über eine betriebliche Tätigkeit Entscheidungsmacht ausübt, unabhängig davon, ob sie in eine andere weiter gefasste betriebliche Tätigkeit mit einbezogen werden kann.“ Übertragen wird man von „weiter entfernten Kreisen“ ausgehen müssen, denen grundsätzlich keine Entscheidungsmacht über die betriebliche Tätigkeit zukommt und sich dessen weisungsgebundene Beiträge in Unterstützungshandlungen niederschlagen.

Die Rechtsprechung verweist aber darauf, dass die Mittäterschaft nicht zwingend eine Mitwirkung am Kerngeschehen erfordert, sondern dass sich diese vielmehr auf

---

[428] Zur Berücksichtigung des Clearingverfahrens siehe bereits Teil 2 A. II. 2. b) aa).

[429] *Morozinis*, Dogmatik der Organisationsdelikte, S. 605.

einen fördernden Beitrag in Form von Vorbereitungs- oder Unterstützungshandlungen beschränken kann.[430] Stets muss sich diese Mitwirkung aber nach der Willensrichtung des sich Beteiligenden als Teil der Tätigkeit aller darstellen.[431] Auf die darauf folgende Kritik von Weiß, der dem Erbringen ein rechtsgeschäftlich geprägtes Geschehen nachsagt, und darin ein besonders persönliches Merkmal sieht,[432] hat der BGH wiederum im Fall vom 26.06.2022 reagiert. Denn „[d]er Kreis tauglicher Täter ist nicht begrenzt auf Führungsverantwortliche der Hawala-Banking-Organisation mit der Folge, dass andere Beteiligte lediglich einer Beihilfestrafbarkeit unterlägen".[433] So können „im Hinblick auf die informelle Struktur des HawalaBanking […] sämtliche Mitwirkenden nach Maßgabe der allgemeinen Kriterien zur Abgrenzung von Täterschaft und Teilnahme Zahlungsdienste im Sinne des § 63 Abs. 1 Nr. 4 ZAG täterschaftlich erbringen."[434] Zur mangelnden Einordnung der Tathandlung und zur mangelnden Einordnung der Tatbestandsstruktur, die Weiß[435] dem BGH eigentlich anlastete, äußerte sich dieser jedoch weiterhin nicht ausdrücklich. Aus der Kritik samt Reaktion kann aber eine Erkenntnis gezogen werden: So ist die Annahme von Weiß zwingend, sofern man von der Eigenschaft als Sonderdelikt ausgeht. Denn dann kann allein der Vertragspartner die Eigenschaft als Täter aufweisen. Diese Auslegung des § 63 Abs. 1 Nr. 4 ZAG wurde bereits abgelehnt, sodass es keiner erneuten Auseinandersetzung bedarf. Interessant ist aber in erster Linie die Reaktion des BGH, der damit zumindest indirekt preis-

[430] BGH 28.06.2022 – 3 StR 403/20, BGH, BeckRS 2022, 20799, Rn. 25; BGH 02.06.2021 – 3 StR 61/21, BGH, ZIP 2021, 1853 (1855); LG Köln 23.05.2022 – 109 KLs 5/21, LG Köln, abrufbar unter: https://www.justiz.nrw.de/nrwe/lgs/koeln/lg_koeln/j2022/109_KLs_5_21_Urteil_20220523.html, Rn. 631; siehe dazu aber den Verweis von *Schünemann/Greco*, in: LK-StGB, § 25 Rn. 34 auf die Rechtsprechung, die gerade Mittäterschaft von gleichrangigen beziehungsweise gleichberechtigten Beiträgen abhängig macht, in den Fällen: BGH 05.02.2014 – 1 StR 706/13, BGH, NStZ 2014, 211 (212); BGH 19.03.2009 – 4 StR 20/09, BGH NStZ-RR 2009, 254 (255); BGH 21.11.2007 – 2 StR 468/07, BGH, NStZ 2008, 285 (285); BGH 30.03.2007 – 2 StR 81/07, BGH, NStZ-RR 2007, 246 (247); BGH 26.04.2000 – 3 StR 573/99, BGH, NStZ-RR 2000, 278 (279); BGH 21.07.1993 – 2 StR 331/93, BGH, NStZ 1994, 91 (92); BGH 16.10.1990 – 4 StR 414/90, BGH, NStZ 1991, 91 (91); BGH 24.06.1986 – 5 StR 153/86, BGHSt 34, 124 (125); BGH 15.05.1984 – 1 StR 169/84, BGH, NStZ 1984, 413 (413 f.).

[431] BGH 28.06.2022 – 3 StR 403/20, BGH, BeckRS 2022, 20799, Rn. 25; BGH 02.06.2021 – 3 StR 61/21, BGH, ZIP 2021, 1853 (1855); LG Köln 23.05.2022 – 109 KLs 5/21, LG Köln, abrufbar unter: https://www.justiz.nrw.de/nrwe/lgs/koeln/lg_koeln/j2022/109_KLs_5_21_Urteil_20220523.html, Rn. 631; LG Düsseldorf 23.11.2021 – 014 KLs 2/21, LG Düsseldorf, abrufbar unter: http://www.justiz.nrw.de/nrwe/lgs/duesseldorf/lg_duesseldorf/j2021/014_KLs_2_21_Urteil_20211123.html, Rn. 604, LG Düsseldorf, BeckRS 2021, 55636, Rn. 129.

[432] *Weiß*, wistra 2021, 448 (450), der hier von einem Sonderdelikt ausgeht und allein dem „Erbringer" der Zahlungsdienste die Stellung als Täter zuweist, eben nicht dem „Einsammler", der lediglich als Vertreter oder Bote eingeordnet werden kann.

[433] BGH 28.06.2022 – 3 StR 403/20, BGH, BeckRS 2022, 20799, Rn. 26.

[434] BGH 28.06.2022 – 3 StR 403/20, BGH, BeckRS 2022, 20799, Rn. 26.

[435] *Weiß*, wistra 2021, 448 (450).

gibt, dass er hier von einem Allgemeindelikt ausgeht, indem dieser die Einordnung von Weiß ablehnt und die Tathandlung für jegliche Akteure im Netzwerk weiterhin öffnet. Dabei macht der BGH die Täterschaft eben nicht an einem formalen Status fest.[436] Dies wird anhand einer wertenden Gesamtbetrachtung unter allen von der Vorstellung der Beteiligten umfassten Umstände mit einer Zuteilung der Tatbeiträge erreicht, selbst wenn sich diese auf Vorbereitungs- oder Unterstützungshandlungen beschränken. Dennoch geht der BGH auch von einer pauschalierenden Handlungsbeschreibung aus, sodass eine Mehrheit natürlicher Einzelhandlungen zu einer einmaligen Verwirklichung des Tatbestandes zusammengefasst werden.[437] Zwar legt er dies in erster Linie für die tatbestandliche Handlungseinheit fest, dennoch bezieht er dies auch auf die tatbestandliche Handlung, indem er davon spricht, dass der Angeklagte „gemeinschaftlich mit anderen Tätern" die Zahlungsdienste erbrachte und das wiederholte Erbringen „innerhalb eines einheitlichen Betriebes" erfolgte.[438] Auch legt er nicht fest, wer im eigentlichen Sinne erbringt, denn mit der Zurechnungsnorm des § 25 Abs. 2 StGB soll grundsätzlich demjenigen die Tathandlung zugerechnet werden, der die Tatbestandsmerkmale nicht in eigener Person verwirklicht. So geht dieser davon aus, „dass der Angeklagte die Zahlungsdienste nicht jeweils eigenständig, sondern als Teil der Gesamtorganisation erbrachte. Danach ist für die Tatbestandsverwirklichung nicht allein auf sein individuelles Verhalten, sondern auf die Tätigkeit insgesamt abzustellen."[439] Es klingt hier förmlich danach, dass alle zusammen gemeinschaftlich und mittäterschaftlich erbringen und die verschiedenen Teilhandlungen erst zusammengesetzt das Erbringen von Zahlungsdiensten darstellen. Damit sieht dieser wohl ebenfalls, dass der tatbestandliche Unrechtsgehalt aus der pauschalierenden Handlungsbeschreibung gezogen wird,[440] weist die Verwirklichung jedoch sämtlichen Akteuren nach § 25 Abs. 2 StGB zu und bettet dies konkurrenzrechtlich als Handlungseinheit ein. Deutlicher geht dies vor allem vorinstanzlich im selben Fall durch das LG Mannheim hervor, denn dieses geht explizit davon aus, dass es sich „[b]ei der Tätigkeit des Angeklagten als Einsammler […] – entsprechendes gilt für die Tätigkeit insgesamt – um die Erbringung von Zahlungsdiensten in Form von Finanztransfergeschäften"[441] handelt,

---

[436] Außer es handelt sich wohl um eine juristische Person, was der vergleichende Verweis auf die Zivilrechtsprechung offenlegt. Dazu aber bereits in Teil 4 A. I. 1.

[437] So BGH 31.05.2023 – 3 StR 25/23, BGH, BeckRS 2023, 17041, Rn. 4, der explizit auf den Beschluss des BGH vom 02.06.2021 verweist und dies damit auf § 54 KWG überträgt.

[438] BGH 02.06.2021 – 3 StR 61/21, BGH, ZIP 2021, 1853 (1855 f.).

[439] BGH 02.06.2021 – 3 StR 61/21, BGH, ZIP 2021, 1853 (1856).

[440] BGH 31.05.2023 – 3 StR 25/23, BGH, BeckRS 2023, 17041, Rn. 4, der explizit auf den Beschluss des BGH vom 02.06.2021 verweist.

[441] LG Mannheim 17.11.2020 – 22 KLs 540 Js 6574/20, LG Mannheim, BeckRS 2020, 50512, Rn. 110, siehe auch Rn. 113 [„Dies zugrunde gelegt, erbrachte der Angeklagte in seiner Tätigkeit als Einsammler entsprechend der Tätigkeit des gesamten Netzwerkes"], Rn. 118 [„Die vom Angeklagten als Teil des Netzwerkes im Inland erbrachten Zahlungsdienste wurden gewerbsmäßig und darüber hinaus auch in einem Umfang erbracht"], Rn. 124 [„Dies zugrunde gelegt, unterlag die in Deutschland, also im Inland, erbrachte Tätigkeit des

mithin der Akteur selbst Zahlungsdienste wie das Netzwerk insgesamt erbrachte. Auch das LG Köln folgt diesem Ansatz und weist zunächst darauf hin, dass das „mehrfache Tätigwerden der Angeklagten […] eine tatbestandliche Handlungseinheit [beinhaltet]“[442]. Dies aber weiter damit begründet, dass dies hier insbesondere auch deshalb gilt, „weil die Angeklagten die Zahlungsdienste nicht jeweils insgesamt eigenständig, sondern als Teil der Organisation erbrachten. Danach ist für die Tatbestandsverwirklichung nicht allein auf deren individuelles Verhalten, sondern auf die Tätigkeit insgesamt abzustellen.“[443] Zuletzt sei noch auf den Fall des LG Düsseldorf vom 23.11.2021 verwiesen, das davon ausgeht, dass „[s]oweit das Geld […] von den Mitarbeitern der Zahlstellen entgegengenommen wurde, ist ihm [also dem Angeklagten C1] dieser Tatbeitrag gemäß § 25 Abs. 2 StGB zuzurechnen.“[444] Wobei hier wohl eine Einzelhandlung des Handlungsensembles, mithin die Entgegennahme nach § 25 Abs. 2 StGB zugerechnet werden soll, diese allein aber eigentlich nicht die Tathandlung nach § 63 Abs. 1 Nr. 4 ZAG bildet, sondern einen wesentlichen Bestandteil des Finanztransfergeschäfts darstellt[445]. Um die obigen Ausführungen zu reflektieren und einen Lösungsansatz anzubieten, sollen verschiedene Prämissen aufgestellt und ein Ansatz zur Einordnung erfolgen:

Die erste Prämisse ist, dass bei Tatbeständen, die einer funktionalen Betrachtung unterliegen, die Verantwortung für bestimmte Prozesse bereits Tatbestandsmerkmal und damit Teil des vertypten Unrechts ist.[446] Es kommt auf die Entscheidungsmacht der Akteure an, mit denen diese eine Verbindungsfunktion einnehmen, denn mit dem Erbringen wird ein stark normativiertes, funktional-soziales Täterschaftsverständnis beschrieben. Jeglicher fördernde Beitrag in Form von Vorbereitungs- oder Unterstützungshandlungen reicht eben nicht – zumindest nicht, wenn damit keine

---

Angeklagten in seiner Funktion als Einsammler ebenso wie Tätigkeit des Netzwerkes insgesamt der Erlaubnispflicht nach § 10 Abs. 1 Satz 1 ZAG“], Rn. 128 [„Die vom Angeklagten erbrachten Zahlungsdienste unterstanden wie erst recht die Tätigkeit des gesamten Netzwerks damit dem Erlaubnisvorbehalt nach § 10 Abs. 1 Satz 1 ZAG“]; siehe ferner auch BGH 28.02. 2023 – 2 StR 371/22, BGH, NStZ 2024, 100 (101), BGH, BeckRS 2023, 15358, bei dem der 2. Senat davon ausgeht, dass „der Angeklagte als alleiniger Geschäftsführer der P. GmbH vorsätzlich im Inland Zahlungsdienste ohne Erlaubnis gemäß § 63 Abs. 1 Nr. 4 Alt. 1 ZAG erbracht“ hat. Zugleich spricht dieser aber davon, dass es sich „bei den von der P. GmbH entfalteten Tätigkeiten […] um erlaubnispflichtige Zahlungsdienste im Sinne des § 10 Abs. 1 Satz 1 ZAG […] [handelt], die sie ohne Erlaubnis erbracht hat“. Auch hier geht es dem BGH um die entfaltete Tätigkeit der P. GmbH, wobei der alleinige Geschäftsführer selbst Zahlungsdienste erbracht haben soll.

[442] LG Köln 23.05.2022 – 109 KLs 5/21, LG Köln, abrufbar unter: https://www.justiz.nrw.de/nrwe/lgs/koeln/lg_koeln/j2022/109_KLs_5_21_Urteil_20220523.html, Rn. 634.

[443] LG Köln 23.05.2022 – 109 KLs 5/21, LG Köln, abrufbar unter: https://www.justiz.nrw.de/nrwe/lgs/koeln/lg_koeln/j2022/109_KLs_5_21_Urteil_20220523.html, Rn. 634.

[444] LG Düsseldorf 23.11.2021 – 014 KLs 2/21, LG Düsseldorf, abrufbar unter: http://www.justiz.nrw.de/nrwe/lgs/duesseldorf/lg_duesseldorf/j2021/014_KLs_2_21_Urteil_20211123.html, Rn. 608, LG Düsseldorf, BeckRS 2021, 55636, Rn. 132.

[445] Siehe zur Entgegennahme beim Finanztransfergeschäft bereits Teil 3 B. I. 1. a) bb).

[446] *Bosch*, Jura 2022, 429 (433).

auf das Ensemble ausgerichtete Entscheidungsmacht einhergeht – für eine (Mit-) Täterschaft aus. Zweite Prämisse ist, dass sich die Verantwortung auf den Prozess des Erbringens bezieht, mithin auf die betriebliche Tätigkeit selbst, nicht aber allgemeinumfassend auf das Hawala-System an sich. Dritte Prämisse ist, dass selbst bei kriminellen Unternehmen eine betriebliche Struktur vorliegen kann, mögen diese auch keine Gesellschaftsform aufweisen, sodass dadurch gewisse Hierachieebenen auch nicht pauschal abgelehnt werden können. Auch diese können hierarchische Strukturen aufweisen, die eine unterschiedliche Entscheidungsmacht zulassen, mithin nicht gleichrangig die zentrale Verwaltung der Organisation allen Mitgliedern obliegt.

Gibt also der Gesetzgeber eine funktionelle oder normative Sicht der Täterschaft vor, da die Verantwortung für bestimmte Prozesse vertatbestandlicht wurde, so muss sich dies parallel zur ersten Prämisse auch in der Subsumtion niederschlagen. Ein einfaches Fördern der Tat reicht damit nicht aus. So wird man Akteuren, die lediglich das Einsammeln der Gelder übernehmen keine Entscheidungsmacht für den Erbringensprozess zugestehen können. Diesen kommt natürlich keine unwichtige Aufgabe zu, indem sie nach Belieben Fahrten durchführen oder ablehnen konnten.[447] Eine zentrale Leitfunktion in dem Transferprozess nehmen sie dadurch aber nicht ein. Gleiches gilt für die Kuriertätigkeit beim Clearingverfahren, die entweder Gelder zu den Clearingstellen transportieren oder einen Ausgleich durch grenzüberschreitende Transfers durchführen.[448] Eine andere Einordnung erlaubt sich wohl nur, wenn der Ausgleich der Töpfe über einen eigenständigen Logistikbereich erfolgt, an dessen Spitze wiederum ein Entscheidungsträger sitzt, der eine Verbindungsfunktion einnimmt.[449] Dabei wird das Handlungsensemble allein durch

---

[447] So besinnt sich dessen „Belieben" darauf, dass der Angeklagte „seine Fahrtroute zusammen[stellte]", um „die Route so zu planen, dass er auf der Fahrt mehrere Abholungen effektiv miteinander verbinden konnte, erschienen ihm einzelne Orte dabei als zu weit entlegen, lehnte er die entsprechenden Aufträge auch ab." Ansonsten basiert dieses Verhältnis allein darauf, dass „die Aufträge an den Angeklagten in seiner Funktion als Einsammler herangetragen, indem in den Gruppenchat eingestellt wurde, wo Geldbeträge in welcher Höhe zur Abholung bereitstanden und wohin welche Geldbeträge abzugeben waren", LG Mannheim 17.11.2020 – 22 KLs 540 Js 6574/20, LG Mannheim, BeckRS 2020, 50512, Rn. 51 f.; im Kontext der einhergehenden Strafbarkeit nach § 129 StGB wird dem Angeklagten auch nachgesagt, dass er „sich an der Vereinigung als Mitglied [beteiligte], da er sich einvernehmlich eingliederte und sie durch organisationsbezogene Tätigkeiten von innen her förderte", was natürlich im Kontext des § 129 StGB Betrachtung finden muss, die Aussage jedoch ebenfalls eine Entscheidungsmacht des Angeklagten eher in Frage stellt, so BGH 02.06.2021 – 3 StR 61/21, BGH, ZIP 2021, 1853 (1855); siehe dazu ferner auch *Schünemann/Greco*, in: LK-StGB, § 25 Rn. 210, die davon ausgehen, dass „Mitarbeiter auch dann nur Gehilfen sind, wenn sie einzelne unerlässliche Beiträge im Ausführungsstadium leisten".

[448] Zur Kuriertätigkeit beim Handeltreiben im Sinne des BtMG, siehe die umfangreiche Aufreihung der Rechtsprechung in *Schünemann/Greco*, in: LK-StGB, § 25 Rn. 137, wobei diese hier in der Regel zur Beihilfe tendiert.

[449] Diese Stellung mag man wohl dem D zuordnen können, der den Logistikbereich leitete, die dortigen Mitarbeiter anwies aber auch darüber hinaus unabhängig von U T5 Auszahlungen nach dem Hawala-Modell vermittelte, LG Köln 23.05.2022 – 109 KLs 5/21,

den Logistikbereich aufrechterhalten, sodass dieser eine zentrale Rolle im Ensemble einnimmt und auch darin eine Betriebsherrschaft zur Geltung kommt. Des Weiteren wird man eine (Mit-)Täterschaft der Buchhalter ablehnen können, sofern sich deren Arbeit allein auf die Dokumentation der Töpfe bezieht und diesen keine Koordination des Prozesses zukommt. Nehmen die Akteure lediglich Gelder entgegen und veranlassen Transfers auch nur auf Anweisung, so mangelt es diesen ebenfalls an einer Entscheidungsmacht. Dies gilt selbst dann, wenn diese für bestimmte Großkunden eine generelle Erlaubnis besitzen,[450] denn auch hier basiert deren Entscheidungsspielraum auf einer vorgegebenen Weisung. Genauso ist die Auszahlung von Geldern einzuordnen, wenn auch hier die Auszahlung lediglich auf Anweisung erfolgt und diesen keine Entscheidungsmacht über den Prozess zukommt.

Möchte man bei der Bewertung die Gehälter der Akteure heranziehen so fällt hier ebenfalls auf, dass die Rechtsprechung aus einem bloßen Verdienst ein Tatinteresse zieht,[451] wobei dies wohl auch tendenziell für ein unterschiedliches Rangverhältnis innerhalb der Organisation spricht.[452] Dies ging im Fall des LG Köln[453] vom 23.05.2022 sogar so weit, dass die einzelnen Mitakteure einen Raubüberfall inszenierten, um den eigenen Verdienst aufzustocken, was zulasten des Groß-Hawaladars und dem Netzwerk ging. Dabei hatten die Angeklagten wohl in erster Linie das Interesse, ihre finanzielle Lage mit eigenen Mitteln zu verbessern, indem sie Gelder unterschlugen, nicht jedoch ein Interesse an den Zahlungsdiensten selbst.

LG Köln, abrufbar unter: https://www.justiz.nrw.de/nrwe/lgs/koeln/lg_koeln/j2022/109_KLs_5_21_Urteil_20220523.html, Rn. 92 f.

[450] LG Düsseldorf 23.11.2021 – 014 KLs 2/21, LG Düsseldorf, abrufbar unter: http://www.justiz.nrw.de/nrwe/lgs/duesseldorf/lg_duesseldorf/j2021/014_KLs_2_21_Urteil_20211123.html, Rn. 53, LG Düsseldorf, BeckRS 2021, 55636, Rn. 34.

[451] BGH 02.06.2021 – 3 StR 61/21, BGH, ZIP 2021, 1853 (1855); LG Köln 23.05.2022 – 109 KLs 5/21, LG Köln, abrufbar unter: https://www.justiz.nrw.de/nrwe/lgs/koeln/lg_koeln/j2022/109_KLs_5_21_Urteil_20220523.html, Rn. 632; LG Düsseldorf 23.11.2021 – 014 KLs 2/21, LG Düsseldorf, abrufbar unter: http://www.justiz.nrw.de/nrwe/lgs/duesseldorf/lg_duesseldorf/j2021/014_KLs_2_21_Urteil_20211123.html, Rn. 661, LG Düsseldorf, BeckRS 2021, 55636, Rn. 173 [„Wenngleich sie durch das Transfersystem keinen persönlichen Vermögensvorteil erlangt haben, diente die weisungsgemäße Abwicklung der Ein- und Auszahlungen der Erhaltung ihres Arbeitsplatzes, indem der Angeklagte L1 als faktischer Vorgesetzter zufriedengestellt wurde“].

[452] *Schünemann/Greco*, in: LK-StGB, § 25 Rn. 34 unter Verweis auf einschlägige Rechtsprechung.

[453] LG Köln 23.05.2022 – 109 KLs 5/21, LG Köln, abrufbar unter: https://www.justiz.nrw.de/nrwe/lgs/koeln/lg_koeln/j2022/109_KLs_5_21_Urteil_20220523.html, Rn. 126 ff. [„Im Laufe der Zeit wuchs die Unzufriedenheit des Angeklagten D damit, dass U T5 erheblich mehr mit den Hawala-Geschäften verdiente, als er dem ‚Logistikbereich‘ bezahlte, und er den Angeklagten immer mehr Aufträge erteilte, deren unverzügliche Erledigung er erwartete. Aufgrund dessen entwickelte der Angeklagte D die Idee, gegenüber U T5 den Raub von für dessen Hawala-Geschäfte bestimmter Bargeld-/Goldlieferungen vorzutäuschen, die Vermögenswerte an sich zu nehmen und zwischen ihm und den Angeklagten T und E aufzuteilen“], 185 ff., 203 ff., 217 ff.

Zumindest werden hieran aber gewisse hierarchische Abstufungen deutlich, denn dies gleicht einer „Rebellion“ innerhalb des Netzwerkes nach oben.

Somit mag man deren Stellung, mit der einer Arbeitnehmerposition vergleichen, wirkliche Entscheidungen für das Handlungsensemble geht von diesen jedoch nicht aus, sodass eine funktional-soziale Tatherrschaft dieser Akteure ausscheidet, auch nicht als Mittäter. Dabei zeigt das von Morozinis dargestellte Beispiel eines Drogenbarons auch eine davon abweichende Situation, die sich vice versa anwenden lässt. So sollen dabei der Drogenbaron, sein Hauptdealer für Deutschland und die Kleindealer, denen ein bestimmter örtlicher oder auf andere Weise bestimmter Zuständigkeitsbereich zusteht, erfasst werden können,[454] da diesen jeweils eigene Verantwortungsbereiche zukommen und diese damit eine Plan- beziehungsweise Lenkungstätigkeit einnehmen. Den geschilderten Akteuren beim Hawala-Banking kommt das weisungsgebundene Zuarbeiten zu, ohne Entscheidungsmacht über den eigentlichen Prozess selbst. Ein Spielraum, in welchem Rahmen man die Anweisungen vollzieht, lässt sich nicht als Entscheidungsmacht im Sinne einer funktional-sozialen Tatherrschaft einordnen. Die Verantwortung obliegt dem Weisungsgeber, der die Verantwortung für den Prozess trägt und damit nur ihm das tatbestandlich vertypte Unrecht zukommt. Ordnet man jeglichen Handlungsspielraum als Entscheidungsmacht ein und weicht sämtliche Hierarchieebenen auf, so müsste man jegliche Akteure im Betrieb als Täter deklarieren und man würde das tatbestandlich vertypte Unrecht ad absurdum führen. Denn klar ist, dass man in jedem Betrieb oder in jeder Organisation, jedem Mitarbeiter eine wichtige Rolle zusagen kann, um einen funktionierenden Betrieb zu gewährleisten; diese Rolle ist aber nicht immer auch von einer Entscheidungsmacht begleitet, was § 63 Abs. 1 Nr. 4 ZAG nun einmal als Organisationsdelikt jedoch voraussetzt.

b) Der Teilnehmerkreis des Hawala-Bankings nach § 63 Abs. 1 Nr. 4 ZAG

Damit bleibt abschließend denjenigen Akteuren, denen eine Entscheidungsmacht aberkannt wurde, die Stellung als Teilnehmer. Sohin soll auch hier zunächst darauf eingegangen werden, ob eine Teilnahme bei § 63 Abs. 1 Nr. 4 ZAG mit dessen Charakter als Organisationsdelikt Anwendung findet, bevor die Akteure als Teilnehmer eingeordnet werden können.

aa) Anwendbarkeit der §§ 26, 27 StGB auf Organisationsdelikte

Da kein Spanungsverhältnis zwischen § 25 StGB und den einzelnen Tatbeständen der Organisationsdelikten besteht und lediglich ein anderes Täterkriterium für die unmittelbare Täterschaft zugrunde gelegt wird, mag dies ebenfalls dafürsprechen, dass zwischen den Organisationsdelikten und den §§ 26, 27 StGB kein Spannungsverhältnis besteht. So führt der Täter zwar die Tathandlung nicht zwin-

[454] *Morozinis*, Dogmatik der Organisationsdelikte, S. 606.

gend über seine körperlichen Aktivitäten aus, indem er die Handlungsherrschaft über seinen Körper vermittelt, sondern vielmehr über eine Lenkungs- und Plantätigkeit, sodass er den verschiedenen im Tatbestand vorausgesetzten fremden Einzelhandlungen erst einen gemeinsamen Sinn gibt. Handelt es sich jedoch gerade nicht um Entscheidungsträger, denen eine Entscheidungsmacht zukommt und vollziehen diese fremde Einzelhandlungen im Konglomerat, so bleibt aber noch Raum für eine Teilnahme. Diese können in ihrer Funktion durch das Vollziehen der Einzelhandlungen dem Entscheidungsträger(n) zuarbeiten und damit beim Erbringen von Zahlungsdiensten Hilfe leisten. Damit lassen sich die Teilnahmeregeln ohne größere Probleme auch auf die Organisationsdelikte anwenden.[455]

bb) Eine Einordnung der Teilnehmer beim Hawala-Banking

Eine Einordnung der Teilnehmer beim Hawala-Banking soll hinsichtlich der übrigen Akteure des Netzwerkes erfolgen, die keine (mit-)täterschaftliche Stellung haben. Zudem stellt sich gerade bei den Zahlungsdienstekunden die Frage, inwiefern diese am Erbringen von Zahlungsdiensten nach § 63 Abs. 1 Nr. 4 ZAG teilnehmen können und ob eine sogenannte notwendige Teilnahme vorliegen könnte.

(1) Die Mitakteure des Hawala-Netzwerkes als strafbare Teilnehmer nach § 27 StGB

Blickt man auf die Einsammler, die Kuriere beim Clearingverfahren, die Buchhalter oder die Akteure die Gelder entgegennehmen oder auszahlen, sofern diesen keine Entscheidungsmacht über den Prozess zukommt, so können diese als Teilnehmer des § 63 Abs. 1 Nr. 4 ZAG in Betracht kommen. Im Grundsatz werden diese keinen Tatentschluss des Haupttäters oder der Haupttäter hervorrufen, sondern diesen vielmehr Hilfe leisten, sodass eine Beihilfe nach § 27 Abs. 1 StGB geboten erscheint. Hilfeleistung meint hierbei grundsätzlich jede Handlung, welche die Herbeiführung des Taterfolges durch den Haupttäter objektiv fördert oder erleichtert, ohne dass sie für den Erfolg in seiner konkreten Gestaltung selbst ursächlich sein muss.[456] Anders wird das Hilfeleisten auch als jede Handlung um-

---

[455] So *Morozinis*, Dogmatik der Organisationsdelikte, S. 606 f.; siehe auch *Schünemann/Greco*, in: LK-StGB, § 25 Rn. 210 [„Täter ist hier nur, wer die Gesamtorganisation leitet, während dessen Mitarbeiter auch dann nur Gehilfen sind, wenn sie einzelne unerlässliche Beiträge im Ausführungsstadium leisten"]; vgl. ferner auch dazu im Kontext des „Handeltreibens" im Sinne des § 29 BtMG, bei dem der Große Strafsenat klarstellt, dass es nicht ausreiche, eine Tathandlung nur anhand der weit gefassten Definition zu prüfen, sondern vielmehr soll bei untergeordneten Tätigkeiten zusätzlich die Abgrenzung zwischen Täterschaft und Teilnahme nach den allgemeinen Regeln vorgenommen werden, so nachzulesen in *Oğlakcıoğlu*, in: MüKo-StGB, § 29 BtMG Rn. 220.

[456] *Rengier*, Strafrecht Allgemeiner Teil, § 45 Rn. 82 unter Verweis auf BGH 01.08. 2000 – 5 StR 624/99, BGHSt 46, 107 (109); ferner zur Einordnung des Hilfeleistens nach der Rechtsprechung unter Verweis auf einschlägige Rechtsprechung, siehe *Jescheck/Weigend*,

schrieben, die die Haupttat ermöglicht, erleichtert, beschleunigt oder intensiviert.[457] Die Diskussion[458], um ein nötiges Kausalitätskriterium muss an dieser Stelle jedoch nicht entschieden werden, mögen sich die Ergebnisse weitgehend decken[459] und kommen auch hier zum selben Ergebnis. Denn all jene leisten einen ursächlichen Beitrag, der das Erbringen von Zahlungsdiensten ermöglicht, erleichtert, beschleunigt oder intensiviert. Dazu kann auf die bereits analysierten Beiträge der Einsammler, Kuriere, Buchhalter aus der Rechtsprechung verwiesen werden,[460] denen eine (Mit-)Täterschaft aberkannt wurde und die als Beispiele einer Gehilfenstellung dienen können.

(2) Die Zahlungsdienstekunden als strafbare Teilnehmer nach § 27 StGB

Interessant ist die Einordnung der Beiträge der Zahlungsdienstekunden, mithin des Einzahlers und des Empfängers. Aufgrund des Kundenschutzes, den § 63 Abs. 1 Nr. 4 ZAG gewährleisten soll, sollen die Individualinteressen der Einzahler und Empfänger, als potenziell Geschädigte gerade miterfasst werden.[461] Hierbei wird aufgeführt, dass dies einen Fall der notwendigen Teilnahme[462] darstellt,[463] der

Lehrbuch des Strafrechts AT, S. 693; der Rechtsprechung folgend *Wessels/Beulke/Satzger*, Strafrecht Allgemeiner Teil, § 16 Rn. 905.

[457] *Rengier*, Strafrecht Allgemeiner Teil, § 45 Rn. 82 unter Verweis auf *Jescheck/Weigend*, Lehrbuch des Strafrechts AT, S. 693; auch *Wessels/Beulke/Satzger*, Strafrecht Allgemeiner Teil, § 16 Rn. 904.

[458] Zur Diskussion siehe: *Jescheck/Weigend*, Lehrbuch des Strafrechts AT, S. 693 f.; *Rengier*, Strafrecht Allgemeiner Teil, § 45 Rn. 92 ff.; *Wessels/Beulke/Satzger*, Strafrecht Allgemeiner Teil, § 16 Rn. 905.

[459] *Jescheck/Weigend*, Lehrbuch des Strafrechts AT, S. 694; *Rengier*, Strafrecht Allgemeiner Teil, § 45 Rn. 92.

[460] Siehe dazu die einzelnen Beiträge der Gehilfen in Abgrenzung zu den erbringenden Tätern in Teil 4 A. I. 2. a) bb) (2) (b).

[461] OLG Düsseldorf 24.10.2022 – 1 Ws 131/22, OLG Düsseldorf, NZWiSt 2023, 69 (71); LG Essen 07.05.1991 – 12 O 126/90, LG Essen, NJW-RR 1992, 303 (304); *Schwennicke*, in: Schwennicke/Auerbach-KWG, § 54 KWG Rn. 15; siehe dazu auch *Schünemann/Greco*, in: LK-StGB, Vor. §§ 26, 27 Rn. 27 [„*Theorie des straflosen Schutzsubjekts*"].

[462] Zur Kritik am Begriff der notwendigen Teilnahme siehe *Joecks/Scheinfeld*, in: MüKo-StGB, Vor. § 26 Rn. 31; *Puppe*, in: NK-StGB, §§ 28, 29 Rn. 86.

[463] Als notwendige Teilnahme einordnend: *Altenhain*, in: Momsen/Grützner Wirtschafts- und Steuerstrafrecht, § 20 Rn. 10; *Schwennicke*, in: Schwennicke/Auerbach-KWG, § 54 KWG Rn. 15; als keine notwendige Teilnahme einordnend: *Alten*, in: FK-KAGB, § 339 Rn. 52, weil nicht jede Geschäftstätigkeit unter Beteiligung eines Kunden erfolgen müsse; differenzierend: OLG Düsseldorf 24.10.2022 – 1 Ws 131/22, OLG Düsseldorf, NZWiSt 2023, 69 (71) [„in der Regel"]; *Teralu*, in: Casper/Terlau-ZAG, § 63 Rn. 23 [„in der Regel"]; *Weiß*, in: Schäfer/Omlor/Mimberg-ZAG, § 63 Rn. 87 [„Weiter reicht die Straflosigkeit jedoch nicht"]; *Bittmann*, NZWiSt 2021, 133 (140) [„Anderes gilt, wenn neben dem Verstoß gegen das ZAG auch noch weitere Straftatbestände erfüllt werden"].

zur Straflosigkeit führen kann[464]. Entscheidend wird für diese Frage aber zunächst sein, inwiefern der § 63 Abs. 1 Nr. 4 ZAG einen Fall der sogenannten notwendige Teilnahme bildet und wie dies mit dem Schutzzweck des § 63 Abs. 1 Nr. 4 ZAG zusammenhängt, um abschließend sagen zu können, ob die Zahlungsdienstekunden potenzielle Teilnehmer des § 63 Abs. 1 Nr. 4 ZAG sind.

Im Grundsatz wird bei der sogenannten notwendigen Teilnahme zwischen sogenannten Konvergenzdelikten und Begegnungsdelikten differenziert.[465] Erstere setzen voraus, dass mehrere Personen durch gleichartige Tätigkeiten zu einer Rechtsgutsverletzung beitragen, sodass grundsätzlich eine Strafbarkeit aller Beteiligten ohne Weiteres zu bejahen ist.[466] Bei Letzteren agieren die verschiedenen Beteiligten aus gegensätzlichen Interessen und tragen mit unterschiedlichen Tätigkeitsakten zur Tatbestandsverwirklichung bei, wobei hier eine Strafbarkeit problematisch erscheint.[467] So wird man hier davon ausgehen können, dass die verschiedenen Beteiligten aus gegensätzlichen Interessen agieren und damit mit unterschiedlichen Tätigkeitsakten zur Tatbestandsverwirklichung beitragen. Die Kunden beschränken sich in erster Linie auf das Einzahlen der Gelder und die Zahlungsdienstleister wiederum auf die betriebliche Tätigkeit des Erbringens, mithin auf den Transfer der Gelder, obwohl diese keine Erlaubnis dafür haben. Andererseits ermöglicht der Kunde durch das Einzahlen der Gelder erst ein unerlaubtes Erbringen von Zahlungsdiensten, sodass gerade bei den kriminellen Kunden Strafbarkeitszweifel aufkommen, die aus dem Zusammentreffen einer gewissen Täter- und Opferrolle resultieren.[468] Entscheidend ist dabei die Auslegung des jeweiligen Tatbestandes,[469] sodass es darauf ankommt, wie § 63 Abs. 1 Nr. 4 ZAG ausgestaltet ist. Dies hängt unmittelbar mit dem Schutzzweck der Strafnorm und dem Strafgrund der Teilnahme zusammen, denn es kann sich gerade derjenige nicht strafbar machen, der durch den Straftatbestand geschützt werden soll, denn andernfalls greift

---

[464] *Joecks/Scheinfeld*, in: MüKo-StGB, Vor. § 26 Rn. 37 [„eine Frage der einzelnen Strafvorschrift des Besonderen Teils"]; vgl. auch BGH 30.07.1993 – 3 StR 347/92, BGH, NJW 1993, 3147 (3151); BGH 19.01.1993 – 1 StR 518/92, BGH, NJW 1993, 1278 (1279).

[465] *Joecks/Scheinfeld*, in: MüKo-StGB, Vor. § 26 Rn. 31; *Kudlich*, in: BeckOK-StGB, § 26 Rn. 8; kritisch *Sowada*, Die „notwendige Teilnahme" als funktionales Privilegierungsmodell im Strafrecht, S. 15 ff.; eine tiefergehende Auseinandersetzung mit der notwendigen Teilnahme, kann im Hinblick auf das Untersuchungsziel nicht gewährleistet werden.

[466] *Joecks/Scheinfeld*, in: MüKo-StGB, Vor. § 26 Rn. 32; *Kudlich*, in: BeckOK-StGB, § 26 Rn. 8 f.; *Sowada*, Die „notwendige Teilnahme" als funktionales Privilegierungsmodell im Strafrecht, S. 15 f.

[467] *Joecks/Scheinfeld*, in: MüKo-StGB, Vor. § 26 Rn. 33; *Kudlich*, in: BeckOK-StGB, § 26 Rn. 8 f.; *Sowada*, Die „notwendige Teilnahme" als funktionales Privilegierungsmodell im Strafrecht, S. 16.

[468] *Sowada*, Die „notwendige Teilnahme" als funktionales Privilegierungsmodell im Strafrecht, S. 22.

[469] *Joecks/Scheinfeld*, in: MüKo-StGB, Vor. § 26 Rn. 37.

dieser sein eigenes Rechtsgut an.[470] Damit verhält sich derjenige nicht strafrechtlich missbilligend, wenn er einen Angriff auf sein eigenes Rechtsgut veranlasst oder unterstützt.[471] Auch wird man eine Straflosigkeit annehmen können, wenn der Beteiligte das zur Erfüllung des Tatbestandes erforderliche Mindestmaß nicht überschreitet.[472] Damit sollen hier zwei Grundsätze Anwendung finden, die besagen, dass erstens die vom Tatbestand geschützte Person stets straflos ist und zweitens der Beteiligte jedenfalls straflos ist, wenn sein Verhalten das Maß der zur Tatbestandsverwirklichung erforderlichen Mitwirkung nicht überschreitet:[473]

So wurde bereits aufgezeigt, dass der Schutz der Zahlungsdienstekunden gestärkt werden soll und diese nun einen wichtigen Stellenwert im ZAG erhalten haben. Doch mit Blick auf die historische Ausgestaltung des ZAG mag auch noch eine Verhinderung von Straftaten wie die Geldwäsche nicht fernliegen. Ausgehend davon scheinen diese Schutzrichtungen diametral zueinander zu stehen, sofern es sich um einen kriminellen Kundenstamm handelt. Gerade Kriminelle nutzen die Vorteile des Hawala-Bankings und wenden sich bewusst Hawala-Netzwerken zu[474]. Die Netzwerke wiederum profitieren gerade davon[475], denn sie können einen festen Kundenstamm bedienen und aufgrund der risikoreicheren Transfers auch höhere Provisionen verlangen. Diese regelrechte Symbiose der kriminellen Anbieter mit kriminellen Kunden scheint auf den ersten Blick dem Schutzzweck des § 63 Abs. 1 Nr. 4 ZAG zu widersprechen, sofern man eben einen unterschiedlichen Kundenstamm im Blick hat. Dies kommt auf den jeweiligen Blickwinkel an, denn legt man dem Kundenschutz den zentralen Stellenwert zu, so mag parallel zum ersten Grundsatz eine notwenige Teilnahme bejaht werden können, was jedoch zu einer Straflosigkeit führt. Möchte man aber weiterhin den Fokus auf die Bekämpfung der Geldwäsche und des Schattenfinanzwesens legen, so wird man dem Kundenschutz in den einschlägigen Fällen keinen maßgeblichen Stellenwert zugestehen können, ergo sind die Kunden nicht pauschal straflos. Hier wirken die Beteiligten von verschiedenen Seiten her aufeinander und auf das Rechtsgut ein.[476] Dies ist Ausfluss der uneinheitlichen Schutzrichtung[477] des § 63 Abs. 1 Nr. 4 ZAG und dessen Ausgestaltung als Generalist im Zahlungsdiensteaufsichtsrecht. Dahingehend scheint

---

[470] *Joecks/Scheinfeld*, in: MüKo-StGB, Vor. § 26 Rn. 33; *Kudlich*, in: BeckOK-StGB, § 26 Rn. 9; *Puppe*, in: NK-StGB, §§ 28, 29 Rn. 86; *Sowada*, Die „notwendige Teilnahme" als funktionales Privilegierungsmodell im Strafrecht, S. 270.

[471] *Joecks/Scheinfeld*, in: MüKo-StGB, Vor. § 26 Rn. 33.

[472] *Joecks/Scheinfeld*, in: MüKo-StGB, Vor. § 26 Rn. 34.

[473] *Joecks/Scheinfeld*, in: MüKo-StGB, Vor. § 26 Rn. 33 ff.; *Sowada*, Die „notwendige Teilnahme" als funktionales Privilegierungsmodell im Strafrecht, S. 19, der die Grundsätze als einhellig anerkannt deklariert.

[474] Siehe dazu bereits Teil 2 A. II. 2. b) bb) (1).

[475] Siehe dazu bereits Teil 2 A. II. 2. b) cc).

[476] So die Beschreibung von Begegnungsdelikten von *Joecks/Scheinfeld*, in: MüKo-StGB, Vor. § 26 Rn. 33 unter Verweis auf weiterführende Literatur.

[477] *Nestler/Schiffner*, NStZ 2022, 35 (39).

der erste Grundsatz nicht wirklich zielführend, führt dies vielmehr zu einer rein normativen Einzelfallbetrachtung, bei der individuell betrachtet werden muss, ob der jeweilige Kunde eines Schutzes bedarf, beziehungsweise ob dieser eines Schutzes würdig ist. Denn so lässt sich auch argumentieren, dass das ZAG nicht zwischen kriminellen und gesetzestreuen Kunden differenziert, somit der Kundenschutz trotz der Bekämpfung des Schattenfinanzwesens nicht einfach aufgeweicht werden kann und auch der kriminelle Kunde ebenfalls einen Kundenschutz verdient. Andernfalls mag dies dem Vorwurf einer rein kriminalpolitischen Intention ausgesetzt sein. Jedoch kann man aus dem regelrechten Rechtsgutbündel des § 63 Abs. 1 Nr. 4 ZAG auch keinen alleinigen Kundenschutz erkennen, sodass mit der gezeichneten Einzelfallbetrachtung, der zweite Grundsatz zum Zuge kommt. Denn daran gemessen, ist der notwendig Beteiligte jedenfalls dann straflos, wenn sein Mitwirken, das zur Erfüllung des Tatbestandes erforderliche Mindestmaß nicht überschreitet.[478] Besinnt sich also dessen Beitrag allein auf den eines „ordentlichen“ Kunden, mithin eines Einzahlers oder Empfängers,[479] wird man hier trotz des kriminellen Hintergedankens kein Überschreiten des Mindestmaßes erkennen können. Anders ist dies nur, wenn sich der Teilnehmer nicht auf die ihn zugedachte Rolle beschränkt.[480] Ein Überschreiten wird man annehmen können, sofern der Kunde es dem Täter gleichtut, indem die Verschleierungsbemühungen der erbringenden Hawaladare unterstützt werden.[481] Dies mag sein, wenn beispielsweise die kriminellen Kunden eine Art Kooperation mit den Dienstleistern eingehen, sodass die Verschleierung[482] der Hawaladare eine Unterstützung durch die Kunden widerfährt oder diese kooperativ Geldwäsche[483] und Terrorismusfinanzierung betreiben. Dann ist eine Teilnahme der Zahlungsdienstekunden möglich.

3. Zwischenergebnis

Zusammenfassend lässt sich also der Täterkreis des § 63 Abs. 1 Nr. 4 ZAG nicht auf einen bestimmten Status beschränken, sodass sich dieser gerade nicht aus einer bestimmten Pflichtenposition ergibt, die den Beteiligten aus der Gruppe anderer möglicher Täter heraushebt und dadurch stärker für die Unversehrtheit des in dem Tatbestand geschützten Rechtsgut strafrechtlich zur Verantwortung gezogen werden kann. Vielmehr wird durch die Tathandlung des Erbringens eine Täterschaft nach sozialen oder normativen Verantwortungsbereichen beschrieben, die durch den tatsächlichen Einfluss auf die Tätigkeit festgemacht wird. Tatherrschaft über

---

[478] *Joecks/Scheinfeld*, in: MüKo-StGB, Vor. § 26 Rn. 34.

[479] Vgl. auch *Weiß*, in: Schäfer/Omlor/Mimberg-ZAG, § 63 Rn. 87.

[480] *Weiß*, in: Schäfer/Omlor/Mimberg-ZAG, § 63 Rn. 87.

[481] *Weiß*, in: Schäfer/Omlor/Mimberg-ZAG, § 63 Rn. 87.

[482] *Weiß*, in: Schäfer/Omlor/Mimberg-ZAG, § 63 Rn. 87 [„Verschleierungsbemühungen“].

[483] So *Bittmann*, NZWiSt 2021, 133 (140) [„Geldwäsche seitens der Kunden (ggf. Im Zusammenwirken mit den Hawaladaren)“].

die pauschalierende Handlungsbeschreibung des Erbringens hat inne, wer eine Verbindungsfunktion ausübt und damit eine zentrale Rolle des Betriebsprozesses einnimmt. So mag beispielsweise bei einer Einzeltransaktion dem Hawaladar 1 und dem Hawaladar 2 eine Lenkungs- und Plantätigkeit zuteilwerden, da – je nach Ausgestaltung – jeder der beiden die funktional-soziale Tatherrschaft über den Prozess ausübt, mithin jeder für sich Zahlungsdienste erbringt. Dies kann den beiden nach § 25 Abs. 2 StGB auch wechselseitig zugerechnet werden, sofern den beiden Hawaladaren, die zentrale Verwaltung und die Organisation ihres Transfersystems ebenbürtig obliegt.[484] Handelt es sich um ein ganzes Konglomerat, mithin um ein Hawala-Netzwerk oder eine Hawala-Gruppierung, so kommt eine funktional-soziale Tatherrschaft bei denjenigen in Betracht, die das Geschehen insgesamt beherrschen. Demnach kommt es aber nicht allein darauf an, dass jegliche Führungsrolle automatisch zur Täterschaft führt. Vielmehr kommt es darauf an, ob der jeweilige Akteur aufgrund seiner Stellung dem Ensemble eine Verbindungsfunktion gibt, indem er über den Erbringensprozess eine Entscheidungsmacht ausübt und erst dadurch dem Ensemble einen Sinn gibt. Nur dann erbringen diese unmittelbar oder in Mittäterschaft nach § 25 Abs. 2 StGB Zahlungsdienste. Wiederum den Einsammlern, den Kurieren beim Clearingverfahren, den Buchhaltern oder den Akteuren die Gelder entgegennehmen oder auszahlen, können als Teilnehmer des § 63 Abs. 1 Nr. 4 ZAG in Betracht kommen. Dies aber nur, sofern ihnen gerade keine Entscheidungsmacht über den Prozess zukommt, diese weisungsgebunden agieren und sie vielmehr nur zuarbeiten. Somit mangelt es diesen an einer funktional-sozialen Tatherrschaft, womit nur noch Platz für eine Beihilfe bleibt. Besonderes Augenmerk verdienen beim Hawala-Banking aber auch die Zahlungsdienstekunden, denn diese werden in der Regel die Position eines notwendigen Teilnehmers einnehmen. Im Normalfall wird damit eine Straflosigkeit einhergehen. Doch gerade bei kriminellen Kunden mag sich deren Beitrag nicht mehr auf die vom ZAG zugedachte Rolle beschränken, sodass auch bei diesen eine Teilnehmerstrafbarkeit in Betracht kommen kann. Dies aber nur, sofern die Beteiligten mit ihrer Mitwirkung das von der Verwirklichung des Tatbestandes erforderliche Mindestmaß überschreiten. Allein dann können diese als Teilnehmer des § 63 Abs. 1 Nr. 4 ZAG auftreten.

II. Die subjektiven Voraussetzungen des § 63 Abs. 1 Nr. 4 ZAG

In den einschlägigen Fällen wird den Akteuren grundsätzlich Vorsatz nachgesagt, wenn dies meist auch kurzgehalten wird.[485] Diskutiert werden soll im Fol-

---

[484] So *Morozinis*, Dogmatik der Organisationsdelikte, S. 606 im Kontext des § 29 BtMG und § 327 StGB.

[485] BGH 28.06.2022 – 3 StR 403/20, BGH, BeckRS 2022, 20799, Rn. 22 [„Die Angeklagten erbrachten zudem vorsätzlich im Inland Zahlungsdienste"]; BGH 02.06.2021 – 3 StR 61/21, BGH, ZIP 2021, 1853 (1855) [„Der Angeklagte erbrachte des Weiteren vorsätzlich

genden, welche Anforderungen die subjektive Seite des § 63 Abs. 1 Nr. 4 ZAG stellt und ob die Akteure des Hawala-Bankings auch diese Anforderungen regelmäßig erfüllen. Zudem muss reflektiert werden, welche Irrtümer in Betracht kommen und ob sich diese auf den Vorsatz auswirken.

1. Die Subjektiven Anforderungen des § 63 Abs. 1 Nr. 4 ZAG beim Hawala-Banking

§ 63 Abs. 1 Nr. 4 ZAG setzt zumindest bedingten Vorsatz voraus, der sich auf sämtliche objektiven Tatbestandsmerkmale beziehen muss, § 15 StGB in Verbindung mit Art. 1 Abs. 1 EGStGB.[486] Dabei reicht es aus, wenn der Täter die dem Gesetz entsprechende Wertung nachvollzieht und den sozialen Sinngehalt beziehungsweise den rechtlichen Bedeutungsgehalt zutreffend erfasst (sogenannte Parallelwertung in der Laiensphäre).[487] So soll der Vorsatz in der Regel zu bejahen sein, denn es ist allgemein geläufig, dass der kaufmännische oder gewerbsmäßige Umgang mit fremden Vermögen Einschränkungen unterliegt, insbesondere wenn Vermögensverschiebungen von Dritten in das Ausland erfolgen.[488] Das Wissen um die Gesetzwidrigkeit wird man in der Regel bereits daraus ableiten können, sofern durch das Hawala-Banking eine terroristische Vereinigung unterstützt (§ 89c StGB), Geldwäsche betrieben wird (§ 261 StGB) oder etwaige Embargos umgangen werden (§ 18 Abs. 1 Nr. 1 AWG).[489] Somit müssen die Täter im Sinne einer Parallelwertung in der Laiensphäre erkennen, dass es sich um eine betriebliche Tätigkeit handelt und sämtliche Tatsachen erkennen, aus denen sich die Erlaubnispflicht ergibt[490].

Zahlungsdienstleistungen"]; LG Köln 23.05.2022 – 109 KLs 5/21, LG Köln, abrufbar unter: https://www.justiz.nrw.de/nrwe/lgs/koeln/lg_koeln/j2022/109_KLs_5_21_Urteil_20220523.html, Rn. 633; LG Düsseldorf 23.11.2021 – 014 KLs 2/21, LG Düsseldorf, abrufbar unter: http://www.justiz.nrw.de/nrwe/lgs/duesseldorf/lg_duesseldorf/j2021/014_KLs_2_21_Urteil_20211123.html, Rn. 104, 632, LG Düsseldorf, BeckRS 2021, 55636, Rn. 67, 147 [„Die Angeklagten handelten auch vorsätzlich"]; LG Mannheim 17.11.2020 – 22 KLs 540 Js 6574/20, LG Mannheim, BeckRS 2020, 50512, Rn. 151 f.

486 *Weiß*, in: Schäfer/Omlor/Mimberg-ZAG, § 63 Rn. 68; ebenfalls *Terlau*, in: Casper/Terlau-ZAG, § 63 Rn. 22; zu § 31 Abs. 1 Nr. 2 ZAG a.F. *Löffler*, Die Straftatbestände des Zahlungsdiensteaufsichtsgesetzes, S. 193.

487 *Weiß*, in: Schäfer/Omlor/Mimberg-ZAG, § 63 Rn. 69 unter vergleichenden Verweis zu § 54 Abs. 1 Nr. 2 KWG BGH 18.07.2018 – 2 StR 416/16, BGH, NJW 2018, 3467 (3468); BGH 16.05.2017 – VI ZR 266/16, BGH, NJW 2017, 2463 (2464); BGH 15.05.2012 – VI ZR 166/11, BGH, NJW 2012, 3177 (3179); zu § 140 Abs. 1 Nr. 1 VAG a.F. BGH 04.09.2019 – 1 StR 579/18, BGH, BeckRS 2019, 46436, Rn. 14.

488 *Weiß*, in: Schäfer/Omlor/Mimberg-ZAG, § 63 Rn. 69.

489 *Weiß*, in: Schäfer/Omlor/Mimberg-ZAG, § 63 Rn. 69.

490 *Terlau*, in: Casper/Terlau-ZAG, § 63 Rn. 22.

Beispielsweise führt dazu etwas ausführlicher das LG Mannheim[491] im Fall vom 17. 11. 2020 aus, dass „[d]er Angeklagte […] um sämtliche Umstände [wusste], die zur Genehmigungspflicht seiner Tätigkeit nach dem ZAG führten, außerdem war ihm klar, dass die erforderliche Genehmigung angesichts gezielter Umgehung jeglicher staatlicher Finanzaufsicht auf keiner Ebene vorlag. Es war ihm zudem klar, dass in dieser Form betriebenes Hawala-Banking strafbar war, ebenso, dass das Netzwerk mit diesem ‚Geschäftsmodell' insgesamt eine strafbare Zwecksetzung verfolgte." Das LG Köln[492] schreibt im Fall vom 23. 05. 2022 dazu ebenfalls etwas umfangreicher, dass „[e]s […] genügt zur Erfüllung des subjektiven Tatbestands, dass die Angeklagten im Rahmen einer Parallelwertung in der Laiensphäre auch ohne Subsumtion normativer Rechtsbegriffe die strafbarkeitsbegründenden Aspekte ihres Handelns erfasst haben. Dies war hinsichtlich aller Angeklagten der Fall. Ihnen war bewusst, dass es sich bei den durchgeführten Geldtransfers um Zahlungsdienste handelte und dass diese erlaubnispflichtig waren[[493]] und sie keine Erlaubnis besaßen." In erster Linie wird der Vorsatz in den einschlägigen Fällen anhand der Aussagen der Akteure festgemacht, denn Kenntnisse über den Ablauf und den Umfang der Systeme sind bei den Tätern normalerweise vorhanden.[494] Auf-

---

[491] LG Mannheim 17. 11. 2020 – 22 KLs 540 Js 6574/20, LG Mannheim, BeckRS 2020, 50512, Rn. 151.

[492] LG Köln 23. 05. 2022 – 109 KLs 5/21, LG Köln, abrufbar unter: https://www.justiz.nrw.de/nrwe/lgs/koeln/lg_koeln/j2022/109_KLs_5_21_Urteil_20220523.html, Rn. 633.

[493] Womit sich das LG Köln wohl dafür entscheidet, dass sich der Vorsatz auch auf die Erlaubnispflichtigkeit beziehen muss, wogegen sich jedoch die vorliegende Arbeit ausspricht. Trotzdem lehnt das LG Köln im gleichen Zuge ebenfalls einen Verbotsirrtum nach § 17 StGB ab, was keine trennscharfe Linie einer Irrtumsdogmatik erkennen lässt. Siehe zur Einordnung von Irrtümern über das Erlaubt-Sein aber sogleich in Teil 4 A. II. 2. a).

[494] Siehe dazu umfangreich LG Köln 23. 05. 2022 – 109 KLs 5/21, LG Köln, abrufbar unter: https://www.justiz.nrw.de/nrwe/lgs/koeln/lg_koeln/j2022/109_KLs_5_21_Urteil_20220523.html, Rn. 180 [„Jedenfalls im Tatzeitraum habe er alle wesentlichen Umstände des betriebenen Finanztransfersystems erfasst und verstanden und er sei sich auch bewusst gewesen, dass dieses illegal war und dass die angenommenen Vermögenswerte tatsächlich teilweise aus erheblichen Straftaten stammten."], Rn. 231 [„Die Feststellungen zur Funktionsweise des Finanztransfersystems beruhen zudem auf den Erkenntnissen aus der richterlich angeordneten Telekommunikationsüberwachung bei den Angeklagten. Insbesondere die Gespräche der von Anfang an überwachten Angeklagten D und T mit den weiteren Angeklagten und andern Beteiligten bestätigten die Abläufe bei der Durchführung der Finanztransfergeschäfte und stehen in Einklang mit ihren Einlassungen in der Hauptverhandlung"], Rn. 484 [„Die Feststellungen zum subjektiven Tatbestand betreffend den Angeklagten D, also dem Wissen und Wollen von dem Ablauf des illegalen Finanztransfersystems unter Einbindung in die Organisation, aber auch zur Herkunft der angenommenen Gelder aus teils erheblichen Straftaten beruhen in erster Linie auf dem umfassenden glaubhaften Geständnis des Angeklagten D in der Hauptverhandlung"], Rn. 490 [„Schließlich war ihr entsprechend ihrer Einlassung die Erlaubnispflicht der getätigten Finanztransfergeschäfte sowie deren Einordnung als Zahlungsdienste – jedenfalls im Sinne einer Parallelwertung in der Laiensphäre – ebenso bewusst wie der Umstand, dass keiner der Beteiligten eine solche Erlaubnis besaß."], Rn. 491 [„Die Feststellungen zum subjektiven Tatbestand betreffend die Angeklagte Q, also dem Wissen und Wollen von dem Ablauf des illegalen Finanztransfersystems unter Einbindung in die Orga-

grund einer Gesamtschau von objektiven und subjektiven Tatumständen, mögen auch Umfang und Durchführung zur Bestimmung des Vorsatzes herangezogen werden können.[495] Demnach wird man beim Hawala-Banking mit Blick auf die erheblichen Transfervolumen, der umfangreichen Infrastruktur, der durchgängigen Transfers in das Ausland, den Tätern zumindest bedingten Vorsatz anlasten können; dies unter Berücksichtigung des Einzelfalls.[496] So zeigen diese Fälle auch, dass die Akteure alle wesentlichen Umstände des betriebenen Finanztransfersystems erfassen und verstehen, mithin diese mit den Regelungssystemen der Zahlungsdienste

nisation, beruhen auf einer Gesamtschau einer Vielzahl von Beweismitteln, die insgesamt den sicheren Schluss trägt, dass die Angeklagte Q über den gesamten ihr zur Last gelegten Tatzeitraum hinweg alle wesentlichen Elemente des Geschäftsmodells, einschließlich einer zumindest in der Laiensphäre nachvollzogenen fehlenden notwendigen Erlaubnis, gekannt und aus eigenem finanziellen Interesse zumindest billigend in Kauf genommen hat."], Rn. 521 [„dass er über den gesamten ihm zur Last gelegten Tatzeitraum hinweg alle wesentlichen Elemente des Geschäftsmodells, einschließlich einer zumindest in der Laiensphäre nachvollzogenen fehlenden notwendigen Erlaubnis, gekannt und aus eigenem finanziellen Interesse zumindest billigend in Kauf genommen hat."], Rn. 534 [„Schließlich stützen auch der Umfang und die Durchführung des dem Angeklagten E obliegenden Aufgaben die Annahme eines entsprechenden Unrechtsbewusstseins über den gesamten Tatzeitraum hinweg."]; LG Düsseldorf 23. 11. 2021 – 014 KLs 2/21, LG Düsseldorf, abrufbar unter: http://www.justiz.nrw.de/nrwe/lgs/duesseldorf/lg_duesseldorf/j2021/014_KLs_2_21_Urteil_20211123.html, Rn. 634, LG Düsseldorf, BeckRS 2021, 55636, Rn. 149 [„Den Angeklagten war somit – jedenfalls im Sinne einer Parallelwertung in der Laiensphäre – bewusst, dass die Durchführung der Geldwertüberweisungen als Bankgeschäft erlaubnisbedürftig ist und dass vorliegend eingeholt wurde. Dieses Bewusstsein folgt auch aus der gezielten Verschleierung durch die Verwendung von Dezimalzahlen, der Einheit ‚Gramm' statt ‚Euro' und der Bezeichnung des Bargeldes als ‚Anvertrautes' in den Textnachrichten der Angeklagten"].

[495] Vgl. zur Abgrenzung dolus eventualis und bewusster Fahrlässigkeit mit dem Rückgriff auf objektive Tatumstände BGH 18. 06. 2020 – 4 StR 482/19, BGH, NJW 2020, 2900 (2903) [„Die Prüfung, ob Vorsatz oder (bewusste) Fahrlässigkeit vorliegt, erfordert eine Gesamtschau aller objektiven und subjektiven Tatumstände […]. Dabei ist die objektive Gefährlichkeit der Tathandlung zwar ein wesentlicher Indikator sowohl für das Wissens- als auch für das Willenselement des bedingten Vorsatzes. Die Gefährlichkeit der Tathandlung und der Grad der Wahrscheinlichkeit eines Erfolgseintritts sind aber keine allein maßgeblichen Kriterien für die Entscheidung, ob ein Angeklagter mit bedingtem Vorsatz gehandelt hat; vielmehr kommt es auch bei in hohem Maße gefährlichen Handlungen auf die Umstände des Einzelfalls an. Bei der gebotenen Gesamtschau hat das Tatgericht die im Einzelfall in Betracht kommenden, einen Vorsatz infrage stellenden Umstände in seine Erwägungen einzubeziehen"]; dies als rechtsfehlerfrei betrachtend BVerfG 07. 12. 2022 – 2 BvR 1404/20, BVerfG, NZV 2023, 118 (124).

[496] Dazu beispielhaft LG Köln 23. 05. 2022 – 109 KLs 5/21, LG Köln, abrufbar unter: https://www.justiz.nrw.de/nrwe/lgs/koeln/lg_koeln/j2022/109_KLs_5_21_Urteil_20220523.html, Rn. 534 [„Schließlich stützen auch der Umfang und die Durchführung des dem Angeklagten E obliegenden Aufgaben die Annahme eines entsprechenden Unrechtsbewusstseins über den gesamten Tatzeitraum hinweg."]; LG Düsseldorf 23. 11. 2021 – 014 KLs 2/21, LG Düsseldorf, abrufbar unter: http://www.justiz.nrw.de/nrwe/lgs/duesseldorf/lg_duesseldorf/j2021/014_KLs_2_21_Urteil_20211123.html, Rn. 634, LG Düsseldorf, BeckRS 2021, 55636, Rn. 149 [„Dieses Bewusstsein folgt auch aus der gezielten Verschleierung durch die Verwendung von Dezimalzahlen, der Einheit ‚Gramm' statt ‚Euro' und der Bezeichnung des Bargeldes als ‚Anvertrautes' in den Textnachrichten der Angeklagten"].

vertraut sind und bewusst dagegen verstoßen.[497] Ob aber derjenige nicht mehr vorsätzlich handelt, weil er infolge kultureller Anschauungen des relevanten Kulturkreises nicht mehr in der Lage ist eine Wertung vorzunehmen,[498] wird man bei der Bestimmung des Vorsatzes außen vorlassen müssen. Denn den relevanten Maßstab bilden die Vorstellungen der Rechtsgemeinschaft in der Bundesrepublik Deutschland.[499] Von Relevanz mögen kulturelle Wertvorstellungen, die auch beim Hawala-Banking vorherrschen können, jedoch für das Unrechtsbewusstsein sein, auf das noch einzugehen ist.

2. Die Irrtümer im Bereich des Hawala-Bankings unter § 63 Abs. 1 Nr. 4 ZAG

Das LG Düsseldorf[500] untermauert in einem Hawala-Fall die Prüfung des Vorsatzes gerade damit, dass „Geldwertüberweisungen nach dem von ihnen genutzten System im türkischen Kulturkreis üblich sind." „Den Angeklagten war somit – jedenfalls im Sinne einer Parallelwertung in der Laiensphäre – bewusst, dass die Durchführung der Geldwertüberweisungen als Bankengeschäft *erlaubnisbedürftig*[501] ist und dass vorliegend keine Erlaubnis eingeholt wurde." Hierbei stellt sich jedoch die Frage, ob dies nicht vielmehr zu einer Entlastung des Täterkreises führt, wenn dieser gerade von einer Üblichkeit des genutzten Systems ausgeht. Denn das historisch und kulturell geprägte Hawala-Banking ist nicht selten im Kulturkreis der

[497] LG Köln 23.05.2022 – 109 KLs 5/21, LG Köln, abrufbar unter: https://www.justiz.nrw.de/nrwe/lgs/koeln/lg_koeln/j2022/109_KLs_5_21_Urteil_20220523.html, Rn. 180 [„Jedenfalls im Tatzeitraum habe er alle wesentlichen Umstände des betriebenen Finanztransfersystems erfasst und verstanden und er sei sich auch bewusst gewesen, dass dieses illegal war und dass die angenommenen Vermögenswerte tatsächlich teilweise aus erheblichen Straftaten stammten."].

[498] *Valerius*, JZ 2008, 912 (915) im Kontext des sogenannten Ehrenmord und unter Verweis auf einschlägige Rechtsprechung.

[499] Vgl. BGH 07.10.1994 – 2 StR 319/94, BGH, NJW 1995, 602 (602 f.) zur Frage, ob abweichende kulturelle Wertvorstellungen als niedrige Beweggründe Betrachtung finden können, im Kontext der sogenannten „Blutrache"; anders noch zuvor BGH 27.11.1979 – 5 StR 711/79, BGH, NJW 1980, 537 (537); siehe aber ferner der BGH 27.02.2017 – (535 Ks) 251 Js 52/16 (8/16), BGH, NStZ 2017, 471 (473) im sogenannten Berliner „Raser-Fall", der bei der Abgrenzung von Vorsatz und bewusster Fahrlässigkeit darauf abstellt, dass „es vor allem bei der Würdigung des voluntativen Vorsatzelements regelmäßig erforderlich ist, dass sich der Tatrichter mit der *Persönlichkeit des Täters* auseinandersetzt und seine psychische Verfassung bei der Tatbegehung sowie sein Motivation […] mit in Betracht zieht". Ob von der Persönlichkeit des Täters kulturelle Wertvorstellungen umfasst sind, bleibt dabei natürlich offen und soll auch nicht weiter zum Gegenstand der Arbeit gemacht werden, bietet jedoch ebenfalls Raum für eine Abhandlung.

[500] LG Düsseldorf 23.11.2021 – 014 KLs 2/21, LG Düsseldorf, abrufbar unter: http://www.justiz.nrw.de/nrwe/lgs/duesseldorf/lg_duesseldorf/j2021/014_KLs_2_21_Urteil_20211123.html, Rn. 634, LG Düsseldorf, BeckRS 2021, 55636, Rn. 149.

[501] Hervorhebung durch den Verfasser.

Akteure üblich, was dessen historischer Werdegang[502] und dessen hiesiges Vorliegen[503] belegen. Zudem legen die Ausführungen des LG Düsseldorf nahe, dass sich bei §§ 63 Abs. 1 Nr. 4, 10 Abs. 1 S. 1 ZAG der Vorsatz auf die Erlaubnispflichtigkeit beziehen muss, mithin ein potenzieller Irrtum über das Erlaubt-Sein nach § 16 Abs. 1 S. 1 StGB zu behandeln ist. Dabei kristallisieren sich zwei entscheidende Fragen heraus, die für das Hawala-Banking relevant sind. Zum einen stellt sich die Frage, wie der Irrtum über das Erlaubt-Sein bei §§ 63 Abs. 1 Nr. 4, 10 Abs. 1 S. 1 ZAG zu behandeln ist. Zum anderen ist fraglich, inwiefern kulturelle Hintergründe in die Irrtumsbewertung einfließen dürfen, bildet das Hawala-Banking schließlich ein historisch und kulturell gewachsenes Transfersystem.

a) Die Auswirkung des Irrtums über das Erlaubt-Sein bei § 63 Abs. 1 Nr. 4 ZAG im Vorsatz oder im Unrechtsbewusstsein

Zu berücksichtigen gilt zunächst, wie es sich auf die Strafbarkeit des Täters auswirkt, wenn dieser der Überzeugung ist, dass das Erbringen von Zahlungsdiensten keiner Erlaubnis bedarf, mithin er seine Geschäfte für rechtlich zulässig betrachtet. Entscheidend ist die Frage, wie sich ein Irrtum über das Erlaubt-Sein bei § 63 Abs. 1 Nr. 4 ZAG auswirkt. Blickt man auf die Rechtsprechung in Hawala-Verfahren, so werden sowohl ein Irrtum nach § 16 Abs. 1 S. 1 StGB aber auch nach § 17 StGB thematisiert, wenn auch diese im Ergebnis nicht durchgriffen.[504] Eine trennscharfe Linie lässt sich dabei jedoch nicht erkennen, ob die Rechtsprechung ein Irren über das Erlaubt-Sein dem Vorsatz oder dem Unrechtsbewusstsein zuordnet. Hierbei muss die Überlegung getätigt werden, ob dieser Irrtum nach den Maßstäben des § 16 StGB oder des § 17 StGB beurteilt wird, mithin ob bei solch einem Irrtum überhaupt der Vorsatz betroffen ist, denn der Gesetzgeber gibt keine abschließende Definition dafür vor[505]. So dreht sich die Frage, um den Irrtum über das Erlaubt-Sein, in erster Linie darum welchen Charakter man dem „akzessorischen Merkmal" „ohne Erlaubnis nach § 10 Absatz 1 Satz 1" der Strafnorm zuordnet. Eine Einordnung soll zunächst, wie bei Genehmigungsvorbehalten üblich, anhand des Verbotscharakters erfolgen und sodann unter einem anderen Blickwinkel anhand dessen Blankettcharakter.

---

[502] Siehe zum historischen und kulturellen Kontext Teil 2 A. I.

[503] Siehe zu Hawala in seiner neuzeitlichen Prägung Teil 2 A. II.

[504] LG Köln 23.05.2022 – 109 KLs 5/21, LG Köln, abrufbar unter: https://www.justiz.nrw.de/nrwe/lgs/koeln/lg_koeln/j2022/109_KLs_5_21_Urteil_20220523.html, Rn. 633; LG Düsseldorf 23.11.2021 – 014 KLs 2/21, LG Düsseldorf, abrufbar unter: http://www.justiz.nrw.de/nrwe/lgs/duesseldorf/lg_duesseldorf/j2021/014_KLs_2_21_Urteil_20211123.html, Rn. 638, 683, LG Düsseldorf, BeckRS 2021, 55636, Rn. 152, 190; LG Mannheim 17.11.2020 – 22 KLs 540 Js 6574/20, LG Mannheim, BeckRS 2020, 50512, Rn. 152.

[505] *Gómez*, GA 2010, 259 (260); siehe dazu weiterführend zur Diskussion, um die Vorsatz- sowie Schuldtheorie in *Röttger*, Der Irrtum im Außenwirtschaftsstrafrecht, S. 150 ff. oder im Allgemeinen zur Schuldtheorie *Wolf*, Error facti et error iuris, S. 87 ff.

aa) Die Irrtumsbestimmung anhand des Verbotscharakters

Bei Tatbeständen mit Genehmigungserfordernis wird die Einteilung vertreten, dass Delikte mit einem Erlaubnisvorbehalt (präventives Verbot mit Erlaubnisvorbehalt), die grundsätzlich sozialadäquates Verhalten umschreiben, zu einem Tatumstandsirrtum nach § 16 StGB führen.[506] Delikte mit einem Genehmigungsvorbehalt (repressives Verbot mit Befreiungsvorbehalt), die grundsätzlich sozialschädliches Verhalten ausnahmsweise erlauben, münden hingegen in einen Verbots- oder Erlaubnisirrtum nach § 17 StGB.[507] So soll allein eine differenzierende Auffassung zu sachgerechten Ergebnissen kommen, denn bei einem präventivem Verbot mit Erlaubnisvorbehalt ist das Fehlen der Erlaubnis unrechtsbegründend und stellt damit ein Tatbestandsmerkmal dar.[508] Ein Irrtum soll demnach nur nach § 16 StGB vorliegen können, nicht aber nach § 17 StGB.

Bei § 54 Abs. 1 Nr. 2 KWG geht der BGH[509] im Fall vom 18.07.2018 sowie in ständiger Rechtsprechung[510] von einem Verbotsirrtum nach § 17 StGB aus, was

---

[506] BGH 11.09.2002 – 1 StR 73/02, BGH, NStZ-RR 2003, 55 (56); BGH 07.03.1996 – 4 StR 742/95, BGH, NJW 1996, 1604 (1605 f.); BGH 22.07.1993 – 4 StR 322/93, BGH, NStZ 1993, 594 (594); OLG Karlsruhe, NJOZ 2020, 645 (649), jedoch nur im Bezug auf die Normen des RDG, nicht auf das KWG; OLG Oldenburg 26.03.2012 – 1 Ss 205/11, OLG Oldenburg, BeckRS 2014, 1707; LG Köln 09.07.2015 – 116 KLs 2/12, LG Köln, BeckRS 2015, 118819; *Pananis/Schäuble*, in: Leitner/Rosenau, Wirtschafts- und Steuerstrafrecht, § 54 KWG Rn. 62 unter Verweis auf Rn. 45; *Rengier*, in: KK-OWiG, § 11 Rn. 37a, 40; *Valerius*, in: Graf-OWiG, § 11 OWiG Rn. 59; *Neumann*, BKR 2019, 196 (199); *Rinjes*, wistra 2015, 7 (8); *Rengier*, ZStW 1989, 874 (884); zusammenfassend dazu, wenn auch im Ergebnis ablehnend *Sternberg-Lieben/Schuster*, in: Schönke/Schröder-StGB, § 17 Rn. 12a und *Schuster*, Das Verhältnis von Strafnormen und Bezugsnormen aus anderen Rechtsgebieten, S. 197 ff.

[507] BGH 11.09.2002 – 1 StR 73/02, BGH, NStZ-RR 2003, 55 (56); BGH 07.03.1996 – 4 StR 742/95, BGH, NJW 1996, 1604 (1605 f.); BGH 22.07.1993 – 4 StR 322/93, BGH, NStZ 1993, 594 (594); OLG Karlsruhe, NJOZ 2020, 645 (649), jedoch nur im Bezug auf die Normen des RDG, nicht auf das KWG; OLG Oldenburg 26.03.2012 – 1 Ss 205/11, OLG Oldenburg, BeckRS 2014, 1707; LG Köln 09.07.2015 – 116 KLs 2/12, LG Köln, BeckRS 2015, 118819; *Rengier*, in: KK-OWiG, § 11 Rn. 37a, 40; *Valerius*, in: Graf-OWiG, § 11 OWiG Rn. 62; *Neumann*, BKR 2019, 196 (199); *Rinjes*, wistra 2015, 7 (8); *Rengier*, ZStW 1989, 874 (884); zusammenfassend dazu, wenn auch im Ergebnis ablehnend *Sternberg-Lieben/Schuster*, in: Schönke/Schröder-StGB, § 17 Rn. 12a und *Schuster*, Das Verhältnis von Strafnormen und Bezugsnormen aus anderen Rechtsgebieten, S. 197 ff.

[508] *Rinjes*, wistra 2015, 7 (8).

[509] BGH 18.07.2018 – 2 StR 416/16, BGH, NJW 2018, 3467 (3468); zustimmend jedoch mit anderer Argumentation *Papathanasiou*, JR 2019, 369 (369); ablehnend *Neumann*, BKR 2019, 196 (199); differenzierend *Brand*, NJW 2018, 3467 (3470).

[510] BGH 10.07.2018 – VI ZR 263/17, BGH, NJW-RR 2018, 1250 (1252); BGH 26.03.2018 – 4 StR 408/17, BGH, NJW 2018, 1486 (1489); BGH 27.06.2017 – VI ZR 424/16, BGH, NJW-RR 2017, 1004 (1005); BGH 16.05.2017 – VI ZR 266/16, BGH, NJW 2017, 2463 (2464); BGH 15.05.2012 – VI ZR 166/11, BGH, NJW 2012, 3177 (3180); BGH 24.09.1953 – 5 StR 225/53, BGHSt 4, 347 (352 f.); ebenfalls aus der Rechtsprechung OLG Bamberg 03.04.2019 – 1 U 16/19, OLG Bamberg, BeckRS 2019, 54772, Rn. 5; OLG Karlsruhe 13.11.2018 – 17 U 110/17, OLG Karlsruhe, NJOZ 2020, 645 (647); zustimmend *Häberle*, in: Erbs/Kohlhaas-Strafrechtliche Nebengesetze, § 54 KWG Rn. 17; a. A. unter Verweis auf sozialad-

sich dem Grunde nach auf § 63 Abs. 1 Nr. 4 ZAG übertragen lässt[511]. Daraus lässt sich schließen, dass der BGH mit seiner Kritik eine Abkehr vom differenzierenden Ansatz stillschweigend, wenn auch offenlassend, preisgibt.[512] Bei § 54 Abs. 1 Nr. 2 KWG[513], wie auch bei § 63 Abs. 1 Nr. 4 ZAG[514], wird nämlich von einem präventiven Verbot mit Erlaubnisvorbehalt ausgegangen. Um einer ausdrücklichen Abkehr zu entgehen, sagt der BGH dem Betreiben kurzerhand eine potenzielle Sozialschädlichkeit nach, womit er diesem wohl eher einen repressiven Charakter unterstellt. Denn „[i]nsofern ist zu berücksichtigen, dass derjenige, der ohne die erforderliche Erlaubnis nach § 32 KWG Bankgeschäfte betreibt, kein im allgemeinen sozialadäquates Verhalten zeigt. Wer sich der behördlichen Prüfung der Zuverlässigkeit, sachlichen Eignung und Leitungserfahrung der Geschäftsleiter (§ 25c

---

äquates Verhalten OLG Oldenburg 26.03.2012 – 1 Ss 205/11, OLG Oldenburg, BeckRS 2014, 1707.

[511] So *Terlau*, in: Casper/Terlau-ZAG, § 63 Rn. 22; *Weiß*, in: Schäfer/Omlor/Mimberg-ZAG, § 63 Rn. 70 [„Fehlvorstellungen hinsichtlich der Erlaubnispflichtigkeit einer Tätigkeit fallen […] grds. nicht hierunter“ (gemeint ist der Vorsatz)]; a.A. *Richter*, in: Luz/Neus/Schaber/Schneider/et al.-ZAG, § 63 Rn. 18; *Löffler*, Die Straftatbestände des Zahlungsdiensteaufsichtsgesetzes, S. 194 für § 31 Abs. 1 Nr. 2 ZAG a.F., der der differenzierenden Lösung folgt und aufgrund der Annahme eines sozialadäquaten Verhaltens § 16 StGB anwendet.

[512] BGH 18.07.2018 – 2 StR 416/16, BGH, NJW 2018, 3467 (3468) [„Der Senat lässt dahin stehen, ob dieser Rechtsprechung mit ihrer danach vorzunehmenden Differenzierung, die zu Abgrenzungsschwierigkeiten führt […] und weitere Schwächen aufweist […] zu folgen ist“]; a.A. im Bereich des AWG, des KWKG und BtMG BGH 11.09.2002 – 1 StR 73/02, BGH, NStZ-RR 2003, 55 (56); BGH 07.03.1996 – 4 StR 742/95, BGH, NJW 1996, 1604 (1605 f.); BGH 22.07.1993 – 4 StR 322/93, BGH, NStZ 1993, 594 (594); siehe aber auch die ältere Rechtsprechung, die pauschal von einem Verbotsirrtum ausgeht in *Rengier*, in: KK-OWiG, § 11 Rn. 41 unter Verweis auf einschlägige Rechtsprechung. Dies zeigt wohl auch die Unentschlossenheit der Rechtsprechung bei der Abgrenzung.

[513] BT-Drs. 17/3023, S. 65; BR-Drs. 482/10, S. 110; OLG Oldenburg 26.03.2012 – 1 Ss 205/11, OLG Oldenburg, BeckRS 2014, 1707; LG Köln 09.07.2015 – 116 KLs 2/12, LG Köln, BeckRS 2015, 118819; *Schwennicke*, in: Schwennicke/Auerbach-KWG, § 54 KWG Rn. 1; *Rinjes*, wistra 2015, 7 (8); a.A. wohl BGH 18.07.2018 – 2 StR 416/16, BGH, NJW 2018, 3467 (3468).

[514] BT-Drs. 17/3023, S. 55 zumindest für die Vorgängernorm des § 8 Abs. 1 S. 1 ZAG a.F., das aber auch für § 10 Abs. 1 S. 1 ZAG gilt; dazu LG Mannheim 17.11.2020 – 22 KLs 540 Js 6574/20, LG Mannheim, BeckRS 2020, 50512, Rn. 122; *Eckhold*, in: Schäfer/Omlor/Mimberg-ZAG, § 10, 11 Rn. 24; *Tiemann*, in: Schäfer/Omlor/Mimberg-ZAG, § 7 Rn. 2; *Terlau*, in: Casper/Terlau-ZAG, § 63 Rn. 10; *Walter*, in: Casper/Terlau-ZAG, § 10 Rn. 4; *Richter*, in: Luz/Neus/Schaber/Schneider/et al.-ZAG, § 63 Rn. 11; *Janßen*, VuR 2018, 54 (54); *Müller/Starre*, BKR 2013, 149 (152); a.A. die von einem repressiven Verbot mit Erlaubnisvorbehalt ausgeht *Reschke/Ernst*, in: Ellenberger/Findeisen/Nobbe/Böger-Kommentar zum Zahlungsverkehrsrecht, § 7 ZAG Rn. 2 zu § 10 ZAG; *Danwerth*, Das Finanztransfergeschäft als Zahlungsdienst, S. 37, zu § 8 ZAG a.F. unter vergleichenden Verweis auf einschlägige Rechtsprechung und Literatur ebenfalls zur alten Rechtslage des § 8 ZAG a.F.; siehe aber auch BGH 28.02.2023 – 2 StR 371/22, BGH, NStZ 2024, 100 (103), BGH, BeckRS 2023, 15358, der explizit hervorhebt, dass es sich dabei um ein „– aufsichtsrechliche[s] – präventive[s] Verbot mit Erlaubnisvorbehalt“ handelt und damit wohl andeutet, dass dies einen rein aufsichtsrechtlichen Terminus darstellt.

Abs. 1 Satz 2 und 3 KWG), des Vorhandenseins von Anfangs- und Kernkapital (§ 33 Abs. 1 Nr. 1 KWG, vgl. jetzt Art. 26 Abs. 1 Buchst. a bis e VO (EU) Nr. 575/2013), des Geschäftsplans und damit der Planungen zur Art der Geschäfte, des organisatorischen Aufbaus und der internen Kontrollverfahren (§ 32 Abs. 1 Satz 2 Nr. 5 KWG) entzieht, betreibt sein Geschäft gerade außerhalb des gesetzten Rechtsrahmens und unterläuft hieran anknüpfende umfangreiche Auskunfts- und Prüfungsrechte der Aufsichtsbehörden im laufenden Geschäftsbetrieb (vgl. insb. § 44 Abs. 1 Satz 1 KWG). Jeder, der sich diesem umfangreichen Zulassungs- und Kontrollregime entzieht, umgeht dem Schutz des Publikums dienende Genehmigungs- und Kontrollerfordernisse […] und verhält sich damit zumindest potentiell sozialschädlich“[515].

Dagegen wird jedoch vorgebracht, dass mit Blick auf das finanzaufsichtsrechtlichen Konzessionsprinzip und der damit verbundenen Einschränkung der Berufs- und Gewerbefreiheit nach geltenden Verfassungsgrundsätzen eine besondere Rechtfertigung nötig ist.[516] Eine Einordnung als grundsätzlich wertwidriges Verhalten soll jedoch als unangemessen erscheinen und kann nicht auf eine Stufe mit der Einfuhr und Durchfuhr von Kriegswaffen gestellt werden.[517] Schließlich soll es sich im Allgemeinen eben doch um ein sozialadäquates Verhalten handeln, das lediglich einer engen Kontrolle und Reglementierung unterworfen werden muss.[518]

Dieser Diskussionsstand, also ob das Umgehen von Genehmigungs- und Kontrollerfordernisse bei § 54 Abs. 1 Nr. 2 KWG als potenziell sozialschädlich eingeordnet werden kann, ist auf § 63 Abs. 1 Nr. 4 ZAG zu übertragen, da auch hier mit dem Nichteinholen der Erlaubnis Genehmigungs- (§§ 10 Abs. 1 S. 1, 12 ZAG) und Kontrollerfordernisse (§§ 19 ff. ZAG) umgangen werden und eben auch bei § 63 Abs. 1 Nr. 4 ZAG grundsätzlich von einem präventiven Verbot mit Erlaubnisvorbehalt ausgegangen wird. Nicht zuletzt war das Finanztransfergeschäft des § 63 Abs. 1 Nr. 4 ZAG zuvor in § 54 KWG geregelt, sodass auch hier wieder auf die Historie des § 63 Abs. 1 Nr. 4 ZAG verwiesen werden kann.

Legt man aber beide Perspektiven zugrunde, so mag der jeweilige Argumentationsstrang für sich genommen zumindest im Grundsatz überzeugen, in der Anwendung jedoch einer Einbahnstraße gleichen[519], denn je nach Interpretation ist das Verhalten sozialadäquat und muss lediglich einer Erlaubnis unterzogen werden oder das Verhalten ist erst mit dem Einholen der Erlaubnis sozialadäquat und damit zumindest

---

[515] BGH 18.07.2018 – 2 StR 416/16, BGH, NJW 2018, 3467 (3468); ähnlich auch *Sternberg-Lieben/Schuster*, in: Schönke/Schröder-StGB, § 17 Rn. 12a.

[516] So *Neumann*, BKR 2019, 196 (199).

[517] So *Neumann*, BKR 2019, 196 (199).

[518] Vgl. *Rinjes*, wistra 2015, 7 (8).

[519] Zu den Abgrenzungsschwierigkeiten siehe *Schuster*, Das Verhältnis von Strafnormen und Bezugsnormen aus anderen Rechtsgebieten, S. 203 ff.; a. A. *Rengier*, in: KK-OWiG, § 11 Rn. 42, der zwar ebenfalls von Abgrenzungsschwierigkeiten ausgeht, die Differenzierung zwischen präventiven und repressiven Verboten dadurch aber nicht in Frage stellt.

potenziell sozialschädlich.[520] Andersherum kann man bei repressiven Verboten aufgrund der vom Gesetzgeber vorgesehenen Befreiungsvorbehalte auch argumentieren, dass eine generalisierende Vermutung der Beeinträchtigung des jeweiligen Schutzguts nicht immer zutrifft.[521] Auch hier mag das Verhalten nicht pauschal sozialschädlich sein; es kommt also darauf an, ab welchem Punkt man mit seinen Überlegungen beginnt[522]. So lässt sich das Erbringen von Zahlungsdiensten als sozialadäquat ansehen, wenn man hinter den Regeln des ZAG das Ziel erkennt, dass der Marktzutritt für neue Anbieter erleichtert werden soll.[523] Es handelt sich damit um ein sozialadäquates Verhalten, das gewünscht ist, jedoch geordnet stattfinden soll, indem Erlaubnis- und Kontrollerfordernisse eingehalten werden. Unter Zugrundelegung des Schutzzwecks sollen Markteintrittsschwellen eines unregulierten Zahlungsverkehrs ausnahmsweise verhindert werden. Wie bereits festgestellt,[524] soll nicht nur reiner „Verwaltungsungehorsam" sanktioniert werden, sondern auch die Integrität des Zahlungsverkehrs und die Sicherstellung seiner volkswirtschaftlich unverzichtbaren Funktionsfähigkeit gewährleistet und auch Schattenbankensysteme bekämpft werden. Dem zugrunde gelegt geht der Schutzzweck über die bloße Absicherung des Erlaubnisverfahrens hinaus,[525] sodass auch hierin eine Wertung des Gesetzgebers zur Geltung kommt. Gerade der Schutzzweck zeigt, dass das Verhalten auch eine abstrakte Gefahr birgt, sodass es nicht pauschal sozialadäquat sein muss. Blickt man auf die Regelungsstruktur, so ist es der Gesetzgeber selbst, der ein im Grundsatz sozialadäquates Verhalten unterdrücken möchte, sofern die Voraussetzungen der Erlaubnis nicht vorliegen.[526] Gerade am Fall des Hawala-Bankings mag dies deutlich werden, denn neben dem reinen Funktionsablauf, ist diesem System die Anonymität gerade immanent, sodass es von vornherein darauf angelegt ist, sämtliche Kontrollmöglichkeiten der Aufsicht zu meiden. Das Erbringen von Hawala-Diensten mag also pauschal sozialschädlich sein; der konforme Zahlungsdienstleister, den das ZAG eigentlich haben möchte, mag aber sozialadäquat agieren und prägt mit seinem Idealbild die Tätigkeit. Dieses Idealbild der Tätigkeit ist der alleinige Grund, wieso dem Erbringen von Zahlungsdiensten ein sozialadäquates Verhalten zugeschrieben wird und zumin-

---

[520] Vgl. *Schuster*, Das Verhältnis von Strafnormen und Bezugsnormen aus anderen Rechtsgebieten, S. 205.

[521] *Schuster*, Das Verhältnis von Strafnormen und Bezugsnormen aus anderen Rechtsgebieten, S. 198 unter vergleichenden Verweis auf einschlägige Literatur; vgl. auch *Winkelbauer*, NStZ 1988, 201 (203).

[522] *Schuster*, Das Verhältnis von Strafnormen und Bezugsnormen aus anderen Rechtsgebieten, S. 205, unter Bezugnahme eines Beispiels des § 34 AWG a. F.; ähnlich *Wolf*, Error facti et error iuris, S. 204 f.

[523] So *Löffler*, Die Straftatbestände des Zahlungsdiensteaufsichtsgesetzes, S. 194 für § 31 Abs. 1 Nr. 2 ZAG a. F.

[524] Siehe dazu bereits Teil 4 A. I. 1. a) bb) (3) (b).

[525] Vgl. auch die Argumentation von *Wolf*, Error facti et error iuris, S. 210 f.

[526] So *Wolf*, Error facti et error iuris, S. 200.

dest *in der Regel*[527] auch zugeschrieben werden kann. Wirklich sozialadäquat ist es aber erst, sofern eine Erlaubnis erteilt wurde, denn erst dann lässt sich überhaupt von einem konformen Zahlungsdienstleister sprechen. Somit entspricht eine vollkommene Unrechtsneutralität der Handlung wohl nicht der Realität, denn egal ob präventives Verbot mit Erlaubnisvorbehalt oder repressives Verbot mit Genehmigungsvorbehalt, der Gesetzgeber will das Verhalten immer unterdrücken, wenn die jeweiligen Erlaubnis- oder Genehmigungsvoraussetzungen nicht erfüllt sind[528]. Beispielsweise kann auch ein Friseur oder ein Chirurg ein grundsätzlich sozialadäquates tatbestandsmäßiges Verhalten an den Tag legen, das trotzdem „nur" gerechtfertigt ist.[529] „[O]b die Handlung im Einzelfall tatsächlich dem Recht widerspricht, ergibt sich erst, wenn die Frage nach dem Vorliegen von Rechtfertigungsgründen entschieden ist"[530].

Dies zeigt, dass der Glanz der Evidenz, der der differenzierenden Lösung nachgesagt wird[531], verblasst, wenn die aus der Einordnung der Genehmigung gezogene Konsequenz – vorgelagert – auf eine Wertung gestützt wird, indem ein Verhalten als sozialadäquat oder sozialschädlich *bewertet* wird.[532] Die Lösung wird erst einer allseitigen Stringenz zugeführt, sofern die jeweilige Norm oder die Normen des jeweiligen Gesetzes, einen repressiven oder präventiven Charakter zwingend

---

[527] So beispielsweise der Ansatz von *Schwabe*, JuS 1973, 133 (134 f.), der eine „quantitative" Unterscheidung für sachgerecht hält und zwischen präventiven und repressiven Verboten anhand eines Regel-Ausnahme-Verhältnisses differenziert, wobei dieses Regel-Ausnahme-Verhältnis selbst unter der Unklarheit von Bestimmungskriterien leidet, so berechtigterweise kritisierend *Röttger*, Der Irrtum im Außenwirtschaftsstrafrecht, S. 114; ebenfalls gegen ein Regel-Ausnahme-Verhältnis *Wolf*, Error facti et error iuris, S. 203, der darauf verweist, dass auch der Kriegswaffenbesitzer sich in der Regel sozialadäquat verhalten wird.

[528] *Wolf*, Error facti et error iuris, S. 200.

[529] Beispiel nach *Wolf*, Error facti et error iuris, S. 198, der in diesem Kontext auch darauf verweist, dass der „Tatbestand keine eigene Wertungsstufe ist"; dazu ferner *Eisele*, in: Schönke/Schröder-StGB, Vor. §§ 13 ff. Rn. 16 [„Demgegenüber hat die Tatbestandsmäßigkeit nicht die Bedeutung einer besonderen Wertungsstufe"].

[530] *Eisele*, in: Schönke/Schröder-StGB, Vor. §§ 13 ff. Rn. 16 unter vergleichenden Verweis auf weiterführende Literatur.

[531] *Rinjes*, wistra 2015, 7 (8).

[532] Vgl. *Schuster*, Das Verhältnis von Strafnormen und Bezugsnormen aus anderen Rechtsgebieten, S. 205, der darauf abstellt, dass das Ergebnis einer entsprechenden Abgrenzung vor allem davon abhängt, „an welchem Punkt man mit seinen Überlegungen beginnt", unter Bezugnahme eines Beispiels des § 34 AWG a. F.; vgl. *Wolf*, Error facti et error iuris, S. 195 [„Dieses Konzept stellt weniger eine dogmatische Regel dar als vielmehr ein tendenziell gesetzesferners Begründungsmodell zur Einordnung eines Rechtsirrtums als Irrtum nach § 16 I 1 StGB, das zudem nur wahlweise herangezogen wird"], S. 214 [„durch Gesetzesferne und Flexibilität auszeichnendes *Konstruktionsmittel* zur Ankerkennung [sic!] vorsatzausschließender Rechtsirrtümer"], insbesondere S. 199 ff.; siehe dazu auch die verschiedenen Differenzierungsmethoden, die in unterschiedlicher Weise eine Wertung vornehmen, dazu umfangreich die Darstellung in *Röttger*, Der Irrtum im Außenwirtschaftsstrafrecht, S. 107 ff., insbesondere mit Kritik S. 128 f.; vgl. ferner in einem anderen Kontext *Bülte*, NStZ 2013, 65 (72), der die Bewertung als normatives Tatbestandsmerkmal oder Blankettverweisungen ebenfalls als vom Zufall abhängig sieht und damit in diesem Bereich ebenfalls darauf verweist, dass diese Unterscheidung zu wenig nachvollziehbaren Ergebnissen führt.

preisgeben[533], was aber streitbar sein und sich nur im Kern bewahrheiten wird. Denn selbst eine im Grundsatz sozialadäquate Handlung, kann eine zumindest potenzielle Schädlichkeit aufweisen, wie § 63 Abs. 1 Nr. 4 ZAG verdeutlicht. Je nach Auslegung, wird hier unterschiedlich gewichtet. Damit steht und fällt die Einordnung des Irrtums allein mit der Einordnung des Charakters der Erlaubnis anhand der jeweiligen Gewichtung. So ist aber bereits die Grundprämisse angreifbar, dass der Täter im Falle des präventiven Verbotes bei Unkenntnis der Erlaubnispflicht ein angeblich völlig sozialadäquates Verhalten vor Augen hat.[534] Damit wirkt die vermeintlich konsequente differenzierende Lösung statisch und kommt nicht immer zu sachgerechten Ergebnissen[535]. Dies fällt auch dem BGH auf, denn trotz der Einordnung als potenziell sozialschädlich, was letztendlich auch als Argument für dessen Einordnung als Verbotsirrtum (§ 17 StGB) dient, wird der differenzierenden Auffassung vorgeworfen, dass sie zu erheblichen Abgrenzungsschwierigkeiten[536] führt und weitere Schwächen[537] aufweist. Im Kontext des § 54 KWG führt der BGH insbesondere aus, dass sich dort „eine sachgerechte Einordnung etwaiger täterseitiger Fehlvorstellungen oder -bewertungen nicht durch schlichte Anwendung einfacher Formeln ohne Rückgriff auf wertende Kriterien und differenzierende Be-

---

[533] Vgl. *Bülte*, NStZ 2013, 65 (70).

[534] So *Sternberg-Lieben/Schuster*, in: Schönke/Schröder-StGB, § 17 Rn. 12a; auch bereits *Schuster*, Das Verhältnis von Strafnormen und Bezugsnormen aus anderen Rechtsgebieten, S. 206 f.

[535] *Vogel/Bülte*, in: LK-StGB, § 16 Rn. 38a [„Diese dogmatische stringente Lösung kann allerdings zu wenig einleuchtenden Ergebnissen führen"].

[536] BGH 18.07.2018 – 2 StR 416/16, BGH, NJW 2018, 3467 (3468) unter Verweis auf *Sternberg-Lieben/Schuster*, in: Schönke/Schröder-StGB, § 17 Rn. 12a; zustimmend *Papathanasiou*, JR 2019, 369 (370) [„nicht sachgerecht und widerspricht dem tradierten Verständnis von Vorsatz"]; im Kontext des § 17 AWG ebenfalls *Nestler*, in: Esser/Rübenstahl/Saliger/Tsambikakis, Wirtschaftsstrafrecht, § 17 AWG Rn. 27 unter Verweis auf *Schuster*, Das Verhältnis von Strafnormen und Bezugsnormen aus anderen Rechtsgebieten, S. 204 ff., 207; zur Kritik ebenfalls umfassend *Röttger*, Der Irrtum im Außenwirtschaftsstrafrecht, S. 234 ff.; *Wolf*, Error facti et error iuris, S. 195 ff., zudem auch S. 212 ff.

[537] BGH 18.07.2018 – 2 StR 416/16, BGH, NJW 2018, 3467 (3468) unter vergleichenden Verweis auf einschlägige Literatur; siehe auch *Vogel/Bülte*, in: LK-StGB, § 16 Rn. 38a [„Diese dogmatische stringente Lösung kann allerdings zu wenig einleuchtenden Ergebnissen führen"], Rn. 39 [„führt die Rspr. zu einer wenig übersichtlichen und nicht widerspruchsfreien Kasuistik"]; *Röttger*, Der Irrtum im Außenwirtschaftsstrafrecht, S. 234 ff., die neben einer praktisch unmöglichen Differenzierung auch deren inkonsequente Durchführung der Unterscheidung und inkonsequente Anwendung der Schuldtheorie unter Verweis auf weiterführende Literatur nennt; *Schuster*, Das Verhältnis von Strafnormen und Bezugsnormen aus anderen Rechtsgebieten, S. 204 [„willkürlich"]; siehe auch *Wolf*, Error facti et error iuris, S. 207 ff., der ausführt, dass ein Ausschluss des Irrtums über ein Genehmigungsvorsatz einen Zusammenhang suggeriert, „der im Gesetz kaum bzw. keinen Rückhalt findet und diesem sogar tendenziell zuwiderläuft"; siehe ferner zur Abgrenzung von normativen Tatbestandsmerkmalen und Blanketten *Dannecker/Bülte*, in: Wabnitz/Janovsky/Schmitt Handbuch Wirtschafts- und Steuerstrafrecht, Kap. 1 Rn. 39c [„weil bei den Verweisungs- und Blankettbegriffen des Strafrechts in nahezu willkürlicher Weise der Straftatbestand verändert wird, um zu der erwünschten Irrtumsregelung zu gelangen"].

trachtungen erreichen [lässt]"[538]. Damit führt der BGH die differenzierende Lösung wohl trotzdem, wenn auch stillschweigend, ad acta und appelliert an eine individuelle Bewertung der täterseitigen Fehlvorstellung. Denn die vorgelagerte Bewertung der differenzierenden Lösung zeichnet die täterseitige Fehlvorstellung zwingend vor. So verweisen beispielsweise Vogel/Bülte[539] darauf, dass es weniger einleuchtend sei, „wenn es für die Bewertung des AWG-Verstoßes beim Abgleich des Geschäftspartners mit der Embargoliste darauf ankommt, ob der Fehler beim Lesen des [sic!] Liste (Vorsatz) oder beim Lesen der Geschäftspapiere und der Identifikation des Geschäftspartners (kein Vorsatz) gemacht wird." Wolf[540] schreibt dazu, dass „[d]ieses Konzept […] weniger eine dogmatische Regel dar[stellt] als vielmehr ein tendenziell gesetzesfernes Begründungsmodell zur Einordnung eines Rechtsirrtums als Irrtum nach § 16 I 1 StGB, das zudem nur wahlweise herangezogen wird und aus verschiedenen Gründen abzulehnen ist."

Löst man sich also vom differenzierenden Ansatz, so wird zum einen vertreten, dass bei einem Irrtum über das Erlaubt-Sein zwingend auf § 17 StGB abzustellen ist, da generell nur die Verbotsebene betroffen ist.[541] Schuster[542] begründet dies damit, dass es einen staatlichen Genehmigungsvorbehalt für an sich risikolose Tätigkeiten in einem demokratischen Rechtsstaat gar nicht erst geben darf und dies Ausdruck eines autoritären und schikanösen Gemeinwesens wäre. Grundlegend muss man zugestehen, dass zur Beurteilung eines Verhaltens als sozialadäquat sämtliche relevanten Faktoren des Lebenssachverhalts mit einbezogen werden müssen.[543] Ein Unrechtsurteil erfolgt aber erst nach der Beurteilung der Frage, ob ein Rechtfertigungsgrund greift.[544]

Zum anderen wird der Irrtum über das Erlaubt-Sein generell nach § 16 Abs. 1 S. 1 StGB eingeordnet.[545] Hiergegen spricht aber bereits, dass § 16 Abs. 1

---

[538] BGH 18.07.2018 – 2 StR 416/16, BGH, NJW 2018, 3467 (3468); so bereits der Wortlaut des BGH im Fall Mannesmann/Vodafone BGH 21.12.2005 – 3 StR 470/04, BGH, NJW 2006, 522 (531).

[539] So das Beispiel von *Vogel/Bülte*, in: LK-StGB, § 16 Rn. 38a unter vergleichenden Verweis auf *Bülte*, NStZ 2013, 65 (66).

[540] *Wolf*, Error facti et error iuris, S. 195, zu den ablehnenden Gründen, S. 195 ff.

[541] *Schuster*, Das Verhältnis von Strafnormen und Bezugsnormen aus anderen Rechtsgebieten, S. 203 ff.; auch *Nestler*, in: Esser/Rübenstahl/Saliger/Tsambikakis, Wirtschaftsstrafrecht, § 17 AWG Rn. 27; *Sternberg-Lieben/Schuster*, in: Schönke/Schröder-StGB, § 17 Rn. 12a; *Wolf*, Error facti et error iuris, S. 206 ff.; siehe auch die Zusammenfassung in *Röttger*, Der Irrtum im Außenwirtschaftsstrafrecht, S. 125 f.

[542] *Schuster*, Das Verhältnis von Strafnormen und Bezugsnormen aus anderen Rechtsgebieten, S. 207; darauf ebenfalls verweisend und wiederholend *Sternberg-Lieben/Schuster*, in: Schönke/Schröder-StGB, § 17 Rn. 12a.

[543] *Wolf*, Error facti et error iuris, S. 202.

[544] *Wolf*, Error facti et error iuris, S. 202.

[545] BT-Drs. 5/1319, S. 102 [„Bei Wirtschaftsvergehen stellt der Irrtum über das Bestehen oder den Umfang einer Rechtspflicht häufig einen Tatbestandsirrtum dar, weil die Umstände welche die Handlung als unrechtmäßig kennzeichnen, vielfach zu Tatbestandsmerkmalen er-

S. 1 StGB auf einen „Umstand“ abstellt, der zum Tatbestand gehört. Der Täter weiß aber, dass er keine Erlaubnis oder Genehmigung hat, er weiß also um diesen „Umstand“.[546] Damit irrt er hier vielmehr „über das Verbot, etwas Bestimmtes nur mit einer entsprechenden Genehmigung tun zu dürfen, weshalb ihm lediglich das Unrechtsbewusstsein fehlt.“[547]

Im Ergebnis spricht vieles dafür einen Rechtfertigungsgrund im Erlaubnisvorbehalt zu sehen, sodass auf § 17 StGB zurückzugreifen ist; die Irrtumsbestimmung anhand des Verbotscharakters überzeugt jedoch nicht. Es wird sich sogleich noch zeigen, dass sich diese Einordnung allein auf die Frage des Vorliegens oder Nichtvorliegens der Erlaubnis auswirkt, nicht aber auf die Frage, ob beziehungsweise wann eine Erlaubnis einzuholen ist,[548] was die eigentliche Frage des Irrtums über das Erlaubt-Sein beantworten soll.

bb) Die Irrtumsbestimmung anhand des Blankettcharakters

Ändert man die Perspektive und betrachtet die Irrtumsfrage nicht nach der Fragestellung, ob das Verhalten sozialadäquat oder sozialschädlich ist, mithin am Verbotscharakter, sondern anhand der parallelen Irrtumsfrage bei Blanketten und normativen Tatbestandsmerkmalen, so lässt dies einen anderen Blick auf die Irrtumsfrage über das Erlaubt-Sein zu. Denn setzt man die Unterscheidung bei öffentlich-rechtlichen Genehmigungsvorbehalten, gerade wenn man anhand des Verbotscharakters differenziert, der Unterscheidung bei normativen Tatbestandsmerkmalen und Blanketten gegenüber, können sich zumindest auf den ersten Blick unterschiedliche Ergebnisse zeigen, die zunächst etwas irritieren.[549] So lassen sich

---

hoben sind (z. B. ‚ohne die erforderliche Erlaubnis‘, ‚ohne die vorgeschriebene Genehmigung‘)“]; BT-Drs. 5/1269, S. 46 [„In den Tatbeständen des Nebenstrafrechts einschließlich der Ordnungswidrigkeiten sind zudem die Umstände, welche die Handlung als unrechtmäßig kennzeichnen, vielfach zu Tatbestandsmerkmalen erhoben (z. B. ‚ohne erforderliche Erlaubnis‘, ‚ohne die vorgeschriebene Genehmigung‘)“; OLG Oldenburg 26. 03. 2012 – 1 Ss 205/11, OLG Oldenburg, BeckRS 2014, 1707; *Bock*, in: Graf/Jäger/Wittig, Wirtschafts- und Steuerstrafrecht, § 54 KWG Rn. 82; *Heghmanns*, Grundzüge einer Dogmatik der Straftatbestände zum Schutz von Verwaltungsrecht oder Verwaltungshandeln, S. 173; *Papathanasiou*, JR 2019, 369 (371) [„normativ geprägte Merkmale“]; *Papathanasiou*, jurisPR-StrafR 25/2017 Anm. 4 [„normativ geprägtes Merkmal“]; siehe dazu auch die Zusammenfassung der Ansichten in *Röttger*, Der Irrtum im Außenwirtschaftsstrafrecht, S. 122 f., 236 ff., im Ergebnis jedoch widersprechend; ebenfalls zusammenfassend mit den jeweiligen Begründungsansätzen, im Ergebnis aber ebenfalls ablehnend *Wolf*, Error facti et error iuris, S. 182 ff.

546 *Wolf*, Error facti et error iuris, S. 208.

547 *Wolf*, Error facti et error iuris, S. 208.

548 So der Ansatz von *Röttger*, auf den sogleich noch einzugehen ist und dem diese Arbeit folgt, *Röttger*, Der Irrtum im Außenwirtschaftsstrafrecht, S. 138.

549 Vgl. auch *Röttger*, Der Irrtum im Außenwirtschaftsstrafrecht, S. 196 f. [„Genauere Erläuterungen zur Abgrenzung von unrechtsfernen von nicht unrechtsfernen Gesetzesformulierungen lassen sich leider nicht finden und so wird zusätzlich zur ohnehin schon bemängelten

die Merkmale, möchte man diese wertungsoffen als „akzessorische Merkmale" umschreiben[550], auch als Blankettmerkmale einordnen, was prima facie im Widerspruch zum oben geschilderten differenzierenden Ansatz oder den generellen Einordnungen steht, mithin, dass diese zwingend ein negatives Tatbestandsmerkmal oder einen Rechtfertigungsgrund darstellen. Trotzdem wird die Irrtumsbehandlung von Blanketten vereinzelt in der Literatur mit der Irrtumsbestimmung von Genehmigungsvorbehalten zumindest kontextualisiert[551], was ebenfalls Anlass zur Untersuchung gibt.

Die Einordnung des Blankettbegriffs mag von vielseitigen (engen aber auch weiten) Ansätzen geprägt sein.[552] Stellt man auf die verfassungsrechtliche Einordnung eines Blanketts ab, so formuliert das BVerfG[553]: „Blankettstrafgesetze ersetzen die Beschreibung des Straftatbestandes durch die Verweisung auf eine Ergänzung im gleichen Gesetz oder in anderen – auch künftigen – Gesetzen oder Rechtsverordnungen, die nicht notwendig von derselben rechtssetzenden Instanz erlassen werden müssen." Gedanklich müssen also Blankettnorm und ausfüllende Norm zusammengelegt und einheitlich gelesen werden.[554] Blickt man auf die Strafnorm des § 63 Abs. 1 Nr. 4 ZAG, so verweist diese im Wortlaut auf die im gleichen Gesetz stehende Norm des § 10 Abs. 1 S. 1 ZAG. Geht es dabei um die Frage der Notwendigkeit der Erlaubnis, also ob eine Erlaubnis für das in Frage stehende Verhalten benötigt wird und genauer, was die tatbestandlichen Voraussetzungen des strafbaren Verhaltens sind,[555] so muss § 10 Abs. 1 S. 1 ZAG, mithin

---

Abgrenzungsschwierigkeiten von normativen Tatbestandsmerkmalen und Blankettmerkmalen eine weitere Unklarheit geschaffen"].

[550] Die Einordnung von Genehmigungsmerkmalen als normatives Tatbestandsmerkmal oder Blankettmerkmal ist „eine in Rechtsprechung und Literatur kaum behandelte Thematik", so *Röttger*, Der Irrtum im Außenwirtschaftsstrafrecht, S. 131.

[551] So behandelt zum Beispiel *Vogel/Bülte*, in: LK-StGB, § 16 Rn. 36 ff. im Kontext des Vorsatzes und der vorsatzausschließenden Irrtümer bei Blankettstrafgesetzen auch die Abgrenzung der Irrtümer bei öffentlichen Genehmigungsvorbehalten (Rn. 38a), womit deren beidseitiges Behandeln unter der Überschrift „4. Vorsatz und vorsatzausschließender Irrtum bei Blankettstrafgesetzen" für deren gemeinsame Nähe sprechen. Ein expliziter Bezug wird jedoch nicht hergestellt und vielmehr separat unter Verweis auf die Handhabung der Rechtsprechung behandelt.

[552] *Schulze-Bühler*, Die Zivilrechtsakzessorietät im Urheberstrafrecht und ihre Grenzen, S. 110 ff. samt Darstellung verschiedener weiter und enger Ansätze; eine Darstellung der Einordnung von Blanketttatbeständen findet sich auch in *Kuhli*, Normative Tatbestandsmerkmale in der strafrichterlichen Rechtsandwendung, S. 171 ff.; siehe zum Blankettbegriff und dessen Bedeutung ferner *Bachmann*, Vorsatz und Rechtsirrtum im Allgemeinen Strafrecht und im Steuerstrafrecht, S. 23 ff.

[553] BVerfG 21.09.2016 – 2 BvL 1/15, BVerfGE 143, 38 (56); BVerfG 25.07.1962 – 2 BvL 4/62, BVerfGE 14, 245 (252); vgl. bereits zuvor RG 30.12.1912 – 4 StR 1018/12, RGSt 46, 393 (395).

[554] *Walter*, Der Kern des Strafrechts, S. 360; *Bülte*, JuS 2015, 769 (770); *Cornelius*, NZWiSt 2014, 174 (174).

[555] So überzeugend *Röttger*, Der Irrtum im Außenwirtschaftsstrafrecht, S. 134.

dessen Anforderungen, herangezogen werden. Strafbar ist also nicht das „Erbringen von Zahlungsdiensten“ sondern das „gewerbsmäßige oder das in einem Umfang, der einen in kaufmännischer Weise eingerichteten Geschäftsbetrieb erfordernde Erbringen von inländischen Zahlungsdiensten, ohne Zahlungsdienstleister im Sinne des § 1 Abs. 1 S. 1 Nr. 2 bis 5 ZAG zu sein“.[556] Damit muss § 63 Abs. 1 Nr. 4 ZAG mit § 10 Abs. 1 S. 1 ZAG zusammengelegt und einheitlich gelesen werden, womit sich das Merkmal „ohne Erlaubnis nach § 10 Absatz 1 Satz 1“ im Hinblick auf die Notwendigkeit der Erlaubnis (Erlaubnispflichtigkeit) als Blankettmerkmal einordnen lässt.[557] Aufgrund der „Binnenverweisung“[558] im gleichen Gesetz, lässt sich das Merkmal auch als „unechtes Blankett[merkmal]“[559] beschreiben.

Die zu Beginn geschilderte Irritation wird deutlich, wenn man dennoch den differenzierenden Ansatz anwendet, dadurch von einem sozialadäquaten Verhalten beim Erbringen von Zahlungsdiensten ausgeht und somit ein negatives Tatbestandsmerkmal annimmt. Man aber zugleich unter Heranziehung der Blankettdogmatik dem Merkmal den Charakter als Blankettmerkmal nachsagen kann. Ordnet man es als Blankettmerkmal ein, so muss konsequenterweise § 17 StGB angewendet werden, folgt man insbesondere der Judikatur.[560] Folgt man dem differenzie-

---

[556] Damit ist der Aussage von *Weiß*, in: Schäfer/Omlor/Mimberg-ZAG, § 63 Rn. 37 zu widersprechen, der dem § 63 Abs. 1 Nr. 4 ZAG einen zu weiten Wortlaut attestiert [„Der Tatbestand ist seinem Wortlaut nach zu weit geraten, denn strafbar würde sich danach auch machen, wer Zahlungsdienste weder gewerbsmäßig noch in einem Umfang, der einen in kaufmännischer Weise eingerichteten Geschäftsbetrieb erfordert, oder gar ausschließlich im Ausland erbringt, was keine Erlaubnis voraussetzt“]. Gerade aufgrund des Blankettcharakter des Merkmals „ohne Erlaubnis nach § 10 Absatz 1 Satz 1“, muss die Strafnorm hinsichtlich der Merkmale des § 10 Abs. 1 S. 1 ZAG ausgefüllt und zusammengelesen werden. Damit ergibt sich das strafbare Verhalten eben nicht allein aus § 63 Abs. 1 Nr. 4 ZAG, sondern nur im Zusammenhang mit der Ausfüllungsnorm des § 10 Abs. 1 S. 1 ZAG.

[557] So BGH 28.02.2023 – 2 StR 371/22, BGH, NStZ 2024, 100 (102), BGH, BeckRS 2023, 15358 [„‚unechte‘ Blankettnorm“]; *Richter*, in: Luz/Neus/Schaber/Schneider/et al.-ZAG, § 63 Rn. 1; zu § 31 Abs. 1 Nr. 2 ZAG a.F. *Danwerth*, Das Finanztransfergeschäft als Zahlungsdienst, S. 79 ff.; zu § 54 Abs. 1 Nr. 2 KWG auch *Brand*, NJW 2018, 3467 (3470), der jedoch nach Tathandlung (normatives Tatbestandsmerkmal) und Verweis auf die Erlaubnispflichtigkeit (Blankett) richtigerweise differenziert und von einer „Melange aus normativen und Blanketttatbestandsmerkmalen“ spricht; *Schröder*, JZ 2018, 255 (255).

[558] *Bülte*, JuS 2015, 769 (770) unter Verweis auf weiterführende Literatur.

[559] *Bülte*, JuS 2015, 769 (770); *Wissmann*, Der Irrtum im Urheberstrafrecht, S. 89 ff.; zu § 31 Abs. 1 Nr. 2 ZAG a.F. als „unechtes Blankett“ einordnend *Danwerth*, Das Finanztransfergeschäft als Zahlungsdienst, S. 80.

[560] BGH 15.11.2012 – 3 StR 295/12, BGH, NZWiSt 2013, 113 (113); BGH 22.07.1993 – 4 StR 322/93, BGH, NStZ 1993, 594 (595); BGH 02.02.1954 – 5 StR 590/53, BGHSt 5, 284 (287 f.); zusammenfassend *Röttger*, Der Irrtum im Außenwirtschaftsstrafrecht, S. 189 ff.; siehe dazu umfassend darstellend *Bülte*, NStZ 2013, 65 (66 ff.); siehe insbesondere auch zur Kritik an dieser Kasuistik der Judikatur *Vogel/Bülte*, in: LK-StGB, § 16 Rn. 39 [„Auch im Übrigen führt die Rspr. zu einer wenig übersichtlichen und nicht widerspruchsfreien Kasuistik“]; siehe umfassend zu den Sichtweisen, in welcher Weise sich der Vorsatz des Täters darauf beziehen muss *Kuhli*, Normative Tatbestandsmerkmale in der strafrichterlichen Rechtsandwendung, S. 188 ff., insbesondere zu dieser Ansicht S. 191 ff.

renden Ansatz müsste man zum Ergebnis eines Tatumstandsirrtum nach § 16 StGB kommen.

Ein Gleichlauf lässt sich nur annehmen, sofern man zwingend die Kenntnis von dem Genehmigungserfordernis voraussetzt, sofern man von einem (normativen) Tatbestandsmerkmal ausgeht,[561] oder insbesondere Blankettmerkmale und normative Tatbestandsmerkmale – teilweise mit unterschiedlichen Begründungsansätzen – gleichbehandelt.[562] In dieser Konsequenz würde dies ebenfalls zu § 16 StGB führen. Begründet wird dies mit der parallelen Struktur von Blankettmerkmalen und normativen Tatbestandsmerkmalen und die damit verbundenen Abgrenzungsschwierigkeiten, da sich keine trennscharfe Linie erkennen lässt und eine unterschiedliche Behandlung zu unbilligen Ergebnissen führen würde.[563] Zudem werden semantische Bedenken geäußert, da das Zusammenlesen von Blankettnorm und Ausfüllungsnorm zu einer Veränderung von Wortlaut und Sinn führt, was ebenfalls für eine Gleichbehandlung sprechen soll.[564] Bei Blankettgesetzen soll durch die schlichte Sachverhaltskenntnis des Täters kein Unrechtsvermeidungsappell entfaltet

---

[561] BT-Drs. 5/1319, S. 102 [„Bei Wirtschaftsvergehen stellt der Irrtum über das Bestehen oder den Umfang einer Rechtspflicht häufig einen Tatbestandsirrtum dar, weil die Umstände welche die Handlung als unrechtmäßig kennzeichnen, vielfach zu Tatbestandsmerkmalen erhoben sind (z. B. ‚ohne die erforderliche Erlaubnis', ‚ohne die vorgeschriebene Genehmigung')"]; BT-Drs. 5/1269, S. 46 [„In den Tatbeständen des Nebenstrafrechts einschließlich der Ordnungswidrigkeiten sind zudem die Umstände, welche die Handlung als unrechtmäßig kennzeichnen, vielfach zu Tatbestandsmerkmalen erhoben (z. B. ‚ohne erforderliche Erlaubnis', ‚ohne die vorgeschriebene Genehmigung')"; OLG Oldenburg 26. 03. 2012 – 1 Ss 205/11, OLG Oldenburg, BeckRS 2014, 1707; *Bock*, in: Graf/Jäger/Wittig, Wirtschafts- und Steuerstrafrecht, § 54 KWG Rn. 82; *Heghmanns*, Grundzüge einer Dogmatik der Straftatbestände zum Schutz von Verwaltungsrecht oder Verwaltungshandeln, S. 173; *Papathanasiou*, JR 2019, 369 (371) [„normativ geprägte Merkmale"]; *Papathanasiou*, jurisPR-StrafR 25/2017 Anm. 4 [„normativ geprägtes Merkmal"]; siehe dazu auch die Zusammenfassung der Ansichten in *Röttger*, Der Irrtum im Außenwirtschaftsstrafrecht, S. 122 f., 236 ff., im Ergebnis jedoch widersprechend; ebenfalls zusammenfassend mit den jeweiligen Begründungsansätzen, im Ergebnis aber ebenfalls ablehnend *Wolf*, Error facti et error iuris, S. 182 ff.

[562] Siehe dazu *Vogel/Bülte*, in: LK-StGB, § 16 Rn. 40 der dies als „Gegenauffassung" kennzeichnet, die verschiedenen Ansätze dabei aufzeigt und dieser Ansicht in Summe beipflichtet, jeweils unter Verweis auf einschlägige Literatur; *Kuhli*, Normative Tatbestandsmerkmale in der strafrichterlichen Rechtsandwendung, S. 207 ff.; *Tiedemann*, Wirtschaftsstrafrecht, § 7 Rn. 405 f. unter Verweis auf einschlägige Literatur; *Gómez*, GA 2010, 259 (273 f.); *Papathanasiou*, JR 2019, 369 (371) [„normativ geprägte Merkmale"]; *Papathanasiou*, jurisPR-StrafR 25/2017 Anm. 4 [„normativ geprägtes Merkmal"]; siehe ebenfalls die umfassende Darstellung der verschiedenen Sichtweisen, jedoch mit Kritik daran in *Röttger*, Der Irrtum im Außenwirtschaftsstrafrecht, S. 191 ff.; ebenfalls zusammenfassend mit den jeweiligen Begründungsansätzen, im Ergebnis aber ebenfalls ablehnend *Wolf*, Error facti et error iuris, S. 182 ff.

[563] Siehe zur Kritik an der Substituierbarkeitsthese instruktiv die Zusammenfassung in *Röttger*, Der Irrtum im Außenwirtschaftsstrafrecht, S. 207 ff., im Ergebnis aber ablehnend und die Kritik am Zusammenlesen widerlegend.

[564] Siehe dazu die Zusammenfassung in *Röttger*, Der Irrtum im Außenwirtschaftsstrafrecht, S. 207 ff., im Ergebnis aber ablehnend.

werden, was die Verhängung einer Vorsatzstrafe in diesem Fall unbillig erscheinen lässt.[565]

Bereits der unterschiedliche strukturelle Aufbau von Blanketten und normativen Tatbestandsmerkmalen legt nahe, dass eine unterschiedliche Bewertung erwägt werden muss.[566] Trotz der Abgrenzungsschwierigkeiten von Blanketten und normativen Tatbestandsmerkmalen, ist bei Letzteren der Tatbestand bereits vollständig und nur zur Auslegung des Merkmals gegebenenfalls auf außerstrafrechtliche Normen zurückzugreifen.[567] Etwaige Schwierigkeiten bei der Abgrenzung in Grenzbereichen, kann kein Argument dafür sein, dass man auf eine Abgrenzung vollumfänglich verzichtet.[568] Bei Blanketten ergibt sich also die vollständige Strafnorm erst aus dem Zusammenspiel von Blankettmerkmal und blankettausfüllender Norm.[569] Erst durch dieses Zusammenlesen ergibt sich der Bereich des strafbaren Verhaltens,[570] sodass nur durch dieses Zusammenlesen die Schuldtheorie konsequent umgesetzt werden kann.[571] Da der Gesetzgeber aus Flexibilitätsgründen auf die Blanketttechnik zurückgreift, kann es nicht entscheidend sein, ob alle Tatbestandsmerkmale in einer einzigen Norm aufgeführt werden oder ob auf eine andere Norm verwiesen wird.[572]

Damit bleibt es dabei, dass die Erlaubniseinholungspflicht nach § 10 Abs. 1 S. 1 ZAG ein Blankettmerkmal ist, mit der Konsequenz des Zusammenlesens und der Anwendung des § 17 StGB. Die vermeintlich unterschiedlichen Ergebnisse, die anfangs angesprochen wurden, bestätigen sich trotzdem nicht, denn ob das Merkmal einen Charakter als Rechtfertigungsgrund oder negatives Tatbestandsmerkmal hat, stellt sich nur, sofern es um die Frage des Vorliegens oder Nichtvorliegens der Genehmigung geht.[573] Bevor man aber zur Unterscheidung zwischen tatbestandsausschließender und rechtfertigender Wirkung der Genehmigung kommt, muss zuerst die Frage des Blankettcharakters beantwortet werden.[574] Denn das Merkmal „ohne Erlaubnis nach § 10 Absatz 1 Satz 1“ stellt im Hinblick darauf, ob bezie-

[565] Siehe dazu die Zusammenfassung in *Röttger*, Der Irrtum im Außenwirtschaftsstrafrecht, S. 218 f., im Ergebnis aber ablehnend.

[566] *Röttger*, Der Irrtum im Außenwirtschaftsstrafrecht, S. 133.

[567] *Röttger*, Der Irrtum im Außenwirtschaftsstrafrecht, S. 133.

[568] *Röttger*, Der Irrtum im Außenwirtschaftsstrafrecht, S. 100.

[569] *Röttger*, Der Irrtum im Außenwirtschaftsstrafrecht, S. 133.

[570] *Röttger*, Der Irrtum im Außenwirtschaftsstrafrecht, S. 208 f. unter Verweis auf *Wolf*, Error facti et error iuris, S. 167.

[571] *Röttger*, Der Irrtum im Außenwirtschaftsstrafrecht, S. 209 unter vergleichenden Verweis auf *Walter*, Der Kern des Strafrechts, S. 360.

[572] *Röttger*, Der Irrtum im Außenwirtschaftsstrafrecht, S. 209.

[573] *Röttger*, Der Irrtum im Außenwirtschaftsstrafrecht, S. 138.

[574] Siehe dazu aber überzeugend *Röttger*, Der Irrtum im Außenwirtschaftsstrafrecht, S. 134 ff., 240, Fn. 639, die darauf verweist, dass „das Merkmal der (fehlenden) Genehmigung ein Blankettmerkmal dar[stellt]“, [„Und zwar schon, bevor man überhaupt zu Unterscheidung zwischen tatbestandsausschließender und rechtfertigender Genehmigung kommt“].

hungsweise wann die Erlaubnis eingeholt werden muss, ein Blankettmerkmal dar.[575] So muss man den aus § 63 Abs. 1 Nr. 4 ZAG und § 10 Abs. 1 S. 1 ZAG zusammengelesenen Gesamttatbestand nämlich dahingehend lesen:[576] „Mit Freiheitsstrafe bis zu fünf Jahren oder mit Geldstrafe wird bestraft, wer ohne Erlaubnis nach § 10 Abs. 1 S. 1 ZAG gewerbsmäßige oder in einem Umfang, der einen in kaufmännischer Weise eingerichteten Geschäftsbetrieb erfordert, Zahlungsdienste erbringt, ohne Zahlungsdienstleister im Sinne des § 1 Abs. 1 S. 1 Nr. 2 bis 5 ZAG zu sein.“ Erst durch das Zusammenlesen wird klar, für welches Verhalten eine Erlaubnis erforderlich ist. Das ungewöhnliche Ergebnis, das daraus folgt ist, dass das Merkmal der Strafnorm „ohne Erlaubnis nach § 10 Absatz 1 Satz 1“ zunächst ein Blankettmerkmal darstellt und beim Zusammenlesen der Normen als Merkmal erhalten bleibt.[577] Erst danach und damit bei der Frage des Vorliegens oder Nichtvorliegens der Erlaubnis, bedarf es der Unterscheidung, ob das Merkmal ein Rechtfertigungsgrund oder ein negatives Tatbestandsmerkmal darstellt.

Für den Irrtum über das Erlaubt-Sein, also wann beziehungsweise, ob eine Erlaubnis benötigt wird, bedeutet das, dass zunächst von einem Blankettmerkmal ausgegangen werden muss. Die die Erlaubnispflicht begründenden Tatsachen müssen zwar vom Tätervorsatz umfasst sein, aufgrund des Blankettcharakters ist jedoch kein Vorsatz hinsichtlich der Erlaubnispflichtigkeit zu verlangen. Die Unkenntnis über das Verbot eine Handlung ohne Erlaubnis vorzunehmen, stellt damit einen Verbotsirrtum nach § 17 StGB dar.[578] Verlangt man die Kenntnis des Täters von der Genehmigungspflicht, würde man die Kenntnis vom Verbot, die Handlung ohne Genehmigung auszuführen, fordern, was letztlich einen Verstoß gegen die Schuldtheorie darstellt.[579]

cc) Zwischenergebnis

Zusammenfassend kann bei den Hawaladaren ein Irrtum über das Erlaubt-Sein vorliegen. Betroffen ist dabei jedoch deren Unrechtsbewusstsein, was zu den Rechtsfolgen des § 17 StGB führt. Der Vorsatz der Hawaladare muss sich nicht auf die Erlaubnispflicht beziehen, was gegen die Anwendung des § 16 Abs. 1 S. 1 StGB spricht. Dies hängt damit zusammen, dass das Merkmal „ohne Erlaubnis nach § 10

---

[575] So im Allgemeinen bei Genehmigungen *Röttger*, Der Irrtum im Außenwirtschaftsstrafrecht, S. 138.

[576] So der Ansatz von *Röttger*, im Kontext der Normen des AWG und deren Auffassung diese Arbeit folgt, *Röttger*, Der Irrtum im Außenwirtschaftsstrafrecht, S. 134 ff.

[577] *Röttger*, Der Irrtum im Außenwirtschaftsstrafrecht, S. 137.

[578] So *Röttger*, Der Irrtum im Außenwirtschaftsstrafrecht, S. 243 f.; dies ist auch im Einklang – zumindest in Bezug auf die Rechtsfolgen des Irrtums – mit den Ansichten, die dabei auf die Eigenschaft als Rechtfertigungsgrund abstellen und den Irrtum über das Erlaubt-Sein von der Einordnung als Rechtfertigungsgrund abhängig machen, mithin einen Erlaubnisirrtum nach § 17 StGB darin sehen.

[579] *Röttger*, Der Irrtum im Außenwirtschaftsstrafrecht, S. 243.

Absatz 1 Satz 1" als Blankettmerkmal ausgestaltet ist, sodass § 10 Abs. 1 S. 1 ZAG mit dessen Anforderungen die Strafnorm des § 63 Abs. 1 Nr. 4 ZAG ausfüllt. Damit fehlt dem Täter die Einsicht, Unrecht zu tun. Ob das Merkmal dabei einen Charakter als Rechtfertigungsgrund oder negatives Tatbestandsmerkmal hat, stellt sich erst, sofern es um die Frage des Vorliegens oder Nichtvorliegens der Erlaubnis geht.

b) Die Berücksichtigung kultureller Wertvorstellungen der Hawaladare und deren Unrechtsbewusstsein

Wie zu Beginn geschildert, untermauert das LG Düsseldorf[580] die Prüfung des Vorsatzes jedoch auch damit, dass „Geldwertüberweisungen nach dem von ihnen genutzten System im türkischen Kulturkreis üblich sind." Denn das historisch und kulturell geprägte Hawala-Banking ist nicht selten im Kulturkreis der Akteure üblich, was dessen historischer Werdegang[581] und dessen hiesiges Vorliegen[582] belegen. So wurde festgestellt, dass dies für einen Irrtum über das Erlaubt-Sein sprechen kann, der nach den Rechtsfolgen des § 17 StGB zu behandeln ist und gerade nicht den Vorsatz betrifft. Dabei handelt der Hawaladar in dieser Konsequenz entweder schuldlos oder unterliegt einer fakultativen Strafmilderung nach § 17 S. 2 StGB. Bevor man jedoch zu den Rechtsfolgen kommt, stellt sich die Frage, was Gegenstand des Unrechtsbewusstseins ist und inwiefern kulturelle Hintergründe der Hawaladare überhaupt deren Unrechtsbewusstsein beeinflussen.

Nach allgemeiner Auffassung bezieht sich das Unrechtsbewusstsein allein auf die rechtliche Würdigung des Verhaltens, nicht jedoch auf seine ethische Bewertung.[583] Dabei genügt es, wenn der Täter das Unrecht seiner Tat erkennt[584] oder die als möglich erfasste Begehung von Unrecht billigend in Kauf nimmt.[585] Der Täter muss sich also bewusst sein, dass er gegen die durch das verbindliche Recht gesetzte Wertordnung verstößt.[586] So genügt es bereits, wenn der Täter die Vorstellung hegt gegen eine privat- oder öffentlich-rechtliche Norm zu verstoßen; er muss nicht

---

[580] LG Düsseldorf 23.11.2021 – 014 KLs 2/21, LG Düsseldorf, abrufbar unter: http://www.justiz.nrw.de/nrwe/lgs/duesseldorf/lg_duesseldorf/j2021/014_KLs_2_21_Urteil_20211123.html, Rn. 634, LG Düsseldorf, BeckRS 2021, 55636, Rn. 149.

[581] Siehe zum historischen Werdegang Teil 2 A. I.

[582] Siehe zu Hawala in seiner neuzeitlichen Prägung Teil 2 A. II.

[583] *Valerius*, Kultur und Strafrecht, S. 180 unter Verweis auf weitere Nachweise.

[584] BGH 06.12.1956 – 4 StR 234/56, BGHSt 10, 35 (41); BGH 18.03.1952 – GSSt 2/51, BGHSt 2, 194 (202).

[585] *Valerius*, Kultur und Strafrecht, S. 181 unter Verweis auf weitere Nachweise.

[586] BGH 30.05.2008 – 1 StR 166/07, BGHSt 52, 227 (240); BGH 28.02.1961 – 1 StR 467/60, BGHSt 15, 377 (383); OLG Celle 10.09.1985 – 1 Ss 339/85, OLG Celle, NJW 1987, 78 (79); *Heger*, in: Lackner/Kühl/Heger-StGB, § 17 Rn. 2; *Sternberg-Lieben/Schuster*, in: Schönke/Schröder-StGB, § 17 Rn. 5; *Röttger*, Der Irrtum im Außenwirtschaftsstrafrecht, S. 164 f.

nachvollziehen wie die Rechtsordnung das mit der Tat verwirklichte Unrecht ahndet.[587]

Ist der Hawaladar[588] nach wie vor durch seine heimatlichen Wertvorstellungen geprägt und unterscheiden sich seine Anschauungen von den inländischen, kann ihm die Einsicht in das begangene Unrecht fehlen.[589] Dabei kann dem Hawaladar im Rahmen seines Unrechtsbewusstseins nicht vorgeworfen werden, dass er sich nicht integriert hätte, denn die persönliche Vorwerfbarkeit einer Tat bestimmt sich allein danach, ob der Täter die Rechtsordnung seines Aufenthaltsstaates sehenden oder jedenfalls nicht blinden Auges verletzt.[590] Die Aufenthaltsdauer des Hawaladars, kann jedoch unter Umständen für die Vermeidbarkeit des Verbotsirrtums Bedeutung erlangen.[591] Ein Indiz für die Unrechtseinsicht von Angehörigen anderer Kulturkreise bildet vornehmlich die Rechtsordnung des Heimatstaats des Täters, womit von einer Verbotskenntnis des Täters in der Regel auszugehen ist, sofern das fragliche Verhalten dort unter Strafe steht.[592] Ein zwingendes Unrechtsbewusstsein kann daraus jedoch nicht abgeleitet werden, denn in einigen Kulturen nehmen traditionelle Sitten, Anschauungen und Gebräuche einen besonders hohen Stellenwert ein, was das kodifizierte Recht förmlich aussticht.[593] Damit kann die jeweilige Sozialisierung die Unrechtseinsicht der Täter dominieren, womit sich selbst bei mangelnder Rechtsordnung, das Unrechtsbewusstsein auch aus kulturellen Aspekten, wie religiösen oder gesellschaftlichen Anschauungen, ergeben kann.[594] Gerade die Schutzwürdigkeit überindividueller Rechtsgüter wird in unterschiedlichen Kulturen teilweise verschieden bewertet,[595] was mit Blick auf § 63 Abs. 1 Nr. 4 und dessen Schutz der Integrität des Zahlungsverkehrs, auch für ein anderes Unrechtsbewusstsein sprechen kann. So ist das Hawala-Banking in vielen Ländern, selbst in stark islamisch geprägten Ländern per Gesetz verboten oder ohne Lizenzierung oder

---

[587] BGH 30.05.2008 – 1 StR 166/07, BGHSt 52, 227 (240); *Sternberg-Lieben/Schuster*, in: Schönke/Schröder-StGB, § 17 Rn. 5; a. A. *Valerius*, Kultur und Strafrecht, S. 182; *Laubenthal/Baier*, GA 2000, 205 (207 ff.).

[588] Die Ausführungen gelten für sämtliche Akteure im Netzwerk oder in der Gruppierung.

[589] *Valerius*, Kultur und Strafrecht, S. 184.

[590] *Valerius*, Kultur und Strafrecht, S. 184 f.

[591] *Valerius*, Kultur und Strafrecht, S. 185.

[592] *Valerius*, Kultur und Strafrecht, S. 185 unter vergleichenden Verweis auf BGH 07.02.2001 – 5 StR 474/00, BGHSt 46, 279 (287); ebenfalls *Laubenthal/Baier*, GA 2000, 205 (214 f.); Beispiele aus der Rechtsprechung zeigen jedoch, dass diese zur Ermittlung des Unrechtsbewusstseins vornehmlich auf die Gesetzeslage des Heimatstaats abstellt, siehe dazu die Aufarbeitung in *Valerius*, Kultur und Strafrecht, S. 175 ff. unter Heranziehung von OLG München 07.08.2006 – 4 St RR 142/06, OLG München, NStZ 2007, 97 (passim); LG Mannheim 03.05.1990 – (12) 2 Ns 70/89, LG Mannheim, NJW 1990, 2212 (passim); AG Grevenbroich 24.09.1982 – 5 Ds 5 Js 369/82, AG Grevenbroich, NJW 1983, 528 (passim).

[593] *Valerius*, Kultur und Strafrecht, S. 185.

[594] *Valerius*, Kultur und Strafrecht, S. 185.

[595] *Valerius*, Kultur und Strafrecht, S. 173 f., im Allgemeinen zu kulturoffenen Rechtsgütern, S. 116 ff.

Registrierung verboten.[596] Darin wird man ein Indiz für die Unrechtseinsicht festmachen können. Dies kann natürlich nicht pauschalisiert werden, sondern ist von der jeweiligen Rechtsordnung des Heimatstaats abhängig. Dennoch findet das Hawala-Banking nicht immer im Verborgenen statt, so wird in einigen Ländern, wie beispielsweise Indien oder Pakistan, offen geworben.[597] Zudem regulieren sich die Akteure der Systeme, durch eigens aufgestellte Regeln, die allein von moralischen Wertvorstellungen getragen werden, selbst.[598] In Summe wird sich über die jeweilige Rechtsordnung des ausländischen Staates hinweggesetzt, indem eigene Regeln und Wertvorstellungen in Vordergrund rücken und das gesetzte Recht geradezu derogieren. Gerade in sogenannten „unbanked countries" oder Ländern mit einem sogenannten „last mile problem", können die eigens festgelegten Regularien den staatlichen Rechtsordnungen die Stirn bieten, sofern diese überhaupt vorhanden sind.[599] Dabei kann teilweise ein anderes Unrechtsbewusstsein der jeweiligen Akteure vorherrschen und ein eigenes Rechtsverständnis prägen. Im Ergebnis kann einem Hawaladar dadurch die Einsicht in das begangene Unrecht fehlen.

c) Die (Un-)Vermeidbarkeit des Irrtums bei Berücksichtigung kultureller Wertvorstellungen der Hawaladare

Fehlt dem Hawaladar das Unrechtsbewusstsein, ergeben sich die Rechtsfolgen aus § 17 StGB. Entscheidend ist, ob der Verbotsirrtum vermeidbar war, mithin ob der Täter nach seinen individuellen Fähigkeiten bei Einsatz aller seiner geistigen Erkenntniskräfte und seiner sittlichen Wertvorstellungen zur Unrechtseinsicht hätte gelangen können (sogenannte Gewissensanspannung[600]).[601] Der Täter muss sich nicht wissentlich gegen das Recht und für das Unrecht entscheiden, es genügt vielmehr den Unrechtsgehalt der Tat zum Zeitpunkt ihrer Begehung zu erkennen.[602] Dabei dürfen Angehörige aus anderen Kulturkreisen nicht ihre heimatlichen Anschauungen zugrunde legen, sondern lediglich die Wertvorstellungen der inländi-

---

[596] Siehe dazu bereits ausführlich Teil 2 A. II 2. c) bb).

[597] Siehe dazu bereits ausführlich Teil 2 A. II. 2. c) cc).

[598] Siehe dazu bereits ausführlich Teil 2 A. II. 2. b) bb) (2).

[599] Siehe zu den sogenannten „unbanked countries" oder dem sogenannten „last mile problem" bereits ausführlich Teil 2 A. II. 2. b) bb) (1).

[600] BGH 07.02.1969 – 4 StR 478/68, BGHSt 22, 314 (318); BGH 27.01.1966 – KRB 2/65, BGHSt 21, 18 (20); BGH 20.03.1956 – 1 StR 498/55, BGHSt 9, 164 (172); BGH 23.04.1953 – 3 StR 219/52, BGHSt 4, 236 (243); BGH 19.12.1952 – 1 StR 2/52, BGHSt 3, 357 (365 f.); BGH 23.12.1952 – 2 StR 612/52, BGHSt 4, 1 (5); BGH 18.03.1952 – GSSt 2/51, BGHSt 2, 194 (201 f., 209).

[601] BGH 27.01.1966 – KRB 2/65, BGHSt 21, 18 (20); BGH 20.03.1956 – 1 StR 498/55, BGHSt 9, 164 (172); BGH 23.04.1953 – 3 StR 219/52, BGHSt 4, 236 (243); BGH 23.12.1952 – 2 StR 612/52, BGHSt 4, 1 (5); BGH 19.12.1952 – 1 StR 2/52, BGHSt 3, 357 (365 f.); BGH 18.03.1952 – GSSt 2/51, BGHSt 2, 194 (201 f., 209); zusammenfassend *Nestler*, Jura 2015, 562 (569).

[602] *Valerius*, Kultur und Strafrecht, S. 187.

schen Gemeinschaft.[603] Hegen die Täter dennoch Zweifel, obwohl sie durch die Selbstprüfung nicht zur Unrechteinsicht gelangt sind, so müssen sie diesen Zweifeln nachgehen.[604]

So ist ein Verbotsirrtum dann unvermeidbar, wenn der Täter nach seinen individuellen Fähigkeiten die hoheitliche Ahndung des Tuns von vornherein nicht in Erwägung ziehen muss und ihn demnach keine Erkundigungspflicht trifft.[605] Genauso kann dem Täter die fehlende Unrechtseinsicht grundsätzlich nicht vorgeworfen werden, wenn die Bedenken durch einen unzutreffenden Rechtsrat ausgeräumt werden, auf dessen Richtigkeit er vertrauen darf.[606] Gerade im Bereich des KWG, was parallel auf das ZAG übertragen werden kann, geht die Rechtsprechung[607] davon aus, dass ein Wenden an die BaFin, als zuständige Aufsichtsbehörde, vorzugswürdig ist. Damit können die Bedenken ausgeräumt werden, wenn sich der Täter an die zuständige Aufsichtsbehörde, mithin die BaFin wendet. Der Rechtsrat richtet sich allein nach objektiven Maßstäben, die unabhängig von den Ansichten des Täters sind.[608] Ebenfalls kann auf einen Rechtsrat der BaFin nur vertraut werden, sofern dieser ein richtiger und vollständiger Sachverhalt unterbreitet worden ist.[609]

Dennoch stellen die Rechtslage des Heimatstaats sowie die kulturellen Wertvorstellungen des Täters ein starkes Indiz für oder gegen ein potenzielles Unrechtsbewusstsein dar. Erweist sich danach das betreffende Verhalten als rechtlich zulässig und werden keine Bedenken hinsichtlich dessen Sanktionierbarkeit hervorgerufen, so kann die Integration des Täters in die hiesige Rechtsgemeinschaft entscheidend sein.[610] Bei einer stärkeren Eingliederung in das gesellschaftliche Leben und weitgehenden Berührungspunkten mit der hiesigen Rechts- oder Sittenordnung, kann der Täter die rechtliche Fragwürdigkeit seines Handelns erkennen und zumindest einer Erkundigungspflicht unterliegen.[611] Dabei ist die entscheidende Frage, wann eine Erkundigungspflicht ausgelöst wird und man nicht nur pau-

---

[603] *Valerius*, Kultur und Strafrecht, S. 186 unter Verweis BGH 23.12.1952 – 2 StR 612/52, BGHSt 4, 1 (5).

[604] BGH 20.03.1956 – 1 StR 498/55, BGHSt 9, 164 (172); BGH 23.04.1953 – 3 StR 219/52, BGHSt 4, 236 (243); BGH 23.12.1952 – 2 StR 612/52, BGHSt 4, 1 (5).

[605] *Valerius*, Kultur und Strafrecht, S. 186.

[606] *Valerius*, Kultur und Strafrecht, S. 186.

[607] BGH 10.07.2018 – VI ZR 263/17, BGH, NJW-RR 2018, 1250 (1253); BGH 27.06.2017 – VI ZR 424/16, BGH, NJW-RR 2017, 1004 (1005); BGH 15.05.2012 – VI ZR 166/11, BGH NJW 2012, 3177 (3180) [„vorzugsweise durch Einholung einer Auskunft der Erlaubnisbehörde"]; vgl. BGH 24.09.1953 – 5 StR 225/53, BGHSt 4, 347 (352); siehe auch in der Literatur *Weiß*, in: Schäfer/Omlor/Mimberg-ZAG, § 63 Rn. 81.

[608] *Valerius*, Kultur und Strafrecht, S. 187 mit weiteren Nachweisen; zum Vermeidbarkeitsmaßstab siehe ferner *Nestler*, Jura 2015, 562 (570).

[609] *Weiß*, in: Schäfer/Omlor/Mimberg-ZAG, § 63 Rn. 82.

[610] *Valerius*, Kultur und Strafrecht, S. 187.

[611] *Valerius*, Kultur und Strafrecht, S. 187 f.

schal von einem Unrechtsbewusstsein ausgehen kann, gerade wenn der Täter um die bloße Verschiedenheit seines eigenen und des hiesigen Kulturkreises weiß.[612] Gesteht man sogar einheimischen Tätern im Nebenstrafrecht im Einzelfall einen unvermeidbaren Verbotsirrtum zu[613], so würde dies bei der Annahme eines pauschalen Unrechtsbewusstseins, den nicht einheimischen Täter benachteiligen.[614] Ausgangslage muss die Fällung eines hypothetischen Urteils sein, ob es dem Täter möglich war, das seinem Handeln entgegenstehende rechtliche Verbot zu erkennen.[615] Demnach ist ein Verbotsirrtum vermeidbar, wenn der Täter nach seinen individuellen Fähigkeiten bei Einsatz all seiner geistigen Erkenntniskräfte und seiner sittlichen Wertvorstellungen zur Unrechtseinsicht hätte gelangen können.[616] Entscheidend ist hierbei die Zumutbarkeit der Gewissensanspannung.[617] Zumutbar kann eine Gewissensanspannung insbesondere sein, wenn der Täter bewusst eine Verbindung zum fremden Staat knüpft, vor allem wenn er dauerhaft und häufig Berührungspunkte mit der hiesigen Rechtsordnung sucht.[618] Gerade wenn sich die Hawaladare dauerhaft niederlassen und gezielt den deutschen Markt mit Finanztransfergeschäften bedienen, mithin gewerblich tätig werden wollen, trifft diese umso mehr die Pflicht sich mit der hiesigen Rechtslage vertraut zu machen.[619] Aber auch hier sei wieder auf den jeweiligen Einzelfall verwiesen, der Ausschlag dafür gibt, inwiefern den jeweiligen Hawaladar eine Erkundigungspflicht trifft.

Ob darüber hinaus die strengen Anforderungen[620] der Rechtsprechung an die Vermeidbarkeit des Verbotsirrtums herabgesetzt werden können,[621] weil im Bereich

---

612 *Valerius*, Kultur und Strafrecht, S. 188.

613 *Valerius*, Kultur und Strafrecht, S. 188 unter Verweis auf BayObLG 13.10.1999 – 3 ObOWi 88/99, BayObLG, NStZ 2000, 148 (148); OLG Oldenburg 30.09.1991 – Ss 270/91, OLG Oldenburg, NJW 1992, 2438 (2438).

614 *Valerius*, Kultur und Strafrecht, S. 188.

615 *Valerius*, Kultur und Strafrecht, S. 189.

616 BGH 27.01.1966 – KRB 2/65, BGHSt 21, 18 (20); BGH 20.03.1956 – 1 StR 498/55, BGHSt 9, 164 (172); BGH 23.04.1953 – 3 StR 219/52, BGHSt 4, 236 (243); BGH 23.12.1952 – 2 StR 612/52, BGHSt 4, 1 (5); BGH 19.12.1952 – 1 StR 2/52, BGHSt 3, 357 (365 f.); BGH 18.03.1952 – GSSt 2/51, BGHSt 2, 194 (201 f., 209).

617 *Valerius*, Kultur und Strafrecht, S. 189 unter vergleichenden Verweis auf weitere Quellen.

618 *Valerius*, Kultur und Strafrecht, S. 189.

619 Vgl. *Valerius*, Kultur und Strafrecht, S. 189 f.; siehe dazu ferner *Nestler*, Jura 2015, 562 (568) mit jeweiligen Nachweisen [„Grund zur Überprüfung sei generell auch dann gegeben, wenn sich der Täter bewusst in einem Metier bewegt, in dem Sonderregelungen gelten, so bspw. im Straßenverkehr oder für bestimmte Berufe bzw. Branchen"]; siehe auch *Laubenthal/Baier*, GA 2000, 205 (220), die festhalten, dass der ausländische Gewerbetreibende oder Gastwirt sich im gleichen Umfang kundig machen muss wie sein einheimischer Konkurrent.

620 BGH 27.01.1966 – KRB 2/65, BGHSt 21, 18 (20); BGH 23.04.1953 – 3 StR 219/52, BGHSt 4, 236 (243); zurückzuführend ist dies vor allem auf generalpräventive Belange, so *Laubenthal/Baier*, GA 2000, 205 (217); kritisch zum strengen Maßstab siehe *Röttger*, Der Irrtum im Außenwirtschaftsstrafrecht, S. 249 f.; *Nestler*, Jura 2015, 562 (572 f.).

621 Siehe dazu die Ansätze in *Röttger*, Der Irrtum im Außenwirtschaftsstrafrecht, S. 249 f.

des ZAG auch Nichtunternehmer agieren können – wie § 63 Abs. 1 Nr. 4 ZAG beweist – und dies dem Nebenstrafrecht zugeordnet werden kann, mag hier nicht abschließend geklärt werden können und bietet Raum für eine eigene Abhandlung. Denn vereinzelt wird in anderen Tatbeständen des § 63 ZAG auch eine Unternehmerstellung vorausgesetzt oder es muss zumindest gewerbsmäßig oder in einem Umfang, der einen in kaufmännischer Weise eingerichteten Geschäftsbetrieb erfordert, Zahlungsdienste erbracht werden. Dies ist kein Spezifikum einer anderen kulturellen Wertvorstellung, sondern ist vielmehr Ausfluss der Frage nach dem Anforderungsmaßstab eines (Nicht-)Fachmanns im Bereich einer Fachmaterie.

B. Die originäre Strafbarkeit der Hawala nach dem StGB

Zudem kommt eine originäre Strafbarkeit des Hawala-Systems nach dem StGB in Betracht, mithin der Bildung einer kriminellen Vereinigung nach § 129 Abs. 1 StGB.[622] Nach Aussage des BGH[623] können gerade Tätergruppierungen aus dem Bereich der organisierten Kriminalität sowie aus dem Bereich der Wirtschaftskriminalität unter den Begriff der kriminellen Vereinigung fallen. Im gleichen Zuge nennt er dabei die Hawala-Netzwerke, womit er wohl auch diese dem Bereich der organisierten Kriminalität oder dem Bereich der Wirtschaftskriminalität zuordnet und eine Strafbarkeit nach § 129 Abs. 1 StGB anerkennt. Legt man aber auch hier wieder, den vermeintlich sozialadäquaten Gedanken zugrunde[624] der dem

[622] So erstmalig einordnend BGH 02.06.2021 – 3 StR 61/21, BGH, ZIP 2021, 1853 (1854); bestätigend BGH 28.06.2022 – 3 StR 403/20, BGH, BeckRS 2022, 20799, Rn. 7; ebenfalls BGH 28.06.2023 – 3 StR 108/23, BGH, BeckRS 2023, 18792 und BGH 01.06. 2023 – 3 StR 414/22, BGH, BeckRS 2023, 17742, bei denen die Rechtsmittel – mit Ausnahme einer Einziehungsentscheidung, die der Senat korrigiert hat – keinen Erfolg hatten, sodass damit erneut die rechtliche Qualifizierung eines Hawala-Netzwerkes als kriminelle Vereinigung nach § 129 Abs. 2 StGB bestätigt wurde; LG Köln 23.05.2022 – 109 KLs 5/21, LG Köln, abrufbar unter: https://www.justiz.nrw.de/nrwe/lgs/koeln/lg_koeln/j2022/109_KLs_5_21_Urteil_20220523.html, Rn. 638 f.; siehe dazu auch *Nestler/Schiffner*, NStZ 2022, 35 (38).

[623] BGH 02.06.2021 – 3 StR 61/21, BGH, ZIP 2021, 1853 (1854), der dies wohl als Anlass zur Untersuchung des Hawala-Netzwerkes als kriminelle Vereinigung nimmt.

[624] So BT-Drs. 17/3023, S. 55 zumindest für die Vorgängernorm des § 8 Abs. 1 S. 1 ZAG a. F., das aber auch für § 10 Abs. 1 S. 1 ZAG gilt; dazu LG Mannheim 17.11.2020 – 22 KLs 540 Js 6574/20, LG Mannheim, BeckRS 2020, 50512, Rn. 122; *Eckhold*, in: Schäfer/Omlor/Mimberg-ZAG, § 10, 11 Rn. 24; *Tiemann*, in: Schäfer/Omlor/Mimberg-ZAG, § 7 Rn. 2; *Terlau*, in: Casper/Terlau-ZAG, § 63 Rn. 10; *Walter*, in: Casper/Terlau-ZAG, § 10 Rn. 4; *Richter*, in: Luz/Neus/Schaber/Schneider/et al.-ZAG, § 63 Rn. 11; *Janßen*, VuR 2018, 54 (54); *Müller/Starre*, BKR 2013, 149 (152); a. A. die von einem repressiven Verbot mit Erlaubnisvorbehalt ausgeht *Reschke/Ernst*, in: Ellenberger/Findeisen/Nobbe/Böger-Kommentar zum Zahlungsverkehrsrecht, § 7 ZAG Rn. 2 zu § 10 ZAG; *Danwerth*, Das Finanztransfergeschäft als Zahlungsdienst, S. 37, zu § 8 ZAG a. F. unter vergleichenden Verweis auf einschlägige Rechtsprechung und Literatur ebenfalls zur alten Rechtslage des § 8 ZAG a. F.

§ 63 Abs. 1 Nr. 4 ZAG nachgesagt wird, so verwundert die Einordnung des BGH,[625] denn schließlich verbindet dieser, wie soeben geschildert, mit § 129 Abs. 1 StGB auch den Bereich der organisierten Kriminalität. Dementsprechend wird es Aufgabe sein, herauszufinden, inwiefern § 129 Abs. 1 StGB das Hawala-Banking überhaupt erfasst und ob dies mit Blick auf die Bezugstat des § 63 Abs. 1 Nr. 4 ZAG auch legitim erscheint. Gerade die Stellung des § 63 Abs. 1 Nr. 4 ZAG als Bezugstat prognostiziert eine Konnexität oder Divergenz der beiden Strafnormen (§ 63 Abs. 1 Nr. 4 ZAG und § 129 Abs. 1 StGB). Am Falle des Hawala-Bankings wird dieses Zusammenspiel der beiden Strafnormen deutlich, was ebenfalls Berücksichtigung bei der folgenden Untersuchung finden soll.

I. Die objektiven Voraussetzungen des § 129 Abs. 1 StGB

Zur Verwirklichung des § 129 Abs. 1 StGB bedarf es in objektiver Hinsicht einer Vereinigungsstruktur des Hawala-Netzwerkes. Zudem muss der Zweck oder die Tätigkeit des Netzwerkes auf eine Straftat ausgerichtet sein. Auch stellt sich die Frage, welche Tathandlungen des § 129 Abs. 1 StGB die Hawala-Akteure überhaupt vollziehen. Darauf soll im Folgenden eine Antwort gegeben werden.

1. Die Vereinigungsstruktur des Hawala-Netzwerkes nach § 129 Abs. 2 StGB

Grundvoraussetzung für die Strafbarkeit nach § 129 Abs. 1 StGB ist das Vorliegen einer Vereinigung. Anders als in seiner alten Fassung[626] ist der Begriff der Vereinigung inzwischen in § 129 Abs. 2 StGB legaldefiniert und umschreibt eine Vereinigung als „auf längere Dauer angelegter, von einer Festlegung von Rollen der Mitglieder, der Kontinuität der Mitgliedschaft und der Ausprägung der Struktur unabhängiger organisierter Zusammenschluss von mehr als zwei Personen zur Verfolgung eines übergeordneten gemeinsamen Interesses." Die Legaldefinition des § 129 Abs. 2 StGB ist an die Definition des Art. 1 des Rahmenbeschlusses 2008/841/JI angelehnt und sollte der engen Auslegung der Rechtsprechung des BGH entgegenwirken;[627] im Ergebnis soll es insoweit auch das mildere Gesetz gegenüber der alten Fassung des § 129 darstellen, § 2 Abs. 3 StGB[628]. Aus der Definition folgen vier Elemente, ein personelles, ein organisatorisches, ein zeitliches

[625] *Nestler/Schiffner*, NStZ 2022, 35 (38 f.).

[626] Zum 54. Gesetz zur Änderung des Strafgesetzbuches vom 17.07.2017 – Gesetz zur Umsetzung des Rahmenbeschlusses 2008/841/JI des Rates vom 24.10.2008 zur Bekämpfung der organisierten Kriminalität, siehe BGBl. I 2017, S. 2440.

[627] So BT-Drs. 18/11275, S. 1, 11.

[628] So *Krauß*, in: LK-StGB, § 129 Rn. 20.

und ein interessenbezogenes Element.[629] Demnach gilt es zunächst die Hawala-Netzwerke sowie die Hawala-Gruppierungen den vier Elementen zuzuordnen, um eine Übereinstimmung oder eine Divergenz mit dem Vereinigungsbegriff des § 129 Abs. 2 StGB zu belegen.

a) Das personelle Element des Hawala-Netzwerkes

Eine Vereinigung muss sich mindestens aus drei Personen zusammensetzen,[630] verweist § 129 Abs. 2 StGB schließlich darauf, dass ein „Zusammenschluss von mehr als zwei Personen" nötig ist. Bereits zur früheren Rechtslage[631] wurden mehr als zwei Personen zum Maßstab gemacht, da sich ansonsten noch nicht die für größere Personenzusammenschlüsse typische Eigendynamik entwickeln kann.[632] Beim Hawala-Banking wird man bei einer Einzeltransaktion, bei der lediglich Hawaladar 1 und Hawaladar 2 zusammenarbeiten, einen solchen Zusammenschluss missen, agieren diese eben nur zu zweit. In der Praxis werden meist jedoch mehr als nur zwei Hawaladare agieren, allein um die umfangreiche Logistik stemmen zu können. So ergeben sich Konstellationen, in denen die Hawaladare eine Gruppierung und ganze Netzwerke um sich versammeln, die ein umfangreiches Personengeflecht umfassen. Im Fall des BGH[633] vom 02.06.2021 stand das Netzwerk „mit zahlreichen über die gesamte Bundesrepublik verstreuten Personen in regelmäßiger Verbindung". Dazu gehörten Inhaber von einem Juweliergeschäft, Betreiber eines in Istanbul ansässigen Büros, Buchhalter aber auch Einsammler. In diesem Fall

---

[629] BGH 02.06.2021 – 3 StR 61/21, BGH, ZIP 2021, 1853 (1854); LG Düsseldorf 23.11.2021 – 014 KLs 2/21, LG Düsseldorf, abrufbar unter: http://www.justiz.nrw.de/nrwe/lgs/duesseldorf/lg_duesseldorf/j2021/014_KLs_2_21_Urteil_20211123.html, Rn. 646, LG Düsseldorf, BeckRS 2021, 55636, Rn. 158; *Eschelbach*, in: NK-StGB, § 129 Rn. 31; *Schäfer/Anstötz*, in: MüKo-StGB, § 129 Rn. 14a; *Nestler/Schiffner*, NStZ 2022, 35 (38); *Singelnstein/Winkler*, NJW 2023, 2815 (2816) [„drei objektive Merkmale und ein subjektiv geprägtes Element"]; *Sinn/Iden/Pörtner*, ZIS 2021, 435 (440); anders aber im Ergebnis gleich LG Köln 09.11.2020 – 101 Qs 72/20, LG Köln, abrufbar unter: https://www.justiz.nrw/nrwe/lgs/koeln/lg_koeln/j2020/101_Qs_72_20_Beschluss_20201109.html, Rn. 18 [„zwei Merkmale"]; kritisch *Stein/Greco*, in: SK-StGB, § 129 Rn. 7, die sich für eine fünfgliedrige Strukturierung aussprechen.

[630] *Eschelbach*, in: NK-StGB, § 129 Rn. 32; *Krauß*, in: LK-StGB, § 129 Rn. 38, 34; *Schäfer/Anstötz*, in: MüKo-StGB, § 129 Rn. 15; *Stein/Greco*, in: SK-StGB, § 129 Rn. 9; *Singelnstein/Winkler*, NJW 2023, 2815 (2816).

[631] Vgl. bereits die damalige Rechtslage BGH 09.07.1991 – 1 StR 666/90, BGHSt 38, 26 (30); BGH 11.10.1978 – 3 StR 105/78 (S), BGHSt 28, 147 (148 ff.).

[632] BGH 11.10.1978 – 3 StR 105/78 (S), BGHSt 28, 147 (148 ff.); darauf ebenfalls verweisend *Eschelbach*, in: NK-StGB, § 129 Rn. 32; *Schäfer/Anstötz*, in: MüKo-StGB, § 129 Rn. 15; siehe auch *Stein/Greco*, in: SK-StGB, § 129 Rn. 9, die eine typologische Struktur des Vereinigungsbegriffs zugrunde legen und dies weiterhin als Ansatz dahingehend heranziehen, dass eine gefährliche Eigendynamik umso ferner liegt, umso kleiner die Gruppierung ist.

[633] BGH 02.06.2021 – 3 StR 61/21, BGH, ZIP 2021, 1853 (1854); so bereits zuvor die Vorinstanz LG Mannheim 17.11.2020 – 22 KLs 540 Js 6574/20, LG Mannheim, BeckRS 2020, 50512, Rn. 27 ff., Rn. 134.

vereinigten sich um den Hawaladar in Köln jedoch „eigene“ Akteure, die als Einsammler und Buchhalter für diesen tätig wurden und diesem zuarbeiteten, was auch als Hawala-Gruppierung umschrieben werden kann und diese bereits eigenständig das personelle Element des Vereinigungsbegriffs des § 129 Abs. 2 StGB erfüllt. Dieser Gedankengang mag beim organisatorischen Element noch einmal die Frage nach einer Teilorganisation aufwerfen und soll noch geklärt werden. Ähnliche Strukturen weist der Fall des BGH[634] vom 28.06.2022 auf, bei dem ebenfalls Leitpersonen wie der „Als., der dort gemeinsam mit mindestens zwei weiteren Personen die Hawala-Banking-Organisation anführte“, aber auch Kuriere, Einsammler sowie Buchhalter involviert waren. „Des Weiteren ist die hohe Zahl der nicht nur in Deutschland, sondern auch in der Türkei und anderen Staaten, namentlich Syrien, eng aufeinander abgestimmt tätigen Beteiligten zu berücksichtigen.“ Auch im Fall des LG Düsseldorf[635] vom 23.11.2021 zeigen sich Strukturen, die über die Struktur einer bloßen Einzeltransaktion hinausgehen, denn „[d]ie Gruppierung verfügte über eine ausgeprägte, grenzüberschreitende Organisationsstruktur unter Einbindung einer Vielzahl von juristischen Personen bzw. Personengesellschaften in Gestalt der Zahlstellen, die als formaler Deckmantel eingesetzt wurden und im ganzen Bundesgebiet und in J1 verteilt waren. Die Zahlstellen waren mit einer Vielzahl von Anlaufpersonen ausgestattet. Der Ausgleich der Töpfe erfolgte über den An- und Verkauf von Edelmetallen unter Einsatz von Kurieren und weiteren juristischen Personen. […] Der Angeklagte L1 hat den Zusammenschluss geleitet.“ Im Fall des LG Köln[636] vom 23.05.2022 waren in Deutschland autorisierte Geldannahmestellen verteilt, bei denen es sich um Ladenlokale von Juwelieren handelte, aber auch um Büros mit entsprechend zur Geldannahme autorisierten Personen. Auch wurden Einsammler eingesetzt, die sogar in den Niederlanden oder in Belgien Gelder entgegennahmen und nach Deutschland brachten. U T5, der als Leitperson fungierte, war dafür zuständig zu koordinieren und die Auszahlungsstellen anzuweisen. Zudem agierten in dem Netzwerk Akteure, die in erster Linie für das Clearingverfahren zuständig waren, indem diese „für den Ausgleich der beiden ‚Zahlungstöpfe‘ in Deutschland (‚Einzahlungstopf‘) und in der Türkei (‚Auszahlungstopf‘)“ sorgten. Hierzu wurden die eingezahlten Gelder in Gold umgetauscht und die Goldbarren von Akteuren, in die Türkei per Passagierflugzeug und mittels verplombter Koffer im Handgepäck geschafft. Zur Einhaltung der Zollformalitäten wurden bei den Edelmetallausfuhren über verschiedene, von der Organisation beherrschte und eigens zu diesem Zweck gegründete und betriebene Firmen eine wahrheitswidrige Papierlage über den Ankauf des Altgoldes erstellt. Auch dabei waren verschiedene Akteure involviert. Zusammenfassend zeigt die

---

[634] BGH 28.06.2022 – 3 StR 403/20, BGH, BeckRS 2022, 20799, Rn. 4 ff., 12.

[635] LG Düsseldorf 23.11.2021 – 014 KLs 2/21, LG Düsseldorf, abrufbar unter: http://www.justiz.nrw.de/nrwe/lgs/duesseldorf/lg_duesseldorf/j2021/014_KLs_2_21_Urteil_20211123.html, Rn. 652, LG Düsseldorf, BeckRS 2021, 55636, Rn. 164.

[636] LG Köln 23.05.2022 – 109 KLs 5/21, LG Köln, abrufbar unter: https://www.justiz.nrw.de/nrwe/lgs/koeln/lg_koeln/j2022/109_KLs_5_21_Urteil_20220523.html, Rn. 53 ff.

Einzeltransaktion, dass beim Hawala-Banking nicht pauschal immer das personelle Element vorliegen muss. Die Fälle aus der Rechtsprechung verdeutlichen jedoch, dass gerade Hawala-Netzwerke, aber bereits auch Hawala-Gruppierungen, ein Ausmaß annehmen können, das deutlich über der Mindestpersonenzahl liegt, um die umfangreiche Logistik aufrechterhalten zu können.

b) Das organisatorische Element des Hawala-Netzwerkes

Des Weiteren bedarf es eines Mindestmaßes an fester Organisation,[637] spricht § 129 Abs. 2 StGB schließlich von einem „organisierten Zusammenschluss". So mögen die Anforderungen an die Organisationsstruktur mit der Gesetzesänderung abgesenkt worden sein, dennoch bleibt ein gewisses Maß weiterhin erforderlich.[638] Umstritten ist dabei jedoch das erforderliche Ausmaß der Organisation.[639] So wird angenommen, dass ein lediglich rudimentärer Charakter der Organisation ausreicht.[640] Andererseits wird vertreten, dass von einem organisierten Zusammenschluss erst gesprochen werden kann, wo mehr als nur eine rudimentäre Struktur vorhanden ist.[641] Damit soll es bezüglich des organisatorischen Elements beim herkömmlichen Vereinigungsbegriff verbleiben.[642]

Ob man bei einem rein rudimentären Charakter eines Zusammenschlusses noch von einer Organisation sprechen kann, scheint hinterfragt werden zu können.[643] Auch wird vom Gesetzgeber zunächst zumindest angedeutet, dass die Abgrenzung zur Bande wohl in erster Linie anhand des Merkmals des übergeordneten Interesses entschieden, nicht anhand des Organisationselements, was hier ferner auf den Prüfstand gestellt und im Rahmen des interessenbezogenen Elements noch einmal beleuchtet wird.[644] Dieser Interpretation scheint sich die Rechtsprechung in den

[637] BT-Drs. 18/11275, S. 11 [„gewisses Maß an Organisation"]; BGH 22.03.2018 – StB 32/17, BGH, NStZ-RR 2018, 206 (207); *Eschelbach*, in: NK-StGB, § 129 Rn. 37; *Krauß*, in: LK-StGB, § 129 Rn. 39; *Schäfer/Anstötz*, in: MüKo-StGB, § 129 Rn. 16; *Stein/Greco*, in: SK-StGB, § 129 Rn. 24; *Singelnstein/Winkler*, NJW 2023, 2815 (2816) [„rudimentäre Organisationsstruktur"].

[638] BT-Drs. 18/11275, S. 11; BGH 28.06.2022 – 3 StR 403/20, BGH, BeckRS 2022, 20799, Rn. 10; BGH 22.03.2018 – StB 32/17, BGH, NStZ-RR 2018, 206 (207); *Kuhli*, in: Matt/Renzikowski-StGB, § 129 Rn. 8.

[639] *Stein/Greco*, in: SK-StGB, § 129 Rn. 25.

[640] BT-Drs. 18/11275, S. 11.

[641] *Stein/Greco*, in: SK-StGB, § 129 Rn. 26.

[642] *Stein/Greco*, in: SK-StGB, § 129 Rn. 27, die jedoch anhand des zugrunde gelegten typologischen Charakters des Vereinigungsbegriffs eine schwächere Ausprägung des organisatorischen Elements zulassen, umso mehr die weiteren Elemente verwirklicht sind.

[643] So auch *Stein/Greco*, in: SK-StGB, § 129 Rn. 26.

[644] Vgl. BT-Drs. 18/11275, S. 11 [„Die Vereinigung unterscheidet sich also von der Bande durch eine – möglicherweise nur rudimentäre – Organisationsstruktur und die Verfolgung eines übergeordneten gemeinsamen Interesses"]; so ausdrücklich BGH 02.06.2021 – 3 StR 21/21, BGH, NJW 2021, 2813 (2815), der dies gerade auch an § 98a Abs. 1 Nr. 6 StPO fest-

einschlägigen Hawala-Fällen angeschlossen zu haben, denn diese legen den Fokus vor allem auf das interessenbezogene Element zur Bestimmung der Vereinigung nach § 129 Abs. 2 StGB.[645] Entscheidend ist für das organisatorische Element jedenfalls, dass mehr zu verlangen ist, als eine lose Übereinkunft der Mitglieder.[646] So bedarf es an eines Mindestmaßes an Organisation, Vorausplanung und Koordination.[647] Dabei kommt es aber gerade nicht auf ein „Maximum von Strukturmerkmalen" an.[648] In concreto bedarf es nicht mehr einer, wie von der Rechtsprechung[649] zur alten Rechtslage angenommenen, „Gruppenidentität".[650] Dies bedeutet, dass keine förmliche Festlegung von Rollen für die Mitglieder oder die Kontinuität der Mitglieder mehr entscheidend ist.[651] Geschweige denn, dass die äußere Organisations- und Rechtsform des Personenzusammenschlusses von weitergehender Bedeutung ist.[652] Somit kann man dem organisatorischen Element des § 129 Abs. 2 StGB nachsagen, dass dieses geringere Anforderungen stellt, als das der damaligen Rechtsprechung; dass dieses jedoch zur möglichen Abgrenzung zur Bande, höher

---

macht, spricht dieser gerade „von einem Bandenmitglied oder in anderer Weise organisiert"; ebenso *Ebbinghaus*, HRRS 2023, 16 (18). Dem jedoch mit überzeugenden Argumenten widersprechend *Sinn/Iden/Pörtner*, ZIS 2021, 435 (448), die dies auf die Historie des § 98a StPO zurückführen und „§ 98a Abs. 1 Nr. 6 StPO lediglich ein Residuum vergangener Zeit [ist], das der gegenwärtigen unstreitigen Auslegung des Bandenbegriffs als ein Mehrpersonenverhältnis ohne zwingendes Organisationsmerkmal – und somit im Kontrast zur kriminellen Vereinigung stehend – nicht widerspricht".

[645] BGH 28.06.2022 – 3 StR 403/20, BGH, BeckRS 2022, 20799, Rn. 12 ff.; BGH 02.06.2021 – 3 StR 61/21, BGH, ZIP 2021, 1853 (1854); LG Köln 23.05.2022 – 109 KLs 5/21, LG Köln, abrufbar unter: https://www.justiz.nrw.de/nrwe/lgs/koeln/lg_koeln/j2022/109_KLs_5_21_Urteil_20220523.html, Rn. 636 ff.; LG Düsseldorf 23.11.2021 – 014 KLs 2/21, LG Düsseldorf, abrufbar unter: http://www.justiz.nrw.de/nrwe/lgs/duesseldorf/lg_duesseldorf/j2021/014_KLs_2_21_Urteil_20211123.html, Rn. 647 ff., LG Düsseldorf, BeckRS 2021, 55636, Rn. 159 ff.; LG Mannheim 17.11.2020 – 22 KLs 540 Js 6574/20, LG Mannheim, BeckRS 2020, 50512, Rn. 132 ff.

[646] *Eschelbach*, in: NK-StGB, § 129 Rn. 38; *Lohse*, in: Satzger/Schluckebier/Werner-StGB, § 129 Rn. 21; *Fahrner*, Staatsschutzstrafrecht, S. 208.

[647] BT-Drs. 18/11275, S. 11; BGH 02.06.2021 – 3 StR 21/21, BGH, NJW 2021, 2813 (2814); LG Mannheim 17.11.2020 – 22 KLs 540 Js 6574/20, LG Mannheim, BeckRS 2020, 50512, Rn. 132; *Eschelbach*, in: NK-StGB, § 129 Rn. 38; auch *Kuhli*, in: Matt/Renzikowski-StGB, § 129 Rn. 8.

[648] So *Sinn/Iden/Pörtner*, ZIS 2021, 435 (444) unter Verweis auf *Stein/Greco*, in: SK-StGB, § 129 Rn. 26.

[649] BGH 10.03.2005 – 3 StR 233/04, BGH, NJW 2005, 1668 (1670); BGH 17.03.1999 – 3 Ars 2/99, BGHSt 45, 26 (35); BGH 11.10.1978 – 3 StR 105/78 (S), BGHSt 28, 147 (148).

[650] BT-Drs. 18/11275, S. 11; *Kuhli*, in: Matt/Renzikowski-StGB, § 129 Rn. 7.

[651] *Sinn/Iden/Pörtner*, ZIS 2021, 435 (444).

[652] *Schäfer/Anstötz*, in: MüKo-StGB, § 129 Rn. 16 unter vergleichenden Verweis auf BGH 21.10.1961 – 2 StE 2/61, BGHSt 16, 298 (298); BGH 22.10.1959 – 1 StE 2/58, BGHSt 14, 194 (195); BGH 02.08.1954 – StE 68/52, 11/54 BGHSt 7, 222 (223); *Krauß*, in: LK-StGB, § 129 Rn. 21.

sein muss.[653] Erforderlich ist damit, dass sich bei § 129 Abs. 2 StGB mehrere Personen in einer organisierten Form zusammenschließen, in eine Struktur eingegliedert werden und ein neues Ganzes bilden.[654] Dabei soll dieser verbindende Rahmen seinerseits auf Interdependenz, Macht und Ordnung beruhen.[655] Gemeint ist damit, dass jedes Mitglied einen Teil zur Erreichung des übergeordneten Interesses beiträgt und die jeweiligen Mitglieder aufeinander angewiesen sind; der Einzelne stellt damit sein individuelles Machtpotenzial in den Dienst der Gesamtheit.[656] Er ordnet sich dadurch jedoch nicht unter, sondern gliedert sich einvernehmlich ein.[657] Dabei werden Verfahrensabläufe geregelt, indem verschiedene Rollen der Mitglieder zumindest gelegentlich eingenommen werden, ohne dass diese notwendigerweise konkludent oder ausdrücklich verfestigt sein müssen.[658] Die Ordnung kann auch aus einer bestimmten planmäßigen Infrastruktur, aus einer Methodik der Kommunikation, aus einer gemeinsamen Vorgehensweise oder aus bestimmten Verhaltensregeln resultieren.[659] In Summe kann an einem Mindestmaß an Organisation mit

---

[653] *Sinn/Iden/Pörtner*, ZIS 2021, 435 (444), die in diesem Kontext auch von einem „Grenzelement" sprechen; *Lohse*, in: Satzger/Schluckebier/Werner-StGB, § 129 Rn. 21; *Vogel/Brodowski*, in: LK-StGB, § 244 Rn. 59; a. A. wohl BGH 02. 06. 2021 – 3 StR 21/21, BGH, NJW 2021, 2813 (2815), der davon spricht, dass „eine Bande zumeist eine [...] ‚möglicherweise nur rudimentäre' Organisationsstruktur aufweisen wird". So mag eben auch eine Bande eine rudimentäre Organisationsstruktur aufweisen können.

[654] *Sinn/Iden/Pörtner*, ZIS 2021, 435 (444), die dies auch mit aus der Etymologie des Wortes „organisieren" schlussfolgern; vgl. auch BGH 02. 06. 2021 – 3 StR 21/21, BGH, NJW 2021, 2813 (2814); BGH 05. 09. 2019 – AK 49/19, BGH, BeckRS 2019, 23746, Rn. 13; BGH 07. 05. 2019 – AK 13/19, AK 14/19, AK 16/19, AK 17/19, AK 18/19, AK 19/19, BGH, BeckRS 2019, 10865, Rn. 14; BGH 22. 03. 2018 – StB 32/17, BGH, NStZ-RR 2018, 206 (207).

[655] *Sinn/Iden/Pörtner*, ZIS 2021, 435 (444); a. A. *Eschelbach*, in: NK-StGB, § 129 Rn. 39, wobei hier zu widersprechen ist, denn auch der deutsche Gesetzgeber setzt ein Mindestmaß an Organisation voraus, das sich eben in der Interdependenz, Macht und Ordnung niederschlagen kann. Zudem bedarf es bei § 129 Abs. 2 StGB keiner genaueren Grenzziehung zwischen einer straftatbestandsmäßigen und einer legalen Vereinigung, da § 129 Abs. 2 StGB allein von der Vereinigung spricht und erst im Kontext des § 129 Abs. 1 StGB ein krimineller Zweck verlangt wird, was dennoch eine Grenzziehung ermöglicht.

[656] So *Sinn/Iden/Pörtner*, ZIS 2021, 435 (444); vgl. auch BGH 02. 06. 2021 – 3 StR 21/21, BGH, NJW 2021, 2813 (2814); BGH 05. 09. 2019 – AK 49/19, BGH, BeckRS 2019, 23746, Rn. 13; *Schäfer/Anstötz*, in: MüKo-StGB, § 129 Rn. 16.

[657] Vgl. BGH 02. 06. 2021 – 3 StR 21/21, BGH, NJW 2021, 2813 (2814); BGH 07. 05. 2019 – AK 13/19, AK 14/19, AK 16/19, AK 17/19, AK 18/19, AK 19/19, BGH, BeckRS 2019, 10865, Rn. 14; BGH 22. 03. 2018 – StB 32/17, BGH, NStZ-RR 2018, 206 (207).

[658] *Sinn/Iden/Pörtner*, ZIS 2021, 435 (445); vgl. auch BGH 22. 03. 2018 – StB 32/17, BGH, NStZ-RR 2018, 206 (207), der die mitgliedschaftliche Beteiligung an eine gewisse formale Eingliederung des Täters in die Organisation festmacht, indem der Täter eine Stellung innerhalb der Vereinigung einnimmt.

[659] *Sinn/Iden/Pörtner*, ZIS 2021, 435 (445) unter vergleichenden Verweis auf weiterführende Literatur; siehe insbesondere auch BGH 28. 06. 2022 – 3 StR 403/20, BGH, BeckRS 2022, 20799, Rn. 10 [„Organisationsstruktur sowie in gewissem Umfang instrumentelle Vorausplanung und Koordinierung erfordert"]; so bereits zuvor BGH 02. 06. 2021 – 3 StR 21/

einem Mindestmaß an gegenseitiger Verpflichtung festgehalten werden,[660] was auch der Gesetzgeber[661] suggeriert, indem er im Kontext zur Bandenabrede daran festhält, dass „[d]ie Vereinigung […] hingegen ein organisierter Zusammenschluss [ist], was zumindest eine gewisse Organisationsstruktur sowie in gewissem Umfang instrumentelle Vorausplanung und Koordinierung erfordert." Damit stellt der Gesetzgeber die Organisationsstruktur der Vereinigung der Bande explizit gegenüber und verweist darauf, dass die Vereinigung „hingegen", also im Gegensatz zur Bande, ein organisierter Zusammenschluss ist. Genauso erwähnt der Gesetzgeber, dass „[d]ie Vereinigung […] sich von der Bande durch eine – möglicherweise nur rudimentäre – Organisationsstruktur und die Verfolgung eines übergeordneten gemeinsamen Interesses" unterscheidet. Damit konkretisiert er die wesentlichen Kriterien zur Abgrenzung zur Bande auf das organisatorische *sowie* auf das interessenbezogene Element, was gegen die einseitige Verlagerung der Abgrenzungsmöglichkeit auf das interessenbezogene Element spricht. Gemeint sein kann damit aber nur mit dem Annex „rudimentäre", dass geringere Anforderungen an das organisatorische Element gestellt werden als die damalige Rechtsprechung, dass jedoch ein höherer organisatorischer Aufwand nötig ist, als bei der Bande. Bloß weil die Bande einen Organisationsaufwand betreiben *kann*,[662] bedeutet dies eben nicht, dass eine Bande immer eine Organisationsstruktur im Sinne des § 129 Abs. 2 StGB aufweisen *muss* beziehungsweise, dass dieser Organisationsaufwand auch eine Interdependenz, Macht und Ordnung repräsentiert. Wie sich gezeigt hat, sind die Anforderungen an die Organisationsstruktur bei § 129 Abs. 2 StGB höher als bei der Bande, bei der hingegen ein nicht-organisierter Zusammenschluss *ausreicht*[663]. Konkret bedarf es für eine Vereinigung darüber hinaus eines interessenbezogenen Elements, das im Zweifel – und gerade für diesen Fall – gegen die gleichsame Einordnung als Vereinigung sprechen kann. Deswegen zählt der Gesetzgeber sowohl das organisatorische als auch das interessenbezogene Element im Rahmen der Abgrenzung zur Bande auf. Ob deswegen allein das interessenbezogene Merkmal das entscheidende Abgrenzungskriterium darstellt, soll an späterer Stelle noch einmal aufgegriffen und hinterfragt werden. Zumindest kann hier bereits festgehalten

21, BGH, NJW 2021, 2813 (2814); BGH 09.02.2021 – AK 3/21, BGH, NStZ-RR 2021, 136 (137), der dies an der Kommunikation der Beteiligten festmacht; *Krauß*, in: LK-StGB, § 129 Rn. 39 [„Koordinierung arbeitsteiliger Handlungen, den Kommunikationsstrukturen und den getroffenen kollektiven Maßnahmen zur Erreichung des gemeinsamen Zwecks"]; *Lohse*, in: Satzger/Schluckebier/Werner-StGB, § 129 Rn. 15; *Fahrner*, Staatsschutzstrafrecht, S. 210.

660 *Krauß*, in: LK-StGB, § 129 Rn. 39; *Lohse*, in: Satzger/Schluckebier/Werner-StGB, § 129 Rn. 16; *Fahrner*, Staatsschutzstrafrecht, S. 208.

661 BT-Drs. 18/11275, S. 11.

662 So nämlich das Argument des BGH 02.06.2021 – 3 StR 21/21, BGH, NJW 2021, 2813 (2815); dem zustimmend *Kinzig*, NJW 2021, 2813 (2817).

663 *Sinn/Iden/Pörtner*, ZIS 2021, 435 (447); *Lohse*, in: Satzger/Schluckebier/Werner-StGB, § 129 Rn. 21; anders *Vogel/Brodowski*, in: LK-StGB, § 244 Rn. 59, die zwar eine Organisationsstruktur fordern, diese aber nicht den Anforderungen des § 129 Abs. 2 StGB genügen braucht.

werden, dass bei einer Bande ein loser Zusammenschluss ausreicht und sich die Begriffe der Bande und der Vereinigung nicht decken. Ferner steht dies auch nicht dem Wortlaut des § 129 Abs. 2 StGB entgegen, der davon spricht, dass ein „von einer Festlegung von Rollen der Mitglieder, der Kontinuität der Mitgliedschaft und der Ausprägung der Struktur unabhängiger organisierter Zusammenschluss" vorliegen muss. Denn das bedeutet eben nicht, dass keinerlei Rollenverteilung stattzufinden braucht, was sich ansonsten wiederum als Widerspruch zum Erfordernis eines „organisierte[n] Zusammenschluss[es]" setzen würde.[664] Dieses Mindestmaß an Organisation muss nun den Hawala-Netzwerken zugewiesen werden unter Rückgriff auf die maßgebende Rechtsprechung.

Bezogen auf die Hawala-Fälle in der Rechtsprechung geht der BGH[665] im Fall des 02.06.2021 von einem „hier nicht weiter erörterungsbedürftigen" organisierten Zusammenschluss aus. Umfangreiche Ausführungen erfolgten dazu jedoch nicht. Vorgehend schreibt das LG Mannheim[666] im Urteil vom 17.11.2020 aber dazu, dass „das Netzwerk, über eine erhebliche vorausschauend geplante Organisationsstruktur [verfügte]. Innerhalb dieser Struktur waren neben den an der Spitze stehenden Akteuren A.G. und der ‚Türke' jedenfalls auch Buchhalter wie hier ‚F' und ‚A.A.', daneben auch – für Bargeldtransporte mit dem Flugzeug – ‚Y' und der Angeklagte als Einsammler […] mit vorher vereinbarten Aufgabenbereichen fest eingebunden bzw. eingeplant." Möchte man dies vertiefen so zeigt sich, dass in diesem Fall wirklich ein Mindestmaß an Organisation, Vorausplanung und Koordination vorlag, indem „Hawala-Kunden [Gelder] in bar bei sog. ‚Einzahlstellen' abgeben [konnten], dort über sog. ‚Einsammler' in Empfang genommen und dann an ihn, den ‚Türken', weitergeleitet worden waren."[667] Die Transfers wurden sodann vom sogenannten „Türken" in Richtung Türkei und gegebenenfalls weiter nach Syrien angeleitet.[668] Dies wurde alles von Buchhaltern verfolgt und dokumentiert. Daraus folgt, dass die einzelnen Akteure in ein Netzwerk eingegliedert waren und erst durch die jeweiligen Arbeitsschritte dem Netzwerk, die Struktur gaben. Dies erforderte natürlich eine gewisse Organisation, damit die erheblichen Summen überhaupt transferiert werden konnten und eine gewisse Koordination vor allem durch den sogenannten „Türken". Um die erheblichen Geldflüsse zu bewältigen, waren die jeweiligen Akteure aufeinander angewiesen, indem jeder seinen jeweiligen Beitrag in Form seines individuellen Machtpotenzials dazu lieferte und in den

---

[664] *Krauß*, in: LK-StGB, § 129 Rn. 39; *Lohse*, in: Satzger/Schluckebier/Werner-StGB, § 129 Rn. 14, der eine erschwerte Anwendung auch auf die Verwendung des Gesetzgebers von negativen Umschreibungen im Rahmen des § 129 Abs. 2 StGB zurückführt.

[665] BGH 02.06.2021 – 3 StR 61/21, BGH, ZIP 2021, 1853 (1854).

[666] LG Mannheim 17.11.2020 – 22 KLs 540 Js 6574/20, LG Mannheim, BeckRS 2020, 50512, Rn. 134.

[667] LG Mannheim 17.11.2020 – 22 KLs 540 Js 6574/20, LG Mannheim, BeckRS 2020, 50512, Rn. 5.

[668] LG Mannheim 17.11.2020 – 22 KLs 540 Js 6574/20, LG Mannheim, BeckRS 2020, 50512, Rn. 34.

Dienst der Gesamtheit stellte. So bestand eine Rollenverteilung innerhalb des Systems, das aber auch nicht festgefahren war, indem beispielsweise auch innerhalb des Systems Möglichkeiten zum Aufstieg gab. So gelang beispielsweise einem Angeklagten nach seiner „Einarbeitung im Bereich der ‚Buchhaltung' […] der Aufstieg zum Einsammler mit überregionalem Einzugsgebiet."[669] Ebenfalls findet sich ein bestimmtes Muster in der Methodik der Kommunikation sowie bestimmte Verhaltensregeln innerhalb des Systems. „Der Informationsaustausch innerhalb des Netzwerks fand – in arabischer Sprache – weit überwiegend mit Hilfe des Messenger-Dienstes ‚WhatsApp' statt, über den die am Netzwerk Beteiligten sich in Form von Kurznachrichten, Fotos (wie etwa abfotografierte Ausweise oder auch syrische Hawala-Belege), aber auch per ‚WhatsApp-Calls' austauschen konnten."[670] „Bei dem Hawala-System, innerhalb dessen der Angeklagte agierte, handelt es sich um ein gut durchorganisiertes konspirativ vorgehendes, Netzwerk, das das Geschäftsmodell verfolgte, Kunden gegen eine Gebühr, mithin eine Provision, Zahlungsabwicklungen per Hawala anzubieten. Fester Bestandteil des Geschäftskonzepts war es dabei, sich auch in Deutschland gezielt jeglicher Form staatlicher Aufsicht und damit der Finanzaufsicht zu entziehen"[671]. „Bestandteil des konspirativen Geschäftskonzepts war es, die Identität einzelner Akteure so weit als möglich zu verschleiern."[672] Dazu wurde beispielsweise auf eine „SIM-Karte eines griechischen Telekommunikationsdienstleisters"[673] zurückgegriffen. Es zeigt sich in Summe ein planmäßiges „Firmengeflecht" zur Verschleierung, geregelte standardisierte Mechanismen und Verfahren der Absprache, Vorausplanung und Durchführung von Straftaten wie § 63 Abs. 1 Nr. 4 ZAG aber auch die Regelung der Kommunikation durch Decknamen und Codierung und die mit einem hierarchischen Aufbau oder einer Arbeitsteilung oftmals einhergehende Rollenverteilung.[674]

---

[669] LG Mannheim 17.11.2020 – 22 KLs 540 Js 6574/20, LG Mannheim, BeckRS 2020, 50512, Rn. 5; siehe ebenfalls im Fall des LG Düsseldorf 23.11.2021 – 014 KLs 2/21, LG Düsseldorf, abrufbar unter: http://www.justiz.nrw.de/nrwe/lgs/duesseldorf/lg_duesseldorf/j2021/014_KLs_2_21_Urteil_20211123.html, Rn. 29, LG Düsseldorf, BeckRS 2021, 55636, Rn. 18 [„Ab einem nicht genau bestimmbaren Zeitpunkt zu Beginn des Jahres 2018 waren oder wurden die Angeklagten *in unterschiedlicher Funktion* Teil eines Geldtransfersystems, das die Erbringung von Finanztransaktionsgeschäften von Deutschland in die Türkei und umgekehrt zum Gegenstand hatte"].

[670] LG Mannheim 17.11.2020 – 22 KLs 540 Js 6574/20, LG Mannheim, BeckRS 2020, 50512, Rn. 36.

[671] LG Mannheim 17.11.2020 – 22 KLs 540 Js 6574/20, LG Mannheim, BeckRS 2020, 50512, Rn. 27.

[672] LG Mannheim 17.11.2020 – 22 KLs 540 Js 6574/20, LG Mannheim, BeckRS 2020, 50512, Rn. 32.

[673] LG Mannheim 17.11.2020 – 22 KLs 540 Js 6574/20, LG Mannheim, BeckRS 2020, 50512, Rn. 44.

[674] So die Indizien nach *Sinn/Iden/Pörtner*, ZIS 2021, 435 (445); ähnlich *Schäfer/Anstötz*, in: MüKo-StGB, § 129 Rn. 18.

Blickt man obendrein auf den Fall des BGH[675] vom 28.06.2022, so schreibt dieser zumindest, dass „[d]as Hawala-Banking-Netzwerk […] mit der Führungsebene in der Türkei, der geschäftsmäßigen Struktur, dem etablierten Buchungswesen sowie der Vielzahl der arbeitsteilig, konzentriert und international tätigen Beteiligten in hohem Maße organsiert und strukturiert [war] (organisatorisches Element).“ Hierbei geht der BGH sogar von einer Organisation und Struktur „in hohem Maße“ aus. Ähnlich wie im bereits geschilderten Fall „lag nicht nur eine ausgefeilte Logistik, sondern auch eine spezielle ‚Buchhaltung‘ zu Grunde, die nicht zuletzt der Überwachung der in den Geldtransfer eingebundenen Personen diente.“[676] „Des Weiteren ist die hohe Zahl der nicht nur in Deutschland, sondern auch in der Türkei und anderen Staaten, namentlich Syrien, eng aufeinander abgestimmt tätigen Beteiligten zu berücksichtigen.“[677] In Summe zeigt sich auch hier eine Organisation wie im zuvor geschilderten Fall, die dem Hawala-System ebenfalls das organisatorische Element verlieh.

Interessant ist ferner noch der Fall des LG Köln[678] vom 23.05.2022, da neben den in den vorherigen Fällen genannten Aspekte, besonders die Clearing-Logistik hervorstach. Zunächst sei auch hier darauf verwiesen, dass Annahmestellen und Einsammler integriert waren und beispielsweise dem U T5 die „Führung der Organisation“[679] oblag, mithin auch hier eine Rollenverteilung vorhanden war. So waren einige Akteure auch weisungsgebunden,[680] womit von einer gewissen hierarchischen Struktur ausgegangen werden kann. Nebstdem lag dem Netzwerk auch eine besondere Kommunikation zugrunde. So wurde der „Code[…] „Zara“ durch unbekannte Dritte gegenüber dem Angeklagten E und die regelmäßige Nutzung von Synonymen wie ‚800 Kataloge‘, ‚90 Kilometer‘, ‚Anvertrautes‘, ‚Gemüse‘, ‚Eisen‘, ‚Papier‘ sowie die Nutzung des Messengers Telegram statt Whatsapp“[681] verwendet. Auch hierin erkennt man wieder eine Eingliederung der Akteure, die dem Netzwerk erst die Struktur geben, eine gewisse Organisation, eine gewisse Koordination sowie ein bestimmtes Muster in der Kommunikation sowie bestimmte Verhaltensregeln innerhalb des Systems. Insbesondere sticht in diesem Fall jedoch hervor, dass die Akteure eine besonders umfangreiche Clearing-Logistik betrieben, indem „[d]er Ausgleich der Zahlungstöpfe […] durch die Ausfuhr von Edelmetall – in der Regel Altgold, teilweise aber auch Silber – in die Türkei unter Vor-

[675] BGH 28.06.2022 – 3 StR 403/20, BGH, BeckRS 2022, 20799, Rn. 12.

[676] BGH 28.06.2022 – 3 StR 403/20, BGH, BeckRS 2022, 20799, Rn. 14.

[677] BGH 28.06.2022 – 3 StR 403/20, BGH, BeckRS 2022, 20799, Rn. 14.

[678] LG Köln 23.05.2022 – 109 KLs 5/21, LG Köln, abrufbar unter: https://www.justiz.nrw.de/nrwe/lgs/koeln/lg_koeln/j2022/109_KLs_5_21_Urteil_20220523.html.

[679] LG Köln 23.05.2022 – 109 KLs 5/21, LG Köln, abrufbar unter: https://www.justiz.nrw.de/nrwe/lgs/koeln/lg_koeln/j2022/109_KLs_5_21_Urteil_20220523.html, Rn. 75.

[680] LG Köln 23.05.2022 – 109 KLs 5/21, LG Köln, abrufbar unter: https://www.justiz.nrw.de/nrwe/lgs/koeln/lg_koeln/j2022/109_KLs_5_21_Urteil_20220523.html, Rn. 103.

[681] LG Köln 23.05.2022 – 109 KLs 5/21, LG Köln, abrufbar unter: https://www.justiz.nrw.de/nrwe/lgs/koeln/lg_koeln/j2022/109_KLs_5_21_Urteil_20220523.html, Rn. 534.

spiegelung eines legalen Kaufgeschäfts mittels fingierter Rechnungen und Lieferscheine bewerkstelligt"[682] wurde. Dazu wurden die entgegengenommenen Gelder in Altgold bei diversen Juwelieren oder Pfandleihhäusern eingetauscht und dieses wiederum in die Türkei transferiert. „Die Betreiber des Pfandleihhauses besorgten die benötigte Menge Altgold größtenteils aus Italien. Von dort wurde es durch Kuriere in professionell gefertigten Verstecken in Kraftfahrzeugen nach Deutschland geschmuggelt. Das erworbene Altgold wurde anschließend in Barren geschmolzen, selbst wenn dieses bereits in Barren- oder Münzform vorlag, sodass keine Rückschlüsse auf die Herkunft des Goldes mehr möglich waren."[683] Die Goldbarren wurden anschließend über verschiedene von der Organisation beherrschte und eigens zu diesem Zweck gegründete und betriebene Firmen an das Unternehmen ‚U1' […] in Istanbul regelmäßig mehrfach wöchentlich durch Kuriere per Passagierflug und mittels verplombter Koffer im Handgepäck exportiert."[684] Dazu wurden auch gemeinsame Schein- oder Tarnfirmen gegründet, indem „[z]ur Einhaltung der Zollformalitäten bei den Edelmetallausfuhren […] über die Firmen der Organisation eine wahrheitswidrige Papierlage über den Ankauf des Altgoldes erstellt [wurde]."[685] Dazu nutzten die Angeklagten „tschechische[…] und dänische[…] Strohfirmen wie der W2, der S2, der C3 und der S3. Die mittels selbst erstellter Briefköpfe, Firmenformulare und Stempel gefertigten Rechnungen waren stets gefälscht und es lag kein tatsächlicher Kaufvorgang mit diesen tschechischen bzw. dänischen Firmen zugrunde."[686] Gerade hieran erkennt man das koordinierte Vorgehen und das planmäßig integrierte Firmengeflecht zur Verschleierung der dahintersteckenden Transfers. Als Indiz für diesen organisatorischen Zusammenschluss kann auch hier auf das Verwenden von Decknamen und die gemeinsame Gründung von Schein- oder Tarnfirmen verwiesen werden.[687] Zur Herstellung der „Kartoffeln", also unechtes Vorzeigegold, wurde E eingesetzt, der über sehr gute Chemiekenntnisse verfügte.[688] Wesentlich war auch die Schaffung der Papierlage für die Goldausfuhren durch die T. „Insoweit habe sie auf ihre Erfahrungen aus der Zeit bei der Firma H1 zurückgreifen können."[689] Gerade an E und T wird deutlich,

[682] LG Köln 23.05.2022 – 109 KLs 5/21, LG Köln, abrufbar unter: https://www.justiz.nrw.de/nrwe/lgs/koeln/lg_koeln/j2022/109_KLs_5_21_Urteil_20220523.html, Rn. 52.

[683] LG Köln 23.05.2022 – 109 KLs 5/21, LG Köln, abrufbar unter: https://www.justiz.nrw.de/nrwe/lgs/koeln/lg_koeln/j2022/109_KLs_5_21_Urteil_20220523.html, Rn. 59.

[684] LG Köln 23.05.2022 – 109 KLs 5/21, LG Köln, abrufbar unter: https://www.justiz.nrw.de/nrwe/lgs/koeln/lg_koeln/j2022/109_KLs_5_21_Urteil_20220523.html, Rn. 60.

[685] LG Köln 23.05.2022 – 109 KLs 5/21, LG Köln, abrufbar unter: https://www.justiz.nrw.de/nrwe/lgs/koeln/lg_koeln/j2022/109_KLs_5_21_Urteil_20220523.html, Rn. 61.

[686] LG Köln 23.05.2022 – 109 KLs 5/21, LG Köln, abrufbar unter: https://www.justiz.nrw.de/nrwe/lgs/koeln/lg_koeln/j2022/109_KLs_5_21_Urteil_20220523.html, Rn. 61.

[687] *Schäfer/Anstötz*, in: MüKo-StGB, § 129 Rn. 18.

[688] LG Köln 23.05.2022 – 109 KLs 5/21, LG Köln, abrufbar unter: https://www.justiz.nrw.de/nrwe/lgs/koeln/lg_koeln/j2022/109_KLs_5_21_Urteil_20220523.html, Rn. 114.

[689] LG Köln 23.05.2022 – 109 KLs 5/21, LG Köln, abrufbar unter: https://www.justiz.nrw.de/nrwe/lgs/koeln/lg_koeln/j2022/109_KLs_5_21_Urteil_20220523.html, Rn. 195.

dass diese zur Erreichung des übergeordneten Interesses ihre Beiträge leisten und die jeweiligen Mitglieder aufeinander, mithin auch auf die Fähigkeit der T und des E angewiesen waren. Diese wiederum haben ihr individuelles Machtpotenzial – in Form ihrer individuellen Fähigkeiten und Kenntnisse – in den Dienst der Gesamtheit gestellt.

Bezieht man dies auf eine Hawala-Gruppierung, so kann man von einer Teilorganisation sprechen und diese damit selbst eine kriminelle Vereinigung bilden, sofern diese ein gewisses Maß an Selbstständigkeit aufzeigt und damit wiederum selbst die Voraussetzungen einer kriminellen Vereinigung erfüllt.[690] Stützt man dies auf eine in Deutschland ansässige Gruppierung, die Strukturen aufweist, wie soeben geschildert, kann dies eine solche Annahme zu lassen. Mit Blick auf die gegenseitige Abhängigkeit der jeweiligen Zahlungstöpfe kann eine gewisse Selbstständigkeit Mühe bereiten, sodass das organisatorische Element nicht immer vorliegen wird; dies ist jedoch abhängig vom Einzelfall. Bei einer Einzeltransaktion mangelt es, wie bereits geschildert, am personellen Element, wobei auch zusätzlich die Organisationsstruktur verneint werden kann, denn hier scheint ein Mindestmaß an Organisation, Vorausplanung und Koordination nicht gegeben zu sein. Es beschränkt sich auf ein rein kooperatives Zusammenwirken der beiden Akteure.

In Summe zeigt sich also, dass zum einen das organisatorische Element im Vergleich zur damaligen Rechtsprechung abgemildert wurde, dass dennoch ein Restbestand an organisatorischem Charakter bestehen bleibt, der über den einer Bandenstruktur hinausgeht. Mit Blick auf die Hawala-Netzwerke zeigt sich, dass diese gerade ein organisatorisches Element verkörpern, sodass dieses dem Grunde nach bei Hawala-Netzwerken angenommen werden kann. Mit den verschiedenen Akteuren der Netzwerke wird eine Bündelung des kriminellen Potentials möglich, indem die Akteure verschiedene Beiträge durch ihre unterschiedlichen Fähigkeiten einbringen.[691] Beleg für die Steigerung der kriminellen Effektivität und Effizienz durch arbeitsteiliges, spezialisiertes und professionalisiertes Zusammenwirken,[692] sind letztendlich auch die hohen Transfervolumen, die ohne die Netzwerkstruktur nicht möglich wären.

c) Das zeitliche Element des Hawala-Netzwerkes

Die Vereinigung muss auf eine „längere Dauer angelegt[...]“ sein, § 129 Abs. 2 StGB. Ein kurzfristiger Zusammenschluss zur Erreichung eines einmaligen

---

[690] *Eschelbach*, in: NK-StGB, § 129 Rn. 43; *Schäfer/Anstötz*, in: MüKo-StGB, § 129 Rn. 17.

[691] Vgl. dazu *Sinn/Iden/Pörtner*, ZIS 2021, 435 (447); ferner *Fahrner*, Staatsschutzstrafrecht, S. 205, der in dieser Organisationsgefahr auch den Strafgrund der §§ 129 ff. sieht.

[692] So wird die Organisationsgefahr der §§ 129 ff. umschrieben von *Fahrner*, Staatsschutzstrafrecht, S. 205.

Zwecks reicht damit nicht aus.[693] Demnach genügt es nicht, dass sich mehrere Täter für eine einzige konkrete Straftat verbinden.[694] So sollte mit dem neugefassten Begriff der „längeren Dauer“ der zeitliche Rahmen im Vergleich zur alten Fassung nicht abgesenkt werden.[695] Richtet sich die Tätigkeit des Netzwerkes auf das Erbringen von Zahlungsdiensten nach § 63 Abs. 1 Nr. 4 ZAG, auf das noch ausführlich einzugehen sein wird, so findet man eine pauschalierende Tätigkeit vor, der eine tatbestandliche Handlungseinheit nachgesagt wird.[696] Dies hängt damit zusammen, dass § 63 Abs. 1 Nr. 4 ZAG nicht nur eine einmalige Durchführung des Ensembles umschreibt, sondern vielmehr auch ein mehrmaliges auf einen längeren Zeitraum gestrecktes Geschehen. Damit lassen sich die mehrmaligen „Übermittlungen“, die wiederum Handlungen des Finanztransfergeschäfts sind, als einmalige Verwirklichung des Tatbestandes einordnen.[697] Damit stellt § 63 Abs. 1 Nr. 4 ZAG zwar kein Dauerdelikt im technischen Sinne dar, umfasst aber gleichwohl ein länger andauerndes Verhalten, ebenbürtig eines Dauerdelikts.[698] Daraus lässt sich nicht schlussfolgern, dass sich mehrere Täter für eine einzige konkrete Straftat, mithin für die Begehung des § 63 Abs. 1 Nr. 4 ZAG verbinden müssen, selbst wenn man darin eine tatbestandliche Handlungseinheit erblickt. So werden selbst Straftaten für ausreichend erachtet, die im Rahmen einer geplanten zusammenhängenden Akti-

[693] *Eschelbach*, in: NK-StGB, § 129 Rn. 35; *Schäfer/Anstötz*, in: MüKo-StGB, § 129 Rn. 27 unter vergleichenden Verweis auf BGH 07.05.2019 – AK 13/19, AK 14/19, AK 16/19, AK 17/19, AK 18/19, AK 19/19, BGH, BeckRS 2019, 10865, Rn. 15.

[694] *Krauß*, in: LK-StGB, § 129 Rn. 38, 35; *Schäfer/Anstötz*, in: MüKo-StGB, § 129 Rn. 27; *Stein/Greco*, in: SK-StGB, § 129 Rn. 10.

[695] *Schäfer/Anstötz*, in: MüKo-StGB, § 129 Rn. 27 unter vergleichenden Verweis auf BGH 14.06.2018 – 3 StR 585/17, BGH, NJW 2018, 2970 (2973); ebenfalls *Krauß*, in: LK-StGB, § 129 Rn. 38, 35.

[696] BGH 28.06.2022 – 3 StR 403/20, BGH, BeckRS 2022, 20799, Rn. 28; BGH 02.06.2021 – 3 StR 61/21, BGH, ZIP 2021, 1853 (1855 f.); LG Köln 23.05.2022 – 109 KLs 5/21, LG Köln, abrufbar unter: https://www.justiz.nrw.de/nrwe/lgs/koeln/lg_koeln/j2022/109_KLs_5_21_Urteil_20220523.html, Rn. 634; LG Düsseldorf 23.11.2021 – 014 KLs 2/21, LG Düsseldorf, abrufbar unter: http://www.justiz.nrw.de/nrwe/lgs/duesseldorf/lg_duesseldorf/j2021/014_KLs_2_21_Urteil_20211123.html, Rn. 693, LG Düsseldorf, BeckRS 2021, 55636, Rn. 197; LG Mannheim 17.11.2020 – 22 KLs 540 Js 6574/20, LG Mannheim, BeckRS 2020, 50512, Rn. 154 f.; *Weiß*, in: Schäfer/Omlor/Mimberg-ZAG, § 63 Rn. 92; im Kontext der Vermögensabschöpfung angedeutet BGH 21.02.2023 – 3 StR 278/22, BGH, NStZ-RR, 179 (180) [„sämtliche Aktivitäten des Hawala-Banking[s] als tatbestandliche Handlungseinheit“]; zu § 54 KWG bereits BGH 08.03.2023 – 1 StR 281/22, BGH, NZWiSt 2023, 317 (319) (Einlagengeschäft); BGH 09.04.2019 – 1 StR 673/18, BGH, NStZ 2020, 169 (169 f.) (Einlagengeschäft); BGH 18.07.2018 – 2 StR 416/16, BGH, NJW 2018, 3467 (3469) (Kreditgeschäft); *Häberle*, in: Erbs/Kohlhaas-Strafrechtliche Nebengesetze, § 54 KWG Rn. 19; *Pananis/Schäuble*, in: Leitner/Rosenau, Wirtschafts- und Steuerstrafrecht, § 54 KWG Rn. 68 [„stehen als einheitliches Organisationsdelikt in rechtlicher Handlungseinheit“]; *Reichling*, in: MüKo-StGB, § 54 KWG Rn. 91; *Trüg*, in: Achenbach/Ransiek/Rönnau Handbuch Wirtschaftsstrafrecht, 12. Teil Kap. 3 Rn. 100.

[697] Vgl. BGH 28.06.2022 – 3 StR 403/20, BGH, BeckRS 2022, 20799, Rn. 28; so bereits zu § 54 KWG BGH 18.07.2018 – 2 StR 416/16, BGH, NJW 2018, 3467 (3469).

[698] Vgl. *von Heintschel-Heinegg*, in: BeckOK-StGB, § 52 Rn. 33.

onseinheit bestehen.[699] Dies hängt mit der Struktur des § 63 Abs. 1 Nr. 4 ZAG und dessen funktional-sozialer Tatherrschaft zusammen, die die konkurrenzrechtliche Frage des mehrmaligen Vollziehens der Tatmodalitäten bereits auf Tatbestandsebene beantwortet. Zudem basiert dies auf der Kumulation des § 63 Abs. 1 Nr. 4 ZAG mit dem Organisationsdelikt des § 129 StGB[700], da beim Hawala-Banking § 63 Abs. 1 Nr. 4 ZAG die Bezugstat bildet. So liegt das gewerbsmäßige Vorgehen oder das Vorgehen in einem Umfang, der einen in kaufmännischer Weise eingerichteten Geschäftsbetrieb erfordert, bereits in der Natur des § 63 Abs. 1 Nr. 4 ZAG. Damit reicht zwar bereits das einmalige Begehen aus, dennoch ist die Tätigkeit nicht auf eine einmalige Durchführung des Ensembles festgelegt, sondern umschreibt ein mehrmaliges, zum Teil längere Zeiträume umfassendes Geschehen.[701] Die immanente Dauerhaftigkeit der beiden Delikte korreliert hier und darf gerade nicht für einen Ausschluss der „längeren Dauer" bei § 129 Abs. 2 StGB sorgen; ansonsten wäre dessen Bestimmung allein vom jeweiligen Deliktscharakter abhängig. Von Relevanz wird dies jedoch noch einmal an späterer Stelle, und zwar bei den Straftaten, auf die sich der Zweck oder die Tätigkeit der Vereinigung richtet, was aber eine gesonderte Betrachtung verdient.

Entscheidend sind dabei die Vorstellungen, die die Mitglieder bei Gründung der Vereinigung hegen.[702] Der Personenzusammenschluss erfolgt gerade bei den umfassenden Hawala-Netzwerken nicht nur kurzfristig für eine einmalige Begehung des § 63 Abs. 1 Nr. 4 ZAG, im Sinne eines einzigen Finanztransfers. Die Netzwerke sind gerade darauf ausgerichtet, dauerhaft oder zumindest für eine gewisse Zeit Zahlungsdienste zu erbringen, mithin auf das mehrmalige Vollziehen von Finanztransfergeschäften. Das zeitliche Element stellt damit lediglich klar, dass mindestens drei Personen sich zu einer längeren Dauer organisatorisch zusammengeschlossen haben, die sich gegenseitig zur Mitwirkung beim Erbringen von Finanztransfergeschäften verpflichten.[703] So basiert der Strafgrund des § 129 StGB eben auch nicht allein in der Verletzung der Rechtsgüter des Besonderen Teils des Strafgesetzbuches, sondern es soll die Allgemeinheit vor der spezifisch vereini-

---

699 *Heger*, in: Lackner/Kühl/Heger-StGB, § 129 Rn. 3 unter Verweis auf weiterführende Literatur; ebenfalls *Krauß*, in: LK-StGB, § 129 Rn. 68; a. A. *Stein/Greco*, in: SK-StGB, § 129 Rn. 34.

700 Zur Einordnung des § 129 StGB als Organisationsdelikt BGH 03. 05. 1989 – StB 15, 16/89, BGHSt 36, 192 (198); BGH 25. 07. 1984 – 3 StR 62/84, BGHSt 33, 16 (17); BGH 11. 06. 1980 – 3 StR 9/80, BGHSt 29, 288 (291, 294); *Eschelbach*, in: NK-StGB, § 129 Rn. 2; *Krauß*, in: LK-StGB, § 129 Rn. 5; *Schäfer/Anstötz*, in: MüKo-StGB, § 129 Rn. 5; *Fahrner*, Staatsschutzstrafrecht, S. 206.

701 Zum faktischen Charakter der Tathandlung des § 63 Abs. 1 Nr. 4 ZAG siehe bereits Teil 4 A. I. 2. a) bb) (1) (c).

702 *Krauß*, in: LK-StGB, § 129 Rn. 38, 35 unter Verweis auf BGH 26. 06. 2002 – AK 12/02, BGH, NStZ-RR 2002, 300 (301).

703 Vgl. *Stein/Greco*, in: SK-StGB, § 129 Rn. 10, die aber darauf hinweisen, dass sich die zeitliche Komponente in Wahrheit auf die anderen Bestandteile der Definition bezieht.

gungsbezogenen Gefährlichkeit eines Täterzusammenschlusses schützen.[704] Es kommt auch nicht darauf an, dass die Mitgliedschaft der Personen von Dauer ist, sondern vielmehr darauf, dass der Zusammenschluss von Personen auf Dauer angelegt ist.[705]

Blickt man auf die Hawala-Fälle in der Praxis, so spricht der BGH[706] im Fall vom 02.06.2021 zwar davon, dass „[d]er – hier nicht weiter erörterungsbedürftige – auf längere Dauer angelegte, organisierte Zusammenschluss" vorlag, er mithin nicht ausführlich auf die Dauerhaftigkeit einging. Dennoch zeigt bereits der Tatzeitraum eines Angeklagten, dass er im Zeitraum vom 23.09.2019 bis zum 11.05.2020 Gelder in Höhe von 8.638.696 Euro entgegennahm. Im Fall des BGH[707] vom 28.06.2022 beteiligten sich beispielsweise die Angeklagten im Zeitraum vom 29.03.2018 bis zum 11.09.2019 in Deutschland an der Hawala-Organisation und so stellt auch hier der BGH fest, dass „[d]ie Organisation […] auf einen zeitlich unbefristeten, längeren Bestand ausgerichtet (zeitliches Element)" war. Blickt man auf den Fall des LG Düsseldorf[708] vom 23.11.2021 so werden in einer Tabelle die Einzahlungen und Auszahlungen akribisch aufgelistet, wobei sich auch hier ein Zeitraum der Ein- und Auszahlungen vom 14.03.2018 bis 18.11.2019 ergibt. Dies weist ebenfalls eine längere Dauer auf, sodass das LG Düsseldorf explizit erwähnt, dass „[d]er Zusammenschluss […] darauf angelegt [war], dauerhaft Geldwertüberweisungen zwischen Deutschland und der Türkei durchzuführen. Die vorliegenden Transaktionen wurden über einen Zeitraum von etwa einem Jahr und acht Monaten durchgeführt und fanden erst mit der Durchsuchung der Zahlstellen und der Inhaftierung der Angeklagten L1 und C1 ihr Ende."[709] Im Fall des LG Köln[710] vom 23.05.2022 betrieben die Angeklagten wiederum ein Finanztransfersystem „von Februar 2018 bis zum 19.11.2019". Eine Mindestdauer gibt das Gesetz zwar nicht vor,[711] typischerweise soll es sich jedoch um einen Personenzusammenschluss mit „open end" handeln.[712] Dies kann man den Hawala-Netzwerken wohl insgemein nachsagen,

---

704 So *Krauß*, in: LK-StGB, § 129 Rn. 69.

705 *Sinn/Iden/Pörtner*, ZIS 2021, 435 (442) unter Verweis auf BT-Drs. 18/11275, S. 11.

706 BGH 02.06.2021 – 3 StR 61/21, BGH, ZIP 2021, 1853 (1854); so aber auch die Vorinstanz LG Mannheim 17.11.2020 – 22 KLs 540 Js 6574/20, LG Mannheim, BeckRS 2020, 50512, Rn. 129 ff.

707 BGH 28.06.2022 – 3 StR 403/20, BGH, BeckRS 2022, 20799, Rn. 3, 12.

708 LG Düsseldorf 23.11.2021 – 014 KLs 2/21, LG Düsseldorf, abrufbar unter: http://www.justiz.nrw.de/nrwe/lgs/duesseldorf/lg_duesseldorf/j2021/014_KLs_2_21_Urteil_20211123.html, Rn. 88 ff., LG Düsseldorf, BeckRS 2021, 55636, Rn. 57 ff.

709 LG Düsseldorf 23.11.2021 – 014 KLs 2/21, LG Düsseldorf, abrufbar unter: http://www.justiz.nrw.de/nrwe/lgs/duesseldorf/lg_duesseldorf/j2021/014_KLs_2_21_Urteil_20211123.html, Rn. 650, LG Düsseldorf, BeckRS 2021, 55636, Rn. 162.

710 LG Köln 23.05.2022 – 109 KLs 5/21, LG Köln, abrufbar unter: https://www.justiz.nrw.de/nrwe/lgs/koeln/lg_koeln/j2022/109_KLs_5_21_Urteil_20220523.html, Rn. 52.

711 *Eschelbach*, in: NK-StGB, § 129 Rn. 35 mit weiteren Nachweisen.

712 *Eschelbach*, in: NK-StGB, § 129 Rn. 36.

was die vorliegenden Fälle darlegen, wobei sich deren Ende erst im eingeleiteten Ermittlungsverfahren widerspiegelt und man diesen damit auch einen Personenzusammenschluss mit „open end" nachsagen kann. In den jeweiligen langen Tatzeiträumen manifestiert sich zumindest, dass deren Organisation auf einen zeitlich unbefristeten, längeren Bestand ausgerichtet waren.[713]

d) Das interessenbezogene Element des Hawala-Netzwerkes

Dreh- und Angelpunkt des Vereinigungsbegriffs des § 129 Abs. 2 StGB bildet das interessenbezogene Element in den Hawala-Fällen, wenn man die Rechtsprechung betrachtet.[714] Wie bereits geschildert und widersprochen, soll in erster Linie daran gemessen eine Abgrenzung zwischen Vereinigung und Bande vorgenommen werden können. Entscheidend wird hier also sein, was das interessenbezogene Element überhaupt umfasst und inwiefern dies auf die Hawala-Netzwerke zutrifft. Laut § 129 Abs. 2 StGB bedarf es eines Zusammenschlusses „zur Verfolgung eines übergeordneten gemeinsamen Interesses". Daraus folgt offensichtlich, dass kein Einzelinteresse – wenn dies auch zusätzlich vorliegen mag – von entscheidender Relevanz für den Vereinigungsbegriff ist und dieses gemeinsame Interesse zumindest den Einzelinteressen der Mitglieder übergeordnet sein muss, mithin darübersteht.[715] Richtungsweisend[716] für die Auslegung des übergeordneten gemeinsamen Interesses ist ein Fall des BGH[717] vom 02.06.2021, der parallel zu einem Hawala-Fall[718] vom 02.06.2021 entschieden wurde und in dem der BGH umschreibt, dass „[d]as gemeinsame Interesse […] insbesondere über die bezweckte Begehung der konkreten Straftaten und ein Handeln um eines persönlichen materiellen Vorteils willen hinausgehen muss". „Lediglich individuelle Einzelinteressen der Mitglieder

[713] So die Bestimmung des zeitlichen Elements des BGH im sogenannten Cyberbunker-Fall, BGH 12.09.2023 – 3 StR 306/22, BGH, MMR 2024, 175 (178).

[714] BGH 28.06.2022 – 3 StR 403/20, BGH, BeckRS 2022, 20799, Rn. 12 ff.; BGH 02.06.2021 – 3 StR 61/21, BGH, ZIP 2021, 1853 (1854); LG Köln 23.05.2022 – 109 KLs 5/21, LG Köln, abrufbar unter: https://www.justiz.nrw.de/nrwe/lgs/koeln/lg_koeln/j2022/109_KLs_5_21_Urteil_20220523.html, Rn. 636 ff.; LG Düsseldorf 23.11.2021 – 014 KLs 2/21, LG Düsseldorf, abrufbar unter: http://www.justiz.nrw.de/nrwe/lgs/duesseldorf/lg_duesseldorf/j2021/014_KLs_2_21_Urteil_20211123.html, Rn. 647 ff., LG Düsseldorf, BeckRS 2021, 55636, Rn. 159 ff.; LG Mannheim 17.11.2020 – 22 KLs 540 Js 6574/20, LG Mannheim, BeckRS 2020, 50512, Rn. 132 ff.; in anderen Fällen ebenfalls BGH 12.09.2023 – 3 StR 306/22, BGH, MMR 2024, 175 (178); BGH 02.06.2021 – 3 StR 21/21, BGH, NJW 2021, 2813 (2814).

[715] So BGH 02.06.2021 – 3 StR 21/21, BGH, NJW 2021, 2813 (2814).

[716] Dies zeigen wohl die darauffolgenden oder parallelen Entscheidungen des BGH, die sich daran orientieren: BGH 12.09.2023 – 3 StR 306/22, BGH, MMR 2024, 175 (178); BGH 28.06.2022 – 3 StR 403/20, BGH, BeckRS 2022, 20799, Rn. 13 ff.; BGH 02.06.2021 – 3 StR 61/21, BGH, ZIP 2021, 1853 (1854).

[717] BGH 02.06.2021 – 3 StR 21/21, BGH, NJW 2021, 2813 (2814).

[718] BGH 02.06.2021 – 3 StR 61/21, BGH, ZIP 2021, 1853 (passim); zur Kritik an der divergierenden Auslegung des BGH in den beiden Entscheidungen siehe *Türmer*, GSZ 2021, 265 (268).

der Gruppierung genügen nicht." Daran gemessen nennt der BGH[719] ein solches Interesse bei „Zusammenschlüssen zur Verfolgung weltanschaulich-ideologischer, religiöser oder politischer Ziele", wobei „[b]ei der gemeinsamen Begehung von Taten, die auf Gewinnerzielung ausgerichtet sind und damit letztlich vor allem dem jeweils beteiligten Individuum wirtschaftliche Vorteile bringen sollen, ist dies allerdings nicht ohne Weiteres in gleicher Weise der Fall." Um dies ermitteln zu können, zieht der BGH[720] „im Rahmen einer Gesamtwürdigung die äußeren Tatbestände heran[…]". Dazu nennt er „Umfang und Ausmaß genutzter – gegebenenfalls auch grenzüberschreitender – organisatorischer Strukturen sowie sachlicher Mittel, eine festgelegte einheitliche Willensbildung, eine interne Sanktionierung von Verstößen gegen gemeinschaftliche Regeln, eine etwaige Gemeinschaftskasse, die Beanspruchung quasistaatlicher Autorität und die Einflussnahme auf grundlegende gesellschaftliche oder hoheitliche Akteure."[721] Je ausgeprägter die Kriterien vorliegen, umso mehr kommt es den Akteuren nicht auf ihre individuellen Vorteile, sondern auf weitergehende Ziele an, wie „den eigenständigen Fortbestand der Organisation um ihrer selbst willen oder ein spezifisches Machtstreben".[722] Geboten ist dabei eine Gesamtbetrachtung, die den Schluss auf ein übergeordnetes gemeinsames Interesse und die damit einhergehende vereinigungstypische Dynamik zulässt.[723] Letztendlich zieht der BGH Kriterien heran, die die Organisation der Akteure betreffen, mithin deren Organisationsgrad und deren interne Struktur. Mit anderen Worten bedient er sich hier dem organisatorischen Element, dem dieses Mindestmaß im eigentlichen Sinne immanent sein müsste. In der Konsequenz soll die Vereinigung von der Bande aber anhand des übergeordneten Interesses abgegrenzt werden. Da der BGH der Bande eben auch eine gewisse Organisationsstruktur nachsagt, kommt es im Ergebnis also doch auf den *Grad* der Organisationsstruktur an. Denn geht man im Bereich der Wirtschaftskriminalität davon aus, dass keine Individualinteressen ausreichen, jedoch das übergeordnete gemeinsame Interesse anhand der Organisationsstruktur bestimmt werden kann, so hat der Organisationsgrad nicht nur eine indizielle Bedeutung, sondern dient als entscheidender Faktor zur Abgrenzung gegenüber der Bande.[724] Daraus resultiert letztendlich auch die vereinigungstypische Dynamik.[725] Das bedeutet, dass sich eine vermeintliche Bande, der aufgrund ihres erhöhten Organisationsgrades ein übergeordnetes gemeinsames Interesse nachgesagt werden kann, sich als Vereinigung entpuppt. Auch hier ist also entscheidend ab welchem Organisationsgrad man von

[719] BGH 02.06.2021 – 3 StR 21/21, BGH, NJW 2021, 2813 (2814); vgl. auch BT-Drs. 18/11275, S. 11.

[720] BGH 02.06.2021 – 3 StR 21/21, BGH, NJW 2021, 2813 (2814).

[721] BGH 02.06.2021 – 3 StR 21/21, BGH, NJW 2021, 2813 (2816).

[722] BGH 02.06.2021 – 3 StR 21/21, BGH, NJW 2021, 2813 (2816).

[723] BGH 02.06.2021 – 3 StR 21/21, BGH, NJW 2021, 2813 (2816).

[724] *Sinn/Iden/Pörtner*, ZIS 2021, 435 (446 ff.).

[725] Vgl. *Sinn/Iden/Pörtner*, ZIS 2021, 435 (446), die in der Organisationsstruktur aber ein gefährliches Machtpotenzial erkennen und dies anhand der Erwartbarkeit festmachen.

einem übergeordneten Interesse noch sprechen kann und ab welchem nicht mehr[726]; reicht eine grenzüberschreitende Struktur oder ein erheblicher Umfang oder ein erhebliches Ausmaß oder eine interne Sanktionierung oder ein Überhang an Mitglieder aus oder muss dies alles kumulativ vorliegen. Auch dies impliziert eine Einzelfallentscheidung, gemessen am jeweiligen Organisationsgrad. Der BGH schreibt selbst dazu, dass „[j]e ausgeprägter solche Kriterien vorliegen, desto eher lässt sich der Schluss ziehen, dass es den einzelnen Personen […] nicht lediglich um ihre individuellen Vorteile, sondern um weitergehende Ziele geht“[727] und, „[d]a eine Gesamtbetrachtung geboten ist, müssen nicht sämtliche Merkmale in besonderer Weise vorliegen.“[728] Damit wird der Streit um den Organisationsgrad des organisatorischen Elements nur auf das des interessenbezogenen Elements verlagert. Auch scheint die Annahme verfehlt zu sein, dass der Effekt der Gruppendynamik allein aus dem übergeordneten Interesse herrührt, denn dies kann auch bei anderen personellen Zusammenschlüssen, wie der Bande, vorkommen, gemessen am Wunsch zur Konformität und der Furcht vor Ächtung.[729] Dass ein solches Interesse „bei Zusammenschlüssen zur Verfolgung weltanschaulich-ideologischer, religiöser oder politischer Ziele regelmäßig bereits mit dem Blick hierauf vor[liegen]“[730] wird, hilft nicht weiter, denn das Abgrenzungsproblem zur Bande wird dadurch nicht gelöst, denn diese werden meist nur aus wirtschaftlichen Interessen heraus agieren, womit immer anhand des Organisationsgrades eine Abgrenzung vorgenommen werden muss. Zudem führt der BGH aus: „Bedienen sich die Täter beispielsweise ausschließlich des eingerichteten Gewerbebetriebs eines (auch) legal am Markt operierenden Unternehmens, dessen Geschäftszweck nicht primär in der Begehung von Straftaten liegt, vermag allein ein hoher betrieblicher Organisationsgrad den Rückschluss auf ein übergeordnetes Interesse nicht zu begründen.“[731] Auch darauf kommt es letztlich für den Vereinigungsbegriff nach § 129 Abs. 2 StGB nicht an, denn die Vereinigung wird erst zur kriminellen Vereinigung, wenn man § 129 Abs. 1 StGB hinzuzieht.[732] Im Umkehrschluss zu Abs. 1 meint dies, dass Abs. 2 noch nicht voraussetzt, dass deren Zweck oder Tätigkeit auf die Begehung von Straftaten gerichtet ist oder um es in den Worten des BGH zu fassen, „nicht primär in der Begehung von Straftaten liegt“.[733] So erschließt sich auch der Verweis im

---

[726] Ähnlich *Ebbinghaus*, HRRS 2023, 16 (19).

[727] BGH 02.06.2021 – 3 StR 21/21, BGH, NJW 2021, 2813 (2816).

[728] BGH 02.06.2021 – 3 StR 21/21, BGH, NJW 2021, 2813 (2816).

[729] So instruktiv *Sinn/Iden/Pörtner*, ZIS 2021, 435 (446 f.).

[730] BGH 02.06.2021 – 3 StR 21/21, BGH, NJW 2021, 2813 (2814).

[731] BGH 02.06.2021 – 3 StR 21/21, BGH, NJW 2021, 2813 (2816).

[732] *Sinn/Iden/Pörtner*, ZIS 2021, 435 (443).

[733] Dabei sei ferner auf das „Gründen“ im Sinne des § 129 Abs. 1 S. 1 Nr. 1 StGB verwiesen, das eben auch erfüllt ist, sobald eine Zwecksetzung geändert wurde. Denn auch eine ursprüngliche legale Vereinigung, kann zu einer kriminellen Vereinigung durch Änderung der Zwecksetzung werden, genauer gesagt wird sie dadurch erst gegründet; zur Änderung der Zwecksetzung siehe BGH 21.12.1977 – 3 StR 427/77 (S), BGHSt 27, 325 (326 f.) [„Die

Sinne des § 129a Abs. 1 StGB auf § 129 Abs. 2 StGB, denn die „neutrale" Vereinigung nach § 129 Abs. 2 StGB wird nach § 129 Abs. 1 StGB zur kriminellen Vereinigung und nach § 129a Abs. 1 StGB zur terroristischen Vereinigung.[734]

Die Frage bleibt also, was das übergeordnete Interesse im Sinne des § 129 Abs. 2 StGB umfasst. Der Gesetzgeber[735] schreibt dazu, dass „[i]m Bereich politisch motivierter Kriminalität […] dieses übergeordnete gemeinsame Interesse in der von den Mitgliedern der Vereinigung geteilten politischen Überzeugung und der Verfolgung politischer Ziele [liegt], denen die Begehung der einzelnen Straftaten dient." Zusätzlich verweist er darauf, „dass Fallgestaltungen, in denen ein übergeordnetes gemeinsames Ziel verfolgt wird, auch im Bereich der Wirtschaftskriminalität denkbar sind." „Dieses liegt für den Bereich der Organisierten Wirtschaftskriminalität in dem von den Mitgliedern der Vereinigung über den Willen zur gemeinsamen Begehung von Straftaten geteilten gemeinsamen Gewinn- oder Machtstreben, das sich in der Verwendung gewerblicher oder geschäftsähnlicher Strukturen, der Anwendung von Gewalt oder anderer zur Einschüchterung geeigneter Mittel oder dem (Versuch) der Einflussnahme auf Politik, Medien, öffentliche Verwaltung, Justiz oder Wirtschaft, zeigt".

Daraus folgt auch die Auslegung des BGH, der neben den politischen Zielen auch den Bereich der organisierten Wirtschaftskriminalität nennt und letzteren eben anhand – objektiver – gewerblicher oder geschäftsähnlicher Strukturen festmacht, mithin anhand der Organisation der Akteure. Insofern ist dem BGH zuzustimmen, dass eine gewisse Organisationsstruktur für das organisatorische Element entscheidend ist und die Organisationsstruktur aber zugleich für ein übergeordnetes Interesse (interessenbezogenes Element) sprechen *kann.* Denn damit mag wohl das Einzelinteresse hinter dem Gewinn- oder Machtstreben zurücktreten, auch wenn das einzelne Mitglied sich einen finanziellen Vorteil erhofft.[736] Dabei trifft das vom BGH prognostizierte Verschleifungsgebot[737], dass zumindest bei Tatbestandsmerkmalen von Abs. 1 und Abs. 2 angesprochen wird[738], hier aber nicht zu.[739] Denn

---

Umwandlung eines legalen Zwecken dienenden Zusammenschlusses von Personen in eine kriminelle Vereinigung ist dabei als Gründung einer kriminellen Vereinigung im Sinne des § 129 StGB anzusehen. Dem steht die eventuelle Personenidentität der zunächst legalen und sodann illegalen Vereinigung nicht entgegen, da mit der Änderung der Zweckrichtung erst die kriminelle Vereinigung, die allein von § 129 StGB erfaßt wird, entsteht"].

[734] So *Sinn/Iden/Pörtner*, ZIS 2021, 435 (446).

[735] BT-Drs. 18/11275, S. 11.

[736] Vgl. auch *Niemann*, wistra 2021, 425 (426) [„Nicht selten werden der ‚individuelle' Profit und der der Erfolg der ‚Gesamtorganisation' auch eine nicht oder nur schwer trennbare ‚Gemengelage' bilden"]; vgl. auch *Schäfer/Anstötz*, in: MüKo-StGB, § 129 Rn. 22 [„akkumulierte Profitbemühungen"]; *Stein/Greco*, in: SK-StGB, § 129 Rn. 15.

[737] Zum Verschleifungsgebot siehe BVerfG 23.06.2010 – 2 BvR 2559/08, BVerfG, NJW 2010, 3209 (3211).

[738] So BGH 02.06.2021 – 3 StR 21/21, BGH, NJW 2021, 2813 (2815).

[739] Anders wohl *Ebbinghaus*, HRRS 2023, 16 (19); *Eggers*, wistra 2021, 441 (448).

zum einen können objektive Tatsachen zur Bestimmung unterschiedlicher Tatbestandsmerkmale herangezogen werden und zum anderen handelt es sich hierbei gar nicht um Tatbestandsmerkmale eines Straftatbestandes, sondern vielmehr um Elemente einer Legaldefinition des Tatbestandsmerkmals „Vereinigung", was dem Verschleifungsgebot nicht unterfällt.[740] Hinterfragt werden kann dennoch, inwiefern ein hohes Maß an Organisationsstruktur auch pauschal für ein übergeordnetes Interesse spricht, denn kriminelle Zusammenschlüsse können volatil sein, sodass nicht sämtliche eingegliederte Akteure ein übergeordnetes Interesse teilen, sondern diese – wenn auch nur ein bestimmter Anteil an Akteuren – vielmehr aus eigenem finanziellem Interesse agieren. Ein blinder Gehorsam oder vor allem reiner Altruismus scheinen fernliegend. Dies wird man gerade Netzwerkstrukturen der organisierten Kriminalität sowie mafiösen Strukturen nachsagen können aber auch legalen Wirtschaftsunternehmen. Im Ergebnis werden diese alle einen hohen Organisationsgrad aufweisen, sodass pauschal ein übergeordnetes Interesse angenommen werden müsste. Bei Letzteren revidiert der BGH jedoch seine Annahme,[741] lässt jedoch den Leser damit allein, worin der Unterschied nun genau besteht. Dabei wird lediglich darauf eingegangen, dass „dessen Geschäftszweck nicht primär in der Begehung von Straftaten liegt"[742], wobei dies eigentlich im Rahmen des § 129 Abs. 1 StGB beantwortet werden muss, mithin ob „deren Zweck oder Tätigkeit auf die Begehung von Straftaten gerichtet ist". So werden die Voraussetzungen der Organisationsstruktur und der Zweckrichtung im übergeordneten Interesse gebündelt beantwortet. Gerade dies wird in Zukunft für eine Rechtsunsicherheit für Wirtschaftsunternehmen sorgen,[743] soll aber an dieser Stelle nicht weiter vertieft werden. Entscheidend mag hier auch die zugrunde gelegte Perspektive sein, denn man kann dem jeweiligen Zusammenschluss ein übergeordnetes Gewinnstreben nachsagen, sofern sich dieser Zusammenschluss förmlich verselbstständigt, er eben einen unternehmerischen, mithin organisatorischen Charakter erhält. Der Einzelne im Zusammenschluss wird dennoch seinen Beitrag zum Ganzen leisten, um (auch) seine Einzelinteressen umzusetzen. So kann selbst in einem legalen Unternehmen die Führungsebene (auch) ihren Einzelinteressen nachgehen, denn blickt man auf die Unternehmensstrategie, mag sich dieses Interesse verselbstständigen und dem übergeordnet sein. Das bedeutet, dass eine Vereinigung einen organisatorischen Charakter aufweist, wie bereits oben geschildert, dass sich aber das Gewinn- oder

---

740 So *Sinn/Iden/Pörtner*, ZIS 2021, 435 (449), jedoch im Kontext des Merkmals „Zusammenschluss".

741 BGH 02.06.2021 – 3 StR 21/21, BGH, NJW 2021, 2813 (2816) [„Bedienen sich die Täter beispielsweise ausschließlich des eingerichteten Gewerbebetriebs eines (auch) legal am Markt operierenden Unternehmens, dessen Geschäftszweck nicht primär in der Begehung von Straftaten liegt, vermag allein ein hoher betrieblicher Organisationsgrad den Rückschluss auf ein übergeordnetes Interesse nicht zu begründen"].

742 BGH 02.06.2021 – 3 StR 21/21, BGH, NJW 2021, 2813 (2816).

743 Siehe dazu *Eggers*, wistra 2021, 441 (448); *Niemann*, wistra 2021, 425 (428).

Machstreben – auch wenn Einzelinteressen vorliegen – aufgrund des organisatorischen Charakters verselbständigt hat.

Das gemeinsame Gewinn- oder Machtstreben lässt sich also zumindest dahingehend umschreiben, dass die Einzelinteressen, die meist im Bereich der wirtschaftskriminellen Organisation vorhanden sein werden, in einem übergeordneten Interesse aufgehen, sofern ein Streben nach potenzierter Gewinnmaximierung[744] vorliegt. Dazu soll aufgrund der Bündelung von Fähigkeiten, Arbeitsteilung und dem Einbringen von Spezialisten der Umsatz gesteigert und die Kosten minimiert werden, sodass der Gewinn des Netzwerkes (und damit Natur der Sache auch der Gewinn des Einzelnen) gesteigert werden kann. Zwangsläufig kann damit ein Ausüben von Macht einhergehen, das sich in einem Streben nach „Marktübernahme" oder dem „Zuvorkommen gegenüber Ermittlungsbehörden" niederschlägt. Denn aufgrund von Professionalität und Arbeitsteilung soll der „Markt übernommen" oder die Nachverfolgung der Ermittlungsbehörden erschwert werden, es soll sich also gegenüber anderen „Marktteilnehmern" und den Ermittlungsbehörden durchgesetzt werden, indem es zur Bündelung von Mitteln und Kräften kommt[745]. Im Ergebnis muss das Interesse übergeordnet sein und die Organisationsstruktur ist dafür Mittel zum Zweck. Lediglich der eigenständige Fortbestand der Organisation um ihrer selbst willen, wie es der BGH formuliert,[746] reicht dafür nicht aus.[747]

Besonders interessant sind die Fälle des Hawala-Bankings, da auch hier wie bereits besprochen ein erheblicher Organisationsgrad vorliegt, der die geschilderten Transfervolumen überhaupt erst ermöglicht und für eine Gewinnmaximierung als übergeordnetes Interesse spricht. Gerade darin mag sich die Verselbstständigung zeigen, denn dies wird – zumindest gedanklich – auch daran deutlich, dass man die Netzwerke aufsichtsrechtlich als Unternehmen im Sinne des § 1 Abs. 1 S. 1 Nr. 1 ZAG einordnen kann, die nach § 10 Abs. 1 S. 1 ZAG gewerbsmäßig oder in einem Umfang, der einen in kaufmännischer Weise eingerichteten Geschäftsbetrieb erfordert, agieren.[748] Die Einzelinteressen treten hinter dem verselbstständigten übergeordneten Interesse zurück, selbst wenn die Akteure eine „monatliche Ver-

---

[744] Vgl. auch Duden, Suchergebnis „Gewinnstreben", abrufbar unter Duden Onlinewörterbuch: https://www.duden.de/rechtschreibung/Gewinnstreben, der im Zusammenhang mit dem Begriff Gewinnstreben, dies als „Streben eines Unternehmens nach [maximalem] Gewinn" umschreibt.

[745] Vgl. dazu auch Duden, Suchergebnis „Macht", abrufbar unter Duden Onlinewörterbuch: https://www.duden.de/rechtschreibung/Macht [„Gesamtheit der Mittel und Kräfte, die jemandem oder einer Sache andern gegenüber zur Verfügung stehen; Einfluss"].

[746] BGH 02.06.2021 – 3 StR 21/21, BGH, NJW 2021, 2813 (2816); so auch erneut aufgegriffen in BGH 12.09.2023 – 3 StR 306/22, BGH, MMR 2024, 175 (179); BGH 28.06.2022 – 3 StR 403/20, BGH, BeckRS 2022, 20799, Rn. 13; BGH 02.06.2021 – 3 StR 61/21, BGH, ZIP 2021, 1853 (1854).

[747] Dazu bereits kritisch *Nestler/Schiffner*, NStZ 2022, 35 (38); auch *Ebbinghaus*, HRRS 2023, 16 (20), der darin auch eine Aushöhlung des Tatbestandes sieht.

[748] Zur Einordnung der Hawala-Netzwerke als Unternehmen siehe Teil 3 B. I. 1. a) aa) (2) (a) (cc) und zu den Voraussetzungen des § 10 Abs. 1 S. 1 ZAG siehe Teil 3 B. II. 1. b) aa) (3).

gütung zwischen 700 € und 1.500 €"[749] oder „eine Entlohnung von 50 EUR pro Kilo des transportierten Altgoldes"[750] erhalten. Denn die Gelder werden für die private Lebensführung genutzt, ohne dass weitere Erwerbsquellen vorhanden sind.[751] So wurde im Fall des LG Köln vom 23.05.2022 auch der T „bei der T UG für einen Nettolohn von 2.000 EUR angestellt"[752]. Für den Vereinigungsbegriff und damit für das interessenbezogene Element spielt es aber keine Rolle, inwiefern das Einzelinteresse – beispielsweise durch Entlohnung – für eine Täterschaft spricht, denn Einzelinteressen werden trotz dem übergeordneten Interesse auch Bestand haben.[753] So mag dies zwar im Rahmen des § 63 Abs. 1 Nr. 4 ZAG diskussionswürdig sein, denn § 63 Abs. 1 Nr. 4 ZAG bestraft die betriebliche Tätigkeit nicht das Hawala-System an sich (Frage der funktional-sozialen Tatherrschaft). Dennoch bestraft § 129 Abs. 1 StGB den organisatorischen Zusammenschluss (genauer, die Gefahren die dadurch entstehen), nicht die betriebliche Tätigkeit oder das Hawala-System an sich.

Zudem bauen Hawala-Systeme auf Anonymität und Verschwiegenheit, sodass jegliche Aufdeckungsmöglichkeiten erschwert werden, worin ein gewisses Ausüben von Macht gesehen werden kann. Beispielsweise schreibt der BGH[754], dass

---

[749] BGH 02.06.2021 – 3 StR 61/21, BGH, ZIP 2021, 1853 (1854).

[750] LG Köln 23.05.2022 – 109 KLs 5/21, LG Köln, abrufbar unter: https://www.justiz.nrw.de/nrwe/lgs/koeln/lg_koeln/j2022/109_KLs_5_21_Urteil_20220523.html, Rn. 92.

[751] LG Köln 23.05.2022 – 109 KLs 5/21, LG Köln, abrufbar unter: https://www.justiz.nrw.de/nrwe/lgs/koeln/lg_koeln/j2022/109_KLs_5_21_Urteil_20220523.html, Rn. 106.

[752] LG Köln 23.05.2022 – 109 KLs 5/21, LG Köln, abrufbar unter: https://www.justiz.nrw.de/nrwe/lgs/koeln/lg_koeln/j2022/109_KLs_5_21_Urteil_20220523.html, Rn. 209.

[753] So macht die Rechtsprechung beispielsweise bei § 63 Abs. 1 Nr. 4 ZAG die Eigenschaft als Mittäter anhand des eigenen Interesses an der Tat fest, was auch mit der Vergütung belegt wird, BGH 28.06.2022 – 3 StR 403/20, BGH, BeckRS 2022, 20799, Rn. 26 [„Denn sie hatten gleichfalls – vornehmlich wegen ihrer Vergütung – ein erhebliches eigenes Interesse an den Zahlungsdiensten und erbrachten durch das Einsammeln von Geldern bei den Einzahlungsstellen an verschiedenen Orten in der Bundesrepublik sowie deren Zusammentragen und Übergabe an Kuriere für den Weitertransport in das Ausland für das Geschäftsmodell ganz zentrale Aufgaben"]; BGH 02.06.2021 – 3 StR 61/21, BGH, ZIP 2021, 1853 (1855) [„Er hatte wegen seiner Vergütung ein eigenes Interesse an den Zahlungsdiensten, erbrachte durch die Weiterleitung der Gelder für das Geschäftsmodell zentrale Aufgaben"]; LG Köln 23.05.2022 – 109 KLs 5/21, LG Köln, abrufbar unter: https://www.justiz.nrw.de/nrwe/lgs/koeln/lg_koeln/j2022/109_KLs_5_21_Urteil_20220523.html, Rn. 632 [„Sie hatten wegen ihrer Vergütung ein eigenes Interesse an der Erbringung der Zahlungsdienste und erbrachten im Rahmen ihrer Tätigkeit für den Logistikbereich der Organisation für die Durchführung der Zahlungsdienste unerlässliche Aufgaben"].

[754] BGH 02.06.2021 – 3 StR 61/21, BGH, ZIP 2021, 1853 (1855); so auch umschrieben in einer aktuelleren Entscheidung des LG Köln 23.05.2022 – 109 KLs 5/21, LG Köln, abrufbar unter: https://www.justiz.nrw.de/nrwe/lgs/koeln/lg_koeln/j2022/109_KLs_5_21_Urteil_20220523.html, Rn. 641 und des LG Düsseldorf 23.11.2021 – 014 KLs 2/21, LG Düsseldorf, abrufbar unter: http://www.justiz.nrw.de/nrwe/lgs/duesseldorf/lg_duesseldorf/j2021/014_KLs_2_21_Urteil_20211123.html, Rn. 648, 657, LG Düsseldorf, BeckRS 2021, 55636, Rn. 160, 169; ähnlich auch im Cyberbunker-Fall BGH 12.09.2023 – 3 StR 306/22, BGH,

das Geschäftsmodell eines Hawala-Netzwerkes auf die „Schaffung eines Schattenfinanzwesens“ hinauslief, um sich „jeglicher Form staatlicher Kontrolle und insbesondere der Finanzaufsicht zu entziehen“ (sogenanntes Untergrund-Bankwesen[755]). So zeigt ferner ein Fall des LG Köln[756], dass das Hawala-System „aufgrund der zugesicherten Anonymität dabei auch zum Transfer von Vermögenswerten genutzt [wurde], die aus schwerwiegenden Straftaten etwa im Rahmen organisierter Kriminalität herrührten.“ Neben dem Machtstreben gegenüber den Ermittlungsbehörden liegt es im Fall des LG Düsseldorf[757] beispielsweise so, dass der Angeklagte L1 den Wunsch äußerte „mit seiner Konkurrenz, die zum Teil Geldwertüberweisungen durchführte, mithalten zu wollen.“ Dadurch wird sich über die staatliche Kontrollmöglichkeit gestellt, bewusst die Nachverfolgbarkeit reduziert und eine kostengünstige sowie anonyme Alternative zu anderen Transfersystemen angeboten[758], mithin sich gegenüber anderen (legalen) Anbietern durchgesetzt (sogenanntes alternatives Überweisungssystem[759]) und nach Macht gestrebt. Daneben stehen aber auch weitere übergeordnete Interessen im Raum, die sich in der Einflussnahme auf die Wirtschaft oder auch in altruistischen Zielen zeigen können. Zum einen werden Finanztransfergeschäfte erbracht, die den Finanzkreislauf betreffen, was – dies verdeutlicht auch der Schutzzweck des § 63 Abs. 1 Nr. 4 ZAG – die Finanzkraft des Staates beziehungsweise die Innovationskraft der Wirtschaft beeinträchtigen kann.[760] Zum anderen sollen altruistische Ziele verfolgt werden, beispielsweise soll dadurch Migranten die Möglichkeit eröffnet werden, von

---

MMR 2024, 175 (179) [„Dritten einen staatlicher Kontrolle und Überwachung entzogenen Internetzugang zu verschaffen“].

[755] Zur Begrifflichkeit und Einordnung siehe bereits Teil 2 A. II. 2. c) cc).

[756] LG Köln 23.05.2022 – 109 KLs 5/21, LG Köln, abrufbar unter: https://www.justiz.nrw.de/nrwe/lgs/koeln/lg_koeln/j2022/109_KLs_5_21_Urteil_20220523.html, Rn. 51, siehe auch Rn. 54 [„Die übergebenen Bargeldbeträge stammten teilweise aus Straftaten wie etwas aus dem unerlaubten Handel mit Betäubungsmitteln, aus ‚schwarz‘ im Wege der Steuerhinterziehung erwirtschafteten Gewinnen oder aus banden- und gewerbsmäßig begangenen Betrugsdelikten“], dazu weiter auch in Rn. 181 ff.

[757] LG Düsseldorf 23.11.2021 – 014 KLs 2/21, LG Düsseldorf, abrufbar unter: http://www.justiz.nrw.de/nrwe/lgs/duesseldorf/lg_duesseldorf/j2021/014_KLs_2_21_Urteil_20211123.html, Rn. 37, 109 LG Düsseldorf, BeckRS 2021, 55636, Rn. 23, 70.

[758] Zur Einordnung des Hawala-Bankings als alternatives Überweisungssystem siehe bereits Teil 2 A. II. 2. c) aa); siehe dazu auch LG Düsseldorf 23.11.2021 – 014 KLs 2/21, LG Düsseldorf, abrufbar unter: http://www.justiz.nrw.de/nrwe/lgs/duesseldorf/lg_duesseldorf/j2021/014_KLs_2_21_Urteil_20211123.html, Rn. 36, LG Düsseldorf, BeckRS 2021, 55636, Rn. 22 [„Durch das Devisenbüro erfuhr er, dass eine große Nachfrage nach schnellen und günstigen Geldwertüberweisungen aus Deutschland in die Türkei bestand“].

[759] Zur Begrifflichkeit und Einordnung siehe bereits Teil 2 A. II. 2. c) aa).

[760] Vgl. *Sinn*, Wirtschaftsmacht Organisierte Kriminalität, S. 81, der die Auswirkungen illegaler Märkte in Form organisierter Kriminalität so weit einstuft, dass „[d]ie Folgen illegalen Handels […] so nachhaltig sein [können], dass die Finanzkraft des Staates, die Innovationskraft der Wirtschaft, Arbeitsplätze, die Reputation der Unternehmen, das Produktvertrauen, die Wirtschaftsleistung sowie das Vertrauen der Bürger in die bestehenden Regulierungsprozesse und nicht zuletzt auch die Gesundheit und der Wohlstand gefährdet sind.“

Deutschland Geld an Empfänger, beispielsweise an Familienangehörige, zu übermitteln, was aufgrund der dortigen Kriegssituation nicht oder nur mit hohen Kosten möglich wäre.[761] Um im Wirtschaftsbereich zu bleiben, kommt es auch entscheidend auf die „Firmenphilosophie", „Vision" oder das „Leitbild" des jeweiligen Zusammenschlusses an, was ein übergeordnetes Interesse darstellen kann, wenn man dies bereichsbezogen bestimmen und sich von der historisch gewachsenen Politisierung[762] des § 129 StGB lösen möchte. Damit wird § 129 StGB dem Bereich der Wirtschaftskriminalität und auch der organisierten Kriminalität weiter geöffnet.[763] In Summe kann bei Hawala-Netzwerken auch das interessenbezogene Element bejaht werden.

e) Zwischenergebnis und weiterführende Anmerkungen

Hawala-Netzwerke können als Vereinigungen nach § 129 Abs. 2 StGB eingeordnet werden. Dabei erfüllen diese das personelle, das organisatorische, das zeitliche sowie das interessenbezogene Element. Bei einer Einzeltransaktion mangelt es bereits am personellen Element, bei einer Hawala-Gruppierung ist fraglich, ob diese eine Teilorganisation bilden kann. Reflektiert man noch einmal die einzelnen Elemente des Vereinigungsbegriffs, so zeigt sich, dass das entscheidende Merkmal das organisatorische Element ist. Trotz der Reduktion des organisatorischen Elements, bedeutet dies eben nicht, dass eine Organisation im Sinne eines absoluten Minimums ausreicht. Genauso ist dem organisatorischen Element sein Geltungsanspruch nicht abzuerkennen, weil eine Bande ebenfalls organisiert sein *kann.* Ein Unterschied zeigt sich darin, dass eine Bande ein loser Zusammenschluss ist und eine Vereinigung ein gewisses Maß an Organisation *zwingend* voraussetzt. Ein Umweg über das interessenbezogene Element bei Wirtschaftskriminalität kann darüber auch nicht hinwegtäuschen, verdeutlicht dies vielmehr noch einmal die Wichtigkeit des organisatorischen Elements samt dessen Indizwirkung. Ebenfalls wurden seitens des Gesetzgebers die Anforderungen an das interessenbezogene Element abgesenkt. Hierbei soll bei politisch motivierter Kriminalität das übergeordnete Interesse in der politischen Überzeugung und der Verfolgung politischer Ziele liegen. Im Gegensatz

---

761 So überzeugend BGH 28.06.2022 – 3 StR 403/20, BGH, BeckRS 2022, 20799, Rn. 15; dem zustimmend *Ebbinghaus*, HRRS 2023, 16 (20) [„begrüßenswert"]; siehe ferner auch LG Düsseldorf 23.11.2021 – 014 KLs 2/21, LG Düsseldorf, abrufbar unter: http://www.justiz.nrw.de/nrwe/lgs/duesseldorf/lg_duesseldorf/j2021/014_KLs_2_21_Urteil_20211123.html, Rn. 36, LG Düsseldorf, BeckRS 2021, 55636, Rn. 22 [„Durch das Devisenbüro erfuhr er, dass eine große Nachfrage nach schnellen und günstigen Geldwertüberweisungen aus Deutschland in die Türkei bestand"]; zur Mannigfaltigkeit der Akteure, die die Hawala-Dienste nutzen siehe bereits Teil 2 A. II. 2. b) bb) (1).

762 Zum historischen politischen Hintergrund des § 129 StGB siehe *Eidam*, Der Organisationsgedanke im Strafrecht, S. 40 ff.; *Sinn/Iden/Pörtner*, ZIS 2021, 435 (436 ff.).

763 So auch der Gedanke der Änderung des § 129 StGB, BT-Drs. 18/11275, S. 1, 11 zur Umsetzung des Rahmenbeschlusses 2008/841/JI des Rates vom 24.10.2008 zur Bekämpfung der organisierten Kriminalität, BGBl. I 2017, S. 2440.

dazu soll bei Wirtschaftskriminalität das übergeordnete Interesse im gemeinsamen Gewinn- und Machtstreben liegen, wobei bei Letzterem dies anhand der organisatorischen Struktur bestimmt werden kann. Auch das interessenbezogene Element ist zur Abgrenzung von Bande und Vereinigung nötig. Bei der Wirtschaftskriminalität zeigt sich das interessenbezogene Element in einem Streben nach potenzierter Gewinnmaximierung. Dabei ist nötig, dass sich dieser Zusammenschluss verselbstständigt, er einen unternehmerischen, mithin organisatorischen Charakter erhält. Ein Streben nach Macht kann sich bei Wirtschaftskriminalität darin niederschlagen, dass eine „Marktübernahme" oder ein „Zuvorkommen gegenüber Ermittlungsbehörden" angestrebt wird. Es zeigt sich also in einer Anstrengung zur Durchsetzung der eigenen Ziele gegenüber anderen. Auch hier dient die Bündelung der Kräfte der Vereinfachung der Durchsetzung der eigenen Ziele. Mit Blick auf das Hawala-Banking ist das Zusammenspiel verschiedener Interessen bemerkenswert.[764] So kann man den Netzwerken ein Gewinnstreben nachsagen, das sich in der potenzierten Gewinnmaximierung zeigt. Die dennoch vorhandenen Einzelinteressen treten hinter dem verselbstständigten übergeordneten Interesse zurück. Genauso zeigen die Netzwerke ein Streben nach Macht, indem sie sich bewusst der staatlichen Kontrolle widersetzen, um sich der Nachverfolgbarkeit zu entziehen und eine kostengünstige Alternative gegenüber anderen Transfersystemen zu schaffen. Damit wird sich gegenüber Ermittlungsbehörden und anderen Anbietern durchgesetzt. Ferner wird mit den Netzwerken auf die Wirtschaft Einfluss genommen sowie altruistische Ziele verfolgt, indem in den Finanzkreislauf eingegriffen und Migranten die Möglichkeit zu Transfers angeboten wird. Dies muss natürlich dem jeweiligen Hawala-Netzwerk individuell nachgesagt werden können und darf nicht pauschalisiert werden.

Interessant ist an der Herabsetzung der Anforderungen an den Vereinigungsbegriff, dass die organisierte Kriminalität besser verfolgt werden kann. Dieser Gedanke steht – wenn man Gesetzgeber[765], Rechtsprechung[766] und Literatur[767] folgt – in gewisser Hinsicht, mit dem Bandenbegriff im Konflikt, denn das Herabsetzen der Anforderungen an den Vereinigungsbegriff, erschwert die Abgrenzung zum Bandenbegriff. Wie sich gezeigt hat wollte der Gesetzgeber zwar die Anforderungen an das organisatorische sowie das interessenbezogene Element senken, er macht je-

[764] So bereits *Nestler/Schiffner*, NStZ 2022, 35 (38).

[765] BT-Drs. 18/11275, S. 11, der einen Konflikt nicht explizit anspricht aber in weiser Voraussicht bereits versucht einen potenziellen Konflikt durch die Schilderung gewisser Abgrenzungsmöglichkeiten zu umgehen.

[766] BGH 02.06.2021 – 3 StR 21/21, BGH, NJW 2021, 2813 (2814 ff.), der ein ganzes Bündel an Kriterien herausarbeitet, anhand denen er eine Abgrenzung der beiden Begriffe ermöglichen möchte und er damit klarmacht, welchen Begründungsaufwand dies erfordert.

[767] Siehe dazu beispielhaft die Auseinandersetzung mit der Begriffsabgrenzung in *Eschelbach*, in: NK-StGB, § 129 Rn. 44 ff.; *Schäfer/Anstötz*, in: MüKo-StGB, § 129 Rn. 22 ff.; *Eggers*, wistra 2021, 441 (448); *Niemann*, wistra 2021, 425 (425); *Sinn/Iden/Pörtner*, ZIS 2021, 435 (446 ff.).

doch ebenfalls klar, dass sich die Bande von der Vereinigung weiterhin anhand der „Organisationsstruktur und [durch] die Verfolgung eines übergeordneten Interesses“[768] unterscheidet. Das bedeutet, dass zwischen der Bande und der Vereinigung anhand der beiden Elemente unterschieden werden kann und nicht allein das interessenbezogene Element Klarheit schafft. Gerade im Bereich der Wirtschaftskriminalität zeigt sich aber auch, dass es das organisatorische Element ist, das die Klarheit schafft, denn vor allem anhand der Organisation kann indiziell bestimmt werden, inwiefern sich das Gewinnstreben verselbstständigt. Das bedeutet, dass kein Gleichlauf von Bande und Vereinigung besteht, dass die Bandenstruktur aber in der Vereinigungsstruktur aufgeht, da erstere kein organisatorisches und interessenbezogenes Element zwingend voraussetzt; die Bande aber mit der Vereinigung zumindest beim zeitlichen und personellen Element übereinstimmt. Damit stehen die beiden Zusammenschlüsse nicht deckungsgleich zueinander, sodass die Systematik des deutschen Strafrechts gewahrt bleibt.[769] Die teilweise Kongruenz mag es jedoch zulassen, dass – gerade im Bereich der Wirtschaftskriminalität mit den Wirtschaftsdelikten – sowohl der strafbegründende § 129 StGB, als auch die jeweilige strafschärfende Qualifikation oder das strafschärfende Regelbeispiel einschlägig sein können. Dabei muss man jedoch zunächst die Frage beantworten, inwiefern das Bandenmerkmal überhaupt neben dem zeitlichen und dem personellen Element weitere Anforderungen stellt, was im Hinblick auf die angezeigte Forschungsfrage zu weit führen würde. Die hier zugrunde gelegte Ansicht zeigt aber, dass eine Abgrenzung anhand des organisatorischen und des interessenbezogenen Elements möglich ist, auch wenn die jeweiligen Anforderungen herabgesetzt wurden und damit zwangsläufig eine Annäherung des Banden- und des Vereinigungsbegriffs vollzogen wurde. Blickt man auf den historischen Wandel der beiden personellen Zusammenschlüsse, so wird deren Annäherung auch nachvollziehbar. Im Gesetz zur Bekämpfung des illegalen Rauschgifthandels und anderer Erscheinungsformen der Organisierten Kriminalität[770] wollte man in der Bandenkriminalität sowie im gewerbsmäßigen Verhalten Anknüpfungspunkte für die organisierte Kriminalität verankert sehen.[771] Mit der Neufassung des § 129 StGB war es ebenfalls die Intention des Gesetzgebers, die Bekämpfung der organisierten Kriminalität voranzutreiben, denn der Vereinigungsbegriff ist an die Definition des Art. 1 des Rahmenbeschlusses 2008/841/JI angelehnt, was der engen Auslegung der Rechtsprechung des BGH entgegenwirken sollte.[772] Möchte man effektiv die organisierte Kriminalität

---

[768] BT-Drs. 18/11275, S. 11.

[769] Dies thematisierend BGH 02.06.2021 – 3 StR 21/21, BGH, NJW 2021, 2813 (2815); *Eschelbach*, in: NK-StGB, § 129 Rn. 44; ferner *Niemann*, wistra 2021, 425 (425), der sogar von einem Spannungsfeld zwischen Bande und krimineller Vereinigung spricht, was aus deren Dogmatik folgt.

[770] BGBl. I 1992, S. 1302 ff.

[771] So *Sinn/Iden/Pörtner*, ZIS 2021, 435 (438) unter vergleichenden Verweis auf BT-Drs. 12/989, S. 20 f., 24 f.

[772] So BT-Drs. 18/11275, S. 1, 11.

bekämpfen, so müssen die beiden personellen Zusammenschlüsse offen gefasst sein, um die organisierte Kriminalität aufgreifen zu können, sei es mit strafbegründenden, als auch mit strafschärfenden Mitteln. Ist es also die Intention des Gesetzgebers, die organisierte Kriminalität effektiv zu bekämpfen so lässt sich die problematisierte Annäherung kaum vermeiden. Der gemeinsame Nenner bildet die organisierte Kriminalität, die von beiden Begrifflichkeiten (nun auch leichter) erfasst werden soll. Damit ist dem BGH[773] zuzustimmen, wenn er bereits vor Einführung des § 129 StGB n. F. davon sprach, dass sich der Vereinigungsbegriff des Art. 1[774] des Rahmenbeschlusses 2008/841/JI vom Bandenbegriff „in [seinem] […] inhaltlichen Gehalt allenfalls nur noch in unwesentlichen Randbereichen" unterscheidet. Ob mit der Einführung des Vereinigungsbegriffs des § 129 StGB n. F. und dessen leichten Unterschieden zum Rahmenbeschluss, dies sich ebenfalls bestätigen lässt, wird sich in Zukunft zeigen. Mit dem hier zugrunde gelegten Verständnis des Vereinigungsbegriffs wird man jedenfalls davon sprechen können, dass sich Unterschiede im Randbereich ergeben, dass man hierbei aber nicht zwangsläufig von einem unwesentlichen Randbereich sprechen muss. Ob mit der Neufassung des § 129 StGB auch eine Änderung eines Staatsschutzdelikts zum (auch) Wirtschaftsdelikt vollzogen wurde, kann als Frage aufgeworfen werden, soll an dieser Stelle jedoch nicht weiter vertieft werden.[775]

2. Der gerichtete Zweck oder die Tätigkeit des Hawala-Netzwerkes

Ordnet man also das Hawala-Netzwerk als Vereinigung im Sinne des § 129 Abs. 2 StGB ein, so muss der Zweck oder die Tätigkeit dieser Vereinigung auf die Begehung von Straftaten gerichtet sein. Voraussetzung ist, dass die Tätigkeit durch den Willensbildungsprozess der Vereinigung gedeckt ist, sodass dem Merkmal der Tätigkeit eigentlich keine eigenständige Bedeutung zukommt.[776] Dazu soll im Folgenden auf die für das Hawala-Banking relevanten Straftaten eingegangen und diese an ihrem Gewicht gemessen werden, mithin ob diese den Anforderungen des § 129 Abs. 1 StGB standhält. Dabei findet ebenfalls Beachtung, ob der Zweck oder

[773] BGH 03. 12. 2009 – 3 StR 277/09, BGHSt 54, 216 (223 f.).

[774] Art. 1 Nr. 1 des Rahmenbeschlusses 2008/841/JI: „Im Sinne dieses Rahmenbeschlusses bezeichnet der Ausdruck „kriminelle Vereinigung" einen auf längere Dauer angelegten organisierten Zusammenschluss von mehr als zwei Personen, die, um sich unmittelbar oder mittelbar einen finanziellen oder sonstigen materiellen Vorteil zu verschaffen, in Verabredung handeln, um Straftaten zu begehen, die mit einer Freiheitsstrafe oder einer freiheitsentziehenden Maßregel der Besserung und Sicherung im Höchstmaß von mindestens vier Jahren oder einer schwereren Strafe bedroht sind".

[775] Dies aufgreifend *Niemann*, wistra 2021, 425 (428); ebenfalls *Wagner*, Zur Strafbarkeit des Hawala-Banking – vom Wirtschafts- zum Staatsschutzstrafrecht?, Vortrag am 22. 03. 2022 an der Universität Mannheim.

[776] *Krauß*, in: LK-StGB, § 129 Rn. 72; *Stein/Greco*, in: SK-StGB, § 129 Rn. 39 [„logisch überflüssig"].

die Tätigkeit der Vereinigungen beim Hawala-Banking auch auf die Begehung von Straftaten ausgerichtet ist.

a) *Die relevanten Straftaten und deren Gewicht beim Hawala-Banking*

Laut § 129 Abs. 1 StGB muss der Zweck oder die Tätigkeit auf die Begehung von Straftaten ausgerichtet sein, die im Höchstmaß mit Freiheitsstrafe von mindestens zwei Jahren bedroht sind. Straftaten sind dabei alle Verhaltensweisen, die einen gesetzlichen Tatbestand in strafbarer Weise verwirklichen, nicht jedoch bloße Ordnungswidrigkeiten.[777] Unerheblich ist hierfür, ob die Delikte im Ausland[778] begangen wurden oder ob diese auch politischer Natur[779] sind. Natürlich können mit dem Hawala-Banking Straftaten wie die Geldwäsche nach § 261 StGB, die Steuerhinterziehung nach § 370 AO, die Terrorismusfinanzierung nach § 89c StGB oder auch Straftaten aus dem AWG in Verbindung gebracht werden. Vorliegend beschäftigt sich die Forschungsfrage jedoch mit der originären Strafbarkeit des Hawala-Bankings, sodass allein der Rückgriff auf § 63 Abs. 1 Nr. 4 ZAG von Relevanz ist. Zudem richten sich die Hawala-Netzwerke auf das Erbringen von Zahlungsdiensten aus, nicht unbedingt auf andere Straftaten, selbst wenn Kunden auf diese Dienste zurückgreifen, um beispielsweise inkriminierte Gelder zu waschen. Denn das Ziel der Vereinigung muss in der Begehung *eigener* Straftaten liegen.[780] So reicht es nicht aus, wenn sich die Vereinigung das Ziel gemacht hat Dritte zur Begehung von Straftaten anzustiften (§ 26 StGB) oder ihnen dabei Hilfe zu leisten (§ 27 StGB).[781] Damit kommt als relevante Straftat § 63 Abs. 1 Nr. 4 ZAG in Betracht,[782] dessen Strafrahmen eine Freiheitsstrafe von bis zu fünf Jahren oder eine

---

[777] *Schäfer/Anstötz*, in: MüKo-StGB, § 129 Rn. 36 unter vergleichenden Verweis auf weiterführende Nachweise.

[778] BGH 26.06.2002 – AK 12/02, BGH, NStZ-RR 2002, 300 (301); BGH 12.10.1965 – 3 StR 15/65, BGH, NJW 1966, 310 (312); *Kuhli*, in: Matt/Renzikowski-StGB, § 129 Rn. 16; *Stein/Greco*, in: SK-StGB, § 129 Rn. 29.

[779] BGH 16.03.2004 – 5 StR 364/03, BGH, NStZ 2004, 574 (574); *Kuhli*, in: Matt/Renzikowski-StGB, § 129 Rn. 16.

[780] *Kuhli*, in: Matt/Renzikowski-StGB, § 129 Rn. 18.

[781] *Kuhli*, in: Matt/Renzikowski-StGB, § 129 Rn. 18; siehe dazu beispielhaft auch LG Köln 23.05.2022 – 109 KLs 5/21, LG Köln, abrufbar unter: https://www.justiz.nrw.de/nrwe/lgs/koeln/lg_koeln/j2022/109_KLs_5_21_Urteil_20220523.html, Rn. 181 [„Zum Vorwurf der Geldwäsche hat sich der Angeklagte D im Rahmen der Hauptverhandlung dahingehend eingelassen, dass er sich anfangs keine Gedanken um die Herkunft der Gelder und des Goldes gemacht habe. Er sei sich aber schnell sicher gewesen, dass die Gelder aus illegalen Geschäften, wahrscheinlich Drogengeschäften, stammten. […] In einer Aldi-Tüte im Kofferraum hätten sie dann insgesamt 800.000 EUR Bargeld vorgefunden, alles in 10 EUR- und 20 EUR-Scheinen. Da sei ihm klar geworden, dass es sich um Drogengeld handeln müsse“].

[782] So auch die Rechtsprechung in den Fällen: BGH 28.06.2022 – 3 StR 403/20, BGH, BeckRS 2022, 20799, Rn. 16; BGH 02.06.2021 – 3 StR 61/21, BGH, ZIP 2021, 1853 (1855); LG Köln 23.05.2022 – 109 KLs 5/21, LG Köln, abrufbar unter: https://www.justiz.nrw.de/nrwe/lgs/koeln/lg_koeln/j2022/109_KLs_5_21_Urteil_20220523.html, Rn. 642; LG

Geldstrafe vorsieht, mithin den vorgesehenen Strafrahmen des § 129 StGB umfasst. Aufzuwerfen ist jedoch die Frage, ob der § 129 StGB tatbestandlich einzuschränken ist. Zu klären gilt es, inwiefern der Deliktscharakter der Bezugstat für die Einordnung als Bezugstat eine Rolle spielt, mithin ob der Deliktscharakter des § 63 Abs. 1 Nr. 4 ZAG der Stellung als Bezugstat entgegensteht. Zudem muss hinterfragt werden, inwiefern der Schutzzweck des § 129 StGB mit der Zweckverfolgung der Bezugstat kollidiert und ob wiederum daraus eine tatbestandliche Einschränkung resultiert.

aa) Die tatbestandliche Einschränkung des § 129 StGB anhand des Deliktscharakters der Bezugstat

Zunächst sei die Frage aufgeworfen, ob der Deliktscharakter des § 63 Abs. 1 Nr. 4 ZAG der Anwendbarkeit als Bezugstat entgegensteht. Mit Blick auf § 129 Abs. 3 Nr. 3 StGB ist § 129 Abs. 1 StGB nicht anzuwenden, „soweit die Zwecke oder die Tätigkeit der Vereinigung Straftaten nach den §§ 84 bis 87 betreffen." Sofern durch die Gründung oder Aufrechterhaltung der Vereinigung zugleich einer dieser anderen Organisationsdelikte[783] verwirklicht wird, wird von den §§ 84 bis 87 der Unrechtsgehalt vollständig miterfasst;[784] eines Rückgriffs auf § 129 StGB bedarf es also nicht.

Dies geht auf die Überlegung zurück, dass die Bezugstat der Gründung der Vereinigung und den zu ihrer Aufrechterhaltung dienenden Aktivitäten zeitlich und logisch nachfolgen muss,[785] was auch aus dem Merkmal „gerichtet" gelesen werden kann.[786] Vereinzelt wird hier auch angeführt, dass bei ähnlich strukturierten Tatbeständen eine analoge Anwendung[787] des § 129 Abs. 3 Nr. 3 StGB in Betracht kommt oder manche Tatbestände aus technischen Gründen[788] nicht ausdrücklich aufgeführt sind. Da § 63 Abs. 1 Nr. 4 ZAG nicht in § 129 Abs. 3 Nr. 3 StGB explizit genannt wird, soll im Weiteren untersucht werden, ob § 63 Abs. 1 Nr. 4 ZAG

Düsseldorf 23.11.2021 – 014 KLs 2/21, LG Düsseldorf, abrufbar unter: http://www.justiz.nrw.de/nrwe/lgs/duesseldorf/lg_duesseldorf/j2021/014_KLs_2_21_Urteil_20211123.html, Rn. 663, LG Düsseldorf, BeckRS 2021, 55636, Rn. 174; LG Mannheim 17.11.2020 – 22 KLs 540 Js 6574/20, LG Mannheim, BeckRS 2020, 50512, Rn. 137.

[783] *Schäfer/Anstötz*, in: MüKo-StGB, § 129 Rn. 74 [„Die § 84–§ 87 stellen wie § 129 jeweils ein Organisationsdelikt dar"]; *Sternberg-Lieben/Schittenhelm*, in: Schönke/Schröder-StGB, § 129 Rn. 11 [„Organisationsdelikte iSd §§ 84 bis 87"].

[784] *Stein/Greco*, in: SK-StGB, § 129 Rn. 31.

[785] *Stein/Greco*, in: SK-StGB, § 129 Rn. 31; *Schäfer/Anstötz*, in: MüKo-StGB, § 129 Rn. 37; vgl. auch *Krauß*, in: LK-StGB, § 129 Rn. 52.

[786] So *Kuhli*, in: Matt/Renzikowski-StGB, § 129 Rn. 15.

[787] *Stein/Greco*, in: SK-StGB, § 129 Rn. 31, die hierbei auf § 20 Abs. 1 Nrn. 1 – 4 VereinsG § 129 Abs. 3 Nr. 3 StGB analog anwenden.

[788] Hierbei wird auch auf § 20 Abs. 1 Nrn. 1 – 4 VereinsG verwiesen: *Schäfer/Anstötz*, in: MüKo-StGB, § 129 Rn. 74 [„aus technischen Gründen nicht ausdrücklich aufgeführt"]; *Sternberg-Lieben/Schittenhelm*, in: Schönke/Schröder-StGB, § 129 Rn. 11.

der Gründung der Vereinigung und den zu ihrer Aufrechterhaltung dienenden Aktivitäten überhaupt zeitlich und logisch nachfolgt und ob der Deliktscharakter des § 63 Abs. 1 Nr. 4 ZAG nicht auch eine Vergleichbarkeit zulässt, die im Zweifel eine analoge Anwendung des § 129 Abs. 3 Nr. 3 StGB rechtfertigt.

§ 63 Abs. 1 Nr. 4 ZAG lässt sich wie § 129 StGB als Organisationsdelikt umschreiben,[789] wobei dies eher begrifflichen, nicht tatbestandlichen Ursprungs ist. § 129 StGB bestraft nämlich die aus dem Zusammenschluss folgende Schaffung oder Verstärkung des Gefahrenpotenzials, das in der Existenz und potenzierten Aktionsmöglichkeit des organisatorischen Zusammenschlusses besteht.[790] § 63 Abs. 1 Nr. 4 ZAG bestraft hingegen nicht den organisatorischen Zusammenschluss, sondern das Vollziehen der betrieblichen Tätigkeit ohne Erlaubnis, mithin die Dienstleistung eines (denkbaren[791]) Zusammenschlusses.[792] Wie bereits angesprochen, ist daher für § 63 Abs. 1 Nr. 4 ZAG die Umschreibung als Allgemeindelikt mit sogenannter funktional-sozialer Tatherrschaft oder als Allgemeindelikt mit sogenannter Betriebsherrschaft passender.[793] Unabhängig von der Begriffsbezeichnung, zeigt sich damit eine andere tatbestandliche Struktur, die Auswirkung auf die

---

[789] Zur Einordnung des § 129 StGB als Organisationsdelikt BGH 03.05.1989 – StB 15, 16/89, BGHSt 36, 192 (198); BGH 25.07.1984 – 3 StR 62/84, BGHSt 33, 16 (17); BGH 11.06.1980 – 3 StR 9/80, BGHSt 29, 288 (291, 294); *Eschelbach*, in: NK-StGB, § 129 Rn. 2; *Krauß*, in: LK-StGB, § 129 Rn. 5; *Schäfer/Anstötz*, in: MüKo-StGB, § 129 Rn. 5; *Fahrner*, Staatsschutzstrafrecht, S. 206.

[790] *Stein/Greco*, in: SK-StGB, § 129 Rn. 4.

[791] § 63 Abs. 1 Nr. 4 ZAG setzt eben auch nicht zwingend ein ganzes System voraus, denn sofern die jeweiligen Voraussetzungen erfüllt sind, kann die Dienstleistung zwangsläufig auch von einer oder zwei Personen erbracht werden, was ebenfalls einen Unterschied verdeutlicht. Es geht um die betriebliche Tätigkeit, nicht den Betrieb an sich.

[792] Vgl. auch *Morozinis*, Dogmatik der Organisationsdelikte, S. 537, der auch auf die §§ 128, 129, 129a StGB verweist und dabei instruktiv klarstellt, dass diese Vorschriften „nur auf die Organisation per se (wie sie diese selbst umgrenzen), d.h. auf die Existenz eines sozialen Systems, und die Stellung, die man darin bekleidet, ab[stellen]; nicht aber auf die konkrete Tätigkeit, die bestimmte Rechtsgüter beeinträchtigt, insbesondere abstrakt oder konkret gefährdet bzw. verletzt, d.h. auf die Auswirkungen (den ‚output') des Systems"; dazu ähnlich auch *Bosch*, Organisationsverschulden in Unternehmen, S. 379, Fn. 1205, der zustimmungswürdig hervorhebt, dass „die soziale Verantwortlichkeit und Entscheidungsmacht und nicht die Organisation selbst über die Täterstellung entscheidet"; interessant ist ein Vergleich der Delikte, denn beim Organisationsdelikt des § 129 StGB soll der Zusammenschluss bestraft werden, die Stellung als Rädelsführer oder Hintermann wird im Konglomerat aber hervorgehoben, was für eine Strafschärfung nach § 129 Abs. 5 StGB sorgt. Damit trägt jeder die Verantwortung im Zusammenschluss gleichermaßen, die Stellung als Rädelsführer oder der Hintermann macht es aber zu einem besonders schweren Fall. Bei § 63 Abs. 1 Nr. 4 ZAG hingegen geht es nicht darum den Zusammenschluss zu bestrafen, sondern denjenigen oder diejenigen, die die Betriebsherrschaft innehaben. Die (täterschaftliche) Verantwortung tragen nur diejenigen die die funktional-soziale Tatherrschaft in ihren Händen halten. Dies macht es aber nicht zu einem besonders schweren Fall, sondern begründet die Strafbarkeit, mithin die Tatherrschaft. Dazu aber noch sogleich in Teil 4 B. III. 1. b).

[793] Zur Einordnung des § 63 Abs. 1 Nr. 4 und der Kritik am Begriff des Organisationsdelikts siehe bereits Teil 4 A. I. 1. b).

Einordnung hat und damit bereits hier eine Vergleichbarkeit zu den Delikten des § 129 Abs. 3 Nr. 3 StGB abgelehnt werden kann. Doch auch beiden Tatbeständen kann man einen Charakter als abstrakte Gefährdungsdelikte nachsagen[794], sorgt dies eben jeweils für eine weite Vorverlagerung der Strafbarkeit. Damit stimmen die Delikte hinsichtlich der Strafbarkeit des Zusammenschlusses nicht überein, zumindest jedoch aufgrund des Charakters als abstraktes Gefährdungsdelikt.[795] Fraglich ist jedoch, ob daraus auch folgt, dass das Erbringen von Zahlungsdiensten nicht zeitlich und logisch nachfolgt, sondern mit der Gründung und Aufrechterhaltung der Vereinigung zusammenfällt. Damit kommt es also darauf an, wann bei § 63 Abs. 1 Nr. 4 ZAG ein relevantes strafbares Verhalten überhaupt vorliegt und ob dies der Gründung oder Aufrechterhaltung der Vereinigung zeitlich nachgelagert ist. Blickt man auf die Tathandlung des Erbringens von Zahlungsdiensten hat sich bereits herausgestellt, dass § 63 Abs. 1 Nr. 4 ZAG darauf angelegt ist, der besonderen Gefährlichkeit der organisatorischen *Tätigkeit* vorzubeugen. Hier reicht nicht der Zusammenschluss der Akteure aus, um Zahlungsdienste zu begehen. Vielmehr bedarf es zumindest Vorbereitungshandlungen oder werbender Tätigkeiten, die einen konkreten Geschäftsbezug aufweisen, was über den bloßen Zusammenschluss hinausgeht. Auch bei § 129 StGB soll bereits im Vorbereitungsstadium der Begehung von Straftaten entgegengewirkt werden.[796] Im Ergebnis lassen sich also die Vorbereitungshandlungen der jeweiligen Delikte als strafrechtsrelevant hervorheben, handelt es sich eben bei beiden um abstrakte Gefährdungsdelikte. Allein daran gemessen lassen sich diese auch zeitlich gleich einordnen; dabei bleibt jedoch die Betrachtung der jeweiligen Vorbereitungshandlung für sich außen vor. § 129 StGB wird zum Beispiel auch eine Verwandtschaft zu § 30 StGB attestiert,[797] soll damit die Strafbarkeit auf Verhaltensweisen erstreckt werden, die im materiellen Sinne zum Vorbereitungsstadium jener Straftaten gehören.[798] Damit wird bei § 129 StGB aber bereits der Zusammenschluss bestraft, der sich zum Erbringen von Zahlungs-

---

[794] Zur Einordnung des § 129 StGB als abstraktes Gefährdungsdelikt: BGH 25.07.1984 – 3 StR 62/84, BGHSt 33, 16 (18); *Krauß*, in: LK-StGB, § 129 Rn. 4; *Lohse*, in: Satzger/Schluckebier/Werner-StGB, § 129 Rn. 3; *Stein/Greco*, in: SK-StGB, § 129 Rn. 4; *Schäfer/Anstötz*, in: MüKo-StGB, § 129 Rn. 4; *Fahrner*, Staatsschutzstrafrecht, S. 207; zur Einordnung des § 63 Abs. 1 Nr. 4 ZAG als abstraktes Gefährdungsdelikt: *Weiß*, in: Schäfer/Omlor/Mimberg-ZAG, § 63 Rn. 89; a. A. *Richter*, in: Luz/Neus/Schaber/Schneider/et al.-ZAG, § 63 Rn. 9.

[795] Mit Blick auf die weite Vorverlagerung der Strafbarkeit Bedenken äußernd *Niemann*, wistra 2021, 425 (428) [„Bereits bei der mit § 129 StGB identischen abstrakten Strafdrohung des § 63 ZAG ist dieses Vorgehen allerdings fragwürdig"].

[796] BT-Drs. 18/11275, S. 8; *Krauß*, in: LK-StGB, § 129 Rn. 1 mit weiterführenden Nachweisen.

[797] *Krauß*, in: LK-StGB, § 129 Rn. 2; *Lohse*, in: Satzger/Schluckebier/Werner-StGB, § 129 Rn. 2; *Stein/Greco*, in: SK-StGB, § 129 Rn. 4; siehe auch gleichrangige Aufzählung in BT-Drs. 18/11275, S. 10 [„Eine Strafbarkeit im Vorfeld des Versuchs gibt es außerhalb von den §§ 129, 129a und § 30 StGB"].

[798] *Stein/Greco*, in: SK-StGB, § 129 Rn. 4 unter Verweis auf weiterführende Quellen.

diensten zusammengetan hat; es müssen noch keine Straftaten konkret geplant[799], vorbereitet[800] oder bereits begangen[801] worden sein, sodass die entsprechende Zielgerichtetheit ausreicht[802]. Der Gesetzgeber[803] schreibt dazu auch, dass die Straftaten „lediglich ihrer Art nach so weit konkretisiert sein [müssen], dass eine Ausrichtung der Vereinigung auf die Begehung von Straftaten eindeutig ist.“ Das Erbringen bedarf hingegen mehr als eines bloßen Zusammenschlusses, der zielgerichtet Zahlungsdienste erbringen möchte. Es bedarf – selbst bei der Einordnung als Vorbereitungsmaßnahme – zumindest konkreter Werbemaßnahmen oder der Hinführung zu einem Vertragsschluss, mithin eines konkreten Geschäftsbezugs. Möchte man dies also dahingehend betrachten, folgen die Vorbereitungsmaßnahmen des § 63 Abs. 1 Nr. 4 ZAG der Gründung und Aufrechterhaltung des Hawala-Netzwerkes zeitlich und logisch nach. Zudem handelt es sich beim Erbringen von Zahlungsdiensten um eine pauschalierende Handlungsbeschreibung, die auf Dauer angelegt ist und wiederum aus vielen einzelnen Tätigkeiten – ausgehend etwaig unterschiedlicher Akteure – bestehen kann, aber nicht notwendigerweise bestehen muss. Diese aus der pauschalierenden Handlungsbeschreibung resultierenden Einzelhandlungen folgen der Gründung und Aufrechterhaltung des Hawala-Netzwerkes zeitlich und logisch nach. Damit kann auch allgemein hinterfragt werden, wann genau etwas zeitlich und logisch nachfolgt. Im Einzelfall kann dies auch eine juristische Sekunde beanspruchen dürfen und die Schlussfolgerung zulassen, dass jegliche aus der Organisation hervorgebrachte Tathandlung, der Gründung und Aufrechterhaltung der Vereinigung nachgelagert ist. Dies unter der Prämisse, dass die Tathandlung die Gründung oder Aufrechterhaltung nicht selbst beinhaltet. Eine abschließende Lösung kann an dieser Stelle nicht angeboten werden, zumindest im Fall des § 63 Abs. 1 Nr. 4 ZAG zeigt sich jedoch, dass das Erbringen von Zahlungsdiensten – auch bei Einordnung als abstraktes Gefährdungsdelikt – der Gründung und Aufrechterhaltung der Vereinigung zeitlich und logisch nachfolgt. Dass das bereits weit vorverlagerte abstrakte Gefährdungsdelikt des § 63 Abs. 1 Nr. 4 ZAG durch das abstrakte Gefährdungsdelikt des § 129 StGB – gerade auch mit Blick auf ermittlungstechnische Maßnahmen – noch weiter vorverlagert wird, mag aufgrund der identischen abstrakten Strafandrohung des § 63 Abs. 1 Nr. 4 ZAG und des § 129 StGB fragwürdig erscheinen,[804] denn § 129 StGB soll grundsätzlich das Vorbereitungsstadium jenes Delikts miterfassen. § 129 StGB ergreift damit strenggenommen nicht nur das Vorbereitungsstadium jenes Delikts, da die Bezugstat § 63 Abs. 1 Nr. 4 ZAG bereits selbst das eigene Vorbereitungsstadium eigenständig bestraft. Damit bestraft § 129 StGB sozusagen das Vorberei-

---

[799] BT-Drs. 18/11275, S. 10.

[800] BT-Drs. 18/11275, S. 10; BGH 21.10.2004 – 3 StR 94/04, BGHSt 49, 268 (272 f.); BGH 21.12.1977 – 3 StR 427/77 (S), BGHSt 27, 325 (328).

[801] BGH 21.12.1977 – 3 StR 427/77 (S), BGHSt 27, 325 (328).

[802] *Kuhli*, in: Matt/Renzikowski-StGB, § 129 Rn. 13.

[803] BT-Drs. 18/11275, S. 10.

[804] So *Niemann*, wistra 2021, 425 (428).

tungsstadium des Vorbereitungsstadiums der Bezugstat. Mit anderen Worten muss nicht auf einen Vertragsschluss in irgendeiner Weise hingewirkt oder geworben werden, es reicht der Aufbau der dafür nötigen Infrastruktur beziehungsweise sogar schon der Zusammenschluss der Akteure, die sich zum Ziel machen eine Infrastruktur aufzubauen und zum Vertragsschluss oder zur Werbung, mithin zum Erbringen von Zahlungsdiensten übergehen wollen. Bei genauer Betrachtung ist damit die Tathandlung des § 63 Abs. 1 Nr. 4 ZAG dennoch der Gründung und Aufrechterhaltung nachgelagert, sodass sich § 63 Abs. 1 Nr. 4 ZAG zu anderen Bezugstaten einreiht und keine Vergleichbarkeit zu den in § 129 Abs. 3 Nr. 3 StGB genannten Tatbeständen aufweist. Der Gesetzgeber macht eine Beschränkung allein anhand des Höchstmaßes der Freiheitsstrafe,[805] des Abs. 3 und der „Gerichtetheit" in Abs. 1 fest. Eine darüberhinausgehende Beschränkung des § 129 StGB auf Bezugstaten mit einem bestimmten Deliktscharakter lässt sich nicht erkennen. Genauso bezweckt der Gesetzgeber bei § 129 StGB[806] und bei § 63 Abs. 1 Nr. 4 ZAG eine weite Vorverlagerung. So wird auch im Allgemeinen Kritik an der weiten Vorverlagerung des § 129 StGB geübt.[807] Die Frage, ob der Gesetzgeber die damit einhergehende Strafdrohung für angemessen hält, mag jedoch kriminalpolitischer, nicht verfassungsrechtlicher Natur sein.[808] Sofern also die Voraussetzungen für § 129 StGB vorliegen, wird durch das weitere abstrakte Gefährdungsdelikt des § 63 Abs. 1 Nr. 4 ZAG auch keine weitere Vorverlagerung vorangetrieben, im Sinne einer Addition der beiden Zeitrahmen; die Trennlinie bleibt die Vorverlagerung des § 129 StGB. Anders gesagt, wenn bereits § 63 Abs. 1 Nr. 4 ZAG eine Kategorisierung als abstraktes Gefährdungsdelikt vom Gesetzgeber erhalten hat, eben wegen dessen wesentlicher Rechtsgüter, so scheint ein Heranziehen des § 129 StGB erst recht legitim, sofern eine aus dem Zusammenschluss folgende Schaffung oder Verstärkung des Gefahrenpotenzials, das in der Existenz und potenzierten Aktionsmöglichkeit des organisatorischen Zusammenschlusses besteht, hinzukommt. Vergleicht man das mit einem reinen Erfolgsdelikt, das mangels überindividueller Rechtsgüter keine zeitliche Vorverlagerung erhalten hat, so müsste eine weite Vorverlagerung „durch" § 129 StGB dann erst recht hinterfragt werden. § 63 Abs. 1 Nr. 4 ZAG reiht sich damit in andere Bezugstaten ein, indem dessen Deliktscharakter nicht für eine tatbestandliche Einschränkung sorgt.

---

[805] BT-Drs. 18/11275, S. 8.

[806] Dazu OLG München 08.05.2007 – 6 St 1/07, OLG München, NJW 2007, 2786 (2787).

[807] Zur Verfassungsmäßigkeit und der ausgeübten Kritik siehe instruktiv *Eschelbach*, in: NK-StGB, § 129 Rn. 6 ff., mit einschlägigen Verweisen; ebenfalls dazu instruktiv *Krauß*, in: LK-StGB, § 129 Rn. 7 f., mit einschlägigen Verweisen.

[808] *Eschelbach*, in: NK-StGB, § 129 Rn. 7 unter Verweis auf BVerfG 26.02.2008 – 2 BvR 392/07, BVerfGE 120, 224 (241); BGH 04.07.2018 – 2 StR 245/17, BGH, NJW 2019, 449 (452); gegen einen Verstoß gegen das verfassungsrechtliche Übermaßverbot der §§ 129a, 129b StGB, was sich auf § 129 StGB übertragen lässt, siehe auch OLG München 08.05. 2007 – 6 St 1/07, OLG München, NJW 2007, 2786 (2787).

bb) Die tatbestandliche Einschränkung des § 129 StGB anhand dessen Schutzzwecks

Gerade aufgrund der innenwohnenden Eigendynamik einer kriminellen Vereinigung besteht eine Gefahr für die öffentliche Sicherheit, was eine weite Vorverlagerung des Rechtsgüterschutzes rechtfertigt.[809] Deswegen wird bei § 129 StGB gefordert, dass die Strafnorm auf solche Vereinigungen zu beschränken ist, deren Zweckverfolgung eine erhebliche Gefahr für die öffentliche Sicherheit darstellt.[810] Damit sollen Fälle ausgeschlossen werden, in denen sich die Vereinigung das Ziel setzt, einfache Bagatelldelikte zu begehen.[811] Der BGH[812] schreibt in einem Fall vom 22.02.1995 dazu, dass „die Beurteilung, ob es sich im dargelegten Sinn um Delikte von einigem Gewicht handelt, nicht allein von einer an den Strafdrohungen ausgerichteten Betrachtung bestimmt [wird]. Maßgeblich ist eine Gesamtwürdigung der begangenen und/oder geplanten Straftaten unter Einbeziehung aller Umstände, die, wie insbesondere auch die Tatauswirkungen, für das Maß der Gefährdung der öffentlichen Sicherheit von Bedeutung sein können." Mit Blick auf die neueingefügte Beschränkung des § 129 Abs. 1 StGB auf Delikte, die im Höchstmaß mit Freiheitsstrafe von mindestens zwei Jahren bedroht sind und der Ausschlussregelung des § 129 Abs. 3 Nr. 2 StGB mag aber bereits hinterfragt werden können, ob es eines solchen Tatbestandsauschlusses überhaupt noch bedarf und dies nicht gleichsam durch die beiden geschilderten Ausschlussmöglichkeiten bereits abgedeckt wird.[813] Zumindest schreibt der Gesetzgeber[814] dazu selbst, dass „[a]us dem Schutzzweck der Norm, dem Verhältnismäßigkeitsgrundsatz und der Bedeutung von § 129 StGB als Katalogtat für bestimmte strafprozessuale Möglichkeiten […] darüber hinaus [folgt], dass die von der Vereinigung geplanten oder begangenen Straftaten eine erhebliche Gefahr für die öffentliche Sicherheit bedeuten und unter diesem Gesichtspunkt von einigem Gewicht sein müssen". Dabei verweist er explizit auf einschlägige Literatur unter Berufung auf die Rechtsprechung zu dem bisherigen § 129 StGB. Allein mit der Beschränkung des § 129 Abs. 1 StGB auf

---

[809] BGH 22.02.1995 – 3 StR 583/94, BGHSt 41, 47 (51 f.); zur Kritik am Unrechtsgehalt der Gefährdung der öffentlichen Sicherheit und der Gefährdung des öffentlichen Friedens: *Stein/Greco*, in: SK-StGB, § 129 Rn. 5.

[810] BGH 22.02.1995 – 3 StR 583/94, BGHSt 41, 47 (51 f.); BGH 13.01.1983 – 4 StR 578/82, BGHSt 31, 202 (207); BGH 05.01.1982 – StB 53/81, BGHSt 30, 328 (331); OLG Düsseldorf 15.09.1997 – VI 2/97, OLG Düsseldorf, NStZ 1998, 249 (250); *Krauß*, in: LK-StGB, § 129 Rn. 53.

[811] *Kuhli*, in: Matt/Renzikowski-StGB, § 129 Rn. 17.

[812] BGH 22.02.1995 – 3 StR 583/94, BGHSt 41, 47 (51); dazu auch *Krauß*, in: LK-StGB, § 129 Rn. 54.

[813] So *Kuhli*, in: Matt/Renzikowski-StGB, § 129 Rn. 17; ebenfalls dazu kritisch LG Mannheim 17.11.2020 – 22 KLs 540 Js 6574/20, LG Mannheim, BeckRS 2020, 50512, Rn. 138 f.

[814] BT-Drs. 18/11275, S. 10; kritisch aber dazu unter Verweis, dass dies keinen Niederschlag im Wortlaut der Norm gefunden hat, *Singelnstein/Winkler*, NJW 2023, 2815 (2816 f.).

Tatbestände, die ein Höchstmaß mit Freiheitsstrafe von mindestens zwei Jahren vorsehen, lässt sich nicht automatisch von einer erheblichen Gefahr für die öffentlichen Sicherheit, die von einigem Gewicht sein muss, ausgehen. Gerade die vom BGH postulierte Gesamtwürdigung muss damit unterbleiben; Maßstab ist allein der Strafrahmen. Dies gilt auch für § 129 Abs. 3 Nr. 2 StGB, denn der Wortlaut stellt lediglich darauf ab, dass der „Zweck oder eine Tätigkeit von untergeordneter Bedeutung" ist. Bezugsrahmen ist dabei der Zweck oder die Tätigkeit der Vereinigung, nicht aber unbedingt die öffentliche Sicherheit.[815] Ob dies nun aber von § 129 Abs. 3 Nr. 2 StGB zumindest mitumfasst wird, mag jedoch rein dogmatischer Natur sein und ist für die Anwendung ohne Belang.[816] Daran gemessen gilt es zu reflektieren, ob die Bezugstat des § 63 Abs. 1 Nr. 4 ZAG eine Straftat ist, die eine erhebliche Gefahr für die öffentliche Sicherheit darstellt, die von einigem Gewicht ist.

Zieht man die Hawala-Fälle aus der Rechtsprechung heran, so schreibt der BGH[817] im Fall vom 02.06.2021, dass „[d]er Zweck und die Tätigkeit der Vereinigung […] auf die Begehung von Straftaten gerichtet [waren]." „Dies gilt unabhängig davon, ob die übermittelten Zahlungen ihrerseits illegalen Zwecken dienten; denn bereits der bezweckte strafbewehrte Verstoß gegen die Anforderungen der Zahlungsdiensteaufsicht bedeutet wegen der Umgehung jeglicher Kontrollmöglichkeiten eine erhebliche Gefahr für die öffentliche Sicherheit und ist insofern von einigem Gewicht". Im Fall des BGH[818] vom 28.06.2022 wird ebenfalls erläutert, dass „[d]er strafbewehrte Verstoß gegen die Anforderungen der Zahlungsdiensteaufsicht […] wegen der Umgehung jeglicher Kontrollmöglichkeiten eine erhebliche Gefahr für die öffentliche Sicherheit [bedeute] und […] insofern von einigem Gewicht [ist]".

Reflektiert man dies, so wird von der Rechtsprechung auf § 63 Abs. 1 Nr. 4 ZAG abgestellt. Insoweit ist der Rechtsprechung auch zuzustimmen, denn es hat sich bereits gezeigt, dass § 63 Abs. 1 Nr. 4 ZAG die relevante Straftat beim Hawala-Banking darstellt. Möchte man nun überprüfen, ob die Begehung des § 63 Abs. 1 Nr. 4 ZAG eine erhebliche Gefahr für die öffentliche Sicherheit darstellt, die von einigem Gewicht ist, so muss zum einen die Strafdrohung betrachtet und zum an-

---

[815] So zustimmungswürdig *Schäfer/Anstötz*, in: MüKo-StGB, § 129 Rn. 73; ähnlich *Krauß*, in: LK-StGB, § 129 Rn. 53; a. A. vgl. *Heger*, in: Lackner/Kühl/Heger-StGB, § 129 Rn. 3.

[816] *Schäfer/Anstötz*, in: MüKo-StGB, § 129 Rn. 73.

[817] BGH 02.06.2021 – 3 StR 61/21, BGH, ZIP 2021, 1853 (1855); so auch LG Köln 23.05. 2022 – 109 KLs 5/21, LG Köln, abrufbar unter: https://www.justiz.nrw.de/nrwe/lgs/koeln/lg_koeln/j2022/109_KLs_5_21_Urteil_20220523.html, Rn. 642; LG Düsseldorf 23.11.2021 – 014 KLs 2/21, LG Düsseldorf, abrufbar unter: http://www.justiz.nrw.de/nrwe/lgs/duesseldorf/lg_duesseldorf/j2021/014_KLs_2_21_Urteil_20211123.html, Rn. 663 ff., LG Düsseldorf, BeckRS 2021, 55636, Rn. 174 ff.; LG Mannheim 17.11.2020 – 22 KLs 540 Js 6574/20, LG Mannheim, BeckRS 2020, 50512, Rn. 139; kritisch dazu *Singelnstein/Winkler*, NJW 2023, 2815 (2817) [„Allerdings hat das Gericht davon abgesehen, näher zu begründen und zu konkretisieren, was es mit dieser zusätzlichen Anforderung nach der Neuregelung des Tatbestandes auf sich haben soll"].

[818] BGH 28.06.2022 – 3 StR 403/20, BGH, BeckRS 2022, 20799, Rn. 16.

deren die Gesamtumstände herangezogen werden. Wie bereits erläutert handelt es sich bei § 63 Abs. 1 Nr. 4 ZAG förmlich um einen Generalist im Zahlungsdiensteaufsichtsrecht, der nicht nur reinen „Verwaltungsungehorsam" schützt.[819] So geht es im Kern darum, Markteintrittsschwellen eines unregulierten Zahlungsverkehrs zu verhindern,[820] sodass der Schutz der Integrität des Zahlungsverkehrs und der Sicherstellung seiner volkswirtschaftlich unverzichtbaren Funktionsfähigkeit gewährleistet wird.[821] Damit einher sollen auch die Rechte der Zahlungsdienstkunden, mithin die Rechte von Zahlungsdienstnutzern, gestärkt werden.[822] Im Kontext des

[819] Dazu bereits Teil 4 A. I. 1. a) bb) (3) (b); damit lässt sich wohl die Einordnung der Rechtsprechung dahingehend werten, dass diese zum einen weiterhin bei § 129 StGB eine erhebliche Gefahr für die öffentliche Sicherheit von einigem Gewicht voraussetzt und zum anderen durch die Annahme des § 63 Abs. 1 Nr. 4 ZAG als Bezugstat ebenfalls dessen Schutzzweck nicht nur im reinen „Verwaltungsungehorsam" sieht. Geht man nämlich von einem eigentlich sozial erwünschten Verhalten vom Erbringen von Zahlungsdiensten aus, das nur ausnahmsweise verhindert werden soll, so mag es nicht ganz widerspruchsfrei sein, dass ein solches Verhalten eine erhebliche Gefahr für die öffentliche Sicherheit von einigem Gewicht in sich birgt.

[820] So bereits die Erste Zahlungsdiensterichtlinie (ZDRL I): Richtlinie 2007/64/EG des Europäischen Parlaments und des Rates vom 13.11.2007 über Zahlungsdienste im Binnenmarkt, zur Änderung der Richtlinien 97/7/EG, 2002/65/EG, 2005/60/EG und 2006/48/EG sowie zur Aufhebung der Richtlinie 97/5/EG, ABl. EU Nr. L 319 2007, S. 1; vgl. auch *Allgayer*, in: Ellenberger/Bunte, Bankrechts-Handbuch, § 11 Rn. 819.

[821] *Eckhold*, in: Schäfer/Omlor/Mimberg-ZAG, § 10, 11 Rn. 22 unter Verweis auf BT-Drs. 18/11495, S. 1, 78; BT-Drs. 16/11613, S. 27, 46 f.; BT-Drs. 17/3023, S. 44; BT-Drs. 13/7142, S. 63 (im Vorgriff auf die E-GeldRL I) in Verbindung mit dem Rückverweis in BT-Drs. 14/8017, S. 67 f. (zur vollständigen Umsetzung der E-GeldRL I), insbesondere mit Auseinandersetzung des Werdegangs von § 32 Abs. 1 KWG zu § 10 Abs. 1 S. 1 ZAG; ferner *Allgayer*, in: Ellenberger/Bunte, Bankrechts-Handbuch, § 11 Rn. 819; *Findeisen*, in: Ellenberger/Findeisen/Nobbe/Böger-Kommentar zum Zahlungsverkehrsrecht, § 1 ZAG Rn. 108, der hier den Zahlungsverkehr überspitzt als „Blutkreislauf im Finanzsystem" bezeichnet; *Bittmann*, NZWiSt 2021, 133 (140); siehe auch BGH 08.03.2023 – 1 StR 281/22, BGH, NZWiSt 2023, 317 (320) und BGH 17.04.2007 – 5 StR 446/06, BGH, NStZ 2007, 647 (647) zu § 54 KWG, an dem sich § 63 ZAG orientiert; siehe ferner BR-Drs. 9/21, S. 1 zur allgemeinen Stärkung der Finanzmarktintegrität, auch unter Bezug des ZAG; weitergehend auch BT-Drs. 18/6744, S. 67 f. zum KAGB unter Anhebung des Strafrahmens auf das Niveau der verwandten Tatbestände des KWG, ZAG, VAG, um den Schutzzweck, die Integrität des Finanzsystems zu wahren.

[822] ZDRL II: Richtlinie (EU) 2015/2366 des Europäischen Parlaments und des Rates vom 25.11.2015 über Zahlungsdienste im Binnenmarkt, zur Änderung der Richtlinien 2002/65/EG, 2009/110/EG und 2013/36/EU und der Verordnung (EU) Nr. 1093/2010 sowie zur Aufhebung der Richtlinie 2007/64/EG, ABl. EU Nr. L 337 2015, S. 36 f. insbesondere spiegelt sich das in den Gesetzesentwürfen wider, BT-Drs. 18/11495, S. 1, 78 und BR-Drs. 158/17, S. 1; ZDRL I: Richtlinie 2007/64/EG des Europäischen Parlaments und des Rates vom 13.11.2007 über Zahlungsdienste im Binnenmarkt, zur Änderung der Richtlinien 97/7/EG, 2002/65/EG, 2005/60/EG und 2006/48/EG sowie zur Aufhebung der Richtlinie 97/5/EG, ABl. EU Nr. L 319 2007, S. 6 ff.; insbesondere spricht der Gesetzgeber auch in seinem Gesetzesentwurf vom „konsequenten Gläubigerschutz", BT-Drs. 16/11613, S. 27; ferner BGH 28.02.2023 – 2 StR 371/22, BGH, NStZ 2024, 100 (102), BGH, BeckRS 2023, 15358; OLG Hamburg 03.11.2023 – 13 U 149/22, OLG Hamburg, BeckRS 2023, 40650, Rn. 24 [„Es genügt, dass die Norm

Finanztransfergeschäfts und dessen historischen Ursprungs geht dies im Speziellen mit der Bekämpfung von Schattenbankensystemen[823], mithin der Verhinderung von Straftaten wie beispielsweise der Geldwäsche einher.[824] Damit gilt es zu hinterfragen, ob aus dem Rechtsgüterschutz des § 63 Abs. 1 Nr. 4 ZAG bereits eine Gefahr für die öffentliche Sicherheit, die von einigem Gewicht ist, resultiert. Stellt man bereits auf den Schutz der Integrität des Zahlungsverkehrs und die Sicherstellung seiner volkswirtschaftlich unverzichtbaren Funktionsfähigkeit ab, wird bereits daran gemessen, dessen Stellenwert deutlich; die Sicherstellung der Funktionsfähigkeit ist eben „volkswirtschaftlich unverzichtbar". Umschreibungen wie der „Blutkreislauf im Finanzsystem" untermauern dies. Fraglich ist aber, ob mit dessen Verletzung die öffentliche Sicherheit bedroht ist oder ob die beiden Rechtsgüter, trotz jeweiliger Wichtigkeit, sozusagen nur parallel laufen. So werden viele Rechtsgüter als wichtig angesehen, macht dies der Gesetzgeber bereits damit deutlich, dass er qua ultima ratio Strafnormen erlässt, die die Rechtsgüter schützen sollen. Andererseits kann nicht gefordert werden, dass die betroffenen Strafnormen in erster Linie auch die öffentliche Sicherheit schützen und darin vollkommen aufgehen, würde damit § 129 StGB um dessen Anwendungsbereich beraubt wer-

---

auch das Interesse der einzelnen schützen soll, mag sie auch in erster Linie das Interesse der Allgemeinheit im Auge haben"]; OLG Düsseldorf 01.09.2020 – 24 U 137/18, OLG Düsseldorf, BKR 2021, 232 (233); allgemein dazu auch *Danwerth*, Das Finanztransfergeschäft als Zahlungsdienst, S. 11 ff., insbesondere S. 16 f.; *Taheri/Yildiz*, BKR 2023, 721 (722 f.) unter Verweis auf § 24 Abs. 4 ZAG; ferner *Allgayer*, in: Ellenberger/Bunte, Bankrechts-Handbuch, § 11 Rn. 819; *Terlau*, in: Casper/Terlau-ZAG, Einleitung Rn. 12; *Bittmann*, NZWiSt 2021, 133 (140); vgl. auch BGH 28.06.2022 – 3 StR 403/20, BGH, BeckRS 2022, 20799, Rn. 16, der im Kontext des § 129 StGB auch darauf verweist, dass das Hawala-Banking den grundlegenden Prinzipien des Verbraucherschutzes widerstreitet.

[823] Zur Einordnung von Hawala-Systemen als Schattenbankensysteme siehe bereits Teil 2 A. II. 2. c) cc).

[824] Vgl. *BaFin*, Merkblatt – Hinweise zum Zahlungsdiensteaufsichtsgesetz vom 05.07.2024, abrufbar unter: https://www.bafin.de/SharedDocs/Veroeffentlichungen/DE/Merkblatt/mb_111222_zag.html, B. V. Finanztransfergeschäft (§ 1 Abs. 1 Satz 2 Nr. 6 ZAG) [Neben Grund der Geldwäscheprävention hat das Finanztransfergeschäft durch das Zahlungsdiensteumsetzungsgesetz von 2009 „eine weitere Bedeutung bekommen"]. Die BaFin verweist dabei ferner auf BT-Drs. 13/7142, S. 66: „Die Nichtbeaufsichtigung der Geldtransferdienstleistungen ist nicht mehr zeitgemäß. Sie leistet der unerlaubten Ausübung von Bankgeschäften und der Wäsche von Drogengeldern Vorschub. Unternehmen, die gewerbsmäßig Zahlungsaufträge für andere im bargeldlosen Zahlungsverkehr besorgen (Finanztransferdienstleister), unterliegen in Deutschland bisher keiner besonderen Aufsicht und sind Teil des Schattenbankensystems, das sich in letzter Zeit nicht mehr auf die unerlaubte Hereinnahme von Einlagen beschränkt, sondern im internationalen Maßstab verstärkt auch zu Geldwäscheaktivitäten genutzt wird." So wird man auch weiterhin vor allem im Rahmen von Finanztransfergeschäften neben dem Schutz der Integrität des Zahlungsverkehrs und der Sicherstellung seiner volkswirtschaftlich unverzichtbaren Funktionsfähigkeit, das Verhindern von Schattenbankensystemen samt deren illegalen Machenschaften erblicken müssen, da dies trotz der Übertragung in das ZAG, wenn auch nicht mehr als Hauptgegenstand, weiterhin von Relevanz ist; vgl. ferner LG Düsseldorf 23.11.2021 – 014 KLs 2/21, LG Düsseldorf, abrufbar unter: http://www.justiz.nrw.de/nrwe/lgs/duesseldorf/lg_duesseldorf/j2021/014_KLs_2_21_Urteil_20211123.html, Rn. 639, LG Düsseldorf, BeckRS 2021, 55636, Rn. 153; *Taheri*, BKR 2020, 133 (135).

den. Fraglich ist also, ob Berührungspunkte vorherrschen, die die Annahme einer Gefahr für die öffentliche Sicherheit zulassen. Fasst man den Schutz der öffentlichen Sicherheit dahingehend auf, dass die objektive Rechtsordnung, die subjektiven Rechte und Rechtsgüter des Einzelnen, der Bestand des Staates und sonstige Träger der Hoheitsgewalt umfasst sind,[825] so wird mit der Verletzung des § 63 Abs. 1 Nr. 4 ZAG die objektive Rechtsordnung durch die Verletzung der Integrität des Zahlungsverkehrs und die Bekämpfung von Schattenbankensystem sowie die subjektiven Rechte des Zahlungsdienstekunden tangiert. Möchte man sich nun auch hier von der historisch gewachsenen Politisierung[826] des § 129 StGB lösen, darf auch bei der Auslegung des Schutzzwecks des § 129 StGB nicht allein auf einen staatsschützenden politischen Gedanken zurückgegriffen werden. Es muss auch der Wirtschaftskreislauf berücksichtigt werden, denn der Gesetzgeber will schließlich nun auch mehr die Bekämpfung der organisierten Kriminalität erfasst sehen[827]. Die organisierte Kriminalität findet sich vor allem im wirtschaftlichen Bereich.[828] Dergestalt kann auch die Finanzkraft des Staates beziehungsweise die Innovationskraft der Wirtschaft beeinträchtigt sein,[829] was auch die öffentliche Sicherheit und staatliche Ordnung gefährdet und damit einen Berührungspunkt schafft. Dies muss jedoch von einigem Gewicht sein, was anhand einer Gesamtwürdigung der begangenen und/oder geplanten Straftaten unter Einbeziehung aller Umstände festgemacht wird. Bei einer Einzeltranskation mag dies tendenziell nicht der Fall sein, wobei sich hier mangels personellen und organisatorischen Elements bereits zeigt, dass keine Vereinigung im Sinne des § 129 Abs. 2 StGB vorliegt, die für die Annahme einer Eigendynamik sprechen könnte. So muss im Einzelfall auch reflektiert werden, ob Strukturen vorliegen, die von einigem Gewicht sind, sodass nicht pau-

[825] *Depenheuer*, in: Dürig/Herzog/Scholz-GG, Art. 8 Rn. 165; soweit ersichtlich findet sich in der hiesigen Judikatur keine konkrete Begriffsbestimmung der öffentlichen Sicherheit für § 129 StGB. Überträgt man den Begriff der öffentlichen Sicherheit des öffentlichen Rechts auf § 129 StGB, wird bei jeglicher Straftat, die öffentliche Sicherheit tangiert sein. Letztlich bildet hier allein die Gewichtigkeit („erhebliches Gewicht“) das maßgebende Kriterium zur Abgrenzung und die Möglichkeit einer tatbestandlichen Einschränkung.

[826] Zum historischen politischen Hintergrund des § 129 StGB siehe *Eidam*, Der Organisationsgedanke im Strafrecht, S. 40 ff.; *Sinn/Iden/Pörtner*, ZIS 2021, 435 (436 ff.).

[827] BT-Drs. 18/11275, S. 7.

[828] So wurden im Berichtsjahr 2022 nur vier Gruppierungen der organisierten Kriminalität festgestellt, die mutmaßlich Bezüge in den Bereich politisch motivierte Kriminalität aufweisen oder aber selbst der politisch motivierten Kriminalität zuzurechnen sind. Den größten Anteil, in dem sich die organisierte Kriminalität bewegt macht jedoch der Rauschgifthandel/-schmuggel und die Kriminalität im Zusammenhang mit dem Wirtschaftsleben aus, siehe dazu die Erläuterung und die Statistik in *BKA*, Bundeslagebild 2022, S. 43 f.

[829] Vgl. *Sinn*, Wirtschaftsmacht Organisierte Kriminalität, S. 81, der die Auswirkungen illegaler Märkte in Form organisierter Kriminalität so weit einstuft, dass „[d]ie Folgen illegalen Handels […] so nachhaltig sein [können], dass die Finanzkraft des Staates, die Innovationskraft der Wirtschaft, Arbeitsplätze, die Reputation der Unternehmen, das Produktvertrauen, die Wirtschaftsleistung sowie das Vertrauen der Bürger in die bestehenden Regulierungsprozesse und nicht zuletzt auch die Gesundheit und der Wohlstand gefährdet sind“.

schal von einer Störung der öffentlichen Sicherheit ausgegangen werden kann. Ein Gewicht liegt jedoch vor, wenn die Strukturen ein erhebliches Ausmaß annehmen, mithin durch das potenzierte arbeitsteilige Vorgehen erhebliche Transfervolumen entstehen und damit förmlich dem regulären Bankensystem Konkurrenz gemacht wird. Das LG Mannheim[830] schreibt im Fall vom 17.11.2020 dazu, dass „die von dem Netzwerk ins Auge gefassten Bezugstaten nach § 63 Abs. 1 ZAG […] auf einen deutlich überregionalen Kundenkreis und immense Geldbewegungen binnen kürzester Zeit ausgelegt [waren] […]. Bei den von dem Netzwerk intendierten Taten handelte es sich damit keineswegs um Bagatelldelikte". Ansonsten kann hier auch auf bereits genannte Schilderungen verwiesen werden, die das Ausmaß der Netzwerke aufzeigen und die ebenfalls für ein erhebliches Gewicht sprechen.[831] Zum Teil werden auch die Zwecke der Übermittlung mit einbezogen. So schreibt der BGH[832] im Fall vom 28.06.2022: „Zudem hatten die Beteiligten keine Kontrolle über die Zweckbestimmung und Verwendung der transferierten Gelder. Somit konnte das betriebene informelle Geldtransfergeschäft auch der Finanzierung terroristischer Aktivitäten und der Verschiebung illegal erlangter Vermögenswerte dienen." Andererseits findet sich in der Rechtsprechung der Ansatz, dass das Setzen von kriminellen Anreizen dabei außenvorbleibt, denn „[d]ies gilt unabhängig davon, ob die übermittelten Zahlungen ihrerseits illegalen Zwecken dienten"[833]. Das LG Düsseldorf[834] spricht im Fall vom 23.11.2021 ebenfalls davon, dass dies „unabhängig davon [gilt], ob die übermittelten Zahlungen ihrerseits illegalen Zwecken dienen". Im Gleichlauf stellt es jedoch trotzdem darauf ab, dass der „Umlauf [hoher Bargeldsummen] […] Anreiz zur Begehung von Vermögensdelikten [bietet], zumal sich die Geschädigten aufgrund der Rechtswidrigkeit des eigenen Handelns nicht an die Strafverfolgungsbehörden wenden können." Folgt man dem Ansatz, dass die Störung der öffentlichen Sicherheit nicht allein anhand des Schutzcharakters der Bezugstat festgemacht wird, sondern die Begleitumstände mit einzubeziehen sind, lässt dies die Schlussfolgerung zu, dass das den Transfers innewohnende kriminelle

---

[830] LG Mannheim 17.11.2020 – 22 KLs 540 Js 6574/20, LG Mannheim, BeckRS 2020, 50512, Rn. 139.

[831] Siehe dazu bereits Teil 2 A. II. 2. b) bb) (1) aber auch die eingeordneten Fälle aus der Rechtsprechung Teil 4 A. I. 2. a) bb) (2) (c).

[832] BGH 28.06.2022 – 3 StR 403/20, BGH, BeckRS 2022, 20799, Rn. 16; ähnlich LG Mannheim 17.11.2020 – 22 KLs 540 Js 6574/20, LG Mannheim, BeckRS 2020, 50512, Rn. 139 [„zudem geradezu wie dazu geschaffen, Kunden den gefahrlosen Geldtransfers zu per se illegalen Zwecken zu ermöglichen"].

[833] BGH 02.06.2021 – 3 StR 61/21, BGH, ZIP 2021, 1853 (1855); LG Köln 23.05.2022 – 109 KLs 5/21, LG Köln, abrufbar unter: https://www.justiz.nrw.de/nrwe/lgs/koeln/lg_koeln/j2022/109_KLs_5_21_Urteil_20220523.html, Rn. 642; LG Düsseldorf 23.11.2021 – 014 KLs 2/21, LG Düsseldorf, abrufbar unter: http://www.justiz.nrw.de/nrwe/lgs/duesseldorf/lg_duesseldorf/j2021/014_KLs_2_21_Urteil_20211123.html, Rn. 665, LG Düsseldorf, BeckRS 2021, 55636, Rn. 176.

[834] LG Düsseldorf 23.11.2021 – 014 KLs 2/21, LG Düsseldorf, abrufbar unter: http://www.justiz.nrw.de/nrwe/lgs/duesseldorf/lg_duesseldorf/j2021/014_KLs_2_21_Urteil_20211123.html, Rn. 665, LG Düsseldorf, BeckRS 2021, 55636, Rn. 176.

Potenzial, mithin inkriminierte Gelder leichter zu transferieren, Berücksichtigung finden kann. Damit wird explizit auf das Schaffen eines Schattenfinanzwesens abgestellt, mithin nicht nur auf die Bezugstat, sondern auf kohärierende Straftaten, die im Zusammenhang mit der Bezugstat stehen. Zieht man die Ausführungen zum Untergrund-Bankwesen heran,[835] so wurde erarbeitet, dass Hawala ein im Grundsatz verborgenes System von – nicht unbedingt – Kriminellen, auch für Kriminelle ist. Ob die kohärierenden Straftaten als Begleitumstände hier Berücksichtigung finden dürfen, verdeutlicht der Schutzzweck des § 63 Abs. 1 Nr. 4 ZAG, da dieser auch der Bekämpfung von Schattenbankensystemen dient. Damit lässt sich in Fällen, in denen ein Untergrundbankwesen geschaffen wurde, auch darin eine erhebliche Gefahr für die öffentliche Sicherheit von einigem Gewicht sehen. Dies muss am jeweiligen Einzelfall gemessen werden, denn Hawala-Netzwerke weisen auch altruistische Zwecke auf, indem gerade kein krimineller Kundenstamm explizit angesprochen oder dies auch aufgrund der gewährleisteten Anonymität nur schwer nachweisbar sein wird. Daraus folgt jedoch nicht, dass altruistische Zwecke oder gar ein humanitäres Engagement[836] gegen die Einordung als Gefahr für die öffentliche Sicherheit von einigem Gewicht sprechen. Denn es mangelt in den Systemen an jeglicher Kontrollmöglichkeit, die das Verschieben illegaler Gelder verhindert.[837] Zudem kann damit auch kein Kundenschutz gewährleistet werden,[838] denn es mangelt an jeglicher staatlichen Kontrolle, die dies gewährleisten könnte. Dabei wird letztendlich mit einem Verstoß gegen § 63 Abs. 1 Nr. 4 ZAG bereits der Schutz der Integrität des Zahlungsverkehrs und die Sicherstellung seiner volkswirtschaftlich unverzichtbaren Funktionsfähigkeit tangiert, sodass es eines Rückgriffs auf die kohärierenden Straftaten im Zweifel gar nicht bedürfte. Daran gemessen wird man bei Hawala-Netzwerken davon ausgehen können, dass es sich um Vereinigungen handelt, deren Zweckverfolgung eine erhebliche Gefahr für die öffentliche Sicherheit darstellt. Im Ergebnis bedarf es keiner tatbestandlichen Einschränkung des § 129 StGB anhand dessen Schutzzwecks.

b) Die Gerichtetheit des Zwecks oder der Tätigkeit des Hawala-Bankings auf die Begehung von Straftaten

Die Begehung der Straftaten nach § 63 Abs. 1 Nr. 4 ZAG muss das ausdrücklich oder stillschweigend verbindlich festgelegte Ziel des Hawala-Netzwerkes sein, zu dessen Erreichung die Mitglieder sich verpflichten.[839] Der gemeinsame Wille zur

[835] Siehe zur Einordnung des Hawala-Bankings als Untergrund-Bankwesen Teil 2 A. II. 2. c) cc).

[836] So das Hervorbringen der Revision im Fall des BGH 28.06.2022 – 3 StR 403/20, BGH, BeckRS 2022, 20799, Rn. 16.

[837] BGH 28.06.2022 – 3 StR 403/20, BGH, BeckRS 2022, 20799, Rn. 16.

[838] BGH 28.06.2022 – 3 StR 403/20, BGH, BeckRS 2022, 20799, Rn. 16.

[839] Vgl. *Schäfer/Anstötz*, in: MüKo-StGB, § 129 Rn. 48 unter vergleichenden Verweis auf BGH 21.10.2004 – 3 StR 94/04, BGHSt 49, 268 (271).

Begehung von Straftaten nach § 63 Abs. 1 Nr. 4 ZAG muss fest gefasst sein, es reicht keine vage Vereinbarung aus und es darf auch nicht von weiteren Willensbildungsprozessen abhängig gemacht werden.[840] Auch reicht es nicht aus, wenn den Mitgliedern nur bewusst ist, dass es zu Straftaten kommen könnte.[841] Dabei ist jedoch nicht schädlich, wenn ihre Begehung als Mittel auf einen beliebigen weiteren Zweck gerichtet ist, so muss die strafbare Handlung nicht das Endziel, Hauptzweck oder ausschließliche Tätigkeit der Vereinigung bilden.[842]

Dazu schreibt der BGH[843] im Fall vom 02.06.2021, dass „[d]as Netzwerk […] das Geschäftsmodell [verfolgte], Kunden gegen eine Gebühr Zahlungsabwicklungen anzubieten und sich dabei auch in Deutschland gezielt jeglicher Form staatlicher Aufsicht zu entziehen." Daran wird deutlich, dass das Netzwerk den gemeinsamen Willen teilte, Straftaten nach § 63 Abs. 1 Nr. 4 ZAG zu begehen. Im Fall des BGH[844] vom 28.06.2022 „beteiligten sich [die Angeklagten] an der Vereinigung jeweils als Mitglied, da sie sich einvernehmlich in diese eingliederten und sie durch organisationsbezogene Tätigkeiten von innen her förderten". Aus den Geständnissen der Angeklagten und der in die Hauptverhandlung eingeführten Beweismittel im Fall des LG Düsseldorf[845] vom 23.11.2021 geht ebenfalls hervor, dass diese in den Ablauf der Geldwertüberweisungen und die Entwicklung des Transfersystems eingeweiht und integriert waren, damit auch ein gemeinsamer Konsens der Vereinigung zur Begehung von Straftaten nach § 63 Abs. 1 Nr. 4 ZAG herrschte. Vereinzelt waren in diesem Fall jedoch auch Akteure, wie der I. H1 involviert, die zwar wussten, „dass der Angeklagte L1 nicht über eine Genehmigung zur Durchführung von Geldwertüberweisungen verfügt habe und dass diese Transfers daher illegal gewesen seien. Er habe aber seine langjährige Arbeitsstelle bei dem Angeklagten L1 nicht riskieren wollen."[846] Dabei ist es aber nicht erforderlich, dass jedes Mitglied

---

[840] BGH 21.10.2004 – 3 StR 94/04, BGHSt 49, 268 (271); *Schäfer/Anstötz*, in: MüKo-StGB, § 129 Rn. 48.

[841] BGH 21.10.2004 – 3 StR 94/04, BGHSt 49, 268 (272); *Krauß*, in: LK-StGB, § 129 Rn. 64.

[842] BGH 22.02.1995 – 3 StR 583/94, BGHSt 41, 47 (56); BGH 21.12.1977 – 3 StR 427/77 (S), BGHSt 27, 325 (326); *Krauß*, in: LK-StGB, § 129 Rn. 65; *Kuhli*, in: Matt/Renzikowski-StGB, § 129 Rn. 15; *Schäfer/Anstötz*, in: MüKo-StGB, § 129 Rn. 48.

[843] BGH 02.06.2021 – 3 StR 61/21, BGH, ZIP 2021, 1853 (1854); siehe auch vorinstanzlich das LG Mannheim 17.11.2020 – 22 KLs 540 Js 6574/20, LG Mannheim, BeckRS 2020, 50512, Rn. 137 [„Da das Netzwerk allein auf das ‚Geschäftsmodell' des Betreibens von Hawala-Banking ausgerichtet und damit auf die Begehung von Straftaten nach § 63 Abs. 1 Nr. 4 ZAG ausgelegt war, war die Tätigkeit […] auf die Begehung von Straftaten […] ausgerichtet"].

[844] BGH 28.06.2022 – 3 StR 403/20, BGH, BeckRS 2022, 20799, Rn. 17.

[845] LG Düsseldorf 23.11.2021 – 014 KLs 2/21, LG Düsseldorf, abrufbar unter: http://www.justiz.nrw.de/nrwe/lgs/duesseldorf/lg_duesseldorf/j2021/014_KLs_2_21_Urteil_20211123.html, Rn. 100 ff., LG Düsseldorf, BeckRS 2021, 55636, Rn. 65 ff.

[846] LG Düsseldorf 23.11.2021 – 014 KLs 2/21, LG Düsseldorf, abrufbar unter: http://www.justiz.nrw.de/nrwe/lgs/duesseldorf/lg_duesseldorf/j2021/014_KLs_2_21_Urteil_20211123.html, Rn. 117, LG Düsseldorf, BeckRS 2021, 55636, Rn. 76.

der Vereinigung mit der entsprechenden Absicht handelt, da ein solch enges Tatbestandsverständnis des § 129 Abs. 1 StGB mit Blick auf die Schutzrichtung nicht geboten erscheint und § 129 Abs. 1 StGB auch auf die Absicht der Vereinigung abstellt.[847] Andererseits ist es nicht ausreichend, dass nur vereinzelte Mitglieder die Absicht verfolgen Straftaten zu begehen, widerstrebt dies ebenfalls dem Wortsinn des § 129 Abs. 1 StGB.[848] Möchte man darin außenstehende Mitglieder der Vereinigung erkennen, die nicht den harten Kern bilden und die Taten lediglich billigen, so können diese aber Unterstützer der Vereinigung sein.[849] Dabei gilt es jedoch nicht bereits Akteure auszuschließen, die sich in Kenntnis von Zielen, Programmatik und Methoden der Organisation dieser anschließen und betätigen, aber nicht dem Kreis führender Funktionäre angehören.[850] Die Bestimmung der Zweckgerichtetheit darf nicht mit einem sogenannten animus auctoris gleichgesetzt werden, den die Rechtsprechung den Akteuren in Bezug auf § 63 Abs. 1 Nr. 4 ZAG zuweist und deren umfassender Einordnung bereits unter Anwendung einer funktional-sozialen Täterschaft widersprochen wurde.[851] Im Kontext des Erbringens von Zahlungsdiensten spricht die Rechtsprechung nämlich davon, dass die Hawala-Akteure ein eigenes Interesse an der Tat haben, mit einem erheblichen Umfang an der Tat beteiligt sind, damit Tatherrschaft haben oder zumindest den Willen zur Tatherrschaft aufweisen.[852] Gerade hieran wird deutlich, dass bei § 129 StGB ausreicht, dass die kriminelle Zielsetzung der Vereinigung durch den internen Willensbildungsprozess der Mitglieder gedeckt sein muss und die von einzelnen verfolgte Zweckgerichtetheit

[847] *Kuhli*, in: Matt/Renzikowski-StGB, § 129 Rn. 14.

[848] *Kuhli*, in: Matt/Renzikowski-StGB, § 129 Rn. 14.

[849] BGH 17.03.1999 – 3 ARs 2/99, BGHSt 45, 26 (36); *Schäfer/Anstötz*, in: MüKo-StGB, § 129 Rn. 50.

[850] BGH 28.10.2010 – 3 StR 179/10, BGH, NJW 2011, 542 (547); BGH 28.09.2010 – 3 StR 214/10, BeckRS 25868; *Schäfer/Anstötz*, in: MüKo-StGB, § 129 Rn. 50, die dabei auch auf § 153c Abs. 1 Nr. 3 StPO verweisen, der im Kontext des § 129 StGB nur Beteiligungshandlungen nennt, „mithin Tätigkeiten mit weit geringerem Gewicht als die Ausübung einer Führungsfunktion“, unter Verweis auf BT-Drs. 14/8893, S. 10.

[851] Siehe dazu bereits die Einordnung in Teil 4 A. I. 2. a) bb) (2) (c).

[852] BGH 28.06.2022 – 3 StR 403/20, BGH, BeckRS 2022, 20799, Rn. 26 [„Denn sie hatten gleichfalls – vornehmlich wegen ihrer Vergütung – ein erhebliches eigenes Interesse an den Zahlungsdiensten und erbrachten durch das Einsammeln von Geldern bei den Einzahlungsstellen an verschiedenen Orten in der Bundesrepublik sowie deren Zusammentragen und Übergabe an Kuriere für den Weitertransport in das Ausland für das Geschäftsmodell ganz zentrale Aufgaben“]; BGH 02.06.2021 – 3 StR 61/21, BGH, ZIP 2021, 1853 (1855) [„Er hatte wegen seiner Vergütung ein eigenes Interesse an den Zahlungsdiensten, erbrachte durch die Weiterleitung der Gelder für das Geschäftsmodell zentrale Aufgaben“]; LG Köln 23.05.2022 – 109 KLs 5/21, LG Köln, abrufbar unter: https://www.justiz.nrw.de/nrwe/lgs/koeln/lg_koeln/j2022/109_KLs_5_21_Urteil_20220523.html, Rn. 632 [„Sie hatten wegen ihrer Vergütung ein eigenes Interesse an der Erbringung der Zahlungsdienste und erbrachten im Rahmen ihrer Tätigkeit für den Logistikbereich der Organisation für die Durchführung der Zahlungsdienste unerlässliche Aufgaben“].

von den übrigen Mitgliedern mitgetragen wird.[853] Bei § 63 Abs. 1 Nr. 4 ZAG kommt es auf die funktional-soziale Tatherrschaft und den Vorsatz diesbezüglich an, nicht auf eine kollektive Zweckgerichtetheit oder Tätigkeit. Ein Gleichlauf bei der Auslegung unter der pauschalen Betrachtung als Kollektiv darf damit nicht erfolgen und verdient Beachtung in den Hawala-Fällen. Im Bezug zur funktional-sozialen Täterschaft des § 63 Abs. 1 Nr. 4 ZAG, die als Bezugstat dient, ist es auch nicht nötig, dass die geplanten Taten nach dem Vereinigungszweck auch von sämtlichen Mitgliedern der Vereinigung begangen werden sollen[854]. Daher ist es nicht nötig, dass alle Mitglieder täterschaftlich Zahlungsdienste erbringen, denn § 129 StGB setzt als Vorfelddelikt nach seiner Struktur nicht voraus, dass von den Mitgliedern der Vereinigung konkrete Straftaten begangen werden oder diese überhaupt konkret geplant oder vorbereitet sind[855]. Die Begehung der Straftat des § 63 Abs. 1 Nr. 4 ZAG muss das *Ziel der Vereinigung* sein, sodass einzelne Mitglieder bereit sind, die Straftaten zu begehen; es widerspricht dem jedoch nicht, wenn sich andere in die Organisation lediglich eingliedern und das Ziel der Vereinigung im Allgemeinen fördern.[856] Auch ist es irrelevant, wenn das Hawala-Netzwerk sich zum Ziel setzt im Geheimen zu arbeiten,[857] denn dem Hawala-Banking wohnt schließlich eine Anonymität inne, die das Transfersystem als Wesensmerkmal prägt.

3. Die Tathandlung(en) der Hawala-Akteure im Rahmen des § 129 Abs. 1 StGB

§ 129 Abs. 1 StGB setzt als Tathandlungen das Gründen der Vereinigung (§ 129 Abs. 1 S. 1 Alt. 1 StGB), das Beteiligen als Mitglied (§ 129 Abs. 1 S. 1 Alt. 2 StGB), das Unterstützen (§ 129 Abs. 1 S. 2 Alt. 1 StGB) sowie das Werben um Mitglieder oder Unterstützer (§ 129 Abs. 1 S. 2 Alt. 2 StGB) voraus. Eine Zuordnung der jeweiligen Tathandlungen erweist sich nicht immer als leicht, denn § 129 Abs. 1 StGB nimmt eine Abstufung der Strafdrohungen zwischen Satz 1 und Satz 2 vor. Damit weist § 129 Abs. 1 S. 2 StGB mit dem Unterstützen und dem

[853] *Schäfer/Anstötz*, in: MüKo-StGB, § 129 Rn. 50 unter vergleichenden Verweis auf BGH 09.07.2015 – 3 StR 537/14, BGH, BeckRS 2016, 809, Rn. 13; BGH 22.01.2015 – 3 StR 233/14, BGH, NJW 2015, 1540 (1541).

[854] *Kuhli*, in: Matt/Renzikowski-StGB, § 129 Rn. 18 unter Verweis auf BGH 03.12.2009 – 3 StR 277/09, BGHSt 54, 216 (233); OLG Karlsruhe 24.06.1977 – 3 Ws 99/77, OLG Karlsruhe, NJW 1977, 2222 (2223).

[855] BGH 03.12.2009 – 3 StR 277/09, BGHSt 54, 216 (233); OLG Karlsruhe 24.06.1977 – 3 Ws 99/77, OLG Karlsruhe, NJW 1977, 2222 (2223).

[856] Instruktiv OLG Karlsruhe 24.06.1977 – 3 Ws 99/77, OLG Karlsruhe, NJW 1977, 2222 (2223).

[857] *Schäfer/Anstötz*, in: MüKo-StGB, § 129 Rn. 55 unter vergleichenden Verweis auf BGH 09.03.1956 – 6 StR 125/55, BGHSt 9, 101 (103); BGH 02.08.1954 – StE 68/52, 11/54, BGHSt 7, 222 (224), jeweils zu § 90a a.F.

Werben eine „täterschaftliche Beteiligungsform“[858] auf, die eine Diskussion um die Anwendbarkeit der §§ 26, 27 StGB befeuert[859]. So schreibt auch der BGH[860] in einem Fall vom 03.12.2009, dass „im Übrigen [...] im Randbereich die Abgrenzung von Mitgliedern, Unterstützern und Sympathisanten einer Vereinigung häufig im Einzelfall problematisch ist; dies stellt jedoch nicht per se deren Existenz in Frage.“ Es hat sich gezeigt, dass das Hawala-Netzwerk als Vereinigung in Betracht kommt und deren Existenz nun nicht mehr in Frage steht. In den einschlägigen Hawala-Fällen wird von der Rechtsprechung durchweg von einer mitgliedschaftlichen Beteiligung nach § 129 Abs. 1 S. 1 Alt. 2 StGB ausgegangen.[861] Im Folgenden wird es Aufgabe sein, den Akteuren im Hawala-Netzwerk überblicksartig die jeweiligen Tathandlungen zuzuteilen und zu hinterfragen, ob es bei Hawala-Netzwerken pauschal auf eine mitgliedschaftliche Beteiligung nach § 129 Abs. 1 S. 1 Alt. 2 StGB hinausläuft. Dazu soll auf die relevanten Beiträge der Akteure eingegangen werden. Interessant ist dabei außerdem, der Vergleich der Tathandlung(en) des § 129 Abs. 1 StGB mit dem Erbringen von Zahlungsdiensten nach § 63 Abs. 1 Nr. 4 ZAG, soll damit noch einmal mehr die bereits angesprochene förmliche Überstülpung des Organisationscharakters des § 129 StGB auf § 63 Abs. 1 Nr. 4 ZAG und die regelrechte Gleichstellung der Tathandlungen der beiden Delikte auf den Prüfstand gestellt werden.[862]

---

[858] So *Fahrner*, Staatsschutzstrafrecht, S. 217; vgl. auch *Schäfer/Anstötz*, in: MüKo-StGB, § 129 Rn. 131 [„Das Unterstützen ist [...] als zur Täterschaft verselbstständigte Form der Beihilfe anzusehen“]; *Stein/Greco*, in: SK-StGB, § 129 Rn. 59.

[859] Zur Diskussion umfassend *Krauß*, in: LK-StGB, § 129 Rn. 156 ff.

[860] BGH 03.12.2009 – 3 StR 277/09, BGHSt 54, 216 (234).

[861] BGH 28.06.2022 – 3 StR 403/20, BGH, BeckRS 2022, 20799, Rn. 17 [„Die Angeklagten beteiligten sich an der Vereinigung jeweils als Mitglied, da sie sich einvernehmlich in diese eingliederten und sie durch organisationsbezogene Tätigkeiten von innen her förderten“]; BGH 02.06.2021 – 3 StR 61/21, BGH, ZIP 2021, 1853 (1855) [„Der Angeklagte beteiligte sich an der Vereinigung als Mitglied, da er sich einvernehmlich eingliederte und sie durch organisationsbezogene Tätigkeiten von innen her förderte“]; LG Köln 23.05.2022 – 109 KLs 5/21, LG Köln, abrufbar unter: https://www.justiz.nrw.de/nrwe/lgs/koeln/lg_koeln/j2022/109_KLs_5_21_Urteil_20220523.html, Rn. 643 [„Alle Angeschuldigten haben sich mitgliedschaftlich – und wie in der Beweiswürdigung im Einzelnen dargelegt auch vorsätzlich – an der Vereinigung beteiligt, da sie sich einvernehmlich in diese eingliederten“]; LG Düsseldorf 23.11.2021 – 014 KLs 2/21, LG Düsseldorf, abrufbar unter: http://www.justiz.nrw.de/nrwe/lgs/duesseldorf/lg_duesseldorf/j2021/014_KLs_2_21_Urteil_20211123.html, Rn. 671, LG Düsseldorf, BeckRS 2021, 55636, Rn. 180 [„Die Angeklagten beteiligten sich als Mitglieder an der Vereinigung“]; LG Mannheim 17.11.2020 – 22 KLs 540 Js 6574/20, LG Mannheim, BeckRS 2020, 50512, Rn. 148 [„Der Angeklagte hat sich mitgliedschaftlich an der kriminellen Vereinigung beteiligt, § 129 Abs. 1 Satz 1, Alt. 2 StGB“].

[862] Siehe dazu bereits Teil 4 A. I. 2. a) bb) (2) (c).

a) Das Gründen einer kriminellen Vereinigung im Rahmen des Hawala-Bankings

Zunächst ist auf das Gründen einer kriminellen Vereinigung im Rahmen des Hawala-Bankings nach § 129 Abs. 1 S. 1 Alt. 1 StGB einzugehen. Das Gründen einer kriminellen Vereinigung umfasst das führende und richtungsweisende Mitwirken bei ihrem Zustandekommen.[863] Dafür reicht es aus, wenn die Gründung wesentlich gefördert wird, es besinnt sich nicht allein auf die Gründungsaktivitäten von führenden Personen.[864] So kann der Beitrag im Verhältnis zu Beiträgen anderer Gründer auch von untergeordneter Bedeutung sein,[865] womit der BGH[866] im Zuge dessen klarstellt, dass es sich dabei um einen „für das Zustandekommen der Vereinigung weiterführender und richtungsweisender Beitrag" handelt. Dabei ist es auch unerheblich, ob der Täter selbst zum Mitglied der entstehenden Vereinigung wird.[867] Wesentliche Beiträge zur Gründung stellen beispielsweise die Bestimmung des Vereinigungszwecks, die Auswahl der Mitglieder, die Planung der Organisation, das Einbringen von Kenntnissen, Fähigkeiten oder auch Werkzeugen dar.[868]

So lässt sich der Gründungsprozess der Vereinigung beim Hawala-Banking aus tatsächlichen Gründen nicht immer ganz nachvollziehen, sind diese Systeme gerade auf Anonymität angelegt und fallen meist erst auf, sobald ein umfangreiches Netzwerk und erhebliche Transfervolumen bestehen. Ein Beispiel liefert dazu jedoch der Fall des LG Düsseldorf[869] vom 23.11.2021, bei dem der Angeklagte C1 durch ein

---

[863] BGH 09.02.2021 – AK 3/21, BGH, NStZ-RR 2021, 136 (137); BGH 21.12.1977 – 3 StR 427/77 (S), BGHSt 27, 325 (327); BGH 19.05.1954 – 6 StR 88/54, BGH, NJW 1954, 1254 (1254); *Eschelbach*, in: NK-StGB, § 129 Rn. 58; *Heger*, in: Lackner/Kühl/Heger-StGB, § 129 Rn. 4; *Krauß*, in: LK-StGB, § 129 Rn. 94; *Kuhli*, in: Matt/Renzikowski-StGB, § 129 Rn. 20; *Lohse*, in: Satzger/Schluckebier/Werner-StGB, § 129 Rn. 36; *Schäfer/Anstötz*, in: MüKo-StGB, § 129 Rn. 77; *Sternberg-Lieben/Schittenhelm*, in: Schönke/Schröder-StGB, § 129 Rn. 12a; *Fahrner*, Staatsschutzstrafrecht, S. 214; a. A. *Stein/Greco*, in: SK-StGB, § 129 Rn. 41, die kein „führendes und richtungsweisendes" Mitwirken fordern und dies aus der Regelungssystematik lesen.

[864] BGH 09.02.2021 – AK 3/21, BGH, NStZ-RR 2021, 136 (137); BGH 10.01.2006 – 3 StR 263/05, BGH, NJW 2006, 1603 (1604); *Eschelbach*, in: NK-StGB, § 129 Rn. 58; *Krauß*, in: LK-StGB, § 129 Rn. 94; *Kuhli*, in: Matt/Renzikowski-StGB, § 129 Rn. 20; *Lohse*, in: Satzger/Schluckebier/Werner-StGB, § 129 Rn. 36; *Schäfer/Anstötz*, in: MüKo-StGB, § 129 Rn. 77; *Stein/Greco*, in: SK-StGB, § 129 Rn. 41; *Sternberg-Lieben/Schittenhelm*, in: Schönke/Schröder-StGB, § 129 Rn. 12a.

[865] *Kuhli*, in: Matt/Renzikowski-StGB, § 129 Rn. 20; *Lohse*, in: Satzger/Schluckebier/Werner-StGB, § 129 Rn. 36; *Schäfer/Anstötz*, in: MüKo-StGB, § 129 Rn. 77.

[866] BGH 10.01.2006 – 3 StR 263/05, BGH, NJW 2006, 1603 (1604).

[867] *Kuhli*, in: Matt/Renzikowski-StGB, § 129 Rn. 20; *Lohse*, in: Satzger/Schluckebier/Werner-StGB, § 129 Rn. 36; *Sternberg-Lieben/Schittenhelm*, in: Schönke/Schröder-StGB, § 129 Rn. 12a.

[868] So die Aufzählung in *Eschelbach*, in: NK-StGB, § 129 Rn. 58.

[869] LG Düsseldorf 23.11.2021 – 014 KLs 2/21, LG Düsseldorf, abrufbar unter: http://www.justiz.nrw.de/nrwe/lgs/duesseldorf/lg_duesseldorf/j2021/014_KLs_2_21_Urteil_20211123.html, Rn. 34 ff., LG Düsseldorf, BeckRS 2021, 55636, Rn. 21 ff.

Devisenbüro erfuhr, „dass eine große Nachfrage nach schnellen und günstigen Geldwertüberweisungen aus Deutschland in die Türkei bestand.“[870] Dort kam C1 mit L1, der in der Vergangenheit bereits Geldwertüberweisungen für Dritte durchgeführt hatte, überein, ebenfalls Geldwertüberweisungen nach dem Hawala-System anzubieten und dieses aufzubauen. Damit wurde der Zweck der Vereinigung auf das Erbringen von Zahlungsdiensten nach § 63 Abs. 1 Nr. 4 ZAG ausgerichtet. „Gemeinsam suchten sie nach Möglichkeiten, um Bargeld zu organisieren und die erforderlichen Liquiditätsvorräte anzulegen.“[871] Beim Hawala-Banking beinhaltet der Gründungsprozess zunächst den Aufbau von Liquiditätsvorräten an den jeweiligen Standorten, um das Prinzip der zwei Töpfe überhaupt zu ermöglichen, denn es fließt kein Bargeld. Im hiesigen Fall suchten C1 und L1 „nach Möglichkeiten, um Bargeld zu organisieren und die erforderlichen Liquiditätsvorräte anzulegen.“[872] Dafür veräußerte der C1 sogar eine Immobilie in der Türkei, um die Liquidität in der Türkei sicherzustellen.[873] Sodann wurden Firmenräume des Juweliergeschäfts B3 und Räumlichkeiten der Z1 GmbH als Ein- und Auszahlstellen in Deutschland sowie Ein- und Auszahlstellen, wie das Unternehmen L4 in der Türkei eingegliedert.[874] Dazu wurden auch weitere Akteure eingebracht, die die Ein- und Auszahlungen vornahmen. Hierzu zählten beispielsweise der Geschäftsführer der Z1 GmbH I. H1, der für die Abwicklung der Ein- und Auszahlungen in Deutschland zuständig war. In der Türkei agierte beispielsweise M. L1, der Bruder des L1, der wiederum für Ein- und Auszahlungen über das Unternehmen L4 zuständig war. Ab April 2018 wurde das Hawala-Netzwerk noch weiter ausgebaut, indem weitere Zahlstellen und Akteure in das System eingebunden wurden.[875] Fokus verdient hierbei jedoch der geschilderte Gründungsprozess, der im Rahmen des Hawala-Bankings in erster Linie auf dem Bereitstellen der Liquiditätsvorräte und der Infrastruktur, mithin der Ein- und Auszahlstellen liegt. Daran wird deutlich, dass der Vereinigungszweck auf das Erbringen von Zahlungsdiensten, mithin § 63 Abs. 1 Nr. 4 ZAG ausgerichtet

[870] LG Düsseldorf 23.11.2021 – 014 KLs 2/21, LG Düsseldorf, abrufbar unter: http://www.justiz.nrw.de/nrwe/lgs/duesseldorf/lg_duesseldorf/j2021/014_KLs_2_21_Urteil_20211123.html, Rn. 36, LG Düsseldorf, BeckRS 2021, 55636, Rn. 22.

[871] LG Düsseldorf 23.11.2021 – 014 KLs 2/21, LG Düsseldorf, abrufbar unter: http://www.justiz.nrw.de/nrwe/lgs/duesseldorf/lg_duesseldorf/j2021/014_KLs_2_21_Urteil_20211123.html, Rn. 38, LG Düsseldorf, BeckRS 2021, 55636, Rn. 24.

[872] LG Düsseldorf 23.11.2021 – 014 KLs 2/21, LG Düsseldorf, abrufbar unter: http://www.justiz.nrw.de/nrwe/lgs/duesseldorf/lg_duesseldorf/j2021/014_KLs_2_21_Urteil_20211123.html, Rn. 38, LG Düsseldorf, BeckRS 2021, 55636, Rn. 24.

[873] LG Düsseldorf 23.11.2021 – 014 KLs 2/21, LG Düsseldorf, abrufbar unter: http://www.justiz.nrw.de/nrwe/lgs/duesseldorf/lg_duesseldorf/j2021/014_KLs_2_21_Urteil_20211123.html, Rn. 38, LG Düsseldorf, BeckRS 2021, 55636, Rn. 24.

[874] LG Düsseldorf 23.11.2021 – 014 KLs 2/21, LG Düsseldorf, abrufbar unter: http://www.justiz.nrw.de/nrwe/lgs/duesseldorf/lg_duesseldorf/j2021/014_KLs_2_21_Urteil_20211123.html, Rn. 39 f., LG Düsseldorf, BeckRS 2021, 55636, Rn. 25 f.

[875] Siehe dazu LG Düsseldorf 23.11.2021 – 014 KLs 2/21, LG Düsseldorf, abrufbar unter: http://www.justiz.nrw.de/nrwe/lgs/duesseldorf/lg_duesseldorf/j2021/014_KLs_2_21_Urteil_20211123.html, Rn. 42 ff., LG Düsseldorf, BeckRS 2021, 55636, Rn. 27 ff.

wird, dass Akteure für die jeweiligen Ein- und Auszahlstellen, mithin die Mitglieder ausgewählt und wie L1 beweist, gewisse Kenntnisse, Erfahrungen und Fähigkeiten eingebracht werden. So kann man dem C1 und dem L1 das führende und richtungsweisende Mitwirken beim Zustandekommen der kriminellen Hawala-Vereinigung nachsagen. Aber auch I. H1 und L4, selbst wenn deren Beiträge im Vergleich zu denen des C1 und L1 von untergeordneter Bedeutung und diese gerade keine führenden Personen waren, haben diese durch ihre Beiträge die Gründung wesentlich gefördert. Festhalten lässt sich also, dass sich beim Hawala-Banking die Tathandlung des Gründens vor allem im Ausrichten auf das Erbringen von Zahlungsdiensten, dem Bereitstellen von Liquiditätsvorräten, dem Festlegen von Ein- und Auszahlstellen sowie dem Einbringen von Akteuren, die auch Kenntnisse im Bereich Hawala haben, äußert. Darin lässt sich beim Hawala-Banking normalerweise ein für das Zustandekommen der Vereinigung weiterführender und richtungsweisender Beitrag erkennen.

b) Das mitgliedschaftliche Beteiligen an einer kriminellen Vereinigung beim Hawala-Banking

Im Mittelpunkt steht jedoch die Tathandlung des mitgliedschaftlichen Beteiligens an einer kriminellen Vereinigung nach § 129 Abs. 1 S. 1 Alt. 2 StGB, nicht nur weil die Rechtsprechung in den einschlägigen Hawala-Fällen den Fokus darauflegt, sondern auch weil eine Abstufung des Strafrahmens zum bloßen Unterstützen des § 129 Abs. 1 S. 2 StGB herrscht und dies damit auch beachtenswerte Auswirkungen auf die Strafbarkeit der Akteure haben kann. Eine mitgliedschaftliche Beteiligung liegt vor, wenn sich einvernehmlich in die Organisation eingegliedert und eine Tätigkeit von innen her entfaltet wird, die der Förderung der kriminellen Ziele der Vereinigung dient.[876] Ein Gruppenwille oder ein Verbandsgefühl wird jedoch nicht mehr gefordert, sodass sich das Mitglied nicht mehr an einem gemeinsamen Gruppen- oder Verbandswillen beteiligen oder diesem unterordnen muss.[877] Dennoch verbleibt es bei einer einvernehmlichen Eingliederung in die Organisation der Vereinigung, geprägt von einer gegenseitigen Verpflichtung und einer auf Dauer ausgerichteten Teilnahme an der Tätigkeit der Organisation samt Verwirklichung deren Ziele.[878] Damit muss der Täter eine Stellung einnehmen, die ihn als zum Kreis

---

[876] So *Schäfer/Anstötz*, in: MüKo-StGB, § 129 Rn. 82 unter vergleichenden Verweis auf die aktuelle Rechtslage; vgl. auch *Eschelbach*, in: NK-StGB, § 129 Rn. 62 f.; *Krauß*, in: LK-StGB, § 129 Rn. 96 ff.; *Kuhli*, in: Matt/Renzikowski-StGB, § 129 Rn. 21; *Lohse*, in: Satzger/Schluckebier/Werner-StGB, § 129 Rn. 37; *Sternberg-Lieben/Schittenhelm*, in: Schönke/Schröder-StGB, § 129 Rn. 13; *Fahrner*, Staatsschutzstrafrecht, S. 214.

[877] BGH 07.05.2019 – AK 13/19, AK 14/19, AK 16/19, AK 17/19, AK 18/19, AK 19/19, BGH, BeckRS 2019, 10865, Rn. 14; BGH 22.03.2018 – StB 32/17, BGH, NStZ-RR 2018, 206 (207); *Krauß*, in: LK-StGB, § 129 Rn. 96.

[878] BGH 07.05.2019 – AK 13/19, AK 14/19, AK 16/19, AK 17/19, AK 18/19, AK 19/19, BGH, BeckRS 2019, 10865, Rn. 14; BGH 22.03.2018 – StB 32/17, BGH, NStZ-RR 2018, 206 (207); *Krauß*, in: LK-StGB, § 129 Rn. 96.

der Mitglieder gehörend kennzeichnet und von den Nichtmitgliedern unterscheidbar macht.[879] Als Förderungshandlungen kommen auch solche neutraler Art in Betracht, die die Logistik, wie beispielsweise das Anmieten von Wohnungen oder Garagen, die Beschaffung von Hilfsgütern oder Tatwerkzeugen, dem von innen heraus erfolgenden Anwerben von Mitglieder oder auch die Öffentlichkeitsarbeit umfassen.[880] So wird in der Literatur bei den Förderungshandlungen auch die Durchführung finanzieller Transaktionen[881] beziehungsweise die Durchführung von Finanztransaktionen[882] unter Verweis auf die einschlägige Hawala-Rechtsprechung genannt. Dies soll Ausgangspunkt der folgenden Untersuchung sein. Denn es hat sich im Rahmen des § 63 Abs. 1 Nr. 4 ZAG bereits gezeigt, dass derjenige Zahlungsdienste erbringt, der die funktional-soziale Tatherrschaft innehat, dies jedoch nicht pauschal jedem Beteiligten im Hawala-Netzwerk nachgesagt werden kann.[883] Hierin zeigt sich ein Unterschied zum mitgliedschaftlichen Beteiligen des § 129 Abs. 1 S. 1 Alt. 2 StGB, der auch neutrale Förderungshandlungen der Akteure des Hawala-Netzwerkes täterschaftlich erfasst; es kommt nicht darauf an, dass diese aufgrund ihrer Position und Funktion über die betriebsbezogenen Risiken gebieten können. Gleichwohl muss auch hier überprüft werden, ob jegliche Förderungshandlungen in einem Hawala-Netzwerk, die in der Verbindung mit der Durchführung von Finanztransaktionen stehen, für eine mitgliedschaftliche Beteiligung nach § 129 Abs. 1 S. 1 Alt. 2 StGB ausreichen, schließlich bedarf es dennoch einer Förderungshandlung, in der sich die einvernehmliche Eingliederung in die Organisation manifestiert[884]. Dabei wurden bereits im Rahmen des § 63 Abs. 1 Nr. 4 ZAG die einzelnen Akteure und deren Beiträge herausgearbeitet und am Maßstab des § 63 Abs. 1 Nr. 4 ZAG gemessen, womit an dieser Stelle auf die obigen Ausführungen verwiesen werden kann.[885] Dabei zeigten sich Hawaladare, die in das Netzwerk eingegliedert sind und als Geschäftspartner auftreten. Es gibt Hawaladare, die in das Netzwerk eingegliedert sind und das Netzwerk koordinieren beziehungsweise leiten. Manche Hawaladare treten auch als Groß-Hawaladare auf, die hierarchisch an der Spitze des Netzwerkes stehen und das Netzwerk in erster Linie von diesen allein geleitet wird. Dazu kommen weitere Akteure, die am eigentlichen Transferprozess weniger gestaltend mitwirken, in erster Linie zuarbeiten, wie die Einsammler, die Kuriere beim Clearingverfahren, die Buchhalter oder die Akteure, die Gelder entgegennehmen oder auszahlen, denen aber keine Entscheidungsmacht über den Prozess selbst zukommt, selbst wenn sie vereinzelt sogar gewisse Entscheidungs-

[879] BGH 22. 03. 2018 – StB 32/17, BGH, NStZ-RR 2018, 206 (207); *Krauß*, in: LK-StGB, § 129 Rn. 97.

[880] So *Eschelbach*, in: NK-StGB, § 129 Rn. 65 unter Verweis auf weiterführende Quellen; auch *Krauß*, in: LK-StGB, § 129 Rn. 103.

[881] *Krauß*, in: LK-StGB, § 129 Rn. 103.

[882] *Eschelbach*, in: NK-StGB, § 129 Rn. 65.

[883] Siehe dazu insbesondere die Einordnung in Teil 4 A. I. 2. a) bb) (2) (c).

[884] *Krauß*, in: LK-StGB, § 129 Rn. 99 unter Verweis auf einschlägige Quellen.

[885] Siehe dazu insbesondere die Einordnung in Teil 4 A. I. 2. a) bb) (2) (c).

kompetenzen aufweisen. Abstrakt kann man wohl jedem der aufgezählten Akteure eine Förderungshandlung nachsagen, da auch Förderungshandlungen neutraler Art in Betracht kommen. So können Förderungshandlungen einerseits darin bestehen, die Ziele der Vereinigung unmittelbar durchzusetzen, sich andererseits aber auch in Grundlagen zeigen, die lediglich der Schaffung und Erhaltung der Aktivitäten der Vereinigung dienen.[886] Damit ist bereits ausreichend, dass der Aufbau, der Zusammenhalt oder die Tätigkeit der Organisation gefördert wird.[887] Dazu schreibt der BGH[888] im Fall vom 28.06.2022, dass „diese als ‚Einsammler' [zwar] weisungsgebunden und in niederrangiger Funktion tätig [waren]. Gleichwohl wurden sie als in die Organisation integrierte Beteiligte und nicht als außerhalb dieser stehende Unterstützer tätig." Damit kommt es bei § 129 Abs. 1 S. 1 Alt. 2 StGB nicht auf die hierarchische Stellung innerhalb der Vereinigung an. Es kommt eben nicht wie bei § 63 Abs. 1 Nr. 4 ZAG darauf an, dass der Täter die Tätigkeit insgesamt beherrscht, was sich regelmäßig aus seiner Position innerhalb der betrieblichen Hierarchie ergibt. Das heißt, dass eine Vereinigung vorliegt, die auf die Begehung des § 63 Abs. 1 Nr. 4 ZAG gerichtet ist, dass damit bei einer mitgliedschaftlichen Beteiligung der Vereinigung, das Ensemble betrieblicher Abläufe gefördert wird, dass aber hierdurch nicht auch der betriebliche Ablauf insgesamt beherrscht werden muss, wie es letztlich § 63 Abs. 1 Nr. 4 ZAG voraussetzt. Dabei ist es aber nicht notwendig, dass an den Straftaten der Vereinigung mitgewirkt oder gar die Zusage an einer Mitwirkung gemacht wird; die Beteiligung an der Vereinigung darf nicht mit der Beteiligung nach § 27 StGB an § 63 Abs. 1 Nr. 4 ZAG gleichgesetzt werden, ist schließlich allein die Begehung des § 63 Abs. 1 Nr. 4 ZAG das Ziel der *Vereinigung.*[889] So wurde bei § 63 Abs. 1 Nr. 4 ZAG herausgearbeitet, wer die Zahlungsdienste erbringt und wer als Teilnehmer dazu Hilfe leistet. Bei § 129 Abs. 1 S. 1 Alt. 2 StGB kommt es nicht darauf an, dass das Mitglied als Täter oder Teilnehmer des § 63 Abs. 1 Nr. 4 ZAG mitwirkt, sondern dass er sonstige dienliche Tätigkeiten für die Zwecke der Vereinigung erbringt[890]. Die Organisationsstruktur des § 129 StGB darf nicht auf § 63 Abs. 1 Nr. 4 ZAG überwälzt werden; andersherum darf aber auch nicht die Täter- oder Teilnehmerhandlung mit einer mitgliedschaftlichen Beteiligung gleichgesetzt werden. Zumindest lässt sich aber von einer Täter- oder auch einer Teilnehmerhandlung auf eine mitgliedschaftliche Beteiligung schließen, erfasst die mitgliedschaftliche Beteiligung eben auch Handlungen, die beim strafbaren Unterfangen nicht mitwirken, also selbst Handlungen, die im Rahmen der Bezugstat nicht strafbar sind[891]. Wirken diese aber an der Bezugstat mit, lässt sich daraus zumindest schlussfolgern, dass zugleich eine mitgliedschaftliche Beteiligung nach § 129 Abs. 1 S. 1 Alt. 2 StGB vorliegt. Dies ist auch dem

[886] *Krauß*, in: LK-StGB, § 129 Rn. 99.

[887] *Krauß*, in: LK-StGB, § 129 Rn. 99 unter Verweis auf einschlägige Quellen.

[888] BGH 28.06.2022 – 3 StR 403/20, BGH, BeckRS 2022, 20799, Rn. 17.

[889] Vgl. *Krauß*, in: LK-StGB, § 129 Rn. 100 unter Verweis auf einschlägige Quellen.

[890] Vgl. *Krauß*, in: LK-StGB, § 129 Rn. 100 unter Verweis auf einschlägige Quellen.

[891] BGH 09.07.2015 – 3 StR 537/14, BGH, NJW 2016, 657 (660).

Charakter als Bezugstat geschuldet, auf die sich der Zweck der Vereinigung richtet. Es verbleibt dabei jedoch bei einem Indiz, denn dies gilt nur, wenn die Beteiligung an der Straftat sich als Ausfluss der Zwecksetzung und Tätigkeit der Vereinigung darstellt[892]. Dazu schreibt das LG Mannheim[893] im Fall vom 17.11.2020, dass insoweit notwendig ist, „dass der Täter eine Stellung innerhalb der Vereinigung einnimmt, die ihn als zum Kreis der Mitglieder gehörend kennzeichnet und von den Nichtmitgliedern unterscheidbar macht. Dies erfordert, dass er eine organisationsbezogene Tätigkeit zur Förderung der kriminellen Ziele der Vereinigung entfaltet, durch die er diese von innen und nicht nur von außen her fördert". Das LG Mannheim macht dies an der Stellung als Buchhalter fest, der einen Vertrauensstatus erarbeitet hatte, zum zentralen Einsammler aufstieg, fester integraler Bestandteil des Hawala-Netzwerkes wurde und eine zentrale Schnittstelle zwischen Einzahlstellen und „dem Türken" einnahm.[894] Er erbrachte daher für das Gesamtsystem einen unverzichtbaren Beitrag und wurde auch aus dem „Gebührentopf" des Netzwerkes alimentiert.[895] Das LG Köln[896] schreibt im Fall vom 23.05.2022, dass es hierbei unschädlich ist, „dass sie durch ihre jeweils für das Funktionieren des Gesamtsystems unverzichtbare notwendigen Tätigkeiten – wie die Koordination der Bargeldannahmen, das Verbringen der Gelder nach Berlin zum Ankauf von Altgold oder in die Türkei zum Auffüllen der dortigen Reserven, den Betrieb der involvierten Unternehmen, das Schreiben von fingierten Einfuhr- und Ausfuhrrechnungen zur Schaffung einer entsprechenden Papierlage, die Erledigung von Zollformalitäten sowie die Ausfuhr von Altgold selbst – das Gesamtsystem gleichsam von innen heraus förderten und das aus einem eigenen finanziellen Interesse heraus, das allein durch diese illegalen Geschäfte bedient wurde." Wiederum das LG Düsseldorf[897] weist im Fall vom 23.11.2021 dem L1 neben weiteren Aspekten eine mitgliedschaftliche Beteiligung zu, da dieser an „nahezu sämtlichen Transaktionen mitgewirkt" hat und „[d]ie Durchführung der Transaktionen […] in seinem Ermessen" lag. Dabei soll auch der C1 sich mitgliedschaftlich beteiligt haben, da er neben weiteren genannten Handlungen auch „an der Abwicklung einiger Transaktionen

---

[892] *Krauß*, in: LK-StGB, § 129 Rn. 100.

[893] LG Mannheim 17.11.2020 – 22 KLs 540 Js 6574/20, LG Mannheim, BeckRS 2020, 50512, Rn. 149 unter vergleichenden Verweis auf die ständige Rechtsprechung BGH 13.06.2019 – AK 27/19, BGH, BeckRS 2019, 13577, Rn. 20; BGH 22.03.2018 – StB 32/17, BGH, NStZ-RR 2018, 206 (207); siehe auch BGH 09.02.2021 – AK 3/21, BGH, NStZ-RR 2021, 136 (137).

[894] LG Mannheim 17.11.2020 – 22 KLs 540 Js 6574/20, LG Mannheim, BeckRS 2020, 50512, Rn. 150.

[895] LG Mannheim 17.11.2020 – 22 KLs 540 Js 6574/20, LG Mannheim, BeckRS 2020, 50512, Rn. 150.

[896] LG Köln 23.05.2022 – 109 KLs 5/21, LG Köln, abrufbar unter: https://www.justiz.nrw.de/nrwe/lgs/koeln/lg_koeln/j2022/109_KLs_5_21_Urteil_20220523.html, Rn. 643.

[897] LG Düsseldorf 23.11.2021 – 014 KLs 2/21, LG Düsseldorf, abrufbar unter: http://www.justiz.nrw.de/nrwe/lgs/duesseldorf/lg_duesseldorf/j2021/014_KLs_2_21_Urteil_20211123.html, Rn. 673, LG Düsseldorf, BeckRS 2021, 55636, Rn. 182.

mitgewirkt und […] in seinen Büroräumlichkeiten in O2 selbst Einzahlungen entgegengenommen“[898] hat. Zudem zieht das LG Düsseldorf die Angeklagten B1, I. H1 und M. H1 heran, da diese „für die Abwicklung der Ein- und Auszahlungen an den Zahlstellen bei ‚B3‘ in E2 und bei der F1 GmbH in E2 und N1 zuständig“[899] waren.

Reflektiert man die Einordnung der verschiedenen Akteure durch die Rechtsprechung, so wird deren mitgliedschaftliche Beteiligung anhand deren Stellenwert für die Vereinigung festgemacht und deren Beiträge normativ bewertet. Dabei gliedern sich Hawaladare, die das Netzwerk koordinieren beziehungsweise leiten, aber auch integrierte Akteure, die am eigentlichen Transferprozess weniger gestaltend mitwirken und in erster Linie zuarbeiten, wie die Einsammler, die Kuriere beim Clearingverfahren, die Buchhalter oder die Akteure die Gelder entgegennehmen oder auszahlen, einvernehmlich in die Organisation ein und entfalten von innen heraus eine Tätigkeit. Dadurch wird das kriminelle Ziel, das Erbringen von Zahlungsdiensten, gefördert. Genauso wie die Vereinigung an sich, sind die Beiträge der einzelnen Akteure auf Dauer ausgerichtet. Dabei ist auch nicht schädlich, dass die Akteure innerhalb des Systems aufsteigen und andere Rollen einnehmen.[900] Gegenseitige Verpflichtungen zeigen sich in den aufeinander abgestimmten Arbeitsprozessen und der verankerten Aufgabenverteilung,[901] die eine gegenseitige

---

[898] LG Düsseldorf 23.11.2021 – 014 KLs 2/21, LG Düsseldorf, abrufbar unter: http://www.justiz.nrw.de/nrwe/lgs/duesseldorf/lg_duesseldorf/j2021/014_KLs_2_21_Urteil_20211123.html, Rn. 674, LG Düsseldorf, BeckRS 2021, 55636, Rn. 183.

[899] LG Düsseldorf 23.11.2021 – 014 KLs 2/21, LG Düsseldorf, abrufbar unter: http://www.justiz.nrw.de/nrwe/lgs/duesseldorf/lg_duesseldorf/j2021/014_KLs_2_21_Urteil_20211123.html, Rn. 675, LG Düsseldorf, BeckRS 2021, 55636, Rn. 184.

[900] Siehe beispielsweise BGH 02.06.2021 – 3 StR 61/21, BGH, ZIP 2021, 1853 (1853) [„Nachdem der Angeklagte einige Wochen lang als Buchhalter für die Gruppierung fungiert und die Funktionsweise des Netzwerks durchdrungen hatte, stieg er zu einem zentralen Einsammler auf.“]; bereits vorinstanzlich LG Mannheim 17.11.2020 – 22 KLs 540 Js 6574/20, LG Mannheim, BeckRS 2020, 50512, Rn. 5, 150 [„nachdem er im Zuge seiner Tätigkeit als Buchhalter einen Vertrauensstatus erarbeitet hatte und zum EinSammler [sic!] aufstieg“].

[901] LG Köln 23.05.2022 – 109 KLs 5/21, LG Köln, abrufbar unter: https://www.justiz.nrw.de/nrwe/lgs/koeln/lg_koeln/j2022/109_KLs_5_21_Urteil_20220523.html, Rn. 55 f. [„Zum Teil erfolgte die Geldübergabe statt durch die Kunden selbst durch eigens damit beauftragte Kuriere, etwa den gesondert verfolgten Z1 J1 oder die im Auftrag eines „N2 C2“ handelnden gesondert verfolgten N3 B1 und G2 N4. Die Geldbeträge wurden von diesen etwa in den Niederlanden oder Belgien entgegengenommen, nach Deutschland gebracht und in den Geldannahmestellen der Gruppierung abgegeben. Auch holten Mitglieder der Organisation manchmal Geldbeträge in den Niederlanden oder Belgien zum Zwecke von Hawala-Zahlungsdiensten selbst ab. In den Geldannahmestellen wurden die abgegebenen Geldbeträge – oftmals in kleiner Stückelung – durch die entsprechend autorisierten Personen gezählt und sofort im Anschluss über Messengerdienste oder telefonisch dem U T5 mitgeteilt, dass ein entsprechender Geldbetrag angenommen worden sei. Dieser wiederum wies unmittelbar danach die für die Auszahlung zuständige Stelle an, eine Barauszahlung in derselben Höhe abzüglich der zu zahlenden Provision an die von den Einzahlern benannte Empfängerperson vorzunehmen.“], Rn. 57 [„wesentlichen Aufgabe der Mitglieder der Vereinigung, für den

Abhängigkeit schaffen. So treten in erster Linie logistische Beiträge der Akteure auf, die solch hohe Transfervolumen überhaupt ermöglichen, auch wenn der einzelne Beitrag rein neutraler Art bleibt.[902] Meist nehmen diese Einzelhandlungen des Handlungsensembles vor,[903] wobei sich deren Handlungsspielraum auf deren Auf-

---

Ausgleich der beiden ‚Zahlungstöpfe' in Deutschland […] zu sorgen. Dieser ständige Ausgleich der Zahlungstöpfe war daher für den Betrieb des Hawala-Finanztransfersystems essentiell."], Rn. 73 [„Jedem der Angeklagten kam eine bestimmte Rolle in der arbeitsteilig vorgehenden Organisation zu."]; LG Düsseldorf 23.11.2021 – 014 KLs 2/21, LG Düsseldorf, abrufbar unter: http://www.justiz.nrw.de/nrwe/lgs/duesseldorf/lg_duesseldorf/j2021/014_KLs_2_21_Urteil_20211123.html, Rn. 675, LG Düsseldorf, BeckRS 2021, 55636, Rn. 184 [„Dieser Tatbeitrag war zentral für die Durchführung der Geldwertüberweisungen und für das Bestehen des Gesamtsystems, das von dem Vertrauen der Kunden und damit von der konkreten Durchführung der Überweisungen abhängig war."]; LG Mannheim 17.11.2020 – 22 KLs 540 Js 6574/20, LG Mannheim, BeckRS 2020, 50512, Rn. 51 f. [„In dem Chat mit der 12-Gruppe erfuhr der Angeklagte aufgrund entsprechender regelmäßiger Mitteilung seitens eines der Buchhalter auch, welcher Geldbetrag zu einem bestimmten Zeitpunkt unter Berücksichtigung von Zu- und Abflüssen ‚unterm Strich' nach deren Berechnungen als Guthaben zu verbuchen war. Der Angeklagte stellte sich sodann anhand der Informationen, in welchen Städten Gelder zur Abholung bzw. zur Weiterlieferung durch ihn bereitstanden, seine Fahrtrouten zusammen."], Rn. 115 [„wohl aber diejenigen Stellen aufsuchte, bei de. [sic!] nen Kundengelder in bar abgegeben worden waren, die Bargelder dort an sich nahm und später das Geld anderen Stellen, namentlich dem ‚Türken', zuführte, damit der weitere Transfer per Hawala an den Zahlungsempfänger durch die weiteren Akteure des Netzwerks umgesetzt bzw. intern abgebildet werden konnte."], Rn. 134 [„verfügte das Netzwerk, über eine erhebliche vorausschauend geplante Organisationsstruktur."], [„mit vorher vereinbarten Aufgabenbereichen fest eingebunden bzw. eingeplant"].

[902] BGH 28.06.2022 – 3 StR 403/20, BGH, BeckRS 2022, 20799, Rn. 30 [„weil dieser im Fall 202 der Urteilsgründe einen anderen ‚Einsammler' der Organisation bei sich übernachten ließ"]; BGH 02.06.2021 – 3 StR 61/21, BGH, ZIP 2021, 1853 (1855) [„erbrachte durch die Weiterleitung der Gelder für das Geschäftsmodell zentrale Aufgaben"]; LG Köln 23.05.2022 – 109 KLs 5/21, LG Köln, abrufbar unter: https://www.justiz.nrw.de/nrwe/lgs/koeln/lg_koeln/j2022/109_KLs_5_21_Urteil_20220523.html, Rn. 73 ff. zu den logistischen Beiträgen der Akteure (Rollenverteilung), Rn. 103 [„Sie organisierte den behördlichen Schriftverkehr die Edelmetallausfuhren betreffend"]; LG Mannheim 17.11.2020 – 22 KLs 540 Js 6574/20, LG Mannheim, BeckRS 2020, 50512, Rn. 50 [„Schließlich war der Angeklagte Teilnehmer einer Chat-Gruppe, in die Buchhalter wie eine Art Kontoauszüge aufgebaute Übersichten einstellten, in denen detailliert entgegengenommene bzw. ausgehändigte Geldbeträge sowie aktuelle Guthabenbestände dargestellt werden"], Rn. 110 [„Tätigkeit des Angeklagten als Einsammler"], Rn. 116 [„die Funktion einer zentralen Schnittstelle einnahm"], Rn. 134 [„Innerhalb dieser Struktur waren neben den an der Spitze stehenden Akteuren A. G. und der ‚Türke' jedenfalls auch Buchhalter wie hier ‚F.' und ‚A. A.', daneben auch – für Bargeldtransporte mit dem Flugzeug – ‚Y.' und der Angeklagte als Einsammler […] mit vorher vereinbarten Aufgabenbereichen an den organisierten Zusammenschluss"].

[903] BGH 28.06.2022 – 3 StR 403/20, BGH, BeckRS 2022, 20799, Rn. 26 [„Einsammeln von Geldern bei den Einzahlungsstellen"]; LG Düsseldorf 23.11.2021 – 014 KLs 2/21, LG Düsseldorf, abrufbar unter: http://www.justiz.nrw.de/nrwe/lgs/duesseldorf/lg_duesseldorf/j2021/014_KLs_2_21_Urteil_20211123.html, Rn. 675, LG Düsseldorf, BeckRS 2021, 55636, Rn. 184 [„Die Angeklagten B1, I. H1 und M. H1 waren auf Anweisung des Angeklagten L1 für die Abwicklung der Ein- und Auszahlungen an den Zahlstellen bei ‚B3' in E2 und bei der F1 GmbH in E2 und N1 zuständig"].

gabenbereich beschränkt. Daran gemessen, nimmt der einzelne Akteur eine bestimmte Rolle in der arbeitsteilig vorgehenden Organisation ein,[904] die ihn als zum Kreis der Mitglieder gehörend kennzeichnet und ihn von Nichtmitgliedern abgrenzt. Dazu werden einzelne Mitglieder auch für die Organisation gewonnen.[905] Nur dann wird von innen heraus gefördert. Als Gegenbeispiel kann auf einen Akteur im Fall des LG Köln[906] vom 23.05.2022 verwiesen werden, bei dem „der nur zu diesem Zweck angeworbene tschechische Staatsbürger M W3 als bloßer Strohmann auf Betreiben des Angeklagten D die Firma ‚W 3' [gründete]". Auch hier liegt eine Handlung vor, die die Organisation zumindest fördert, jedoch nur von außen, denn der M W3 war nicht einvernehmlich eingegliedert, sodass sich dieser auch nicht als Mitglied der Organisation einordnen lässt. Auch wenn dessen Strafbarkeit in diesem Fall für das LG Köln ohne Belang war, so lässt sich dessen Tätigkeit höchstens einem Unterstützen nach § 129 Abs. 1 S. 2 Alt. 1 StGB[907], nicht jedoch einem mitgliedschaftlichen Beteiligen nach § 129 Abs. 1 S. 1 Alt. 2 StGB zuordnen.

Im Ergebnis wird man Hawaladaren die das Netzwerk koordinieren beziehungsweise leiten, Einsammlern, den Kurieren beim Clearingverfahren, Buchhaltern oder Akteuren die Gelder entgegennehmen oder auszahlen meist eine mitgliedschaftliche Beteiligung nach § 129 Abs. 1 S. 1 Alt. 2 StGB nachsagen können, was die vorliegenden Fälle zeigen und was wohl auch mit der Anonymität und Geschlossenheit des Hawala-Bankings zusammenhängt. Augenmerk verdient dabei jedoch deren einvernehmliche Eingliederung in die Vereinigung, die davon abhängt, inwiefern die Akteure die Vereinigung von innen heraus fördern. Allein daran gemessen, kann man eine mitgliedschaftliche Beteiligung nachsagen. Aufgrund der umfangreichen Logistik können auch logistische Tätigkeiten in Betracht kommen, die lediglich für ein Unterstützen nach § 129 Abs. 1 S. 2 Alt. 1 StGB sprechen, was der Strohmann M W3 verdeutlicht. Denn im Zusammenhang mit der Tathandlung des Unterstützens werden auch beispielsweise umfassende Kuriertä-

---

904 Siehe dazu beispielsweise LG Köln 23.05.2022 – 109 KLs 5/21, LG Köln, abrufbar unter: https://www.justiz.nrw.de/nrwe/lgs/koeln/lg_koeln/j2022/109_KLs_5_21_Urteil_20220523.html, Rn. 73 ff.

905 LG Köln 23.05.2022 – 109 KLs 5/21, LG Köln, abrufbar unter: https://www.justiz.nrw.de/nrwe/lgs/koeln/lg_koeln/j2022/109_KLs_5_21_Urteil_20220523.html, Rn. 77, 79 [„C1 arbeitete zu diesem Zeitpunkt zusammen mit U T5, welcher auf der Suche nach vertrauenswürdigen Mitarbeitern für das von ihm betriebene Hawala-Finanztransfersystem war."].

906 LG Köln 23.05.2022 – 109 KLs 5/21, LG Köln, abrufbar unter: https://www.justiz.nrw.de/nrwe/lgs/koeln/lg_koeln/j2022/109_KLs_5_21_Urteil_20220523.html, Rn. 82.

907 Zumindest lässt sich aus den Ausführungen nicht genau entnehmen, ob sich dessen Unterstützungshandlung an einen individuellen Haupttäter oder an die Vereinigung richtet, denn in der Literatur wird teilweise bei ersterem eine Teilnahme zur mitgliedschaftlichen Beteiligung nach §§ 129 Abs. 1 S. 1 Alt. 2, 27 StGB und bei letzterem eine Unterstützen nach § 129 Abs. 1 S. 2 Alt. 1 StGB angenommen, siehe dazu *Eschelbach*, in: NK-StGB, § 129 Rn. 68. Auch wenn dies im Einzelfall von Relevanz sein kann, soll dies an dieser Stelle mangels Möglichkeit zur genauen Einordnung nicht weiter vertieft werden.

tigkeiten[908], oder das Zurverfügungstellen von Räumen[909] genannt. Werden also in Hawala-Systemen logistische Tätigkeiten vorgenommen und dabei die Zweckgerichtetheit der Vereinigung lediglich gebilligt ohne einvernehmliche Eingliederung der Akteure, so kommen diese als Unterstützer der Vereinigung nach § 129 Abs. 1 S. 2 Alt. 1 StGB in Betracht; dies gilt es im jeweiligen Einzelfall zu bewerten. Meist wird es bei den genannten Akteuren aber aufgrund der einvernehmlichen Eingliederung auf ein mitgliedschaftliches Beteiligen hinauslaufen, sodass der Rechtsprechung hier grundsätzlich zuzustimmen ist. Sind die Akteure auch am Gründungsakt beteiligt, so steht die weitere Tatbestandsalternative der mitgliedschaftlichen Beteiligung jedenfalls dann im Verhältnis der Tateinheit, wenn sich die Beteiligung als Mitglied unmittelbar an das Gründen der Vereinigung anschließt,[910] was auf die zur Gründung der Vereinigung aufgezeigten Akteure auch zutrifft.

c) Das Unterstützen der kriminellen Vereinigung im Rahmen des Hawala-Bankings durch die Zahlungsdienstekunden

Parallel zur Frage, ob eine notwendige Teilnahme bei § 63 Abs. 1 Nr. 4 ZAG in Betracht kommt,[911] stellt sich die Frage, ob die Zahlungsdienstekunden mit ihren Provisionszahlungen, die Vereinigung nach § 129 Abs. 1 S. 2 Alt. 1 StGB unterstützen. Zumindest wird man hier eine einvernehmliche Eingliederung der Zahlungsdienstekunden verneinen können, fördern diese eben nicht von innen heraus die Vereinigung. So wird eine kriminelle Vereinigung unterstützt, wenn sie in ihrem Fortbestand oder der Verwirklichung ihrer Ziele gefördert wird, ohne mitgliedschaftliche Beteiligung.[912] Die Förderung muss sich auf die Vereinigung als solche auswirken, das Fördern einzelner Mitglieder reicht dafür nicht aus.[913] Dafür genügt, dass die Vereinigung in ihren Bestrebungen und in ihrer Tätigkeit gefördert wird, sodass die Mitglieder in ihrem Entschluss zur Begehung der vereinigungstypischen Straftaten bekräftigt werden.[914] Ausschlaggebend ist dabei, dass die Förderungs-

---

[908] *Eschelbach*, in: NK-StGB, § 129 Rn. 74; *Schäfer/Anstötz*, in: MüKo-StGB, § 129 Rn. 112.

[909] *Eschelbach*, in: NK-StGB, § 129 Rn. 74; *Schäfer/Anstötz*, in: MüKo-StGB, § 129 Rn. 112.

[910] BGH 09.02.2021 – AK 3/21, BGH, NStZ-RR 2021, 136 (137); BGH 05.09.2019 – AK 49/19, BGH, BeckRS 2019, 23746, Rn. 26; BGH 03.12.2009 – 3 StR 277/09, BGHSt 54, 216 (235).

[911] Siehe dazu die Einordnung der Zahlungsdienstekunden als strafbare Teilnehmer Teil 4 A. I. 2. b) bb) (2).

[912] *Eschelbach*, in: NK-StGB, § 129 Rn. 69; *Stein/Greco*, in: SK-StGB, § 129 Rn. 46; *Heger*, in: Lackner/Kühl/Heger-StGB, § 129 Rn. 6; *Krauß*, in: LK-StGB, § 129 Rn. 120; *Schäfer/Anstötz*, in: MüKo-StGB, § 129 Rn. 107.

[913] *Eschelbach*, in: NK-StGB, § 129 Rn. 69; *Schäfer/Anstötz*, in: MüKo-StGB, § 129 Rn. 107.

[914] BGH 25.01.1984 – 3 StR 526/83, BGHSt 32, 243 (244); *Eschelbach*, in: NK-StGB, § 129 Rn. 69.

handlung wirksam ist und sich für die Organisation vorteilhaft auswirkt, sodass sich die Gefährlichkeit der Organisation festigen kann.[915] Auch die finanzielle Unterstützung kann ein Unterstützen im Sinne des § 129 Abs. 1 S. 2 Alt. 1 StGB darstellen.[916] Nach Art und Umfang braucht es einen spezifischen Bezug zur Tätigkeit und zum Zweck der Vereinigung. Dabei reicht es grundsätzlich bereits aus, dass sich Mitglieder aufgrund der Geldzuwendungen der Tätigkeit der Vereinigung widmen können, was beispielsweise auch wiederholende Zahlungen nahelegen.[917]

Bei stringenter Anwendung des Begriffs des Unterstützens, kann man die Provisionszahlungen der Zahlungsdienstekunden der Tathandlung des § 129 Abs. 1 S. 2 Alt. 1 StGB zuordnen, handelt es sich beim Unterstützen um eine zur Täterschaft verselbstständigte Form der Beihilfe[918]. Dabei kommt es bei § 129 Abs. 1 S. 2 Alt. 1 StGB auch nicht darauf an, dass das Mitglied als Täter oder Teilnehmer des § 63 Abs. 1 Nr. 4 ZAG mitwirkt, sondern dass er als Nichtmitglied die innere Organisation der Vereinigung oder den Zusammenhalt fördert oder die Realisierung der Straftaten erleichtert[919]. Gerade die Provisionszahlungen sind in den Bestrebungen und der Tätigkeit der Vereinigung mit verankert, was die Hawala-Akteure in ihrem Beschluss zur Begehung der vereinigungstypischen Straftaten, mithin dem Erbringen von Zahlungsdiensten, bekräftigt. In erster Linie wird die Vereinigung in ihrem Fortbestand oder in der Verwirklichung ihrer Ziele gefördert, ohne jedoch selbst sich mitgliedschaftlich zu beteiligen. Anders als bei § 63 Abs. 1 Nr. 4 ZAG schützt § 129 StGB den Zahlungsdienstekunden nicht unmittelbar, sodass man dahingehend ein strafrechtlich missbilligendes Verhalten nachsagen kann. Aus dem Blickwinkel des § 129 StGB führen damit die Vereinigung in ihrem Kern aber auch die Zahlungsdienstekunden als Unterstützer nebeneinander oder nacheinander gleichgerichtete Tätigkeitsakte in Richtung der Rechtsgutsverletzung, mithin der Verletzung der öffentlichen Sicherheit und der öffentlichen Ordnung aus. Dennoch muss hinterfragt werden, ob es nicht unbillig erscheint, die Kunden als Unterstützer einer kriminellen Vereinigung nach § 129 Abs. 1 S. 2 Alt. 1 StGB zu betrachten, greifen diese eben auch auf Hawala-Systeme mangels Alternativen und ohne jegliche kriminelle Absicht zurück und fordern zudem eine Dienstleistung der Hawaladare ein. Dahingehend wollen die Zahlungsdienstekunden lediglich ihre Rechnungen begleichen, was eine andere Situation darstellt als beispielsweise das Zurverfügungstellen von Finanzmitteln oder Gegenständen in anderen Fallkonstel-

---

[915] BGH 25.01.1984 – 3 StR 526/83, BGHSt 32, 243 (244); *Eschelbach*, in: NK-StGB, § 129 Rn. 70.

[916] *Eschelbach*, in: NK-StGB, § 129 Rn. 73; *Krauß*, in: LK-StGB, § 129 Rn. 121.

[917] *Krauß*, in: LK-StGB, § 129 Rn. 127 unter vergleichenden Verweis auf BGH 09.01. 2020 – AK 61/19, BGH; BeckRS 2020, 468, Rn. 29.

[918] BGH 11.08.2021 – 3 StR 268/20, BGH, NStZ-RR 2022, 13 (13); BGH 03.10.1979 – 3 StR 264/79, BGHSt 29, 99 (101); BGH 30.10.1964 – 3 StR 45/64, BGHSt 20, 89 (89); *Stein/Greco*, in: SK-StGB, § 129 Rn. 46; *Heger*, in: Lackner/Kühl/Heger-StGB, § 129 Rn. 6; *Krauß*, in: LK-StGB, § 129 Rn. 121; *Schäfer/Anstötz*, in: MüKo-StGB, § 129 Rn. 111.

[919] *Eschelbach*, in: NK-StGB, § 129 Rn. 69; *Krauß*, in: LK-StGB, § 129 Rn. 120.

lationen[920]. Mit dem Zurverfügungstellen der Gelder wird die Bezugstat des § 63 Abs. 1 Nr. 4 ZAG aber überhaupt erst ermöglicht, sodass die kriminelle Vereinigung ihren auf § 63 Abs. 1 Nr. 4 ZAG gerichteten Zweck oder die Tätigkeit im Ergebnis auch (langfristig) durchführen kann. Dies ist der Eigenheit des § 63 Abs. 1 Nr. 4 ZAG geschuldet, der als Bezugstat dient. Daran gemessen lässt sich dies vielleicht anhand des Korrelationsverhältnisses der Normen lösen. Die Bezugstat nimmt nämlich zumindest mittelbar Einfluss auf den Schutzzweck des § 129 StGB, denn bei § 129 StGB wird gefordert, dass die Strafnorm auf solche Vereinigungen zu beschränken ist, deren Zweckverfolgung eine erhebliche Gefahr für die öffentliche Sicherheit begründet. Dabei gilt es die Strafdrohung zu betrachten und die Gesamtumstände heranzuziehen.

Daher stellt sich die Frage einer teleologischen Reduktion des § 129 Abs. 1 S. 2 Alt. 1 StGB anhand dessen Schutzzwecks bei Unterstützungshandlungen von Zahlungsdienstekunden. Überträgt man die Ausführungen zu § 63 Abs. 1 Nr. 4 ZAG, so lässt sich annehmen, dass bei der Stellung als „ordentlicher Kunde“, keine Teilnehmerhandlung zu § 63 Abs. 1 Nr. 4 ZAG vorliegt, sodass zumindest mit Blick auf den Zahlungsdienstekunden, der Schutzzweck des § 129 StGB nicht tangiert sein kann. Da es bei § 129 Abs. 1 S. 2 Alt. 1 StGB aber nicht darauf ankommt, dass das Mitglied als Täter oder Teilnehmer des § 63 Abs. 1 Nr. 4 ZAG mitwirkt, sondern der Zweck oder die Tätigkeit der Vereinigung auf eine Straftat gerichtet sein muss, die aufgrund ihrer Strafdrohung auch den Schutzzweck des § 129 StGB tangiert, kann eine simultane tatbestandliche Reduktion nicht überzeugen. Anders gesagt heißt das, dass eine mangelnde Teilnahme an der Bezugstat, nicht auch automatisch zu einem mangelnden Unterstützen des § 129 StGB führt und durch eine mangelnde Teilnahme an der Bezugstat, der Schutzzweck des § 129 StGB nicht weniger tangiert sein muss; es besteht insoweit keine Wechselbeziehung zwischen den Delikten.

Blickt man aber auf die Fälle von Verteidigerhandeln oder sozialüblichen Verhaltensweisen so kann der Unterstützungstatbestand entfallen. So soll dies bei zulässiger Strafverteidigung[921] oder bei sozialadäquatem Verhalten[922] gelten und hier ein Vergleich gezogen werden. Das bedeutet, dass beim Finanztransfergeschäft das Unterstützen im Rahmen des § 129 Abs. 1 S. 2 Alt. 1 StGB einer eigenen Bewertung unterzogen werden muss und dies nicht unbedingt zur Teilnahmehandlung des § 63 Abs. 1 Nr. 4 ZAG gleichläuft. Das bedeutet aber nicht, dass dies nicht als Indiz bei der sogleich anzusprechenden Gesamtbewertung herangezogen werden kann und sich die Ergebnisse deshalb nicht gleichen können oder dürfen.

---

[920] Siehe dazu *Krauß*, in: LK-StGB, § 129 Rn. 127 unter Verweis auf einschlägige Fälle aus der Rechtsprechung.

[921] *Eschelbach*, in: NK-StGB, § 129 Rn. 77; *Stein/Greco*, in: SK-StGB, § 129 Rn. 48; *Krauß*, in: LK-StGB, § 129 Rn. 138 ff.

[922] *Eschelbach*, in: NK-StGB, § 129 Rn. 71 [„Sozialüblichen Handlungen“]; *Stein/Greco*, in: SK-StGB, § 129 Rn. 48; *Krauß*, in: LK-StGB, § 129 Rn. 145 ff.

Bei Strafverteidigern richtet sich das Entfallen einer Unterstützungshandlung danach, ob die Handlung des Verteidigers noch verteidigungstypisch war, weil sie der Abwehr des Tatvorwurfs dient.[923] Dabei sind die Regeln des Prozessrechts maßgeblich.[924] Der BGH[925] schreibt dazu, dass „[d]ie Grenzen [...] überschritten [sind], wenn er bei der Wahrnehmung von Beistandspflichten für seine Mandanten Standespflichten verletzt“. Ferner stellt er auch darauf ab, welchen Zweck der Verteidiger mit seiner prozessual zulässigen Verteidigertätigkeit verfolgt.[926]

Verhaltensweisen ohne spezifischen Bezug zum Vereinigungszweck, lassen sich als sozialüblich betrachten und sind ebenfalls aus dem Tatbestand auszuklammern.[927] Hierbei kann ein Verhalten unter der Berücksichtigung der Umstände des Einzelfalls unter Einbeziehung des Gesamthintergrunds der Hilfeleistung und der konkreten Kenntnisse des Hilfeleistenden als sozialadäquat eingeordnet werden.[928]

Möchte man hierzu Parallelen ziehen, so kann man den Zahlungsdienstekunden ein Unterstützen absprechen, sofern diese Verhaltensweisen aufweisen, die unter Berücksichtigung des Einzelfalls unter Einbeziehung des Gesamthintergrunds und der Kenntnisse des Zahlungsdienstekunden, als sozialadäquat erscheinen. Vermeintliche Regeln eines Zahlungsdienstekunden können zwar mangels Existenz nicht als Maßstab herangezogen werden, zumindest kann man aber davon sprechen, dass sich der jeweilige Akteur „zahlungsdienstekundentypisch“ verhalten muss. Damit lässt sich zumindest indizieller Natur unter Berücksichtigung des Einzelfalls, unter Einbeziehung des Hintergrunds des Transfergeschäfts und den Kenntnissen des Zahlungsdienstkunden ein sozialadäquates Verhalten annehmen, sofern sich die Unterstützungshandlung auf die eines „ordentlichen Kunden“ beschränkt. Dahingehend weist der Zahlungsdienstekunde keinen direkten Bezug zum Zweck oder zur Tätigkeit der kriminellen Vereinigung auf und bleibt mit der Bezahlung der Provision zunächst neutral.[929] Diese Schwelle ist überschritten, sofern der Kunde nicht nur reine Sympathie für den Zweck der Vereinigung empfindet[930], sondern kooperativ mit der Vereinigung zusammenarbeitet, um beispielsweise seine illegal erwirtschafteten Gelder absetzen zu können; er möchte damit den Fortbestand der

---

923 *Krauß*, in: LK-StGB, § 129 Rn. 142.

924 *Krauß*, in: LK-StGB, § 129 Rn. 142 unter vergleichenden Verweis auf BGH 24.05. 2006 – 2 ARs 199/06, BGH, NJW 2006, 2421 (2421).

925 BGH 25.01.1984 – 3 StR 526/83, BGHSt 32, 243 (247).

926 BGH 06.04.2000 – 1 StR 502/99, BGHSt 36 (44); BGH 25.01.1984 – 3 StR 526/83, BGHSt 32, 243 (246); BGH 03.10.1979 – 3 StR 264/79, BGHSt 99 (106); dazu kritisch *Stein/Greco*, in: SK-StGB, § 129 Rn. 48; *Sternberg-Lieben/Schittenhelm*, in: Schönke/Schröder-StGB, § 129 Rn. 15a.

927 *Eschelbach*, in: NK-StGB, § 129 Rn. 71; *Krauß*, in: LK-StGB, § 129 Rn. 145.

928 So *Krauß*, in: LK-StGB, § 129 Rn. 146.

929 Zu den sozialüblichen Handlungen und deren Neutralität *Eschelbach*, in: NK-StGB, § 129 Rn. 71; *Schäfer/Anstötz*, in: MüKo-StGB, § 129 Rn. 122.

930 Zum Zeigen von Sympathie *Schäfer/Anstötz*, in: MüKo-StGB, § 129 Rn. 122 unter vergleichenden Verweis auf einschlägige Rechtsprechung.

kriminellen Vereinigung zum Zwecke des Erbringens von Zahlungsdiensten aufrechterhalten. Im Rahmen des Hilfeleistens nach § 27 StGB wird der Alltagscharakter auch versagt, sofern der Haupttäter auf eine strafbare Handlung abzielt und der Hilfeleistende dies positiv weiß.[931] Weiß er es nicht sicher, hält es jedoch lediglich für möglich, dass sein Tun zur Begehung einer Straftat genutzt wird, so kann dies ausreichen, wenn er die Förderung „angelegen sein lässt" und er sich dadurch mit den Tätern „solidarisiert".[932] Gerade dies wird in den Hawala-Fällen schwierig einzuordnen sein, wird der Großteil der Kunden bewusst auf die im Verborgenen agierenden Hawaladare zurückgreifen, sei es aus illegaler Intention oder auch aus mangelnder Alternative heraus. Sowohl als auch wird den Kunden die Förderung „angelegen sein". Dennoch werden diese nicht ausschließlich das Ziel der Förderung der Begehung von Straftaten vor Augen haben, es kommt ihnen in erster Linie auf die Transferdienstleistung an.[933] Indiz kann hier aber sein, ob die Nutzung des Hawala-Bankings von Iteration und großem Umfang geprägt ist, was eher für ein „angelegen sein" und eine „Solidarisierung" mit den Tätern spricht.[934] Dann mag der Kunde auch seinen Teil dazu beitragen, die Vereinigung bei ihrem Zweck oder ihrer Tätigkeit zu fördern.

Das bedeutet in Summe, dass die Provisionszahlungen normalerweise neutraler Natur sind, sofern sich die Kunden „zahlungsdienstekundentypisch" verhalten und diese kein kooperatives Verhältnis mit der Hawala-Vereinigung eingehen. Im Einzelfall kann eine Einordnung schwierig sein, mag es teilweise den Zahlungsdienstekunden „angelegen sein" die Vereinigung zu fördern. Greifen die Zahlungsdienstekunden iterativ und geprägt von umfangreichen Volumina auf die Dienstleistungen der Hawaladare zurück, mag man diesen ein Unterstützen zusprechen und diesen eine „Solidarisierung" nachsagen können. Die Förderungswirkung muss aber messbar sein und bedarf immer einer Einzelfallbetrachtung.

---

[931] Dazu *Joecks/Scheinfeld*, in: MüKo-StGB, § 27 Rn. 54 ff.; *Heine/Weißer*, in: Schönke/Schröder-StGB, § 27 Rn. 13; im Kontext des Unterstützens ebenfalls darauf verweisend *Stein/Greco*, in: SK-StGB, § 129 Rn. 48; *Krauß*, in: LK-StGB, § 129 Rn. 146.

[932] So BGH 01.08.2000 – 5 StR 624/99, BGHSt 46, 107 (114).

[933] Vgl. auch BGH 23.06.1992 – 5 StR 75/92, BGH, NStZ 1992, 498 (498); siehe dazu beispielhaft im Fall des LG Düsseldorf 23.11.2021 – 014 KLs 2/21, LG Düsseldorf, abrufbar unter: http://www.justiz.nrw.de/nrwe/lgs/duesseldorf/lg_duesseldorf/j2021/014_KLs_2_21_Urteil_20211123.html, Rn. 109, LG Düsseldorf, BeckRS 2021, 55636, Rn. 70 [„Neben den Großkunden habe es etliche Einzahler kleiner Summen gegeben. Dabei habe es sich auch um syrische Bürgerkriegsflüchtlinge gehandelt, denen kein Bankensystem zur Verfügung gestanden habe"].

[934] Dabei soll auf die Großkunden T1 und T2 verwiesen werden, LG Düsseldorf 23.11.2021 – 014 KLs 2/21, LG Düsseldorf, abrufbar unter: http://www.justiz.nrw.de/nrwe/lgs/duesseldorf/lg_duesseldorf/j2021/014_KLs_2_21_Urteil_20211123.html, Rn. 38, 53, 109, 747, LG Düsseldorf, BeckRS 2021, 55636, Rn. 24, 34, 70, 231.

II. Die Subjektiven Voraussetzungen des § 129 Abs. 1 StGB

Dabei kann es aber vorkommen, dass ein Hawaladar davon ausgeht, dass zwar das Hawala-Banking in Deutschland strafbar ist, dass es sich dabei aber nicht um organisierte Kriminalität handelt.[935] Sohin erkennt der Täter das strafwürdige Unrecht der in Betracht kommenden Straftaten. Der Täter muss zumindest die Umstände, die das Bestehen einer existenten Vereinigung erfassen sowie den Willen zur fortdauernden Teilnahme am Verbandsleben und das Bewusstsein einvernehmlicher Einbindung aufweisen. Er muss jedoch nicht den Umstand erkennen, dass es sich um organisierte Kriminalität handelt, soll § 129 StGB zwar nun auch die organisierte Kriminalität erfassen, ist diese aber selbst nicht vertatbestandlicht, sondern die kriminelle Vereinigung. Allein deren Umstände müssen in den Vorsatz aufgenommen werden.

Das heißt, dass es subjektiv zumindest dolus eventualis hinsichtlich der Umstände, die das Bestehen einer bereits existenten oder einer im Gründen befindlichen kriminellen Vereinigung betreffen, bedarf.[936] Der Täter muss es zumindest für möglich halten und billigend in Kauf nehmen, dass sich sein Handeln auf eine derartige Organisation bezieht.[937] Liegt ein Fall der mitgliedschaftlichen Beteiligung vor, so ist der Wille des Täters zu einer fortdauernden Teilnahme am Verbandsleben und das Bewusstsein einvernehmlicher Einbindung erforderlich.[938] Auch auf die strafbare Zwecksetzung oder Betätigung muss sich der Vorsatz beziehen.[939] Demnach mag der Vorsatz fehlen, wenn er die in Betracht kommenden Straftaten nicht als strafunwürdiges Unrecht erkennt oder sie nur für von untergeordneter Bedeutung erachtet.[940] Das LG Düsseldorf[941] schreibt im Fall vom 23.11. 2021 dazu, dass die Angeklagten L1 und C1 „mit dem Ziel [handelten], heimliche Geldwertüberweisungen ohne staatliche Kontrolle anzubieten und durchzuführen.

---

[935] *dpa*, Zeit Online, Prozess um Hawala-Banking: Bis zu fünf Jahre Haft gefordert vom 11.11.2021, abrufbar unter: https://www.zeit.de/news/2021-11/11/prozess-um-hawala-banking-bis-zu-fuenf-jahre-haft-gefordert [„Ich habe zwar gewusst, dass das Hawala-Banking in Deutschland strafbar ist, aber nie an organisierte Kriminalität gedacht"].

[936] BGH 03.10.1979 – 3 StR 264/79, BGHSt 29, 99 (101 f.); *Eschelbach*, in: NK-StGB, § 129 Rn. 84; *Heger*, in: Lackner/Kühl/Heger-StGB, § 129 Rn. 9; *Krauß*, in: LK-StGB, § 129 Rn. 147; *Kuhli*, in: Matt/Renzikowski-StGB, § 129 Rn. 37; *Schäfer/Anstötz*, in: MüKo-StGB, § 129 Rn. 123; *Stein/Greco*, in: SK-StGB, § 129 Rn. 52; *Sternberg-Lieben/Schittenhelm*, in: Schönke/Schröder-StGB, § 129 Rn. 16.

[937] *Schäfer/Anstötz*, in: MüKo-StGB, § 129 Rn. 123.

[938] *Krauß*, in: LK-StGB, § 129 Rn. 148; *Schäfer/Anstötz*, in: MüKo-StGB, § 129 Rn. 124.

[939] *Eschelbach*, in: NK-StGB, § 129 Rn. 85; *Krauß*, in: LK-StGB, § 129 Rn. 147; *Schäfer/Anstötz*, in: MüKo-StGB, § 129 Rn. 123; *Stein/Greco*, in: SK-StGB, § 129 Rn. 52.

[940] *Eschelbach*, in: NK-StGB, § 129 Rn. 85; *Krauß*, in: LK-StGB, § 129 Rn. 147; *Schäfer/Anstötz*, in: MüKo-StGB, § 129 Rn. 123; *Sternberg-Lieben/Schittenhelm*, in: Schönke/Schröder-StGB, § 129 Rn. 16.

[941] LG Düsseldorf 23.11.2021 – 014 KLs 2/21, LG Düsseldorf, abrufbar unter: http://www.justiz.nrw.de/nrwe/lgs/duesseldorf/lg_duesseldorf/j2021/014_KLs_2_21_Urteil_20211123.html, Rn. 679, LG Düsseldorf, BeckRS 2021, 55636, Rn. 187.

Sie handelten somit sowohl im Hinbklick [sic!] auf das Vorliegen einer kriminellen Vereinigung als auch hinsichtlich der Erbringung der unerlaubten Zahlungsdienste vorsätzlich." Im Fall des LG Köln[942] vom 23.05.2022 war „[a]llen Angeklagten [...] die Funktionsweise des illegalen Finanztransfersystems jedenfalls zu Beginn des ihnen jeweils zur Last gelegten Tatzeitraums in seinen maßgeblichen Einzelheiten bekannt und sie beteiligten sich aufgrund eines eigenen finanziellen Interesses durch ihre einzelnen Tatbeiträge wissentlich und willentlich daran, um das Hawala-Banking-System aufrechtzuerhalten." Dabei sind den Akteuren meist alle wesentlichen Umstände des betriebenen Finanztransfersystems bewusst[943] und sie wollen fortdauernd am Verbandsleben teilnehmen sowie in das Hawala-System einvernehmlich eingebunden sein[944]; dies natürlich immer unter Betrachtung des Einzelfalls. Auch bezieht sich hier der Vorsatz auf die strafbare Zwecksetzung oder Betätigung der kriminellen Vereinigung.[945]

Nimmt man Bezug zu der Irrtumsbehandlung bei § 63 Abs. 1 Nr. 4 ZAG[946], bei der bereits die Frage aufkam, inwieweit es sich auf die Vorstellung des Täters

---

[942] LG Köln 23.05.2022 – 109 KLs 5/21, LG Köln, abrufbar unter: https://www.justiz.nrw.de/nrwe/lgs/koeln/lg_koeln/j2022/109_KLs_5_21_Urteil_20220523.html, Rn. 71.

[943] Siehe dazu beispielhaft LG Köln 23.05.2022 – 109 KLs 5/21, LG Köln, abrufbar unter: https://www.justiz.nrw.de/nrwe/lgs/koeln/lg_koeln/j2022/109_KLs_5_21_Urteil_20220523.html, Rn. 180 [„Jedenfalls im Tatzeitraum habe er alle wesentlichen Umstände des betriebenen Finanztransfersystems erfasst"], Rn. 196 [„Sie habe [...] erkannt, wie das System funktioniere und verstanden, dass es sich bei dem Geschäftsmodell um Geldtransfers von Deutschland in die Türkei außerhalb des regulären Bankenwesens handelte"]; LG Düsseldorf 23.11.2021 – 014 KLs 2/21, LG Düsseldorf, abrufbar unter: http://www.justiz.nrw.de/nrwe/lgs/duesseldorf/lg_duesseldorf/j2021/014_KLs_2_21_Urteil_20211123.html, Rn. 117, LG Düsseldorf, BeckRS 2021, 55636, Rn. 76 [„Er hat sich dahingehend eingelassen, dass ihm ein derartiges System des Geldtransfers geläufig sei"].

[944] Siehe dazu beispielhaft LG Köln 23.05.2022 – 109 KLs 5/21, LG Köln, abrufbar unter: https://www.justiz.nrw.de/nrwe/lgs/koeln/lg_koeln/j2022/109_KLs_5_21_Urteil_20220523.html, Rn. 200 [„Sie habe ihr das gesamte Procedere geschildert und gesagt, sie solle sich gut überlegen, ob sie das machen möchte, da man ‚mit einem Bein im Knast' stehe"].

[945] Siehe dazu beispielhaft LG Köln 23.05.2022 – 109 KLs 5/21, LG Köln, abrufbar unter: https://www.justiz.nrw.de/nrwe/lgs/koeln/lg_koeln/j2022/109_KLs_5_21_Urteil_20220523.html, Rn. 180 [„Jedenfalls im Tatzeitraum habe er alle wesentlichen Umstände des betriebenen Finanztransfersystems erfasst und verstanden und er sei sich auch bewusst gewesen, dass dieses illegal war und dass die angenommenen Vermögenswerte tatsächlich teilweise aus erheblichen Straftaten stammten"], Rn. 196 [„Sie habe [...] erkannt, wie das System funktioniere und verstanden, dass es sich bei dem Geschäftsmodell um Geldtransfers von Deutschland in die Türkei außerhalb des regulären Bankenwesens handelte"]; Rn. 200 [„Sie habe ihr das gesamte Procedere geschildert und gesagt, sie solle sich gut überlegen, ob sie das machen möchte, da man ‚mit einem Bein im Knast' stehe"]; LG Düsseldorf 23.11.2021 – 014 KLs 2/21, LG Düsseldorf, abrufbar unter: http://www.justiz.nrw.de/nrwe/lgs/duesseldorf/lg_duesseldorf/j2021/014_KLs_2_21_Urteil_20211123.html, Rn. 117, LG Düsseldorf, BeckRS 2021, 55636, Rn. 76 [„Er habe gewusst, dass der Angeklagte L1 nicht über eine Genehmigung zur Durchführung von Geldwertüberweisungen verfügt habe und dass diese Transfers daher illegal gewesen seien"].

[946] Siehe zur Irrtumsbehandlung des § 63 Abs. 1 Nr. 4 ZAG Teil 4 A. II. 2. a).

auswirkt, wenn er seine Geschäfte für rechtlich zulässig betrachtet, stellt sich auch hier die Frage, inwiefern sich ein solcher Irrtum auf die Strafbarkeit nach § 129 StGB mehr oder weniger auswirken kann. Da sich der Vorsatz bei § 129 StGB aber auch auf die strafbare Zwecksetzung oder Betätigung beziehen muss, handelt es sich hierbei um einen Umstand, den der Täter mit in den Vorsatz aufnehmen muss. Erkennt der Täter dies nicht als strafwürdiges Unrecht, so fehlt ihm demnach der Vorsatz. In Betracht kommt damit ein Tatumstandsirrtum nach § 16 Abs. 1 S. 1 StGB.[947] Damit kommt es bei einem Irren über das Erlaubt-Sein bei § 63 Abs. 1 Nr. 4 ZAG zu einer Anwendung des § 17 StGB. Dieses Ergebnis bildet eine Art Bezugspunkt für den Vorsatz, der sich eben auf die strafbare Zwecksetzung beziehen muss und bei § 129 StGB wiederum zu einer Anwendung des § 16 StGB führt. Im Grunde führt also ein Irrtum über das Erlaubt-Sein bei § 63 Abs. 1 Nr. 4 ZAG zur Anwendung des § 17 StGB und das damit mittelbar verbundene resultierende Nichterkennen des Umstands der strafbaren Zwecksetzung führt wiederum bei § 129 StGB zu § 16 Abs. 1 S. 1 StGB.

III. Die Strafschärfung beim Hawala-Banking nach § 129 Abs. 5 StGB

§ 129 Abs. 5 StGB weist Merkmale auf, die für eine Strafschärfung sorgen. Beim Hawala-Banking sollen Akteure aufgezeigt werden, denen man eine Stellung als Rädelsführer oder Hintermänner nachsagen kann. Sohin kommt ein besonders schwerer Fall im Sinne des § 129 Abs. 5 S. 2 StGB in Betracht. Zudem wird das Hawala-Banking zur Terrorismusfinanzierung, zum Waschen von Geldern aber auch zum Umgehen von Ausfuhrverboten genutzt. Dabei gilt es ebenfalls zu reflektieren, inwiefern dies die Akteure der kriminellen Vereinigung beim Hawala-Banking nach § 129 Abs. 5 S. 3 StGB qualifiziert.

1. Die Hawaladare als Rädelsführer nach § 129 Abs. 5 S. 2 StGB beim Hawala-Banking

Dazu soll zunächst abstrakt auf die Stellung als Rädelsführer nach § 129 Abs. 5 S. 2 StGB eingegangen und diese Stellung anschließend anhand einschlägiger Hawala-Fälle den jeweiligen Akteuren zugeordnet werden. Zudem soll überblicksartig darauf eingegangen werden, inwiefern sich Parallelen zwischen der Stellung als Rädelsführer und der funktional-sozialen Tatherrschaft des § 63 Abs. 1 Nr. 4 ZAG erkennen lassen.

[947] *Eschelbach*, in: NK-StGB, § 129 Rn. 85; *Heger*, in: Lackner/Kühl/Heger-StGB, § 129 Rn. 9; *Krauß*, in: LK-StGB, § 129 Rn. 147; *Kulhanek*, in: BeckOK-StGB, § 129 Rn. 87; *Kuhli*, in: Matt/Renzikowski-StGB, § 129 Rn. 37; *Schäfer/Anstötz*, in: MüKo-StGB, § 129 Rn. 125; *Sternberg-Lieben/Schittenhelm*, in: Schönke/Schröder-StGB, § 129 Rn. 16.

a) Eine Einordnung der Hawaladare als Rädelsführer nach § 129 Abs. 5 S. 2 StGB

Bei § 129 Abs. 5 S. 2 StGB handelt es sich um einen besonders schweren Fall, der die Eigenschaft als Rädelsführer oder Hintermann nennt. Rädelsführer nehmen innerhalb der Vereinigung eine maßgebliche Führungsrolle ein[948] oder üben sonst geistig oder wirtschaftlich erheblichen Einfluss aus[949]. Dabei sollen die Führungspersonen, Drahtzieher und sonstige Täter, die eine Schlüsselstellung einnehmen, erfasst werden,[950] nicht bloße Mitläufer.[951] So muss sich der bestimmende Einfluss des Rädelsführers auf die gesamte[952] Vereinigung selbst beziehen, was deren Ziele, Zwecke, Tätigkeiten oder auch Struktur betrifft.[953] Dabei ist das Gewicht des tatsächlich geleisteten Beitrags für die Vereinigung entscheidend, nicht jedoch deren Umfang.[954] Dem schadet jedoch nicht, wenn der Rädelsführer selbst weisungsgebunden agiert.[955] Subjektiv muss sich der Täter darüber bewusst sein, dass durch

[948] BGH 09.02.2021 – AK 3/21, BGH, NStZ-RR 2021, 136 (137); BGH 16.02.2012 – 3 StR 243/11, BGH, NJW 2012, 1973 (1973); BGH 02.10.1963 – 3 StR 34/63, BGHSt 19, 109 (110); BGH 12.05.1954 – 6 StR 30/54, BGHSt 6, 129 (130); LG Düsseldorf 23.11.2021 – 014 KLs 2/21, LG Düsseldorf, abrufbar unter: http://www.justiz.nrw.de/nrwe/lgs/duesseldorf/lg_duesseldorf/j2021/014_KLs_2_21_Urteil_20211123.html, Rn. 686, LG Düsseldorf, BeckRS 2021, 55636, Rn. 192; *Eschelbach*, in: NK-StGB, § 129 Rn. 117; *Krauß*, in: LK-StGB, § 129 Rn. 180; *Kuhli*, in: Matt/Renzikowski-StGB, § 129 Rn. 44; *Schäfer/Anstötz*, in: MüKo-StGB, § 129 Rn. 147; *Stein/Greco*, in: SK-StGB, § 129 Rn. 63.

[949] *Eschelbach*, in: NK-StGB, § 129 Rn. 117; *Kuhli*, in: Matt/Renzikowski-StGB, § 129 Rn. 44; *Schäfer/Anstötz*, in: MüKo-StGB, § 129 Rn. 147; vgl. BGH 02.10.1963 – 3 StR 34/63, BGHSt 19, 109 (110).

[950] BGH 16.02.2012 – 3 StR 243/11, BGH, NJW 2012, 1973 (1974); BGH 02.10.1963 – 3 StR 34/63, BGHSt 19, 109 (110); BGH 12.05.1954 – 6 StR 30/54, BGHSt 6, 129 (130); *Eschelbach*, in: NK-StGB, § 129 Rn. 117; *Krauß*, in: LK-StGB, § 129 Rn. 180; *Schäfer/Anstötz*, in: MüKo-StGB, § 129 Rn. 147.

[951] *Eschelbach*, in: NK-StGB, § 129 Rn. 117; vgl. BGH 02.10.1963 – 3 StR 34/63, BGHSt 19, 109 (110); BGH 12.05.1954 – 6 StR 30/54, BGHSt 6, 129 (130).

[952] Damit reicht es eben nicht, wenn sich die Eigenschaft nur auf eine Teilorganisation bezieht, *Eschelbach*, in: NK-StGB, § 129 Rn. 118; *Krauß*, in: LK-StGB, § 129 Rn. 180.

[953] BGH 16.02.2012 – 3 StR 243/11, BGH, NJW 2012, 1973 (1974); LG Düsseldorf 23.11.2021 – 014 KLs 2/21, LG Düsseldorf, abrufbar unter: http://www.justiz.nrw.de/nrwe/lgs/duesseldorf/lg_duesseldorf/j2021/014_KLs_2_21_Urteil_20211123.html, Rn. 686, LG Düsseldorf, BeckRS 2021, 55636, Rn. 192; *Eschelbach*, in: NK-StGB, § 129 Rn. 117; *Sternberg-Lieben/Schittenhelm*, in: Schönke/Schröder-StGB, § 129 Rn. 25.

[954] BGH 16.02.2012 – 3 StR 243/11, BGH, NJW 2012, 1973 (1973); BGH 02.10.1963 – 3 StR 34/63, BGHSt 19, 109 (110); LG Düsseldorf 23.11.2021 – 014 KLs 2/21, LG Düsseldorf, abrufbar unter: http://www.justiz.nrw.de/nrwe/lgs/duesseldorf/lg_duesseldorf/j2021/014_KLs_2_21_Urteil_20211123.html, Rn. 686, LG Düsseldorf, BeckRS 2021, 55636, Rn. 192; *Eschelbach*, in: NK-StGB, § 129 Rn. 117; *Krauß*, in: LK-StGB, § 129 Rn. 180; *Schäfer/Anstötz*, in: MüKo-StGB, § 129 Rn. 147.

[955] BGH 16.02.2012 – 3 StR 243/11, BGH, NJW 2012, 1973 (1974); BGH 02.10.1963 – 3 StR 34/63, BGHSt 19, 109 (110); *Eschelbach*, in: NK-StGB, § 129 Rn. 117; *Schäfer/Anstötz*, in: MüKo-StGB, § 129 Rn. 148.

seine Tätigkeit die Organisation maßgeblich gefördert wird und er in dieser eine führende Stellung einnimmt.[956]

In den Hawala-Fällen kommt es also darauf an, ob die Hawaladare eine Führungsrolle einnehmen, die sie zu Rädelsführern der kriminellen Vereinigung nach § 129 Abs. 5 S. 2 StGB macht. Diese Stellung kann man einem Groß-Hawaladar[957] nachsagen, der als Hauptorganisator an der Spitze des Netzwerkes steht und das Netzwerk koordiniert beziehungsweise leitet, ihm mithin die Führungsrolle zukommt. Im Fall des BGH[958] vom 28.06.2022 oblag beispielsweise „die Leitung und Steuerung sämtlicher Aktivitäten […] dem in der Türkei ansässigen Als., der dort mit mindestens zwei weiteren Personen die Hawala-Banking-Organisation anführte." Da der BGH[959] hier von einer ausländischen Vereinigung ausging und es nicht ohne Weiteres genügt, dass der Täter auf eine inländische Teilorganisation der Vereinigung maßgeblichen Einfluss hat[960], wurde nicht weiter auf die Stellung eines Rädelsführers im Inland eingegangen. Die Gesamtorganisation oblag dem im Ausland befindlichen Als., der jedoch nicht als Angeklagter aufgeführt wird. Die Angeklagten nahmen aber durch ihr Tun nicht gleichsam an der Führung der Gesamtvereinigung teil.[961] Ein weitergehendes Eingehen auf die Eigenschaft als Rädelsführer war sohin nicht veranlasst, auch wenn sie bei Als. vorlag. Im Fall des BGH[962] vom 02.06.2021 kam es auch nicht zu einer Einordnung als Rädelsführer. So ging nämlich das LG Mannheim[963] bereits vorinstanzlich davon aus, dass der „Angeklagte nicht als Rädelsführer der kriminellen Vereinigung einzustufen war," auch wenn „in einem früheren Verfahrensstadium noch davon ausgegangen wurde"[964]. Auch hier ging es in der Anklage allein um den Angeklagten M.R. Die Stellung als Rädelsführer kann man in diesem Fall aber einem „in Köln geschäftsansässige[n], als ‚der Türke' bezeichnete[n] Juwelier"[965] nachsagen, da er „[a]ls

[956] *Krauß*, in: LK-StGB, § 129 Rn. 150; *Schäfer/Anstötz*, in: MüKo-StGB, § 129 Rn. 124.

[957] BGH 16.04.2024 – 3 StR 1/24, BGH, juris Rn. 2, 4; *BKA*, Großeinsatz von ZeOS NRW, ZKA und BKA gegen internationales Hawala-Netzwerk vom 30.05.2022, abrufbar unter: https://www.bka.de/DE/Presse/Listenseite_Pressemitteilungen/2022/Presse2022/220330_PM_HawalaNetzwerk.html.

[958] BGH 28.06.2022 – 3 StR 403/20, BGH, BeckRS 2022, 20799, Rn. 4, der in Rn. 20 selbst von „Führungspersonen" und „Hintermänner" spricht.

[959] BGH 28.06.2022 – 3 StR 403/20, BGH, BeckRS 2022, 20799, Rn. 18 ff.

[960] BGH 16.02.2012 – 3 StR 243/11, BGH, NJW 2012, 1973 (1974); *Schäfer/Anstötz*, in: MüKo-StGB, § 129 Rn. 147.

[961] So aber die Anforderungen nach BGH 16.02.2012 – 3 StR 243/11, BGH, NJW 2012, 1973 (1974).

[962] BGH 02.06.2021 – 3 StR 61/21, BGH, ZIP 2021, 1853 (passim).

[963] LG Mannheim 17.11.2020 – 22 KLs 540 Js 6574/20, LG Mannheim, BeckRS 2020, 50512, Rn. 159.

[964] LG Mannheim 17.11.2020 – 22 KLs 540 Js 6574/20, LG Mannheim, BeckRS 2020, 50512, Rn. 162.

[965] LG Mannheim 17.11.2020 – 22 KLs 540 Js 6574/20, LG Mannheim, BeckRS 2020, 50512, Rn. 5.

eine zentrale Drehscheibe des Hawala-Systems fungierte“[966]. Im Fall des LG Köln[967] vom 23.05.2022 erfolgte eine explizite Einordnung als Rädelsführer, denn „[d]em gesondert verfolgten U T5 oblag die Führung der Organisation. Das Finanztransfersystem wurde durch ihn geschaffen und unterlag seiner Entscheidungsgewalt“. So ergab sich hier eine „interne Willensbildung, indem U T5 als zentrales Mitglied und Rädelsführer die übergeordneten Entscheidungen traf und regelmäßige Treffen mit diesem in Deutschland stattfanden.“[968] Auch im Fall des LG Düsseldorf[969] vom 23.11.2021 wurde dem L1 nachgesagt, dass dieser „hier alle wesentlichen im Rahmen des Betriebes erforderlichen Entscheidungen“ traf, denn der L1 „konnte […] auf die Beträge faktisch zugreifen, denn ihm allein stand die Entscheidungsgewalt zur Durchführung der Transaktionen zu. Die als Zahlstellen genutzten Unternehmen unterstanden auch seiner faktischen Leitung.“[970] Daran gemessen kommt das LG Düsseldorf[971] hier zum Ergebnis einer Stellung als Rädelsführer, da der Angeklagte L1 „eine tragende Rolle für die kriminelle Vereinigung [hatte]. Er war der Leiter der Gruppierung. Er hat sie gemeinsam mit dem Angeklagten C1 aufgebaut, seine Liquidität zur Verfügung gestellt und die unter seiner faktischen Geschäftsführung stehenden Juweliergeschäfte als Zahlstellen eingebracht.“ „Die Existenz und Tätigkeit der Vereinigung hing somit von der Mitwirkung des Angeklagten L1 ab, sodass er die Rolle des Rädelsführers erfüllte.“ Insoweit ist der Rechtsprechung zuzustimmen und den jeweiligen Akteuren eine Stellung als Rädelsführer nachzusagen. Diese koordinieren die Transfers, bringen Liquidität in das System, stellen Zahlstellen zur Verfügung und treffen alle wesentlichen Entscheidungen im Betrieb. Dabei nehmen sie eine maßgebliche Führungsrolle ein und haben maßgeblichen Einfluss auf die Tätigkeiten und die Struktur der Vereinigung, sodass deren Beiträge für diese auch entscheidend sind. Da es sich dabei um Mitglieder der kriminellen Vereinigung handelt, verbleibt es

[966] LG Mannheim 17.11.2020 – 22 KLs 540 Js 6574/20, LG Mannheim, BeckRS 2020, 50512, Rn. 5.

[967] LG Köln 23.05.2022 – 109 KLs 5/21, LG Köln, abrufbar unter: https://www.justiz.nrw.de/nrwe/lgs/koeln/lg_koeln/j2022/109_KLs_5_21_Urteil_20220523.html, Rn. 75.

[968] LG Köln 23.05.2022 – 109 KLs 5/21, LG Köln, abrufbar unter: https://www.justiz.nrw.de/nrwe/lgs/koeln/lg_koeln/j2022/109_KLs_5_21_Urteil_20220523.html, Rn. 641.

[969] LG Düsseldorf 23.11.2021 – 014 KLs 2/21, LG Düsseldorf, abrufbar unter: http://www.justiz.nrw.de/nrwe/lgs/duesseldorf/lg_duesseldorf/j2021/014_KLs_2_21_Urteil_20211123.html, Rn. 38, 42, LG Düsseldorf, BeckRS 2021, 55636, Rn. 24, 27.

[970] LG Düsseldorf 23.11.2021 – 014 KLs 2/21, LG Düsseldorf, abrufbar unter: http://www.justiz.nrw.de/nrwe/lgs/duesseldorf/lg_duesseldorf/j2021/014_KLs_2_21_Urteil_20211123.html, Rn. 602, LG Düsseldorf, BeckRS 2021, 55636, Rn. 127.

[971] LG Düsseldorf 23.11.2021 – 014 KLs 2/21, LG Düsseldorf, abrufbar unter: http://www.justiz.nrw.de/nrwe/lgs/duesseldorf/lg_duesseldorf/j2021/014_KLs_2_21_Urteil_20211123.html, Rn. 685 ff., LG Düsseldorf, BeckRS 2021, 55636, Rn. 191 ff.

bei diesen aber auch bei einer Stellung als Rädelsführer, nicht bei einer Stellung als Hintermann.[972]

b) Eine Gegenüberstellung der funktional-sozialen Tatherrschaft des § 63 Abs. 1 Nr. 4 ZAG mit der Stellung als Rädelsführer nach § 129 Abs. 5 S. 2 StGB

Interessant ist auch die Gegenüberstellung der Tathandlung des Erbringens mit der Stellung des Rädelsführer nach § 129 Abs. 5 S. 2 StGB. Es wurde bereits darauf eingegangen,[973] dass das Erbringen keine einzelne Handlung umschreibt, wie man sie im Rahmen klassischer Einzeldelikte vorfindet. Vielmehr umfasst das Erbringen ein „Ensemble betrieblicher Abläufe". Dabei ist Täter, der den Einzelhandlungen einen gemeinsamen Sinn gibt und dadurch eine Verbindungsfunktion ausübt. In concreto ist Täter, der die Tätigkeit insgesamt beherrscht, was sich regelmäßig aus seiner Position innerhalb der betrieblichen Hierarchie ergibt. Damit umschreibt § 63 Abs. 1 Nr. 4 ZAG eine betriebliche Tätigkeit und sanktioniert denjenigen, der die Betriebsherrschaft innehat. § 129 StGB bestraft hingegen den Zusammenschluss zur kriminellen Vereinigung. Somit trägt jedes Mitglied die Verantwortung im Zusammenschluss gleichermaßen. Die Stellung als Rädelsführer oder als Hintermann wird jedoch als besonders schwerer Fall behandelt. Damit wird die Stellung als Rädelsführer im Konglomerat hervorgehoben und wirkt strafschärfend.

Dient § 63 Abs. 1 Nr. 4 ZAG als Bezugstat des § 129 Abs. 1 StGB, bildet das Hawala-Netzwerk eine Organisation, die im Kontext des § 129 Abs. 2 StGB als Vereinigung und im Kontext des § 63 Abs. 1 Nr. 4 ZAG als Betrieb umschrieben werden kann. Aufgrund dieser strukturellen Parallele lässt sich bei Annahme einer Betriebsherrschaft nach § 63 Abs. 1 Nr. 4 ZAG zumindest indiziell von einer Stellung als Rädelsführer nach § 129 Abs. 5 S. 2 StGB ausgehen, denn beiden Stellungen ist eine Entscheidungsmacht immanent. Dies muss jedoch immer am Einzelfall gemessen werden. Denn es hat sich bereits gezeigt, dass die beiden Delikte einen anderen Fokus auf die Strafbarkeit legen. § 129 StGB bestraft die aus dem Zusammenschluss folgende Schaffung oder Verstärkung des Gefahrenpotenzials, das in der Existenz und potenzierten Aktionsmöglichkeit des organisatorischen Zusammenschlusses liegt. § 63 Abs. 1 Nr. 4 ZAG bestraft hingegen nicht den organisatorischen Zusammenschluss, sondern das Vollziehen der betrieblichen Tätigkeit ohne Erlaubnis, mithin die Dienstleistung eines (denkbaren) Zusammenschlusses. Normtechnisch führt dies bei § 129 StGB zur Strafbarkeit sämtlicher Mitglieder und zu einer Strafschärfung bei demjenigen, der die Führungsrolle des Zusammenschlusses in Form des Rädelsführers einnimmt. Bei § 63 Abs. 1 Nr. 4 ZAG

[972] Zur Abgrenzung von Rädelsführern und Hintermännern anhand der Stellung als Mitglied der Vereinigung, BGH 16.02.2012 – 3 StR 243/11, BGH, NJW 2012, 1973 (1974); *Kuhli*, in: Matt/Renzikowski-StGB, § 129 Rn. 44; *Stein/Greco*, in: SK-StGB, § 129 Rn. 63.

[973] Siehe dazu bereits Teil 4 A. I. 2. a) bb) (1) (a).

führt erst das Vollziehen der Verbindungsfunktion zu einer Tatherrschaft und damit zur Täterstellung. Damit geht es bei § 63 Abs. 1 Nr. 4 ZAG aber auch nicht darum, denjenigen als Täter einzuordnen, der maßgeblich die Führungsrolle der Organisation innehat oder geistig oder wirtschaftlich erheblichen Einfluss auf diese ausübt. Es geht vielmehr darum, dass der Täter die betriebliche Herrschaft innehat und er auf die Einzelhandlungen der betrieblichen Tätigkeit den maßgeblichen Einfluss im Sinne einer Verbindungsfunktion ausübt. Anders gesagt lässt sich dies dahingehend umschreiben, dass § 129 Abs. 5 S. 2 StGB die „Organisationsführung" erfasst und § 63 Abs. 1 Nr. 4 ZAG die „Führung der Betriebstätigkeit". Da sich Letztere aus seiner Position innerhalb der betrieblichen Hierarchie ergibt, kann es zu einer Überschneidung der beiden Positionen kommen. Eine Betriebsherrschaft lässt sich nach dem Beispiel Morozinis[974] auch bildlich als homozentrische Kreise auffassen. Dadurch kann beim Hawala-Banking ein Entscheidungsträger des Logistikbereichs ebenfalls eine zentrale Rolle im Ensemble einnehmen und eine Verbindungsfunktion ausüben. An diesem Beispiel lässt sich aber ein Auseinanderfallen der beiden Positionen erkennen, denn mit dem Ausüben der Verbindungsfunktion, folgt nicht auch automatisch eine Führungsrolle der Organisation. Es kommt nämlich darauf an, ob der Täter mit seinem Beitrag einen wirtschaftlichen Einfluss ausübt und eine Schlüsselstellung innehat, selbst wenn er weisungsgebunden agiert. Der Einfluss bezieht sich in diesem Fall in erster Linie auf die Tätigkeit und *kann* sich auf die Vereinigung selbst beziehen. Mit dem verbindenden Einfluss auf die Tätigkeit, wird der erbringende Akteur aber meist wiederum Einfluss auf die Vereinigung nehmen können. Nur wenn sich dies auf die Organisation bezieht, lässt sich ein Gleichlauf annehmen.

2. Die Qualifikation bei Zweckgerichtetheit auf besonders schwere Straftaten nach § 129 Abs. 5 S. 3 StGB

§ 129 Abs. 5 S. 3 StGB stellt eine Qualifikation dar,[975] deren erhöhter Strafrahmen sich darin begründet, dass sich der Zweck oder die Tätigkeit auf Straftaten richtet, die eine erhöhte Gefährlichkeit aufweisen.[976] Weil sich § 129 Abs. 5 S. 3 StGB nicht explizit an § 129 Abs. 5 S. 1, 2 StGB wendet und sich allein an § 129 Abs. 1 S. 1 StGB richtet, mag ein Zusammenlesen mit § 129 Abs. 5 S. 1, 2 StGB nicht überzeugen und bei § 129 Abs. 5 S. 3 StGB eine Stellung als Rädelsführer oder Hintermann nicht zwingende Voraussetzung sein.[977] Blickt man auf § 129 Abs. 5 S. 3 StGB so verweist dieser auf Straftaten des § 100b Abs. 2 Nr. 1a,

[974] *Morozinis*, Dogmatik der Organisationsdelikte, S. 605.

[975] *Eschelbach*, in: NK-StGB, § 129 Rn. 123; *Schäfer/Anstötz*, in: MüKo-StGB, § 129 Rn. 152; *Fahrner*, Staatsschutzstrafrecht, S. 218.

[976] *Fahrner*, Staatsschutzstrafrecht, S. 218.

[977] *Sternberg-Lieben/Schittenhelm*, in: Schönke/Schröder-StGB, § 129 Rn. 25, noch zu Abs. 4 Hs. 1 a.F.; auch *Krauß*, in: LK-StGB, § 129 Rn. 184; a.A. *Lohse*, in: Satzger/Schluckebier/Werner-StGB, § 129 Rn. 66.

b, d – f, h – o, Nr. 2 – 8, 10 StPO mit Ausnahme der in § 100b Abs. 2 Nr. 1 h genannten Straftaten nach den § 239a StGB und § 239b StGB. Kohärierende Straftaten beim Hawala-Banking umfassen eben auch die Terrorismusfinanzierung, das Waschen von Geldern aber auch das Umgehen von Ausfuhrverboten. § 100b StPO nennt darauf grundsätzlich passende Strafnormen in Abs. 2 Nr. 1a, m, Nr. 4 StPO. Ob über die Hawala-Netzwerke die Straftaten vollzogen werden und in dem Umfang vorliegen, wie es § 100b Abs. 2 Nr. 1a, m, Nr. 4 StPO voraussetzt, unterliegt einer Einzelfallbetrachtung. Da die Systeme aber gerade im Bereich des Schattenfinanzwesens auch dafür prädestiniert sind, soll zumindest hinterfragt werden, wie sich dies auf die Strafbarkeit des § 129 Abs. 1, Abs. 5 S. 3 StGB auswirkt. Die Strafschärfung des § 129 Abs. 5 S. 3 StGB soll nämlich vor allem der Bekämpfung der organisierten Kriminalität dienen[978]. Die Besonderheit ist dabei aber, dass die besonders schweren Straftaten im Normalfall über die Netzwerke ablaufen, daher nur mit diesen kohärieren und sich letztendlich der Zweck oder die Tätigkeit der Vereinigung nicht auf die besonders schweren Straftaten ausrichten. Zumindest nehmen diese aber Kenntnis von der kriminellen Nutzung der Systeme und billigen dies auch. Im Fall des LG Köln[979] vom 23.05.2022 ging der D „davon aus, dass diese[, also die transferierten Vermögenswerte,] zumindest auch aus schweren Straftaten […] stammen könnten, wobei er keine Straftaten ausschloss. Die Herkunft der Vermögenswerte war ihm wegen seines eigenen finanziellen Interesses letztlich gleichgültig." „Angesichts der Umstände – beispielsweise der regelmäßigen Anlieferung exorbitant hoher Bargeldsummen in vergleichsweise kleiner Stückelung unter oftmals dubiosen Umständen – habe zudem für alle Beteiligten auf der Hand gelegen, dass die transferierten Gelder auch aus illegalen Quellen und möglicherweise sogar schweren Straftaten stammten."[980] Es hat sich aber bereits gezeigt, dass das Ziel der Vereinigung auf *eigene* Straftaten gerichtet sein muss und dieses sich normalerweise allein auf das Erbringen von Zahlungsdiensten beschränkt, mithin § 63 Abs. 1 Nr. 4 ZAG. Begleittaten der Kunden sind nicht mit umfasst, legt man den Wortlaut des § 129 Abs. 5 S. 3 StGB zugrunde, selbst wenn damit seitens der Hawaladare der organisierten Kriminalität Vorschub geleistet wird. Gegen das Einbeziehen von kohärierenden Straftaten spricht ferner § 100b Abs. 2 Nr. 1b StGB, denn dort wird explizit auf § 127 Abs. 3, 4 StGB Bezug genommen, wenn der Zweck der Handelsplattform wiederum auf das Fördern oder Ermöglichen von besonders schweren Straftaten nach den § 100b Abs. 2 Nr. 1a, c–o, Nr. 2 – 10 StPO ausgerichtet ist. Im Umkehrschluss liegt bei § 63 Abs. 1 Nr. 4 ZAG eben nicht die Strafbarkeit darin, Straftaten zu ermöglichen oder zu

[978] *Kuhli*, in: Matt/Renzikowski-StGB, § 129 Rn. 45; *Lohse*, in: Satzger/Schluckebier/Werner-StGB, § 129 Rn. 66; *Sternberg-Lieben/Schittenhelm*, in: Schönke/Schröder-StGB, § 129 Rn. 25.

[979] LG Köln 23.05.2022 – 109 KLs 5/21, LG Köln, abrufbar unter: https://www.justiz.nrw.de/nrwe/lgs/koeln/lg_koeln/j2022/109_KLs_5_21_Urteil_20220523.html, Rn. 125.

[980] LG Köln 23.05.2022 – 109 KLs 5/21, LG Köln, abrufbar unter: https://www.justiz.nrw.de/nrwe/lgs/koeln/lg_koeln/j2022/109_KLs_5_21_Urteil_20220523.html, Rn. 493.

fördern, wie es dem § 127 StGB nachgesagt werden kann. Die Straftaten die ermöglicht oder gefördert werden sollen bei § 127 StGB, beziehen sich wiederum selbst auf besonders schwere Straftaten, wenn man dem Wortlaut des § 100b Abs. 2 Nr. 1b StPO folgt. Das bedeutet, dass sich selbst bei Bezugstaten, die die Vereinigung durch ihre Straftat fördert oder ermöglicht, sich der Zweck oder die Tätigkeit der Vereinigung auf die besonders schwere Straftat selbst richten muss. Dies macht § 100b Abs. 2 Nr. 1b StPO noch einmal deutlich. § 63 Abs. 1 Nr. 4 ZAG wird in dem Straftatenkatalog jedoch nicht ausführlich genannt, ist dies aber wie § 100b Abs. 2 Nr. 1b StPO beweist, auch bei Begleittaten die Grundvoraussetzung. Eine Qualifikation nach § 129 Abs. 5 S. 3 StGB scheint trotz der nicht abzuweisenden Kohärenz mit den besonders schweren Straftaten daher in den Hawala-Fällen eher fernliegend zu sein.

C. Die Kollision mit Auslandssachverhalten im Rahmen des Hawala-Bankings

Wie aufgezeigt bietet die Hawala weltweit Lösungsansätze, wo sonst das regulierte Bankensystem versagt. Trotzdem findet dieses System vor allem länderübergreifend Anwendung und wird auch in anderen Ländern strafrechtlich sanktioniert. Entscheidend für diese Arbeit soll jedoch allein das deutsche Strafrecht sein, sodass keine Bezüge zu anderen Strafrechtsordnungen oder allen Erscheinungsformen des internationalen Strafrechts im weiten Sinne[981] genommen werden. Der Fokus soll dabei allein auf dem deutschen Strafanwendungsrecht liegen. Damit sind nur Transfers Gegenstand, die zwar über die eigenen Ländergrenzen hinweg stattfinden, die jedoch immer unter Rekurs auf das deutsche Strafrecht betrachtet werden

[981] Der Begriff des internationalen Strafrechts ist umstritten, wird jedoch überwiegend in einem weiten Sinne verstanden und bezeichnet alle Bereiche des Strafrechts, die einen rechtlichen oder tatsächlichen Bezug zum Ausland oder zu einer zwischenstaatlichen oder überstaatlichen Gemeinschaft aufweisen, *Werle/Jeßberger*, in: LK-StGB, Vor. §§ 3 ff. Rn. 13 unter Verweis auf *Jescheck* FS Maurach, S. 579; *Jeßberger*, Der transnationale Geltungsbereich des deutschen Strafrechts, S. 16 ff., wobei hier insbesondere auf S. 25 f. auf den Begriff des internationalen Strafrechts eingegangen wird, mit vielen weiteren Quellen in Fn. 86; *Oehler*, internationales Strafrecht, S. 1, 6; *Lagodny*, ZStW 1989, 987 (987); eingehend *Gardocki*, ZStW 1986, 703 (703 ff.). Unter der Sammelbezeichnung des internationalen Strafrechts werden üblicherweise das Strafanwendungsrecht, das Rechtshilferecht, das Völkerstrafrecht sowie das europäische Strafrecht zusammengefasst, *Werle/Jeßberger*, in: LK-StGB, Vor. §§ 3 ff. Rn. 14; *Safferling*, Internationales Strafrecht, § 2 Rn. 1; differenzierend *Gardocki*, ZStW 1986, 703 (703 ff.); zur Differenzierung zwischen den Begriffen des internationalen Strafrechts im engen Sinne und im weiten Sinne siehe *Eser/Weißer*, in: Schönke/Schröder-StGB, Vor. §§ 3 ff. Rn. 1; des Öfteren fällt in diesem Zusammenhang auch der Begriff des transnationalen Strafrechts, der vereinzelt gegenüber dem Begriff des internationalen Strafrechts als zutreffender gesehen wird, *Ambos*, in: MüKo-StGB, Vor. § 3 Rn. 1; *Jeßberger*, Der transnationale Geltungsbereich des deutschen Strafrechts, S. 27 f.; *Ambos*, Internationales Strafrecht, § 1 Rn. 2.

müssen. Im Grundsatz scheint dies unproblematisch, sofern – im Einklang mit dem Territorialitätsprinzip im Sinne des § 3 StGB – ein Transfer lediglich auf deutschem Boden stattfindet, beispielsweise zwischen zwei verschiedenen inländischen Städten. Von Relevanz ist das Strafanwendungsrecht jedoch bei Fällen, die über die Ländergrenzen hinausgehen, was beim Hawala-Banking zum größten Teil auch der Fall ist. Beispielhaft kann für einen grenzüberschreitenden Transfer auf das sogenannte Bosporus-Verfahrens[982] vom 03.04.1998 verwiesen werden, bei dem eine Organisation von ihrem Sitz aus in Frankfurt am Main, Geldtransfergeschäfte in verschiedene Länder tätigte, insbesondere auch in den Iran. Aktuell wurden in einem Fall des LG Düsseldorf vom 23.11.2021 fünf Personen verurteilt, die im Wege eines Hawala-Systems, Gelder zwischen Deutschland und der Türkei transferiert haben sollen.[983] Auch im Fall des LG Köln[984] vom 23.05.2022 gingen die Transfers in erster Linie von Deutschland aus in die Türkei. So zeigt aber auch der Fall des BGH[985] vom 28.06.2022, dass sich der Schwerpunkt der Organisationsstruktur von Hawala-Netzwerken sogar im Ausland befinden kann, mithin lag dieser nach Angaben des BGH ebenfalls in der Türkei. Dass hier komplexe Strukturen aufgebaut wurden, die über weitere Grenzen hinweg und mit weiteren Beteiligten stattfinden, mag nicht verwundern. Geht man jedoch von der Mindestpersonenanzahl einer Einzeltransaktion aus, so befinden sich im Regelfall zwei Personen im Inland und zwei Personen im Ausland. Dabei können, je nach dem, in welche Richtung das Geld transferiert werden soll, entweder der Einzahler und der Hawaladar 1 oder aber auch der Empfänger und der Hawaladar 2 im Inland sitzen. So bieten auch hier wieder die ausgearbeiteten Formen der Einzeltransaktion, der Netzwerke und der Gruppierungen einen Gegenstand für die weitere Untersuchung. Ziel ist es hier, den materiellen Geltungsbereich des deutschen Strafrechts in persönlicher und räumlicher Hinsicht mit Hilfe der §§ 3 ff. StGB im Hinblick auf die Hawala abzustecken. Dies auch wieder mit Fokus auf die Straftaten des § 63 Abs. 1 Nr. 4 ZAG und des § 129 StGB, unter Berücksichtigung deren strafrechtlicher Einordnung. Insbesondere gilt es auch auf die Besonderheit des § 129b Abs. 1 S. 2 StGB einzugehen, da die Hawala-Netzwerke ihren Schwerpunkt auch im Ausland haben können und das Verhältnis des § 129b Abs. 1 S. 2 StGB gegenüber den §§ 3 ff. StGB in diesem Zusammenhang eine gesonderte Betrachtung verdient.

---

[982] LG Frankfurt am Main 03.04.1998 – 5/12 Kls (A 1/97), zusammengefasst in *Warius*, Das Hawala-Finanzsystem in Deutschland – ein Fall für die Bekämpfung von Geldwäsche und Terrorismus, S. 105 ff.

[983] LG Düsseldorf 23.11.2021 – 014 KLs 2/21, LG Düsseldorf, abrufbar unter: http://www.justiz.nrw.de/nrwe/lgs/duesseldorf/lg_duesseldorf/j2021/014_KLs_2_21_Urteil_20211123.html, Rn. 29 ff., LG Düsseldorf, BeckRS 2021, 55636, Rn. 18 ff.

[984] LG Köln 23.05.2022 – 109 KLs 5/21, LG Köln, abrufbar unter: https://www.justiz.nrw.de/nrwe/lgs/koeln/lg_koeln/j2022/109_KLs_5_21_Urteil_20220523.html, Rn. 57.

[985] BGH 28.06.2022 – 3 StR 403/20, BGH, BeckRS 2022, 20799, Rn. 19 ff.

I. Der Anwendungsbereich des deutschen Strafrechts

Zunächst gilt es hier Grundlegendes zu klären, um eine Einordnung zu ermöglichen. Ob bestimmte Sachverhalte und damit auch das Hawala-Banking der deutschen Strafgewalt unterfallen, regelt das vor allem[986] in den §§ 3 ff. StGB normierte Strafanwendungsrecht[987]. Mit Hilfe der §§ 3 ff. StGB wird die Frage beantwortet, wie weit die deutsche Strafgewalt[988] reicht und damit auch, wann deutsches Strafrecht anwendbar ist.[989] Insofern betreffen diese den Geltungsbereich des deutschen

---

[986] Die §§ 3 ff. sind nicht abschließend, sodass sich weitere strafanwendungsrechtliche Regelungen finden lassen, wie zum Beispiel § 261 Abs. 9 StGB, § 89c Abs. 3 StGB, § 18 Abs. 10 AWG, § 370 Abs. 6 AO oder auch insbesondere der hier relevante § 129b Abs. 1 StGB.

[987] Die §§ 3 ff. StGB werden häufig auch mit dem Begriff des internationalen Strafrechts (so beispielsweise *Heger*, in: Lackner/Kühl/Heger-StGB, Vor. §§ 3 ff. Rn. 1; *Böse*, FS Maiwald, S. 61) oder dem des transnationalen Strafrechts (so beispielsweise *Ambos*, in: MüKo-StGB, Vor. § 3 Rn. 1; *Böse*, in: NK-StGB, Vor. §§ 3 ff. Rn. 1) umschrieben; kritisch zur Gleichsetzung der Terminologie des internationalen Strafrechts mit der des Strafanwendungsrechts *Ambos*, in: MüKo-StGB, Vor. § 3 Rn. 1; *Ambos*, Internationales Strafrecht, § 1 Rn. 2; *Safferling*, Internationales Strafrecht, § 2 Rn. 1; differenzierend *Eser/Weißer*, in: Schönke/Schröder-StGB, Vor. §§ 3 ff. Rn. 1.

[988] Strafgewalt wird dabei im Sinne einer Rechtsetzungsgewalt (jurisdiction to prescribe) verstanden, nicht im Sinne einer Vollzugsgewalt (jurisdiction to enforce), *Werle/Jeßberger*, in: LK-StGB, Vor. §§ 3 ff. Rn. 5; *Jeßberger*, Der transnationale Geltungsbereich des deutschen Strafrechts, S. 9 f. oder auch *Böse/Meyer*, ZIS 2011, 336 (337), die von einer Regelungsgewalt sprechen; vgl. ferner BVerfG, NStZ 2001, 240 (241); BVerfG, NJW 2001, 1848 (1852): „Strafrechtsetzungsgewalt“.

[989] *Ambos*, in: MüKo-StGB, Vor. § 3 Rn. 2; im Ergebnis auch *Eser/Weißer*, in: Schönke/Schröder-StGB, Vor. §§ 3 ff. Rn. 8; da deutsche Strafverfolgungsorgane ausschließlich deutsches Strafrecht anwenden, weil der aus Art. 103 Abs. 2 GG resultierende Parlamentsvorbehalt allgemeine Verweise auf ausländisches Strafrecht verbietet, ist die positive Beantwortung der Frage nach der deutschen Strafgewalt praktisch gleichbedeutend mit der Anwendung des deutschen materiellen Strafrechts auf diesen Sachverhalt, *Eser/Weißer*, in: Schönke/Schröder-StGB, Vor. §§ 3 ff. Rn. 8 unter Verweis auf einschlägige Literatur; vgl. auch *Ambos*, in: MüKo-StGB, Vor. § 3 Rn. 2; *Werle/Jeßberger*, in: LK-StGB, Vor. §§ 3 ff. Rn. 8; anders beispielsweise *Schultz*, GA 1966, 193 (194); oder *Eser*, FS Jescheck, S. 1358, die von einer Zweistufigkeit, nach der zunächst feststellenden Strafgewalt einerseits und dem anwendbaren Recht andererseits, ausgehen, was darauf zurückzuführen ist, dass auch ausländisches Strafrecht auf einen bestimmten Sachverhalt angeordnet werden könnte; darauf kritisch eingehend *Eser/Weißer*, in: Schönke/Schröder-StGB, Vor. §§ 3 ff. Rn. 8; ein schmaler Bereich bei dem eine Fremdrechtsanwendung allenfalls mittelbar möglich ist, kommt bei der Anwendung einer ausländischen Rechtsordnung (zivilrechtliche- oder verwaltungsrechtliche Normen) in Betracht, sofern dies der Ausfüllung eines normativen Tatbestandsmerkmals dient, eine Blankettstrafnorm ausgelegt oder wenn eine ausländische Tatortnorm zu Gunsten des Täters im Rahmen der § 7 Abs. 2 Nr. 1 und Nr. 2 StGB angewendet wird, *Werle/Jeßberger*, in: LK-StGB, Vor. §§ 3 ff. Rn. 9, 352; *Jeßberger*, Der transnationale Geltungsbereich des deutschen Strafrechts, S. 18 unter Verweis auf weiterführende Literatur; siehe dazu auch *Mankowski/Bock*, ZStW 2008, 704 (passim).

Strafrechts und lassen sich auch als Geltungsbereichsnormen bezeichnen.[990] Damit kommt den §§ 3 ff. StGB zum einen eine materiell-rechtliche Seite zu. Zum anderen resultiert daraus aber auch eine prozessuale Seite, indem die Zuständigkeit der deutschen Strafjustiz für die Verfolgung des Sachverhalts, die Bestrafung des Täters samt Strafvollstreckung festgelegt werden.[991] Hinzukommend ergibt sich daraus die Kompetenz, Rechtsfolgen wie beispielsweise Sicherungsmaßnahmen auszusprechen oder zu vollstrecken oder aber auch beispielsweise die aus der Tat erzielten Gewinne abzuschöpfen.[992] Liegen die Voraussetzungen der §§ 3 – 7 StGB nicht vor, so besteht prozessrechtlich ein von Amts wegen zu prüfendes Verfahrenshindernis; es kommt nicht zu einem Freispruch.[993] Das hat zur Folge, dass etwaig eingeleitete Strafverfahren gegenüber Hawaladaren, Mitakteuren oder auch Kunden, die sich im Ausland befinden und nicht von den Normen des Strafanwendungsrechts erfasst werden, im Ermittlungsverfahren nach § 170 Abs. 2 StPO, im Zwischenverfahren durch Nichteröffnungsbeschluss nach § 204 Abs. 1 i. V. m. § 203 StPO und im Hauptverfahren vor der Hauptverhandlung durch Einstellungsbeschluss nach § 206a StPO respektive während der Hauptverhandlung durch Prozessurteil nach § 260 Abs. 3 StPO, einzustellen sind.[994] Ebenda hat dies materiellrechtlich zur Folge, dass eine Strafbarkeit nach deutschem Recht schlichtweg entfällt.[995] Denn nichtsdestotrotz gehören die §§ 3 – 7 StGB systematisch zum Teil des materiellen Rechts und unterfallen dem Gebot der Tatbestandsbestimmtheit nach Art. 103 Abs. 2 GG, § 1 StGB.[996]

---

[990] *Werle/Jeßberger*, in: LK-StGB, Vor. §§ 3 ff. Rn. 4; auch das Strafgesetzbuch spricht in seinem 1. Titel vom „Geltungsbereich".

[991] *Duesberg*, Der Tatbegriff in §§ 3 und 9 Abs. 1 StGB, S. 57.

[992] *Duesberg*, Der Tatbegriff in §§ 3 und 9 Abs. 1 StGB, S. 57 unter Verweis auf *Capus*, Strafrecht und Souveränität, S. 105 f.

[993] BGH 07. 02. 1995 – 1 StR 681/94, BGH, NJW 1995, 1844 (1845); BGH 22. 01. 1986 – 3 StR 472/85, BGHSt 34, 1 (3 f.); BGH 03. 03. 1960 – 2 StR 576/58, BGHSt 14, 137 (139); OLG Saarbrücken 03. 10. 1974 – Ss 55/74, NJW 1975, 506 (509); *Ambos*, in: MüKo-StGB, Vor. § 3 Rn. 4; *Böse*, in: NK-StGB, Vor. §§ 3 ff. Rn. 11; *Eser/Weißer*, in: Schönke/Schröder-StGB, Vor. §§ 3 ff. Rn. 9; *Fischer*, in: Fischer-StGB, Vor. §§ 3 ff. Rn. 1; *von Heintschel-Heinegg/Kudlich*, in: BeckOK-StGB, § 3 Rn. 11; *Satzger*, in: Satzger/Schluckebier/Werner-StGB, Vor. §§ 3 ff. Rn. 2; *Werle/Jeßberger*, in: LK-StGB, Vor. §§ 3 ff. Rn. 10; dagegen einen Freispruch bevorzugend *Zieher*, Das sog. Internationale Strafrecht nach der Reform, S. 45.

[994] Angelehnt an *Duesberg*, Der Tatbegriff in §§ 3 und 9 Abs. 1 StGB, S. 57 f. unter Verweis auf einschlägige Literatur.

[995] *Duesberg*, Der Tatbegriff in §§ 3 und 9 Abs. 1 StGB, S. 58.

[996] BVerfG 19. 12. 2002 – 2 BvR 666/02, BVerfG, wistra 2003, 255 (257); vgl. BGH 30. 09. 1976 – 4 StR 683/75, BGHSt 27, 5 (8); BGH 08. 09. 1964 – 1 StR 292/64, BGHSt 20, 22 (25) („sachliches Recht"); BayOblG 23. 05. 1997 – 3 St 20/96, BayOLG, NJW 1998, 392 (392); aus dem Schrifttum *Ambos*, in: MüKo-StGB, Vor. § 3 Rn. 3 f.; *Fischer*, in: Fischer-StGB, Vor. §§ 3 ff. Rn. 1; *Heger*, in: Lackner/Kühl/Heger-StGB, Vor. §§ 3 ff. Rn. 10; *Satzger*, in: Satzger/Schluckebier/Werner-StGB, Vor. §§ 3 ff. Rn. 2; *Jeßberger*, Der transnationale Geltungsbereich des deutschen Strafrechts, S. 15; *Zieher*, Das sog. Internationale Strafrecht nach der Reform, S. 43; *von Beling*, Die Lehre vom Verbrechen, S. 99; vgl. bereits *Binding*, Handbuch des Strafrechts, S. 591; *Safferling*, Internationales Strafrecht, § 3 Rn. 5; *Satzger*,

Ausgehend vom Anwendungsbereich soll hier nur deutsches Strafrecht betrachtet werden, was die Gesamtheit aller Normen der Bundesrepublik Deutschland und ihrer Länder umfasst, sofern die Normen Voraussetzungen und Rechtsfolgen rechtswidriger Taten regeln.[997] Deutsches Strafrecht meint nicht nur die Normen des StGB, sondern auch die Normen des Nebenstrafrechts. Entscheidend für das Hawala-Banking und damit für den weiteren Verlauf ist neben dem § 129 StGB auch die Strafnorm des § 63 Abs. 1 Nr. 4 ZAG. Dem Grunde nach finden die §§ 3 ff. StGB nach Art. 1 Abs. 1 EGStGB auf die Tatbestände des Nebenstrafrechts Anwendung,[998] sodass auch die hier relevante Strafnorm des § 63 Abs. 1 Nr. 4 ZAG vom Strafanwendungsrecht erfasst wird.

Kommt es zu einem länderübergreifenden Sachverhalt stellt sich die Frage, ob der im Ausland agierende Hawaladar und die Mitakteure nach den §§ 3 ff. StGB strafrechtlich erfasst werden. Die strafanwendungsrechtlichen Regelungen werden vom nationalen Gesetzgeber bestimmt, indem er die Sachverhalte, die von der nationalen Strafgewalt erfasst werden sollen, festlegt.[999] Dass der souveräne Nationalstaat dabei vollkommen autonom über die Reichweite seiner Strafgewalt entscheiden kann, ohne dass er jegliche völkerrechtlichen Grenzen beachten muss, ist heutzutage, mit Blick auf die Entwicklung des Völkerrechts, überholt.[1000] Ausgehend vom völkerrechtlich anerkannten Nichteinmischungsgrundsatz[1001] haben sich zwei verschiedene Lager gebildet, die von unterschiedlichen Standpunkten ausgehen, im Ergebnis aber beide die Normen des staatlichen Strafanwendungsrechts

---

Jura 2010, 108 (111); a. A. *Hoyer*, in: SK-StGB, Vor. §§ 3 ff. Rn. 4, der die §§ 3 – 7 StGB gegenüber dem materiellen Strafrecht auf eine Meta-Ebene überordnet und ihnen damit die Funktion von Meta-Normen zuschreibt; differenzierend *Böse*, FS Maiwald, S. 62 ff.; nach *Ambos*, in: MüKo-StGB, Vor. § 3 Rn. 4 soll das materiellrechtliche Verständnis der §§ 3 ff. StGB aus völkerrechtlicher und rechtsvergleichender Sicht, nicht auf ungeteilte Zustimmung stoßen; dem zum Teil widersprechend *Jeßberger*, Der transnationale Geltungsbereich des deutschen Strafrechts, S. 15, Fn. 39.

[997] *Fischer*, in: Fischer-StGB, Vor. §§ 3 ff. Rn. 2; darauf ebenfalls verweisend *Werle/Jeßberger*, in: LK-StGB, Vor. §§ 3 ff. Rn. 348.

[998] *Popp*, wistra 2011, 169 (171).

[999] So fällt hier auch heute noch häufig – vor allem von den Vertretern der traditionellen Auffassung – der Begriff der „Kompetenz-Kompetenz", was die Befugnis impliziert, sich selbst zu berechtigen und verpflichten, indem der Staat seine Kompetenzen der Organe der Strafrechtspflege im Hinblick auf länderübergreifende Sachverhalte eigenständig festlegt. Dem Grunde nach trifft dies auch heute noch zu, jedoch führt eine enge Auslegung des Begriffs der „Kompetenz-Kompetenz" entsprechend der Binding'schen Lehre dazu, dass dies nicht mehr dem geltenden Völkerrecht entspricht. Dementsprechend kritisiert *Ambos*, in: MüKo-StGB, Vor. § 3 Rn. 13 die Annahme einer Kompetenz-Kompetenz der Staaten, da sie eine Unterordnung des Völkerrechts impliziert und spricht vielmehr von einer Kompetenz-Kompetenz des Völkerrechts.

[1000] So jedoch früher *von Beling*, ZStW 1897, 303 (322) und vor allem die protektionistische Theorie von *Binding*, Handbuch des Strafrechts, S. 374; zur historischen Debatte um die Legitimation und Grenzen des Strafanwendungsrechts siehe *Jeßberger*, Der transnationale Geltungsbereich des deutschen Strafrechts, S. 94 ff.

[1001] *Ambos*, in: MüKo-StGB, Vor. § 3 Rn. 13 mit Verweis auf einschlägige Quellen.

durch die Deckung eines völkerrechtlich anerkanntes Geltungsprinzips für erforderlich sehen.[1002] Inwieweit das Verhältnis zwischen völkerrechtlicher Legitimation und der souveränitätsgetragenen Disposition hinsichtlich der transnationalen Strafgewalterstreckungen definiert werden muss, ist dabei umstritten.[1003] Dabei werden die völkerrechtlich überformenden Normen entweder als Begrenzungs-[1004] oder Erlaubnisnormen[1005] betrachtet. Im Ergebnis kann dies jedoch für den weiteren Verlauf der Arbeit dahinstehen und soll hier auf keine Entscheidungskritik stoßen. Ausschlaggebend ist dabei allein, dass beide Ansichten in den wesentlichen Punkten zusammenlaufen, also wann ein legitimer Anknüpfungspunkt[1006] angenommen werden kann. Dies bildet die Kernfrage des transnationalen Hawala-Bankings und für die im Ausland agierenden Akteure.

II. Die betroffenen Anknüpfungspunkte im Rahmen des Hawala-Bankings im Überblick

Die Anknüpfungspunkte sind legitim, wenn sie von völkerrechtlich anerkannte Geltungsprinzipien gedeckt sind.[1007] Nach Ansicht des BVerfG[1008] bilden „neben Territorialitäts-, Schutz-, aktivem und passivem Personalitäts- sowie dem Prinzip der stellvertretenden Strafrechtspflege das Universalitäts- oder Weltrechtsprinzip einen solchen sinnvollen Anknüpfungspunkt". Diese Anknüpfungspunkte finden sich auch in den bereits genannten Geltungsbereichsnormen (§§ 3 ff. StGB) wieder und bilden den Maßstab der folgenden Untersuchung. Dabei gilt es jedoch Vorsicht walten zu lassen, da die Prinzipien des nationalen Strafanwendungsrechts nicht per se einen legitimierenden Anknüpfungspunkt im völkerrechtlichen Sinne bilden und

---

[1002] *Werle/Jeßberger*, in: LK-StGB, Vor. §§ 3 ff. Rn. 26.

[1003] *Eser/Weißer*, in: Schönke/Schröder-StGB, Vor. §§ 3 ff. Rn. 12.

[1004] So die traditionelle Ansicht, ausgehend vom Urteil des Ständigen Internationalen Gerichtshofs im sogenannten Lotus-Fall aus dem Jahre 1927, darauf eingehend *Ambos*, in: MüKo-StGB, Vor. § 3 Rn. 10 f. unter Verweis auf einschlägige Quellen.

[1005] Darauf eingehend *Ambos*, in: MüKo-StGB, Vor. § 3 Rn. 11 unter Verweis auf einschlägige Quellen.

[1006] Dazu *Ambos*, in: MüKo-StGB, Vor. § 3 Rn. 14 unter Verweis auf einschlägige Quellen; der Begriff des legitimierenden Anknüpfungspunktes und dessen dogmatische Einordnung werden teilweise unterschiedlich betrachtet. Je nach Einordnung als Befugnis- oder Erlaubnisnorm, wird von legitimierenden Anknüpfungspunkten oder völkerrechtliche Erlaubnisnormen gesprochen. Zudem stellen die Prinzipien des deutschen Strafanwendungsrechts nicht immer automatisch auch einen legitimierenden Anknüpfungspunkt/Erlaubnisnorm im völkerrechtlichen Sinne dar.

[1007] Vgl. *Eser/Weißer*, in: Schönke/Schröder-StGB, Vor. §§ 3 ff. Rn. 24 mit weiteren Nachweisen.

[1008] BVerfG 12.12.2000 – 2 BvR 1290/99, BGH, NJW 2001, 1848 (1852).

gerade aus nationalen kriminalpolitischen Interessen heraus kodifiziert wurden;[1009] völkerrechtlich bildet der Nichteinmischungsgrundsatz die Trennlinie der Vereinbarkeit.[1010] Um aber eine strafrechtliche Einordnung, mithin auch eine strafanwendungsrechtliche Einordnung des Hawala-Bankings geben zu können, soll zunächst ein Überblick darüber erfolgen, inwiefern die jeweiligen Geltungsbereichsnormen für das Hawala-Banking überhaupt in Betracht kommen. Nur dann können die relevanten Geltungsbereichsnormen im nächsten Schritt konkretisiert und auf die Hawala angewendet werden. Die §§ 3 ff. StGB differenzieren zwischen Inlands- (§§ 3, 9 StGB) und Auslandstaten (§§ 5 – 7 StGB), sodass im Ausschlussverfahren an die zu beachtende Anknüpfungspunkte für das Hawala-Banking herangetreten werden soll. Für § 129 StGB wurde in § 129b Abs. 1 StGB eine eigenständige Regelung getroffen, die es zudem genauer zu betrachten und gegenüber den §§ 3 ff. StGB in Kontext zu setzen gilt.

1. Die Anknüpfungspunkte nach den Geltungsbereichsnormen der §§ 5, 6 StGB

Zieht man § 63 Abs. 1 Nr. 4 ZAG und § 129 StGB heran, so lässt sich festhalten, dass die beiden Normen in den Katalogen des § 5 StGB sowie des § 6 StGB nicht ausdrücklich aufgeführt werden und daher den dort normierten Anknüpfungspunkten nicht unterfallen. Unabhängig von der Frage, ob überhaupt eine Inlandstat, insbesondere mit Blick auf § 9 StGB vorliegt, scheitert eine Anwendung der §§ 5, 6 StGB bereits an deren Wortlaut. Andenken lässt sich jedoch eine Annexkompetenz,[1011] sofern es sich bei § 63 Abs. 1 Nr. 4 ZAG oder § 129 StGB um eine Begleittat der dort aufgeführten Tatbestände handelt.[1012] Bewegt man sich im Bereich der organisierten Kriminalität, wie es insbesondere auch § 129 StGB nun verstärkt tut, lässt sich die Überlegung tätigen, ob bei Delikten, die sich ebenfalls im Bereich der organisierten Kriminalität abspielen, eine Annexkompetenz angenommen wer-

[1009] So *Ambos*, in: MüKo-StGB, Vor. § 3 Rn. 17 unter Verweis auf weiterführende Literatur.

[1010] Dahingehend wird bei Vorliegen eines legitimierenden Anknüpfungspunktes auch nur eine Völkerrechtsmäßigkeit vermutet und in einem weiteren Schritt (zweite Stufe) geprüft, „ob der durch den *abstrakten* Anknüpfungspunkt legitimierenden Strafgewalterstreckung im *konkreten* Fall ein ausdrückliches völkerrechtliches Verbot entgegensteht", *Ambos*, in: MüKo-StGB, Vor. § 3 Rn. 15.

[1011] So im Einzelfall der BGH 30.04.1999 – 3 StR 215/98, BGHSt 45, 64 (69 ff.), der dies an einer engen tatbestandlichen Verknüpfung festmacht, wie sie zwischen § 220a Abs. 1 Nr. 1 StGB a.F. und §§ 211, 212 StGB typischerweise besteht, denn in der Begehungsalternative des § 220a Abs. 1 Nr. 1 StGB sei stets zugleich die Erfüllung des Tatbestandes des § 212 StGB oder des § 211 StGB beinhaltet.

[1012] So im Kontext des § 284 StGB *Duesberg*, Der Tatbegriff in §§ 3 und 9 Abs. 1 StGB, S. 83 ff.

den kann.[1013] Der BGH stellt hierzu zunächst darauf ab, ob das jeweilige Delikt das andere Delikt tateinheitlich mitverwirklicht.[1014] Zumindest mittelbar kann man gemäß § 6 Nr. 4 StGB den Menschenhandel nach § 232 StGB oder gemäß § 6 Nr. 5 StGB den unbefugten Vertrieb von Betäubungsmitteln heranziehen, was sich auch im Bereich der organisierten Kriminalität abspielen kann. Insbesondere waschen Zahlungsdienstekunden ihre Gelder aus dem Vertrieb von Betäubungsmitteln über Hawala-Netzwerke.[1015] Eine enge Verknüpfung, wie sie der BGH bei § 220a Abs. 1 Nr. 1 StGB a.F. und §§ 211, 212 StGB sieht, lässt sich hier jedoch nicht erkennen. Dies muss eine enge Verzahnung der Tatbestände beinhalten, was über eine bloße Identität der Ausführungshandlung begründeten Tateinheit hinausgeht, sodass es zu einer unmittelbaren Anwendung des § 6 StGB kommt; das Verbot der strafbaren Analogie soll dem dann nicht entgegenstehen.[1016] Auch wenn § 129 StGB eine Bezugstat braucht und damit eine gewisse Verknüpfung hergestellt wird, geht dies zum einen nicht über eine bloße Identität der Ausführungshandlung begründete Tateinheit hinaus und zum anderen erstreckt sich beim Hawala-Banking die verlangte Zweckgerichtetheit in erster Linie auf § 63 Abs. 1 Nr. 4 ZAG, nicht auf die der §§ 5, 6 StGB immanenten Tatbestände. Möchte man also dennoch im weiteren Sinne eine Verknüpfung aufgrund des gemeinsamen Nenners der organisierten Kriminalität herstellen, verstößt dies damit gegen das Analogieverbot. Außerdem mangelt es hier auch bereits an einer planwidrigen Regelungslücke, sind die §§ 5, 6 StGB eben restriktiv zu handhaben, da eine extraterritoriale tatortstrafbarkeitsunabhängige Strafgewaltsausdehnung einen gravierenden Eingriff in die souveränitätsgetragene Gebietshoheit des Tatortstaates darstellt und dies nur in eng umgrenzten Fällen sein soll.[1017] Damit steht aber § 129b StGB den §§ 5, 6 StGB als Spezialregelung gegenüber, dem eine eigenständige völkerrechtliche Legitimation widerfährt.[1018] Eines Rückgriffs auf die §§ 5, 6 StGB bedarf es daher auch dahingehend nicht.

2. Die personellen Anknüpfungspunkte nach § 7 StGB und § 129b Abs. 1 S. 2 Var. 2, 3 StGB

Auch wenn die Bezugsstraftaten des § 129 StGB tateinheitlich begangen werden können, gelten die §§ 3 ff. StGB, trotz der Existenz des § 129b Abs. 1 S. 2 StGB,

---

[1013] Vgl. im Kontext des § 284 StGB *Duesberg*, Der Tatbegriff in §§ 3 und 9 Abs. 1 StGB, S. 83 ff.

[1014] BGH 30.04.1999 – 3 StR 215/98, BGHSt 45, 64 (69 ff.).

[1015] Siehe beispielsweise im Fall des LG Köln 23.05.2022 – 109 KLs 5/21, LG Köln, abrufbar unter: https://www.justiz.nrw.de/nrwe/lgs/koeln/lg_koeln/j2022/109_KLs_5_21_Urteil_20220523.html, Rn. 181 [„Er sei sich aber schnell sicher gewesen, dass die Gelder aus illegalen Geschäften, wahrscheinlich aus Drogengeschäften, stammten"].

[1016] So BGH 30.04.1999 – 3 StR 215/98, BGHSt 45, 64 (70 f.).

[1017] So überzeugend *Duesberg*, Der Tatbegriff in §§ 3 und 9 Abs. 1 StGB, S. 84.

[1018] Zur Einordnung als Spezialregelung siehe Teil 4 C. II. 3. b) aa).

auch weiterhin für die Bezugstaten.[1019] Dahingehend gilt es § 7 StGB auf § 63 Abs. 1 Nr. 4 ZAG anzuwenden. Anders ist dies jedoch bei § 129 StGB, da hier umstritten ist, ob die §§ 3 ff. zu § 129b Abs. 1 S. 2 StGB ganz oder teilweise kumulativ oder alternativ heranzuziehen sind, oder diese gar nach dem Spezialitätsgrundsatz verdrängt werden.[1020] Dies hängt damit zusammen, dass § 129b Abs. 1 S. 2 Var. 3 StGB anders als § 7 StGB auf das Tatortrecht verzichtet und damit geringere Anforderungen stellt. Die Frage nach dem Verhältnis der §§ 3 ff. StGB zu § 129b Abs. 1 S. 2 StGB muss an dieser Stelle noch nicht erfolgen, wenn eine Anwendbarkeit der Normen auf die Hawala-Sachverhalte bereits an anderer Stelle scheitert. Denn gemein haben diese das Personalitätsprinzip, mithin wird sowohl bei § 129b Abs. 1 S. 2 Var. 2, 3 StGB als auch bei § 7 StGB darauf abgestellt, dass die Tat gegen oder von einem Deutschen begangen wird. Wer Deutscher ist, ergibt sich aus Art. 116 GG, womit vor allem Staatsangehörige der Bundesrepublik Deutschland erfasst werden.[1021] Im Einzelfall mag es darum gehen, dass ein deutscher Staatsangehöriger im Ausland mit an Hawala-Tätigkeiten mitwirkt. Aus den einschlägigen Hawala-Fällen lässt sich eine solche Konstellation aber nicht explizit entnehmen. Schwierig zu erfassen, scheint die Konstellation zu sein, bei der ein Deutscher als Verletzter gilt, § 7 Abs. 1 StGB, § 129b Abs. 1 S. 2 Var. 3 StGB. So gilt als Verletzter derjenige, in dessen Rechtssphäre die Tat unmittelbar eingreift,[1022] sodass er in seinen Rechten oder in seinen rechtlich geschützten Gütern widerrechtlich beeinträchtigt wird[1023].[1024] Damit muss also ein bestimmter oder jedenfalls ein bestimmbarer einzelner deutscher Staatsbürger durch die Straftat in seinen Rechten oder seinen rechtlich geschützten Gütern verletzt sein.[1025] In concreto können damit nur Taten erfasst werden, die sich gegen ein Individualrechtsgut eines deutschen Staatsbürgers richten,[1026] nicht jedoch Taten, die Universalrechtsgüter betreffen.[1027] In Betracht kommt dabei lediglich § 63 Abs. 1 Nr. 4 ZAG, wenn man den Kundenschutz als Individualrechtsgut betrachtet. Dabei schützt aber § 63 Abs. 1 Nr. 4 ZAG auch die Integrität des Zahlungsverkehrs und der Sicherstellung seiner volkswirtschaftlich unverzichtbaren Funktionsfähigkeit. Damit wird aber der Einzelne nur tangiert, wenn dessen individueller Kundenschutz nicht mehr ge-

---

1019 *Eschelbach*, in: NK-StGB, § 129b Rn. 16.

1020 *Eschelbach*, in: NK-StGB, § 129b Rn. 16 ff. mit Auseinandersetzung der jeweiligen Ansichten.

1021 *Werle/Jeßberger*, in: LK-StGB, § 7 Rn. 55 ff. mit weitergehenden Erläuterungen.

1022 RG 15.03.1934 – 2 StR 2 D 284/33, RGSt 68, 305 (305).

1023 BGH 26.11.1992 – 3 StR 319/92, BGHSt 39, 54 (60); BGH 22.02.1963 – 4 StR 9/63, BGHSt 18, 283 (284).

1024 *Werle/Jeßberger*, in: LK-StGB, § 7 Rn. 69 unter Verweis auf *Schröter*, Der Begriff des Verletzten im Strafantragsrecht, S. 60 ff., wobei sich dies auf den S. 58 ff. finden lässt.

1025 BGH 22.02.1963 – 4 StR 9/63, BGHSt 18, 283 (284).

1026 BGH 26.11.1992 – 3 StR 319/92, BGHSt 39, 54 (59 f.).

1027 *Werle/Jeßberger*, in: LK-StGB, § 7 Rn. 70.

währleistet werden kann.[1028] Ist hingegen die Integrität des Zahlungsverkehrs betroffen, so ist der Kundenschutz nicht betroffen.[1029] Dies gilt jedoch auch für § 129b Abs. 1 S. 2 Var. 3 StGB und dessen Anknüpfung an die deutsche Staatsangehörigkeit des Opfers. So bezieht sich § 129b Abs. 1 S. 2 Var. 3 StGB in diesem Kontext nicht auf die Tathandlungen des § 129 Abs. 1 StGB, sondern vielmehr auf die Ausführungstat,[1030] mithin § 63 Abs. 1 Nr. 4 ZAG. Auch hier bedarf es eines bestimmten oder bestimmbaren einzelnen deutschen Staatsangehörigen, der durch die Ausführungstat unmittelbar in seinen individuellen Rechten verletzt ist.[1031] Damit kommt man folglich zum gleichen Ergebnis, auch hier muss der individuelle Kundenschutz betroffen sein. Dabei sei aber ebenfalls angemerkt, dass in den einschlägigen Hawala-Fällen nicht hervorgeht, dass deutsche Staatsangehörige im Ausland unmittelbar in ihren Kundenschutz verletzt werden. Aufgrund der Anonymität, die den Systemen anhaftet, wird es in der Praxis nur schwerlich nachvollziehbar sein, inwiefern der Einzelne tangiert wurde. Eine tiefergehende Auseinandersetzung bedarf es hierfür also nicht. In Summe gilt es also von den Auslandstaten abzurücken und den Fokus auf die Inlandstaten zu richten, mithin gilt es mit den Geltungsbereichsnormen der §§ 3, 9 StGB und § 129b Abs. 1 S. 2 Var. 1 StGB fortzufahren.

3. Die territorialen Anknüpfungspunkte nach §§ 3, 9 StGB und § 129b Abs. 1 S. 2 Var. 1 StGB

Gegenstand der weiteren Untersuchung bilden die territorialen Anknüpfungspunkte nach §§ 3, 9 StGB und § 129b Abs. 1 S. 2 Var. 1 StGB. Den Grundsatz bildet hier das Territorialitätsprinzip nach § 3 StGB, das durch § 9 StGB (Ubiquitätsprinzip) konkretisiert wird. Ebenso sieht § 129b Abs. 1 S. 2 Var. 1 StGB eine Ausdehnung des § 129 StGB auf ausländische Vereinigungen vor. Dieser knüpft ebenfalls daran an, dass die Tat der Vereinigung durch eine im räumlichen Geltungsbereich dieses Gesetzes ausgeübte Tätigkeit begangen wird. Bevor es hier an die jeweilige Subsumtion unter die Tatbestände des § 63 Abs. 1 Nr. 4 ZAG und § 129 StGB geht, gilt es zunächst die Grundlagen der §§ 3, 9 StGB und des § 129b Abs. 1 S. 2 StGB zu klären. Dabei gilt es die jeweiligen Besonderheiten hervorzuheben und deren Verhältnis zueinander zu untersuchen.

[1028] Vgl. BGH 26.11.1992 – 3 StR 319/92, BGHSt 39, 54 (59 f.), jedoch im Kontext der Vorschriften über Straftaten bei Wahlen und Abstimmungen nach den §§ 107 ff. StGB unter Verletzung des persönlichen Wahlrechts.

[1029] Vgl. BGH 26.11.1992 – 3 StR 319/92, BGHSt 39, 54 (59 f.) im Kontext der §§ 107 ff. StGB.

[1030] *Krauß*, in: LK-StGB, § 129b Rn. 34; *Schäfer/Anstötz*, in: MüKo-StGB, § 129b Rn. 21; *Stein/Greco*, in: SK-StGB, § 129b Rn. 6.

[1031] *Krauß*, in: LK-StGB, § 129b Rn. 34.

a) Das Anknüpfen an den Gebietsgrundsatz im Sinne des § 3 StGB

Mit § 3 StGB wird der Gebietsgrundsatz vorrangig im Strafanwendungsrecht genannt. Damit wird der Grundgedanke zum Ausdruck gebracht, dass die deutsche Strafgewalt grundsätzlich auf das eigene Staatgebiet beschränkt ist.[1032] Mit dem Gebietsgrundsatz wird dem völkerrechtlichen Territorialitätsprinzip entsprochen,[1033] das völkerrechtlich fest verankert ist.[1034] Inwiefern das Territorialitätsprinzip reicht, hängt wiederum von der Reichweite des Begehungsortes ab. § 9 StGB regelt wie der in § 3 StGB genannte Begehungsort zu bestimmen ist und auf den es noch gesondert einzugehen gilt. Daran gemessen entscheidet sich, inwiefern eine Inlands- (§§ 3, 9 StGB) oder Auslandstat (§§ 5 – 7 StGB) vorliegt. Sohin gilt es zunächst Grundlegendes zu klären, mithin den Inlandsbegriff des § 3 StGB, den Tatbegriff der §§ 3, 9 StGB und letztendlich den Begehungsort nach § 9 StGB.

aa) Das Inland im Sinne des § 3 StGB

Das Inland im Sinne des Gebietsgrundsatzes nach § 3 StGB „erstreckt sich auf das gesamte Gebiet innerhalb der völkerrechtlich anerkannten Grenzen, auf dem die Bundesrepublik Deutschland Hoheitsgewalt ausübt“[1035]. Davon erfasst sind das Land- und Meeresgebiet auf der Erdoberfläche, einschließlich der Eigen- und Küstengewässer, der darunter liegende Erdraum sowie der darüber liegende Luftraum.[1036] Die Tat ist damit im Ausland begangen, sofern der Begehungsort nicht im Inland liegt, was Räume fremder Gebietshoheit sowie alle gebietshoheitsfreien Räume beinhaltet.[1037]

bb) Die Tat im Sinne der §§ 3, 9 StGB

Der Begriff der Tat im Sinne der §§ 3 ff. StGB umfasst das konkrete Tatgeschehen unter allen sachlichrechtlichen Gesichtspunkte.[1038] Je nach Zusammenhang, kann der Begriff der Tat in seinem sachlichrechtlichen oder prozessualen

---

[1032] *Werle/Jeßberger*, in: LK-StGB, § 3 Rn. 3; auch *Böse*, in: NK-StGB, § 3 Rn. 1; *Eser/Weißer*, in: Schönke/Schröder-StGB, § 3 Rn. 1.

[1033] *Werle/Jeßberger*, in: LK-StGB, § 3 Rn. 3; auch *Ambos*, in: MüKo-StGB, § 3 Rn. 1; *Böse*, in: NK-StGB, § 3 Rn. 1.

[1034] *Ambos*, in: MüKo-StGB, § 3 Rn. 1; *Werle/Jeßberger*, in: LK-StGB, Vor. §§ 3 ff. Rn. 241; vgl. BVerfG 15.05.1995 – 2 BvL 19/91, BVerfG, NJW 1995, 1811 (1813).

[1035] *Werle/Jeßberger*, in: LK-StGB, § 3 Rn. 24, siehe auch weiterführend zur Entwicklung des Inlandsbegriffs Rn. 9 ff.; auch *Böse*, in: NK-StGB, § 3 Rn. 3; *Ambos*, Internationales Strafrecht, § 3 Rn. 14 ff.

[1036] *Ambos*, in: MüKo-StGB, § 3 Rn. 8; *Böse*, in: NK-StGB, § 3 Rn. 3 ff.; *Werle/Jeßberger*, in: LK-StGB, § 3 Rn. 24; *Ambos*, Internationales Strafrecht, § 3 Rn. 14 ff.

[1037] *Werle/Jeßberger*, in: LK-StGB, Vor. §§ 3 ff. Rn. 343.

[1038] *Werle/Jeßberger*, in: LK-StGB, Vor. §§ 3 ff. Rn. 333.

Kontext Bedeutung erlangen.[1039] Im sachlichrechtlichen Sinne ist dabei eine Straftat oder eine rechtswidrige Tat nach § 11 Abs. 1 Nr. 5 StGB gemeint.[1040] Wird im jeweiligen Gesetz von der „Tat" gesprochen, diese aber nicht näher bestimmt, wie beispielsweise in § 3 StGB, so wird auf das konkrete Tatgeschehen abgestellt unter allen strafrechtlichen Gesichtspunkten.[1041] Prozessual bildet das Fehlen deutscher Gerichtsbarkeit ein Prozesshindernis für die Verfolgung der Tat.[1042] In diesem Sinne ist unter Tat die einheitliche prozessuale Tat zu verstehen.[1043]

cc) Der Begehungsort im Sinne des § 9 StGB

Der in § 3 StGB genannte Begehungsort wird in § 9 StGB konkretisiert und folgt damit dem von der Rechtsprechung[1044] entwickelten Ubiquitätsprinzip.[1045] Damit sind nach § 9 StGB die Orte maßgebend an denen der Täter gehandelt hat (Handlungsort) oder an denen der zum Tatbestand gehörende Erfolg eingetreten ist (Erfolgsort). Fallen Handlungs- und Erfolgsort räumlich auseinander, können auch mehrere Tatorte in Betracht kommen (Distanzdelikt).[1046] So kann sich ein einheitliches Geschehen auch auf mehrere Tatorte unterschiedlichen Rechts erstrecken. Anzuwenden ist dabei das im Einzelfall strengere Tatortrecht.[1047] Auch der Begehungsort der Teilnahme wird von § 9 Abs. 2 StGB erfasst, auf den es aber noch gesondert einzugehen gilt.

(1) Der Handlungsort des Täters gemäß § 9 Abs. 1 StGB

Der Handlungsort ist der Ort, an dem der Täter, die auf die Verwirklichung des Tatbestands abzielende Tätigkeit verwirklicht, sofern die Tätigkeit wenigstens das

---

[1039] *Werle/Jeßberger*, in: LK-StGB, Vor. §§ 3 ff. Rn. 334; auch *Ambos*, in: MüKo-StGB, § 3 Rn. 6; *Böse*, in: NK-StGB, § 3 Rn. 2.

[1040] *Ambos*, in: MüKo-StGB, § 3 Rn. 6; *Werle/Jeßberger*, in: LK-StGB, Vor. §§ 3 ff. Rn. 335.

[1041] *Werle/Jeßberger*, in: LK-StGB, Vor. §§ 3 ff. Rn. 335.

[1042] *Werle/Jeßberger*, in: LK-StGB, Vor. §§ 3 ff. Rn. 340.

[1043] *Werle/Jeßberger*, in: LK-StGB, Vor. §§ 3 ff. Rn. 333.

[1044] RG 02.03.1933 – 2 StR 834/32, RGSt 67, 130 (138).

[1045] BGH 05.03.1998 – 5 StR 494/97, BGHSt 44, 52 (56), der auch noch einmal klarstellt, dass das Ubiquitätsprinzip einen völkerrechtlich allgemein anerkannten Anknüpfungspunkt für den Geltungsanspruch nationalen Strafrechts darstellt; *Ambos*, in: MüKo-StGB, § 9 Rn. 7; *Werle/Jeßberger*, in: LK-StGB, § 9 Rn. 3; *Ambos*, Internationales Strafrecht, § 3 Rn. 14.

[1046] *Werle/Jeßberger*, in: LK-StGB, § 9 Rn. 3.

[1047] *Werle/Jeßberger*, in: LK-StGB, Vor. §§ 3 ff. Rn. 444; so ursprünglich bereits RG 27.11.1941 – 5 StR 5 D 503/41, RGSt 75, 385 (386); a. A. *Ambos*, in: MüKo-StGB, Vor. § 3 Rn. 98 f. [„*Schwerpunkt* des vorwerfbaren Verhaltens"]; ähnlich bereits RG 24.01.1941 – 6 StR 515/40, RGSt 75, 104 (106 f.); ferner gilt dies insbesondere auch für Mittäter, bei denen alle das strengste Tatortrecht anzuwenden ist oder auf den Teilnehmer, wenn die Handlungsorte von Täter und Teilnehmer auseinanderfallen, *Werle/Jeßberger*, in: LK-StGB, Vor. §§ 3 ff. Rn. 448 ff.

Versuchsstadium erreicht.[1048] Nur bei Delikten, die auch das Vorbereitungsstadium sanktionieren, reicht auch die Vornahme der Vorbereitungshandlung aus.[1049] Da mehrere Tätigkeitsakte in Betracht kommen können, besteht auch die Möglichkeit, dass mehrere Handlungsorte vorliegen.[1050] Dies ist zum Beispiel bei Delikten mit rechtlicher Bewertungseinheit der Fall, insbesondere bei tatbestandlichen Handlungseinheiten, die eine Vielzahl von natürlichen Handlungen zusammenfassen.[1051] Agieren mehrere Mittäter zusammen, so reicht es aus, dass einer von ihnen im Inland tätig wird.[1052] Für den Tatort der Haupttat kommt es nicht darauf an, wo der Teilnehmer gehandelt hat, legt man den Wortlaut des § 9 Abs. 1 StGB zugrunde.[1053] Dies verdeutlich auch der Umkehrschluss aus § 9 Abs. 2 S. 1 StGB.[1054]

(2) Der Erfolgsort des Täters gemäß § 9 Abs. 1 StGB

Eine Tat ist nach § 9 Abs. 1 auch an jedem Ort begangen, an dem der zum Tatbestand gehörende Erfolg eingetreten ist oder nach der Vorstellung des Täters hätte eintreten sollen. Daraus folgt, dass dies nicht nur vom Eintreten des Erfolges abhängt, § 9 Abs. 1 StGB spricht gerade vom „zum Tatbestand gehörenden Erfolg". Dies meint, dass der zum Tatbestand gehörende Erfolg sich nach der jeweiligen Strafvorschrift und dessen Tatbestandsmäßigkeit bestimmt.[1055] Bei Verletzungsdelikten ergibt sich der Erfolgsort aus dem jeweiligen Verletzungserfolg.[1056] Bei Gefährdungsdelikten wird wiederum zwischen konkreten und abstrakten Gefähr-

---

[1048] BGH 19.06 1986 – 4 StR 622/85, BGHSt 34, 101 (106); *Ambos*, in: MüKo-StGB, § 9 Rn. 8.

[1049] BGH 19.06 1986 – 4 StR 622/85, BGHSt 34, 101 (106); *Ambos*, in: MüKo-StGB, § 9 Rn. 9.

[1050] RG 15.01.1917 – 3 StR 1/17, RGSt 50, 218 (221); *Ambos*, in: MüKo-StGB, § 9 Rn. 8.

[1051] *Satzger*, in: Satzger/Schluckebier/Werner-StGB, § 9 Rn. 4; *Werle/Jeßberger*, in: LK-StGB, § 9 Rn. 10 unter Verweis auf OLG Koblenz 06.12.2010 – 2 Ws 480/10, OLG Koblenz, BeckRS 2011, 1273.

[1052] BGH 14.04.1999 – 3 StR 22–99, BGH, NJW 1999, 2683 (2684); BGH 05.02.1997 – 2 StR 551/96, BGH, NStZ 1997, 286 (286); BGH 03.04.1996 – 2 ARs 105/96, BGH, NStZ 1996, 502 (502); BGH 04.12.1992 – 2 StR 442/92, BGHSt 39, 88 (90); *Ambos*, in: MüKo-StGB, § 9 Rn. 10; *Werle/Jeßberger*, in: LK-StGB, § 9 Rn. 13; *Rengier*, Strafrecht Allgemeiner Teil, § 6 Rn. 10.

[1053] *Ambos*, in: MüKo-StGB, § 9 Rn. 12; *Werle/Jeßberger*, in: LK-StGB, § 9 Rn. 16.

[1054] *Ambos*, in: MüKo-StGB, § 9 Rn. 12; *Werle/Jeßberger*, in: LK-StGB, § 9 Rn. 17; die Regelung des § 9 Abs. 2 S. 1 StGB entspricht dem in der Rechtsprechung entwickelten Gedanken, dass der Begehungsort der Haupttat auch zugleich als Begehungsort der Teilnahme anzusehen ist, RG 02.02.1940 – 4 StR 4 D 663/39, RGSt 74, 55 (60). Andersherum lässt sich dies jedoch gerade nicht annehmen, was § 9 Abs. 2 S. 1 StGB eben im Umkehrschluss verdeutlicht.

[1055] BGH 09.10.1964 – 3 StR 34/64, BGHSt 20, 45 (51) zu § 3 Abs. 3 StGB a.F.; *Basak*, in: Matt/Renzikowski-StGB, § 9 Rn. 8; *Eser/Weißer*, in: Schönke/Schröder-StGB, § 9 Rn. 6a; *Werle/Jeßberger*, in: LK-StGB, § 9 Rn. 22.

[1056] *Basak*, in: Matt/Renzikowski-StGB, § 9 Rn. 8; *Satzger*, in: Satzger/Schluckebier/Werner-StGB, § 9 Rn. 6; *Werle/Jeßberger*, in: LK-StGB, § 9 Rn. 24.

dungsdelikten differenziert. Dabei liegt bei Ersteren der Erfolgsort dort, wo es zur konkreten Gefahr gekommen ist.[1057] Hinsichtlich Letzteren wird grundsätzlich kein Gefahrenerfolg vorausgesetzt, wobei bei diesen unterschiedlich beurteilt wird, ob diese überhaupt einen Erfolgsort begründen können.[1058] So ging der BGH[1059] noch davon aus, dass „[b]ei abstrakt-konkreten Gefährdungsdelikten […] ein Erfolg im Sinne des § 9 StGB dort eingetreten [ist], wo die konkrete Tat ihre Gefährlichkeit im Hinblick auf das im Tatbestand umschriebene Rechtsgut entfalten kann." Dem entgegentretend geht der BGH[1060] bei sogenannten abstrakt-konkreten Gefährdungsdelikten[1061] nun davon aus, dass „[d]ie Gleichsetzung von abstrakt-konkreten mit konkreten Gefährdungsdelikten […] hier zudem im Ergebnis dazu führen [würde], dass zwischen der Prüfung des Schutzbereichs der Norm und der Anwendbarkeit deutschen Strafrechts nicht mehr differenziert werden könnte." Damit ist aber „jedenfalls an dem Ort, an dem […] die hervorgerufene abstrakte Gefahr in eine konkrete lediglich umschlagen kann, kein zum Tatbestand gehörender Erfolg eingetreten". Erforderlich ist vielmehr, dass „eine von der tatbestandsmäßigen Handlung räumlich und/oder zeitlich abtrennbare Außenweltveränderung" herbeigeführt wird. Ob dies für sämtliche abstrakte Gefährdungsdelikte gilt, ist nicht abschließend geklärt. So folgt der BGH zumindest bei verschiedenen abstrakten Gefährdungsdelikten, seiner erläuterten Auslegung und stellt darauf ab, dass eine abstrakte Gefahr nicht in eine konkrete Gefahr umschlagen kann.[1062] Dem wird größtenteils in der Literatur[1063] gefolgt und darauf verwiesen, dass bei abstrakten Gefährdungsdelikten es nicht darauf ankomme, wo die Gefahr eintritt, denn der Gesetzgeber will mit der Strafnorm lediglich die Gefahr vermeiden;[1064] es wird kein

---

[1057] *Basak*, in: Matt/Renzikowski-StGB, § 9 Rn. 9; *Böse*, in: NK-StGB, § 9 Rn. 13; *Hoyer*, in: SK-StGB, § 9 Rn. 7; *Satzger*, in: Satzger/Schluckebier/Werner-StGB, § 9 Rn. 6; *Werle/Jeßberger*, in: LK-StGB, § 9 Rn. 27.

[1058] *Werle/Jeßberger*, in: LK-StGB, § 9 Rn. 28.

[1059] BGH 12.12.2000 – 1 StR 184/00, BGHSt 46, 212 (221).

[1060] BGH 03.05.2016 – 3 StR 449/15, BGH, NStZ 2017, 146 (147).

[1061] BGH 03.05.2016 – 3 StR 449/15, BGH, NStZ 2017, 146 (147) [„potentiellen, abstraktkonkreten Gefährdungsdelikt"].

[1062] BGH 06.06.2018 – 2 ARs 163/18, 2 AR 106/18, BGH, NJW 2018, 2742 (2743) [„§ 261 StGB"]; BGH 19.08.2014 – 3 StR 88/14, BGH, NStZ 2015, 81 (82) [„§ 86a StGB"].

[1063] *Basak*, in: Matt/Renzikowski-StGB, § 9 Rn. 9; *Böse*, in: NK-StGB, § 9 Rn. 15 ff.; *Eser/Weißer*, in: Schönke/Schröder-StGB, § 9 Rn. 6a; *Satzger*, in: Satzger/Schluckebier/Werner-StGB, § 9 Rn. 7; *Barton/Gercke/Janssen*, wistra 2004, 321 (323); *Handel*, MMR 2017, 227 (228); *Hilgendorf*, NJW 1997, 1873 (1876); *Satzger*, NStZ 1998, 112 (115 f.); siehe die Literatur dazu zusammenfassend in *Barisch*, Die Bekämpfung des internationalen Terrorismus durch § 129b StGB, S. 184.

[1064] *Basak*, in: Matt/Renzikowski-StGB, § 9 Rn. 10; *Böse*, in: NK-StGB, § 9 Rn. 15; *Satzger*, in: Satzger/Schluckebier/Werner-StGB, § 9 Rn. 7; *Barton/Gercke/Janssen*, wistra 2004, 321 (323); *Hilgendorf*, NJW 1997, 1873 (1876); *Satzger*, NStZ 1998, 112 (115).

tatsächlicher Eintritt einer Gefahr vorausgesetzt.[1065] Andererseits wird passend zur vorherigen Rechtsprechung davon ausgegangen, dass abstrakte Gefährdungsdelikte ebenfalls einen Erfolgsort haben können, indem die abstrakte Gefahr in eine konkrete Gefahr umschlagen kann.[1066]

Im Ergebnis kann jedoch der Ansicht zugestimmt werden, dass es bei abstrakten Gefährdungsdelikten nicht darauf ankommt, wo die Gefahr eintritt und es sohin an einem für § 9 StGB notwendigem Erfolgsort mangelt. So verbleibt es bei der gesetzgeberischen Entscheidung, dass bewusst auf einen tatsächlichen Eintritt eines über die Handlung hinausgehenden (Gefährdungs-)Erfolges verzichtet wird.[1067] Dies bringt er mit dem Wortlaut des § 9 Abs. 1 StGB zum Ausdruck, indem der Erfolg zum Tatbestand der Strafnorm gehören muss, was jedoch bei Gefährdungsdelikten nicht der Fall ist.[1068] Gerade bei Äußerungs- und Verbreitungsdelikten wird auf die Möglichkeit der Wahrnehmung abgestellt, was völkerrechtlich nicht tragbar und zu einer nicht notwendigen Ausweitung des deutschen Strafrechts führt.[1069] Wann und bei welchen Delikten im Speziellen eine räumlich und/oder zeitlich abtrennbare Außenweltveränderung vorliegt, beispielsweise in Form einer tatortbegründenden Zwischenfolge, muss an dieser Stelle jedoch nicht entschieden werden.[1070]

(3) Der Begehungsort des Teilnehmers gemäß § 9 Abs. 2 StGB

Nach § 9 Abs. 2 StGB ist die Teilnahme an dem Ort begangen, an dem die Haupttat begangen ist, als auch an jedem Ort, an dem der Teilnehmer gehandelt hat oder im Falle des Unterlassens hätte handeln müssen oder an dem nach seiner Vorstellung die Tat begangen werden sollte. Als Teilnahmehandlungen kommen Anstiftung und Beihilfe in Betracht. Erstere ist dort begangen, wo der Anstiftungsakt vorgenommen wird und dort wo er sich auswirkt, der Täter also seinen Tatentschluss fasst und ihn ausführt.[1071] Letztere ist am Ort des Tätigwerdens des

---

[1065] *Basak*, in: Matt/Renzikowski-StGB, § 9 Rn. 10; *Böse*, in: NK-StGB, § 9 Rn. 15; *Satzger*, in: Satzger/Schluckebier/Werner-StGB, § 9 Rn. 7; *Hilgendorf*, NJW 1997, 1873 (1876) [„abstrakte Gefahr stellt keine derartige Außenweltveränderung dar"].

[1066] *Hoyer*, in: SK-StGB, § 9 Rn. 7; *Werle/Jeßberger*, in: LK-StGB, § 9 Rn. 32 ff.; siehe zusammenfassend zu einen Erfolgsort abstrakter Gefährdungsdelikte bejahenden Literatur *Barisch*, Die Bekämpfung des internationalen Terrorismus durch § 129b StGB, S. 185 ff.

[1067] *Basak*, in: Matt/Renzikowski-StGB, § 9 Rn. 10 unter Verweis auf einschlägige Literatur.

[1068] BGH 03.05.2016 – 3 StR 449/15, BGH, NStZ 2017, 146 (147); *Böse*, in: NK-StGB, § 9 Rn. 16; *Handel*, MMR 2017, 227 (228); *Satzger*, NStZ 1998, 112 (115 f.).

[1069] *Basak*, in: Matt/Renzikowski-StGB, § 9 Rn. 10; *Böse*, in: NK-StGB, § 9 Rn. 16; *Handel*, MMR 2017, 227 (228); *Satzger*, NStZ 1998, 112 (115 f.); *Vec*, NJW 2002, 1535 (1536).

[1070] Siehe dazu beispielsweise *Satzger*, in: Satzger/Schluckebier/Werner-StGB, § 9 Rn. 7 unter Verweis auf einschlägige Literatur.

[1071] *Werle/Jeßberger*, in: LK-StGB, § 9 Rn. 43; auch *Ambos*, in: MüKo-StGB, § 9 Rn. 36; *Eser/Weißer*, in: Schönke/Schröder-StGB, § 9 Rn. 11; so bereits RG 14.06.1894 – 1 StR 895/94, RGSt 25, 424 (426).

Gehilfen begangen und dort, wo sich dessen Tätigkeit fördernd auswirkt.[1072] Bei der versuchten Beteiligung nach § 30 StGB liegt der Tatort dort, wo die Versuchshandlung begangen wird und dort wo nach Teilnehmervorstellung das geplante Verbrechen begangen werden soll.[1073] Ein einmal begründeter Tatort kann später nicht wieder entfallen, es kann lediglich ein weiterer Tatort hinzukommen.[1074] Sohin muss es auch nicht zur tatsächlichen Ausführung des Verbrechens gelangen, es reicht aus, wenn es bei einem bloßen Plan bleibt.[1075] Bei Bezugsdelikten gilt es den Begehungsort jedoch selbstständig zu beurteilen.[1076]

b) Das Anknüpfen an den Begehungsort nach § 129b Abs. 1 S. 2 Var. 1 StGB

Da sich viele der geschilderten Hawala-Fälle zwischen Deutschland und dem nichteuropäischen Raum abspielen soll der Fokus auf § 129b Abs. 1 S. 2 StGB gelegt werden. Insbesondere wurde bereits festgestellt, dass ein Anknüpfen an das Personalitätsprinzip nach § 129b Abs. 1 S. 2 Var. 2, 3 StGB in den einschlägigen Hawala-Fällen von weniger Relevanz ist, sodass § 129b Abs. 1 S. 2 Var. 1 StGB für das Hawala-Banking das Augenmerk verdient. Zunächst soll das Verhältnis von § 129b Abs. 1 S. 2 StGB zu den §§ 3 ff. StGB geklärt und sodann noch darauf eingegangen werden, inwiefern sich eine ausländische Vereinigung bestimmen lässt. Vorab sei angemerkt, dass eine Strafbarkeit nach §§ 129, 129b Abs. 1 S. 2 StGB aber nicht voraussetzt, dass die Delikte auf deren Begehung sich der Zweck oder die Tätigkeit richtet, den §§ 3 ff. StGB unterliegen;[1077] zumindest müssen die Taten aber nach deutschem Strafrecht überhaupt strafbar sein.[1078]

aa) Das Verhältnis des § 129b Abs. 1 S. 2 StGB zu den §§ 3 ff. StGB

Umstritten ist das Verhältnis des § 129b Abs. 1 StGB zu den §§ 3 ff. StGB, da § 129b Abs. 1 StGB zum Teil weiter und zum Teil enger als die §§ 3 ff. StGB gefasst ist. Dahingehend wird vertreten, dass die §§ 3 ff. StGB ganz oder teilweise

---

[1072] *Werle/Jeßberger*, in: LK-StGB, § 9 Rn. 43 unter Verweis auf RG 30. 12. 1889 – 1 StR 3117/89, RGSt 20, 169 (170); RG 24. 06. 1884 – 4 StR 1433/84, RGSt 11, 20 (23 f.); auch *Ambos*, in: MüKo-StGB, § 9 Rn. 36.

[1073] *Ambos*, in: MüKo-StGB, § 9 Rn. 37 unter Verweis auf grundlegende Rechtsprechung zur Tatortbegründung durch § 30 StGB BGH 14. 04. 2011 – 1 StR 458/10, BGH, wistra 2011, 335 (336); BGH 04. 12. 1992 – 2 StR 442/92, BGHSt 39, 88 (89 f.), BGH, NJW 1993, 1405 (1405); OLG Koblenz 16. 08. 2011 – 1 Ws 427/11, OLG Koblenz, wistra 2012, 39 (39 f.).

[1074] BGH 04. 12. 1992 – 2 StR 442/92, BGHSt 39, 88 (89 f.).

[1075] *Ambos*, in: MüKo-StGB, § 9 Rn. 37; *Werle/Jeßberger*, in: LK-StGB, § 9 Rn. 44.

[1076] *Werle/Jeßberger*, in: LK-StGB, § 9 Rn. 46.

[1077] *Krauß*, in: LK-StGB, § 129b Rn. 36; *Sternberg-Lieben/Schittenhelm*, in: Schönke/Schröder-StGB, § 129b Rn. 4; *Altvater*, NStZ 2003, 179 (180); a. A. *Kuhli*, in: Matt/Renzikowski-StGB, § 129b Rn. 7.

[1078] *Lohse*, in: Satzger/Schluckebier/Werner-StGB, § 129b Rn. 6; *Krauß*, in: LK-StGB, § 129b Rn. 36.

kumulativ[1079] oder alternativ[1080] zu § 129b Abs. 1 StGB stehen, jedoch auch, dass diese im Wege der Spezialität[1081] gar nicht mehr heranzuziehen sind.[1082] Gerade die Rechtsprechung schwankt hier bei der Anwendung und hat deren Verhältnis nicht abschließend entschieden. So ging diese ursprünglich davon aus, dass die §§ 3 ff. StGB nicht verdrängt werden[1083] oder wendet diese alternativ[1084] an. Meist wird aber von der Rechtsprechung die Frage auch offengelassen.[1085] Auch in einem Hawala-Fall des BGH[1086] vom 28.06.2022 geht der BGH zwar auf § 129 Abs. 1 S. 2, 3 StGB ein, behandelt dabei aber keine strafanwendungsrechtlichen Angelegenheiten, sondern allein die Frage, inwiefern es sich bei dem Hawala-Netzwerk um eine ausländische Vereinigung handelt.

§ 129b Abs. 1 S. 2 StGB stellt jedoch eine Spezialregelung gegenüber den §§ 3 ff. StGB dar und dies aus folgenden Gründen: Bereits die Systematik zeigt, dass es sich bei § 129b Abs. 1 S. 2 StGB um eine Spezialregelung handeln muss, ist diese schließlich im besonderen Teil angesiedelt[1087] und wäre bei einer zwingenden kumulativen Anwendung der allgemeinen Regeln der §§ 3 ff. StGB ansonsten überflüssig.[1088] Dem Gesetzgeber zu unterstellen, dass dieser eine leerlaufende Norm mit § 129b Abs. 1 StGB schaffen wollte, vermag wohl nicht zu überzeugen.[1089] Auch die Formulierung, dass die §§ 129, 129a StGB für Vereinigungen im Ausland „gelten", weist darauf hin, dass es sich bei § 129b Abs. 1 StGB um eine Geltungsbereichsnorm handelt.[1090] Dies folgt auch aus der Binnensystematik, indem

---

[1079] *Kuhli*, in: Matt/Renzikowski-StGB, § 129b Rn. 6; *Lohse*, in: Satzger/Schluckebier/Werner-StGB, § 129b Rn. 5 [„§§ 3 ff. nur zu einer Beschränkung"]; *Altvater*, NStZ 2003, 179 (179); *Ambos*, ZIS 2016, 505 (506 f.).

[1080] BGH 09.09.2016 – StB 27/16, BGH, BeckRS 2016, 17122, Rn. 23; BGH 21.04.2016 – AK 19/16, BGH, BeckRS 2016, 8606, Rn. 34; BGH 24.09.2015 – AK 30/15, BGH, BeckRS 2015, 16873, Rn. 15; BGH 23.07.2015 – AK 19/15, BeckRS 2015, 13520, Rn. 19.

[1081] *Eschelbach*, in: NK-StGB, § 129b Rn. 16; *Krauß*, in: LK-StGB, § 129b Rn. 19.

[1082] *Eschelbach*, in: NK-StGB, § 129b Rn. 16.

[1083] BGH 02.07.2012 – 2 BGs 152/12, BGH, BeckRS 2012, 15269, Rn. 5; OLG München 08.05.2007 – 6 St 1/07, OLG München, NJW 2007, 2786 (2787).

[1084] BGH 09.09.2016 – StB 27/16, BGH, BeckRS 2016, 17122, Rn. 23; BGH 21.04.2016 – AK 19/16, BGH, BeckRS 2016, 8606, Rn. 34; BGH 24.09.2015 – AK 30/15, BGH, BeckRS 2015, 16873, Rn. 15; BGH 23.07.2015 – AK 19/15, BeckRS 2015, 13520, Rn. 19.

[1085] BGH 06.10.2016 – AK 52/16, BGH, BeckRS 2016, 19193, Rn. 29 ff.; BGH 15.12.2009 – 3 StB 52/09, BGHSt 54, 264 (267); BGH 31.07.2009 – StB 34/09, BGH, NStZ-RR 2011, 199 (199).

[1086] BGH 28.06.2022 – 3 StR 403/20, BGH, BeckRS 2022, 20799, Rn. 18 ff.

[1087] *Eschelbach*, in: NK-StGB, § 129b Rn. 19.

[1088] *Eschelbach*, in: NK-StGB, § 129b Rn. 19; *Krauß*, in: LK-StGB, § 129b Rn. 21; *Ambos*, ZIS 2016, 505 (507); a. A. *Stein/Greco*, in: SK-StGB, § 129b Rn. 3.

[1089] *Eschelbach*, in: NK-StGB, § 129b Rn. 19.

[1090] BGH 06.10.2016 – AK 52/16, BGH, BeckRS 2016, 19193, Rn. 32; *Eschelbach*, in: NK-StGB, § 129b Rn. 19; kritisch *Stein/Greco*, in: SK-StGB, § 129b Rn. 3 [„sprachlich ohnehin mehrdeutig"].

§ 129 Abs. 1 S. 1, 2 StGB zwischen einer ausländischen Vereinigung innerhalb und außerhalb der Europäischen Union differenziert und dabei ebenfalls von „gilt nur" spricht, sodass es sich bei § 129 Abs. 1 StGB insgesamt um eine Geltungsbereichsnorm handeln muss.[1091] Gerade weil § 129b Abs. 1 StGB gegenüber den §§ 3 ff. StGB zum Teil weiter und zum Teil enger gefasst wurde, geht hervor, dass es sich um eine Spezialregelung handeln muss,[1092] ein vollkommener Gleichlauf würde wiederum § 129b Abs. 1 StGB ansonsten ebenfalls überflüssig machen. Entscheidend für die Ansichten, die eine kumulative Anwendung befürworten, stellen wohl vor allem die Friktionen dar, die § 129b Abs. 1 StGB gegenüber den §§ 3 ff. StGB auslöst. Diese können jedoch teilweise ausgeräumt beziehungsweise begründet werden. Dabei knüpft auch § 129b Abs. 1 S. 2 Var. 1 StGB, wie die §§ 3, 9 StGB an die Begehung im Inland an. Anders als die allgemeinen Regelungen stellt jedoch § 129b Abs. 1 S. 2 Var. 1 StGB allein darauf ab, dass die ausgeübte Tätigkeit im räumlichen Geltungsbereich „begangen wird". Es wird nicht wie bei § 9 Abs. 1 StGB danach differenziert, dass die Tat an dem Ort begangen ist, an dem der Täter gehandelt hat oder der zum Tatbestand gehörende Erfolg eingetreten ist.[1093] Ob darin eine Einschränkung des § 9 StGB gesehen werden kann oder ob mit der Umschreibung „Tätigkeit" nicht vielmehr die Verwirklichung des Tatbestands in seiner Gesamtheit gemeint ist, kann dahinstehen. § 129b Abs. 1 S. 2 StGB verweist auf §§ 129, 129a StGB mithin abstrakte Gefährdungsdelikte[1094], bei denen es nicht auf den Eintritt eines Erfolges ankommt, vielmehr die Begehung der Tätigkeit ausreicht.[1095] In concreto ist dies Folge einer konsequenten Anpassung der speziellen Geltungsbereichsnorm an den Deliktscharakter der Strafnormen der §§ 129, 129a StGB. § 129b Abs. 1 S. 2 Var. 3 StGB irritiert jedoch damit, dass es sich bei §§ 129, 129a StGB um abstrakte Gefährdungsdelikte handelt, § 129b Abs. 1 S. 2 Var. 3 StGB aber wie sein Pendant des § 7 Abs. 1 StGB an die unmittelbare Verletzung von Individualrechtsgütern anknüpft. Doch in diesem Fall wird nicht an die Tathandlungen der §§ 129, 129a StGB angeknüpft, sondern an die jeweiligen Be-

---

1091 *Eschelbach*, in: NK-StGB, § 129b Rn. 19.

1092 BGH 06.10.2016 – AK 52/16, BGH, BeckRS 2016, 19193, Rn. 32; *Eschelbach*, in: NK-StGB, § 129b Rn. 20; kritisch *Stein/Greco*, in: SK-StGB, § 129b Rn. 3 [„nicht gewichtig genug"].

1093 *Schäfer/Anstötz*, in: MüKo-StGB, § 129b Rn. 18, die darin eine Einschränkung des Anwendungsbereichs des § 9 StGB erkennen.

1094 Zur Einordnung des § 129 StGB als abstraktes Gefährdungsdelikt: BGH 25.07.1984 – 3 StR 62/84, BGHSt 33, 16 (18); *Krauß*, in: LK-StGB, § 129 Rn. 4; *Lohse*, in: Satzger/Schluckebier/Werner-StGB, § 129 Rn. 3; *Stein/Greco*, in: SK-StGB, § 129 Rn. 4; *Schäfer/Anstötz*, in: MüKo-StGB, § 129 Rn. 4; *Fahrner*, Staatsschutzstrafrecht, S. 207; zur Einordnung des § 129a StGB als abstraktes Gefährdungsdelikt: *Eschelbach*, in: NK-StGB, § 129a Rn. 21; *Krauß*, in: LK-StGB, § 129a Rn. 4; *Schäfer/Anstötz*, in: MüKo-StGB, § 129a Rn. 4; ferner BGH 15.12.2009 – 3 StB 52/09, BGHSt 54, 264 (271).

1095 BGH 15.12.2009 – 3 StB 52/09, BGHSt 54, 264 (270 f.); *Sternberg-Lieben/Schittenhelm*, in: Schönke/Schröder-StGB, § 129b Rn. 7.

zugstaten,[1096] die auch Individualrechtsgüter schützen und damit eine unmittelbare Verletzung von Individualrechtsgütern möglich ist. Dies ist mit dem Wortlaut vereinbar und entspricht auch der Intention des Gesetzgebers[1097].[1098] Einen wesentlichen Unterschied zeigen § 129b Abs. 1 S. 2 Var. 2, 3 StGB zu § 7 Abs. 1, 2 StGB dahingehend auf, dass diese auf die Tatortstrafbarkeit verzichten. Ob darin ein Verstoß gegen den Nichteinmischungsgrundsatz gesehen werden kann, scheint diskutabel.[1099] Doch dem kann entgegengebracht werden, dass die §§ 3 ff. StGB nicht per se einen legitimierenden Anknüpfungspunkt im *völkerrechtlichen* Sinne darstellen, da sie aus nationalen kriminalpolitischen Überlegungen und Interessen heraus normiert wurden.[1100] Völkerrechtlich bildet der Nichteinmischungsgrundsatz die Trennlinie; die Normen sollen aber einen legitimen Anknüpfungspunkt normieren. Das bedeutet, dass der Gesetzgeber aus nationalen kriminalpolitischen Überlegungen und Interessen heraus auch § 129b Abs. 1 StGB als Geltungsbereichsnorm festlegen kann und er nicht an eine unmittelbare Umsetzung oder alleinige Anwendbarkeit der §§ 3 ff. StGB gebunden ist, sofern wiederum § 129b Abs. 1 StGB einen *legitimen*, mithin nicht den Nichteinmischungsgrundsatz verletzenden, Anknüpfungspunkt hergibt. Kommt es also zu Friktionen zwischen § 129b Abs. 1 StGB und den §§ 3 ff. StGB gilt es zu hinterfragen, ob sich eine Legitimation aus anderen Geltungsprinzipien erkennen lässt und ob dem überhaupt ein völkerrechtliches Verbot entgegensteht. Dass der Gesetzgeber auch andere spezielle Geltungsbereichsnormen festlegt, ist kein Sonderfall des § 129b Abs. 1 StGB, weisen die § 89a Abs. 3, § 89b Abs. 3 und § 89c Abs. 3 StGB ebenfalls spezielle Strafanwendungsregeln auf. Der Gesetzgeber nennt im Zusammenhang des § 89a Abs. 3 StGB explizit, dass dieser an § 129b StGB angelehnt ist.[1101] Im gleichen Zuge verweist der Gesetzgeber ausdrücklich darauf, dass § 89a Abs. 3 StGB nicht an die Tatortstrafbarkeit des § 7 StGB gebunden ist.[1102] Auch daraus lässt sich eine Spezialität des § 129b Abs. 1 StGB gegenüber dem § 7 StGB ableiten. Begründet wird dies damit, dass das Staatsschutzstrafrecht gestärkt und die Terrorismusbekämpfung effektiver gestaltet werden soll, was auf die Richtlinie (EU) 2017/541[1103] des Europäischen Parlaments und des Rates vom 15.03.2017 zur

[1096] BGH 15.12.2009 – 3 StB 52/09, BGHSt 54, 264 (271); *Lohse*, in: Satzger/Schluckebier/Werner-StGB, § 129b Rn. 13; *Schäfer/Anstötz*, in: MüKo-StGB, § 129b Rn. 21.

[1097] BT-Drs. 14/8893, S. 8 f.

[1098] *Altvater*, NStZ 2003, 179 (181).

[1099] Gegen völkerrechtliche Bedenken *Böse*, in: NK-StGB, Vor. §§ 3 ff. Rn. 18.

[1100] So *Ambos*, in: MüKo-StGB, Vor. § 3 Rn. 17.

[1101] BT-Drs. 16/12428, S. 15; daraus dennoch keine Rückschlüsse für die Auslegung des § 129b Abs. 1 S. 2 StGB ziehend *Stein/Greco*, in: SK-StGB, § 129b Rn. 5.

[1102] BT-Drs. 16/12428, S. 16; darauf ebenfalls verweisend *Krauß*, in: LK-StGB, § 129b Rn. 121.

[1103] Richtlinie (EU) 2017/541 des Europäischen Parlaments und des Rates vom 15.03.2017 zur Terrorismusbekämpfung und zur Ersetzung des Rahmenbeschlusses 2002/475/JI des Rates und zur Änderung des Beschlusses 2005/671/JI des Rates, ABl. EU Nr. L 88 2017, S. 6.

Terrorismusbekämpfung zurückzuführen ist.[1104] Dies spiegelt auch die (nationale) kriminalpolitische Überlegung und das Interesse für die Schaffung des § 129b Abs. 1 StGB wider. Ein legitimer Anknüpfungspunkt, der im Einklang mit dem Völkerrecht steht, ist damit nicht automatisch gleichzusetzen. Für § 129b Abs. 1 S. 1 StGB lässt sich aber zumindest auf das europäische Territorialitäts- oder Unionsschutzprinzip abstellen, sodass bei Straftaten zum Nachteil der Europäischen Union unabhängig vom Tatort der Strafgewalt aller Mitgliedstaaten unterworfen werden können, indem die Interessen der Europäischen Union verletzt werden.[1105] Blickt man auf den Gesetzesentwurf der Neufassung des § 261 StGB, so wird bei dessen Abs. 9 Nr. 2 explizit erwähnt, dass es einer Tatortstrafbarkeit nicht bedarf, denn „[i]n diesen Fällen der bereits durch europarechtliche Vorgaben als kriminelle Handlungen bezeichneten Taten bedarf es keiner zusätzlichen Feststellung, dass die Tat auch am Tatort mit Strafe bedroht ist."[1106] Auch hier verfährt der Gesetzgeber ähnlich. Bei § 129b Abs. 1 S. 2 StGB kann zwar nicht unmittelbar auf das Staatsschutzprinzip und Weltrechtsprinzip der §§ 5, 6 StGB abgestellt werden, da die §§ 129, 129a StGB nicht ausführlich darin aufgeführt werden.[1107] Dennoch lässt sich im Hinblick auf die vielfältigen Bestrebungen der internationalen Gemeinschaft, den internationalen Terrorismus weltweit zu verfolgen und zu sanktionieren und mit Blick auf die zahlreichen völkerrechtlichen Abkommen, dennoch eine ausreichende völkerrechtliche Legitimationsgrundlage erkennen.[1108] Daraus folgt auch, dass der Täter aufgrund der grenzüberschreitenden Dimensionen von Terrorismus nicht mehr auf die Straflosigkeit nach dem Tatortrecht vertrauen kann.[1109] Dies gilt jedoch neben terroristischen Vereinigungen auch für die kriminellen Vereinigungen, legt man hier die internationalen Bestrebungen zugrunde, die organisierte Kriminalität weltweit zu bekämpfen.[1110] Mit der Neufassung des § 129 StGB und der Umsetzung des Rahmenbeschlusses 2008/841/JI des Rates vom 24.10. 2008 zur Bekämpfung der organisierten Kriminalität, wird das Interesse des Gesetzgebers zur Bekämpfung der organisierten Kriminalität noch einmal verdeutlicht.[1111] Erkennt man darin also einen legitimen Anknüpfungspunkt, so legitimiert dies auch die Überlegung und das Interesse des Gesetzgebers für die Schaffung des

---

[1104] Instruktiv *Krauß*, in: LK-StGB, § 129b Rn. 21.

[1105] So *Krauß*, in: LK-StGB, § 129b Rn. 22 unter Verweis auf weiterführende Literatur.

[1106] BT-Drs. 19/24180, S. 35.

[1107] *Valerius*, GA 2011, 696 (701).

[1108] So überzeugend und mit Verweis auf einschlägige Abkommen *Krauß*, in: LK-StGB, § 129b Rn. 23; darauf ebenfalls verweisend *Eschelbach*, in: NK-StGB, § 129b Rn. 20.

[1109] *Krauß*, in: LK-StGB, § 129b Rn. 23 ff., mit Verweisen auf einschlägige Abkommen, die völkerrechtliche Bedenken einer mangelnden Tatortstrafbarkeit ausräumen; im Allgemeinen gegen völkerrechtliche Bedenken beim Verzicht des Tatortrechts *Böse*, in: NK-StGB, Vor. §§ 3 ff. Rn. 18.

[1110] *Krauß*, in: LK-StGB, § 129b Rn. 27, mit Ausführungen zu einschlägigen Abkommen; darauf ebenfalls verweisend *Eschelbach*, in: NK-StGB, § 129b Rn. 20.

[1111] BT-Drs. 18/11275, S. 1.

§ 129b Abs. 1 StGB. Damit entstehen zwar Friktionen zu den §§ 3 ff. StGB, dennoch fußt § 129b Abs. 1 StGB eigenständig auf einer ausreichend völkerrechtlichen Legitimationsgrundlage. Umso mehr bildet also § 129b Abs. 1 StGB eine Spezialregelung gegenüber den §§ 3 ff. StGB. Möchte man darin aber eine bloße Vermutung für die Völkerrechtsmäßigkeit der Straferstreckung erkennen, so hängt dies immer noch von der Erteilung einer Ermächtigung nach § 129b Abs. 1 S. 3 – 5 StGB ab. Auch hier lässt sich in die Ermessensprüfung mit einfließen, dass das Gesetz auf Bestrebungen gegen fundamentale, innerhalb der Völkergemeinschaft allgemein anerkannte Werte abstellt und die eigene verfassungsmäßige Ordnung keine Absolutheit einnehmen darf.[1112] Es scheint daher angebracht, zumindest mittelbar einfließen zu lassen, ob der Anwendbarkeit ein völkerrechtliches Verbot entgegensteht.[1113]

Ob mit der Ausweitung des Vereinigungsbegriffs des § 129 StGB n.F. und der bereits angeschnittenen vermeintlichen Umformung eines Staatsschutzdeliktes zum (auch) Wirtschaftsdelikt, nun auch strafanwendungsrechtliche Streitfragen einhergehen, kann an dieser Stelle aber nicht erfolgen. Zumindest sei hier angeregt, dass bei Annahme einer möglichen Strafbarkeit von Wirtschaftsunternehmen nach § 129 StGB, konsequent weitergedacht, nunmehr auch internationale Wirtschaftsunternehmen verstärkt in den Fokus geraten könnten.

bb) Die Bestimmung einer ausländischen Vereinigung nach § 129b Abs. 1 S. 1 StGB

§ 129 Abs. 1 S. 1 StGB spricht davon, dass die §§ 129, 129a StGB auch für „Vereinigungen im Ausland“ gelten. Was jedoch unter einer ausländischen Vereinigung zu verstehen ist, wird nicht ausdrücklich im Gesetz genannt. Zumindest lässt sich daraus lesen, dass sich der Gegenstand des § 129b StGB auf die *Vereinigung* im Ausland beziehen muss, nicht jedoch auf die Tat(en) im Ausland, auf deren Zweck oder die Tätigkeit der Vereinigung ausgerichtet ist. Die Rechtsprechung[1114] macht dies in erster Linie anhand einer an den konkreten Einzelfallumständen orientierten Gesamtbetrachtung fest, indem auf den Schwerpunkt der Organisationsstruktur

---

[1112] So *Krauß*, in: LK-StGB, § 129b Rn. 51.

[1113] Vgl. BGH 06.10.2016 – AK 52/16, BGH, BeckRS 2016, 19193, Rn. 32 [„Dies hielt der Rechtsausschuss für zu weitgehend und sah es als erforderlich an, die Beschränkungen des § 129b Abs. 1 Sätze 2 bis 5 StGB aufzunehmen, um ‚einer uferlosen Ausdehnung deutschen Strafrechts Grenzen‘ zu setzen“] unter vergleichenden Verweis auf BT-Drs. 14/8893, S. 8 f.; siehe zur Prüfung, ob ein völkerrechtliches Verbot entgegensteht *Ambos*, in: MüKo-StGB, Vor. § 3 Rn. 15.

[1114] BGH 28.06.2022 – 3 StR 403/20, BGH, BeckRS 2022, 20799, Rn. 19 ff.; BGH 13.09.2011 – 3 StR 231/11, BGH, NJW 2012, 325 (327); BGH 13.09.2011 – 3 StR 262/11, BGH, BeckRS 2012, 2323, Rn. 16 ff.; LG Düsseldorf 23.11.2021 – 014 KLs 2/21, LG Düsseldorf, abrufbar unter: http://www.justiz.nrw.de/nrwe/lgs/duesseldorf/lg_duesseldorf/j2021/014_KLs_2_21_Urteil_20211123.html, Rn. 668, LG Düsseldorf, BeckRS 2021, 55636, Rn. 178.

abgestellt wird.[1115] Dieser liegt beispielsweise dort, wo die Verwaltung der Vereinigung geführt wird,[1116] was wiederum zum Beispiel an der Bündelung von personellen und/oder sachlichen Ressourcen[1117], wie die genutzten Gebäude, Ausbildungsstätten, Material, Unterlagen oder auch Datenverarbeitungsanlagen[1118], festgemacht werden kann. Auch kann – zumindest indiziell – der Ort der Gründung berücksichtigt werden.[1119] Dabei kommt es darauf an, von welchem Ort aus, die Vereinigung in ihrem Bestand, ihrer Struktur, ihrer Ausrichtung und Zielsetzung geprägt und gesteuert wird.[1120] Nicht hingegen kommt es auf die Staatsangehörigkeit der Vereinigungsmitglieder, den Ort der Planung, der Vorbereitung oder der eigentlichen Begehung der zweckgerichteten Straftaten an.[1121] Da es sich um eine Gesamtbetrachtung handelt, kann das Aktionsfeld jedoch mitunter zu berücksichtigen sein.[1122] Liegt im Inland eine Teilorganisation und erfüllt diese eigenständig

[1115] BGH 28.06.2022 – 3 StR 403/20, BGH, BeckRS 2022, 20799, Rn. 19; BGH 13.09.2011 – 3 StR 231/11, BGH, NJW 2012, 325 (327); BGH 13.09.2011 – 3 StR 262/11, BGH, BeckRS 2012, 2323, Rn. 17; LG Düsseldorf 23.11.2021 – 014 KLs 2/21, LG Düsseldorf, abrufbar unter: http://www.justiz.nrw.de/nrwe/lgs/duesseldorf/lg_duesseldorf/j2021/014_KLs_2_21_Urteil_20211123.html, Rn. 668, LG Düsseldorf, BeckRS 2021, 55636, Rn. 178; *Eschelbach*, in: NK-StGB, § 129b Rn. 12; *Krauß*, in: LK-StGB, § 129b Rn. 11; *Schäfer/Anstötz*, in: MüKo-StGB, § 129b Rn. 8; *Stein/Greco*, in: SK-StGB, § 129b Rn. 7.

[1116] BGH 28.06.2022 – 3 StR 403/20, BGH, BeckRS 2022, 20799, Rn. 19; BGH 13.09.2011 – 3 StR 231/11, BGH, NJW 2012, 325 (327); BGH 13.09.2011 – 3 StR 262/11, BGH, BeckRS 2012, 2323, Rn. 17; *Eschelbach*, in: NK-StGB, § 129b Rn. 12; *Krauß*, in: LK-StGB, § 129b Rn. 11.

[1117] BGH 13.09.2011 – 3 StR 231/11, BGH, NJW 2012, 325 (327); BGH 13.09.2011 – 3 StR 262/11, BGH, BeckRS 2012, 2323, Rn. 17; LG Düsseldorf 23.11.2021 – 014 KLs 2/21, LG Düsseldorf, abrufbar unter: http://www.justiz.nrw.de/nrwe/lgs/duesseldorf/lg_duesseldorf/j2021/014_KLs_2_21_Urteil_20211123.html, Rn. 668, LG Düsseldorf, BeckRS 2021, 55636, Rn. 178; *Eschelbach*, in: NK-StGB, § 129b Rn. 12; *Krauß*, in: LK-StGB, § 129b Rn. 11.

[1118] BGH 13.09.2011 – 3 StR 231/11, BGH, NJW 2012, 325 (327); *Krauß*, in: LK-StGB, § 129b Rn. 11;

[1119] BGH 13.09.2011 – 3 StR 262/11, BGH, BeckRS 2012, 2323, Rn. 18; LG Düsseldorf 23.11.2021 – 014 KLs 2/21, LG Düsseldorf, abrufbar unter: http://www.justiz.nrw.de/nrwe/lgs/duesseldorf/lg_duesseldorf/j2021/014_KLs_2_21_Urteil_20211123.html, Rn. 668, LG Düsseldorf, BeckRS 2021, 55636, Rn. 178; *Eschelbach*, in: NK-StGB, § 129b Rn. 12; *Krauß*, in: LK-StGB, § 129b Rn. 18; vgl. BGH 13.09.2011 – 3 StR 231/11, BGH, NJW 2012, 325 (328).

[1120] BGH 28.06.2022 – 3 StR 403/20, BGH, BeckRS 2022, 20799, Rn. 19; BGH 13.09.2011 – 3 StR 231/11, BGH, NJW 2012, 325 (327); *Eschelbach*, in: NK-StGB, § 129b Rn. 12; *Krauß*, in: LK-StGB, § 129b Rn. 11; *Stein/Greco*, in: SK-StGB, § 129b Rn. 7.

[1121] BGH 28.06.2022 – 3 StR 403/20, BGH, BeckRS 2022, 20799, Rn. 19; BGH 13.09.2011 – 3 StR 231/11, BGH, NJW 2012, 325 (327 f.); *Eschelbach*, in: NK-StGB, § 129b Rn. 12; *Krauß*, in: LK-StGB, § 129b Rn. 11.

[1122] BGH 28.06.2022 – 3 StR 403/20, BGH, BeckRS 2022, 20799, Rn. 19; BGH 13.09.2011 – 3 StR 231/11, BGH, NJW 2012, 325 (327); BGH 13.09.2011 – 3 StR 262/11, BGH, BeckRS 2012, 2323, Rn. 19 f.; *Eschelbach*, in: NK-StGB, § 129b Rn. 12; *Schäfer/Anstötz*, in: MüKo-StGB, § 129b Rn. 8.

die Anforderungen des § 129 Abs. 2 StGB, so bedarf es keines Rückgriffs auf den § 129b Abs. 1 StGB.[1123]

III. Eine tatbestandsspezifische Einordnung der territorialen Anknüpfungspunkte beim länderübergreifenden Hawala-Banking

Gemein haben die Fälle des Hawala-Bankings, dass die Transfers meist international ablaufen. In den einschlägigen Fällen aus der Rechtsprechung spielen sich die Fälle zumeist zwischen Deutschland und der Türkei oder anderen Ländern ab.[1124] Herausgearbeitet werden konnte, dass es meist auf den Begehungsort nach den §§ 3, 9 StGB, § 129b Abs. 1 S. 2 Var. 1 StGB ankommen wird. Aufgrund der Einordnung des § 129b Abs. 1 S. 2 Var. 1 StGB als Spezialregelung gegenüber den §§ 3, 9 StGB gilt es § 129 StGB allein an § 129b Abs. 1 S. 2 Var. 1 StGB zu messen. Bei der Bezugstat des § 63 Abs. 1 Nr. 4 ZAG kommen jedoch weiterhin die §§ 3, 9 StGB zum Zuge, sodass bei der tatbestandspezifischen Einordnung bei den jeweiligen Delikten differenziert werden muss.

[1123] BGH 28.10.2010 – 3 StR 179/10, BGH, NStZ-RR 2011, 174 (174); BGH 14.04.2010 – StB 5/10, BGH, NJW 2010, 3042 (3044); *Eschelbach*, in: NK-StGB, § 129b Rn. 12; *Krauß*, in: LK-StGB, § 129b Rn. 12.

[1124] BGH 28.06.2022 – 3 StR 403/20, BGH, BeckRS 2022, 20799, Rn. 3 [„Bargeldmengen durch Kuriere in das Ausland, zumeist in die Türkei, verbracht"]; BGH 02.06.2021 – 3 StR 61/21, BGH, ZIP 2021, 1853 (1854) [„internationale Geldtransfers"]; BGH 28.10.2015 – 5 StR 189/15, BGH, NStZ-RR 2016, 15 (15) [„Plattform zum schattenwirtschaftlichen Transfer von Geldern vietnamesischer Kunden aus Deutschland nach Vietnam"]; OLG Düsseldorf 24.10.2022 – 1 Ws 131/22, OLG Düsseldorf, NZWiSt 2023, 69 (69) [„Zahlungsbüros in Deutschland einerseits sowie in der Türkei und Syrien andererseits"]; LG Köln 23.05.2022 – 109 KLs 5/21, LG Köln, abrufbar unter: https://www.justiz.nrw.de/nrwe/lgs/koeln/lg_koeln/j2022/109_KLs_5_21_Urteil_20220523.html, Rn. 57 [„Die erbrachten Zahlungsdienstleistungen richteten sich nahezu ausschließlich an Kundschaft aus Deutschland bzw. aus den Niederlanden und Belgien, die Gelder ins Ausland, in erster Linie in die Türkei, transferieren wollte"]; LG Düsseldorf 23.11.2021 – 014 KLs 2/21, LG Düsseldorf, abrufbar unter: http://www.justiz.nrw.de/nrwe/lgs/duesseldorf/lg_duesseldorf/j2021/014_KLs_2_21_Urteil_20211123.html, Rn. 73, LG Düsseldorf, BeckRS 2021, 55636, Rn. 46 [„Da der Transfer überwiegend von Deutschland in die Türkei erfolgte"]; LG Mannheim 17.11.2020 – 22 KLs 540 Js 6574/20, LG Mannheim, BeckRS 2020, 50512, Rn. 4 [„Hawala-Geldstrom von Deutschland in die Türkei"]; LG Frankfurt am Main 03.04.1998 – 5/12 Kls (A 1/97), zusammengefasst in *Warius*, Das Hawala-Finanzsystem in Deutschland – ein Fall für die Bekämpfung von Geldwäsche und Terrorismus, S. 105 ff.

1. Der Ort der Tat des § 63 Abs. 1 Nr. 4 ZAG beim länderübergreifenden Hawala-Banking

Bei § 63 Abs. 1 Nr. 4 ZAG handelt es sich um ein abstraktes Gefährdungsdelikt, sodass es nach § 9 Abs. 1 StGB an einem Erfolgsort mangelt und allein der Handlungsort entscheidend ist. Die Besonderheit ist, dass es sich bei der Tathandlung des Erbringens von Zahlungsdiensten, um eine pauschalierende Handlungsbeschreibung handelt, die auf Zahlungsdienste abzielt und damit eine auf Dauer angelegte Handlung umfasst. Diese kann wiederum aus vielen einzelnen Tätigkeiten bestehen. Anders als ein klassisches Einzelaktsdelikt umfasst das Erbringen von Zahlungsdiensten also viele einzelne Tätigkeiten, die sich in der Vereinbarung, Anweisung, Koordination aber auch der Durchführung des Zahlungsdienstes niederschlagen können. So umschreibt dies nicht nur eine einmalige Durchführung des Ensembles, sondern vielmehr ein mehrmaliges, ein zum Teil längere Zeiträume umfassendes Geschehen, was nach der Konkurrenzlehre im Sinne einer tatbestandlichen Handlungseinheit umschrieben wird.

Dabei wird bei mehraktigen Delikten, Dauerdelikten und sonstigen tatbestandlichen Handlungseinheiten, bei denen mehrere natürliche Handlungen zu einer rechtlichen Bewertungseinheit zusammengefasst werden, ein Begehungsort am Ort jedes Teilakts begründet.[1125] Der BGH[1126] ordnet beispielsweise das Handeltreiben mit Betäubungsmitteln als Inlandstat ein, sofern nur ein Teilakt, im Inland begangen wurde. Dazu schreibt er, dass eine Tat an jedem Ort als begangen anzusehen ist, an dem der Täter eine auf die Tatbestandsverwirklichung gerichtete Tätigkeit entfaltet oder versucht.[1127] Damit ist beim Handeltreiben der Handlungsort überall dort gegeben, wo ein Teilakt verwirklicht wird, somit auch dort, wo die Betäubungsmittel zum Zweck des Umsatzgeschäftes transportiert werden.[1128] Da es sich beim Erbringen des § 63 Abs. 1 Nr. 4 ZAG um eine pauschalierende Handlungsbeschreibung handelt, die wiederum aus vielen einzelnen Tätigkeiten besteht, stellt sich die Frage, ob die Ansicht des BGH auch hier angewendet werden kann.

[1125] *Werle/Jeßberger*, in: LK-StGB, § 9 Rn. 65.

[1126] BGH 10.02.2016 – 2 StR 413/15, BGH, NStZ 2016, 414 (415); BGH 01.08.2006 – 3 StR 149/06, BGH, NStZ 2007, 287 (287); BGH 13.05.1986 – 5 StR 143/86, BGH, NStZ 1986, 415 (415); vgl. zuvor RG 12.07.1937 – 2 StR 2 D 52/37, RGSt 71, 286 (288); RG 24.05.1917 – 2/3 StR C. 60/16, RGSt 50, 423 (425); zur Einordnung des Handeltreibens als teilaktige Tätigkeit im Allgemeinen siehe auch BGH 07.01.1981 – 2 StR 618/80, BGHSt 30, 28 (31); BGH 21.02.1979 – 2 StR 663/78, BGHSt 28, 308 (309).

[1127] BGH 10.02.2016 – 2 StR 413/15, BGH, NStZ 2016, 414 (415) unter vergleichenden Verweis auf einschlägige Literatur.

[1128] BGH 10.02.2016 – 2 StR 413/15, BGH, NStZ 2016, 414 (415); BGH 01.08.2006 – 3 StR 149/06, BGH, NStZ 2007, 287 (287).

a) Der Handlungsort des § 9 Abs. 1 StGB bei funktional-sozialer Tatherrschaft am Beispiel des Hawala-Bankings

Wegen des Charakters als funktional-soziale Tatherrschaft, kann nicht auf den Ort abgestellt werden an dem physisch-vermittelnde Kraft in Form von Handlungsherrschaft entfaltet wird; es geht hier häufig eher um eine geistige als eine körperliche Tätigkeit[1129]. Zudem zieht der BGH die pauschalierende Handlungsbeschreibung allein im Kontext der konkurrenzrechtlichen Bewertung heran, nicht jedoch zur Bestimmung der Tathandlung selbst. Damit soll die Überlegung getätigt werden, ob der Handlungsort auch derjenige Ort ist, an dem der Täter seine Lenkungs- und Plantätigkeit beziehungsweise seine Verbindungsfunktion ausübt, da dieser Akt, die Tathandlung erst zusammenfügt und komplettiert. Nimmt man den Fall des BGH[1130] vom 28.06.2022, oblag die Leitung und Steuerung sämtlicher Aktivitäten dem in der Türkei ansässigen „Als." Ihm kamen in erster Linie die Aufgaben der Übermittlung, Koordination und die eigentliche Durchführung des Zahlungsdienstes zu, mithin wesentliche Einzelhandlungen im Ensemble, die die Verbindungsfunktion statuieren. Damit war er für die innerbetriebliche Organisation aufgrund seiner Position und Funktion zuständig und konnte damit über die betriebsbezogenen Risiken gebieten. Im Fall des LG Köln[1131] vom 23.05.2022 oblag dem „U T5" die Führung der Organisation, der zwar in der Türkei wohnhaft war, sich jedoch anders als der „Als." regelmäßig in Deutschland aufhielt, um die Geschäfte der Organisation zu koordinieren. Damit kann man dem „U T5" zumindest auch die Ausübung der Verbindungsfunktion im Inland nachsagen. Fraglich ist, ob dies auch bei „Als." der Fall ist, da sich dieser allein in der Türkei befand und aus dem Fall nicht hervorgeht, dass sich dieser ebenfalls in Deutschland aufhielt. In Fällen wie denen des „Als." stellt sich somit die Frage, ob die für die funktional-soziale Tatherrschaft maßgebliche Verbindungsfunktion ausschließlich im Ausland wahrgenommen wird oder ob dies vielmehr eine spezifische Betrachtung erfordert. Berücksichtigt man nämlich die Natur einer pauschalierenden Handlungsbeschreibung, so zeigt sich, dass die Tathandlung aus vielen einzelnen Tätigkeiten besteht, mithin davon Teilakte umfasst sind, die auch in Deutschland liegen. Damit vollzieht sich der Erbringensprozess von Deutschland in die Türkei, sodass Teilakte in Deutschland vollzogen werden. So kann der Täter im Rahmen seiner betrieblichen Verantwortung auch für die Teilakte des kollektiven Geschehens mitverantwortlich gemacht werden, die seiner betrieblichen Verantwortung und damit seiner Kontrolle unterliegen, auch wenn diese von ihm nicht selbst (physisch-real) vollzogen worden sind.[1132]

[1129] *Morozinis*, Dogmatik der Organisationsdelikte, S. 603.

[1130] BGH 28.06.2022 – 3 StR 403/20, BGH, BeckRS 2022, 20799, Rn. 4.

[1131] LG Köln 23.05.2022 – 109 KLs 5/21, LG Köln, abrufbar unter: https://www.justiz.nrw.de/nrwe/lgs/koeln/lg_koeln/j2022/109_KLs_5_21_Urteil_20220523.html, Rn. 75.

[1132] *Bosch*, Organisationsverschulden in Unternehmen, S. 247; ähnlich *Morozinis*, Dogmatik der Organisationsdelikte, S. 605 [„Allerdings übt jeder eine betriebliche Tätigkeit aus

Legt man dies zugrunde, trägt der in der Türkei ansässige „Als." durch die Koordination der Übermittlung und der eigentlichen Durchführung des Zahlungsdienstes die betriebliche Verantwortung und ist im Rahmen des kollektiven Geschehens auch für die beispielsweise von ihm nicht physisch-real vollzogene Entgegennahme mit anschließender Übermittlung verantwortlich. Anders gesagt kann die Leitperson, die die funktional-soziale Tatherrschaft im Erbringensprozess innehat, im Inland oder im Ausland sitzen, sofern sie für die im Inland ausgeführten Teilakte (mit-)verantwortlich ist. Andernfalls könnte ein Akteur die deutsche Grenze passieren, um sich den Geltungsbereichsnormen zu entziehen, jedoch ausgelagert, die betriebliche Verantwortung vollziehen. Beim Hawala-Banking zeigt sich dies darin, dass der Hawaladar Einfluss auf die Einzahlung und Übermittlung nimmt, ohne dass den in Deutschland befindlichen Akteuren eine Entscheidungsmacht darüber zukommt. Geht man von zwei Hawaladaren aus, denen die zentrale Verwaltung und die Organisation ihres Transfersystems ebenbürtig obliegt, kann an eine für die Mittäterschaft charakteristische horizontale Struktur gedacht werden, die es notwendig werden lässt, dass die einzelnen Beiträge gegenseitig zugerechnet werden. Dabei reicht es aber bereits aus, wenn einer von ihnen im Inland tätig wird.[1133]

Um diese Sichtweise zu bekräftigen, lässt sich ein Vergleich zu dem Inlandsbegriff des § 10 Abs. 1 S. 1 ZAG[1134] ziehen, denn dadurch wird schließlich der Täter erlaubnispflichtig und ohne Erlaubnis nach § 63 Abs. 1 Nr. 4 ZAG überhaupt strafbar. Der Inlandsbegriff des § 10 Abs. 1 S. 1 ZAG wird bei nichtphysischer Präsenz im Inland neben weiteren bereits im Rahmen des § 10 Abs. 1 S. 1 ZAG genannten Möglichkeiten danach bestimmt, dass jemand „seine Dienste zielgerichtet an den inländischen Markt richtet."[1135] In concreto wird ein marktbezogener Grundsatz zugrunde gelegt, bei dem ein zielgerichtetes Wenden an den inländischen Markt ausreicht.[1136] Dabei reicht es ferner aus, wenn zurechenbare wesentliche

---

und hat eine Betriebsherrschaft inne, der über eine betriebliche Tätigkeit Entscheidungsmacht ausübt, unabhängig davon, ob sie in eine andere weiter gefasste betriebliche Tätigkeit mit einbezogen werden kann"].

[1133] BGH 14.04.1999 – 3 StR 22–99, BGH, NJW 1999, 2683 (2684); BGH 05.02.1997 – 2 StR 551/96, BGH, NStZ 1997, 286 (286); BGH 03.04.1996 – 2 ARs 105/96, BGH, NStZ 1996, 502 (502); BGH 04.12.1992 – 2 StR 442/92, BGHSt 39, 88 (90); *Ambos*, in: MüKo-StGB, § 9 Rn. 10; *Werle/Jeßberger*, in: LK-StGB, § 9 Rn. 13; *Rengier*, Strafrecht Allgemeiner Teil, § 6 Rn. 10.

[1134] Zum Inlandsbegriff des § 10 Abs. 1 S. 1 ZAG siehe bereits Teil 3 B. II. 1. b) aa) (4).

[1135] BT-Drs. 16/11613, S. 46.

[1136] So der zustimmungswürdige marktbezogene/vertriebsbezogene Ansatz: *Eckhold*, in: Schäfer/Omlor/Mimberg-ZAG, § 10, 11 Rn. 47 f.; *Walter*, in: Casper/Terlau-ZAG, § 10 Rn. 9 ff.; *Walz*, in: Ellenberger/Findeisen/Nobbe/Böger-Kommentar zum Zahlungsverkehrsrecht, § 10 ZAG Rn. 8; so bereits auch für § 8 ZAG a.F. BT-Drs. 16/11613, S. 46; BR-Drs. 827/08, S. 77 f.; *Danwerth*, Das Finanztransfergeschäft als Zahlungsdienst, S. 50 f.; *Hingst/Lösing*, Zahlungsdiensteaufsichtsrecht, § 6 Rn. 2 f.; *Dörner/Schenkel*, Die Erlaubnis zur Erbringung von Zahlungsdiensten, S. 50 f.; im Rahmen des ursprünglichen § 32 KWG wegweisend *BaFin*, Merkblatt zur Erlaubnispflicht von grenzüberschreitend betriebenen Ge-

Teilakte der Erbringung des Zahlungsdienstes im Inland getätigt werden, was der Wortlaut des § 12 Nr. 8 ZAG auch noch einmal verdeutlicht.[1137] Auch wenn der Inlandsbegriff des § 3 StGB mit dem des § 10 Abs. 1 S. 1 StGB nicht gleichgesetzt werden kann,[1138] zeigt die vorgenommene Auslegung, dass die Begriffe dahingehend im Grundsatz harmonieren. Zudem ist das Erbringen nicht nur auf eine einmalige Durchführung des Ensembles, sondern ein mehrmaliges auf einen längeren Zeitraum gestrecktes Geschehen angelegt, was das Beendigungsstadium erst auf das Einstellen der Zahlungsdienste legt[1139]. Damit stellt § 63 Abs. 1 Nr. 4 ZAG zwar kein Dauerdelikt im technischen Sinne dar, beschreibt aber gleichwohl ein länger andauerndes Verhalten, ebenbürtig eines Dauerdelikts.[1140] So wirkt die Fortführung der Zahlungsdienste auf das betroffene Rechtsgut ein oder intensiviert die Verletzung gar.[1141] Damit sind Teilakte des Geschehens während eines Teils der Tatzeit im Inland eingetreten.[1142] Zusammenfassend liegt also selbst die Tathandlung des „Als." und damit der Handlungsort nach § 9 Abs. 1 Var. 1 StGB im Inland. Entscheidend kommt es also darauf an, ob Teilakte im Inland liegen und der Täter aufgrund seiner betrieblichen Verantwortung auch für die im Inland befindlichen Teilakte Verantwortung trägt. Dann lässt sich auch im Inland ein Handlungsort erkennen. Häufig werden sich aber auch die jeweiligen Hawaladare im Inland be-

---

schäften vom 11.03.2019, abrufbar unter: https://www.bafin.de/SharedDocs/Veroeffentlichungen/DE/Merkblatt/mb_050401_grenzueberschreitend.html, Präzisierung der Verwaltungspraxis zu § 32 Abs. 1 S. 1 KWG; BVerwG 22.04.2009 – 8 C 2/09, BVerwG, VersR 2010, 509 (512); pro institutsbezogener Ansicht und umfangreich zu § 32 KWG und den zu übertragenden Meinungsstreit *Schwennicke*, in: Schwennicke/Auerbach-KWG, § 32 KWG Rn. 7 ff. mit Hinweisen zur einschlägigen Literatur und Rechtsprechung; für eine rein institutsbezogene Auslegung des § 10 Abs. 1 S. 1 ZAG wohl *Heucke*, in: Luz/Neus/Schaber/Schneider/et al.-ZAG, § 10 Rn. 6.

[1137] So *Eckhold*, in: Schäfer/Omlor/Mimberg-ZAG, § 10, 11 Rn. 48 unter vergleichenden Verweis auf BVerwG 22.04.2009 – 8 C 2/09, BVerwG, VersR 2010, 509 (512); ferner zur Teilaktstheorie *Vahldiek*, in: Fischer/Schulte-Mattler-KWG/CRR, § 53 KWG Rn. 23 ff.

[1138] Eine umfangreiche Darstellung, inwiefern der aufsichtsrechtliche Inlandsbegriff mit dem strafrechtlichen Inlandsbegriff der Geltungsbereichsnormen eine Kohärenz aufweist, kann mit Blick auf die Forschungsfrage nicht gewährleistet werden. Zumindest sei hierzu aber angeführt, dass bei beiden Begriffen das „Inland" das Hoheitsgebiet der Bundesrepublik Deutschland innerhalb seiner völkerrechtlich definierten Grenzen umschreibt, mithin das Staatsgebiet. Der Inlandsbegriff des § 10 Abs. 1 S. 1 ZAG wird bei nichtphysischer Präsenz im Inland mit einem marktbezogenen Ansatz konkretisiert und dadurch eine Art Bezugspunkt zum Inland geschaffen. Der Inlandsbegriff des § 3 StGB wird mit dem Begehungsort und letztlich mit dem Ubiquitätsprinzip konkretisiert. Auch hier wird durch den Handlungs- oder Erfolgsort ein Anknüpfungspunkt im Inland geschaffen.

[1139] Vgl. BGH 18.07.2018 – 2 StR 416/16, BGH, NJW 2018, 3467 (3469), der eine Festlegung des Beendigungszeitpunkts bei § 54 KWG jedoch am Ende dahinstehen lässt; vgl. ferner zum BtMG BGH 05.02.1997 – 2 StR 551/96, BGH, NStZ 1997, 286 (286); OLG Düsseldorf 04.12.1987 – 1 Ws 958/87, OLG Düsseldorf, MDR 1988, 515 (515).

[1140] Vgl. *von Heintschel-Heinegg*, in: BeckOK-StGB, § 52 Rn. 33.

[1141] Vgl. zu § 29 Abs. 1 Nr. 1 BtMG OLG Düsseldorf 04.12.1987 – 1 Ws 958/87, OLG Düsseldorf, MDR 1988, 515 (515).

[1142] Vgl. zu Dauerdelikten BGH 22.01.2015 – 3 StR 410/14, BGH, NStZ 2015, 338 (341).

reits eigenständig aufhalten und von dort aus ihre Verbindungsfunktion ausüben, die ihnen die funktional-soziale Tatherrschaft zuteilwerden lässt.

b) Die Begehungsorte des § 9 Abs. 2 StGB bei Teilnehmern am Beispiel des Hawala-Bankings

Die eingeordneten Teilnehmer[1143], denen keine Entscheidungsmacht über den Prozess zukommt, wie die Einsammler, die Kuriere beim Clearingverfahren, die Buchhalter oder die Akteure, die Gelder entgegennehmen oder auszahlen, können ebenfalls die Beihilfehandlung im Inland begangen haben. Dies gilt auch in Ausnahmefällen für die Kunden, sofern diese kooperativ mit den Hawaladaren zusammenarbeiten.[1144] Liegt bereits der Begehungsort der Tat im Inland, wie die vorherigen Ausführungen zeigen, ist die Teilnehmerhandlung ebenfalls im Inland begangen, § 9 Abs. 2 S. 1 Var. 1 StGB. Damit lassen sich auch Beihilfehandlungen im Ausland erfassen, sofern die Haupttat – auch zumindest durch die Verwirklichung von Teilakten – im Inland liegt und sich die Hilfeleistung im Inland fördernd auswirkt[1145]. Genauso gilt dies für die Akteure, die ihre Teilnahmehandlung zum Erbringen von Zahlungsdiensten im Inland vollziehen, § 9 Abs. 2 S. 1 Var. 2 StGB. Darunter lassen sich gerade die Einsammler, Buchhalter, Kuriere beim Clearingverfahren oder auch Akteure, die die Gelder entgegennehmen, die letztlich ihre Beihilfehandlung in Deutschland vornehmen, fassen.

2. Der Ort der Tat des § 129 StGB beim länderübergreifenden Hawala-Banking

Es konnte bereits herausgearbeitet werden, dass es sich bei § 129b Abs. 1 StGB um eine spezielle Geltungsbereichsnorm handelt, die es nicht kumulativ oder alternativ zu den §§ 3 ff. StGB anzuwenden gilt. Zu differenzieren ist dabei jedoch, wann es sich zum einen bei einem Hawala-Netzwerk überhaupt um eine ausländische Vereinigung handelt und zum anderen, ob die ausgeübte Tätigkeit der ausländischen Hawala-Vereinigung auch im räumlichen Geltungsbereich vollzogen wird.

[1143] Zur Einordnung der Mitakteure als Teilnehmer des § 63 Abs. 1 Nr. 4 ZAG beim Hawala-Banking siehe bereits Teil 4 A. I. 2. b) bb) (1).

[1144] Zur Einordnung der Zahlungsdienstekunden als Teilnehmer des § 63 Abs. 1 Nr. 4 ZAG beim Hawala-Banking siehe bereits Teil 4 A. I. 2. b) bb) (2).

[1145] *Ambos*, in: MüKo-StGB, § 9 Rn. 36; *Burchard*, HRRS 2010, 132 (141); BGH bei *Schoreit*, NStZ 1986, 53 (55).

a) Der Schwerpunkt der Hawala-Organisationsstruktur im In- oder Ausland

Wendet man die geschilderten Ausführungen zur Einordnung einer ausländischen Vereinigung an,[1146] so bezieht sich § 129b StGB auf eine Hawala-Vereinigung im Ausland, nicht jedoch auf deren Tat(en) im Ausland. Richtet sich also der Zweck der Hawala-Vereinigung auf das Erbringen von Zahlungsdiensten, mithin auf die Begehung von Straftaten nach § 63 Abs. 1 Nr. 4 ZAG, so kann für die Einordnung als in- oder ausländische Vereinigung nicht auf den Begehungsort des § 63 Abs. 1 Nr. 4 ZAG abgestellt werden. Als Beispielsfall kann auf den wegweisenden Beschluss des BGH[1147] vom 28. 06. 2022 verwiesen werden, bei dem die Rechtsprechung auf den Schwerpunkt der Organisationsstruktur unter Heranziehung einer den Einzelfallumständen orientierten Gesamtbetrachtung abstellt. Auch hier verweist der BGH darauf, dass es zum einen nicht darauf ankommt, dass „sowohl hinsichtlich der mitgliedschaftlichen Beteiligung an einer kriminellen Vereinigung gemäß § 129 Abs. 1 Satz 1 StGB als auch bezüglich des unerlaubten Erbringens von Zahlungsdiensten gemäß § 63 Abs. 1 Nr. 4 ZAG – ein deutscher Tatort gegeben ist."[1148] Abgestellt wird allein auf den Schwerpunkt der Organisationsstruktur, die in erster Linie mit dem organisatorischen Element des Vereinigungsbegriffs in Verbindung gebracht werden kann, nicht aber mit der Tathandlung des § 63 Abs. 1 Nr. 4 ZAG oder mit der oder den eigentlichen Tathandlung(en) des § 129 Abs. 1 StGB. Denn zum einen verweist der BGH beim Festlegen des ausschlaggebenden Schwerpunkts der Organisation darauf, dass nun auch eine „rudimentäre[…] Organisationsstruktur ausreicht"[1149] und zum anderen wendet er sich wie soeben geschildert explizit vom Tatort der Tathandlungen des § 129 Abs. 1 StGB sowie des § 63 Abs. 1 Nr. 4 ZAG zur Einordnung einer in- oder ausländischen Organisation ab. Es verwundert jedoch, dass er zum Ende hin davon spricht, dass „[b]ei der gebotenen Gesamtbetrachtung der Strukturen und *Tätigkeiten*[1150] der Vereinigung […] deren Schwerpunkt mithin in der Türkei" lag. Der BGH führt weiter aus, dass „der Ort der Planung, Vorbereitung und Begehung konkreter organisationsbezogener Straftaten" auch nach wie vor nicht von wesentlicher Bedeutung ist, womit „weiterhin für die Einordnung einer Gruppierung als inländische oder EU-Vereinigung nicht genügt, dass sie auf dem jeweiligen Gebiet Straftaten begeht oder begehen will."[1151] Demnach soll es auch nicht darauf ankommen, dass „wesentliche Aktivitäten – von der Entgegennahme der Kundengelder über deren Ein- und Ansammeln sowie Verbuchen bis hin zum Geldtransfer aus Deutschland heraus – in der Bundesrepublik entfaltet wurden"[1152]. Dabei verweist er vielmehr

---

[1146] Siehe dazu Teil 4 C. II. 3. b) bb).

[1147] BGH 28. 06. 2022 – 3 StR 403/20, BGH, BeckRS 2022, 20799, Rn. 19.

[1148] BGH 28. 06. 2022 – 3 StR 403/20, BGH, BeckRS 2022, 20799, Rn. 20.

[1149] BGH 28. 06. 2022 – 3 StR 403/20, BGH, BeckRS 2022, 20799, Rn. 19.

[1150] Hervorhebung durch den Verfasser.

[1151] BGH 28. 06. 2022 – 3 StR 403/20, BGH, BeckRS 2022, 20799, Rn. 19.

[1152] BGH 28. 06. 2022 – 3 StR 403/20, BGH, BeckRS 2022, 20799, Rn. 20.

darauf, dass sich ein solcher Schwerpunkt „insbesondere aus dem Ort ergeben [kann], an dem gleichsam ‚die Verwaltung geführt wird'"[1153]. Dies soll trotz der Absenkung der Anforderungen an das organisatorische Element mit der Gesetzesänderung des § 129 StGB[1154] weiterhin Bestand haben.[1155] Dabei ist „vornehmlich – handlungsbezogen – entscheidend, von welchem Ort aus die Vereinigung maßgeblich in ihrem Bestand, ihrer Struktur, Ausrichtung und Zielsetzung geprägt und gesteuert wird."[1156] Auch soll weiterhin aber das Aktionsfeld in die Gesamtbetrachtung einfließen können.[1157] Wobei das Aktionsfeld hier wohl weitestgehend in Deutschland lag. Vor allem war für den BGH aber entscheidend, „dass die gesamten Aktivitäten der Vereinigung von der Türkei aus gesteuert wurden, die Führungspersonen dort ansässig waren, die in Deutschland tätigen Akteure – auch die Angeklagten – Weisungen der Hintermänner aus der Türkei unterworfen waren, die eingenommenen Gelder – jedenfalls überwiegend – zunächst dorthin verbracht wurden sowie von der Türkei aus die Weiterleitung in das Zielland und die dortige Auszahlung an die Empfänger veranlasst und organisiert wurde."[1158] Damit soll bei der gebotenen Gesamtbetrachtung der Strukturen und Tätigkeiten der Vereinigung deren Schwerpunkt in der Türkei liegen.[1159]

Möchte man dies mit der bereits behandelten Betriebsherrschaft[1160] des § 63 Abs. 1 Nr. 4 ZAG und der Einordnung als Rädelsführer[1161] nach § 129 Abs. 5 S. 2 StGB vergleichen, so lassen sich Parallelen erkennen. Denn der BGH ordnet

---

[1153] BGH 28. 06. 2022 – 3 StR 403/20, BGH, BeckRS 2022, 20799, Rn. 19.

[1154] Zur Neufassung des § 129 StGB und der damit verbundenen Neuinterpretation des BGH sowie der eigenen Einordnung des organisatorischen Elements siehe bereits Teil 4 B. I. 1. b).

[1155] BGH 28. 06. 2022 – 3 StR 403/20, BGH, BeckRS 2022, 20799, Rn. 19.

[1156] BGH 28. 06. 2022 – 3 StR 403/20, BGH, BeckRS 2022, 20799, Rn. 19.

[1157] BGH 28. 06. 2022 – 3 StR 403/20, BGH, BeckRS 2022, 20799, Rn. 19.

[1158] BGH 28. 06. 2022 – 3 StR 403/20, BGH, BeckRS 2022, 20799, Rn. 20; ähnlich herangehend jedoch auf das Inland abstellend LG Düsseldorf 23. 11. 2021 – 014 KLs 2/21, LG Düsseldorf, abrufbar unter: http://www.justiz.nrw.de/nrwe/lgs/duesseldorf/lg_duesseldorf/j2021/014_KLs_2_21_Urteil_20211123.html, Rn. 669, LG Düsseldorf, BeckRS 2021, 55636, Rn. 179 [„Jedoch wurde die Vereinigung von den Angeklagten L1 und C1 in Deutschland aufgebaut. Hier wurde auch der Gruppenwille gebildet, da der diesbezüglich allein maßgebliche Angeklagte L1, der die Entscheidungsgewalt allein ausübte, seinen Wohnsitz in Deutschland hat. Auch der Schwerpunkt der Organisationsstruktur lag in Deutschland, wo der deutsche Topf verwaltet wurde und sich die weit überwiegende Anzahl der Zahlstellen und Mitarbeiter befand. Auch der Schwerpunkt der Tätigkeit konzentriert sich auf den deutschen Raum, da in den überwiegenden Fällen Bargeld in Deutschland angenommen und der entsprechende Geldwert in die Türkei übermittelt wurde. Sogenannte ‚Rückwärtsgeschäfte', bei denen Geld von der Türkei nach Deutschland transferiert wurde, kamen demgegenüber seltener vor."].

[1159] BGH 28. 06. 2022 – 3 StR 403/20, BGH, BeckRS 2022, 20799, Rn. 20.

[1160] Zur Einordnung der Zahlungsdienste erbringenden Akteure siehe bereits Teil 4 A. I. 2. a) bb) (2) (c).

[1161] Zur Einordnung der Rädelsführereigenschaft siehe bereits Teil 4 B. III. 1. a).

den Schwerpunkt der Organisation dem Ort zu, an dem die Führungspersonen ansässig waren und diese ihre Verbindungsfunktion im Sinne einer funktional-sozialen Tatherrschaft einnahmen. Genauso lässt sich dies dem Ort des Rädelsführers zuordnen, denn dieser nimmt eine maßgebliche Führungsrolle innerhalb der Vereinigung ein und übt geistig oder wirtschaftlich erheblichen Einfluss darauf aus. Gerade dessen Schlüsselstellung als „Hintermann" zieht der BGH heran, um den Schwerpunkt der Vereinigung festzustellen. Der Fall zeigt aber auch, dass „regelmäßig größere Bargeldmengen durch Kuriere in das Ausland, zumeist in die Türkei, verbracht"[1162] wurden. Zeigen solche Clearingstrukturen gerade, dass meist der Transfer von Geldern in eine Richtung läuft und der eigentliche Ausgleich der Töpfe durch Rücküberweisungen nicht immer funktioniert. Dies lässt auch den Schluss zu, dass der organisatorische Aufwand, durch Einsammler, Einzahlstellen und Clearingstrukturen vor allem in Deutschland stattfand oder auch in vielen anderen Fällen[1163] stattfindet. Damit können sich personelle und/oder sachliche Ressourcen, Material, Unterlagen, genutzte Gebäude aber auch das Aktionsfeld an sich vornehmlich in Deutschland befinden; die Organisation des Ganzen liegt jedoch in der Türkei. Dies lässt sich dergestalt einordnen, dass der BGH den Schwerpunkt der Organisationsstruktur in erster Linie anhand der Organisation anstatt an der Struktur festmacht. Ersterem kommt also die zentrale Bedeutung zu. Die Parallelen zwischen der Betriebsherrschaft und der Stellung als Rädelsführer wurden bereits aufgeführt, wobei § 129 Abs. 5 S. 2 StGB die „Organisationsführung" erfasst und § 63 Abs. 1 Nr. 4 ZAG die „Führung der Betriebstätigkeit". Letztere folgt aber aus der pauschalierenden Handlungsbeschreibung des Erbringens, mithin aus der Tathandlung des § 63 Abs. 1 Nr. 4 ZAG, die aber eigentlich keinen Einfluss auf den Schwerpunkt der Organisation haben soll. Die eigentliche Stellung als Rädelsführer oder auch Hintermann im Sinne des § 129 Abs. 5 S. 2 stellen jedoch nicht auf die Tathandlungen des § 129 Abs. 1 StGB ab, sondern vielmehr auf den bestimmenden Einfluss auf die ganze Vereinigung, womit das Gewicht des für die Vereinigung tatsächlich geleisteten Beitrags entscheidend ist. Summa summarum bildet der Ort der Tätigkeit des Rädelsführers oder Hintermanns nach § 129 Abs. 5 S. 2 StGB ein starkes Indiz für den Schwerpunkt der Organisationsstruktur, da sie von dort aus ihre Struktur ausrichtet und ihre Ziele prägt sowie steuert. Dies macht der BGH mit dem Beschluss vom 28.06.2022 stillschweigend deutlich, wobei er selbst von den „Führungspersonen" und „Hintermännern" spricht.[1164] Aufgrund der Heranziehung einer den Einzelfallumständen orientierten Gesamtbetrachtung, verbleibt es aber bei einer indiziellen Bedeutung.

[1162] BGH 28.06.2022 – 3 StR 403/20, BGH, BeckRS 2022, 20799, Rn. 3.

[1163] Dazu beispielhaft LG Köln 23.05.2022 – 109 KLs 5/21, LG Köln, abrufbar unter: https://www.justiz.nrw.de/nrwe/lgs/koeln/lg_koeln/j2022/109_KLs_5_21_Urteil_20220523.html, Rn. 645.

[1164] BGH 28.06.2022 – 3 StR 403/20, BGH, BeckRS 2022, 20799, Rn. 20.

Als anders gelagerter Fall betitelt der BGH den vorherigen Hawala-Fall des BGH[1165] vom 02.06.2021, denn dort „befanden sich die wesentlichen Strukturen in Deutschland und [es] wurde schwerpunktmäßig hier agiert“[1166]. Tiefergehende Ausführungen erfolgen zur Einordnung einer ausländischen Vereinigung aber nicht. Vorinstanzlich stellt das LG Mannheim[1167] dazu aber darauf ab, dass der wesentliche Umstand für die Einordnung als ausländische Vereinigung war, „dass sich das Aktionsfeld der vom Netzwerk intendierten und auch begangenen Straftaten nach dem ZAG (hier in Form der Entgegennahme von Bargeldern), von vorneherein auf das Inland beschränkte, da nur im Inland erbrachte Zahlungsdienste der Genehmigungspflicht nach § 10 ZAG und demzufolge auch der Strafvorschrift des § 63 Abs. 1 Nr. 4 ZAG unterfallen.“ Das LG Mannheim macht also den Schwerpunkt der Organisationsstruktur zum einen mehr an den personellen und sachlichen Ressourcen fest, indem auf die „eingebundenen inländischen Einzahlstellen, der im Inland agierenden Einsammler“[1168] abgestellt wird.[1169] Zum anderen stellt es auf das Aufsichtsrecht ab, indem akzessorisch die Erlaubnispflicht des § 10 Abs. 1 S. 1 ZAG und dessen Inlandsbegriff herangezogen wird. Die Erlaubnispflichtigkeit beschränkte sich von vornherein auf das Inland, „da nur im Inland erbrachte Zahlungsdienste der Genehmigungspflicht nach § 10 ZAG und demzufolge auch der Strafvorschrift des § 63 Abs. 1 Nr. 4 ZAG unterfallen.“[1170] Wie bereits geschildert weist der Inlandsbegriff des § 10 Abs. 1 S. 1 ZAG mit seinem marktbezogenen Ansatz Parallelen zum Inlandsbegriff des §§ 3, 9 Abs. 1 StGB in Verbindung mit der pauschalierenden Handlungsbeschreibung des Erbringens im Sinne des § 63 Abs. 1 Nr. 4 ZAG auf. Dennoch reicht gerade für den Inlandsbegriff des § 10 Abs. 1 S. 1 ZAG bereits aus, wenn zurechenbare wesentliche Teilakte im Inland stattfinden oder sich eine einfache Zweigniederlassung im Inland befindet. Gerade daraus folgt

[1165] BGH 02.06.2021 – 3 StR 61/21, BGH, ZIP 2021, 1853 (1855).

[1166] BGH 28.06.2022 – 3 StR 403/20, BGH, BeckRS 2022, 20799, Rn. 20.

[1167] LG Mannheim 17.11.2020 – 22 KLs 540 Js 6574/20, LG Mannheim, BeckRS 2020, 50512, Rn. 140 ff., insbesondere Rn. 144 ff.

[1168] LG Mannheim 17.11.2020 – 22 KLs 540 Js 6574/20, LG Mannheim, BeckRS 2020, 50512, Rn. 145.

[1169] Ebenso umfassend auf die sachlichen und personellen Ressourcen sowie das Aktionsfeld abstellend: LG Köln 23.05.2022 – 109 KLs 5/21, LG Köln, abrufbar unter: https://www.justiz.nrw.de/nrwe/lgs/koeln/lg_koeln/j2022/109_KLs_5_21_Urteil_20220523.html, Rn. 645 [„Die maßgebliche Aktivitäten der Organisation wurden in Deutschland entfaltet, lediglich die Auszahlung der zu transferierenden Geldsummen fand außerhalb der EU statt. In Deutschland waren auch die Angeklagten wohnhaft und die von diesen zum Zwecke der Tätigkeit der kriminellen Vereinigung gegründeten Firmen ansässig. Auch die Ankäufe von Altgold […] und die Annahme von Geldern fanden überwiegend in Deutschland statt, aus dem EU-Ausland abgeholte Gelder wurden hierhin verbracht. Das Einschmelzen der Edelmetalle sowie die Ausfuhr per Flugzeug in die Türkei erfolgten von L oder Berlin aus. Schließlich wurde auch die für die Durchführung der Finanztransfergeschäfte notwendige ‚Papierlage‘ in Deutschland geschaffen“].

[1170] LG Mannheim 17.11.2020 – 22 KLs 540 Js 6574/20, LG Mannheim, BeckRS 2020, 50512, Rn. 144.

aber nicht auch zwingendermaßen der Schwerpunkt der Organisationsstruktur. Denn bei Annahme von Teilakten oder Zweigniederlassungen in Deutschland, mögen von dort aus nicht auch unbedingt der Bestand, die Struktur, die Ausrichtung und die Zielsetzung der Vereinigung geprägt und gesteuert werden, geschweige denn darin der Großteil der personellen und sachlichen Ressourcen gesehen werden können. Dabei verweist es explizit auch auf die „Entgegennahme von Bargeldern"[1171], was sich eben nur als bloßer Teilakt der pauschalierenden Handlungsbeschreibung darstellt. Eine akzessorische Betrachtung des ZAG mag also nicht vollends überzeugen. Zumindest weitergehend stellt das LG Mannheim aber zusätzlich auf den sogenannten „Türken" ab, der als Drehscheibe fungierte und für Fragen von übergeordneter Bedeutung verantwortlich war.[1172] Im Gleichlauf zum BGH muss nach Ansicht des LG Mannheim ebenfalls auf zentrale Führungsfiguren abgestellt werden, beziehungsweise auf den Ort, an dem die Aktivitäten durch zentrale Koordinationsanweisungen der Vereinigung gesteuert und geprägt werden.

Gerade die Fälle des Hawala-Bankings machen deutlich, dass es nicht immer leicht einzuordnen ist, ob es sich um eine in- oder ausländische Vereinigung handelt, da die Sachverhalte länderübergreifend stattfinden und die Systeme auch länderübergreifende, umfangreiche Strukturen aufbauen. Insoweit ist dem BGH zuzustimmen, dass anhand einer der konkreten Einzelfallumstände orientierten Gesamtbetrachtung, der Schwerpunkt der Organisationsstruktur festgestellt werden muss. Beim Hawala-Banking mag die Bündelung von personellen und/oder sachlichen Ressourcen, wie die genutzten Gebäude, die gegründeten Scheinfirmen, die Einzahlstellen, die Clearingstellen, die Einsammler und Buchführer ein deutliches Indiz geben. Daraus folgt aber nicht immer auch automatisch, dass dort gleichzeitig die Verwaltung der Vereinigung geführt wird. So zeigt der vorgestellte Fall, dass die Vereinigung in ihrem Bestand, in ihrer Struktur, in ihrer Ausrichtung und Zielsetzung auch vom Ausland aus geprägt und gesteuert werden kann. Aufgrund der meist umfangreicheren Zahlungsflüsse von Deutschland in das Ausland, wird ein Großteil der personellen und sachlichen Ressourcen in Deutschland liegen. Damit geht jedoch nicht zwingend auch die Koordination der Struktur oder des Netzwerkes einher. Damit ist dem BGH beizupflichten, dass bei den Hawala-Fällen in erster Linie auf den Ort abzustellen ist, von dem aus die Vereinigung maßgeblich in ihrem Bestand, ihrer Struktur, Ausrichtung und Zielsetzung geprägt und gesteuert wird. Orientierung bietet hierbei der Ort, an dem ein Rädelsführer und damit meist ein Groß-Hawaladar agiert. Aufgrund der zum Teil unterschiedlichen Konzeptionen der Systeme, sei aber auch hier darauf verwiesen, dass es immer einer an den Einzelfallumständen orientierten Gesamtbetrachtung bedarf. Lässt sich eine Hawala-Gruppierung dem Vereinigungsbegriff des § 129 Abs. 2 StGB zuordnen und damit als inländische Teilorganisation einordnen, so kann auf § 129b Abs. 1 StGB

[1171] LG Mannheim 17.11.2020 – 22 KLs 540 Js 6574/20, LG Mannheim, BeckRS 2020, 50512, Rn. 144.

[1172] LG Mannheim 17.11.2020 – 22 KLs 540 Js 6574/20, LG Mannheim, BeckRS 2020, 50512, Rn. 146.

verzichtet werden. Letztlich kann auch dies in den Hawala-Fällen im Einzelfall Berücksichtigung finden.

b) Die ausgeübte Tätigkeit im räumlichen Geltungsbereich nach § 129b Abs. 1 S. 2 Var. 1 StGB am Beispiel des Hawala-Bankings

Von Relevanz für das Hawala-Banking ist die ausgeübte Tätigkeit im räumlichen Geltungsbereich nach § 129b Abs. 1 S. 2 Var. 1 StGB. Dabei wird das Territorialitätsprinzip der §§ 3, 9 StGB herangezogen, sodass auch hier auf den zugehörigen Inlandsbegriff zurückgegriffen werden kann.[1173] An den Erfolgsort wie bei § 9 Abs. 1 Var. 3, 4 StGB kann jedoch nicht angeknüpft werden, wobei es sich bei den §§ 129, 129a StGB sowieso um abstrakte Gefährdungsdelikte handelt und ein Erfolgsort daher bereits tatbestandlich ausgeschlossen ist.[1174] Demnach ist die Tat dort begangen, wo der Täter seine auf die Tatbestandsverwirklichung gerichtete Tätigkeit entfaltet[1175], was den Ort der körperlichen Präsenz und damit den Ort des Gründens, des mitgliedschaftlichen Betätigens, des Werbens und Unterstützens, nicht aber den Ort des Erbringens von Zahlungsdiensten widerspiegelt.[1176] Da es sich bei den Tathandlungen des § 129 StGB auch um Vorbereitungshandlungen handelt, reicht es bereits aus, wenn die Vorbereitungshandlungen im Inland getroffen werden.

Beim Hawala-Banking wurden vor allem das Gründen, das mitgliedschaftliche Beteiligen sowie teilweise auch das Unterstützen herausgearbeitet und zugeordnet.[1177] Meist lassen sich die ausgeübten Tätigkeiten auch jeweils im räumlichen Geltungsbereich, mithin in Deutschland wiederfinden. Im Fall des LG Düsseldorf[1178] vom 23.11.2021 wurde der Gründungsprozess in Deutschland durch das Organisieren von Bargeld und das Anlegen von Liquiditätsvorräten vollzogen.[1179] Auch begangen sie damit Firmenräume des Juweliergeschäfts B3 und Räumlich-

---

[1173] *Krauß*, in: LK-StGB, § 129b Rn. 30.

[1174] BGH 15.12.2009 – 3 StB 52/09, BGHSt 54, 264 (270 f.); *Krauß*, in: LK-StGB, § 129b Rn. 31; siehe dazu bereits die Ausführungen in Teil 4 C. II. 3. a) cc) (2).

[1175] *Krauß*, in: LK-StGB, § 129b Rn. 30 unter Verweis auf *Böse*, in: NK-StGB, § 9 Rn. 3; *Werle/Jeßberger*, in: LK-StGB, § 9 Rn. 10.

[1176] *Krauß*, in: LK-StGB, § 129b Rn. 30.

[1177] Zur jeweiligen Einordnung siehe Teil 4 B. I. 3.

[1178] LG Düsseldorf 23.11.2021 – 014 KLs 2/21, LG Düsseldorf, abrufbar unter: http://www.justiz.nrw.de/nrwe/lgs/duesseldorf/lg_duesseldorf/j2021/014_KLs_2_21_Urteil_20211123.html, Rn. 34 ff., LG Düsseldorf, BeckRS 2021, 55636, Rn. 21 ff.

[1179] LG Düsseldorf 23.11.2021 – 014 KLs 2/21, LG Düsseldorf, abrufbar unter: http://www.justiz.nrw.de/nrwe/lgs/duesseldorf/lg_duesseldorf/j2021/014_KLs_2_21_Urteil_20211123.html, Rn. 38, LG Düsseldorf, BeckRS 2021, 55636, Rn. 24.

keiten der Z1 GmbH als Ein- und Auszahlstellen in Deutschland einzugliedern.[1180] Ab April 2018 wurde das Hawala-Netzwerk noch weiter ausgebaut, indem weitere Zahlstellen und Akteure in das System eingebunden wurden.[1181] Der Gründungsprozess, der beim Hawala-Banking in erster Linie auf dem Bereitstellen der Liquiditätsvorräte und der Infrastruktur, mithin der Ein- und Auszahlstellen liegt, wird also auch im räumlichen Geltungsbereich abgewickelt. Auch mitgliedschaftliche Beteiligungshandlungen liegen im räumlichen Geltungsbereich vor, indem beispielsweise der Groß-Hawaladar von Deutschland ausgehend leitet und koordiniert.[1182] Weitere Akteure nehmen ihre Beteiligungshandlungen ebenfalls im Inland vor, indem sie zwar am eigentlichen Transferprozess weniger gestaltend mitwirken, in erster Linie zuarbeiten. Dabei kommt es zum Einsammlen, zu Kuriertätigkeiten beim Clearingverfahren, zur Buchhaltung oder zum Entgegennehmen oder Auszahlen von Geldern. So werden Förderungshandlungen im Inland vollzogen, die die Ziele der Vereinigung unmittelbar durchsetzen, sich jedoch auch in Grundlagen widerspiegeln, wie der Schaffung und Erhaltung der Aktivitäten der Vereinigung.[1183] Damit wird hier der Aufbau, der Zusammenhalt oder die Tätigkeit der Organisation in Deutschland gefördert.[1184] Meist verbleibt es bei einer mitgliedschaftlichen Beteiligung und nicht bei einer bloßen Unterstützungshandlung. Im Einzelfall werden die Unterstützungshandlungen jedoch ebenfalls im Inland durchgeführt.

Fraglich ist jedoch, wie es sich auswirkt, dass die Tätigkeiten teilweise im Ausland erfolgen. So wurden in dem Fall des LG Düsseldorf[1185] vom 23.11.2021 ebenfalls Liquiditätsvorräte in der Türkei angelegt, indem der C1 sogar eine Immobilie in der Türkei verkaufte, um die Liquidität in der Türkei sicherzustellen.[1186]

[1180] LG Düsseldorf 23.11.2021 – 014 KLs 2/21, LG Düsseldorf, abrufbar unter: http://www.justiz.nrw.de/nrwe/lgs/duesseldorf/lg_duesseldorf/j2021/014_KLs_2_21_Urteil_20211123.html, Rn. 39 f., LG Düsseldorf, BeckRS 2021, 55636, Rn. 25 f.

[1181] Siehe dazu LG Düsseldorf 23. 11. 2021 – 014 KLs 2/21, LG Düsseldorf, abrufbar unter: http://www.justiz.nrw.de/nrwe/lgs/duesseldorf/lg_duesseldorf/j2021/014_KLs_2_21_Urteil_20211123.html, Rn. 42 ff., LG Düsseldorf, BeckRS 2021, 55636, Rn. 27 ff.

[1182] So beispielsweise im Fall des LG Düsseldorf 23.11.2021 – 014 KLs 2/21, LG Düsseldorf, abrufbar unter: http://www.justiz.nrw.de/nrwe/lgs/duesseldorf/lg_duesseldorf/j2021/014_KLs_2_21_Urteil_20211123.html, Rn. 179, LG Düsseldorf, BeckRS 2021, 55636, Rn. 669 [„Jedoch wurde die Vereinigung von den Angeklagten L1 und C1 in Deutschland aufgebaut. Hier wurde auch der Gruppenwille gebildet, da der diesbezüglich allein maßgebliche Angeklagte L1, der die Entscheidungsgewalt allein ausübte, seinen Wohnsitz in Deutschland hat“].

[1183] *Krauß*, in: LK-StGB, § 129 Rn. 99.

[1184] *Krauß*, in: LK-StGB, § 129 Rn. 99 unter Verweis auf einschlägige Quellen.

[1185] LG Düsseldorf 23.11.2021 – 014 KLs 2/21, LG Düsseldorf, abrufbar unter: http://www.justiz.nrw.de/nrwe/lgs/duesseldorf/lg_duesseldorf/j2021/014_KLs_2_21_Urteil_20211123.html, Rn. 34 ff., LG Düsseldorf, BeckRS 2021, 55636, Rn. 21 ff.

[1186] LG Düsseldorf 23.11.2021 – 014 KLs 2/21, LG Düsseldorf, abrufbar unter: http://www.justiz.nrw.de/nrwe/lgs/duesseldorf/lg_duesseldorf/j2021/014_KLs_2_21_Urteil_20211123.html, Rn. 38, LG Düsseldorf, BeckRS 2021, 55636, Rn. 24.

Ebenso wurden Ein- und Auszahlstellen, wie das Unternehmen L4 in der Türkei eingegliedert.[1187] Damit vollzieht sich der Gründungprozess teilweise im Ausland. Auch werden Akte der mitgliedschaftlichen Beteiligung teilweise im Ausland vollzogen, indem Kuriere des Clearingverfahrens Goldbarren in verplombten Koffern vom Inland in das Ausland transportieren.[1188] Natürlich vollziehen sich mitgliedschaftliche Beteiligungshandlungen auch allein im Ausland, beispielsweise durch die dortigen Auszahlungen in den Auszahlungsstellen.

Besteht nun aber die Tathandlung aus mehreren Teilakten, lässt sich die Tat ebenfalls als Inlandstat einordnen, sofern ein Handlungsteil im Inland begangen wurde.[1189] Abzustellen ist dabei aber nicht auf die Tathandlung der Bezugstat, die letztlich selbst aus mehreren Teilakten bestehen kann. Es muss auf die Tathandlung(en) des § 129 Abs. 1 StGB abgestellt werden, mithin das Gründen, das mitgliedschaftliche Beteiligen oder das Unterstützen. Damit lassen sich bei den geschilderten Fällen des Gründungsprozesses und des mitgliedschaftlichen Beteiligens auch Einzelakte in Deutschland erkennen, was sich bei einem internationalen Netzwerk auch nicht vermeiden lässt. Gerade beim Gründungsprozess müssen beim Hawala-Banking im In- und Ausland Liquiditätsvorräte und die jeweiligen Ein- und Auszahlstellen aufgebaut werden. Aber auch das Auffüllen der Töpfe erfordert ein wiederkehrendes Transportieren von Bargeld, Gold oder dergleichen zwischen den im In- und Ausland befindlichen Töpfen. Beteiligen sich jedoch Mitglieder allein im Ausland, beispielsweise, weil diese allein für die jeweiligen Auszahlungen oder dergleichen zuständig sind, mangelt es an einer im räumlichen Geltungsbereich dieses Gesetzes ausgeübten Tätigkeit.

[1187] LG Düsseldorf 23.11.2021 – 014 KLs 2/21, LG Düsseldorf, abrufbar unter: http://www.justiz.nrw.de/nrwe/lgs/duesseldorf/lg_duesseldorf/j2021/014_KLs_2_21_Urteil_20211123.html, Rn. 40, LG Düsseldorf, BeckRS 2021, 55636, Rn. 26.

[1188] LG Köln 23.05.2022 – 109 KLs 5/21, LG Köln, abrufbar unter: https://www.justiz.nrw.de/nrwe/lgs/koeln/lg_koeln/j2022/109_KLs_5_21_Urteil_20220523.html, Rn. 60.

[1189] *Krauß*, in: LK-StGB, § 129b Rn. 30 unter Verweis auf BGH 06.04.2017 – 3 StR AK 11–13/17, BGH, BeckRS 2017, 108117, Rn. 16; BGH 06.10. 2016 – 3 StR AK 52/16, BGH, BeckRS 2016, 19193, Rn. 29.

Teil 5

Die Wechselbeziehung von § 129 StGB und § 63 Abs. 1 Nr. 4 ZAG

Gerade weil § 63 Abs. 1 Nr. 4 ZAG als Bezugstat des § 129 StGB dient und diese dadurch einen Konnex eingehen, kommt es zu einer Wechselbeziehung der beiden Normen. Abschließend soll das Verhältnis der für das Hawala-Banking relevanten Strafnormen des § 63 Abs. 1 Nr. 4 ZAG und des § 129 StGB herausgearbeitet und deren Wechselbeziehung aufgezeigt werden.

A. Ein kooperatives Bekämpfen des Hawala-Bankings durch die originären Straftatbestände

Im Zusammenhang mit dem Hawala-Banking sind Strafbarkeiten nach § 63 Abs. 1 Nr. 4 ZAG und § 129 StGB von Relevanz, wobei erstere als „faktischer Türöffner" zur Strafbarkeit des § 129 StGB beim Hawala-Banking dient.[1] Dies macht auch der 3. Senat in seinem Beschluss[2] zumindest konkludent deutlich.[3] Andererseits wurde bereits aufgeführt, dass es anmutet, dass der Organisationscharakter des § 129 StGB auf § 63 Abs. 1 Nr. 4 ZAG förmlich überstülpt wird, sodass jegliche Handlungen, die mit der Vereinigung einhergehen automatisch auch mittäterschaftlich im Zusammenhang mit dem Erbringen von Zahlungsdiensten stehen.[4] Dabei findet eine förmliche Symbiose zwischen den beiden Strafnormen statt, bei denen die jeweiligen Spezifika als gegenseitige Begründungsansätze herangezogen werden. Daraus folgt eine effektive Möglichkeit dem Hawala-Banking zu begegnen, denn das von Anonymität geprägte Hawala-Banking weist häufig umfangreiche Sachverhalte auf, die einer umfassenden Aufklärung bedürfen. Hierfür kann § 129 StGB dienlich sein, da der Tatverdacht wegen Bildung einer kriminellen Vereinigung nach §§ 100a Abs. 2 Nr. 1d, 100b Abs. 2 Nr. 1c, 100c Abs. 1 Nr. 1 StPO weitreichende Ermittlungsmöglichkeiten zulässt.[5] So wird dem

[1] So bereits *Nestler/Schiffner*, NStZ 2022, 35 (39).

[2] BGH 02.06.2021 – 3 StR 61/21, BGH, ZIP 2021, 1853 (1853 ff.).

[3] Dazu bereits *Nestler/Schiffner*, NStZ 2022, 35 (39).

[4] Siehe dazu bereits Teil 4 A. I. 2. a) bb) (2) (c) und Teil 4 B. I. 3. b).

[5] Vgl. *Greier*, jurisPR-StrafR 19/2021 Anm. 1; siehe auch *Niemann*, wistra 2021, 425 (425) unter Verweis auf einschlägige Literatur [„In der Wirtschaftskriminalität und auch im

§ 129 StGB diesbezüglich die Funktion als „Türöffner" nachgesagt, denn mit der Änderung des § 129 StGB und der damit einhergehenden Ausdehnung des Vereinigungsbegriffs lässt sich ein Anfangsverdacht noch leichter begründen.[6] Auch wenn es sich bei beiden Delikten um abstrakte Gefährdungsdelikte handelt, denen beiden eine weit vorgelagerte Strafbarkeit nachgesagt werden kann, hat sich ferner gezeigt, dass § 129 StGB trotzdem etwas früher ansetzt als § 63 Abs. 1 Nr. 4 ZAG.[7] Damit wird durch § 129 StGB ein noch frühzeitigeres Eingreifen der Ermittlungsbehörden ermöglicht; ob dies in praxi einen entscheidenden Unterschied macht, lässt sich aufgrund der vorherrschenden Nachweisprobleme jedoch bezweifeln. Zumindest ermöglicht § 129 StGB auch die Einziehung von Kundengeldern, möchte man der Rechtsprechung folgen. So ordnet der BGH[8] in seinem für das Hawala-Banking wegweisenden Beschluss vom 28.06.2022 die „Provisionen und Entlohnungen, die von Beteiligten an einer Hawala-Banking-Organisation als eigenes Entgelt für ihre Tätigkeiten vereinnahmt werden, […] [als] Taterträge im Sinne des § 73 Abs. 1 StGB" ein. „In ihrer Höhe ist daher, sofern – wie hier – die Taterträge nicht gegenständlich sichergestellt worden sind, zwingend Wertersatzeinziehung gemäß § 73c Satz 1 StGB anzuordnen." Diese Einordnung bestätigt der BGH[9] in einem weiteren Hawala-Fall vom 21.02.2023 indem er auch hier noch einmal klarstellt, dass sich die Provisionen als erlangte Taterträge nach § 73 Abs. 1 StGB einordnen lassen. Die zuvor angesprochenen Kundengelder sollen nach Ansicht des BGH hingegen nicht als Taterträge nach § 73 Abs. 1 StGB eingeordnet werden können und vielmehr der Einziehung nach § 74 StGB unterfallen.[10] Perspektivisch sollen die Kundengelder, sofern es um die Strafbarkeit nach § 63 Abs. 1 Nr. 4 ZAG geht, als Tatobjekte nach § 74 Abs. 2 StGB eingeordnet werden können, sodass mangels erforderlicher sondergesetzlichen Ermächtigung,

---

Deliktsfeld des Betruges kam der Vorschrift – wenn überhaupt – als Anknüpfungstatbestand für strafprozessuale Maßnahmen Bedeutung zu"].

[6] *Martin*, Kriminalistik 2018, 269 (271); darauf ebenfalls verweisend *Singelnstein/Winkler*, NJW 2023, 2815 (2815).

[7] Siehe dazu bereits Teil 4 B. I. 2. a) aa).

[8] BGH 28.06.2022 – 3 StR 403/20, BGH, BeckRS 2022, 20799, Rn. 34; ebenfalls als Taterträge nach § 73 Abs. 1 StGB einordnend *Bittmann*, NZWiSt 2021, 133 (140); *Eggers/van Cleve*, NZWiSt 2020, 426 (432); *Schäuble*, NZWiSt 2024, 94 (94).

[9] BGH 21.02.2023 – 3 StR 278/22, BGH, NStZ-RR, 179 (180); weitere Rechtsprechung, die die Hawala-Provisionen und Entgelte als Taterträge nach § 73 Abs. 1 StGB einordnet: LG Köln 23.05.2022 – 109 KLs 5/21, LG Köln, abrufbar unter: https://www.justiz.nrw.de/nrwe/lgs/koeln/lg_koeln/j2022/109_KLs_5_21_Urteil_20220523.html, Rn. 803 ff.; LG Düsseldorf 23.11.2021 – 014 KLs 2/21, LG Düsseldorf, abrufbar unter: http://www.justiz.nrw.de/nrwe/lgs/duesseldorf/lg_duesseldorf/j2021/014_KLs_2_21_Urteil_20211123.html, Rn. 816, LG Düsseldorf, BeckRS 2021, 55636, Rn. 272 [„in diesem Zusammenhang eingenommenen Provisionen unterliegen in dem im Tenor bezeichneten Umfang der Einziehung gemäß §§ 73 Abs. 1, 73c S. 1 StGB"]; LG Mannheim 17.11.2020 – 22 KLs 540 Js 6574/20, LG Mannheim, BeckRS 2020, 50512; Rn. 178 ff.

[10] BGH 28.06.2022 – 3 StR 403/20, BGH, BeckRS 2022, 20799, Rn. 36; bestätigend BGH 21.02.2023 – 3 StR 278/22, BGH, NStZ-RR, 179 (180).

eine Einziehung nicht möglich ist.[11] Liegt zugleich eine Strafbarkeit nach § 129 StGB vor, sind die Kundengelder hingegen als Tatmittel im Sinne des § 74 Abs. 1 Alt. 2 StGB einzuordnen, was letztlich auch eine Einziehung der Kundengelder zulässt.[12] Auch wenn diese Einordnung des BGH Kritik[13] ausgesetzt ist und eine abschließende Einordnung nicht zum Gegenstand dieser Arbeit gemacht werden soll, zeigen sich zumindest für die Praxis weitreichendere Zugriffsmöglichkeiten durch § 129 StGB. In Kombination ergeben also § 63 Abs. 1 Nr. 4 ZAG und § 129 StGB ein effektives Mittel, um dem Hawala-Banking etwas entgegenzusetzen.

B. Eine Analyse der tatbestandlichen (Dis-)Harmonie der originären Straftatbestände

Ob dieses Kooperationsverhältnis tatbestandlich harmoniert oder nicht soll im Folgenden noch einmal unter Heranziehung der bereits erlangten Erkenntnisse analysiert werden. Dazu soll auf die jeweiligen Tatbestandsstrukturen und den Deliktscharakter der Strafnormen, die Parallelität der Täterschafts- und Teilnahmekonstellationen sowie die Mannigfaltigkeit der pauschalierenden Handlungsbeschreibung und deren Auswirkung auf länderübergreifende Sachverhalte eingegangen werden.

I. Ein Rezess mit den Tatbestandsstrukturen und deren Deliktscharakter(e)

Im Folgenden sollen die jeweiligen Tatbestandsstrukturen und deren Deliktscharakter(e) gegenübergestellt werden. Dafür sollen zunächst die jeweiligen Schutzrichtungen aufgezeigt und gerade mit Blick auf das Hawala-Banking gegenübergestellt werden. Ferner werden deren Deliktscharakter, Tathandlungen sowie die Fehlvorstellungen der Akteure verglichen.

---

[11] BGH 28.06.2022 – 3 StR 403/20, BGH, BeckRS 2022, 20799, Rn. 38.

[12] BGH 28.06.2022 – 3 StR 403/20, BGH, BeckRS 2022, 20799, Rn. 39.

[13] *Altenhain/Fleckenstein*, wistra 2023, 309 (310 ff.) [„Die vom BGH gewählte Lösung schießt dagegen weit über das Ziel hinaus und setzt sich dabei grundlegend über das Regelungskonzept des Reformgesetzgebers hinweg"]; *El-Ghazi*, NStZ 2023, 346 (347 ff.) [„Alles in allem ist es daher falsch, dass der 3. Senat die Lösung in § 74 Abs. 2 StGB sucht, um den Angeklagten von der Abschöpfung der an ihn zurückgezahlten Darlehensvaluten freizustellen"]; *Schäuble*, NZWiSt 2024, 94 (96 ff.) [„Die offenbar am gewünschten Ergebnis orientierten Entscheidungen des 1. und des 3. Senats überzeugen in ihrer Begründung nicht"]; kritisch aber im Ergebnis der Rechtsprechung teilweise zustimmend *Eggers/van Cleve*, NZWiSt 2020, 426 (433).

1. Die Schutzgüter der originären Straftatbestände – (k)ein abschließendes Erfassen des Unrechtsgehalts des Hawala-Bankings

Gerade bei § 63 Abs. 1 Nr. 4 ZAG ist es schwierig, das Schutzgut zu benennen, da dieses Delikt eine uneinheitliche Schutzrichtung[14] aufweist, was die geschützten Interessen vielseitig erscheinen lässt. Dergestalt wurde jedoch bereits herausgearbeitet,[15] dass es im Kern im Zahlungsdiensteaufsichtsgesetz darum geht, Markteintrittsschwellen eines unregulierten Zahlungsverkehrs zu verhindern,[16] sodass der Schutz der Integrität des Zahlungsverkehrs und der Sicherstellung seiner volkswirtschaftlich unverzichtbaren Funktionsfähigkeit gewährleistet wird.[17] Damit einher sollen auch die Rechte der Zahlungsdienstkunden, mithin die Rechte von Zahlungsdienstnutzern, gestärkt werden.[18] Im Kontext des Finanztransfergeschäfts und

---

[14] *Nestler/Schiffner*, NStZ 2022, 35 (39).

[15] Zur Einordnung der Schutzgüter des § 63 Abs. 1 Nr. 4 ZAG siehe bereits Teil 4 A. I. 1. a) bb) (3) (b).

[16] So bereits die Erste Zahlungsdiensterichtlinie (ZDRL I): Richtlinie 2007/64/EG des Europäischen Parlaments und des Rates vom 13.11.2007 über Zahlungsdienste im Binnenmarkt, zur Änderung der Richtlinien 97/7/EG, 2002/65/EG, 2005/60/EG und 2006/48/EG sowie zur Aufhebung der Richtlinie 97/5/EG, ABl. EU Nr. L 319 2007, S. 1; vgl. auch *Allgayer*, in: Ellenberger/Bunte, Bankrechts-Handbuch, § 11 Rn. 819.

[17] *Eckhold*, in: Schäfer/Omlor/Mimberg-ZAG, § 10, 11 Rn. 22 unter Verweis auf BT-Drs. 18/11495, S. 1, 78; BT-Drs. 16/11613, S. 27, 46 f.; BT-Drs. 17/3023, S. 44; BT-Drs. 13/7142, S. 63 (im Vorgriff auf die E-GeldRL I) in Verbindung mit dem Rückverweis in BT-Drs. 14/8017, S. 67 f. (zur vollständigen Umsetzung der E-GeldRL I), insbesondere mit Auseinandersetzung des Werdegangs von § 32 Abs. 1 KWG zu § 10 Abs. 1 S. 1 ZAG; ferner *Allgayer*, in: Ellenberger/Bunte, Bankrechts-Handbuch, § 11 Rn. 819; *Findeisen*, in: Ellenberger/Findeisen/Nobbe/Böger-Kommentar zum Zahlungsverkehrsrecht, § 1 ZAG Rn. 108, der hier den Zahlungsverkehr überspitzt als „Blutkreislauf im Finanzsystem" bezeichnet; *Bittmann*, NZWiSt 2021, 133 (140); siehe auch BGH 08.03.2023 – 1 StR 281/22, BGH, NZWiSt 2023, 317 (320) und BGH 17.04.2007 – 5 StR 446/06, BGH, NStZ 2007, 647 (647) zu § 54 KWG, an dem sich § 63 ZAG orientiert; siehe ferner BR-Drs. 9/21, S. 1 zur allgemeinen Stärkung der Finanzmarktintegrität, auch unter Bezug des ZAG; weitergehend auch BT-Drs. 18/6744, S. 67 f. zum KAGB unter Anhebung des Strafrahmens auf das Niveau der verwandten Tatbestände des KWG, ZAG, VAG, um den Schutzzweck, die Integrität des Finanzsystems zu wahren.

[18] ZDRL II: Richtlinie (EU) 2015/2366 des Europäischen Parlaments und des Rates vom 25.11.2015 über Zahlungsdienste im Binnenmarkt, zur Änderung der Richtlinien 2002/65/EG, 2009/110/EG und 2013/36/EU und der Verordnung (EU) Nr. 1093/2010 sowie zur Aufhebung der Richtlinie 2007/64/EG, ABl. EU Nr. L 337 2015, S. 36 f.; insbesondere spiegelt sich das in den Gesetzesentwürfen wider, BT-Drs. 18/11495, S. 1, 78 und BR-Drs. 158/17, S. 1; ZDRL I: Richtlinie 2007/64/EG des Europäischen Parlaments und des Rates vom 13.11.2007 über Zahlungsdienste im Binnenmarkt, zur Änderung der Richtlinien 97/7/EG, 2002/65/EG, 2005/60/EG und 2006/48/EG sowie zur Aufhebung der Richtlinie 97/5/EG, ABl. EU Nr. L 319 2007, S. 6 ff.; insbesondere spricht der Gesetzgeber auch in seinem Gesetzesentwurf vom „konsequenten Gläubigerschutz", BT-Drs. 16/11613, S. 27; ferner BGH 28.02.2023 – 2 StR 371/22, BGH, NStZ 2024, 100 (102), BGH, BeckRS 2023, 15358; OLG Hamburg 03.11.2023 – 13 U 149/22, OLG Hamburg, BeckRS 2023, 40650, Rn. 24 [„Es genügt, dass die Norm auch das Interesse der einzelnen schützen soll, mag sie auch in erster Linie das Interesse der Allgemeinheit im Auge haben"]; OLG Düsseldorf 01.09.2020 – 24 U 137/18, OLG Düssel-

dessen historischen Ursprungs geht dies im Speziellen mit der Bekämpfung von Schattenbankensystemen[19], mithin der Verhinderung von Straftaten wie beispielsweise der Geldwäsche einher.[20] Das Hawala-Banking mag als Paradebeispiel eines unregulierten Zahlungsdiensteverkehrs dienen, was einen Vertrauensverlust befeuern und damit der Integrität des Zahlungsdiensteverkehrs schaden kann. Zudem hat das Hawala-Banking Potenzial zur Bildung eines Schattenfinanzwesens, dem entgegengesetzt werden muss. Auch wurde deutlich, dass die Zahlungdienstekunden durch Formen des Hawala-Bankings gewissen Betrugsmaschen oder einer mangelnden Liquidität der Anbieter ausgesetzt sind, was letztlich auch den Zahlungsdienstekundenschutz tangiert. Wiederum § 129 StGB schützt in erster Linie die innere öffentliche Sicherheit und die staatliche Ordnung einschließlich des öffentlichen Friedens.[21] Dabei lässt sich auf den ersten Blick keine Kompatibilität des Hawala-Sachverhalts mit dem Schutzgut des § 129 StGB erkennen, stellt man auf die historisch gewachsene Politisierung[22] des § 129 StGB ab. Einen zwingenden

---

dorf, BKR 2021, 232 (233); allgemein dazu auch *Danwerth*, Das Finanztransfergeschäft als Zahlungsdienst, S. 11 ff., insbesondere S. 16 f.; *Taheri/Yildiz*, BKR 2023, 721 (722 f.) unter Verweis auf § 24 Abs. 4 ZAG; ferner *Allgayer*, in: Ellenberger/Bunte, Bankrechts-Handbuch, § 11 Rn. 819; *Terlau*, in: Casper/Terlau-ZAG, Einleitung Rn. 12; *Bittmann*, NZWiSt 2021, 133 (140); vgl. auch BGH 28.06.2022 – 3 StR 403/20, BGH, BeckRS 2022, 20799, Rn. 16, der im Kontext des § 129 StGB auch darauf verweist, dass das Hawala-Banking den grundlegenden Prinzipien des Verbraucherschutzes widerstreitet.

[19] Zu Einordnung von Hawala-Systemen als Schattenbankensysteme siehe bereits Teil 2 A. II. 2. c) cc).

[20] Vgl. *BaFin*, Merkblatt – Hinweise zum Zahlungsdiensteaufsichtsgesetz vom 05.07. 2024, abrufbar unter: https://www.bafin.de/SharedDocs/Veroeffentlichungen/DE/Merkblatt/mb_111222_zag.html, B. V. Finanztransfergeschäft (§ 1 Abs. 1 Satz 2 Nr. 6 ZAG) [Neben dem Grund der Geldwäscheprävention hat das Finanztransfergeschäft durch das Zahlungsdiensteumsetzungsgesetz von 2009 „eine weitere Bedeutung bekommen"]. Die BaFin verweist dabei ferner auf BT-Drs. 13/7142, S. 66: „Die Nichtbeaufsichtigung der Geldtransferdienstleistungen ist nicht mehr zeitgemäß. Sie leistet der unerlaubten Ausübung von Bankgeschäften und der Wäsche von Drogengeldern Vorschub. Unternehmen, die gewerbsmäßig Zahlungsaufträge für andere im bargeldlosen Zahlungsverkehr besorgen (Finanztransferdienstleister), unterliegen in Deutschland bisher keiner besonderen Aufsicht und sind Teil des Schattenbankensystems, das sich in letzter Zeit nicht mehr auf die unerlaubte Hereinnahme von Einlagen beschränkt, sondern im internationalen Maßstab verstärkt auch zu Geldwäscheaktivitäten genutzt wird." So wird man auch weiterhin vor allem im Rahmen von Finanztransfergeschäften neben dem Schutz der Integrität des Zahlungsverkehrs und der Sicherstellung seiner volkswirtschaftlich unverzichtbaren Funktionsfähigkeit, das Verhindern von Schattenbankensystemen samt deren illegalen Machenschaften erblicken müssen, da dies trotz der Übertragung in das ZAG, wenn auch nicht mehr als Hauptgegenstand, weiterhin von Relevanz ist; vgl. ferner LG Düsseldorf 23.11.2021 – 014 KLs 2/21, LG Düsseldorf, abrufbar unter: http://www.justiz.nrw.de/nrwe/lgs/duesseldorf/lg_duesseldorf/j2021/014_KLs_2_21_Urteil_20211123.html, Rn. 639, LG Düsseldorf, BeckRS 2021, 55636, Rn. 153; *Taheri*, BKR 2020, 133 (135).

[21] *Krauß*, in: LK-StGB, § 129 Rn. 1; *Schäfer/Anstötz*, in: MüKo-StGB, § 129 Rn. 1, jeweils unter Verweis auf einschlägige Rechtsprechung.

[22] Zum historisch-politischen Hintergrund des § 129 StGB siehe *Eidam*, Der Organisationsgedanke im Strafrecht, S. 40 ff.; *Sinn/Iden/Pörtner*, ZIS 2021, 435 (436 ff.).

Berührungspunkt gibt jedoch § 129 StGB bereits vor, denn hierbei wird gefordert, dass die Strafnorm auf solche Vereinigungen zu beschränken ist, deren Zweckverfolgung eine erhebliche Gefahr für die öffentliche Sicherheit darstellt.[23] Damit sollen gerade Fälle ausgeschlossen werden, in denen sich die Vereinigung das Ziel setzt, einfache Bagatelldelikte zu begehen.[24] Um zu überprüfen, ob die Begehung des § 63 Abs. 1 Nr. 4 ZAG eine erhebliche Gefahr für die öffentliche Sicherheit begründet, die von einigem Gewicht ist, müssen zum einen die Strafdrohung betrachtet und zum anderen die Gesamtumstände herangezogen werden. So konnten Berührungspunkte festgestellt werden,[25] die eine solche Annahme zulassen. Denn fasst man den Schutz der öffentlichen Sicherheit dahingehend auf, dass die objektive Rechtsordnung, die subjektiven Rechte und Rechtsgüter des Einzelnen, der Bestand des Staates und sonstige Träger der Hoheitsgewalt umfasst,[26] wird mit der Verletzung des § 63 Abs. 1 Nr. 4 ZAG die objektive Rechtsordnung durch die Verletzung der Integrität des Zahlungsverkehrs und die Bekämpfung von Schattenbankensysten sowie die subjektiven Rechte des Zahlungsdienstekunden tangiert. Es muss dabei eben auch der Wirtschaftskreislauf berücksichtigt werden, denn der Gesetzgeber will mit § 129 StGB nun auch mehr die Bekämpfung der organisierten Kriminalität erfasst sehen[27], die sich vor allem auch im wirtschaftlichen Bereich findet.[28] Mit der Gefährdung der Finanzkraft beziehungsweise der Innovationskraft der Wirtschaft, kann auch die öffentliche Sicherheit und staatliche Ordnung gefährdet werden, was letztlich einen Berührungspunkt schafft. Diese Beeinträchtigung muss jedoch von einigem Gewicht sein, was beim Hawala-Banking vornehmlich bei großen Netzwerken der Fall sein dürfte, die erhebliche Transfervolumen aufweisen und auch aufgrund kohärierender Begleittaten ein Schattenfinanzwesen bilden; bei einer Einzeltransaktion hingegen nicht. In diesem Bereich tangieren die Akteure des Hawala-Bankings beide Schutzgüter der Strafnormen, sodass eine parallele Sanktion des § 63 Abs. 1 Nr. 4 ZAG und des § 129 StGB zutreffend ist und die beiden Normen harmonieren.

---

[23] BGH 22.02.1995 – 3 StR 583/94, BGHSt 41, 47 (51 f.); BGH 13.01.1983 – 4 StR 578/82, BGHSt 31, 202 (207); BGH 05.01.1982 – StB 53/81, BGHSt 30, 328 (331); OLG Düsseldorf 15.09.1997 – VI 2/97, OLG Düsseldorf, NStZ 1998, 249 (250); *Krauß*, in: LK-StGB, § 129 Rn. 53.

[24] *Kuhli*, in: Matt/Renzikowski-StGB, § 129 Rn. 17.

[25] Zur tatbestandlichen Einschränkung des § 129 StGB anhand dessen Schutzwecks siehe bereits ausführlich Teil 4 B. I. 2. a) bb).

[26] *Depenheuer*, in: Dürig/Herzog/Scholz-GG, Art. 8 Rn. 165.

[27] BT-Drs. 18/11275, S. 7.

[28] So wurden im Berichtsjahr 2022 nur vier Gruppierungen der organisierten Kriminalität festgestellt, die mutmaßlich Bezüge in den Bereich politisch motivierte Kriminalität aufweisen oder aber selbst der politisch motivierten Kriminalität zuzurechnen sind. Den größten Anteil, in dem sich die organisierte Kriminalität bewegt macht jedoch der Rauschgifthandel/-schmuggel und die Kriminalität im Zusammenhang mit dem Wirtschaftsleben aus, siehe dazu die Erläuterung und die Statistik in *BKA*, Bundeslagebild 2022, S. 43 f.

2. Der organisatorische Charakter der Delikte und die Teilaktigkeit deren Tathandlungen – (k)eine tatbestandliche Identität

Im Rahmen des § 129 StGB wurde bereits darauf eingegangen, ob dem § 129 StGB eine tatbestandliche Einschränkung anhand des Deliktscharakters der Bezugstat widerfährt.[29] Dabei wurde der Gedanke ausgeführt, ob die Bezugstat des § 63 Abs. 1 Nr. 4 ZAG der Gründung der Vereinigung und den zu ihrer Aufrechterhaltung dienenden Aktivitäten zeitlich und logisch nachfolgt, was in der Sache bejaht wurde. Die Frage stellt sich deswegen, weil § 63 Abs. 1 Nr. 4 ZAG und § 129 StGB trotzdem gewisse Ähnlichkeiten in der Tatbestandsstruktur aufweisen. So lässt sich für beide Delikte die Umschreibung als Organisationsdelikte heranziehen und beide weisen Tathandlungen auf, die von einer Teilaktigkeit geprägt sind. Dabei konnte bereits hervorgehoben werden, dass sich § 63 Abs. 1 Nr. 4 ZAG wie § 129 StGB als Organisationsdelikt umschreiben lässt,[30] dies aber bei § 63 Abs. 1 Nr. 4 ZAG eher begrifflichen, nicht tatbestandlichen Ursprungs ist. Denn § 129 StGB bestraft die aus dem Zusammenschluss folgende Schaffung oder Verstärkung des Gefahrenpotenzials, das in der Existenz und potenzierten Aktionsmöglichkeit des organisatorischen Zusammenschlusses besteht.[31] § 63 Abs. 1 Nr. 4 ZAG bestraft hingegen nicht den organisatorischen Zusammenschluss, sondern das Vollziehen der betrieblichen Tätigkeit ohne Erlaubnis, mithin die Dienstleistung eines (denkbaren[32]) Zusammenschlusses.[33] Daher bietet sich für § 63 Abs. 1 Nr. 4 ZAG die Umschreibung als Allgemeindelikt mit sogenannter funktional-sozialer Tatherrschaft oder als Allgemeindelikt mit sogenannter Betriebsherr-

[29] Siehe zur tatbestandlichen Einschränkung des § 129 StGB bereits ausführlich Teil 4 B. I. 2. a) aa).

[30] Zur Einordnung des § 129 StGB als Organisationsdelikt BGH 03. 05. 1989 – StB 15, 16/89, BGHSt 36, 192 (198); BGH 25. 07. 1984 – 3 StR 62/84, BGHSt 33, 16 (17); BGH 11. 06. 1980 – 3 StR 9/80, BGHSt 29, 288 (291, 294); *Eschelbach*, in: NK-StGB, § 129 Rn. 2; *Krauß*, in: LK-StGB, § 129 Rn. 5; *Schäfer/Anstötz*, in: MüKo-StGB, § 129 Rn. 5; *Fahrner*, Staatsschutzstrafrecht, S. 206.

[31] *Stein/Greco*, in: SK-StGB, § 129 Rn. 4.

[32] § 63 Abs. 1 Nr. 4 ZAG setzt eben auch nicht zwingend ein ganzes System voraus, denn sofern die jeweiligen Voraussetzungen erfüllt sind, kann die Dienstleistung zwangsläufig auch von einer oder zwei Personen erbracht werden, was ebenfalls einen Unterschied verdeutlicht. Es geht um die betriebliche Tätigkeit, nicht den Betrieb an sich.

[33] Vgl. auch *Morozinis*, Dogmatik der Organisationsdelikte, S. 537, der auch auf die §§ 128, 129, 129a StGB verweist und dabei instruktiv klarstellt, dass diese Vorschriften „nur auf die Organisation per se (wie sie diese selbst umgrenzen), d. h. auf die Existenz eines sozialen Systems, und die Stellung, die man darin bekleidet, ab[stellen]; nicht aber auf die konkrete Tätigkeit, die bestimmte Rechtsgüter beeinträchtigt, insbesondere abstrakt oder konkret gefährdet bzw. verletzt, d. h. auf die Auswirkungen (den ‚output') des Systems"; dazu ähnlich auch *Bosch*, Organisationsverschulden in Unternehmen, S. 379, Fn. 1205, der zustimmungswürdig hervorhebt, dass „die soziale Verantwortlichkeit und Entscheidungsmacht und nicht die Organisation selbst über die Täterstellung entscheidet".

schaft an.[34] Organisationsdelikte wie § 129 StGB umschreiben damit die spezifische Gefährlichkeit eines organisierten Personenzusammenschlusses, die sich aus deren typischer Eigendynamik ergibt, wodurch die Begehung von Straftaten für den Einzelnen erleichtert wird.[35] Es geht damit bei Organisationsdelikten dogmatisch um die Gruppenkriminalität.[36] Dem § 129 StGB liegt damit ein Organisationsmodell zugrunde, bei dem ein Unrechtssystem[37] bekämpft werden soll.[38] Dabei geht es jedoch nicht einem Kollektivsubjekt ein tatbestandlich relevantes Verhalten zuzurechnen, sondern der Einzelne wird belangt, weil die Ziele der Vereinigung von innen heraus gefördert werden und durch seine Beteiligung gefährliche Strukturen entstehen oder aufrechterhalten werden.[39] Anders als nach den Regeln des Allgemeinen Teils des StGB wird damit eine Strafbarkeit bereits im Vorfeld ermöglicht, jedoch ohne Bezug zu einer konkreten Tat, womit der strikte Tatbezug des Strafrechts hier letztlich aufgegeben wird.[40] Es folgt daraus ein besonderer Deliktstypus, der im Besonderen Teil, nicht im Allgemeinen Teil des StGB verankert ist und eigenen Regeln folgt.[41] Bei § 63 Abs. 1 Nr. 4 ZAG geht es aber eben nicht um die Gruppenkriminalität und die Bekämpfung eines Unrechtssystems. Bei § 63 Abs. 1 Nr. 4 ZAG wird auf eine konkrete Tat mithin dem Erbringen von Zahlungsdiensten Bezug genommen, wodurch bestimmte Rechtsgüter abstrakt gefährdet werden und damit der Tatbezug des Strafrechts gewahrt bleibt. Die Tat(handlung) bezieht sich hierbei jedoch auf eine pauschalierende Handlungsbeschreibung, die aus einem teilaktigen Geschehen besteht, wobei derjenige die Handlung vollzieht, der die Verbindungsfunktion einnimmt und damit funktional-sozial die Tatherrschaft innehat. Auch § 129 StGB gesteht den Tathandlungen der Gründung oder Beteiligung zwar eine Teilaktigkeit zu. Sanktioniert wird hierbei jedoch das funktionseingebundene Fördern der Ziele der Vereinigung von innen heraus, nicht der eigentliche „output"[42] des Systems.

Möchte man dies versinnbildlichen, so lässt sich dies anhand einer Fabrik und einem Fließband bildhaft darstellen. § 129 StGB sanktioniert den Bestand der Akteure, die die Fabrik gründen und sich am Ablauf und Erhalt der Fabrik beteiligen. Damit können jegliche Handlungen, die dem Aufrechterhalten der Fabrik dienen, darunter gefasst werden, wie beispielsweise Handlungen der Leitungsebene aber auch Handlungen von Reinigungskräften. Die Fabrik schließt sich zusammen, um

---

[34] Zur Einordnung des § 63 Abs. 1 Nr. 4 und der Kritik am Begriff des Organisationsdelikts siehe bereits Teil 4 A. I. 1. b).

[35] *Bürger*, ZStW 2023, 59 (64) unter Verweis auf BGH 11.10.1978 – 3 StR 105/78 (S), BGH, NJW 1979, 172 (172 f.).

[36] *Bürger*, ZStW 2023, 59 (64).

[37] Zum Begriff der Unrechtssysteme im Strafrecht *Lampe*, ZStW 1994, 683 (687 ff.).

[38] *Bürger*, ZStW 2023, 59 (64).

[39] *Bürger*, ZStW 2023, 59 (65).

[40] *Bürger*, ZStW 2023, 59 (65).

[41] *Bürger*, ZStW 2023, 59 (65).

[42] So umschrieben von *Morozinis*, Dogmatik der Organisationsdelikte, S. 537.

über eine Fließbandarbeit etwas herzustellen, was die Bezugstat und damit § 63 Abs. 1 Nr. 4 ZAG versinnbildlicht. Die Arbeit am Fließband ist durch einzelne Arbeitsprozesse von mehreren einzelnen Akteuren durchzogen, sodass am Ende ein Produkt entsteht, was den „output" des Zusammenschlusses darstellt. Übertragen bedeutet dies, dass § 129 StGB jegliche Akteure sanktionieren möchte, die die Fabrik aufrechterhalten; § 63 Abs. 1 Nr. 4 ZAG sanktioniert hingegen denjenigen, der die tatbestandliche Herrschaft über den Fließbandprozess ausübt, nicht jegliche Akteure der Fabrik und auch nicht eine bestimmte Person im Prozess, die eine bestimmte (Sonder-)Stellung innehat. Ob derjenige der die Einzelteile des Produkts zusammenschraubt, das Fließband bedient oder derjenige der die Arbeitsschritte anweist die Tathandlung vollzieht, bestimmt sich allein danach, ob dieser über den Prozess eine Verbindungsfunktion einnimmt. Entscheidend ist dabei jedoch, dass dieser seine Verbindungsfunktion im Prozess des Fließbandes im Sinne einer Entscheidungsmacht einnimmt, nicht jedoch im Konglomerat der Fabrik selbst. Möchte man nun beispielhaft noch den bereits dargestellten Vergleich der funktional-sozialen Tatherrschaft des § 63 Abs. 1 Nr. 4 ZAG mit der Stellung des Rädelsführers des § 129 Abs. 5 S. 2 Alt. 2 StGB heranziehen und auf das genannte Beispiel übertragen,[43] ist der Rädelsführer der Fabrik, derjenige, der die maßgebliche Führungsrolle über die Fabrik einnimmt und darauf geistig oder wirtschaftlich erheblichen Einfluss ausübt. Damit geht jedoch nicht automatisch einher, dass er eine Verbindungsfunktion über den Arbeitsprozess des Fließbands innehat; eine Überschneidung ist aber wie sich bereits gezeigt hat durchaus möglich.

3. Die abstrakte Gefahr durch die jeweiligen Tathandlungen – (k)eine doppelte Vorverlagerung der Strafbarkeit

Doch auch beiden Tatbeständen kann man den Charakter eines abstrakten Gefährdungsdelikts nachsagen[44], was jeweils für eine weite Vorverlagerung der Strafbarkeit sorgt. In diesem Zusammenhang wurde bereits diskutiert,[45] ob das Erbringen von Zahlungsdiensten nicht zeitlich und logisch nachfolgt, sondern mit der Gründung und Aufrechterhaltung der Vereinigung zusammenfällt. Bei § 129 StGB wird bereits der Zusammenschluss bestraft, der sich zum Erbringen von Zahlungsdiensten zusammengetan hat; es müssen noch keine Straftaten konkret geplant[46], vorbereitet[47]

---

[43] Dazu ausführlich bereits Teil 4 B. III. 1. b).

[44] Zur Einordnung des § 129 StGB als abstraktes Gefährdungsdelikt: BGH 25.07.1984 – 3 StR 62/84, BGHSt 33, 16 (18); *Krauß*, in: LK-StGB, § 129 Rn. 4; *Lohse*, in: Satzger/Schluckebier/Werner-StGB, § 129 Rn. 3; *Stein/Greco*, in: SK-StGB, § 129 Rn. 4; *Schäfer/Anstötz*, in: MüKo-StGB, § 129 Rn. 4; *Fahrner*, Staatsschutzstrafrecht, S. 207; zur Einordnung des § 63 Abs. 1 Nr. 4 ZAG als abstraktes Gefährdungsdelikt: *Weiß*, in: Schäfer/Omlor/Mimberg-ZAG, § 63 Rn. 89; a. A. *Richter*, in: Luz/Neus/Schaber/Schneider/et al.-ZAG, § 63 Rn. 9.

[45] Siehe dazu bereits Teil 4 B. I. 2. a) aa).

[46] BT-Drs. 18/11275, S. 10.

oder bereits begangen[48] worden sein, es reicht die entsprechende Zielgerichtetheit[49]. Bei § 63 Abs. 1 Nr. 4 ZAG resultieren aus der pauschalierenden Handlungsbeschreibung Einzelhandlungen, die der Gründung und Aufrechterhaltung des Hawala-Netzwerkes zeitlich und logisch nachfolgen. § 63 Abs. 1 Nr. 4 ZAG bestraft eben nicht den Zusammenschluss einer Organisation als solche, wie es § 129 StGB verlangt. Dass es aufgrund der Teilaktigkeit der Tathandlungen zu Überschneidungen kommt, lässt sich nicht vermeiden, so wird die Bezugstat der kriminellen Vereinigung auch oftmals das Potenzial aufweisen, die organisatorische Vereinigung aufrechtzuerhalten. Denn durch die Wirtschaftlichkeit von Finanztransfergeschäften wird die Vereinigung zumindest mittelbar aufrechterhalten. Der Grund hierfür liegt im Charakter des § 129 StGB, der das Vorliegen einer Bezugstat zwingend voraussetzt. Dies folgt aber nicht unmittelbar aus der Tatbestandsstruktur des § 63 Abs. 1 Nr. 4 ZAG, sondern kann ebenso auf andere Bezugstaten zutreffen, insbesondere wenn diese zur Wirtschaftlichkeit beitragen und damit ein „finanzielles Aufrechterhalten" der Vereinigung ermöglichen. Eine trennscharfe Linie zwischen dem Aufrechterhalten einer Organisation und dem zeitlichen und logischen Nachfolgen der Tathandlung lässt sich daher nicht ziehen. Löst man sich auch hier von der ehemaligen Politisierung des § 129 StGB und weist diesem nun auch den Bereich der Wirtschaftskriminalität zu, wird das Kriterium des Aufrechterhaltens zwangsläufig aufgeweicht werden, denn bei Wirtschaftsstraftaten wird es zwangsläufig immer auf ein mittelbares „finanzielles Aufrechterhalten" hinauslaufen. Eine Möglichkeit der Abgrenzung lässt sich nur erzielen, sofern man darauf abstellt, ob die jeweilige Bezugstat selbst einen organisatorischen Zusammenschluss bestraft oder eben nicht. Nur wenn dies nicht der Fall ist, wird man vom zeitlichen und logischen Nachfolgen sprechen können. Wie sich herausgestellt hat sanktioniert aber § 63 Abs. 1 Nr. 4 ZAG gerade nicht den organisatorischen Zusammenschluss, sondern das Vollziehen der betrieblichen Tätigkeit ohne Erlaubnis, mithin die Dienstleistung eines (denkbaren[50]) Zusammenschlusses. Daraus folgt ein zeitliches und logisches Nachfolgen. Dem steht auch nicht die weite Vorverlagerung durch den jeweiligen Charakter als abstraktes Gefährdungsdelikt entgegen. Aus der Einordnung der Bezugstat als abstraktes Gefährdungsdelikt folgt nämlich auch nicht automatisch, dass kein zeitliches und logisches Nachfolgen vorliegen kann. Zudem summiert sich dadurch auch nicht die Vorverlagerung der Strafbarkeit. Bedenken können daher nur in Bezug auf die weite Vorverlagerung des § 129 StGB geäußert werden; eine Summierung durch ein weiteres abstraktes Gefährdungsdelikt

[47] BT-Drs. 18/11275, S. 10; BGH 21.10.2004 – 3 StR 94/04, BGHSt 49, 268 (272 f.); BGH 21.12.1977 – 3 StR 427/77 (S), BGHSt 27, 325 (328).

[48] BGH 21.12.1977 – 3 StR 427/77 (S), BGHSt 27, 325 (328).

[49] *Kuhli*, in: Matt/Renzikowski-StGB, § 129 Rn. 13.

[50] § 63 Abs. 1 Nr. 4 ZAG setzt eben auch nicht zwingend ein ganzes System voraus, denn sofern die jeweiligen Voraussetzungen erfüllt sind, kann die Dienstleistung zwangsläufig auch von einer oder zwei Personen erbracht werden, was ebenfalls einen Unterschied verdeutlicht. Es geht um die betriebliche Tätigkeit, nicht den Betrieb an sich.

findet aber dennoch nicht statt. Abschließend lässt sich also sagen, dass der Deliktscharakter der Bezugstat keine Rolle spielt, solange sie zeitlich und logisch nachfolgt.

4. Die Fehlvorstellungen der Akteure über die rechtliche Zulässigkeit ihrer Geschäfte – (k)ein Gleichlauf der Rechtsfolgen

Irren die Hawaladare bei § 63 Abs. 1 Nr. 4 ZAG über das Erlaubt-Sein, so wurde bereits herausgearbeitet, dass deren Unrechtsbewusstsein betroffen ist und es damit die Rechtsfolgen des § 17 StGB heranzuziehen gilt.[51] Dies hängt damit zusammen, dass das Merkmal „ohne Erlaubnis nach § 10 Absatz 1 Satz 1" als Blankettmerkmal ausgestaltet ist, sodass § 10 Abs. 1 S. 1 ZAG mit dessen Anforderungen die Strafnorm des § 63 Abs. 1 Nr. 4 ZAG ausfüllt. Damit fehlt dem Täter die Einsicht, Unrecht zu tun. Bei § 129 StGB muss sich der Vorsatz auch auf die strafbare Zwecksetzung oder Betätigung beziehen, womit es sich um einen Umstand handelt, den der Täter mit in den Vorsatz aufnehmen muss. Erkennt der Täter dies nicht als strafwürdiges Unrecht, so fehlt ihm demnach der Vorsatz.[52] Damit kommt hier ein Tatumstandsirrtum nach § 16 Abs. 1 S. 1 StGB in Betracht.[53] Sohin führt diese Fehlvorstellung bei § 63 Abs. 1 Nr. 4 ZAG zu einer rechtlichen Fehlwertung und damit zu einer Anwendung des § 17 StGB. Dieses Ergebnis bildet wiederum eine Art Bezugspunkt für den Vorsatz, der sich eben auf die strafbare Zwecksetzung beziehen muss und bei § 129 StGB wiederum zu einer Anwendung des § 16 StGB führen kann. Im Grunde kann also ein Irrtum über das Erlaubt-Sein bei § 63 Abs. 1 Nr. 4 ZAG zur Anwendung des § 17 StGB führen und das damit mittelbar verbundene resultierende Nichterkennen des Umstands der strafbaren Zwecksetzung kann wiederum bei § 129 StGB zu § 16 Abs. 1 S. 1 StGB führen.

II. Die Parallelität der Täterschafts- und Teilnahmekonstellationen der originären Delikte

Als Anknüpfungspunkte für die Parallelität der Täterschafts- und Teilnahmekonstellationen der originären Delikte sollen noch einmal kurz die Einordnung der Täter- und Teilnehmerschaft von § 129 StGB und § 63 Abs. 1 Nr. 4 ZAG gegenübergestellt werden. Zudem wurde auch im Rahmen des § 63 Abs. 1 Nr. 4 ZAG die notwendige Teilnahme von Zahlungsdienstekunden diskutiert, die noch einmal mit

---

[51] Siehe zur Irrtumsbehandlung des § 63 Abs. 1 Nr. 4 ZAG Teil 4 A. II. 2. a).

[52] Siehe zur Irrtumsbehandlung des § 129 StGB Teil 4 B. II.

[53] *Eschelbach*, in: NK-StGB, § 129 Rn. 85; *Heger*, in: Lackner/Kühl/Heger-StGB, § 129 Rn. 9; *Krauß*, in: LK-StGB, § 129 Rn. 147; *Kulhanek*, in: BeckOK-StGB, § 129 Rn. 87; *Kuhli*, in: Matt/Renzikowski-StGB, § 129 Rn. 37; *Schäfer/Anstötz*, in: MüKo-StGB, § 129 Rn. 125; *Sternberg-Lieben/Schittenhelm*, in: Schönke/Schröder-StGB, § 129 Rn. 16.

einer Unterstzützungshandlung von Zahlungsdienstekunden bei § 129 StGB verglichen werden soll.

1. Die Täter und Teilnehmer der originären Delikte – (k)eine unterschiedliche Einordnung anhand der Deliktscharaktere

Bei § 63 Abs. 1 Nr. 4 ZAG wurde herausgearbeitet,[54] dass der Tathandlung des Erbringens ein funktional-sozialer Ansatz zugrunde liegt. Dabei ist Täter, wer eine Lenkungs- und Plantätigkeit beziehungsweise eine Verbindungsfunktion ausübt, die den verschiedenen im Tatbestand vorausgesetzten fremden Einzelhandlungen erst einen gemeinsamen Sinn gibt.[55] Damit hat dieser „allein oder mit anderen über diese Abläufe die Entscheidungsmacht".[56] Sohin ist die Vornahme der betrieblichen Tätigkeit des Erbringens auf all diejenigen anzuwenden, die diese Tätigkeit insgesamt beherrschen, was sich regelmäßig aus ihrer Position innerhalb der betrieblichen Hierarchie ergibt[57]. Ausschlaggebend ist die Entscheidungsmacht der Akteure, mit denen diese eine Verbindungsfunktion ausüben, denn mit dem Erbringen wird ein stark normativiertes, funktional-soziales Täterschaftsverständnis beschrieben. Damit reichen eben nicht jegliche fördernde Beiträge in Form von Vorbereitungs- oder Unterstützungshandlungen aus, sofern damit keine auf das Ensemble ausgerichtete Entscheidungsmacht einhergeht. Eine Einordnung der Akteure als Täter, wie bei Organisationsdelikten im klassischen Sinne, geht damit aber nicht einher.

Anders sieht dies nämlich bei dem klassischen Organisationsdelikt des § 129 StGB aus,[58] denn § 129 Abs. 1 S. 2 StGB weist mit dem Unterstützen und dem Werben eine „täterschaftliche Beteiligungsform"[59] auf. Zudem erfasst das mitgliedschaftliche Beteiligen des § 129 Abs. 1 S. 1 Alt. 2 StGB auch neutrale Förderungshandlungen der Akteure des Hawala-Netzwerkes täterschaftlich. Es kommt nicht darauf an, dass diese aufgrund ihrer Position und Funktion über die betriebsbezogenen Risiken gebieten können. Für § 129 Abs. 1 S. 1 Alt. 2 StGB

---

[54] Siehe zur Tathandlung des Erbringens Teil 4 A. I. 2. a) bb) (1).

[55] *Morozinis*, Dogmatik der Organisationsdelikte, S. 602; *Schünemann*, in: LK-StGB, § 14 Rn. 31; ähnlich bereits *Bosch*, Organisationsverschulden in Unternehmen, S. 245.

[56] *Schünemann*, in: LK-StGB, § 14 Rn. 31 ferner umschrieben als [„beherrschender Einfluss"]; darauf ebenfalls verweisend *Morozinis*, Dogmatik der Organisationsdelikte, S. 574, 600; zustimmend *Bosch*, Organisationsverschulden in Unternehmen, S. 245, Fn. 788; zum parallelen Straftatbestand des § 339 KAGB siehe *Zeidler*, in: Weitnauer/Boxberger/Anders, Kapitalanlagegesetzbuch, § 339 Rn. 9.

[57] *Schünemann*, in: LK-StGB, § 14 Rn. 31; darauf ebenfalls verweisend *Morozinis*, Dogmatik der Organisationsdelikte, S. 600; vgl. ferner im Kontext des Umweltstrafrechts *Saliger/Lienert*, in: Satzger/Schluckebier/Werner-StGB, Vor. §§ 324 ff. Rn. 48.

[58] Siehe zur Einordnung der Tathandlungen des § 129 StGB bereits Teil 4 B. I. 3.

[59] So *Fahrner*, Staatsschutzstrafrecht, S. 217; vgl. auch *Schäfer/Anstötz*, in: MüKo-StGB, § 129 Rn. 131 [„Das Unterstützen ist […] als zur Täterschaft verselbstständigte Form der Beihilfe anzusehen"]; *Stein/Greco*, in: SK-StGB, § 129 Rn. 59.

kommt es also nicht auf die hierarchische Stellung innerhalb der Vereinigung an. Damit muss eben nicht wie bei § 63 Abs. 1 Nr. 4 ZAG die Tätigkeit insgesamt beherrscht werden. Das heißt, dass eine Vereinigung vorliegt, die auf die Begehung des § 63 Abs. 1 Nr. 4 ZAG gerichtet ist und damit bei einer mitgliedschaftlichen Beteiligung der Vereinigung, das Ensemble betrieblicher Abläufe gefördert wird. Es muss hierdurch aber nicht auch der betriebliche Ablauf insgesamt beherrscht werden, wie es letztlich § 63 Abs. 1 Nr. 4 ZAG voraussetzt. Bei § 129 Abs. 1 S. 1 Alt. 2 StGB kommt es eben nicht darauf an, dass das Mitglied als Täter oder Teilnehmer des § 63 Abs. 1 Nr. 4 ZAG mitwirkt, sondern dass er sonstige dienliche Tätigkeiten für die Zwecke der Vereinigung erbringt[60]. Damit darf die Organisationsstruktur des § 129 StGB nicht auf § 63 Abs. 1 Nr. 4 ZAG überwälzt werden; andersherum darf aber auch nicht die Täter- oder Teilnehmerhandlung mit einer mitgliedschaftlichen Beteiligung gleichgesetzt werden. Ein Gleichlauf scheidet damit bei der Einordung als Täter oder Teilnehmer aus, selbst wenn es bei § 63 Abs. 1 Nr. 4 ZAG um eine betriebliche Tätigkeit geht. Zumindest lässt sich aber von einer Täter- oder auch einer Teilnehmerhandlung auf eine mitgliedschaftliche Beteiligung schließen, was jedoch indizieller Natur bleibt. Hierin lässt sich die alleinige Parallelität erkennen.

2. Der nicht ganz so neutrale Zahlungsdienstekunde – (k)ein gleichlaufender Ausschluss der Strafbarkeit

Untersucht wurde zudem, wie es sich verhält, wenn die Zahlungsdienstekunden die Hawala-Transfersysteme vermeintlich legal oder illegal nutzen. Im Kontext des § 63 Abs. 1 Nr. 4 ZAG wurde eine notwendige Teilnahme diskutiert.[61] Wiederum im Rahmen des § 129 StGB wurde darauf eingegangen, ob dies als ein Unterstützen im Sinne des § 129 Abs. 1 S. 2 Alt. 1 StGB gewertet werden kann.[62] Jeweils stand dabei die Frage im Raum, ob die Zahlungsdienstekunden nach den jeweiligen Delikten – wenn auch über die Regeln der Teilnahme – zu sanktionieren sind.

Bei § 63 Abs. 1 Nr. 4 ZAG ist auch der Kundenschutz im Fokus, sodass die Individualinteressen der Einzahler und Empfänger, als potenziell Geschädigte gerade miterfasst werden.[63] Dabei wurde ein Fall der notwendigen Teilnahme[64] dis-

[60] Vgl. *Krauß*, in: LK-StGB, § 129 Rn. 100 unter Verweis auf einschlägige Quellen.

[61] Zur notwendigen Teilnahme im Kontext des § 63 Abs. 1 Nr. 4 ZAG siehe bereits ausführlich Teil 4 A. I. 2. b) bb) (2).

[62] Zum Unterstützen einer kriminellen Vereinigung durch die Zahlungsdienstekunden siehe bereits ausführlich Teil 4 B. I. 3. c).

[63] OLG Düsseldorf 24.10.2022 – 1 Ws 131/22, OLG Düsseldorf, NZWiSt 2023, 69 (71); LG Essen 07.05.1991 – 12 O 126/90, LG Essen, NJW-RR 1992, 303 (304); *Schwennicke*, in: Schwennicke/Auerbach-KWG, § 54 KWG Rn. 15; siehe dazu auch *Schünemann/Greco*, in: LK-StGB, Vor. §§ 26, 27 Rn. 27 [„*Theorie des straflosen Schutzsubjekts*"].

[64] Zur Kritik am Begriff der notwendigen Teilnahme siehe *Joecks/Scheinfeld*, in: MüKo-StGB, Vor. § 26 Rn. 31; *Puppe*, in: NK-StGB, §§ 28, 29 Rn. 86.

kutiert, der zur Straflosigkeit führen kann.[65] Der Gedanke ist dabei, dass sich derjenige nicht strafbar machen kann, der durch den Straftatbestand geschützt werden soll; andernfalls greift dieser sein eigenes Rechtsgut an.[66] Damit verhält sich derjenige nicht strafrechtlich missbilligend, wenn er einen Angriff auf sein eigenes Rechtsgut veranlasst oder unterstützt.[67] Auch wird man eine Straflosigkeit annehmen können, wenn der Beteiligte das zur Erfüllung des Tatbestandes erforderliche Mindestmaß nicht überschreitet.[68] Für den hiesigen Sachverhalt wurde ausgearbeitet, dass der notwendig Beteiligte jedenfalls dann straflos ist, wenn sein Mitwirken, das zur Erfüllung des Tatbestandes erforderliche Mindestmaß nicht überschreitet.[69] Besinnt sich also dessen Beitrag allein auf den eines „ordentlichen" Kunden, mithin eines Einzahlers oder Empfängers,[70] wird man hier trotz des kriminellen Hintergedankens kein Überschreiten des Mindestmaßes erkennen können. Anders ist dies nur, wenn sich der Teilnehmer nicht auf die ihm zugedachte Rolle beschränkt.[71] Ein Überschreiten wird man annehmen können, sofern der Kunde es dem Täter gleichtut, indem die Verschleierungsbemühungen der erbringenden Hawaladare unterstützt werden.[72] Dies mag sein, wenn beispielsweise die kriminellen Kunden eine Art Kooperation mit den Dienstleistern eingehen, sodass der Verschleierung[73] der Hawaladare eine Unterstützung durch die Kunden widerfährt oder diese kooperativ Geldwäsche[74] und Terrorismusfinanzierung betreiben.

§ 129 Abs. 1 S. 2 StGB hingegen weist mit dem Unterstützen eine „täterschaftliche Beteiligungsform" auf, sodass – unabhängig der Frage, ob die Teilnahmeregeln auf § 129 StGB anwendbar sind – der Gedanke der notwendigen Teilnahme hier nicht direkt übertragen werden kann. Parallel zur Frage der notwendigen Teilnahme bei § 63 Abs. 1 Nr. 4 ZAG gilt es hier zu hinterfragen, inwiefern Zahlungsdienstekunden die kriminelle Vereinigung durch ihre Provisionszahlungen „unterstützen". Denn die Provisionszahlungen sind in den Bestrebungen und der Tätigkeit der Vereinigung verankert, was die Hawala-Akteure in ihrem Beschluss zur Begehung der vereinigungstypischen Straftaten, mithin dem Erbringen von Zahlungs-

---

[65] *Joecks/Scheinfeld*, in: MüKo-StGB, Vor. § 26 Rn. 37 [„eine Frage der einzelnen Strafvorschrift des Besonderen Teils"]; vgl. auch BGH 30.07.1993 – 3 StR 347/92, BGH, NJW 1993, 3147 (3151); BGH 19.01.1993 – 1 StR 518/92, BGH, NJW 1993, 1278 (1279).

[66] *Joecks/Scheinfeld*, in: MüKo-StGB, Vor. § 26 Rn. 33; *Kudlich*, in: BeckOK-StGB, § 26 Rn. 9; *Puppe*, in: NK-StGB, §§ 28, 29 Rn. 86; *Sowada*, Die „notwendige Teilnahme" als funktionales Privilegierungsmodell im Strafrecht, S. 270.

[67] *Joecks/Scheinfeld*, in: MüKo-StGB, Vor. § 26 Rn. 33.

[68] *Joecks/Scheinfeld*, in: MüKo-StGB, Vor. § 26 Rn. 34.

[69] *Joecks/Scheinfeld*, in: MüKo-StGB, Vor. § 26 Rn. 34.

[70] Vgl. auch *Weiß*, in: Schäfer/Omlor/Mimberg-ZAG, § 63 Rn. 87.

[71] *Weiß*, in: Schäfer/Omlor/Mimberg-ZAG, § 63 Rn. 87.

[72] *Weiß*, in: Schäfer/Omlor/Mimberg-ZAG, § 63 Rn. 87.

[73] *Weiß*, in: Schäfer/Omlor/Mimberg-ZAG, § 63 Rn. 87 [„Verschleierungsbemühungen"].

[74] So *Bittmann*, NZWiSt 2021, 133 (140) [„Geldwäsche seitens der Kunden (ggf. Im Zusammenwirken mit den Hawaladaren)"].

diensten, bekräftigt. In erster Linie wird die Vereinigung in ihrem Fortbestand oder in der Verwirklichung ihrer Ziele gefördert, ohne jedoch selbst sich mitgliedschaftlich zu beteiligen. Anders als bei § 63 Abs. 1 Nr. 4 ZAG werden die Zahlungsdienstekunden jedoch nicht unmittelbar von § 129 StGB geschützt, sodass sich hier zumindest die Frage einer teleologischen Reduktion des § 129 Abs. 1 S. 2 Alt. 1 StGB anhand dessen eigenen Schutzzwecks bei Unterstützungshandlungen von Zahlungsdienstekunden stellt. Denn die teleologische Reduktion des § 63 Abs. 1 Nr. 4 ZAG bei Zahlungsdienstekunden aufgrund dessen Schutzzwecks, kann nicht auf § 129 StGB durchgreifen. Zwar richtet sich der Zweck des § 129 StGB auf § 63 Abs. 1 Nr. 4 ZAG, jedoch folgt daraus keine simultane tatbestandliche Reduktion. Sohin führt mangels Wechselbeziehung der Delikte, der Ausschluss der Teilnahmehandlung bei § 63 Abs. 1 Nr. 4 ZAG aufgrund der Einordnung als notwendige Teilnahme, auch nicht automatisch zu einer Reduktion des Förderns nach § 129 Abs. 1 S. 2 Alt. 1 StGB. Anders mag dies jedoch betrachtet werden können, sofern die Zahlungsdienstekunden dahingehend handeln, dass ihr Verhalten unter Berücksichtigung des Einzelfalls unter Einbeziehung des Gesamthintergrunds und der Kenntnisse des Zahlungsdienstekunden, als sozialadäquat erscheint. Dabei kann man den Zahlungsdienstekunden ein Unterstützen absprechen, sofern sich der jeweilige Akteur „zahlungsdienstekundentypisch“ verhält. Denn dann weist der Zahlungsdienstekunde keinen direkten Bezug zum Zweck oder zur Tätigkeit der kriminellen Vereinigung auf und bleibt mit der Bezahlung der Provision zunächst neutral.[75] Diese Schwelle möchte auch hier überschritten sein, sofern der Kunde nicht nur reine Sympathie für den Zweck der Vereinigung empfindet[76], sondern kooperativ mit der Vereinigung zusammenarbeitet, um beispielsweise seine illegal erwirtschafteten Gelder absetzen zu können; er möchte damit den Fortbestand der kriminellen Vereinigung zum Zwecke des Erbringens von Zahlungsdiensten aufrechterhalten. Damit bleiben die Provisionszahlungen normalerweise neutraler Natur, sofern sich die Kunden „zahlungsdienstekundentypisch“ verhalten und diese kein kooperatives Verhältnis mit der Hawala-Vereinigung eingehen. Im Einzelfall kann eine Einordnung schwierig sein. Daran anschließend wurde ein Vergleich zum Hilfeleisten des § 27 StGB gezogen, bei dem der Alltagscharakter versagt wird, sofern der Haupttäter auf eine strafbare Handlung abzielt und der Hilfeleistende dies positiv weiß.[77] Hält er jedoch lediglich für möglich, dass sein Tun zur Begehung einer Straftat genutzt wird, kann dies ausreichen, sofern er die Förderung „angelegen sein lässt“ und er sich dadurch mit den Tätern „solidarisiert“.[78] Ein Indiz kann

---

[75] Zu den sozialüblichen Handlungen und deren Neutralität *Eschelbach*, in: NK-StGB, § 129 Rn. 71; *Schäfer/Anstötz*, in: MüKo-StGB, § 129 Rn. 122.

[76] Zum Zeigen von Sympathie *Schäfer/Anstötz*, in: MüKo-StGB, § 129 Rn. 122 unter vergleichenden Verweis auf einschlägige Rechtsprechung.

[77] Dazu *Joecks/Scheinfeld*, in: MüKo-StGB, § 27 Rn. 54 ff.; *Heine/Weißer*, in: Schönke/Schröder-StGB, § 27 Rn. 13; im Kontext des Unterstützens ebenfalls darauf verweisend *Stein/Greco*, in: SK-StGB, § 129 Rn. 48; *Krauß*, in: LK-StGB, § 129 Rn. 146.

[78] So BGH 01.08.2000 – 5 StR 624/99, BGHSt 46, 107 (114).

hierfür sein, dass die Nutzung des Hawala-Bankings von Iteration und großem Umfang geprägt ist, was eher für ein „angelegen sein" und eine „Solidarisierung" mit den Tätern spricht.[79] Greifen die Zahlungsdienstekunden iterativ und geprägt von umfangreichen Volumina auf die Dienstleistungen der Hawaladare zurück, mag man diesen ein Unterstützen zusprechen und diesen eine „Solidarisierung" nachsagen können.

Vergleicht man also § 63 Abs. 1 Nr. 4 ZAG und § 129 StGB so stellt sich parallel die Frage, ob ein Strafbarkeitsausschluss der Zahlungsdienstekunden möglich ist. Dies lässt sich wie geschildert auch parallel bejahen. Dennoch gilt es dies aufgrund unterschiedlicher Tatbestandsstrukturen und unterschiedlicher Schutzzwecke individuell zu bestimmen. Damit muss trotz der Stellung des § 63 Abs. 1 Nr. 4 ZAG als Bezugstat, die Tathandlung des Unterstützens im Rahmen des § 129 Abs. 1 S. 2 Alt. 1 StGB einer eigenen Bewertung unterzogen werden; es läuft nicht unbedingt der Teilnahmehandlung des § 63 Abs. 1 Nr. 4 ZAG gleich.

III. Die Mannigfaltigkeit der pauschalierenden Handlungsbeschreibung und deren Auswirkung auf länderübergreifende Sachverhalte

Strafanwendungsrechtlich stellt § 129b Abs. 1 S. 2 StGB eine Spezialregelung gegenüber den §§ 3 ff. StGB dar.[80] Damit differenzieren hier § 129 StGB und § 63 Abs. 1 Nr. 4 ZAG bereits bei den strafanwendungsrechtlichen Normen, was teilweise eine unterschiedliche Bewertung zulässt. Auch bei § 129b Abs. 1 S. 2 StGB wird aber das Territorialitätsprinzip der §§ 3, 9 StGB herangezogen, sodass auch hier auf den zugehörigen Inlandsbegriff zurückgegriffen werden darf.[81] Aufgrund der Einordnung als abstrakte Gefährdungsdelikte, muss bei beiden Delikten jeweils an die Tathandlung angeknüpft werden, sodass zumindest dahingehend ein Gleichlauf bei der Anwendung herrscht. Die Besonderheit bei beiden Delikten liegt jedoch darin, dass die Tathandlungen eine pauschalierende Handlungsbeschreibung umfassen. Aufgrund der unterschiedlichen Deliktscharaktere als (klassisches) Organisationsdelikt und Allgemeindelikt mit funktional-sozialer Tatherrschaft, verdienen die jeweiligen pauschalierenden Handlungsbeschreibungen einen etwas anderen Fokus bei der Anwendung, was wiederum Auswirkungen auf die strafanwendungsrechtliche Einordnung hat. Dazu soll vorab das jeweilige Handlungs- und Beteiligtenkonstrukt der jeweiligen Delikte in Bezug auf die pauschalierenden

---

[79] Dabei soll auf die Großkunden T1 und T2 verwiesen werden, LG Düsseldorf 23.11. 2021 – 014 KLs 2/21, LG Düsseldorf, abrufbar unter: http://www.justiz.nrw.de/nrwe/lgs/duesseldorf/lg_duesseldorf/j2021/014_KLs_2_21_Urteil_20211123.html, Rn. 38, 53, 109, 747, LG Düsseldorf, BeckRS 2021, 55636, Rn. 24, 34, 70, 231.

[80] Zur Einordnung als Spezialregelung siehe bereits ausführlich Teil 4 C. II. 3. b) aa).

[81] *Krauß*, in: LK-StGB, § 129b Rn. 30.

Handlungsbeschreibungen abstrakt dargestellt werden. In concreto geht es wie bereits angesprochen bei § 129 StGB nicht um einen „output“, der sanktioniert wird, sondern darum, dass ein Unrechtssystem[82] bekämpft werden soll.[83] Es soll jedoch nicht einem Kollektivsubjekt ein tatbestandlich relevantes Verhalten zugerechnet werden, sondern es wird der Einzelne belangt, weil die Ziele der Vereinigung von innen heraus gefördert werden und durch seine Beteiligung gefährliche Strukturen entstehen oder aufrechterhalten werden.[84] Betrachtet man die Tathandlung des mitgliedschaftlichen Beteiligens, zeigt sich darin eine pauschalierende Handlungsbeschreibung, die sich wiederum aus mehreren Einzelakten zusammensetzt. Das Vollziehen eines einzelnen Aktes stellt aber bereits für sich ein „mitgliedschaftliches Beteiligen“ dar. Die Teilakte der Handlung werden jedoch nur von einem Mitglied vollzogen, das durch die jeweiligen Teilakte die Vereinigung von innen heraus fördert. Einfach gesagt, vollzieht sich bei einem (klassischen) Organisationsdelikt die pauschalierende Handlungsbeschreibung in einer Person. Deren einzelne Beiträge reichen für sich genommen bereits für ein mitgliedschaftliches Beteiligen, summieren sich aber und bilden damit gewissermaßen nur ein einmaliges mitgliedschaftliches Beteiligen. Bei § 63 Abs. 1 Nr. 4 ZAG hingegen geht es gerade um einen „output“, der sanktioniert werden soll. Auch hier wird keinem Kollektivsubjekt ein tatbestandlich relevantes Verhalten zugerechnet, sondern der Einzelne belangt. Bei der ebenfalls pauschalierenden Handlungsbeschreibung des Erbringens von Zahlungsdiensten, kommt es ebenfalls zu einer Teilaktigkeit der Tathandlung. Die Tathandlung übt jedoch derjenige aus, der eine Verbindungsfunktion über die Teilakte einnimmt indem er eine Entscheidungsmacht darüber trägt. Anders als bei dem soeben geschilderten Organisationsdelikt des § 129 StGB können diese Teilakte aber auch auf mehrere Personen verteilt sein, sodass nicht jeder, der einen Teilakt vollzieht auch automatisch Zahlungsdienste erbringt, sondern nur der- oder diejenigen, die den „output“ durch ihre Verbindungsfunktion in Form einer Entscheidungsmacht vollziehen. Das bedeutet, dass die eigenen oder fremden Einzelhandlungen im Organisationsakt aufgehen.[85] Damit bedient sich der Gesetzgeber bei (klassischen) Organisationsdelikten und bei Allgemeindelikten mit funktional-sozialer Tatherrschaft dem Konstrukt der pauschalierenden Handlungsbeschreibung. Der Unterschied liegt jedoch darin, dass bei (klassischen) Organisationsdelikten, die pauschalierende Handlungsbeschreibung in einer Person verankert liegt, die dem Konstrukt, mithin der Organisation, einen „input“ gibt. Bei Allgemeindelikten mit funktional-sozialer Tatherrschaft kann die pauschalierende Handlungsbeschreibung auf mehrere Personen verteilt sein, die in einem Organisationsakt aufgehen; es geht hierbei aber nicht um einen „input“ für die Organisation, sondern vielmehr um einen „output“ eines möglichen Konstrukts, mithin einer möglichen Organisation.

---

[82] Zum Begriff der Unrechtssysteme im Strafrecht *Lampe*, ZStW 1994, 683 (687 ff.).

[83] *Bürger*, ZStW 2023, 59 (64).

[84] *Bürger*, ZStW 2023, 59 (65).

[85] *Morozinis*, Dogmatik der Organisationsdelikte, S. 590.

Die Konsequenz für das Strafanwendungsrecht lässt sich damit wie folgt darstellen:[86]

Bei § 63 Abs. 1 Nr. 4 ZAG muss der Täter, selbst wenn er im Ausland sitzt, die Tathandlung nicht physisch im Inland vollziehen. Aufgrund der Teilaktigkeit der pauschalierenden Tathandlung, die auch auf mehrere Personen verteilt sein kann, reicht es aus, wenn Teilakte im Inland vollzogen werden, sofern er darüber eine Entscheidungsmacht trägt und die entscheidende Verbindungsfunktion einnimmt. Entscheidend kommt es also darauf an, ob Teilakte im Inland liegen und der Täter aufgrund seiner betrieblichen Verantwortung auch für die im Inland befindlichen Teilakte Verantwortung trägt. Dies ist der pauschalierenden Handlungsbeschreibung und damit dem Charakter als Allgemeindelikt mit funktional-sozialer Tatherrschaft geschuldet. Sodann liegt der Handlungsort nach § 9 Abs. 1 Var. 1 StGB auch im Inland. Bei § 129 StGB hingegen werden die Teilakte der pauschalierenden Handlungsbeschreibung von einer Person vollzogen. Auch hier kommt es darauf an, ob Teilakte im Inland durchgeführt werden. Entscheidend ist hierfür, dass zumindest einer der Teilakte im Inland auch physisch vollzogen wird, indem der Akteur im Inland einen „input“ für die Vereinigung leistet. Ob darüber hinaus der Großteil weiterer Teilakte im Ausland liegt, ist aufgrund der Natur als pauschalierende Handlungsbeschreibung irrelevant. Eine Summierung der Teilakte aller Akteure in der kriminellen Vereinigung, in dem Sinne, dass sämtliche Teilakte jedem Akteur im Netzwerk zugerechnet werden, ist hingegen nicht gangbar. Damit kommt es bei § 129 StGB entscheidend darauf, ob ein Teilakt von der jeweiligen Person physisch im Inland vollzogen wurde. Nur dann lässt sich eine im räumlichen Geltungsbereich dieses Gesetzes ausgeübte Tätigkeit nach § 129b Abs. 1 S. 2 Var. 1 StGB, mithin ein Begehungsort im Inland, erkennen.

---

[86] Zur strafanwendungsrechtlichen Einordnung siehe bereits ausführlich Teil 4 C. III.

Teil 6

Schlussbetrachtung

Abschließend sollen die erarbeiteten Ergebnisse gebündelt zusammengefasst sowie eine Bewertung und ein Ausblick gegeben werden.

A. Analyse der Ergebnisse

I. In Teil 2 hat die Untersuchung ergeben, dass sich keine abschließende Definition für die Hawala finden lässt. Es konnte aber eine klare Kontur herausgearbeitet werden, die der Hawala innewohnt und den Gegenstand der aufsichts- und strafrechtlichen Untersuchung bildete. Die hiesige Untersuchung ergab folgende Eigenheiten des Systems, mit denen sich die Hawala umschreiben lässt:

1. Historisch betrachtet ist die Hawala ein aus dem Vorderen und Mittleren Orient entstammendes Phänomen, das sich im Einklang mit den Regeln des Islams zu einem leistungsstarken Rechtsinstitut entwickelte. Die Hawala ermöglichte der dortigen frühmittelalterlichen Handelsgesellschaft den Handel trotz stagnierender Zahlungsmittel. In der besonderen Form der Suftadja konnte die Hawala zu einer Minimierung der Transportrisiken beitragen, denn die Hawala wurde in der besonderen Form der Suftadja über weite Strecken vollzogen, sodass es keines physischen Geldtransfers mehr bedurfte. Damit etablierte sich deren Stellung als Zahlungsverkehrsdienst.

2. In seiner neuzeitlichen Prägung umschreibt die Hawala vor allem einen kostengünstigen, schnellen, verlässlichen und unkompliziert funktionierenden Zahlungsverkehrsdienst, der keine Papierspuren hinterlässt. Damit lässt sich die Hawala als ein historisch gewachsener, von Vertrauen getragener, alternativer und informeller Zahlungsverkehrsdienst umschreiben, bei dem Dienstleister Zahlungen von Kunden gegen Provision entgegennehmen und diese am gewünschten Auszahlungsort gegen das Nennen eines Codes ohne physischen Transfer und ohne jegliche Papierspur aushändigen (System der Zwei-Töpfe). Die gegenseitigen Forderungen werden dabei verrechnet und etwaige Zahlungsspitzen nur ausnahmsweise physisch transferiert (Clearingverfahren). Der Funktionsablauf des historischen Systems der Hawala ist dieser neuzeitlichen Ausprägung noch eigen, wenn auch die Intention

hinter der heutigen Nutzung variiert. So zeugen Fälle aus der Rechtsprechung[1] von Informalität und lassen sich dem Schattenfinanzwesen zuordnen. In den Hawala-Fällen agieren nicht nur Geschäftspartner, die neben ihrem Alltagsgeschäft Transferdienste anbieten. Es handelt sich vielmehr um ausgeklügelte und arbeitsteilig vorgehende Netzwerke, die sich auch im Bereich der organisierten Kriminalität bewegen.

II. In Teil 3 wurde der Fokus der Untersuchung auf die aufsichtsrechtliche Betrachtung der Hawala gelegt. Dabei ergab sich folgende Einordnung:

1. Die Transaktionen des Hawala-Bankings lassen sich je nach Ausgestaltung als unmittelbarer oder mittelbarer Zahlerfinanztransfer nach § 1 Abs. 1 S. 2 Nr. 6 Alt. 1 Fall 1, 2 ZAG beurteilen. Dabei können die beiden Hawaladare, die hinter dem Hawaladar 1 stehende Gesellschaft, das Hawala-Netzwerk oder auch die Hawala-Gruppierung – gesteht man diesen eine Stellung als Personenvereinigung zu – als Zahlungsdienstleister eingeordnet werden. Wiederum die Kunden des Hawala-Bankings, mithin der Einzahler und der Empfänger, lassen sich dem Begriff des Zahlers (§ 1 Abs. 15 ZAG) und Zahlungsempfängers (§ 1 Abs. 16 ZAG) im Sinne des ZAG zuordnen. Beim Hawala-Banking wird der Geldbetrag entgegengenommen und durch eine (un-)mittelbare Übermittlung des Geldbetrags vom Einzahler an den Empfänger transferiert, was den Voraussetzungen des § 1 Abs. 1 S. 2 Nr. 6 ZAG entspricht. Der in § 1 Abs. 1 S. 2 Nr. 6 ZAG genannte Geldbetrag kann vielseitig übermittelt werden, sodass der Begriff des Geldbetrags weit verstanden werden darf. Es muss sich dabei jedoch zumindest um einen anerkannten Wertträger, mithin Geld im eigentlichen Sinne handeln, was beim Transfer von Bargeld und damit bei der Hawala immer der Fall sein dürfte. Auch wenn die Hawaladare etwaige Provisionen verlangen und häufig eine Umrechnung in der jeweiligen Landeswährung stattfindet, kann weiterhin von einem „entsprechenden Betrag" ausgegangen werden, um jegliche Missbrauchsgefahren auszuräumen. Das Clearingverfahren bleibt bei der Betrachtung des „entsprechenden Betrags" unberücksichtigt und bildet kein eigentliches Transfergut. § 2 Abs. 1 Nr. 7 ZAG verdeutlicht, dass die Durchführung des Clearingverfahrens keinen zusätzlichen Zahlungsdienst darstellt.

Der Passus „nur zur Übermittlung" im Sinne des § 1 Abs. 1 S. 2 Nr. 6 ZAG lässt sich nicht nur als bloßer Hinweis für den Auffangcharakter des Finanztransfergeschäfts verstehen, sondern umschreibt vielmehr eine tatbestandliche Ausklammerung. Aufgrund des Wortlauts und der nötigen außertatbestandlichen Reduktion ist

---

[1] BGH 28.06.2023 – 3 StR 108/23, BGH, BeckRS 2023, 18792 und BGH 01.06.2023 – 3 StR 414/22, BGH, BeckRS 2023, 17742; BGH 28.06.2022 – 3 StR 403/20, BGH, BeckRS 2022, 20799; BGH 02.06.2021 – 3 StR 61/21, BGH, ZIP 2021, 1853; LG Köln 23.05.2022 – 109 KLs 5/21, LG Köln, abrufbar unter: https://www.justiz.nrw.de/nrwe/lgs/koeln/lg_koeln/j2022/109_KLs_5_21_Urteil_20220523.html; LG Düsseldorf 23.11.2021 – 014 KLs 2/21, LG Düsseldorf, abrufbar unter: http://www.justiz.nrw.de/nrwe/lgs/duesseldorf/lg_duesseldorf/j2021/014_KLs_2_21_Urteil_20211123.html, LG Düsseldorf, BeckRS 2021, 55636; LG Mannheim 17.11.2020 – 22 KLs 540 Js 6574/20, LG Mannheim, BeckRS 2020, 50512.

diese Einordnung bereits aus dogmatischen Gesichtspunkten zustimmungswürdig. Die tatbestandliche Ausklammerung wird anhand einer Einzel- oder Gesamtbetrachtung der Entgegennahme bestimmt. Denn die Hawaladare nehmen Gelder entgegen, die übermittelt werden sollen, aber auch der Bezahlung der Provision dienen. Durch die Einzel- oder Gesamtbetrachtung kann zwischen den Geldern der Übermittlung und den Geldern der Provision unterschieden werden, denn die Bezahlung der Provision beinhaltet einen übermittlungsfremden Zweck. Beim Hawala-Banking erfolgt dies anhand einer Einzelfallbetrachtung, indem die Vergütung des Zahlungsdienstleisters (im Rahmen des Deckungsverhältnisses) separat betrachtet wird. Denn die Vergütung des Zahlungsdienstleisters tritt neben die Zahlungsabwicklung und wäre ansonsten von der Entgegennahme des Geldbetrags mit umfasst. Damit wird der zur Zahlungsabwicklung entgegengenommene Geldbetrag auch „nur zur Übermittlung“ entgegengenommen und in concreto ein Finanztransfergeschäft begründet. Der „zur Vergütung“ entgegengenommene Betrag bleibt außer Betracht.

Zudem greifen die Ausnahmen nach § 2 Abs. 1 ZAG insbesondere der Bargeldtransport nach § 2 Abs. 1 Nr. 3 ZAG beim Hawala-Banking ebenfalls nicht, sodass es bei der Einordnung als Finanztransfergeschäft bleibt. Etwaige Bargeldtransporte spielen sich nämlich allein im Rahmen des Clearings, nicht im Rahmen der Übermittlung ab.

Letztlich konnte den Hawaladaren auch die Eigenschaft als Zahlungsinstitut nachgesagt werden. Entscheidend ist dabei, dass der Unternehmensbegriff des § 1 Abs. 1 S. 1 Nr. 1 ZAG im aufsichtsrechtlichen Sinne und damit weitreichend zu verstehen ist. Darunter lassen sich jede natürliche Person oder Personenvereinigung, gleich ob juristische Person oder Personengesellschaft, fassen, die zumindest organisatorisch und selbstständig Zahlungsdienste erbringt. Damit wurde der Ansicht des BGH[2] widersprochen, der lediglich juristische Personen als Normadressaten erfasst sah. Auch setzt die Eigenschaft als Unternehmen keinen subjektiven Willen voraus, denn zum einen mangelt es dem § 10 Abs. 1 S. 1 ZAG nunmehr an einer ausdrücklichen Bezugnahme des „Zahlungsinstituts“, und zum anderen verdeutlicht der Passus „erbringen will“ allein eine objektiv-zeitliche Vorverlagerung der Erlaubnispflichtigkeit.

2. Damit konnte herausgearbeitet werden, dass es sich beim Hawala-Banking um ein Finanztransfergeschäft handelt und folglich Zahlungsdienste erbracht werden. Daraus folgt auch, dass es zur Ausübung des Zahlungsdienstes und damit des Hawala-Bankings immer einer Erlaubnis nach § 10 Abs. 1 S. 1 ZAG bedarf. Die Hawaladare, die hinter ihnen stehende Gesellschaft, das Netzwerk oder auch die Gruppierung, unabhängig von deren Stellung als natürliche Person, juristische Person oder auch Personenvereinigung, sind erlaubnispflichtig, nicht aber erlaubnisfähig. Denn mit ihrem Service werden gewerbsmäßig oder in einem Umfang, der

[2] BGH 28.10.2015 – 5 StR 189/15, BGH, NStZ-RR 2016, 15 (16).

einen in kaufmännischer Weise eingerichteten Geschäftsbetrieb erfordert, Zahlungsdienste erbracht. Dabei kommt es nicht darauf an, ob die Dienstleister die Absicht verfolgen, den Dienst ordnungsgemäß zu erfüllen. Denn bei der Formulierung „erbringen will“ handelt es sich nicht um ein streng subjektives Merkmal. Vielmehr muss der Handlung ein objektiv-zeitlicher Charakter nachgesagt werden, sodass sich das „erbringen will“ in bereits vorgelagerten Handlungen manifestieren kann und eine Erlaubnispflichtigkeit schon bei gewissen Vorbereitungshandlungen eintritt, sofern diese einen konkreten Geschäftsbezug aufweisen.

Trotz internationaler Verflechtungen werden die Zahlungsdienste beim Hawala-Banking auch im Inland im Sinne des § 10 Abs. 1 S. 1 ZAG erbracht, denn die Hawaladare wenden sich meist zielgerichtet an den inländischen Markt oder erbringen wesentliche Teilakte des Erbringens von Zahlungsdiensten im Inland. Dies verdeutlichen auch die Fälle aus der Rechtsprechung[3], da die dort genannten Hawala-Transfers meist von Deutschland in das Ausland ablaufen. Liegen ganze Hawala-Netzwerke vor, unterfallen die jeweiligen Akteure nämlich einem einheitlichen Geschäftsbetrieb, wodurch sich eine physische Präsenz im Inland offensichtlich erblicken lässt. Selbst bei einem im Ausland ansässigen Netzwerk wird man eine unternehmerisch-werbende Tätigkeit im Inland annehmen können, da sich diese an den inländischen Markt richtet und wesentliche Teilakte der Tätigkeit im Inland vollzogen werden. Dies geht damit einher, dass bei § 10 Abs. 1 S. 1 ZAG ein marktbezogener Grundsatz zugrunde zu legen ist.[4]

Da der Transferservice oftmals zum herkömmlichen Betrieb eines Reisebüros, Juweliers oder dergleichen angeboten wird, wurde ferner ein etwaiges Neben-

---

[3] BGH 28.06.2022 – 3 StR 403/20, BGH, BeckRS 2022, 20799; BGH 02.06.2021 – 3 StR 61/21, BGH, ZIP 2021, 1853; LG Köln 23.05.2022 – 109 KLs 5/21, LG Köln, abrufbar unter: https://www.justiz.nrw.de/nrwe/lgs/koeln/lg_koeln/j2022/109_KLs_5_21_Urteil_20220523.html; LG Düsseldorf 23.11.2021 – 014 KLs 2/21, LG Düsseldorf, abrufbar unter: http://www.justiz.nrw.de/nrwe/lgs/duesseldorf/lg_duesseldorf/j2021/014_KLs_2_21_Urteil_20211123.html, LG Düsseldorf, BeckRS 2021, 5563; LG Mannheim 17.11.2020 – 22 KLs 540 Js 6574/20, LG Mannheim, BeckRS 2020, 50512.

[4] So der zustimmungswürdige marktbezogene/vertriebsbezogene Ansatz: *Eckhold*, in: Schäfer/Omlor/Mimberg-ZAG, § 10, 11 Rn. 47 f.; *Walter*, in: Casper/Terlau-ZAG, § 10 Rn. 9 ff.; *Walz*, in: Ellenberger/Findeisen/Nobbe/Böger-Kommentar zum Zahlungsverkehrsrecht, § 10 ZAG Rn. 8; so bereits auch für § 8 ZAG a.F. BT-Drs. 16/11613, S. 46; BR-Drs. 827/08, S. 77 f.; *Danwerth*, Das Finanztransfergeschäft als Zahlungsdienst, S. 50 f.; *Dörner/Schenkel*, Die Erlaubnis zur Erbringung von Zahlungsdiensten, S. 50 f.; *Hingst/Lösing*, Zahlungsdiensteaufsichtsrecht, § 6 Rn. 2 f.; im Rahmen des ursprünglichen § 32 KWG wegweisend *BaFin*, Merkblatt zur Erlaubnispflicht von grenzüberschreitend betriebenen Geschäften vom 11.03.2019, abrufbar unter: https://www.bafin.de/SharedDocs/Veroeffentlichungen/DE/Merkblatt/mb_050401_grenzueberschreitend.html, Präzisierung der Verwaltungspraxis zu § 32 Abs. 1 S. 1 KWG; BVerwG 22.04.2009 – 8 C 2/09, BVerwG, VersR 2010, 509 (512); pro institutsbezogener Ansicht und umfangreich zu § 32 KWG und den zu übertragenden Meinungsstreit *Schwennicke*, in: Schwennicke/Auerbach-KWG, § 32 KWG Rn. 7 ff. mit Hinweisen zur einschlägigen Literatur und Rechtsprechung; für eine rein institutsbezogene Auslegung des § 10 Abs. 1 S. 1 ZAG wohl *Heucke*, in: Luz/Neus/Schaber/Schneider/et al.-ZAG, § 10 Rn. 6.

dienstleistungsprivileg diskutiert und abgelehnt. Eine solche Unterscheidung zwischen neben- und hauptberuflicher Tätigkeit gibt es im Gewerberecht nicht. Auch sprechen Erwägungsgrund 9 der ZDRL II und Erwägungsgrund 7 der ZDRL I dagegen. Zudem mangelt es hier an rechtssicheren Kriterien zur Abgrenzung von Haupt- und Nebentätigkeit.

Aufgrund der immanenten Eigenschaften des Hawala-Bankings, werden die Akteure nicht erlaubnisfähig sein. Dies liegt in erster Linie daran, dass die Erlangung einer Erlaubnis mit einem bestimmten Informationsauftrag, einer bestimmten Rechtsform und gewissen Kontrollmechanismen verbunden ist. Die Akteure des Hawala-Bankings missachten diese Anforderungen aber bewusst, da der Hawala-Transferdienst ansonsten an Anonymität, monetärer Attraktivität und damit auch an Kunden einbüßen würde. Mit Blick auf § 10 Abs. 1 S. 1 ZAG lässt sich damit die Aussage treffen, dass zumindest der reine Funktionsablauf des Hawala-Bankings ein legales und sozial erwünschtes Verhalten darstellt, das einer staatlichen Kontrolle unterzogen werden muss. Jedoch kommen beim Hawala-Banking Eigenheiten hinzu, die dieser Kontrolle nicht standhalten werden, sodass dieses Verhalten der Integrität des Zahlungsverkehrs schadet, was grundsätzlich missbilligenswert ist. Dies zeigt, dass die Hawala immer erlaubnispflichtig, nie jedoch erlaubnisfähig sein wird. Damit handeln die Hawala-Akteure immer ohne Erlaubnis nach § 10 Abs. 1 S. 1 ZAG, was zu einer Strafbarkeit im Sinne des § 63 Abs. 1 Nr. 4 ZAG führt. Dazu konnten zwei Ansätze im Umgang mit diesem Phänomen herausgearbeitet werden. Zum einen die Stärkung alternativer Finanztransferdienstleistungen, sodass zumindest ein gewisser Teil der Kunden verstärkt auf legale Dienstleister zurückgreift. Dies führt auch zur Austrocknung der erlaubnislosen Hawala-Systeme. Zum anderen eine effektivere Bekämpfung der Hawala-Systeme, die gerade keine „Legalisierung" anstreben, indem man gezielt auf die Bündelung von Ermittlungsbehörden setzt. Zu vergegenwärtigen ist dabei jedoch, dass eine radikale Bekämpfung der Systeme ohne jeglichen Ansatz für Alternativen, auch immer die Gefahr zum weiteren Abstieg in die Anonymität in sich birgt,[5] mithin nur ein simultanes Vorgehen zu Erfolgen führen kann.

III. In Teil 4 der Untersuchung wurde die originäre Strafbarkeit des Hawala-Bankings beleuchtet. Dabei wurde die Strafbarkeit nach § 63 Abs. 1 Nr. 4 ZAG sowie nach § 129 Abs. 1 StGB analysiert und deren strafanwendungsrechtliche Aspekte betrachtet. Die Untersuchung ergab folgende Thesen:

1. § 63 Abs. 1 Nr. 4 ZAG ist über § 10 Abs. 1 S. 1 ZAG nicht mehr an das Zahlungsinstitut nach § 1 Abs. 1 S. 1 Nr. 1 ZAG gekoppelt, sodass die Strafnorm nicht mehr vom Status des Zahlungsinstituts, mithin von einer Unternehmenseigenschaft abhängig ist. Diese Verknüpfung kann auch nicht kraft Sachzusammenhangs hergestellt werden. So mögen systematische Erwägungen die Schlussfolge-

---

[5] Vgl. *Razavy*, Hawala: An underground haven for terrorists or social phenomenon?, S. 292; ähnlich das *BMF*, Monatsbericht 10/2004, S. 84 f., das auch von einem „Maßnahmebündel" spricht.

rung zulassen, dass es sich um ein Zahlungsinstitut handeln kann. Historische und teleologische Aspekte zeigen, dass es sich aber nicht um ein Zahlungsinstitut handeln muss. Damit hat das Zahlungsdiensteaufsichtsgesetz zwar den besonderen Geschäftsbetrieb von Zahlungsdiensten im Blick, was insbesondere auch Zahlungsinstitute umfasst. Darin zeigt sich der Fokus auf die primär unternehmerische Tätigkeit. Dennoch soll durch das Erlaubnisverfahren gerade das Eindringen von unzulänglich fundierten Unternehmen als auch ungeeigneten Personen in das Zahlungsdienstegewerbe verhindert werden, sodass sämtliche Akteure von der Erlaubnispflicht erfasst werden, mithin auch Nichtunternehmen. Ein Sonderdeliktscharakter kann also nicht mehr am Status des Zahlungsinstituts festgemacht werden. Es hat sich ferner gezeigt, dass mangels Anknüpfens an den Status als Zahlungsinstitut nunmehr die Tätigkeit des Erbringens im Vordergrund steht, die ebenfalls Raum zur Interpretation lässt. Dabei hat sich herausgestellt, dass die Tätigkeit des Erbringens ebenfalls keine Einordung als Sonderdelikt nahelegt. Mit Blick auf das Aufsichtsrecht wird zwar der Geschäftsherr als der Erbringende eingeordnet werden können, was auch damit zusammenhängt, dass sich das Aufsichtsrecht an zahlungsverkehrsrechtlichen Zurechnungsmechanismen orientiert, mithin es um ein Zahlungsdienstegewerbe geht, das Zahlungs*dienstleistungen* anbietet. Dennoch gibt das Aufsichtsrecht seinerseits dem Strafrecht keinen vorgelagerten Pflichtenkreis vor, der für einen besonderen Täterkreis sorgt. Auch die durch § 63 Abs. 1 Nr. 4 ZAG geschützten Rechtsgüter beziehen sich nicht nur auf den Schutz des Erlaubnisverfahrens, sondern reichen weiter und können nicht nur durch einen bestimmten Personenkreis verletzt werden. Damit lässt sich im Erbringen auch kein besonderes persönliches Merkmal erkennen, das für einen bestimmten Status spricht und das einen bestimmten Täterkreis hervorhebt. So kann dem Erbringen eine pauschalierende Handlungsbeschreibung nachgesagt werden, die eine Verantwortungszumessung begründet. Diese liegt jedoch nicht in einem bestimmten Status, der eine bestimmte Pflichtenposition beim Täter veranlasst und ihn dadurch aus der Gruppe anderer möglicher Täter heraushebt, sodass er stärker für die Unversehrtheit des in dem Tatbestand geschützten Rechtsguts strafrechtlich zur Verantwortung gezogen werden kann. Vielmehr umschreibt das Erbringen eine bestimmte Handlung, die die Täterschaftsbestimmung nach sozialen oder normativen Verantwortungsbereichen erfolgen lässt. Dies kann jedoch nicht als Funktionsbeschreibung im Sinne eines Status deklariert werden, sondern muss vielmehr als Tätigkeits- oder Funktionsbeschreibung dahingehend Betrachtung finden, dass die strafrechtliche Verantwortlichkeit am tatsächlichen Einfluss auf die Tätigkeit festgemacht wird, die mit der Organisation der pauschalierenden Handlungsbeschreibung einhergeht. Genauso spricht diese Einordnung des Erbringens aber auch gegen eine Handlung im natürlichen Sinne, in der eine physisch-reale Steuerungsmacht zum Tragen kommt. Summa summarum lässt sich also bei § 63 Abs. 1 Nr. 4 ZAG ein bestimmter Täterkreis nicht anhand eines bestimmten Status ausdrücklich oder kraft Sachzusammenhangs festmachen. Auch die Tathandlung des Erbringens stellt keine Funktionsbeschreibung dar, die einen bestimmten Täterkreis beschreibt. Damit ist § 63 Abs. 1 Nr. 4 ZAG nicht als Sonderdelikt, sondern als Allgemeindelikt einzuordnen.

Tatherrschaft über die pauschalierende Handlungsbeschreibung des Erbringens hat inne, wer eine Verbindungsfunktion ausübt und damit eine zentrale Rolle des Betriebsprozesses einnimmt. So kann beispielsweise bei einer Einzeltransaktion dem Hawaladar 1 und dem Hawaladar 2 eine Lenkungs- und Plantätigkeit zuteilwerden, da – je nach Ausgestaltung – jeder der beiden die funktional-soziale Tatherrschaft über den Prozess ausübt, mithin jeder für sich Zahlungsdienste erbringt. Dies kann den beiden nach § 25 Abs. 2 StGB auch wechselseitig zugerechnet werden, sofern den beiden Hawaladaren, die zentrale Verwaltung und die Organisation ihres Transfersystems ebenbürtig obliegt.[6] Handelt es sich um ein ganzes Konglomerat, mithin um ein ganzes Hawala-Netzwerk oder eine Hawala-Gruppierung, so kommt eine funktional-soziale Tatherrschaft bei denjenigen in Betracht, die das Geschehen insgesamt beherrschen. Es führt aber nicht jede Führungsrolle automatisch zur Täterschaft. Vielmehr kommt es darauf an, ob der jeweilige Akteur aufgrund seiner Stellung im Ensemble eine Verbindungsfunktion einnimmt, indem er über den Erbringensprozess eine Entscheidungsmacht ausübt und damit dem Ensemble einen Sinn gibt. Nur dann erbringen diese, unmittelbar oder in Mittäterschaft nach § 25 Abs. 2 StGB, Zahlungsdienste. Wiederum die Einsammler, die Kuriere beim Clearingverfahren, die Buchhalter oder die Akteure, die Gelder entgegennehmen oder auszahlen, können als Teilnehmer des § 63 Abs. 1 Nr. 4 ZAG in Betracht kommen. Dies aber nur, sofern ihnen gerade keine Entscheidungsmacht über den Prozess zukommt, diese weisungsgebunden agieren und sie vielmehr nur zuarbeiten. Damit mangelt es diesen an der für die Täterschaft nötigen funktional-sozialen Tatherrschaft.

Besonderes Augenmerk verdienen beim Hawala-Banking aber auch die Kunden von Zahlungsdiensten. Denn diese werden in der Regel die Position eines notwendigen Teilnehmers einnehmen. Im Normalfall wird damit eine Straflosigkeit einhergehen. Doch gerade bei kriminellen Kunden mag sich deren Beitrag nicht mehr auf die vom ZAG zugedachte Rolle beschränken, sodass auch bei diesen eine Teilnehmerstrafbarkeit in Betracht kommen kann. Dies ist aber nur der Fall, wenn die Beteiligten durch ihr Verhalten das Maß der zur Tatbestandsverwirklichung erforderlichen Mitwirkung überschreiten. Allein dann können diese als Teilnehmer des § 63 Abs. 1 Nr. 4 ZAG auftreten.

Die Tathandlung des Erbringens von Zahlungsdiensten nach § 63 Abs. 1 Nr. 4 ZAG lässt sich, wie geschildert, als eine pauschalierende Handlungsbeschreibung einordnen, die auf Zahlungsdienste abzielt und eine auf Dauer angelegte Handlung darstellt, die wiederum aus vielen einzelnen Tätigkeiten bestehen kann. So muss die Handlung im Kontext des hier relevanten Finanztransfergeschäfts betrachtet werden, sodass davon Entgegennahmen und Übermittlungen oder Verfügbarmachungen von Geldbeträgen umfasst sind. Auch umfasst das Ensemble die schuldrechtliche Vereinbarung, Anweisung, Koordination sowie die eigentliche

[6] So *Morozinis*, Dogmatik der Organisationsdelikte, S. 606 im Kontext des § 29 BtMG und § 327 StGB.

Durchführung des Zahlungsdienstes. Die Tathandlung des Erbringens erstreckt sich dabei jedoch nicht auf jegliche Akteure, die Einzelhandlungen innerhalb des Ensembles vollziehen. Es kommt entscheidend darauf an, dass der Handelnde eine Lenkungs- und Plantätigkeit beziehungsweise eine Verbindungsfunktion ausübt, die den verschiedenen, im Tatbestand vorausgesetzten, fremden Einzelhandlungen erst einen gemeinsamen Sinn gibt. Dabei liegt die Vornahme der betrieblichen Tätigkeit bei dem- oder denjenigen, die diese Tätigkeit insgesamt beherrschen. Zur Verwirklichung reicht hierbei aus, dass die Tätigkeit aufgenommen wurde. Es muss kein Erfolg im Sinne eines erfolgreich absolvierten Geschäfts eintreten. Zumindest muss es jedoch zu werbenden Tätigkeiten oder Vorbereitungshandlungen gekommen sein, die einen konkreten Geschäftsbezug aufweisen. Dem Erbringensbegriff ist zwar ein Finalcharakter immanent, der auf die Ausführung des Zahlungsdienstes gerichtet ist. Eine Ausführung im Sinne eines erfolgreich abgeschlossenen Transfers muss jedoch nicht erfolgen. Das bedeutet für die strafrechtliche Einordnung der Tathandlung, dass allein das Tätigwerden für die Tatbestandsverwirklichung entscheidend ist, nicht zwingend auch ein Erfolg. Sohin lässt sich § 63 Abs. 1 Nr. 4 ZAG als Tätigkeitsdelikt einordnen in Form eines abstrakten Gefährdungsdelikts. Dies deckt sich auch mit der erfolgten Einordnung als Organisationsdelikt im engeren Sinne, denn § 63 Abs. 1 Nr. 4 ZAG ist darauf angelegt, die besondere Gefährlichkeit der organisatorischen Tätigkeit vorzubeugen. Zudem reicht es bei Organisationsdelikten aus, dass der Täter Einzelhandlungen innerhalb dieses „Kreislaufs" vollzieht, diese aber nicht zwingend in der Durchführung beziehungsweise Ausführung liegen müssen. Auch lässt sich die Tathandlung systematisch dahingehend auslegen, dass Vorbereitungshandlungen oder werbende Tätigkeiten für eine Strafbarkeit ausreichen, wenn diese bereits einen *konkreten* Geschäftsbezug aufweisen. Gerade bei pauschalierenden Handlungsbeschreibungen, die eine aus mehreren Teilakten bestehende Tathandlung beschreiben, lässt sich der Beginn der Handlung auch bereits auf die vorgelagerten Teilakte beziehen, sofern sie einen konkreten Geschäftsbezug aufzeigen.

Es konnte ferner herausgearbeitet werden, dass die Tätigkeit des Erbringens nicht nur auf eine einmalige Durchführung des Ensembles festgelegt ist, sondern auch ein mehrmaliges, einen zum Teil längeren Zeitraum umfassendes Geschehen umschreibt, was nach der Konkurrenzlehre als tatbestandliche Handlungseinheit umschrieben wird. Gerade dafür reicht aber bereits das einmalige Begehen aus.[7] Denn das Vollziehen der Einzelhandlungen in dem Ensemble ist dafür entscheidend, nicht das mehrmalige Vollziehen jeglicher Einzelhandlungen. Die Tathandlung endet aber erst, sofern jegliche Finanztransfergeschäfte eingestellt wurden. Denn diese lassen sich in Summe als einmalige Verwirklichung des Tatbestandes einordnen.[8] Dieses Verständnis folgt aus dem Zusammenspiel des Wortes „Zah-

---

[7] Auch *Mansdörfer/Oğlakcıoğlu*, RdZ 2024, 106 (112).

[8] Vgl. BGH 28.06.2022 – 3 StR 403/20, BGH, BeckRS 2022, 20799, Rn. 28; so bereits zu § 54 KWG BGH 18.07.2018 – 2 StR 416/16, BGH, NJW 2018, 3467 (3469).

lungsdienst*e*" mit der Tathandlung der pauschalierenden Handlungsbeschreibung „erbringt". Damit setzt das Erbringen im Sinne des § 63 Abs. 1 Nr. 4 ZAG ein mindestens einmaliges Tätigwerden voraus.

Bei den Hawaladaren kann es auch zu einem Irrtum über das Erlaubt-Sein kommen. Betroffen ist dabei deren Unrechtsbewusstsein, das zu den Rechtsfolgen des § 17 StGB führt. Der Vorsatz der Hawaladare muss sich hingegen nicht auf die Erlaubnispflicht beziehen, was gegen eine Anwendung des § 16 Abs. 1 S. 1 StGB spricht. Dies ergibt sich daraus, dass das Merkmal „ohne Erlaubnis nach § 10 Absatz 1 Satz 1" als Blankettmerkmal ausgestaltet ist, sodass § 10 Abs. 1 S. 1 ZAG mit dessen Anforderungen die Strafnorm des § 63 Abs. 1 Nr. 4 ZAG ausfüllt. Damit fehlt dem Täter die Einsicht, Unrecht zu tun. Die Frage, ob das Merkmal dabei einen Charakter als Rechtfertigungsgrund oder negatives Tatbestandsmerkmal hat, stellt sich jedoch erst, sofern es um das Vorliegen oder Nichtvorliegen der Erlaubnis geht. Ist der Hawaladar nach wie vor durch seine heimatlichen Wertvorstellungen geprägt und unterscheiden sich seine Anschauungen von den inländischen, kann ihm die Einsicht in das begangene Unrecht fehlen.[9] Dabei kann dem Hawaladar aber im Rahmen seines Unrechtsbewusstseins nicht vorgeworfen werden, dass er sich nicht integriert hat, denn die persönliche Vorwerfbarkeit einer Tat bestimmt sich allein danach, ob der Täter die Rechtsordnung seines Aufenthaltsstaates sehenden, oder jedenfalls nicht blinden Auges, verletzt.[10] Dennoch stellen die Rechtslage des Heimatstaats sowie die kulturellen Wertvorstellungen des Täters ein starkes Indiz für oder gegen ein potenzielles Unrechtsbewusstsein dar. Entscheidend ist, ob der Verbotsirrtum vermeidbar war, mithin ob der Täter nach seinen individuellen Fähigkeiten bei Einsatz aller seiner geistigen Erkenntniskräfte und seiner sittlichen Wertvorstellungen zur Unrechtseinsicht hätte gelangen können. Eine Gewissensanspannung kann insbesondere zumutbar sein, wenn der Täter bewusst eine Verbindung zum fremden Staat knüpft, vor allem wenn er dauerhaft und häufig Berührungspunkte mit der dortigen Rechtsordnung sucht.[11] Gerade wenn sich die Hawaladare dauerhaft niederlassen und gezielt den deutschen Markt mit Finanztransfergeschäften bedienen, mithin gewerblich tätig werden wollen, trifft diese umso mehr die Pflicht, sich mit der hiesigen Rechtslage vertraut zu machen.

2. Hawala-Netzwerke lassen sich auch als Vereinigungen nach § 129 Abs. 2 StGB einordnen. Dabei erfüllen diese das personelle, das organisatorische, das zeitliche sowie das interessenbezogene Element des Vereinigungsbegriffs. Betrachtet man die einzelnen Elemente des Vereinigungsbegriffs, so zeigt sich, dass das organisatorische Element weiterhin ein entscheidendes Merkmal zur Abgrenzung zwischen Vereinigung und Bande bildet. Die Reduktion der Anforderungen an das organisatorische Element, bedeutet trotzdem nicht, dass eine Organisation im Sinne eines absoluten Minimums ausreicht. Genauso wird das organisatorische

---

[9] *Valerius*, Kultur und Strafrecht, S. 184.

[10] *Valerius*, Kultur und Strafrecht, S. 184 f.

[11] *Valerius*, Kultur und Strafrecht, S. 189.

Element nicht auch automatisch überflüssig, weil eine Bande ebenfalls organisiert sein *kann*. Ein Unterschied zeigt sich nämlich darin, dass eine Bande einen losen Zusammenschluss darstellt und eine Vereinigung ein gewisses Maß an Organisation *zwingend* voraussetzt. Auch ein Umweg über das interessenbezogene Element kann darüber nicht hinwegtäuschen, indem man zur Bestimmung des übergeordneten Interesses auf das organisatorische Element zurückgreift. Dies verdeutlicht vielmehr die Wichtigkeit des organisatorischen Elements samt dessen Indizwirkung. Ebenfalls wurden vom Gesetzgeber die Anforderungen an das interessenbezogene Element abgesenkt. Hierbei soll bei politisch motivierter Kriminalität das übergeordnete Interesse in der politischen Überzeugung und der Verfolgung politischer Ziele liegen. Im Gegensatz dazu soll bei Wirtschaftskriminalität das übergeordnete Interesse im gemeinsamen Gewinn- und Machtstreben liegen, wobei dies bei Letzterem anhand der organisatorischen Struktur bestimmt werden kann. Auch das interessenbezogene Element ist zur Abgrenzung von Bande und Vereinigung nötig. Bei der Wirtschaftskriminalität kommt es jedoch darauf an, dass sich das Interesse in einem Streben nach potenzierter Gewinnmaximierung zeigt. Dabei ist notwendig, dass sich dieser Zusammenschluss förmlich verselbstständigt, er einen unternehmerischen, mithin organisatorischen Charakter erhält. Ein Streben nach Macht kann sich bei Wirtschaftskriminalität dadurch zeigen, dass eine „Marktübernahme" oder ein „Zuvorkommen gegenüber Ermittlungsbehörden" angestrebt wird. Es zeigt sich also in einer Anstrengung zur Durchsetzung der eigenen Ziele gegenüber anderen. Durch die Bündelung der Kräfte sollen die eigenen Ziele einfacher durchgesetzt werden können. Mit Blick auf das Hawala-Banking ist das Zusammenspiel verschiedener Interessen bemerkenswert.[12] So kann man den Netzwerken ein Gewinnstreben nachsagen, das sich in der potenzierten Gewinnmaximierung zeigt. Die dennoch vorhandenen Einzelinteressen treten hinter dem verselbstständigten übergeordneten Interesse zurück. Genauso zeigen die Netzwerke ein Streben nach Macht, indem sie sich bewusst der staatlichen Kontrollmöglichkeit widersetzen, um sich der Nachverfolgbarkeit zu entziehen und eine kostengünstige Alternative gegenüber anderen Transfersystemen zu schaffen. Damit setzen sie sich gegenüber Ermittlungsbehörden und anderen Anbietern durch. Hierdurch nehmen die Netzwerke Einfluss auf die Wirtschaft, indem sie in den Finanzkreislauf eingreifen. Überdies werden altruistische Ziele verfolgt, denn mit dem Hawala-Banking wird Migranten eine kostengünstige und anonyme Transfermöglichkeit geboten.

Überdies wurde festgestellt, dass die Begehung der Straftaten nach § 63 Abs. 1 Nr. 4 ZAG auch das ausdrücklich oder stillschweigend verbindlich festgelegte Ziel des Hawala-Netzwerkes ist, zu dessen Erreichung sich die Mitglieder verpflichten. Die einzelnen Mitglieder sind dazu bereit, die Straftaten zu begehen.

3. Beim Hawala-Banking kommt es auch zur Kollision mit Auslandssachverhalten. Von Relevanz sind hierbei in erster Linie die territorialen Anknüpfungspunkte nach §§ 3, 9 StGB und § 129b Abs. 1 S. 2 Var. 2, 3 StGB. Bei § 63 Abs. 1

[12] So bereits *Nestler/Schiffner*, NStZ 2022, 35 (38).

Nr. 4 ZAG handelt es sich um ein abstraktes Gefährdungsdelikt, sodass es nach § 9 Abs. 1 StGB an einem Erfolgsort mangelt und allein der Handlungsort entscheidend ist. Die Besonderheit ist dabei jedoch, dass es sich bei der Tathandlung des Erbringens von Zahlungsdiensten, um eine pauschalierende Handlungsbeschreibung handelt, die auf Zahlungsdienste abzielt und damit eine auf Dauer angelegte Handlung umschreibt. Diese kann wiederum aus vielen einzelnen Tätigkeiten bestehen. Anders als ein klassisches Einzelaktsdelikt umfasst das Erbringen von Zahlungsdiensten also viele einzelne Tätigkeiten, die sich in der Vereinbarung, Anweisung, Koordination aber auch der Durchführung des Zahlungsdienstes niederschlagen können. Wegen des Charakters als funktional-soziale Tatherrschaft, kann deshalb nicht auf den Ort abgestellt werden, an dem physisch-vermittelte Kraft in Form von Handlungsherrschaft entfaltet wird. Es geht eher um eine geistige als eine körperliche Tätigkeit. Betrachtet man nämlich die Natur einer pauschalierenden Handlungsbeschreibung, zeigt sich, dass die Tathandlung aus vielen einzelnen Tätigkeiten besteht, mithin davon Teilakte umfasst sind, die auch in Deutschland liegen. Damit vollzieht sich der Erbringensprozess von Deutschland in das Ausland, sodass auch Teilakte in Deutschland vollzogen werden. Dabei kann der Täter im Rahmen seiner betrieblichen Verantwortung auch für die Teilakte des kollektiven Geschehens mitverantwortlich gemacht werden, die seiner betrieblichen Verantwortung und damit seiner Kontrolle unterliegen, auch wenn diese nicht selbst von ihm vollzogen wurden. Damit kann die Leitperson, die die funktional-soziale Tatherrschaft trägt und über den Prozess des Erbringens bestimmt, im Inland oder im Ausland sitzen, soweit sich die Tathandlung des Erbringens und damit die Mitverantwortung über die einzelnen im Inland befindlichen Teilakte auswirkt. Andernfalls könnte ein Akteur die deutsche Grenze passieren, um sich den Geltungsbereichsnormen zu entziehen, jedoch ausgelagert, die betriebliche Verantwortung vollziehen. Beim Hawala-Banking wird dies daran deutlich, dass der Hawaladar Einfluss auf die Einzahlung und Übermittlung nimmt, ohne dass den in Deutschland befindlichen Akteuren eine Entscheidungsmacht darüber zukommt. Geht man von zwei Hawaladaren aus, denen die zentrale Verwaltung und die Organisation ihres Transfersystems ebenbürtig obliegt, kann an eine für die Mittäterschaft charakteristische horizontale Struktur gedacht werden, die es notwendig werden lässt, dass die einzelnen Beiträge gegenseitig zugerechnet werden. Liegen also Teilakte im Inland vor und trägt der Täter aufgrund seiner betrieblichen Verantwortung auch für die im Inland befindlichen Teilakte Verantwortung, kann der Handlungsort nach § 9 Abs. 1 Var. 1 StGB im Inland liegen.

Bei § 129 StGB gilt es wiederum auf § 129b Abs. 1 S. 2 Var. 2, 3 StGB zurückzugreifen. Es hat sich gezeigt, dass § 129b Abs. 1 S. 2 StGB gegenüber den §§ 3 ff. StGB eine Spezialregelung darstellt, sodass es keines Rückgriffs auf die §§ 3 ff. StGB bedarf. Zur Bestimmung einer in- oder ausländischen Vereinigung muss auf den Schwerpunkt der Hawala-Organisationsstruktur abgestellt werden. Gerade die Fälle des Hawala-Bankings machen aber deutlich, dass es nicht immer leicht einzuordnen ist, ob es sich um eine in- oder ausländische Vereinigung handelt, da die Sachverhalte länderübergreifend stattfinden und die Systeme auch länderübergreifende umfangreiche Strukturen aufbauen. Insoweit bedarf es einer der konkreten Einzelfallumstände orientierten Gesamtbetrachtung mittels der der Schwerpunkt der Organisationsstruktur festgestellt werden kann. Beim Hawala-Banking kann die Bündelung von personellen und/oder sachlichen Ressourcen, wie die genutzten Gebäude, die gegründeten Scheinfirmen, die Einzahlstellen, die Clearingstellen, der Tätigkeitsort der Einsammler und Buchführer ein starkes Indiz für den Ort des Schwerpunkts der Vereinigung geben. Daraus folgt aber nicht immer auch, dass an diesem Ort gleichzeitig die Verwaltung der Vereinigung geführt wird. Denn einschlägige Fälle zeigen, dass die Vereinigung in ihrem Bestand, in ihrer Struktur, in ihrer Ausrichtung und Zielsetzung auch vom Ausland aus geprägt und gesteuert werden kann. Aufgrund der meist umfangreicheren Zahlungsflüsse von Deutschland in das Ausland wird ein Großteil der personellen und sachlichen Ressourcen jedoch in Deutschland liegen. Damit geht aber nicht zwingend auch die Koordination der Struktur oder des Netzwerkes einher. Somit ist dem BGH[13] beizupflichten, dass bei den Hawala-Fällen in erster Linie auf den Ort abzustellen ist, von dem aus die Vereinigung maßgeblich in ihrem Bestand, ihrer Struktur, Ausrichtung und Zielsetzung geprägt und gesteuert wird. Orientierung bietet hierbei der Ort, an dem der Rädelsführer nach § 129 Abs. 5 S. 2 StGB und damit meist ein Groß-Hawaladar agiert. Trotz Einordnung als ausländische Vereinigung kommt es darauf an, dass die Tätigkeit im räumlichen Geltungsbereich nach § 129b Abs. 1 S. 2 Var. 1 StGB ausgeübt wird. Beim Hawala-Banking wurden vor allem die Handlungen des Gründens, des mitgliedschaftlichen Beteiligens sowie teilweise auch des Unterstützens herausgearbeitet und zugeordnet. Die Handlungen werden meist im Inland vollzogen.

IV. In Teil 5 wurde noch einmal in der Gesamtheit das Verhältnis der für das Hawala-Banking relevanten Strafnormen des § 63 Abs. 1 Nr. 4 ZAG und des § 129 StGB verglichen und deren Wechselbeziehung gebündelt aufgezeigt. Weil § 63 Abs. 1 Nr. 4 ZAG als Bezugstat des § 129 StGB dient und diese dadurch einen Konnex eingehen, besteht eine Wechselbeziehung zwischen den Normen. Dabei können folgende Ergebnisse festgehalten werden:

1. Zunächst konnte ein kooperatives Zusammenwirken der beiden relevanten Straftatbestände des § 63 Abs. 1 Nr. 4 ZAG und des § 129 StGB bestätigt werden, denn ersterer dient als „faktischer Türöffner" zur Strafbarkeit des § 129 StGB beim Hawala-Banking. Daraus folgt aber auch eine effektive Möglichkeit dem Hawala-Banking zu begegnen, denn das von Anonymität geprägte Hawala-Banking weist häufig umfangreiche Sachverhalte auf, die einer umfassenden Aufklärung bedürfen. Hierfür kann § 129 StGB dienlich sein, da der Tatverdacht wegen Bildung einer kriminellen Vereinigung nach §§ 100a Abs. 2 Nr. 1d, 100b Abs. 2 Nr. 1c, 100c Abs. 1 Nr. 1 StPO weitreichende Ermittlungsmöglichkeiten zulässt. Außerdem er-

[13] BGH 28.06.2022 – 3 StR 403/20, BGH, BeckRS 2022, 20799, Rn. 19.

möglicht § 129 StGB auch die Einziehung von Kundengeldern, wenn man der Rechtsprechung[14] folgt.

2. Aufgrund der Wechselbeziehung der beiden Tatbestände wurde deren tatbestandliche (Dis-)Harmonie untersucht, mithin inwiefern dieses Kooperationsverhältnis auch im Hinblick auf die tatbestandlichen Eigenheiten tragbar ist. Einen zwingenden Berührungspunkt der beiden Strafnormen gibt § 129 StGB bereits vor, denn hierbei wird gefordert, dass die Strafnorm auf solche Vereinigungen zu beschränken ist, deren Zweckverfolgung eine erhebliche Gefahr für die öffentliche Sicherheit darstellt.[15] Damit sollen gerade Fälle ausgeschlossen werden, in denen sich die Vereinigung das Ziel setzt einfache Bagatelldelikte zu begehen.[16] Fasst man den Schutz der öffentlichen Sicherheit dahingehend auf, dass die objektive Rechtsordnung, die subjektiven Rechte und Rechtsgüter des Einzelnen, der Bestand des Staates und sonstiger Träger der Hoheitsgewalt umfasst sind,[17] wird mit der Verletzung des § 63 Abs. 1 Nr. 4 ZAG die objektive Rechtsordnung sowie die subjektiven Rechte des Einzelnen tangiert. Denn § 63 Abs. 1 Nr. 4 ZAG schützt die Integrität des Zahlungsverkehrs sowie den Zahlungsdienstekunden und will Schattenbankensysteme bekämpfen. Es muss dabei auch der Wirtschaftskreislauf berücksichtigt werden, denn der Gesetzgeber will mit § 129 StGB auch die Bekämpfung der organisierten Kriminalität erfassen[18], die sich vor allem im wirtschaftlichen Bereich abspielt. Mit der Gefährdung der Finanzkraft beziehungsweise der Innovationskraft der Wirtschaft, kann auch die öffentliche Sicherheit und staatliche Ordnung gefährdet werden. Dadurch wird ein Berührungspunkt geschaffen. Diese Beeinträchtigung muss jedoch von einigem Gewicht sein, was beim Hawala-Banking vornehmlich bei großen Netzwerken der Fall sein dürfte. Diese weisen erhebliche Transfervolumen auf und können aufgrund kohärierender Begleittaten ein Schattenfinanzwesen bilden. Dies gilt jedoch nicht für Einzeltransaktionen. In diesem Bereich tangieren die Akteure des Hawala-Bankings beide Schutzgüter der Strafnormen, sodass eine parallele Sanktion des § 63 Abs. 1 Nr. 4 ZAG und des § 129 StGB zutreffend ist und die beiden Normen harmonieren.

Weitergehend wurde untersucht, ob der § 129 StGB anhand des Deliktscharakters der Bezugstat des § 63 Abs. 1 Nr. 4 ZAG tatbestandlich einzuschränken ist. Dabei wurde die Frage aufgeworfen, ob die Bezugstat des § 63 Abs. 1 Nr. 4 ZAG der Gründung der Vereinigung und den zu ihrer Aufrechterhaltung dienenden Aktivitäten zeitlich und logisch nachfolgt. Die Frage stellt sich deswegen, weil § 63

---

[14] BGH 28.06.2022 – 3 StR 403/20, BGH, BeckRS 2022, 20799, Rn. 39 f.

[15] BGH 22.02.1995 – 3 StR 583/94, BGHSt 41, 47 (51 f.); BGH 13.01.1983 – 4 StR 578/82, BGHSt 31, 202 (207); BGH 05.01.1982 – StB 53/81, BGHSt 30, 328 (331); OLG Düsseldorf 15.09.1997 – VI 2/97, OLG Düsseldorf, NStZ 1998, 249 (250); *Krauß*, in: LK-StGB, § 129 Rn. 53.

[16] *Kuhli*, in: Matt/Renzikowski-StGB, § 129 Rn. 17.

[17] *Depenheuer*, in: Dürig/Herzog/Scholz-GG, Art. 8 Rn. 165.

[18] BT-Drs. 18/11275, S. 7.

Abs. 1 Nr. 4 ZAG und § 129 StGB gewisse Ähnlichkeiten bei der Tatbestandsstruktur aufweisen. So lässt sich für beide Delikte die Umschreibung als Organisationsdelikt heranziehen und beide weisen Tathandlungen auf, die von einer Teilaktigkeit geprägt sind. Auch wenn sich sowohl § 63 Abs. 1 Nr. 4 ZAG als auch § 129 StGB als Organisationsdelikt umschreiben lassen,[19] ist dies bei § 63 Abs. 1 Nr. 4 ZAG aber begrifflichen, nicht tatbestandlichen Ursprungs. Denn § 129 StGB bestraft die aus dem Zusammenschluss folgende Schaffung oder Verstärkung des Gefahrenpotenzials, das in der Existenz und potenzierten Aktionsmöglichkeit des organisatorischen Zusammenschlusses besteht.[20] § 63 Abs. 1 Nr. 4 ZAG bestraft hingegen nicht den organisatorischen Zusammenschluss, sondern das Vollziehen der betrieblichen Tätigkeit ohne Erlaubnis, mithin die Dienstleistung eines (denkbaren[21]) Zusammenschlusses.[22] Daher bietet sich für § 63 Abs. 1 Nr. 4 ZAG die Umschreibung als Allgemeindelikt mit sogenannter funktional-sozialer Tatherrschaft oder als Allgemeindelikt mit sogenannter Betriebsherrschaft an. Anhand der jeweiligen Einordnung und Gegenüberstellung der Deliktscharaktere konnte herausgearbeitet werden, dass die Bezugstat des § 63 Abs. 1 Nr. 4 ZAG der Gründung der Vereinigung und den zu ihrer Aufrechterhaltung dienenden Aktivitäten zeitlich und logisch nachfolgt und auch dahingehend keine Disharmonie besteht.

Im Kontext dieser Problematik wurde zudem untersucht, inwiefern die Einordnung von § 63 Abs. 1 Nr. 4 ZAG als abstraktes Gefährdungsdelikt, einem zeitlichen und logischen Nachfolgen entgegenstehen könnte. Denn damit findet bei § 63 Abs. 1 Nr. 4 ZAG bereits eine weite Vorverlagerung der Strafbarkeit statt. Die Untersuchung hat jedoch ergeben, dass kein Widerspruch hinsichtlich der zeitlichen Nachfolge besteht, denn zum einen steht der Deliktscharakter des § 63 Abs. 1 Nr. 4 ZAG einem zeitlichen und logischen Nachfolgen nicht entgegen und zum anderen wird auch eine Vorverlagerung der Strafbarkeit beider Delikte nicht

---

[19] Zur Einordnung des § 129 StGB als Organisationsdelikt BGH 03.05.1989 – StB 15, 16/89, BGHSt 36, 192 (198); BGH 25.07.1984 – 3 StR 62/84, BGHSt 33, 16 (17); BGH 11.06.1980 – 3 StR 9/80, BGHSt 29, 288 (291, 294); *Eschelbach*, in: NK-StGB, § 129 Rn. 2; *Krauß*, in: LK-StGB, § 129 Rn. 5; *Schäfer/Anstötz*, in: MüKo-StGB, § 129 Rn. 5; *Fahrner*, Staatsschutzstrafrecht, S. 206.

[20] *Stein/Greco*, in: SK-StGB, § 129 Rn. 4.

[21] § 63 Abs. 1 Nr. 4 ZAG setzt eben auch nicht zwingend ein ganzes System voraus, denn sofern die jeweiligen Voraussetzungen erfüllt sind, kann die Dienstleistung zwangsläufig auch von einer oder zwei Personen erbracht werden, was ebenfalls einen Unterschied verdeutlicht. Es geht um die betriebliche Tätigkeit, nicht den Betrieb an sich.

[22] Vgl. auch *Morozinis*, Dogmatik der Organisationsdelikte, S. 537, der auch auf die §§ 128, 129, 129a StGB verweist und dabei instruktiv klarstellt, dass diese Vorschriften „nur auf die Organisation per se (wie sie diese selbst umgrenzen), d.h. auf die Existenz eines sozialen Systems, und die Stellung, die man darin bekleidet, ab[stellen]; nicht aber auf die konkrete Tätigkeit, die bestimmte Rechtsgüter beeinträchtigt, insbesondere abstrakt oder konkret gefährdet bzw. verletzt, d.h. auf die Auswirkungen (den ‚output‘) des Systems“; dazu ähnlich auch *Bosch*, Organisationsverschulden in Unternehmen, S. 379, Fn. 1205, der zustimmungswürdig hervorhebt, dass „die soziale Verantwortlichkeit und Entscheidungsmacht und nicht die Organisation selbst über die Täterstellung entscheidet“.

„summiert“. Die Tathandlung der jeweiligen Delikte muss für sich betrachtet werden, unabhängig vom Deliktscharakter der Bezugstat. Auch dahingehend wurde eine Harmonie der beiden Tatbestände nachgewiesen.

Vergleicht man die Fehlvorstellungen der Hawaladare bei beiden Delikten, so wurde ausgearbeitet, dass bei § 63 Abs. 1 Nr. 4 ZAG ein Irrtum über das Erlaubt-Sein zur Anwendung des § 17 StGB führt und das damit mittelbar verbundene Nichterkennen des Umstands der strafbaren Zwecksetzung führt wiederum bei § 129 StGB zu § 16 Abs. 1 S. 1 StGB.

Angesichts des kooperativen Verhältnisses der beiden Tatbestände wurde zudem die Täterstellung gegenübergestellt und untersucht, inwiefern der Organisationscharakter des § 129 StGB auf § 63 Abs. 1 Nr. 4 ZAG überwälzt werden darf. Bei § 63 Abs. 1 Nr. 4 ZAG wurde herausgearbeitet, dass der Tathandlung des Erbringens ein funktional-sozialer Ansatz zugrunde liegt. Dabei ist Täter, wer eine Lenkungs- und Plantätigkeit beziehungsweise eine Verbindungsfunktion ausübt, die den verschiedenen im Tatbestand vorausgesetzten fremden Einzelhandlungen einen gemeinsamen Sinn gibt. Für § 129 Abs. 1 S. 1 Alt. 2 StGB kommt es hingegen nicht auf die hierarchische Stellung innerhalb der Vereinigung an. Damit muss eben nicht wie bei § 63 Abs. 1 Nr. 4 ZAG die Tätigkeit insgesamt beherrscht werden. Das heißt, dass eine Vereinigung vorliegt, die auf die Begehung des § 63 Abs. 1 Nr. 4 ZAG gerichtet ist, und damit bei einer mitgliedschaftlichen Beteiligung der Vereinigung, das Ensemble betrieblicher Abläufe gefördert wird. Es muss dabei aber nicht der betriebliche Ablauf insgesamt beherrscht werden, wie es letztlich § 63 Abs. 1 Nr. 4 ZAG voraussetzt. Bei § 129 Abs. 1 S. 1 Alt. 2 StGB kommt es nicht darauf an, dass das Mitglied als Täter oder Teilnehmer des § 63 Abs. 1 Nr. 4 ZAG mitwirkt, sondern dass es sonstige dienliche Tätigkeiten für die Zwecke der Vereinigung erbringt[23]. Damit darf die Organisationsstruktur des § 129 StGB nicht auf § 63 Abs. 1 Nr. 4 ZAG überwälzt werden; andersherum darf aber auch nicht die Täter- oder Teilnehmerhandlung mit einer mitgliedschaftlichen Beteiligung gleichgesetzt werden. Es bleibt bei einem Indiz.

Beim Vergleich von § 63 Abs. 1 Nr. 4 ZAG und § 129 StGB stellt sich ferner die parallele Frage, ob ein Strafbarkeitsausschluss der Zahlungsdienstekunden möglich ist. Bei beiden Tatbeständen lässt sich ein Strafbarkeitsausschluss hinsichtlich der Zahlungsdienstekunden annehmen, wenn auch mit unterschiedlicher Begründung. Aufgrund der unterschiedlichen Tatbestandsstrukturen und unterschiedlichen Schutzzwecke muss dies für das jeweilige Delikt individuell bestimmt werden. Damit muss ungeachtet der Stellung des § 63 Abs. 1 Nr. 4 ZAG als Bezugstat, die Tathandlung des Unterstützens im Rahmen des § 129 Abs. 1 S. 2 Alt. 1 StGB einer eigenen Bewertung unterzogen werden; das Unterstützen läuft nicht unbedingt der Teilnahmehandlung des § 63 Abs. 1 Nr. 4 ZAG gleich. § 63 Abs. 1 Nr. 4 ZAG schützt nämlich auch den Kunden, sodass die Individualinteressen der Einzahler

[23] Vgl. *Krauß*, in: LK-StGB, § 129 Rn. 100 unter Verweis auf einschlägige Quellen.

und Empfänger, als potenziell Geschädigte gerade miterfasst werden, was einen Fall der notwendigen Teilnahme darstellen kann. Überschreitet der Teilnehmer jedoch seine zugedachte Rolle und unterstützt beispielsweise die Verschleierungsbemühungen der Hawaladare, indem die kriminellen Kunden eine Kooperation mit den Dienstleistern eingehen, bleibt eine Beihilfe möglich. § 129 Abs. 1 S. 2 StGB weist mit der Handlung des Unterstützens hingegen eine „täterschaftliche Beteiligungsform“ auf, sodass – unabhängig von der Frage, ob die Teilnahmeregeln auf § 129 StGB anwendbar sind – der Gedanke der notwendigen Teilnahme nicht übertragen werden kann. Der Kunde wird von § 129 StGB nicht geschützt. Parallel zur Frage der notwendigen Teilnahme bei § 63 Abs. 1 Nr. 4 ZAG wurde hierbei aber hinterfragt, inwiefern Zahlungsdienstekunden die kriminelle Vereinigung durch ihre Provisionszahlungen „Unterstützen“ und inwiefern hierbei eine teleologische Reduktion des § 129 Abs. 1 S. 2 Alt. 1 StGB anhand dessen eigenen Schutzzwecks möglich ist. Zur Beantwortung der Frage wurde ein Vergleich zum Hilfeleisten des § 27 StGB gezogen, bei dem der Alltagscharakter versagt wird, sofern der Haupttäter auf eine strafbare Handlung abzielt und der Hilfeleistende dies positiv weiß.[24] Hält er jedoch lediglich für möglich, dass sein Tun zur Begehung einer Straftat genutzt wird, kann dies ausreichen, sofern er die Förderung „angelegen sein lässt“ und er sich dadurch mit den Tätern „solidarisiert“.[25] Ein Indiz kann hierfür sein, dass die Nutzung des Hawala-Bankings von Iteration und großem Umfang geprägt ist, was eher für ein „angelegen sein“ und eine „Solidarisierung“ mit den Tätern spricht.[26] Greifen die Zahlungsdienstekunden iterativ und geprägt von umfangreichen Volumina auf die Dienstleistungen der Hawaladare zurück, kann man diesen ein Unterstützen zusprechen und eine „Solidarisierung“ nachsagen.

Da sich der Gesetzgeber bei (klassischen) Organisationsdelikten wie § 129 StGB und bei Allgemeindelikten mit funktional-sozialer Tatherrschaft wie § 63 Abs. 1 Nr. 4 ZAG dem Konstrukt der pauschalierenden Handlungsbeschreibung bedient, wurden im Rahmen der Untersuchung auch die jeweiligen pauschalierenden Handlungsbeschreibungen gegenübergestellt. Dabei wurde festgestellt, dass bei (klassischen) Organisationsdelikten, die pauschalierende Handlungsbeschreibung in einer Person verankert liegt, die dem Konstrukt, mithin der Organisation, einen „input“ gibt. Bei Allgemeindelikten mit funktional-sozialer Tatherrschaft kann die pauschalierende Handlungsbeschreibung auf mehrere Personen verteilt sein, sodass die Einzelhandlungen in einem Organisationsakt aufgehen. Es geht hierbei aber

[24] Dazu *Joecks/Scheinfeld*, in: MüKo-StGB, § 27 Rn. 54 ff.; *Heine/Weißer*, in: Schönke/Schröder-StGB, § 27 Rn. 13; im Kontext des Unterstützens ebenfalls darauf verweisend *Stein/Greco*, in: SK-StGB, § 129 Rn. 48; *Krauß*, in: LK-StGB, § 129 Rn. 146.

[25] So BGH 01.08.2000 – 5 StR 624/99, BGHSt 46, 107 (114).

[26] Dabei soll auf die Großkunden T1 und T2 verwiesen werden, LG Düsseldorf 23.11.2021 – 014 KLs 2/21, LG Düsseldorf, abrufbar unter: http://www.justiz.nrw.de/nrwe/lgs/duesseldorf/lg_duesseldorf/j2021/014_KLs_2_21_Urteil_20211123.html, Rn. 38, 53, 109, 747, LG Düsseldorf, BeckRS 2021, 55636, Rn. 24, 34, 70, 231.

nicht um einen „input" für die Organisation, sondern vielmehr um einen „output" eines möglichen Konstrukts, respektive um einen „output" einer möglichen Organisation. Strafanwendungsrechtlich hat sich dadurch ein Unterschied der beiden Tatbestände dahingehend gezeigt, dass bei § 63 Abs. 1 Nr. 4 ZAG der Täter, selbst wenn er im Ausland sitzt, die Tathandlung nicht physisch im Inland vollziehen muss. Aufgrund der Teilaktigkeit der pauschalierenden Tathandlung, die auch auf mehrere Personen verteilt sein kann, reicht es aus, wenn Teilakte im Inland vollzogen werden, sofern er über diese Teilakte eine Entscheidungsmacht trägt und die entscheidende Verbindungsfunktion innehat. Dann liegt der Handlungsort nach § 9 Abs. 1 Var. 1 StGB im Inland. Bei § 129 StGB vollzieht sich hingegen die Teilaktigkeit der pauschalierenden Handlungsbeschreibung in einer Person, denn diese begeht die Tathandlung, indem sie meist mehrere Einzelhandlungen vornimmt. Auch hier kommt es darauf an, ob Teilakte im Inland vollzogen werden. Hierfür ist aber entscheidend, dass zumindest einer der Teilakte im Inland auch physisch vollzogen wird, indem der Akteur im Inland einen „input" für die Vereinigung gibt. Dann lässt sich eine im räumlichen Geltungsbereich dieses Gesetzes ausgeübte Tätigkeit nach § 129b Abs. 1 S. 2 Var. 1 StGB erkennen.

B. Abschließende Bewertung und Ausblick

Die Untersuchung hat die originäre Strafbarkeit des Hawala-Bankings beleuchtet und die damit einhergehenden Probleme analysiert. Es hat sich gezeigt, dass das Phänomen „Hawala" bestimmte Charakteristika aufweist, die eine Bestimmung ihres Funktionsablaufs und ihrer Eigenheiten zulassen. Die Hawala wird aufgrund ihrer Eigenschaften nicht legal ablaufen, es kommt grundsätzlich eine Strafbarkeit nach § 63 Abs. 1 Nr. 4 ZAG in Betracht. Denn es hat sich gezeigt, dass sich diese Art des Transfers aufsichtsrechtlich als (un-)mittelbares Finanztransfergeschäft nach § 1 Abs. 1 S. 2 Nr. 6 ZAG einordnen lässt und damit eine Erlaubnispflicht nach § 10 Abs. 1 S. 1 ZAG besteht. Die Akteure des von Anonymität geprägten Systems werden sich durch das bewusste Ignorieren der Erlaubniseinholung einer Strafbarkeit nach § 63 Abs. 1 Nr. 4 ZAG ausgesetzt sehen.

Die strafrechtliche Einordnung des Hawala-Bankings hat jedoch auch die Unschärfe der Tatbestandsstruktur des § 63 Abs. 1 Nr. 4 ZAG aufgezeigt. Gerade umfangreiche Hawala-Netzwerke weisen Strukturen auf, die denen von legalen Unternehmen ebenbürtig sind. Die Bestimmung der Täterschaft in diesen Netzwerken ist nicht evident. Dies hängt mit der umstrittenen Einordnung des § 63 Abs. 1 Nr. 4 ZAG als Sonder- oder Allgemeindelikt zusammen, denn die Norm legt den Deliktscharakter keineswegs offenkundig dar. Wie sich gezeigt hat, lässt sich von Seiten der höchstrichterlichen Rechtsprechung[27] zwar eine Tendenz erkennen,

[27] BGH 28.06.2022 – 3 StR 403/20, BGH, BeckRS 2022, 20799, Rn. 26; BGH 02.06. 2021 – 3 StR 61/21, BGH, ZIP 2021, 1853 (1855).

nicht jedoch eine eindeutige Bestimmung des Deliktscharakters. Mit der Neufassung des ZAG und der Entnahme des Institutsbegriffs im Rahmen des § 10 Abs. 1 S. 1 ZAG hat der Gesetzgeber die Auslegung der Strafnorm des § 63 Abs. 1 Nr. 4 ZAG teilweise erschwert. Durch die Entnahme des Institutsbegriffs wollte der Gesetzgeber der Rechtsprechung des BGH[28] entgegentreten, da dieser ursprünglich und fälschlicherweise vom Unternehmensbegriff des § 1 Abs. 1 S. 1 Nr. 1 ZAG nur juristische Personen erfasst sah. Der Begriff des Zahlungsinstituts besteht jedoch in § 1 Abs. 1 S. 1 Nr. 1 ZAG weiterhin fort, sodass – trotz expliziten Verneinens durch den Gesetzgeber[29] – ein fortbestehendes Anknüpfen an den Institutsbegriff weiterhin diskutiert wird[30]. Die hiesige Untersuchung hat aber gezeigt, dass die Strafnorm dahingehend auszulegen ist, dass das Unrecht der Tat allein aus der Begehung der Tathandlung des Erbringens folgt, nicht jedoch zusätzlich aus einer bestimmten Eigenschaft. Damit kann an keine besondere Täterstellung angeknüpft werden, sodass es sich bei § 63 Abs. 1 Nr. 4 ZAG um ein Allgemeindelikt handelt. Der Gesetzgeber möchte nicht nur Unternehmen, sondern Jedermann erfasst sehen, um den Schutzzweck der Norm vollumfassend zu gewährleisten. Dadurch ist für die strafrechtliche Einordnung der Begriff des Zahlungsinstituts im Sinne des § 1 Abs. 1 S. 1 Nr. 1 ZAG überflüssig. Sollte es dem Gesetzgeber dennoch auf die Unternehmensstellung und damit auf einen Sonderdeliktscharakter ankommen, möchte er aber trotzdem auch natürliche Personen erfasst sehen, muss er wieder den Begriff des Zahlungsinstituts im Rahmen des § 10 Abs. 1 S. 1 ZAG verankern, dabei jedoch eine Begriffsdefinition des Unternehmens in § 1 ZAG separat aufnehmen und damit für Klarheit sorgen. Die dadurch entstandene Unklarheit konnte im Rahmen der Untersuchung herausgearbeitet werden. Zugleich wurde jedoch auch dargestellt, inwiefern die aktuelle Gesetzesfassung und damit die Regelung des § 63 Abs. 1 Nr. 4 ZAG zu verstehen ist. Damit bietet es sich zur Bestimmung der Strafbarkeit an, auf die in dieser Arbeit geschilderten Ausführungen zurückzugreifen.

Mit der Verlagerung der Verantwortlichkeit von der Unternehmensstellung auf die Tathandlung macht sich nunmehr strafbar, wer die Tathandlung vollzieht, nicht wer in Ausübung der Inhaberstellung des Unternehmens handelt. Das Problem liegt jedoch darin, dass es sich beim Erbringen von Zahlungsdiensten, um eine pauschalierende Tathandlung handelt, sodass es keines physischen Vollzugs bedarf beziehungsweise dieser – zumindest in Gänze – nicht möglich ist. Denn die Tathandlung setzt sich aus mehreren Einzelakten zusammen. Gerade bei pauschalierenden Handlungsbeschreibungen, kann durch das Festlegen eines bestimmten Status derjenige in der Handlungskette punktiert werden, der die Verantwortung darüber trägt. Lässt sich ein solcher jedoch wie herausgearbeitet nicht ausdrücklich festmachen, auch nicht aus den Umständen, ist die Täterstellung durch die funktional-soziale Tatherrschaft über die pauschalierende Tathandlung zu bestimmen.

---

[28] BGH 28.10.2015 – 5 StR 189/15, BGH, NStZ-RR 2016, 15 (16).

[29] BT-Drs. 18/11495, S. 121.

[30] *Weiß*, wistra 2021, 448 (451).

Da sich im ZAG verschiedene Rechtsgebiete (Zahlungsverkehrs-, Aufsichts- und Strafrecht) begegnen, treffen auch unterschiedlichen Zurechnungsmechanismen aufeinander. Diese müssen aber, wie sich gezeigt hat, nicht gleichlaufen. Auch dies trägt zur Schwierigkeit der Bestimmung der Tathandlung bei und soll Anregung zur Handhabung vergleichbarer Straftatbestände mit entsprechenden Regelungsmechanismen geben. Nach der hiesigen Einordnung des § 63 Abs. 1 Nr. 4 ZAG kann dem Hawala-Banking, trotz der aufgezeigten Schwierigkeiten, effektiv begegnet werden.

Mit der Neufassung des § 129 StGB wurde der Anwendungsbereich der Strafnorm grundsätzlich erweitert, da sich von der historisch gewachsenen Politisierung des Delikts stärker gelöst wurde und nunmehr die organisierte Kriminalität mit im Fokus steht. Auch wurde herausgearbeitet, dass bei umfangreichen Netzwerken eine Strafbarkeit nach § 129 StGB einschlägig ist und sich die jeweiligen Akteure nach § 129 Abs. 1 StGB strafbar machen können. Die Rechtsprechung macht die Abgrenzung des Vereinigungsbegriffs vom Bandenbegriff im Wesentlichen am interessenbezogenen Element fest. Die Untersuchung hat aber ergeben, dass das organisatorische Element nicht unberücksichtigt bleiben darf, sondern ein wesentliches Abgrenzungskriterium darstellt. Durch die Analyse wurde deutlich, dass die Hawala-Netzwerke sowohl das interessenbezogene als auch das organisatorische Element erfüllen. Bei der Strafbarkeit des Hawala-Bankings richtet sich der Zweck oder die Tätigkeit der kriminellen Vereinigung auf das Erbringen von Zahlungsdiensten nach § 63 Abs. 1 Nr. 4 ZAG. Deswegen konnte die Wechselbeziehung der beiden Delikte beurteilt werden. Hierbei hat sich gezeigt, dass die beiden Delikte miteinander harmonieren und deren Wechselbeziehung einer Strafbarkeit nach § 129 StGB nicht entgegensteht.

Im Zusammenspiel bilden die beiden Straftatbestände ein wirksames Mittel, um dem Hawala-Banking entgegenzuwirken. Damit lässt sich zusammenfassend sagen, dass das Hawala-Banking nach deutschem Recht strafbar ist und dieses auch mit den vorhandenen Straftatbeständen effektiv bekämpft werden kann, sodass kein weiterer Regelungsbedarf aufgrund etwaiger Strafbarkeitslücken besteht. Es hat sich jedoch herausgestellt, dass das Problem beim Hawala-Banking auf tatsächlicher Ebene liegt, denn die aufgezeigten Fälle aus der Praxis beweisen, dass eine Entdeckung von Hawala-Systemen aufgrund deren Anonymität und Schlichtheit nur mühsam und meist durch Zufall gelingt. Wenn auch das Zahlungsdiensteaufsichtsgesetz dagegen machtlos ist, so konnten zumindest Ansätze im Umgang mit der Hawala aufgezeigt werden.

Im Hinblick auf die fortwährende Präsenz des Hawala-Bankings lässt sich jedoch die Aussage treffen, dass die Hawala ein zeitloses Phänomen ist, was wiederkehrende Fälle und gar die Zunahme solcher Systeme bestätigen. Aufgrund der immanenten Vorteile dieses Zahlungsverkehrsdienstes wird die Hawala auch in Zukunft präsent bleiben. Dies hängt damit zusammen, dass dieser Zahlungsverkehrsdienst eigentlich für legal beabsichtigte Transfers genutzt werden soll, beziehungsweise stellt das Hawala-Banking häufig die einzige Möglichkeit dar, Gelder zu transferieren. Die Vorteile überwiegen für den Kundenstamm. Die Pflicht zum Einholen einer Erlaubnis und das damit einhergehende Einhalten sämtlicher Kontrollpflichten und des Informationsauftrags lassen jedoch die systemimmanenten Vorteile schwinden. Dies verdeutlicht die Schwierigkeit, legale Alternativen zu schaffen, denn diese immanenten Vorteile sind vom Kundenstamm gerade gefragt. Doch ebenfalls hat sich das Missbrauchspotenzial dieser Systeme gezeigt, denn aufgrund der mangelnden Kontrolle greift auch ein krimineller Kundenstamm auf diese Systeme zurück.

Die Untersuchung hat damit nicht nur die Charakteristika der Hawala nachgezeichnet, sondern die originäre Strafbarkeit des Hawala-Bankings nach deutschem Recht umfassend analysiert. Damit soll die hiesige Untersuchung einen Referenzrahmen auch für zukünftige Hawala-Verfahren bilden.

Literaturverzeichnis

Achenbach, Hans/*Ransiek*, Andreas, *Rönnau*/Thomas (Hrsg.): Handbuch Wirtschaftsstrafrecht, 6. Auflage, Heidelberg 2024 (zitiert: *Bearbeiter*, in: Achenbach/Ransiek/Rönnau Handbuch Wirtschaftsstrafrecht, Teil Kap. Rn.).

Altenhain, Karsten/*Fleckenstein*, Lennart: Zurückdrängung der Einziehung von Taterträgen durch Vorrang des § 74 StGB?, in: wistra 2023, S. 309–317 (zitiert: *Altenhain/Fleckenstein*, wistra 2023, 309 (S.)).

Altvater, Gerhard: Das 34. Strafrechtsänderungsgesetz – § 129b StGB, in: NStZ 2003, S. 179–184 (zitiert: *Altvater*, NStZ 2003, 179 (S.)).

Ambos, Kai: Die Verfolgungsermächtigung i.R.v. § 129b StGB. Notwendige Berücksichtigung völkerrechts- und außenpolitischer Interessen bei mangelnder Berücksichtigung humanitärvölkerrechtlicher Wertungen?, in: ZIS 2016, S. 505–518 (zitiert: *Ambos*, ZIS 2016, 505 (S.)).

Ambos, Kai: Internationales Strafrecht. Strafanwendungsrecht – Völkerstrafrecht – Europäisches Strafrecht – Rechtshilfe, 5. Auflage, München 2018 (zitiert: *Ambos*, Internationales Strafrecht, § Rn.).

Amereller, Florian: Hintergründe des „Islamic Banking". Rechtliche Problematik des riba-Verbotes in der Shari'a und seine Auswirkungen auf einzelne Rechtsordnungen arabischer Staaten, Berlin 1995 (zitiert: *Amereller*, Hintergründe des „Islamic Banking", S.).

Ashrafnia, Said W.: Scharia-konforme Finanzinstrumente. Analyse der Rechtsnatur von sukuk und die Strukturierung nach deutschem Recht, Wiesbaden 2016 (zitiert: *Ashrafnia*, Scharia-konforme Finanzinstrumente, S.).

Ashtor, Eliahu: Banking Instruments Between the Muslim East and the Christian West, in: Bancaria editrice: The Journal of European Economic History, pp. 553–573, Rom 1972 (zitiert: *Ashtor*, Banking Instruments Between the Muslim East and the Christian West, S.).

Assmann, Heinz-Dieter/*Wallach*, Edgar/*Zetzsche*, Dirk A. (Hrsg.): Kapitalanlagengesetzbuch. Kommentar KAGB. ELTIF-VO. EuSEF-VO. EuVECA-VO. MMF-VO. Off enl-VO. PRIIP-VO. TAX-VO. DerivateV, 2. Auflage, Köln 2022 (zitiert: *Bearbeiter*, in: Assmann/Wallach/Zetzsche Kapitalanlagegesetzbuch, § Rn.).

Bachmann, Jochen: Vorsatz und Rechtsirrtum im Allgemeinen Strafrecht und im Steuerstrafrecht, Berlin 1993 (zitiert: *Bachmann*, Vorsatz und Rechtsirrtum im Allgemeinen Strafrecht und im Steuerstrafrecht, S.).

Bälz, Kilian: Ḥawāla, money transfer, in: Fleet, Kate/Krämer, Gudurn/Matringe, Denis/Nawas, John/et al. (Hrsg.): Encyclopaedia of Islam, THREE, Online, Leiden 2016, URL: https://referenceworks.brillonline.com/entries/encyclopaedia-of-islam-3/hawala-money-transfer-COM_30391?s.num=132&s.rows=50&s.start=100, Stand 02.08.2024 (zitiert: *Bälz*, Ḥawāla, money transfer, in: Encyclopaedia of Islam, THREE).

Barisch, Kai T.: Die Bekämpfung des internationalen Terrorismus durch § 129b StGB. Verfassungswidrig politisiertes symbolisches Feindstrafrecht zum Schutze eines Scheinrechtsgutes oder sinnvolles Strafanwendungsrecht eines streitbaren demokratischen Rechtsstaates in der Weltgesellschaft?, Berlin 2009 (zitiert: *Barisch*, Die Bekämpfung des internationalen Terrorismus durch § 129b StGB, S.).

Barton, Dirk-Michael/*Gercke*, Björn/*Janssen*, Gerhard: Die Veranstaltung von Glücksspielen durch ausländische Anbieter per Internet unter besonderer Berücksichtigung der Rechtsprechung des EuGH, in: wistra 2004, S. 321–326 (zitiert: *Barton/Gercke/Janssen*, wistra 2004, 321 (S.)).

Bartosz, Pascal: Unterstützung für Hamas und Hisbollah. Wie gelangt illegales Geld aus Deutschland zu den Islamisten?, in: Tagesspiegel vom 10. 10. 2023, URL: https://www.tagesspiegel.de/internationales/unterstutzung-fur-hamas-und-hisbollah-wie-gelangt-illegales-geld-aus-deutschland-zu-den-islamisten-10598236.html, Stand 02. 08. 2024.

Bauerfeind, Tobias: Ein Resümee zum Finanztransfergeschäft – Das Zahlungsdiensterecht in der Praxis –, in: WM 2016, S. 456–461 (zitiert: *Bauerfeind*, WM 2018, 456 (S.)).

Baumholt, Boris: Verdacht auf Terrorfinanzierung: Zehn Verdächtige nach NRW-Razzia in U-Haft, in: WDR Nachrichten vom 06. 10. 2021, URL: https://www1.wdr.de/nachrichten/rheinland/razzia-hawala-geldwaesche-nrw-100.html, Stand 06. 10. 2021.

Beckmann, Jörg/*Buchsteiner*, Dirk: Verbot von EC-Cash-Terminals in Spielhallen – das ZAG auf dem europarechtlichen Prüfstand, in: DVBl 2016, S. 675–678 (zitiert: *Beckmann/Buchsteiner*, DVBl 2016, 675 (S.)).

Beckmann, Jörg/*Peitsch*, Matthias: Zur Frage der Erlaubnispflicht nach dem Zahlungsdiensteaufsichtsgesetz (ZAG) durch Ermöglichung der Bargeldabhebung an sog. EC-Cash-Terminals in Spielhallen, in: WiVerw 2014, S. 203–203 (zitiert: *Beckmann/Peitsch*, WiVerw 2014, 203 (S.)).

Beling, Ernst von: Das internationale Strafrecht im Vorentwurf zu einem schweizerischen Strafgesetzbuch (Kommissionalentwurf 1896), in: ZStW 1897, S. 303–373 (zitiert: *von Beling*, ZStW 1897, 303 (S.)).

Beling, Ernst von: Die Lehre vom Verbrechen, Tübingen 1906 (zitiert: *von Beling*, Die Lehre vom Verbrechen, S.).

Berger, Klaus P.: Der Aufrechnungsvertrag. Aufrechnung durch Vertrag. Vertrag über Aufrechnung, Tübingen 1996 (zitiert: *Berger*, Der Aufrechnungsvertrag, S.).

Binding, Karl: Handbuch des Strafrechts, Abteilung 7, Teil 1, Band 1, in: Binding, Karl (Hrsg.): Systematisches Handbuch der Deutschen Rechtswissenschaft, Leipzig 1885 (zitiert: *Binding*, Handbuch des Strafrechts, S.).

Bittmann, Folker: Tatertrag – Das unbekannte Wesen – Abgrenzung zu von § 74 StGB erfassten tatbedingten Zuflüssen, in: NZWiSt 2021, S. 133–142 (zitiert: *Bittmann*, NZWiSt 2021, 133 (S.)).

Borst, Stefan/*Contoli*, Melanie/*Henrich*, Anke/*Treser*, Tanja: Hawala. Bares Vertrauen, in: Focus-Online, Magazin Nr. 42 vom 15. 10. 2001, URL: https://www.focus.de/finanzen/news/hawala-bares-vertrauen_aid_192091.html, Stand 20. 10. 2020.

Bosch, Nikolaus: Organisationsherrschaft und Bestimmung der strafbaren Handlung des Unternehmers, in: Jura 2022, S. 429–439 (zitiert: *Bosch*, Jura 2022, 429 (S.)).

Bosch, Nikolaus: Organisationsverschulden in Unternehmen, Baden-Baden 2002 (zitiert: *Bosch*, Organisationsverschulden in Unternehmen, S.).

Böse, Martin: Die Stellung des sog. Internationalen Strafrechts im Deliktsaufbau und ihre Konsequenzen für den Tatbestandsirrtum, in: Bloy, René/Böse, Martin/Hillenkamp, Thomas/Momsen, Carsten/et al. (Hrsg.): Gerechte Strafe und legitimes Strafrecht. Festschrift für Manfred Maiwald zum 75. Geburtstag, S. 61–77, Berlin 2010 (zitiert: *Böse*, FS Maiwald, S.).

Böse, Martin/*Meyer*, Frank: Die Beschränkung nationaler Strafgewalten als Möglichkeit zur Vermeidung von Jurisdiktionskonflikten in der Europäischen Union, in: ZIS 2011, S. 336–344 (zitiert: *Böse/Meyer*, ZIS 2011, 336 (S.)).

Buencamino, Leonidas/*Gorbunov*, Sergei: Informal Money Transfer Systems: Opportunities and Challenges for Development Finance, in: United Nations, DESA Discussion Paper Number 26, New York 2002, URL: https://www.un.org/esa/desa/papers/2002/esa02dp26.pdf, Stand 02.08.2024 (zitiert: *Buencamino/Gorbunov*, Informal Money Transfer Systems, S.).

Bülte, Jens: Blankette und normative Tatbestandsmerkmale: Zur Bedeutung von Verweisungen in Strafgesetzen, in: JuS 2015, S. 769–777 (zitiert: *Bülte*, JuS 2015, 769 (S.)).

Bülte, Jens: Der Irrtum über das Verbot im Wirtschaftsstrafrecht, in: NStZ 2013, S. 65–72 (zitiert: *Bülte*, NStZ 2013, 65 (S.)).

Bundesamt für Verfassungsschutz: Islamismus und islamistischer Terrorismus, Köln 2022, URL: https://www.verfassungsschutz.de/DE/verfassungsschutz/der-bericht/vsb-islamismus-und-islamistischer-terrorismus/vsb-islamismus-und-islamistischer-terrorismus_node.html#doc1198890bodyText3, Stand 10.10.2023.

Bundesanstalt für Finanzdienstleistungsaufsicht: 6x Vorsicht. Wo sind Finanzsektor und Nicht-Finanzsektor anfällig für Geldwäsche und Terrorismusfinanzierung? Die BaFin stellt sechs Risikofelder vor, BaFinJournal vom 21.10.2019, URL: https://www.bafin.de/SharedDocs/Veroeffentlichungen/DE/Fachartikel/2019/fa_191021_NRA.html, Stand 02.08.2024.

Bundesanstalt für Finanzdienstleistungsaufsicht: Aufsichtsschwerpunkte 2020, Broschüren der BaFin, Bonn/Frankfurt am Main 2020 (zitiert: *BaFin*, Aufsichtsschwerpunkte 2020, S.).

Bundesanstalt für Finanzdienstleistungsaufsicht: Merkblatt – Hinweise zum Zahlungsdiensteaufsichtsgesetz (ZAG), Merkblatt vom 22.12.2011, geändert am 05.07.2024, URL: https://www.bafin.de/SharedDocs/Veroeffentlichungen/DE/Merkblatt/mb_111222_zag.html, Stand 04.08.2024.

Bundesanstalt für Finanzdienstleistungsaufsicht: Merkblatt zur Erlaubnispflicht von grenzüberschreitend betriebenen Geschäften. Merkblatt – Hinweise zur Erlaubnispflicht nach § 32 Abs. 1 KWG in Verbindung mit § 1 Abs. 1 und Abs. 1a KWG von grenzüberschreitend betriebenen Bankgeschäften und/oder grenzüberschreitend erbrachten Finanzdienstleistungen, Merkblatt vom 01.04.2005, geändert am 11.03.2019, URL: https://www.bafin.de/SharedDocs/Veroeffentlichungen/DE/Merkblatt/mb_050401_grenzueberschreitend.html, Stand 02.08.2024.

Bundesanstalt für Finanzdienstleistungsaufsicht: Strafnorm für Zahlungsdienste: Stellungnahme der BaFin zu BGH-Beschluss, Aktuelles vom 17.02.2016, URL: https://www.bafin.

de/SharedDocs/Veroeffentlichungen/DE/Meldung/2016/meldung_160217_zahlungsdienste_bgh.html, Stand 02.08.2024.

Bundesanstalt für Finanzdienstleistungsaufsicht/Deutsche Bundesbank: Anlage – Tabellarische Übersicht – Antrag auf Erteilung einer Erlaubnis zum Erbringen von Zahlungsdiensten gemäß § 10 ZAG (Zahlungsinstitut), Anlage, URL: https://www.bafin.de/SharedDocs/Downloads/DE/Leitfaden/BA/Tabellarische_Uebersicht_Erlaubnisantrag_ZAG.pdf?__blob=publicationFile&v=3, Stand 02.08.2024.

Bundesaufsichtamt für das Kreditwesen: Schreiben des BAKred vom 24.02.1999 an den Zentralen Kreditausschuss, Bonn 1999 (zitiert: Schreiben des BAKred vom 24.02.1999 an den Zentralen Kreditausschuss (Z 5- C 665)).

Bundeskriminalamt: Organisierte Kriminalität. Bundeslagebild 2022, Wiesbaden 2022 (zitiert: *BKA*, Bundeslagebild 2022, S.).

Bundeskriminalamt: Pressemitteilung des BKA, Großeinsatz von ZeOS NRW, ZKA und BKA gegen internationales Hawala-Netzwerk vom 30.05.2022, URL: https://www.bka.de/DE/Presse/Listenseite_Pressemitteilungen/2022/Presse2022/220330_PM_HawalaNetzwerk.html, Stand 04.08.2024.

Bundesministerium der Finanzen: Der Missbrauch des Finanzsystems durch „Underground Banking" – Bestandsaufnahme und Gegenmaßnahmen. Analysen und Berichte, Monatsbericht 10/2004, S. 77–86, Berlin 2004 (zitiert: *BMF*, Monatsbericht 10/2004, S.).

Bundesministerium der Finanzen: Erste Nationale Risikoanalyse. Bekämpfung von Geldwäsche und Terrorismusfinanzierung 2018/2019, Berlin 2019 (zitiert: *BMF*, Erste Nationale Risikoanalyse 2018/2019, S.).

Bundesministerium der Finanzen: Voller Einsatz gegen Finanzkriminalität, Top-Thema vom 11.10.2023, URL: https://www.bundesfinanzministerium.de/Content/DE/Standardartikel/Themen/Schlaglichter/Geldwaesche-bekaempfen/voller-einsatz-gegen-finanzkriminalitaet.html, Stand 04.08.2024.

Bundesministerium des Innern und für Heimat: Verfassungsschutzbericht 2021. Fakten und Tendenzen. Kurzzusammenfassung, Berlin 2021 (zitiert: *BMI*, Verfassungsschutzbericht 2021, S.).

Bundesministerium für wirtschaftliche Zusammenarbeit und Entwicklung: Geldtransfers in Entwicklungsländer erleichtern, Deutsches Engagement, Thema vom 17.02.2023, URL: https://www.bmz.de/de/themen/migration/geldtransfers-erleichtern-22052, Stand 04.08.2024.

Burchard, Christoph: Intertemporales Strafanwendungsrecht: Zur Anwendbarkeit deutschen Strafrechts im Demjanjuk-Verfahren, Anmerkung zu LG München II, Beschluss vom 02.02.2010 – 1 Ks 115 Js 12496/08, in: HRRS 2010, S. 132–156 (zitiert: *Burchard*, HRRS 2010, 132 (S.)).

Bürger, Sebastian: Organisationsdelikte: Zur Legitimierung der Straftatbestände der §§ 129, 129a StGB, in: ZStW 2023, S. 59–83 (zitiert: *Bürger*, ZStW 2023, 59 (S.)).

Brand, Christian: Verbotsirrtum bei unerlaubtem Betreiben von Bankgeschäften – Bankhaus Sal. Oppenheim, Anmerkung zu BGH, Urteil vom 18.07.2018 – 2 StR 416/16 (Vorinstanz LG Köln), in: NJW 2018, S. 3467–3470 (zitiert: *Brand*, NJW 2018, 3467 (S.)).

Bruns, Hans-Jürgen: Grundprobleme der strafrechtlichen Organ- und Vertreterhaftung (§ 14 StGB, § 9 OWiG), in: GA 1982, S. 1–36 (zitiert: *Bruns*, GA 1982, 1 (S.)).

Capus, Nadja: Strafrecht und Souveränität: Das Erfordernis der beidseitigen Strafbarkeit in der internationalen Rechtshilfe in Strafsachen, Bern 2010 (zitiert: *Capus*, Strafrecht und Souveränität, S.).

Casper, Matthias/*Terlau*, Matthias (Hrsg.): Zahlungsdiensteaufsichtsgesetz (ZAG). Das Aufsichtsrecht des Zahlungsverkehrs und des E-Geldes, 3. Auflage, München 2023 (zitiert: *Bearbeiter*, in: Casper/Terlau-ZAG, § Rn.).

Ceffinato, Tobias: Legitimation und Grenzen der strafrechtlichen Vertreterhaftung nach § 14 StGB, Berlin 2012 (zitiert: *Ceffinato*, Legitimation und Grenzen der strafrechtlichen Vertreterhaftung nach § 14 StGB, S.).

Cirener, Gabriele/*Radtke*, Henning/*Rissing-van Saan*, Ruth/*Rönnau*, Thomas/et al. (Hrsg.): Strafgesetzbuch Leipziger Kommentar, Band 13, §§ 242–262 StGB, 13. Auflage, Berlin 2022 (zitiert: *Bearbeiter*, in: LK-StGB, § Rn.).

Cirener, Gabriele/*Radtke*, Henning/*Rissing-van Saan*, Ruth/*Rönnau*, Thomas/et al. (Hrsg.): Strafgesetzbuch Leipziger Kommentar, Band 8, §§ 123–145d StGB, 13. Auflage, Berlin 2021 (zitiert: *Bearbeiter*, in: LK-StGB, § Rn.).

Cirener, Gabriele/*Radtke*, Henning/*Rissing-van Saan*, Ruth/*Rönnau*, Thomas/et al. (Hrsg.): Strafgesetzbuch Leipziger Kommentar, Band 1, Einleitung, §§ 1–18 StGB, 13. Auflage, Berlin 2020 (zitiert: *Bearbeiter*, in: LK-StGB, § Rn.).

Cornelius, Kai: Verweisungsfehler bei Bezugnahmen nationaler Strafnormen auf europäische Richtlinien – zugleich Besprechung von BGH 1 StR 544/13 – Beschl. V. 20. 11. 2013 (LG Nürnberg-Fürth) –, in: NZWiSt 2014, S. 173–177 (zitiert: *Cornelius*, NZWiSt 2014, 174 (S.)).

Cortes Rosa, Manuel: Teilnahme am unechten Sonderverbrechen, in: ZStW 1978, S. 413–441 (zitiert: *Cortes Rosa*, ZStW 1978, 413 (S.)).

Dankbar, Joachim: Verbotenes Hawala-Banking, Millionenbeträge schwarz nach Ostafrika, in: Kurier vom 06. 02. 2020, URL: https://www.kurier.de/inhalt.verbotenes-hawala-banking-kriminalpolizei-nimmt-mehrere-taeter-bei-grossrazzia-fest.3e399147-f650-451e-b4ef-9f3973685ff1.html, Stand 04. 08. 2024.

Danwerth, Christopher: Kriminelle Vereinigung zum Betrieb von Finanztransfergeschäften – Hawala-System, Anmerkung zu BGH, Beschluss vom 02. 06. 2021 – 3 StR 61/21 (Vorinstanz LG Mannheim), in: BKR 2021, S. 721–724 (zitiert: *Danwerth*, BKR 2021, 721 (S.)).

Danwerth, Christopher: Das Finanztransfergeschäft als Zahlungsdienst, Tübingen 2017 (zitiert: *Danwerth*, Das Finanztransfergeschäft als Zahlungsdienst, S.).

Danwerth, Christopher: Überraschende Änderungen beim Finanztransfergeschäft: Endlich Klarheit?, in: ZBB/JBB 2017, S. 14–22 (zitiert: *Danwerth*, ZBB/JBB 2017, 14 (S.)).

Deutsche Bundesbank: Der unbare Zahlungsverkehr in Deutschland und die Rolle der Deutschen Bundesbank. Entwicklungen und wichtigste Tendenzen in den letzten 50 Jahren, Monatsbericht 3/2009, S. 51–67, Frankfurt am Main 2009 (zitiert: *DBB*, Monatsbericht 3/2009, S.).

Deutsche Morgenländische Gesellschaft: Die Transliteration der arabischen Schrift in ihrer Anwendung auf die Hauptliteratursprachen der islamischen Welt, Wiesbaden 1969 (zitiert: *DMG*, Die Transliteration der arabischen Schrift, S.).

Deutsche Presseagentur: Hawala-Banker zu viereinhalb Jahren Haft verurteilt, in: Süddeutsche Zeitung vom 29. 03. 2023, URL: https://www.sueddeutsche.de/panorama/prozesse-duesseldorf-hawala-banker-zu-viereinhalb-jahren-haft-verurteilt-dpa.urn-newsml-dpa-com-20090101-230329-99-137388, Stand 04. 08. 2024.

Deutsche Presseagentur: Prozess um Hawala-Banking: Bis zu fünf Jahre Haft gefordert, in: Zeit Online vom 11. 11. 2021, URL: https://www.zeit.de/news/2021-11/11/prozess-um-hawala-banking-bis-zu-fuenf-jahre-haft-gefordert, Stand 04. 08. 2024.

Deutsche Presseagentur: Großrazzia gegen Geldwäsche, Gewalt und Terror, in: Zeit Online vom 06. 10. 2021, URL: https://www.zeit.de/news/2021-10/06/grossrazzia-gegen-geldwaesche, Stand 04. 08. 2024.

Dietrich, Albert: Ḥawāla, in: *Bearman*, Peri/*Bianquis*, Thierry/*Bosworth*, Clifford Edmund/*Donzel*, Emeri van/et al. (Hrsg.): Encyclopaedia of Islam, Second Edition, Online, Leiden 2012, URL: https://referenceworks.brillonline.com/entries/encyclopaedia-of-islam-2/hawala-SIM_2806?s.num=416&s.start=400, Stand 04. 08. 2024 (zitiert: *Dietrich*, Ḥawāla, in: Encyclopaedia of Islam, Second Edition).

Dörner, Barbara/*Schenkel*, Bénédict: Die Erlaubnis zur Erbringung von Zahlungsdiensten. Gegenstand der Zahlungsdienste, Inhalte des Erlaubnisantrags, regelmäßige Anzeige- und Meldepflichten, in: Meyer zu Schwabedissen, Gustav (Hrsg.): Wirtschaftsrecht aktuell, Köln 2014 (*Dörner/Schenkel*, Die Erlaubnis zur Erbringung von Zahlungsdiensten, S.).

Drescher, Ingo/*Fleischer*, Holger/*Schmidt*, Karsten (Hrsg.): Münchner Kommentar zum Handelsgesetzbuch, Band 1, §§ 1 – 104a HGB, 5. Auflage, München 2021 (zitiert: *Bearbeiter*, in: MüKo-HGB, § Rn.).

Dudenredaktion: Duden. Das Onlinewörterbuch, URL: https://www.duden.de/woerterbuch, Stand 04. 08. 2024 (zitiert: Duden, Suchergebnis, abrufbar unter Duden Onlinewörterbuch: URL).

Duesberg, Erik: Der Tatbegriff in §§ 3 und 9 Abs. 1 StGB. Erkenntnisse aus einer Analyse der Anwendbarkeit deutschen Glücksspielstrafrechts auf virtuelle Offshore-Glücksspielangebote, Berlin 2017 (zitiert: *Duesberg*, Der Tatbegriff in §§ 3 und 9 Abs. 1 StGB, S.).

Ebbinghaus, Jakob: Das Hawala-Finanzsystem als kriminelle Vereinigung, Anmerkung zu BGH, Beschluss vom 02. 06. 2021 – 3 StR 61/21 (Vorinstanz LG Mannheim), in: HRRS 2023, S. 16 – 20 (zitiert: *Ebbinghaus*, HRRS 2023, 16 (S.)).

Ebenroth, Carsten T./*Benzler*, Marc: Close-out Netting nach der neuen Insolvenzordnung, in: ZVglWiss 1996, S. 335 – 385 (zitiert: *Ebenroth/Benzler*, ZVglWiss 1996, 335 (S.)).

Ecke, Daniel: Islamic Banking. Grundlagen und Potenzial in Deutschland, Hamburg 2012 (zitiert: *Ecke*, Islamic Banking, S.).

Eggers, Tobias: Kriminelle Vereinigung aus dem Bereich der Wirtschaftskriminalität, Anmerkung zu BGH, Urteil vom 02. 06. 2021 – 3 StR 21/21 (Vorinstanz LG Köln), in: wistra 2021, S. 441 – 448 (zitiert: *Eggers*, wistra 2021, 441 (S.)).

Eggers, Tobias/*Cleve*, Fabian van: Einziehung in Hawala-Verfahren – §§ 73 ff. StGB bei Verstößen gegen das ZAG, in: NZWiSt 2020, S. 426–433 (zitiert: *Eggers/van Cleve*, NZWiSt 2020, 426 (S.)).

Eidam, Lutz: Der Organisationsgedanke im Strafrecht, Tübingen 2015 (zitiert: *Eidam*, Der Organisationsgedanke im Strafrecht, S.).

El-Gamal, Mahmoud A.: Islamic Finance. Law, Economics, and Practice, Cambridge 2006 (zitiert: *El-Gamal*, Islamic Finance, S.).

El-Ghazi: Einziehung von Tatobjekten, Anmerkung zu BGH, Urteil vom 20.07.2022 – 3 StR 390/21 (Vorinstanz LG Duisburg), in: NStZ 2023, S. 346–349 (zitiert: *El-Ghazi*, NStZ 2023, 346 (S.)).

El Qorchi, Mohammed/*Maimbo*, Samuel M./*Wilson*, John F.: Informal Funds Transfer Systems. An Analysis of the Informal Hawala System, Washington D.C. 2003 (zitiert: *El Qorchi/Maimbo/Wilson*, Informal Funds Transfer Systems, S.).

Ellenberger, Jürgen/*Bunte*, Hermann-Josef (Hrsg.): Bankrechts-Handbuch, 6. Auflage, München 2022 (zitiert: *Bearbeiter*, in: Ellenberger/Bunte, Bankrechts-Handbuch, § Rn.).

Ellenberger, Jürgen/*Findeisen*, Michael/*Nobbe*, Gerd/*Böger*, Ole (Hrsg.): Kommentar zum Zahlungsverkehrsrecht. Praxiskommentar zum Zivil- und Aufsichtsrecht des Zahlungsverkehrs, Band 1, §§ 1–30 ZAG, 3. Auflage, Heidelberg 2020 (zitiert: *Bearbeiter*, in: Ellenberger/Findeisen/Nobbe/Böger-Kommentar zum Zahlungsverkehrsrecht, § Rn.).

Ellenberger, Jürgen/*Findeisen*, Michael/*Nobbe*, Gerd/*Böger*, Ole (Hrsg.): Kommentar zum Zahlungsverkehrsrecht. Praxiskommentar zum Zivil- und Aufsichtsrecht des Zahlungsverkehrs, Band 3, BGB; SEPA/MIF-Vo, 3. Auflage, Heidelberg 2020 (zitiert: *Bearbeiter*, in: Ellenberger/Findeisen/Nobbe/Böger-Kommentar zum Zahlungsverkehrsrecht, § Rn.).

Ellenberger, Jürgen/*Findeisen*, Michael/*Nobbe*, Gerd (Hrsg.): Kommentar zum Zahlungsverkehrsrecht. Praxiskommentar zum Zivil- und Aufsichtsrecht des Zahlungsverkehrs, 2. Auflage, Heidelberg 2013 (zitiert: *Bearbeiter*, in: Ellenberger/Findeisen/Nobbe-Kommentar zum Zahlungsverkehrsrecht, 2. Auflage, § Rn.).

Erb, Volker/*Schäfer*, Jürgen (Hrsg.): Münchner Kommentar zum Strafgesetzbuch, Band 8, Nebenstrafrecht II, 4. Auflage, München 2023 (zitiert: *Bearbeiter*, in: MüKo-StGB, § Rn.).

Erb, Volker/*Schäfer*, Jürgen (Hrsg.): Münchner Kommentar zum Strafgesetzbuch, Band 5, §§ 263–297 StGB, 4. Auflage, München 2022 (zitiert: *Bearbeiter*, in: MüKo-StGB, § Rn.).

Erb, Volker/*Schäfer*, Jürgen (Hrsg.): Münchner Kommentar zum Strafgesetzbuch, Band 7, Nebenstrafrecht I, 4. Auflage, München 2022 (zitiert: *Bearbeiter*, in: MüKo-StGB, § Rn.).

Erb, Volker/*Schäfer*, Jürgen (Hrsg.): Münchner Kommentar zum Strafgesetzbuch, Band 3, §§ 80–184k StGB, 4. Auflage, München 2021 (zitiert: *Bearbeiter*, in: MüKo-StGB, § Rn.).

Erb, Volker/*Schäfer*, Jürgen (Hrsg.): Münchner Kommentar zum Strafgesetzbuch, Band 1, §§ 1–37 StGB, 4. Auflage, München 2020 (zitiert: *Bearbeiter*, in: MüKo-StGB, § Rn.).

Erbs, Georg (Begr.)/*Häberle*, Peter (Hrsg.): Strafrechtliche Nebengesetze, Band 2, 251. Ergänzungslieferung, Stand März 2024, München 2024 (zitiert: *Bearbeiter*, in: Erbs/Kohlhaas-Strafrechtliche Nebengesetze, § Rn.).

Erman, Walter Alexander (Begr.)/*Grunewald*, Barbara/*Maier-Reimer*, Georg/*Westermann*, Harm Peter (Hrsg.): Bürgerliches Gesetzbuch. Kommentar mit Nebengesetzen (AGG,

BVersTG, EGBGB, ErbbauRG, ProdHaftG, VBVG, VersAusglG, WEG – teils in Auszügen), 17. Auflage, Köln 2023 (zitiert: *Bearbeiter*, in: Erman-BGB, § Rn.).

Eser, Albin: Die Entwicklung des Internationalen Strafrechts im Lichte des Werkes von Hans-Heinrich Jescheck, in: Vogler, Theo (Hrsg.): Festschrift für Hans-Heinrich Jescheck zum 70. Geburtstag, S. 1343–1377, Berlin 1985 (zitiert: *Eser*, FS Jescheck, S.).

Esser, Robert/*Rübenstahl*, Markus/*Saliger*, Frank/*Tsambikakis*, Michael (Hrsg.): Wirtschaftsstrafrecht mit Steuerstrafrecht und Verfahrensrecht, Köln 2017 (zitiert: *Bearbeiter*, in: Esser/Rübenstahl/Saliger/Tsambikakis Wirtschaftsstrafrecht, § Rn.).

European Banking Authority: Leitlinien zur Zulassung und Eintragung gemäß PSD2. Leitlinien zu den Informationen, die für die Zulassung von Zahlungsinstituten und E-Geld-Instituten sowie für die Eintragung von Kontoinformationsdienstleistern gemäß Artikel 5 Absatz 5 der Richtlinie (EU) 2015/2366 zu übermitteln sind, Leitlinien vom 08.11.2017, URL: https://www.eba.europa.eu/sites/default/documents/files/documents/10180/2015792/13adb068-7e69-40c5-a8b7-69a7d374e536/Guidelines%20on%20Authorisations%20of%20Payment%20Institutions%20%28EBA-GL-2017-09%29_DE.pdf?retry=1, Stand 04.08.2024.

Fahrner, Matthias: Staatsschutzstrafrecht. Einführung und Grundlagen, Stuttgart 2020 (zitiert: *Fahrner*, Staatsschutzstrafrecht, S.).

Farooqi, Naumann M.: What is Hawala? An Introduction to the Multi-Billion Dollar Informal Value Transfer System, in: Çalıyurt, Kıymet/Idowu, Samuel O.: Emerging Fraud: Fraud Cases from Emerging Economies, Berlin/Heidelberg 2012 (zitiert: *Farooqi*, What is Hawala?, S.).

Feiter, Gregor: Entwarnung für die Freien Berufe. Die Bedeutung des Zahlungsdiensteaufsichtsgesetzes für Steuerberater, in: NWB 2010, S. 2466–2469 (zitiert: *Feiter*, NWB 2010, 2466 (S.)).

Financial Action Task Force on Money Laundering: FATF Mutual Evaluation Report. Anti-money laundering and counter-terrorist financing measures. Germany, Paris 2022 (zitiert: *FATF*, Anti-money laundering and counter-terrorist financing measures, Germany, S.).

Financial Action Task Force on Money Laundering: FATF Report. The role of Hawala and other similar service providers in money laundering and terrorist financing, Paris 2013 (zitiert: *FATF*, Report 2013/10 on the role of HOSSPs, S.).

Financial Action Task Force on Money Laundering: FATF Report. Money Laundering & Terrorist Financing Typologies 2004–2005, Paris 2005 (zitiert: *FATF*, Report on Money Laundering Typologies 2004–2005, S.).

Financial Action Task Force on Money Laundering: FATF Report. Money Laundering & Terrorist Financing Typologies 1999–2000, Paris 2000 (zitiert: *FATF*, Report on Money Laundering Typologies 1999–2000, S.).

Findeisen, Michael: „Underground Banking“ in Deutschland – Schnittstellen zwischen illegalen „Remittance Services“ i. S. v. § 1 Abs. 1a Nr. 6 KWG und dem legalen Bankgeschäft, in: WM 2000, S. 2125–2133 (zitiert: *Findeisen*, WM 2000, 2125 (S.)).

Fischer, Reinfrid/*Schulte-Mattler*, Hermann (Hrsg.): KWG/CRR-VO. Kommentar zu Kreditwesengesetz, VO (EU) Nr. 575/2013 (CRR) und Ausführungsvorschriften, Band 1,

6. Auflage, München 2023 (zitiert: *Bearbeiter*, in: Fischer/Schulte-Mattler-KWG/CRR, § Rn.).

Fischer, Thomas: Strafgesetzbuch mit Nebengesetzen, 71. Auflage, München 2024 (zitiert: *Fischer*, in: Fischer-StGB, § Rn.).

Forsthoff, Ernst: Lehrbuch des Verwaltungsrechts, Band 1, Allgemeiner Teil, 10. Auflage, München 1973 (zitiert: *Forsthoff*, Lehrbuch des Verwaltungsrechts I, S.).

Frisch, Wolfgang: Verwaltungsakzessorietät und Tatbestandsverständnis im Umweltstrafrecht. Zum Verhältnis von Umweltverwaltungsrecht und Strafrecht und zur strafrechtlichen Relevanz behördlicher Genehmigungen, Heidelberg 1993 (zitiert: *Frisch*, Verwaltungsakzessorietät und Tatbestandsverständnis im Umweltstrafrecht, S.).

Gardocki, Lech: Über den Begriff des Internationalen Strafrechts, in: ZStW 1986, S. 703–719 (zitiert: *Gardocki*, ZStW 1986, 703 (S.)).

Gassner, Michael/*Wackerbeck*, Philipp: Islamic finance. Islam-gerechte Finanzanlagen und Finanzierungen, 2. Auflage, Köln 2010 (zitiert: *Gassner/Wackerbeck*, Islamic finance, S.).

Gassner, Michael: Islamic Finance – Wachstum für deutsche Banken, in: Die Bank 2003, S. 732–736 (zitiert: *Gassner*, Die Bank 2003, 732 (S.)).

Gebhard, Michael: Unternehmensangehörige und Straftaten gegen die Umwelt. Eine Untersuchung zum Vorliegen von den Täterkreis einschränkenden besonderen persönlichen Merkmalen im Umweltstrafrecht, München 2001 (zitiert: *Gebhard*, Unternehmensangehörige und Straftaten gegen die Umwelt, S.).

Gebauer, Matthias/*Lehberger*, Roman: Deutsche Nothilfe für Afghanistan fließt über illegales Hawala-Netzwerk, in: Spiegel vom 31.05.2024, URL: https://www.spiegel.de/politik/deutschland/afghanistan-deutsche-nothilfe-fuer-das-land-fliesst-ueber-illegales-hawala-netzwerk-a-1a7bcaf1-0623-4e73-b4e3-e58848dbe255, Stand 04.08.2024.

Gómez, Yamila F.: Vorsatztheorie vs. Schuldtheorie. Zum Umgang mit der Irrtumsproblematik bei normativen Tatbestandsmerkmalen und Blankettstrafgesetzen, in: GA 2010, S. 259–274 (zitiert: *Gómez*, GA 2010, 259 (S.)).

Graf, Jürgen P. (Hrsg.): Ordnungswidrigkeitengesetz mit bundes- und landesrechtlichen Vorschriften, München 2022 (zitiert: *Bearbeiter*, in: Graf-OWiG, § Rn.).

Graf, Jürgen P./*Jäger*, Markus/*Wittig*, Petra (Hrsg.): Wirtschafts- und Steuerstrafrecht, Band 1, 3. Auflage, München 2024 (zitiert: *Bearbeiter*, in: Graf/Jäger/Wittig, Wirtschafts- und Steuerstrafrecht, § Rn.).

Graf, Jürgen P./*Jäger*, Markus/*Wittig*, Petra (Hrsg.): Wirtschafts- und Steuerstrafrecht, Band 2, 3. Auflage, München 2024 (zitiert: *Bearbeiter*, in: Graf/Jäger/Wittig, Wirtschafts- und Steuerstrafrecht, § Rn.).

Grasshoff, Richard: Das Wechselrecht der Araber. Eine rechtsvergleichende Studie über die Herkunft des Wechsels, Berlin 1899 (zitiert: *Grasshoff*, Das Wechselrecht der Araber, S.).

Greier, Gunnar: Voraussetzungen einer „kriminellen Vereinigung“, Anmerkung zu BGH, Urteil vom 02.06.2021 – 3 StR 21/21, in: jurisPR-StrafR 19/2021 Anm. 1 (zitiert: *Greier*, jurisPR-StrafR 19/2021 Anm. 1).

Grieser, Simon G./*Diehl*, Jonathan: Nebentätigkeitsprivileg als ungeschriebenes Tatbestandsmerkmal im Zahlungsdiensteaufsichtsgesetz, in: BB 2020, S. 1935–1939 (zitiert: *Grieser/Diehl*, BB 2020, 1935 (S.)).

Grundmann, Stefan/*Renner*, Moritz: Vertrag und Dritter – zwischen Privatrecht und Regulierung, in: JZ 2013, S. 379–389 (zitiert: *Grundmann/Renner*, JZ 2013, 379 (S.)).

Grüneberg, Christian: Bürgerliches Gesetzbuch mit Nebengesetzen, Band 7, 83. Auflage, München 2024 (zitiert: *Bearbeiter*, in: Grüneberg-BGB, § Rn.).

Grunst, Bettina: § 379 I Nr. 2 AO – Sonderdelikt und besonderes persönliches Merkmal (§ 28 I StGB), Anmerkung zu BGH, Urteil vom 25.01.1995 – 5 StR 491/94 (Vorinstanz LG Osnabrück), in: NStZ 1998, S. 548–551 (zitiert: *Grunst*, NStZ 1998, 548 (S.)).

Gsell, Beate/*Krüger*, Wolfgang/*Lorenz*, Stephan/*Reymann*, Christoph: beck-online.Grosskommentar zum Zivilrecht, München (zitiert: *Bearbeiter*, in: BeckOGK-BGB, Stand, § Rn.).

Gummert, Hans/*Schäfer*, Carsten (Hrsg.): Münchener Handbuch des Gesellschaftsrechts, Band 1, BGB-Gesellschaft, Offene Handelsgesellschaft, Partnerschaftsgesellschaft, Partenreederei, EWIV, 6. Auflage, München 2024 (zitiert: *Bearbeiter*, in: Münchener Handbuch des Gesellschaftsrechts, § Rn.).

Günther, Hans-Ludwig: Strafrechtswidrigkeit und Strafunrechtsausschluß. Studien zur Rechtswidrigkeit als Straftatmerkmal und zur Funktion der Rechtfertigungsgründe im Strafrecht, Köln/Berlin/Bonn 1983 (zitiert: *Günther*, Strafrechtswidrigkeit und Strafunrechtsausschluß, S.).

Handel, Timo: Hate Speech – Gilt deutsches Strafrecht gegenüber ausländischen Anbietern sozialer Netzwerke? Untersuchung der §§ 3, 9 StGB unter Berücksichtigung des Herkunftslandsprinzips, in: MMR 2017, S. 227–231 (zitiert: *Handel*, MMR 2017, 227 (S.)).

Hartmann, Moritz: Internationale Finanzströme und Geldwäsche. Eine spiegelbildliche Phänomenologie sicherheitsarchitektonischer Legislation, in: KJ 2007, S. 2–21 (zitiert: *Hartmann*, KJ 2007, 2 (S.)).

Hau, Wolfgang/*Poseck*, Roman: Beck'scher Online-Kommentar BGB, 70. Edition, Stand 01.05.2024, München 2024 (zitiert: *Bearbeiter*, in: BeckOK-BGB, § Rn.).

Heghmanns, Michael: Grundzüge einer Dogmatik der Straftatbestände zum Schutz von Verwaltungsrecht oder Verwaltungshandeln, Berlin 2000 (zitiert: *Heghmanns*, Grundzüge einer Dogmatik der Straftatbestände zum Schutz von Verwaltungsrecht oder Verwaltungshandeln, S.).

Heine, Günter: Die strafrechtliche Verantwortlichkeit von Unternehmen. Von individuellem Fehlverhalten zu kollektiven Fehlentwicklungen, insbesondere bei Großrisiken, Baden-Baden 1995 (zitiert: *Heine*, Die strafrechtliche Verantwortlichkeit von Unternehmen, S.).

Heintschel-Heinegg, Bernd von/*Kudlich*, Hans (Hrsg.): Beck'scher Online-Kommentar StGB, 61. Edition, Stand 01.05.2024, München 2024 (zitiert: *Bearbeiter*, in: BeckOK-StGB, § Rn.).

Heinze, Florian/*Safferling*, Christoph: Die Strafbarkeit des Betriebs sogenannter „EC-Cash-Terminals" in Spielhallen zur Auszahlung von Bargeld an Spielgäste nach dem ZAG, in: wistra 2015, S. 81–87 (zitiert: *Heinze/Safferling*, wistra 2015, 81 (S.)).

Hell, Arne/*Steinhäuser*, Marc/*Mascolo*, Georg: Geldtransfer in die Türkei. Großrazzia gegen Hawala-Banking, in: Tagesschau vom 19. 11. 2019, URL: https://www.tagesschau.de/investigativ/ndr-wdr/grossrazzia-hawala-101.html, Stand 08. 10. 2020.

Hellenkamp, Detlef: Bankwirtschaft, 2. Auflage, Wiesbaden 2018 (zitiert: *Hellenkamp*, Bankwirtschaft, S.).

Herzog, Felix/*Achtelik*, Olaf (Hrsg.): Geldwäschegesetz (GWG), 5. Auflage, München 2023 (zitiert: *Bearbeiter*, in: Herzog GWG, § Rn. 4).

Hilgendorf, Eric: Überlegungen zur strafrechtlichen Interpretation des Ubiquitätsprinzips im Zeitalter des Internet, in: NJW 1997, S. 1873–1878 (zitiert: *Hilgendorf*, NJW 1997, 1873 (S.)).

Hilgendorf, Eric/*Kudlich*, Hans/*Valerius*, Brian: Handbuch des Strafrechts, Band 3, Strafrecht Allgemeiner Teil II, Heidelberg 2021 (zitiert: *Bearbeiter*, Handbuch des Strafrechts, § Rn.).

Hilgendorf, Eric/*Valerius*, Brian: Strafrecht Allgemeiner Teil, 3. Auflage, München 2022 (zitiert: *Hilgendorf/Valerius*, Strafrecht Allgemeiner Teil, § Rn.).

Hingst, Kai-Michael/*Lösing*, Carsten: Zahlungsdiensteaufsichtsrecht. Praxishandbuch für innovative Karten-, Internet- und mobile Zahlungsdienste, München 2015 (zitiert: *Hingst/Lösing*, Zahlungsdiensteaufsichtsrecht, § Rn.).

Hoffmann-Riem, Wolfgang: Reform des Allgemeinen Verwaltungsrechts: Vorüberlegungen, in: DVBl 1994, S. 1381–1390 (zitiert: *Hoffmann-Riem*, DVBl 1994, 1381 (S.)).

Houssein, Mohamed D.: Somalia: The Experience of Hawala Receiving Countries, in: International Monetary Fund, Monetary and Financial Systems Department: Regulatory Frameworks For Hawala and Other Remittance Systems, pp. 87–93, Washington D. C. 2005 (zitiert: *Houssein*, Somalia: The Experience of Hawala Receiving Countries, S.).

Inalcik, Halil: Ḥawāla, in: Bearman, Peri/Bianquis, Thierry/Bosworth, Clifford Edmund/Donzel, Emeri van/et al. (Hrsg.): Encyclopaedia of Islam, Second Edition, Online, Leiden 2012, URL: https://referenceworks.brillonline.com/entries/encyclopaedia-of-islam-2/hawala-SIM_2807?s.num=417&s.start=400, Stand 04. 08. 2024 (zitiert: *Inalcik*, Ḥawāla, in: Encyclopaedia of Islam, Second Edition).

Janßen, Dominic: Zur Schutzgesetzqualität der §§ 10, 11 ZAG (§§ 8, 8a ZAG a. F.) im Lichte der Argumentation zum aufsichtsrechtlichen Verbot mit Erlaubnisvorbehalt nach § 32 KWG, in: VuR 2018, S. 54–62 (zitiert: *Janßen*, VuR 2018, 54 (S.)).

Janßen, Dominic: Die Zahlungsdiensterichtlinie (PSD I) und ihre aufsichtsrechtliche Umsetzung im Vereinigten Königreich und Deutschland, Berlin 2017 (zitiert: *Janßen*, Die Zahlungsdiensterichtlinie (PSD I) und ihre aufsichtsrechtliche Umsetzung im Vereinigten Königreich und Deutschland, S.).

Jauernig, Othmar (Begr.): BGB. Bürgerliches Gesetzbuch mit Rom-I-VO, Rom-II-VO, Rom-III-VO, EG-UnthVO/HUntProt und EuErbVO, 19. Auflage, München 2023 (zitiert: *Bearbeiter*, in: Jauernig-BGB, § Rn.).

Jescheck, Hans-Heinrich/*Weigend*, Thomas: Lehrbuch des Strafrechts. Allgemeiner Teil, 5. Auflage, Berlin 1996 (zitiert: *Jescheck/Weigend*, Lehrbuch des Strafrechts AT, S.).

Jeßberger, Florian: Der transnationale Geltungsbereich des deutschen Strafrechts. Grundlagen und Grenzen der Geltung des deutschen Strafrechts für Taten mit Auslandsberührung, Tübingen 2011 (zitiert: *Jeßberger*, Der transnationale Geltungsbereich des deutschen Strafrechts, S.).

Jost, Patrick M./*Sandhu*, Harjit Singh: Hawala. The Hawala Alternative Remittance System and its Role in Money Laundering, in: Financial Crimes Enforcement Network in cooperation with INTERPOL/FOPAC: Interpol General Secretariat, Lyon 2000 (zitiert: *Jost/Sandhu*, The Hawala Alternative Remittance System and its Role in Money Laundering, S.).

Kensche, Christine: Dieses Netzwerk ermöglicht Terroristen Geldwäsche in Europa, in: Welt Online vom 27.01.2023, URL: https://www.welt.de/politik/ausland/plus243443631/Hawala-Methode-Dieses-Netzwerk-ermoeglicht-Terroristen-Geldwaesche-in-Europa.html, Stand 04.08.2024.

Kindhäuser, Urs/*Neumann*, Ulfried/*Paeffgen*, Hans-Ulrich/*Saliger*, Frank (Hrsg.): Strafgesetzbuch, 6. Auflage, Baden-Baden 2023 (zitiert: *Bearbeiter*, in: NK-StGB, § Rn.).

Kinzig, Jörg: Kriminelle Vereinigung – Übergeordnetes gemeinsames Interesse, Anmerkung zu BGH, Urteil vom 02.06.2021 – 3 StR 21/21 (Vorinstanz LG Köln), in: NJW 2021, S. 2813–2817 (zitiert: *Kinzig*, NJW 2021, 2813 (S.)).

Knops, Kai-Oliver/*Wahlers*, Kristin: Evolution des Zahlungsverkehrs durch Mobilepayment – am Beispiel von M-Pesa, in: BKR 2013, S. 240–243 (zitiert: *Knops/Wahlers*, BKR 2013, 240 (S.)).

Krause, Julia: Sonderdelikte im Wirtschaftsstrafrecht, Hamburg 2008 (zitiert: *Krause*, Sonderdelikte im Wirtschaftsstrafrecht, S.).

Krüger, Hilmar: Zum Recht der Forderungsabtretung in der arabischen Welt, in: Bernreuther, Jörn (Hrsg.): Festschrift für Ulrich Spellenberg zum 70. Geburtstag, S. 605–615, München 2010 (zitiert: *Krüger*, FS Spellenberg, S.).

Krüger, Hilmar: Überblick über das Privatrecht der Staaten des ägyptischen Rechtskreises, in: Vereinigung tot Bestudering van het Recht van de Islam en het Midden Oosten: Recht van de Islam, Volume 5, pp. 98–168, Maastricht 1987 (zitiert: *Krüger*, Überblick über das Privatrecht der Staaten des ägyptischen Rechtskreises, S.).

Kuhlen, Lothar: Personifizierte Unternehmensdelinquenz: Die Anwendung der §§ 13, 14, 25 ff. StGB auf Manager als Unternehmensstrafrecht de lege lata, in: wistra 2016, S. 465–470 (zitiert: *Kuhlen*, wistra 2016, 465 (S.)).

Kuhlen, Lothar: Zum Umweltstrafrecht in der Bundesrepublik Deutschland (1. Teil), in WiVerw, S. 181–253 (zitiert: *Kuhlen*, WiVerw 1991, 181 (S.)).

Kuhli, Milan: Normative Tatbestandsmerkmale in der strafrichterlichen Rechtsanwendung. Institutionelle, rechtsverweisende und dichte Elemente im Strafrecht, Tübingen 2018 (zitiert: *Kuhli*, Normative Tatbestandsmerkmale in der strafrichterlichen Rechtsanwendung, S.).

Labib, Subhi Y.: Capitalism in Medieval Islam, in: Cambridge University Press: The Journal of Economic History, Volume 29, Issue 1, pp. 76–96, Cambridge 1969 (zitiert: *Labib*, Capitalism in Medieval Islam, S.).

Lackner, Karl/*Kühl*, Kristian/*Heger*, Martin (Hrsg.): Strafgesetzbuch, 30. Auflage, München 2023 (zitiert: *Bearbeiter*, in: Lackner/Kühl/Heger-StGB, § Rn.).

Lagodny, Otto: Grundkonstellationen des internationalen Strafrechts. Zugleich ein Rückblick auf das internationale Kolloquium über „International Cooperation in Criminal Matters“ an der Harvard Law School, in: ZStW 1989, S. 987–1011 (*Lagodny*, ZStW 1989, 987 (S.)).

Landmann, Robert von/*Rohmer*, Ernst (Begr.): GewO. Gewerbeordnung und ergänzende Vorschriften, Band 1, 92. Ergänzungslieferung, Stand Dezember 2023, München 2023 (*Bearbeiter*, in: Landmann/Rohmer-GewO, § Rn.).

Langer, Winrich: Die Sonderstraftat. Eine gesamtsystematische Grundlegung der Lehre vom Verbrechen, 2. Auflage des Werks „Das Sonderverbrechen“, Berlin 2007 (zitiert: *Langer*, Die Sonderstraftat, S.).

Lampe, Ernst-Joachim: Systemunrecht und Unrechtssysteme, in: ZStW 1994, S. 683–745 (zitiert: *Lampe*, ZStW 1994, 683 (S.)).

Laubenthal, Klaus/*Baier*, Helmut: Durch die Ausländereigenschaft bedingte Verbotsirrtümer und die Perspektiven europäischer Rechtsvereinheitlichung, in: GA 2000, S. 205–223 (zitiert: *Laubenthal*/*Baier*, GA 2000, 205 (S.)).

Lehner, Stefan: Die strafrechtliche Verantwortlichkeit des Ausfuhrverantwortlichen, Berlin 2020 (zitiert: *Lehner*, Die strafrechtliche Verantwortlichkeit des Ausfuhrverantwortlichen, S.).

Leitner, Werner/*Rosenau*, Henning (Hrsg.): Wirtschafts- und Steuerstrafrecht, Baden-Baden 2022 (zitiert: *Bearbeiter*, in: Leitner/Rosenau, Wirtschafts- und Steuerstrafrecht, § Rn.).

Lendermann, Birgit: Hawala Banking, in: BaFin: Fachtagung Bekämpfung von Geldwäsche und Terrorismusfinanzierung vom 08.12.2022, URL: https://www.bafin.de/SharedDocs/Downloads/DE/Veranstaltung/dl_221208_GW_Vortrag_Lendermann.html, Stand 04.08.2024.

Lendermann, Birgit/*Münzer*, Jens/*Ploetz*, Lora von/*Schröder*, Christian: Hawala: Banking in der Schattenwelt, in: BaFin: Abwicklung und Geldwäscheprävention vom 26.03.2024, URL: https://www.bafin.de/DE/Aufsicht/Geldwaeschepraevention/Hawala_Banking/Hawala Banking_artikel.html, Stand 04.08.2024.

Linner, Corinna/*Frey*, Peter: Auswirkungen des Zahlungsdiensteaufsichtsgesetzes auf die Tätigkeit von Steuerberatern, in: DStR 2010, S. 1153–1154 (zitiert: *Linner*/*Frey*, DStR 2010, 1153 (S.)).

Löffler, Christoph: Die Straftatbestände des Zahlungsdiensteaufsichtsgesetzes (ZAG), Baden-Baden 2017 (zitiert: *Löffler*, Die Straftatbestände des Zahlungsdiensteaufsichtsgesetzes, S.).

Luz, Günther/*Neus*, Werner/*Schaber*, Mathias/*Schneider*, Peter/et al. (Hrsg.): ZAG. Kommentar zum Zahlungsdiensteaufsichtgesetz, Stuttgart 2019 (zitiert: *Bearbeiter*, in: Luz/Neus/Schaber/Schneider/et al.-ZAG, § Rn.).

Mankowski, Peter/*Bock*, Stefanie: Fremdrechtsanwendung im Strafrecht durch Zivilrechtsakzessorietät bei Sachverhalten mit Auslandsbezug für Blanketttatbestände und Tatbestände mit normativem Tatbestandsmerkmal, in: ZStW 2008, S. 704–758 (zitiert: *Mankowski*/*Bock*, ZStW 2008, 704 (S.)).

Mansdörfer, Marco/*Oğlakcıoğlu*, Mustafa T.: Strafvorschriften des ZAG zwischen Aufsichtsrecht und Bestimmtheitsgebot: Wo spielt die Musik?, in: RdZ, S. 106–113 (zitiert: *Mansdörfer*/*Oğlakcıoğlu*, RdZ 2024, 106 (S.)).

Martin, Julia A.: Sonderdelikte im Umweltstrafrecht, Osnabrück 2006 (zitiert: *Martin*, Sonderdelikte im Umweltstrafrecht, S.).

Martin, Marina: Hundi/Hawala: The Problem of Definition, in: Cambridge University Press: Modern Asian Studies, Volume 43, Issue 4, pp. 909–937, Cambridge 2008 (zitiert: *Martin*, Hundi/Hawala: The Problem of Definition, S.).

Martin, Sigmund P.: Vereinigungsbegriff „light" – Zum reformierten § 129 StGB, in: Kriminalistik 2018, S. 269–272 (zitiert: *Martin*, Kriminalistik 2018, 269 (S.)).

Matt, Holger/*Renzikowski*, Joachim: Strafgesetzbuch, 2. Auflage, 2020 (zitiert: *Bearbeiter*, in: Matt/Renzikowski-StGB, § Rn.).

Maunz, Theodor/*Dürig*, Günter (Begr.): Grundgesetz Kommentar, Band 2, Art. 6–16a GG, 103. Ergänzungslieferung, Stand Januar 2024, München 2024 (zitiert: *Bearbeiter*, in: Dürig/Herzog/Scholz-GG, Art. Rn.).

Metzger, Nils: Reiche Terroristen: So kommt Hamas an Geld, in: ZDF heute vom 23.10.2023, URL: https://www.zdf.de/nachrichten/politik/ausland/hamas-finanzen-geld-gazastreifen-israel-100.html, Stand 04.08.2024.

Mielk, Holger: Die wesentlichen Neuregelungen der 6. KWG-Novelle. Teil I, in: WM 1997, S. 2200–2210 (zitiert: *Mielk*, WM 1997, 2200 (S.)).

Mimberg, Jörg: Erlaubnisfreier „Schein-Zahlungsdienstleister" – Eine neue Kategorie des Zahlungsdiensteaufsichtsrechts?, in: RdZ 2022, S. 12–17 (zitiert: *Mimberg*, RdZ 2022, 12 (S.)).

Mimberg, Jörg: Das unentdeckte Finanztransfergeschäft als Auslöser deliktischer Schadensersatzhaftung, in: BKR 2021, S. 185–191 (zitiert: *Mimberg*, BKR 2021, 185 (S.)).

Mitsch, Wolfgang (Hrsg.): Karlsruher Kommentar zum Gesetz über Ordnungswidrigkeiten, 5. Auflage, München 2018 (zitiert: *Bearbeiter*, in: KK-OWiG, § Rn.).

Möllers, Thomas M. J.: Juristische Methodenlehre, 5. Auflage, München 2023 (zitiert: *Möllers*, Juristische Methodenlehre, S.).

Momsen, Carsten/*Grützner*, Thomas (Hrsg.): Wirtschafts- und Steuerstrafrecht. Handbuch für die Unternehmens- und Anwaltspraxis, 2. Auflage, München 2020 (zitiert: *Bearbeiter*, in: Momsen/Grützner Wirtschafts- und Steuerstrafrecht, § Rn.).

Morazán, Pedro/*Krone*, Jannik: Geld in Bewegung. Warum Heimatüberweisungen billiger, sicherer und schneller werden müssen, in: Südwind e.V., Institut für Ökonomie und Ökumene: Südwind, Online, Bonn 2018, URL: https://www.suedwind-institut.de/files/Suedwind/Publikationen/2018/2018-11%20Geld%20in%20Bewegung.%20Warum%20Heimatueberweisungen%20billiger%2C%20sicherer%20und%20schneller%20werden%20muessen.pdf, Stand 04.08.2024 (zitiert: *Morazán/Krone*, Geld in Bewegung, in: Südwind, S.).

Moritz, Joachim/*Klebeck*, Ulf/*Jesch*, Thomas A. (Hrsg.): Frankfurter Kommentar zum Kapitalanlagerecht, Band 1, Teilband 2, Frankfurt am Main 2016 (zitiert: *Bearbeiter*, in: FK-KAGB, § Rn.).

Morozinis, Ioannis: Dogmatik der Organisationsdelikte. Eine kritische Darstellung der täterschaftlichen Zurechnungslehre in legalen und illegalen Organisationsstrukturen aus strafrechtsdogmatischer und rechtstheoretischer Sicht sowie ein Beitrag zur Lehre vom Tatbestand, Berlin 2010 (zitiert: *Morozinis*, Dogmatik der Organisationsdelikte, S.).

Müller, Christian/*Starre*, Mario: Der E-Geld-Agent – Zwischen Legaldefinition, gesetzgeberischer Vorstellung und Wirklichkeit, in BKR 2013, S. 149–154 (zitiert: *Müller/Starre*, BKR 2013, 149 (S.)).

Müller, Sebastian R.: Hawala. An Informal Payment System and Its Use to Finance Terrorism, Saarbrücken 2006 (zitiert: *Müller*, Hawala An Informal Payment System and Its Use to Finance Terrorism, S.).

Müller-Gugenberger, Christian: Wirtschaftsstrafrecht. Handbuch des Wirtschafts- und -ordnungswidrigkeitenrechts, 7. Auflage, Köln 2021 (zitiert: *Bearbeiter*, in: Müller-Gugenberger Wirtschaftsstrafrecht, Kap. Rz.).

Muschol, Stefan: Islamic Banking. Rechtstheoretische Grundlagen, Vertragsparameter und Risikoanalyse. Einführung in die Grundlagen des Islamic Banking und Darstellung islamkonformer Finanzprodukte anhand der Regeln der Scharia, Plauen 2016 (zitiert: *Muschol*, Islamic Banking, S.).

Nakhasi, Smriti S.: Western Unionizing the Hawala?: The Privatization of Hawalas and Lender Liability, in: Northwestern University School of Law: Northwestern Journal of International Law & Business, Volume 27, Issue 2, pp. 475–496, Chicago 2007 (zitiert: *Nakhasi*, Western Unionizing the Hawala?, S.).

Nestler, Nina: Bank- und Kapitalmarktstrafrecht, Berlin 2017 (zitiert: *Nestler*, Bank- und Kapitalmarktstrafrecht, S. Rn.).

Nestler, Nina: Gilt für die Vermeidbarkeit des Verbotsirrtums ein „strengerer Maßstab" als für die Tatfahrlässigkeit?, in: Jura 2015, S. 562–573 (*Nestler*, Jura 2015, 562 (S.)).

Nestler, Nina/*Lehner*, Stefan: Was ist so besonders an Sonderdelikten?, in: Jura 2017, S. 403–412 (zitiert: *Nestler/Lehner*, Jura 2017, 403 (S.)).

Nestler, Nina/*Schiffner*, Adrian: Beteiligung am Hawala-System, Anmerkung zu BGH, Beschluss vom 02.06.2021 – 3 StR 61/21 (Vorinstanz LG Mannheim), in: NStZ 2022, S. 35–39 (zitiert: *Nestler/Schiffner*, NStZ 2022, 35 (S.)).

Neumann, Karl-Alexander: Verbotsirrtum, Konkurrenzen und Verjährung bei unerlaubtem Betreiben von Bankgeschäften, Anmerkung zu BGH, Urteil vom 18.07.2018 – 2 StR 416/16 (Vorinstanz LG Köln), in: BKR 2019, S. 196–200 (zitiert: *Neumann*, BKR 2019, 196 (S.)).

Niemann, Lutz: § 129 StGB und die organisierte Wirtschaftskriminalität – eine komplizierte Beziehung – zugleich Anmerkung zu BGH wistra 2021, 441 und wistra 2021, 448, in: wistra 2021, S. 425–428 (zitiert: *Niemann*, wistra 2021, 425 (S.)).

Norwegian Refugee Council: Life and Death: NGO access to financial services in Afghanistan, Oslo 2022 (zitiert: *NRC*, Life and Death: NGO access to financial services in Afghanistan, S.).

Oehler, Dietrich: Internationales Strafrecht, Köln/Berlin/Bonn/München 1983 (zitiert: *Oehler*, internationales Strafrecht, S.).

Omlor, Sebastian: Geldprivatrecht. Entmaterialisierung, Europäisierung, Entwertung, Tübingen 2014 (zitiert: *Omlor*, Geldprivatrecht, S.).

Otto, Harro: Grundsätzliche Problemstellungen des Umweltstrafrechts, in: Jura 1991, S. 308–316 (zitiert: *Otto*, Jura 1991, 308 (S.)).

Papathanasiou, Konstantina: Erlaubnispflichtigkeit von Bankgeschäften, strafrechtliche Irrtumslehre und die Herausforderung der Kryptowährungen, in: JR 2019, S. 369–373 (zitiert: *Papathanasiou*, JR 2019, 369 (S.)).

Papathanasiou, Konstantina: Rechtsirrtümer im Strafrecht: Zur Erlaubnispflichtigkeit von Geschäften und zur Vermeidbarkeit des Verbotsirrtums, Anmerkung zu BGH, Urteil vom 27.06.2017 – VI ZR 424/16, in: jurisPR-StrafR 25/2017 Anm. 4 (zitiert: *Papathanasiou*, jurisPR-StrafR 25/2017 Anm. 4).

Park, Tido (Hrsg.): Kapitalmarktstrafrecht. Straftaten. Ordnungswidrigkeiten. Finanzaufsicht. Compliance. Handkommentar, 5. Auflage, Baden-Baden 2019 (zitiert: *Bearbeiter*, in: Park, Kapitalmarktstrafrecht, § Rn.).

Parlamentsnachrichten Deutscher Bundestag: Überwachung des illegalen Hawala-Bankings, in: Heinrich, Alexander/Heine, Claudia/Kosfeld, Claus P./Leersch, Hans-Jürgen/et al. (Hrsg.): heute im Bundestag (hib 178/2023) vom 13.03.2023, abrufbar unter: https://www.bundestag.de/presse/hib/kurzmeldungen-937706, Stand 04.08.2024.

Parlamentsnachrichten Deutscher Bundestag: Hawala-Finanzsystem illegal, in: Heinrich, Alexander/Heine, Claudia/Kosfeld, Claus P./Leersch, Hans-Jürgen/et al. (Hrsg.): heute im Bundestag (hib 156/2020) vom 10.02.2020, URL: https://www.bundestag.de/presse/hib/681842-681842, Stand 04.08.2024.

Passas, Niko: Informal Value Transfer Systems, Terrorism and Money Laundering. A Report to the National Institute of Justice, in: IVTS Report U.S. Department of Justice, Document No 208301, Award Number: 2002-IJ-CX-0001, Boston 2003 (zitiert: *Passas*, Informal Value Transfer Systems, Terrorism and Money Laundering, S.).

Passas, Niko: Informal Value Transfer Systems and Criminal Organizations. A study into so-called underground banking networks, in: Ministry of Justice, WODC Onderzoeksnotities, Den Haag 1999 (zitiert: *Passas*, Informal Value Transfer Systems and Criminal Organizations, S.).

Peglau, Jens: Konkurrenzfragen des § 54 KWG, in: wistra 2002, S. 292–294 (zitiert: *Peglau*, wistra 2002, 293 (S.)).

Perschke, Stefan: Die Verwaltungsakzessorietät des Umweltstrafrechts nach dem 2. UKG, in: wistra 1996, S. 161–168 (zitiert: *Perschke*, wistra 1996, 161 (S.)).

Pikart, Heinz: Die sachenrechtliche Behandlung von Geld und Wertpapieren in der neueren Rechtsprechung, in: WM 1980, S. 510–520 (zitiert: *Pikart*, WM 1980, 510 (S.)).

Popp, Andreas: Das Rätsel des § 38 Abs. 5 WpHG – Transnationales Regelungsbedürfnis und Gesetzgebungstechnik im Nebenstrafrecht, in: wistra 2011, S. 169–176 (*Popp*, wistra 2011, 169 (S.)).

Razavy, Maryam: Hawala: An underground haven for terrorists or social phenomenon?, in: Dodge, Mary/Huisman, Willem: Crime, Law & Social Change, Volume 44, Number 3, pp. 277–299, Berlin 2005 (zitiert: *Razavy*, Hawala: An underground haven for terrorists or social phenomenon?, S.).

Razavy, Maryam/*Haggerty*, Kevin D.: Hawala Under Scrutiny: Documentation, Surveillance and Trust, in: Oxford University Press: International Political Sociology, Volume 3, Issue 2, pp. 139–155, Oxford 2009 (zitiert: *Razavy*/*Haggerty*, Hawala Under Scrutiny: Documentation, Surveillance and Trust, S.).

Redín, Dulce M./*Calderón*, Reyes/*Ferrero*, Ignacio: Exploring the Ethical Dimension of Hawala, in: JBE 2014, S. 327–337 (zitiert: *Redín/Calderón/Ferrero*, JBE 2014, 327 (S.)).

Reimer, Richard K.: Rechtsfragen zum Finanztransfergeschäft. Der Zahlungsverkehr über Alternative Remittance-Systeme, Frankfurt am Main 2007 (zitiert: *Reimer*, Rechtsfragen zum Finanztransfergeschäft, S.).

Reimer, Richard/*Wilhelm*, Alexander: Aktuelle Entwicklungen des Finanztransfergeschäfts, in: BKR 2008, S. 234–241 (zitiert: *Reimer/Wilhelm*, BKR 2008, 234 (S.)).

Remde, Achim: Lettera di cambio und Suftadja. Eine rechtsvergleichende Studie als Beitrag zur Entstehungsgeschichte des Wechsels, Köln 1969 (zitiert: *Remde*, Lettera di cambio und Suftadja, S.).

Rengier, Rudolf: Strafrecht Allgemeiner Teil, 15. Auflage, München 2023 (zitiert: *Rengier*, Strafrecht Allgemeiner Teil, § Rn.).

Rengier, Rudolf: Zum Täterkreis und zum Sonder- und Allgemeindeliktscharakter der „Betreiberdelikte" im Umweltstrafrecht, in: Hirsch, Hans J./Wolter, Jürgen/Brauns, Uwe (Hrsg.): Festschrift für Günter Kohlmann zum 70. Geburtstag, S. 225–238, Köln 2003 (zitiert: *Rengier*, FS Kohlmann, S.).

Rengier, Rudolf: Die öffentlich-rechtliche Genehmigung im Strafrecht, in: ZStW 1989, S. 874–907 (zitiert: *Rengier*, ZStW 1989, 874 (S.)).

Rinjes, Axel: Die Irrtumsproblematik beim Betreiben von Bankgeschäften ohne Erlaubnis gem. § 54 Abs. 1 Nr. 2 KWG, in: wistra 2015, S. 7–9 (zitiert: *Rinjes*, wistra 2015, 7 (S.)).

Rohe, Mathias: Das Islamische Recht. Eine Einführung, München 2013 (zitiert: *Rohe*, Das Islamische Recht, S.).

Rösler, Patrick/*Werner*, Stefan: Erhebliche Neuerungen im zivilen Bankrecht: Umsetzung von Verbraucherkredit- und Zahlungsdiensterichtlinie. Überblick über den Umsetzungsbedarf in der Bankpraxis anhand der vorliegenden Gesetzesentwürfe, in: BKR 2009, S. 1–10 (zitiert: *Rösler/Werner*, BKR 2009, 1 (S.)).

Rotsch, Thomas: Mythologie und Logos des § 298 StGB, in: ZIS 2014, S. 579–593 (zitiert: *Rotsch*, ZIS 2014, 579 (S.)).

Rotsch, Thomas: Unternehmen, Umwelt und Strafrecht – Ätiologie einer Misere (Teil 1), in: wistra 1999, S. 321–327 (zitiert: *Rotsch*, wistra 1999, 321 (S.)).

Rotsch, Thomas: Individuelle Haftung in Großunternehmen. Plädoyer für den Rückzug des Umweltstrafrechts, Baden-Baden 1998 (zitiert: *Rotsch*, Individuelle Haftung in Großunternehmen, S.).

Röttger, Theresa: Der Irrtum im Außenwirtschaftsstrafrecht, Berlin 2023 (zitiert: *Röttger*, Der Irrtum im Außenwirtschaftsstrafrecht, S.).

Roxin, Claus: Täterschaft und Tatherrschaft, 11. Auflage 2022, Berlin/Boston (zitiert: *Roxin*, Täterschaft und Tatherrschaft, S.).

Roxin, Claus: Pflichtdelikte und Tatherrschaft, in: Hefendehl, Roland/Hörnle, Tatjana/Greco, Luís (Hrsg.): Streitbare Strafrechtswissenschaft. Festschrift für Bernd Schünemann zum 70. Geburtstag, S. 507–532, Berlin/Boston 2014 (zitiert: *Roxin*, FS Schünemann, S.).

Roxin, Claus: Strafrecht Allgemeiner Teil. Besondere Erscheinungsformen der Straftat, Band 2, München 2003 (zitiert: *Roxin*, Strafrecht Allgemeiner Teil II, § Rn.).

Roxin, Claus: Kriminalpolitik und Strafrechtssystem, 2. Auflage, Berlin/New York 1973 (zitiert: *Roxin*, Kriminalpolitik und Strafrechtssystem, S.).

Roxin, Claus/*Greco*, Luís: Allgemeiner Teil. Grundlagen. Der Aufbau der Verbrechenslehre, Band 1, 5. Auflage, München 2020 (zitiert: *Roxin/Greco*, Strafrecht Allgemeiner Teil I, § Rn.).

Ruppert, Stefan: Keine Anwendbarkeit des Zahlungsdiensteaufsichtsgesetzes auf Steuerberater, in: DStR 2010, S. 2053–2054 (zitiert: *Ruppert*, DStR 2010, 2053 (S.)).

Rüthers, Bernd/*Fischer*, Christian/*Birk*, Axel: Rechtstheorie, 12. Auflage, München 2022 (zitiert: *Rüthers/Fischer/Birk*, Rechtstheorie, S.).

Säcker, Jürgen/*Rixecker*, Roland/*Oetker*, Hartmut/*Limperg*, Bettina (Hrsg.): Münchner Kommentar zum Bürgerlichen Gesetzbuch, Band 7, §§ 705–853 BGB, 9. Auflage, München 2024 (zitiert: *Bearbeiter*, in: MüKo-BGB, § Rn.).

Säcker, Jürgen/*Rixecker*, Roland/*Oetker*, Hartmut/*Limperg*, Bettina (Hrsg.): Münchner Kommentar zum Bürgerlichen Gesetzbuch, Band 5, §§ 535–630 h BGB, 9. Auflage, München 2023 (zitiert: *Bearbeiter*, in: MüKo-BGB, § Rn.).

Säcker, Jürgen/*Rixecker*, Roland/*Oetker*, Hartmut/*Limperg*, Bettina (Hrsg.): Münchner Kommentar zum Bürgerlichen Gesetzbuch, Band 6, §§ 631–704 BGB, 9. Auflage, München 2023 (zitiert: *Bearbeiter*, in: MüKo-BGB, § Rn.).

Säcker, Jürgen/*Rixecker*, Roland/*Oetker*, Hartmut/*Limperg*, Bettina (Hrsg.): Münchner Kommentar zum Bürgerlichen Gesetzbuch, Band 2, §§ 241–310 BGB, 9. Auflage, München 2022 (zitiert: *Bearbeiter*, in: MüKo-BGB, § Rn.).

Safferling, Christoph: Internationales Strafrecht. Strafanwendungsrecht – Völkerstrafrecht – Europäisches Strafrecht, Berlin/Heidelberg 2011 (zitiert: *Safferling*, Internationales Strafrecht, § Rn.).

Saleem, Muhammad Y.: Islamic commercial law, Singapur 2013 (zitiert: *Saleem*, Islamic commercial law, S.).

Satzger, Helmut: Das deutsche Strafanwendungsrecht (§§ 3 ff. StGB) – Teil 1, in: Jura 2010, S. 108–116 (zitiert: *Satzger*, Jura 2010, 108 (S.)).

Satzger, Helmut: Die Anwendung des deutschen Strafrechts auf grenzüberschreitende Gefährdungsdelikte, in: NStZ 1998, S. 112–117 (zitiert: *Satzger*, NStZ 1998, 112 (S.)).

Satzger, Helmut/*Schluckebier*, Wilhelm/*Werner*, Raik (Hrsg.): Strafgesetzbuch, 6. Auflage, Köln 2024 (zitiert: *Satzger*, in: Satzger/Schluckebier/Werner-StGB, § Rn.).

Schacht, Joseph: An Introduction to Islamic Law, Oxford 1964 (zitiert: *Schacht*, An Introduction to Islamic Law, S.).

Schäfer, Frank A./*Omlor*, Sebastian/*Mimberg*, Jörg: ZAG. Zahlungsdiensteaufsichtsgesetz, München 2021 (zitiert: *Bearbeiter*, in: Schäfer/Omlor/Mimberg-ZAG, § Rn.).

Schäuble, Johannes: Tatertrag oder (nur) Tatobjekt? Das Verhältnis der Einziehungsvorschriften in der aktuellen Rechtsprechung zu § 54 KWG und § 63 ZAG, in: NZWiSt 2024, S. 94–100 (zitiert: *Schäuble*, NZWiSt 2024, 94 (S.)).

Schall, Hero: Allgemein- und Sonderdelikte: Versuch einer Abgrenzung im Umweltstrafrecht, in: Dölling, Dieter/Götting, Bert/Meier, Bernd-Dieter/Verrel, Torsten (Hrsg.): Verbrechen – Strafe – Resozialisierung. Festschrift für Heinz Schöch zum 70. Geburtstag, S. 619–633, Berlin/New York 2010 (zitiert: *Schall*, FS Schöch, S.).

Schittenhelm, Ulrike: Probleme der umweltgefährdenden Abfallbeseitigung nach § 326 StGB, in: GA 1983, S. 310–325 (zitiert: *Schittenhelm*, GA 1983, 310 (S.)).

Schlösser, Jan: Soziale Tatherrschaft. Ein Beitrag zur Frage der Täterschaft in organisatorischen Machtapparaten, Berlin 2004 (zitiert: *Schlösser*, Soziale Tatherrschaft, S.).

Schmidt-Trenz, Hans-Jörg: Außenhandel und Territorialität des Rechts: Grundlegung einer neuen Institutionsökonomik des Außenhandels, Baden-Baden 1990 (zitiert: *Schmidt-Trenz*, Außenhandel und Territorialität des Rechts, S.).

Schnürer, Benjamin: Das Gesamtgeschäft beim Handeltreiben mit Betäubungsmitteln. Analyse, Bewertung und Weiterentwicklung der deliktsspezifischen Rechtsprechung des Bundesgerichtshofs zur Täterschaft und Teilnahme, Berlin 2015 (zitiert: *Schnürer*, Das Gesamtgeschäft beim Handeltreiben mit Betäubungsmitteln, S.).

Schönke, Adolf/*Schröder*, Horst (Begr.): Strafgesetzbuch, 30. Auflage, München 2019 (zitiert: *Bearbeiter*, in: Schönke/Schröder-StGB, § Rn.).

Schork, Alexander/*Groß*, Bernd (Hrsg.): Bankstrafrecht, München 2013 (zitiert: *Bearbeiter*, in: Schork/Groß, Bankstrafrecht, § Rn.).

Schoreit, Armin: Verbrechen und Vergehen gegen das Betäubungsmittelgesetz – Rechtsprechungsübersicht 1985 –, in: NStZ 1986, S. 53–59 (zitiert: *Schoreit*, NStZ 1986, 53 (S.)).

Schramm, Matthias/*Taube*, Markus: Ordnungsprinzipien der supranationalen Transaktionssicherung im islamischen hawala-Finanzsystem, 2. Auflage, Duisburg 2002 (zitiert: *Schramm/Taube*, Ordnungsprinzipien der supranationalen Transaktionssicherung im islamischen hawala-Finanzsystem, S.).

Schramm, Matthias/*Taube*, Markus: The Institutional Foundations of AL Qaida's Global Financial System, URL: https://www.diw.de/documents/dokumentenarchiv/17/39098/diw_ws_consequences200206_taube.pdf, 09. 06. 2021 (zitiert: *Schramm/Taube*, The Institutional Foundations of AL Qaida's Global Financial System, S.).

Schröder, Antje: Die personelle Reichweite öffentlich-rechtlicher Genehmigungen und ihre Folgen für das Umweltstrafrecht – dargestellt am Beispiel der Gewässerverunreinigung gemäß § 324 StGB –, Baden-Baden 2000 (zitiert: *Schröder*, Die personelle Reichweite öffentlich-rechtlicher Genehmigungen und ihre Folgen für das Umweltstrafrecht, S.).

Schröder, Christian (Hrsg.): Handbuch Kapitalmarktstrafrecht, 4. Auflage, Köln 2020 (zitiert: *Bearbeiter*, in: Schröder, Handbuch Kapitalmarktstrafrecht, Kap. Rn.).

Schröder, Christian: Anmerkung zu BGH, Urteil vom 16. 05. 2017 – VI ZR 266/16 (Vorinstanz AG Berlin-Schöneberg), in: JZ 2018, S. 255–257 (*Schröder*, JZ 2018, 255 (S.)).

Schröter, Tanja: Der Begriff des Verletzten im Strafantragsrecht (§ 77 Absatz 1 StGB), Frankfurt am Main 1998 (zitiert: *Schröter*, Der Begriff des Verletzten im Strafantragsrecht, S.).

Schroth, Hans-Jürgen: Unternehmen als Normadressaten und Sanktionssubjekte. Eine Studie zum Unternehmensstrafrecht, Gießen 1993 (zitiert: *Schroth*, Unternehmen als Normadressaten und Sanktionssubjekte, S.).

Schulze, Reiner/*Dörner*, Heinrich/*Ebert*, Ina/*Fries*, Martin/et al. (Hrsg.): Bürgerliches Gesetzbuch. Handkommentar, 11. Auflage, Baden-Baden 2022, (*Bearbeiter*, in: NK-BGB, § Rn.).

Schulze-Bühler, Sebastian: Die Zivilrechtsakzessorietät im Urheberstrafrecht und ihre Grenzen, Berlin 2020 (zitiert: *Schulze-Bühler*, Die Zivilrechtsakzessorietät im Urheberstrafrecht und ihre Grenzen, S.).

Schultz, Hans: Zur Geltung des räumlichen Geltungsbereiches durch den E 1962, in: GA 1966, S. 193–202 (zitiert: *Schultz*, GA 1966, 193 (S.)).

Schünemann, Bernd: Unternehmenskriminalität und Strafrecht, Köln/Berlin/Bonn/München 1979 (zitiert: *Schünemann*, Unternehmenskriminalität und Strafrecht, S.).

Schürmann, Thomas: Das neue Recht der Zahlungsdiensteverträge – ein Überblick, in: Habersack, Mathias/Mülbert, Peter O./Nobbe, Gerd/Wittig, Arne (Hrsg.): Die zivilrechtliche Umsetzung der Zahlungsdiensterichtlinie – Finanzmarktkrise und Umsetzung der Verbraucherkreditrichtlinie, Schriftenreihe der Bankrechtlichen Vereinigung, Bankrechtstag 2009, Band 30, S. 11–59, Berlin 2009 (zitiert: *Schürmann*, Die zivilrechtliche Umsetzung der Zahlungsdiensterichtlinie – Finanzmarktkrise und Umsetzung der Verbraucherkreditrichtlinie, S.).

Schuster, Frank P.: Das Verhältnis von Strafnormen und Bezugsnormen aus anderen Rechtsgebieten. Eine Untersuchung zum Allgemeinen Teil im Wirtschafts- und Steuerstrafrecht, Berlin 2012 (zitiert: *Schuster*, Das Verhältnis von Strafnormen und Bezugsnormen aus anderen Rechtsgebieten, S.).

Schützenberg, Jost: Hawala-Banking-Organisation: BGH bejaht eine kriminelle Vereinigung, in: PStR 2023, S. 223 (zitiert: *Schützenberg*, PStR 2023, 223 (S.)).

Schwabe, Jürgen: Das Verbot mit Erlaubnisvorbehalt, in: JuS 1973, S. 133–140 (zitiert: *Schwabe*, JuS 1973, 133 (S.)).

Schwennicke, Andreas/*Auerbach*, Dirk (Hrsg.): Kreditwesengesetz (KWG) mit Zahlungsdiensteaufsichtsgesetz (ZAG), 4. Auflage, München 2021 (zitiert: *Bearbeiter*, in: Schwennicke/Auerbach-KWG, § Rn.).

Schwerdtfeger, Christian: „Hawala"-Banking in Deutschland. Ermittler sichern 212 Millionen Euro bei Razzien vom 21.11.2019, URL: https://rp-online.de/nrw/panorama/hawala-banking-ermittler-sichern-212-millionen-euro-bei-razzien_aid-47319059, Stand 04.08.2024.

Sharma, Divya: Historical Traces of Hundi, Sociocultural Understanding, and Criminal Abuses of Hawala, in: Jacques, Scott: International Criminal Justice Review, Volume 16, Number 2, pp. 99–121, Utica 2006 (zitiert: *Sharma*, Historical Traces of Hundi, Sociocultural Understanding, and Criminal Abuses of Hawala, S.).

Singelnstein, Tobias/*Winkler*, Dennis: Wo die kriminelle Vereinigung beginnt. Zur strafverfassungsrechtlichen Reduktion von § 129 StGB, in: NJW 2023, S. 2815–2819 (zitiert: *Singelnstein/Winkler*, NJW 2023, 2815 (S.)).

Sinn, Arndt: Wirtschaftsmacht Organisierte Kriminalität. Illegale Märkte und illegaler Handel, Berlin 2018 (zitiert: *Sinn*, Wirtschaftsmacht Organisierte Kriminalität, S.).

Sinn, Arndt/*Iden*, Marcel P./*Pörtner*, Patrick: Alter Wein in neuen Schläuchen oder Paradigmenwechsel beim Begriff der kriminellen Vereinigung (§ 129 Abs. 2 StGB)?, in: ZIS 2021, S. 435–451 (zitiert: *Sinn/Iden/Pörtner*, ZIS 2021, 435 (S.)).

Sowada, Christoph: Die „notwendige Teilnahme" als funktionales Privilegierungsmodell im Strafrecht, Berlin 1992 (zitiert: *Sowada*, Die „notwendige Teilnahme" als funktionales Privilegierungsmodell im Strafrecht, S.).

Spies, Otto: Arabische Quellenbeiträge zum Rechtsinstitut der Delegation (ḥawāla), in: ZVglRWiss 1972, S. 17–47 (zitiert: *Spies*, ZVglRWiss 1973, 17 (S.)).

Staake, Marco: Das Ziel der Auslegung, in: Jura 2011, S. 177–184 (zitiert: *Staake*, Jura 2011, 177 (S.)).

Streitz, Matthias: US-Geldwäschefahnder. Im Untergrund verirrt, in: Spiegel vom 05.11.2001, URL: https://www.spiegel.de/wirtschaft/us-geldwaeschefahnder-im-untergrund-verirrt-a-166161.html, Stand 04.08.2024.

Sturmberg, Jessica: Hawala-Netzwerke. Razzia gegen illegale Geldtransfers, in: Deutschlandfunk vom 20.11.2019, URL: https://www.deutschlandfunk.de/hawala-netzwerke-razzia-gegen-illegale-geldtransfers.3669.de.html?dram:article_id=463869, Stand 04.08.2024.

Taheri, Chorusch: Das Hawala-System – eine zahlungsdiensterechtliche Variante im Fokus, in: BKR 2020, S. 133–136 (zitiert: *Taheri*, BKR 2020, 133 (S.)).

Taheri, Chorusch/*Yildiz*, Anil: Durchgriffshaftung bei Hawala-Diensten des GmbH-Geschäftsführers, in: BKR 2023, S. 721–723 (zitiert: *Taheri/Yildiz*, BKR 2023, 721 (S.)).

Teichmann, Fabian/*Falker*, Marie-Christin: Terrorismusfinanzierung durch Hawala-Banker, in: CB 2020, S. 30–33 (zitiert: *Teichmann/Falker*, CB 2020, 30 (S.)).

Thompson, Edwina: An Introduction to the Concept and Origins of Hawala, in: Peters, Anne: Journal of the History of International Law, Volume 10, pp. 83–118, Leiden 2008 (zitiert: Thompson, An Introduction to the Concept and the Origins of Hawala, S.).

Tiedemann, Klaus: Wirtschaftsstrafrecht, 5. Auflage, München 2017 (zitiert: *Tiedemann*, Wirtschaftsstrafrecht, § Rn.).

Türmer, Gabriele: Kriminelle Vereinigung zum Betrieb von Finanztransfergeschäften – Hawala-System, Anmerkung zu BGH, Beschluss vom 02.06.2021 – 3 StR 61/21 (Vorinstanz LG Mannheim), in: GSZ 2021, S. 265–268 (zitiert: *Türmer*, GSZ 2021, 265 (S.)).

Udovitch, Abraham L.: Reflections on the Institutions of Credits and Banking in the Medieval Islamic Near East, in: Udovitch, Abraham L./Touati, Houari: Studia Islamica, Number 41, pp. 5–21, Paris/Princeton 1975 (zitiert: *Udovitch*, Reflections on the Institutions of Credits and Banking in the Medieval Islamic Near East, S.).

Ultsch, Michael L.: Zur Notwendigkeit einer Erlaubnis der BaFin bei Online-Zahlungen im E-Commerce, Anmerkung zu LG Köln, Urteil vom 29.09.2011 – 81 O 91/11, in: WuB 2011, S. 593–596 (zitiert: *Ultsch*, WuB 2012, 593 (S.)).

Valerius, Brian: Internationaler Terrorismus und nationales Strafanwendungsrecht. Zugleich Besprechung von BGH, Beschluss vom 15.12.2009, in: GA 2011, S. 696–705 (zitiert: *Valerius*, GA 2011, 696 (S.)).

Valerius, Brian: Kultur und Strafrecht. Die Berücksichtigung kultureller Wertvorstellungen in der deutschen Strafrechtsdogmatik, Berlin 2011 (zitiert: *Valerius*, Kultur und Strafrecht, S.).

Valerius, Brian: Der sogenannte Ehrenmord: Abweichende kulturelle Wertvorstellungen als niedrige Beweggründe?, in: JZ 2008, S. 912–919 (zitiert: *Valerius*, JZ 2008, 912 (S.)).

Valerius, Brian: Kulturelle Gegensätze und nationales Strafrecht. Ein Blick in die Zukunft, in: Hilgendorf, Eric/Weitzel, Jürgen (Hrsg.): Der Strafgedanke in seiner historischen Entwicklung. Ringvorlesung zur Strafrechtsgeschichte und Strafrechtsphilosophie, Berlin 2007, S. 217–233 (zitiert: *Valerius*, Kulturelle Gegensätze und nationales Strafrecht, S.).

Vec, Miloš: Internet, Internationalisierung und nationalstaatlicher Rechtsgüterschutz, in: NJW 2002, S. 1535–1539 (zitiert: *Vec*, NJW 2002, 1535 (S.)).

Venn, Nikolai: Unerlaubtes Erbringen von Zahlungsdiensten: Zur Strafbarkeit von Finanztransaktionen des sog. „Hawala-Bankings" durch natürliche Personen, Anmerkung zu BGH, Beschluss vom 28.10.2015 – 5 StR 189/15 (Vorinstanz LG Leipzig), in: ZWH 2016, S. 205–207 (zitiert: *Venn*, ZWH 2016, 205 (S.)).

Wabnitz, Heinz-Bernd/*Janovsky*, Thomas/*Schmitt*, Lothar (Hrsg.): Handbuch Wirtschafts- und Steuerstrafrecht, 5. Auflage, München 2020 (zitiert: *Bearbeiter*, in: Wabnitz/Janovsky/Schmitt Handbuch Wirtschafts- und Steuerstrafrecht, Kap. Rn.).

Wahlers, Kristin: Die rechtliche und ökonomische Struktur von Zahlungssystemen inner- und außerhalb des Bankensystems, Berlin 2013 (zitiert: *Wahlers*, Die rechtliche und ökonomische Struktur von Zahlungssystemen inner- und außerhalb des Bankensystems, S.).

Walter, Tonio: Der Kern des Strafrechts. Die allgemeine Lehre vom Verbrechen und die Lehre vom Irrtum, Tübingen 2006 (zitiert: *Walter*, Der Kern des Strafrechts, S.).

Warius, Silke: Das Hawala-Finanzsystem in Deutschland – ein Fall für die Bekämpfung von Geldwäsche und Terrorismusfinanzierung?, Berlin 2009 (zitiert: *Warius*, Das Hawala-Finanzsystem in Deutschland – ein Fall für die Bekämpfung von Geldwäsche und Terrorismus, S.).

Weiß, Udo: Hawala-Transaktionen als Finanztransfergeschäfte, Anmerkung zu BGH, Beschluss vom 02.06.2021 – 3 StR 61/21 (Vorinstanz LG Mannheim), in: wistra 2021, S. 448–451 (zitiert *Weiß*, wistra 2021, 448 (S.)).

Weiß, Udo: Strafrechtliche Risiken des unerlaubten Erbringens von Zahlungsdiensten, in: WM 2016, S. 1774–1780 (zitiert: *Weiß*, WM 2016, 1774 (S.)).

Weiß, Udo: Unerlaubtes Erbringen von Zahlungsdiensten durch „Hawala-Banking", Anmerkung zu BGH, Beschluss vom 28.10.2015 – 5 StR 189/15 (Vorinstanz LG Leipzig), in: wistra 2016, S. 160–161 (zitiert: *Weiß*, wistra 2016, 160 (S.)).

Weitnauer, Wolfgang/*Boxberger*, Lutz/*Anders*, Dietmar (Hrsg.): Kapitalanlagegesetzbuch mit Investementsteuergesetz. EuVECA-VO, EuSEF-VO und ELTIF-VO, 3. Auflage, München 2021 (zitiert: *Bearbeiter*, in: Weitnauer/Boxberger/Anders, Kapitalanlagegesetzbuch, § Rn.).

Wendt, Carsten: Das deutlich unterschätzte „Hawala-Banking", in: Kriminalistik 2022, S. 451–457 (zitiert: *Wendt*, Kriminalistik 2022, 451 (S.)).

Wessels, Johannes/*Beulke*, Werner/*Satzger*, Helmut: Strafrecht Allgemeiner Teil, 53. Auflage, Heidelberg 2023 (zitiert: *Wessels/Beulke/Satzger*, Strafrecht Allgemeiner Teil, § Rn.).

Wichard, Johannes C.: Zwischen Markt und Moschee. Wirtschaftliche Bedürfnisse und religiöse Anforderungen im frühen islamischen Vertragsrecht, Paderborn 1995 (zitiert: *Wichard*, Zwischen Markt und Moschee, S.).

Winheller, Stefan/*Auffenberg*, Lutz: Benötigen gemeinnützige Mittelbeschaffungskörperschaften eine BaFin-Erlaubnis? Finanztransfergeschäfte durch Förderkörperschaften, in: DStR 2015, S. 589–597 (zitiert: *Winheller/Auffenberg*, DStR 2015, 589 (S.)).

Winkelbauer, Wolfgang: Umweltstrafrecht und Unternehmen, in: Eser, Albin/Schittenhelm, Ulrike/Schumann, Heribert (Hrsg.): Festschrift für Theodor Lenckner zum 70. Geburtstag, S. 645–659, München 1998 (zitiert: *Winkelbauer*, FS Lenckner, S.).

Winkelbauer, Wolfgang: Die behördliche Genehmigung im Strafrecht, in: NStZ 1988, S. 201–206 (zitiert: *Winkelbauer*, NStZ 1988, 201 (S.)).

Wissenschaftliche Dienste Deutscher Bundestag: „Hawala-Banking". Strafrechtliche Regelungen, Aktenzeichen WD 7 – 3000 – 188/19, Fachbereich WD 7: Zivil-, Straf- und Verfahrensrecht, Bau und Stadtentwicklung, Berlin 2019 (zitiert: *WDDB*, „Hawala Banking", WD 7 – 3000 – 188/19, S.).

Wissenschaftliche Dienste Deutscher Bundestag: Hawala-Banking. Funktionsweise und aufsichtsrechtliche Bestimmungen, Aktenzeichen WD 4 – 3000 – 154/19, Fachbereich WD 4: Haushalt und Finanzen, Berlin 2019 (zitiert: *WDDB*, Hawala-Banking, WD 4 – 3000 – 154/19, S.).

Wissmann, Philipp: Der Irrtum im Urheberstrafrecht. Ein konzeptioneller Beitrag zur strafrechtlichen Irrtumslehre und deren Übertragung auf die §§ 106 ff. UrhG unter besonderer Berücksichtigung neuer Medien, Berlin 2017 (zitiert: *Wissmann*, Der Irrtum im Urheberstrafrecht, S.).

Witteck, Lars: Der Betreiber im Umweltstrafrecht. Zugleich ein Beitrag zur Lehre von den Pflichtdelikten, Baden-Baden 2004 (zitiert: *Witteck*, Der Betreiber im Umweltstrafrecht, S.).

Wittig, Petra: Wirtschaftsstrafrecht, 6. Auflage, München 2023 (zitiert: *Wittig*, Wirtschaftsstrafrecht, § Rn.).

Wolf, Christoph: Error facti et error iuris. Die Vorsatzirrelevanz des Rechtsirrtums, Tübingen 2019 (zitiert: *Wolf*, Error facti et error iuris, S.).

Wolter, Jürgen (Hrsg.): Systematischer Kommentar zum Strafgesetzbuch, Band 1, §§ 1–37 StGB, 9. Auflage, Köln 2017 (zitiert: *Bearbeiter*, in: SK-StGB, § Rn.).

Wolter, Jürgen (Hrsg.): Systematischer Kommentar zum Strafgesetzbuch, Band 3, §§ 80–173 StGB, 9. Auflage, Köln 2019 (zitiert: *Bearbeiter*, in: SK-StGB, § Rn.).

Wolter, Jürgen (Hrsg.): Systematischer Kommentar zum Strafgesetzbuch, Band 6, §§ 303–358 StGB, 10. Auflage, Köln 2023 (zitiert: *Bearbeiter*, in: SK-StGB, § Rn.).

Yassari, Nadjma: Ausstrahlung des europäischen Privatrechts auf islamische Länder, in: Basedow, Jürgen/Hopt, Klaus J./Zimmermann, Reinhard (Hrsg.): Handwörterbuch des Europäischen Privatrechts, Online, Tübingen/Hamburg 2009, URL: http://hwb-eup2009.mpipriv.de/index.php/Ausstrahlung_des_europäischen_Privatrechts_auf_islamische_Länder, Stand 04.08.2024 (zitiert: *Yassari*, Ausstrahlung des europäischen Privatrechts auf islamische Länder, in: HWB EuP).

Yassari, Nadjma: Islamisches Recht, in: Basedow, Jürgen/Hopt, Klaus J./Zimmermann, Reinhard (Hrsg.): Handwörterbuch des Europäischen Privatrechts, Online, Tübingen/Hamburg 2009, URL: http://hwb-eup2009.mpipriv.de/index.php/Islamisches_Recht, Stand 04.08.2024 (zitiert: *Yassari*, Islamisches Recht, in: HWB EuP).

Zapf, Marina: Die notleidende Bevölkerung ist Geisel der Politik, in: Welthungerhilfe: Welternährung. Das Fachjournal der Welthungerhilfe, Bonn 2022, URL: https://www.welthungerhilfe.de/welternaehrung/rubriken/krisen-humanitaere-hilfe/afghanistan-humanitaere-hilfe-unter-den-taliban, Stand 04.08.2024 (zitiert: *Zapf*, Welternährung 2022, Die notleidende Bevölkerung ist Geisel der Politik).

Zieher, Wolfgang: Das sog. Internationale Strafrecht nach der Reform. Der Rechtsgrund bei Straftaten im Ausland nach den §§ 5 und 6 StGB, Berlin 1977 (zitiert: *Zieher*, Das sog. Internationale Strafrecht nach der Reform, S.).

Zimmermann, Reinhard: Juristische Methodenlehre in Deutschland, in: RablesZ 2019, S. 241–287 (zitiert: *Zimmermann*, RabelsZ 2019, 241 (S.)).

Zippelius, Reinhold: Juristische Methodenlehre, 12. Auflage, München 2021 (zitiert: *Zippelius*, Juristische Methodenlehre, S.).

Stichwortverzeichnis

Agent 125, 221 f.
Allgemeindelikt 195, 197, 245, 252
Alternative Remittance Services 32, 70
Alternative Überweisungssysteme 32, 78, 81
Animus auctoris 367
Anstiftung 200, 407
Ausfüllungsnorm 317

Bagatelldelikte 364, 359, 434
Bande 329 f., 332 f., 342 f., 350 f.
Begegnungsdelikte 298
Beihilfe 296, 380, 420
Betäubungsmittel 400
Blankett 192, 204, 225, 314 f., 316 ff.
Blankettmerkmal *siehe* Blankett
Blankettstrafgesetz *siehe* Blankett
Bosporus-Verfahren 44, 47, 394
Bundesamt für Verfassungsschutz 59
Bundesanstalt für Finanzdienstleistungsaufsicht 25, 104 f., 142 f., 156, 162, 171, 203, 229
Bundeskriminalamt 25
Bundeslagebild 25, 27
Bundesverfassungsgericht 256, 315, 398
Bundesverwaltungsgericht 99, 122, 156 f., 162, 167

Clearingverfahren 51 f., 141 f., 328

Dauerdelikte 338, 416, 419
Deliktscharakter 194, 199
Distanzdelikte 404
Dolus eventualis 384

Einzelaktsdelikte 253, 261
Einziehung 430 f.
Erlaubnisirrtum 307
Erlaubnisvorbehalt 101, 123, 150, 152, 155 f., 237, 307
Extraneus 200

Financial Action Task Force 25 f., 32, 189
Financial Intelligence Unit 189

Gefährdungsdelikte 267, 406, 410
Geldwäsche 24 ff., 59, 139, 146, 186, 231, 300
Genehmigung
– Abgrenzung negatives Tatbestandsmerkmal und Rechtfertigungsgrund 319
– Präventive und repressive Verbote und Irrtum 307, 311
Genehmigungsvorbehalt 306 f., 314 f.
Geschäftsbesorgungsvertrag 119
Gewerbsmäßigkeit 112 ff., 165
Gewinnerzielung 87, 112, 165, 219
Gewissensanspannung 324
Groß-Hawaladar 276, 281, 373, 388

Handlungseinheit 257, 269, 291 f., 338, 405, 416
Handlungsherrschaft 198, 225, 261

Intraneus 200
Irrtum über Tatumstände *siehe* Tatumstandsirrtum

Konvergenzdelikte 298

Mecelle 40
Menschenhandel 400
Mittäterschaft 275, 280, 284, 288
Money or Value Transfer Services 26

Netting 48, 51 ff.
Nichteinmischungsgrundsatz 397, 411
Non-Governmental Organization 58, 95
Normatives Tatbestandsmerkmal
– Abgrenzung zum Blankettmerkmal 314
– Vorsatz 314
Notwendige Teilnahme 298, 379

Öffentliche Sicherheit 359 ff.
Organisationsdelikt 225, 252 f., 256, 436, 445
Organisierte Kriminalität 350 ff.

Parallel Banking 32, 70
Parallelwertung in der Laiensphäre 302 f.
Personalitätsprinzip 401, 408
Pflichtdelikte 201 f.
Provisionen
– Als Ertrag der Hawaladare 63 f., 112, 140
– Im Kontext der Einziehung 430

Qualifikationstatbestand 391

Rädelsführer 386 ff.
– Vergleich zur Betriebsherrschaft 422
Rechtfertigungsgrund 311, 313, 315

Schattenbankensysteme
– Schutzzweck des § 63 Abs. 1 Nr. 4 ZAG 236
Schuldtheorie 318 f.
Sonderdelikt 194 ff., 199 f.
Sozialadäquates Verhalten 307 ff.
Staatsschutzprinzip 412
Steuerhinterziehung 24, 59, 353
Strafanwendungsrecht 393, 395, 444
Suftadja 38 f.

Tathandlung 261 f.
Tatherrschaftslehre 253, 271
Tatortstrafbarkeit 411
Tatumstandsirrtum 307, 386
Territorialitätsprinzip 402 f., 426
Terrorismusfinanzierung 24 ff., 146, 185, 300, 353

Ubiquitätsprinzip 402, 404
Underground-Banking 32, 69, 75, 78
Unionsschutzprinzip 412
Unrechtsbewusstsein 306, 314, 320 f., 322
Untergrundbankwesen *siehe* Underground-Banking

Verbotsirrtum 307, 312, 322
Verbotskenntnis 321
Vermeidbarkeit 322
Verwaltungsungehorsam 235

Weltrechtsprinzip 398, 412
Wirtschaftskriminalität 325, 344, 438

Zahlungsdiensterichtlinie 85 f.
Zahlungsdienstevertrag 96, 119 f.
Zahlungsverkehrsrecht 119 f., 126, 165, 216, 228 f.